STUDIES ON VOLTAIRE AND
THE EIGHTEENTH CENTURY

280

General editor

PROFESSOR H. T. MASON
Department of French
University of Bristol
Bristol BS8 1TE

JEAN-MICHEL RACAULT

L'Utopie narrative en France et en Angleterre
1675-1761

THE VOLTAIRE FOUNDATION
AT THE TAYLOR INSTITUTION, OXFORD

1991

© *1991 University of Oxford*

ISSN 0435-2866

ISBN 0 7294 0404 8

*The publications of the
Voltaire Foundation are printed
on durable acid-free paper*

British Library cataloguing in publication data

Racault, Jean-Michel
L'Utopie narrative en France et en Angleterre 1675-1761
- (Studies on Voltaire and the eighteenth century,
ISSN 0435-2866; 280)
I. Title   II. Voltaire Foundation   III. Series
809.39358

ISBN 0-7294-0404-8

Printed in England at The Alden Press, Oxford

Table des matières

Avant-propos

Ce travail, version très légèrement amendée d'une thèse de doctorat d'Etat soutenue à l'Université de Paris IV–Sorbonne en juin 1987,[1] n'aurait pu être mené à bien sans le dévouement, la compétence ou l'aide amicale de très nombreuses personnes qu'il ne m'est pas possible de remercier ici individuellement. Je tiens cependant à rendre hommage tout particulièrement à M. Bonnet, conservateur du Fonds Ancien à la Bibliothèque universitaire de Poitiers, qui m'a fait découvrir la précieuse collection d'utopies rassemblées au sein du Fonds Dubois et m'a autorisé la consultation simultanée des trente-six volumes des *Voyages imaginaires* de Garnier; à Mme Berthier, Mlle Delgado, Mme Rivière, chargées du service du prêt inter-bibliothèques à la Bibliothèque universitaire de la Réunion, dont la compréhension a permis de pallier dans une certaine mesure les inconvénients résultant de l'éloignement et l'insuffisance de la documentation disponible localement; à Mme Safla, documentaliste à l'Université de la Réunion, qui, pendant des années, m'a apporté bénévolement une aide inappréciable pour la recherche bibliographique; à Mme Riegel, responsable de la dactylographie du manuscrit, dont je n'ai jamais pu lasser la patience au fil de plusieurs rédactions successives; à M. Gilles Ernst, qui a accepté d'en superviser la reproduction; à M. François Moureau, à qui je dois que ce travail ait pu devenir livre. A des titres divers, mes séjours en Angleterre ont été considérablement facilités par MM. Jean-Claude Ranger (Manchester) et Alan Raitt (Oxford): qu'ils trouvent ici l'expression de ma gratitude. Mes investigations à la Bibliothèque bodléienne d'Oxford et à la Bibliothèque nationale ont bénéficié de l'aide matérielle accordée par le Ministère de l'industrie et de la recherche et par le Centre de recherches littéraires et historiques de l'Université de la Réunion. Enfin, ou plutôt en premier lieu, ma gratitude s'adresse à M. Brunel, qui a bien voulu prendre en charge la direction de cette thèse, a suivi les étapes de son élaboration, m'a soutenu de ses encouragements attentifs et m'a incité à mener à son terme un travail par nature interminable.

Les traductions du dix-huitième siècle, surtout lorsqu'elles s'appliquent à des textes considérés à tort ou à raison comme mineurs, ne sont en règle générale ni intégrales ni fidèles. Aussi, dans tous les cas où il n'existait aucune traduction récente de bonne qualité, ai-je préféré donner ma propre version

---

1. Le jury était composé de MM. Laurent Versini (président), Pierre Brunel (rapporteur), Paul-Gabriel Boucé, Edouard Guitton, François Moureau et Daniel-Henri Pageaux. La présente version a profité des observations qui ont été formulées à l'occasion de la soutenance.

française des textes anglais cités. Je remercie à ce propos mon collègue Jacques Tual, qui a relu la première partie de cet ouvrage à la lumière de ses compétences d'angliciste.

J'ai réutilisé dans certaines parties de mon étude quelques éléments – et parfois des fragments rédigés – empruntés à divers articles parus ou à paraître dont on trouvera la liste ci-dessous:

– 'Corps utopiques, utopies du corps', *in Pratiques du corps: médecine, hygiène, alimentation, sexualité*, Centre de recherches littéraires et historiques, Université de la Réunion, Saint-Denis-de-la-Réunion 1985, p.117-40;

– 'De la relation de voyage au roman: l'exemple du *Voyage de François Leguat*', *Cahiers de littérature du XVIIe siècle*, no.8 (1986), p.57-65;

– 'Les jeux de la vérité et du mensonge dans les préfaces des récits de voyages imaginaires à la fin de l'âge classique (1676-1726)', *in* François Moureau (éditeur), *Métamorphoses du récit de voyage*, Actes du colloque de la Sorbonne et du Sénat (2 mars 1985), Paris, Genève 1986, p.82-109;

– 'Le récit des origines ou la nécessaire imposture: la fondation de l'Etat dans la littérature utopique à l'aube des Lumières', in *Représentations de l'origine*, Centre de recherches littéraires et historiques, Université de la Réunion, Saint-Denis-de-la-Réunion 1987, p.143-55;

– 'Orientations utopiques dans le protestantisme français à l'ère de la Révocation', communication au Congrès de l'Association internationale de littérature comparée, Paris, 1985 (à paraître).

Introduction générale

i. Préliminaires

NOTRE époque, on l'a souvent noté, ne produit plus d'utopies,[1] soit qu'elle ait cessé de croire dans ces 'possibles historiques autres' qui s'y dessinent, soit que les spectaculaires mutations sociales offertes par l'histoire récente aient administré la preuve que, pour le meilleur et souvent pour le pire, 'les utopies sont réalisables', selon la prophétie de Berdiaeff.[2] En revanche, le vingtième siècle est le siècle de l'utopologie: ouvrages, articles, thèses continuent à se succéder, à un rythme à peine ralenti ces dernières années.

Pourquoi avoir choisi d'ajouter un titre à une bibliographie déjà bien fournie? C'est que, en dépit des tendances nouvelles qui s'esquissent depuis une quinzaine d'années,[3] il reste à entreprendre une étude proprement littéraire du genre utopique selon une perspective qui ne doive rien aux méthodes les plus généralement adoptées, celles de l'histoire sociale, de la sociologie ou de la psychologie. C'est la raison pour laquelle on s'est résolu à centrer cette enquête, sans toutefois l'y restreindre entièrement, autour de la notion d'"utopie narrative'. Dans cette variété générique, où le tableau d'une société imaginaire se trouve incorporé à un récit, ou du moins soutenu par un récit, l'utopie s'apparente à la littérature romanesque et relève des mêmes types d'approche.

Toutefois, les utopies narratives ne sont pas exactement des romans 'comme les autres'. Elles s'en distinguent par des traits formels: affabulation invariante, scénario rigidement stéréotypé, personnages réduits le plus souvent à des rôles fonctionnels, prolifération du descriptif au détriment du récit événementiel. Elles se caractérisent également par une finalité démonstrative, à dominante exemplaire ou critique selon les cas, largement étrangère au projet habituel du roman, et qui constitue la marque propre de ce que les sociologues nomment l'"état d'esprit utopique'. On n'a pas cherché à éliminer ce second aspect – le plus fréquemment étudié – au profit du premier, mais plutôt à montrer comment ils se trouvent associés. L'utopie ne se confond ni avec le contenu explicite de

---

1. Mais il conviendrait de se demander si la science-fiction contemporaine ne constitue pas un prolongement moderne de la littérature utopique classique.
2. Cité sans référence par Aldous Huxley, épigraphe à *Brave new world* (1932; London 1979).
3. A cet égard, l'ouvrage d'Alexandre Cioranescu, *L'Avenir du passé: utopie et littérature* (Paris 1972), constitue un jalon déterminant dans l'histoire critique de la littérature utopique. C'est de la même orientation, mais avec une méthode différente, que relève l'étude de Raymond Trousson, *Voyages aux pays de nulle part: histoire littéraire de la pensée utopique* (Bruxelles 1975).

ses institutions, auquel on la réduit trop souvent, ni avec la monotonie d'un schéma formel dont la récurrence obstinée au demeurant pose précisément problème.

Loin d'être donnée 'toute faite' au sein d'un code législatif ou d'un exposé didactique, la signification de l'utopie narrative résulte du fonctionnement coordonné de toutes les composantes du texte utopique, c'est-à-dire de l'ensemble des relations établies entre le contenu institutionnel et les formes littéraires qui permettent de le manifester: telle est l'hypothèse qui a guidé ce travail. En d'autres termes, l'utopie narrative constitue une 'forme-sens', ou, pour reprendre la formule d'un commentateur, 'un tout narrativo-politique',[4] à condition toutefois de donner au mot *politique* une acception élargie qui ne le borne pas aux seules constructions institutionnelles, mais englobe l'ensemble des pratiques humaines de la cité: idéologies, échanges économiques, relations sociales, urbanisme, etc.

Ces options de départ ont déterminé la méthode adoptée. Deux démarches étaient concevables, l'une synthétique et thématique, l'autre historique à dominante monographique. La première, la plus apte à faire apparaître les constantes génériques des utopies, ne permet pas de rendre compte de façon satisfaisante des évolutions diachroniques; plus grave, le regroupement sériel des œuvres démembrées selon les rubriques d'une grille thématique fait disparaître ce qui constitue leur singularité individuelle et occulte leur principe de fonctionnement propre. Quant à l'analyse monographique, elle risque de conduire à une série de résumés de pur contenu, inévitablement répétitifs, car la littérature utopique joue sur un petit nombre de variables peu diversifiées, où le commentateur cède malgré lui à la tentation de 'conceptualiser l'utopie et la réécrire comme le traité abstrait qu'elle aurait dû être dès le début'.[5] Or, comme on l'a dit justement, les utopies sont foncièrement 'irrésumables':[6] elles ne sauraient se résoudre ni à la pauvreté de leur affabulation narrative ni à leur dispositif institutionnel.

On a donc préféré considérer l'utopie narrative comme un genre à formes fixes, dont il importait en conséquence de dégager les constantes formelles et thématiques, mais susceptibles de s'actualiser de façon spécifique dans chaque texte pris en particulier – ce qui permet de faire émerger les effets de sens induits par la disposition différenciée de motifs intrinsèquement peu variés. D'où une synthèse des deux démarches qui, après avoir délimité le genre de l'utopie narrative et déterminé ses caractères, examinera ses réalisations particulières dans quelques textes significatifs, regroupés en fonction de leurs

4. Vita Fortunati, *La letteratura utopica inglese* (Ravenna 1979), p.8.
5. Judith Schlanger, 'Puissance et impuissance de l'imaginaire utopique', *Diogène* (1973), p.3-27 (p.4).
6. Schlanger, p.3.

affinités de forme ou de contenu, mais aussi de leur articulation historique et des jeux d'influence qui s'établissent entre eux. Comme il arrive souvent, ce sont surtout les œuvres mineures qui permettent de fixer les constantes du genre; à ce titre, on ne peut les négliger, et on s'est interdit d'apprécier en termes de jugements de valeur les productions souvent obscures et quelque peu monotones qui en constituent l'ordinaire. Mais on a fait également une large place aux tentatives de renouvellement, aux textes atypiques ou déviants, aux émergences de l'utopie narrative hors de son cadre générique habituel, notamment dans le roman.

L'enquête exigeait un cadre géographique et chronologique à la fois suffisamment restreint pour disposer d'un corpus à peu près homogène et suffisamment étendu pour que les résultats soient significatifs. L'étude a été limitée aux utopies françaises et anglaises. Elles forment un ensemble cohérent dont l'unité est assurée par d'intenses courants d'échanges: d'une langue à l'autre, les textes importants sont rapidement traduits et s'influencent mutuellement, ce qui n'est pas le cas dans les autres littératures européennes. D'autre part, quantitativement et qualitativement, la production utopique franco-anglaise écrase toutes les autres. Certes, on peut relever d'autres émergences de la littérature utopique, en Allemagne et en Hollande notamment, mais dont l'influence reste très faible hors des frontières nationales. Les œuvres étudiées ont paru pour la plupart entre 1675 et 1761. Ce choix chronologique, qui permet d'englober la fin de l'âge classique, la période de la 'crise de conscience européenne' et l'essentiel de l'ère des Lumières, est justifié par l'histoire propre du genre. En 1675 paraît à Londres, dans une version anglaise qui précède de deux ans la publication de l'original français, le début de l'*Histoire des Sévarambes* de Veiras, texte fondateur à bien des égards: il ne constitue pas seulement, ou peu s'en faut, la première utopie française véritable; il rompt aussi avec la tradition antérieure, anglaise notamment, en créant une forme d'utopie nouvelle, moins didactique et beaucoup plus nettement romanesque; enfin, il définit pour plus d'un siècle le paradigme canonique du récit utopique classique. On aurait pu fixer à 1789, date qu'on pourrait supposer déterminante dans l'histoire du genre, le terme de l'enquête; mais dans ce domaine la Révolution ne correspond pas à une coupure significative: en 1839 encore le *Voyage en Icarie* de Cabet se conforme au modèle traditionnel. Il a donc paru préférable de l'arrêter à l'année 1761, celle de la publication de *La Nouvelle Héloïse*, où apparaît, avec la description de la vie à Clarens, une forme entièrement nouvelle d'utopie, pleinement intégrée à un univers romanesque et fondée sur le thème pré-phalanstérien des 'petites sociétés'. On ne s'est pas astreint du reste à un strict respect de ces limites chronologiques, pas plus qu'on n'a cherché à rendre compte en détail de la totalité du corpus potentiel, préférant mettre l'accent sur les critères qui permettent de le définir, les sous-catégories qui l'organisent et les connexités qui en délimitent les frontières.

L'étude comporte cinq parties. La première sera consacrée aux manifestations, littéraires ou non littéraires, du 'mode utopique' de l'âge classique aux Lumières. Ce panorama des diverses incarnations de ce que l'on pourrait appeler l''état d'esprit utopique', regroupant utopies pratiquées, propositions d'expérimentations sociales, programmes de réformes, réflexions théoriques ou fictionnelles autour de la notion de changement politique, constitue la toile de fond idéologique de la littérature utopique proprement dite; celle-ci ne saurait se comprendre en dehors de ce contexte et, même purement littéraire, une étude de la production utopique ne peut négliger les déterminations externes qui pèsent sur elle.

On s'efforcera ensuite de cerner les frontières du genre utopique tel qu'il est pratiqué à cette période, d'abord en déterminant sa place dans la conscience littéraire et les catégorisations génériques du temps, puis par confrontation avec une nébuleuse de genres connexes constituant ses limites externes: fictions prospectives et romans archéologiques, robinsonnades et romans d'aventures maritimes, voyages imaginaires de formes diverses, etc.

Il restera, à l'intérieur du domaine ainsi circonscrit, à étudier la genèse de l'utopie narrative dans sa forme classique,[7] née dans les années 1675 des techniques narratives 'réalistes' empruntées à la littérature de voyages dans un contexte de renouvellement de l'expression romanesque, à définir à partir de ce texte-paradigme qu'est l'*Histoire des Sévarambes* les modèles formels, idéologiques et politiques du récit utopique et leurs prolongements dans la production ultérieure, enfin à caractériser les formes dérivées et modèles annexes.

L'utopie classique ne saurait être conçue comme la formulation non médiatisée d'une aspiration politique, encore moins comme une proposition concrète d'action. Il s'agit plutôt d'une fiction heuristique, du développement logique d'une hypothèse, dont la signification est souvent singulièrement ambiguë. Aussi la quatrième partie sera-t-elle consacrée à l'analyse de détail de deux œuvres majeures, de notoriété d'ailleurs fort inégale, où cette ambiguïté est particulièrement marquée: présentant des sociétés parfaites, idéalement rationnelles, mais incompatibles avec la nature humaine en raison de cette perfection même, *La Terre australe connue* de Foigny et les *Voyages de Gulliver* de Swift aboutissent à

---

7. Le terme d'"utopie classique' souvent utilisé dans cette étude ne renvoie pas à la périodisation littéraire courante, mais à un certain modèle thématique et formel. Celui-ci s'étend chronologiquement jusqu'à la première moitié du dix-neuvième siècle: dans sa forme au moins, l'*Icarie* de Cabet est encore, on l'a dit, une utopie classique.

une réflexion philosophique sur la définition de l'homme et, peut-être, à une mise en cause de l'utopie elle-même.

Ce genre para-romanesque vite figé dans les stéréotypes trouve, à partir du second tiers du dix-huitième siècle, un nécessaire renouvellement dans une reprise en charge du scénario utopique par la grande littérature romanesque. On s'intéressera donc enfin aux 'micro-utopies' des romans des Lumières, du *Cleveland* de Prévost à *La Nouvelle Héloïse*, où la 'petite société' de Clarens définit une nouvelle conception de l'utopie en même temps qu'une nouvelle forme de récit utopique.

On s'efforcera, en conclusion, de montrer comment les techniques du récit utopique aboutissent à une signification. Le scénario mis en œuvre, avec sa suite réglée de séquences obligées, les personnages-types et les fonctions qui leur correspondent, les formes discursives utilisées, les écarts, aussi, par rapport à ces éléments canoniques de la narration utopique, permettent de faire émerger une signification de l'utopie qui ne se confond pas avec l'appareil de ses institutions.

Resterait à préciser ce qu'il faut entendre par 'utopie'. Or, cette notion est loin d'être claire. D'où quelques questions qu'on se propose d'aborder en guise de préalable méthodologique: quelles sont les difficultés spécifiques d'une étude du phénomène utopique? Quelles voies celle-ci pourra-t-elle emprunter? Quelle définition – ou plutôt quelles définitions – donner de l'utopie? Quels sont les caractères propres de l'utopie narrative?

ii. L'introuvable utopie

Une étude consacrée à la littérature utopique se heurte à des difficultés spécifiques qui tiennent à la nature particulière de son objet. On ne songe pas tant, ce disant, aux problèmes matériels rencontrés dans l'accès aux textes, pour la plupart rares, souvent peu connus, dispersés entre quelques grandes bibliothèques, qu'aux obstacles méthodologiques préalables à l'analyse des œuvres: caractère passionnel, voire polémique, inévitablement attaché à toute approche critique dans ce domaine, extrême diversité des perspectives et des méthodes, multiplicité et contradiction des définitions, impossibilité de cerner un corpus unanimement accepté.

Une première difficulté réside dans l'engagement personnel qui est pour ainsi dire requis de quiconque s'intéresse à l'utopie. Nul n'attend d'un spécialiste de l'épopée médiévale ou de la tragédie classique qu'il se prononce 'pour' ou 'contre' l'objet de son étude. C'est pourtant, on peu s'en faut, le cas dans le domaine de l'utopie, ce qui suggère déjà que l'utopie n'est pas une forme littéraire comme les autres, ou qu'elle excède très largement le champ de la littérature. La réflexion critique sur l'utopie et ses implications philosophiques semble, en effet, depuis près de deux siècles, osciller entre deux orientations contradictoires, mais également chargées de passion, comme si toute approche objective et sereine se révélait ici impossible. L'attitude utopique a été successivement exaltée sans mesure et condamnée sans appel. Contre le jugement méprisant des idéologies conservatrices et du bon sens bourgeois, le romantisme humanitaire de 1848 célèbre en elle une force de progrès accoucheuse de l'avenir: pour Lamartine, 'les utopies ne sont souvent que des vérités prématurées',[8] tandis que Hugo voit dans le poète qui 'en des jours impies / Vient préparer des jours meilleurs' 'l'homme des utopies, / Les pieds ici, les yeux ailleurs'.[9] Mais elle sera plus tard la cible de la critique sarcastique de Marx,[10] qui lui reproche son ignorance des lois de la dynamique sociale et son incapacité à prendre en compte les conditions historiques concrètes de sa réalisation, avant d'être réhabilitée, au moins partiellement, par ses disciples, lesquels n'hésitent pas à voir dans les utopistes des seizième, dix-septième et dix-huitième siècles des 'précurseurs du socialisme'.[11] De leur côté, des romanciers, surtout anglo-saxons, de la période de l'entre-deux-guerres et de la Guerre Froide projettent dans des œuvres de fiction qui sont des utopies inversées leurs angoisses et leurs mises en garde face à la montée des totalitarismes et au développement de la civilisation technologique.[12] Les 'événements' de mai 1968, souvent interprétés comme un surgissement de l'utopie dans le jeu figé de la politique politicienne, ont relancé le débat en conférant à l'utopie de nouvelles significations valorisantes: invention, imagination, créativité, générosité anticipatrice.[13]

Il semble bien toutefois que l'utopie se trouve actuellement contestée à nouveau, en vertu d'un mouvement de balancier dans lequel les événements internationaux, la conjoncture politique du moment, voire les modes intellectuelles ou journalistiques, interviennent dans des proportions difficiles à déter-

8. Cité par Karl Mannheim, *Idéologie et utopie*, traduction française par P. Rollet (Paris 1956), p.141.

9. Victor Hugo, *Les Rayons et les ombres*, i: *Fonction du poète*, v. 81-84, in *Œuvres poétiques complètes* (Paris 1961), p.239.

10. Voir les deux anthologies de textes de Marx et Engels réunies par Roger Dangeville (Friedrich Engels et Karl Marx, *Utopisme et communauté de l'avenir*, textes traduits et présentés par R. Dangeville, Paris 1976; *Les Utopistes*, textes traduits et présentés par R. Dangeville, Paris 1976)

11. Voir Karl Kautsky, *Thomas Morus und seine Utopie* (Stuttgart 1887; traduction anglaise: *Thomas More and his Utopia*, London 1927).

12. Pour ne citer que les textes les plus connus, on peut mentionner *Brave new world* de Huxley (1932), *Animal farm* (1945) et *1984* (1949) de G. Orwell, *Fahrenheit 451* (1954) de Bradbury.

13. On a pu ainsi voir apparaître en librairie des titres tels que *L'Utopie ou la mort* (R. Dumont), où se reflète la nouvelle signification positive dont le terme d'utopie' se trouve investi.

miner. La crise de certains modèles politiques naguère largement acceptés, la critique des totalitarismes, le retentissement de l'œuvre de Soljenitsyne,[14] le débat suscité vers la fin des années soixante-dix par les 'nouveaux philosophes' ont constitué la toile de fond intellectuelle de cette remise en question. Probablement cette défaveur, que les mutations antérieures incitent à croire passagère, ne fait-elle que préluder à de nouvelles valorisations positives de la notion d'utopie.

Ces oscillations n'ont pas épargné la critique universitaire portant sur la littérature utopique du passé. La querelle s'est surtout cristallisée autour de la valeur de 'précurseurs' – de la Révolution française, du socialisme moderne, etc. – attribuée aux utopistes du seizième, du dix-septième ou du dix-huitième siècle. La thèse, soutenue par les historiens surtout, est ancienne: dès 1846, Villegardelle la formulait dans son *Histoire des idées sociales avant la Révolution française, ou les socialistes modernes, devancés et dépassés par les anciens penseurs et philosophes*. Même orientation dans les ouvrages au reste excellents et toujours actuels de Lichtenberger ou, systématisée à l'excès, dans celui de N. van Wijngaarden.[15] La thème de l'utopiste 'précurseur' se prolonge récemment encore, d'une façon plus nuancée et plus convaincante, chez A. L. Morton ou chez Albert Soboul.[16]

A quoi les contradicteurs – historiens de la littérature essentiellement – répliquent que, si les utopistes sont bien des 'précurseurs', ce ne peut être qu'au sens étroitement chronologique du terme; que l'antériorité n'implique pas nécessairement la relation de causalité, sinon à la faveur d'une fâcheuse illusion téléologique qui conduit à expliquer le passé par le futur; qu'une telle orientation conduit à juger les textes à partir de critères parfaitement étrangers à l'univers mental de leur époque (que peut signifier le concept de 'socialisme' appliqué, par exemple, au dix-septième siècle?); qu'elle crée, enfin, des confusions liées aux significations fluctuantes de certaines notions: ainsi le 'communisme' présent depuis More dans une large fraction de la tradition utopique, nullement contradictoire d'ailleurs avec l'enseignement de l'Eglise la plus officielle,[17] renvoie-t-il moins à la société sans classes de l'avenir qu'au modèle

14. Lequel, on le sait, voit en Thomas More l'inventeur de la société concentrationnaire (A. Soljenitsyne, *Le Premier cercle*, Paris 1968, p.236).

15. André Lichtenberger, *Le Socialisme au XVIIIe siècle: étude sur les idées socialistes dans les écrivains français du XVIIIe siècle avant la Révolution* (Paris 1895); *Le Socialisme utopique: études sur quelques précurseurs inconnus du socialisme* (Paris 1898, Genève 1978); Nicolaas van Wijngaarden, *Les Odyssées philosophiques en France entre 1616 et 1789* (Haarlem 1932).

16. A. L. Morton, *L'Utopie anglaise*, traduit de l'anglais par J. Vaché (Paris 1964); Albert Soboul et Irmgard Hartig, *Pour une histoire de l'utopie en France au XVIIIe siècle*, Société des études robespierristes (Paris 1977).

17. Comme le note A. Lichtenberger (*Le Socialisme au XVIIIe siècle*, p.13, n.3), 'pour bien des docteurs catholiques, la propriété est une suite du péché originel, tandis que la communauté était

platonicien du communisme aristocratique de *La République* – où il se trouve limité à la classe dirigeante au sein d'un système de castes – lui-même dérivé des structures sociales archaïques de la civilisation dorienne. A quoi l'on peut ajouter que l'utopie classique, plus volontiers primitiviste que prospective, tournée vers le passé plutôt que vers l'avenir, a surtout cherché ses modèles dans un passé agraire idéalisé, sans voir, à de rares exceptions près, les virtualités d'évolution sociale ouvertes par la marche vers l'industrialisation, pourtant esquissée dès le dix-huitième siècle.

Mais la difficulté majeure résulte du caractère indéterminé et fluctuant de la notion d'"utopie'. Elle fait partie de ces termes qui, pour avoir trop servi, ont fini par perdre toute signification précise. Entré depuis longtemps dans la langue quotidienne, manipulé en tous sens par les médias, pâture des journalistes et des hommes politiques, le terme n'est plus guère qu'un slogan chargé d'ailleurs des significations les plus contradictoires: support de l'insulte comme de l'éloge, il peut aussi bien stigmatiser les vaines chimères des songes-creux qu'exalter la généreuse hardiesse des novateurs. Les définitions offertes par les dictionnaires courants, sans être au demeurant d'un grand secours, sont à cet égard éclairantes. Elles se ramènent à deux sens, l'un chargé de connotations nettement positives ('conception imaginaire d'un gouvernement idéal', Larousse), l'autre tout aussi nettement péjoratif ('système ou projet qui paraît irréalisable'), sans indiquer du reste en aucune façon leur champ d'application.

Or, l'utopie est au carrefour de diverses disciplines. Chacune lui attribue une aire sémantique particulière et l'applique à des phénomènes totalement différents. A cet égard, l'inflation considérable, depuis une trentaine d'années au moins, des publications savantes dans ce domaine n'a fait qu'ajouter à la confusion en juxtaposant des recherches sans lien entre elles, artificiellement unifiées par la référence commune à un concept singulièrement flou. Philosophes, sociologues, historiens, psychologues, 'littéraires', lorsqu'ils s'intéressent à l'utopie, utilisent le même mot, mais ne se comprennent guère, car ils parlent rarement de la même chose. Le terme d'"utopie' peut alors désigner des objets aussi divers et aussi mal cernés que des 'états d'esprit', des catégories mentales, des mouvements sociaux, des aspirations collectives, des constructions politiques, que ces phénomènes soient ou non littérairement incarnés ou même constitués en textes.

Ainsi, pour le philosophe Ernst Bloch, l'utopie s'identifie-t-elle à la catégorie ontologique du 'n'être-pas-encore', projection désirante dans l'avenir à partir

---

l'état primitif voulu par Dieu'. De ce fait, les thèses 'communistes' n'ont guère au dix-huitième siècle le caractère subversif qu'on serait tenté de leur prêter aujourd'hui (sur ce point, voir Lichtenberger, *Le Socialisme au XVIIIe siècle*, p.26-27).

du présent, ce qui la rapproche de l'attitude révolutionnaire fondée sur une espérance de transformation du monde et des hommes, mais aussi de l'attente eschatologique d'ordre religieux, et même, de façon plus inattendue, de phénomènes psycho-physiologiques comme la faim et la soif.[18] Philosophe lui aussi, mais orienté plutôt vers la logique et l'épistémologie, Raymond Ruyer voit dans l'utopie une méthode de raisonnement, d'ailleurs contestable: dans une formule célèbre, il la définit comme 'une expérience mentale sur les possibles latéraux',[19] ce qui revient à la considérer comme une variante quelque peu pervertie du raisonnement scientifique. Aux yeux du sociologue Karl Mannheim, l'utopie est une attitude mentale permanente, quoique susceptible de revêtir différentes formes, s'intégrant à un processus dialectique dont le résultat est l'évolution socio-politique: l'utopie, force dynamique de contestation, s'oppose à l'idéologie, force statique et conservatrice émanant de l'ordre établi ('topia'), obligeant ce dernier à se transformer.[20] Dans une autre optique, les historiens nommeront utopies certains mouvements collectifs, pratiques communautaires ou expériences sociales qui s'écartent d'une façon suffisamment significative des orientations dominantes à leur époque, y faisant entrer ou non selon les cas les courants millénaristes, dans lesquels ces pratiques ou expériences s'appuient sur l'espérance d'une parousie prochaine.[21]

D'où le caractère singulièrement décevant, voire déroutant, pour qui s'intéresse à l'utopie dans une perspective littéraire, d'un grand nombre de ces travaux d'inspiration philosophique ou historico-sociologique:[22] une étude littéraire ne saurait s'appuyer sur autre chose que sur des textes, ce qui n'est pas le cas, sinon de façon purement contingente, de la majorité des approches précédentes. Est-il possible de remédier à cette extrême dispersion des approches et des méthodes en les regroupant sous un concept à la fois plus rigoureux et suffisamment englobant pour les embrasser toutes? Si l'on en juge par les rubriques passablement hétéroclites du colloque qui lui a été consacré il y a une dizaine d'années – des luttes de libération du Tiers Monde à la franc-maçonnerie, en passant par la musique[23] – le concept fort à la mode de 'discours utopique' n'est pas non plus bien satisfaisant et ne vise qu'à parer d'une

---

18. Ernst Bloch, *Le Principe espérance* (Paris 1979-1982).

19. Raymond Ruyer, *L'Utopie et les utopies* (Paris 1950), p.9.

20. Mannheim, *Idéologie et utopie*, p.124ss.

21. Sur la distinction entre millénarisme et utopie, voir Jean Servier, *Histoire de l'utopie* (Paris 1967), p.346-59.

22. Ainsi de l'ouvrage de Ernst Bloch, *L'Esprit de l'utopie* (traduction française par A. M. Lang et C. Piron-Audard, Paris 1977). Le lecteur non prévenu qui, sur la foi du titre, s'attendait à un autre contenu constatera avec surprise que ce livre, consacré pour une bonne part à une réflexion métaphysique sur la musique, ignore entièrement l'utopie au sens où on l'entend habituellement.

23. *Le Discours utopique*, colloque de Cerisy du 23 juillet au 1er août 1975 (Paris 1978).

'scientificité' quelque peu illusoire des pratiques très diverses dont beaucoup ne sont en aucune façon 'discursives' au sens strict du terme.[24]

Toutefois ce flou terminologique est peut-être justifié dans l'optique propre à chacune des disciplines concernées, et c'est sans doute faire un mauvais procès à Karl Mannheim, par exemple, que de le rendre responsable de la 'distorsion du terme':[25] pour le sociologue qu'était Mannheim, il était sans doute légitime de baptiser utopie 'un état d'esprit [...] en désaccord avec l'état de réalité dans lequel il se produit';[26] mais l'utopie ainsi entendue a peu de rapports avec la littérature utopique qui fait l'objet de ce travail et à laquelle Mannheim s'intéresse fort peu.

Cette diversité des approches et surtout les acceptions fluctuantes qui en résultent se révèlent fort gênantes pour une étude proprement littéraire. Il convient donc de distinguer les différents sens possibles de la notion d'"utopie' et, pour cela, de remonter à son étymologie.

iii. L'ambivalence étymologique originaire et les deux versants de l'utopie

Pour les historiens de la littérature utopique, c'est à Platon qu'il faudrait attribuer l'origine du genre. *Les Lois*, le *Critias* (pour la description de l'Atlantide) et, surtout, *La République*, sont en effet des textes fondateurs qui exerceront une influence incomparable sur toute la production utopique ultérieure. Mais le nom, lui, est beaucoup plus récent: c'est après son apparition seulement – longtemps après, en fait, car il existe un décalage de plus de deux siècles et demi entre l'invention du terme et son entrée dans l'usage courant – que l'utopie pourra se constituer en objet autonome; c'est à partir d'une réflexion sur les différentes implications de son étymologie qu'elle pourra se penser et se développer aussi bien comme genre littéraire que, plus généralement, comme modalité de l'imagination sociale.

Le mot, comme on sait, est issu du titre de l'ouvrage de Thomas More (*De*

---

24. On en dira autant de la notion de 'figure utopique' (Raynald Gendry, '*La Figure utopique*', thèse de troisième cycle de l'Université de Paris VII, 1976).

25. Grief formulé par Raymond Trousson ('Utopie et roman utopique', *Revue des sciences humaines* 155 (1974), p.369). Le reproche est objectivement justifié, mais Mannheim n'a jamais prétendu fournir une méthode d'analyse applicable à la littérature utopique et n'est pas responsable de l'utilisation qui a été faite de son livre.

26. Mannheim, *Idéologie et utopie*, p.124. Rappelons que dans cette acception le mot *utopie* est l'antonyme de 'topia', l'ordre des choses actuellement établi, sans référence aucune à la tradition littéraire ou historico-politique qui s'attache à ce terme. Il ne s'agit donc, à proprement parler, que d'une synonymie fortuite.

optimo reipublicae statu deque nova insula Utopia, 1516).[27] Il s'agit d'un nom propre, celui de l'île découverte par Raphaël Hythloday. Le retentissement de l'ouvrage fera de l'île d'Utopie une sorte de mythe littéraire répandu dans toute l'Europe humaniste.[28] Par un glissement progressif, l'Utopie deviendra utopie: le nom propre devenu nom commun désignera d'abord un pays imaginaire analogue à celui créé par More, puis le genre littéraire où ce type de contrée se trouve décrit, enfin la démarche intellectuelle correspondante, qu'elle reçoive ou non une incarnation littéraire. Cette évolution sémantique est lente et tardive: l'utopie nom commun n'est attesté en français qu'à partir de 1710,[29] et son emploi reste très rare avant la seconde moitié du dix-huitième siècle. Le terme apparaît dans le *Dictionnaire de Trévoux* (édition de 1752) mais ne reçoit une définition développée que dans l'édition de 1798 du *Dictionnaire de l'Académie*. Désigner comme utopies les œuvres du dix-septième et du dix-huitième siècle constitutives du corpus, c'est donc utiliser un concept moderne: aux yeux des contemporains, le terme, pour ceux d'entre eux qui le connaissaient, ne pouvait guère renvoyer qu'à l'ouvrage de Thomas More. Peut-être existe-t-il un risque de distorsion à faire entrer ainsi rétrospectivement dans une catégorie générique établie *a posteriori* des œuvres dont les contemporains ne percevaient pas nécessairement l'unité.[30]

Mais les difficultés dérivent surtout de l'ambivalence étymologique du terme forgé par Thomas More. S'il est clair que le mot *Utopie* est un calque du grec, on ne sait trop si le 'U' initial transcrit le préfixe mélioratif *eu* ou le préfixe négatif *ou*. De savantes discussions sur la façon dont un humaniste anglais du début du seizième siècle pouvait prononcer le grec n'ont guère apporté de lumières décisives.[31] Il paraît à peu près certain en réalité que pour More l'Utopie est bien *ou-topos* ('non-lieu'), c'est-à-dire le pays de nulle part: l'atteste

27. Les références au texte de More renvoient à l'édition critique d'André Prévost (Thomas More, *L'Utopie*, texte original, tr. et éd. André Prévost, Paris 1978).

28. Rabelais situe en Utopie un épisode de son *Pantagruel* (ch.23-31). En outre, l'ouvrage de More a été l'occasion d'un important échange de correspondance, de caractère international, entre humanistes flamands (Erasme, Pierre Gilles, Jérôme Busleiden), anglais (Thomas Lupset) et français (Guillaume Budé). Ces lettres et documents, recueillis dans l'édition définitive de 1518, portent sur la législation et les mœurs des Utopiens, ainsi que sur la signification générale du livre.

29. Dans la *Théodicée* de Leibniz. L'évolution sémantique du terme est analogue dans la langue anglaise, mais elle s'effectue de façon beaucoup plus précoce: le premier sens est attesté dès 1610 et le second dès 1613. La troisième acception (projet de société idéale, avec une connotation péjorative d'impossibilité) apparaîtrait dès 1734 (d'après l'*Oxford English dictionary*).

30. Le terme de 'roman politique', souvent considéré comme synonyme d'"utopie narrative' au dix-huitième siècle, semble en fait avoir une extension plus grande: sont ainsi considérées comme 'romans politiques' des œuvres aussi différentes que le *Télémaque* de Fénelon (qui n'est que très partiellement utopique) et le *Robinson Crusoe* de Defoe (qui ne l'est pas).

31. On trouvera un résumé des controverses entre 'eu-istes' et 'ou-istes' dans l'ouvrage de Victor Dupont, *L'Utopie et le roman utopique dans la littérature anglaise* (Cahors 1941), p.10-12.

en particulier la traduction latine *Nusquama* utilisée dans la correspondance avec Erasme. Il n'en reste pas moins qu'il a joué lui-même sur l'ambiguïté en suggérant la possibilité d'une autre étymologie: *eu-topos*, le 'lieu-où-tout-est-bien',[32] ce qui peut-être n'exclut pas d'autres interprétations encore.[33]

Il ne s'agit pas là d'un simple débat d'érudition: la solution donnée au problème conditionne toute l'interprétation du genre utopique. Les deux étymologies possibles permettent, en effet, de dégager deux polarités de l'utopie. *Outopos*, le non-lieu, renvoie à l'utopie entendue comme fiction, négation des contraintes du réel, évasion hors du monde et pur jeu de l'esprit. *Eutopos*, le lieu-où-tout-est-bien, met l'accent sur la positivité de l'imagination utopique, projection d'un désir, représentation d'un monde meilleur, expérimentation sociale, imaginaire certes, mais vouée à servir de modèle pour une transformation politique du monde réel.

La même ambivalence étymologique permet de rendre compte de la diversité des utopies. On peut en effet distinguer deux grands types d'utopies qu'on rattachera à chacune des polarités ci-dessus définies: les utopies didactiques en forme de projet politique (eutopies) et les utopies narratives de forme romanesque (outopies). L'utopie didactique est l'exposé d'un programme à réaliser. Sous sa forme la moins élaborée littérairement, elle peut se ramener à un simple code législatif précédé ou non d'un exposé justificatif, comme dans le *Code de la nature* de Morelly. On n'y observe pas, le plus souvent, un déplacement dans l'espace – donc, ni voyage ni voyageur – mais un déplacement explicite ou implicite dans le temps: l'état de choses présenté sous forme de programme dans l'utopie est appelé à se substituer dans l'avenir à celui qui prévaut *hic et nunc*. Pas non plus de personnage narrateur, mais un énoncé généralement impersonnel ou, parfois, un dialogue, comme dans *La République* de Platon.

L'utopie narrative, la seule qui nous intéresse directement, présente des

32. Le jeu étymologique est présent notamment dans le 'Sizain d'Anemolius, poète lauréat', que More place en tête de son ouvrage (éd. Prévost, p.330):
> Utopie, pour mon isolement par les anciens nommée,
> Emule à présent de la platonicienne cité,
> Sur elle peut-être l'emportant – car, ce qu'avec des lettres
> Elle dessina, moi seule je l'ai montré
> Avec des hommes, des ressources et d'excellentes lois –
> Eutopie, à bon droit, c'est le nom qu'on me doit.

33. Dans sa correspondance avec More, Guillaume Budé suggère l'équivalence *Udetopia* (*oude*, 'jamais'), qu'on pourrait traduire par 'le pays où l'on n'arrive jamais', ou mieux 'le pays qui n'existera jamais', ce qui rejoint curieusement le thème blochien de l'utopie comme 'système de l'inconstructible' (voir l'essai 'La forme de la question inconstructible', dans *L'Esprit de l'utopie*, p.203-75). Ce nouveau jeu étymologique déplace la négation utopique de la dimension de l'espace à celle du temps. Pour reprendre une formule due à Henri Desroche (*Sociologie de l'espérance*, Paris 1973, p.56), 'l'espérance est une promesse qui ne peut pas être tenue'.

14

caractères formels tout différents. L'utopie s'y constitue en tableau descriptif, introduit par un récit ou intégré dans un récit, d'un état de choses concret présenté comme actuellement existant, mais dans un ailleurs lointain ou insituable. Il s'agit, selon la formule de Judith Schlanger, d'"une supposition décrite comme un fait".[34] Ce type d'utopie implique donc un déplacement dans l'espace, c'est-à-dire un voyage, mais, sauf exception, aucun déplacement dans le temps. Le récit, presque toujours à la première personne jusqu'à la fin du dix-huitième siècle au moins, émane d'un voyageur-narrateur qui est aussi le témoin du tableau utopique. Cette distinction entre deux grands types d'utopies ne permet pas seulement d'opposer des caractères formels: elle retentit également sur le contenu et la signification des œuvres.

Toutefois, il convient de nuancer ce qu'il y a de trop rigide dans cette classification en tenant compte des multiples variantes formelles offertes par les textes et des glissements possibles d'un type à un autre. Ainsi l'opposition entre le possible ultérieur de l'utopie-programme et l'altérité actuelle de l'utopie narrative n'est-elle pas absolue: *L'An 2440* (1771), de Sébastien Mercier, inaugure à la fin du dix-huitième siècle une forme nouvelle d'utopie narrative qui se révélera particulièrement riche d'avenir. Mais le déplacement temporel – dans le passé cette fois – était déjà effectif dans les utopies en forme de 'roman archéologique' dérivées du *Télémaque*, dont au reste la formule rappelle le récit platonicien de l'Atlantide, que l'auteur situe en un temps infiniment reculé. La limite entre l'utopie-programme et l'utopie narrative devient indiscernable dans la série des *Graphes* de Restif de La Bretonne, le projet de réforme se trouvant superficiellement enchâssé dans une trame narrative en forme de roman épistolaire.[35] Bien des utopies dites narratives ne sont en réalité que des programmes déguisés, et il arrive que l'auteur, oubliant le prétexte romanesque, présente comme des réformes à accomplir ce qui relève censément d'un état de choses existant. Enfin, inversement, le glissement est fréquent dans les utopies-programmes du mode du 'il y aurait' au mode du 'il y a': il suffit pour cela que la description abandonne un instant le cadre abstrait de l'organigramme politique pour se faire plus concrète, que le dispositif institutionnel cède la

---

34. Schlanger, 'Puissance et impuissance de l'imaginaire utopique', p.3.

35. Il s'agit d'un ensemble de projets appartenant au cycle des 'Idées singulières': *Le Pornographe* (1770), *Le Mimographe* (1770), *Les Gynographes* (1777), *L'Andrographe* (1782), *Le Thesmographe* (1789). On peut prendre pour exemple *L'Andrographe* (La Haye, Paris 1782), 'projet de règlement proposé à toutes les nations de l'Europe, pour opérer une réforme générale des mœurs, et par elle, le bonheur du genre humain', divisé en cinq titres et 127 articles, plus un article préliminaire, une récapitulation et une réponse aux objections. Formellement, comme tous les ouvrages de la même série, *L'Andrographe* se présente comme un roman épistolaire, mais cet habillage romanesque n'est guère plus qu'une 'enveloppe', comme le souligne Restif (p.3). L'essentiel du projet se trouve dans la troisième lettre d'Alzan à son fils, lettre interminable, puisqu'elle occupe les pages 28 à 153.

place aux pratiques sociales concrètes qui en découlent, que les acteurs sociaux s'individualisent en personnages. Ces dérapages du programmatique au narratif, déjà observables chez Platon dans *La République*, correspondent aux petites saynètes à valeur d'*exempla* que connaissent bien les lecteurs de Fourier: généralement au présent, elles mettent en scène des personnages pourvus d'une identité et mettent à l'épreuve 'expérimentalement' les thèses contenues dans le développement théorique.

Les deux sens possibles du mot *utopie* sont probablement à mettre en relation également avec les divergences d'orientation dans l'étude du phénomène utopique. Celles-ci sont liées aux disciplines dont se réclament les commentateurs; elles s'accompagnent, on l'a vu, de nettes différences dans la définition et dans l'appréciation du phénomène utopique. On pourrait dire pour simplifier que sociologues et historiens ne retiennent guère de l'utopie que le versant positif, l'"eutopie".[36] Peu intéressés par les problèmes de mise en forme littéraire, ils ont tendance à considérer les utopies narratives comme des formes plus ou moins abâtardies d'une utopie 'pure' qui serait incarnée par l'exposé didactique en forme de projet politique, voire par certains mouvements sociaux sans expression littéraire. L'affabulation romanesque qui soutient et enserre le tableau utopique n'est pour eux qu'un vêtement de convention arbitrairement surajouté, dont ils soulignent volontiers le caractère banal et répétitif;[37] seul le contenu social ou idéologique de l'utopie est à leurs yeux important. Psychologues et 'littéraires' – ces derniers surtout – paraissent plus sensibles à l'aspect 'outopie', c'est-à-dire à l'utopie entendue comme production de l'imaginaire et construction verbale d'un monde fictif, ce qui les conduit à privilégier l'utopie narrative et à considérer avec plus d'attention – pas toujours, cependant – les modalités textuelles de sa mise en forme. Leur attitude générale vis-à-vis du phénomène utopique est ordinairement plus nuancée, voire franchement critique: plus sensibles à son irréalité qu'à son idéalité, ils en dénoncent volontiers les contradictions cachées et le despotisme inavoué.[38]

36. Telles est l'orientation dominante dans les ouvrages de Morton (*L'Utopie anglaise*), de R. Muchielli (*Le Mythe de la cité idéale*, Paris 1960), de G. Duveau (*Sociologie de l'utopie et autres essais*, Paris 1961), de Hartig et Soboul (*Pour une histoire de l'utopie en France au XVIIIe siècle*).

37. Il y a, en effet, quelque chose de convenu et de monotone dans la fable constituant la trame des récits utopiques. Tous racontent à peu près la même histoire, celle d'un voyageur qui s'embarque pour un lointain périple, fait naufrage, aborde dans une île où il est accueilli par quelque 'sage vieillard' qui lui présente les institutions du pays, puis regagne l'Europe. Mais la récurrence de ce même scénario fait précisément problème: traduit-elle un manque d'imagination des auteurs, ou bien indique-t-elle l'existence de certaines règles permanentes d'organisation du récit utopique?

38. Parmi les plus critiques, Ruyer (*L'Utopie et les utopies*), Alexandre Cioranescu (*L'Avenir du passé: utopie et littérature*, Paris 1972), Gilles Lapouge (*Utopie et civilisations*, Paris 1973) François Laplantine (*Les Trois voix de l'imaginaire*, Paris 1974), Jean-Jacques Wunenberger (*L'Utopie ou la crise de l'imaginaire*, Paris 1979), dont les méthodes, les orientations et les mérites sont par ailleurs fort différents.

Entre les deux écoles et les deux interprétations du phénomène utopique, le dialogue est difficile. Historiens et sociologues reprochent à la démarche littéraire l'étroitesse de ses définitions et son caractère délibérément anhistorique. Ainsi, les historiens I. Hartig et A. Soboul, après avoir constaté que 'les études étroitement littéraires sont les plus décevantes, quand bien même elles puissent paraître de prime abord les plus qualifiées', optent clairement pour une conception de l'utopie-tendance contre la conception littéraire de l'utopie-genre: 'L'utopie appartient sans doute à une tradition littéraire, mais elle ne saurait tenir dans un moule aussi étroit. Elle traduit en vérité une tendance permanente de l'esprit humain.'[39] Pour les auteurs, l'utopie ne saurait être confinée dans les limites d'un genre: il s'agit d'un continuum historique dont les manifestations peuvent être littéraires, mais aussi picturales (Watteau), architecturales (Ledoux) et, bien sûr, sociales et politiques. Celles-ci doivent donc être envisagées de façon simultanée, sans se laisser enfermer dans une définition rigide: 'A la place de l'insaisissable corpus de l'utopie, ne faudrait-il pas alors essayer de constituer le champ de l'utopie du siècle des Lumières en tenant compte des débordements divers du discours utopique?' (p.10).

Ainsi accusés de sectarisme et d'étroitesse d'esprit, les littéraires, de leur côté, ont beau jeu de souligner l'infini décalage qui peut exister entre le discours historico-sociologique sur l'utopie et le contenu effectif des seuls documents concrets sur lesquels puisse s'appuyer l'historien de la littérature, c'est-à-dire les textes eux-mêmes. Même si on la juge passablement injuste pour la littérature utopique, la verve acrimonieuse d'Alexandre Cioranescu exprime bien l'agacement souvent ressenti par le littéraire 'outopiste' face aux spéculations du sociologue 'eutopiste':

La sociologie a transformé ces œuvres poudreuses en appétence profonde de l'humanité, en soupape de la pensée enchaînée, en expression de son angoisse existentielle et en mille autres choses au moins aussi belles. On les lit, et on y découvre un monde qui nous concerne à peine et dans lequel nous nous reconnaissons mal: des programmes paternalistes et réactionnaires, la nostalgie d'un passé impossible et d'ailleurs calamiteux, le mépris le plus total de la personne humaine, la discipline de fer d'un Etat qui détient la vérité et ne sait l'imposer que par la contrainte: tout cela dans une ambiance de médiocrité littéraire, artistique et politique telle, qu'après une pareille préparation, on ne peut s'empêcher d'en vouloir à la critique.[40]

Ces divergences d'orientation ne sont pas seulement une source de disputes: elles représentent également un facteur de confusion. La différence des approches et des méthodes, la dispersion des définitions qui en résulte, risquent de conduire à une dissolution de l'objet d'étude. L'utopie des sociologues et des

39. Hartig et Soboul, p.6.
40. Cioranescu, *L'Avenir du passé: utopie et littérature*, p.269.

historiens est définie par son contenu, ses significations ou ses fonctions sociales et politiques, mais n'est pas véritablement définie comme *objet*: mouvement collectif, idéologie sociale ou, plus vaguement, 'état d'esprit' (Mannheim), l'utopie apparaît comme un ensemble de qualités, hors de toute référence précise à l'objet dans lequel celles-ci se trouvent incarnées.

Le premier, Raymond Ruyer a introduit un peu de clarté dans ce débat en proposant de distinguer le 'mode utopique', 'exercice mental sur les possibles latéraux', et le 'genre utopique', forme dans laquelle le mode utopique peut s'incarner.[41] Cette distinction est reprise par A. Cioranescu, qui, dans une perspective plus littéraire, oppose l'utopie, genre codifié par certaines règles, et l'utopisme, attitude mentale qui peut fort bien se manifester de façon extra-littéraire.[42] L'opposition du genre et du mode recoupe encore une fois les deux virtualités sémantiques du terme: l'utopie conçue comme modalité, celle des philosophes, des sociologues et des historiens, est un contenu intellectuel envisagé indépendamment de sa forme; elle se rattache prioritairement à la positivité de l'utopie (*eu-topos*), à sa valeur de modèle. L'utopie conçue comme genre, objet de l'étude littéraire, s'appréhende à travers les codes formels du texte de fiction, donc dans son irréalité (*ou-topos*). On pourrait ainsi rassembler en deux séries cohérentes, à partir de cette dualité étymologique, les principaux éléments de la discussion précédente:

Etymologie	Sémantisme	Conception de l'utopie	Types d'utopies	Types d'approches disciplinaires
eu-topos	idéalité (modèle)	mode (attitude mentale)	utopies-programmes	philosophie, sociologie, histoire
ou-topos	irréalité (fiction)	genre (forme littéraire)	utopies narratives	étude littéraire

Une distinction rigoureuse du genre et du mode utopiques permet de faire l'économie d'une analyse comparative mettant en jeu ce que Raymond Trousson appelle les 'genres apparentés', rubrique obligée de toutes les études littéraires sur l'utopie: Age d'or, Iles Fortunées, Champs élysées, Paradis terrestre, Pays de Cocagne, Pays des merveilles, Arcadie ...[43] A l'exception peut-être du

---

41. Ruyer, p.9.

42. Cioranescu, ch.1, 8. Le débat est prolongé dans l'article déjà cité de Raymond Trousson ('Utopie et roman utopique') et dans *Pour une poétique de la science-fiction*, de Darko Suvin (Montréal 1977), p.47-69.

43. Trousson, *Voyages aux pays de nulle part*, p.25. Voir aussi les ouvrages cités d'Alexandre Cioranescu, Raymond Trousson, Darko Suvin, ou encore le petit essai de Claude-Gilbert Dubois, *Problèmes de l'utopie* (Paris 1968).

dernier,[44] ces divers motifs ne sont en aucune façon des 'genres' littérairement constitués, mais des thèmes ou des mythes relevant de diverses traditions: mythologie classique, tradition religieuse chrétienne, culture savante, culture populaire. Le recours même à l'expression écrite leur est contingent, le mythe de Cocagne, par exemple, s'incarnant plus volontiers dans le domaine pictural, ainsi chez Bruegel. C'est donc au regard de l'utopie-mode seulement, non de l'utopie-genre strictement littéraire, que la confrontation avec ces différentes configurations de l'imaginaire peut se révéler pertinente. Il n'en va pas de même, en revanche, de la robinsonnade et du voyage imaginaire, qui, on le verra, sont bien des genres pourvus de traits formels littérairement spécifiques.

On se gardera toutefois de séparer trop strictement utopie-mode et utopie-genre: les très remarquables constantes formelles que présente la fiction utopique incitent à penser que celle-ci, loin de pouvoir se structurer librement, obéit à des contraintes narratives permettant l'émergence, dans des conditions optimales, du mode utopique. Inversement, le choix littéraire d'une certain modèle formel retentit sur l'orientation intellectuelle de l'œuvre, comme l'indique *a contrario* le fait que les utopies narratives formellement atypiques sont aussi le plus souvent idéologiquement déviantes: ainsi l'irruption de l'événement dans le monde ordinairement statique du tableau descriptif utopique peut-elle conduire à un renversement axiologique constituant l'utopie en anti-utopie. Dans cette perspective, l'articulation du genre et du mode constitue précisément l'un des problèmes essentiels de l'utopie narrative.

iv. Définition et caractères de l'utopie narrative classique

Le champ de l'utopie narrative se trouve ainsi grossièrement délimité. En premier lieu, il s'agit non pas d'une attitude mentale, d'une démarche heuristique ou d'un phénomène social, mais bien, au premier chef, d'une 'construction verbale', selon la formule de Darko Suvin,[45] autrement dit d'un *texte* relevant des perspectives et des méthodes de l'étude littéraire. Certes, le sociologue ou l'historien des 'mentalités utopiques' s'appuieront, eux aussi, sur un substrat écrit: témoignages d'archives, comptes rendus d'expériences sociales, etc.; mais ceux-ci ne sont que des documents renvoyant à un objet qui leur est extérieur. Au contraire, le statut textuel est essentiel aux utopies narratives et ne saurait être dissocié de leur contenu intellectuel. Secondement, à l'intérieur du sous-ensemble des utopies

---

44. Si toutefois on admet l'équivalence entre Arcadie et pastorale, laquelle se subdivise en sous-genres précisément codifiés par l'esthétique classique (églogue, idylle, pastorale dramatique, roman pastoral, etc.).

45. Suvin, *Pour une poétique de la science-fiction*, p.49. Les remarques qui suivent doivent beaucoup à cet ouvrage (voir notamment p.47-69).

écrites, les utopies narratives doivent être distinguées des utopies-programmes par leur statut fictif d'existence: ailleurs et maintenant dans le premier cas, ici et dans l'avenir pour le second. Enfin, l'utopie narrative relève de l'utopie-genre plutôt que du mode utopique: non, évidemment, que celui-ci en soit absent, mais il s'y actualise selon les normes et les codes formels de l'expression littéraire.

Reste à préciser les caractères de l'utopie narrative telle qu'elle sera entendue ici. Deux types de définition sont envisageables. Ainsi pourrait-on se contenter d'une définition 'minimale' suffisamment générale pour s'appliquer à tous les textes de notre corpus, par exemple celle du *Vocabulaire de la philosophie* de Lalande: 'Se dit par extension de tous les tableaux représentant sous la forme d'une description concrète et détaillée (et souvent même comme un roman) l'organisation idéale d'une société humaine';[46] ou encore celle que propose Alexandre Cioranescu: 'L'utopie est la description littéraire individualisée d'une société imaginaire, organisée sur des bases qui impliquent une critique sous-jacente de la société réelle.'[47] On leur préférera pourtant une définition plus précise, elle-même quelque peu 'utopique' car rarement actualisée dans son intégralité par les textes, correspondant à la forme canonique du récit utopique pour la période considérée ici. C'est dire qu'une fraction importante du corpus se situera quelque part entre ces deux pôles définitionnels.

Comme son nom l'indique, l'utopie narrative implique le recours au récit (ce qui exclut les exposés purement didactiques des utopies-programmes). Représentation d'un monde fictif, l'utopie cherche à susciter par l'écriture le tableau détaillé et concret (ce qui implique le recours à la description) d'un monde imaginaire complet (ce qui exclut les descriptions portant seulement sur des points particuliers),[48] plausible (ce qui implique la recherche d'un 'effet de réel'), autonome (cette autonomie étant manifestée par la clôture spatiale et l'autarcie d'un univers autosuffisant), cohérent (ce qui exclut la fantaisie pure) et soumis aux lois physiques du réel (ce qui exclut la féerie et le merveilleux). Le monde utopique est habité par une collectivité (ce qui exclut la robinsonnade purement individuelle) nettement individualisée et particularisée (ce qui exclut

---

46. André Lalande, article 'Utopie', *Vocabulaire technique et critique de la philosophie* (réédition, Paris 1968).

47. Cioranescu, p.22.

48. La restriction s'applique moins à la taille de la communauté qu'au caractère totalisant de sa description. Les *Graphes* de Restif de La Bretonne, dont chaque volume aborde un aspect spécifique de la vie sociale (prostitution, organisation des spectacles, condition féminine, etc.), ne peuvent être considérés comme de véritables utopies. C'est le cas, en revanche, de la 'petite société' de *La Nouvelle Héloïse* – guère plus d'une quinzaine de personnes – ou de celle de *Paul et Virginie*, limitée à six membres: leur autosuffisance interne et le caractère exhaustif de l'évocation de leur fonctionnement en font bien des 'mondes' à elles seules, même si la réduction d'échelle et l'insertion spatiale au sein de l'univers réel altèrent ici les caractères habituels de l'utopie.

les tableaux d'une humanité abstraite et générale), formée d'êtres raisonnables.[49] Cette collectivité est régie par une organisation explicite détaillée (ce qui exclut la pastorale), saisie dans son fonctionnement concret (ce qui exclut les codes législatifs et projets politiques, dont l'organisation est seulement programmatique) et rationnellement justifiée par le bonheur qu'elle apporte aux citoyens, la puissance qu'elle assure à l'Etat, ou encore par sa conformité à quelques grandes valeurs fondatrices: Nature, Raison, Justice. La justification rationnelle de l'organisation permet de différencier l'utopie du mythe, dans lequel la justification est de nature transcendante. Il faut entendre par organisation un ensemble de règles et de pratiques permettant de régir les relations des utopiens entre eux (lois, institutions, système social, mais aussi morale et idéologie), leurs rapports avec l'environnement matériel (occupation de l'espace, urbanisme, maîtrise de la nature par la science et la technologie) comme avec l'univers spirituel (métaphysique, religion, pratiques cultuelles).

Mais le monde utopique ainsi caractérisé ne se suffit pas à lui-même. En dépit de son autonomie apparente, affichée par la clôture spatiale (souvent insulaire), l'autarcie morale et l'autosuffisance matérielle, il appelle la confrontation et la comparaison. L'altérité dont il se réclame oblige à l'appréhender à l'intérieur d'une relation duelle dont le monde réel constitue l'autre terme, implicitement ou explicitement présent. D'autre part, le monde utopique ne trouve en lui-même ni son origine ni sa destination. Il est génétiquement issu du monde réel, à un double titre: au risque de simplifier, on peut admettre que l'insatisfaction face au réel et la fuite compensatoire dans l'imaginaire sont les motivations premières de l'utopiste. Il s'agit donc d'un monde construit en réaction face à une réalité détestée ou contestée, monde lui-même étroitement tributaire de ce qu'il conteste, puisque l'utopiste, pour l'édifier, n'a d'autre solution que de recomposer et de réarticuler des éléments empruntés au réel.[50] On sait que l'imagination n'est pas une faculté d'invention, mais une faculté de combinaison, nécessairement condamnée, si l'on ose dire, à faire de l'Autre avec du Même: comme la Chimère du *Discours de la méthode*, façonnée à partir d'"une tête de lion entée sur le corps d'une chèvre',[51] l'imaginaire procède par

49. Cette formulation permet d'inclure les utopies peuplées d'êtres non-humains: Sélénites de Cyrano de Bergerac, Potuans de Holberg (*Voyage souterrain de Nicolas Klimius*, 1741), ou encore, les Houyhnhnms du *Quatrième voyage* des *Voyages de Gulliver* de Swift.

50. D'où la fréquence dans les utopies du vieux motif du 'monde renversé': partir de l'image du monde réel et l'inverser comme dans un miroir est probablement le moyen le plus simple de construire à peu de frais un monde 'autre'; mais cette altérité n'est après tout qu'une illusion d'optique, une 'identité pervertie ou masquée', selon l'expression que Gérard Genette applique à la figure baroque ('L'univers réversible', in *Figures*, Paris 1966, p.20).

51. Descartes, *Discours de la méthode*, IV, in *Œuvres et lettres*, Bibliothèque de la Pléiade (Paris 1958), p.153.

21

raboutage de pièces rapportées empruntées au réel, et l'utopie relève, elle aussi, d'un bricolage où bien souvent seul est nouveau l'arrangement des motifs. Il faut signaler enfin que le texte utopique, loin de trouver sa finalité dans le tableau de la société imaginaire qu'il décrit, a pour vocation de faire retour au réel dans un mouvement de confrontation qui lui donne son sens. L'utopiste n'écrit pas pour les utopiens, mais pour le lecteur européen qu'il veut influencer et convaincre. Qu'elle soit critique ou satire de nos sociétés ou encore qu'elle propose un modèle politique positif dans une perspective de transformation sociale, l'utopie ne perd jamais de vue le monde réel: il en est le seul destinataire et sa véritable raison d'être. Ce processus dialectique d'aller-retour est claire-ment reflété par la mise en forme littéraire de l'utopie narrative classique: en une trajectoire parfaitement circulaire, le voyageur-narrateur parti du monde réel revient au monde réel pour y communiquer la description du monde utopique.

On proposera donc la définition suivante: on appellera utopie narrative la description détaillée, introduite par un récit ou intégrée à un récit, d'un espace imaginaire clos, géographiquement plausible et soumis aux lois physiques du monde réel, habité par une collectivité individualisée d'êtres raisonnables dont les rapports mutuels comme les relations avec l'univers matériel et spirituel sont régis par une organisation rationnellement justifiée saisie dans son fonctionne-ment concret. Cette description doit être apte à susciter la représentation d'un monde fictif complet, autosuffisant et cohérent, implicitement ou explicitement mis en relation dialectique avec le monde réel, dont il modifie ou réarticule les éléments dans une perspective critique, satirique ou réformatrice.

L'utopie ainsi entendue correspond au modèle théorique du genre pour la période qui nous occupe et tel qu'il se trouve réalisé dans quelques textes qu'on peut considérer comme canoniques, l'*Histoire des Sévarambes* de Veiras, *La Terre australe connue* de Foigny, l'*Histoire des Ajaoiens* de Fontenelle, les *Mémoires de Gaudence de Lucques* de Berington, mais non, assurément, dans tous ceux constituant notre corpus, soit que certains des éléments ci-dessus y fassent défaut, soit encore que la contamination de genres connexes – robinsonnades, romans d'aventures maritimes, voyages imaginaires, etc. – en introduise d'autres non répertoriés.

En quoi cette définition peut-elle rendre compte des principaux caractères de l'utopie narrative classique, notamment de ce qui constitue sa spécificité par rapport au genre romanesque? Une première difficulté porte sur le statut littéraire du texte utopique. Il s'agit, on l'a dit, d'un récit, presque toujours à la première personne jusqu'à la fin du dix-huitième siècle au moins: d'où une narration rétrospective de type autobiographique très proche des modèles formels du roman tel qu'il est pratiqué à l'époque. Mais ce récit intègre de vastes séquences descriptives portant sur les institutions, l'urbanisme, l'ordonnance de la vie quotidienne, etc. Dans quelle mesure ces deux orientations sont-elles compatibles? La description, foncièrement statique, s'oppose au mouvement dynamique de la progression événementielle qui est la loi du roman. Aussi les véritables utopies sont-elles assez souvent médiocrement réussies du point de vue romanesque, tandis qu'inversement les œuvres satisfaisantes en tant que romans le sont beaucoup moins en tant qu'utopies.

Outre la description, le récit utopique a recours également à d'autres modalités discursives qui, elles non plus, ne vont guère dans le sens du romanesque. La mise en relation de l'utopie et du monde réel, nécessaire à l'émergence de l'altérité utopique, implique la présence de dialogues: dialogues entre le voyageur-narrateur et ses interlocuteurs européens au retour de son voyage – on songera, par exemple, aux longs entretiens entre Raphaël Hythloday, More et Pierre Gilles qui occupent la plus grande partie du livre I de *L'Utopie* – ou, plus fréquemment dans l'utopie classique, dialogue en utopie même entre le narrateur et ses interlocuteurs utopiens, souvent quelques 'sages vieillards' qui informent, expliquent, répondent aux objections et accueillent eux-mêmes avec étonnement les informations qui leur sont livrées sur les mœurs étranges de l'Europe.

Au dialogue, et souvent intégré à ce dernier, il faut ajouter encore le discours commentatif, né de la nécessité de fonder en raison l'organisation adoptée: l'auto-justification fait partie des contraintes du tableau utopique, puisque la description des pratiques sociales concrètement observées implique la référence à la législation qui les inspire, laquelle découle elle-même de l'énoncé des principes fondateurs de l'Etat.

La nature du monde utopique suggère, elle aussi, quelques remarques. Celui-ci, on le sait, se donne pour une réalité concrètement existante occupant quelque 'blanc' de la carte à l'extrémité du monde. Mais cette existence n'est affirmée que sur le mode de la fiction: le statut existentiel de l'utopie est à peu près celui d'un personnage de roman. D'où deux attitudes possibles et parfois simultanément présentes: faire oublier la fiction en l'entourant de toutes les garanties de la réalité vérifiable; souligner, au contraire, son caractère de jeu de l'esprit. La première explique les stratégies d'authentification et l'optique 'réaliste' observables, par exemple, dans l'*Histoire des Sévarambes* de Veiras. La seconde prédomine dans *L'Utopie* de More, où presque tous les noms propres sont choisis pour évoquer une contradiction dans les termes, une impossibilité logique signalant l'irréalité de ce qu'ils désignent: en Utopie ('nulle part'), le fleuve s'appelle Anhydre ('sans eau'), la capitale Amaurote ('ville-brouillard'), le prince Adème ('sans peuple').

Néanmoins, même ironiquement renvoyée à son irréalité, l'utopie doit rester soumise aux lois naturelles du monde réel: un monde où les morts ressuscitent, où les êtres se métamorphosent, où les animaux parlent, relève du conte de fées, non de l'utopie. Cette distinction apparemment claire est pourtant singulièrement difficile à appliquer. Que dire des chevaux de Swift, dotés des attributs humains de la raison et du langage, au sein il est vrai d'une nature pour le reste inchangée? Il en est de même de la singulière fertilité ou des particularités climatiques idéales, non justiciables d'une explication rationnelle, de nombreuses contrées utopiques. Enfin, et plus gravement, à une époque où l'imprégnation théologique conduit à voir dans l'imperfection de l'homme d'après la chute une donnée intangible de notre condition, la perfection rationnelle de certains peuples utopiens indemnes de passions et de désirs, à l'image des Australiens de Foigny, ne constitue-t-elle pas une infraction aux règles de la nature humaine?

Ces divers écarts ne sont pas sans conséquences. Ils remettent en cause la relation établie avec le monde de référence du lecteur, à l'égard duquel l'utopie n'a plus en ce cas valeur d'exemple, puisque sa supériorité ne résulte pas d'un processus reproductible, mais d'une nature radicalement 'autre', donc d'une spécificité non transposable. L'utopie cesse alors d'être modèle imitable dans l'ordre social ou politique pour devenir pure 'expérience mentale sur les possibles latéraux' (R. Ruyer), voire épiphanie d'une sorte d'absolu métaphysique.

Quant à la mise en relation dialectique du monde réel et de l'utopie, nécessaire à la manifestation de l'altérité utopique comme à sa fonction de modèle ou d'instrument critique face à l'univers de référence, elle implique certaines exigences formelles qui expliquent peut-être la remarquable fixité du genre. L'utopie littéraire réclame en effet, simultanément, la conjonction et la disjonction de l'ici et de l'ailleurs, la co-présence et, en même temps, la rigoureuse séparation du pays imaginaire et l'Europe. D'où la structure en diptyque adoptée dans *L'Utopie* de More: à l'analyse critique du livre I, où sont évoquées les tares économiques et sociales de la société anglaise du début du seizième siècle, succède au livre II la description de l'île d'Utopie dont les institutions apparaissent comme une réponse aux problèmes du monde réel.[52]

Toutefois, à cette organisation contrastive simple jouant sur la succession

52. A moins qu'il ne faille voir avec Michèle Le Dœuff ('Dualité et polysémie du texte utopique', in *Le Discours utopique*, colloque de Cerisy (1975), p.326-34) dans cette structure duale une démarche générale de la pensée utopique – de la fable (livre II) à la réflexion théorique (livre I) – la seconde équivalant à une reprise sur un autre mode d'un texte fictionnel premier dont elle réduit la polysémie latente au profit d'un sens univoque. Mais cette analyse ne paraît guère applicable aux textes qui nous occupent: aucun ne se laisse ainsi décomposer en deux 'volets', l'un théorique, l'autre fictionnel; l'un des traits les plus saillants de l'utopie classique est, au contraire, son souci constant de faire la théorie de sa propre fiction, d'où la présence dans la majorité des œuvres d'abondants développements idéologiques visant à justifier l'organisation mise en place.

des deux mondes antagonistes, l'utopie narrative classique préfère en général une confrontation continue résultant d'un scénario-type fondé sur le voyage et le personnage du voyageur. Un long et périlleux itinéraire maritime, renforcé par la clôture spatiale – presque toujours insulaire – du monde utopique, matérialise leur radicale séparation, tout en manifestant cependant la possibilité d'un passage, tandis que le héros narrateur assume de l'un à l'autre une double fonction médiatrice: de l'utopie vers l'Europe, grâce à la relation de son aventure transmise à son retour, mais aussi de l'Europe vers l'utopie, à travers son discours sur l'Europe à l'intention de ses interlocuteurs utopiens ou encore ses propres étonnements d'homme de l'"ici" affronté au spectacle de l'"ailleurs'.

L'utopie offre ainsi un point d'optique privilégié sur notre monde, dans la mesure où elle nous permet de nous placer imaginairement hors de ce monde; dans ce processus de décentrement critique, le voyageur-narrateur joue un rôle comparable aux Persans de Montesquieu ou aux 'bons sauvages' des Lumières. En effet, si l'utopie narrative, en vertu même de sa définition, obéit à des contraintes formelles spécifiques, elle se différencie également du roman ordinaire par une finalité démonstrative qui la rapproche de la parabole ou de la fable, autrement dit d'un type de récit visant à transmettre un sens: l'utopiste ne cherche pas à divertir, mais à convaincre; l'utopie n'est pas seulement un ailleurs, elle se donne aussi pour un modèle grâce auquel les maux qui frappent le monde réel se trouvent enfin résolus.

v. De la société parfaite à la contestation du modèle: forme et signification du récit utopique

Pourtant le flou conceptuel des notions de 'perfection' ou d'"idéal', où l'on voit souvent des caractères essentiels de l'utopie,[53] a dissuadé de les retenir dans la définition proposée. Parler, par exemple, du caractère idéal de la société utopique, c'est jouer sur deux sens fort différents mais inextricablement associés: l'utopie peut être dite idéale en ce que son organisation est donnée pour la meilleure qui se puisse concevoir; mais elle est aussi idéale – peut-être faudrait-il dire 'idéelle' – en ce qu'il s'agit d'une pure idée, d'une création de l'esprit sans support dans le réel, et il est probable que cette seconde acception conditionne la première. En d'autres termes, le caractère idéal du monde utopique est lié à son mode d'existence imaginaire, les deux idées renvoyant mutuellement l'une à l'autre.

La notion de 'perfection' n'est guère plus claire. Perfection de quoi? Appréciée par qui et sur quels critères? Darko Suvin a bien perçu la difficulté et préfère

53. Voir le florilège de définitions de l'utopie rassemblé par Darko Suvin (p.47-69).

parler d'"une communauté [...] où les institutions socio-politiques, les normes et les relations individuelles sont organisées selon un principe plus parfait que dans la société de l'auteur' (p.57). Cette caractérisation nettement plus précise laisse cependant insatisfait. Outre qu'une chose ne saurait à proprement parler être dite 'plus parfaite', ou 'moins parfaite', puisque la perfection, état superlatif du bien, exclut l'appréciation relative, cette définition n'explicite pas davantage les critères de la perfection utopique, ni l'origine du jugement qui la décrète telle.

Il semble à peu près impossible de déterminer des critères objectifs et universellement acceptés de la perfection socio-politique, que l'utopie est censée incarner. Comme le dit le dicton anglais, 'one man's dream is another man's nightmare':[54] ce qui est ordre rationnel pour l'un est insupportable despotisme pour l'autre, et la 'perfection' subjectivement décrétée que l'utopiste impose à autrui cesse d'être telle dès lors qu'elle interdit à ce dernier de réaliser ses propres aspirations à un autre 'monde possible' éventuellement différent.[55] Au reste, la variété institutionnelle des utopies – de l'égalitarisme complet à la société de castes, de la monarchie absolue à la disparition totale de l'Etat – témoigne de la diversité des idéaux politiques, voués à varier selon les époques et les individus. Si les utopistes sont loin d'avoir la même conception de la cité parfaite, il en ira probablement de même des lecteurs, et il n'est pas sûr que ceux-ci perçoivent dans le tableau utopique la perfection que l'auteur avait voulu y figurer: ainsi, la Cité du Soleil imaginée par Campanella est peut-être idéale aux yeux de Campanella, il est douteux qu'elle le soit pour nous. La rigidité hiérarchique de la société solarienne, la planification rigoureuse de toutes les activités, y compris la sexualité et la reproduction, la prise en charge par la collectivité de tous les aspects de l'existence individuelle, correspondent à la conception de la société parfaite que pouvait se faire un moine italien du début du dix-septième siècle, influencé par la tradition platonicienne de *La*

54. Rappelé par Robert C. Elliott, *The Shape of utopia: studies in a literary genre* (Chicago, London 1970), p.87.

55. Voir sur ce point les modèles logiques proposés par le philosophe Robert Nozick dans le cadre d'une réflexion sur l'"Etat minimal' (*Anarchy, State and utopia*, Oxford 1974). Pour Nozick, mériterait seul le nom d'"utopie' un 'monde possible imaginé' où 'tout être rationnel habitant ce monde que vous avez imaginé aura le même droit que vous d'imaginer un autre monde possible pour y vivre lui-même (dans lequel tous les autres êtres rationnels qui l'habitent auront les mêmes droits à imaginer et ainsi de suite)'. ('Every rational creature in this world you have imagined will have the same rights of imagining a possible world for himself to live in (in which all other rational inhabitants have the same imagining rights, and so on) as you have,' p.299). Cette conception de l'utopie comme 'cadre d'utopies' ('Utopia is a framework for utopias', p.312), ou plutôt de méta-utopies indéfiniment emboîtées, récuse la notion unitaire de 'perfection' au profit d'une préservation de l'idéal social personnel dans toute la diversité de ses formulations individuelles. Mais elle est parfaitement étrangère à l'utopie classique.

République, par la pensée cosmologique et astrologique de la Renaissance et par le modèle de l'existence conventuelle; un tel idéal ne peut plus guère être le nôtre.

Ces constatations, si évidentes qu'on ne prend généralement pas la peine de les formuler, expliquent en partie les mutations de signification qui affectent les utopies: leur coloration positive ou négative est déterminée au premier chef par l'appréciation subjective que peut porter le lecteur, en fonction de sa propre conception de la perfection des sociétés, sur les institutions qu'elles proposent. On pourrait cependant contester la légitimité d'une démarche qui consiste à juger en fonction de critères personnels extérieurs à l'œuvre. Or, il est possible de montrer que, à l'intérieur même de ses propres critères d'idéalité et de sa propre conception de la perfection sociale, l'utopie présente assez souvent des contradictions qui remettent en question la cohérence de la construction imaginaire et, par voie de conséquence, la signification positive qu'elle est censée transmettre.

Produits de la rencontre d'une tradition institutionnelle et du jeu momentané des forces économiques, sociales et politiques, les sociétés réelles existent sur le mode de l'état de fait, à la façon d'un donné naturel. Elles ont rarement une conscience claire des finalités qu'elles poursuivent, si tant est qu'elles s'en proposent une autre que leur propre perpétuation. Il ne leur est même pas toujours indispensable de fonder leur légitimité sur des valeurs religieuses, morales ou philosophiques; à la rigueur, elles peuvent la tirer de leur existence même. Il n'en va pas ainsi des sociétés utopiques, qui sont de pures créations mentales, même lorsque le récit qui les présente les donne pour issues d'une tradition et les enracine dans une histoire. Il leur faut justifier leur légitimité par la référence à quelques valeurs fondatrices présentées comme d'infaillibles guides de vérité. Celles-ci sont rarement d'ordre religieux: la justification théologique, lorsqu'elle intervient, apparaît comme un facteur de cohésion civique ou un garant de l'ordre politique plutôt que comme un véritable fondement métaphysique. Les utopies des Lumières, ne faisant d'ailleurs en cela que systématiser une tendance latente du genre, se réfèrent électivement aux valeurs laïques de Nature et de Raison, dont leurs institutions sont données expressément pour l'émanation. A la différence encore des sociétés réelles, les sociétés utopiques se proposent des finalités explicites. Certaines sont d'ordre collectif: les institutions, nous dit-on, ont pour but d'assurer la pérennité de l'Etat, sa puissance, sa stabilité, ou encore l'harmonie sociale, la justice, la cohésion des citoyens. D'autres sont plus strictement individuelles: assurer à chacun les meilleures conditions de subsistance matérielle, permettre l'épanouissement et le bonheur personnel.

Tels sont, sommairement exposés sans tenir compte des multiples variantes, les principes sur lesquels l'utopie prétend asseoir sa perfection. Ceux-ci impliquent toutefois un certain nombre de présupposés, les uns explicites, les autres informulés. Le plus évident concerne la compatibilité mutuelle des principes de construction de l'utopie; celle-ci part du postulat que les valeurs et les finalités ci-dessus ne sont pas contradictoires entre elles. Ainsi, l'utopie des Lumières, appuyée conjointement sur la Nature et sur la Raison, est amenée à les identifier entièrement l'une à l'autre, conformément d'ailleurs aux options philosophiques du siècle: l'ordre de la nature est intégralement pénétrable par l'esprit humain, la nécessité rationnelle reflète la loi naturelle. Autre présupposé: il ne peut exister aucun conflit entre les finalités collectives et les finalités individuelles; d'une part, des institutions justes assurent à chacun la place légitime qui lui revient; d'autre part, les passions anti-sociales (instinct de propriété, jalousie, ambition, cupidité) ont disparu chez l'homme nouveau façonné par ces mêmes institutions, puisqu'ont également disparu les phénomènes sociaux et économiques qui les motivaient (propriété privée, inégalité, argent). Mieux: l'utopie a permis d'abolir toute distinction entre l'individuel et le collectif, toute opposition entre l'intérêt particulier et l'intérêt général. L'individu s'efface au profit du citoyen et ne se perçoit plus que comme membre indifférencié de la communauté à laquelle il s'identifie.

Toutefois, ces présupposés révèlent à l'examen des contradictions latentes. Peut-on, par exemple, identifier entièrement la nature et la raison? Société reposant sur un ordre rationnel, l'utopie peut difficilement être une 'société naturelle', à supposer que ces deux termes ne soient pas immédiatement contradictoires. Elle est à un double titre une création artificielle: construction imaginaire d'un utopiste démiurge ou planificateur en chambre, nous le savons, mais aussi, à l'intérieur du récit que celui-ci nous présente, création pure d'un législateur fictif dont l'acte fondateur marque précisément le passage de la Nature à la Culture, du désordre de la spontanéité sauvage à l'ordre artificiel et rationnel de la civilisation.[56] Rien d'étonnant, donc, si les utopies, tiraillées entre la nature et la raison qu'elles prétendent unir, achoppent finalement sur l'artifice. Ainsi, ces pulsions ou passions que sont la sexualité et l'amour s'accordent mal avec l'ordre d'une société purement rationnelle; chez Prévost, elles vont jusqu'à le faire exploser en révélant ses contradictions. S'efforçant de maîtriser une passion mal éteinte, l'utopie 'naturelle' de *La Nouvelle Héloïse* relève, en réalité, du plus complet artifice. Chez Foigny ou chez Swift, celui-ci

---

56. C'est en civilisant une population initialement sauvage que le conquérant Utopus fondera la société utopienne. De même, dans l'*Histoire des Sévarambes* de Veiras, le législateur Sévarias régénère par un ordre imposé la nation déchue des Stroukarambes. Même démarche dans le *Cleveland* de Prévost chez le législateur anonyme des Nopandes, ou chez Cleveland lui-même parmi les sauvages Abaquis.

se trahit par une haine de l'animalité qui n'est guère conforme à la nature dont pourtant on se réclame, pas plus d'ailleurs qu'elle n'est rationnellement justifiable.

Mais c'est entre les deux ordres de finalités, individuelles et collectives, que surgissent les conflits les plus aigus. L'utopiste postule leur identité profonde au sein d'une société régénérée. La fusion, voire l'abolition, de l'individu dans le tout social supprime l'antinomie du bonheur individuel et du bonheur collectif, puisqu'il n'existe plus à proprement parler qu'un seul grand individu, qui est l'Etat.[57] Ceci implique, outre la croyance en la sociabilité naturelle de l'homme, une triple conviction: que cette dissolution de l'individuel dans le collectif, loin d'être mutilante, est pleinement positive; qu'une telle fusion peut être obtenue spontanément, sans contrainte ni violence, par une simple réforme des institutions; enfin, que l'absolue identité des êtres nécessaire à leur complète intégration à la collectivité est aisément réalisable. Or, l'examen des textes permet de mettre en évidence des enclaves irréductibles d'individualité. L'amour électif pour un être résiste fort bien à la suppression des supports socio-économiques qui alimentent les passions dans le monde réel, ainsi que le prouve l'exemple du narrateur dans l'épisode de la colonie rochelloise de *Cleveland*: mues par un louable désir de satisfaire égalitairement aux besoins de la nature, les autorités de la colonie lui proposent bien une femme, mais non celle qu'il aime – substitution du quantitatif au qualitatif qui résulte directement du transfert de l'individuel au collectif qu'opère l'utopie. De même, porteurs d'une spécificité d'autant plus irréductible qu'elle est inscrite dans leur nature biologique, et de ce fait socialement inintégrables dans cet univers d'identité, les héros de Foigny et de Swift font éclater, malgré eux, l'antinomie de l'individu et de la société que l'utopie prétendait résolue.

On s'en tiendra pour l'instant à ces quelques remarques, sans envisager l'aspect éthique des problèmes soulevés ici, sans non plus examiner la validité des présupposés utopiques quant à la nature de l'homme, considéré comme un être rationnel, infiniment perfectible et infiniment plastique. On constatera qu'elles contribuent à ébranler sérieusement le mythe de la perfection utopique. Cette perfection n'est ni universellement acceptée, ni semblablement perçue, ni identiquement définie. Les principes qui devraient la fonder sont contradictoires entre eux. L'"eudémonisme radical"[58] qui inspire l'organisation utopique vise à

---

57. Platon ne dit pas autre chose: 'L'Etat le mieux gouverné est celui qui se rapproche le plus du modèle de l'individu' (*La République*, livre v, tr. A. Diès, Paris 1971, p.160); et le but, ajoute-t-il, doit être de 'rendre l'Etat aussi heureux que possible et que nous façonnions ce bonheur sans avoir égard à un corps de citoyens isolé' (p.164).

58. Roland Barthes, *Sade, Fourier, Loyola* (Paris 1971), p.86 (à propos du système de Fourier).

l'harmonie du tout, non au bonheur propre des parties qui le constituent, c'est-à-dire des individus.

Ce monde 'idéal', on le voit, pourrait aisément se muer en un monde de mensonge et d'oppression, et il semble bien que d'assez nombreux utopistes eux-mêmes en aient eu obscurément conscience. De fait, si les utopies positives restent la règle (et ceci est vrai surtout des œuvres littérairement les plus médiocres), l'utopie est loin d'avoir toujours cette valeur de modèle idéal que lui reconnaît la tradition critique. A côté des formulations d'un 'possible historique autre' à valeur exemplaire, qui sont clairement l'énoncé d'un programme de transformation, l'émanation d'une aspiration à laquelle l'auteur adhère sans la moindre réserve – ainsi chez un Lesconvel ou un Lassay – on trouvera également des utopies de signification plus incertaine, axiologiquement ambiguës et parfois franchement négatives. Dans certains cas extrêmes, le rêve de la cité heureuse se muera en cauchemar, selon un processus qui n'est pas sans analogie avec celui de l'anti-utopie contemporaine née dans l'entre-deux-guerres avec Zamiatine, Huxley ou Orwell.[59] Ce 'procès de l'utopie'[60] se réalisant à l'intérieur de l'utopie elle-même demeure, certes, exceptionnel pour la période qui nous intéresse. Reste cependant que l'ambiguïté de signification est bien une constante de l'utopie classique, au moins dans ses textes majeurs: déjà esquissée pratiquement à sa naissance, chez Veiras et surtout chez Foigny, elle est encore présente près d'un siècle plus tard dans le tableau de Clarens de *La Nouvelle Héloïse*.

Il faut bien voir toutefois que le sens positif ou négatif du texte utopique résulte moins du contenu intrinsèque des institutions présentées que des techniques littéraires mises en œuvre pour le manifester. Autoritarisme des structures politiques, rigidité bureaucratique de la réglementation de la vie quotidienne qui légifère sur l'ordonnance des repas, l'heure du lever et du coucher, la couleur des vêtements, obsession policière de la transparence, poids du contrôle social manifesté par l'omniprésence du regard d'autrui, plus généralement écrasement de l'individu laminé par la pression collective, telles sont les caractéristiques communes à bien des utopies, qu'elles se constituent en critique de l'utopie ou qu'elles se donnent pour des cités idéales. La différence d'appréciation portée par le lecteur ne découle donc pas de la nature intrinsèquement 'différente' des sociétés imaginaires qui y sont présentées, mais d'un 'effet de lecture', lui-même induit par les techniques narratives utilisées:

59. Voir l'ouvrage de Chad Walsh, *From utopia to nightmare*, nouvelle édition (Westport, Connecticut 1972).

60. Voir l'article de Raymond Trousson, 'L'utopie en procès au siècle des Lumières', in *Essays in honor of Ira O. Wade* (Genève 1977), p.313-27.

le sens de l'utopie ne tient pas dans l'énoncé abstrait de ses institutions, mais se construit dans l'acte de lecture par l'interaction d'une forme et d'un contenu.

Lorsque la description ou l'exposé didactique l'emportent sur le récit, lorsqu'aucun événement ne vient perturber l'ordonnance réglée du code institutionnel, lorsque le narrateur se cantonne à son rôle de regard neutre porté sur la réalité utopique, simple artifice fonctionnel de présentation plutôt que personnage individualisé, l'utopie narrative – mais elle ne mérite en ce cas que bien peu ce qualificatif – s'assimile à une utopie-programme fictivement réalisée, mais réalisée en tant que programme, non sous la forme d'une représentation concrète saisie dans le détail de son fonctionnement. De telles utopies conservent en général, quel que soit le contenu de leurs institutions, leur aura de société 'parfaite', car tous les éléments susceptibles d'y faire émerger des situations conflictuelles en ont été soigneusement bannis: ainsi chez Fontenelle, Lesconvel, Lassay et bien d'autres utopistes mineurs.

Il n'en va pas de même dans les textes où le narratif l'emporte sur le descriptif, où l'exposé institutionnel cède la place à la représentation concrète de la vie quotidienne, où le récit est structuré par une intrigue plutôt que par un programme didactique, où, surtout, le narrateur s'individualise en véritable personnage, porteur d'une singularité personnelle, impliqué dans un enchaînement événementiel, pourvu d'une biographie, animé par des passions et des désirs qui lui sont propres. La personnalisation du héros et l'irruption corrélative de l'événement introduisent dans l'utopie une problématique conflictuelle: conflit de la différence et de l'identité, de la passion et de l'ordre social, de l'individu et de la collectivité, de la rationalité étatique et de l'aspiration personnelle. L'ordre utopique se révèle alors insatisfaisant, voire oppressif, soit parce que sa prétendue perfection est mensongère, ainsi chez Prévost, soit encore, ce qui revient au même, parce que cette perfection est bien réelle, mais incompatible avec l'imperfection de l'humanité ordinaire, comme chez Foigny ou chez Swift.

Les mêmes remarques s'appliquent également aux séquences utopiques des romans du dix-huitième siècle: la position médiane qu'occupent l'épisode de l'Eldorado dans *Candide* ou le tableau de Clarens dans *La Nouvelle Héloïse* suggère déjà que la signification de ces haltes utopiques ne saurait être entièrement positive, puisqu'elles ne correspondent précisément qu'à une étape transitoire bientôt dépassée par la progression romanesque.

Notion incertaine surchargée de trop d'acceptions mal définies, l'utopie doit donc être reconnue également comme un objet littéraire où le sens découle d'un choix formel: c'est ce à quoi voudrait contribuer cette étude.

I
Le mode utopique

Introduction

UNE approche 'littéraire' conduit inévitablement à privilégier la conception de l'utopie comme *genre* obéissant à certaines règles, caractérisé par certaines constantes de formes et de thèmes. Elle ne doit pas pour autant faire oublier que l'utopie est d'abord un *mode*, une attitude mentale née d'un sentiment d'insatisfaction devant ce qui est, justifiant une projection compensatoire dans l'imaginaire.[1] Actualisation particulière du mode utopique à travers les codes spécifiques de la littérature, le genre utopique ne peut évidemment se comprendre qu'à partir des aspirations qui s'expriment en lui à un moment donné de l'histoire.

S'il faut réagir contre le caractère mécaniste et réducteur des lectures étroitement historicistes ou, pire, soumises à l'illusion téléologique, qui réduisent l'utopie narrative à n'être que le reflet des événements contemporains ou l'annonce de ceux à venir, on ne peut pas non plus la couper de l'arrière-plan intellectuel et historique qui lui sert de toile de fond. Ainsi les utopies de forme romanesque font-elles écho directement ou indirectement au contexte historique général dans lequel elles ont pris naissance, mais aussi, plus spécifiquement, à certaines expériences sociales, projets ou courants de pensée historiquement incarnés, qu'on peut considérer comme relevant eux-mêmes de l'utopie au sens sociologique du terme. Certains de ces modèles relèvent d'univers géographiquement lointains et historiquement reculés: les institutions de la Rome républicaine, les lois de Lycurgue à Sparte, l'organisation politique de l'empire inca décrite par Garcilaso de La Vega, véritables magasins d'archétypes dans lesquels puisent les auteurs d'utopies. D'autres appartiennent à un environnement social ou historique plus immédiat: ainsi, comment comprendre le *Troisième voyage* des *Voyages de Gulliver* sans faire référence au mouvement contemporain des 'Projeteurs', ou rendre compte des épisodes utopiques du *Cleveland* de Prévost si l'on ignore tout des diverses entreprises de colonisation menées à cette époque, depuis l'installation des communautés de Quakers en Amérique du Nord jusqu'à l'expérience des jésuites au Paraguay?

A défaut d'une enquête exhaustive sur les manifestations de l'imaginaire social entre classicisme et Lumières, on s'est borné ici à l'analyse de quelques courants, mouvements d'idées, expériences sociales ou projets qui ont pu

---

1. On peut souscrire, en gros, à la formule de Hartig et Soboul (p.7): 'S'inscrivant dans l'histoire, l'utopie naît de la mise en question de l'état présent des choses, elle part de la critique de la société actuelle.'

alimenter la réflexion des auteurs de récits utopiques ou du moins permettent de la situer historiquement. Les exemples choisis – modèles inspirateurs à valeur positive, anti-modèles soumis à un examen critique, fictions expérimentales au service d'une réflexion politique – offrent diverses actualisations possibles de l'utopie-mode: 'utopies pratiquées' proposant des expériences sociales originales avec ou sans expression écrite, utopies-programmes donnant lieu à un exposé didactique, fables et 'récits exemplaires' déplaçant sur le terrain de la fiction les enjeux de la théorie politique. On s'intéressera d'abord aux aspects utopiques ou para-utopiques des courants politico-religieux qui, après avoir proliféré à l'époque de la Révolution anglaise, essaiment en Amérique, puis s'étiolent ou se transforment au dix-huitième siècle dans le sens d'une intégration de plus en plus complète aux valeurs bourgeoises. Les entreprises de colonisation, elles aussi, revêtent parfois la signification de véritables utopies pratiquées et ont pu se constituer en modèles inspirateurs de l'utopie narrative. La période qui s'étend entre l'extrême fin du dix-septième siècle et les premières années du dix-huitième siècle semble être le siège, en Angleterre surtout, d'un véritable débat sur l'imagination prospective à travers lequel affleure confusément une interrogation sur ce que nous appellerions aujourd'hui l'attitude utopique: à l'utopisme pragmatique et bourgeois du mouvement des 'Projeteurs' s'oppose l'anti-utopisme conservateur d'un Swift. Il se poursuivra à l'époque des Lumières avec une interrogation beaucoup plus ample sur le changement social et politique, ses justifications, ses méthodes, ses risques éventuels, c'est-à-dire, au fond, sur l'aspiration utopique elle-même et la validité de sa propre démarche.

1. Entre l'utopie-programme et l'utopie en acte: mouvements d'expérimentation sociale et pratiques communautaires

Si, comme le voudrait l'historien Albert Soboul, on s'efforce de 'constituer le champ de l'utopie du siècle des Lumières en tenant compte des divers débordements du discours utopique',[1] il est indispensable de faire une place aux courants politico-religieux qui parcourent le dix-septième siècle anglais. Leur influence se prolonge, sous des formes passablement altérées, pendant tout le dix-huitième siècle et au-delà, à l'intérieur d'une aire géographique qui englobe aussi bien l'Angleterre que l'Amérique et, plus indirectement, l'Allemagne et la Hollande. La France, quant à elle, est à peu près entièrement à l'écart de ce mouvement, dont la connaissance est pourtant indispensable à la compréhension historique de quelques-uns des textes utopiques.

Dans ses formes les plus spectaculaires, la pratique utopique liée à ces courants politico-religieux paraît pourtant assez étroitement localisée dans le temps et dans l'espace: c'est l'Angleterre du milieu du dix-septième siècle (relayée ou prolongée par les communautés d'Amérique du Nord) qui verra naître, puis s'étioler ou se transformer, ces différents mouvements. La période initiale de l'activité des sectes – la plus radicale sur le plan politique et la plus proche d'une véritable définition de l'utopie pratiquée – est donc très nettement antérieure à la tranche chronologique qui nous intéresse. Toutefois, les phénomènes concernés se déploient dans une ample continuité qui appelle la perspective du long terme: ainsi, les Fraternités moraves américaines du dix-huitième siècle plongent leurs racines dans le mouvement des Hussites de Bohème, donc dans un temps bien antérieur à la Réforme de Luther, et leur histoire se poursuit pratiquement sans rupture jusqu'au début du vingtième siècle. C'est seulement sur une longue période – près d'un siècle – qu'il est possible de saisir l'ampleur et la signification des mutations qui affectent ces communautés religieuses et les font passer progressivement du radicalisme révolutionnaire à un humanitarisme progressiste fort modéré ne remettant pas foncièrement en cause les fondements de la société globale. L'évolution des Quakers est sur ce point exemplaire: nés dans la mouvance de Winstanley et de ses 'Niveleurs', adeptes d'un collectivisme évangélique fort proche du communisme, ils deviendront, moins d'un siècle

---

1. A. Soboul, in Hartig et Soboul, p.10.

plus tard, les hérauts et les premiers théoriciens du capitalisme moderne, voire les précurseurs de la Révolution industrielle.

i. Prolongements et déclin du radicalisme révolutionnaire anglais: les avatars du communisme mystique de Winstanley

Pendant une vingtaine d'années, en gros depuis la convocation du 'long parlement' (1640), aboutissement, au profit du premier, d'un long conflit entre le pouvoir parlementaire et le pouvoir royal, et jusqu'à la restauration monarchique de 1660, le dix-septième siècle anglais a connu une extraordinaire période d'agitation sociale et politique dans laquelle interfèrent constamment des préoccupations religieuses de style millénariste et mystique.

Dans le prodigieux foisonnement des sectes politico-religieuses du milieu du siècle, les historiens ont vu souvent un surgissement de l'"utopie en acte' dont on ne trouvera probablement pas l'équivalent dans l'histoire avant les mouvements socialistes et phalanstériens du dix-neuvième siècle. Encore l'optique sera-t-elle alors toute différente: les thèmes religieux n'y auront plus la même acuité (quand ils ne seront pas totalement absents) et, sauf exception,[2] les revendications sociales et politiques seront loin, dans l'ensemble, d'y revêtir le même radicalisme révolutionnaire. Enfin, les perspectives politiques concrètes n'auront pas la même ampleur: si Saint-Simon, Owen et Fourier se proposent en effet, à titre d'horizon théorique, une transformation globale de la société entière, leurs projets ne connaîtront que des réalisations limitées, partielles, infidèles, et d'ailleurs souvent désavouées par leurs inspirateurs:[3] petites communautés closes qui se résigneront à pratiquer, pour leur propre compte et sans perspective globale de mutation sociale, les idées de leurs fondateurs.

Il n'en va pas de même des courants les plus radicaux du puritanisme anglais, du moins dans les années comprises entre l'exécution de Charles Ier (1649) et le début du 'Protectorat' de Cromwell (1653): 'Chercheurs' (*Seekers*), 'Divagateurs' (*Ranters*), *Fifth Monarchy Men*, Mennonites, Quakers et bien d'autres encore.[4] Une place à part doit être faite à Gerrard Winstanley et aux mouvements

2. Voir, par exemple, le communisme de Cabet, d'abord exposé, sous une forme théorique, dans l'*Icarie* (1839), puis mis en pratique, avec les résultats désastreux que l'on sait, dans la communauté de Nauvoo au Texas.

3. Dans son ouvrage sur *La Société festive: du fouriérisme écrit aux fouriérismes pratiqués* (Paris 1975), Henri Desroche met bien en évidence l'hostilité à peu près constante manifestée par Fourier à l'égard des tentatives de réalisation concrète de son système suscitées par des disciples trop zélés.

4. Sur ces différentes sectes, les personnalités messianiques qui les animent et le contexte économique et politique dans lequel se déploie leur action, voir le livre de Christopher Hill, *Le Monde à l'envers: les idées radicales au cours de la Révolution anglaise*, traduit de l'anglais par S. Chambon et R. Ertel (Paris 1977).

révolutionnaires et religieux qui gravitent autour de lui: *Diggers*[5] et 'Niveleurs' de toute tendance (*Levellers*, *True Levellers*), bien connus depuis la somme qui leur a été consacrée par Olivier Lutaud.[6] Communiste et mystique, Winstanley propose, à travers une vingtaine de tracts, proclamations, pamphlets et programmes écrits entre 1648 et 1651,[7] une perspective cohérente de reconstruction globale de la société qui, sans aboutir à un véritable début d'application, trouva néanmoins une traduction concrète dans une action collective de type révolutionnaire: en 1649, Winstanley anime des manifestations ayant pour but l'appropriation collective et la mise en culture des terres en friche au profit des classes les plus défavorisées. L'évolution du régime de Cromwell vers une politique d'ordre et d'autoritarisme, peut-être aussi l'évolution personnelle de Winstanley et les divergences entre les dirigeants du mouvement, allaient mettre un terme assez rapidement à cette forme révolutionnaire d'"utopie pratiquée'.

Sur le plan religieux, Winstanley, héritier du radicalisme puritain du début du siècle comme de certains courants anglais ou flamands dont quelques-uns sont nettement antérieurs à la Réforme – John Wycliffe, les 'Lollards' flamands du quatorzième siècle – propose une conception théologique foncièrement optimiste du rapport individuel de l'homme à Dieu. La transcendance divine n'exclut nullement une relation directe, immédiate et personnelle entre l'homme et Dieu, puisque la raison et la conscience humaine de la justice manifestent la présence immanente en nous de l'Esprit divin. Même optimisme dans la conception religieuse de l'histoire: 'Qui nous empêche d'établir ici et maintenant le royaume des Cieux, et d'en jouir encore dans l'au-delà?', se demande Winstanley.[8] Le royaume des Cieux n'est plus, ou n'est pas seulement, un au-delà du monde et de l'histoire qu'il conviendrait de rejeter dans l'espace et le temps radicalement *autres* de la vie éternelle: il est réalisable ici et maintenant, selon une perspective à quelque degré présente dans tous les mouvements millénaristes.

Cette réalisation de l'utopie, Winstanley l'a crue possible, vers 1649, par la voie de l'action révolutionnaire et du soulèvement des masses. Ce fut un échec. Ce constat est probablement à l'origine de son dernier écrit,[9] le plus développé,

5. Ou 'Bêcheux', selon l'équivalent proposé dans la traduction française de l'ouvrage de Hill. Le nom vient des pratiques d'appropriation agraire collective qui ont marqué les débuts du mouvement.

6. Olivier Lutaud, *Winstanley: socialisme et christianisme sous Cromwell*, Publications de la Sorbonne, Littératures no.9 (Paris 1976).

7. Pour la bibliographie complète des écrits de Winstanley, voir Lutaud, p.17-18.

8. 'Why may we not have our Heaven here, and Heaven hereafter too?' (cité par Walter Armytage, *Heavens below: utopian experiments in England, 1560-1960* (London 1961), p.25, d'après G. H. Sabine, *The Works of Gerrard Winstanley*, New York 1941, p.409).

9. *The Law of freedom in a platform, or true magistracy restored*. Humbly presented to Oliver Cromwell. (Le texte, daté de 1652, a été achevé à la fin de 1651.) Les principaux extraits de cet ouvrage sont reproduits, en traduction française, dans l'étude d'O. Lutaud (*Winstanley*, p.346-83). Nos références renvoient à cette anthologie.

le plus détaillé, le plus conforme aussi dans sa perspective à la tradition utopique, puisqu'il ne s'agit plus d'un appel à l'insurrection visant les masses populaires, mais d'un projet de gouvernement dont le destinataire est le détenteur du pouvoir.[10] Conformément à une donnée permanente de l'histoire sociale anglaise – que l'on songe au premier livre de *L'Utopie* de More – la question agraire est au centre des préoccupations de Winstanley. Ce sont, d'après lui, les conquérants normands qui ont introduit en Angleterre l'appropriation privée des sols et, par suite, le système de lois iniques destinées à légaliser par la force cette usurpation primitive. Il faut donc abolir la propriété privée des terres, le salariat, l'argent, et toute espèce de transaction commerciale:

C'est lorsque l'Humanité se mit à acheter et à vendre qu'elle déchut de son innocence. C'est alors qu'on se mit réciproquement à s'opprimer et à se filouter un Droit de naissance imprescriptible [...] Achat et vente ont donc introduit, et introduisent encore, ces mécontentements et ces guerres qui n'ont cessé d'être le fléau de l'Humanité.[11]

La suppression de la propriété foncière individuelle entraîne la mise en place d'un système de production et de distribution collectiviste et planifié. Comme dans *L'Utopie* – et comme dans beaucoup d'utopies communautaires du dix-huitième siècle – la production, centralisée dans des magasins collectifs, est ensuite répartie entre les familles selon leurs besoins. Assez curieusement, Winstanley, qui adresse pourtant son message 'à toutes les nations du monde' et postule donc une expansion universelle du système communiste qu'il préconise, maintient, comme les Utopiens de More, un commerce extérieur monétarisé et des relations internationales régies par les règles traditionnelles de l'économie de marché. Sur le plan politique, le système est démocratique: le parlement, élu au suffrage universel, ne s'appuie dans ses délibérations que sur un petit

---

10. 'Il est évident que l'action de Winstanley finit par la rédaction d'un plan, alors qu'elle commence sur un cri de révolte. Mais, nous l'avons vu, cette évolution est en fait la conséquence presque normale de circonstances extérieures, et traduit le passage d'une modalité à une autre en toute stratégie révolutionnaire qui connaît des échecs' (Lutaud, p.456). Le processus ici décrit permet de rendre compte du passage de l'utopie pratiquée à l'utopie écrite: c'est l'échec de l'action sociale directe qui suscite le recours à l'écrit, sous la forme d'un programme de gouvernement idéal, et l'appel à la personne du prince, détenteur du pouvoir et, donc (pense-t-on), maître de l'initiative de transformation sociale. La problématique est présente chez Platon (point d'autre issue pour transformer l'Etat que des rois philosophes ou des philosophes-rois) comme chez More (voir, à la fin du premier livre de *L'Utopie*, le débat sur la participation de l'humaniste aux conseils des princes). Elle apparaît surtout, avec une particulière netteté, chez un Campanella: c'est à la suite de l'échec de la révolte millénariste de Calabre, dont il était l'inspirateur, qu'il écrira en prison *La Cité du Soleil*; une fois libéré, il se consacrera à d'incessantes démarches auprès de divers souverains européens – et jusqu'auprès de Richelieu et de Louis XIII – pour promouvoir son grand rêve d'une monarchie chrétienne universelle (voir l'introduction de Luigi Firpo à *La Cité du Soleil*, Genève 1972). La trajectoire inverse de Cabet, qui écrivit son *Icarie* avant de tenter de la réaliser, paraît tout à fait exceptionnelle.

11. *La Loi de liberté*, in Lutaud, p.349.

nombre de lois conformes à la raison et à la justice, c'est-à-dire aux principes qui manifestent en l'homme l'immanence de l'Esprit divin. D'autres instances administratives locales fonctionnent selon les mêmes principes au niveau du village, de la ville et du comté. En matière sociale, l'égalité absolue est la règle; elle est naturellement favorisée par la suppression de l'argent et de la propriété privée. Cependant, des distinctions honorifiques sont conférées aux membres du parlement. De peur qu'ils ne prennent goût au pouvoir, les magistrats et administrateurs sont néanmoins soumis à une réélection annuelle. Ils sont choisis parmi les hommes de plus de quarante ans, et particulièrement parmi ceux qui, ayant été persécutés sous le régime de la monarchie, ont donné des gages d'attachement à la république. Cette société idéale se préoccupe également de progrès culturel et scientifique: l'enseignement, obligatoire pour tous, est à dominante scientifique et technique; dans une optique qu'on est tenté de rattacher à la tradition baconienne de *La Nouvelle Atlantide*, on encourage la recherche scientifique, et les auteurs d'inventions utiles bénéficient d'honneurs particuliers.

Ces dispositions législatives, si radicales qu'elles paraissent, n'ont rien d'exceptionnel dans la tradition de l'utopie. On en trouverait l'équivalent chez More ou Campanella. Mais Winstanley n'entend pas faire œuvre d'utopiste et ne se perçoit aucunement comme tel. C'est au chef de l'Etat, Cromwell, qu'il adresse son programme (*platform*) pour lui proposer, ou plutôt lui imposer, un choix fondamental: choix entre la liberté et la justice du véritable gouvernement républicain, d'une part, et un retour déguisé à la tyrannie monarchique, d'autre part. Winstanley place Cromwell en face du dilemme – un dilemme qui engage la nature même du pouvoir qu'il exerce – avec une clarté et une violence exemptes de toute précaution diplomatique (p.348):

Maintenant que vous disposez en cette Terre du Pouvoir, il vous faut l'une de ces deux choses: ou bien, d'abord, libérez cette Terre au bénéfice du Peuple opprimé qui vous a aidé et a payé à l'Armée son salaire: vous accomplirez ainsi les Ecritures et votre propre Engagement, et entrerez en possession de l'Honneur qui vous est dû; ou, en deuxième lieu, s'il faut seulement que vous enleviez le Pouvoir de conquête des mains du Roi pour le transférer en d'autres mains en conservant toujours les vieilles lois, alors votre Sagesse et votre Honneur sont à jamais flétris: ou bien vous vous perdrez ou vous poserez pour la Postérité la Base d'un Esclavage pire que vous n'en connûtes jamais. Vous savez qu'aussi longtemps que le Roi fut à l'apogée de son pouvoir d'oppression, le Peuple se borna à chuchoter en privé contre lui; mais qu'ensuite l'on proclama sur les toits qu'il était un Tyran et un Traître envers la paix de l'Angleterre: et il fut renversé.

Peu de gouvernants, sans doute, se sont vus adresser un semblable discours. Là est peut-être l'aspect le plus révolutionnaire de la personnalité de Winstanley, plus que dans le contenu même de son programme, qu'il partage avec un bon nombre d'utopistes. Le ton, prophétique et violent, rejette absolument la solution de la 'voie oblique' dont More discute les mérites dans le premier livre de *L'Utopie*; la perspective politique se veut en prise sur une réalité historique concrète: c'est l'Angleterre d'ici et de maintenant qu'il faut radicalement bouleverser, non quelque île de nulle part. L'utopie écrite de Winstanley reste une utopie concrète, sinon pratiquée, car elle exclut la distanciation qui, en tous les sens du terme, gouverne l'optique des utopies narratives: distance au vrai introduite par l'affabulation romanesque, distance à soi liée au caractère fictif de l'énonciation (ce n'est pas l'auteur qui prend en charge le discours, mais son personnage narrateur), distance spatiale, puisque le processus de transformation ne porte pas sur la réalité existante *hic et nunc*, mais sur quelque terre du bout du monde aussi lointaine qu'irréelle. Il faudrait peut-être chercher les véritables héritiers de Winstanley, même s'ils ne l'ont jamais lu, dans la frange radicale du jacobinisme anglais de l'extrême fin du dix-huitième siècle: Spence[12] et, peut-être, William Blake.

Même si, comme l'écrit un critique, le mouvement des *Diggers* assure d'une certaine façon la suture entre le millénarisme mystique des seizième et dix-septième siècles et un certain communisme rationaliste des Lumières,[13] sa période de plus grande activité (1649-1651) est bien antérieure aux dates retenues pour cette enquête. Plus directement pertinentes, en revanche, sont les traces qui peuvent subsister, après 1675, des mouvements politico-religieux de l'ère révolutionnaire et les mutations d'orientation qui les frappent. Ces transformations sont à mettre en relation avec l'évolution du contexte historique. Après la restauration monarchique de 1660, c'est le retour à l'absolutisme de Charles II, qui correspond à une phase de réaction après l'exubérance désordonnée de la période antérieure: répression politique du radicalisme, intolérance religieuse allant souvent jusqu'à la persécution, dont les Quakers, entre autres, feront les frais. Après 1660, le mouvement des Niveleurs n'est plus guère, selon l'expression d'O. Lutaud, qu'un 'mauvais souvenir' préludant à un oubli à peu près total.[14]

Pour les sectes victimes de l'intolérance, la situation s'améliorera toutefois après la 'Glorieuse Révolution' de 1688, véritable acte fondateur de la monarchie parlementaire anglaise moderne: le *Bill of Rights* adopté l'année suivante garantit, en principe, la liberté de conscience et de parole. Mais cette tolérance, souvent

---

12. *A description of Spensonia* (1795) et sa suite: *The Constitution of Spensonia* (1798).

13. Selon Perez Zagorin (*A history of political thought in the English Revolution*, London 1954, p.57, cité par Armytage, *Heavens below*, p.25), Winstanley incarne 'the transition between two classic types of utopian outlook: from the blazing chiliastic expectancy of the religious radical who daily looks for Jesus' second coming to inaugurate a reign of righteousness, to the rationalistic communism, abounding in plans and projects, which appears as an aspect of the thought of Enlightenment'.

14. Lutaud, p.455.

plus théorique que réelle, n'empêche pas les membres des Eglises dissidentes d'être soumis à diverses discriminations. Les sectes 'non conformistes' sont donc placées devant un choix: ou bien émigrer en Amérique, où elles espèrent trouver, à l'écart de la société, la paix nécessaire à la poursuite de leurs expériences sociales communautaires et au libre développement de leur particularisme religieux; ou bien abandonner leurs revendications sociales, du moins sous leur aspect le plus révolutionnaire, pour se consacrer à une activité, toujours religieuse dans son fondement, mais de plus en plus laïcisée dans ses manifestations concrètes, d'organisation de la charité et de soulagement de l'indigence qui remet de moins en moins en question les principes de l'ordre établi et ne néglige nullement la prise en compte des préoccupations de rentabilité économique. On verra où conduit la première option. La seconde a été trop souvent étudiée, depuis Max Weber[15] et ses disciples, pour qu'il soit necessaire de s'y attarder, et l'analyse des projets de Bellers et de Defoe fournira l'occasion d'en préciser les directions.

ii. Vers l'utopie bourgeoise: l'évolution du mouvement quaker

Dès la fin des persécutions (1688), les dissidents – Quakers surtout – ne faisant d'ailleurs en cela que reprendre des orientations bien antérieures, se consacrent de plus en plus à l'action sociale en faveur des plus déshérités: écoles gratuites à l'usage des classes pauvres (*charity schools*), dispensaires, et surtout multiples projets, souvent suivis d'une réalisation partielle, destinés à lutter contre l'indigence et le chômage. Le problème du *poverty relief* est une remarquable constante de l'histoire sociale anglaise depuis le début du seizième siècle (More, déjà ...) jusqu'à la fin de l'époque victorienne. Ces projets prendront surtout la forme d'ateliers coopératifs, mais souvent établis grâce à des capitaux privés qu'il est donc nécessaire de rentabiliser. De l'atelier coopératif à la grande manufacture moderne, il n'y a qu'un pas à franchir: probablement sans l'avoir voulu, le mouvement quaker se trouve ainsi assumer le passage paradoxal d'un idéal évangélique de charité fraternelle au capitalisme moderne des sociétés par actions, préoccupé avant tout par la juste rémunération du capital.[16]

Cette évolution était-elle inscrite au départ dans l'idéologie et la théologie mêmes du puritanisme? C'est, on le sait, la thèse développée par l'école weberienne[17] et dont l'œuvre d'un Defoe peut, en effet, passer pour une

15. Max Weber, *L'Ethique protestante et l'esprit du capitalisme* (traduction française, Paris 1967).

16. Sur le quakerisme, voir la synthèse récente de Jacques Tual, 'Les Quakers en Angleterre: naissance et origines d'un mouvement', thèse dactylographiée, Paris III, 1986.

17. Pour une vue plus nuancée des thèses de Weber, voir R. H. Tawney, *La Religion et l'essor du capitalisme* (Paris 1951).

illustration assez convaincante. Si la Providence divine guide à tout instant notre existence et règle le détail de nos heurs et malheurs, comment ne pas voir dans nos succès et nos échecs une sanction providentielle, et dans l'enrichissement le signe d'une bénédiction divine? Ayant expié par ses années de souffrance et de solitude le double péché de désobéissance au Père et d'oubli de Dieu dont le dénuement insulaire constitue le châtiment, Robinson Crusoe, converti, régénéré, pardonné et réintégré à la société humaine, voit pleuvoir sur sa tête, à son retour en Europe, les preuves tangibles de la bénévolence divine sous la forme très matérielle de lettres de change, comptes de tutelle, arrérages de rente et fructueux intérêts de ses plantations brésiliennes:[18] être riche et être béni de Dieu, c'est tout un. On aurait tort sans doute de voir dans cette surprenante association de Dieu et de Mammon l'indice d'une hypocrite duplicité: chez le héros de Defoe en tout cas, elle s'accomplit en toute bonne conscience et comme naturellement. Il n'en va pas de même chez tous les dissidents, et le méthodisme de Wesley saura retrouver (lui aussi à travers des activités humanitaires et charitables) une couche d'aspirations plus populaire et plus évangélique.

Quoi qu'il en soit, les dissidents, au dix-huitième siècle, ont cessé d'être des objets de scandale, même si, aux yeux de l'Eglise établie, ils font encore officiellement figure de 'fanatiques'. Riches, bons négociants, pleins d'esprit d'entreprise et de dynamisme économique, mais jouissant aussi d'une solide réputation d'intégrité commerciale, les Quakers sont de plus en plus intégrés à la société anglaise et à sa vie économique. Les héritiers des anciens Niveleurs constituent maintenant une élite respectable qui a à peu près renoncé au prosélytisme messianique de ses débuts.[19]

Dans la perspective de l'utopie, l'évolution 'capitaliste' et bourgeoise de certaines sectes pose cependant un problème théorique et terminologique: est-on encore fondé à parler d'"utopie' (ou d'"utopisme') à propos, par exemple, des Quakers du dix-huitième siècle? Assurément non dans le cadre d'une définition 'littéraire' de l'utopie, mais le terme est justifié dans une optique mannheimienne. Les Quakers des Lumières ne se contentent pas de s'intégrer passivement à l'évolution historique globale: par leurs préoccupations sociales et humanitaires et – involontairement? – par leurs innovations économiques,

18. Daniel Defoe, *Vie et aventures de Robinson Crusoe*, éd. Francis Ledoux, Bibliothèque de la Pléiade (Paris 1959), p.274-82.

19. 'They had now settled down into bourgeois respectability, redeemed by the spirit of love that permeated with its pure influence the exclusive but philanthropic Society of Friends. Early in the reign of George II they were already famous for their knack of prospering in honestly conducted business [...] The Friends had ceased to be a scandal to Mr. Worldly Wiseman, and had become an accepted national institution' (G. M. Trevelyan, *Illustrated English social history*, réédition Pelican, Penguin Books, Harmondsworth 1968, iii.123-24).

ils la devancent et la suscitent. Ayant renoncé à l'espoir millénariste d'un bouleversement de l'ordre du monde, ils postulent une amélioration lente, progressive, mais continue, de la condition de l'humanité. Par là, ils se heurtent au scepticisme hostile des conservateurs (voir les sarcasmes de Swift) et, d'une certaine façon, leur état d'esprit est bien 'en désaccord avec l'état de réalité dans lequel il se produit'.[20] Mannheim distingue quatre formes de 'mentalité utopique' se succédant historiquement: l'utopie chiliastique, l'utopie humanitaire-libérale, l'utopie piétiste conservatrice, l'utopie socialo-communiste contemporaine. Il n'est pas interdit de voir, dans les mutations que subissent les mouvements dissidents au début du dix-huitième siècle, l'instant même du passage de l''utopie chiliastique' (à laquelle il faudrait probablement rattacher un Winstanley) à l''utopie humanitaire-libérale', qui trouvera son incarnation dans le mouvement des Philosophes à la fin du siècle.

Reste à envisager le cas – *a priori* plus conforme aux normes traditionnelles de l'utopie – des groupes qui ont choisi l'émigration et l'installation communautaire en Amérique, ce qui, du reste, n'exclut pas toujours une évolution vers une laïcisation analogue à celle de leurs confrères anglais.

iii. Communautés religieuses et utopies théocratiques en Amérique du Nord

L'émigration des sectes dissidentes en Amérique du Nord obéit d'abord à des préoccupations très matérielles de survie des communautés: mal à l'aise dans leur pays d'origine, souvent persécutés, refermés sur eux-mêmes et en rupture plus ou moins ouverte avec la société globale, ces groupes sont à la recherche d'une terre d'accueil où ils pourront pratiquer librement leur religion et mettre en application leurs règles spécifiques d'organisation sociale. Mais il s'agit aussi pour eux de prendre leurs distances avec un monde qu'ils estiment corrompu et pervers. Conformément à l'injonction biblique maintes fois rappelée par tous les courants millénaristes, le petit nombre des Justes doit fuir la 'Babylone perverse' et se retirer au désert pour y installer la 'Nouvelle Jérusalem', la véritable cité de Dieu conforme à l'idéal evangélique.[21] Cette terre d'accueil, lieu d'une société régénérée, ce sera, avec une remarquable permanence et conformément à une tradition déjà ancienne, l'Amérique du Nord,[22] qui apparaît au dix-huitième siècle, selon l'expression de Jean Meyer, comme 'un véritable

---

20. C'est, on le sait, la définition que Mannheim donne de l'utopie (*Idéologie et utopie*, p.124).

21. Les sources bibliques essentielles sont l'Apocalypse et les prophéties de Daniel. Sur le millénarisme, ses sources écrites, son 'scénario' et ses réalisations concrètes, voir Desroche, *Sociologie de l'espérance* (Paris 1973).

22. Le premier embarquement des *Pilgrim Fathers* puritains remonte à 1620.

musée de sectes',[23] venues d'Europe Centrale, d'Allemagne ou de Hollande, le plus souvent après avoir transité plus ou moins longuement par l'Angleterre, laquelle joue dans ce processus de migrations un rôle de plaque tournante: après avoir connu la persécution dans leur contrée d'origine, elles y trouvent (du moins après 1688) un contexte de relative tolérance religieuse pour se structurer, élargir leur influence et recruter des fidèles avant le grand départ vers le nouveau continent.

Faute de retracer l'implantation et le développement des sectes protestantes en Amérique,[24] on peut se borner à évoquer ici quelques trajectoires représentatives du caractère trans-national de ces mouvements. Nés en Flandre dans la seconde moitié du seizième siècle, les Mennonites vont se répandre en Angleterre sous l'influence du réfugié hollandais Plockhoy, qui, chassé par les persécutions religieuses, vient s'y installer au milieu du dix-septième siècle. Reçu à plusieurs reprises par Cromwell, Plockhoy est l'auteur de divers projets, dont un programme utopique d'installation aux Bermudes d'une colonie destinée à abriter les pasteurs persécutés, qui devait porter le nom de *Macaria*, déjà utilisé par Samuel Hartlib.[25] Plockhoy sera effectivement à l'origine de l'implantation de communautés mennonites en Amérique du Nord. La première, installée dans le Delaware en 1663, sera suivie de beaucoup d'autres.

Très ancienne secte issue des Hussites de Bohème, persécutée et dispersée dans toute l'Europe, l'Eglise morave va retrouver son unité et sa vitalité sous l'impulsion du comte Zinzendorf, qui transforme son domaine de Haute-Lusace en communauté modèle. Le mouvement se répand à peu près simultanément en Amérique – une communauté est installée en Géorgie dès 1735 – et en Angleterre, dans la mouvance du méthodisme: Benjamin Ingham, ami de John Wesley, s'en fait le propagandiste. Zinzendorf lui-même, arrivé en Angleterre en 1743, y crée la première communauté, celle de Lamb's Hill à Fulneck. Les Moraves émigreront ensuite en Pennsylvanie, où, bénéficiant de la tolérance des Quakers, ils connaîtront une importante expansion. Les Fraternités moraves s'organisent en phalanstères quasi autarciques: exploitations agricoles, ateliers d'artisanat et de fabrication de vêtements permettent de subvenir à tous les besoins de la communauté. La plus importante et la plus connue de ces implantations américaines est cependant celle des Quakers. Particulièrement persécutés avant 1688, ils ont commencé à gagner l'Amérique dès 1656. Ils y connaîtront une longue errance (Boston d'abord, puis Rhode Island) avant de

---

23. Jean Meyer, *Les Européens et les autres, de Cortès à Washington* (Paris 1975), p.267.
24. Voir H. Desroche, *Dieux d'hommes: dictionnaire des messianismes et millénarismes de l'ère chrétienne* (La Haye 1969).
25. Sur Plockhoy, voir la thèse de J. Séguy, *Utopie coopérative et œcuménisme: Pieter Cornelisz Plockhoy van Zürick-Zee, 1620-1700* (Paris 1968).

se fixer majoritairement dans la région à peu près déserte qui deviendra ultérieurement la Pennsylvanie (du nom du fondateur William Penn), à la fois véritable Etat quaker et lieu de refuge d'une multitude de sectes attirées par la tolérance religieuse qui y règne.

Il convient surtout de mettre en évidence le caractère potentiellement et parfois explicitement utopique des idéologies religieuses et des pratiques sociales caractéristiques de ces mouvements. Presque tous peuvent être considérés comme de véritables utopies pratiquées: utopies en ce que leur théologie et leurs aspirations, en rupture avec l'état de choses existant, en contestent les fondements; utopies également en ce que ces groupes sont le plus souvent des communautés fermées, repliées sur elles-mêmes et coupées du monde extérieur, mais vivant une existence collective intense. Sur le plan spirituel, les communautés américaines semblent être gouvernées par la double polarité de l'*imminence* et de l'*immanence*. Théologie de l'imminence, car le vieux thème millénariste de l'avènement prochain du Royaume est souvent présent à l'arrière-plan, avec ses corrélats habituels: la séparation nécessaire d'avec la masse des réprouvés et la fuite au désert du petit peuple des Justes dans l'attente de la parousie – d'où le sentiment d'élitisme messianique qui imprègne certaines communautés. Mais aussi, de façon beaucoup plus générale et beaucoup plus explicite, théologie de l'immanence. Dieu n'est pas un être inaccessible et lointain, mais une présence immanente à la conscience humaine – d'où l'absence d'instances médiatrices: à l'exemple des Quakers, beaucoup de sectes récusent à la fois les rites, les prêtres et les sacrements.[26] L'illumination divine peut revêtir des formes spectaculaires qui s'apparentent aux 'cultes de possession' étudiés ailleurs par les ethnologues: phénomènes de prophétisme, 'transes' des Quakers (du moins dans les débuts du mouvement), danses rituelles des *meetings* de Shakers. Mais le grand thème de la théologie des Quakers est celui de la 'lumière intérieure' (*inner light*), manifestation de l'Esprit saint et guide infaillible de vérité.[27] Cette sensibilité religieuse, bien évidemment aux antipodes du 'papisme' abhorré, est également en rupture avec toutes les Eglises instituées, dont elle refuse non seulement les rites et les hiérarchies, mais aussi peut-être le dogme fondamental, celui du péché originel: la lumière intérieure, selon

---

26. Ce qui leur vaut parfois la sympathie intéressée des déistes rationalistes des Lumières. Le mythe français du 'bon Quaker', véhiculé, entre autres, par Voltaire, est souvent utilisé dans le combat philosophique en faveur de la religion naturelle. Faut-il y voir un contresens involontaire, une récupération abusive à des fins polémiques, ou, au contraire, une interprétation somme toute légitime d'un christianisme au fond théologiquement ambigu?

27. On en trouvera une sorte d'équivalent dans les 'avertissements secrets' qui, à travers les impulsions irraisonnées et les rêves prémonitoires, guident la destinée de Robinson Crusoe pour le ramener à Dieu et écarter de lui les périls rencontrés sur sa route.

George Fox,[28] nous ramène 'into the State that Adam was in before his Fall' et rétablit donc l'homme dans ses droits de créature non déchue.

Le caractère utopique des communautés s'affirme surtout dans leurs pratiques sociales. Chacune est organisée comme un petite Etat théocratique dans lequel l'intégration de l'individu à la collectivité est complète. Chez les Quakers, les réunions de la communauté tiennent lieu à la fois de culte et d'organe politique. Les décisions, presque toujours prises à l'unanimité (*the sense of the meeting*), passent pour la manifestation directe de la volonté divine.[29] Le système politique, en principe démocratique, est en réalité plus complexe. Chez les Quakers et les Shakers, l'égalité de l'homme et de la femme est absolue, et tous participent aux délibérations. Mais il existe deux 'cercles' distincts, celui des simples fidèles (*outer circle*) et celui des 'Saints' (*inner circle*), qui seul a pouvoir de décision. Le ministre, élu, détient le pouvoir exécutif et l'exerce sans partage. 'Système complexe, relativement démocratique par l'élection, aristocratique par son fonctionnement, despotique par l'emploi de la coercition pour régler la vie quotidienne sur la Bible', commente Jean Meyer.[30] A l'intérieur de la communauté, la propriété privée est généralement abolie et remplacée par une propriété collective. Chacun travaille, mais sans rémunération personnelle. Il n'en va pas de même dans les relations avec l'extérieur, qui sont soumises aux règles habituelles de l'économie de marché. Sur ce point, l'évolution des sectes américaines entraînera souvent une dégradation de l'esprit communautaire initial analogue à celle qui a frappé leurs homologues d'Angleterre. Enfin, il ne faut pas oublier le moralisme pesant qui régit la vie quotidienne et réprime sévèrement tous les comportements non conformes (blasphème, ivrognerie, esprit individualiste, adultère, etc.). On comprend aisément que, privées de leur charge messianique ou envisagées de l'extérieur par un observateur sceptique qui n'en partage pas les valeurs, ces communautés closes puissent apparaître comme un monde étouffant où l'individu est livré à un insupportable despotisme collectif: tel sera le cas de Bridge, le héros de l'abbé Prévost, et il est certain que l'épisode de *Cleveland* où il apparaît ne peut guère se comprendre qu'à partir de l'exemple des colonies protestantes d'Amérique du Nord.

Constitution sur une terre d'asile de petites collectivités autarciques en marge du monde ou bien intégration progressive, en Angleterre même, à la société

28. Cité par Armytage, *Heavens below*, p.27.
29. 'The business of each meeting was conducted in a spirit of worship, the meeting ascertaining the will of God in a common judgement. Any impulse that was anti-social was not of God' (Armytage, p.27).
30. Meyer, *Les Européens et les autres*, p.269. On notera qu'il correspond très exactement à celui qui est décrit par Prévost dans l'épisode de la 'colonie rochelloise' de *Cleveland*: une 'assemblée de la colonie' rassemble tous les habitants de l'île; cependant, le pouvoir effectif est exercé par les vieillards du Consistoire, et surtout par le ministre.

globale et à ses nouveaux modèles économiques, tel est donc le dilemme des sectes dissidentes de la fin du dix-septième siècle. Mais celles-ci ne sont pas les seules alors à éprouver la tentation de l'utopie. C'est également le cas de certains courants politiques exclus du nouvel ordre mis en place par la seconde révolution anglaise de 1688, qui voit l'effondrement de la conception absolutiste de la monarchie incarnée par Jacques II, l'installation au pouvoir de la maison d'Orange et la fixation des attributions respectives du souverain et du parlement. Aux deux extrémités de l'échiquier politique, aux franges extrêmes des sensibilités whig et tory – c'est précisément dans les années 1680 que ces dénominations entrent dans le langage courant – les nostalgies républicaines ou jacobites trouvent parfois à s'exprimer pareillement dans des utopies-programmes centrées sur le problème des institutions.

iv. Pragmatisme utopique et programmes institutionnels à la fin du XVIIe siècle anglais: *Le Gouvernement d'Astreada* et *L'Etat libre de Noland*

Bien qu'émanant de deux courants politiques opposés, l'*Astreada* de 1693 et *L'Etat libre de Noland* de 1696 ont en commun de formuler les aspirations de certains groupes minoritaires après la 'Glorieuse Révolution' de 1688 sous la forme d'un programme de réforme institutionnelle très superficiellement maquillé en pseudo-utopie. A peu près complètement dépourvus d'intérêt littéraire, terriblement didactiques et abstraits, ces deux ouvrages correspondent à une forme limite de l'utopie: il ne s'agit pas ici de construire la représentation concrète et individualisée d'un monde autre, mais d'offrir un plan de gouvernement se voulant applicable *hic et nunc*.

L'Antiquité ressuscitée ou le gouvernement d'Astreada, brochure anonyme de 126 pages très mal imprimées et parfois à peine lisibles, est un écrit d'inspiration jacobite, connu seulement de quelques spécialistes,[31] reposant sur une conception légitimiste, héréditaire et absolutiste de la monarchie assez analogue à celle de la continuation de *La Nouvelle Atlantide*, publiée une vingtaine d'années plus tôt par un certain R. H.[32] Le programme politique est introduit par une très sommaire affabulation à prétexte antique vivement dépêchée dans les deux

31. *Antiquity reviv'd, or the government of a certain island antiently call'd Astreada, in reference to religion, policy, peace and war; some hundreds of years before the coming of Christ* (London 1693). L'exemplaire consulté est celui de la Bibliothèque bodléienne. L'ouvrage est analysé par J. C. Davis, *Utopia and the ideal society: a study of English utopian writing, 1516-1700* (Cambridge 1981), p.292-97.

32. *New Atlantis, begun by the Lord Verulam, Viscount of St Albans, and continued by R. H. Esquire* (London 1660).

premières pages: Athènes ayant été, comme le reste de la Grèce, soumise à Alexandre le Grand – allusion à peine voilée à la fuite de Jacques II et à l'installation sur le trône de Guillaume d'Orange – quelques citoyens attachés à leurs anciennes libertés s'embarquent avec l'intention de gagner la Perse. Parmi eux, un sénateur, un philosophe et un prêtre dont la présence permettra d'articuler les différentes rubriques des dialogues ultérieurs. Une tempête les jette sur une île – dépourvue de toute situation géographique – nommée Astreada, d'après le nom de la divinité de la justice, qui partout ailleurs s'est retirée de la terre à cause de la dépravation des hommes; ici, en revanche, 'jamais pays ne mérita mieux l'estime pour avoir sauvegardé dans toute leur rectitude sa foi et ses mœurs primitives'.[33] L'auteur, visiblement peu soucieux de réalisme géographique, ne donne d'Astreada qu'une description vague et conventionnelle qui pourrait s'appliquer à une Angleterre idéalisée:

L'île était d'une vaste étendue, je dirais même grande et puissante à la fois par le nombre, la magnificence et la valeur de sa population, la fertilité de son sol, la commodité de sa situation [...], et de temps immémorial jamais elle n'avait sensiblement dérogé aux exigences de noblesse et de vertu.[34]

Tout le texte se limitera à un dialogue, ou plutôt à de longs monologues alternés, entre les trois représentants d'Athènes et leurs homologues insulaires: un Fidefendon, ou théologien, préposé à l'exposé des problèmes religieux, puis un Jassinedos, ou magistrat, qui prendra sa relève pour la partie proprement politique du dialogue.

Le système religieux proposé allie curieusement un déisme rationaliste très vague et théologiquement peu exigeant avec une conception rigide de l'unité religieuse, garantie de la cohésion politique de l'Etat. L'existence d'une divinité toute-puissante, ordonnatrice et conservatrice du monde, résulte de la raison naturelle et de l'observation de l'ordre des choses, mais la nature même de cette divinité reste indéterminée: 'Et pourtant, quant à cette Suprême Puissance à qui nous vouons une pieuse révérence, aucune de ses manifestations ne nous autorise précisément à en inférer la nature essentielle ou sa modalité d'existence.'[35] La spéculation théologique étant ainsi rendue inutile, puisque Dieu est inconnaissable, les discordes religieuses nuisibles à l'intérêt de la

33. 'But this I dare aver, That never any Country deserv'd more Esteems for preserving the Soundness of Her primitive Faith and Manners' (*Astreada*, p.2).

34. 'The Island was of large Extent, if not great and powerful, both in the Number, Grandeur, and Valor of Inhabitants, and Opulency of Soil, and Conveniency of Scituation [...]; and had not visibly deviated, in any known Age, from requisite Greatness or Virtue' (*Astreada*, p.2).

35. 'And yet we do not definitely infer from any of these Expressions, the Essential Nature or Modality of Existence in reference to the Supreme Power which we devoutly celebrate' (*Astreada*, p.15).

nation doivent disparaître d'autant plus aisément que chacun peut adhérer à ce credo minimal, fondement d'une religion d'Etat unitaire.

Quant à l'organisation politique proposée, elle s'appuie directement, selon J. C. Davis, sur les thèses légitimistes de Sir Robert Filmer, le principal théoricien de l'absolutisme monarchique du dix-septième siècle anglais.[36] La souveraineté légitime, fondée sur le modèle de l'autorité naturelle du père à l'intérieur de la famille, ne peut être qu'héréditaire, non pas contractuelle; aussi tous les monarques régnants sont-ils nécessairement 'ou bien les pères de leur peuple, ou bien les descendants de ces pères, ou bien des usurpateurs du droit paternel de souveraineté'.[37] L'autorité du souverain, comme celle du père de famille, n'a pas d'autres limites que celles que lui impose la conception de ses devoirs envers ses sujets, ce qui revient implicitement à réduire à néant le rôle du parlement. Elle est légitimée par la règle de la succession héréditaire, sur laquelle l'auteur revient avec une insistance évidemment significative cinq ans après l'accession au trône de Guillaume d'Orange. Mais une règle analogue s'applique également aux particuliers, dont les actes individuels reçoivent une sanction positive ou négative qui touche à toute leur descendance; ainsi, il existe des familles de 'traîtres héréditaires', et l'auteur préconise la création d'un tribunal spécial (*Court of Renunciation*) chargé de veiller à l'application du châtiment à leur postérité.

The Free State of Noland, d'abord publié sous la forme d'une mince brochure de 18 pages, puis réédité en 1701 dans une version considérablement augmentée (61 pages), appartient depuis longtemps au corpus traditionnel de l'utopie anglaise et a fait l'objet de diverses études.[38] Comme *Astreada*, le texte est anonyme, mais, selon J. Max Patrick, l'auteur pourrait être Lord Somers, qui fut sous le règne de Guillaume III le principal membre du Conseil de régence chargé d'administrer les affaires du royaume pendant les déplacements du souverain sur le continent, de même qu'Aristaeus, le législateur de Noland, est présenté comme 'l'ancien premier ministre du défunt roi'.[39] Bien plus encore qu'*Astreada*, *Noland* n'emprunte à l'utopie que sa défroque: il s'agit, en réalité,

---

36. Davis, *Utopia and the ideal society*, p.295; Sir Robert Filmer, *Patriarcha, or the natural power of kings* (London 1680).

37. 'Fathers of their People, or the Heirs of such Fathers, or Usurpers of the paternal Right of Soveraignty' (*Astreada*, p.56).

38. *The Free State of Noland* (London 1696); *The Free State of Noland, or the frame and constitution of that happy, noble, powerful, and glorious State in which all sorts and degrees of people find their condition better'd* (London 1701). (Les deux éditions sont présentes à la Bibliothèque bodléienne.) Voir les études de Dupont, *L'Utopie anglaise*, p.249-51; J. Max Patrick, 'The Free State of Noland, a neglected utopia from the age of Queen Anne', *Philological quarterly* 25 (1946), p.79-88; Davis, *Utopia and the ideal society*, p.265-76.

39. Patrick, '*The Free State of Noland*, a neglected utopia', p.81.

d'un plan de réorganisation institutionnelle sur des bases républicaines auquel le problème posé par la succession de Guillaume III, privé d'héritiers directs, donnait peut-être une certaine consistance – d'où l'extrême modération du projet, privé de tout accent révolutionnaire et constamment soucieux de sauvegarder les intérêts des classes dirigeantes, y compris l'aristocratie terrienne monarchiste.

De l'utopie *Noland* ne conserve que la localisation traditionnelle dans la *Terra australis incognita*, mais sans le moindre effort de vraisemblance géographique. Du reste, l'auteur ne cache pas la nature purement allégorique de sa fiction, simple copie conforme de la réalité anglaise seulement modifiée par la mise en place d'institutions nouvelles:

Quant à Noland en particulier, ce pays ressemble beaucoup à l'Angleterre tant par son sol que par son climat. Qui plus est, si incroyable que la chose paraisse, leur religion est la même, ils parlent semblablement l'anglais et ont les lois de l'Angleterre. Et leur gouvernement, jusqu'à ces dernières années, était exactement analogue à la monarchie anglaise. Mais leur lignée royale étant entièrement éteinte, ils sont à présent un Etat libre.[40]

Il faut se reporter à l'édition plus complète de 1701 pour obtenir des détails sur cette mutation politique: sollicité pour occuper le trône à la mort du souverain régnant, le sage Aristaeus, son ancien premier ministre, se récuse et propose un régime républicain, c'est-à-dire,

un gouvernement dans lequel tous, quelles que soient leur qualité et leur rang, trouveront leur compte et sentiront leur condition s'améliorer, étant enrichis, augmentés et ornés des dépouilles de la monarchie, et partageront entre eux les avantages qui dans une monarchie sont concentrés et engloutis par un seul.[41]

Le système mis en place est étroitement tributaire de la tradition harringtonienne, à laquelle il emprunte ses modèles historiques – les démocraties antiques, Athènes et la Rome républicaine; la république aristocratique vénitienne – et le principe du 'gouvernement mixte' mêlant démocratie, aristocratie et oligarchie.[42] L'auteur opte pour un Etat représentatif, 'afin qu'il puisse

40. 'As for Noland in particular, it very much resembles England both in Soil and Climate. Also (tho it may seem incredible) they are of the same Religion, speak the same English Language, and have the English Laws. And their Government (till of late years) was exactly conformable to the Monarchy of England. But their Royal Line wholly failing, they are now a Free State' (*Noland*, édition de 1696, p.1).

41. 'A Government wherein all Sorts and Degrees of People shall find their Account, and feel their Condition better'd: Shall be enrich'd, advanc'd and adorn'd with the Spoils of the Monarchy; and shall have those Advantages shared among them, which in a Monarchy are engross'd and swallow'd up by one Man' (*Noland*, édition de 1701, p.2).

42. Voir *The Commonwealth of Oceana* (1656), l'unique utopie de Harrington, mais aussi *The Prerogative of popular government* (1658) et *The Rota, or a model of a free State or equal commonwealth* (1660). Tous ces ouvrages ont été réédités par J. G. A. Pocock, *The Political works of James Harrington*

être une pyramide à la fois solide et élevée, sa base et son fondement étant aussi vaste que le peuple entier',[43] mais fortement tempéré d'aristocratie. Les députés seront, pour partie, élus pour un mandat à durée limitée, ce qui les incitera à se rendre dignes de la confiance du peuple et entretiendra en chacun l'espoir de pouvoir un jour accéder aux honneurs; pour une autre part, ils seront désignés à vie, car 'une collectivité qui n'a rien de permanent et d'arrêté mais est toute en mouvement est comme un moulin à vent dépourvu d'ancrage';[44] s'y ajouteront également des sièges héréditaires. Les Pairs, qui seront maintenus, continueront à bénéficier du privilège de transmission de leur charge, comme dans le système monarchique. Mais l'innovation majeure, qui ne fait d'ailleurs qu'étendre et systématiser les traditionnelles pratiques censitaires du système électoral anglais, consistera à fonder la représentation politique à tous les niveaux sur les revenus imposables des diverses circonscriptions, faisant du corps étatique l'émanation visible de la richesse nationale. Ainsi démocratie, oligarchie et aristocratie se trouveront-elles subtilement combinées au sein d'une organisation au fond essentiellement ploutocratique, car, le législateur insiste sur ce point, 'une juste et légitime considération doit être accordée aux riches'.[45] Dans le même esprit, il conviendra d'ouvrir largement aux talents et à la fortune les privilèges réservés ailleurs à la naissance, afin de faciliter la mobilité sociale. L'Etat prendra donc des dispositions pour accorder très libéralement – ou plutôt mettre en vente – les charges, distinctions honorifiques et titres de noblesse, pratique jusqu'ici peu répandue en Angleterre: or, 'pourquoi un Etat, se demandait [le législateur], devrait-il se montrer avare de ce qui ne lui coûte rien?'[46]

Tels sont les principes inspirateurs du gouvernement de Noland exposés dans le texte de 1701. Quant aux institutions, d'une complexité presque aussi inextricable que celles de la république de Venise, dont le modèle est toujours présent en arrière-plan dans toute la tradition harringtonienne, il ne peut être question ici d'en donner autre chose qu'un aperçu en prenant appui sur l'organigramme schématique que propose la version de 1696. Il s'agit d'un système très hiérarchisé d'unités territoriales, administratives et monétaires.

(Cambridge 1977). A l'héritage de Harrington on peut rapporter deux autres utopies: *Chaos, or a discourse wherein is presented* [...] *a frame of government by way of a republique* (1659, anonyme), et *A modest plea for an equal commonwealth, against monarchy* (1659), de William Sprigge. Sur la tradition harringtonienne, voir Davis, p.242-76.

43. 'that so it might be a firm, as well as a lofty Pyramid, whose Basis and Foundation is as large as the whole People' (*Noland*, édition de 1701, p.4).

44. 'A Community that hath nothing fixt and stable, but is all in rotation, is like a windmill without a Post' (p.6).

45. '[He] took great Care, that a due and fair regard be had to Riches' (p.12).

46. 'Why should a State (thought He) be niggardly, in that which costs them nothing?' (p.14).

L'unité de base est la paroisse, administrée par un conseil élu chaque année selon un scrutin censitaire (tout contribuable est électeur à partir d'un certain taux d'imposition). Le conseil de paroisse choisit des députés pour le représenter à l'Assemblée des Centaines, chaque député correspondant à une tranche de revenus annuels de 200 livres. La Centaine, ou baronnie, est une 'petite république' comprenant un gouverneur (*Warden*), ses deux adjoints, une Cour (*Bench*) et une assemblée de cent députés des paroisses représentant un revenu total annuel de 20.000 livres, plus cinquante sièges de membres à vie, ou *Esquires*, dont les titulaires sont renouvelés pour moitié par élection de toute l'assemblée et pour moitié par vente de la charge au plus fort enchérisseur. Dix Centaines constituent un comté, gouverné par un intendant (*Lord Steward*), ses adjoints et le Conseil du comté, un statut particulier étant prévu pour les villes et bourgs francs. Au troisième étage de la hiérarchie administrative, le Grand Conseil de Noland réunit 600 représentants des comtés élus pour trois ans sur la base d'un délégué pour 20.000 livres de rente, soit au total 12 millions de livres, équivalent du produit national annuel. Mais il existe également des membres héréditaires portant le titre de comtes ou de barons. A chaque niveau, depuis l'échelon de l'administration locale jusqu'à celui du gouvernement central, les assemblées, dont les attributions sont essentiellement législatives, se trouvent doublées, selon une logique bicamériste, par des organes plus restreints – cours, sénats ou parlements – détenant les pouvoirs exécutif et judiciaire.

Ce programme, encore une fois, n'est en aucune façon révolutionnaire. L'instauration d'un système républicain n'a pas ici une signification de rupture historique: l'auteur met plutôt l'accent sur les continuités que sauvegardent ces mutations politiques, et le *Free State* de Noland n'a pas grand chose en commun, en dehors du nom, avec le régime mis en place en 1649 après l'exécution de Charles Ier. Sans doute est-il significatif que le passage de la monarchie à la république s'effectue ici sans violence ni conflit, de façon quasi spontanée, à la faveur de l'extinction de la dynastie régnante et conformément d'ailleurs aux vœux du souverain défunt. L'auteur, d'autre part, a visiblement conçu son projet de telle sorte qu'il soit concrètement applicable sans grands bouleversements sociaux, puisque, il y insiste, toutes les classes de la société ne pourront qu'y gagner, y compris la noblesse, dont les droits héréditaires sont préservés. Il est vrai que cette dernière, pouvant désormais être acquise à prix d'argent, ne constitue plus une caste fermée, mais le couronnement d'un cursus ouvert au talent et à la fortune, et qu'elle perd donc par là spécificité: c'est l'indice d'une idéologie bourgeoise qui s'exprime également dans l'interpénétration constante de l'économique et du politique: la préoccupation essentielle de l'auteur est de refléter dans la pyramide institutionnelle la richesse de la nation. Les députés

54

aux diverses assemblées ne représentent pas des particuliers, des collectivités locales ou des partis politiques, mais bien des unités monétaires exprimées en tranches du revenu national annuel. Ainsi que l'écrit J. Max Patrick, 'à bien des égards cette organisation de la société ressemble à celle d'une moderne compagnie par actions'.[47]

Nous sommes ici aux antipodes du légitimisme réactionnaire d'*Astreada*. Pourtant, contenu politique mis à part, les deux opuscules ont beaucoup en commun, à commencer par leur statut au regard de l'utopie, envisagée à la fois comme genre et comme mode. *Astreada* et *Noland* pourraient, à la rigueur, se rattacher au genre de l'utopie narrative, puisque les deux œuvres présentent une organisation donnée pour existante au prix d'un déplacement dans l'espace – doublé dans *Astreada*, placée, comme l'indique le titre, 'quelques centaines d'années avant la venue du Christ', d'un décalage dans le temps. Mais la forme narrative s'efface immédiatement devant le discours didactique, la description du concret en est entièrement absente, la localisation géographique reste tellement vague qu'elle semble vouloir satisfaire à un rite plutôt que susciter la représentation d'un ailleurs: c'est bien de l'Angleterre qu'il s'agit, à peine masquée sous un nom d'emprunt, et pour laquelle on propose un programme du gouvernement. Mais ce programme lui-même est-il utopique? Loin de suggérer une véritable rupture innovatrice, *Astreada* et *Noland* frappent par leur pragmatisme prudent, leur souci de s'en tenir au plus près des cadres intellectuels et politiques de l'ordre existant: les prérogatives de l'ancienne monarchie antérieure à la 'Glorieuse Révolution' de 1688 pour la première, les orientations pré-capitalistes et bourgeoises du parlementarisme whig pour la seconde. La sécularisation progressive des grands mouvements religieux du milieu du dix-septième siècle trouve une sorte d'équivalent dans ces deux utopies-programmes, si vides de tout véritable élan utopique.

v. A la recherche d'une pratique utopique en France: le pourquoi d'une absence

Si les utopies 'en acte' ou simplement programmatiques semblent foisonner dans l'aire anglo-saxonne pendant la seconde moitié du dix-septième siècle, il n'en va pas de même en France à la fin de l'âge classique: absence d'autant plus curieuse qu'y naîtra, à partir de 1675, la forme canonique de ce qui allait devenir l'utopie narrative des Lumières. Mais peut-être existe-t-il précisément une relation entre la timidité de la pratique utopique française et l'émergence

---

47. 'In many respects this organization of society resembles that of a modern trust company' (Patrick, p.84).

d'une grand littérature utopique de forme romanesque dans laquelle s'accomplit le transfert, sur un autre plan et avec une autre signification, de l'aspiration utopique. A l'exception du curieux mouvement de l'Ormée dans la région bordelaise au milieu du siècle, qui développe (d'ailleurs sous une influence anglaise directe) des thèmes analogues à ceux des radicaux d'outre-Manche à la même époque,[48] on ne trouvera guère en France l'équivalent de l'utopisme religieux et politique de l'Angleterre contemporaine.

Pour ce qui est du courant janséniste, qui occupe par rapport à l'Eglise de France une position dissidente quelque peu analogue à celle des 'non-conformistes' anglais face à l'Eglise anglicane, il n'aura pratiquement pas d'expression populaire avant le début du dix-huitième siècle: ce sera le jansé-nisme 'convulsionnaire' brocardé par Voltaire,[49] auquel les scènes d'hystérie collective du cimetière Saint-Médard conféreront une célébrité d'assez mauvais aloi; mais ces manifestations elles-mêmes ne revêtent aucune signification directement utopique. Du reste, le jansénisme dans son ensemble, s'il peut être interprété à certains égards comme une réaction religieuse à une situation sociale, est, par la nature même de sa théologie, foncièrement incompatible avec l'esprit de l'utopie. Que l'on accepte ou non l'explication sociologique proposée par Lucien Goldmann, lequel voit dans la 'vision tragique' des jansénistes une réaction religieuse à une frustration sociale,[50] force est de reconnaître avec lui que la doctrine implique l'impossibilité d'une résolution 'intra-mondaine' des problèmes humains et conduit donc à disqualifier toute solution politique: que l'ordre social existant soit reconnu comme contingent, inauthentique et privé de véritable légitimité n'implique nullement qu'il faille postuler la validité d'une autre forme possible d'organisation sociale, puisque les véritables valeurs se situent dans un au-delà de l'ordre humain.

Prisonniers peut-être de leur tradition de loyalisme monarchique, les protes-tants français ne sont au départ ni des contestataires ni des révoltés; ils ne le deviendront – pour certains d'entre eux – qu'à la faveur de l'expérience de l'exil. Les huguenots, soumis depuis longtemps aux tracasseries et aux persécutions, puis officiellement bannis du royaume après la Révocation, vont se regrouper à la fin du siècle dans les différents centres du 'Refuge': Genève, Amsterdam, La Haye, Londres. C'est à partir de l'étranger que le protestantisme français sera amené à développer, sous diverses formes, les potentialités utopiques du mouvement:[51] ainsi les projets de communautés lointaines, ou encore certaines

48. Voir Lutaud, p.218.

49. Voir l'article 'Convulsions' du *Dictionnaire philosophique*.

50. Lucien Goldmann, *Le Dieu caché* (Paris 1955).

51. A partir de 1675, on le verra, les grandes utopies narratives sont, pour une part, l'œuvre de protestants français réfugiés.

manifestations de messianisme religieux, comme l'épisode des 'prophètes des Cévennes', qui souleva d'intenses controverses à partir de 1706 en Angleterre. Après l'écrasement définitif de la révolte des Camisards, un petit groupe d'"inspirés' cévenols, regroupés autour des 'prophètes' Elie Marion, Durand Fage et Jean Cavalier de Sauve, s'installe parmi la communauté réfugiée de Londres et y développe une prédication millénariste et mystique marquée par des phénomènes de transe et de possession qui ne sont pas sans analogie avec ce qu'on a pu observer dans certaines communautés religieuses anglaises du dix-septième siècle. Très vite le mouvement fait tache d'huile. En dépit de l'hostilité de la majorité des pasteurs, il gagne à sa cause quelques membres éminents de la collectivité réformée de Londres, comme le mathématicien Nicolas Fatio ou l'homme de lettres François-Maximilien Misson. Ce dernier, que l'on retrouvera plus loin dans un autre contexte, se fait le propagandiste des miracles opérés par les 'inspirés'.[52] Mais le public anglais, lui aussi, est touché: Sir Richard Bulkeley et Sir John Lacy contribueront beaucoup à répandre le prophétisme camisard hors du cercle restreint du Refuge.[53]

A partir de 1731, Benjamin Du Plan réorganise les communautés huguenotes, qui perdent leur caractère exclusivement français et se répandent jusque dans le nord de l'Angleterre. La cellule de Bolton-le-Moors, près de Manchester, sera le point de départ d'une nouvelle expansion du mouvement: des adeptes anglais, Jane Wardley et son mari James, puis surtout la prophétesse Ann Lee, à partir de 1758, lui impriment une orientation à la fois socialiste et mystique, C'est cette même Ann Lee qui, en 1774, s'embarquera pour l'Amérique et y répandra les communautés de Shakers, l'une des plus étranges parmi les sectes radicales américaines.[54] Etrange destin que celui de ce mouvement né parmi les Camisards des Cévennes qui, via Londres et Manchester, ira trouver en Amérique son véritable terrain de développement.

Un panorama des pratiques utopiques ou para-utopiques en France devrait faire une place aux vestiges de certaines pratiques agraires dans lesquelles les Philosophes du dix-huitième siècle ont puisé parfois des modèles d'organisation collective. Ces traditions communautaires ne sont guère alors que des

---

52. François-Maximilien Misson, *Le Théâtre sacré des Cévennes* (Londres 1707).

53. Sur cet épisode, voir Georges Ascoli, 'L'affaire des prophètes français à Londres', *Revue du XVIIIe siècle* (1916), janvier-avril, p.8-28; mai-décembre, p.85-109, et surtout la thèse récente de Hillel Schwartz, *The French prophets: the history of a millenarian group in eighteenth-century England* (Berkeley, Los Angeles 1980).

54. Ces communautés, dont l'exemple a vivement intéressé Owen, connaîtront une extension considérable pendant tout le dix-neuvième siècle, et l'une d'elles, celle de New Lebanon, se poursuivra jusqu'en 1947. Sur l'histoire du mouvement, voir l'ouvrage de H. Desroche, *Les Shakers américains* (Paris 1975).

survivances;[55] comme en Angleterre le mouvement des *enclosures*, l'appropriation individuelle (seigneuriale ou bourgeoise) des terres collectives provoque la prolétarisation des paysans sans terre et le dépérissement des pratiques agraires collectives qui s'y trouvaient attachées. En privant la propriété collective de toute base juridique et en consacrant le caractère inviolable de la propriété individuelle, la Révolution ne fera que porter à son terme une évolution déjà depuis longtemps entamée.

Faut-il alors établir une relation directe entre les idéaux communautaires de la littérature utopique des Lumières et la nostalgie d'un communisme agraire primitif perçu comme un âge d'or à jamais perdu? La thèse est sous-jacente dans un certain courant historiographique d'inspiration marxiste,[56] mais rares sont les œuvres (surtout parmi les utopies narratives) qui permettent d'établir entre les deux phénomènes une liaison explicite. Pour s'en tenir aux témoignages précis appuyés sur des textes, on ne voit guère dans le domaine français qu'un seul exemple où les traditions agraires communautaires aient été érigées en modèle utopique (au demeurant littérairement assez peu productif) et aient fécondé la réflexion des philosophes. Il s'agit des 'communautés taisibles' (ou tacites, car issues d'une tradition contractuelle non écrite) d'Auvergne, celles des familles Quitard-Pinon, Arnaud, Anglade, etc. Des groupements familiaux analogues existaient également dans l'Orléanais et en Bourgogne. D'après A. Soboul, ces communautés constituent un 'groupe-relique déjà en déclin' fondé sur

une exploitation collective des terres placées sous un régime d'appropriation indivise, dont les revenus étaient partagés de manière égalitaire entre les divers membres. La communauté taisible ignorait la division entre travail agricole et travail artisanal; elle semblait vivre en économie fermée, n'ayant recours au marché que pour les matières premières indispensables et de rares objets fabriqués; elle ne semblait connaître de la société globale que l'exigence fiscale. Elle offrait ainsi l'image d'une société agraire d'où la misère était bannie, et comme d'une république champêtre.[57]

Clôture, autarcie, organisation collective et communisme agraire: ce sont, en effet, les principes mis en œuvre dans la majorité des utopies.

55. Voir l'ouvrage de Ch. Rihs, *Les Philosophes utopistes: le mythe de la cité communautaire en France au XVIIIe siècle* (Paris 1970), p.320.

56. Ainsi Henri Lefebvre: 'La tradition communautaire et communiste reste vivace; elle remonte aux temps immémoriaux; elle se relie au culte de la vie patriarcale et de la liberté primitive. Elle implique le regret des âges d'or, et la haine du progrès, de la civilisation. Audacieuse en un sens, cette pensée communautaire et communiste est en même temps et peut-être plus nettement encore "réactionnaire". Elle s'exprimera dans le cours du siècle par de nombreuses robinsonnades, par des utopies pastorales, par des récits de voyageurs sur le charme et la liberté des "bons sauvages"' (*Diderot*, Paris 1949, p.20).

57. Hartig et Soboul, p.17-18. Sur la 'réception' du modèle des communautés d'Auvergne au dix-huitième siècle, voir Jean Ehrard, 'L'image des communautés rurales au 18e siècle: du mythe

1. *Entre l'utopie-programme et l'utopie en acte*

Cependant l'intérêt pour les 'Quitard-Pinons' auvergnats ne commence à se manifester qu'à partir de 1755, à travers une série d'articles du *Journal d'agriculture*,[58] puis dans l'important article 'Moraves' de l'*Encyclopédie* (x.704ss), dû à J. Faiguet, qui établit le rapprochement entre les pratiques collectives et coopératives des Fraternités moraves et celles des communautés d'Auvergne, sans oublier les traditionnelles références aux institutions de Sparte, au Paraguay et aux Esséniens: voici donc les 'Quitard-Pinons' d'Auvergne intégrés à la longue 'série' des modèles utopiques des Lumières.[59] Un seul personnage, avant 1750, semble avoir perçu le caractère potentiellement utopique des pratiques rurales traditionnelles. Il s'agit du curé Meslier, curé du petit village d'Etrépigny, en Champagne, où il mena pendant quarante ans la vie effacée et à peu près sans histoire d'un prêtre de campagne apparemment exemplaire. A sa mort, en 1729, il laisse un volumineux et explosif *Testament*, dédié à ses paroissiens, dans lequel il avoue, ou plutôt proclame, avoir pendant quarante ans, par routine et par faiblesse, prêché le contraire de ses véritables sentiments et servi une religion qu'il détestait.[60]

On ne sait trop quelle place assigner à Meslier dans la galerie des utopistes. Utopiste, il ne l'est d'ailleurs que très partiellement, dans la mesure où la partie la plus importante du *Testament* est essentiellement critique plus que constructive: dénonciation de l'inégalité sociale, de l'injustice établie, de la misère paysanne, de la monarchie absolue, du despotisme des grands, de la fausseté de toutes les religions. La partie positive et proprement 'utopique' de l'ouvrage, c'est-à-dire les propositions en vue d'une organisation sociale idéale, n'y occupe qu'une place relativement restreinte. On ne peut guère le considérer comme un utopiste 'en acte' à la manière d'un Winstanley, puisque dans les comportements de sa vie publique, au cours d'une longue existence, il s'est astreint à un conformisme, ou à une duplicité, dont il n'a cessé de souffrir. Ce

de Thiers à l'utopie d'Oudun', *Revue d'Auvergne* 95, 4, p.33-40.

58. Voir Bronislaw Baczko, *Lumières de l'utopie* (Paris 1978), p.58-59.

59. En l'espèce, la productivité proprement littéraire du modèle paraît cependant avoir été assez faible. Restif de La Bretonne conclut son roman *Le Paysan perverti* sur un projet d'établissement d'une communauté agraire utopique à organisation collectiviste: ce sont les 'Statuts du bourg d'Oudun, composé de la famille de R*** vivant en commun', où il est fait explicitement référence au modèle auvergnat ('Le bourg sera réglé suivant le modèle des familles unies d'Auvergne'; *Le Paysan perverti*, Paris 1978, ii.291). Il s'agit, à notre connaissance, du seul exemple d'utilisation littéraire du modèle; encore le texte où il prend place a-t-il un statut ambigu, car il s'agit d'une sorte d'appendice ou d'épilogue en marge du roman.

60. Titre authentique: *Mémoire des pensées et des sentiments de J. M... prêtre, curé d'Etrépigny et de But sur une partie des abus et des erreurs de la conduite et du gouvernement des hommes, où l'on voit des démonstrations claires et évidentes de la vanité et de la fausseté de toutes les divinités et de toutes les religions du monde, pour être adressées à ses paroissiens après sa mort, et pour leur servir de témoignage de vérité à eux et à tous leurs semblables.*

n'est pas non plus du tout un utopiste 'littérateur', à la façon des Foigny et des Veiras, qui, abrités derrière la fiction romanesque, mettent entre leur propre personne et les idées qu'ils expriment une distance qui autorise tous les jeux du scepticisme et de l'ironie. Comme les radicaux anglaise de l'époque cromwellienne, Meslier s'exprime en son nom propre – à titre posthume, il est vrai – et appelle à une transformation immédiate de la réalité existante. A défaut d'offrir une utopie 'en acte', son texte est un appel à l'action de type prophétique, prophétisme d'ailleurs étrangement paradoxal, puisqu'il ne s'appuie pas sur une révélation religieuse, mais sur la violence libératrice d'une proclamation d'athéisme.

Il n'est pas possible d'examiner ici la partie critique de la pensée de Meslier, ni même le détail de sa conception utopique d'une société régénérée: abolition de la propriété privée et mise en commun des terres; suppression du mariage indissoluble, remplacé par une simple union contractuelle temporaire; éducation et entretien des enfants assurés gratuitement par la collectivité; abolition de l'Etat en tant que système unitaire centralisé. Il semble que Meslier ait envisagé un agrégat fédératif assez lâche de petites collectivités rurales autogérées sur le modèle des communautés villageoises, rendant ainsi inutiles les entités étatiques nationales.

La personnalité et l'œuvre de Meslier posent deux problèmes majeurs: celui de sa représentativité, d'abord; celui de son influence, ensuite. Meslier est-il, comme le pense B. Baczko, 'un cas isolé sinon unique' ou bien présente-t-il une mise en forme articulée et 'savante' de certaines aspirations utopiques populaires latentes, généralement informulées, ainsi que le suggère le critique soviétique V. Volguine?[61] Les deux perspectives, au reste, ne sont pas nécessairement contradictoires. Qu'en a-t-il été de l'influence de Meslier? Reclus dans son presbytère de village, pratiquement coupé de tout contact avec le monde savant de son temps, enfermé de plus dans une pénible contradiction entre l'extérieur conformiste que lui impose son personnage social et le bouillonnement intérieur d'une pensée révoltée qui en constitue la négation, Meslier, bien évidemment, n'a pu avoir aucune influence de son vivant. Celle qu'il aurait pu connaître après sa mort n'a guère été conforme à son attente: ce ne sont pas ses paroissiens d'Etrépigny, destinataires explicites du *Testament*, mais les Philosophes des Lumières, qui ont capté son message, non sans le déformer au passage.

Le texte, très probablement, a été connu d'Helvétius et de Diderot, et d'Holbach en a tiré en 1772 une sorte d'abrégé en forme de manuel pratique

---

61. Baczko, *Lumières de l'utopie*, p.64: V. Volguine, *Le Développement de la pensée sociale en France au XVIIIe siècle*, traduit du russe par Léon Piatigorski (Moscou 1973), p.281-308.

d'athéisme.[62] Mais c'est Voltaire qui, au dix-huitième siècle, est le principal responsable de la diffusion – tronquée – des écrits de Meslier et de la déformation qui leur a été infligée.[63] Voltaire voit surtout dans ce texte 'le testament d'un prêtre qui demande pardon d'avoir été chrétien' et une machine de guerre contre l'"Infâme'. De l'athée Meslier, Voltaire fait un déiste antichrétien, passant sous silence l'essentiel de sa critique sociale et son contenu utopique. Ce message mutilé, du reste bien tardivement diffusé, ne semble guère avoir exercé d'influence sur la littérature utopique des Lumières.

Plus proches de Meslier, Morelly ou dom Deschamps, deux autres provinciaux, deux autres isolés en marge du mouvement des Lumières. Mais, si les idées sont dans une large mesure analogues, l'accentuation en est différente: l'utopisme de dom Deschamps, purement théorique et abstrait, s'intègre à une vaste construction métaphysique; le *Code de la nature* de Morelly, loin de s'enraciner dans une réalité historique concrète, est une dissertation suivie d'un code de législation sans point d'application déterminé, et comme hors du temps et de l'espace.[64] Meslier, au contraire, part de l'ici et du maintenant, la petite communauté paysanne d'Etrépigny, et y enracine sa perspective de transformation du monde.

S'il faut conclure, on peut souligner le caractère assez timide et tardif de la pratique utopique en France. Ce n'est guère que dans la seconde moitié du dix-huitième siècle qu'elle émergera dans la conscience collective à travers, par exemple, le débat sur les 'communautés taisibles' d'Auvergne ou les divers projets de Restif de La Bretonne.[65] Mais de réalisations concrètes point, et pas non plus de communautés structurées autour d'un projet économique et social spécifique analogues à celles qui s'épanouissent à la même époque en Angleterre et en Amérique. L'absence de tolérance religieuse, l'uniformité confessionnelle officielle imposée depuis la révocation de l'Edit de Nantes, le poids administratif d'une monarchie absolue et centralisée, peut-être aussi le retard économique et industriel de la France par rapport à l'Angleterre, freinant l'expansion du mouvement coopératif, sont autant d'éléments qui contribuent à expliquer la situation spécifique de la France; d'un côté, de véritables utopies communautaires, effectivement réalisées (fût-ce sur une échelle modeste); de l'autre, des propositions marginales et dispersées qui resteront sans effet.

62. D'Holbach, *Le Bon sens, ou idées naturelles opposées aux idées surnaturelles* (Londres 1772).
63. Voltaire, *Extrait des sentiments de Jean Meslier* (Genève 1762; éd. Moland des *Œuvres complètes*, t.xxiv).
64. Morelly, *Le Code de la nature*, éd. V. P. Volguine (Paris 1970).
65. Outre les 'Statuts du bourg d'Oudun', déjà mentionnés, il faudrait citer 'Les vingt épouses des vingt associés' (projet de communauté coopérative urbaine) et toute la série des *Graphes ou idées singulières*: *Le Pornographe* (projet de règlementation de la prostitution), *Les Gynographes* (projet de réforme de la condition féminine), *Le Mimographe* (projet de réforme des spectacles), etc. Tous ces projets (dont plusieurs sont restés à l'état d'ébauche) sont postérieurs à 1769.

2. Entreprises de colonisation et pratique utopique

LA signification dont est investi à cette époque le projet colonisateur n'est assurément pas celle que nous serions tenté de lui prêter aujourd'hui. L'anticolonialisme des Diderot et des Raynal n'apparaît guère avant les années 1770,[1] si l'on excepte quelques textes très exceptionnels et, somme toute, marginaux;[2] si les entreprises coloniales obéissent le plus souvent à des motifs purement commerciaux (mais ce n'est pas toujours le cas, comme le prouve l'exemple des jésuites du Paraguay), elles ne se trouvent habituellement entachées d'aucun sentiment de mauvaise conscience et sont parfois investies d'une signification utopique. La colonie n'est pas toujours installation dans un nouveau décor d'une copie conforme du modèle européen: ce peut être aussi tentative de création d'une société radicalement 'autre', fondée sur des bases plus rationnelles et plus justes, à partir de la quasi virginité de l'état de nature et dans des conditions d'isolement théoriquement propres à écarter toute possibilité d'interférence extérieure. Ce sont là les principes mêmes de l'expérimentation utopique: une table rase initiale offrant toute facilité pour construire un monde neuf qui ne doive rien aux modèles sociaux existants, une clôture géographique garantissant la pureté clinique de l'expérience.

Les rivalités coloniales entre les nations européennes, le maintien au sein de la société nouvelle des hiérarchies et des modèles politiques hérités du monde ancien, les pénibles réalités humaines d'un mode de production souvent fondé sur l'esclavage, enfin les relations difficiles avec les populations autochtones parfois oubliées dans les projets initiaux sont autant d'éléments négatifs qui introduiront fréquemment une rupture entre les aspirations utopiques de départ et les modalités dégradées de leur réalisation concrète.

---

1. Respectivement, le *Supplément au voyage de Bougainville* (écrit pour l'essentiel vers 1772, mais publié seulement en 1796) et l'*Histoire des deux Indes* (trois éditions, augmentées, de 1772 à 1780).

2. Tout particulièrement les *Dialogues avec un sauvage* de La Hontan (1703). Quant à l'"anticolonialisme" de Swift tel qu'il s'exprime dans les derniers chapitres du *Quatrième voyage* des *Voyages de Gulliver*, il est ambigu et difficile à interpréter: on ne peut guère en apprécier la portée hors de la perspective de renversement satirique dans laquelle il s'inscrit.

i. Deux projets d'utopies coloniales à la fin du XVIIe siècle: les *Constitutions de la Caroline* de Locke et *L'Etablissement de l'île d'Eden* de Duquesne

En dépit du patronage du plus grand penseur politique du temps, bien décevantes, il faut l'avouer, sont les *Constitutions fondamentales de la Caroline*, rédigées par John Locke en 1669, probablement en collaboration avec les commanditaires du projet.[3] Ceux-ci sont huit représentants de la haute aristocratie, parmi lesquels Lord Clarendon et Lord Shaftesbury, à qui le roi Charles II a personnellement concédé les terres constituant la colonie, érigée en province autonome subdivisée respectivement en comtés, seigneuries, baronnies et arrondissements.

Le système prévu, d'inspiration étonnamment féodale, est organisé selon une hiérarchie complexe composée de dignitaires parés de titres pompeux à la saveur archaïque: palatin, chancelier, connétable, landgrave, etc., dont l'ordre de préséance fait l'objet de minutieuses stipulations.[4] Une bonne part des articles constitutionnels est consacrée au statut de la propriété, aux modalités de dévolution et de transmission des fiefs et tenures, ainsi qu'à la description détaillée d'institutions administratives d'une extrême complexité. Le plus surprenant est l'abstraction parfaitement irréelle du projet, qui ne tient à peu près aucun compte du contexte géographique et humain de son implantation et semble s'inscrire dans un espace géographique indéterminé, celui de partout et de nulle part. On relève deux allusions seulement aux rapports futurs entre les colons et les indigènes, l'une très brève (p.231), l'autre plus développée (article 97, p.242), pour recommander à leur égard une large tolérance religieuse, qui doit également s'appliquer à toutes les minorités confessionnelles. (Les 'caciques' mentionnés dans le texte ne sont pas, comme on pourrait le croire, les représentants de la communauté indienne: il s'agit d'une sorte de titre nobiliaire correspondant à certaines fonctions administratives.)

Ce texte présente sans doute quelque intérêt pour les spécialistes du droit constitutionnel, mais son juridisme pesant contribue à étouffer tout élan utopique. Pourtant, création *ex nihilo* d'une société 'autre' régie par une minutieuse réglementation, le projet de Locke est bien une utopie au sens historico-politique du terme.

D'un tout autre intérêt apparaît le plan de création d'une république idéale protestante dans une île de l'Océan Indien que propose Henri Duquesne en 1689 dans son *Recueil de quelques mémoires servant d'instruction pour l'établissement*

---

3. John Locke, *Deuxième traité du gouvernement civil*, suivi de *Constitutions fondamentales de la Caroline*, éd. Bernard Gilson (Paris 1977).

4. Locke, *Constitutions de la Caroline*, p.247.

de l'île d'Eden.[5] Les quatre mémoires qu'il regroupe, sans doute diffusés initialement en brochures séparées, relèvent certes d'une littérature de propagande
coloniale assez banale à l'époque – le classique *immigrant trap* – mais avec une
tonalité utopique très nettement marquée. En outre, ce projet a connu au moins
une ébauche de réalisation avec l'expédition de François Leguat, lequel a laissé
de son expérience un récit lui-même largement assimilable à une utopie écrite
de forme narrative – ce d'autant plus que cette relation a été très généralement
reçue par les contemporains et même, jusqu'à une date récente, par les érudits,
comme un texte de pure fiction – offrant ainsi un exemple probablement unique
d'articulation entre les trois modalités de l'utopie: utopie-programme, utopie
'en acte', utopie narrative romanesque.

Le projet de 'république de l'île d'Eden' est étroitement tributaire des
circonstances historiques. Resté fidèle au calvinisme après la Révocation, Henri
Duquesne, l'un des fils du célèbre amiral protestant de Louis XIV, s'est retiré
en Suisse, puis en Hollande, où affluent les huguenots chassés de France. La
communauté protestante du Refuge est alors partagée entre deux mythes
collectifs fortement mobilisateurs: mythe para-utopique de la fuite radicale vers
l'ailleurs, à l'image des 'non-conformistes' anglais qui, à la même époque,
émigrent massivement vers l'Amérique du Nord; mythe millénariste d'un retour
imminent dans une patrie magiquement rendue à la tolérance. S'appuyant sur
les prophéties de Daniel et sur le texte de l'Apocalypse, Jurieu soulève parmi
les réfugiés une immense espérance en annonçant pour l'année 1689 le rétablissement de l'édit de Nantes, l'écroulement de l'Eglise romaine, voire la conversion de Louis XIV.[6] Espérance déçue, puisqu'il devient clair à cette date que
la tolérance ne sera pas rétablie, justifiant ainsi le projet colonial de Duquesne.
Celui-ci, accueilli avec faveur par les autorités hollandaises, qui doivent subvenir
aux besoins d'une importante population déracinée et sans ressources, fait
l'objet d'un traité signé avec les Etats-généraux et l'Oost-Indische Compagnie,
laquelle, voyant là l'occasion d'ajouter un maillon supplémentaire à son empire
commercial, se charge du transport des futurs colons, le financement de

---

5. Amsterdam 1689. Cet opuscule rarissime a longtemps passé pour perdu et n'était connu que
par les quelques pages reproduites, de façon d'ailleurs fantaisiste, dans le *Voyage de François Leguat*.
Un exemplaire retrouvé fortuitement à la fin du siècle dernier a permis à Th. Sauzier d'en donner
une réimpression intégrale (*Un projet de république à l'île d'Eden (l'île Bourbon) en 1689 par le marquis
Henri Du Quesne*, Paris 1887). Ce texte est repris en appendice dans notre édition du *Voyage de
François Leguat*, parue sous le titre *Aventures aux Mascareignes* (Paris 1984). Les références renvoient
à cette dernière édition.

6. P. Jurieu, *L'Accomplissement des prophéties ou la délivrance prochaine de l'Eglise* (Rotterdam 1686).
Cette affaire entraînera la rupture définitive entre Jurieu et Bayle, auteur présumé du pamphlet
Avis important aux réfugiés sur leur retour prochain en France (Amsterdam 1690).

l'opération – 80.000 livres – restant à la charge de Duquesne.[7] Pour des raisons mal connues – peut-être la crainte d'un affrontement avec la flotte française de l'escadre de Siam, commandée par Duquesne-Guiton, cousin d'Henri Duquesne passé au catholicisme, qui empruntait le même itinéraire – l'importante expédition initialement prévue se limitera à l'envoi, en 1690, d'un détachement de reconnaissance d'une dizaine de personnes, placé sous la direction de François Leguat, à bord de la petite frégate *L'Hirondelle*. Bien que, comme le révèle le quatrième et dernier mémoire, le lieu d'implantation initialement prévu ait été l'île Bourbon, dont Duquesne semble ignorer qu'elle est déjà occupée par les Français depuis 1663, c'est à l'île Rodrigue voisine que s'installera le groupe pour un séjour de deux ans.

Le projet de Duquesne s'ouvre sur un 'Avertissement' exposant le dilemme offert aux huguenots du Refuge en 1689: espérance millénariste d'un 'prompt retour pour la patrie' confortée par 'l'heureux changement qui est arrivé en Angleterre' – le renversement de Jacques II, supplanté par une dynastie orangiste protestante;[8] espérance utopique d'une réinvention de l'histoire ramenée à son point d'origine au prix d'une rupture spatiale et politique avec le monde européen. Ainsi que l'écrit Duquesne, 'le retour en France n'est pas encore tout à fait certain; et même il est hors d'apparence qu'on puisse jamais y être dans une entière sûreté, à moins que Dieu par un miracle ne convertisse tout le royaume' (p.224); mais ce 'miracle' attendu par Jurieu, il est clair que Duquesne, pour sa part, n'y croit pas: d'où, avec le repli sur les lointains horizons de l'utopie coloniale, 'la consommation d'une rupture avec le passé, devenu insupportable, et la mise en route, sur le plan théorique et idéologique, d'un nouveau commencement',[9] ce que traduit symboliquement le nom d''isle d'Eden' donné au site d'implantation de la colonie et 'qu'on a retenu comme lui convenant mieux, parce que sa bonté et sa beauté la peuvent faire passer pour un paradis terrestre'.[10] C'est bien, en effet, cette image idéale que s'efforce d'accréditer le quatrième mémoire ('Description particulière de l'île d'Eden') à partir des relations de divers voyageurs concernant l'île Bourbon:[11] salubrité du climat, absence d'animaux venimeux, abondance des vivres, profusion du gibier, etc. Vierge de toute présence humaine,[12] l'île renvoie également au

---

7. Pour l'historique de cette affaire et le texte des accords, voir Emile Rainer, *L'Utopie d'une république huguenote du marquis Henri Du Quesne et le voyage de François Leguat* (Paris 1959).

8. Duquesne, *Recueil de quelques mémoires*, p.223.

9. Myriam Yardeni, *Utopie et révolte sous Louis XIV* (Paris 1980), p.39.

10. Duquesne, *Recueil*, p.238.

11. Bontekoe, Du Bois, Dellon et, surtout, l'*Histoire de la grande isle Madagascar* de Flacourt (1661).

12. Myriam Yardeni est mal venue à s'étonner que Duquesne 'par oubli ou par manque d'informations, ne mentionne nulle part dans ses *Mémoires* concernant l'île d'Eden les sauvages qui

thème adamique de l'origine retrouvée, de la réinvention sur des bases nouvelles d'une société autre.

Le but de Duquesne est d'abord religieux. Il s'agit de créer à l'écart du monde – car, dit-il, 'plus nous serons éloignés, moins l'on songera à venir nous inquiéter' – une sorte de foyer national huguenot, afin que

ces pauvres brebis éparses soient rassemblées en un troupeau, et dans quelque retraite assurée, pour y servir et louer Dieu publiquement, qui par sa grâce les a délivrés; et afin encore que, s'occupant à un travail légitime selon son commandement, ils puissent manger leur pain avec joie, sans être à charge de leurs frères, mais plutôt secourables aux affligés et accueillants aux malheureux.[13]

Aussi l'appel s'adresse-t-il 'aux véritables réfugiés qui le sont de bon cœur, et qui ne regrettent point les oignons d'Egypte; car c'est à eux que ce pays de Canaan est réservé' (p.231): l'appel utopique de l'île lointaine réactive le scénario biblique de l'Exode et fait de Duquesne lui-même un nouveau Moïse guidant son peuple vers la terre promise.

Quant à l'organisation politique de la colonie, extrêmement élaborée, elle propose un système original combinant, un peu à la manière de celui des Sévarambes de Veiras, despotisme, oligarchie et démocratie: ce qui, explique Duquesne, épargnera 'la plupart des inconvénients qui se rencontrent dans les monarchies, et dans les républiques', soit 'les longueurs, les indéterminations, les changements d'avis et l'inobservation du secret si dommageables aux républiques gouvernées par trop de têtes', aussi bien que 'les suites fâcheuses du pouvoir souverain, qui tombe quelquefois dans des excès dangereux au peuple qui lui est soumis, lorsqu'il est entre les mains d'un seul homme' (p.226). Le pouvoir est exercé par un chef élu, ou plutôt, en l'espèce, autodésigné – Duquesne lui-même, bien que son nom n'apparaisse pas – assisté par un sénat de douze membres au sein duquel il dispose d'une voix prépondérante. Mais, 'dans le dessein de mettre des barrières à la tyrannie', le peuple, consulté par référendum sur les décisions majeures (guerre et paix, modification des lois, etc.), disposera en outre d'un droit de remontrance et de proposition, s'exprimant anonymement grâce à des urnes scellées: régime mixte, qui n'est ni la dictature masquée dénoncée par Rainer ni la démocratie qu'y voit Atkinson,[14] mais qui s'apparente, théocratie en moins, au gouvernement composite des communautés sectaires américaines. L'administration, exercée par une hiérarchie complexe de magistrats-officiers organisée militairement, sera ouverte

s'y trouvent déjà par malchance' (*Utopie et révolte*, p.89): les Mascareignes n'ont jamais eu de population indigène.

13. Duquesne, *Recueil*, p.230, 225.

14. Rainer, *L'Utopie d'une république huguenote*, p.24; Geoffroy Atkinson, *Les Relations de voyages du XVIIe siècle et l'évolution des idées* (Genève 1972), p.57-58.

à chacun selon son mérite et son talent, en réservant cependant 'les égards raisonnables que l'on doit avoir pour la naissance'. La justice sera gratuite. Un système public d'assistance sera mis en place pour subvenir aux besoins des plus démunis: 'maison d'hospitalité' destinée aux pauvres, aux malades et aux infirmes, institution pour les jeunes filles sans ressources, etc.

La grande faiblesse du projet réside évidemment dans l'aspect rudimentaire de ses fondements économiques. Si Duquesne abolit tous les impôts ou taxes sur les propriétés, il n'en reste pas moins que les futurs colons devront préalablement acheter leurs terres sur la base de cinq livres l'arpent, seul moyen qu'il ait trouvé pour assurer la mise en route du nouvel Etat dont, d'ailleurs, il laisse dans l'ombre le régime économique ultérieur, conservant, semble-t-il, les règles européennes de l'économie marchande. On conçoit que, dans ces conditions, les candidats au départ aient été peu nombreux. D'où l'échec du projet, ou plutôt sa transformation, dans l'expérience de François Leguat qui lui tient lieu de réalisation, en une utopie vécue qui, sur presque tous les points, semble prendre l'exact contre-pied de l'utopie écrite première.

ii. L'aventure de François Leguat: une utopie primitiviste?

Publié simultanément à Londres et à Amsterdam à la fin de 1707, le *Voyage de François Leguat* n'est guère connu aujourd'hui que des spécialistes de l'histoire maritime et de la littérature de voyages, bien qu'il ait bénéficié tout au long du dix-huitième siècle d'un nombre respectable d'éditions et de traductions.[15] Parmi les nombreuses questions que le livre soulève, le débat s'est jusqu'à présent limité de façon à peu près exclusive aux problèmes d'attribution et d'authenticité; celle-ci, contestée par Atkinson, a été établie de façon irréfutable par la récente étude d'A. North-Coombes.[16] Les incertitudes pesant dès l'ori-

---

15. *Voyage et avantures de François Leguat et de ses compagnons, en deux isles désertes des Indes orientales* (Londres, Amsterdam 1708). D'après la bibliographie de P. B. Gove (*The Imaginary voyage in prose fiction*, seconde édition, London 1961), on dénombre au dix-huitième siècle cinq éditions françaises et des traductions en anglais, allemand et hollandais. Nos références renvoient à l'édition de Londres 1721, désignée ci-après par les initiales *VAFL*.

16. Alfred North-Coombes, *The Vindication of François Leguat*, Société de l'histoire de l'île Maurice (Port-Louis 1979). Geoffroy Atkinson (*The Extraordinary voyage in French literature from 1700 to 1720*, Paris 1922, p.35-65) nie l'existence historique de Leguat et la réalité de son aventure, considérée comme un pur roman qu'il faudrait attribuer à François-Maximilien Misson. Partant d'une interprétation abusive de la méthode lansonienne de recherche des sources, il a cru pouvoir montrer que tous les détails du texte sont empruntés à des récits de voyages antérieurs. Ses arguments sont repris sans vérification dans l'ouvrage plus récent de Percy G. Adams (*Travelers and travel liars, 1660-1800*, Berkeley, Los Angeles 1962). Pour une réfutation de la thèse d'Atkinson, une appréciation de la part de Misson dans la rédaction définitive et un bilan des preuves d'authenticité, voir l'introduction à notre édition du texte (*Aventures aux Mascareignes*).

gine sur l'authenticité du récit ont relégué à l'arrière-plan l'étude proprement littéraire de cet ouvrage, qui soulève pourtant certains problèmes essentiels touchant à l'évolution des formes romanesques, mais aussi à la genèse des utopies: roman utopique aux yeux de ses lecteurs, l'aventure de Leguat et de ses compagnons est bien aussi et simultanément une utopie pratiquée, puisqu'elle correspond pour ces derniers à une expérience effectivement vécue, issue elle-même de l'utopie-programme de Duquesne, dont elle est le prolongement.

Le premier tome rapporte le départ de l'expédition et l'installation de la petite colonie. Le plus âgé et le seul gentilhomme, François Leguat, protestant de Bresse, réfugié, lui aussi, en Hollande, prend la tête du groupe. Les huit colons, débarqués à l'île Rodrigue le 1er mai 1691, y attendront vainement pendant deux ans la relève promise par Duquesne et se résoudront enfin à gagner l'île Maurice dans une embarcation de fortune; ils y connaîtront de nouvelles aventures, marquées par une étrange fatalité insulaire, mais sans intérêt direct ici, puisque c'est dans l'épisode rodriguais que se trouve concentré l'essentiel de la signification utopique de l'ouvrage. En tant qu'utopie – aussi bien d'ailleurs qu'en tant qu'entreprise colonisatrice – l'expérience de Leguat est parfaitement atypique. Nous sommes ici aux confins du mythe paradisiaque, de la robinsonnade, de la tradition du Pays de Cocagne, de la pastorale et de l'utopie proprement dite. Ces traits originaux s'expliquent partiellement par le petit nombre de colons, qui permet d'éluder presque entièrement le problème politique; ils résultent surtout des caractères propres du site insulaire, admirablement mis en évidence par la qualité du regard du narrateur, à la fois précis et exact dans sa fonction d'observateur de la faune et de la flore et remarquablement sensible à la poésie naturelle lorsqu'il se laisse aller à la pente de sa rêverie.

L'île Rodrigue n'a connu alors aucune occupation humaine permanente. Quelques rares relâches de navires européens n'ont pas encore perturbé l'équilibre d'une faune endémique originale aujourd'hui éteinte, et dont certaines espèces – le fameux 'solitaire' entre autres – ne sont connues qu'à travers le témoignage de Leguat. Tout y apparaît comme un véritable paradis terrestre: profusion végétale, jaillissement des eaux, 'Cascades, Bassins et napes d'eau, qui orneroient les jardins d'un Prince',[17] familiarité innocente des animaux, qui ne s'enfuient pas à l'approche de l'homme, tout ici semble renvoyer à l'archétype du lieu paradisiaque tel que l'a fixé l'iconographie médiévale ou renaissante:

Nous admirâmes les secrets et divins ressorts de la Providence, qui après avoir permis que nous eussions été ruïnez, dans nôtre Patrie, nous en avoit ensuite arrachez par diverses merveilles, et voulût enfin essuyer nos larmes dans le Paradis Terrestre, qu'elle

17. *VAFL*, i.64.

nous montroit, et où il ne tiendroit qu'à nous d'être riches, libres, et heureux; si dans le mépris des vaines richesses, nous voulions employer nôtre tranquille vie à le glorifier, et à sauver nos ames.[18]

La première originalité du récit, si on le rapporte à toute la tradition utopique, est, en effet, l'optique naturaliste, au sens étymologique du terme, qui l'imprègne. Si l'utopie traditionnelle tend à soumettre la nature à la finalité productive et à l'ordonnance planificatrice de l'ordre humain, Leguat, loin de chercher à humaniser le donné naturel, souhaiterait au contraire, si l'on ose dire, naturaliser l'homme.[19] Le livre ne cesse de mettre l'accent sur la profusion et la générosité de la nature, qui lui assure libéralement sa subsistance sans aucune nécessité de travail, puisque la terre 'produit presque sans culture, et abonde en sucs très féconds' (i.76). Quant aux lataniers, arbres magiques, véritables cornes d'abondance (i.79),

ne sont-ce pas autant de magasins admirables de tout ce qui est nécessaire à la vie de ces hommes sages qui croyent et qui pratiquent ce que dit *St-Paul*. Leur fruit est excélent et l'eau que les troncs de ces arbres fournissent, et qui coule de source sans préparation, est une liqueur délicieuse et bienfaisante. De certaines feuilles se mangent, et sont excélentes. D'autres sont comme des linges, ou des étoffes de soye. Et ces merveilleux arbres se trouvent abondamment par toute notre Isle.

Nature tutélaire, généreuse donatrice du vivre et du couvert, exclusion du travail, devenu inutile, tout ici renvoie au monde d'avant la Chute, de même que la surabondance de la vie animale, procurant des ressources en vivres illimitées, évoque le vieux mythe médiéval du Pays de Cocagne:

En quelque lieu qu'on se trouve, si on n'aperçoit pas de gibier, il n'y a qu'à fraper sur un arbre, ou à crier de toute sa force, et le gibier qui entend ce bruit accourt incontinent, de sorte qu'il n'y a qu'à choisir, et à fraper sur celui que l'on veut avoir à coups de pierres ou à coups de bâton.[20]

D'où une économie prédatrice primitive (cueillette, chasse et pêche) qui utilise les productions de la nature, mais sans créer de nouvelles richesses; s'y ajoute toutefois une agriculture très rudimentaire limitée au petit jardinage. De façon très significative, presque toutes les graines apportées de l'extérieur échoueront et, comme en une paraphrase de la parabole évangélique, les quelques grains de blé qui parviendront à germer dégénèreront en ivraie: point de pain donc, seul élément de privation dans cet univers de la surabondance; mais cet aliment,

---

18. *VAFL*, i.61-62. Sur les constantes de la topographie paradisiaque, voir l'étude de Marie-Cécile Guhl, 'Les paradis, ou la configuration mythique et archétypale du refuge', *Circé* (Cahiers du Centre de recherches sur l'imaginaire), no. 3 (1972), p.11-104.

19. 'J'envoyois l'homme à l'école des bêtes' (*VAFL*, i.102).

20. i.124-25. Sur le mythe de Cocagne et sa sigification para-utopique, voir Cioranescu, *L'Avenir du passé*, p.55-62.

on le sait, entretient sur le plan du mythe une relation avec l'expulsion du Paradis et la malédiction divine – c'est le produit de la sueur et de l'effort, symbole d'une nature déchue qui n'est plus générosité gratuite du don, mais support indifférent d'une activité transformatrice.[21] Les besoins étant réduits à la seule satisfaction des exigences naturelles, on n'observera pas non plus de processus de transformation artisanale de la nature. La seule activité de cet ordre qui soit notée est l'utilisation des feuilles de lataniers pour la couverture des cases ou la fabrication de cordages et de chapeaux. Ainsi, cette étrange entreprise coloniale, qui intègre l'homme dans la nature au lieu d'humaniser la nature par le travail, se situe aux antipodes de la conception habituelle de la colonisation.

Cet effort d'intégration réciproque de l'ordre naturel et de l'ordre humain est constamment sous-tendu par l'imagination spontanément allégorisante de Leguat, nourrie de réminiscences bibliques. Observant la femelle du lamentin allaitant ses petits, le narrateur ne peut s'empêcher de citer Jérémie et, à travers lui, son propre destin de huguenot persécuté et exilé (*VAFL*, i.95):

Je ne voyois jamais cette extraordinaire nourice, sans me souvenir avec double raison, vû l'état de mon triste exil, du passage des *Lamentations de Jeremie*, où le Prophête se complaint ainsi. *Les Monstres marins mêmes tendent les mammelles à leurs petits, et les allaitent; mais la fille de mon Peuple a affaire à des gens cruels. Lament.* ch.III.

Ainsi, de la biologie à l'anthropologie, de l'histoire naturelle à l'histoire humaine, s'établissent des réseaux de correspondances et d'analogies. L'exemple le plus frappant en est offert par la très belle description des solitaires et par le curieux développement qui suit l'évocation des mœurs nuptiales de ces oiseaux (i.102-103):

J'envoyois l'homme à l'école des bêtes. Je loüois mes Solitaires de ce qu'ils se marioient jeunes; (ce qui est une sagesse de nos juifs) de ce qu'ils satisfaisoient à la nature, dans le tems propre, et dès que la nature a besoin d'être satisfaite; selon l'état de cette même nature, et conformément à l'intention du Créateur. J'admirois le bonheur de ces couples innocens et fidèles, qui vivoient si tranquillement, dans un constant amour. Je disois que si nôtre ambition, et nôtre friandise étoient refrenées, si les hommes étoient, ou avoient toujours été aussi sages que le sont les oiseaux, pour dire tout en un mot, on se mariroit comme se marient les oiseaux, sans autre attirail ni cérémonies; sans contrats, et sans testamens; sans *Mien*, sans *Tien*, sans sujetion à aucunes Loix, et sans nulle offense; au soulagement de la Nature, et de la République: car les Loix Divines et humaines, ne sont que des précautions contre nos desordres.

---

21. Dans le *Robinson Crusoe* de Defoe, la première fournée de pain, obtenue par le naufragé après plusieurs années d'effort, a clairement le sens d'un passage de la Nature à la Culture. La réflexion des pages 118-19 (éd. Ledoux) sur l'incroyable variété d'outils et de corps de métiers dont l'intervention est nécessaire à l'obtention d'une miche de pain désigne clairement la valeur symbolique de cet aliment: c'est la nourriture de la socialité.

Dans ce glissement de la description zoologique à l'allégorie sociale et morale, on peut voir aussi bien la manifestation d'un anthropocentrisme naïf qu'un sens assez étonnant, à cette date, des harmonies du monde naturel et du monde humain dont, près d'un siècle plus tard, Bernardin de Saint-Pierre allait faire la théorie.

iii. L'aventure de François Leguat (suite): de la pastorale euphorique à l'interrogation sur l'utopie

Pourtant, le naturalisme primitiviste de Leguat ne doit pas faire oublier l'aspect proprement utopique du texte. Protestants expatriés, Leguat et ses compagnons appartiennent à une minorité persécutée, spatialement, socialement et morale-ment en rupture avec une société européenne qu'ils estiment inique et perverse.[22] Face aux maux du monde ancien, l'île est une anti-société. Comme telle, elle se définit d'abord négativement: pas de propriété privée – si le 'jardin général' est entouré d'une palissade, ce n'est que pour le protéger des déprédations qu'y causeraient les tortues; pas de théologiens ni de discordes religieuses; pas de violence ni d'esclavage; pas de noblesse ni de magistrats; pas même de pouvoir politique:

J'y ai été nourri en Prince, dans l'aise et dans l'abondance, sans pain, et sans Valets. J'y ai été riche, sans Diamans et sans or; comme sans ambition. J'y ai gouté un secret et indicible contentement, de ce que j'étois moins exposé qu'à l'ordinaire, aux tentations de pecher. Recuëilli très profondément en moi-même, mes sérieuses réflexions m'ont fait voir là, comme au doigt et à l'œil, le néant d'une infinité de choses qui sont en grand'vogue parmi les habitans de cette malheureuse Terre; de cette Terre, où l'Art détruit presque toujours la Nature, sous prétexte de l'embellir; où l'Artifice, pire que l'Art, l'Hypocrisie, la Fraude, la Superstition, la Rapine exercent un tyrannique empire: où tout, pour ainsi dire, n'est qu'Erreur, Vanité, Desordre, Corruption, Malice et Misere.[23]

La suppression de tout ce qui est inauthentique et artificiel dans la civilisation permet ainsi, par une démarche éliminatrice qui rappelle la méthode de Rous-seau, de retrouver les vraies valeurs: les désirs sont limités aux 'vrais besoins' de la nature, à l'intérieur du groupe règne une complète égalité, et les 'huit rois de Rodrigue' peuvent exercer librement une souveraineté personnelle que n'aliène aucune instance politique. Enfin, l'authenticité religieuse est retrouvée

22. Voir la furieuse tirade sur les maux de l'Europe: dragonnades, 'rats-de-cave et rats-de-grenier', esclavage, persécutions, misère – 'et après cela levez la balance', conclut Leguat (i.53).

23. Dernier feuillet de la préface (non paginée). On notera l'étrange similitude de ton et de thèmes avec tel passage du *Robinson* de Defoe (voir, par exemple, le développement des p.128-29, éd. Ledoux).

par le dénuement, qui ramène à la 'pure et primitive Doctrine Evangélique' (*VAFL*, i.127), ainsi que par le contact immédiat avec la majesté divine contemplée dans ses œuvres – attitude, à vrai dire, plus déiste que calviniste.

Toutefois, si la négation d'un état de choses détesté ou contesté constitue effectivement la phase initiale obligée de toute démarche utopique, c'est habituellement dans le but de procéder ensuite, à partir de la table rase ainsi obtenue, à la reconstruction sur d'autres bases d'un nouvel ordre institué. Très classiquement, le monde renvoyé au néant prépare l'émergence d'un monde autre, la négation s'inverse en signe du positif. Or, cette étape positive de reconstruction sociale est entièrement absente chez Leguat. Il est significatif que, dès son premier contact avec l'île, le narrateur évoque le souvenir littéraire de *L'Astrée* et des bords du Lignon (i.61): la perspective est celle de la pastorale plus que celle de l'utopie. Comme les bergers de d'Urfé, les compagnons de Leguat, soustraits à l'obligation du travail, mènent une existence de liberté et de loisir où les seules activités sont des distractions: chasse, pêche, promenades dans l'île au sein d'une nature idyllique. Comme eux encore, ils vivent sans Etat et même sans organisation sociale. Comment est structuré le groupe? Qui commande et décide? Leguat ne le dit pas. Certes, la colonie rodriguaise comporte un 'Hôtel-de-Ville, ou si l'on veut, le rendez-vous de la République', mais 'dans lequel les principales délibérations concernoient la cuisine' (i.66); si le narrateur fait référence au code urbanistique traditionnel des sociétés utopiques, c'est pour en souligner ironiquement l'inadéquation dans un univers qui se situe en-deçà du politique. L'absence d'Etat, souvent considérée comme le critère distinctif essentiel entre l'utopie et la pastorale,[24] n'est pas, à vrai dire, un phénomène totalement inédit dans la tradition utopique. Cependant, le sens de cette absence est ici assez différent. Chez les êtres purement rationnels et, par là, tous semblables qu'imaginent Foigny et Swift, l'identité est absolue entre les vouloirs individuels et ce que Rousseau appellera plus tard la 'volonté générale', abolissant toute distinction de l'individuel du collectif et rendant inutile l'appareil étatique chargé d'assurer la médiation entre ces deux instances. Leguat ne dit rien de tel. Chacun des huit colons de Rodrigue est 'Roi' pour son propre compte, sans que les souverainetés personnelles viennent s'immerger et se perdre dans une quelconque entité supra-individuelle. Nous avons ici le premier et peut-être le seul exemple d'une utopie anarchiste: anarchisme lui-même pleinement 'anarchique' en ce que, jamais théorisé ni même consciemment pensé, il semble résulter spontanément du donné naturel.[25]

24. Voir Suvin, *Pour une poétique de la science-fiction*, p.66.
25. Le petit nombre des colons peut sembler expliquer cette évacuation du politique. L'explication, toutefois, ne joue qu'en surface: chez Defoe, où le groupe se réduit à deux unités (Robinson et Vendredi), c'est bien l'image embryonnaire de l'Etat qui se dessine à travers le jeu des règles et

2. Entreprises de colonisation et pratique utopique

Cette vision idyllique n'est-elle pas une vision mensongère? Les documents d'archives l'attestent: entre l'utopie écrite, celle du récit de Leguat, et l'utopie pratiquée, celle de l'aventure effectivement vécue par les colons, s'introduisent des distorsions. Mal camouflés par l'optique systématiquement idéalisatrice du texte, des conflits ont surgi, que Leguat s'efforce de passer sous silence: conflit d'autorité avec Paul Bénelle, responsable de l'abandon de l'île, auquel Leguat s'oppose; mésentente avec Ancelin et Thomas qui, à Maurice, supplieront 'à genoux' le gouverneur Deodati d'être délivrés enfin de la présence de leurs compagnons. Sur un autre plan, l'île apparaît comme un monde hors de l'histoire et privé de tout avenir: point de femmes, donc aucune possibilité de développement d'une véritable colonie; la petite société ne porte pas en elle-même la possibilité de sa propre perpétuation. Comme l'explique Paul Bénelle au terme d'un long discours sur les femmes et le mariage, 'Ici, nôtre triste et imparfaite Société n'a ni ressource ni appui. Nous mourrons, et nôtre Isle demeurera deserte [...] Sauvons-nous donc pour aller former quelque Société plus heureuse' (*VAFL*, i.155). Enfin, le bonheur de Rodrigue est monotone et insipide; pour les compagnons de Leguat, il finit par se résoudre en un insupportable ennui (i.133):

Nous avions déjà demeuré un peu plus d'un an dans nôtre Isle nouvelle, lors qu'étonnez de ne voir paraître aucun vaisseau (car il faut dire toute la vérité) quelques-uns de nous commencerent à s'ennuyer. Ils regretterent la perte de leur jeunesse, et s'affligerent dans la pensée qu'ils seroient peut-être obligez de passer les plus beaux de leurs jours, dans une étrange solitude, et dans une tuante faineantise.

Seul Leguat, contre l'avis de tous, s'oppose au départ et s'accroche au mirage de l'île heureuse en dénonçant dans ce projet une folie et une insulte à la providence divine. C'est donc avec déchirement qu'il fait ses adieux 'à nôtre Isle charmante, et, qui pis est, à nos vrais et nobles Titres d'HOMMES LIBRES':[26] fin d'un rêve d'immobilité heureuse sous la protection de la nature et de la Providence, loin des tribulations de l'histoire.

L'ouvrage de Leguat se situe, on l'a vu, au point de rencontre des multiples polarités ou formes dérivées du phénomène utopique: mythe paradisiaque, Cocagne, pastorale, utopie pratiquée de type colonial et utopie écrite de forme narrative et plus précisément romanesque si, comme on l'a fait ici, on choisit de lire l'ouvrage tel qu'il a été perçu par la majorité des contemporains, c'est-à-dire comme une œuvre de fiction, viennent s'y rencontrer. Mais c'est aussi

---

des interdits édictés par le maître à l'usage de celui qu'il désigne comme son sujet. Mieux: on sait que le Robinson de Michel Tournier (*Vendredi ou les limbes du Pacifique*, Paris 1972), encore unique habitant de l'île de Speranza, édifie un code minutieux et complexe pour une société dont il est à la fois le législateur, le souverain et le sujet.

26. i.156 (en capitales dans le texte).

un révélateur des ambiguïtés et des contradictions internes de l'utopie elle-même. Sous la pastorale euphorique affleure la réalité conflictuelle des rapports humains concrets; sous le bonheur proclamé d'un retrait du monde, l'ennui d'une existence vide, sans perspective et sans avenir. Lieu de la protection contre le mal du monde, l'utopie est aussi ce lieu en marge de l'histoire, espace de solitude et de séparation qu'il faut quitter pour rejoindre l'humanité réelle et échapper à une régression infantilisante au sein d'une nature trop maternelle. Cette étrange utopie, la plus idyllique de toutes peut-être, échappe entièrement à l'obsession géométrisante et à la dictature de la norme qui rendent irrespirables tant de sociétés idéales; mais elle n'en laisse pas moins percer, à travers ses dénégations mêmes, une critique sous-jacente de l'attitude utopique.

iv. L'utopie réalisée: l'expérience jésuite du Paraguay – prégnance et ambiguïtés d'un modèle utopique

Cette ambivalence de signification, on la trouvera également dans l'exemple infiniment plus connu des 'réductions' jésuites d'Amérique du Sud.[27] Il y en eut cinq en réalité, dispersées entre les territoires actuels du Pérou, de la Colombie, du Brésil et du Paraguay; mais la plus célèbre, improprement nommée 'Empire jésuite du Paraguay', est installée sur la zone des tribus des Tupi-Guaranis entre le Parana et le Paraguay. Il s'agit d'une extraordinaire expérience d'utopie pratiquée, à peu près unique dans l'histoire, du moins antérieurement à notre époque.[28] Unique, d'abord, par l'échelle sur laquelle elle a été réalisée: la population indienne, au moment de l'expulsion des jésuites, atteint environ cent cinquante mille personnes.[29] Unique, également, par la longueur et la continuité de l'expérience: plus d'un siècle et demi (de 1609 à 1768 pour les réductions du Paraguay). Unique, enfin, par le caractère radical de la mutation sociale à laquelle a été soumise la population guaranie: à l'arrivée des jésuites, les Indiens en sont à un stade de civilisation néolithique et vivent en semi-nomadisme, pratiquant une culture sur brûlis très primitive.

Les jésuites procèderont méthodiquement en quatre étapes logiquement et chronologiquement ordonnées: déculturation des Guaranis soustraits à l'organisation tribale traditionnelle; acculturation par la sédentarisation et le regroupement des tribus en villages; civilisation par l'initiation à l'agriculture et à

---

27. Sur l'expérience des réductions, voir l'ouvrage de L. Baudin, *Une théocratie socialiste: l'Etat jésuite du Paraguay* (Paris 1962).

28. Mais l'histoire du vingtième siècle est riche en 'utopies pratiquées' d'une toute autre ampleur marquées de mutations sociales au moins aussi spectaculaires.

29. Estimation de Jacques Decobert dans son article sur 'Les missions jésuites du Paraguay devant la philosophie des Lumières', *Revue des sciences humaines* 149 (1971), p.17-46.

2. Entreprises de colonisation et pratique utopique

l'artisanat; christianisation, enfin, par l'évangélisation systématique. Comme le dira à la fin du siècle l'abbé Raynal, 'les missionnaires eurent [...] la sagesse de civiliser jusqu'à un certain point les sauvages avant de penser à les convertir. Ils n'essayèrent d'en faire des chrétiens qu'après en avoir fait des hommes.'[30] Ce programme, on le verra, est à peu près exactement celui que s'efforcera de suivre Cleveland dans son entreprise de civilisation des sauvages Abaquis. Ainsi, de même que Cleveland utilisera le culte solaire indigène pour amener les Abaquis à 'la connaissance du vrai Dieu', les missionnaires jésuites ont pu faire accepter plus aisément les migrations de populations et les regroupements dans les villages en s'aidant du vieux mythe de la 'Terre sans mal', issu de la tradition religieuse guaranie.

Point remarquable: cet extraordinaire bouleversement social s'accomplit sans violence – sans violence physique s'entend, car l'entreprise s'apparente bien à un ethnocide culturel – par le seul recours à la force de persuasion de la parole et de l'exemple: plus heureux que la majorité des héros fondateurs et législateurs des utopies, d'Utopus à Sévarias dans l'*Histoire des Sévarambes* de Veiras, les jésuites du Paraguay créeront une société neuve sur les ruines du monde ancien sans recours à la conquête ni à la guerre.

Le détail de l'organisation s'inscrit dans la continuité thématique de l'utopie littéraire et, à maints égards, semble s'inspirer jusque dans le détail de *L'Utopie* de More. Les villages, tous identiques et bâtis selon le traditionnel plan hippodamique en damier, comportent une église, une école et un hôpital. L'économie est communautaire et entièrement autarcique: des ateliers permettent de fabriquer sur place outils et vêtements, eux aussi uniformes. La production est planifiée, et l'on procède à une distribution égalitaire des biens de consommation et des vivres. L'organisation politique – fort proche encore de celle que l'on trouvera dans l'épisode des Abaquis de *Cleveland* – a pour cellule de base la famille monogame. Les villages sont divisés en quartiers, chacun placé sous l'autorité d'un cacique; ceux-ci, réunis en conseil, administrent le village sous la supervision de deux jésuites responsables. Le régime, foncièrement collectiviste (travaux et divertissements sont obligatoires et communs), tolère cependant une faible marge d'initiative individuelle: à côté du secteur agricole collectif, il existe également des lopins individuels alloués à chaque famille. Selon une tradition à peu près constante dans les utopies depuis More, le communisme à usage interne n'exclut pas le mercantilisme externe: l'argent est inconnu dans les réductions, mais celles-ci ont des relations commerciales avec les colonies espagnoles ou portugaises voisines.

30. Raynal, *Histoire philosophique des deux Indes*, iii.249, cité par Decobert, 'Les missions jésuites du Paraguay', p.31.

L'expérience du Paraguay, à partir de 1740 surtout, a provoqué des débats passionnés entre les Philosophes, partagés entre l'hostilité *a priori* (par haine des jésuites) et l'admiration. Les réductions constituant à l'époque le seul exemple observable et réalisé sur une vaste échelle d'une société communiste, elles apparaissent comme un laboratoire permettant de tester la solidité des hypothèses des utopistes, et peut-être même de servir de modèle pour une transformation des sociétés existantes. Mais, précisément, le modèle est-il transposable et l'expérience parfaitement concluante? Les jésuites ont eu la chance de travailler sur un matériau vierge, cette table rase qu'est, aux yeux de la philosophie des Lumières, l'humanité sauvage; d'où, comme l'explique d'Argenson, la non-pertinence du modèle paraguayen pour les peuples de l'Europe:

Il existe dans le Nouveau Monde un pays dont le gouvernement pourrait servir de modèle à ceux de l'Europe si le monde était encore dans l'état d'innocence [...]. Ce n'est donc pas un modèle que je viens [...] proposer, c'est un vœu que j'ai formé, mais sans doute très inutilement, pour un bonheur dont nous ne sommes pas susceptibles.[31]

L'argumentation rejoint en tout point celle qui se dégage implicitement de la lecture de Foigny et de Swift: à l'humanité déchue de l'univers européen, la société trop parfaite des Guaranis ne peut offrir des exemples imitables, mais seulement la contemplation nostalgique d'un horizon utopique inaccessible.

Resterait à savoir si cette société 'parfaite' l'est réellement. On peut tenir pour négligeables les condamnations polémiques et sommaires inspirées par la haine des jésuites, ainsi celle de Voltaire dans *Candide* ('Los Padres y ont tout et le peuple rien'), d'ailleurs démentie par d'autres textes.[32] Mais des doutes, entretenus par le caractère partial et, donc, suspect des sources de l'information sur l'expérience du Paraguay,[33] nourrissent, dans la seconde moitié du dix-huitième siècle surtout, une interrogation sur la validité même du système: théocratie hypocrite ou despotisme sournois? Et la critique rejoint ici, selon

31. D'Argenson, *Considérations sur le gouvernement ancien et présent de la France* (Amsterdam 1764), article 21, p.116 (cité par Decobert, 'Les missions jésuites du Paraguay', p.25).

32. Dans l'*Essai sur les mœurs* (éd. J. Marchand, Paris 1962, p.288-94), le jugement est nuancé et, somme toute, plutôt favorable, sans pourtant cesser jamais d'être critique: 'l'établissement dans le Paraguay, par les seuls Jésuites espagnols, paraît à quelques égards le triomphe de l'humanité; il semble expier les cruautés des premiers conquérants [...] Les Jésuites se sont à la vérité servis de la religion pour ôter la liberté aux peuplades du Paraguay; mais ils les ont policées; ils les ont rendues industrieuses, et sont venus à bout de gouverner un vaste pays, comme en Europe on gouverne un couvent' (p.289).

33. Elle émane à peu près exclusivement des jésuites eux-mêmes (essentiellement à travers les recueils de *Lettres édifiantes et curieuses*, qui, on le sait, sont avant tout une publication de propagande), puisque les étrangers ne sont pas admis dans les réductions, sinon à titre exceptionnel et pour des séjours ne dépassant pas quarante-huit heures. Cette volonté jalouse de clôture interne est un trait à peu près constant des utopies.

2. Entreprises de colonisation et pratique utopique

Jacques Decobert, une mise en cause plus générale de la rationalité planificatrice des utopies.[34] La fin pitoyable de l'expérience donne, en effet, à réfléchir: au moment du bannissement des jésuites (1768), tous les observateurs sont frappés par la passivité des Indiens devant l'expulsion de leurs anciens dirigeants et par l'effondrement presque immédiat des réductions, désertées par les Guaranis aussitôt décivilisés et retournés à la forêt.

Rétrospectivement, la colonisation jésuite apparaît comme une entreprise volontariste et artificielle de création pure d'une société dont il n'est rien resté. Son échec porte en germe la condamnation de l'utopie, qu'elle tente de forcer l'histoire par un brutal passage de la nature à la civilisation ou qu'elle s'efforce, au contraire, de se soustraire à son cours en l'immobilisant. Les éléments de réflexion suggérés par cette précarité n'étaient évidemment pas disponibles avant l'aboutissement de l'expérience. Pourtant c'est le même sentiment de la fragilité de l'ordre institué, sous sa stabilité apparente, qui pénètre toutes les utopies 'sauvages' de l'abbé Prévost.

34. 'Dans l'*Histoire des Deux Indes*, la clôture conventuelle des Réductions devient le symbole de toutes ces cités prétendues idéales, figées dans leur géométrie communautaire, où les utopistes enfermaient jalousement la "félicité" d'un peuple de robots' (Decobert, p.43). Raynal pourtant, on l'a vu, reconnaît volontiers les aspects positifs de l'entreprise des jésuites du Paraguay.

3. Le mouvement des Projeteurs et l'utopisme bourgeois

ON ne peut clore l'étude des formes de la pratique utopique entre classicisme et Lumières sans faire une place à ceux qu'on appelle en Angleterre, à partir des dernières années du dix-septième siècle, les Projeteurs. Il s'agit moins d'un mouvement structuré que d'un courant de pensée auquel participent des personnages très divers – techniciens, savants, philanthropes, financiers, aventuriers, voire escrocs – animés par des préoccupations apparemment hétéroclites, depuis l'invention d'une machine à tisser les bas jusqu'au plan de réforme sociale de grande envergure, mais qu'on peut rattacher globalement aux thèmes du progrès matériel et moral, du développement commercial et industriel, des applications pratiques de la science. C'est dire que les Projeteurs s'inscrivent dans le grand courant des mutations économiques mais plus encore idéologiques que connaît l'Angleterre au début du dix-huitième siècle, préparation au fameux 'take off'[1] de la révolution industrielle dans la seconde moitié du siècle. Cet esprit d'innovation, dont les racines d'ailleurs sont anciennes – on peut en faire remonter l'origine à la 'Maison de Salomon' de *La Nouvelle Atlantide* de Bacon – s'exprime parallèlement dans des institutions officielles du type de la Royal Society de Londres ou de sa filiale de Dublin.

Utopistes, les Projeteurs ne le sont guère que par leur goût de la prospective et leur esprit d'innovation. Sauf exception, ils ne cherchent nullement à bouleverser l'ordre social, mais seulement à l'améliorer, de façon souvent très pragmatique, dans le sens d'un progrès continu. Il s'agit moins pour eux de changer les cadres institutionnels existants que de les adapter de façon concrète et limitée à l'évolution économique. Cependant, leurs propositions, même si elles ne remettent rien en cause de fondamental dans l'état de la société, se heurtent au pessimisme sceptique de certains, qui d'ailleurs ne sont pas nécessairement des partisans inconditionnels de l'ordre établi: Swift est à sa façon un révolté, et c'est au nom des traditions et des vertus anciennes qu'il fustige certains aspects de l'action novatrice des Projeteurs.

1. P. Chaunu, *La Civilisation de l'Europe des Lumières* (Paris 1982), p.10.

3. Le mouvement des Projeteurs et l'utopisme bourgeois

i. 'The Projecting Age': l'*Essai sur les projets* de Defoe et la réflexion sur l'imagination prospective

A la différence de la plupart des productions des Projeteurs, l'*Essai sur les projets* n'est pas un bref opuscule, mais un gros volume de près de 350 pages.[2] L'ouvrage comporte deux sections distinctes: une longue liste de 'projets' divers, regroupés sous onze grandes rubriques, et une préface suivie d'une introduction de 35 pages dans laquelle Defoe se livre à une intéressante réflexion sur l'"esprit projeteur', son histoire, son utilité et les causes sociologiques de son actuelle expansion.

On passera rapidement sur la liste des 'projets' présentés dans l'ouvrage. Certains d'ailleurs sont, à leur date, sans grande originalité et ont déjà été présentés au public par des Projeteurs concurrents, de sorte que l'auteur prend la précaution de se prémunir contre d'éventuelles accusations de plagiat en soulignant l'antériorité de ses idées: mais, dit-il, son livre attendait la publication depuis cinq ans.[3] Rappelons cependant que l'esprit d'innovation et le goût des projets ne répondent pas seulement, chez Defoe, à un intérêt passager lié à une mode: c'est une constante de sa personnalité. Dans l'énorme bibliographie des écrits de Defoe, on trouvera une imposante liste de plans et programmes de toute espèce, et le dernier texte publié du vivant de l'auteur, un *Plan efficace pour empêcher le vol à la tire*, est encore un projet.[4]

Les innovations présentées dans l'*Essai* portent, dans l'ordre, sur les banques, le réseau routier, les sociétés de secours mutuel, l'établissement d'un système de pensions d'invalidité, sorte de sécurité sociale avant la lettre, la création d'asiles d'aliénés, la constitution de commissions d'enquête à l'occasion des banqueroutes commerciales, les académies, instituts de recherche technologique, collèges et établissements d'éducation pour les jeunes filles, l'instauration d'une sorte de tribunal des prudhommes chargé de régler les conflits du négoce, la réglementation publique du salaire des gens de mer – tout ceci très inégalement développé, mais souvent appuyé sur des calculs précis de financement et de rentabilité destinés à prouver l'intérêt économique des innovations préconisées. Orientations assez hétéroclites, mais qui pour une bonne part se rattachent directement aux préoccupations propres de l'auteur, négociant failli et armateur malchanceux, accablé de dettes (17.000 livres après la faillite de 1692) et assailli par une multitude de procès.

Il est assez difficile de relier les projets de Defoe à une perspective idéologique

---

2. Daniel Defoe, *An essay upon projects* (London 1697). Nos références renvoient à cette édition.
3. *An essay*, Preface, p.iii.
4. Daniel Defoe, *An effectual scheme for the immediate preventing of street robberies, and suppressing the other disorders of the night* (London 1731).

cohérente. Beaucoup d'entre eux renvoient manifestement aux soucis spécifiques de la bourgeoisie négociante, soumise aux aléas de la concurrence et aux énormes risques financiers du commerce maritime. D'autres, qui mettent en avant la notion d'intérêt public, semblent relever d'une optique 'technocratique' et planificatrice d'unification étatique sans finalité économique individuelle: ainsi du projet de rénovation du réseau routier, à propos duquel Defoe ne manque pas de souligner son désintéressement personnel,[5] ou des divers projets d'"académies'.[6] D'autres, enfin, participent de la veine humanitaire et philanthropique que l'on retrouvera chez Bellers, mais sans la coloration religieuse présente chez ce dernier. Les sociétés de secours mutuel (*friendly societies*) semblent jeter les bases d'une association ouvrière qui préfigure à la fois le syndicalisme et les conquêtes sociales du *welfare state*. On notera, sur ce point, la sollicitude particulière de Defoe à l'égard des marins:

Les marins sont les 'enfants perdus', la troupe sacrifiée de notre monde; ce sont de hardis gaillards qui lancent un défi à la terreur et mènent une guerre perpétuelle avec les éléments; qui, par la magie de leur art, conduisent leur négoce aux frontières mêmes de la mort et sont toujours apostés, si j'ose m'exprimer ainsi, à portée de fusil du tombeau. Il est vrai que leur familiarité avec le danger les porte à le mépriser, ce pour quoi, je pense, nul ne dira qu'ils en sont plus sages; et l'habitude les a à tel point endurcis que nous voyons en eux les pires des hommes, bien qu'ils soient toujours en vue de leur dernier instant.[7]

D'où la nécessité d'obtenir en faveur de cette corporation vouée à vivre

---

5. 'Je ne propose point ce plan en qualité d'entrepreneur, ni ne cherche à chiffrer pour la collectivité le prix pour lequel je l'exécuterais, ainsi que le font ces projeteurs dont je parle; je ne fais qu'exposer un projet ouvert à qui voudra le réaliser.' ('I am not Proposing this as an Undertaker, or setting a Price to the Publick, for which I will perform it like one of the Projectors I speak of; but laying open a Project for the Performance'. *An essay*, p.74). Il s'agit, selon l'exemple des Romains, d'établir sur toute l'Angleterre un réseau routier rationnel et de bonne qualité. Dans ce but, Defoe prône une politique de maîtrise des sols par des lois sur l'expropriation pour cause d'utilité publique. Les préoccupations économiques ne sont évidemment pas absentes de ce projet: l'expansion commerciale nécessite une amélioration des moyens de communication.

6. Il s'agit, notamment, d'une institution, formée sur le modèle de l'Académie française, dont le but serait d'épurer et de réformer la langue, et d'un centre de recherches pour le perfectionnement technique du matériel de guerre.

7. 'Sailors are *Les Enfans perdue* [*sic*], the Forlorn Hope of the World; they are Fellows that bid Defiance to Terror and maintain a constant War with the Elements; who by the Magick of their Art, Trade in the very Confines of Death, and are always posted within Shot, as I may say, of the Grave: 'Tis true, their familiarity with Danger makes them despise it, for which, I hope, no body will say they are the wiser; and Custom has so harden'd them, that we find them the worst of Men, tho' always in view of their last Moment' (*An essay*, p.124). Le thème, si exemplairement exprimé ici, de la navigation comme activité de rupture sociale et, si l'on peut dire, de transgression métaphysique, est bien sûr présent dans *Robinson Crusoe*; mais, nous le verrons, il remplit également une fonction significative dans deux au moins des romans utopiques dont nous aurons à nous occuper.

dangereusement un salaire minimum garanti décent, des indemnités d'invalidité si besoin est, et, en cas de décès, une pension versée à la veuve.

Beaucoup plus intéressante que les projets eux-mêmes, dont le pragmatisme prosaïque n'est que bien peu utopique, la réflexion introductive qui les précède constitue sans doute un des textes majeurs, à cette époque, sur l'esprit d'innovation et ce que l'on appellerait aujourd'hui la prospective. Relevons d'abord l'ambivalence de l'activité novatrice et du personnage du Projeteur. Les deux premiers projets furent, dit Defoe, la construction de l'Arche et l'érection de la tour de Babel (*An essay*, p.19-20): références évidemment symboliques, puisqu'elles placent l'activité des Projeteurs sous le double signe antagoniste de l'innovation salvatrice, condition de la survie de l'humanité, et d'un dangereux prométhéisme de la démesure, dès le départ voué à l'échec. D'où la double image du Projeteur, tantôt illuminé, aventurier, voire escroc (Defoe lui-même a été victime, dit-il, de Projeteurs malhonnêtes), tantôt esprit inventif et hardi, véritable bienfaiteur de l'humanité. Soucieux sans doute de ne pas compromettre son dédicataire Dalby Thomas, l'auteur s'empresse de l'assurer que personne ne s'aviserait de l'associer avec ceux qui portent 'le titre méprisable de projeteurs':[8] ce qui atteste à quel point le terme peut être péjoratif. Ce discrédit est lié à la définition même du 'projet' donnée par Defoe: 'Une vaste entreprise, trop considérable pour être menée à bien, et qui a donc peu de chances d'aboutir à quoi que ce soit.'[9]

Et pourtant, en dépit des échecs issus de l'erreur d'appréciation, de l'incompétence ou de la simple malhonnêteté, les projets ont leur mérite; ils incarnent un risque novateur, un pari sur l'avenir:

Il existe, il est vrai, une grande différence entre les inventions nouvelles et les projets, entre les améliorations apportées aux manufactures ou aux terres, qui visent à l'intérêt immédiat de la collectivité et à l'emploi des pauvres, et les projets conçus par des esprits artificieux afin de pousser des gens, par une sorte de tour de passe-passe et de prestidigitation, à aventurer inutilement des risques singuliers; j'en conviens, et donne une préférence méritée aux premières, et pourtant le succès a si bien légitimé quelques-uns des projets de cette autre espèce que ce serait une sorte de blasphème contre la Fortune que de les récuser.[10]

8. 'And yet your having a Capacity to judge of these things, no way brings you under the Despicable Title of a Projector' (*An essay*, Preface, p.ii).

9. 'A vast Undertaking, too big to be manag'd and therefore likely enough to come to nothing' (*An essay*, p.20).

10. 'There is, 'tis true, a great difference between *New Inventions* and *Projects*, between Improvement of Manufactures or Lands, which tend to the immediate Benefit of the Publick, and Imploying of the Poor; and Projects fram'd by subtle Heads, with a sort of *Deceptio Visus*, and *Legerdemain*, to bring People to run needless and unusual Hazards: I grant it, and give a due preference to the first, and yet Success has so sanctifi'd some of those other sorts of Projects, that 'twou'd be a kind of Blasphemy against Fortune to disallow 'em' (*An essay*, p.15-16).

Voici donc le Projeteur partiellement réhabilité; Defoe est ainsi conduit à distinguer entre les projets fantaisistes ou malhonnêtes, conçus par des aventuriers pour appâter les bailleurs de fonds naïfs dans un esprit de lucre purement individuel, et la véritable innovation, 'capable d'imaginer de nouvelles façons de vivre',[11] conçue dans le souci du progrès social et du bien public, même si, à l'arrière-plan, la perspective de profit personnel n'en est jamais absente:

> Les projets de cette nature sont en général sans aucun doute d'intérêt public, puisqu'ils tendent à améliorer le commerce, l'emploi des indigents, et la circulation et l'accroissement de la masse monétaire du royaume; mais ceci s'entend de ces projets qui sont fondés sur une base loyale d'ingéniosité et de progrès, et dans lesquels, je l'accorde, l'auteur peut légitimement penser d'abord à son propre intérêt, si s'ajoute cependant une répercussion sur l'utilité publique.[12]

Quand et pourquoi l'Angleterre est-elle entrée dans ce que Defoe appelle 'the Projecting Age' (*An essay*, p.1)? L'auteur fait remonter l'origine du mouvement à 1680 environ. Parmi les facteurs qui ont pu favoriser son déclenchement, il cite le grand incendie de Londres de 1666, qui a nécessité un effort intensif de reconstruction et poussé à l'invention d'un nouveau matériel de lutte contre l'incendie, ainsi que les encouragements officiels apportés à la recherche technique par le Prince Rupert, cousin de Charles II. Participent également de ce même courant les entreprises de colonisation, comme celles de la Pennsylvanie et de la Caroline: leurs promoteurs – Penn, Lord Shaftesbury, le Docteur Cox – peuvent être considérés comme des précurseurs des Projeteurs, relayés plus tard dans ce rôle par les grandes compagnies coloniales. Toutefois, des facteurs plus immédiats expliquent l'expansion récente du mouvement: l'événement essentiel est la guerre avec la France, qui a entraîné un progrès technique du matériel militaire, mais aussi des pertes commerciales énormes, que Defoe chiffre à quinze millions de livres pour les deux ou trois premières années du conflit. Marchands et assureurs, principales victimes sur le plan économique, ont dû 'sous la pression de la nécessité, se creuser l'esprit pour innover, trouver de nouvelles inventions, de nouveaux négoces, des fonds, des projets, et toute chose susceptible de relever le crédit menacé de leur fortune'.[13]

Le phénomène est spécifiquement anglais, et Defoe s'interroge sur les causes

---

11. 'the most capable to Contrive New Ways to live' (*An essay*, p.8).

12. 'Projects of the nature I Treat about, are doubtless in general of publick Advantage, as they tend to Improvement of Trade, and Employment of the Poor, and the Circulation and Increase of the publick Stock of the Kingdom; but this is suppos'd of such as are built on the honest Basis of Ingenuity and Improvement; in which, tho' I'll allow the Author to aim primarily at his own Advantage, yet with the circumstances of Publick Benefit added' (*An essay*, p.10-11).

13. 'These, prompted by Necessity, rack their Wits for New Contrivances, New Inventions, New Trades, Stocks, Projects, and any thing to retrieve the desperate Credit of their Fortunes' (*An essay*, p.6).

de l'absence de Projeteurs en France, bien que la guerre y ait suscité des problèmes analogues. Son explication, de type sociologique, est intéressante et curieusement moderne. C'est que la bourgeoisie marchande, centre du mouvement des Projeteurs en Angleterre, n'existe pas en France en tant que classe. Reste le peuple, qui ne dispose ni de l'instruction, ni de l'esprit d'initiative, ni des capitaux nécessaires, et l'aristocratie, qui préfère aller chercher fortune dans la carrière militaire et ne porte aucun intérêt aux innovations techniques ou commerciales. On trouve ici l'une des premières expressions de ce qui deviendra un lieu commun de la réflexion politique au dix-huitième siècle, à partir des *Lettres philosophiques* de Voltaire: l'opposition entre la France, nation encore féodale, à la structure sociale archaïque, fondée sur la séparation des castes et le mépris pour le commerce, et l'Angleterre, nation commerçante et bourgeoise, dans laquelle le personnage du marchand est érigé en nouvel idéal humain.

Ce n'est pas par son contenu utopique ou para-utopique – quasi inexistant, on l'a vu, à moins de faire entrer dans le champ de l'utopie tout ce qui relève des thèmes de l'innovation et du progrès – que l'ouvrage de Defoe peut retenir l'attention, mais plutôt par la nouveauté d'une analyse sociologique qui met en relation attitudes mentales, courants de pensée, événements historiques et structures sociales. Cette perspective très globale a le mérite de situer le débat sur le changement économique et social au cœur d'un réseau de déterminations concrètes, reléguant ainsi à l'arrière-plan les traditionnelles considérations religieuses, morales ou strictement politiques.

ii. Un Projeteur paradoxal: John Bellers, philanthrope, mystique et prophète du capitalisme utopique

Aujourd'hui à peu près oubliée, sauf de quelques rares spécialistes de l'histoire de l'économie politique,[14] l'œuvre de Bellers pourrait sembler avoir été écrite de toutes pièces pour justifier les thèses weberiennes sur la liaison originelle de l'éthique protestante et du capitalisme, tant elle en constitue une illustration si exemplaire qu'elle en devient presque caricaturale.

---

14. Et pourtant, selon le témoignage d'Olivier Lutaud (*Winstanley*, p.463), Marx voyait en Bellers un 'vrai phénomène de l'histoire de l'économie politique'. On trouvera un bref développement sur Bellers dans l'ouvrage de Werner Plum, *Les Utopies anglaises, modèles de coopération sociale et technologique: aspects sociaux et culturels de l'industrialisation* (Bonn, Bad Godesberg 1975), p.78-82. Voir surtout deux importantes contributions récentes, l'une centrée sur la pensée économique de Bellers (Davis, *Utopia and the ideal society*, p.339-50), l'autre présentant un résumé des principaux opuscules et une bibliographie critique complète (Paulette Carrive, 'Un grand réformiste, le Quaker John Bellers (1654-1725)', *Dix-huitième siècle* 15 (1983), p.265-83).

Le cas du Quaker Bellers illustre-t-il l'ultime stade de dégénérescence de la tradition 'radicale' du mouvement non conformiste, maintenant pleinement intégré à la société marchande? Ou bien faut-il y voir l'émergence entièrement nouvelle d'une rationalité économique capitaliste dont on trouve ici une formulation à la fois ingénue et cynique? L'industrialisme mercantile de Bellers marque-t-il la liquidation de l'aspiration utopique à un monde autre, ou bien l'apparition d'un 'capitalisme utopique',[15] à la fois réaliste et visionnaire et qui bouleverse radicalement les enjeux antérieurs du phénomène utopique, mais en en transportant sur un autre terrain la puissance novatrice? Il est certainement vain de prétendre donner à ces interrogations une réponse univoque: Bellers est *à la fois*, et en toute bonne conscience, un théoricien du capitalisme et un mystique, un prophète de l'âge industriel et un nostalgique de la communauté évangélique, ou, selon ses propres termes, un défenseur sincère des pauvres et un bienfaiteur des riches.

Riche marchand drapier devenu par son mariage avec Frances Fettiplace un important propriétaire terrien, John Bellers (1654-1725) a été toute sa vie étroitement lié au mouvement quaker, dont il a été un des personnages les plus en vue, disciple direct de Fox et ami de William Penn, souvent chargé des négociations avec les autorités judiciaires à l'époque de la persécution des Quakers (avant 1688), puis des démarches auprès des plus hautes instances administratives; c'est lui, notamment, qui intervient auprès du Parlement au nom de la Société des amis pour demander une législation sur les ateliers d'indigence (1699). A l'intérieur du mouvement, il est étroitement lié, dès 1680, aux activités charitables et aux projets d'ateliers communautaires – préoccupation d'ailleurs constante dans ses écrits. Mais l'influence de Bellers ne se limite pas au milieu quaker: en dehors du rôle qu'il a pu jouer comme animateur et théoricien de la naissance de la grande industrie, c'est aussi un homme instruit dont les intérêts multiples – sciences, technologie, médecine, éducation, économie, philanthropie – sont caractéristiques de la diversité des orientations des Projeteurs. Membre de la Royal Society à partir de 1718, il est l'ami du plus célèbre médecin de son temps, Sir Hans Sloane, qui sera plus tard président de cette même Société.

Les écrits de Bellers sont presque tous des projets limités et concrets, visant une application immédiate, centrés sur tel ou tel point particulier sans perspective de réforme globale, depuis la modification des lois pénales et du régime des prisons jusqu'aux hôpitaux publics et à la politique médicale, en passant par le célèbre *College of Industry* dans ses diverses moutures. Plusieurs

15. Formule empruntée au titre de l'ouvrage de Pierre Rosanvallon (*Le Capitalisme utopique: critique de l'idéologie économique*, Paris 1979).

d'entre eux connaîtront une réalisation partielle. Au total, Bellers a publié entre 1695 et 1724 une vingtaine d'opuscles: adresses, requêtes, épîtres, essais ...[16] Il a paru utile de donner ici les titres complets des trois principaux textes; ils constituent le meilleur commentaire de leur contenu, et la perspective de l'auteur s'y révèle sans détours:

a. *Propositions pour l'établissement d'un Collège d'industrie de tous arts mécaniques utiles et d'agriculture, apportant des bénéfices aux riches, une abondante subsistance aux pauvres et une bonne éducation pour la jeunesse; chose avantageuse au gouvernement par l'accroissement de la population et de ses richesses.* Devise: L'industrie est source d'abondance; le fainéant ira en haillons; point de nourriture à qui ne travaille pas (1695; 2e éd., 1696).

b. *Essais sur les pauvres, les industriels, le commerce, les plantations et l'immoralité, ainsi que de l'excellence et de la nature divine de la lumière intérieure démontrée par les attributs de Dieu, la nature de l'âme humaine et le témoignage de l'Ecriture sainte* (1699).

c. *Quelques arguments en faveur d'un Etat européen, proposés aux puissances de l'Europe par une garantie universelle et un congrès, sénat, diète ou parlement annuel, afin de régler dorénavant toute dispute concernant les droits et obligations des princes. Avec le résumé d'un projet formé par le roi Henri IV de France sur le même sujet. On y a joint une proposition pour un concile ou synode général de l'ensemble des différentes confessions religieuses de la chrétienté, non pour disputer de ce qui les sépare, mais pour établir les principes généraux sur lesquels elles s'accordent: d'où il résultera qu'elles peuvent vivre en bons sujets et en voisins paisibles, bien qu'elles diffèrent dans leurs opinions sur le chemin du Ciel. Ceci afin d'empêcher les troubles intérieurs et les guerres civiles lorsque les guerres étrangères seront terminées* (1710).[17]

---

16. On trouvera dans l'ouvrage d'A. Ruth-Fry, *John Bellers, 1654-1725, Quaker, economist and social reformer: his writings reprinted with a memoir* (London 1935), outre une brève introduction biographique, la réimpression (avec quelques coupures) des principaux opuscules, ainsi qu'une bibliographie des écrits de Bellers. Toutes nos références renvoient à cette édition.

17. a. *Proposals for raising a College of Industry of all useful trades and husbandry, with profit for the rich, a plentiful living for the poor and a good education for youth, which will be an advantage to the government by the increase of the people and their riches. Motto: Industry brings plenty; the sluggard shall be clothed with raggs; he that will not work, shall not eat* (1695; 2nd ed, 1696).

b. *Essays about the poor, manufacturers, trade, plantations and immorality, and of the excellency and divinity of inward light, demonstrated from the attributes of God, and the nature of man's soul, as well as from the testimony of the Holy Scriptures* (1699).

c. *Some reasons for an European State, proposed to the powers of Europe, by an universal guarantee, and an annual congress, senate, dyet or parliament, to settle any disputes about the bounds and rights of princes and States hereafter; with an abstract of a scheme form'd by King Henry the Fourth of France upon the same subject. And also a proposal for a General Council or Convocation of all the different religious perswasions in Christendom (not to dispute what they differ about, but) to settle the general principles they agree in: by which it will appear that they may be good subjects and neighbours, tho' of different apprehensions of the way to Heaven. In order to prevent broils and war at home, when foreign wars are ended* (1710).

On peut envisager à part ce dernier opuscule, qui se distingue des autres projets de Bellers par la nature beaucoup plus globale de sa perspective – puisque c'est l'Europe entière et au-delà qui s'y trouve concernée – et, surtout, par son caractère beaucoup plus classiquement utopique au sens historico-politique du terme. Comme le montre le titre, le projet unit étroitement une visée d'œcuménisme religieux et une perspective plus proprement politique de concertation, voire de fusion, entre les Etats. Sa réalisation, dans son double aspect politique et religieux, devrait permettre 'd'unir toute la chrétienté en un seul corps qui mériterait le nom de *République chrétienne*',[18] l'instauration de ce *Christian Commonwealth* n'étant elle-même qu'une étape préparatoire à un retour à l'état édénique d'avant la Chute: 'Puisse la paix de Dieu être avec vous et sa sagesse vous guider pour transformer grâce à vous la terre en un *nouveau jardin d'Eden*: que le loup puisse cohabiter avec l'agneau, le léopard partager la litière du chevreau, et le lion paître comme le bœuf.'[19]

Sur le plan religieux, conformément à la tradition de tolérance du quakerisme, Bellers propose, pour commencer, une confrontation œcuménique des confessions chrétiennes afin de définir une sorte de consensus minimal commun, condition essentielle à la paix civile et à la tolérance, 'considérant que, tout comme un sincère amour pour Dieu ouvre à chacun le chemin du Ciel, qui fait le bien envers son prochain acquiert ainsi le droit à une vie paisible sur cette terre'.[20]

L'aspect proprement politique du projet est plus développé: effrayé par les pertes économiques et humaines des guerres récentes, Bellers conjure les princes chrétiens de ne pas chercher à imiter les héros païens comme Hannibal, César ou Alexandre, 'qui sacrifièrent la vie de milliers d'hommes à leur appétit

---

18. 'to Unite all Christendom into one Body to be called *The Christian Commonwealth*' (*Some reasons*, p.100). On retrouve ici une nouvelle formulation, avec une accentuation politique et religieuse assez différente, du vieux rêve d'une 'Monarchie chrétienne universelle', tel qu'il s'exprime dans les dernières pages de la *Cité du Soleil* de Campanella. La tradition – ou la légende – attribue un projet analogue à Henri IV et à Richelieu. Sur ce point, Bellers rend particulièrement hommage à Henri IV, restaurateur de la paix civile et religieuse, et au plan d'unification de la chrétienté qui lui est prêté par les *Mémoires* de Sully, en regrettant seulement qu'il en ait exclu les 'Moscovites' (c'est-à-dire les orthodoxes) et les Ottomans, car 'plus loin il sera possible d'étendre cette union civile, plus grande sera la paix sur la terre et la bonne volonté parmi les hommes' ('the farther this Civil Union is Possible to be extented, the greater will be the Peace on Earth, and Good Will among Men', *Some reasons*, p.103).

19. 'The Peace of God be with you, and his Counsel Guide you and make the Earth by your Means, like the Garden of Eden; that the Wolf may dwell with the Lamb, and Leopard lie with the Kid, and Lion eat Straw like the Ox' (*Some reasons*, p.96).

20. 'Considering that as a Sincere Love to God qualifies any Man for Heaven, So doing good to one's Neighbour gives such a Man a Right to a Peaceable living upon the Earth' (*Some reasons*, p.99).

insatiable d'ambition et d'honneur'[21]; pacifisme à la fois chrétien et bourgeois, qui fait fi des anciennes valeurs aristocratiques et mêle étroitement préoccupations humanitaires ('le déluge de sang chrétien') et économiques ('les énormes sommes gaspillées').[22] Bellers propose en fait un projet de paix perpétuelle qui anticipe étrangement les célèbres plans analogues de l'abbé de Saint-Pierre.[23] Dans un premier temps, une diète annuelle – sorte de Société des nations avant la lettre – permettra une concertation des nations européennes unies en une confédération préservant cependant la souveraineté intérieure de chaque Etat. L'Europe sera divisée en cent cantons ou provinces égales. Chacune fournira un corps de troupes de mille hommes. Cette force transnationale, placée sous l'autorité de la diète, aura surtout un rôle dissuasif, mais pourra aussi intervenir pour régler militairement les conflits entre Etats. Ces dispositions sont complétées par un plan de limitation contrôlée des armements. Ainsi, dans une seconde étape, s'esquisse – mais encore timidement – l'idée d'une intégration progressive des Etats dans une entité politique européenne unifiée; après avoir souligné les effets bénéfiques qu'eut jadis le regroupement des provinces en Etats centralisés, l'auteur poursuit:

Ainsi les avantages seraient identiques, et plus grands encore, pour les royaumes et Etats européens s'ils pouvaient mettre sur pied une telle union afin de trancher sur tous les différends qui pourraient survenir entre eux, de sorte qu'on mette un terme dans l'avenir à ces effusions de sang chrétien, souvent répandu pour des discordes futiles.[24]

On voit que Bellers n'est nullement un adversaire de l'idée étatique: s'il propose une procédure de contrôle et de concertation mutuelle entre les entités nationales, c'est dans la perspective ultime d'une extension de l'Etat aux dimensions de l'Europe et d'un élargissement de ses prérogatives; il y voit la meilleure garantie pour la sauvegarde des droits de l'individu.

On peut regrouper les deux autres opuscules, les plus caractéristiques des activités des Projeteurs. Nettement antérieurs (1695-1696 pour les *Proposals for raising a College of Industry*, 1699 pour les *Essays about the poor*), ils participent

21. 'who sacrificed the Lives of Thousands to their restless Ambition and Honour' (*Some reasons*, p.97).
22. 'The Deluge of Christian Blood, and the vast Treasure which have been spent to procure the expected Peace' (*Some reasons*, p.90).
23. La première mouture du projet de paix perpétuelle de l'abbé de Saint-Pierre date de 1712 (il y en aura au moins deux autres: 1713 et 1717) et, si influence il y a (mais elle est bien hypothétique), c'est dans l'autre sens qu'elle a joué. Dans un opuscule ultérieur (*An essay towards the improvement of physick*, 1714), Bellers se réfère au *Projet de paix perpétuelle* du théoricien français, en lui reprochant toutefois de ne rien dire sur les moyens d'apaiser les querelles religieuses.
24. 'So the Advantages would be the Same and Greater to the Kingdoms and States of Europe if such an Union could be raised by them for deciding of any Disputes which may happen among themselves: That for the Future there may be a Full Stop to the Effusion of Christian Blood, which hath often been poured out upon small Occasion of Offence' (*Some reasons*, p.95).

beaucoup plus clairement de cet esprit de 'capitalisme utopique' évoqué plus haut et, à travers une mise en forme et une argumentation un peu différentes, aboutissent l'un et l'autre à démontrer la valeur humanitaire, la signification chrétienne, l'utilité sociale et la rentabilité économique des 'Collèges d'industrie' dont le réformateur préconise l'instauration.

Dans ses grands lignes, l'organisation matérielle du projet peut se résumer comme suit. Plutôt que d'assister les indigents ainsi qu'on est actuellement contraint de le faire, éduquons-les et employons-les de façon productive, aussi bien dans la perspective d'une amélioration matérielle, morale et religieuse de leur condition que dans l'intérêt bien compris des classes dirigeantes:

Je me propose un triple but: premièrement, un gain pour les riches, lequel assurera la vie du reste de la nation; en second lieu, une subsistance abondante et aisée pour les pauvres; troisièmement, une bonne éducation pour les jeunes gens, afin de les mettre en position de préparer leur âme à recevoir la bonne semence.[25]

Le *College of Industry* sera à la fois un collège au sens moderne du terme, c'est-à-dire une institution d'éducation et de formation professionnelle, et une sorte de grande entreprise polyvalente regroupant les principaux corps de métiers, ce qui permet une autarcie économique à peu près totale. Grâce aux économies réalisées par le mode de vie collectif sur le logement, le chauffage, la nourriture, grâce aussi au moralisme sévère de l'institution permettant d'éliminer les dépenses parasitaires (jeu, dettes, boisson), 200 ouvriers de tous métiers pourront faire vivre, par leur travail, plus de 300 personnes (ce que Bellers démontre par des calculs serrés). Les pensionnaires pauvres bénéficieront d'une assistance médicale gratuite, ainsi que d'une éducation pour leurs enfants. Celle-ci reste limitée aux rudiments: pas d'éducation abstraite, savoir lire et écrire est suffisant. Bellers est peu favorable à la multiplication du nombre des clercs, qui ne répond à aucune nécessité économique: 'Il faut au corps davantage de bras et de jambes pour le soutenir et pourvoir à ses besoins que de têtes pour le diriger'.[26] L'accent sera donc mis sur l'éducation professionnelle, commencée très tôt: dès quatre ou cinq ans, on peut apprendre aux enfants à filer et à tisser.[27] L'oisiveté étant mauvaise conseillère, ceux-ci échapperont ainsi aux mauvais exemples et aux mauvaises pensées tout en pourvoyant aux frais de leur entretien; et rien n'est plus sain que l'exercice corporel exigé par le travail manuel.

25. 'There is Three Things I aim at: First, Profit for the Rich (which will be Life to the Rest); Secondly, A plentiful Living for the Poor, without difficulty. Thirdly, A good Education for youth, that may tend to prepare their Souls into the Nature of the good Ground' (*Proposals*, p.37).

26. 'the Body requiring more Hands and Legs to provide for, and support it, than Heads to direct it' (*Proposals*, p.47).

27. Bellers a-t-il envisagé les risques contenus dans cette dernière proposition? On sait que la mise au travail précoce des enfants dans la grande industrie commencera, en Angleterre, dès la deuxième moitié du dix-huitième siècle de façon systématique.

3. Le mouvement des Projeteurs et l'utopisme bourgeois

Le Collège ainsi constitué 'sera une communauté offrant en quelque façon l'image de la vie collective des chrétiens des premiers temps'.[28] Mais Bellers, dès ce premier projet, envisage une autre orientation possible des Collèges, étendus à une population de 3000 travailleurs et, cette fois-ci, spécialisés dans un secteur économique déterminé: laine, serge, drap, pêcheries ... Ainsi disparaît, en même temps que la polyvalence autarcique du projet initial, la référence au modèle des communautés chrétiennes primitives: la mutation envisagée correspond à l'entrée dans un autre mode de production, celui des grandes manufactures capitalistes.[29] Comme le montre Davis, le programme de Bellers, avec son souci de la productivité et de la rentabilité obtenues par l'aménagement rationnel de l'espace et du temps – ateliers collectifs et horaires de travail rigides – plutôt que par des innovations technologiques encore à venir, 'anticipait presque nécessairement l'usine telle qu'on allait la connaître à la fin du XVIIe siècle':[30] d'où d'étroites similitudes entre l'organisation du Collège d'industrie et celle effectivement appliquée par le grand industriel quaker Ambrose Crowley (plus d'un millier d'ouvriers dans le second quart du dix-huitième siècle), consignée dans un *Law book* dont les minutieuses stipulations visent à assurer par une surveillance constante à la fois la moralité de la main-d'œuvre et son rendement optimal.

L'instauration des Collèges nécessite un capital de départ important pour lequel l'auteur fait appel à l'initiative privée. Pour chaque Collège de 300 personnes, l'investissement initial s'élève à 18.000 livres. Les bénéfices sont répartis entre les actionnaires. D'après les calculs de Bellers, le travail de 500 indigents peut ainsi produire un bénéfice de 3000 livres par an.[31] Comment mieux montrer 'combien nous perdons à négliger les pauvres, et quel important profit ils sont susceptibles de procurer'![32] Ces propos, étonnamment pré-victoriens, peuvent paraître d'un utilitarisme cynique. Une telle interprétation serait certainement totalement infidèle aux véritables intentions de l'auteur, dont la motivation initiale est bien, à travers la rhétorique conventionnelle d'un discours volontiers moralisant, un authentique sentiment de révolte devant la misère matérielle et morale du peuple: 'Il est affligeant de considérer que chez

28. 'The Poor thus in a Colledge, will be a Community some thing like the Example of Primitive Christianity, that lived in common' (*Proposals*, p.47).

29. Dans le même ordre d'idées, peut-être est-ce chez Bellers qu'il faudrait chercher le témoignage de la mutation sémantique du terme d''industrie', de son sens classique ('travail', 'activité', 'esprit d'initiative') à son sens moderne: dans sa version élargie et spécialisée, le *Collège of Industry* n'est rien d'autre qu'une usine.

30. Davis, p.355.

31. *Essays about the poor*, p.61-63.

32. 'the greatness of the Loss, by our neglect of the Poor, and the greatness of the Profit they are able to raise' (*Essays about the poor*, p.56).

tant de pauvres, dont le corps pourrait et devrait être le temple et la résidence du saint Esprit, il est le réceptable de tant de vice et de vermine.'[33]

Si le discours de Bellers est ambigu, cela tient sans doute à la personnalité des destinataires des opuscules: ses 'Frères' de la bourgeoisie quaker d'abord (d'où l'omniprésence des références religieuses), mais aussi et surtout les pouvoirs publics et les riches détenteurs de capitaux, dont la participation est indispensable à la réalisation du projet.[34] Bellers part d'un tableau de la condition présente des indigents, moralement, humainement et chrétiennement inacceptable, et de plus économiquement irrationnelle; mais il s'adresse en priorité à ceux qui, disposant du pouvoir politique ou économique, sont en mesure de réaliser la réforme qu'il réclame, et utilise dans ce but la seule argumentation susceptible de les toucher. Sachant fort bien que les arguments purement religieux ou humanitaires risquent de rester sans effet, il est conduit à mettre l'accent sur les bénéfices matériels qu'on peut attendre de son projet, l'idéal étant bien sûr de joindre ces deux aspects: que souhaiter de mieux que de réaliser à la fois une bonne action et une bonne affaire? 'De quelque poids que soient auprès de certains les arguments de la charité, celle-ci collectera le plus de fonds, fournira aux besoins du plus grand nombre, aura les effets les plus durables et fera le plus de bien si l'idée du profit s'y trouve associée.'[35] D'où une argumentation développée dans deux directions, l'une sociale et politique, l'autre plus strictement économique. La présence d'une masse misérable de chômeurs privés de moyens d'existence et abandonnés à l''immoralité' (entendons non pas seulement la licence et l'ivrognerie, mais aussi des formes de délinquance socialement plus dangereuses) crée les conditions d'une situation explosive périlleuse pour la paix civile, et les secours aux indigents constituent une dépense improductive pour les finances publiques.[36] D'autre part, le sous-emploi des pauvres constitue un gaspillage inadmissible du potentiel économique. Comme Bellers ne cesse de le répéter, les investisseurs doivent prendre conscience que 'le travail des pauvres constitue les mines des riches'[37] – formule étonnante qui a dû enchanter Marx; mais l'intention de l'auteur n'est

---

33. 'It is affecting to consider that the Bodies of many Poor, which might and should be Temples for the Holy Ghost to dwell in, are the Receptacles of so much Vice and Vermine' (*Essays about the poor*, p.57).

34. Les *Proposals* sont dédiés 'to the children of Light, in scorn called Quakers'; les deux autres s'adressent 'to the Lords and Commons in Parliament assembled'.

35. 'However prevalent Arguments of Charity may be to some, when Profit is joyned with it, it will raise most Money, provide for most People, hold longest, and do most good' (*Proposals*, p.37).

36. *Proposals*, p.36. Dans l'avant-propos des *Essays about the poor* (p.54), Bellers évoque les récentes émeutes des tisserands.

37. 'the Labour of the Poor being the Mines of the Rich' (*Proposals*, p.35, 38).

nullement de dénoncer l'exploitation capitaliste de la plus-value,[38] et rien n'autorise à lui prêter d'autres motifs que le souci d'obtenir par ce moyen, et en toute bonne conscience, une amélioration de la condition des indigents.[39]

Contraint, par son souci d'efficacité dans l'action charitable et par la nature de l'argumentation qu'il emploie auprès de ses destinataires, à ménager tout à la fois les intérêts de Dieu et ceux du 'Mammon d'iniquité', Bellers a-t-il perçu la contradiction entre son rôle de prophète du capitalisme et ses aspirations à la charité évangélique? Il ne le semble pas, pas plus qu'il ne paraît avoir pressenti les implications historiquement redoutables du système qu'il contribuait à mettre en place. Le *College of Industry* contient déjà en germe les aspects humainement inacceptables de la révolution industrielle, l'utilisation systémati-que de la main-d'œuvre enfantine dans la grande industrie, voire l'horreur des *work-houses*, ces véritables bagnes ouvriers du dix-neuvième siècle. Si, pour l'auteur, capitalisme et philanthropie ne sont nullement inconciliables, d'autres ne comprendront que trop bien le slogan lancé aux investisseurs: 'Le travail des pauvres constitue les mines des riches'.

Avec Bellers, nous sommes au limites extrêmes du phénomène utopique, et il est évident qu'une définition strictement 'littéraire' de l'utopie l'en exclurait sans ambiguïté.[40] Si pourtant il peut être considéré comme un utopiste, c'est d'abord dans le sens banal et péjoratif du terme puisque, installé au cœur d'une contradiction qu'il n'aperçoit pas entre l'aspiration à la charité évangélique et l'exigence de rentabilité financière, la réalisation de son projet est incompatible avec l'esprit dans lequel il l'a conçu. Utopiste, Bellers l'est aussi en un autre sens, historique et sociologique, en ce qu'il invente, dans une rupture anticipa-trice avec l'état de choses existant, une forme nouvelle de société fondée sur le développement capitaliste. Sous cet aspect, l'utopie de Bellers est axiologique-ment ambiguë: exploitation cynique du travail des pauvres ou libération de

38. La notion n'est évidemment pas formulée ici, mais elle résulte implicitement de la formule de Bellers.

39. La position de Bellers, pris entre les impératifs moraux de l'action charitable et les nécessités économiques de son financement, n'est pas sans évoquer les ambiguïtés idéologiques de l'anti-esclavagisme physiocratique de la fin du siècle, qui, on le sait, substitue à la dénonciation morale traditionnelle de l'esclavage une critique économique fondée sur le médiocre taux de rentabilité du système servile. Comme chez Bellers, on est fondé à se demander s'il faut prendre au pied de la lettre le matérialisme cynique de l'argumentation économique, ou bien si celle-ci constitue le détour par lequel l'exigence morale cherche à mieux convaincre en se fondant en raison.

40. On chercherait d'ailleurs en vain, semble-t-il, un écho des projets de Bellers dans l'utopie écrite (et, surtout, dans l'utopie narrative) du siècle des Lumières, laquelle semble avoir ignoré à peu près entièrement les problèmes posés par l'émergence de la grande industrie, aussi bien pour l'ériger en modèle utopique que pour en critiquer les conséquences. En revanche, Bellers a exercé une très forte influence sur Owen, qui, ayant redécouvert les *Proposals* par l'intermédiaire du socialiste Francis Place, reconnaît en lui un précurseur et fait réimprimer ses principaux textes dans son ouvrage *A new view of society* (1817).

l'homme par la participation de tous à un bien-être raisonnable? Ici encore, l'image euphorique et optimiste peut aisément s'inverser en une vision particulièrement noire de la réalité industrielle future: retournement critique qui risque de faire basculer l'utopie dans l'anti-utopie.

Mais il serait sans doute faux de faire des Projeteurs dans leur ensemble des prophètes de l'âge industriel, témoins d'une laïcisation progressive des mentalités accordée aux progrès de la rationalité économique capitaliste. Au courant projeteur, auquel ils s'apparentent par le souci pratique et l'attention rigoureuse au détail, on peut rattacher certains programmes plus franchement tributaires de la tradition utopique, encore imprégnés des thèmes ésotériques et religieux qui renvoient à la pensée de la première moitié du dix-septième siècle, voire à celle de la Renaissance.

iii. Entre l'ancien et le nouveau: spéculations hermétiques et projet communautaire dans l'*Essai sur les Adeptes*

L'*Essai sur les Adeptes*, petite brochure anonyme de 52 pages ignorée de la quasi-totalité des bibliographies de l'utopie, s'ordonne autour de deux pôles dont l'articulation, du reste, fait problème: un projet semi-utopique d'implantation de petites communautés évangéliques économiquement auto-suffisantes, d'une part; d'autre part, une bizarre réflexion d'inspiration hermétique sur la mission sociale des 'Adeptes', élite secrète détentrice, grâce à l'emprise sur la nature qu'offre la possession de la pierre philosophale, d'un pouvoir de transformation du monde resté jusqu'à présent inemployé.[41]

Faut-il rattacher cet étrange opuscule encombré de rêveries alchimiques aux recherches généralement plus terre à terre des Projeteurs? On pourrait se contenter d'y voir un exemple particulièrement atypique – encore que depuis Andreae on puisse relever tout au long du dix-septième siècle certaines convergences entre les thèmes alchimiques et la spéculation utopique[42] – d'utopie-

---

41. *An essay concerning Adepts*, or a resolution of this enquiry: how it cometh to pass that Adepts, if there are any in the world, are no more beneficial to mankind than they have been hitherto known to be, and whether there could be no way to encourage them to communicate themselves; with some resolutions concerning the principles of the Adeptists; and a model, practicable and easy, of living in community. In two parts, by a Philadept (London 1698). L'exemplaire consulté est celui de la Bodléienne. Vers la fin de l'ouvrage, une anecdote évoque 'Mr H. (the person that related this)': cette initiale pourrait désigner l'auteur de la brochure. La seule bibliographie qui en fasse mention est celle de Michael Winter (*Compendium Utopiarum*, I. Teilband: *Repertorien zur Deutschen Literaturgeschichte*, Stuttgart 1978). L'unique analyse qui ait été donnée de cet opuscule paraît être celle de Davis, p.355-60.

42. Théologien, alchimiste et kabbaliste chrétien, Johann Valentin Andreae est l'auteur de l'utopie de *Christianopolis* (1619) et des *Noces chymiques de Christian Rosencreutz* (Strasbourg 1616), œuvre autour de laquelle allaient se regrouper les fraternités de 'Rose-Croix' du dix-septième siècle. Sur

programme dépourvue de mise en forme narrative. Cependant, le terme de 'Collèges' par lequel l'auteur désigne ses petites unités communautaires les situe dans le prolongement du projet presque contemporain de Bellers; et l'ouvrage s'inscrit bien dans la perspective de l''esprit projeteur' par son souci du concret, son aptitude à s'insérer sans bouleversements dans le cadre de l'ordre existant, l'auteur semblant écarter toute perspective de changement global de la société,[43] et même par son imprégnation ésotérique, puisque l'alchimie est ici conçue comme une technique de transformation de la nature qui s'apparente à la conception baconienne de la science, dont se nourrissent, consciemment ou non, les Projeteurs du temps.

Encadrant le projet communautaire, la discussion sur ce dernier point se développe dans l'introduction et la conclusion. L'auteur, qui s'explique à la fin du livre sur le titre de 'Philadepte' qu'il s'attribue (s'il se défend d'être lui-même un Adepte ou d'en fréquenter, il se dit pourtant convaincu de leur existence),[44] s'efforce de démontrer contre les ricanements des sceptiques que la pierre philosophale n'est pas un mythe, qu'elle peut procurer bonheur, vertu, richesse, santé, et qu'il serait 'inexcusable et déraisonnable de rejeter les bienfaits que retirerait le monde si les choses étaient telles que les *Adeptes* fussent en quelque manière encouragés à se faire connaître et mis en état de se rendre utiles aux hommes'.[45] Pourquoi ses détenteurs ne mettent-ils pas leurs pouvoirs à la disposition de l'humanité souffrante dont ils pourraient cependant soulager les maux? C'est qu'ils craignent que, dans son état actuel de corruption, elle n'en fasse un mauvais usage. Dans la conclusion, au milieu de considérations pratiques sur la construction d'un laboratoire d'alchimiste en forme de véritable devis estimatif – 50 livres pour l'aménagement des locaux et

Andreae, voir John Warwick Montgomery, *Cross and crucible: Johann Valentin Andreae (1586-1654), phoenix of the theologians*, Archives internationales d'histoire des idées (La Haye 1973). Sur les thèmes hermétiques dans le dix-septième siècle européen, voir Frances A. Yates, *The Rosicrucian enlightenment* (London 1972). Les thèmes hermétiques n'imprègnent pas seulement la pensée de son disciple Comenius, parfois rangé parmi les utopistes: on en trouve également des traces dans la *Cité du Soleil* de Campanella, dans la *Macaria* de Hartlib, dans l'œuvre de Cyrano de Bergerac. Pour ce dernier, voir notamment Eugène Canseliet, 'Cyrano, philosophe hermétiste', *Les Cahiers de l'Hermès* 1 (1947), p.65-82, et Luciano Erba, *L'incidenza della magia nell' opera di Cyrano de Bergerac*, Contributi del seminario di filologia moderna, Serie francese, Università cattolica del Sacro Cuore 72; *Vita e pensiero* (Milano 1959).

43. Peut-être n'est-ce plus le cas si l'on prend en compte les éléments apportés dans un autre écrit du même auteur (*Annus Sophiae Jubilaeus: the Sophick Constitution, or the evil customs of the world reform'd*, London 1700), qui reprend le même projet étendu aux dimensions de la nation (analyse dans Davis, p.360-66). Mais nous n'avons pu consulter ce texte.

44. *An essay*, p.51.

45. 'the inexcusableness and folly of rejecting the Benefits which would accrue to the World, if things were so disposed that *Adepts* were encouraged in some measure to communicate themselves, and were put in a capacity to be beneficial to Men' (*An essay*, p.11).

200 livres par an en dépenses de fonctionnement – l'auteur examine les conditions auxquelles les détenteurs des secrets hermétiques accepteraient de se manifester aux hommes. Des qualités individuelles sont requises pour obtenir leur confiance: vertu, sens du sérieux et du secret, car jamais un Adepte ne se communiquera à un incrédule; 'L'*Elixir* n'ira pas au-devant des railleurs, et le miel ne sera jamais offert aux bourdons.'[46] Mais d'autres conditions, bien plus générales, impliquent une véritable réforme collective: mesures en faveur des pauvres et de leur instruction, taxation des marchandises afin d'éviter la spéculation, justice et médecine gratuites, propagation de l'Evangile assurée par l'éducation donnée aux enfants, sévère punition des adultères et fornicateurs, lois somptuaires, répression du jeu, de l'ivrognerie et des jurons.

C'est ce programme, préalable nécessaire à l'intervention des Adeptes dans la vie publique, que contribue à mettre en place, à une échelle modeste, le projet utopique de 'Collèges' communautaires. Comme Bellers, l'auteur entend apporter un remède à la misère matérielle, morale et, plus encore, religieuse de la population laborieuse. Ainsi, l'ouvrier agricole 'bat le blé tout le jour pour six pence, alors que peut-être il a plus de six petits enfants à nourrir' et ne possède 'pas plus d'éducation qu'une bête brute'.[47] Quant au christianisme, dont les pauvres n'ont reçu qu'une vague teinture, 'on ne leur fournit pas plus de raisons d'y croire que de croire en l'Alcoran'.[48] Le précepte chrétien 'aime les autres comme toi-même' est incompatible avec l'extrême inégalité des conditions, car la misère et la faim de ceux qui n'ont pour se nourrir que du pain 'noir comme de la suie et pesant comme du plomb [...] ont pour effet de les faire vivre de façon fort peu chrétienne, continuellement clabaudant, se querellant, se contrariant et se haïssant les uns les autres au lieu de s'aimer et de s'apporter du réconfort'.[49] Une véritable société chrétienne devrait vivre comme les Lacédémoniens selon les lois de Lycurgue, c'est-à-dire de façon communautaire, sans monnaie, et sur la base d'un partage égalitaire du sol, chacun étant obligé de travailler son lopin de terre 'et de se consacrer exclusivement aux activités qui sont absolument nécessaires à la vie et au bien de la société'.[50]

---

46. 'The *Elixir* will not seek the Scorners; and the Honny will never be for the Drones' (*An essay*, p.44).

47. 'threshes all day for Six pence, when it may be he has above Six small children to provide for' ... 'no more Education than brute Beasts' (*An essay*, p.31).

48. 'They are made to know no more reasons to believe it, than to believe the *Alcoran*' (*An essay*, p.31).

49. 'as black as Soot, and heavy as Lead [...] causes them to live most unchristianly, and instead of Loving and Comforting, continually to Brawl and Quarrel, and Spight and hate one another' (*An essay*, p.30, 31).

50. 'and only employ themselves to those works which are absolutely necessary for life, and for the good of Society' (*An essay*, p.13).

3. Le mouvement des Projeteurs et l'utopisme bourgeois

D'où le plan proposé. Un domaine agricole de 400 livres de revenu par an sera divisé en quatre unités, ou 'paroisses', dont la réunion constituera une ville, ou 'corporation'. Trois des paroisses subviendront aux besoins de la quatrième, dont le produit sera affecté au propriétaire titulaire des droits seigneuriaux (*Lord of the manor*), lequel n'est apparemment pas personnellement concerné par l'idéal égalitaire de l'organisation. La structure politique imite celle de la monarchie parlementaire anglaise: un parlement élu de douze magistrats (trois par paroisse) décide des affaires de la communauté avec l'approbation du seigneur, celui-ci conservant de surcroît ses attributions judiciaires. L'organisation économique vise à l'autarcie absolue grâce à une répartition judicieuse des activités qui permet également d'abaisser à six heures la journée de travail: cinq heures pour la collectivité, une heure pour les besoins propres de chacun. Nous sommes ici beaucoup plus près des prescriptions de *L'Utopie* de More, qui prévoit également une tâche quotidienne de six heures, que des pratiques de l'industrie contemporaine: dans les manufactures de Crowley, la semaine de travail est de quatre-vingts heures.[51] Les métiers, qui excluent les 'arts frivoles' tels que peinture, broderie ..., sont limités à 'ce qui est réellement nécessaire et approprié dans une société chrétienne'.[52] Les relations économiques avec l'extérieur se bornent à la vente des surplus agricoles, dont le produit permettra l'acquisition de certains articles indispensables, si bien que 'notre petite ville est comme un royaume ou un petit univers qui peut subsister par ses propres moyens et n'a pas à se soucier de savoir ce qui s'étend au-delà de ses limites'.[53]

Plus détaillées sont les prescriptions concernant la vie collective, régie par un emploi du temps rigoureux, minutieusement minuté: six heures de travail, trois heures de dévotions et exercices religieux, trois heures de repas et conversations, une heure consacrée à la préparation du travail et à la réparation des outils, deux heures de lectures et conférences, une heure de jeux et récréations (la danse est tolérée, mais jamais entre les deux sexes), sept heures de sommeil. La nourriture est simple et abondante – l'auteur énumère en détail les menus pour chaque jour de la semaine – mais exclut tout ce qui est superflu, comme les sauces ou le tabac. A la différence des Quakers qui, nous dit-on, portent des vêtements sans ornements, mais souvent fort coûteux, les pensionnaires sont habillés de la façon la plus économique possible et identique pour tous. La morale sexuelle est d'un puritanisme vigilant: mariage obligatoire à vingt-six ans pour les hommes, vingt-trois pour les femmes; séparation des

---

51. Davis, p.353.

52. 'what is really necessary and convenient in a Christian Society' (*An essay*, p.22).

53. 'so that our little Town is like a Kingdom or a little World, which may subsist by it self, and need not know what there is beyond its Limits' (*An essay*, p.17).

sexes dans toutes les activités quotidiennes; répression sévère de l'"impureté',
de la fornication et de l'adultère.

L'aspect le plus neuf, et qui fait de ce texte un jalon important dans l'histoire
de l'urbanisme utopique, concerne la disposition spatiale de l'implantation,
marquée par une obsession très classiquement utopique de la symétrie, de la
régularité et de l'identité, mais aussi par une précision maniaque du détail, un
souci du concret et de l'utilitaire qu'on trouve rarement ailleurs. Ainsi, l'auteur
situe précisément sur son plan les douze points d'eau nécessaires à l'alimentation
de chaque Collège et prévoit sous les tables du réfectoire des tiroirs destinés à
ranger nappes, serviettes et livres de prières. On observe ici cette 'surspatialisa-
tion du modèle' qui, écrit Françoise Choay, 'signale le moment où l'utopie se
mobilise pour tenter de dépasser son statut de livre et de passer à l'acte, c'est-
à-dire à l'édification d'espaces réels'.[54] Le territoire de chaque Collège est
carré. Au centre, un bâtiment de même forme (*common hall*) voué aux activités
collectives, divisé en deux parties symétriques, une pour les hommes, une pour
les femmes, à l'exception de la grande pièce centrale affectée aux dévotions et
aux repas; mais on y tirera un rideau pour séparer les deux sexes. De part et
d'autre de la pièce médiane, des cuisines, brasseries, laiteries, boulangeries, le
tout évidemment en double. Autour de ce bâtiment collectif, dont elles sont
séparées par la largeur d'une rue, s'étendent quatre rangées d'habitations
privées, toutes contiguës et toutes semblables, également disposées en carré.
Ces maisons individuelles font l'objet d'une description extraordinairement
précise. Chaque demeure comporte deux étages et deux pièces à chaque
étage: salon, chambre des maîtres de maison, chambre d'enfants, chambre des
servantes, chambre des domestiques mâles, chambre d'amis. A l'arrière, un
jardin clos d'un mur percé d'une ouverture pour l'évacuation des ordures. Au-
delà, séparés des jardins par un large boulevard et toujours disposés en carré
sur quatre côtés, on trouve les bâtiments utilitaires: granges, magasins, ateliers,
écuries, étables, porcheries, laiteries-fromageries, blanchisserie, mais aussi
prison. Au-delà encore, quatre murs très hauts percés d'une porte à chaque
angle enceignent en un carré parfait la collectivité utopique. L'ensemble évoque
à la fois l'urbanisme utilitariste et géométrique des cités ouvrières des siècles
ultérieurs et, par la convergence centripète des édifices tournant le dos au
monde du dehors, l'idéal de clôture interne des cités utopiques traditionelles,
de la Cité du Soleil de Campanella jusqu'aux plans des communautés owenites
du dix-neuvième siècle.[55]

54. Françoise Choay, *La Règle et le modèle: sur la théorie de l'architecture et de l'urbanisme* (Paris
1980), p.273.
55. Les premiers plans de cités ouvrières, liés au développement de la grande industrie, apparaissent, souvent sous l'initiative de Quakers, dans les années 1720. Ils s'inscrivent au demeurant dans

3. Le mouvement des Projeteurs et l'utopisme bourgeois

L'*Essai sur les Adeptes* est intéressant d'abord par la tension qui s'y manifeste entre l'appel utopique à un monde autre et le souci pragmatique d'ancrage dans le réel. Comme ses confrères projeteurs, avec moins de détail cependant que Bellers ou Defoe, l'auteur se penche sur la question de la 'faisabilité' du projet en termes de coûts de réalisation et de rentabilité financière. Et l'analyse des rapports sociaux au sein de la communauté montre que le programme, loin de préconiser la rupture avec l'ordre existant, vise à s'y insérer. Si, comme le rappelle l'auteur, l'égalité est 'la loi de notre nature', puisque nous sommes tous façonnés à l'image de Dieu, l'organisation proposée n'est cependant pas égalitaire. Ainsi, la *gentry* n'est pas concernée par les obligations de l'existence communautaire. Non seulement le rôle de l'aristocratie terrienne n'est pas remis en cause, mais même celle-ci est nécessaire à titre de commanditaire du projet, dont elle est aussi, financièrement, le principal bénéficiaire, grâce au prélèvement d'un quart opéré sur les revenus des Collèges: conception assez féodale des relations sociales que reflète d'ailleurs l'archaïsme des concepts juridiques (*Lord of the manor, tenants*, etc.). Toutefois, à l'intérieur même de la collectivité, l'égalité n'est pas mieux assurée. Il existe, on l'a vu, des serviteurs – et donc aussi des maîtres – au sein de la communauté, les uns et les autres n'étant pas tenus aux mêmes obligations, car 'pour faire toutes choses selon la raison, le travail doit être proportionné à l'âge, aux forces et à la dignité de chacun'.[56] Faut-il, comme le suggèrent certains développements, rapporter au modèle individualiste de règle dans nos sociétés, lui-même stigmate de la Chute, l'inégalité qui y règne?[57] Mais cette dernière, de toute façon contraire au plan de Dieu, devient parfaitement injustifiable dans une communauté évangélique

---

un grand courant de remodelage urbanistique du paysage rural anglais, rendu nécessaire par la constitution de vastes propriétés aristocratiques d'un seul tenant, puis, à partir du milieu du siècle, par la vogue du parc à l'anglaise, grosse consommatrice d'espace: d'où les transferts de population et les regroupements dans des villages-modèles construits de toutes pièces qu'évoque le célèbre poème de Goldsmith *The Deserted village* (1770). Voir Gillian Darley, *Villages of vision* (London 1978).

Sur l'utopie owenite et ses projets urbanistiques, voir Ian Todd et Michael Wheeler, *Utopia* (London 1978), p.80-88.

56. 'For, to do everything according to Reason, the work must be proportioned to the Age, and Strength, and Dignity of every one' (*An essay*, p.20).

57. 'Donc, bien que l'inégalité soit un mal, il n'est pas étonnant que Dieu l'ait attribuée à l'humanité déchue; non qu'il l'ait imposée aux hommes; cependant, puisque ceux-ci ne vivaient plus en commun mais chacun pour soi, il était maître de rendre prospères ceux qu'il lui plaisait' ('Therefore, tho' Unequality be an Evil, it is not strange if God has brought it upon fall'n Mankind; not that he forced it upon men, but, since men lived no longer in Common, but every one shifted for himself, God was the master to make those, whom he pleased, to prosper', *An essay*, p.28). On remarquera que, ici encore et conformément aux tendances de l'éthique protestante, la richesse n'est pas loin d'être interprétée comme un signe d'élection divine – ce qui revient à justifier les inégalités existantes.

qui a restauré le modèle parfait de l'existence collective. Il semble bien que ces contradictions entre l'affirmation théorique d'un idéal égalitaire et la réalité maintenue des hiérarchies découlent du statut incertain du texte, pris entre l'aspiration utopique à la rupture sociale et les exigences pratiques du projet 'réalisable', donc contraint comme tel de composer avec les exigences du monde tel qu'il est.

L'autre difficulté que soulève l'*Essai sur les Adeptes* tient à la relation existant entre le thème alchimique et la construction utopique. Loin d'être une fin en soi, le programme utopique de réforme morale, sociale et religieuse apparaît comme un moyen, une étape intermédiaire. Sa réalisation permettra la manifestation des Adeptes, dont l'existence actuelle est purement conjecturale et qui, devant l'état d'injustice de la société existante, pratiquent une sorte d'occultation volontaire, ne pouvant se faire connaître qu'à 'un peuple réformé, véritablement vertueux et juste'.[58] D'où une démarche dialectique qui s'apparente à celle des scénarios millénaristes, où la nécessité de hâter la parousie justifie des transformations de la société précisément analogues à celles que l'avènement du millénium est censée établir. Faut-il, ici, prendre au sérieux la perspective ultime d'une révélation alchimique permise par l'établissement des Collèges? L'auteur n'explique pas clairement ce qu'elle leur apporterait en supplément, sinon, grâce aux pouvoirs magiques de la pierre philosophale, l'abondance illimitée de l'or, qui rendrait sans objet les notions de richesse et de propriété. Risquons une hypothèse: la révélation alchimique n'est peut-être que le terme ultime – et fictif – d'une dialectique historique du progrès, le mythe de la désocculation des Adeptes rendant acceptable et nécessaire la réforme communautaire qui est le véritable but.

Quoi qu'il en soit, l'*Essai sur les Adeptes*, œuvre déjà anachronique en son temps, traduit à la fois la persistance jusqu'à l'aube du siècle des Lumières des vieux thèmes 'pansophiques'[59] et hermétistes du dix-septième siècle, leur lien inattendu avec les manifestations de l'"esprit projeteur' et, plus lointainement, leurs affinités avec l'utopisme phalanstérien du dix-neuvième siècle. Retardataire par sa clôture autarcique qui refuse l'intégration à l'activité commerciale du monde moderne, par la naïveté de sa conception économique qui s'en remet en dernière analyse à la profusion magique de l'or alchimique, l'*Essai* s'inscrit

58. 'except that People be reformed and actually Righteous and Just' (*An essay*, p.39).

59. C'est le nom donné par Frank E. Manuel et Fritzie P. Manuel (*Utopian thought in the western world*, Oxford 1979, p.205-21) à un vaste courant qui trouverait son origine dans la *Pansophia, sive paedia philosophica* de Peter Laurenberg (1633). Il s'agit d'un rêve d'union de la science et de la religion où se mêlent, dans la perspective millénariste de la construction d'une république chrétienne universelle, science expérimentale, hermétisme et occultisme. On peut y rattacher les œuvres de Bacon, de Giordano Bruno, de Campanella, de Comenius, de Hartlib, et même, à certains égards, certains aspects de la pensée de Milton ou de Leibniz.

cependant, par son ancrage dans la réalité sociale du temps – la misère ouvrière des débuts de la révolution industrielle – et par la tension vers une réalisation concrète qui l'anime, dans la même lignée que les projets de Defoe et Bellers.

iv. Les Projeteurs en procès: parodie littéraire et critique morale dans les pseudo-projets swiftiens

Les Projeteurs, on l'a vu, sont loin de constituer un courant homogène. Encore a-t-on négligé ici l'aspect proprement scientifique du mouvement, qui se développe au sein de la Royal Society ou d'institutions analogues sous l'impulsion de personnalités comme Boyle et ses disciples. On a également choisi de limiter ces investigations au domaine anglais; certes, le courant des Projeteurs y est particulièrement actif, mais certaines personnalités 'continentales' pourraient, à divers titres, lui être rattachées. Ainsi les nombreux projets de l'abbé de Saint-Pierre: projet de paix perpétuelle en Europe, plans de réforme de l'orthographe des langues européennes, du système éducatif, de la justice, de l'agriculture, des finances publiques;[60] de même encore les spéculations d'un Leibniz sur l'instauration d'un langage universel à fondement mathématique, ou ses tentatives d'unification des Eglises (si proches par certains aspects du projet œcuménique de Bellers), qui l'inciteront à entrer en négociations – sans succès – avec Bossuet.[61] Cependant, parmi tous ces projets, bien peu se rattachent directement à l'utopie, si ce n'est par leur appel commun à l'action novatrice, par leur persuasion optimiste qu'il est possible et souhaitable de modifier l'état de choses existant du point de vue technique, économique, social ou politique.

C'est précisément la possibilité ou l'utilité de ces changements, ou du moins de certains d'entre eux, que contestent les adversaires des Projeteurs, et c'est d'ailleurs à peu près le seul point qui les unisse: pas plus que les Projeteurs eux-mêmes, ils ne s'inscrivent dans un courant structuré et cohérent, puisqu'on trouvera parmi eux des conservateurs nostalgiques, des moralistes chrétiens ou des libertins cyniques. Leur situation au regard de l'utopie est elle-même aussi floue et incertaine que celle de leurs adversaires. C'est seulement dans la mesure où, sans chercher à défendre systématiquement l'ordre établi (et souvent en dénonçant son immoralité et son absurdité), ils se montrent réservés, sceptiques ou hostiles face à l'esprit d'innovation qu'on peut les considérer

60. Les principaux projets de l'abbé de Saint-Pierre, liés pour la plupart au cercle d'économistes réunis au 'Club de l'Entresol', ont été conçus entre 1712 et 1730.

61. Sur les aspects para-utopiques des projets leibniziens de *Respublica christiana*, voir Manuel et Manuel, *Utopian thought*, p.392-410.

comme des adversaires de la mentalité utopique. Ces oppositions ne recouvrent qu'imparfaitement les clivages sociaux, politiques et religieux de la société anglaise, où s'affrontent Whigs et Tories, aristocratie foncière et bourgeoisie marchande, sectes dissidentes et Eglise établie. Ainsi, le premier écrit 'anti-Projeteur' de Swift, par exemple, remonte à 1708, c'est-à-dire à une époque où l'auteur était encore étroitement lié au parti whig.[62]

Si l'on s'en tient aux motivations explicites mises en avant par les adversaires des Projeteurs, on peut y discerner quatre types d'arguments, d'ordre théologique, moral, économique ou psychologique. Raisons théologiques et morales d'abord, car, pour qui se place à l'intérieur d'une conception chrétienne, fondée sur le dogme du péché originel, tout effort visant à transformer par des moyens purement matériels la condition de l'humanité dans une perspective de maîtrise technique ou de régénération sociale ne peut apparaître que comme l'indice de la vanité et de l'orgueil; l'optimisme agissant des Projeteurs n'implique-t-il pas l'oubli ou la négation de notre condition déchue? C'est ce que semble suggérer Swift dans un texte qui, pour être une sorte de mystification burlesque, n'en exprime pas moins une position personnelle que l'on retrouvera, sous une forme presque identique, dans la conclusion des *Voyages de Gulliver*:

qu'est-ce donc l'homme, je vous prie, sinon une créature mise à l'envers, ses propensions animales chevauchant perpétuellement ses facultés rationnelles, sa tête à la place où devraient être ses pieds rampant à terre? Et pourtant, en dépit de tous ses défauts, il s'érige en réformateur universel, prétend corriger les abus, abolir les injustices, fouille dans les coins répugnants de la nature, en ramenant à la clarté du jour toutes les pourritures ensevelies, et soulève des nuages de poussière là où il n'y en avait pas un atome; ce faisant, il s'imprègne fortement des immondices qu'il prétend faire disparaître.[63]

Le problème fort voisin, mais plutôt psychologique que moral, de la nature rationnelle ou non rationnelle de l'homme constitue un autre axe de la critique des Projeteurs. Ceux-ci, fondant leurs plans sur une volonté de résolution

---

62. Il s'agit du pamphlet intitulé *L'Abolition du christianisme en Angleterre est-elle sans inconvénients?*, in Jonathan Swift, *Œuvres*, éd. Emile Pons, Bibliothèque de la Pléiade (Paris 1965), p.1311-24. Ce n'est qu'après 1711 que Swift rejoindra les Tories.

63. *Méditation sur un manche à balai, dans le style et à la manière des Méditations de l'honorable Robert Boyle* (1704), in *Œuvres*, éd. Pons, p.1310. Ce célèbre canular tourne en dérision les édifiantes *Méditations* de Boyle, à plusieurs titres l'une des cibles favorites de Swift. ('and pray what is Man but a topsyturvy Creature? His Animal Faculties perpetually mounted on his Rational; his Head where his Heels should be, groveling on the Earth. And yet, with all his Faults, he sets up to be a universal Reformer and Correcter of Abuses; a Remover of Grievances; rakes into every Slut's Corner of Nature, bringing hidden Corruptions to the Light, and raiseth a mighty Dust where there was none before; sharing deeply all the while in the very same Pollutions he pretends to sweep away,' *A meditation upon a broom-stick*, in *The Prose writings of Jonathan Swift*, ed. Herbert Davis, Oxford 1965, i.240. Toutes nos références au texte anglais des opuscules de Swift renvoient à cette édition, désignée par les initiales *P.W.*)

rationnelle des problèmes sociaux et économiques, postulent une adéquation complète de l'homme et de la raison qui reste à démonter. Comme le dira, beaucoup plus tard, un autre critique particulièrement sévère de l'esprit utopique, 'la politique devrait s'adapter, non pas à la raison humaine, mais à la nature humaine, dont la raison n'est qu'une composante, et certainement pas la plus importante'.[64] Le problème ici posé déborde largement le cadre du débat entre partisans et adversaires des Projeteurs: il est au cœur de quelques-uns des grands textes qui seront étudiés ultérieurement et peut-être au centre des interrogations sur la valeur positive ou négative des modèles utopiques.

Aux raisons théologiques, morales et psychologiques qui nourrissent la critique de l'"esprit projeteur' se joint une argumentation plus spécifiquement socio-économique qui ne met plus en cause la légitimité philosophique de l'aspiration novatrice, mais son intérêt pratique et sa capacité concrète à atteindre les buts qu'elle se propose. Cette dernière forme de critique, plus spécialement développée chez un Mandeville, se place sur le terrain même des Projeteurs, celui de l'utilité sociale, et leur reproche leur incapacité à saisir la complexité du fonctionnement des sociétés: l'imbrication réciproque des lois, des mœurs, des structures économiques et sociales, si injustes ou si absurdes qu'en puissent paraître tels ou tels aspects considérés isolément, fait de la société un 'corps politique' où tout se tient, un jeu de forces en équilibre; l'innovation, même la plus apparemment utile et moralement la mieux justifiée, risque de perturber cet équilibre et d'induire des 'effets pervers', ni prévus ni voulus, qui aboutiront à un état de choses exactement contraire à ce qui était recherché.

Telles sont, en gros, les racines communes de la critique de l'"esprit projeteur' chez deux personnalités aussi différentes que Swift et Mandeville. On se bornera ici à un examen partiel du cas de Swift à travers quelques-uns des pamphlets dans lesquels cette critique apparaît: *L'Abolition du christianisme en Angleterre est-elle sans inconvénients? Aurait-elle d'aussi heureux effets qu'on l'espère? Une réponse à ces questions* (1708); *Modeste proposition concernant les enfants des classes pauvres* (1729); *Un schéma intéressant et pratique pour l'aménagement d'un hôpital pour incurables* (1733); *Projet de distribution d'insignes distinctifs aux mendiants de différentes paroisses de Dublin* (1737).[65] Swift n'attaque pas de front les Projeteurs; en adoptant lui-même, avec le plus grand sérieux apparent, leur formule de présentation, il la soumet à un retournement parodique. Littérairement, ces brefs opuscules se donnent eux-mêmes, en effet, pour des projets de

64. 'Politics ought to be adapted not to human reason, but to human nature, of which reason is but a part, and that by no means the greatest part' (Burke, cité par Basil Willey, *The Eighteenth-century background*, Harmondsworth 1965).

65. Le *Troisième voyage* des *Voyages de Gulliver*, et particulièrement l'épisode de l'Académie de Lagado, constitue sans doute la plus intéressante des satires swiftiennes contre les Projeteurs.

réformes et en présentent toutes les caractéristiques: assurance didactique du ton, présence constante du *je* de l'auteur (ou plutôt du personnage qu'il assume ici sur le mode parodique) dans son discours, caractère méthodique et apparemment rigoureux de l'exposé,[66] goût de la réglementation poussée jusqu'à la précision de détail,[67] désir de convaincre en réfutant par avance les objections que le lecteur pourrait soulever, démonstration de la rentabilité financière de l'opération appuyée sur des calculs serrés, selon la méthode de Bellers et de Defoe.[68]

Parmi les quatre opuscules considérés, le premier et le troisième relèvent d'une satire religieuse et morale à portée générale, tandis que les deux autres font plus spécifiquement référence à la situation irlandaise. On peut se borner à mentionner, parmi les 'tracts irlandais', le *Projet de distribution d'insignes distinctifs aux mendiants*, pseudo-projet de réglementation publique de la mendicité comme il en fleurissait beaucoup à l'époque; il permet surtout à Swift, à travers un tableau de la prolifération anarchique des mendiants dans les rues de Dublin, de dénoncer la misère de la population irlandaise. Le but est analogue dans la *Modeste proposition concernant les enfants des classes pauvres*, beaucoup plus célèbre et, du point de vue de la satire, infiniment plus percutant. On sait qu'il s'agit d'un plan visant à engraisser les enfants des familles irlandaises pauvres pour les vendre, une fois atteint le poids requis, comme viande de boucherie destinée en priorité aux tables élégantes: 'J'admets qu'il s'agit d'un comestible cher, et c'est pourquoi je le destine aux propriétaires terriens; ayant sucé la moelle des pères, ils semblent les plus qualifiés pour manger la chair des fils.'[69]

Les avantages de ce projet sont évidents: amélioration générale de l'alimentation et diminution des importations de viande d'origine étrangère (il s'agira là, souligne Swift, d'un produit purement irlandais); élévation du niveau de vie de la population pauvre, puisque les enfants, cessant d'être une charge stérile pour les familles, deviennent au contraire une source de revenus; et enfin, résolution des problèmes de surpopulation et de chômage par le dépeuplement progressif du pays (mais n'est-ce pas là, précisément, le but recherché?). Et l'auteur d'évoquer, en un touchant tableau, la charmante émulation des mères se disputant la gloire de mener au marché le bébé le plus gras.

---

66. L'ordre d'exposition suivi est presque toujours le suivant: a. exposé de la situation dans son état actuel; b. les causes; c. le remède proposé; d. ses modalités d'application concrète; e. les résultats attendus.

67. Voir, par exemple, le *Projet de distribution d'insignes*, in Œuvres, éd. Pons, p.1440-50.

68. Voir les prévisions de dépenses et recettes dans *Un schéma intéressant et pratique*, éd. Pons, p.1431-37.

69. *Modeste proposition*, éd. Pons, p.1386. 'I grant this Food will be somewhat dear, and therefore very proper for Landlords; who, as they have already devoured most of the Parents, seem to have

3. Le mouvement des Projeteurs et l'utopisme bourgeois

De ce texte d'un humour féroce, et à certains égards inquiétant, on ne retiendra ici que la satire de l''esprit projeteur' qui s'y manifeste. L'auteur, qui s'exprime sur un ton didactique parfaitement vide de toute résonance émotive, se présente comme un économiste sérieux et crédible, bardé de chiffres et de statistiques irréfutables: taux d'accroissement et structure démographique de la population; courbes des naissances et de la nuptialité; calcul du prix de revient unitaire du produit, compte tenu de l'amortissement des frais engagés pour l'élevage; et même ce qu'on appellerait aujourd'hui étude de marketing – rien n'y manque. Comme bien d'autres opuscules de Projeteurs, le texte s'achève sur les félicitations que l'auteur, fier d'avoir si bien travaillé pour la cause de l'utilité publique, s'adresse sans façon à lui-même:

Je veux terminer par une profession de foi: ce n'est en aucune façon l'intérêt personnel qui me fait militer en faveur d'une œuvre que j'estime nécessaire. Je n'ai en vue que le bien de mon pays. Je recherche le développement de son commerce, le bien-être de ses enfants, le soulagement des pauvres et un peu d'agrément pour les riches.[70]

Bellers ou Defoe auraient, de toute évidence, volontiers souscrit à une telle profession de foi, sinon bien sûr au contenu atroce du projet qu'elle vient clôturer.

Là est précisément le nœud du problème. Ce que Swift entend suggérer, c'est l'inhumanité latente de l'optique pragmatique et utilitariste des Projeteurs. Swift étale en pleine lumière les contradictions que Bellers se refuse à voir, ou plutôt s'efforce de concilier, entre riches et pauvres, exploiteurs et exploités, argent et charité. Qu'on puisse tenir en toute innocence, au nom du progrès, du mieux-être général, de la prospérité économique et de la philanthropie, un discours technocratique déshumanisé recouvrant une réalité monstrueuse, voilà ce qui, aux yeux de Swift, porte condamnation de l''esprit projeteur'. En ce sens, la *Modeste proposition* est la version infernale des idylliques perspectives novatrices d'un Bellers.

On retrouvera des idées analogues, replacées au sein d'une perspective plus générale de réflexion religieuse et morale, dans les deux autres pamphlets. Le projet de création d'un hôpital pour incurables, sorte de fantaisie satirique dans la tradition érasmienne de l'*Eloge de la folie*, ou des 'Etats du Monde' de la littérature médiévale, reprend sous une forme parodique les multiples plans d'établissements de charité du même type présentés à l'époque.[71] Mais les

the best Title to the Children' (*A modest proposal*, P.W., xii.112.)

70. *Modeste proposition*, éd. Pons, p.1391-92. ('I profess, in the Sincerity of my Heart, that I have not the least personal Interest, in endeavouring to promote this necessary Work; having no other Motive than the publick Good of my Country, by advancing our Trade, providing for Infants, relieving the Poor, and giving some Pleasure to the Rich', *A modest proposal*, P.W., xii.118.)

71. Voir, par exemple, le projet d'asile d'aliénés proposé par Defoe ('Of fools', in *An essay upon*

'incurables' auxquels s'adresse le projet de Swift sont toutes les victimes des tares morales et des vices sociaux liés à notre civilisation: 'sots', 'gredins', 'mégères', 'écrivailleurs', 'freluquets', 'incrédules', 'menteurs', 'envieux', 'vaniteux', soit, d'après l'estimation de l'auteur, environ la moitié des huit millions d'habitants que compte la Grande-Bretagne. Si, dans un premier stade, l'auteur se limite modestement à préconiser l'internement d'un lot initial de 200.000 personnes, c'est bien, implicitement, toute la nation qui apparaît alors comme un immense asile d'aliénés et la terre entière comme une vaste nef des fous. En un ultime retournement, Swift réclame pour conclure son propre internement 'à titre d'incurable de la littérature' et joint à cette requête des considérations fort éclairantes sur son opinion vis-à-vis des projets et des Projeteurs:

La raison personnelle que j'ai de solliciter tellement à l'avance mon admission, est que je connais le sort qui attend les faiseurs de projets et les planificateurs. L'on sait qu'ils sont généralement réduits à la mendicité. Mais grâce à moi qui ai eu l'idée de cet hôpital ouvert aux sots et aux plumitifs incurables, je pense que cette décourageante constatation ne pourra plus désormais être faite et que mes frères seront ainsi assurés d'une récompense publique de leurs travaux.[72]

On retrouvera dans la conclusion des *Voyages de Gulliver* cette dialectique ambiguë de la sagesse et de la folie: la dénonciation des vices sociaux accomplie au nom de la raison – celle du moraliste, celle du Projeteur, celle de l'utopiste – s'inverse elle-même en signe de la folie et vient se retourner contre son auteur. Voici donc Projeteurs et utopistes renvoyés eux-mêmes à l'asile qu'ils ont contribué à édifier.

A la différence des autres opuscules, le pamphlet sur l'*Abolition du christianisme*, attaque virulente contre le déisme rationaliste, ne se présente pas comme une parodie de projet, mais comme la réfutation, elle-même parodique, d'un plan de suppression de la religion chrétienne que Swift feint de présenter comme très généralement accepté: d'où les précautions oratoires et l'attitude prudemment défensive qu'il affecte d'adopter face à un courant d'opinion prétendument majoritaire, si bien qu''on ne peut guère aujourd'hui entreprendre de critiquer l'abolition du christianisme sans passer pour imprudent et déraisonnable'.[73] Aussi se propose-t-il seulement 'd'énumérer certains inconvénients que pourrait entraîner le rejet de l'Evangile et que peut-être les planifica-

---

projects, p.178-90), subventionné, ce qui est une idée assez swiftienne, grâce à une taxe sur les livres.

72. *Un schéma intéressant et pratique*, éd. Pons, p.1439.

73. *L'Abolition du christianisme*, éd. Pons, p.1311. ('it may perhaps be neither safe nor prudent to argue against the Abolishing of Christianity, at a Juncture when all Parties appear so unanimously determined upon the Point', *An argument*, *P.W.*, ii.26.)

teurs n'ont pas suffisamment considérés';[74] ce faisant, il suggère en passant que les avantages attendus seraient peut-être plus complets si, poussant jusqu'au bout la logique du projet, on se décidait à supprimer toute religion: c'est dire qu'à ses yeux le déisme des Toland et Tindall n'est que le dernier pas vers l'athéisme complet. Quant aux 'inconvénients' pouvant résulter d'une abolition du christianisme, Swift les résume très clairement dans l'éblouissante 'pointe' finale de son pamphlet:

En conclusion, si grands que soient les avantages que certains peuvent attendre de leur projet favori, j'appréhende fort, moins de six mois après la promulgation d'un Acte proscrivant le christianisme, une baisse des valeurs bancaires des Indes orientales, pouvant dépasser un pour cent. Et comme notre génération, dans sa grande sagesse, s'est toujours refusé à courir un risque même cinquante fois moindre, pour la défense du christianisme, il serait déraisonnable de souffrir une perte pareille rien que pour le supprimer.[75]

En d'autres termes, l'abolition éventuelle du christianisme ne changerait à peu près rien à l'état de choses actuel: Swift ne mentionne que les conséquences économiques, d'ailleurs mineures, qu'entraînerait cette mesure, sans dire un mot de ses implications proprement religieuses. Cette étrange conclusion ne retient, en faveur d'un maintien du christianisme, que des arguments d'intérêt commercial; la bien faible ampleur des changements prévisibles les rend d'ailleurs curieusement peu concluants. L'argumentation de Swift dans son rôle de défenseur du christianisme ne laisse pas non plus de surprendre: l'auteur s'en tient à des critères d'objectivité utilitariste, ceux, très exactement, des Projeteurs eux-mêmes.

Il serait bien sûr naïf de confondre Swift avec le personnage qu'il assume ici et de prendre au pied de la lettre son argumentation. On pourrait aussi voir dans ce texte une mise en cause insidieuse de la religion chrétienne, puisque tout semble prouver que les principes évangéliques n'exercent qu'une influence négligeable sur notre comportement et ont fort peu d'incidence sur notre existence concrète: sans doute serait-ce là un autre contresens; l'hypothèse, parfois avancée, d'un athéisme secret de Swift, paraît difficilement recevable.

---

74. *L'Abolition du christianisme*, éd. Pons, p.1320. ('I shall now with equal Deference and Submission to wiser Judgments as before, proceed to mention a few Inconveniences that may happen, if the Gospel should be repealed; which perhaps the Projectors may not have sufficiently considered', *An argument, P.W.*, ii.35.)

75. *L'Abolition du christianisme*, éd. Pons, p.1324. ('To conclude: Whatever some may think of the great Advantages to Trade, by this favourite Scheme; I do very much apprehend, that in six Months Time, after the Act is past for the Extirpation of the Gospel, the Bank and East-India Stock may fall, at least, One per Cent. And, since that is Fifty Times more than ever the Wisdom of our Age thought fit to venture for the Preservation of Christianity, there is no Reason we should be at so great a Loss, meerly for the Sake of destroying it', *An argument, P.W.*, ii.38-39.)

Or, l'intention proprement religieuse de cet opuscule est parfaitement mise en évidence par la déclaration liminaire de Swift, qui s'attache à distinguer entre le 'christianisme réel' et le 'christianisme nominal', le seul qui inspire ici son argumentation:

Aucun lecteur ne me prêtera, j'espère, le projet extravagant de défendre le christianisme réel, tel qu'il se pratiquait dans les temps primitifs, où (à en juger par les textes) il influençait les croyances et les actions. Vouloir en revenir là serait une idée de fous. Ce serait saper les fondations du Royaume et anéantir d'un coup tout son esprit et la moitié de sa culture. Ce serait briser tous les cadres existants, les structures mêmes de la société, provoquer la rupture du commerce, la mort des arts et des sciences ainsi que de leurs porte-drapeau. Bref, réduire à l'état de désert nos cours, nos bourses et nos comptoirs [...] Il n'échappera à aucun lecteur, si naïf soit-il, que j'entreprends ici la défense du seul christianisme nominal; de l'autre il n'est plus question depuis des années. Nous l'avons rejeté, d'un commun accord, comme incompatible avec nos rêves actuels de richesse et de puissance.[76]

Il est donc clair que, pour Swift, l'abolition du christianisme, loin d'être un simple projet, est depuis longtemps entrée dans les faits. Les 'christianisme nominal' dans lequel nous vivons n'est qu'un athéisme pratique parfaitement adapté au développement de la société marchande; le 'christianisme réel', au contraire, est porteur d'une exigence et d'une puissance de rupture incompatibles avec la société moderne, et peut-être avec toute forme de société.

Toutefois, la visée proprement religieuse importe moins ici que l'attitude de Swift à l'égard des Projeteurs, sur laquelle ce texte se révèle particulièrement éclairant. Il est significatif que l'existence supposée d'un courant en faveur de l'abolition du christianisme apparaisse comme un 'projet', et que les déistes anglais censés en être les artisans soient qualifiés de 'planificateurs'. Révélatrice également est l'argumentation purement économique et utilitariste qui oppose partisans et adversaires de ce 'projet': plaçant le débat sur le même terrain, celui d'un univers mental largement laïcisé où un 'christianisme nominal' vidé de toute substance n'est plus que l'auxiliaire de l'utilité sociale, ils sont au fond complices.

Il semble bien qu'aux yeux de Swift, au fond de l'idée même de 'projet', il y

---

76. *L'Abolition du christianisme*, éd. Pons, p.1312-13. ('I hope, no Reader imagines me so weak to stand up in the Defence of real Christianity; such as used in primitive Times (if we may believe the Authors of those Ages) to have an Influence upon Mens Belief and Actions: To offer at the Restoring of that, would indeed be a wild Project; it would be to dig up Foundations; to destroy at one Blow all the Wit, and half the Learning of the Kingdom; to break the entire Frame and Constitution of Things; to ruin Trade, extinguish Arts and Sciences with the Professors of them; in short, to turn our Courts, Exchanges and Shops into Desarts [...] every candid Reader will easily understand my Discourse to be intended only in Defense of nominal Christianity: the other having been for some Time wholly laid aside by general Consent, as utterly inconsistent with our present Schemes of Wealth and Power', *An argument, P.W.,* ii.27-28.)

ait un athéisme qui s'ignore, ou du moins qu'il existe une profonde incompatibilité entre le véritable christianisme et la visée pragmatique qui inspire les
Projeteurs. Que cet esprit d'innovation ose en outre se réclamer de l'humanitarisme chrétien, qu'il cherche à ménager simultanément, comme le fait un
Bellers, l'intérêt économique et la charité, le profit des riches et le mieux-être
des pauvres, Dieu et Mammon, voilà qui est pour Swift tout particulièrement
scandaleux: condamnation radicale de toute perspective utopique (en donnant
au terme son sens le plus large) que l'on retrouvera, appuyée sur d'autres
justifications, dans *La Fable des abeilles* de Mandeville.

4. Utopie et modèles de sociétés: débats sur le changement politique

Si l'on prend pour référence les débats actuels autour de l'utopie 'accoucheuse de l'histoire', on n'en trouvera guère l'équivalent au cours du dix-huitième siècle, sinon peut-être après 1760, dans des œuvres isolées comme les *Various prospects* de Robert Wallace ou dans les dictionnaires et encyclopédies politiques de la fin de l'ancien régime étudiés par Georges Benrekassa.[1] 'Il m'est facile d'avouer que, dans la République des Utopiens, il existe un très grand nombre de dispositions que je souhaiterais voir en nos Cités: dans ma pensée, il serait plus vrai de le souhaiter que de l'espérer.'[2] La conclusion prudente et quelque peu désenchantée de *L'Utopie* de More, revenant à placer sur deux plans séparés la réalité socio-politique et la spéculation utopique, et donc à refuser à cette dernière toute portée pratique, positive ou négative,[3] restera longtemps l'attitude dominante. 'Des millions de Têtes trouvant leur compte dans l'ancien train, le monde ne s'*Utopiera* jamais', estime Gueudeville dans la préface à sa traduction de More en 1715.[4] Et Bayle pour sa part se montre tout aussi sceptique sur la valeur de modèle de l'*Histoire des Sévarambes*, 'laquelle on a lue et relue sans jamais s'aviser de demander qu'on réformât la police de l'Europe sur le pied de ce Roman'.[5] Tout à la fois 'nulle et subversive' au début du siècle avant de devenir 'chimère utile' aux yeux des clercs des années 1770, tel serait donc, si l'on en croit Georges Benrekassa (p.62-65), le statut toujours passablement contradictoire des utopies pour l'opinion des Lumières, sans que d'ailleurs, semble-t-il, le débat sur leur valeur opératoire dépasse de beaucoup le cercle restreint de la réflexion politique spécialisée.

A défaut d'une réflexion de grande ampleur sur l'utopie écrite, esquissée

---

1. Georges Benrekassa, 'Le savoir de la fable et l'utopie du savoir: textes utopiques et recueils politiques, 1764-1788', *Littérature* 21 (1976), p.59-78. L'enquête porte sur *La Science du gouvernement* de Réal de Curban (1764), le *Dictionnaire universel des sciences morale, économique, politique, diplomatique* de Robinet (1777-1783) et la section 'Economie politique' de l'*Encyclopédie méthodique* (1784-1788).

2. More, *L'Utopie*, éd. Prévost, p.162.

3. Ce n'est pas toutefois l'avis d'André Prévost, qui donne de cette conclusion une interprétation tributaire de l'eschatologie chrétienne et de la philosophie blochienne de l'espérance (More, *L'Utopie*, p.162, n.1).

4. *L'Utopie de Thomas More, chancelier d'Angleterre: idée ingénieuse pour remédier au malheur des hommes et pour leur procurer une félicité complète* (Leide 1715), Préface du traducteur (non paginée).

5. *Œuvres diverses* (1737), ii.651, cité par Benrekassa, 'Le savoir de la fable', p.62.

seulement, de façon encore timide, chez Robert Wallace à l'extrême fin de la période qui nous concerne, on trouvera cependant dans quelques textes littéraires majeurs de la première moitié du siècle – *La Fable des abeilles* de Mandeville, l'histoire des Troglodytes des *Lettres persanes* de Montesquieu – les éléments d'un débat sur l'innovation sociale où l'on peut voir l'amorce d'une réflexion sur l'utopie 'en acte'. Certes, le terme n'y apparaît pas ou à peine, mais le thème commun en est bien la mise en œuvre d'un changement social et politique, non pas tel qu'il découle des contingences subies du déroulement historique, mais tel qu'il résulte d'une initiative en forme de programme: programme de réforme vertueuse de la ruche dans *La Fable des abeilles*, programme anti-étatique d'individualisme absolu dans l'histoire des Troglodytes. Dans les deux cas, l'analyse spéculative cède la place à l'apologue narratif à valeur exemplaire permettant la réalisation d'une expérimentation sociale imaginaire dans ses différentes étapes: motivations et résultats attendus du projet de transformation; modalités de sa réalisation; conséquences obtenues, enfin, souvent inverses de celles qui étaient initialement recherchées. Par la méthode adoptée, ces deux réflexions sur la pratique transformatrice s'apparentent ainsi elles-mêmes à des utopies, tout en s'en distinguant à d'autres égards.

i. Les ambivalences de la pensée économique et morale de Mandeville

La Fable des abeilles est un texte inclassable qu'il est assez vain de prétendre analyser en quelques pages:[6] la personnalité de Mandeville est mal connue (si ce n'est à travers quelques témoignages manifestement polémiques et, donc, très sujets à caution) et ses intentions réelles restent une énigme; l'œuvre est complexe et touche à des domaines divers – économie, psychologie, morale, sociologie – sans que rien permette de déterminer lequel d'entre eux était premier dans les préoccupations de l'auteur; sa forme passablement déconcertante – un bref apologue fort ambigu glosé par un commentaire proliférant mais fragmenté – semble exprimer un refus de tout esprit de système et renvoie à l'arbitraire tout effort pour y dégager une signification unitaire; enfin, elle est susceptible d'accueillir les interprétations les plus contradictoires, puisqu'on a pu y voir aussi bien l'affirmation d'un pessimisme chrétien d'une

---

6. Pour le texte anglais, les références renvoient à Bernard Mandeville, *The Fable of the bees*, éd. Phillip Harth (Harmondsworth 1970). Cette édition est désignée par les initiales *F.B.* Pour le texte français de *La Fable des abeilles*, on a utilisé la traduction de Lucien et Paulette Carrive (Paris 1974), désignée par les initiales *F.A.* Avec la thèse de Paulette Carrive (*La Philosophie des passions chez Bernard Mandeville*, Paris 1983), on dispose à présent d'une minutieuse étude d'ensemble sur la pensée de cet auteur.

austérité quasi janséniste qu'un plaidoyer cynique en faveur d'un matérialisme utilitariste et jouisseur.

La genèse du texte, qui se poursuit sur près de trente ans par les additions et les remaniements apportés aux éditions successives, peut expliquer en partie son caractère composite et son ambiguïté de sens. Médecin originaire de Hollande (où il a peut-être suivi l'enseignement de Bayle), Mandeville s'installe à Londres dans les dernières années du dix-septième siècle et fait ses débuts dans la littérature anglaise en publiant des traductions des fables de La Fontaine.[7] Le noyau initial de ce qui deviendra plus tard la *Fable des abeilles* paraît en 1705 sous le titre *Les Murmures de la ruche, ou les coquins devenus honnêtes gens (The Grumbling hive, or knaves turn'd honest)*: il s'agit d'un apologue en forme d'allégorie animale, composé d'un peu plus de quatre cents vers sans aucune prétention poétique.[8] Comme le fait observer l'auteur, le texte, un peu long pour une fable et trop peu vraisemblable pour un conte, ne peut se rattacher à aucun genre déterminé. Le titre définitif apparaît en 1714: Mandeville republie son poème en y joignant un bref essai sur l'*Origine de la vertu morale (An enquiry into the origin of moral virtue)* et, surtout, vingt 'Remarques' que l'auteur développe, de façon assez artificielle, en partant de quelques vers ou de quelques mots du poème d'origine, pris pour prétextes. Cette méthode de composition par adjonction de gloses, commentaires, digressions et anecdotes à partir d'un texte initial doit peut-être quelque chose à l'exemple de Montaigne; mais le modèle direct est plus probablement le *Dictionnaire* de Bayle, lequel procède de même par accumulation de 'Remarques' en marge du développement principal. L'un et l'autre figurent parmi les auteurs le plus souvent cités par Mandeville. La fable initiale est ainsi écrasée sous la prolifération du commentaire et cette tendance ne fera que s'accentuer dans les rééditions ultérieures. L'ouvrage passera à peu près inaperçu jusqu'à la réédition de 1723, très substantiellement augmentée de nouvelles 'Remarques' et de deux essais complémentaires: *Recherches sur le nature de la société (A search into the nature of society)* et surtout *Essai sur la charité et les écoles de charité (An essay on charity and charity-schools)*. Pour lors, le livre suscite le scandale et déclenche des controverses qui se poursuivront bien après la mort de Mandeville, jusque dans les années 1750-1760. De réédition en réédition, le désir de répondre à ses adversaires incitera l'auteur à gonfler démesurément son texte en y joignant des réponses aux objections, des dialogues philosophiques et de nouveaux essais: l'ouvrage attein-

---

7. *Some fables after the easie and familiar method of monsieur de La Fontaine* (London 1703); *Aesop dress'd* (London 1704; rééd. J. S. Shea, Augustan Reprint Society, Los Angeles, 1966). Parmi les titres traduits par Mandeville figure notamment *Les Grenouilles qui demandent un roi*, dont l'affabulation présente quelques analogies avec celle de *La Fable des abeilles*.

8. 'They are a Story told in Dogrel', précise l'auteur dans sa préface (*F.B.*, p.54).

dra ainsi trois parties, sans compter les opuscles et essais annexes, publiés séparément mais participant du même esprit et du même thème.

Deux d'entre les essais au moins méritent d'être mentionnés, car ils sont parfaitement représentatifs de ce génie de la provocation et de ce goût du paradoxe scandaleux qui sont la marque propre de l'auteur. Dans l'*Enquête sur les causes de la fréquence des exécutions à Tyburn* (*Enquiry into the causes of the frequent executions at Tyburn*, 1725), Mandeville se fait l'apologiste de la peine de mort, tout en reconnaissant bien volontiers qu'elle est souvent requise pour des peccadilles et parfois administrée à la suite d'erreurs judiciaires; mais, dit-il, le problème n'est pas là: la justice n'a pas pour fonction d'être juste, mais de préserver l'ordre social établi. Quant à la *Modeste défense des maisons de débauche* (*A modest defence of publick stews, or an essay upon whoring as it is now practis'd in these kingdoms*, 1724), elle reprend et développe les arguments déjà présentés dans les remarques H et Q de la *Fable* en faveur de l'utilité sociale de la prostitution: cette activité injustement décriée est un facteur important dans le processus de circulation monétaire et dans la redistribution des richesses; elle entretient l'activité économique, puisqu'elle permet de donner indirectement du travail à quantité de corps de métiers; enfin, elle autorise la satisfaction des besoins de la nature sans perturber l'ordre social et sans mettre en péril la vertu des femmes honnêtes. Tirant les conclusions logiques de son argumentation, l'auteur propose un projet très détaillé visant à ériger la prostitution en service public pour le plus grand bien de la collectivité, la préservation de l'ordre établi et le bénéfice de l'Etat. Le projet prévoit, pour Londres, une centaine d'établissements pourvus chacun de vingt pensionnaires réparties en quatre classes (d'une demi-couronne à une guinée) selon l'âge et la tournure. Chaque maison comporte une infirmerie tenue par deux médecins, quatre chirurgiens et une sage-femme. Elle est dirigée par deux commissaires représentants de l'autorité publique, qui veillent au respect de la loi et règlent les conflits.[9] Mandeville rejoint ainsi, sur un terrain assez inattendu, les méthodes et l'esprit des Projeteurs de son temps, sans qu'il soit aisé de déterminer s'il entend tourner ceux-ci en dérision ou s'il convient, après tout, de prendre au pied de la lettre ces propositions d'un utilitarisme cynique.

Mais il est temps de revenir à la *Fable* elle-même, où se font jour d'ailleurs les mêmes ambiguïtés. On ne peut en limiter l'étude au seul examen des aspects utopiques ou anti-utopiques: l'argumentation de Mandeville est précisément fondée sur l'idée de l'interdépendance rigoureuse de tous les phénomènes

---

9. Cette organisation offre des similitudes avec le projet analogue – bien postérieur – exposé par Restif dans *Le Pornographe*; la différence réside dans le ton: le sérieux de Restif reflète une bonne foi ingénue, celui de Mandeville laisse filtrer un humour glacial et provocateur.

humains, si bien qu'il est arbitraire de prétendre isoler un aspect de sa pensée; à ses yeux, individu et société, économie et sociologie, morale et psychologie (voire physiologie – Mandeville était médecin) sont parfaitement indissociables et constituent un système dont tous les éléments sont en corrélation. C'est à cette vision complexe de la dynamique sociale qu'on s'intéressera ici, car l'interprétation utopique du texte en est largement dépendante.

L'argument du poème est bien connu. Allégorie transparente de la société anglaise – l'auteur souligne lui-même ironiquement que 'ces insectes vivaient comme les hommes' – la ruche de la fable vit 'dans le confort et le luxe', puissante à l'intérieur et respectée à l'extérieur, sous un régime de monarchie modérée.[10] L'activité de l'ensemble, entretenue par la vanité qui crée chez les plus riches des besoins artificiels que les plus pauvres s'emploient à satisfaire, s'accompagne de terribles inégalités, mais permet à chacun de vivre en recevant au moins quelques miettes du gâteau. La malhonnêteté est générale d'un bout à l'autre de l'échelle sociale: tout au bas opèrent les voleurs, les proxénètes et les escrocs; mieux considérées, les professions dites honorables se composent de coquins plus habiles dont les activités échappent à la rigueur des lois; les avocats 'dans la défense d'une cause injuste / Examinaient et étudiaient le droit, / Comme les cambrioleurs étudient les boutiques et les maisons, / Pour trouver où y faire brèche le plus commodément';[11] les médecins sont ignorants et cupides, les prêtres luxurieux et avides, les ministres concussionnaires, et une justice vénale n'a d'autres fonctions que 'de protéger les riches et les grands' en conduisant à la potence des hordes de miséreux poussés par la nécessité à commettre quelque larcin insignifiant. Mais, 'comme l'harmonie en musique / [Fait] dans l'ensemble s'accorder les dissonances', la somme des corruptions individuelles contribue à la prospérité générale.[12] La vanité, l'orgueil, l'envie, l'étalage du luxe, les caprices éphémères de la mode, tout conspire à l'abondance de la nation:

> C'est ainsi que le vice entretenait l'esprit d'invention
> Qui, joint au temps et à l'industrie,
> Avait porté les commodités de l'existence,
> Ses plaisirs, ses douceurs, ses aises les plus véritables,
> A un tel point que les pauvres eux-mêmes
> Vivaient mieux que les riches auparavant,
> Et qu'on ne pouvait plus en rajouter.[13]

10. *F.A.*, p.29. ('These Insects lived like Men'; 'That lived in Luxury and Ease', *F.B.*, p.63).

11. *F.A.*, p.31. ('And to defend a wicked Cause, / Examin'd and survey'd the Laws; / As Burglars Shops and Houses do; / To find out where they'd best break through', *F.B.*, p.65).

12. *F.A.*, p.33. ('But to secure the Rich, and Great'; 'This, as in Musick Harmony, / Made Jarrings in the main agree', *F.B.*, p.67, 68.)

13. *F.A.*, p.34. ('Thus Vice nursed Ingenuity, / Which join'd with Time, and Industry / Had

Cependant, cette assemblée de fripons ne cesse de se lamenter sur la corruption générale, qui, disent-ils, conduit l'Etat à sa perte. Las d'être importuné par les prières de ces coquins qui réclament pour autrui l'honnêteté qu'ils ne pratiquent pas eux-mêmes, Jupiter a la malice de les exaucer. Chacun devenu vertueux, les prisons aussitôt se vident, les avocats restent sans pratique, les médecins incompétents se récusent, les prêtres incapables ou sans vocation se retirent, les ministres vivent de leur seul traitement, les courtisans congédient leurs laquais et vendent leurs carrosses. Conséquences moins heureuses: les prix s'effondrent, les manufactures ferment leurs portes, les artisans sont au chômage et les foules de travailleurs devenus inutiles désertent la ruche. Celle-ci, affaiblie, résiste à grand peine aux attaques de l'ennemi et se réfugie, enfin, dans le creux d'un arbre, 'pourvue de ces biens: le contentement et l'honnêteté' qui sont, commente l'auteur, la 'ruine de l'industrie'.[14] La morale, en apparence, est assez claire:

> Oui, si un peuple veut être grand,
> Le vice est aussi nécessaire à l'Etat
> Que la faim l'est pour le faire manger.
> La vertu seule ne peut faire vivre les nations
> Dans la magnificence; ceux qui veulent revoir
> Un âge d'or doivent être aussi disposés
> A se nourrir de glands qu'à vivre honnêtes.[15]

En somme, semble dire Mandeville, il faut savoir choisir entre la frugalité vertueuse du complet dénuement et la corruption inséparable d'un monde d'abondance; entre la prospérité de la société civile et l'innocence de l'âge d'or l'incompatiblité est complète, et il faut fustiger l'inconséquence des moralistes qui voudraient jouir à la fois des agréments de la première et de la bonne conscience vertueuse du second. Comme le dit l'auteur dans sa préface: 'Il est impossible d'avoir toutes les douceurs les plus raffinées de l'existence qui se trouvent chez une nation industrieuse, riche et puissante, et de connaître en même temps toute la vertu et toute l'innocence qu'on peut souhaiter dans un âge d'or.'[16] Néanmoins, l'enseignement que Mandeville prétend tirer de son

carry'd Life's Conveniencies, / Its real Pleasures, Comforts, Ease, / To such a Height, the very Poor / Lived better than the Rich before; / And nothing could be added more', *F.B.*, p.69.)

14. *F.A.*, p.39. ('Blest with Content and Honesty', *F.B.*, p.76.)

15. *F.A.*, p.40. ('So Vice is beneficial found, / When it's by Justice lopt, and bound; / Nay, where the People would be great, / As necessary to the State / As Hunger is to make 'em eat. / Bare Vertue can't make Nations live / In Splendour; they, that would revive / A Golden Age, must be as free, / For Acorns, as for Honesty', *F.B.*, p.76.)

16. *F.A.*, p.24. ('For the main design of the Fable, (as it is breefly explain'd in the Moral) is to shew the Impossibility of enjoying all the most elegant Comforts to Life that are to be met with in an industrious, wealthy and powerful Nation, and at the same time be bless'd with all the Virtue and Innocence that can be wish'd for in a Golden Age', *F.B.*, p.54-55.)

apologue n'est ni entièrement convaincant ni parfaitement clair, et encore moins univoque. La préface et, surtout, les développements divers annexés à la *Fable* (essais et Remarques) permettent d'approfondir le débat, sans toutefois lever les principales ambiguïtés.

La première difficulté tient au flou conceptuel dans lequel baignent certains mots-clés que l'apologue utilise constamment, sans les définir: *luxe, vice, vertu* … Le texte des Remarques apportera ici quelques éclaircissements, tout en mettant en évidence certaines contradictions dans le raisonnement. Ainsi, la remarque L définit le luxe comme 'tout ce qui n'est pas immédiatement nécessaire à l'homme en tant qu'être vivant', d'où il résulte qu''on ne trouve que du luxe au monde, même chez les sauvages tout nus'[17] – définition trop rigoureuse, l'auteur est le premier à le reconnaître, et qui retire à cette notion toute portée opératoire: si le luxe est inséparable de la condition humaine, même à l'état de nature, il ne peut guère servir de critère distinctif entre les divers types de société. Mandeville cite, mais pour la récuser comme une mystification intéressée des politiques, la définition traditionnelle du vice comme 'tout ce que, sans égard pour l'intérêt public, l'homme commet pour satisfaire un de ses appétits si dans cette action on peut observer la plus légère possibilité qu'elle nuise à un membre de la société ou qu'elle rende jamais son auteur moins utile aux autres'.[18] Du fait même de la fonction d'utilité sociale que lui attribue l'auteur, le vice est impossible à définir ou plutôt c'est un concept sans objet: comme le suggère un critique, le 'vice', dans la mesure où il contribue à la prospérité générale, n'est peut-être que l'autre face de ce qu'il faudrait appeler la 'vertu sociale'.[19] Si une définition remarquablement extensive du luxe conduit à en voir la trace partout, une définition abusivement restrictive de la vertu pousse à conclure qu'elle n'existe nulle part et, peut-être, ne peut pas exister.

L'argumentation de Mandeville puise ici à deux sources: les moralistes français d'abord, de Jacques Esprit à La Rochefoucauld (qu'il cite d'ailleurs), pour qui la vertu n'est que le masque de l'orgueil et de la vanité, les actions apparemment les plus désintéressées ayant pour fondement réel une forme particulièrement hypocrite et raffinée de l'amour-propre – ce thème, à peine esquissé dans l'apologue, devient central dans les Remarques; la tradition

17. *F.A.*, p.90. ('If every thing is to be Luxury (as in strictness it ought) that is not immediately necessary to make Man subsist as he is a living Creature, there is nothing else to be found in the World, not even among the naked Savages', *F.B.*, p.136.)

18. *Recherches sur l'origine de la vertu morale*, *F.A.*, p.47. ('every thing, which, without Regard to the Publick, Man should commit to gratify any of his Appetites [...]; if in that Action there could be observ'd the least prospect, that it might either be injurious to any of the Society, or ever render himself less serviceable to others', *F.B.*, p.86.)

19. Hector Munro, *The Ambivalence of Bernard Mandeville* (Oxford 1975), p.17ss.

libertine, d'autre part (sans doute relayée par Bayle), qui voit dans la vertu une fiction accréditée dans l'opinion par d'habiles politiques afin de conduire plus aisément les hommes là où ils le souhaitent:

Et plus nous examinerons de près la nature humaine, plus nous nous convaincrons que les vertus morales sont la progéniture politique que la flatterie et l'orgueil ont engendrée à eux deux [...]. C'est ainsi que de sagaces moralistes peignent les hommes semblables aux anges, dans l'espoir que leur orgueil en engagera au moins quelques-uns à copier les beaux originaux qu'on prétend qu'ils sont.[20]

Comme l'explique Mandeville au début des *Recherches sur l'origine de la vertu morale*, l'homme est en effet tout à la fois 'la seule créature au monde qu'on puisse jamais rendre sociable' et, par son égoïsme et sa ruse, à peu près la moins propre à cette fin[21] – situation paradoxale qui contraint le législateur à recourir à l'imposture pour persuader les particuliers, en s'appuyant sur leur vanité, qu'il est plus honorable pour eux de préférer l'intérêt public à leur intérêt propre. On notera ici une contradiction dans le raisonnement: si, comme l'apologue prétend le montrer, la prospérité générale résulte des vices particuliers, ne sont-ce pas plutôt ces derniers que le législateur devrait, logiquement, encourager?

La vertu ne serait-elle donc qu'une chimère (au même titre, d'ailleurs, que ce que nous avons pris l'habitude d'appeler le 'vice'), et le luxe, avec son inévitable cortège de corruptions, un phénomène inséparable de la condition humaine? Or, Mandeville semble réserver la possibilité d'une interprétation toute autre, qu'il s'abstient pourtant de développer. Voici qui conduit à une deuxième difficulté du texte: quel est son véritable but et à quelle perspective idéologique convient-il de rattacher son auteur? Matérialisme cynique ou expression paradoxale d'un christianisme ascétique? Dès l'introduction aux *Recherches*, Mandeville prend la précaution de définir sa perspective et, donc, de déterminer les limites de validité de son enquête: 'Et ici il faut que je prie le lecteur une fois pour toutes de remarquer que quand je dis les hommes, je ne parle ni des juifs ni des chrétiens mais de l'homme à l'état pur, dans l'état de nature et dans l'ignorance de la vraie divinité.'[22] Il y reviendra dans la suite

---

20. *Recherches sur l'origine de la vertu morale*, *F.A.*, p.49. ('And the nearer we search into human Nature, the more we shall be convinc'd, that the Moral Virtues are the Political Offspring which Flattery begot upon Pride. [...] Thus Sagacious Moralists draw Men like Angels, in hopes that the Pride at least of some will put 'em upon copying after the beautiful Originals which they are represented to be', *F.B.*, p.87-88.)
21. *Recherches*, *F.A.*, p.43. ('no Creature besides himself can ever be made sociable', *F.B.*, p.81.)
22. *Recherches*, *F.A.*, p.41. ('And here I must desire the Reader once for all to take notice, that when I say Men, I mean neither Jews nor Christians; but meer Man, in the State of Nature and Ignorance of the true Deity', *F.B.*, p.77.)

du même essai (*F.A.*, p.47) et, avec beaucoup plus de netteté, dans la remarque O de la *Fable*:

Voilà comment je prouve que les plaisirs réels de tous les hommes naturels sont terrestres et sensuels si on en juge par leur pratique; je dis les hommes naturels, parce qu'on ne peut pas dire que les pieux chrétiens, qui sont la seule exception à faire ici, sont naturels, puisqu'ils sont régénérés et assistés de façon surnaturelle par la grâce divine.[23]

Faut-il voir dans ces déclarations une indication de portée fondamentale ou une précaution de pure forme permettant à l'auteur, une fois la religion ainsi prudemment mise entre parenthèses, de développer tranquillement une pensée matérialiste? De semblables cautions religieuses à valeur purement tactique sont très fréquentes, et même, pour ainsi dire, obligatoires, dans les écrits libertins qui ne sont pas clandestins. Leur présence dans la *Fable* ne prouve donc rien, ou plutôt suggère le contraire de ce qu'elle voudrait prouver. Telle est bien, d'ailleurs, l'interprétation la plus courante parmi les contemporains de Mandeville, interprétation alimentée par la légende (peut-être fausse) qui se constitue autour du personnage – un Diogène de taverne, un 'esprit fort' jouisseur et cynique – comme par les jeux de mots faciles auxquels son nom invitait (*Man-Devil*, l''homme-démon'). Ainsi, version caricaturale du stéréotype démoniaque, William Law, l'un des adversaires de Mandeville, voit en l'auteur de la *Fable* 'un envoyé du royaume des ténèbres venu pour nous faire du mal', plus pernicieux que Hobbes et Machiavel.[24]

L'interprétation inverse, qui voit dans la *Fable* l'œuvre d'un moraliste chrétien particulièrement intransigeant, est moins répandue et plus tardive. Elle s'appuie sur d'indiscutables convergences avec le jansénisme ou avec les moralistes français qui en ont subi l'influence, de Nicole à La Rochefoucauld: vision pessimiste de la corruption de la nature humaine, dénonciation des illusions de la bonne conscience vertueuse, mise en cause de la vanité et de l'orgueil comme sources d'illusion sur soi-même et sur autrui. L'interprétation janséniste de la *Fable* permet en outre de rendre compte, partiellement, de l'occultation de Dieu qui s'y manifeste, puisque celle-ci s'inscrit dans la ligne de la théologie augustinienne.[25] Ainsi, les paradoxes provocateurs de Mandeville exprimeraient

23. *F.A.*, p.131. ('Thus I have prov'd, that the Real Pleasures of all Men in Nature are worldly and sensual, if we judge from their Practice. I say, all Men in Nature, because Devout Christians, who alone are to be excepted here, being regenerated, and preternaturally assisted by the Divine Grace, cannot be said to be in Nature', *F.B.*, p.186.)

24. 'A man who comes a missioner from the kingdom of darkness to do us harm' (William Law, *Remarks upon a late book entitled The Fable of the bees* (1724), cité par Munro, *The Ambivalence of Mandeville*, p.1).

25. Sur la possibilité d'une interprétation janséniste de *La Fable des abeilles*, voir Thomas A. Horne, *The Social thought of Bernard Mandeville: virtue and commerce in early eighteenth-century England* (London 1978), p.22-26.

4. Utopie et modèles de sociétés

l'attitude d'un chrétien scandalisé par le spectacle d'une société qui, tout en se disant chrétienne, ne pratique plus, selon l'expression de Swift, qu'un 'christianisme nominal' pleinement adapté à la société marchande – lecture elle-même évidemment paradoxale, tant elle va à l'encontre du contenu immédiat de la *Fable*, mais que l'ironie constamment sous-jacente au texte pourrait après tout justifier.

Entre ces deux interprétations peut-on réellement choisir? L'auteur, en tout cas, n'a pas voulu imposer au lecteur une signification univoque et semble prendre plaisir à maintenir une position toujours ambivalente, soit parce que, comme le suggère H. Munro, il est d'abord un observateur amusé de la comédie sociale chez qui il est vain de chercher une philosophie cohérente,[26] soit encore parce que, selon les termes de F. Grégoire,

sa pensée oscille de façon mal définissable entre deux conceptions absolument incompatibles, entre un idéal de morale ascétique et ce que l'on pourrait anachroniquement appeler une *science des mœurs*; plus précisément, on découvre tout au long de son œuvre un conflit avoué entre le fait et le droit, entre la nature et une sur-nature, entre la morale conçue comme une étude objective des *mœurs* et la morale normative axée sur la notion d'un Souverain Bien transcendant à toute expérience humaine.[27]

Ambiguïtés de signification difficilement réductibles, pensée à multiples faces et ironie à double ou triple fond, démystification sarcastique de la comédie sociale, tableau complaisant de la corruption généralisée des sociétés modernes, dénonciation de la vanité et de l'orgueil, goût de la provocation cynique et du scandale, le tout au sein d'une œuvre littérairement et idéologiquement inclassable: tous ces éléments étaient déjà présents dans les opuscules en prose de Swift.[28] On peut s'étonner qu'aucune étude d'ensemble n'ait été consacrée, semble-t-il, aux relations possibles entre les deux auteurs. Les convergences sont pourtant manifestes et, dans certains cas, saisissantes. Le *Récit exact et fidèle de ce qui s'est passé à Londres*, bref opuscule de Swift paru en 1732, reprend à peu près exactement l'argument initial de la *Fable*: un faux prophète nommé Whiston annonce solennellement la fin du monde prochaine et réussit à convaincre les foules de l'imminence du Jugement Dernier.[29] Swift passe en revue, avec une jubilation sarcastique, les conséquences économiques et

26. 'Perhaps, then, it is a mistake to approach Mandeville as a philosopher when all he set out to write was an entertaining commentary on the social scene. His genre might perhaps be described as the comedy of social manners' (H. Munro, p.25).

27. F. Grégoire, *Bernard de Mandeville et la Fable des abeilles* (Nancy 1947), p.56-57.

28. Les ambiguïtés disparaissent dans *Le Mondain* de Voltaire, poème inspiré de Mandeville qui tourne en dérision la frugalité de l'âge d'or et fait l'apologie du luxe.

29. Swift, *Œuvres*, ed. Pons, p.1409-20. Assez curieusement, c'est dans ce texte que nous trouverons l'une des très rares allusions explicites que contienne l'œuvre de Swift à la personne de Mandeville (l'auteur annonce plaisamment sa rétractation, p.1417-18).

boursières de la panique générale, ainsi que les réactions des divers milieux sociaux et corps de métiers. Chacun, soudainement converti à la crainte de Dieu
(sinon à la vertu), s'efforce de se concilier les faveurs du Ciel en abjurant ses vices,
ses malhonnêtetés et ses folies – conversion bien éphémère, puisque, sitôt la
date fatidique passée, tous reprennent allègrement le cours de leurs corruptions
habituelles. Si l'on admet l'hypothèse, à vrai dire hasardeuse, d'un Mandeville
moraliste et chrétien, l'enseignement de la *Fable* rejoint alors pleinement celui de
l'essai de Swift sur l'*Abolition du christianisme*: la société marchande repose sur
des fondements purement humains et n'est que nominalement chrétienne; la
conformité avec les principes évangéliques conduirait à sa destruction.[30] Enfin,
par le thème, le ton et le procédé d'argumentation, l'*Essay on charity and charity-
schools* n'est pas sans analogies avec la *Modeste proposition*: en s'attaquant aux efforts
tentés pour améliorer l'instruction des classes pauvres, Mandeville met à nu tout
à la fois les motivations profondes des bienfaiteurs (la vanité et la bonne
conscience), la finalité réelle de l'entreprise (inculquer, sous couleur de formation
morale et religieuse, un respect déférent pour l'ordre établi et les classes dirigeantes), ainsi que, finalement, l'inadéquation des moyens utilisés au regard des buts
recherchés (l'éducation gâte les travailleurs, les rend paresseux et insatisfaits).[31]
Soyez donc moins hypocrites, semble dire Mandeville, et osez aller jusqu'au bout
de votre logique sociale: ce qui fonde la prospérité de la société, c'est l'existence
d'une classe pauvre nombreuse, ignorante, soumise, sous-payée et, surtout, inconsciente de l'exploitation dont elle est victime.

S'agit-il pour Mandeville de dénoncer, sous le masque du cynisme, un état
de choses moralement inacceptable ou bien de décrire objectivement, hors de
toute préoccupation éthique, le fonctionnement d'un système social? Œuvre de
moraliste ou bien de sociologue? Indignation rentrée ou objectivité scientifique?
La réponse – impossible – à ces questions conditionne toute interprétation de
la *Fable* au regard de l'utopie: c'est dire que l'on retrouvera ci-après les mêmes
ambivalences.

ii. Un apologue anti-utopique? 'Récit exemplaire' et utopie dans *La Fable des abeilles*

Une première difficulté doit être d'abord résolue: *La Fable des abeilles* peut-elle
être considérée comme une utopie et, si oui, en quel sens? Le terme n'apparaît

---

30. La même idée, à vrai dire, est également présente dans la tradition libertine: dans la
Continuation des pensées diverses (Rotterdam 1705), Bayle soutient de même qu'une société de vrais
chrétiens ne pourrait subsister.

31. *F.B.*, p.263-325. Ce texte n'a pas été reproduit dans l'édition Carrive de la *Fable*.

qu'incidemment sous la plume des commentateurs de l'œuvre, et jamais pour caractériser un genre littéraire auquel il conviendrait de la rattacher. La *Fable* n'est pas mentionné par les principaux historiens de l'utopie anglaise (V. Dupont, A. L. Morton), et l'ouvrage plus récent d'Alexandre Cioranescu ne lui consacre que quelques lignes, sans d'ailleurs affirmer explicitement son appartenance au genre.[32] Raymond Trousson semble bien avoir été le premier à faire une large place à Mandeville dans l'histoire de l'utopie, d'abord dans ses *Voyages aux pays de nulle part*, puis, surtout, dans son article sur 'L'utopie en procès au siècle des Lumières'. L'analyse de Trousson souligne, certes, la signification critique, ou 'anti-utopique', de l'œuvre, mais aussi son appartenance littéraire au genre de l'utopie dans sa forme classique, et plus précisément, peut-on penser, au genre de l'utopie narrative, puisque la *Fable* est étudiée conjointement avec des ouvrages comme le *Cleveland* de Prévost ou l'*Histoire des Galligènes* de Tiphaigne de La Roche, qui sont des utopies de forme romanesque.[33]

Ce point mérite examen. Le texte de Mandeville ne répond à peu près en rien, sur le plan formel, à la définition de l'utopie narrative. Nous n'avons pas affaire ici à une narration à la première personne émanant d'un voyageur-narrateur, mais à un récit dépourvu d'instance énonciatrice personnalisée, prolongé (dans les Remarques) par des développements didactiques qui ne relèvent pas du genre narratif. La *Fable* ne donne pas lieu non plus à la constitution d'un espace utopique caractérisé par l'éloignement et par la clôture et ne met en scène aucune espèce de voyage. Sous le voile d'une allégorie animale transparente, tellement transparente que son caractère allégorique même est à peine perçu par le lecteur, lequel oublie très vite que c'est à des abeilles et non à des hommes qu'il est censé avoir affaire, c'est bien évidemment un tableau de l'Angleterre du début du dix-huitième siècle que présente Mandeville. Pour ces mêmes raisons, la relation dialectique entre le monde utopique et le monde réel qu'établissent à divers niveaux les utopies narratives traditionnelles – notamment par le trajet d'aller-retour qu'y accomplit le voyageur-narrateur – est absente ici, à moins qu'on ne veuille en voir une sorte de substitut dans l'écart qui s'instaure entre la littéralité du récit allégorique (l'histoire de la ruche) et l'interprétation que celui-ci appelle (l'application à la société humaine).

Il est donc clair que la *Fable des abeilles* ne peut être considérée comme une

---

32. Cioranescu, p.225.

33. 'Le récit de Mandeville, *tout en maintenant la forme de l'utopie*, constitue une véritable mise en procès de la perfection utopique, qui ignore les instincts, les intérêts, l'émulation, la concurrence' (Trousson, 'L'utopie en procès', p.316; passage souligné par nous). Voir aussi Trousson, *Voyages aux pays de nulle part*, p.168-69.

utopie narrative au regard de notre définition: c'est une 'fable', c'est-à-dire un apologue à valeur démonstrative, et peut-être est-ce sous l'angle particulier des problèmes propres au 'récit exemplaire' qu'il faudrait s'interroger sur la signification utopique de ce texte. S'il est vrai que l'utopie, dans sa forme canonique, présente au monde réel l'image exemplaire d'une organisation sociale idéale pouvant servir de modèle à sa transformation, elle est bien assimilable alors à une sorte d'apologue ou de parabole visant à dégager, à travers la fiction d'un récit, des règles d'action concrètement applicables. Le genre utopique entretient donc avec le 'récit exemplaire' des rapports assez étroits que l'utopie narrative traditionnelle ne permet pas toujours de manifester clairement. Dans *La Fable des abeilles*, en revanche, on retrouvera aisément les trois niveaux de signification mis en évidence par Susan Suleiman pour tous les genres relevant du modèle de l'*exemplum*:[34] niveau narratif (c'est l'histoire de la ruche); niveau interprétatif (c'est l'exégèse du récit allégorique exprimée sous la forme d'une maxime générale);[35] niveau pragmatique (c'est l'injonction adressée par l'auteur au lecteur destinataire de la fable).[36] Les trois niveaux sont ici parfaitement actualisés, ce qui, comme le montre Susan Suleiman, n'est presque jamais le cas dans la parabole et ne l'est pas toujours dans la fable.[37] Nous devrions donc avoir affaire à un texte parfaitement clair ne souffrant aucune ambiguïté d'interprétation. Or, ce n'est pas le cas, pour plusieurs raisons.

Tout récit fondé sur le modèle de l'*exemplum* fait appel à une sorte de connivence idéologique entre l'auteur et le lecteur qu'il est censé convaincre. Celle-ci garantit la 'compétence interprétative' du lecteur, son aptitude à recevoir le message et à souscrire à l'enseignement qu'il contient. Le 'récit exemplaire' se place donc à l'intérieur d'un système axiologique présumé commun à l'auteur et au lecteur et supposé admis par ce dernier: connaissance de la doctrine chrétienne dans le cas des paraboles évangéliques, ou, plus généralement, adhésion à un code moral immuable fondé sur l'opposition du bien et du mal. C'est bien ainsi que procède l'utopie traditionnelle, laquelle s'appuie à peu près unanimement sur un système de valeurs très généralement

34. Susan Suleiman, 'Le récit exemplaire, parabole, fable, roman à thèse', *Poétique* 32 (1977), p.468-69; article repris et prolongé dans l'ouvrage du même auteur, *Le Roman à thèse ou l'autorité fictive* (Paris 1983).

35. 'Oui, si un peuple veut être grand, / Le vice est aussi nécessaire à l'Etat / Que la faim pour le faire manger' (*F.A.*, p.40); 'Nay, where the People would be great, / As necessary to the State / As Hunger is to make 'em eat' (*F.B.*, p.76).

36. 'Cessez donc de vous plaindre; seuls les fous veulent / Rendre honnête une grande ruche' (*F.A.*, p.40); 'Then leave Complaints; Fools only Strive / To make a Great an honest Hive' (*F.B.*, p.76).

37. Le niveau narratif, hiérarchiquement le moins important, est pourtant le seul qui doive nécessairement être actualisé: voir l'analyse de quelques paraboles évangéliques dans l'article cité (Suleiman, 'Le récit exemplaire', p.470-81).

répandu: célébration de la nature, de la raison, de la justice, de la vertu, de l'égalité et de la communauté des biens; critique de l'artifice, des absurdités, de la corruption, de l'inégalité sociale, de la propriété privée et de l'argent sur lesquels reposent nos sociétés. Or, la fable de Mandeville ne se place pas sur le terrain des vérités admises mais sur celui du paradoxe. L'auteur subvertit les notions reconnues du bien et du mal: il prétend montrer l'utilité sociale des vices et de la corruption, la nécessité de l'injustice sociale, de l'inégalité et de l'argent. Cette axiologie inversée s'oppose tout à la fois aux normes morales communes et aux idéaux utopiques traditionnels, si bien qu'on peut se demander si Mandeville a réellement voulu convaincre son lecteur ou seulement le provoquer – ce qui ramène aux ambivalences déjà évoquées: l'auteur souhaite-t-il réellement faire partager ses conclusions explicites ou bien susciter chez le lecteur une prise de conscience qui pourrait, après tout, le conduire à des conclusions opposées?

C'est à ce titre d'abord que *La Fable des abeilles* peut apparaître comme une anti-utopie: dans son rôle d'apologiste du luxe, des vices, des passions et de la corruption générale de la société marchande – mais s'agit-il réellement d'une apologie? – Mandeville conteste les fondements mêmes de l'aspiration utopique à un ailleurs spatial (l'île du bout du monde) ou temporel (l'âge d'or) délivré de tous ces maux qui, dans l'optique traditionnellement moralisante des utopies, dégradent la société dans laquelle nous vivons. Comme le montre Raymond Trousson, on peut trouver dans la *Fable* une remise en question systématique de l'idéalisme utopique.[38] Contre les valeurs fondatrices de Nature, de Raison et de Justice, sur lesquelles l'utopie des Lumières prétend édifier une société régénérée, Mandeville entend montrer que les injustices sociales, les artifices et les folies du monde tel qu'il est relèvent d'une rationalité supérieure, puisqu'ils conditionnent le fonctionnement de la machine sociale. A l'idéal d'identité des êtres et de répression des passions individuelles sur lequel les utopistes prétendent fonder l'unité de l'Etat et l'unanimité sociale, il confronte une vision de la société conçue comme une machine complexe dont l'équilibre repose sur un jeu de forces contradictoires, selon le modèle de la *discordia concors*. Les conflits, les différences inter-individuelles, les passions, même anti-sociales, participent ainsi à l'harmonie du tout – vision dialectique du fonctionnement social qui s'oppose au simplisme vertueux des utopistes. Resterait cependant à déterminer si ceux-ci (et lesquels?) sont explicitement visés par l'apologue de Mandeville. L'auteur s'abstient de nommer clairement ses adversaires, désignés seulement comme 'les fous [qui] veulent / Rendre honnête une grande ruche'.[39]

38. Trousson, 'L'utopie en procès', p.316.
39. *F.A.*, p.40. ('Fools only strive / To make a Great an honest Hive', *F.B.*, p.76.) La 'Morale' de la *Fable* comporte cependant un passage qui pose problème: 'Jouir des commodités du monde, /

I. Le mode utopique

S'il faut en croire Thomas A. Horne, les cibles principales de l'œuvre de Mandeville seraient, outre certains moralistes optimistes comme Shaftesbury, les multiples sociétés d'inspiration religieuse qui, depuis la fin du dix-septième siècle, prétendent réagir contre la corruption des mœurs et l'immoralité ambiante en exerçant un contrôle tâtillon et policier sur la vie des particuliers.[40] Si la *Society for Promoting Christian Knowledge*, qui est à l'origine du mouvement des écoles de charité, se trouve directement attaquée dans l'*Essay on charity and charity-schools*, la *Fable* elle-même est surtout dirigée contre les *Societies for the Reformation of Manners*. Celles-ci, créées vers 1690, se proposent de réprimer l'ivrognerie, la prostitution, le jeu, l'usage des jurons ... Grâce à la complaisance des magistrats, elles reçoivent des mandats d'arrêts en blanc et pourront ainsi se prévaloir de plus de 75.000 poursuites pour délits de moralité, dont 2000 pour la seule année 1721 (chiffres cités par Horne).

Cependant, à considérer les aspects utopiques (ou anti-utopiques) de la *Fable des abeilles* au regard des normes habituelles du 'récit exemplaire', une autre difficulté se fait jour: ce modèle narratif implique en effet une signification claire et univoque, interdisant toute ambiguïté dans l'interprétation. Or, l'apologue est susceptible de plusieurs lectures qui ne vont pas nécessairement dans le sens de la morale que l'auteur prétend en tirer. Si, dans sa démonstration économique, il est plutôt convaincant, il l'est nettement moins au plan politique et, surtout, humain. La ruche, devenue vertueuse et économiquement affaiblie, saura cependant trouver en elle-même, dans sa vaillance et son patriotisme, la force de triompher militairement de ses ennemis:

> Il n'y a pas de mercenaire dans leur armée,
> Ils se battent bravement pour défendre leur bien;
> Leur courage et leur intégrité
> Furent enfin couronnés par la victoire.[41]

Le ton ici n'est plus ironique: on sent même percer chez l'auteur une sorte d'admiration qui est en contradiction avec la thèse centrale de la *Fable*; celle-ci aurait été plus convaincante si l'auteur eût pu démontrer que la vertu n'entraîne pas seulement la ruine économique, mais aussi la décomposition de

Etre illustres à la guerre, mais vivre dans le confort / Sans de grands vices, c'est une vaine / Utopie, installée dans la cervelle' (*F.A.*, p.40); 'T'enjoy the World's Conveniencies, / Be famed in War, Yet live in Ease / Without great Vices, is a vain / *Eutopia* seated in the Brain' (*F.B.*, p.76). Toutefois, le contexte montre assez clairement que le terme d'"utopie' (*Eutopia*) ne renvoie pas ici à un genre littéraire, mais à une attitude mentale, d'ailleurs affectée d'une connotation péjorative ('chimère'); il s'agit probablement d'un des rares exemples, à cette date, d'utilisation du terme dans son acception moderne courante.

40. Horne, *The Social thought of Mandeville* (London 1978), p.4.

41. *F.A.*, p.39. ('No Hireling in their Armies known; / but bravely fighting for their own, / Their Courage and Integrity / At last were crown'd with Victory', *F.B.*, p.75.)

l'Etat et la déroute militaire face au péril extérieur. Mandeville n'a pu éluder entièrement l'exemple historique de Sparte (qui est aussi la référence mythique de beaucoup de sociétés utopiques), nation vertueuse et guerrière qui a su unir la frugalité la plus extrême au plus haut degré de puissance politique. Les développements qu'il lui consacre (remarques S et, surtout, X, p.172, 188-89) sont curieusement embarrassés et, encore une fois, ambivalents, tant le sarcasme y côtoie l'admiration:

> Toutes les douceurs de l'existence leur étant interdites, toutes leurs peines ne leur rapportaient que la gloire d'être un peuple guerrier, rompu à la fatigue et aux privations; c'est un bonheur qui à ce prix plairait à peu de gens. Et tout maîtres du monde qu'ils ont été, puisqu'ils n'en jouissaient pas plus que cela, des Anglais ne leur envieraient guère leur grandeur.[42]

La puissance guerrière et la gloire de Sparte ont pour rançon une insupportable austérité, insupportable surtout à qui, comme Mandeville, voit dans le plaisir le souverain bien.[43] Et pourtant cette analyse comporte elle-même une inconséquence. Si l'auteur disqualifie l'exemple des Spartiates comme modèle éventuellement transposable à l'Angleterre, il parle cependant de leur 'bonheur'. Avec toute leur frugalité et leur misère, les Spartiates sont heureux. Que l'auteur juge ce bonheur illusoire ne change rien au fait qu'il est subjectivement ressenti par ceux qui l'éprouvent, et par là irréfutable: se croire heureux, c'est l'être. On peut d'autant moins récuser cette conclusion qu'elle s'inscrit fort bien dans l'hédonisme relativiste et sceptique de Mandeville: si le plaisir est le souverain bien, tous les plaisirs – y compris ceux de la frugalité et de l'abstinence – se trouvent alors justifiés. La même inconséquence est manifeste dans l'apologue lui-même. La ruche devenue vertueuse trouve dans la privation un bonheur paradoxal, et bien gênant pour la thèse que l'auteur entend soutenir:

> Le contentement, ruine de l'industrie,
> Les remplit d'admiration pour l'abondance de biens tout simples
> Sans en chercher ou en désirer davantage.[44]

Quel contraste avec les conflits, les disputes et le mécontentement général des habitants de la ruche dans sa période antérieure de corruption! Si 'le contentement [est la] ruine de l'industrie', puisqu'il supprime les besoins

---

42. *F.A.*, Remarque X, p.189. ('but being debarr'd from all the Comforts of Life, they could have nothing for their Pains but the Glory of being a Warlike People inur'd to Toils and Hardships, which was a happiness that few People would have car'd for upon the same Terms: And tho' they had been Masters of the World, as long as they enjoy'd no more of it, Englishmen would hardly have envy'd them their Greatness', *F.B.*, p.255.)

43. *F.A.*, Remarque O, p.118-32.

44. *F.A.*, p.39. ('Content the Bane of Industry, / Makes 'em admire their homely Store, / And neither seek, nor covet more', *F.B.*, p.76.)

artificiels qui la font prospérer, ne vaut-il pas mieux, pour l'individu, être heureux dans un monde de frugalité plutôt qu'insatisfait au sein d'une nation économiquement prospère?

On peut se demander pourquoi Mandeville a laissé subsister ces contradictions, dangereuses pour la validité de sa démonstration, qu'il eût pu aisément effacer. N'a-t-il pas su les voir? C'est le supposer bien naïf. Il semble qu'elles résultent d'une double hésitation: d'une part, hésitation entre deux perspectives – celle du moraliste, qui privilégie l'optique individuelle, et celle du sociologue ou de l'économiste, qui ne considère que le tout social; d'autre part, hésitation entre deux modèles sociaux – celui de l'austérité vertueuse de type spartiate, celui de la société marchande, dont l'Angleterre du début du dix-huitième siècle offre l'image.

Dans une perspective individuelle, seul compte le bonheur subjectivement ressenti par chacun; or, tout semble montrer que l'austérité vertueuse est plus apte à l'assurer que le cycle infernal de l'insatisfaction, du désir et du besoin qui est au principe de la société marchande.[45] L'optique collective de l'économiste voit dans cette insatisfaction individuelle le moteur même de la machine sociale, la condition de son harmonie et de sa puissance productive. Les deux perspectives sont incompatibles, et Mandeville en a pleinement conscience. Après avoir évoqué le spectacle répugnant des rues encombrées d'ordures, 'mal nécessaire, inséparable du bonheur de Londres',[46] l'auteur conclut de façon assez inattendue:

Mais si, sans souci de l'intérêt ou du bonheur de cette ville, on me demandait en quel endroit je trouve plus agréable de me promener, personne ne peut douter qu'aux rues puantes de Londres je ne préfère un jardin odoriférant ou un bois ombragé à la campagne. / De même si, renonçant à toute la grandeur et la vanité de ce monde, on me demandait où, à mon avis, les hommes ont le plus de chance de jouir d'un vrai bonheur, je préférerais une petite société paisible où les hommes, sans être objets d'envie ou d'estime de la part de leur prochain, se contenteraient de vivre du produit naturel du lieu qu'ils habitent, à une vaste multitude abondant en richesse et en puissance, qui passerait son temps à faire des conquêtes sur autrui par les armes à l'extérieur, et à se corrompre par le luxe d'importation à l'intérieur.[47]

45. Celle-ci peut, à la rigueur, assurer à tous un relatif bien-être matériel (voir remarque P, *F.A.*, p.133-42), ce qui est fort différent.

46. Il existe chez Mandeville une fascination pour l'immondice qui rappelle les obsessions excrémentielles de Swift, mais dont le sens est différent: l'ordure est, pour lui, le sous-produit de la prospérité urbaine et, pour prolonger sa propre métaphore, comme une sorte de déjection du corps politique.

47. *F.A.*, Préface, p.27. ('But if, without any regard to the Interest or Happiness of the City, the Question was put, What Place I thought most pleasant to walk in? No body can doubt but before the stinking Streets of London, I would esteem a fragrant Garden, or a shady Grove in the Country. In the same manner, if laying aside all worldly Greatness and Vain Glory, I should be ask'd where I thought it was most probable that Men might enjoy true Happiness, I would prefer a small

4. Utopie et modèles de sociétés

Private vices, publick benefits, annonce le sous-titre de la *Fable*; on serait tenté de traduire, de prix d'un léger gauchissement qui ne serait pas nécessairement une trahison de la pensée de l'auteur, 'les maux particuliers forment le bien général'. Telle est, on le sait, la formulation parodique et polémique que Voltaire donne de l'optimisme leibnizien. Les exégètes de Mandeville ont surtout cherché les sources de sa pensée du côté de Hobbes, de Bayle, de la tradition libertine et sceptique; peut-être faudrait-il également s'interroger sur certaines convergences avec la philosophie leibnizienne, à partir de textes comme celui-ci:

Le vulgaire peu perspicace aperçoit rarement plus d'un maillon dans la chaîne des causes; mais ceux qui savent porter leurs regards plus loin et veulent bien prendre le temps de considérer la suite et l'enchaînement des événements, verront en cent endroits le bien sortir du mal à foison, comme les poussins sortent des œufs.[48]

Tout comme, chez Leibniz, l'admirable ordonnance de l'univers n'est réellement perceptible que du point de vue de Dieu, pour qui les maux particuliers trouvent leur justification dans le plan de la Providence, l'harmonie de la machine sociale que célèbre Mandeville ne peut apparaître qu'à un observateur suprêmement détaché dont le regard panoramique embrasse la totalité du 'corps politique'.[49] Mais saisir l'imbrication complexe des effets et des causes et jouir d'en comprendre le fonctionnement d'ensemble, c'est aussi s'interdire de s'arrêter aux détails, c'est-à-dire aux malheurs concrets des individus qui composent ce grand tout: ouvriers surexploités, particuliers dépouillés par des procès iniques, miséreux envoyés à la potence, tous ceux-là ne se reconnaîtront assurément pas dans le 'paradis' qui se dévoile au regard surplombant de l'économiste: 'C'est ainsi que, chaque partie étant pleine de vice, / Le tout était cependant un paradis.'[50]

Enfin, on l'a vu, deux modèles de société sont simultanément présents dans *La Fable des abeilles*: le monde tel qu'il est, corrompu, mercantile, injuste, mais vivant, florissant et actif; la société vertueuse et frugale à la manière spartiate, immobile, sans passions, sans vices, sans besoins; c'est celle qui correspond à

peaceable Society, in which Men neither envy'd nor esteem'd by Neighbours, should be contented to live upon the Natural Product of the Spot they inhabit, to a vast multitude abounding in Wealth and Power, that should always be conquering others by their Arms Abroad, and debauching themselves by Foreign Luxury at Home', *F.B.*, p.58.)

48. *F.A.*, Remarque G, p.79. ('The short sighted Vulgar in the Chain of Causes seldom can see further than one Link; but those who can enlarge their View, and will give themselves the Leisure of gazing on the Prospect of concatenated Events, may, in a hundred Places see Good spring up, and pullulate from Evil, as naturally as Chickens do from Eggs', *F.B.*, p.123.)

49. Mandeville reprend à son compte la vieille métaphore hobbesienne qui assimile la société à un 'homme artificiel' dont la structure est homologue à celle du corps biologique (*F.A.*, Préface, p.23).

50. *F.A.*, p.33 ('Thus every Part was full of Vice, / Yet the whole Mass a Paradice', *F.B.*, p.67.)

l'idéal utopique traditionnel. Ces deux modèles, Mandeville ne cesse de le répéter, sont absolument incompatibles: on ne peut vouloir à la fois les agréments de la société marchande et l'innocence de l'âge d'or. Il faut donc choisir. Mais, précisément, ce choix est-il possible? En d'autres termes, l'auteur envisage-t-il sérieusement une mutation sociale qui permettrait la réalisation des idéaux utopiques? Et la juge-t-il personnellement souhaitable?

Le premier problème n'est qu'indirectement esquissé dans l'apologue, et d'une manière qui incite à une réponse négative. Certes, la ruche passe soudainement de la corruption marchande à un ordre vertueux; toutefois, cette mutation ne résulte pas d'un processus politique, mais d'un décret divin (la décision de Jupiter): ce n'est pas l'action d'un législateur analogue à l'Utopus de More ou au Sévarias de l'*Histoire des Sévarambes* qui réforme la ruche, mais le seul arbitraire de l'auteur. C'est suggérer déjà l'impossibilité d'un changement politique qui résulterait d'une action purement humaine. Ce scepticisme s'appuie sur l'idée de l'immutabilité de la nature humaine, qui 'depuis la chute d'Adam n'a jamais changé': 'Comme la nature humaine continue à être ce qu'elle a toujours été pendant tant de millénaires, on n'a pas grand lieu de conjecturer un changement à venir tant que le monde durera.'[51] On peut, certes, moyennant des précautions sévères, maintenir une société vertueuse dans son innocence première (*F.A.*, Remarque Q, p.144); mais qu'en est-il pour un peuple déjà entré dans la société marchande? Le point est longuement débattu dans le grand développement de la remarque T, où Mandeville définit les conditions d'une éventuelle réforme sociale (*F.A.*, p.178-80). Il faudrait, dit Mandeville, 'brise[r] les presses à imprimer, envoye[r] les caractères à la fonte et brûle[r] tous les livres de notre île, [...] supprime[r] tout commerce extérieur, interdi[re] toutes affaires avec des étrangers', imposer des lois somptuaires, récompenser l'honneur et l'héroïsme, renforcer l'influence du clergé sur les esprits;[52] peut-être obtiendrait-on ainsi 'un peuple inoffensif, innocent et bien intentionné qui ne discuterait jamais la doctrine de l'obéissance passive ni aucun des principes orthodoxes et serait soumis à ses supérieurs et unanime dans le culte religieux'.[53] Le programme, on le voit, est dans ses grandes lignes celui de la tradition utopique telle qu'elle s'est développée à partir de Thomas More

---

51. *F.A.*, Remarque T, p.177. ('And as Human Nature still continues the same, as it has always been for so many thousand Years, we have not great Reason to suspect a future Change in it, whilst the World endures', *F.B.*, p.239-40.)

52. *F.A.*, Remarque T, p.178. ('break down the Printing-Presses, melt the Founds and burn all the Books in the Island [...] Knock down Foreign Trade, prohibit all Commerce with Strangers', *F.B.*, p.241.)

53. *F.A.*, Remarque T, p.179. ('an harmless, innocent and well-meaning People, that would never dispute the Doctrine of Passive Obedience, nor any other Orthodox Principles, but be submissive to Superiors, and unanimous in Religious Worship', *F.B.*, p.242.)

et même de Platon: égalité économique de tous par la suppression du commerce et de l'enrichissement individuel, clôture matérielle et mentale résultant de la rupture des liens avec l'extérieur, conformisme idéologique pesant obtenu par la censure étatique et la répression de toute pensée indépendante, identité des citoyens soumis au respect des valeurs officielles, utilisation de la religion comme moyen de gouvernement, le tout dans une atmosphère d'indigence intellectuelle et d'austérité autoritariste.

Cette seule description laisse entrevoir quelles sont les options personnelles de Mandeville vis-à-vis de ce type de société, et les arguments qu'il prête au 'sybarite' chargé d'en faire la critique au nom de la liberté individuelle et des agréments de la vie (*F.A.*, Remarque T, p.179-80) sont très vraisemblablement les siens propres – ce qui n'exclut pas une nostalgie inavouée pour l'existence 'non problématique' des sociétés vertueuses et frugales de type spartiate. Cette attirance secrète, conjurée par la condescendance ironique ou le sarcasme, mais trahie par certaines contradictions du texte, est bien évidemment en opposition avec la thèse explicite de l'ouvrage; ce n'est pas une raison pour en nier l'existence, et, s'il est certain que *La Fable des abeilles* peut légitimement être interprétée comme un apologue anti-utopique, elle est aussi suffisamment ambivalente, comme toutes les grandes œuvres, pour laisser entrevoir la possibilité d'une autre lecture.

iii. L'*Histoire des Troglodytes* de Montesquieu: structure et statut littéraire d'un récit inséré

Entre *La Fable des abeilles* et l'*Histoire des Troglodytes* on peut observer diverses corrélations qui ne doivent rien pourtant aux influences directes: c'est certainement à tort qu'on a pu voir dans la seconde une réfutation de l'ouvrage de Mandeville,[54] traduit en français seulement en 1740[55] et dont le retentissement en Angleterre même resta relativement limité jusqu'à la réédition de 1723. Mais l'esprit, les concepts mis en œuvre et le substrat philosophique présentent bien des analogies. Comme la *Fable*, l'*Histoire des Troglodytes* est une réflexion en forme d'apologue sur les causes, les modalités et les conséquences des changements sociaux et politiques. Bien que sur ce point la position de Montesquieu se situe à l'opposé de celle de Mandeville, les concepts-clé sont les mêmes: le vice et la vertu dans leur dimension collective, la dialectique de l'intérêt particulier et de l'intérêt général.

Au contraire de Mandeville, mais en s'appuyant sur les mêmes références

---

54. Badreddine Kassem, *Décadence et absolutisme dans l'œuvre de Montesquieu* (Genève 1960), p.60.
55. *La Fable des abeilles, ou les fripons devenus honnêtes gens*, tr. J. Bertrand (Londres 1740).

philosophiques, Montesquieu aurait voulu, selon A. Crisafulli, s'opposer aux thèses de Hobbes – qu'il détestait – assignant pour origine à la société civile la conjonction des égoïsmes particuliers, en montrant qu'une telle société ne saurait subsister;[56] contre Hobbes, il se serait proposé d'illustrer l'idée de la moralité et de la sociabilité naturelles de l'homme, fondements nécessaires de toute organisation sociale, rejoignant ainsi les positions de Shaftesbury, dont l'œuvre, traduite en français dès 1709, est largement diffusée et commentée par les soins du journaliste Jean Le Clerc.[57]

Enfin, du point de vue de l'utopie, les deux textes posent littérairement les mêmes problèmes. Pas plus que la *Fable*, l'*Histoire des Troglodytes* n'est conforme au modèle formel de l'utopie narrative classique. Pourtant c'est bien dans cet esprit qu'elle a été lue au dix-huitième siècle, où elle a acquis assez vite le statut d'un ensemble autonome par rapport aux *Lettres persanes*; Garnier l'inclut dans le tome x de ses *Voyages imaginaires*, où elle fait suite au *Voyage d'Alcimédon* de Martigny, dans une section qui comporte notamment l'*Histoire des Sévarambes* et *Gaudence de Lucques*, et c'est encore comme utopie qu'elle est analysée par Raymond Trousson dans ses *Voyages aux pays de nulle part* (p.138-40).

Les quatre lettres contenant l'*Histoire des Troglodytes* (lettres XI-XIV) constituent la première des 'histoires' insérées dans la trame des *Lettres persanes*:[58] histoire d'Aphéridon et d'Astarté (lettre LXVII), histoire d'Ibrahim et d'Anaïs (lettre CXLI). L'épisode s'en distingue cependant en ce que son statut et sa signification sont beaucoup moins clairs: les deux autres récits présentent un lien évident avec l'intrigue du sérail, qui en constitue le décor commun, et sont explicitement référés au modèle du conte oriental, dont ils mettent en œuvre le merveilleux traditionnel. Ici, le texte est désigné comme un 'morceau d'histoire', et, bien que les Troglodytes soient présentés comme un peuple d'Arabie, la couleur générale est plutôt antique qu'orientale, conformément d'ailleurs à l'esprit des sources littéraires dont Montesquieu a pu s'inspirer: le peuple légendaire des Troglodytes vient d'Hérodote; les évocations arcadiennes des lettres XII et XIII, pleines de réminiscences hésiodiques ou virgiliennes, dérivent pour une bonne part du tableau pastoral de la Bétique dans le *Télémaque*.

La construction du texte appelle quelques remarques. On peut y observer plusieurs modes d'organisation qui se superposent sans s'exclure. On trouvera d'abord une narration à déroulement linéaire qui, conformément au modèle du récit historique, s'articule en plusieurs grandes étapes chronologiques: chute

---

56. A. Crisafulli, 'Montesquieu's story of the Troglodytes: its background, meaning, and significance', *Publications of the Modern Language Association of America* 58 (1943), p.372-82.

57. Voir E. Casati, 'Hérauts et commentateurs de Shaftesbury en France', *Revue de littérature comparée* 14 (1934), p.615-45.

58. Montesquieu, *Lettres persanes* (1721), éd. J. Starobinski (Paris 1973), p.66-76.

de la monarchie, puis de la république, et installation d'une anarchie destructrice (lettre XI); reconstitution de la nation troglodyte et passage progressif de la nature à la civilisation (lettres XII et XIII); mise en place d'une monarchie (lettre XIV). Mais le récit linéaire est lui-même ordonné par une série d'oppositions et de parallélismes s'établissant entre les lettres XI, d'une part, et XII-XIII, d'autre part. Les bons Troglodytes sont conçus comme l'antithèse des mauvais selon un système d'oppositions sans nuances ('la méchanceté de leur naturel' / 'un peuple si juste') qui ne régit pas seulement le monde humain, mais aussi l'univers naturel, voire surnaturel: d'un côté une nature hostile, prodigue en fléaux divers (inondation, sécheresse, épidémie), de l'autre une 'bonne nature' toute entière au service de l'homme ('la terre semblait produire d'elle-même, cultivée par ces vertueuses mains'); si l'épidémie qui anéantit les mauvais Troglodytes apparaît comme le châtiment d'une Providence vengeresse, les bons Troglodytes jouissent de la faveur divine, puisque 'un peuple si juste devait être chéri des Dieux'. On retrouvera les mêmes oppositions en parallélisme dans certains épisodes du récit, les pratiques sociales qui y sont mises en scène s'opposant terme à terme. Ainsi, l'anecdote du propriétaire spolié (lettre XI) illustre le fétichisme de la propriété privée et, en même temps, l'incapacité à en garantir la jouissance chez les mauvais Troglodytes, tout comme celle de la maison pillée par des étrangers (lettre XIII) montre à quel point le vol perd jusqu'à sa signification chez un peuple rénové à qui le concept d'appropriation personnelle est étranger. Toutes se rejoignent en une opposition majeure, celle de la prééminence de l'intérêt particulier et de la prééminence de l'intérêt général, dont l'expression la plus nette se trouve dans les attitudes contrastées des bons et des mauvais Troglodytes face aux grandes calamités collectives: l'épidémie (lettre XI), la guerre défensive contre l'envahisseur étranger (lettre XIII). Peut-être est-il significatif de trouver des antithèses s'établissant cette fois à l'intérieur d'un même discours dans les propos du vieillard sollicité pour occuper le trône: ainsi dans la phrase 'Je *mourrai* de douleur d'avoir vu, *en naissant*, les Troglodytes *libres*, et de les voir aujourd'hui *assujettis*' (lettre XIV; souligné par nous). C'est comme si l'évolution finale vers la monarchie introduisait la contradiction intérieure dans un univers qui a déjà perdu sa pureté primitive.

La circularité constituant le troisième mode d'organisation du texte n'est pas seulement décelable dans la trajectoire cyclique du schéma historico-politique, du renversement initial de la monarchie à sa restauration finale: elle est également présente, sous un autre aspect, dans les anecdotes occupant la second moitié de la lettre XI et la totalité de la lettre XIII. Presque toutes ont en commun de mettre en jeu un processus qui revient sur celui qui l'a déclenché après un détour par autrui – effet de boomerang où se fait jour l'idée centrale de la relation dialectique unissant intérêt particulier et intérêt général. Exemplaire à cet égard est l'anecdote du juge insensible et de la femme enlevée (lettre XI): celui qui, se retranchant derrière son égoïsme, a refusé de remplir son rôle d'arbitre auprès de la victime du rapt sera puni par l'enlèvement de sa propre épouse. L'épisode de la famine provoquée alternativement par la sécheresse et par l'inondation, l'anecdote du paysan et du marchand, celle du médecin, reviennent pareillement à montrer que l'action inspirée par le seul intérêt individuel n'est pas nuisible seulement à l'intérêt collectif, mais aussi, en dernière analyse, à l'intérêt individuel lui-même. Inversement, les processus circulaires que mettent en œuvre les anecdotes de la lettre XIII montrent que l'initiative altruiste rejaillit positivement sur son auteur et nourrit donc l'intérêt individuel: comme le dit Montesquieu, 'la justice pour autrui est une charité pour nous'.

Le statut de l'*Histoire des Troglodytes* dans l'ensemble constitué par les *Lettres persanes* fait problème. Ce morceau ne s'intègre en apparence à aucune des deux chaînes thématiques du roman, l'une centrée sur l'intrigue du sérail, rapidement esquissée dans les quelques lettres qui le précèdent, l'autre consacrée à la découverte de l'Europe, qui prendra place dans la suite du récit. Ce groupe de quatre lettres est présenté comme une réponse à une missive de Mirza (lettre X), ami d'Usbek resté à Ispahan, où se trouvait posé un problème essentiellement moral: 'Hier on mit en question si les hommes étaient heureux par les plaisirs et les satisfactions des sens, ou par la pratique de la vertu.' Le correspondant précise la perspective dans laquelle il se situe et, donc, le type de réponse qu'il attend, ou plutôt celles qu'il écarte *a priori*: 'J'ai parlé à des mollaks, qui me désespèrent avec leurs passages de l'Alcoran: car je ne leur parle pas comme vrai croyant, mais comme homme, comme citoyen, comme père de famille' – perspective purement laïque donc, qui exclut d'avance toute réponse fondée sur la révélation. Mais si le récit qui va suivre est superficiellement motivé par la lettre de Mirza, cette dernière souffre elle-même d'un défaut de motivation, puisque la demande qu'elle formule est 'hors contexte', n'étant liée à aucun élément d'intrigue et ne surgissant d'aucune situation concrète. Mirza lui-même, personnage sans substance inventé pour les besoins de la cause, ne réapparaîtra plus du reste dans la suite du roman, sinon une seule fois, à titre de destinataire muet de la lettre LXXXV. De plus, en racontant son apologue, Usbek répond-t-il bien à la question posée? Le problème moral et, donc, essentiellement individuel du bonheur et de la vertu s'y trouve transféré sur le plan du politique, donc dans une dimension collective. Il est vrai que ce passage de l'individuel au collectif est comme pris en charge et justifié par la phrase clé du texte: 'L'intérêt des particuliers se trouve toujours dans l'intérêt commun' (lettre XII).

4. *Utopie et modèles de sociétés*

Ce ne sont pas seulement les caractéristiques de contenu, mais aussi les modalités de l'énonciation qui constituent ce morceau en bloc autonome. Genre de 'discours' par excellence, la lettre implique ordinairement la présence conjointe du locuteur et du destinataire et, entre eux, l'établissement d'une relation de communication. Or, conformément d'ailleurs au modèle de l''histoire' dont il se réclame, le texte relève pour l'essentiel du 'récit'. Le rapport de l'épistolier à son destinataire ne s'établit que très fugitivement, en tête des trois premières lettres, par le biais d'une formule introductive assez artificiellement chargée, à la fois, de maintenir la dialectique du 'je' et du 'tu' inhérente à la communication épistolaire et de rappeler sous forme de sommaire le contenu de la missive précédente: '*Tu* renonces à *ta* raison, pour essayer *la mienne*; *tu* descends jusqu'à *me* consulter; *tu me* crois capable de t'instruire' (lettre XI); '*Tu* as vu, *mon* cher Mirza, comment les Troglodytes périrent par leur méchanceté même' (lettre XII); '*Je* ne saurais assez *te* parler de la vertu des Troglodytes' (lettre XIII; mises en italiques par nous). Mais aucune ne comporte de formule de congé, et toute référence à l'émetteur et au destinataire est absente dans la dernière lettre, en infraction à la règle de la relation interpersonnelle constitutive du roman épistolaire. L'*Histoire des Troglodytes* y apparaît donc comme un bloc plus ou moins rapporté dont le statut au regard de l'ensemble est problématique, comme ce sera aussi le cas dans les 'micro-utopies' du roman des Lumières intégrées à un ensemble romanesque.

Comme *La Fable des abeilles* cependant, l'*Histoire des Troglodytes* relève du modèle du 'récit exemplaire' beaucoup plus sans doute, en dépit de quelques convergences, que de celui de l'utopie dans sa forme classique. D'autre part, le statut d'*exemplum* que l'on peut lui attribuer permet de résoudre le problème posé par l'insertion dans les *Lettres persanes* de ce fragment manifestement hétérogène du point de vue de la norme épistolaire et de la continuité de l'intrigue romanesque. Le récit est en effet annoncé comme tel dans une sorte d'avertissement qui le désigne comme matière d'interprétation: '*Il y a de certaines vérités qu'il ne suffit pas de persuader, mais qu'il faut encore faire sentir*' (lettre XI). Mais ce n'est pas seulement l'histoire globale du peuple troglodyte qui fonctionne comme une vaste parabole illustrant la nécessité politique de la vertu: à l'intérieur de cette histoire, les anecdotes individuelles constituent, elles aussi, de brefs apologues démonstratifs d'une vérité générale.

L'*Histoire des Troglodytes* présente cependant quelques écarts par rapport au modèle canonique de l'*exemplum* et de ses trois niveaux théoriques. Usbek ne se livre à aucun commentaire interprétatif – à l'exception, peut-être, de la phrase initiale de la lettre XII: 'Tu as vu, mon cher Mirza, comment les Troglodytes périrent victimes de leur méchanceté même' – et laisse le récit sans conclusion. Pourtant, interprétation et injonction sont bien présentes, mais elles sont confiées à des personnages de l'histoire: le discours du médecin (lettre XI) et celui du vieillard (lettre XIV) sont à la fois des segments du récit, puisqu'ils font partie de l'histoire racontée, et des discours interprétatifs et pragmatiques. A la différence de ce que l'on observe habituellement dans le 'récit exemplaire', ces deux dernières fonctions se situent donc dans l'univers intradiégétique: ceux qui interprètent l'histoire comme les destinataires de cette interprétation – le peuple des Troglodytes – sont eux-mêmes des personnages de l'histoire à qui le narrateur délègue sa fonction interprétative, ménageant de surcroît un troisième niveau, extratextuel, où Montesquieu, véritable émetteur du discours, s'adresse au lecteur, son véritable destinataire.

La référence au modèle de l'*exemplum* permet de mieux comprendre le sens de l'*Histoire des Troglodytes* replacée dans son contexte, et même peut-être l'organisation générale des *Lettres persanes*. Montesquieu se flatte dans sa préface à l'édition définitive d'avoir su 'joindre de la philosophie, de la politique et de la morale, à un roman; et de lier le tout par une chaîne secrète et, en quelque façon, inconnue'.[59] La critique a énormément spéculé sur la nature de cette 'chaîne secrète' qui associerait réflexion philosophico-politique et roman, témoignage critique sur la société française et intrigue orientale.[60] Il semble qu'elle tienne au statut allégorique de l'élément romanesque par rapport à l'élément réflexif: c'est ainsi que l'univers du sérail apparaît comme une métaphore du régime despotique, dans lequel Montesquieu, hostile à la dérive absolutiste de la monarchie louis-quatorzienne, voit une menace pour la France. L'*Histoire des Troglodytes* pour sa part constitue une réflexion narrativisée sur les causes et les conséquences des mutations politiques, ainsi que sur l'ordre de succession des divers types de gouvernements.

iv. L'*Histoire des Troglodytes* (suite): un apologue expérimental au service d'une philosophie de l'histoire

Sous la forme d'une sorte de mythe, l'*Histoire des Troglodytes* propose en effet un modèle politique descriptif passant en revue les divers types de gouvernements, mais aussi un modèle historique génétique, puisqu'elle montre comment ces régimes s'engendrent mutuellement et dans quel ordre ils se succèdent. Cette réflexion historico-politique prend l'aspect très concret d'une

59. Montesquieu, 'Quelques réflexions sur les *Lettres persanes*' (texte inséré dans l'édition de 1758), éd. Starobinski, p.43-45.

60. Pour une discussion sur ce problème, voir P. Kra, 'The invisible chain of the *Lettres persanes*', *Studies on Voltaire* 23 (1963), p.7-60; J. L. Carr, 'The secret chain of the *Lettres persanes*', *Studies on Voltaire* 55 (1967), p.333-44; R. L. Frautschi, 'The would-be invisible chain in the *Lettres persanes*', *French review* 40 (1966-1967), p.604-12.

sorte d'expérimentation imaginaire, et c'est en ce sens que l'épisode se rapproche de l'utopie classique. Bien qu'il soit annoncé comme 'un morceau d'histoire', c'est en effet à l'univers de la fiction allégorique que renvoie tout ce texte où l'on notera l'absence de références proprement historiques – ni dates ni chronologie interne de l'action – que confirme d'ailleurs l'indétermination temporelle de la formule introductive ('Il y avait en Arabie un petit peuple, appelé Troglodyte'), variante du traditionnel 'Il était une fois' des contes. Quant aux traits culturels évoqués (polythéisme, sacrifices d'animaux), ils renvoient, au même titre que le tableau virgilien du retour des troupeaux après une journée de labeur (lettre XII), à une antiquité de convention dans le goût du *Télémaque*. Il ne s'agit pas pourtant d'un conte, mais d'un modèle heuristique qui vise à mettre en relation l'état d'esprit des citoyens et les types de gouvernement qui lui correspondent dans une perspective de démonstration concrète. La méthode est par là assez proche de celle suivie par Rousseau dans le *Discours sur l'origine de l'inégalité*, où les étapes raisonnées conduisant de l'état de nature à la propriété civile s'appuient de même sur la représentation concrète d'une collectivité humaine dans son évolution. A la différence toutefois de celui de Rousseau, le texte de Montesquieu ne prend pas son point de départ dans la représentation d'une origine. Les Troglodytes sont saisis au terme d'une évolution et d'une dégradation: point de commencement absolu des sociétés, conformément à la représentation cyclique du temps qui se dégage de l'épisode et exclut la notion d'histoire linéaire. On notera du reste que, ainsi qu'il arrive souvent, l'expérimentation de Montesquieu est quelque peu truquée: pourquoi la nature, toujours hostile dans la lettre XI, est-elle toujours bénéfique dans les deux lettres suivantes? C'est à une intervention romanesque arbitraire plus qu'à une nécessité interne qu'il faut assigner l'épidémie qui détruit les mauvais Troglodytes. Enfin, point capital, ces derniers sont présentés comme mauvais *par nature* ('la méchanceté de leur naturel'), de même que les bons Troglodytes sont *naturellement* vertueux et justes. Or, si vice et vertu sont des faits de nature, il est évident qu'aucun choix ne s'offre entre ces deux voies, et la question posée par Mirza devient alors sans objet.

La première lettre (lettre XI) nous conduit du despotisme à l'anarchie, et de celle-ci à la destruction physique de la nation. Le régime initial sous lequel vivent les mauvais Troglodytes n'est en effet monarchique qu'en apparence: 'Ils avaient un roi d'une origine étrangère, qui, voulant corriger la méchanceté de leur naturel, les traitait sévèrement' – monarchie peut-être issue d'une conquête, en tout cas privée de véritable légitimité, et qui s'apparente plutôt à une forme de despotisme vaguement 'éclairé'. La chute du despote entraîne la mise en place d'un régime républicain. Mais les magistrats ainsi élus 'leur devinrent insupportables; et ils les massacrèrent encore'. On retrouve ici le pessimisme historique qui s'exprimera plus tard dans *L'Esprit des lois*: véritable cul de sac historique, le despotisme incarne le dernier stade de la dégénérescence politique et, pour cette raison, ne peut conduire à aucun autre type de gouvernement que lui-même. Dans la conception mono-directionnelle de l'histoire qui est celle de Montesquieu, l'ordre de succession des régimes est rigoureusement prédéterminé, et les tentatives de retour en arrière (dont l'intermède républicain offre ici une illustration) d'avance vouées à l'échec.

Pourtant, dans la lettre XI, Montesquieu envisage l'hypothèse d'un au-delà du despotisme, hypothèse dont on ne trouve pas l'équivalent dans *L'Esprit des lois*. L'anarchie est en effet à la fois son contraire et son ultime aboutissement. L'exaspération de l'intérêt particulier aboutit à la suppression de toute institution politique: 'Tous les particuliers convinrent qu'ils n'obéiraient plus à personne; que chacun veillerait uniquement à ses intérêts, sans consulter ceux des autres.' Contrat social négatif, la décision qui dissout l'Etat est l'homologue inversé de celle qui a permis de l'instituer. Ce dernier acte collectif où s'abolit la société civile consacre la suprématie de l'intérêt particulier, mais aussi la destruction de tout lien contractuel inter-individuel: plus de propriété privée, puisque celle-ci n'est plus reconnue par autrui ni garantie par des lois répressives; plus de commerce ni d'échanges; plus de juste rémunération des services rendus. Tous ces points, dont chacun est illustré par une anecdote, ne sont que des conséquences ponctuelles de la destruction générale des liens sociaux auxquels s'est substitué le règne anomique de la violence, selon la vision hobbesienne de l'état de nature. La fin des mauvais Troglodytes est hâtée par une épidémie – cause purement extérieure, mais qui ne fait qu'accélérer un processus d'autodestruction conforme à la logique asociale de l'intérêt particulier. Si l'histoire troglodyte peut néanmoins recommencer, c'est donc à la faveur d'une catastrophe purificatrice qui, conformément au mythe biblique du Déluge, permet d'éliminer le peuple réprouvé tout en sauvant en son sein les quelques élus – ici, deux familles vertueuses – qui permettront ce recommencement.

La lettre XII est sans doute celle qui se rattache le mieux au modèle thématique de l'utopie, construction imaginaire d'une société autre prenant pour base la société réelle, dont elle inverse les normes. Ici, l'existence patriarcale des familles vertueuses apparaît bien comme une réaction consciente face à la dégénérescence d'un monde antérieur dont le souvenir est constamment présent à titre d'exemple négatif. Ainsi, 'toute leur attention était d'élever leurs enfants à la vertu. Ils leur représentaient sans cesse les malheurs de leurs compatriotes, et leur mettaient devant les yeux cet exemple si triste.' Conformément encore au modèle de l'utopie, les bons Troglodytes procèdent à un renversement systématique des pratiques sociales de leurs prédécesseurs selon des oppositions terme à terme: méchanceté et injustice / humanité, justice et vertu; égoïsme et violence / altruisme et générosité; intérêt particulier / intérêt général. Le retournement éthique permet ici de produire l'altérité sociale en opposant à un anti-modèle corrompu sa contrepartie idéale.

Le nouveau peuple ainsi reconstitué, encore tout près de l'état de nature, évoque la Bétique du *Télémaque*: civilisation exclusivement agraire, sans industrie ni commerce, sans propriété privée véritablement institutionnalisée, puisque 'les troupeaux étaient toujours confondus', conformément à la thèse, si largement répandue au dix-huitième siècle, du communisme agraire primitif. La religion et les arts y sont encore à l'état naissant: '*Un peuple si juste devait être chéri des dieux. Dès qu'il ouvrit les yeux pour les connaître, il apprit à les craindre.*' Il s'agit donc d'une religion purement naturelle, excluant toute révélation, et de forme polythéiste, conformément à l'atmosphère antique qui imprègne la description. Danse et musique accompagnent les cultes, tandis que se développe une poésie encore archaïque dont les deux pôles sont l'épopée et la pastorale, Homère et Hésiode: 'Ils chantaient les injustices des premiers Troglodytes, et leurs malheurs, la vertu renaissante avec un nouveau peuple, et sa félicité: ils célébraient les grandeurs des dieux, leurs faveurs toujours présentes aux hommes qui les implorent, et leur colère inévitable à ceux qui ne les craignent pas: ils décrivaient ensuite les délices de la vie champêtre, et le bonheur d'une condition toujours parée de l'innocence' (lettre XII).

Pourtant l'originalité essentielle de cette société primitive est l'absence totale de structures étatiques. Il ne s'agit pas d'une république au sens institutionnel, puisqu'il n'existe ni assemblée ni magistrats. Comme les anciens Troglodytes parvenus au terme de leur évolution, mais avec une signification toute différente, le nouveau peuple vit dans une société sans Etat: la disparition du sentiment de l'intérêt collectif a entraîné son effondrement chez les premiers, alors qu'il est inutile chez leurs successeurs, tant chaque individu est pleinement identifié au devenir de la communauté. Comme dans la Bétique de Fénelon, le seul équivalent d'une structure politique est la famille, une famille de type patriarcal évoquant l'Ancien Testament, fondée sur l'autorité traditionnelle des aînés et étendue, selon le modèle platonicien de *La République*, aux dimensions de la collectivité toute entière, puisque 'le peuple Troglodyte se regardait comme une seule famille'. Cependant, cet état de choses idyllique ne pourra se maintenir. L'évolution vers un autre type de structure politique (lettre XIV) ne résulte pas d'une causalité économique, comme chez le Rousseau du second *Discours*, qui voit dans l'agriculture et l'artisanat les facteurs fondateurs de la société civile; elle répond à un déterminisme démographique où l'on retrouve la conviction, largement répandue au dix-huitième siècle, qu'un régime républicain – surtout démocratique – ne saurait exister que dans une petite nation: 'Comme le peuple grossissait tous les jours, les Troglodytes crurent qu'il était à propos de se choisir un roi.' Mais le passage à la monarchie est d'abord un symptôme, celui d'une dégradation de l'esprit collectif: la vertu n'est plus immanente; ayant cessé d'être intérieurement vécue par chacun, elle ne peut donc subsister que si elle est imposée de l'extérieur par le passage de l'état de mœurs à l'état de lois, de la liberté à l'assujettissement, de la famille patriarcale à l'Etat. Ainsi que le dit le vieillard pressenti pour le trône, 'votre vertu commence à vous peser [...] vous aimez mieux être soumis à un prince, et obéir à ses lois moins rigides que vos mœurs' (lettre XIV). Cependant, la vertu ainsi maintenue par la force des lois et la vigilance du souverain a changé de nature: elle n'est plus adhésion positive à une règle intérieure, mais conformité subie à une norme extérieure, crainte purement négative du châtiment qui, de fait, rend la vertu véritable parfaitement inutile. L'institution de la monarchie, indice d'une dégradation de l'esprit collectif, aura elle-même pour conséquence une profonde altération des mœurs sociales que Montesquieu ne fait ici qu'esquisser: les Troglodytes pourront alors 'contenter [leur] ambition, acquérir des richesses, et languir dans une lâche volupté'; comme le montrera plus tard *L'Esprit des lois*, la monarchie a pour principe l'honneur, qui consacre, avec la compétition inter-individuelle, la légitimité du luxe, des distinctions et des privilèges, donc l'individualisme, le mercantilisme et l'inégalité.

Laissée en suspens avec le discours du vieillard, qui vient l'achever sans la clore, l'histoire des Troglodytes appelle un prolongement. Deux voies s'ouvrent ici. La première, simple projection résultant de la seule initiative du lecteur, est pourtant conforme à la logique interne du récit suggérant qu'à la faveur de cette mutation politique les Troglodytes régénérés pourraient bien '[tomber] dans le malheur de [leurs] premiers pères' (lettre XIV). Certes, l'auteur s'abstient de boucler le cercle, mais l'évolution est facile à prolonger jusqu'au retour à son point d'origine. A la monarchie élective illustrée par la désignation du vieillard, système conforme aux sympathies 'germanistes' d'une aristocratie féodale dont Montesquieu, tout parlementaire qu'il est, ne se sent peut-être pas très éloigné,[61] on peut imaginer que succéderaient assez vite une monarchie héréditaire où le mérite personnel apprécié par les pairs laisserait la place à l'arbitraire de la règle de primogéniture, puis, l'évolution vers l'absolutisme accompagnant la corruption croissante des particuliers, un régime despotique analogue à celui des anciens Troglodytes. En ce sens, l'*Histoire des Troglodytes* proposerait une philosophie de l'histoire fondée sur une conception cyclique et non pas linéaire du temps. Encore le cycle ne correspond-t-il qu'à un cercle brisé: l'âge d'or des nouveaux Troglodytes n'est possible qu'à la faveur de l'épidémie qui anéantit les anciens Troglodytes; le recommencement implique

---

61. Voir Louis Althusser, *Montesquieu, la politique et l'histoire* (Paris 1959), p.105.

une destruction antérieure – perspective pessimiste, puisque l'histoire procède dans le sens de la dégradation, chaque régime politique s'engendrant de la corruption de celui qui l'a précédé. Pessimisme encore en ce que Montesquieu ne propose aucune perspective de réforme, puisque l'existence de tel ou tel type de gouvernement résulte d'un rigoureux déterminisme tenant à l'état des mœurs, au système économique, à la démographie et, surtout, à la place qu'il occupe dans l'ordre réglé et non réversible de l'évolution politique. Même si la démocratie spontanée de l'âge d'or peut apparaître comme un idéal, ce dernier n'est pas transposable comme modèle, puisqu'on ne peut faire revivre les conditions externes qui le déterminent: civilisation pastorale, communisme agraire, organisation patriarcale.

Toutefois Montesquieu a lui-même proposé pour l'histoire des Troglodytes une autre suite qui suggère une orientation différente. Le recueil manuscrit intitulé *Mes pensées*, qui rassemble notamment le 'dossier' des *Lettres persanes*, comporte l'ébauche d'une continuation. A la mort du vieillard est élu pour second monarque, dans la même famille, l'homme le plus sage et le plus juste. C'est à lui qu'est soumis le projet d'instituer parmi les Troglodytes le commerce et les arts. Mais ne les conduira-t-il pas à préférer la richesse à la vertu? Le peuple, dit-on au souverain, se règlera sur son exemple: 'Ce sera vous seul qui déciderez si les richesses seront pernicieuses à votre peuple, ou non. S'ils voient que vous les préférez à la vertu, ils s'accoutumeront bientôt à en faire de même.' Mais, rétorque le monarque, la dignité du prince exige qu'il se distingue de ses sujets par cela même qu'ils élisent comme critère capable de les distinguer entre eux: par la justice et la vertu, si les Troglodytes restent justes et vertueux, ou bien par les richesses, si tel est le but qu'ils choisissent de poursuivre; et, en ce cas, il devra les accabler d'impôts pour soutenir son rang. Ainsi, et telle est la conclusion du roi, 'si vous êtes vertueux, je le serai; si je suis vertueux, vous le serez'.[62]

Comme le montre A. Crisafulli, cette continuation de l'*Histoire des Troglodytes* en modifie l'orientation primitiviste et en modère le pessimisme historique.[63] La vertu n'y apparaît plus comme incompatible avec le régime monarchique, ainsi que le suggérait la lettre XIV; elle peut s'y maintenir par l'effort conjoint du prince et de ses sujets. Mais sans doute n'est-elle plus de la même nature: la vertu des Troglodytes d'avant la monarchie, caractérisée par la prééminence de l'intérêt général, s'identifiait par là à la 'vertu politique', dont *L'Esprit des lois* fera le principe du régime démocratique; la vertu sous la monarchie n'est rien d'autre que la conformité aux lois de l'Etat et aux normes sociales inspirée par

62. *Lettres persanes*, éd. Starobinski, p.384-86.
63. Crisafulli, 'Montesquieu's story of the Troglodytes', p.389.

l'intérêt particulier. Plus directement susceptible d'une application à la réalité politique existante, la continuation de l'*Histoire des Troglodytes* semble vouloir conjurer la fatalité cyclique de la dégradation historique inscrite dans le texte initial. Elle correspond vraisemblablement à un état postérieur de la pensée de Montesquieu, s'efforçant de concilier l'aspiration à la vertu avec la donnée monarchique de la réalité politique française.

v. De l'utopie dans des buts pratiques:[64] les *Various prospects* de Robert Wallace

On ne retrouve pas chez Robert Wallace la méthode de l'*exemplum* narratif à valeur expérimentale (apparentée par là à celle de l'utopie) qu'utilise Montesquieu dans l'*Histoire des Troglodytes*; en revanche, le débat concernant les mutations des sociétés échappe, chez lui, aux cadres traditionnels de la réflexion politique sur les divers types de gouvernements pour se centrer sur le problème de l'efficacité concrète des utopies, ce qui correspond à une attitude nouvelle.

Peu connus, même des spécialistes de l'histoire de l'utopie,[65] les *Various prospects* publiés par Robert Wallace en 1761 offrent à la fois un programme utopique, d'ailleurs assez rudimentaire, de transformation de la société et – c'est surtout à ce titre que l'ouvrage nous intéresse – un débat extrêmement riche sur l'attitude utopique, sa justification philosophique, ses méthodes et ses thèmes, sa fécondité sociale, mais aussi ses dangers potentiels. Si l'on excepte les articles des dictionnaires politiques étudiés par Georges Benrekassa, il s'agit de l'unique réflexion 'utopologique' du dix-huitième siècle. Toutefois, si Wallace cite *La République* de Platon, l'*Oceana* de Harrington ainsi que, surtout, *L'Utopie* de More, il ne mentionne aucune utopie récente, et sa réflexion s'inscrit dans une conception de l'utopie comme 'mode' plutôt que comme 'genre'.

L'ouvrage comporte douze essais (*prospects*) d'inspiration philosophique et religieuse, les quatre premiers seulement concernant directement les problèmes de l'utopie.[66] Le texte d'ouverture porte sur les justifications philosophiques et sociologiques de l'attitude utopique. L'auteur, qui sur ce point semble faire écho à Turgot et anticiper Condorcet, lui assigne pour origine la croyance dans la perfectibilité de l'homme, en contraste avec l'imperfection actuelle de nos sociétés: une partie de la terre est encore inculte, et la population du globe pourrait être beaucoup plus considérable – peut-être même a-t-elle diminué

---

64. On reprend ici le titre de l'étude de Bertrand de Jouvenel, in *Du principat et autres réflexions politiques* (Paris s.d.), p.233-50.
65. Brève analyse cependant dans Dupont, *L'Utopie et le roman utopique*, p.262-63.
66. Wallace, *Various prospects of Mankind, Nature and Providence* (London 1761), p.1-125.

depuis l'Antiquité; faute d'une politique d'encouragement systématique à la recherche scientifique, l'avancement du savoir est laissé au hasard (Wallace cite sur ce point la *Lettre sur le progrès des sciences* de Maupertuis); surtout, l'ordre social et politique existant est 'entièrement incompatible avec un état parfait de la société humaine';[67] misère, intempérance et débauche, antagonisme entre riches et pauvres, guerres et conflits dûs à l'ambition des princes en apportent des preuves suffisantes. Contre les pessimistes, pour qui 'les désordres dûs aux appétits et aux passions des hommes rendent entièrement irréalisable toute démarche vers la perfection dans la société humaine',[68] l'auteur voit dans ces imperfections mêmes la preuve que l'humanité n'a pas atteint le terme de ses possibilités historiques de progrès et le point de départ qui nous pousse à imaginer un monde autre conforme à l'exigence éthique:

Jamais la terre ne pourra être pleinement peuplée ni cultivée au mieux, chaque pouce de terrain étant mis en état de rendre tout ce dont il est capable, tant qu'elle ne sera pas devenue le séjour de la paix, de la sécurité et de l'abondance [...] Il nous faut même supposer un état d'où soit bannie la crainte même de la pauvreté, et où l'on n'entende plus le fracas et les alarmes de la guerre.[69]

Wallace, qui est manifestement obsédé par la question démographique et pour qui le perfectionnement du genre humain va de pair avec l'accroissement de la population, énonce les conditions essentielles pour atteindre ce but: suppression de l'oisiveté; travail obligatoire, communautaire et planifié; suppression de la propriété privée, incompatible avec les exigences précédentes; transformation de la forme de gouvernement et des principes d'éducation.

Ces propositions, qui impliquent une rupture avec les conditions économiques et politiques prévalant au sein du monde réel, et donc un passage à l'utopie, sont examinées dans le second *prospect*, consacré à la définition d'un modèle de gouvernement parfait. Celui-ci pourra s'inspirer non seulement des gouvernements qui ont été réellement mis en pratique, mais aussi des paradigmes offerts par la tradition utopique, à laquelle Wallace reproche toutefois de ne proposer que des projets de réforme limités à un seul pays. Pourquoi ne pas aller plus loin et présenter un plan qui unisse l'ensemble de l'humanité sous un même gouvernement et une même langue? Gardons-nous d'affirmer d'avance qu'un tel programme est irréalisable. Suit l'esquisse d'une utopie fortement inspirée

67. 'altogether inconsistent with a perfect state of human society' (p.25).
68. 'the disorders of human appetites and passions render all approaches to perfection in human society wholly impracticable' (p.23).
69. 'The earth can never be fully peopled or cultivated in the best manner, and every spot be made to exert its utmost strength, till it becomes the abode of peace, security and plenty [...] We must even suppose a scene, whence not only poverty, but the fear of it, is banished, and where the noise and alarms of war are not heard' (p.26).

de More et appuyée sur une constitution en dix-huit articles, portant notamment sur la politique du travail et de l'emploi (on attribuera à chacun une profession en fonction de ses aptitudes et des besoins en main-d'œuvre exprimés par les différents corps de métiers), l'organisation de l'agriculture (à laquelle tous les citoyens seront obligatoirement initiés), la réglementation du vêtement, du logement, de la nourriture, l'enseignement public, la législation du mariage (obligatoire entre vingt et vingt-six ans pour les hommes), l'assistance publique aux malades et aux vieillards, la démographie (maintenue constante par une politique d'émigration et l'établissement de colonies dotées d'un gouvernement autonome). Rien de bien original dans ce programme, dont presque tous les points dérivent directement du livre II de *L'Utopie*, sauf peut-être une insistance particulière sur la nécessaire égalité de tous dans le droit d'accès au savoir, à l'épanouissement individuel et au bonheur: le travail obligatoire doit permettre à chacun, grâce à une équitable répartition des tâches, de disposer 'à la fois du temps et des moyens appropriés pour acquérir des connaissances';[70] les pauvres ne sont aujourd'hui que 'les esclaves et les bêtes de somme des riches', alors que la nature leur confère les mêmes droits et la même aptitude au bonheur qu'au reste de l'humanité; le bon gouvernement est donc celui qui 'pourvoit également au bonheur et à l'amélioration de toute l'espèce humaine'.[71]

Mais une telle organisation de la société, si désirable soit-elle, est-elle possible? Tel est le problème posé dans le troisième essai, où l'auteur s'efforce de répondre aux objections des lecteurs qui auront trouvé chimérique le programme ci-dessus. On se demandera donc si le gouvernement parfait a pu être établi à une quelconque période de l'histoire, ou bien si c'est au contraire dans l'avenir qu'il faut envisager sa possible réalisation.

Prenant le contre-pied de toute une tradition régressive et nostalgique de la pensée politique du dix-huitième siècle, Wallace estime que ce n'est pas dans le passé qu'il faut chercher des modèles. D'une part, aucun gouvernement civil n'était nécessaire dans l'état d'innocence – c'est à peu près la thèse qui sous-tend les utopies de Foigny et de Swift, sociétés sans Etat peuplées d'êtres parfaits non déchus. D'autre part, si l'on considère l'humanité parvenue à l'étape de la société civile, ses premiers systèmes de gouvernement ont dû être fort imparfaits: c'est l'expérience et le passage du temps – l'auteur n'emploie pas le terme de 'progrès', mais la notion est bien présente – qui ont conduit graduellement à des formes politiques plus élaborées.

C'est donc dans l'avenir qu'il faut chercher la réalisation possible d'une société parfaite. Celle-ci pourrait surgir d'un seul mouvement à la faveur d'une

---

70. 'that everyone may both have time and proper means for acquiring knowledge' (p.50).
71. 'equally provides for the happiness and improvement of the whole species' (p.51).

grande révolution suscitant l'esprit de patriotisme et l'amour de l'égalité. Wallace fait confiance à la générosité et à l'enthousiasme civique des privilégiés, estimant que 'des multitudes de gens pourraient être disposés à renoncer à leurs honneurs et à leurs charges lucratives pour se placer de plain-pied avec le peuple [... et qu']un généreux enthousiasme pourrait inciter une nation toute entière à sacrifier tous les intérêts privés au bien public'.[72] La seconde voie conduirait à une transformation plus progressive, grâce à la mise en place initiale d'une petite communauté idéale dont l'exemple, se propageant de proche en proche, susciterait à la longue une métamorphose générale du monde. Wallace compte pour ce faire sur l'initiative de quelque 'société choisie de riches Européens';[73] une colonie serait installée dans une terre inhabitée et de son succès dépendrait la diffusion du modèle politique nouveau ainsi établi:

Ainsi pourrait-on poser les fondements d'un gouvernement égalitaire qui, une fois établi, pourrait si bien prendre racine et devenir si puissant qu'il s'étendrait d'abord jusqu'aux limites extrêmes des territoires incultes de son implantation originelle. La beauté de son exemple pourrait ensuite inciter les nations voisines à copier un si excellent modèle, jusqu'à ce qu'enfin de tels gouvernements se répandent sur de vastes étendues du globe et triomphent de toutes les résistances.[74]

Si simpliste que soit le processus envisagé, il présente l'intérêt d'intégrer l'expérimentation utopique à une problématique du changement social. Le caractère limité de l'expérience de départ n'est pas contradictoire avec la nature globale du but poursuivi, de même que se trouve résolue l'apparente contradiction entre la coupure géographique qu'exige l'utopie et la transforma-tion du réel qu'elle se donne pour objet: l'implantation d'une colonie lointaine est le détour nécessaire pour une conversion ultérieure du monde de l'ici. On retrouvera cette dialectique de l'ici et de l'ailleurs, de la fuite hors du monde et de l'aspiration universaliste à une collectivité sociale rénovée dans les multiples projets de petites communautés utopiques 'coloniales' qui fleurissent chez les écrivains de la fin du siècle: ainsi les divers plans conçus par Bernardin de Saint-Pierre pour des implantations sur les bords de la mer d'Aral, en Corse, en Californie, dans le bassin de l'Amazone; le projet de 'communauté pantiso-cratique' de Southey et Coleridge, qui devait s'installer près de la rivière

72. 'Multitudes may be willing to lay down their honours and lucrative employments, and place themselves on a level with the people [...] A whole nation may be smitten with a generous enthusiasm to sacrifice all private interests to the public good' (p.67-68).
73. 'A select society of rich Europeans' (p.68).
74. 'Thus it may be able to lay the foundation of an equal government, which being once settled, may happily take such root, and become so powerful, as at first to extend itself to the utmost verge of these uncultivated lands where it was originally settled. Afterwards, by its fair example, it may allure the neighbouring nations to copy after such an excellent model, till at last such governments shall overspread great tracts of the earth, and overcome whatever would oppose them' (p.68-69).

Susquehanna, en Pennsylvanie;[75] ou encore les étonnantes rêveries de Senancour à la recherche d'une île inhabitée des mers du Sud.[76]

Que la probabilité d'un tel changement soit faible et son échéance lointaine, l'auteur veut bien l'admettre, non sans rappeler toutefois qu'il répondrait aux desseins de la providence et qu'il est de la nature de cette dernière d'agir 'lentement, de façon insensible et par des opérations complexes'.[77] Le finalisme providentialiste de Wallace rejoint dans son optimisme anticipateur la notion de progrès historique telle qu'elle se développe en cette seconde moitié du dix-huitième siècle: contre toute une tradition de pessimisme historique ou de nostalgie primitiviste, à laquelle se rattache le second *Discours* de Rousseau (qu'il cite à diverses reprises), c'est devant nous, on derrière nous, que se situe la perfection de l'humanité – processus infiniment lent dans lequel la pensée anticipatrice des utopistes joue le rôle de ferment nécessaire:

Il se peut qu'à diverses époques et parmi diverses nations surgissent des philosophes et des législateurs pour concevoir l'idée de gouvernements parfaits qu'ils pourront décrire et laisser à la postérité. Des erreurs pourront être relevées et des remèdes proposés. Divers plans pourront être exposés et un système parfait heureusement découvert. De vastes révolutions parmi les nations pourront lui donner un commencement, et une constitution fondée sur une égalité parfaite se mettre en place à la longue. Une fois installé dans quelque nation que ce soit, un tel gouvernement pourra, comme la Rome antique, mais sans déployer son énorme ambition, étendre son influence aux pays les plus lointains et susciter un complet bouleversement des notions, des dispositions et des relations de l'humanité.[78]

Cependant, l'aspect le plus intéressant des spéculations de Wallace réside dans sa réflexion sur la compatibilité entre la perfection utopique et les données de la nature humaine. A supposer qu'un gouvernement conforme à l'idéal utopique puisse voir le jour, serait-il en mesure de se maintenir à l'existence, alors que toutes choses humaines sont corruptibles et sujettes à dégénérer? Les *Various prospects* abordent ici un thème qui sert d'argument à certaines utopies pessimistes, notamment celles du *Cleveland* de Prévost ou celle des Galligènes de

---

75. Ce projet passe pour avoir été inspiré par la lecture de l'ouvrage de Wallace. Voir Manuel et Manuel, *Utopian thought in the western world*, p.736.

76. Lettre de Senancour à Bernardin de Saint-Pierre, reproduite dans Maurice Souriau, *Bernardin de Saint-Pierre d'après ses manuscrits* (Paris 1905), p.246-47.

77. 'slowly, imperceptibly, and by intricate operations' (p.70).

78. 'Philosophers and law-givers may perhaps arise in different ages and nations, to conceive the idea of perfect governments. Descriptions may be made of them, and be left to posterity. Errors may be detected, and remedies proposed. Different schemes may be explained. A perfect system may happily be found out. Grand revolutions in nations may give it a beginning, and a constitution may at length be settled, which is founded on a perfect equality. Such a government, being once established in any particular nation, may, like ancient Rome, but without her enormous ambition, extend its influence to the most distant nations, and cause a total revolution in the notions, dispositions and affairs of mankind' (p.72-73).

Tiphaigne de La Roche, dont la société 'avec le tems, et par degrés [...] dégénère, décline et tombe', si bien que 'leur République penche vers sa chûte, comme beaucoup d'autres'.[79] La cause de cette fragilité, suggère Wallace, c'est la nature humaine, qui s'oppose à l'idéal d'égalité indispensable à la perfection utopique par quatre passions essentielles: l'ambition; le goût des plaisirs sensuels; l'amour de la liberté; les appétits, enfin, qui, fixant les affections des hommes sur les mêmes objets, entretiennent parmi eux la jalousie. Ce sont là des données intangibles, et l'auteur, s'abstenant de recourir à l'argumentation traditionnelle des utopistes – des institutions nouvelles façonneraient un homme également nouveau – reconnaît qu''aucun gouvernement ne peut rendre l'humanité absolument parfaite'. Mais celui qui est exposé dans *L'Utopie* de More, par exemple, 'loin d'être incompatible avec les dispositions de l'homme ou incapable de se perpétuer, est mieux équilibré et contient moins de germes de corruption qu'aucun autre'.[80] A son image, les bonnes institutions seront celles qui, plutôt que d'entreprendre la tâche impossible d'éliminer les passions, s'efforceront de les détourner au bénéfice de l'harmonie collective. Ainsi l'ambition n'est-elle pas incompatible avec la société parfaite si l'on prend soin de lui assigner d'autres objets: dans un gouvernement idéal, les distinctions subsisteraient, mais elles seraient fondées sur la vertu, non sur la fortune – 'Bien plus, les sujets d'un gouvernement utopique doivent être d'autant plus puissamment incités à se distinguer par un degré supérieur de sagesse et de vertu qu'ils n'ont aucun autre moyen de satisfaire leur ambition.'[81] L'égalité institutionnelle de l'utopie, loin d'impliquer la suppression de toute compétition individuelle, ne fait donc que canaliser cette dernière vers des objets socialement utiles. On peut jouer de cette même passion afin de contrecarrer l'inclination naturelle des hommes pour le plaisir et le repos en conférant des honneurs particuliers, au lieu de les mépriser comme nous faisons aujourd'hui, à ceux qui seront voués aux métiers les plus pénibles. Encore Wallace n'écarte-t-il pas le recours à des lois répressives *to curb the refractory and rebellious*, ou même à des manipulations politico-religieuses permettant de pourvoir, grâce à des tirages au sort dont le résultat sera considéré comme l'émanation d'un décret providentiel, les emplois impliquant un travail dangereux, difficile ou malsain. Reste

79. Tiphaigne de La Roche, *Histoire des Galligènes, ou mémoires de Duncan* (Amsterdam, Paris 1765), i.100.
80. 'No government can render mankind absolutely perfect. If anyone could, such a one as that of Sir Thomas More's Utopia [...], so far from being inconsistent with the human frame, or incapable of duration, is better balanced and contains fewer seeds of corruption than any other' (p.97).
81. 'Nay, the subjects of an Utopian government must be powerfully excited to distinguish themselves by their superior wisdom and virtue, as they have no other methods of gratifying their ambition' (p.84-85).

l'aspiration humaine à la liberté, dans laquelle l'auteur est loin de voir une valeur positive: insuffisante dans les régimes de monarchie absolue ou de despotisme, elle tend à devenir excessive dans les gouvernements modernes,

laissant le peuple s'abandonner à la paresse, à la luxure et à la volupté, contracter toute sorte de mauvaises habitudes, satisfaire tous ses caprices et fantaisies, si pernicieux soient-ils à lui-même et à l'intérêt collectif, pourvu seulement qu'il n'empiète pas sur la propriété d'autrui ni ne le trouble dans sa jouissance de cette même liberté tant vantée mais si dangereuse[82]

– ainsi de la constitution britannique, peut-être la meilleure qui soit parmi les gouvernements imparfaits, mais qui protège trop la liberté individuelle. Si, d'après cette conception rigoureusement opposée au libéralisme des adeptes du 'modèle anglais', mais accordée à l'autoritarisme égalitariste et vertueux d'une certaine tradition utopique, Wallace ne propose aucune solution concrète pour concilier l'aspiration à la liberté individuelle et l'ordre collectif, il a du moins le mérite de mettre ainsi clairement en évidence la contradiction qui est au cœur de nombreuses constructions utopiques.

Comme ce dernier point peut-être le laissait présager, la pensée de Wallace se révèle, au bout du compte, beaucoup plus fluctuante que ne pourrait le faire croire l'optimisme des premiers développements. Le quatrième *prospect* remet en cause la légitimité de l'attitude utopique, non que les utopies soient des chimères irréalisables, mais en raison même des chances de succès qu'on peut leur prédire. Si la perfection utopique est, en gros, compatible avec la nature humaine – ce que, du reste, l'auteur n'a pas réellement démontré – elle paraît, en revanche, 'entièrement incompatible avec l'état présent de la nature et avec l'étendue limitée des terres'.[83] Un tel gouvernement serait en effet si favorable à l'expansion démographique qu'il pourrait rapidement conduire à un surpeuplement de la planète, d'où l'impossibilité de pourvoir aux besoins alimentaires de ses habitants, à moins de trouver le moyen d'augmenter la fertilité de la terre ou, hypothèses plus fantaisistes, d'étendre constamment ses dimensions ou encore de soustraire l'homme à l'obligation de se nourrir. Tout ce développement, qui relève d'une exploration des possibles parallèles, s'apparente beaucoup, pour le thème, à certains romans contemporains de science-fiction. Il existerait bien une solution possible, celle du malthusianisme d'Etat: réglementation restrictive du mariage, encouragement au célibat, exposition des

82. 'leaving the people to be idle, lewd and voluptuous; to contract all kinds of bad habits, to gratify all their whims and fancies, though infinitely pernicious both to themselves and the public; provided only they do not invade property, nor give any disturbance to others, in indulging in the same boasted but dangerous liberty' (p.94).

83. 'altogether inconsistent with the present state of nature, and with a limited extent of earth' (p.114).

nouveaux-nés, législation fixant la longévité maximale autorisée – autant d'expédients inhumains et antinaturels face à une crise démographique à laquelle la guerre pourrait, elle aussi, apporter une solution. Ainsi l'utopie périrait-elle victime de son succès même, et 'l'humanité en serait réduite à la même situation désastreuse qu'elle connaît actuellement'.[84] La réflexion prospective sur l'avenir de l'humanité que développe Condorcet dans la Dixième Période de l'*Esquisse*, si proche à tant d'égards de celle de Wallace, vient buter sur la même contradiction d'origine démographique entre la perfectibilité indéfinie du genre humain et le caractère limité des ressources naturelles:

Mais, dans ces progrès de l'industrie et du bien-être, dont il résulte une proportion plus avantageuse entre les facultés de l'homme et ses besoins, chaque génération, soit par ses progrès, soit par la conservation des produits d'une industrie antérieure, est appelée à des jouissances plus étendues, et dès lors, par une suite de la constitution physique de l'espèce humaine, à un accroissement dans le nombre des individus; ne doit-il pas arriver un terme où ces lois, également nécessaires, viendraient à se contrarier, où l'augmentation du nombre des hommes surpassant celle de leurs moyens, il en résulterait nécessairement, sinon une diminution continue de bien-être et de population, une marche vraiment rétrograde, du moins une sorte d'oscillation entre le bien et le mal? Cette oscillation dans les sociétés arrivées à ce terme [...] ne marquerait-elle pas la limite où toute amélioration deviendrait impossible, et à la perfectibilité de l'espèce humaine, le terme qu'elle atteindrait dans l'immensité des siècles, sans pouvoir jamais le passer?[85]

Si les utopistes sont inspirés par la générosité et l'amour de l'humanité, ils ne se montrent pas suffisamment conscients des conséquences qu'impliquent leurs systèmes, et la conclusion de Wallace, d'un réformisme prudent, prend pratiquement le contrepied des développements antérieurs:

Malgré la haute opinion que nous avons du mérite de Sir Thomas More et d'autres auteurs admirés de projets de gouvernements parfaits à l'époque ancienne ou moderne, nous pouvons distinguer combien peu il faut attendre de leurs systèmes les plus parfaits [...]. Les habiles législateurs devraient les considérer comme des modèles et les patriotes sincères les avoir toujours présents à l'esprit si se présente l'occasion d'en transposer les maximes les plus avisées dans leurs propres gouvernements, dans la mesure toutefois où elles sont adaptées aux conditions spécifiques de ces derniers et ne risquent pas d'y susciter de dangereuses convulsions.[86]

---

84. 'mankind [will] be reduced to the same calamitous condition as at present' (p.120).

85. Condorcet, *Esquisse d'un tableau historique des progrès de l'esprit humain*, éd. M. et F. Hincker (Paris 1966), p.269. Comme Wallace, Condorcet préconise une politique de limitation des naissances, qu'il s'abstient toutefois d'appuyer sur des mesures autoritaires.

86. 'Notwithstanding the high opinion we have of the merit of Sir Thomas More, and other admired projectors of perfect governments in ancient or modern times, we may discern how little can be expected from their most perfect systems [...]. Able legislators ought to consider them as models, and honest patriots ought never to lose sight of them, or any proper opportunity of transplanting the wisest of their maxims into their own governments, as far as they are adapted to their particular circumpstances, and will give no occasion to dangerous convulsions', p.123-24.

A quoi servent les utopies? Elles offrent, certes, des modèles, mais des modèles seulement partiels pour une transformation également partielle: on n'en retiendra que ce qui est compatible avec les fondements de l'ordre existant, afin de l'améliorer sans le bouleverser – option éclectique et pragmatique qui est en réalité incompatible avec l'ambition totalisante et la perspective de rupture radicale inhérentes à l'attitude utopique.

Il est surprenant de voir ainsi l'auteur renier dans sa conclusion l'optimisme anticipateur qui inspire l'essentiel de son développement. Surprenante également est la raison qu'il invoque pour récuser finalement la tentation utopique, c'est-à-dire la nécessité, dans une optique bizarrement pré-malthusienne, d'éviter une expansion démographique incontrôlée qui briserait l'équilibre entre les ressources et les besoins. Ne peut-on penser que cet argument dissimule une crainte secrète face aux bouleversements qu'introduirait la réalisation de l'utopie, séduisante lorsqu'elle semble hors d'atteinte, mais inquiétante sitôt qu'elle entre dans le domaine du possible? Car, et peut-être est-ce là la nouveauté essentielle de l'analyse de Wallace, le danger des utopies ne découle pas de leur nature chimérique, mais précisément du fait qu'elles sont réalisables – attitude très nouvelle qui semble anticiper le retournement critique fondateur de l'anti-utopie moderne tel qu'on peut l'observer chez Huxley ou Orwell.[87]

87. On songe ici à l'épigraphe de Berdiaeff en tête du *Meilleur des mondes* de Huxley: 'Les utopies apparaissent comme bien plus réalisables qu'on le croyait autrefois. Et nous nous trouvons devant une question bien autrement angoissante: comment éviter leur réalisation définitive?' (A. Huxley, *Brave new world*, London 1932).

Conclusion

LE cadre intellectuel dans lequel se développe la littérature utopique est donc lié à diverses manifestations du 'mode utopique': utopies 'en acte' d'inspiration politico-religieuse, expériences coloniales, programmes de développement élaborés par les Projeteurs, débats sur les conditions et les conséquences des mutations socio-politiques. Au terme de cette enquête, deux remarques pourraient servir de conclusion. La première porte sur la signification souvent ambivalente de la plupart de ces incarnations de l'utopie-mode. Certaines sont susceptibles d'interprétations plus ou moins contradictoires parce qu'elles sont prises dans une mutation historique qui transforme leur sens initial: ainsi les sectes non conformistes d'Angleterre et d'Amérique du Nord, nées dans l'effervescence égalitariste et mystique de l'époque de la Révolution anglaise, puis pleinement intégrées au dynamisme de l'économie marchande capitaliste, comme le seront les Quakers au dix-huitième siècle. D'autres incarnent dans leurs tensions internes les orientations d'une ère de changement elle-même riche en contradictions: ainsi, au tournant du siècle, le mouvement anglais des Projeteurs, à la fois solidement ancrés dans le réel le plus pragmatique par leur quête de la rentabilité économique et, pourtant, 'utopiques' par leur souci d'innovation sociale et technologique, simultanément dépositaires d'un radicalisme religieux hérité du passé et annonciateurs de l'*homo œconomicus* laïcisé des temps modernes. Il faut surtout remarquer l'ambiguïté axiologique qui marque bon nombre de ces manifestations utopiques ou para-utopiques, que leurs promoteurs en aient eu ou non conscience. Par leur évolution effective ou par celle dont ils laissent pressentir la possibilité, certains de ces courants contiennent peut-être en germe une critique de l'attitude utopique et une remise en cause de ses aspirations. Ainsi, l'évolution des sectes du radicalisme révolutionnaire au conformisme bourgeois montre comment la revendication utopique d'un monde 'autre' peut à la longue se diluer et s'affadir dans une acceptation du monde tel qu'il est, sans que les témoins de cette mutation aient eu à aucun moment le sentiment de trahir leurs idéaux primitifs. Le mysticisme charitable d'un Bellers, en pactisant avec les préoccupations de rentabilité commerciale et de dynamisme économique, ne s'aperçoit pas qu'il prépare l'avènement d'un monde nullement utopique, celui de la grande industrie capitaliste et de l'exploitation ouvrière. D'autres expériences sociales, par la rigidité inhumaine de leur dispositif institutionnel, portent en elles-mêmes la condamnation de l'utopie au nom des droits de l'individu. Le caractère étouffant de cette réglementation autoritaire de la vie collective ressort ainsi de la seule description des pratiques sociales qu'observent les sectes américaines ou les réductions jésuites.

L'attitude utopique apparaît donc d'emblée comme ambivalente: expression d'une révolte contre un état de choses moralement inacceptable et manifestation d'une espérance dans l'avènement d'un monde régénéré, l'utopie est aussi fragile et quelquefois dangereuse; aisément sujette à dégénérer, comme le montre l'apologue des Troglodytes de Montesquieu, dans le cadre d'une conception cyclique et pessimiste de l'histoire encore largement majoritaire, elle peut fort bien, lorsqu'elle se réalise, installer un ordre entièrement opposé aux fins idéales qu'elle se proposait. Tel est l'enseignement qui ressort des *Various prospects* de Wallace, mais surtout de *La Fable des abeilles* de Mandeville: la corruption et l'apparente absurdité du monde tel qu'il est semblent légitimer l'aspiration à un monde autre, fait de justice et de probité; mais les vices individuels étaient la condition de l'harmonie du tout, et la brutale conversion de la ruche à la vertu ruine l'économie, perturbe l'équilibre de la machine sociale et équivaut à une régression de la civilisation vers l'austérité frugale des communautés archaïques. Ainsi, la pratique utopique à l'ère des Lumières contient en elle-même les germes de sa critique future, bien que, à l'époque, rares soient ceux qui sont à même d'en prendre conscience, et plus encore de donner une formulation claire à la contestation de l'attitude utopique; l'œuvre de Mandeville et, à d'autres égards, celle de Wallace constituent sur ce point de très remarquables exceptions.

La seconde remarque concerne la place qu'occupent respectivement la France et l'Angleterre au regard de l'utopie-mode, d'une part, de l'utopie-genre dans sa variété romanesque, d'autre part. Le problème qu'on pourrait croire purement 'littéraire' du choix formel d'un mode d'expression apparaît ici comme le produit d'un déterminisme historique et sociologique. La littérature utopique de forme narrative n'est pas à proprement parler une création de l'époque des 'pré-Lumières': *L'Utopie* de More et *La Nouvelle Atlantide* de Bacon – cette dernière surtout – relevaient bien, en un sens, du genre romanesque, mais l'affabulation y restait rudimentaire et le personnage du voyageur-narrateur, fort peu caractérisé, n'avait guère d'autre fonction que de produire des descriptions et des commentaires didactiques. Dans les utopies anglaises postérieures, l'élément romanesque tendait même à disparaître à peu près complètement. Ainsi, l'*Oceana* de Harrington (1656) est à la fois une allégorie de l'Angleterre (Oceana = l'Angleterre, Marpesia = l'Ecosse, Panopaea = l'Irlande) et un programme de gouvernement, mais en aucune façon une utopie narrative: pas de voyage, pas de narrateur personnalisé, pas d'action.[1]

1. *The Political works of James Harrington*, éd. Pócock (Cambridge 1977), p.155-359.

Conclusion

C'est dans le domaine français surtout que se dessinera, à partir de 1675, le renouvellement du genre utopique. A cette émergence, entre la fin du dix-septième siècle et le début du dix-huitième, d'une littérature utopique narrative essentiellement française – alors que l'utopie pratiquée ou programmatique est à cette époque un phénomène surtout anglais – on peut trouver des raisons externes. Jusqu'en 1688, l'Angleterre a vécu une suite de révolutions et de changements de régime, accompagnés d'un intense bouillonnement à la fois social, religieux et politique, à la faveur desquels divers groupes ou courants politico-religieux ont cru pouvoir réaliser concrètement leurs idéaux, soit par une action de type révolutionnaire, soit par un appel au détenteur du pouvoir; Winstanley (après l'échec de la tentative d'action politique directe), Plockhoy, Harrington et bien d'autres ont cherché à soumettre à Cromwell leurs plans de réforme des institutions: d'où une floraison d'utopies pratiquées, ou du moins de projets conçus dans une perspective d'application immédiate. Plus tard, dans un contexte politique stabilisé, l'aspiration utopique trouve à s'exprimer sur un terrain différent, mais dans une optique toujours aussi pratique et concrète, grâce aux perspectives offertes par le développement capitaliste de la société anglaise. Rien de tel en France. Depuis le début du règne personnel de Louis XIV au moins, le système politique paraît figé et n'est guère susceptible d'accueillir la moindre possibilité de transformation; du point de vue économique, par ailleurs, la France protectionniste et colbertiste est loin d'avoir le dynamisme commercial de l'Angleterre du début du dix-huitième siècle: l'élan novateur d'une bourgeoisie conquérante à la Bellers ou à la Defoe n'y trouve à peu près aucun équivalent.

Il en résulte que les utopistes anglais du dix-septième siècle tendent à présenter, dans une optique foncièrement pragmatique, des projets qu'ils ont tout lieu de croire réalisables: d'où le choix d'un mode d'exposition plus didactique que narratif, celui du dossier ou du programme. En France, l'aspiration utopique a conscience d'être vouée d'avance à l'inefficacité: face à un ordre politique perçu comme immuable et qu'il se sait à peu près impuissant à infléchir, l'utopiste tend à s'abandonner aux dérives du rêve plus qu'à élaborer des programmes concrètement réalisables. D'où le recours à la fiction romanesque et à l'éloignement spatial, qui rejettent l'utopie à la plus grande distance possible du monde réel: ce n'est pas sur la société française ou sur sa figuration allégorique, mais sur quelque île aussi lointaine qu'imaginaire, que porte la description. D'où aussi, assez souvent, le radicalisme apparent des solutions mises en œuvre: puisque nous sommes dans le domaine du rêve et que toute application concrète à la société réelle est exclue, rien n'interdit de supprimer d'un trait de plume tout à la fois la propriété privée, l'argent, l'inégalité, l'Etat, la famille et même la reproduction sexuée, ainsi que le fait un Foigny dans *La*

Terre australe connue (1676); hardiesses qui ne sont peut-être subversives qu'en apparence, tant la rupture avec le monde concret est ici évidente.[2]

2. La censure ne s'y est pas trompée. L'approbation du censeur Pouchart, en tête d'une réédition de 1705, précise que '*à considérer cet ouvrage comme un pur roman*, l'impression peut en être permise' (mis en italiques par nous). Le caractère 'subversif' du texte résulte probablement, nous le verrons, d'autre chose que de son contenu politique ou social explicite.

II
Le genre utopique: essai de délimitation

Introduction

On s'intéressera désormais non plus au *mode* utopique, attitude mentale susceptible de s'actualiser sous diverses formes, littéraires ou non, mais au *genre*
utopique, c'est-à-dire aux réalisations littéraires dans lesquelles cette attitude
peut s'inscrire, en limitant toutefois l'enquête aux textes de fiction, à l'exclusion
des projets, traités, etc. C'est dire que l'utopie sera considérée ici comme une
variété de la production romanesque. Ce programme implique une délimitation
du corpus concerné et, donc, la définition préalable d'un cadre générique. Dans
le contexte de l'esthétique classique, où les genres sont étroitement codifiés, il
résulte ordinairement du respect de certaines règles ou contraintes formelles:
tout le monde identifie immédiatement et sans discussion possible une tragédie,
une ode, un sonnet. Pour ce qui est du roman, genre peu ou pas codifié, les
choses sont déjà moins simples: un Saint-Réal pouvait se regarder comme un
historien et être lu comme tel encore par Voltaire, mais *Dom Carlos* relève
aujourd'hui pour nous du genre romanesque; correspondance authentique aux
yeux de la majorité des lecteurs du dix-septième siècle, les *Lettres portugaises*
deviennent roman épistolaire lorsque les progrès de l'érudition conduisent à en
attribuer la paternité à Guilleragues. C'est dire qu'en ce cas les critères de
classement sont incertains et l'appartenance générique sujette à variations.

Qu'en est-il du genre utopique, qu'on peut regarder comme une sous-
catégorie du roman, entre classicisme et Lumières? Bien évidemment, on en
chercherait vainement la description dans les arts poétiques du temps. Est-il
même conçu comme genre autonome ou du moins comme ensemble spécifique?
Peut-on dégager dans la conscience littéraire des contemporains l'émergence
d'un corpus utopique à peu près stable, et sur quels critères? Ce corpus
coïncide-t-il avec celui qui est aujourd'hui répertorié dans les bibliographies
de l'utopie? Telles sont quelques-unes des questions qu'implique une enquête
sur le genre utopique et la reconnaissance progressive de sa spécificité.

On s'apercevra vite qu'il n'existe alors ni corpus accepté des textes utopiques
ni genre utopique clairement constitué, la notion d'"utopie' ne faisant elle-
même qu'émerger dans la conscience collective du temps: d'où la nécessité de
rechercher, parmi les autres formes narratives appartenant, elles, à des genres
reconnus, quelles sont celles qui peuvent s'apparenter à l'utopie et, en somme,
en constituer les frontières. Tous ces genres para- ou péri-utopiques, délimitant
les marges d'une utopie narrative 'pure' que rien dans les critères en usage à
l'époque ne permet de définir, ont en commun d'opérer, à la faveur d'une mise

à distance de l'action romanesque, une mise en perspective critique de l'univers de référence, celui de l'auteur et de ses lecteurs.[1] La distance ainsi établie peut être d'ordre temporel ou spatial. Dans le premier cas, l'univers romanesque est affecté d'une durée propre en rupture avec le présent de l'écriture: l'avenir, pour le récit d'anticipation, qui ne deviendra véritablement une forme littérairement productive qu'après *L'An 2440* de Sébastien Mercier (1771); beaucoup plus fréquemment, un très ancien passé, dans les romans archéologiques, le plus souvent issus du *Télémaque* et dont certains sont de véritables utopies. Littérairement nettement plus féconde, la distance spatiale, conforme à la norme habituelle du récit utopique, donne naissance à deux genres qui souvent s'en distinguent assez mal, la robinsonnade et le voyage imaginaire, eux-mêmes décomposables en diverses variétés dont les affinités avec l'utopie narrative sont plus ou moins accentuées. Cette exploration des formes connexes devrait permettre de mieux cerner les frontières génériques de l'utopie narrative entre classicisme et Lumières.

1. A quel point ces diverses formes romanesques sont alors mal distinguées, en témoigne le compte rendu de *Robinson Crusoe* dans les *Nouvelles littéraires* d'Amsterdam: n'établissant apparemment aucune différence entre robinsonnade, voyage imaginaire et utopie, le journaliste y voit un livre 'dans le goût de l'*Histoire des Sévarambes* et de *Jacques Sadeur*' (numéro de décembre 1719, cité par P. Dottin, *Daniel Defoe et ses romans*, Paris, Londres 1924, ii.396).

5. Sociologie d'un genre: production, diffusion et transformations de la littérature utopique

ON peut admettre qu'un genre a besoin pour se constituer, ou du moins pour être reconnu comme tel, d'un concept unificateur ou, à défaut, d'une étiquette: d'où la nécessité d'une enquête sur la notion d'"utopie', sa lente migration du statut de nom propre au statut de nom commun, son écho auprès des théoriciens littéraires, les catégories conceptuelles ou génériques connexes entre lesquelles se répartit ce qu'on appellera aujourd'hui le champ de l'utopie, les corpus ou ensembles textuels que celles-ci permettent de délimiter. Les *Voyages imaginaires* publiés par Garnier à la fin du dix-huitième siècle présentent à cet égard un grand intérêt, dans la mesure où ils offrent une première tentative d'organisation de la production utopique des Lumières, à partir toutefois d'une catégorisation à laquelle le concept d'"utopie' est à peu près complètement étranger.

L'étude quantitative de la production utopique constitue une autre direction de recherche. La répartition diachronique des publications, l'évaluation statistique des diverses productions nationales, celle des rééditions et des courants de traduction, ne permettent pas seulement d'esquisser une périodisation et une 'géographie' de la littérature utopique des Lumières: elles incitent aussi à s'interroger sur les modalités de circulation et l'impact dans l'Europe du dix-huitième siècle des écrits utopiques, qu'illustrent également, d'un autre point de vue, les processus de transformation et de réécriture auxquels ils sont soumis.

i. De *L'Utopie* à l'utopie, ou l'émergence problématique d'un concept

Si l'émergence de la notion d'un *genre* utopique pose problème avant le dix-neuvième siècle, c'est d'abord que le vocable même d'"utopie' ne fait que très timidement et tardivement son entrée dans le vocabulaire critique. Si gênante que puisse parfois se révéler sa polysémie dans son acception actuelle, où *genre* et *mode* utopiques ne sont guère distingués, le terme d'"utopie' présente au moins l'intérêt de rapporter à une catégorie unitaire un ensemble de productions très diverses, allant du programme de législation jusqu'au roman géographique, ainsi rattachées à une même attitude mentale. Or, ce concept commodément unificateur est pratiquement absent de l'univers intellectuel des Lumières, comme aussi le terme qui le désigne. Pour les lecteurs du dix-septième et du dix-huitième siècles, le mot *utopie* reste encore, essentiellement, un nom propre désignant l'ouvrage de More et l'île éponyme. Une brève enquête sur les traductions de *L'Utopie*, les commentaires qui les accompagnent et les ouvrages divers qui en reprennent le titre devrait permettre de mesurer, pour la période qui nous concerne, la réception de l'œuvre-mère et l'émergence d'une catégorie générique à partir de ce texte-paradigme.[1]

Le dix-septième siècle français a lu More dans la traduction de Samuel Sorbière (1643), supplantée au dix-huitième siècle par celle de Gueudeville (1715), qui connaîtra de nombreuses rééditions (1717, 1730, 1741). Moine défroqué réfugié en Hollande, Gueudeville fait du texte de More, qu'il adapte plutôt qu'il ne le traduit ('J'ai souvent étendu l'Idée [...] Enfin, sans aller contre l'intention de l'Original, je n'ai pas laissé, quelque fois de le commenter. C'est donc, une Paraphrase, direz-vous: pardonnez-moi: c'est une Traduction libre'), une machine de guerre contre l'absolutisme louis-quatorzien: 'Sous ce Gouvernement tout humain, le Prince n'emploie point le *Pouvoir Arbitraire* à commettre des exactions injustes, criantes sur des sujets déjà épuisez, et à tirer copieusement de ses Peuples, de quoi fournir à son luxe et à ses plaisirs.' De *L'Utopie*, Gueudeville semble retenir surtout un modèle politique égalitaire et communautaire – que sa traduction, du reste, tend à radicaliser – érigé en critique de l'ordre existant: 'La Propriété, l'Avarice, l'Ambition, ces trois pestes de la Société Civile, ces trois monstres qui ravagent le Genre Humain, ne se trouvent point en Utopie.'[2] Il se montre peu intéressé par la mise en forme littéraire de l'ouvrage, notant toutefois que, à la différence des poètes, qui 'ne font pas grand effort en faveur de la vraisemblance', More 'a employé les circonstances les plus propres à persuader que son Ile étoit réelle'. Nulle part n'apparaît l'idée que l'ouvrage de More pourrait s'inscrire, par ses caractères formels ou thématiques, dans un genre littéraire ou dans une tradition que viendraient illustrer d'autres écrits: œuvre singulière, *hapax* sans postérité. Une dérivation néologique – 'le monde ne s'*Utopiera* jamais' – semble esquisser cependant l'ébauche d'un glissement du texte hors de ses propres limites, de *L'Utopie* vers l'utopie.

La seconde traduction française de *L'Utopie* au dix-huitième siècle, œuvre du futur jacobin M. T. Rousseau,[3] reparaît en 1789 augmentée d'une longue préface manifestement tributaire de l'actualité politique qui invite tous les

---

1. Sur les traductions de *L'Utopie*, voir Jean-Paul Dufour, 'Utopie de la traduction ou traductions de *L'Utopie*', in *Bonheur invivable? Etudes sur l'utopie dans les pays de langue anglaise* (Saint-Etienne 1984) p.155-70; Prévost (éd.), *L'Utopie*, p.ccxxiii-ccxxxiv.

2. *L'Utopie de Thomas Morus*, tr. Gueudeville, Préface du traducteur (non paginée).

3. *Tableau du meilleur gouvernement possible, ou l'utopie de Thomas Morus, chancelier d'Angleterre*, tr. M. T. Rousseau (Paris 1780).

gouvernants, hommes publics et magistrats à y chercher 'les germes de la félicité publique'; traduction diffuse, verbeuse, dit Jacques Gury, constamment infléchie par le souci d'actualiser l'ouvrage de More dans une perspective pré-révolutionnaire.[4]

Au radicalisme engagé des versions françaises s'oppose la réserve des traducteurs anglais de *L'Utopie*. Succédant à l'antique traduction de Robynson (1551), celle de l'évêque Gilbert Burnet, que A. Prévost juge remarquablement fidèle,[5] sera très souvent réimprimée au cours du dix-huitième siècle. La préface de Burnet, consacrée surtout à des considérations linguistiques et esthétiques, adopte quant au contenu politique de l'ouvrage une attitude de prudent détachement:

Je ne m'estime pas concerné par la substance de son livre, pas plus que tout autre traducteur à l'égard de son original; et je ne crois pas que More lui-même se soit de bonne foi engagé dans cette suppression de toute propriété et ce nivellement du monde qui constituent la base principale de son *Utopie*, mais j'estime qu'il se proposait seulement de donner à penser à son lecteur.[6]

Visiblement Burnet veut ne voir dans le livre qu'un exercice d'humaniste et se refuse à considérer sérieusement *L'Utopie* comme l'énoncé d'un idéal politique; vieille querelle qui dure encore. Il n'existe apparemment qu'une autre traduction anglaise de *L'Utopie* au dix-huitième siècle, celle de Ferdinando Warner, qui se borne à reprendre avec quelques modifications le texte de son prédécessseur.[7]

Sans être considérable, la diffusion de *L'Utopie* est donc assurée tout au long de notre période par un flux régulier de traductions nouvelles et de rééditions qui lui donnent le statut d'une sorte de classique, ce qu'atteste également le fait que divers ouvrages se placent sous le patronage du texte de More, la reprise dans les titres des termes *Utopie, Eutopie, Noland*[8] valant 'contrat d'hypertextualité', selon la formule de Gérard Genette.[9] Encore ces titres sont-ils parfois trompeurs: les *Memoirs of a certain island adjacent to Utopia* de Mrs Eliza Heywood ne sont en aucune façon une utopie comme on pourrait le croire, mais un roman

---

4. Jacques Gury, 'Thomas More traduit par Thomas Rousseau', *Moreana* 49 (1976), p.79-86.

5. Prévost (éd.), *L'Utopie*, p.ccxxv.

6. 'I do not think myself concerned in the Matter of his Book, no more than any other Translator in his Author: Nor do I think *More* himself went in heartily to that which is the chief Basis of his *Utopia*, the taking away of all *Property*, and the levelling of the World; but that he only intended to set many Notions in his Reader's Way', *Utopia, or the happy republic: a philosophical romance, in two books*, tr. G. Burnet, réédition (Glasgow, Edinburgh 1743), p.vii.

7. *Memoirs of the life of Sir Thomas More* [...] *to which is added his history of Utopia*, tr. F. Warner (London 1758).

8. Par exemple, Edward Howard, *The Six days adventure, or the new Utopia* (London 1671); *The Free State of Noland* (1696); François Lefèvre, *Relation du voyage de l'isle d'Eutopie* (Delft 1711).

9. G. Genette, *Palimpsestes: la littérature au second degré* (Paris 1982), p.419.

satirique à clés qui évoque sous des noms supposés et dans un style pompeux orné de périphrases mythologiques la chronique scandaleuse londonienne.

Mais le trajet de l'Utopie titre ou nom propre à la cristallisation d'un genre utopique passe nécessairement par l'émergence de l'utopie nom commun enregistré par l'usage. A défaut d'une analyse lexicologique exhaustive, esquissée par I. Hartig et A. Soboul, et surtout par B. Baczko,[10] on se bornera ici à poser quelques jalons dans l'évolution sémantique du vocable. Celle-ci semble plus précoce en langue anglaise, où le passage du nom propre au nom commun, avec le sens de 'contrée imaginaire', semble attesté dès 1610,[11] tandis qu'apparaît au dix-septième siècle un néologisme qui ne fera pas fortune: *utopographer*, 'auteur d'une utopie'.[12] Quant au sens moderne et péjoratif de 'chimère', il est déjà présent, on l'a vu, dans *La Fable des abeilles* de Mandeville au début du dix-huitième siècle.

En France, il faut attendre 1710 pour voir apparaître le terme comme nom commun sous la plume de Leibniz dans les *Essais de théodicée*; encore le contexte, qui lui juxtapose un nom propre, celui du titre de l'ouvrage de Veiras, montre-t-il bien que c'est à l'œuvre de More prise comme prototype plutôt qu'à une catégorie générique que songe le philosophe: 'Il est vrai qu'on peut s'imaginer des mondes possibles sans péché et sans malheur et on en pourrait faire comme des romans, des utopies, des Sévarambes, mais ces mêmes mondes seraient d'ailleurs fort inférieurs en bien aux nôtres.'[13] Autant que par la critique de l'attitude utopique qu'elle contient, la citation est au demeurant intéressante, et bien isolée en son temps, par l'association qu'elle opère entre, d'une part, une modalité (le désir d'un monde parfait) et, d'autre part, un genre (le roman). Ignoré de tous les dictionnaires français jusqu'à la seconde moitié du dix-huitième siècle – et pourtant Bayle, qui consacre des articles de son *Dictionnaire historique et critique* à Bacon, Doni, Pierre Gilles, Joseph Hall, More, Sadeur ...,[14] apparaît comme un lecteur particulièrement attentif des textes que nous dirions aujourd'hui 'utopiques', absent de l'*Encyclopédie*, le mot n'apparaît que dans l'édition de 1752 du *Dictionnaire de Trévoux* avec la définition 'Région qui n'a point de lieu, un pays imaginaire', à laquelle l'édition de 1771 ajoute un sens dérivé dont la formulation adoptée par le lexicographe suggère bien qu'il est peu usité: 'Le mot *utopie* (titre d'un ouvrage) se dit quelquefois figurément

10. Hartig et Soboul, *Pour une histoire de l'utopie*, p.8-10; Baczko, *Lumières de l'utopie*, p.39-64.

11. 'Any imaginary, indefinitely remote region, country, locality' (*Oxford English dictionary*, cité par Baczko, p.20).

12. Cité sans références par Manuel et Manuel, *Utopian thought*, p.4.

13. Leibniz, *Essais de théodicée* (Paris 1969), p.109 (cité par Baczko, p.39).

14. Anton Francesco Doni, auteur de *I mondi celesti, terrestri ed infernali* (Vinegia 1552); Pierre Gilles, interlocuteur de More et de Raphaël dans le livre I de *L'Utopie*; Joseph Hall, auteur de *Mundus alter et idem sive terra australis antehac semper incognita* (Hannoviae 1607).

du plan d'un gouvernement imaginaire, à l'exemple de la *République* de Platon.'
C'est à peu près cette définition, qui n'implique aucune spécificité de mise en
forme littéraire, que reprend le *Dictionnaire de l'Académie* de 1795 ('plan d'un
gouvernement imaginaire où tout est réglé pour le bonheur commun'), montrant
par là, comme l'écrivent Hartig et Soboul, que 'l'utopie apparaît, dans la
conscience des hommes du XVIIIe siècle finissant, comme une modalité de
pensée plus que comme une forme d'expression particulière'.[15]

ii. L'utopie vue par les théoriciens littéraires: genre, corpus ou 'série utopique'?

Une enquête auprès des théoriciens littéraires serait-elle plus féconde? Il semble
bien qu'aucun des théoriciens du roman au dix-septième ou au dix-huitième
siècle ne se soit particulièrement intéressé à la littérature utopique de forme
narrative. Toutefois quelques-uns des grands titres qui aux yeux du lecteur
moderne peuvent s'y rattacher surgissent parfois çà et là au détour d'une
tentative de classification. Ainsi, dans *De l'usage des romans*, Lenglet-Dufresnoy,
ne sachant trop qu'en faire, rejette pêle-mêle dans sa quatorzième et dernière
section ('Romans divers qui ne se rapportent à aucune des classes précédentes')
utopies, robinsonnades et voyages imaginaires comme *Robinson Crusoe*, *Gulliver*,
l'*Histoire des Sévarambes*, les *Aventures de Jacques Massé*.[16] Mais il ouvre également
une catégorie 'Romans politiques' – c'est le *Staatsroman* de la critique
allemande – qui accueille notamment *L'Utopie*, le *Télémaque*, le *Séthos* de Terrasson et les *Voyages de Cyrus* de Ramsay. Comme le souligne Georges Benrekassa,
cet essai de classification est encore fort hésitant et ne repose sur aucune
typologie bien assurée.[17] Ce n'est pas en tout cas le caractère utopique ou non
des textes répertoriés qui sert de critère de classement: la quatorzième classe
de Lenglet-Dufresnoy, définie de façon purement négative par exclusion des
catégories précédentes, inclut la robinsonnade non utopique; la catégorie du
'roman politique' ne recouvre qu'imparfaitement celle de l'utopie narrative avec

---

15. Hartig et Soboul, p.9. A quel point le terme reste mal connu et peu employé, les hésitations
orthographiques de Voltaire – qui avoue, du reste, n'avoir jamais lu l'ouvrage de More – en apportent
la preuve: la graphie *uthopie* qu'il utilise montre que l'étymologie du mot n'a vraisemblablement pas
été perçue (lettre à Helvétius du 6 juillet 1739, citée par Hartig et Soboul, p.8).

16. N. A. Lenglet-Dufresnoy, *De l'usage des romans* (Amsterdam 1734), t.ii, cité par Benrekassa,
'Le savoir de la fable et l'utopie du savoir: textes utopiques et recueils politiques, 1764-1788',
Littérature 21 (1976), p.59-78 (p.60).

17. Benrekassa, 'Le savoir de la fable', p.60.

laquelle on serait tenté de l'identifier, puisqu'elle comprend des œuvres qui lui sont largement étrangères, comme celles de Ramsay et de Terrasson.[18]

En 1741, F. A. Paradis de Moncrif lit devant ses confrères de l'Académie française ses *Réflexions sur quelques ouvrages faussement appelés ouvrages d'imagination*, où l'on trouve, d'après Philip Gove, la première référence attestée au voyage imaginaire comme catégorie littéraire.[19] Inspirée par un violent parti pris de dénigrement, cette philippique académique s'inscrit dans le contexte de l'offensive officielle contre le genre romanesque – nous sommes dans la période de la 'proscription des romans' décrétée par le chancelier Daguesseau[20], s'en prenant aux romans fondés sur le merveilleux et le surnaturel, aux contes de fées et aux voyages imaginaires, accusés d'être 'plus dénués d'imagination, que beaucoup d'autres Ouvrages qui semblent n'avoir aucun rapport avec cette partie de l'esprit'. C'est dans la dernière de ces catégories que l'on pourra trouver quelque allusion aux textes qui nous occupent, sans que du reste le terme d'"utopie" y apparaisse jamais. Moncrif prétend offrir quatre recettes infaillibles capables de 'fournir à l'Auteur le moins abondant en tout autre genre de quoi écrire toute sa vie, et accumuler volumes sur volumes': recours aux génies et aux fées; 'art d'étendre ou de réduire la forme de certains êtres' (l'auteur cite évidemment les 'grands hommes' et les 'petits hommes' de *Gulliver*); procédé qui consiste à 'mettre un ou plusieurs personnages dans quelques situations extraordinaires et embarrassantes' (ainsi Robinson dans son île déserte); et, tout particulièrement, 'renversement des principes ou des usages communs à toutes, ou du moins à presque toutes les Nations' grâce à un 'déplacement fait sans aucun fondement, de quelques propriétés reconnues dans de certains êtres, et qu'on attribue à d'autres êtres à qui la nature a refusé de tels avantages' (Moncrif mentionne bien sûr la république des chevaux raisonnables du *Quatrième voyage* des *Voyages de Gulliver*, ainsi que les contrées imaginaires où 'les femmes [ont] l'empire sur les hommes'; on peut songer ici à l'île de Babilary du *Nouveau Gulliver* (1730) de Desfontaines). Ainsi que le relève B. Baczko, Moncrif s'en prend, au nom de la nature et de la raison, à des productions jugées sans mérite, frivoles, voire absurdes, et qui jouissent pourtant de la faveur du public.[21] Toutefois, si l'on oublie l'intention polémique qui l'anime, son analyse a le mérite de mettre en évidence deux caractéristiques

18. Sauf peut-être, chez ce dernier, la description très fénelonienne du pays des Atlantes, qui occupe la fin du tome iii de *Séthos* (Jean Terrasson, *Séthos: histoire ou vie tirée des monumens anecdotes de l'ancienne Egypte*, Paris 1731).

19. Moncrif, *Œuvres* (Paris 1768), ii.93-98 (cité par Philip B. Gove, *The Imaginary voyage in prose fiction*, London 1961, p.20-23).

20. Sur la 'proscription des romans', voir Georges May, *Le Dilemme du roman au XVIIIe siècle* (New Haven, Paris 1963), p.75-105.

21. Baczko, *Lumières de l'utopie*, p.42.

effectives de la littérature utopique: le recours au vieux procédé du monde renversé ainsi qu'à l'expérimentation imaginaire se développant logiquement à partir des prémisses intitialement posées – ce qui ne doit pas faire oublier que, ici encore, on chercherait vainement la moindre allusion à l'utopie-genre, immergée dans la catégorie assez confuse de la 'littérature d'imagination', où se mêlent indistinctement voyages imaginaires non utopiques, robinsonnades et récits merveilleux.

Une quarantaine d'années plus tard, la classification de Clara Reeve dans *The Progress of romance* (1785) se révèle encore plus insatisfaisante: une même liste de 'Novels and Stories Original and Uncommon' – ce qui ne constitue pas une caractérisation bien éclairante – rassemble une foule d'ouvrages hétéroclites où l'on relève des utopies (*Gulliver*, *Gaudence de Lucques*, *Peter Wilkins*), mais aussi des ouvrages appartenant aux genres les plus divers, comme *Don Quichotte*, le *Pilgrim's progress*, *Tristram Shandy* et *Le Château d'Otrante* – catégorie fourre-tout où se reflète de nouveau l'embarras perceptible chez un Lenglet-Dufresnoy un demi-siècle plus tôt.

Si donc l'on ne trouve nulle part l'émergence du roman utopique ou de l'utopie narrative comme catégorie explicite, il n'en reste pas moins cependant qu'on assiste tout au long de notre période à la constitution progressive, à défaut d'un véritable corpus, d'une 'série utopique'[22] faite de 'grands textes' très souvent cités auxquels se réfèrent volontiers les auteurs d'utopies, montrant ainsi qu'ils ont conscience de se situer dans la continuité d'une tradition. More, déjà, se prévalait de l'exemple de *La République* de Platon, qui restera jusqu'à la fin du dix-huitième siècle le paradigme, à la fois 'admirable' et 'chimérique', de l'idée du gouvernement parfait. Exemplaire à cet égard est la préface de l'*Histoire des Sévarambes*, qui s'ouvre sur une énumération presque archétypale et souvent reprise: 'La *République* de Platon, l'*Eutopia* du Chevalier Morus, ou *La Nouvelle Atlantis* du Chancelier Bacon'.[23] Largement réédité, connu de toute l'Europe savante, lu par Bayle, Montesquieu, Voltaire, Rousseau et bien d'autres, le livre de Veiras viendra lui-même s'agréger à la liste des textes-paradigmes, ainsi qu'en témoigne la phrase de Leibniz citée plus haut, ou encore la lettre de Rousseau à Mirabeau se défendant de '[n'avoir] fait qu'un Système', car en ce cas 'on se fut contenté de reléguer le *Contrat Social* avec la *République* de Platon, l'*Utopie* et les *Sévarambes* dans le pays des chimeres'.[24]

La 'série utopique' ainsi constituée demeure remarquablement stable jusqu'à

---

22. Selon l'expression de Benrekassa, 'Le savoir de la fable', p.60.

23. Denis Veiras, *L'Histoire des Sévarambes, peuples qui habitent une partie du troisième continent communément appelé la Terre australe* (Paris 1677), t.i, 'Au lecteur' (non paginé).

24. Rousseau, *Lettres écrites de la montagne*, VI, in *Œuvres complètes*, Bibliothèque de la Pléiade, iii.810 (Paris 1964).

la fin du dix-huitième siècle, avec quelques modifications mineures: *La Républi-que*, *L'Utopie*, l'*Histoire véritable* de Lucien 'et son supplément' (il s'agit de la suite de Frémont d'Ablancourt), *La Nouvelle Atlantide*, les *Sévarambes*, *Jacques Sadeur*, *Jacques Massé*, le *Voyage dans la lune* de Cyrano;[25] *La République*, *L'Utopie*, l'*Oceana* de Harrington;[26] Platon, More, l'abbé de Saint-Pierre;[27] Platon, Erasme, Bacon, More, Campanella et Nicolas Klimius.[28] Le sentiment confus d'une continuité des textes a ainsi précédé la claire conscience de ce qui les rassemble.

iii. Une tentative de classification: les *Voyages imaginaires* de Garnier

C'est à cette 'série utopique', ou du moins à une partie des textes qui la constituent, mais dans une perspective qui n'est pas celle de l'utopie, que, vers la fin du siècle, la grande publication collective de Garnier apporte enfin une sorte de reconnaissance critique en même que la première tentative de classification un peu rigoureuse. Erudit, journaliste et juriste d'un certain renom, Charles-Georges-Thomas Garnier est surtout un homme qui a acquis l'expérience des grandes entreprises éditoriales en participant à l'édition des 41 volumes du *Cabinet des fées* et peut-être aussi à la *Bibliothèque universelle des romans*. Les *Voyages imaginaires, songes, visions et romans cabalistiques* qu'il publie de 1787 à 1789 regroupent 71 ouvrages en 36 volumes, dont 57 voyages imaginaires proprement dits, parmi lesquels 39 ouvrages français et seulement 8 textes anglais.[29] 'Je ne connais pas de lecture plus effarante et je ne crois pas que jamais on ait compilé une plus extraordinaire encyclopédie des inventions qui peuvent passer par la tête des hommes', note Gilbert Chinard; singulier 'keepsake de rêves et d'aventures réelles, de naufrages et de combats, d'utopies, de fables et de symboles', écrit pour sa part le romancier Yann Gaillard dans un livre récent consacré pour plus de la moitié à une exploration buissonnière

---

25. Préface de Desfontaines à sa traduction des *Voyages de Gulliver*, in C. G. T. Garnier (éd.), *Voyages imaginaires, songes, visions et romans cabalistiques* (Paris 1787-1789), xiv.XXI-XXII.

26. Wallace, *Various prospects*, p.37.

27. Restif de La Bretonne, *L'Andrographe*, p.6.

28. Casanova, *Icosameron ou histoire d'Edouard et d'Elisabeth* (Prague 1788), ii.III (Avant-propos). Il s'agit du *Voyage de Nicolas Klimius dans le monde souterrain* (Copenhague 1741), du Danois Holberg.

29. Table des matières complète dans Hartig et Soboul, p.69-72. Certaines bibliographies dénombrent 39 tomes en raison de l'inclusion des trois volumes de l'*Histoire des naufrages* publiés sous forme de supplément en 1789. Sur la publication de Garnier, voir Gove, *The Imaginary voyage*, p.27-63.

des *Voyages imaginaires*.[30] C'est dire à quel point aujourd'hui encore la collection de Garnier a conservé son pouvoir de provocation à la rêverie.

Il ne s'agit pas seulement, comme on l'a dit parfois, d'une simple entreprise de librairie. Tout en traitant les textes avec une certaine désinvolture, y effectuant parfois des coupures (mais il serait vain d'attendre d'un éditeur du dix-huitième siècle les critères de rigueur qu'imposera l'érudition positiviste de la fin du dix-neuvième siècle), Garnier a apporté le plus grand soin à leur classement et à leur présentation, chaque ouvrage ou du moins chaque section étant précédé d'une introduction qui s'efforce de le replacer dans le plan d'ensemble. Celui-ci comporte trois 'classes'; on peut laisser de côté les deux dernières, les 'Songes et visions' (tomes xxxi-xxxii) et les 'Romans cabalistiques' (tomes xxxiii-xxxvi), quantitativement secondaires et sans intérêt aucun pour l'utopie: il s'agit d'ouvrages que l'on pourrait ranger, au prix de quelque anachronisme, dans le genre fantastique (*Les Métamorphoses* d'Apulée, *Le Diable amoureux* de Cazotte ...). La première classe, celle des 'Voyages imaginaires', soit les trente premiers volumes, se distribue elle-même en quatre 'divisions': voyages imaginaires romanesques (t.i-xii), merveilleux (t.xii-xxv), allégoriques (t.xxvi-xxvii), amusants, comiques et critiques (t.xxviii-xxx). Laissons, ici encore, les deux dernières divisions: les 'voyages imaginaires allégoriques' rassemblent des œuvres comme le *Voyage merveilleux du Prince Fanférédin dans la Romancie* du père Bougeant ou le *Voyage de la Raison en Europe* de Caraccioli; quant aux 'voyages amusants' ils relèvent d'un genre d'inspiration badine et épicurienne, caractérisé dans la forme par le mélange de prose et de vers, dont le *Voyage de Chapelle et Bachaumont* pourrait être le type. Tous les textes 'utopiques' à nos yeux (mais Garnier n'emploie jamais ce terme) sont réunis dans les deux autres divisions, et surtout dans la première, en fonction d'un plan exposé dans l'"Avertissement de l'éditeur" en tête du recueil.

Garnier part d'une conception 'philosophique' et, si l'on peut dire, expérimentale des voyages imaginaires, à la fois littérature de divertissement et instrument de réflexion:

Le voyageur décrit les terres qu'il a parcourues, fait le récit de ses découvertes, et raconte ce qui lui est arrivé chez des peuples jusqu'ici inconnus et dont il nous transmet les mœurs et les usages: mais le philosophe a une autre manière de voyager; sans autre guide que son imagination, il se transporte dans des mondes nouveaux, où il recueille des observations qui ne sont ni moins intéressantes ni moins précieuses.[31]

Conformément à une épistémologie historiciste assez banale au dix-huitième

30. G. Chinard, *L'Amérique et le rêve exotique dans la littérature française au XVIIe et au XVIIIe siècle* (Paris 1913), p.408; Yann Gaillard, *Suppléments au voyage de La Pérouse: essai sur les voyages imaginaires et autres au dix-huitième siècle* (Paris 1980), p.11.
31. Garnier (éd.), *Voyages imaginaires*, i.1 (Avertissement de l'éditeur).

siècle, Garnier adopte pour le classement de ses textes un ordre à la fois logique et chronologique qui revient à faire du voyage imaginaire un modèle de genèse idéale des sociétés à partir de l'origine absolue: l'homme seul dans l'état de nature. Comme l'écrit l'éditeur en présentant *L'Isle inconnue* de Grivel (1783-1787), 'Pour remplir cet objet, l'auteur, obligé d'isoler son héros, étoit forcé de prendre pour théâtre une isle ou un désert quelconque. Tous les philosophes qui ont cherché l'origine de la société, sont partis de la même idée; elle naît de la chose' (vii.VIII-IX). C'est donc sur une série de robinsonnades, d'abord solitaires (*Robinson Crusoe* de Defoe et '*Le Solitaire anglais* de Dorrington',[32] puis collectives (*L'Isle inconnue ou mémoires du chevalier Des Gastines*, de Grivel), que va s'ouvrir la première division: le 'père de famille entouré de sa femme et de ses enfants' du roman de Grivel n'est-il pas 'le premier des hommes sortant des mains du Créateur et s'occupant sous ses yeux du soin de peupler la terre et de la cultiver'?[33] De là nous passons d'une façon que l'éditeur voudrait logique à l'*Histoire des Sévarambes* de Veiras et aux *Mémoires de Gaudence de Lucques* de Berington: 'Après avoir vu les sociétés naître et se former, notre voyageur se trouve au milieu des peuples de sages.' Puis suit, non sans arbitraire, une section consacrée à 'la mer et son inconstance, la perfidie des hommes, la cruauté des pirates, l'inclémence des saisons, l'ingratitude du sol' (i.3) avec des romans d'aventures maritimes comme les *Voyages et aventures du Capitaine Robert Boyle*, de Chetwood, et une série de 'naufrages et sinistres aventures', dont certaines sont véridiques, comme les *Aventures de Pierre Viaud* ou la *Relation du naufrage de Mme Godin sur la rivière des Amazones*. Ces douze premiers volumes constituent la première division, celle des 'voyages imaginaires romanesques', c'est-à-dire, comme l'explique Garnier au début du tome xiii, 'les fictions [...] resserrées dans les bornes de la vraisemblance', puisqu''il n'a manqué aux terres où nous les avons fait voyager [les lecteurs] que d'obtenir une place sur nos cartes géographiques' (xiii.v).

Les tomes xiii à xxv ('voyages merveilleux') regroupent sans beaucoup d'ordre les voyages qui échappent au vraisemblable par leur destination ou leur contenu narratif: voyages interplanétaires (l'*Histoire véritable* de Lucien, les *Voyages dans la lune et dans le soleil* de Cyrano, la *Relation du monde de Mercure* du chevalier de Béthune ...), voyages souterrains (*Nicolas Klimius* de Holberg, *Lamékis* de Mouhy), hommes volants du *Peter Wilkins* de Paltock, ou encore nains et géants du *Gulliver* de Swift, hermaphrodites du *Jacques Sadeur* de Foigny ... Le principe général du classement est donc assez clair: à l'intérieur d'une catégorie générale,

---

32. Il s'agit de la traduction française de *The Hermit, or the* [...] *adventures of Mr Philip Quarll*, en réalité de Longueville.

33. Garnier (éd.), *Voyages imaginaires*, i.2-3 (Avertissement de l'éditeur).

le récit de voyage fictif, le traitement de la vraisemblance permettra de distinguer entre les voyages 'romanesques' et les voyages 'merveilleux', sans que d'ailleurs la répartition opérée soit toujours très convaincante; Foigny, qui a pourtant consacré beaucoup de soin à l'authentification de son récit, est placé dans la seconde catégorie, alors que le *Voyage d'Alcimédon* de Martigny (1751), fade bergerie de style précieux sans insertion géographique et dépourvue de la plus élémentaire vraisemblance, est classé parmi les voyages 'romanesques'.

Mais c'est à un autre tire que la collection se révèle assez décevante pour notre propos. Si la publication de Garnier consacre un genre et esquisse sa typologie, c'est du voyage imaginaire qu'il s'agit, non de l'utopie, dont l'éditeur ne dit pas un mot. Il est significatif d'ailleurs qu'à l'exception des *Sévarambes* il ait exclu tous les 'classiques' de la 'série utopique': ni More, ni Campanella, ni Bacon ... Si les *Voyages imaginaires* font bien émerger un corpus qui recoupe partiellement celui de l'utopie des Lumières, c'est dans une toute autre perspective, et la zone de chevauchement des deux catégories est suffisamment étroite pour ne laisser émerger qu'un petit nombre de textes: sur les trente-deux titres des deux premières divisions de Garnier, treize seulement, répartis sur toute la période des dix-septième et dix-huitième siècles, apparaissent dans la bibliographie de Raymond Trousson; or, à titre de comparaison, celle-ci enregistre quarante-trois entrées pour la seule tranche 1675-1761.[34] Pour des raisons évidentes, Garnier élimine les codes, projets et utopies-programmes, qui n'utilisent pas le motif du voyage, mais aussi, semble-t-il, les plus hardies des utopies romanesques – l'*Histoire des Ajaoiens* de Fontenelle, *La Basiliade* de Morelly – que sa définition du voyage imaginaire lui aurait pourtant permis de retenir. Comme l'écrit B. Baczko, en dépit de leur date, qu'on pourrait croire signifiante, 'les *Voyages imaginaires* ne prophétisent nullement la Révolution, ils n'en sont nullement les signes avant-coureurs. La collection de Garnier ne propose à ses lecteurs qu'une lecture divertissante grâce à laquelle on peut s'aventurer dans le domaine de l'imaginaire et de l'impossible.'[35]

Force est donc de constater que l'utopie, absente comme genre codifié ou même identifié, ne donne pas non plus lieu à la constitution d'un corpus autonome, puisque les critères qui permettraient de le définir ne lui sont pas spécifiques. La conscience vague d'une continuité unissant certains textes se cristallise dans l'émergence purement intuitive d'une 'série utopique' – mais le mot et le concept sont encore absents – ou, comme chez Garnier, dans la catégorie un peu mieux balisée du 'voyage imaginaire', qui ne recouvre pas la précédente. Ni la première ni la seconde ne semblent du reste faire une place

34. Trousson, *Voyages aux pays de nulle part*, p.263-74.
35. Baczko, *Lumières de l'utopie*, p.43.

à certaines œuvres novatrices qui se situent à l'écart des modèles antérieurs, comme l'utopie des 'petites sociétés', dont on trouvera un exemple dans *La Nouvelle Héloïse*.

iv. La production littéraire utopique: étude quantitative

Comme toutes les formes littéraires dites 'mineures', où les textes obscurs sont plus nombreux que les chefs d'œuvre, l'utopie littéraire paraît justiciable d'une approche de type statistique. Ainsi pourrait-on apprécier l'importance relative des contributions nationales, fournir des éléments pour une périodisation, préciser les courants d'échange et de diffusion des textes.

Toutefois, une étude quantitative de la production utopique se heurtera immédiatement à la difficulté évoquée plus haut: il n'y a pas, dans la conscience des contemporains, de corpus de l'utopie ni de critères qui permettraient de le définir. La recherche de données statistiques conduira donc inévitablement à utiliser les bibliographies récentes. Celles-ci sont aussi nombreuses que difficilement utilisables, car le genre utopique n'est guère mieux défini aujourd'hui qu'il ne l'était au dix-huitième siècle – ou, plus exactement, il souffre de l'absence d'une définition unitaire. On retrouve dans le choix des bibliographes le vieux débat entre l'utopie-genre et l'utopie-mode: les bibliographies d'inspiration historico-sociologique, par exemple celle de Hartig pour l'utopie française, beaucoup plus inclusives, accueillent indistinctement plans, projets, traités politiques, tout en excluant parfois certains romans utopiques importants;[36] les bibliographies 'littéraires', plus sélectives, ne font pas toujours la distinction entre les voyages imaginaires, les robinsonnades, les romans archéologiques et les utopies proprement dites.

Ainsi a-t-on choisi de confronter les chiffres obtenus à partir de trois listes bibliographiques établies sur des principes différents. La première résulte du collationnement de diverses bibliographies de l'utopie,[37] dont on a cependant éliminé tous les textes non narratifs (théâtre, traités politiques, projets,

36. Ainsi R. Trousson reproche-t-il justement au catalogue de microéditions des utopies des Lumières établi par A. Soboul (*Utopies au siècle des Lumières*, Montrouge s.d.) d'inclure *Amilec, La Giphantie* et *L'Empire des Zaziris sur les humains*, de Tiphaigne de La Roche, mais non l'*Histoire des Galligènes*, seule véritable utopie de cet auteur (Trousson, 'Utopie et roman utopique', p.368).

37. Notamment, Régis Messac, *Esquisse d'une chrono-bibliographie des utopies* (Lausanne 2962 [1962]); Hartig et Soboul, *Pour une histoire de l'utopie*; Glenn Negley, *Utopian literature: a bibliography; with a supplementary listing of works influential in utopian thought* (Lawrence, Kansas 1977); Lyman Tower Sargent, *British and American utopian literature, 1516-1975: an annotated bibliography* (Boston 1979); Michael Winter, *Compendium utopiarum: Typologie und Bibliographie literarischer Utopien*, erster Teilband: *Von der Antike bis zur deutschen Frühaufklärung*; Repertorien zur deutschen Literaturgeschichte, Band 8 (Stuttgart 1978).

pamphlets ...). Elle relève néanmoins d'une conception extrêmement extensive du genre utopique. La seconde exploite les données fournies par la meilleure des bibliographies 'littéraires', celle de Raymond Trousson, qui comprend surtout des textes de forme romanesque, mais aussi quelques œuvres dramatiques (les 'îles' de Marivaux) et des traités (dom Deschamps).[38] Elle correspond en somme à une sorte de canon moyen de la production utopique selon les critères communément admis. C'est aussi le cas de la courbe proposée par Jean-Marie Goulemot, obtenue à partir d'une définition, que l'auteur qualifie de 'minimale', de l'utopie comme 'description d'une société imaginaire, proposée comme modèle et référence critique', laquelle ne concerne malheureusement que les utopies françaises ou les traductions en français de textes étrangers.[39] Les derniers chiffres résultent de l'application d'une définition fortement restrictive qui réduirait le genre à une utopie 'pure' étroitement délimitée, excluant théâtre, traités, robinsonnades et voyages imaginaires non utopiques, tout en intégrant cependant les micro-utopies appartenant à un ensemble romanesque du type de l'Eldorado de *Candide*. On trouvera ci-après, sous forme de tableau, les chiffres obtenus pour la France et l'Angleterre par coupes décennales (traductions et rééditions exclues), en prenant pour référence la date de première publication.

Quelles conclusions tirer de ces chiffres discordants? Peut-être jugera-t-on qu'ils en apprennent davantage sur les bibliographes, leurs méthodes de travail et, éventuellement, leurs préventions nationales que sur la production utopique. La première liste totalise environ quatre fois plus d'entrées que les deux autres. Mais, à l'examen, on y trouvera une foule de titres qui ont peu à voir avec l'utopie: un roman colonial inaugurant le thème de l'esclave de sang royal (*Oroonoko* d'Aphra Behn, 1688), de nombreux voyages imaginaires dans la lune et autres planètes (*Iter lunare*, de David Russen, 1703; *The Consolidator*, de Defoe, 1705), les romans fantastiques de l'abbé Bordelon (*Mital*, 1708; *Le Voyage forcé de Bécafort*, 1709), des relations de voyage forgées ou plagiées, de très nombreuses robinsonnades, romans d'aventures maritimes, satires à clés ... En revanche, les deux autres listes sont assez concordantes, les divergences avec la bibliographie de Trousson qui proviennent de l'adoption de critères plus restrictifs étant compensés par l'apport de quelques textes nouveaux.

38. Trousson, *Voyages aux pays de nulle part*, p.263-72.
39. Ces dernières n'ont pas été prises en compte, car les chiffres cités montrent que le relevé a dû rester fort incomplet. Il en va de même avec les chiffres des rééditions. Si l'on élimine du décompte œuvres théâtrales, textes théoriques, rééditions et traductions, on obtient, pour les utopies françaises, les chiffres suivants, à comparer avec ceux de la bibliographie de Trousson: 1700-1704: 2; 1730-1734: 5; 1735-1739: 3; 1740-1744: 1; 1745-1749: 1; 1750-1754: 6; 1755-1759: 3; 1760-1764: 1. (Voir Jean-Marie Goulemot, 'Nouveautés: les utopies', in Henri-Jean Martin et Roger Chartier, *Histoire de l'édition française*, Paris 1984, ii.231-39.)

Tableau: la production littéraire utopique de 1675 à 1765

	Bibliographies diverses			Bibliographie de Trousson			Définition restrictive		
	France	Angleterre	Total	France	Angleterre	Total	France	Angleterre	Total
1675-1685	4	7	11	2	2	4	2	1	3
1686-1695	5	7	12	1	0	1	1	1	2
1696-1705	5	4	9	3	1	4	4	1	5
1706-1715	8	7	15	3	1	4	3	0	3
1716-1725	7	11	18	3	0	3	1	1	2
1726-1735	17	13	30	9	2	11	5	4	9
1736-1745	9	4	13	2	1	3	1	1	2
1746-1755	21	10	31	8	0	8	3	2	5
1756-1765	12	9	21	6	1	7	5	2	7
TOTAL	88	72	160	37	8	45	25	13	38

Pour l'ensemble de la période et selon la rigueur de la définition retenue, l'ampleur des productions nationales varie entre un rapport de 4 à 5 (soixante-douze textes anglais, quatre-vingt-huit français dans la définition la plus inclusive) et un rapport du simple au double (treize textes anglais et vingt-cinq français dans la définition la plus restrictive). On observera que l'écart tend globalement à se creuser au fil du temps: il est peu significatif pour le dernier quart du dix-septième siècle où, si l'on en croit la première liste, il paraît même favorable à l'Angleterre. Ces orientations rejoignent ce qu'on peut déduire des chiffres avancés par J. M. Goulemot, qui dénombre pour tout le dix-septième siècle huit utopies françaises seulement contre seize étrangères, le rapport s'inversant respectivement à soixante-dix contre quinze au siècle suivant.[40] La prépondérance numérique de la production française est moins accentuée toutefois dans les années 1726-1736, grâce à l'impact des *Voyages de Gulliver*, dont le succès suscite, en Angleterre surtout, diverses suites et imitations qui, d'ailleurs, ne sont pas toutes utopiques. La comparaison confirme ce qui l'on savait déjà: si A. L. Morton exagère peut-être lorsqu'il affirme que 'la littérature

40. Goulemot, 'Nouveautés: les utopies', p.231.

utopique atteignit son niveau le plus bas en Angleterre au XVIIIe siècle'[41] – et cette affirmation vaut aussi probablement dans l'ordre quantitatif – il est certain que l'époque des Lumières n'est pas l'âge d'or de l'utopie anglaise. Paraissent trois œuvres majeures seulement (et, d'ailleurs, d'importance diverse): *Gulliver* de Swift, *Peter Wilkins* de Paltock et *Gaudence de Lucques* de Berington, les deux premières étant du reste des voyages imaginaires peut-être plus que des utopies.

Absentes des tableaux, les utopies des autres littératures européennes n'en modifieraient sans doute guère la physionomie générale: entre classicisme et Lumières – l'étude des courants de traductions en apportera plus loin une nouvelle preuve – l'utopie est essentiellement un phénomène franco-anglais. L'unique utopie allemande notable de la période est, semble-t-il, *Le Royaume d'Ophir* (*Ophirischer Staat*, anonyme, 1699), volumineux ouvrage d'inspiration protestante consacré surtout à des considérations religieuses et juridiques;[42] mais d'autres utopies verront le jour à l'époque du *Sturm und Drang*, comme *Ardinghello* de Heinse (1787). Il faut signaler toutefois l'extraordinaire floraison des robinsonnades en Allemagne – plus d'une centaine à la fin du siècle, selon certaines sources[43] – dont la plus connue est l'*Insel Felsenburg* de Schnabel (1731), qu'on peut aussi considérer comme une utopie à part entière. Célèbre dans toute l'Europe, mais rédigé en latin, le *Voyage souterrain de Nicolas Klimius* (*Nicolai Klimii iter subterraneum*, 1741), du Danois Holberg, ne s'inscrit pas vraiment dans une littérature nationale et relève d'ailleurs davantage du voyage imaginaire dans la tradition de Lucien et de Cyrano que de l'utopie. L'Italie et l'Espagne paraissent à peu près absentes, mais peut-être l'origine française ou anglo-saxonne des principales bibliographiques spécialisées en est-elle partiellement responsable. Pour l'Italie, on ne peut guère signaler que le voyage imaginaire satirique de Zaccaria Seriman, *Viaggi di Enrico Wantoǹ alle terre incognite australi* (1749). La seule véritable utopie espagnole des Lumières, *Sinapia*, de Campomanes, est demeurée inédite jusqu'à 1976.[44] La répartition géographique des utopies vérifie donc la coupure entre l'Europe du nord et l'Europe du sud maintes fois notée par les historiens des Lumières.

Est-il possible d'esquisser à partir des données chiffrées une périodisation de la production utopique narrative? Tout au plus peut-on noter, avec quelques

---

41. Morton, *L'Utopie anglaise*, p.124.

42. Analyse détaillée dans A. von Kirchenheim, *L'Eternelle utopie*, éd. A. Chazaud Des Granges (Paris 1897), p.188-205.

43. L'ouvrage de Jürgen Fohrmann, *Abenteuer und Bürgertum: zur Geschichte der deutschen Robinsonaden im 18. Jahrhundert* (Stuttgart 1981), en recense 128 pour tout le dix-huitième siècle (p.287-303).

44. *Sinapia, une utopia española del siglo de las luces*, éd. Miguel Aviles Fernández (Madrid 1976). Sur *Sinapia*, voir Choay, *La Règle et le modèle*, p.250-59; Stelio Cro, 'Il pensiero utopico in Spagna: Sinapia', in Luigi Firpo (éd.), *Studi sull'utopia, Il pensiero politico* (Firenze 1976), p.398-407.

variations peu significatives, la faiblesse persistante des chiffres jusqu'en 1725 – d'un à quatre volumes au plus dans chaque pays par tranche de dix ans, et parfois aucun – puis une accélération très remarquable dans les années 1726-1735 (neuf ouvrages au total, d'après la dernière liste), la production se maintenant ensuite à un niveau assez élevé jusqu'à la fin de la période. On observe cependant un 'creux' très sensible, également reflété par les trois relevés, pour la tranche 1736-1745, laquelle correspond, en France, à l'époque de la proscription des romans (de deux à trois ouvrages au total pour la décennie). On peut donc, en gros, distinguer quatre phases dans la courbe de la production: stagnation jusqu'en 1725, maximum en 1726-1735 suivi d'un fléchissement très net en 1736-1745, puis stabilisation. Quant aux corrélations qu'on pourrait être tenté d'établir entre ces rythmes vaguement esquissées et les grandes articulations de l'histoire sociale, elles doivent être manipulées avec prudence: l'analyse de J. M. Goulemot, conduite jusqu'à la fin du siècle, montre que, sauf peut-être à l'époque révolutionnaire, il n'existe aucun lien mécanique entre la production utopique et l'actualité politique.

Reste le problème posé par le chiffre global de la production pour l'ensemble de la période: au total une quarantaine d'utopies narratives *stricto sensu* pour la France et l'Angleterre, fort loin des 150 titres environ répertoriés par Hartig et Soboul pour le seul domaine français de 1700 à 1789 (il faut noter cependant que les auteurs incluent dans leur bibliographie certaines traductions françaises d'auteurs étrangers), fort loin aussi des estimations de Werner Krauss, qui avance une moyenne d'une dizaine de textes par an et jusqu'à trente en certaines années.[45] Il est vrai que ces dernières estimations incluent également les voyages imaginaires, mais les chiffres de la bibliographie du voyage imaginaire de Gove, la plus complète et la plus sérieuse pour cette catégorie, sont eux-mêmes bien en-deçà (soixante-sept titres anglais et soixante-cinq français pour la période 1700-1800) et inclinent à penser qu'il y a là très vraisemblablement une illusion d'optique.[46] On peut en conclure que l'importance de la production littéraire utopique franco-anglaise au dix-huitième siècle a été quelquefois surévaluée, et dans une proportion considérable si l'on s'en tient à une définition stricte de l'utopie-genre.

Il convient de souligner cependant qu'une appréciation globale de la production utopique et de sa diffusion devrait prendre en compte les rééditions au même titre que les premières publications. Sur ce point, une longue enquête bibliographique serait nécessaire; on se bornera donc à quelques sondages ponctuels, en laissant de côté le cas des 'grandes œuvres' comme le *Télémaque*

---

45. W. Krauss, *Reise nach Utopia* (Berlin 1964), cité par Baczko, *Lumières de l'utopie*, p.47.
46. Gove, *The Imaginary voyage*, p.184.

ou les *Voyages de Gulliver*, dont les rééditions sont extrêmement nombreuses tout au long du dix-huitième siècle. Pour s'en tenir à quelques textes parmi les plus diffusés, l'*Histoire des Sévarambes* a été jusqu'à la fin du siècle réédité au moins dix fois (1682 (deux éditions), 1720, 1707, 1715, 1716, 1722, 1734, 1740, 1787), *La Terre australe connue* de Foigny a connu sept rééditions sous son nouveau titre, *Les Aventures de Jacques Sadeur* (1692, cinq éditions à cette date, d'après certaines sources, ou plus vraisemblablement une même édition diffusée sous des pages de titre différentes, 1693, 1696, 1705, 1732, 1786, 1788), les *Voyages et aventures de Jacques Massé* auraient connu cinq éditions (dont quatre fictivement datées de 1710).[47] Pour le domaine anglais, la bibliographie de Gove dénombre onze rééditions du *Gaudence de Lucques* de Berington (1738, 1748, 1752, 1761, 1763, 1765, 1774, 1776, 1786 (deux éditions), 1798), à quoi il faut ajouter encore, à l'extrême fin du siècle, trois éditions américaines – *Gaudence de Lucques* est probablement la première utopie à avoir passé l'Atlantique – huit éditions de la traduction française dans des versions diversement remaniées (1746 (deux éditions), 1753 (deux éditions), 1754, 1777, 1787, 1797), trois traductions allemandes, une traduction hollandaise. Si l'on tient compte du fait que le tirage habituel se situe entre 500 et 1500 exemplaires, parfois 2000 ou plus dans la seconde moitié du siècle, ce sont donc, en prenant pour base un tirage moyen de 1000 exemplaires par édition, quelque 28.000 exemplaires au moins de cette utopie aujourd'hui parfaitement oubliée qui auront circulé entre 1737 et 1800. Avec ses onze éditions françaises et ses traductions en anglais, allemand, néerlandais et italien, l'*Histoire des Sévarambes* a dû connaître une diffusion presque équivalente dans l'Europe des Lumières. Ces chiffres, modestes au regard des normes actuelles de l'édition, sont considérables pour l'époque: à titre de comparaison, Robert Darnton chiffre à un total d'un peu moins de 24.000 le nombre de collections de l'*Encyclopédie* dans ses diverses moutures mises en circulation jusqu'à 1789.[48]

Parmi les ouvrages ayant bénéficié d'un nombre important de rééditions jusqu'en 1800 et que les bibliographies rangent quelquefois parmi les utopies, on peut encore citer *The Voyages and adventures of Captain Robert Boyle* (1726), de

---

47. Voir, pour le *Télémaque*, A. Chérel, *Fénelon au XVIIIe siècle en France* (Paris 1917), et V. Kapp, *Télémaque de Fénelon: la signification d'une œuvre littéraire à la fin du siècle classique* (Tübingen, Paris 1982); pour l'*Histoire des Sévarambes*, voir la bibliographie de F. Lachèvre, *Les Successeurs de Cyrano de Bergerac* (Genève 1968), p.206-207, complétée par celle de E. von der Mühll, *Denis Veiras et son Histoire des Sévarambes, 1677-1679* (Paris 1938); pour l'ouvrage de Foigny, voir la bibliographie de P. Ronzeaud, *L'Utopie hermaphrodite* (Marseille 1982), p.324-26; sur la datation des premières éditions de *Jacques Massé*, voir Aubrey Rosenberg, 'The *Voyages et aventures de Jaques Massé* and the problem of the first edition', *Australian journal of French studies* 3 (1970), p.124-38.

48. R. Darnton, 'La guerre des encyclopédies', in *Bohème littéraire et révolution: le monde des livres au XVIIIe siècle* (Paris 1983), p.203.

Chetwood (vingt et une éditions, traductions françaises, italiennes, allemandes, hollandaises), sorte de roman d'aventures maritimes coupé de récits insérés où rien à vrai dire ne relève de l'utopie, sauf peut-être une brève description idéalisée de la colonie quaker de Pennsylvanie; *The Hermit; or the unparalled sufferings and surprising adventures of Mr Philip Quarll* (1727), de Longueville (dix-neuf éditions, traductions françaises, hollandaises et italiennes), intéressante robinsonnade qui, elle non plus, ne relève pas de l'utopie; *L'Elève de la nature* (1763), de Guillard de Beaurieu (treize éditions, traductions anglaises et allemandes), bizarre roman dérivé de l'*Emile* qui combine roman d'expérimentation pédagogique, robinsonnade et utopie.

Le nombre de rééditions n'est pas nécessairement, on s'en doute, un gage de qualité: à preuve les neuf éditions de la traduction française de l'anonyme *Gulliver part III*, très médiocre continuation apocryphe fondée sur un plagiat de l'*Histoire des Sévarambes*.[49] Inversement, des œuvres plus importantes n'ont connu qu'une édition (ainsi l'*Histoire des Ajaoiens* de Fontenelle, 1768), voire une diffusion nulle: c'est le cas de l'*Histoire de Calejava* de l'avocat dijonnais Gilbert, dont on ne connaît qu'un seul exemplaire – celui de la Bibliothèque nationale – l'auteur, effrayé par son audace, ayant détruit tous les autres. Si partielles soient-elles, ces indications permettent de mesurer l'extrême diversité des situations et d'appuyer sur des bases plus précises l'influence qu'on est tenté, parfois à tort, d'attribuer à certains textes. Mais les rééditions ne constituent elles-mêmes qu'un élément dans ce que l'on pourrait appeler le devenir des textes, où interviennent d'autres phénomènes: courants de traductions et d'échanges, plagiats, réécritures, suites apocryphes, l'ensemble participant indirectement du processus de réception des œuvres.

v. Le devenir des textes: traductions et courants d'échanges

Indicateurs de diffusion, les traductions permettent aussi de mettre en évidence l'ampleur et l'orientation géographique des courants d'échanges: enfin, par les transformations diverses qu'elles infligent aux textes originaux, elles relèvent d'une sociologie de la réception. Dans ce domaine encore l'Angleterre et la France occupent une position nettement privilégiée. On peut en gros distinguer deux périodes. Avant 1720, les échanges s'effectuent à sens unique du français à l'anglais: aucune œuvre anglaise dans le domaine qui nous intéresse n'est traduite en français; en revanche, *La Terre australe connue* paraît en anglais dès

---

49. *Travels into several remote nations of the world*, by Capt. Lemuel Gulliver, vol.iii (London 1727); reproduit en fac-simile in Jeanne K. Welcher et George E. Bush (éd.), *Gulliveriana*, t.iii (New York 1972).

1693 sur la base de la nouvelle version de 1692.[50] Le cas de l'*Histoire des Sévarambes* est singulier, et on peut se demander si le livre n'appartient pas à la littérature anglaise autant qu'à la littérature française: une version anglaise du tome I paraît à Londres dès 1675, deux ans avant le texte français.[51] Un second volume, publié en 1679, présente un abrégé des parties III, IV, et V de l'édition française. Il est probable que le volume de 1675 a été directement écrit en anglais par Veiras lui-même, installé en Angleterre depuis 1665 au moins et parfaitement bilingue.[52] Quant au second tome de l'édition anglaise, il pourrait s'agir soit de la traduction d'un canevas préparatoire établi par l'auteur, soit d'un résumé issu du texte français définitif.

Robinson Crusoe et *Gulliver* inaugurent une nouvelle période: les échanges deviennent plus intenses et plus équilibrés. Grâce à l'existence de véritables ateliers de traducteurs à la solde des libraires, en Hollande surtout, les traductions d'ouvrages à succès paraissent dans des délais rapides: il s'écoule moins d'un an entre la publication de *Robinson* (25 avril 1719) et sa traduction française (mars 1720) par Justus van Effen et Thémiseul de Saint-Hyacinthe, à peine trois mois entre celle de *Gulliver* (28 octobre 1726) et la version française anonyme de La Haye (fin décembre 1726 ou début janvier 1727), précédant de peu celle, plus connue, de Desfontaines (avril 1727).[53] Laissons de côté le cas bien connu des pseudo-traductions: quelquefois simple précaution contre la censure, la mention 'traduit de l'anglais' paraît être surtout, à partir des années 1730, un argument commercial qui reflète le prestige de la production anglaise dans le domaine des voyages imaginaires.[54] Dans l'ensemble, les œuvres les plus importantes sont presque toutes traduites dans les deux langues dans des délais variables: traductions anglaises des *Aventures de Jacques Massé* (1733), du *Nouveau Gulliver* de Desfontaines (1731), françaises de *Gaudence de Lucques* (1746) et de *Peter Wilkins* (1763).

Les traductions allemandes ou flamandes à partir du français ou de l'anglais sont également abondantes, mais la circulation des textes se fait ici à sens

50. Gabriel de Foigny, *A new discovery of Terra incognita australis, or the southern world, by James Sadeur, a French man*, translated from the French copy (London 1693).

51. Denis Veiras, *The History of the Sevarites or Sevarambi* (London 1675). La page de titre ne fait aucune mention d'un traducteur et la préface de l'éditeur est bien signée 'D.V.' (Denis Veiras). En revanche, le tome ii (1679) porte 'translated by A. Roberts'.

52. Voir Mühll, *Denis Veiras et son Histoire des Sévarambes*, p.11. Veiras est l'auteur d'une méthode d'enseignement du français à l'usage du public anglophone (*A short and methodical introduction to the French tongue, composed for the particular use and benefit of the English*, Paris 1683).

53. Voir Dottin, *Daniel Defoe et ses romans*, ii.398-99; Sybil Goulding, *Swift en France* (Paris 1924), p.56-60.

54. Sont ainsi donnés pour des traductions de l'anglais les *Voyages de Lade* de Prévost (1744), l'*Histoire d'un peuple nouveau* (anonyme, 1756), le *Voyage de Robertson aux terres australes* (anonyme, 1766) ou, en Italie, les *Viaggi di Enrico Wanton* de Seriman (1749).

unique: aucune des très nombreuses robinsonnades allemandes ou hollandaises ne pénètre en France ou en Angleterre avant la fin du siècle. En revanche, il existe entre l'Allemagne, la Hollande et les pays scandinaves un important courant d'échanges: ainsi *Gustav Landcron*, publié en Allemagne en 1724, totalise une vingtaine d'éditions en flamand, suédois, danois et même islandais, comme l'*Insel Felsenburg* de Schnabel (1731). On peut noter encore l'isolement presque complet de l'Europe méridionale: la traduction italienne de *Gulliver* ne paraîtra qu'en 1749, la traduction espagnole en 1793! Une seul utopie française semble avoir paru en Italie au dix-huitième siècle – l'*Histoire des Sévarambes*, en 1728 – et aucune en Espagne.

Ainsi se dessinent assez nettement trois blocs géographiques et culturels, l'un franco-anglais, animé par un intense courant d'échanges réciproques, l'autre germanique, en position de récepteur par rapport au premier, mais d'émetteur vers le monde scandinave, le dernier italo-espagnol, ni émetteur ni récepteur.

Dans la mesure où elles sont rarement fidèles, les traductions participent au processus complexe du devenir des textes. La tradition des 'belles infidèles' se poursuit tout au long du dix-huitième siècle, appuyée sur une règle esthétique implicite qui laisse au traducteur le droit, et même lui fait le devoir, d'"améliorer" le texte original, ainsi que le note Vivienne Mylne citant cette étonnante déclaration de l'abbé Desfontaines à propos de ses traductions de l'anglais:

La réputation de ces auteurs n'était pas assez grande pour m'asservir à leurs pensées. J'ai donc supprimé librement tout ce qu'il y avait d'ennuyeux, de bizarre ou de puéril dans le premier [Swift], et je l'ai remplacé par d'autres choses que mon imagination sut me dicter en ce temps-là.[55]

Même propos dans la préface de Desfontaines à sa traduction de *Gulliver*: ayant trouvé dans l'original 'des endroits faibles et même très-mauvais', il a pris le parti de les supprimer; 'Au reste, je me suis figuré que j'étois capable de suppléer à ces défauts, et de réparer les pertes par le secours de mon imagination, et par de certains tours que je donnerois aux choses mêmes qui me déplaisoient.' Rien d'étonnant donc à ce que le traducteur se flatte de faire paraître dans sa version 'un certain mérite que l'original n'a point'![56] En dépit – ou à cause – de cette stupéfiante désinvolture, c'est la traduction fantaisiste de *Gulliver* par Desfontaines qui a été préférée par le public français à celle, beaucoup plus littérale, des libraires de La Haye. S'il est sans doute excessif de considérer la

55. Desfontaines, *Observations sur les écrits modernes* (1735), cité par V. Mylne, *The Eighteenth-century French novel: techniques of illusion*, nouvelle édition (Manchester 1970), p.29.

56. Desfontaines (tr.), *Voyages du Capitaine Lemuel Gulliver*, in Garnier (éd.), *Voyages imaginaires*, t.xvi, *Préface*, p.XIX, XXI, XXXVIII.

seconde version française de *Gaudence de Lucques* (traduit une première fois par Miltz et Saint-Germain en 1746)[57] comme 'tellement remaniée qu'elle appartient en propre à la littérature utopique française',[58] il est certain que la 'traduction' de Dupuy-Demportes (1753) n'a plus grand rapport avec l'original: le traducteur a beaucoup ajouté, expliquant qu'il a pu retrouver les cahiers du manuscrit égarés à la douane de Marseille, et parfois retranché, allégeant les 'notes du Signor Rhedi' qui ponctuent le texte de Berington. Celles-ci sont purement et simplement supprimées dans l'édition des *Voyages imaginaires* (t.vi, 1787).

vi. Le devenir des textes: processus de réécriture, continuations, suites apocryphes – l'exemple de la postérité de *Gulliver*

Les traductions fantaisistes ne sont que l'un des multiples avatars par lesquels passent les textes utopiques. Ceux-ci sont instables, comme presque tous les écrits appartenant à des genres dits 'mineurs'. Les rééditions sont souvent l'occasion de diverses manipulations, qui peuvent engager une réécriture plus ou moins étendue. Rééditant l'*Histoire des Sévarambes* au tome v de ses *Voyages imaginaires*, Garnier, qui n'a rien d'un esprit révolutionnaire, s'attarde avec quelque gêne sur les aspects libertins et anti-chrétiens du texte, signalant qu'on a 'cru voir quelque analogie entre l'imposteur Stroukaras, et ce que nous avons de plus respectable [le Christ]', ce qui l'autorise à justifier les larges retranchements opérés dans l'ouvrage, même si, affirme-t-il, il n'y avait certaine-ment rien de suspect dans les intentions de l'autre.[59] Ce sont également des préoccupations de conformité idéologique, mêlées à d'autres d'ordre stylistique et littéraire, qui guident l'abbé Raguenet (s'il en est bien l'auteur)[60] dans son remaniement de l'utopie de Foigny, devenue *Les Avantures de Jacques Sadeur dans la découverte et le voiage de la Terre australe* (1692). Ce texte très amputé, base de toutes les rééditions ultérieures, gomme l'inquiétante bizarrerie de l'œuvre, banalise ses hardiesses et mutile gravement sa cohérence philosophique.[61]

57. La préface de Dupuy-Demportes (in Garnier (éd.), *Voyages imaginaires*, tome vi), toute entière consacrée à une critique en règle de cette traduction et à de virulentes attaques personnelles contre Miltz, donne une idée des rivalités qui pouvaient exister dans le milieu des traducteurs.

58. Hartig et Soboul, p.50. C'est pourtant à ce titre qu'elle est analysée par Wijngaarden, *Les Odyssées philosophiques en France*, p.181-88.

59. Garnier (éd.), *Voyages imaginaires*, v.ix (Préface).

60. Sur cette attribution, que Ronzeaud (*L'Utopie hermaphrodite*, p.325) juge simplement 'proba-ble', voir Maud E. Storer, 'Abbé François Raguenet, deist, historian, musician and critic', *Romanic review* 36 (1945), p.283-96.

61. Voir sur ce point l'analyse des deux versions dans la suite de ce travail (quatrième partie, p.445, note).

Toutefois, ce sont surtout les continuations, suites apocryphes et plagiats qui illustrent à la fois le pouvoir de métamorphose et la continuité organique des textes utopiques. Certains œuvres se prêtent plus que d'autres à la confection de 'suites': ainsi, tout naturellement, les textes inachevés comme *La Nouvelle Atlantide*, continuée en 1660 par un anonyme, puis en 1676 par Joseph Glanvill, en 1702 par l'abbé Raguet.[62] Mais aucune de ces continuations n'est à proprement parler la suite du récit de Bacon. Celle de l'abbé Raguet se constitue en critique de l'utopie: l'uniformité trop bien réglée de Bensalem n'apparaît pas seulement ennuyeuse au visiteur européen, il lui semble aussi qu'elle ôte tout mérite à être vertueux et fait presque regretter la corruption du monde réel. Quant à Glanvill, qui se propose de fournir un complément religieux au contenu philosophico-scientifique de *La Nouvelle Atlantide*, il place dans la bouche de son interlocuteur bensalémite un interminable discours didactique dirigé contre les 'enthousiastes' et autres protestants 'non conformistes' – détournement évident de l'utopie baconienne à des fins de polémique religieuse.

Tout comme celui de *Robinson*, le succès de librairie du *Gulliver* a stimulé l'activité des 'continuateurs', des plagiaires ou, simplement, de ceux qui, en incorporant la référence swiftienne à leur titre, entendaient bien s'approprier une petite part de l'énorme 'marché gullivérien', comme en témoignent les cinq gros volumes de *Gulliveriana* rassemblés par Jeanne K. Welcher et George E. Bush, Jr.[63] Encore dans cet ensemble faudrait-il départager les authentiques continuations, frauduleuses ou non, des textes plus autonomes (*Cacklogallinia* de Brunt (1727), *Nicolas Klimius* de Holberg, *Micromégas* de Voltaire ...), où la présence du modèle gullivérien n'est pas toujours évidente, sinon comme une influence parmi d'autres. A la première catégorie appartiennent *Le Nouveau Gulliver* de Desfontaines et *Gulliver part III*, d'un auteur inconnu. Ces deux ouvrages, littérairement de second ou de troisième ordre, méritent mieux qu'une brève analyse: en raison même de leur manque d'originalité, voire de leur médiocrité, ils sont parfaitement représentatifs de la moyenne de la production utopique dans la première moitié du dix-huitième siècle; les multiples influences qu'ils reflètent, parmi lesquelles celle de l'hypotexte dont ils se réclament n'est pas toujours prédominante, en font aussi d'excellents exemples des phénomènes d'intertextualité à l'œuvre dans la littérature utopique.

---

62. *New Atlantis, begun by Lord Verulam, Viscount of St Albans, and continued by R.M. Esq.* (London 1660); Joseph Glanvill, *Anti-fanatical religion and free philosophy: in a continuation of New Atlantis*, in *Essays on several important subjects in philosophy and religion* (London 1676); F. Raguet, *La Nouvelle Atlantide de François Bacon, chancelier d'Angleterre*, traduite en françois et continuée, avec des réflexions sur l'institution et les occupations des Académies française, des sciences et des inscriptions (Paris 1702).

63. Voir ci-dessus, n.49.

5. Sociologie d'un genre

Selon une recette éprouvée, celle du *Télémaque*, auquel Desfontaines, avec son manque de modestie habituel, ne manque pas de comparer son ouvrage, *Le Nouveau Gulliver, ou voyages de Jean Gulliver, fils du capitaine Lemuel Gulliver* (1730) se donne pour le prolongement du texte de Swift, dont l'auteur se défend toutefois d'être un simple continuateur: 'Ce n'est ni le même voyageur, ni le même genre d'aventures, ni le même goût d'allégorie.'[64] Irrésistiblement attiré, comme son père, par l'aventure maritime, Gulliver fils est capturé au large de Formose par des corsaires qui trient l'équipage, mettant à part ceux qui sont 'beaux et bien faits'. Le narrateur, qui est du nombre, est conduit dans l'île de Babilary, dont le nom signifie 'la gloire des femmes', et vendu au harem de la reine, peuplé de beaux garçons. Babilary est un monde inversé où les femmes, sexe guerrier entraîné dès l'enfance à la chasse, aux armes et à l'équitation, tous exercices que la bienséance interdit aux hommes, 'occupent toutes les charges de l'épée et de la robe' (xv.53); les hommes pour leur part, 'exclus de toutes les charges et de tous les emplois de l'Etat' (xv.60), se consacrent aux travaux d'aiguille et aux soins du ménage, passent leurs journées à s'entretenir de colifichets et à rivaliser de coquetterie, 'en un mot', explique-t-on au narrateur, 'sont ici ce que les femmes sont dans votre pays' (xv.53) – vieux thème satirique et burlesque déjà esquissé dans le *Voyage dans la lune* de Cyrano, puis exploité par Marivaux dans sa comédie *La Colonie* et par Rustaing de Saint-Jory dans les *Femmes militaires* (1735). Mais là où Saint-Jory est seulement grivois, Desfontaines se montre nettement scabreux[65] et trouve visiblement à satisfaire dans cette inversion des rôles des deux sexes les fantasmes que lui suggèrent les mœurs 'irrégulières' que la rumeur publique lui attribue. C'est pourtant dans le but proclamé de fustiger ce que 'la corruption du siècle autorise, par rapport à la pudeur' que Desfontaines prétend écrire (Préface, xv.19), et Babilary, loin d'être une utopie féministe, entend mettre en garde contre les dangers de l'émancipation des femmes. A certains égards, il s'agit bien pourtant d'une utopie positive. La capitale est construite selon un plan octogonal harmonieux: au centre, une statue équestre de la reine Rasalu; autour de la place, des statues des femmes illustres, savantes, générales, jurisconsultes ...; sur chaque côté de l'octogone, une académie consacrée aux diverses branches du savoir. Le gouvernement de Babilary est sage; mais on aurait tort de s'en étonner: 'la raison principale qui fait que les femmes gouvernent si bien, est que lorsqu'elles ont l'autorité en main, elles se laissent

---

64. Desfontaines, *Le Nouveau Gulliver*, in Garnier (éd.), *Voyages imaginaires*, xv.16.
65. La langue de Babilary, simplifiée et rationnelle, ne comporte qu'un genre unique: 'Car pourquoi, par exemple, *ensis* en latin, qui veut dire une épée, est-il du genre masculin? et *vagina*, qui veut dire le fourreau, est-il du genre féminin? L'épée et le fourreau ont-ils un sexe différent?', se demande Desfontaines d'un air innocent (xv.48-49).

conduire par des hommes. Au contraire, lorsque les hommes commandent, ils suivent aveuglément les désirs et les conseils des femmes' (xv.89). Le retour à la norme, après le monde inversé de Babilary, se produit avec la plus grand brutalité: ayant imprudemment débarqué sur une île inconnue, les guerrières babilariennes y sont capturées et abondamment violées par des 'sauvages grossiers semblables aux satyres fabuleux de l'antiquité (xv.113) – juste retour des choses!

Passons sur les aventures ultérieures du narrateur dans l'île de Tilibet où, le temps étant accéléré, on ne vit qu'une vingtaine d'années, mais d'une existence plus pleine que la nôtre, car elle est vouée toute entière au bonheur et l'ennui y est inconnu;[66] chez les bons sauvages Touarous, occasion d'une critique 'sauvage' de l'Europe et de l'européocentrisme tributaire des développements anticolonialistes du *Quatrième voyage* de Gulliver, mais aussi et encore plus nettement des propos de l'Adario de La Hontan;[67] dans l'île des bossus, où son absence de bosse suscite l'hilarité générale; dans les îles des poètes, des géomètres, des philosophes, des musiciens, des comédiens, des médecins, des gourmands ..., chapelet de fades allégories dans la tradition du *Mundus alter et idem* (1607) de Joseph Hall.

L'île du Létalispons (chapitres 18-24) constitue, avec Babilary, la seule autre véritable utopie du livre, également fondée sur le procédé du renversement. Le cours de la vie humaine y étant inversé, on y meurt de jeunesse après une existence que des 'lois de santé' longuement détaillées permettent de porter à 120 ans: régime entièrement végétarien, comme chez Foigny (les Létalispons, croyant à l'âme des bêtes et à la métempsycose, s'abstiennent par conséquent de toute alimentation carnée); contrôle de la qualité de l'air; anti-urbanisme hygiénique – les lois défendent de bâtir des villes; science des aliments et de la cuisine (on songe aux 'physionomes' de Cyrano); hygiène des passions et médecine cartésienne fondée sur la 'liaison mécanique qui est entre l'âme et le corps'.[68] Les indications institutionnelles, en revanche, restent rudimentaires: tout au plus saurons-nous que le gouvernement des Létalispons a évolué de la monarchie élective à la république, car, parmi ce peuple de sages, il était devenu impossible de trouver des candidats à la souveraineté.

---

66. Desfontaines inverse ici une idée swiftienne: les Struldbruggs du *Troisième voyage* de Gulliver jouissent, si l'on peut dire, d'une sinistre immortalité qui n'est qu'un gâtisme indéfiniment prolongé.

67. Ainsi, le développement sur la relativité de la notion de 'sauvage' ('Quoi! parce que nous nous contentons de suivre l'instinct de la nature, et que nous ne connaissons que sa loi, vous nous appelez sauvages! Vous vous croyez plus formés, plus polis, plus civilisés que nous à cause de mille institutions arbitraires auxquelles vous avez sacrifié votre liberté', xv.181-85) paraît directement issu du second des *Dialogues curieux entre l'auteur et un sauvage de bon sens qui a voyagé* (1703; éd. Roelens, p.109-24).

68. Desfontaines, in Garnier (éd.), xv.285.

5. Sociologie d'un genre

Après l'inévitable retour en Europe, le livre s'achève sur une sorte de postface dans laquelle Desfontaines, s'efforçant maladroitement d'imiter le dispositif des pièces liminaires de *Gulliver*, accumule sur un mode semi-parodique un fatras de références érudites censées attester la plausibilité du récit. Ainsi, à l'appui de l'"oligochronisme' de Tilibet, de la 'palinnéasie' des Létalispons et de la 'gynécocratie' de Babilary (ces néologismes sont de lui), invoque-t-il pêle-mêle les relations de voyage chez les Sioux et les Illinois, l'usage des Liciens selon Hérodote, la féminisation des prêtres de Cybèle, la coutume de la couvade dans la France du sud-ouest ...

Décevant du point de vue de l'utopie, puisqu'il est évident que Desfontaines ne propose aucun modèle social et préfère le renversement mécanique de la norme à la peinture cohérente d'un monde autre, le livre se lit cependant sans ennui et ne mérite pas tout à fait le dédain avec lequel on le traite d'ordinaire. L'imagination bizarre et les fantasmes de l'auteur donnent un ton personnel aux emprunts constants à Swift, à Lucien, à Cyrano et à bien d'autres dont le récit est formé.

Nous descendons encore d'un cran dans l'échelle des valeurs littéraires avec *Gulliver part III*, produit typique de l'infra-littérature du temps élaboré par quelque tâcheron anonyme de Grub Street. Il s'agit cette fois non pas d'une 'suite', comme chez Desfontaines, mais d'une 'continuation' apocryphe[69] qui poursuit la geste gullivérienne là où l'auteur l'avait laissée à la fin du tome ii. L'intention frauduleuse, rendue manifeste par la tomaison, le titre et la présentation analogues aux deux volumes authentiques, s'aggrave ici d'un plagiat des *Sévarambes* qui conduit à une singulière hybridation des deux plus célèbres utopies de l'époque. L'introduction prend pour base les obsessions chevalines du narrateur à la fin du *Quatrième voyage*. Ayant surpris sa femme en 'conversation criminelle' avec le garçon d'écurie et appris qu'elle s'apprête à le faire enfermer comme fou après avoir vendu ses chers chevaux, le héros se décide une nouvelle fois à reprendre la mer dans l'espoir de rejoindre le Houyhnhmnland. Après une brève escale à Brobdingnag, l'échouage du navire, au chapitre 3, ouvre un épisode de robinsonnade collective qui inaugure le plagiat – presque une traduction littérale – des *Sévarambes*, occupant tout le reste de la première partie. Mais la seconde s'écarte très sensiblement du modèle. La Sévarambie, nous explique-t-on, n'est autre que l'ancien paradis terrestre transporté en ce lieu par les anges après le Déluge:

et puisque nul de la race de Noé n'était digne d'habiter ce lieu de perfection, un couple

---

69. Selon la distinction de Gérard Genette (*Palimpsestes*, p.181), la 'suite' donne un prolongement à une œuvre considérée comme achevée, la 'continuation' se propose l'achèvement d'un récit en suspens.

fut façonné, non de terre boueuse, mais de métaux précieux, d'où ces corps plus clairs et ces chairs plus pures, indemnes de ces substances grossières qui composent les autres parties du monde.[70]

Telle est l'origine de la race des Sévarambes, issue d'un nouvel Adam non pécheur. Ce motif, nulle part présent chez Veiras, rappelle inévitablement le thème de l'humanité préadamique, base de l'utopie de Foigny. Que l'auteur inconnu de *Gulliver III* ait bien lu Foigny, on peut en trouver un autre indice dans l'origine qu'il assigne aux habitants difformes de la province de Sporonde, rappel du mythe d'origine des 'demi-hommes' dans *La Terre australe connue*. Le credo des Sévarambes, déisme extrêmement sommaire et vague, ne fait aucune référence au culte solaire de Veiras, mais incorpore un long développement consacré à une étrange théorie de la réincarnation par métemsomatose fortement teintée de matérialisme atomistique à la manière de Cyrano. La présence du thème paradisiaque est beaucoup plus marquée que dans l'*Histoire des Sévarambes*: aucun animal n'est venimeux ou dangereux, les oiseaux de proie ne s'attaquent qu'aux insectes, l'extraordinaire beauté des femmes ne suscite aucun désir impur. Le texte dérive progressivement vers le merveilleux: on détaille longuement les tours de magie accomplis grâce à l'art talismanique' dans lequel les Sévarambes sont experts (encore une idée empruntée à Foigny, mais les thèmes magiques sont également présents chez Cyrano). Certains de ces tours sont marqués par un burlesque saugrenu (on applique, par exemple, un soufflet au derrière d'un chat 'till the Creature grew as large as a Flanders Mare', et le vent délicieusement parfumé qui s'en échappe entretient un harmonieux concert, seconde partie, *Gulliveriana*, iii.74); d'autres sont empreints d'un érotisme hypocrite camouflé sous la rhétorique vertueusement naturiste tradi-tionnellement associée à la nudité utopique: ainsi parmi d'autres exemples analogues, l'énoncé d'une formule magique provoque l'attroupement de toutes les jeunes filles du village, qui se dépouillent aussitôt de leurs vêtements et dansent 'comme des bacchantes'; mais, dit l'interlocuteur utopien, 'les Sévarambes n'ont jamais honte d'exposer ces parties aux regards de tous, ajoutant que ce n'était là insulte à la pudeur que pour ceux qui sont naturellement vicieux'.[71] Passons sur la suite du récit, accumulation de péripéties rocamboles-

70. 'And because there was none of the race of Noah, worthy to inhabit this Place of Perfection; a Couple were form'd, not of the slimy Earth, but of the refin'd Metals, which makes their Bodies clearer, and their Flesh purer, free from those gross Matters that compose the other Parts of the World' (*Travels into several remote nations of the world*, seconde partie, Welcher et Bush (éd.), *Gulliveriana*, iii.17).

71. 'The Sevarambians never are asham'd to expose those Parts to public View; adding, it was no Blot upon Modesty, but to those People who are vicious by Nature' (seconde partie, *Gulliveriana*, iii.73). On ne saurait mieux multiplier les descriptions aguichantes tout en imputant au mauvais esprit du lecteur l'érotisme qui s'en dégage.

ques où ne manquent ni aventures amoureuses, ni mutineries, ni robinsonnades, pour sauter à la conclusion, qui évoque beaucoup plus le réalisme bourgeois de *Robinson Crusoe* que le ton de Swift: le narrateur énumère complaisamment sa fortune ('I reckon'd my self worth fifty thousand Pounds') et se fait reconnaître de ses filles, achevant sur des considérations d'une banale philosophie et la résolution de couler désormais le reste de ses jours 'dans la paix et la tranquillité'.

Ce récit négligé, quelquefois incohérent,[72] est instructif à bien des titres: quant aux mœurs des milieux de l'édition, soucieux de profiter des succès de librairie pour alimenter le marché en sous-produits douteux écrits à la hâte par des mercenaires des lettres; quant aux goûts du public, avide de dépaysement pimenté de merveilleux et d'érotisme – rappelons que le livre eut neuf éditions françaises; quant à la conception de l'utopie, réduite ici à un pur spectacle exotique par l'élimination presque complète de l'élément social et politique. Cependant, il illustre surtout la complexité des phénomènes d'interférences textuelles qui parcourent cette littérature où les textes s'engendrent et se contaminent les uns les autres à l'infini: se proposant d'écrire une suite à *Gulliver*, l'auteur abandonne son modèle dès le troisième chapitre pour un plagiat des *Sévarambes*, dont il s'écarte à son tour, en s'inspirant de Foigny et de Cyrano dans les premiers chapitres de la seconde partie, puis, dans les derniers, des romans d'aventures maritimes de Defoe, Chetwood et autres. C'est dire que la littérature utopique de cette période ne peut être considérée comme une juxtaposition de textes autonomes, mais comme un ensemble vivant et mouvant qui s'accroît par bourgeonnement, chaque publication nouvelle réactivant les textes antérieurs et nourrissant à son tour celles qui suivront;[73] c'est dire aussi que les utopies s'appuient sur un substrat de productions diverses – voyages imaginaires, voire parfois réels, romans géographiques, robinsonnades ... où l'on a bien du mal à délimiter une utopie 'pure' qui existerait de façon indépendante.

---

72. Ainsi, il existe chez les Sévarambes des avocats et des hommes de loi qui, comme leurs homologues anglais, sont de complets fripons, à tel point que ceux d'entre eux qui seraient honnêtes gens sont empêchés de plaider par leurs confrères (seconde partie, *Gulliveriana*, iii.58); or, si la corruption des hommes de loi est bien un thème swiftien de la satire du monde *réel* (voir le chapitre 5 du *Quatrième voyage*), elle est évidemment incompatible avec la perfection supposée de l'utopie sévarambe.

73. Ainsi, *Gulliver part III* aura lui-même une suite encore plus médiocre dans une série de 'Letters from Gulliver to the editor' (*Applebee's original weekly journal*, 13 avril-5 octobre 1728; reproduction dans Welcher et Bush (éd.), *Gulliveriana*, tome v).

6. Marges de l'utopie: le déplacement dans le temps

On a pu mesurer à quel point il est difficile de cerner le domaine spécifique de l'utopie narrative entre classicisme et Lumières. Inexistante comme genre autonome selon les critères du temps, celle-ci n'est identifiable dans la conscience des contemporains que sous l'espèce d'une 'série' plus ou moins stable d'œuvres-repères à partir de laquelle s'engendrent constamment de nouveaux textes. Pourtant ceux-ci puisent également très largement dans certaines catégories narratives connexes, elles-mêmes mal définies et imparfaitement délimitées: romans archéologiques, arcadies, uchronies, robinsonnades, voyages imaginaires ..., que beaucoup de bibliographies modernes tendent à faire entrer indistinctement et de façon plus ou moins justifiée dans le champ de la littérature utopique. D'où l'intérêt d'une exploration de ces 'marges de l'utopie' qui en constituent à la fois la zone d'intertextualité et les frontières.

Un classement de ces productions n'est guère aisé à établir. Si cependant l'on retient comme essentielle, parmi les éléments constitutifs de la définition de l'utopie, l'idée d'une représentation littéraire de l'altérité, celle-ci implique un écart par rapport au monde de référence, celui de l'auteur et de son public. Avant d'être social ou politique, ce décalage est d'abord spatial ou temporel, et souvent l'un et l'autre à la fois. Espace et temps constituent deux dimensions difficilement dissociables du texte narratif – c'est le 'chronotope' bakhtinien[1] – la mise à distance spatiale s'accompagnera presque toujours de la mise en place d'une durée autonome, celle-ci fût-elle donnée pour contemporaine du temps de l'écriture, et le décalage temporel suscitera non moins nécessairement une transformation des données spatiales, soit par déplacement géographique de l'action, soit, si cette dernière conserve le cadre topographique du monde de référence, par l'effet d'une altération historique du décor. On recensera ici les diverses possibilités de mise à distance offertes par le décalage temporel, illustrées par quelques textes se situant aux lisières du genre utopique.

i. Le genre utopique et les deux axes de la durée

Aux yeux du lecteur moderne, la projection dans l'avenir constitue certainement la forme de décalage temporel la plus appropriée au récit utopique. Or, c'est

---

1. Mikhaïl Bakhtine, *Esthétique et théorie du roman*, tr. Daria Olivier (Paris 1978), p.237-398.

aussi celle qui apparaît le plus tardivement: depuis l'Antiquité jusqu'à 1800, l'encyclopédie de Pierre Versins ne recense qu'une trentaine de textes, dont la nature de fiction anticipatrice est d'ailleurs, dans bien des cas, douteuse et parmi lesquels on trouve surtout de brefs fragments.[2] Une telle démarche suppose, en effet, une conception nouvelle du temps. Comme le rappelle Paul Alkon, l'idée même d'un récit des événements à venir a pu passer, jusqu'au dix-septième siècle au moins, pour le plus absurde des paradoxes, et le dicton *chronica de futuro scribet* apparaît comme l'expression métaphorique de la folie.[3]

Pour que naisse la littérature prospective, il faut que se construise une représentation de l'avenir qui soit autre chose qu'un simple prolongement du présent et, d'autre part, que le futur soit donné pour connaissable avec une probabilité raisonnable. La conception chrétienne de l'histoire humaine, qui substitue au temps cyclique des Anciens une durée linéaire, articulée en grandes étapes (création, chute, rédemption, parousie), a pu ici jouer son rôle, et certaines formes de prophétisme millénariste constituent une première approximation du récit d'anticipation: c'est le cas notamment lorsque l'espérance chiliastique, au lieu de se cantonner à une paraphrase purement religieuse de l'Apocalypse ou du livre de Daniel, se développe en un scénario détaillé des mutations sociales et politiques à venir.[4] Cependant, l'émergence de l'idée de 'progrès' au cours du dix-huitième siècle est évidemment ici le facteur décisif.[5] Turgot d'abord, dans son *Tableau philosophique des progrès successifs de l'esprit humain* (1750), puis son disciple Condorcet dans l'*Esquisse d'un tableau historique des progrès de l'esprit humain* (1793), s'appuyant sur la marche accomplie par l'humanité depuis le début de son histoire, postulent la perfectibilité indéfinie de l'esprit humain: à défaut d'être pleinement connaissable, l'avenir peut donc faire l'objet de conjectures rationnelles et une image plausible de la société future peut être construite à partir d'une projection de son évolution présente. C'est cette démarche anticipatrice que suivent Wallace dans les *Various prospects* ou Condorcet dans la dixième Période de son *Esquisse* ('Des progrès futurs de l'esprit humain'). Néanmoins ces écrits ne sont pas pour autant des utopies, ni même

2. Pierre Versins, *Encyclopédie de l'utopie, des voyages extraordinaires et de la science-fiction* (Lausanne 1972), p.51-52. Voir aussi la bibliographie de I. F. Clarke, *The Tale of the future from the beginning to the present day: an annotated bibliography*, seconde édition (London 1973).
3. Paul Alkon, 'Samuel Madden's *Memoirs of the twentieth century*', *Science-fiction studies* 12, (1985), p.184-201. Alkon cite John Donne: 'He undertakes to write a Chronicle of things before they are done, which is an irregular, and a perverse way' (p.200).
4. Ainsi dans une brochure émanant des 'Fifth Monarchy Men' de l'époque révolutionnaire anglaise: *A brief description of the future history of Europe, from anno 1650 to an. 1710*, treating principally of those grand and famous mutations yet experienced in the world [...] and the Fifth Monarchie of the universall reign of the Gospel of Christ upon earth (London 1650).
5. Voir Jules Delvaille, *Essai sur l'histoire de l'idée de progrès jusqu'à la fin du dix-huitième siècle* (Paris 1910), et surtout la synthèse de Robert Nisbet, *History of the idea of progress* (New York 1980).

des textes narratifs. Certes, toute conjecture prévisionnelle, tout programme et même tout énoncé d'un projet quelconque s'inscrivent évidemment dans la dimension du futur au sein duquel ils sont appelés à se réaliser; mais c'est à partir du présent de l'acte d'écriture que cet avenir hypothétique est envisagé, et pour cette raison même de tels écrits ne relèvent pas au sens strict de la catégorie du narratif. Si l'on admet qu'il n'est de récit que de ce qui est advenu, le récit d'anticipation implique donc, selon la formule de Thomas Hanzo, une 'structure proleptique' posant fictivement le futur comme passé:[6] le narrateur, se donnant pour témoin d'événements postérieurs au moment effectif de l'écriture, les envisage cependant dans la perspective rétrospective qui est celle de la narration habituelle. Enfin, pour relever de l'utopie, le récit d'anticipation ainsi défini doit présenter un tableau social et politique cohérent placé dans un rapport d'altérité avec le monde de référence, autrement dit le présent de l'auteur.

Pour la période concernée, aucun texte ne répond à ces critères de façon satisfaisante. Premier exemple français du genre, *Epigone, histoire du siècle futur* (1659), attribué à Jacques Guttin (mais l'auteur en pourrait être aussi l'abbé de Pure), n'est, selon Alexandre Cioranescu, qu'un 'faux roman d'avenir':[7] bien que l'action se situe environ un siècle après la publication, sous le règne du roi Clodovée XVIII (Louis XVIII), l'auteur ne tire à peu près aucun parti de son postulat de départ. Il s'agit d'un roman d'aventures 'héroïques' comportant des bribes d'utopies – ainsi la description de la capitale d'Agnotie, avec son urbanisme géométrique et son temple central – mais qui ne sont nullement tributaires de l'idée de décalage temporel. Les *Mémoires du vingtième siècle* de Samuel Madden l'exploitent d'une façon plus cohérente, mais dans une perspective qui est celle de la satire plutôt de l'utopie.[8] Selon un procédé qui doit peut-être quelque chose à *L'Espion turc* de Marana, Madden aligne une série de 'lettres d'Etat' qui peignent sous la forme de dépêches diplomatiques la situation de l'Europe (y compris la Russie et la Turquie) à la fin du vingtième siècle et esquissent son histoire pour les deux siècles écoulés. Bien évidemment, l'auteur ne fait que projeter dans le futur des thèmes satiriques et des préoccupations politiques qui appartiennent à son temps: controverses autour de la vogue de l'opéra italien, danger du papisme, qui domine politiquement l'Italie et menace l'Europe, déclin de la France, ruinée par le luxe des grands et minée par

6. Thomas A. Hanzo, 'The past of science-fiction', in G. E. Slusser, G. R. Guffey et M. Rose, *Bridges to S.F.* (Carbondale, Illinois 1980), p.131-46.

7. A. Cioranescu, *'Epigone*, le premier roman de l'avenir', *Revue des sciences humaines* 155 (1974), p.441-48.

8. Samuel Madden, *Memoirs of the twentieth century: being the original letters of State, under George the Sixth, relating to the most important events* [...] *from the middle of the eighteenth to the end of the twentieth century* (London 1733).

6. Marges de l'utopie: le déplacement dans le temps

l'extrême inégalité des conditions ... Rien d'utopique dans tout cela; et, si le texte de Madden se donne bien pour un reportage sur le futur et non une simple projection à partir du présent, la fiction qui en fonde la transmission narrative est encore bien maladroite: c'est de la sollicitude de son ange gardien que le narrateur dit tenir les lettres composant les *Mémoires*!

Le problème, en revanche, est résolu avec élégance dans *L'An 2440* de Sébastien Mercier, qui combine deux procédés constamment repris dans la littérature d'anticipation ultérieure: le sommeil séculaire, qui permet le saut dans le futur (le narrateur de *L'An 2440* se réveille ainsi 672 ans plus tard dans un Paris transformé); le rêve, qui, imposant le retour final au réel, rétablit les conditions minimales de la vraisemblance, autorise la confrontation du présent et du futur et, avec elle, l'émergence de l'altérité utopique, tout en faisant apparaître cette dernière comme la projection d'un désir que nourrit l'insatisfaction face au cours actuel des choses (le dormeur s'éveille pour de bon et s'aperçoit que son rêve n'était hélas qu'un rêve).[9] Première véritable uchronie, *L'An 2440* est cependant nettement postérieur à la période sur laquelle porte notre enquête. Force est de constater qu'avant 1760 les temps ne sont pas encore mûrs pour l'utopie dans l'avenir, ni même pour une représentation littéraire du futur.

Il n'en va pas ainsi de l'autre dimension temporelle, celle du passé. Dans le cadre d'une mentalité qui, malgré l'émergence de la notion de progrès et parfois concurremment avec elle[10] – reste doublement marquée par le dogme chrétien de la chute et le mythe païen de l'âge d'or, la prégnance des grands modèles historiques de la décadence ('grandeur et décadence' des Romains selon Montesquieu; *decline and fall* selon Gibbon) conduit à voir dans l'écoulement du temps un facteur de détérioration et dans le passé un recours contre la dégradation du présent. Mythe de Sparte, mythe de l'Egypte pharaonique, mythe de la Rome républicaine, mythe de l'empire des Incas avant la conquête espagnole, tous les grands archétypes dans lesquels puise la tradition utopique appartiennent à un passé reculé situé à l'aube des temps historiques. Mais il

---

9. *L'An deux mille quatre cent quarante, rêve s'il en fut jamais* (Londres 1771, nombreuses rééditions, considérablement augmentées, jusqu'à la version définitive de 1786). Sur *L'An 2440*, voir l'introduction de Raymond Trousson dans son édition critique du texte (Bordeaux 1971). L'affabulation est tout à fait analogue à celle de Mercier dans les *News from nowhere* de William Morris (1890); elle se réduit au motif du dormeur qui s'éveille dans *Looking backward, 2000-1887*, d'Edward Bellamy (1888).

10. Manuel et Manuel (*Utopian thought*, p.453-58) montrent que les deux représentations du temps – durée cyclique et durée linéaire – continuent à coexister au dix-huitième siècle, et que les deux grands modèles de l'évolution historique – perfectibilité et décadence – pour incompatibles qu'ils soient théoriquement, peuvent, chez des philosophes comme Hume, Boulanger ou Gibbon, trouver une sorte de conciliation.

est difficile, ici encore, de départager histoire romancée, 'roman archéologique' à décor historique et véritable utopie, laquelle ne mérite ce nom que dans la mesure où le tableau historique se constitue en modèle socio-politique ayant valeur de critique de l'état de choses présent. C'est donc la nature de la relation établie avec le monde de référence qui permettra de classer les 'fictions du passé' et de déterminer leur appartenance au genre utopique. Cette relation entretient elle-même des liens assez étroits avec la forme narrative adoptée. On trouvera ainsi des récits à la première personne qui, jouant sur la distance spatiale autant que sur l'écart temporel, font pour ainsi dire retrouver le passé à l'intérieur du présent sous l'aspect d'une civilisation d'origine antique miraculeusement préservée dans sa pureté première en quelque lieu écarté du globe; en ce cas, le rapport avec le monde de référence est établi par l'entremise du narrateur venu de la réalité contemporaine, qui compare et qui juge. Dans d'autres textes, ordinairement à la troisième personne – c'est le cas du *Télémaque* – le récit s'installe entièrement dans le passé tandis que disparaît la référence explicite au monde contemporain de l'auteur; dans cette hypothèse, l'altérité utopique se constituera à l'intérieur même de l'univers historique évoqué, par la fragmentation de ce dernier en configurations socio-politiques différenciées où les modèles s'opposent aux anti-modèles: ainsi la Bétique et la première Salente dans le *Télémaque* ou le continent et les Iles Flottantes dans *La Basiliade* de Morelly. En d'autres termes, c'est l'univers romanesque lui-même qui secrète son propre monde de référence et, face à lui, ses utopies. On comprend alors pourquoi la pluralité des sociétés est nécessaire à ce type de récit, et pourquoi il affecte si souvent la forme d'un périple adapté à l'exercice d'une sorte de tourisme politique. Reste que le monde de référence implicite – celui de la réalité contemporaine de l'auteur – est toujours présent de façon sous-jacente derrière celui, explicite, de la fiction antique: ainsi les problèmes de la France louis-quatorzienne se projettent-ils dans les tableaux politiques du *Télémaque*. D'où, dans cette catégorie d'utopies, le développement d'une rhétorique de l'allusion ou de la métaphore politique qui peut, comme chez Morelly, déboucher sur une fiction allégorique où se dissout l'idée même du décalage temporel: le cadre antique n'est plus alors qu'un habillage commode du présent, et son caractère même de passé est bien vite oublié.

ii. Le passé dans le présent:
Gerania de Barnes et *La Nouvelle Athènes* de Gildon

Sans vouloir relever toutes les tentatives à la faveur desquelles la littérature utopique vise à intégrer à l'univers 'autre' de l'utopie la vieille tradition huma-

6. Marges de l'utopie: le déplacement dans le temps

niste antique et l'imprégnation gréco-latine de la culture occidentale, on peut cependant s'étonner de la fréquence singulière de certains mythes d'origine qui reviennent à faire des peuples utopiques, si lointains soient-ils, des rameaux détachés de quelque nation prestigieuse de l'Antiquité classique ou biblique qui est à l'origine de notre culture, et donc à retrouver en eux, d'une certaine façon, nos propres cousins: présence rassurante du même à l'intérieur du monde exotique de l'autre, un peu à la façon dont le missionnaire Lafitau s'enchante des similitudes qu'il croit observer entre les Indiens d'Amérique du Nord et les Grecs de l'Antiquité, retrouvant l'Arès hellénique dans l'Areskoui huron et les héros homériques dans les guerriers iroquois.[11] Ainsi More, déjà, assigne à ses Utopiens une origine grecque,[12] ce qui explique l'enthousiasme et l'aisance avec lesquels ils assimilent les lettres antiques dont Raphaël leur apporte la révélation, se réappropriant à travers l'héritage humaniste de l'Occident leur propre origine oubliée. Isolés du monde par d'infranchissables déserts, les Mezzoraniens de *Gaudence de Lucques* descendent pourtant d'un peuple de l'ancienne Egypte et, à travers lui, des premiers patriarches bibliques, dont ils perpétuent la sagesse perdue, de même que les Bensalémites de Bacon, dont l'île a survécu au naufrage de l'Atlantide platonicienne, ont recueilli l'enseignement des peuples de l'Antiquité pré-classique: Egyptiens, Phéniciens, Tyriens, Juifs ...

Le thème de la culture occidentale retrouvant ainsi à l'autre bout du monde ses propres sources préservées dans leur pureté primitive est présent dans bon nombre d'utopies à la fin de l'âge classique. Outre *L'Antiquité ressuscitée ou le gouvernement d'Astreada* (1693), on peut se borner pour l'instant à mentionner les Héliopolitains du *Voyage en Tartarie*, descendants d'un groupe d'Athéniens émigrés après la mort d'Alexandre dans les déserts de l'Asie centrale, où ils conservent intactes leur langue et leur culture,[13] pour analyser brièvement deux utopies construites sur des données analogues.

Gerania, de Josuah Barnes, professeur à Cambridge et auteur de nombreuses éditions des classiques grecs, n'est guère autre chose qu'un divertissement d'humaniste élaboré à partir de diverses sources antiques: Homère et Hésiode certainement, probablement aussi les romans grecs dans la tradition de Ctésias et Iambule.[14] Dans un style contourné et pompeux, bourré de clichés homériques

---

11. Lafitau, *Mœurs des sauvages américains comparées aux mœurs des premiers temps* (Paris 1724). Sur Lafitau, voir Chinard, *L'Amérique et le rêve exotique*, p.31-325; Michèle Duchet, 'De l'histoire morale à la description des mœurs: Lafitau', in *Le Partage des savoirs: discours historique, discours ethnologique* (Paris 1985), p.30-52.

12. 'Je me permets de penser, en effet, que cette nation tire son origine des Grecs' (*L'Utopie*, éd. Prévost, p.116).

13. Heliogenes de L'Epy [pseudonyme], *A voyage into Tartary* (London 1689).

14. Josuah Barnes, *Gerania: a new discovery of a little sort of people anciently discoursed of, called*

(l'aurore aux doigts de rose, les chevaux ardents du prince du jour ...) d'une préciosité maniériste parfois poussée jusqu'à l'absurde,[15] le narrateur rapporte comment, remontant vers la source du Gange, l'expédition nautique à laquelle il appartient parvient à un grand lac où elle rencontre d'abord l'étrange peuple des Astomi, privés de bouche comme leur nom l'indique et qui se nourrissent du suc des fleurs, puis celui des Pygmées, dont l'apparition suscite d'abord l'effroi superstitieux du 'romaniste' (autrement dit papiste) Pandeison, vite calmé par un irréfutable raisonnement scolastique: les indigènes sont noirs, c'est la preuve qu'ils ne sont pas des apparitions démoniaques, 'vu que les diables, comme les esprits, ne peuvent avoir aucune espèce de couleur, de telles qualités étant propres aux corps seulement'.[16] Somptueusement accueillis au palais royal, les voyageurs y subissent les discours successifs du Dramesco, ou grand-prêtre, puis des trois fils du souverain – en anglais, car les Pygmées ont le don des langues, et certains d'entre eux en parlent jusqu'à cinquante-quatre – qui occupent tout le reste du livre. Ainsi apprenons-nous l'histoire du royaume de Gerania, réformé il y a 2660 ans par un brahmane d'origine grecque nommé Melesigenes qui n'est autre qu'Homère.[17]

Le législateur, qui a cherché la sagesse en Egypte, en Perse, auprès des Juifs, des Chaldéens et des Gymnosophistes, fonde deux collèges, ou Leschas, l'un réservé aux prêtres, ou Dramescos, l'autre aux laïcs, ou Talcommuni; ces derniers constituent un ordre d'Homérides dépositaire des poèmes perdus que la tradition attribue à l'auteur de *L'Odyssée*: le *Thesmophoron*, l'*Epicichlidès*, le *Margitès*. Il lègue également aux Pygmées une boisson extrait des baies d'une certaine plante nommée Anthypuum que l'auteur compare au café, car elle supprime la nécessité du sommeil, réduit à trois heures par jour, compensant ainsi la brièveté d'une existence qui n'excède jamais quarante ans. Il leur laisse surtout, avec quarante volumes de textes sacrés, dont ceux de Moïse, de David et de Salomon, des prophéties annonçant la venue du Christ dans un délai de 986 ans et l'ordre d'ériger un temple, plus vaste que celui de Jupiter, dédié à la divinité à venir. Par le biais paulinien du thème du 'Dieu inconnu', Barnes ajoute donc Homère à la liste des prophètes, comme le moyen âge déjà l'avait

Pygmies: with a lively description of their stature, habits, manners, buildings, knowledge, and government, being very delightful and profitable (London 1675). L'ouvrage est analysé par Dupont (*L'Utopie et le roman utopique*, p.277-80) à partir de l'édition de 1750, qu'il prend à tort pour l'originale.

15. 'a suddain noise of rustling of leaves alarm'd our Ears, which kept Sentinel at the side portals of our Brain, and they recalling our Eyes from their studious curiosity, sent them towards the Shoar, as Heralds, to enquire the reason of that so easie disturbance' (Barnes, *Gerania*, p.4).

16. 'seeing Devils, as Spirits, can have no colour at all, because such Qualities are only proper to Bodies' (Barnes, *Gerania*, p.14).

17. D'après la biographie légendaire attribuée parfois à Hérodote, Mélésigène serait, en effet, le véritable nom d'Homère.

fait pour Virgile: illustration d'une volonté d'intégration du paganisme au christianisme caractéristique de l'humanisme classique. Les Pygmées pratiquent donc une sorte de christianisme 'naturel' qui pénètre leurs mœurs et leurs institutions et les rend infiniment supérieurs aux Européens. Tous travaillent; la plupart se consacrent à l'agriculture, d'autres à l'exploitation des mines d'or et d'argent, d'autres à l'artisanat, d'autres encore à l'armée, chargée de protéger la nation contre les invasions des grues, à qui on livre une guerre permanente.

Ainsi chacun est utile à autrui; les uns engraissent les sols, les autres défendent le pays; tel nous habille, tel nous nourrit, et tel autre nous aide à négocier ce qui nous fait défaut en enrichissant nos coffres; si bien que chacun se satisfaisant de sa tâche, et chacune étant suffisamment rémunératrice (car nous sommes tous industrieux et ignorons le luxe coûteux auquel on sacrifie ailleurs), ceux qui possèdent beaucoup n'ont qu'à suffisance, et ceux qui possèdent peu ne manquent de rien.[18]

Ignorant l'appétit des richesses et le besoin, les Pygmées vivent aussi dans l'union conjugale la plus fidèle. Le mariage est chez eux 'l'état le plus honorable de la vie', si bien qu'il n'existe ni prostitution ni adultère. Après une longue digression sur la guerre que les Pygmées mènent contre les grues (le thème, semble-t-il, vient d'Homère), des allusions confuses où l'auteur semble régler des comptes avec certains de ses collègues de Cambridge,[19] un discours sur l'état présent de la monarchie de Gerania qui tourne à l'allégorie de la monarchie anglaise avec l'éloge du roi Sulorac (Carolus) et du 'Royal Lescha' (Royal Society) qu'il a institué pour le progrès des sciences, le texte s'achève sur de plates moralités maladroitement versifiées:

Honorez le roi, et obéissez toujours à ceux qui exercent un pouvoir légitime; les rois sont les images de Dieu, et ainsi (après lui) nous leur devons rendre hommage. Respectez les grands; aimez vos égaux, et appliquez-vous à défendre ceux qui se trouveraient être vos inférieurs.[20]

Si Barnes emprunte effectivement à l'utopie ses principales composantes

18. 'Thus, every one is helpful to another; one sort manures the Ground, another defends the Country: Another Cloaths us, another Feeds us, and another helps us to Barter for what we lack, by enriching our Coffers: So that every one being content with his Profession, and every Profession being sufficiently gainful (because we are all Industrious, and know not those luxurious wayes of spending, which others practice) those that have much have but enough, and those that have little want nothing' (Barnes, *Gerania*, p.51-52).

19. 'Seul un certain Trebor Nostaw [Robert Watson?], un des Talcommuni, se rendit coupable récemment d'avoir détourné des biens et de l'argent de leur Lescha et trompé un ami fidèle qui avait confiance en lui' ('Only one *Trebor Nostaw*, one of the *Talcommuni*, was lately found guilty of conveying away some Goods and Monies from their *Lescha*, and deceiving a faithful Friend, who trusted him', Barnes, *Gerania*, p.82).

20. 'Honour the King; and still obey / Those, that do justly bear the sway; / Kings are Gods Images, and so / (Next him) to them we duty owe. / Reverence those of high degree; / Your equals love, those that be / Inferiours, study to defend' (Barnes, *Gerania*, p.101).

formelles – récit d'un voyage d'aller-retour encadrant un tableau d'une société autre donnée pour idéale – il est évident qu'il ne porte guère d'intérêt à son contenu social ou institutionnel, et on peut se demander quelles sont les intentions de cet ouvrage médiocre et confus, parfois à la limite de l'incohérence.

C'est le même mythe d'origine – résurgence dans l'ailleurs d'une hellénité miraculeusement préservée – qu'exploite, moins maladroitement mais sans beaucoup plus d'originalité, *L'Heureux naufrage, ou description de la Nouvelle Athènes*, attribué à Charles Gildon, l'adversaire de Defoe.[21] L'auteur, qui a lu Veiras, comme le prouvent quelques emprunts précis,[22] n'indique pas les circonstances du traditionnel naufrage ni la localisation géographique de l'utopie, se contentant de renvoyer sur ces deux points à une lettre antérieure qu'il n'a pas été possible de retrouver. C'est donc sur le tableau utopique que s'ouvre le récit. Le narrateur se contente de faire étape dans la ville de Romana, où l'on parle latin, avant de gagner la Nouvelle Athènes, à laquelle tout le reste du texte est consacré. Ses habitants descendent des anciens Athéniens, chassés de leur pays par les invasions barbares à l'époque de la décomposition de l'empire romain. Guidés à travers mers et déserts par le sage Démophile, autre Moïse, ils sont arrivés en ce lieu après trois années d'errance et s'y sont mêlés au peuple indigène, pacifique et monothéiste, qu'ils ont converti au christianisme. Leur langue s'apparente au grec ancien, altéré mais reconnaissable, que le narrateur pratique fort bien. Les lois sont idéalement simples puisqu'il n'y en a pas d'autres que celles de l'Evangile, la religion étant conçue avant tout comme le fondement de la morale laïque: 'Ils croient que l'objet principal de l'Evangile est de régler, améliorer et perfectionner notre moralité, de nous rendre diligents dans les devoirs relatifs à l'amour fraternel et à l'amour qui s'adresse à l'Etre Suprême.'[23] Pour éviter les discordes juridiques et théologiques, on a convenu de n'employer que les termes utilisés dans l'Evangile: point de prêtres, donc, car le mot ne figure pas dans l'Ecriture, mais des diacres (*deacons*), des Anciens (*Elders*) et des évêques, choisis par les précédents sur une liste de candidats officiels désignés par le souverain. Celui-ci exerce un pouvoir fort mais non

21. Charles Gildon, *The Fortunate shipwreck, or a description of New Athens*, being an account of the laws, manners, religion, and customs of that country by Morris Williams, Gent. who resided there above twenty years, in *Miscellanea aurea, or the golden medley* (London 1720). L'ouvrage, présenté sous forme de lettre, comme la majorité des textes qui composent le *Golden medley*, série d'essais, de satires ou de nouvelles, occupe les pages 80 à 118 du recueil. L'attribution à Gildon est proposée par la bibliographie de Gove (*The Imaginary voyage*, p.234).

22. Ainsi l'espèce de funiculaire mû par des esclaves tournant dans une cage d'écureuil qui permet de franchir la chaîne de montagnes isolant l'utopie du monde extérieur (Gildon, *New Athens*, p.81-82).

23. 'They believe that the principal Business of the Gospel is to regulate, improve and perfect our Morals, to render us active in the Duties of Brotherly Love, and the Love of the Supreme Being' (Gildon, *New Athens*, p.102-103).

absolu: 'Cette sage nation lui concède tous les privilèges susceptibles de le mettre en état de faire le bien auprès de son peuple, sans aucun de ceux qui pourraient faire de lui une menace pour sa liberté et son bonheur.'[24] En cela la monarchie d'Athènes ne se distingue guère de celle d'Angleterre, si ce n'est par les précautions prises pour la protéger des mauvais conseillers – tous les avis soumis au souverain doivent être écrits et publics – et pour empêcher la confiscation du pouvoir par une faction: hauts dignitaires et conseillers royaux sont renouvelés annuellement, si bien que toutes les personnes capables trouvent l'occasion de faire montre de leurs mérites. Point d'hommes de loi ni de procès: les conflits mineurs sont réglés par les Ancien de la paroisse; pour les discordes plus graves, chacun des quatre quartiers de la ville comporte deux orateurs publics qui plaident gratuitement les causes devant le roi lui-même. L'adultère est puni sévèrement: bannissement pour l'homme, esclavage pour la femme, après application sur le visage d'un emplâtre qui la défigure. L'enseignement est obligatoire jusqu'à quinze ans. Les indigents sont assistés par la paroisse. C'est à peu près la seule indication d'ordre économique dans ce qui est bien une utopie conforme en gros au modèle de l'utopie classique, mais remarquable surtout par le vague et l'absence d'originalité de ses principales données.

Deux points toutefois font l'objet d'un développement particulier. Le premier concerne la place accordée aux arts, tout à fait inhabituelle au regard des normes du genre. L'Etat encourage des lettres: il existe un théâtre dans chacun des quatre quartiers de la ville, plus un cinquième au palais royal, dont le narrateur, visiblement un habitué des spectacles, donne une description détaillée. Au rebours de l'Europe, les acteurs jouissent de la considération publique et sont recrutés parmi les familles bien nées de réputation sans tache. Le narrateur, reçu à l'Academie des poètes athéniens, fait représenter sa traduction du *Samson Agonistes* de Milton, mais n obtient pas le même succès avec les tragédies d'Otway, qui ne respectent pas l'unité de lieu. Que faire alors de Shakespeare, malheureusement 'entièrement ignorant des règles dramatiques'?[25] Détail intéressant, la comédie est inconnue dans la Nouvelle Athènes, puisque les vices qu'elle se propose de réformer n'y existent pas.

Le second point, plus traditionnel, porte sur l'aménagement de l'espace urbain. Vaste cité rectangulaire de huit milles de longueur sur quatre de large, la Nouvelle Athènes est construite selon un plan parfaitement régulier ordonné en quatre quartiers (ici, l'auteur se souvient visiblement de *L'Utopie* de More) par des canaux bordés d'entrepôts. Chaque quartier, subdivisé en carrés,

24. 'This wise People allow him all those Privileges which may render him capable of doing good to his People, without any that may enable him to be injurious to their Liberty and Happiness' (Gildon, *New Athens*, p.109).

25. 'entirely ignorant of the Rules of the Drama' (Gildon, *New Athens*, p.97).

contient dix églises, sans compter la cathédrale, placée au centre. Les rues comportent trois passages: au centre, une voie réservée aux charrettes (les voitures particulières sont interdites); de part et d'autre, un trottoir surélevé d'un pied pour les charges transportées à dos d'homme ou les chaises à porteurs; de plain-pied avec les maisons, un second trottoir réservé aux piétons. Les préoccupations d'hygiène urbaine conduisent à rejeter hors de la ville, dans les bas-quartiers, tous les métiers susceptibles d'"offenser l'odorat, la vue ou l'ouïe',[26] tandis que des machines hydrauliques disposées dans les rues permettent d'en évacuer chaque matin les immondices.

Toutefois, si la *Nouvelle Athènes* rejoint ainsi les thèmes utopiques traditionnels, c'est au prix d'un oubli presque complet de l'élément archéologique, que seuls ou presque rappellent l'usage du grec et le mythe d'origine de la cité, celle-ci évoquant surtout à d'autres égards l'image idéale du Londres des Lumières plutôt que la Grèce antique.

Monarchiques et chrétiennes, ayant subi une évolution politique et religieuse à peu près parallèle à celle du monde réel, dont elles sont données pour contemporaines, les sociétés imaginaires de Barnes et Gildon retiennent peu de chose de la spécificité historique de leur origine et ne parviennent pas non plus à dégager des modèles utopiques bien convaincants. Littérairement autrement plus féconde apparaît la nouvelle forme de roman archéologique qu'inaugure le *Télémaque* de Fénelon: sans renoncer pour autant au motif du voyage, instrument de la confrontation des modèles sociaux et politiques, c'est l'action toute entière qui se décale dans le temps sur le modèle du récit historique.

iii. Le modèle fénelonien: la Bétique et l'utopie pastorale

Ecrites entre 1694 et 1696, à l'époque où Fénelon était précepteur du duc de Bourgogne, les *Aventures de Télémaque* s'inscrivent dans la perspective pédagogique et didactique des 'Miroirs des princes', qui se comptent par dizaines depuis le seizième siècle.[27] Dans l'impossibilité de peser directement sur la politique de Louis XIV, dont il désapprouve l'orientation guerrière, cause de la misère du royaume, et l'absolutisme centralisateur, qui réduit le rôle de la noblesse traditionnelle – la très sévère *Lettre au roi*, où ces thèmes sont développés, n'a jamais été lue par le monarque et n'était probablement même pas destinée à

26. 'There is no Trade that is offensive to the Nose, the Eyes or Ears, that is permitted to be in the City itself' (Gildon, *New Athens*, p.86).

27. Voir F. Gallouédec-Genuys, *Le Prince selon Fénelon* (Paris 1963), et, plus particulièrement, la bibliographie de V. Kapp, *Télémaque de Fénelon* (Tübingen, Paris 1982), p.209-20.

6. Marges de l'utopie: le déplacement dans le temps

lui être remise – Fénelon conçoit le *Télémaque* comme une forme latérale et différée de l'action politique. Dans la perspective érasmienne de l'"institution du prince', il s'agit de modeler la personnalité du futur souverain, puisque de celle-ci dépend la prospérité ou la ruine du royaume – espoirs déçus par la mort prématurée du duc de Bourgogne, tandis que la publication du *Télémaque*, en 1699, contre la volonté de l'auteur, précipite sa disgrâce.

Selon un modèle peut-être lointainement issu de la *Cyropédie* de Xénophon, l'affabulation fénelonienne permet de réunir, dans les marges de *L'Odyssée*, roman archéologique, roman politique et récit de voyages. Le périple de Télémaque et Mentor à travers la Méditerranée antique relève d'un tourisme politique centré principalement sur la personnalité du souverain: entre les figures contrastées du bon et du mauvais roi – Minos et Pygmalion – Idoménée incarne le type du monarque faillible, mais susceptible de se réformer. Quelques-unes seulement des étapes de cet itinéraire politique relèvent au moins partiellement de l'utopie: celle de la Bétique (fin du livre VII) et, de façon moins nette, celle de Salente (livres VIII-XI).

Tout en faisant suite à divers tableaux politiques à signification semi-utopique – l'Egypte de Sésostris (livre II), la puissance maritime et commerciale de Tyr (livres II, III), la Crète de Minos (livre V), la description de la Bétique semble se situer sur un tout autre plan, comme le traduit peut-être son statut diégétique particulier. L'enquête directe sur les diverses conceptions de la monarchie cède ici la place à un récit inséré, attribué au Phénicien Adoam, dont l'objet est une lointaine société archaïque et patriarcale, antérieure à l'institution monarchique et même à toute organisation étatique. A l'intérieur même du roman archéologique s'instaure donc une mise à distance narrative, spatiale et temporelle non sans analogie avec celle que met en œuvre l'utopie classique, dont on retrouvera ici certain constantes formelles et thématiques.

C'est le cas notamment pour la structure narrative de l'épisode. Il s'agit d'une séquence brève et bien délimitée, ce qui n'est pas le cas pour les autres épisodes utopiques ou para-utopiques du roman, dont les frontières sont beaucoup plus floues. La démarche est plutôt didactique que narrative: ni voyage ni exploration progressive d'un monde inconnu, mais la présentation ordonnée d'un savoir déjà constitué, sur le modèle de l'article d'encyclopédie ou du manuel géographique, avec une organisation rappelant celle du second livre de *L'Utopie* (géographique physique du cadre naturel; géographie humaine et économique; structures sociales et politiques). Enfin, les questions de Télémaque permettent de développer des points particuliers (réglementation du mariage, de la famille, des rapports avec l'extérieur), précédant une conclusion morale et politique.

A la faiblesse de l'élément narratif – ni intrigue ni histoire, pas même celle du peuple utopique – il faut sans doute rapporter l'usage quasi exclusif du présent descriptif, temps didactique exprimant la nature intemporelle de ce monde anhistorique, sans devenir ni événements. Le discours d'Adoam est périodiquement relayé par des dialogues rapportés au style direct: interventions de Télémaque sous la forme de questions permettant de relancer l'exposé, mais aussi citations des utopiens eux-mêmes insérées par Adoam dans le corps de son développement. Cependant les propos reproduits, introduits par des relais de paroles stéréotypés ('disent-ils', 'ils répondent en ces termes') ne sont ceux de personne en particulier: donnés pour l'émanation collective du tableau utopique, ils ne font surgir en son sein aucun individu différencié et portent moins sur la Bétique elle-même que sur ce qui oppose ses pratiques à celles du monde extérieur. La modalité de présentation essentielle reste donc la description, une description très peu visuelle et fort peu concrète, même lorsqu'il s'agit de présenter un paysage. Il faut souligner à ce propos l'effet 'déréalisant' du style de Fénelon, qui procède par enfilade de clichés:[28] 'l'ardeur de l'été' est 'toujours tempérée par des zéphyrs rafraîchissants', le climat un 'heureux hymen du printemps et de l'automne', les arbres 'toujours verts et toujours fleuris', les montagnes 'couvertes de troupeaux'.[29] En revanche le narrateur, remarquablement absent en tant que personnage, pénètre intimement sa description d'un commentaire appréciatif et, faute de donner à voir, ne cesse de valoriser ce qu'il décrit: d'où l'abondance des adjectifs dits 'axiologiques', comme dans la phrase suivante: 'Les femmes filent cette *belle* laine, et en font des étoffes *fines* d'une *merveilleuse* blancheur' (p.206).

On retrouvera également dans l'épisode de la Bétique, plus ou moins altérées, quelques-unes des caractéristiques thématiques habituelles du genre utopique. Sa localisation, 'assez près des Colonnes d'Hercule' (en fait, dans l'actuelle Andalousie), la situe aux limites du monde connu des Grecs. On ne retrouve pas la traditionnelle configuration insulaire, mais les habitants n'échappent pas à la classique clôture utopique, puisque 'la nature [...] les a séparés des autres peuple d'un côté par la mer, et de l'autre par de hautes montagnes du côté du nord' (p.210). Le thème toutefois ne semble pas avoir l'importance qu'il revêt d'ordinaire, et l'isolement n'empêche pas d'assez nombreux contacts avec l'extérieur. Il est vrai qu'à la clôture géographique se joint ici une clôture mentale: protégée par la rigueur vertueuse de ses mœurs, la Bétique ne craint pas les tentations venues du dehors. Le trait le plus notable du décor est l'idéalisation forcenée dont il est l'objet: la fécondité extraordinaire du sol permet deux récoltes par an; la nature même y est différente puisque, sans été

---

28. Ce vocable est pris ici dans son acception purement technique: syntagme figé constitué de termes dont l'association obéit à une forte prévisibilité lexicale.

29. Fénelon, *Les Aventures de Télémaque*, éd. Jeanne-Lydie Goré (Paris 1968), p.205. Toutes les citations renvoient à cette édition.

ni hiver, le climat reste, à l'image des habitants, tempéré et immuablement égal; la richesse potentielle du pays est fabuleuse – on ne se donne pas la peine d'exploiter les mines d'argent et d'or, sinon pour façonner dans ces métaux des socs de charrue. Ce dernier motif est présent dans toute la tradition utopique. On peut y voir à la fois une traduction spectaculaire du renversement de l'ordre des choses prévalant au sein du monde réel, la rareté devenant ici profusion, et une substitution à la valeur d'échange conventionnelle et factice de la valeur d'usage réelle.

L'économie de la Bétique repose exclusivement sur l'agriculture et l'élevage, avec une très nette prédominance du second, qui favorise l'absence de propriété privée du sol: 'Ils vivent tous ensemble sans partager les terres' (p.207). Le nomadisme pastoral n'a pas seulement une signfication économique, mais aussi une valeur sociale et morale: pas de maisons mais des tentes, pas de luxe, pas d'appropriation des terres, donc aucun motif de conflits ('Ainsi, ils n'ont point d'intérêts à soutenir les uns contre les autres, et ils s'aiment tous d'une amour fraternelle que rien ne trouble', p.207-208). Une existence autarcique permet à chaque famille de subvenir à ses propres besoins: les femmes fabriquent elles-mêmes vêtements et chaussures à partir de la laine et du cuir des moutons, sans qu'il soit besoin de recourir à un artisanat spécialisé susceptible d'alimenter une consommation de luxe en créant des besoins artificiels, et qui de surcroît impliquerait, avec la division du travail, l'instauration d'un processus d'échanges, donc la nécessité d'une monnaie. Comme les Utopiens de More, les habitants de la Bétique opposent le travail agricole, producteur de biens directement consommables, et la recherche stérile de l'or, signe abstrait qui s'interpose entre le besoin et sa satisfaction (p.211):

Ne creusez point – nous disaient-ils – si avant dans la terre: contentez-vous de la labourer: elle vous donnera de véritables biens qui vous nourriront; vous en tirerez des fruits qui valent mieux que l'or et que l'argent, puisque les hommes ne veulent de l'or et de l'argent que pour en acheter les aliments qui soutiennent leur vie.

D'où une économie archaïque qui ignore les échanges monétaires et même le simple troc, puisque l'autoconsommation est la règle – version particulièrement rudimentaire du vieux mythe du communisme agraire primitif dont s'inspirent bien des utopistes, de *L'Utopie* de More à la république chevaline de Swift; mais ces derniers reconnaissent au moins la nécessité d'une organisation planifiée de la production et de la distribution qu'on chercherait vainement ici. D'où aussi l'aspect sommaire des fondements sociaux et politiques de cette utopie à peu près dépourvue de cadres institutionnels. Bien que 'tous libres et tous égaux', les habitants de la Bétique sont soumis à la toute-puissance du chef de famille, 'qui en est le véritable roi' et exerce son pouvoir judiciaire sur l'ensemble du clan (p.208, 207). Il s'agit d'une société traditionnelle, fondée sur l'obéissance des plus jeunes aux plus anciens et la séparation rigoureuse des rôles masculins et féminins, l'égalité de principe des deux sexes étant cependant affirmée dans l'obligation commune d'une fidélité réciproque. Ce modèle patriarcal semble dériver de la famille romaine archaïque et, plus encore, de l'image mythique des patriarches bibliques répandue par l'ouvrage de l'abbé Fleury,[30] l'ami de Fénelon, mais corrigées l'une et l'autre par l'influence du christianisme fénelonien (monogamie, indissolubilité du mariage).

Le point le plus intéressant est l'absence complète de structures politiques: pas de pouvoir central ni même d'organe de concertation, pas de lois, pas d'instances judiciaires, car 'leur propre conscience les juge', et l'absence de propriété supprime d'ailleurs toute occasion de discorde.[31] La cohésion de l'idéologie assurant l'unité des vouloirs individuels tient lieu d'organisation étatique. Son principe unique est la nature, entendue dans tous les sens de ce terme. Il s'agit d'abord de la puissance productive du sol, se traduisant en biens directement consommables: émanations de la générosité de la terre, laitages, fruits et légumes forment la base de l'alimentation. Des tabous alimentaires frappent la consommation du vin 'corrupteur des hommes', mais aussi de la viande, chose curieuse chez un peuple d'éleveurs (toutefois le végétarisme, associé au refus de la violence et du sang ou justifié par des arguments philosophiques, est un motif fréquent dans les utopies).[32] La nature, c'est aussi la sphère frugale des 'vrais besoins', ou des 'véritables nécessités des hommes', opposés aux 'fausses nécessités' du luxe dont les civilisés se rendent esclaves: la douceur du climat, qui dispense d'édifier des maisons, permet aussi de réduire le vêtement à 'une pièce d'étoffe fine et légère, qui n'est point taillée, et que chacun met à longs plis autour de son corps pour la modestie'.[33] La nature enfin revêt une signification morale: assimilée semble-t-il à la vertu, par un glissement que la vulgate des Lumières tendra plus tard à fâcheusement systématiser, elle s'identifie à la voix personnelle de la conscience.

En tout cela, la Bétique s'oppose fortement au monde extérieur et aux valeurs qui le régissent. Or, on l'a remarqué, la clôture utopique est ici imparfaite et n'élimine pas les risques de contamination liés aux contacts avec l'extérieur. D'où des contradictions et des incohérences. Sans armée ni organisation collective de défense, les habitants de la Bétique poussent le pacifisme jusqu'au refus de défendre leur territoire: 'Tant qu'il restera des terres libres et incultes,

---

30. Claude Fleury, *Les Mœurs des Israélites, où l'on voit le modèle d'une politique simple et sincère pour le gouvernement des Etats et la réforme des mœurs* (Paris, La Haye 1681; très nombreuses rééditions jusqu'à la fin du dix-huitième siècle).

31. Fénelon, *Télémaque*, p.207.

32. Voir notamment Foigny et Swift.

33. Fénelon, *Télémaque*, p.206.

nous ne voudrions pas même défendre les nôtres contre des voisins qui viendraient s'en saisir'; mais, nous dit-on aussi, ce peuple 'se livrerait à la mort plutôt que d'accepter la servitude' (p.210). La même irréalisme politique marque l'attitude ambiguë à l'égard du commerce: hostile à toute forme de commerce, pourvoyeur de besoins artificiels contraires à la nature, la Bétique, qui a laissé s'installer sur son sol un comptoir phénicien, reçoit pourtant les négociants 'avec bonté', les autorise à exploiter ses mines d'or et leur livre sans contrepartie ses surplus agricoles, s'offrant ainsi sans protection aux influences délétères de la société marchande et aux appétits impérialistes des nations extérieures, comme si ces dernières partageaient son irénisme de principe.

Ces contradictions invitent à se demander quelle peut être la signification de cette utopie, si toutefois c'en est bien une. Il est douteux que Fénelon ait pu croire à la valeur de modèle de la société qu'il dépeint. Elle est, on l'a vu, politiquement non viable, car elle ne tient pas compte des difficultés prévisibles de la coexistence avec d'autres Etats qui, eux, resteraient soumis à la propriété privée, à l'argent, à l'esprit de conquête. D'autre part, elle n'est concevable que grâce à des conditions naturelles et humaines extraordinairement favorables: exceptionnelles douceur du climat et fécondité du sol, entente fraternelle de tous rendant l'Etat inutile. Enfin, la perspective d'une réforme sur ce patron des sociétés existantes n'apparaît à aucun moment.

Plutôt qu'un modèle à imiter, la Bétique offre, à la faveur d'un décentrement du point de vue, un instrument d'appréciation critique des tares du monde de référence, soit, ici, à la fois les autres sociétés politiques fictives du *Télémaque* et la société louis-quatorzienne contemporaine de l'auteur. On retrouve, exprimés par la voix des habitants de la Bétique, les principaux thèmes de la critique fénelonienne: critique de la civilisation urbaine (Fénelon rêve d'un peuple d'agriculteurs) et, plus précisément, de l'artisanat de luxe, qui nourrit la vanité, rend esclave de besoins artificiels et gaspille les deniers publics; critique de la guerre, le pacifisme absolu de l'utopie étant moins ici une proposition concrète qu'une protestation contre la politique de conquêtes de Louis XIV; critique, dans une perspective à la fois 'féodale' et chrétienne, de l'évolution absolutiste de la monarchie ('C'est tout ce qu'un homme sage peut faire, que de vouloir s'assujettir à gouverner un peuple docile dont les dieux l'ont chargé, ou un peuple qui le prie d'être comme son père et son pasteur. Mais gouverner les peuples contre leur volonté, c'est se rendre très misérable, pour avoir le faux honneur de les tenir en esclavage', p.208); critique enfin, fort ambiguë il est vrai, des effets corrupteurs du commerce (la Bétique l'autorise pour les étrangers, et il jouit à Salente d'une liberté surveillée – c'est reconnaître qu'il s'agit d'un mal nécessaire).

S'agit-il même d'une utopie? La Bétique est plutôt la projection d'un rêve nostalgique que Fénelon sait parfaitement irréalisable, une 'belle fable', selon les paroles de Télémaque (p.212), qui ne regarde pas vers l'avenir mais vers le passé le plus archaïque: communisme agraire, économie de subsistance rudimentaire, structure politique limitée au clan familial, 'ce pays semble avoir conservé les délices de l'âge d'or' (p.205). On peut y voir une utopie pessimiste, en ce sens que l'évolution historique la condamne inéluctablement à disparaître, ou plutôt, si l'on considère l'absence de structures politiques et d'organisation institutionnelle comme le critère distinctif décisif, une arcadie, le tableau idéal 'des bergers tels qu'on s'imagine qu'ils ont été dans l'égalité et l'abondance du premier âge, avec l'ingénuité de la nature, la douceur de l'innocence et la noblesse de la liberté'.[34] En ce sens la Bétique, monde rêvé antérieur à l'histoire, s'oppose à Salente, qui s'y trouve immergée et doit composer avec ses contraintes.

Le tableau de la Bétique, forme limite de l'utopie aux lisières du genre arcadien, a exercé une influence considérable sur toute l'utopie primitiviste ultérieure pendant plus d'un siècle: la présence du modèle fénelonien, dont on a déjà noté la résurgence dans l'histoire des Troglodytes de Montesquieu, est encore perceptible chez Bernardin de Saint-Pierre dans la description du domaine de *Paul et Virginie* ou chez Chateaubriand, dans la colonie du père Aubry d'*Atala*.[35] Mais elle se combine souvent avec d'autres influences, celle des pastorales galantes à sujet antique dans le goût du *Tempe de Gnide*, qui l'inclinent dans le sens de l'idylle et s'écartent encore davantage du modèle utopique tout en faisant une large place aux thèmes amoureux. C'est le cas, par exemple, dans le *Voyage d'Alcimédon*, de Martigny, dont le héros, 'persécuté de la fortune, trahi par l'amitié, désespéré par l'amour',[36] fait heureusement naufrage sur l'île de Philos, aimable décor pastoral où – c'est vraiment la seule originalité de ce texte aussi fade que conventionnel – les jeunes filles, plus éprises de la sagesse que de la volupté, ne se laissent courtiser que par les vieillards. Bien qu'il n'ait que quarante ans, Alcimédon s'attirera l'amour de la belle Alcioné et coulera des jours heureux à Philos à 'admirer la pureté de la nature naissante, conservée dans cet asile inviolable'. Il n'y a guère à glaner pour l'utopie dans cette société toute occupée de métaphysique galante et dont les institutions sont purement négatives: pas de culte ni de temple, puisque

---

34. Marmontel, article 'Eglogue' de l'*Encyclopédie*.

35. Voir nos études 'D'*Atala* à *René* ou la fin de l'utopie des Lumières', *Travaux de linguistique et de littérature* (1979), p.85-103, et '*Paul et Virginie* et l'utopie: de la "petite société" au mythe collectif', *Studies on Voltaire* 242 (1986), p.419-71.

36. Martigny, *Voyage d'Alcimédon, ou naufrage qui conduit au port*: histoire plus vraie que vraisemblable, mais qui peut encourager à la recherche des terres inconnues (Amsterdam 1751), in Garnier (éd.), *Voyages imaginaires*, x.1.

'celui qu'on élève à la divinité est dans le cœur', ni d'institutions judidiciaires, 'parce que, tout le monde étant juste, personne n'a de procès', ni d'autre cérémonie de mariage que les serments librement échangés: 'Nous les faisons à l'objet de nos vœux, et ils sont sacrés' (p.91).

Il y a encore moins à dire des *Isles Fortunées, ou les aventures de Bathylle et de Cléobule* (1771), du bien nommé Moutonnet de Clairfons, traducteur d'Anacréon, Sapho, Bion, Moschus, entre autres. Le patronyme champêtre de l'auteur semble exprimer toute la mièvrerie de cette 'peinture fraîche et délicate des mœurs pures des anciens Grecs',[37] qui oppose la corruption d'Athènes (= Paris), d'où vient Bathylle, aux 'douceurs de la paix, de la concorde et de la tranquillité' des Iles Fortunées, où l'accueille le berger Cléobule (p.197). Ici encore règne l'égalité pastorale dans une société qui ignore l'argent et le commerce, sinon la propriété privée; mais 'les terres, partagées également, n'ont ni borne ni limites; et cependant personne n'empiète sur l'héritage de son voisin' (p.198). Le récit s'achève sur un divertissement champêtre à l'issue duquel Bathylle, ayant conquis le cœur de la plus belle des bergères, décide de s'installer dans l'île.

On a peine à comprendre aujourd'hui le goût des contemporains pour ces productions insipides. Peut-être expriment-elles, sous la rhétorique convenue de l'idylle, les aspirations primitivistes d'une société urbaine malade de trop de civilisation et devenue incapable de se représenter le naturel autrement que comme le comble de l'artifice. C'est par cet aspect, plus que par leur contenu social inexistant ou banalement conventionnel, qu'elles se rattachent encore à l'utopie: non moins faux que le 'bon sauvage' des épigones du rousseauisme, le berger de la pastorale néo-antique présente à l'homme des Lumières l'image aisément recevable et point trop dépaysante d'une altérité aimablement apprivoisée.

iv. Le modèle fénelonien: Salente et l'utopie de la réforme monarchique

L'épisode de Salente est cité par presque tous les historiens de l'utopie, bien que l'appartenance au genre n'y soit pas absolument évidente. Il ne s'agit pas d'une séquence autonome comme l'est celle de la Bétique: l'histoire de Salente n'a qu'un statut surbordonné par rapport à celle d'Idoménée, l'une des principales figures royales du *Télémaque*, où elle occupe, avec de nombreuses coupures, il est vrai, les livres V à XVII. On y trouvera donc moins la formulation *in*

---

37. Garnier (éd.), *Voyages imaginaires*, x.IX (Préface); *Les Isles Fortunées* occupent les pages 96 à 210.

abstracto d'un idéal de gouvernement que l'illustration de l'itinéraire politique du monarque à travers quelques-unes de ses étapes.

Egaré par l'orgueil guerrier et le goût de la magnificence, victime de surcroît des flatteurs et des mauvais conseillers, Idoménée est un souverain médiocre mais perfectible. Meurtrier de son propre fils en exécution d'un vœu absurde, il a été chassé de son trône de Crète et s'est réfugié en Hespérie où, avec quelques fidèles, il a fondé la ville nouvelle de Salente. Cette seconde chance qui lui est offerte pour faire la preuve qu'il est digne de régner, Idoménée la gâchera également: ayant pris les armes contre les Manduriens, premiers habitants du pays, il soulève contre lui tous ses voisins. L'arrivée de Mentor et de Télémaque lui permettra de faire enfin son apprentissage de roi, la réformation de Salente n'étant que la traduction, sur le plan de l'action politique, du processus de réformation d'Idoménée lui-même.

Après avoir négocié une conclusion pacifique du conflit extérieur avec les Manduriens, Mentor va en effet soumettre à Idoménée, au livre X, un plan de gouvernement détaillé. Suivent, beaucoup plus brièvement exposés, la mise en application du programme et ses premiers effets (fin du livre X), puis, en tableau final, la prospérité de Salente rénovée et la philosophie politique qui la sous-tend (livre XVII).

Partant d'un bilan démographique, économique et commercial de la cité dans son état actuel, Mentor propose un programme en plusieurs points. On développera d'abord les échanges en '[promettant] une récompense à tous les marchands qui pourraient attirer à Salente le commerce de quelque nouvelle nation'.[38] Faut-il voir dans cette politique commerciale, avec Raymond Trousson, l'affirmation d'un libéralisme économique délibérément anti-colbertiste? C'est ce que semblent confirmer certaines déclarations libre-échangistes ('Tout y était apporté et tout en sortait librement').[39] Mais, tout en précisant que 'la liberté du commerce était entière', l'auteur lui impose, en réalité une surveillance sévère: la comptabilité des marchands est soumise au contrôle de l'Etat et les mises de fonds réglementées, tandis que des lois somptuaires interdisent les importations susceptibles d'"introduire le luxe et la mollesse'. Le même idéal de 'frugale simplicité' inspire la réglementation de la vie quotidienne, d'autant mieux acceptée par tous que le souverain donnera lui-même l'exemple en s'y pliant le premier: nourriture saine mais sobre, mobilier simple et robuste, logements 'd'une architecture simple et gracieuse', mais sans ornement, édifiés à partir des divers plans-types prévus selon la taille des familles, prohibition de tout ce qui peut encourager le 'faste inutile', et notamment de l'artisanat de

---

38. Fénelon, *Télémaque*, p.277.
39. Trousson, *Voyages aux pays de nulle part*, p.98.

luxe. La place des arts est étroitement limitée, et ceux-ci sont administrés comme une sorte de monopole étatique dans une perspective exclusivement religieuse et civique: la grande architecture est réservée aux temples, la musique sacrée seule est tolérée, les sculpteurs et les peintres ne sont employés 'que pour conserver la mémoire des grands hommes et des grandes actions'.[40]

Le point le plus développé concerne l'organisation sociale, abordée par le biais d'une législation du vêtement empruntée, comme l'a montré D. R. McKee, à l'*Histoire des Sévarambes* de Veiras;[41] on y retrouvera la vieille aspiration utopique à la transparence sociale des êtres, dont la catégorisation est rendue immédiatement lisible par le port d'uniformes différenciés. Il existe sept classes hiérarchisées – Salente n'a rien d'un paradis égalitaire – distinguées par la couleur du vêtement, auxquelles il faut ajouter les esclaves, pourvus également d'un uniforme propre. Le premier rang est attribué à 'ceux qui ont une noblesse plus ancienne et plus éclatante', car 'la distinction la moins exposée à l'envie est celle qui vient d'une longue suite d'ancêtres'.[42] Nous sommes ici bien loin du modèle des Sévarambes de Veiras, qui ne possèdent pas d'aristocratie héréditaire; mais la prérogative accordée à la noblesse traditionnelle aux dépens de ceux qui, ayant 'le mérite et l'autorité des emplois', sont invités pourtant à ne point 'se méconnaître dans une trop prompte et trop haute fortune', renvoie clairement aux préventions 'féodales' de Fénelon à l'encontre des parvenus sans naissance élevés par la faveur de Louis XIV: ministres, grands commis, financiers … Mentor ne donne guère de détails sur la hiérarchie des classes au sein du peuple, mais ses préférences vont manifestement aux agriculteurs, les artisans étant toujours suspects d'entretenir une consommation de luxe économiquement et moralement pernicieuse. On ne tolérera donc que ceux d'entre eux qui pratiquent des 'arts nécessaires', en veillant si besoin est à leur reconversion: ainsi, sitôt les travaux achevés, les maçons appelés pour la reconstruction de Salente seront réinstallés dans l'agriculture.

Celle-ci fait l'objet de toute la sollicitude du législateur. Elle n'est pas seulement, selon une optique pré-physiocratique, la principale source de richesse des nations: elle constitue également une école de vertus privées et civiques, ainsi que, pour le souverain, une garantie de l'ordre politique; en effet, 'c'est la mollesse et l'oisiveté qui rendent les peuples insolents et rebelles' (p.286). Or, la culture de la terre nécessite un labeur constant qui produit

---

40. Fénelon, *Télémaque*, p.281.
41. D. R. McKee, 'Fénelon and Denis Vairasse', *Modern language notes* 46 (1931), p.474-75. Il s'agit du projet de division du peuple en sept classes hiérarchisées élaboré par le législateur Sévarias – ou plutôt par son précepteur Giovanni – mais qui au bout du compte ne sera pas retenu (Veiras, *Histoire des Sévarambes*, seconde partie, i.170-76).
42. Fénelon, *Télémaque*, p.278.

l'abondance du nécessaire, mais aucun superflu. Le développement de l'agriculture sera donc favorisé par des lois agraires ainsi que par une politique fiscale aussi originale qu'irréaliste: chaque famille ne pourra posséder que les terres nécessaires à sa subsistance, et les impôts, au lieu de s'appliquer au prorata du revenu agricole, viendront sanctionner les cultivateurs négligents. Enfin, conformément aux thèses populationnistes qui deviendront un lieu commun des économistes du dix-huitième siècle, l'expansion de l'agriculture est étroitement liée à celle de la démographie, qui fait la puissance des Etats: point de famines à craindre, puisque 'la terre n'est jamais ingrate'; tout au contraire, 'plus les laboureurs ont d'enfants, plus ils sont riches, si le prince ne les appauvrit pas; car leurs enfants, dès leur plus tendre jeunesse, commencent à les secourir' (p.284). Suit, après quelques rapides dispositions législatives concernant l'éducation publique (essentiellement patriotique et civique) et les magistrats créés pour l'inspection des mœurs des particuliers, un tableau du bonheur du souverain tirant sa félicité, non du pouvoir absolu ou de la vaine gloire guerrière, mais du bonheur même de son peuple.

Ce programme, dont l'auteur ne prend guère la peine d'examiner les modalités d'application, est-il utopique? Tous les commentateurs l'ont relevé, il n'y a là rien d'autre que les propositions mêmes de Fénelon dans ses textes directement politiques, comme la *Lettre à Louis XIV* ou les *Tables de Chaulnes*, et si par bien des points il peut paraître irréaliste, l'auteur ne le voit pas comme tel. Sous la fiction antique, c'est la conception louis-quatorzienne de la monarchie qui est directement visée, avec les conséquences qu'elle entraîne: dépenses ruineuses de Versailles, poids des guerres étrangères, fiscalité écrasante, famines paysannes. Cela ne suffit pas à faire de Fénelon un précurseur de la Révolution; on peut, au contraire, juger son programme réactionnaire et archaïsant, fondé qu'il est sur une conception paternaliste de la monarchie, une image mythique de la condition paysanne et une complète ignorance des réalités économiques nouvelles qu'allait entraîner ce développement commercial et technique qu'il récuse comme corrupteur.

Toutefois, rapporté à l'environnement politique qui est le sien à l'intérieur du roman, le projet de Mentor se veut pragmatique: il ne s'agit pas de rompre avec les normes politiques du monde existant, mais de les aménager pour les amener au plus près de l'idéale perfection de l'âge d'or qu'incarne la Bétique.[43] Fénelon maintient donc la propriété privée du sol, mais limitée dans ses effets par les lois agraires; le commerce, mais sous un régime de liberté surveillée; l'institution militaire, mais dans une perspective essentiellement défensive.

43. Voir James P. Gilroy, 'Peace and the pursuit of happiness in the French utopian novel: Fénelon's *Télémaque* and Prévost's *Cleveland*', *Studies on Voltaire* 176 (1979), p.169-87 (p.174).

6. Marges de l'utopie: le déplacement dans le temps

Enfin, il ne songe en aucune façon à remettre en question l'inégalité des classes sociales ou le système monarchique, qu'il se propose au contraire d'affermir. Si utopie il y a, c'est une 'utopie du possible', voulue réalisable sans bouleversement des cadres du monde de référence.

Quant aux constantes thématiques ou formelles du genre, on ne les retrouvera guère ici. La traditionnelle clôture utopique est absente: Salente n'est pas un non-lieu ou une île lointaine séparée du monde réel, mais une cité géographiquement située, prise dans les réseaux d'alliances et les conflits de la Méditerranée antique. D'autre part, reposant sur un programme de réformes à réaliser, elle met en jeu une évolution diachronique et s'oppose par là à l'habituelle immobilité ahistorique des utopies – même si l'on admet, avec Raymond Trousson, que 'c'est pour atteindre, en définitive, le même idéal de perfection statique, *ne varietur*, qui hante les utopistes'.[44]

En dépit de quelques résistances individuelles, comme celle de Gueudeville,[45] l'œuvre de Fénelon est à peu près unanimement admirée: Rousseau, Bernardin de Saint-Pierre, les futurs révolutionnaires de 89 s'en nourriront encore. La vogue du roman pédagogique et archéologique, qui en est directement issu, se prolongera jusqu'à la fin du dix-huitième siècle avec le *Voyage du jeune Anacharsis* de l'abbé Barthélemy (1788) ou le *Télèphe* de Pechméja.[46] A la postérité du *Télémaque* se rattachent quantité d'œuvres mineures, dont certaines, assez abusivement, sont parfois classées parmi les utopies:[47] *Les Loix du roy Minos* (anonyme, 1716), dont le titre manifeste clairement l'origine; les *Voyages du Cyrus*, de Ramsay (1727), qui eurent un certain succès en France et en Angleterre et suscitèrent eux-mêmes des imitations, comme *Le Repos de Cyrus* de l'abbé Pernetti (1732); l'interminable *Séthos*, de l'abbé Terrasson, roman 'égyptien' où l'on a voulu voir quelquefois une symbolique maçonnique, mais dont les thèses politiques, très conservatrices, reposent surtout sur l'alliance étroite du trône et de l'autel au sein d'une monarchie à la fois paternaliste et absolue;[48] *Celenia, or the history of Hyempsal, King of Numidia* (anonyme, 1736),

44. Trousson, *Voyages aux pays de nulle part*, p.100.
45. Nicolas Gueudeville, *Critique générale des Aventures de Télémaque* (Cologne 1700). Gueudeville taxe Fénelon de timidité et lui reproche d'abriter sa critique de l'absolutisme derrière un déguisement antique.
46. Jean de Pechméja, *Télèphe en XII livres* (Paris, Londres 1784). Ce roman archéologique, utopique par endroits, contient un épisode (réformation du royaume des Agathyrses par la reine Iphinoé sur les conseils de Télèphe, fils d'Hercule) nettement démarqué de celui de Salente. Mais, signe des temps, Iphinoé abolit l'esclavage et renonce volontairement au trône pour installer un régime républicain.
47. Pour une étude du courant fénelonien au dix-huitième siècle et une bibliographie des écrits qui s'y rattachent, voir Chérel, *Fénelon au XVIIIe siècle en France*.
48. Le tableau de la société des Atlantes (Terrasson, *Séthos*, livre VII) a parfois été interprété comme une utopie où la monarchie – absolue bien qu'élective – s'appuie sur l'unité religieuse de

imitation anglaise de l'ouvrage de Ramsay; *Le Nouveau Télémaque*, de l'abbé Lambert (1744); *Les Aventures de Périphas*, de Puget de Saint-Pierre (1761), lesquelles situent à Délos ce même idéal monarchiste et conservateur qui apparaît bien comme une constante idéologique de la tradition issue du *Télémaque*.

Bien que Victor Dupont, dans son ouvrage sur l'utopie anglaise, ait consacré plusieurs pages à cet opuscule, on peut passer également assez vite sur *Une nouvelle aventure de Télémaque*, de George Stubbes, qui témoigne surtout de la fortune de Fénelon en Angleterre.[49] Se proposant de 'dépeindre, sous la fiction païenne des personnages créés par M. Fénelon lui-même, l'esprit brutal du papisme et le naturel tout autre de son contraire',[50] l'auteur s'appuie sur le passage du livre XVII où Mentor, invité à trancher la querelle qui s'est élevée entre Diophane, prêtre de Jupiter, et Héliodore, prêtre d'Apollon, conseille de laisser la décision aux Etruriens (les théologiens de la Cour de Rome), le rôle du roi devant se borner à 'réprimer ceux qui n'obéiraient pas à leur jugement quand il aura été prononcé'.[51] C'est donc sur les problèmes de la liberté religieuse et de la séparation du spirituel et du temporel que s'articule le récit postiche: les habitants de Salente prennent parti dans la querelle et se divisent en factions rivales; Idoménée défère la question au concile d'Etrurie, au sein duquel Diophane, 'accompli dans la science frauduleuse de la persuasion', impose son point de vue au détriment d'Héliodore. Le souverain confirme les conclusions du concile et crée un tribunal chargé de réprimer toute déviation religieuse. Intolérance et persécutions suscitent les plus fâcheuses conséquences morales, politiques et économiques: 'La liberté fut rejetée avec mépris par un peuple qu'échauffait le zèle pour sa propre oppression; et déjà commençaient à se faire sentir l'indigence et la misère.'[52] Il ne s'agissait pourtant que d'une épreuve imposée par Minerve afin d'administrer la preuve que le pouvoir temporel doit se garder de légiférer en matière religieuse et que la diversité des croyances est le meilleur garant de la paix civile. Enfin éclairé, Idoménée rétablit Héliodore dans ses droits et proclame la tolérance, tandis que Salente, qui a

la nation rassemblée dans le même culte extérieur, le problème de la foi individuelle étant considéré comme secondaire (analyse détaillée dans van Wijngaarden, *Les Odyssées philosophiques*, p.165-72).

49. George Stubbes, *A new adventure of Telemachus*, by the author of the Dialogue on beauty, in the manner of Plato (London 1731). Voir Dupont, *L'Utopie et le roman utopique*, p.275-77.

50. 'painting out, under the feign'd Heathen Characters first introduced by Mr Fénelon himself, the fiery Spirit of Popery, and the different Temper of its Contrary' (Stubbes, *A new adventure*, p.v).

51. Fénelon, *Télémaque*, p.471. Contrairement à ce que croit Stubbes (*A new adventure*, p.10n.), l'allusion ne vise pas probablement le Concile de Trente, mais la querelle sur le quiétisme et le conflit entre Fénelon et Bossuet à propos de l'*Explication des maximes des saints*. L'ouvrage était alors à l'examen à Rome.

52. 'Liberty was rejected with Contempt, by a People possessed with Zeal for their own Oppression; and Poverty and Misery already began to be felt' (Stubbes, *A new adventure*, p.20).

entre-temps 'secoué le joug de l'esclavage étrurien' (entendons celui du papisme), retrouve l'harmonie et la prospérité, leçon d'une Angleterre laïcisée, fière de la tradition de tolérance établie par la 'Glorieuse Révolution', à une France encore archaïque où le souverain, en croyant instaurer l'unité de la nation, ne fait que relayer les décisions de Rome.

Nous sommes ici bien loin de l'inspiration du *Télémaque* et encore plus loin du genre utopique. Il n'en va pas de même avec *La Basiliade* de Morelly, transposition inattendue mais, après tout, fidèle du modèle fénelonien qui imprime à ce dernier un radicalisme de pensée bien étranger au conservatisme politique de la plupart de ses épigones.

v. Un aboutissment original du modèle fénelonien: utopie et pastorale érotique dans *La Basiliade* de Morelly

Comme le *Code de la nature* (1755), qui ne sera pas examiné ici car il ne relève en aucune façon de l'utopie narrative, *La Basiliade* est l'œuvre d'un personnage encore à bien des égards mystérieux: malgré les recherches entreprises depuis une trentaine d'années, sa carrière, son insertion sociale et même son identité restent aujourd'hui encore problématiques.[53] Certes, on a abandonné l'hypothèse du pseudonyme (Morelli = le petit More), et des recherches récentes ont montré que le Gabriel-Etienne Morelly dont on a retrouvé la trace à Vitry-le-François n'était probablement pas, ainsi qu'on l'a cru longtemps, un humble maître d'école de village porte-parole par ses origines d'un 'communisme populaire'. Protégé de la haute aristocratie – Mgr de Rohan, puis les Conti – Morelly est issu d'une famille quelque peu déclassée de la bonne bourgeoisie provinciale dont tous les membres sont employés dans l'administration des Fermes.[54] Mais, ajoutée à d'autres indices, l'unité problématique des textes, notamment la contradiction entre le conformisme politique et religieux du premier traité politique (*Le Prince, les délices du cœur*, 1750) et la hardiesse de *La Basiliade* et du *Code* a pu donner quelque consistance à l'hypothèse des 'deux Morelly'. Restent surtout les interrogations liées à l'appartenance idéologique,

53. Voir, notamment, R. N. Coe, 'A la recherche de Morelly: étude bibliographique et biographique', *Revue d'histoire littéraire de la France* 57 (1957), p.321-34, 515-23; J. Dautry, 'Réflexion sur Morelly et le *Code de la nature*', *La Pensée* 65 (1956), p.65-84; surtout, l'importante thèse de Nicolas Wagner, *Morelly, le méconnu des Lumières* (Paris 1978).

54. Voir N. Wagner, 'Etat actuel de nos connaissances sur Morelly: biographie, accueil et fortune de l'œuvre', *Dix-huitième siècle* 10 (1978), p.259-68; Guy Antonetti, 'Etienne-Gabriel Morelly: l'homme et sa famille', *Revue d'histoire littéraire de la France* 83 (1983), p.390-402, et 'Etienne-Gabriel Morelly; l'écrivain et ses protecteurs', *Revue d'histoire littéraire de la France* 84 (1984), p.19-52, où Antonetti montre notamment que Morelly a été le 'porte-plume' du prince de Conti, inspirateur de la diplomatie secrète de Louis XV.

à la signification et à l'influence d'une œuvre où Lichtenberger voit 'au point de vue socialiste [...] la plus importante des utopies du XVIIIe siècle'.[55] Le thème de la suppression de la propriété privée n'est-il qu'une 'vieille antienne utopique'[56] ou l'expression d'une aspiration populaire? Morelly doit-il être rangé parmi les plus radicaux des Philosophes, ou bien est-il l'héritier passablement hérétique d'un certain courant d'origine chrétienne? La réception de l'œuvre au dix-huitième siècle à cet égard laisse perplexe: *La Basiliade* a été jugée très favorablement par Fréron, l'adversaire des Philosophes, mais aussi par Rousseau, qui en a repris des fragments dans *La Profession de foi du vicaire savoyard*;[57] et c'est la lecture du *Code de la nature* (que, comme la majorité de ses contemporains, il attribue à Diderot) qui est à l'origine de la vocation révolutionnaire de Babeuf.

La Basiliade, épopée en prose en quatorze chants précédés chacun d'un 'Argument', à la manière du *Télémaque*, se donne pour la traduction d'un ouvrage écrit plus de deux mille ans plus tôt par le poète indien Pilpaï, à qui La Fontaine avait déjà emprunté le sujet de quelques-unes de ses fables. Le prétendu traducteur raconte comment, au service de Thamas Kouli-Khan, il s'est trouvé assister au sac de Delhi et, dans la bibliothèque du Grand Mogol, a pu sauver du pillage un manuscrit, enfermé dans une cassette d'or massif, portant en frontispice l'inscription suivante: '*Ce livre contient des vérités qui ne sont pas bonnes à dire à tout le monde; que les Sages ne prodiguent pas aux Stupides; que les Rois estiment, mais qu'ils n'écoutent pas volontiers: il n'y a qu'une âme intrépide qui se fasse gloire de les tirer de l'obscurité.*'[58] Du même ton sont les gloses emphatiques qui entourent l'ouvrage dans sa préface et dans sa conclusion: c'est '*la Sapience de tous les tems*: c'est le règne de la vérité, toujours une, toujours constante, toujours lumineuse'; 'tout est grand et sublime dans *La Basiliade*' (i.VIII, ii.290; italiques dans l'original). On aimerait croire, avec Nicolas Wagner, que quelque intention badine a présidé à cette auto-célébration,[59] mais rien n'est moins sûr, car l'humour n'est visiblement guère le fort de Morelly. Le style est pompeux, redondant, encombré de pléonastiques épithètes 'de nature'

---

55. Lichtenberger, *Le Socialisme au XVIIIe siècle*, p.113.

56. Trousson, *Voyages aux pays de nulle part*, p.148.

57. Selon Fréron, 'Il y a beaucoup d'imagination, de l'esprit, du génie même dans cet ouvrage, qui d'ailleurs ne respire que les bonnes mœurs et la vertu' (*Lettres sur quelques écrits de ce temps*, 28 juillet 1753, x.153, cité par Wagner, *Morelly, le méconnu des Lumières*, p.198). Pour l'attitude de Rousseau, voir la *Profession de foi*, éd. P. M. Masson (Paris 1914), p.217, ainsi que les *Œuvres complètes* de Rousseau, Bibliothèque de la Pléiade, iv.1548, n.1 (Paris 1969).

58. Etienne-Gabriel Morelly, *Naufrage des Isles Flottantes, ou Basiliade du célèbre Pilpaï, poème héroïque traduit de l'indien par M. M* (Messine 1753), i.VI. L'exemplaire consulté est celui de la Bibliothèque universitaire de Poitiers (Fonds Dubois, 1559).

59. Wagner, *Morelly, le méconnu*, p.185.

6. *Marges de l'utopie: le déplacement dans le temps*

(funestes écueils, insatiable avarice, fertiles et spacieuses campagnes, fruits délicieux ...) et de périphrases 'nobles' que l'auteur se voit parfois contraint de traduire: ainsi une note précise-t-elle que 'l'essence précieuse que renferme l'épi' n'est autre que la farine![60] Mais c'est surtout le recours massif à l'allégorie, probablement sans équivalent de cette ampleur dans la littérature française depuis *Le Roman de la rose*, qui fait de *La Basiliade*, il faut bien l'avouer, une œuvre aujourd'hui à peu près illisible. A partir du chant IV, le héros se meut dans un univers d'abstractions personnifiées (la Nature, la Beauté, l'Amour, la Ruse, l'Orgueil, la Flatterie, la Témérité, l'Envie, l'Avarice, l'Imprudence) et de descriptions allégoriques (le cortège des Vices, messagers du Mensonge, chant V; l'affreux Intérêt et les cérémonies de son culte, chant VIII; la redécouverte du temple oublié de la Vérité, chant XIII) plus que de personnages vivants.

Parmi les sources de *La Basiliade* (More, dont la marque est d'ailleurs encore plus présente dans le *Code de la nature*; la *Bibliothèque orientale* d'Herbelot, mise à contribution pour les détails sur Pilpaï et les noms de personnages; l'organisation communautaire de l'empire des Incas d'après les *Commentaires royaux* de Garcilaso de La Vega, l'un des grands textes inspirateurs de la tradition utopique), l'influence de Fénelon est à la fois la moins immédiatement décelable et la plus profonde. Morelly ne lui doit pas seulement la forme du poème épique en prose ornée. Il conjoint également les deux traditions issues du *Télémaque*, celle de la pastorale primitiviste et celle du roman pédagogique et archéologique. Le communisme agraire de ce monde innocent, sans lois, sans propriété privée et presque sans Etat apparaît comme une variante de celui da la Bétique; situées dans une durée vague mais infiniment lointaine, les aventures du jeune souverain Zeinzemin, fils d'Alsmanzein, font bien de *La Basiliade*, ainsi, du reste, que son titre suffit à l'indiquer, un roman de l'éducation du prince à la manière du *Télémaque*: comme celui de Fénelon, le jeune héros se formera à sa tâche de monarque à travers une série d'épreuves, de rencontres, de voyages et de conversations sous la conduite du vieillard Adel et du sage Fadhilah, en qui se dédouble ici le personnage de Mentor, jusqu'à l'épiphanie finale de la Vérité, qui coïncide avec le retour du roi dans son empire. Enfin, si l'on accepte l'interprétation de Nicolas Wagner, Morelly ne ferait que pousser à ses dernières conséquences, hérétiques et anti-chrétiennes, la doctrine quiétiste du 'pur amour' héritée de la spiritualité fénelonienne, qui se trouve ainsi rejoindre assez paradoxalement les thèmes les plus hardis du matérialisme athée.[61]

Le fil conducteur du récit est constitué par les aventures du jeune prince

---

60. Morelly, *Basiliade*, i.11.
61. Wagner, *Morelly, le méconnu*, p.186-93.

Zeinzemin, enjeu de la guerre que se livrent le Mensonge et la Vérité. Après avoir vainement tenté de répandre la discorde dans son empire en lui suggérant d'y instituer la propriété, la Ruse y fait débarquer des étrangers corrompus venus des Iles Flottantes – allégorie des vices de l'Europe – puis fait enlever Zeinzemin à bord d'un vaisseau. A l'issue d'un périple jalonné d'escales dans diverses îles allégoriques, il redécouvrira le sentier oublié qui conduit au temple délaissé de la Vérité et s'embarquera avec l'aide d'une famille de pêcheurs pour regagner son royaume, tandis que la Dive des Tempêtes fait échouer les Iles Flottantes et que la Vérité descend sur la terre pour y graver ses lois sur une pyramide d'or.

A la différence du *Télémaque* et contrairement aux normes habituelles du genre, le territoire utopique – qui ici n'est pas une île, mais le continent – n'est pas atteint au terme d'un voyage coïncidant avec un itinéraire narratif: le modèle idéal est donné d'emblée en ouverture, la présentation des anti-modèles dégradés – les Iles Flottantes – se trouvant rejetée dans la suite du récit. Seuls relèvent donc réellement du genre utopique les trois premiers chants, précédés, conformément au modèle épico-didactique dont se réclame le texte, d'une 'Invocation à la Vérité, mère de la Nature', où se trouve exposé le sujet du poème: la disparition des 'Isles infortunées', 'repaire affreux de tous les monstres, enfans de l'imposture', qui symbolisent nos sociétés corrompues.[62]

L'utopie n'a d'autre situation géographique que purement allégorique: elle occupe, 'au sein d'une vaste Mer, miroir de cette profonde Sagesse, qui embrasse et régit l'Univers', 'un Continent riche et fertile' au décor paradisiaque. Arbres 'toujours verds, chargés de fruits délicieux toujours renaissans et toujours annoncés par des fleurs', ruisseaux, prairies, tout y évoque la Bétique du *Télémaque*, comme l'innocence d'une nation qui ignore 'l'impitoyable Propriété, mere de tous les crimes qui inondent le reste du Monde' (i.4-5). C'est là, en effet, le principe essentiel de cette utopie, nouvelle version du vieux mythe du communisme agro-pastoral primitif. Chose curieuse dans une civilisation pastorale – mais cette contradiction était déjà présente chez Fénelon – l'alimentation est strictement végétarienne: comme bien des utopistes, Morelly voit dans l'alimentation carnée qu'imposent nos 'goûts dépravés par l'intempérance' l'expression d'une antiphysis liée à la violence, à la corruption et à la mort. Le fondement réel de l'économie est donc l'agriculture, les troupeaux semblant n'avoir d'autre fonction que de satisfaire aux conventions décoratives de l'églogue. L'auteur évoquera plus loin le 'pompeux appareil des labours et des moissons' où, comme chez les Péruviens de Garcilaso de La Vega, l''on voit quelquefois cent mille faux dépouiller les champs d'une forêt d'épis aussi

---

62. Morelly, *Basiliade*, i.3.

rapidement que la flamme d'un incendie, tandis qu'une foule de jeunes Beautés en rassemble et lie les gerbes' (i.105). Si la propriété personnelle est inconnue, les terres sont concédées individuellement, mais leur produit, confié à des greniers collectifs, est géré de façon communautaire: des échanges entre provinces déficitaires et excédentaires permettent de le répartir également entre tous.

En dépit de la tonalité arcadienne de l'œuvre, Morelly prévoit un aménagement volontaire de l'espace conforme aux traditionnelles obsessions géométrisantes des utopies urbaines. Un programme de grands travaux, exécutés spontanément par les citoyens, a permis d'endiguer les rivières, de construire des canaux, des aqueducs: 'toutes ces choses rangées avec tant d'art et de simétrie, font des campagnes autant de jardins agréables' (i.102). Pour faciliter les communications, on a établi un réseau routier qui divise le territoire de l'empire en 'une infinité de quarrés spacieux'. A chaque carrefour, une esplanade bordée d'arbres est occupée par des logements collectifs attribués aux groupes de familles; au milieu, une place ornée de fontaines sert aux jeux et aux repas. Tout au contraire de nos villes 'percées d'un labyrinthe de rues tortueuses, bordées de maisons aussi inégales, aussi peu uniformes que les conditions de leurs Habitans', on a rasé, pour les reconstruire, les 'bâtimens mal rangés, peu uniformes' (i.110).

Encore plus rudimentaires que ceux de l'économie sont les fondements de l'ordre politique. S'ajoutant à l'absence de propriété privée, qui rend le vol sans objet et supprime toute inégalité, le postulat de l'innocence naturelle assure la complète convergence des volontés individuelles et l'élimination des passions anti-sociales. Ainsi, on n'observe 'point de désunion entre les parties admirables de ce tout, parce que point de supériorité monstrueuse et disproportionnée n'en trouble l'harmonie [...] Telles étoient les maximes et les mœurs de ces heureux enfans de la Nature, sans passions impétueuses, sans forfait et sans loix, ignorants même qu'il en pût être autrement chez le reste des mortels' (i.34). Cette parfaite union ne rend pas inutile seulement l'existence d'un appareil répressif, mais les lois elles-mêmes: chacun s'identifiant de façon immanente avec la loi naturelle, celle-ci n'a nul besoin d'être formulée.[63] L'Etat même tend ici à disparaître, ou du moins est-il vide de tout contenu institutionnel: point d'administration ni, à proprement parler, de gouvernement. Il existe bien pourtant une organisation sociale hiérarchisée, mais celle-ci repose sur des liens de subordination inhérents à la 'nature' même: du fils au père, de l'épouse au mari, de tous aux citoyens les plus sages. Que la 'nature' ainsi

---

63. Il n'en sera pas de même dans le *Code de la nature*, qui s'achève sur un 'Modèle de législation conforme aux intentions de la nature' en douze articles, dont le dernier renferme les lois pénales (éd. Volguine, p.127-55).

invoquée puisse n'être après tout que la justification culturelle de l'arbitraire social, c'est ce que, pas plus qu'aucun de ses contemporains, Morelly ne semble soupçonner.

C'est cette même référence à la nature qui justifie le maintien du système de la monarchie héréditaire, où Morelly semble voir beacoup moins une structure politique spécifique que l'expression d'une sorte de légitimité naturelle fondée sur une conception pour ainsi dire familiale de la fonction royale, 'patriarchie' plutôt que monarchie, ce qui après tout est assez conforme à la conception fénelonienne:

> Les Héros de ce sang se transmettoient, de père en fils, les secrets séduisans de cet art enchanteur [celui d'être les bienfaiteurs de leurs sujets]. Ils ne regardoient point leurs Peuples comme l'héritage d'une multitude d'Esclaves, échus à un seul Maître, pour servir humblement ses orgueilleux caprices; ils se croyoient, au contraire, l'héritage de leur Peuple. Le Prince se nommoit le pere immortel de la Patrie.[64]

Entre ce monarque-père et son peuple enfant, nulle médiation: point de gardes, ni de courtisans, ni apparement la moindre instance politique. A quoi servirait-elle d'ailleurs puisque, chaque sujet ne pouvant vouloir autre chose que ce que veut son souverain, celui-ci n'a pas pour vocation de contraindre, mais seulement de coordonner les mouvements du corps social? 'Les fonctions de la Monarchie étoient d'indiquer, et les tems, et ce qu'il étoit à propos de faire pour le bien commun; il ne s'agissoit que de régler les mouvemens d'une unanimité toujours constante' (i.41). Mais la légitimité de la lignée royale repose aussi sur un autre fondement, directement tributaire du mythe de fondation de l'utopie que l'on dévoile au jeune prince, comme en un rite d'initiation, à l'instant où, succédant à son père, il va accéder à son tour au trône. Jadis, les hommes se laissèrent corrompre par l'intérêt, la violence, l'égoïsme. Un déluge suscité par la colère divine provoque alors la débâcle des Iles Flottantes, qui 'éloigne pour jamais ces Peuples infidèles de leur Patrie, et ne leur laisse pour demeure que des monceaux de pierres calcinées qui les sauvent du naufrage' (i.58). Sur les terres restées stables, la Vérité rétablit son empire. Deux enfants, un frère et une sœur, survivants du désastre, vont alors recommencer l'humanité, et d'abord en redécouvrir les techniques élémentaires conformément aux règles de progression de la robinsonnade: invention du feu, grâce à deux cailloux heurtés l'un contre l'autre, puis des arts de la cuisine et de la poterie, découverte et culture du blé, domestication des animaux, métallurgie enfin. Mais la dynamique productiviste de *Robinson Crusoe* va bientôt céder la place à l'idylle sensuelle de *Daphnis et Chloé*. Arrivés à l'âge de la puberté, 'un feu, jusqu'alors inconnu' les pousse l'un vers l'autre; 'inspirés par la Nature, et guidés par le plus exquis de

64. Morelly, *Basiliade*, i.39.

tous les sens de caresses en caresses', ils se trouvent bientôt à la tête d'une nombreuse postérité (i.69). Telle est l'origine de la dynastie royale, produit d'un inceste innocent fondateur de la société civile dont celle-ci à son tour perpétue la pratique.[65]

L"obsession de l'inceste',[66] associée à l'exercice apparemment libertaire d'une sexualité en réalité étroitement soumise au contrôle social, constitue en effet le caractère le plus remarquable de cette utopie où l'existence de Dieu se déduit de la volupté, laquelle constitue aussi le seul véritable culte qui lui soit rendu. Ici, l'amour est religion: 'Les autres Nations rendent hommage à leurs Divinités furieuses par l'effusion du sang des victimes; ceux-ci honoroient la Puissance génératrice de l'Univers, en augmentant le nombre de ses admirateurs.'[67] C'est cette 'passion divine', 'vivifiante activité qui fait que l'homme ressemble à la Divinité' et 'lui fait produire son semblable au milieu d'un torrent rapide de volupté', que célèbre, au premier chant, l'étonnante description du 'séjour de la vie', métaphorisation tellurique du sexe féminin:

Dans une Contrée parsemée de lis et de roses, s'élève une éminence doucement arrondie, qui se sépare de part et d'autre en deux coteaux d'une forme et d'une beauté ravissantes: l'herbe fine et légère qui croit au bas de ces monts, relève la blancheur des fleurs qui les couronnent, et l'incarnat de celles qui bordent le vallon qu'ils laissent entre eux, au milieu duquel est un antre taillé avec un art admirable; à l'entrée préside sur une Trône de pourpre, le roi et le plus exquis de tous les sens: c'est là, dis-je, le Palais de la Vie, le lieu où à l'aide des désirs, elle rassemble la troupe des plaisirs auparavant divisée.[68]

65. Il est possible, comme le suggère N. Wagner (*Morelly, le méconnu*, p.174-75), que ce récit dérive du mythe d'origine des Incas, tel que le rapporte Garcilaso de La Vega (*Commentaires royaux sur le Pérou des Incas*, éd. Marcel Bataillon et L. F. Durand, Paris 1982, livre I, ch.15-17, p.117-24): pour civiliser les Indiens, qui jusqu'alors 'vivaient comme des bêtes', le Soleil leur envoie son fils et sa fille, Manco Capac et Mama Ocllo Huaco, les premiers Incas. Contrairement à ce que semble suggérer Wagner, le motif de l'inceste y est bien présent: tous les Incas descendent de ce couple primordial, ce qui fonde d'ailleurs la légitimité de cette aristocratie sacrée 'fille du Soleil'.

66. Frank Lestringant, 'L'utopie amoureuse: espace et sexualité dans *La Basiliade* d'Etienne Gabriel Morelly', in F. Moureau et A. M. Rieu (éd.), *Eros philosophe: discours libertins des Lumières* (Paris 1984), p.83-107 (p.103). Cette 'obsession', où Lestringant voit 'l'autarcie économique transposée au domaine de la sexualité génitale' (p.94), n'est nullement spécifique à Morelly, mais semble bien partagée par une bonne part de la littérature narrative des Lumières. Pour ne rien dire de *Cleveland* et du *Supplément au voyage de Bougainville*, dont les cas seront évoqués plus loin, on peut mentionner la prégnance du thème dans l'œuvre de Restif (inceste sororal dans *Le Paysan et la paysanne pervertis*, inceste père-fille dans *Monsieur Nicolas*, l'*Anti-Justine* en déployant pour sa part, sur le mode pornographique, toutes les variantes combinatoires à l'intérieur du cadre familial) ou encore, dans un tout autre registre – celui du tabou et du non-dit – chez Bernardin de Saint-Pierre dans *Paul et Virginie*. Sur l'enjeu idéologique du problème dans la philosophie des Lumières (mais, en tant que motif romanesque, son étude reste à faire), on lira, de Georges Benrekassa, 'Loi naturelle et loi civile: l'idéologie des Lumières et la prohibition de l'inceste', in *Le Concentrique et l'excentrique* (Paris 1980), p.182-209.

67. Morelly, *Basiliade*, i.17.

68. i.25. Sur les métaphorisations topographiques du corps féminin dans la littérature galante, voir Paul-Gabriel Boucé, 'Le corps péripatétique: blason d'un corpus érotique anglais du XVIIIe

Chez ce peuple innocent dont la transparence morale est attestée visiblement par une nudité que ne vient occulter ni 'la pudeur hipocrite, ni une fantastique bienséance', 'ridicules vertus dont le Sexe se pare chez nous, et dont il déteste secrétement la gêne', l'amour physique est le centre de l'existence et se donne pour libre de toute entrave: le mariage, 'éternel esclavage' ailleurs, est ici un accord temporaire sans obligation ni sanction où la notion d'adultère n'a plus de sens.[69] La jalousie y est inconnue (l'auteur cependant n'explique pas pourquoi), de même – car il importe de conjurer les implications inquiétantes du 'tout est permis' libertin – que les 'noirs Caprices, enfans de l'erreur et de la Bizarrerie' qui, dans les sociétés corrompues des Iles Flottantes, 'changent en désordres les plus doux penchans de la Nature' (i.30-31), ainsi que l'expliquera longuement au chant X le sage Fadhilah. Comme, plus tard, chez les Tahitiens du *Supplément au voyage de Bougainville*, la stabilité du lien conjugal est de moins de prix que la fécondité des rencontres sexuelles: les jeunes filles enceintes se réjouissent de 'donner un Citoyen à la Patrie', tandis que 'les enfans de plusieurs meres étoient également aimés d'un même pere: celle qui lui étoit actuellement unie, les chérissoit comme son propre sang'. Comme chez Diderot encore, l'interdit de l'inceste est ici inconnu: 'On ignoroit les termes infames d'inceste, d'adultere et de prostitution: ces Nations n'avoient point d'idées de ces crimes: la sœur recevoit les tendres embrassements du frere, sans en concevoir d'horreur; ils resserroient quelquefois les liens du sang par ceux de l'amour.'[70] Dès la puberté, l'initiation sexuelle est donc vivement encouragée par les parents attendris et complices, qu'une petite scène d'estampe galante nous montre, cachés derrière un arbre, '[épiant] ces amans, non pour les contraindre, mais pour jouïr de la vûe de leurs caresses innocentes et naïves, de leurs tendres dialogues, et enfin du spectacle touchant de leurs transports mutuels' (i.18), évoqués en un 'style haletant' coupé de points d'exclamation éloquents, jusqu'à l'acmé final en forme d'actions de grâces à la Divinité qui a 'rendu [ses] créatures susceptibles de tels ravissements'. Comme, de nouveau, ce sera le cas dans le *Supplément*, l'acte sexuel équivaut à une majorité légale et une consécration civique. 'Vous êtes maintenant au nombre des concitoyens', disent les parents accourus de leur cachette pour féliciter leurs enfants, et ce nouveau statut est aussitôt sanctionné par une grande cérémonie publique: 'La nouvelle

siècle', in *Pratiques du corps* (Saint-Denis-de-la-Réunion 1985), p.99-115.

69. Morelly, *Basiliade*, i.18, 31.

70. i.33. Toutefois Morelly n'ose pas aller jusqu'au bout de ses principes ('L'âge, le respect, des désirs satisfaits, ou moins vifs, et non la crainte du forfait, empêchoient une mere de recevoir de son fils, des caresses qui lui rendissent un époux enlevé par le trépas: un pere n'étoit point épris des charmes naissans de sa fille', i.33), qu'il faille y voir une résurgence du tabou ou plutôt, avec F. Lestringant ('L'utopie amoureuse', p.93n.), un souci 'économique' de cantonner l'échange incestueux à l'intérieur de ses conditions optimales de rendement reproductif.

du bonheur de nos Amans se répand bientôt. Une foule de Jeunesse, initiée comme eux à ces doux mistères, les environne, les couronne de fleurs. Après mille félicitations, mille souhaits heureux, ils forment autour d'eux un cercle de jeux et de danses' (i.22).

Tout ceci, bien entendu, est outrageusement faux: la rhétorique vertueuse et 'sensible' masque imparfaitement l'érotisme scabreux de la scène. Comme le remarque Frank Lestringant, la présence en tiers des parents voyeurs, substitut de celle du lecteur réduit au même statut, colore de grivoiserie le tableau 'innocent' des effusions pastorales.[71] De surcroît, on retrouve, dans le caractère quasi public de l'acte épié par des témoins indiscrets, puis dans la valeur d'intégration collective que manifeste le 'cercle de jeux et de danses' entourant rituellement les jeunes amants comblés, à la fois les traditionnelles obsessions 'panoptiques' de la tradition utopique et le désir de fusion de l'individu dans le tout social. Loin d'exprimer la singularité d'une pulsion individuelle qui relèverait de la sphère de la vie privée, la relation amoureuse est précisément l'acte par lequel l'individu, devenant citoyen, s'abolit dans la communauté: nullement 'libertaire', la sexualité dans *La Basiliade* est au contraire entrée dans l'univers collectif de la norme sociale.

Tout ceci, on le voit, présente d'étonnantes convergences avec les productions les plus hardies du courant matérialiste: les similitudes avec le *Supplément* l'attestent. Nous voici fort loin, en apparence, de l'austérité de mœurs de l'utopie fénelonienne. Est-ce si sûr pourtant? *La Basiliade* ne fait après tout que réaliser, en lui surimposant toutefois une structure politique monarchique (mais soigneusement vidée de tout contenu institutionnel), l'idéal pastoral d'autarcie matérielle et morale de la Bétique. La 'liberté' sexuelle, si l'on retire au tableau ce qu'il a de provocateur et de graveleux, n'équivaut guère qu'à un déplacement de la norme qui ne remet aucunement en cause l'innocence du modèle patriarcal. Comme le rappelle N. Wagner, Morelly, en revanche, prend le contrepied du modèle de Salente, lequel correspond précisément aux innovations pernicieuses que la Ruse voudrait persuader Zeinzemin d'introduire dans son empire (chant vi): propriété privée, commerce ...[72] Mais, on l'a vu, Salente n'est pour Fénelon lui-même qu'un moindre mal, en aucune façon l'expression d'un idéal dans l'absolu. Et peut-être peut-on voir dans l'ataraxie collective des habitants de la Basiliade, parente de l''indifférence' des hommes parvenus à l''état de mœurs', selon dom Deschamps, comme eux délivrés de l''inquiétude' inhérente à

71. Lestringant, 'L'utopie amoureuse', p.88. Le voyeurisme parental de *La Basiliade* a toutefois des antécédents dans la tradition utopique: ainsi, chez More, les futurs époux sont admis à contempler réciproquement leur nudité sous la conduite d'une 'dame honnête et grave' et d'un homme 'd'une probité éprouvée', substituts des parents.
72. Wagner, *Morelly, le méconnu*, p.188.

l'intérêt et à l'espérance, et même de l'individualité, une 'utopie d'une désappropriation du cœur humain'[73] qui serait une résurgence paradoxale de la spiritualité fénelonienne.

L'exemple de *La Basiliade* permet de mesurer l'extrême plasticité du modèle fénelonien, qui sait s'accommoder des transpositions en apparence idéologiquement les plus éloignées du paradigme originel.[74] Il illustre également le caractère somme toute secondaire de l'élément archéologique qui lui est ordinairement associé, et qui est à peu près absent ici. Régressive par ses nostalgies pastorales – mais elles ne sont peut-être que la modalité propre selon laquelle Morelly envisage un avenir rêvé – *La Basiliade* est prospective dans sa perspective d'unification future de l'humanité sous l'empire de la Raison, et, à la faveur d'un périple allégorique où tout renvoie à la réalité sociale contemporaine, le lecteur oublie vite que c'est dans le passé le plus lointain qu'est censée se situer l'action.

73. Sur les analogies entre Morelly et dom Deschamps, voir Nicolas Wagner, 'Morelly – Dom Deschamps: divergences, convergences', *Revue d'histoire littéraire de la France* 78 (1978), p.566-79.

74. Il est encore présent – fût-ce pour y être réfuté – dans les utopies sadiennes d'*Aline et Valcour*: voir la communication de Philippe Roger, 'La trace de Fénelon', in *Sade: écrire la crise*, actes du colloque de Cerisy-la-Salle, 19-29 juin 1981 (Paris 1983), p.149-73.

7. Marges de l'utopie: romans de l'île déserte et robinsonnades

BEAUCOUP plus largement utilisée que l'écart temporel (mais parfois, on l'a vu, se combinant avec ce dernier), la mise à distance spatiale apparaît comme une sorte de constante des utopies narratives classiques, conformément du reste à ce que suggère l'étymologie: 'terre de nulle part' (*ou-topos*) ou 'contrée idéale' (*eu-topos*), l'utopie semble de toute façon vouée à inscrire son altérité dans la dimension spatiale de l'ailleurs. Il ne s'ensuit pas évidemment que tout récit prenant pour cadre un *locus* autre que celui qu'offre l'environnement quotidien appartienne au genre utopique, ou bien il faudrait alors y faire entrer, outre la totalité de la littérature de voyages, une bonne partie des romans, pour ne rien dire des autres genres narratifs.

Ici encore il est nécessaire, pour la confrontation des différences d'où doit surgir l'effet utopique, que soient présents simultanément les deux univers que la vraisemblance géographique impose de séparer: l'"ailleurs' objet de la description et le monde de référence constitué par la réalité européenne contemporaine de l'auteur. D'où l'intérêt du motif narratif du voyage, qui tout à la fois relie les espaces et les tient mutuellement à distance, et du personnage du voyageur, qui assure la jonction des deux mondes; un récit qui, se situant tout entier dans l'univers de l'ailleurs, en occuperait tout le champ sans instance médiatrice permettant la confrontation avec celui de l'ici ne saurait prétendre au titre d'utopie. Les textes utopiques fondés sur le déplacement spatial se plieront donc à un scénario narratif et à un système d'oppositions spatiales reposant sur un mouvement de va-et-vient entre ces deux pôles géographiques dont le schéma circulaire départ-exploration-retour constitue la formulation la plus simple et la plus fréquente. Mais cette condition elle-même n'est pas suffisante. Sous peine de ne produire qu'un simple effet d'exotisme, l'altérité géographique doit se doubler d'une altérité socio-politique permettant une mise en perspective critique du monde de référence. Une telle exigence implique d'abord l'existence, au sein du monde représenté, d'un ordre institutionnel. Or, celui-ci, totalement absent dans certains romans géographiques où le voyage ne met en contact avec aucune société humaine, risque de n'être guère plus présent dans les 'romans de l'île déserte', où la société se réduit à un petit groupe, voire à la seule personne du naufragé.

En second lieu, il est nécessaire que le tableau socio-politique soit le centre du récit, ou du moins qu'il fasse l'objet d'une présentation suffisamment détaillée et cohérente: il n'en est pas ainsi, par exemple, dans de nombreux romans d'aventures maritimes où l'accent porte sur la destinée du héros plutôt que sur les sociétés que son périple lui fait traverser. Enfin, il importe que le cadre institutionnel ainsi décrit soit apte à se constituer, face à l'univers européen, en instrument critique et, si possible, en modèle. Il est donc nécessaire qu'il apparaisse comme l'expression d'un système de valeurs authentiques qui ne soit pas celui sur lequel repose l'ordre du monde réel, ce qui exclut, par exemple, les voyages imaginaires purement satiriques, dans lesquels le pays fictif n'est rien d'autre qu'une caricature ou une allégorie du réel de référence.

Parmi les divers genres mettant en jeu un déplacement dans l'espace, le champ de l'utopie paraît de la sorte assez nettement délimité. Mais ces distinctions théoriques sont souvent battues en brèche par le caractère indécidable de bon nombre de textes. On trouvera ainsi, aux franges de l'utopie narrative et se confondant plus ou moins avec elle, une nébuleuse de sous-genres mal définis – robinsonnades, voyages imaginaires, romans d'aventures maritimes ... – dont on ne peut ici qu'esquisser l'exploration.

i. Le texte-paradigme: *Robinson Crusoe* et le modèle de la robinsonnade solitaire

Parmi les genres narratifs para-utopiques ou potentiellement utopiques qui jouent sur le décentrement spatial du cadre narratif, on trouvera d'abord, fort nombreux au dix-huitième siècle, divers types de 'romans de l'île déserte' dont l'étude, la classification et la mise en situation par rapport à l'utopie suscitent d'autant plus de difficultés que le genre de la robinsonnade, bien étudié il est vrai par la critique allemande, semble avoir été curieusement négligé en France ou dans les pays anglo-saxons.[1] Aussi a-t-il paru souhaitable, pour en esquisser la caractérisation, de partir de 'l'ancêtre thématique':[2] le roman de Defoe, paradigme de la robinsonnade solitaire, publié en 1719, qui passe pour être à l'origine de son développement et lui a en tout cas légué son nom.

La robinsonnade apparaît souvent comme une création propre du dix-huitième siècle, et l'extraordinaire fortune de l'œuvre de Defoe, avec ses

---

1. Sur la robinsonnade, voir, en langue allemande, H. Ullrich, *Robinson und Robinsonaden* (Weimar 1898); F. Brüggemann, *Utopie and Robinsonade* (Weimar 1914); H. Brunner, *Die Poetische Insel* (Stuttgart 1967); U. Broich, *Die Robinsonade* (Tübingen 1975); E. Reckwitz, *Die Robinsonade: Themen und Formen einer literarische Gattung* (Amsterdam 1976); ainsi que l'ouvrage cité de Jürgen Fohrmann, *Abenteuer und Bürgertum*. Nous n'avons trouvé aucune étude d'ensemble sur le genre en français ou en anglais, sauf Artur Blaim, 'The English robinsonade of the eighteenth century', *Studies on Voltaire* 275 (1990), p.1-145, parue trop tard pour être consultée.

2. Selon l'expression de Pierre Macherey ('L'ancêtre thématique: *Robinson Crusoe*', in *Pour une théorie de la production littéraire*, Paris 1966, p.266-75).

innombrables éditions, traductions, adaptations, suites et imitations, semble attester qu'il y a là en effet un phénomène accordé à l'esprit d'une époque, encore qu'il ne soit guère aisé d'en interpréter la signification. Ainsi le critique Ian Watt voit-il dans *Robinson Crusoe* l'acte inaugural du roman réaliste moderne et dans la solitude du héros l'expression symbolique de l'individualisme de l'*homo oeconomicus* issu des nouveaux rapports humains que façonne la 'révolution capitaliste' accompagnant la mise en place de la société des Lumières.[3] Ces vues tranchées sont peut-être à nuancer. Prototype du héros bourgeois des Lumières, Robinson reste à d'autres égards un homme du dix-septième siècle, obsédé par la culpabilité et la grâce. La volonté forcenée d'imposer à la nature vierge la rationalité planificatrice d'un esprit utilitariste, tournée en dérision dans la réécriture du roman que propose Michel Tournier,[4] ne doit pas occulter la trajectoire spirituelle faute-expiation-rédemption qui structure tout le récit: celui-ci, constamment lisible à deux niveaux – niveau littéral des événements racontés, niveau allégorique de leur interprétation religieuse – s'inscrit dans la tradition édifiante du *Pilgrim's progress* de Bunyan ou des 'autobiographies spirituelles' de l'ère puritaine.[5]

Enfin, littérairement parlant, *Robinson Crusoe* n'est pas un commencement absolu. Il existe une 'préhistoire' de la robinsonnade avant Defoe, riche en histoires authentiques de naufragés, souvent soumises à diverses manipulations éditoriales qui les font glisser du champ du document vécu dans celui de la fiction romanesque: ainsi l'aventure de Selkirk à Juan Fernandez, la principale des multiples sources utilisées par Defoe, fit-elle l'objet dans les seules années 1712-1713, d'au moins trois moutures différentes.[6] C'est aussi bien le cas de l'aventure de Robert Knox à Ceylan, rapportée dans *An historical relation of Ceylon*, paru sous son nom en 1681, mais sans doute mis en forme par le savant Robert Hooke; ou encore de celle d'un Indien Mosquito abandonné, lui aussi, à Juan Fernandez pendant quatre ans que raconte William Dampier dans *A new voyage round the world*. Le même phénomène, on l'a vu, s'est produit également pour Leguat, dont le *Voyage* a été remanié et publié par Misson. On pourrait également remonter aux lointaines origines littéraires du motif insulaire: la légende de Philoctète, les îles magiques du spectacle de cour de l'époque baroque – île de Circé, île d'Alcine, île de Protée, l'île de Prospero dans *La*

3. Ian Watt, *The Rise of the novel: studies in Defoe, Richardson and Fielding*, réédition Penguin Books (Harmondsworth 1977), p.66-103.

4. M. Tournier, *Vendredi ou les limbes du Pacifique*, réédition Folio (Paris 1972).

5. Voir sur ce point G. A. Starr, *Defoe and spiritual autobiography* (Princeton, New Jersey 1965).

6. Woodes Rogers, *The Cruising voyage round the world* (1712); *Providence displayed or a surprising account of one Mr Alexander Selkirk*, brochure anonyme (1713); surtout le long compte rendu de Richard Steele dans *The Englishman* (3 décembre 1713). Sur les sources de Defoe, l'ouvrage de référence reste A. W. Secord, *Studies in the narrative method of Defoe* (Urbana, Illinois 1924).

II. *Le genre utopique*

Tempête de Shakespeare esquissent une thématique de l'île comme espace du merveilleux, lieu de l'épreuve et de la métamorphose, que l'on retrouvera chez Defoe et ses imitateurs. Décor de la transformation de la nature par le travail et de la transformation de soi par la rédemption religieuse des fautes passées, l'île est bien aussi pour Robinson le lieu d'affleurement d'un surnaturel ambigu, matériellement inscrit dans la nature même, et par là nullement contradictoire avec l'effet réaliste. Obsédé par la hantise du démon, le héros croit découvrir sa marque dans l'empreinte de pied laissée sur le sable de la plage, si angoissante d'être unique, donc inexplicable; sans vraiment le reconnaître, il le rencontrera même face à face sous l'aspect du vieux bouc mourant dont les yeux brillent au fond des ténèbres de la grotte.[7] Mais le décor insulaire est aussi le site d'épiphanies providentielles – rêves prémonitoires, 'avertissements secrets', 'miracles', comme celui des épis nés de quelques grains de blé fortuitement jetés – qui attestent l'omniprésence d'une divinité salvatrice. Mêlé au thème religieux de l'expiation rédemptrice, le motif de la magie insulaire est encore plus nettement orchestré dans *L'Ermite* de Longueville, qui semble bien se souvenir assez précisément de quelques passages de *La Tempête*, notamment dans le développement sur les merveilles de l'île: mirages, illusions d'optique, apparitions fantastiques, concerts délicieux font de l'habitant de l'île, aux yeux du naïf et superstitieux Alvarado, un magicien qui commande aux esprits élémentaires, comme Prospero dans la pièce de Shakespeare.[8]

Enfin, une version approchée de la robinsonnade telle qu'elle se constituera au dix-huitième siècle apparaît, bien avant l'œuvre de Defoe, avec quelques récits purement fictifs, comme l'épisode de retraite insulaire placé à la fin des *Aventures de Simplicissimus* (1669) de Grimmelshausen, ou *The Isle of Pines* de Henry Neville (1668); sans doute est-ce également le cas de la saisissante histoire de Pedro Serrano que raconte Garcilaso de La Vega, jeté par un naufrage sur un îlot stérile où il survit pendant sept ans dans des conditions de dénuement infiniment pires que celles que connaîtra plus tard le héros de Defoe, buvant le sang des tortues et se nourrissant de ce que la mer lui apporte.[9]

Si donc Defoe n'est pas à proprement parler l'inventeur de la robinsonnade, du moins en fixe-t-il les composantes. On trouvera d'abord dans *Robinson Crusoe* une sorte de scénario canonique repris, avec quelques variantes, dans beaucoup

7. Defoe, *Vie et aventures de Robinson Crusoe*, éd. Ledoux, tr. Pétrus Borel, Bibliothèque de la Pléiade (Paris 1959), p.153, 174. Toutes les références à *Robinson* renvoient à cette édition. Pour le texte anglais, l'édition utilisée est celle de G. N. Pocock, *Robinson Crusoe* (London, New York 1966).

8. Peter Longueville, *The Hermit, or the unparalled sufferings and surprising adventures of Mr Philip Quarll, an Englishman* (London 1727; réimpression, New York, London 1972), p.34-43.

9. Garcilaso de la Vega, *Commentaires royaux*, I, 8, p.95-100. Traduits en anglais par Paul Rycaut en 1688, les *Commentaires* ont probablement été connus de Defoe.

de robinsonnades ultérieures et grossièrement décomposable en une dizaine de séquences d'ampleur d'ailleurs très inégale:

1. Une *séquence préliminaire* présente le héros dans son cadre initial (la ville de York, la demeure paternelle) et le construit comme personnage en le dotant d'un passé biographique, d'un ancrage familial, de traits psychologiques caractéristiques: goût de l'aventure, refus de la 'condition moyenne'.

2. Une série d'*épreuves préparatoires*: premier embarquement et premier naufrage, captivité à Salé, épisode brésilien.

3. Un *voyage* traduisant le passage progressif du connu à l'inconnu: entraîné par une tempête, le navire s'écarte des routes maritimes habituelles et perd les coordonnées géographiques de sa position.

4. Un *naufrage* ayant valeur de rupture initiatique: mort à la vie sociale, mais aussi nouvelle naissance à soi-même que consacre l'immersion baptismale dans l'élément liquide.

5. Une *appropriation de l'île* constituant la séquence la plus développée et la plus complexe. Elle est du reste décomposable en sous-séquences qu'il est malaisé d'isoler car elles s'interpénètrent. On peut distinguer cependant une *appropriation géographique*, l'exploration de l'île et la reconnaissance de ses sites permettant une première humanisation du donné naturel; puis une *appropriation technique* visant à transformer la nature sauvage en nature productive (de la cueillette à l'agriculture, de la chasse à l'élevage); enfin, une *appropriation spirituelle* ayant comme enjeu la quête d'un 'mystère de l'île' qui, pour le naufragé, est aussi quête de soi-même: ainsi Robinson devra-t-il, au terme d'une douloureuse démarche intérieure, accepter son île et sa situation de solitaire, prenant conscience progressivement de son état de pécheur et de la signification pénitentielle de l'épreuve que lui envoie la providence.

6. Une *menace extérieure* – ici, l'invasion des sauvages cannibales – manifestant la double ambivalence du monde extérieur d'une part, à la fois promesse de délivrance et menace potentielle, de l'île d'autre part, lieu d'exil que l'on voudrait fuir et terre de refuge qu'il importe de protéger contre le mal venu du dehors.

7. Une *rencontre d'autrui*, celle, en l'occurrence, du personnage de Vendredi, introduisant dans la robinsonnade solitaire de nouveaux problèmes d'organisation sociale et préludant à la resocialisation finale du naufragé.

8. Un *départ* qui prend la forme d'une délivrance extérieure.

9. Des *épreuves terminales* approximativement parallèles aux épreuves préparatoires (voyage à Lisbonne et en Espagne, traversée hivernale des Pyrénées enneigées sous la menace des loups).

219

10. Une *séquence finale* qui boucle le cercle et accomplit la destinée du héros:[10] réinstallé en Angleterre, Robinson, marié et chef de famille, se substitue pour ainsi dire à son propre père et annule ainsi la malédiction paternelle initiale.

Cet itinéraire, fortement apparenté, on le verra, à celui que suivent les héros des récits utopiques, obéit à une évidente circularité de construction observable du reste dans tous les genres tributaires du modèle de la relation de voyages: le protagoniste, parti du monde de référence, y fait retour enfin au terme du périple qui l'a conduit vers l'Ailleurs.[11]

Enfin, sur les plans thématique et formel, *Robinson Crusoe* fournit une sorte de modèle archétypal où puiseront les robinsonnades ultérieures: un décor géographique, l'île déserte, espace clos coupé du monde extérieur où les règles sociales usuelles se trouvent suspendues; un héros, l'homme moyen, socialement, intellectuellement et psychologiquement ordinaire, avec qui le lecteur pourra aisément s'identifier; une méthode, celle de l'expérimentation imaginaire prenant pour objet un homme seul, privé des secours de la civilisation, affronté à des problèmes de survie matérielle et de préservation de l'équilibre psychologique, ne disposant pour les résoudre que de ses seules ressources; une technique de présentation romanesque fondée sur la minutie du réalisme circonstanciel, la multiplication des détails concrets, des dates, des chiffres, le tout ayant pour but de persuader le lecteur que l'histoire est vraie ou pourrait l'être; une forme narrative, le récit à la première personne donné pour authentique d'un narrateur-héros, l'alternance de la narration ultérieure, accomplie une fois l'aventure achevée, et des notations au jour le jour sous la forme du journal de bord permettant de surcroît une certaine variation du point de vue à l'intérieur d'une optique générale toujours subjective.

Ajoutons qu'il est aisé de mettre en évidence la présence dans *Robinson Crusoe* des cinq 'codes', ou constellations thématiques, qui, selon l'analyse de Roland Barthes, structurent la robinsonnade:[12] code 'adamique' lié au dénuement initial du naufragé, équivalent d'un retour aux origines de l'humanité; code 'heuristique' de la transformation de la nature par le travail; code 'édénique'

10. Elle l'accomplit, mais ne le ferme pas nécessairement: dans le second volume, Robinson reprendra la mer et connaîtra d'autres aventures qui le mèneront jusqu'en Inde, en Chine et en Russie. Mais celles-ci ne relèvent en aucune façon du modèle de la robinsonnade et ne nous concernent pas ici.

11. Sur les parallélismes de construction du roman et la 'structure chiastique' observable entre certaines séquences pré- et post-insulaires, voir l'introduction de Frank H. Ellis au volume d'essais critiques publiés sous sa direction (F. H. Ellis (éd.), *Twentieth-century interpretations of Robinson Crusoe*, Englewood Cliffs, New Jersey 1969, p.1-18).

12. Roland Barthes, 'Par où commencer?', in *Le Degré zéro de l'écriture*, suivi de *Nouveaux essais critiques* (Paris 1972), p.145-55.

de l'île-paradis féconde en ressources de toutes sortes; code 'social' décelable aussi bien dans les rapports établis entre Robinson et Vendredi que dans le relation imaginaire qu'instaure le naufragé avec la société absente; code 'herméneutique', enfin, que nourrit d'abord l'interrogation géographique première – île ou continent? – et que prolonge, sur un autre mode, le questionnement concernant la signification profonde de l'épreuve de la solitude.

Les schémas structuraux, formels et thématiques qui ordonnent le récit de Defoe sont généralement aisément décelables non seulement dans les textes qui en sont directement dérivés, mais aussi dans la majorité des robinsonnades solitaires du dix-huitième siècle; ils ne s'appliquent pas toutefois, ou seulement de façon imparfaite, aux robinsonnades collectives ou aux 'robinsonnades philosophiques' dont il sera question plus loin. Certes, on peut trouver d'importantes variantes individuelles: les épreuves préparatoires, parfois entièrement absentes, se trouvent ailleurs démesurément gonflées aux dépens du séjour insulaire, alors réduit aux dimensions d'un simple épisode – le roman d'aventures, en ce cas, l'emporte sur la robinsonnade. Les séquences 'menace extérieure' et 'rencontre d'autrui' paraissent facultatives, au même titre que les épreuves terminales postérieures à la phase insulaire du récit, et si l'on retrouve toujours plus ou moins à l'intérieur de celle-ci les cinq champs thématiques caractéristiques, certains sont plus nettement actualisés que d'autres, selon que l'accent porte ou non sur le dénuement du naufragé ou sur l'abondance de l'île, sur l'aménagement technique de la nature ou sur l'interrogation spirituelle. Ainsi, également, ne retrouve-t-on qu'assez rarement l'alternance narration ultérieure / narration contemporaine des faits sous la forme du journal, que Defoe lui-même n'utilise que pour les débuts du séjour insulaire. La circularité spatiale du schéma narratif est parfois perturbée par l'absence de la séquence de retour au point de départ, comme dans *L'Ermite*, dont le héros, se trouvant fort bien dans son île où il a gagné le paix de l'âme par l'expiation de ses fautes passées, renonce à la quitter lorsqu'on lui en offre la possibilité; en ce cas, la transmission narrative de l'expérience vécue pose évidemment un problème et passe ordinairement par l'intervention d'un 'éditeur' médiateur entre le monde de l'île et celui de l'Europe, qui prend en charge la publication du manuscrit que lui a remis le naufragé ou assure la transcription du récit oral recueilli de sa bouche. Le recours à la narration à la première personne n'est pas non plus une règle absolue: dans le cas de *L'Ermite*, le marchand Dorrington, après avoir raconté en son propre nom au livre i comment il a été amené à visiter la petite île de la côte du Mexique où vit le naufragé Philip Quarll, transcrit ensuite à la troisième personne le manuscrit autobiographique remis par ce dernier. C'est également à la troisième personne qu'est rapportée la captivité insulaire de seize mois vécue par Philip Ashton dans *Ashton's memorial* de John Barnard.[13] Mais la narration personnelle reste la règle, car elle est beaucoup plus apte à transcrire l'immédiateté d'une expérience vécue que l'on entend donner pour véridique. Ainsi les sous-titres ne manquent-ils pas de préciser, à l'imitation de celui de *Robinson Crusoe*, que le récit a été rédigé par celui même qui a vécu l'aventure. En font foi les formules plus ou moins stéréotypées des pages de titre: 'Written by himself' (*Robinson Crusoe* de Defoe, 1719; *The Aventures of James Dubourdieu and his wife*, de Ambrose Evans, 1719; *A genuine account of the life and transactions of Howel ap David Price*, anonyme, 1752; *The Travels of Mr Drake Morris*, anonyme, 1754); 'Written by himself, now alive' (*The Voyages, dangerous adventures and imminent escapes of Captain Richard Falconer*, de Chetwood, 1720); 'Taken from the original journal found in his tent by some sailors' (*Authentick relation of the many hardships and sufferings of a Dutch sailor*, anonyme, 1728). La maladresse du style vaut en ce cas preuve d'authenticité: Ainsi la page de titre de *The Voyages and adventures of Miles Philips* (anonyme, 1724) précise-t-elle 'Written by Himself in the plain Stile of an English Sailor'.

ii. La robinsonnade collective de *The Isle of Pines* à *L'Ile inconnue*

Toutefois, la variante la plus importante par rapport au scénario de base tel que l'a fixé le roman de Defoe concerne le passage de la robinsonnade individuelle à la robinsonnade collective, amorcé d'ailleurs chez Defoe lui-même dans le dernier tiers du premier tome de *Robinson Crusoe* avec l'entrée en scène de Vendredi. Les relations hiérarchisées qui s'établissent d'emblée entre les deux protagonistes – rapport de maître à esclave, mais aussi et simultanément relation pédagogique d'un père initiatique à son fils d'adoption – sont l'équivalent d'une entrée dans la société civile.[14] Légitimée par l'idéologie coloniale du temps et la docilité d'un partenaire dont la mimique même semble appeler la servitude, la domination de Robinson s'exerce en toute bonne conscience. La nécessaire déculturation du sauvage, dépouillé de son nom au profit de celui que lui attribue le maître, réprimé dans ses pulsions cannibales héritées des codes culturels de son monde antérieur, prélude à une entreprise inverse d'acculturation: apprentissage du langage – celui du maître – du vêtement, des pratiques alimentaires, le passage de l'alimentation carnée à la nourriture végétarienne (lait et pain) valant ici passage de la nature à la culture. Dans le geste de

13. John Barnard, *Ashton's memorial: an history of the strange adventures, and signal deliverances, of Mr Philip Ashton* (Boston 1725).

14. Voir le développement consacré à l'éducation de Vendredi (éd. Ledoux, notamment p.198-207).

soumission par lequel Vendredi prosterné remet entre les mains de Robinson sa propre souveraineté, on peut lire l'établissement d'une sorte de contrat social, l'acte fondateur d'une société, tout comme les interdits portés sur la nudité et sur l'anthropophagie ont clairement le sens d'une instauration de la loi. Le roman prend dès lors un tour très nettement collectif, la resocialisation finale de l'univers romanesque pouvant être interprétée comme le signe du pardon divin accordé au héros: au moment où Robinson va la quitter pour rejoindre l'Europe, l'île se peuple successivement du père de Vendredi, d'un Espagnol prisonnier, de l'équipage d'un navire anglais mutiné. Dans le second volume, elle deviendra une véritable colonie où cohabiteront, non sans problèmes, marins anglais, Espagnols, sauvages venus du continent et colons européens.[15]

Ce glissement de l'individuel au collectif est observable dans la plupart des robinsonnades. Comme si Defoe avait épuisé le sujet, les naufragés solitaires y sont plutôt moins fréquents que les groupes, au sein desquels se posent inévitablement des problèmes de hiérarchie, d'organisation sociale, voire de structure politique.

Première véritable robinsonnade, *The Isle of Pines* de Henry Neville inaugure en même temps une forme particulièrement féconde, dans tous les sens du terme, celle de la robinsonnade familiale.[16] Naufragé sur une île déserte quelque part aux environs de l'île Saint-Laurent (Madagascar), George Pines s'y retrouve seul élément mâle, tout l'équipage ayant péri, en compagnie de quatre femmes: la fille de son maître, deux servantes et une esclave noire. Le récit s'ouvre sur une relation rapide, mais marquée par un souci de réalisme descriptif qui annonce Defoe, de l'installation des naufragés: confection d'un feu, pillage de l'épave, construction d'une cabane, exploration de l'île et inventaire de ses ressources, suffisamment abondantes pour résoudre entièrement les problèmes de survie et dispenser de toute obligation de travail. Sacrifiant à ce qu'un critique qualifie sévèrement de 'display of pornographic primitivism',[17] l'auteur

15. L'épisode des *Farther adventures* où se trouvent rapportés les désordres de la micro-société insulaire et les remèdes que Robinson y apporte a pu être analysé comme une utopie coloniale (Maria Luisa Bignami, 'Utopian elements in Daniel Defoe's novels', Transactions of the Sixth international congress on the Enlightenment, *Studies on Voltaire* 216 (1983), p.647-53).

16. Henry Neville, *The Isle of Pines, or a late discovery of a fourth island near Terra Australis incognita by Henry Cornelius van Sloetten* (London 1668); réimpression dans Philip Henderson (éd.), *Shorter novels: seventeenth century* (London, New York 1967) – les références renvoient à cette édition. L'ouvrage a été traduit en français par Prévost dans *Le Pour et le contre*, t.xiii (1737), sous le titre *Découverte d'une île inconnue ou aventures de Georges Pinès*. Mais, si l'on en croit certaines sources, deux traductions françaises auraient paru dès 1668 sous les titres *Voyages du sens commun à l'isle d'Utopie* (in Winter, *Compendium utopiarum*) et *Relation fidelle et véritable de la nouvelle découverte d'une quatrième isle de la Terre australe* [...] *sous le nom d'Isle des Pins* (Leyden 1668; in B. M. Headicar and C. Fuller, *London bibliography of the social sciences*, London 1931).

17. A. O. Aldridge, 'Polygamy in early fiction: Henry Neville and Denis Veiras', *Publications of the Modern Language Association of America* 65 (1950), p.464-72.

peut alors passer à son véritable sujet: la polygamie et ses conséquences démographiques. 'L'oisiveté et l'abondance de toutes choses nourrirent en moi le désir de tirer jouissance des femmes', avoue le narrateur.[18] Libéré de tout souci d'ordre matériel, celui-ci va désormais consacrer toute son énergie à la propagation de l'espèce, s'appliquant à tenir ses quatre épouses continuellement enceintes et, à la façon des patriarches bibliques, se plaisant à dénombrer périodiquement sa postérité: au total quarante-sept enfants qui, mariés entre eux au mépris de l'interdit de l'inceste – mais la règle d'exogamie sera rétablie dès la seconde génération – produisent, au bout de cinquante-neuf ans, un peuple de 1789 âmes divisé en quatre familles doté d'une organisation politique embryonnaire sous la direction du fils aîné du fondateur. La même année, Neville donne au récit une suite qui infléchit la robinsonnade érotique vers la réflexion politique: redécouverte en 1667 par un vaisseau hollandais, l'île de Pines compte alors une population de 10.000 à 12.000 personnes dont la vie a cessé d'être idyllique. Les querelles intestines, la violence, les progrès de l'impiété ont contraint à adopter une législation répressive punissant l'adultère, le viol, l'irréligion: le paradis sensuel initial est devenu une société politique.

Il n'est pas aisé de déterminer la signification et la portée que Neville entendait donner à ce texte. Il s'inscrit, cela est clair, dans le débat sur la polygamie comme facteur d'accroissement démographique qui se développe en Europe dans la seconde moitié du dix-septième siècle et dont témoigne notamment la célèbre *Polygamia triumphatrix* de Johann Leyser (1682). Mais on trouvera également des échos de ces préoccupations dans les utopies contemporaines de Veiras, de Fontenelle et de bien d'autres. Enfin, on apprendra non sans surprise que la légalisation de la polygamie fut très sérieusement discutée devant le Parlement en 1658 (elle le sera de nouveau en 1675) au cours d'une session à laquelle Neville assistait. Mais il est difficile de dire si l'auteur a voulu prendre parti dans le débat ou bien le tourner en dérision, ou encore s'il faut voir dans *The Isle of Pines* un hymne païen à la puissance génératrice superficiellement saupoudré de références bibliques.[19] Sans doute peut-on également y trouver l'expression d'une mythologie érotico-politique justiciable d'une interprétation psychanalytique: soustrait par la solitude insulaire aux règles sociales ordinaires et aux contraintes œdipiennes de l'ordre familial européen, le Robinson de Neville peut donner libre cours à un 'roman familial'

---

18. 'Idleness and a fulness of everything begot in me a desire for enjoying the women' (Neville, *Isle of Pines*, éd. Henderson, p.232).

19. Aldridge ('Polygamy in early fiction', p.44) rapporte que dès la publication un critique contemporain crut déceler sous le nom du héros une anagramme érotique (Pines = penis). Quant aux références bibliques, la nature du sujet comme la réputation d'athéisme de Neville (qui faillit en 1659 être exclu du Parlement pour ce motif) les rendent évidemment suspectes.

à la faveur duquel il se rêve pure origine, nouvel Adam, époux fécond d'une Eve multiforme, détenteur d'une souveraineté pleinement légitime puisque véritablement et charnellement 'père' de tous ses sujets. Du moins est-ce ce que suggèrent les remarques de Marthe Robert à propos de la plus remarquable des robinsonnades allemandes du dix-huitième siècle, *L'Ile Felsenburg*, de Schnabel, dont le héros, placé dans des conditions analogues, donne naissance à une famille de plus de trois cents personnes.[20]

Le cynisme brutal du récit de Neville s'estompe considérablement dans les robinsonnades collectives ultérieures. *The Noble slaves*, de Mrs Aubin, qui raconte l'histoire de deux couples d'aristocrates, contient, parmi une multitude d'autres aventures, un épisode d'île déserte, mais ce thème scabreux n'y est pas exploité. On retrouve le motif de la robinsonnade familiale et du peuplement de l'île dans *John Daniel*, attribué quelquefois à Robert Paltock, dont le protagoniste a la bonne fortune d'y trouver une compagne. C'est aussi le cas de Friga Reveep, héros d'un roman anonyme de 1755: moins prolifique que celui de Neville, il engendrera un garçon et une fille pour peupler sa solitude africaine.[21]

En France, la robinsonnade familiale prend dans la seconde moitié du siècle un tour rousseauiste, vertueux et sentimental, qui annonce la dégradation bourgeoise du mythe de Robinson telle que l'illustrera, au début du dix-neuvième siècle, le *Robinson suisse* de Wyss. D'abord solitaire dans son île, le héros des *Mémoires du Chevalier de Kilpar*, de Gain de Montagnac, y sera rejoint à la suite d'autres naufrages opportuns par sa fiancée, son oncle et sa servante.[22] Situation analogue dans *L'Ile inconnue*, de Grivel, où le chevalier Des Gastines aura de sa fiancée Eléonore, devenue son épouse à la face du ciel, vingt-deux enfants élevés selon les principes naturels de *L'Emile*; mariés entre eux, ils donneront naissance à une nombreuse postérité. Malgré les dissensions entre les descendants du fondateur, attisées par les manœuvres d'un naufragé anglais, le principe de la monarchie triomphera, et la petite collectivité deviendra un Etat paternaliste d'inspiration physiocratique.[23]

20. Schnabel, *Wunderliche Fata einiger See-Fahrer, absonderlich Alberti Julii* [...] *auf der Insel Felsenburg* (Nordhausen 1731). Malgré le succès du roman dans le monde germanique et scandinave, il ne semble avoir connu aucune traduction française ou anglaise au dix-huitième siècle. Sur *L'Ile Felsenburg*, voir Eliane Kaufholz, 'L'utopie-asile: *Die Insel Felsenburg*', *Littérature* 21 (1976), p.52-58; Marthe Robert, *Roman des origines et origines du roman* (Paris 1972), p.161-66.

21. Penelope Aubin, *The Noble slaves, or the lives and adventures of two Lords and two Ladies* (London 1722); *A narrative of the life and astonishing adventures of John Daniel* [...] *taken from his own mouth, by Mr Ralph Morris* (London 1751); *The Life and surprising adventures of Friga Reveep* [...] *written in French by himself, and translated into English by Mr Transmarine* (s.l. [London?] 1755).

22. L. L. J. Gain de Montagnac, *Les Mémoires du Chevalier de Kilpar*, traduits ou imités de l'anglais de M. Fielding [*sic*] (Paris 1768).

23. G. Grivel, *L'Ile inconnue, ou mémoires du Chevalier Des Gastines* (Paris 1783); repris dans

Dans les robinsonnades familiales de ce type, il se produit, on le voit, un glissement du roman de l'aventure individuelle au roman de l'instauration de l'Etat qui en fait des utopies en puissance.

iii. La robinsonnade philosophique: le mythe de l'"enfant de la nature' d'*Autonous* à *L'Elève de la nature*

Il convient toutefois de faire une place à une variété particulière de robinsonnade solitaire qui ne doit rien, ou très peu, au modèle de *Robinson Crusoe*, mais puise à d'autres sources plus anciennes. La problématique que développent ces robinsonnades est, elle aussi, complètement différente. Chez Defoe et ses émules, le naufragé, au moment où il se trouve jeté dans l'île déserte, est un homme d'âge mûr, matériellement démuni, mais formé au sein de la société humaine. Intellectuellement tributaire d'un savoir que lui a légué la fréquentation du monde antérieur, il n'a pas à découvrir, mais seulement à mettre en œuvre un acquis préexistant. Tout son effort consistera, à la faveur d'une réinvention des techniques élémentaires que justifient les exigences de survie, à passer de la nature à la culture, reproduisant ainsi en accéléré les étapes du développement humain depuis l'aube des temps. Ce type de roman, centré sur les aptitudes techniques de l'*homo faber*, s'accompagne de données 'réalistes' tendant à faire passer le récit pour authentique.

D'un tout autre ordre sont les robinsonnades 'philosophiques' dont le héros, généralement un enfant ou un jeune homme abandonné à lui-même depuis son plus jeune âge sur une île déserte, n'a connu aucun contact avec la société. Il se formera donc seul par l'observation de la nature et par la réflexion, reconstruisant par ses propres moyens tout un univers mental que nous recevons habituellement préconstruit par l'éducation: notions physiques et cosmologiques, principes moraux et métaphysiques ... Le premier Robinson était un héritier, celui-ci incarne une origine absolue. L'expérimentation imaginaire ne porte pas sur la progression des techniques – elles sont ici, dans la plupart des cas, inexistantes ou rudimentaires – mais sur la genèse de nos idées. Il ne s'agit plus de restituer au sein de la nature la civilisation du monde antérieur, mais d'extraire de la nature même et avec ses seules armes les fondements philosophiques du vrai.

Le texte-paradigme est ici la légende du 'Philosophe autodidacte' (*Hayy ben Yaqdhân*), consignée au douzième siècle par l'écrivain arabo-espagnol Ibn Thofaïl.[24] Elle rapporte l'histoire d'un enfant qui a grandi seul sur une île

---

Garnier (éd.), *Voyages imaginaires*, t.vii-ix.

24. Traduction française par Léon Gauthier, *Hayy ben Yaqdhän, roman philosophique d'Ibn Thofaïl* (Beyrouth 1936; réédition, Paris 1983).

déserte sans relation aucune avec ses semblables. Par l'observation et l'exercice de la raison naturelle, il redécouvre seul les lois du monde physique, tandis qu'une intuition mystique lui permet d'accéder au concept de la divinité et de poser les fondements d'une religion intérieure. Parvenu à l'âge adulte, il entrera enfin en contact avec la société mais ne pourra communiquer aux hommes ce que recèle d'ineffable son expérience religieuse. Déçu par le caractère formel et extérieur de leur culte, il choisira de retourner vivre dans son île.

La théologie immanentiste d'Ibn Thofaïl a vivement intéressé en Angleterre les milieux quakers: la première traduction anglaise (effectuée à partir d'une traduction latine) a été publiée en 1674 par le Quaker George Keith. Mais la fable du 'Philosophe autodidacte' (c'est le titre donné au résumé français de l'ouvrage arabe paru dans la *Bibliothèque universelle*) offre également, au même titre que les cas d'"enfants sauvages' dont le dix-huitième siècle se montre si friand, les éléments d'une singulière expérience imaginaire sur l'inné et l'acquis accordée à la philosophie lockéenne du temps. Dans une perspective qui ne doit plus rien à l'inspiration mystique du texte arabe, le scénario de *Hayy ben Yaqdhân* permettra ainsi de vérifier l'axiome premier de l'empirisme: 'rien dans l'intellect qui n'ait été auparavant dans les sens'.

La légende arabe, répandue à la fin du dix-septième siècle par de nombreuses traductions, notamment en Angleterre, relayée aussi par diverses adaptations littéraires,[25] nourrit donc deux types de robinsonnades philosophiques idéologiquement opposées. L'une, innéiste, à dominante religieuse, est centrée sur la notion de révélation naturelle. L'autre, illustration 'expérimentale' de la table rase sensualiste, s'attache à montrer la genèse des idées à partir des sensations issues du monde extérieur, puis combinées et confrontées à la lumière de la mémoire. L'une et l'autre participent à la genèse de ce mythe de l'"enfant de la nature' encore si mal connu et pourtant si capital dans la pensée du dix-huitième siècle.

C'est au premier courant qu'il convient de rattacher deux œuvres anglaises directement tributaires d'Ibn Thofaïl et fidèles à son optique foncièrement théologique. L'anonyme *Histoire d'Autonous* rapporte les conversations du narrateur avec le jeune Autonous à l'université d'Eumathema, au cours de sa visite

25. La traduction la plus connue est celle de l'arabisant Simon Ockley, *The Improvement of human reason exhibited in the life of Hai ebn Yoqdhan* (London 1708). Quant aux adaptations, la première partie du *Criticón* (1651), de Baltazar Gracián, traduite en français par Maunory sous le titre *L'Homme détrompé* (Paris 1696 ou Bruxelles 1697) contient l'histoire d'Andrenio, directement dérivée d'Ibn Thofaïl. Il en est de même de l'histoire d'Hermès Trismégiste (ou Siphoas) rapportée dans *Les Voyages de Cyrus* de Ramsay (Paris 1728), livre III, p.132-45. Un opuscule anonyme, *Entretiens sur les Voyages de Cyrus* (Nancy 1728), dénonce le plagiat et renvoie à la traduction anglaise d'Ockley.

au pays d'Epinoia – tout ceci, on le voit, très manifestement allégorisant.[26] Injustement exilés sous une accusation de conspiration, les parents du héros, alors âgé d'un an, sont jetés par une tempête sur une île déserte. La mère meurt au bout de quelques mois, tandis que le père est malencontreusement emporté par le courant dans une autre île voisine. Il ne retrouvera son fils que dix-neuf ans plus tard, privé de l'usage du langage, mais d'une maturité telle que le jeune homme fera bientôt l'admiration de ses précepteurs: 'Ils me trouvèrent plus près d'un philosophe que d'un sauvage, car je m'étais forgé sur beaucoup de vérités d'importance, par le seul secours de mes propres réflexions, des notions aussi justes que si je les tenais de la bouche même d'un Platon ou d'un Aristote.'[27] Ce miracle se justifie par l'évolution intellectuelle de l'enfant dans sa solitude insulaire. Recueilli par une biche qui le nourrit, il apprendra plus tard d'un chien, son compagnon, à se sustenter de racines et de fruits. Son existence est d'abord purement physique, car les impressions des objets sensibles, ne persistant pas au-delà de la durée pendant laquelle les sens en sont affectés, ne donnent naissance à aucune idée. Comme dans *La Dispute* de Marivaux, c'est la contemplation de son image dans la fontaine où il va boire qui déclenche la première expérience réflexive, équivalent d'un *cogito* rudimentaire qui l'éveille à la conscience de soi: 'Cet accident, m'arrachant pour ainsi dire à la condition bestiale qui avait été la mienne jusqu'alors, me fit naître au sentiment de moi-même, qui tout soudain suscita ces interrogations intérieures: *Que suis-je? Comment suis-je venu ici?*'[28] Mais l'entrée dans l'univers réflexif est aussi une initiation à la souffrance: ayant perdu la tranquillité sans idées de son état premier, Autonous prend conscience du malheur de sa solitude et aspire à une société humaine. Il trouvera cependant une consolation dans la découverte de Dieu, déduite de l'harmonie de l'ordre naturel, qui postule l'existence d'une suprême Intelligence et celle d'un premier moteur, centre de toute perfection, antérieur à toutes choses créées. Son chien ayant été tué par la chute d'un arbre, il en titre des conclusions plus générales qu'il s'applique à lui-même. Mais la révélation affligeante de l'inéluctabilité de la mort est compensée par une réflexion sur l'immortalité de l'âme: si le corps revient à la

26. *The History of Autonous, containing a relation how that young nobleman was accidentally left alone, in his infancy, upon a desolate island, where he lived nineteen years remote from all humane society, till taken up by his father; with an account of his life, reflections, and improvements in knowledge, during his continuance in that solitary state; the whole, as taken from his own mouth* (London 1736).

27. 'They found me more like a Philosopher than a Savage; having attain'd as just a Notion of many important Truths, by my own Reflections alone, as if I had learn'd them from the Mouth of a Plato or Aristotle' (*Autonous*, p.26).

28. 'This Accident as it were rouzed me out of my hitherto stupid Condition into a Sense of myself; which first broke out in such inward Expostulations as these: *What am I? How came I here?*' (*Autonous*, p.36).

terre, d'où il tire son origine, l'âme, elle aussi, doit revenir à la source de toute intelligence, si bien, dit-il, que 'ce changement, qui m'avait semblé si effrayant, commença à m'apparaître sous un jour moins sombre'.[29]

Parallèlement, le héros développe par l'observation et l'expérience sa connaissance des lois naturelles. Le spectacle d'une éclipse l'incite à élaborer un système cosmologique. Un cadran solaire lui permettra la mesure du temps, et l'étude de la géométrie lui offrira l'occasion de redécouvrir par lui-même le théorème de Pythagore et les principales règles d'Euclide, jusqu'aux sections coniques inclusivement!

Cependant, le problème théologique est bien le point essentiel. Ayant malencontreusement déclenché un incendie qui manque détruire l'île entière, Autonous éprouve pour la première fois 'l'aiguillon cinglant d'une conscience se condamnant elle-même'[30] et en déduit sa nature d'être pécheur. D'où l'idée assurément étrange, mais conforme à une certaine tradition théologique, d'une 'révélation naturelle' du péché originel, laquelle implique elle-même comme un corollaire logique l'existence rédemptrice d'une 'révélation surnaturelle' communiquée aux hommes dès l'origine:

> Puisque Dieu pour de sages et bonnes raisons a laissé l'homme *par nature* dans un état d'indigence et d'imperfection, et puisque l'une de ses raisons pour agir ainsi me paraissait être *son souci de préserver en nous le juste sentiment de notre dépendance en nous obligeant toujours à recourir à lui pour l'accomplissement de notre bonheur*, il en résultait, si tel était le cas, qu'il avait dû consentir par quelque *moyen surnaturel* à faire connaître aux hommes que telle était sa volonté en leur donnant à ce sujet toutes instructions nécessaires.[31]

Le héros, on l'aura deviné, n'a désormais plus rien à apprendre et peut à présent rejoindre la société humaine.

Lourdement théologique, pauvre en détails concrets et très peu narrative, l'*Histoire d'Autonous* est à peine une robinsonnade et en aucune façon une utopie. Ce n'est plus tout à fait le cas avec l'*Automathès* de John Kirkby, dont le titre suffit à indiquer l'origine.[32] Il s'agit d'un plagiat manifeste du texte anonyme de 1736, souvent reproduit littéralement, mais très substantiellement

---

29. 'The change, which lately appeared so dreadful to me, began to look with a much milder Aspect' (*Autonous*, p.67).

30. 'the severe Lashes of a Self-condemning Conscience' (*Autonous*, p.95).

31. 'Since God for wise and good Reasons has left Man *by Nature* in an indigent and imperfect State, and since this appeared to me to be one of his Reasons for so doing, *That he might keep up in us a due Sense of our Dependence upon him, by obliging us always to have immediate Recourse to him for the Completion of our Happiness*; it followed, if this be the Case, he must have condescended by some *Supernatural Means* to make it known to Mankind to be his Will, and have given them all necessary Instructions about it' (*Autonous*, p.103-104; italiques dans l'original).

32. John Kirkby, *The Capacity and extent of the human understanding exemplified in the extraordinary case of Automathes, a young nobleman who was accidentally left in his infancy upon a desolate island, and continued nineteen years in that solitary state, separate from all human society* (London 1745).

augmenté, puisque l'on passe de 117 pages à 284 pages (en réalité, 296 pages: l'exemplaire consulté comporte une erreur de pagination). L'insertion narrative est ici plus élaborée: l'éditeur, au cours d'une promenade sur les côtes du Cumberland, découvre dans un coffre rejeté sur le rivage le manuscrit rédigé un siècle et demi plus tôt par un religieux anglais. Expulsé du Japon, celui-ci fait naufrage sur une terre inconnue du Pacifique nommée Soteria où l'on pratique un christianisme conforme à toute la pureté originelle de l'Evangile. Les habitants, originaires de la province chinoise de Xantung, où le christianisme a été anciennement propagé par trois disciples de l'apôtre Jean, en furent jadis chassés par les persécutions religieuses. Trois cents familles émigrèrent sous la conduite d'un mandarin chrétien nommé Hiao (ou Elychus), qui instaura une monarchie héréditaire et fit du grec la langue officielle.

Suit une curieuse utopie ecclésiastique assez proche de la *Relation du voyage de l'isle d'Eutopie* de Lefèvre. Kirkby aurait-il pu avoir lu cet ouvrage obscur? Ce n'est pas impossible. La description est presque entièrement consacrée en effet aux institutions religieuses. Bien que distincte du pouvoir civil, l'organisation ecclésiale lui sert de modèle. Le royaume est divisé en vingt districts comportant chacun une dizaine de diocèses, les deux cents évêques se trouvant placés sous l'autorité d'un Patriarche, ou Métropolitain. Le clergé est logé collectivement dans un cloître attenant à chaque cathédrale, laquelle comprend aussi un hôpital pour les indigents et deux collèges pour l'éducation des enfants des deux sexes. Contrairement à leurs confrères anglais, les prêtres ne reçoivent aucune rémunération pour l'instruction des enfants ou pour les actes religieux, car l'Etat pourvoit à tous leurs besoins. Néanmoins, cette société frugale et austère n'ignore pas la criminalité, que le narrateur impute aux progrès de l'incroyance et aux carences de l'enseignement: d'où une sévère législation pénitentiaire et une importance toute particulière attachée à l'éducation.

C'est ce dernier point qui, assez artificiellement, sert d'articulation avec la robinsonnade philosophique. Pour cette dernière, Kirkby puise abondamment dans l'*Histoire d'Autonous*, bien qu'il lui donne une toute autre signification, prenant pratiquement le contrepied du texte de départ. Privé d'éducation, l'homme n'est qu'un animal: à preuve les 'enfants sauvages' abandonnés dans les bois par des parents indignes et qui n'ont 'pas plus de raison que les bêtes brutes leurs compagnes'. Or, Automathès, abandonné dix-neuf ans dans une île déserte, constitue la seule exception à cette règle. Mais on insiste sur le fait que, jusqu'à l'âge de deux ans, il a reçu la meilleure éducation possible; que, d'autre part, il s'agit d'un être d'exception possédant des dons intellectuels hors du commun; que, enfin, il semble avoir bénéficié d'une sollicitude particulière de la providence. Son cas perd de ce fait toute valeur exemplaire, sans que l'auteur paraisse s'apercevoir qu'il détruit ainsi l'affabulation sur laquelle repose son récit.

Sans vouloir entrer dans les détails d'un développement confus, encombré d'une foule d'anecdotes et de dissertations hétéroclites, on peut tenter de résumer en quelques points l'argumentation souvent contradictoire de l'ouvrage: l'homme à l'état de nature n'est qu'une brute fort inférieure à l'animal, qui a du moins l'instinct pour l'éclairer; il n'y a pas de connaissance naturelle de Dieu, si ce n'est que son existence s'impose à la réflexion sitôt que l'idée en est communiquée – mais elle ne peut l'être que par autrui; point non plus de révélation naturelle, mais une révélation primitive accordée à Adam, et dont la révélation évangélique n'est que l'accomplissement; point enfin d'éducation naturelle, mais seulement une aptitude humaine à l'éducabilité autorisant une transmission pédagogique de cette révélation. D'où il suit que toute éducation est divine en son principe:

> De quoi je ne puis que conclure que *l'homme par nature dépend autant des soins et de l'instruction d'autrui pour l'amener à agir conformément à son essence rationnelle après sa naissance, que pour cette dernière il a été antérieurement dépendant des actions d'autrui.* Et s'il en est ainsi, je pense qu'il est aisé de montrer *que toutes les nations, si distantes soient-elles les unes des autres, tirent en vérité leur éducation d'un original surnaturel, et cela depuis leur première apparition en ce monde.* En quoi je vois une preuve suffisamment claire de la certitude de la révélation divine, lorsqu'il est démontré *que non seulement ce savoir qui est spécifique au christianisme, mais aussi celui qui est nécessaire pour distinguer extérieurement l'homme des simples brutes sous une apparence humaine, n'a pu être acquis originellement que de Dieu lui-même, par une voie tout aussi étrangère à la pure nature.*[33]

Cela revient à dire que toute connaissance procède de Dieu, mais ne peut être transmise qu'au sein de la communauté humaine par l'action éducative, ainsi investie d'une mission fondamentale – option compréhensible chez un pédagogue de profession (Kirkby fut, entre autres, le précepteur de Gibbon), mais parfaitement incompatible avec les données d'un scénario romanesque qui semble aller exactement à l'encontre de la thèse soutenue. Il est difficile de cerner les intentions de l'auteur. Loin d'illustrer le mythe empiriste de l'"enfant de la nature', le cas d'Automathès constituerait plutôt l'exception qui confirme

---

33. 'From whence I cannot but conclude, *that Man, by Nature, depends as much after his Birth upon the Care and Instruction of others, to bring him to act agreeably to his rational Character, as he before depended upon the Actions of others to give him his Birth.* And, if so, I think it may easily be made appear, *That all Nations of Men, how distantly soever placed from each other, do actually derive their Education from a Supernatural Original;* and that, ever since their first Appearance in the World. Which I take to be as clear a Proof of the Certainty of Divine Revelation as can be required, when it is demonstrated, *That not only the Knowledge which is peculiar to Christianity, but even that which is necessary to distinguish Men outwardly from mere Brutes in human Shape, could possibly be derived no other Way, than originally from God himself, in a Manner equally extrinsec to pure Nature'* (Kirkby, *Automathes*, p.233-34; italiques du texte original).

la règle: pas d'autogénèse sensualiste des idées à partir de la réalité externe, mais pas non plus d'innéisme, puisque l'homme n'est rien sans l'imprégnation éducative.

C'est, en revanche, d'une philosophie strictement sensualiste que se réclame *L'Elève de la nature* de Guillard de Beaurieu.[34] Ce roman, l'un des pires peut-être qui aient été écrits au dix-huitième siècle par la lourdeur et la naïveté de son affabulation, est aussi singulièrement attachant par la probité minutieuse de sa démarche philosophique. Il connut du reste un assez vif succès, ainsi qu'en fait foi le nombre des rééditions: Philip Gove dénombre quatorze éditions et diverses traductions (*The Imaginary voyage*, p.350-52). Ce succès s'explique en partie par l'attribution du texte à Rousseau dans certaines éditions contrefaites. Dans la préface de 1776, l'auteur remet les choses en place avec une modestie sympathique: 'Croyoit-on pouvoir accréditer un ouvrage médiocre à la faveur d'un grand nom?'[35] Evidemment tributaire d'Ibn Thofaïl, d'où dérivent le scénario général du récit et de nombreux détails, Guillard de Beaurieu l'est peut-être encore plus de son maître Rousseau: à l'*Emile* il emprunte, avec l'ordre rigoureux de la progression éducative de l'"élève de la nature", un curieux voyeurisme pédagogique, systématisant ainsi cette obsession de regard qui, chez Rousseau, préside à la relation établie avec son élève par le gouverneur.

Le processus d'éducation par la nature n'est plus présenté en effet comme le résultat accidentel d'un concours de circonstances – un naufrage sur une île déserte – mais comme la réalisation d'une expérience froidement conçue et organisée par un philosophe expérimentateur – ici, le propre père du héros – qui se propose la vérification *in vivo* d'une hypothèse. Ce manipulateur démiurgique qui, avec une sorte de détachement clinique, observe sans être vu le héros sujet de l'expérience, évoque aussi le personnage du Prince dans *La Dispute* de Marivaux, lequel pour sa part emprunte son affabulation à une célèbre anecdote rapportée par Hérodote.[36] Enea Balmas souligne à juste titre ce qu'il y a de

34. Nouvelle édition augmentée d'un volume et ornée de figures en taille-douce (Amsterdam, Lille 1776). L'édition originale de 1763, signalée par diverses bibliographies, paraît introuvable dans les principales bibliothèques. Elle est pourtant attestée par divers comptes rendus contemporains (*Année littéraire*, viii.28-56 (1763); *Correspondance littéraire*, décembre 1763). Sur Guillard de Beaurieu, voir E. Legouis, *G. Guillard de Beaurieu et son Elève de la nature*', Taylorian Lecture for 1925 (Oxford 1925).

35. Beaurieu, *Elève de la nature*, p.xiv-xv.

36. Le pharaon Psammétique aurait fait élever à l'écart du monde et sans contact aucun avec leurs semblables deux enfants des deux sexes afin de reconstituer la langue originaire de l'humanité (Hérodote, *Histoires*, II, 2). Cette anecdote, souvent évoquée à l'occasion des débats sur la *lingua humana*, la langue primitive antérieure à la confusion de Babel, est bien connue des pédagogues et des linguistes des Lumières. Au même titre que la légende du 'Philosophe autodidacte', elle a pu contribuer à la genèse du mythe de l'"enfant de la nature'. Sur les mythes d'origine dans *La Dispute*, voir notre étude, 'Narcisse et ses miroirs: système des personnages et figures de l'amour dans *La Dispute* de Marivaux', *Revue d'histoire du théâtre* 33 (avril-juin 1981), p.103-15.

cruauté cynique – parfaitement inaperçue de l'auteur au demeurant – dans ce dispositif expérimental qui deviendra inséparable des réalisations littéraires ultérieures du thème de l'"enfant de la nature'.[37]

Le projet de Guillard de Beaurieu relève de ce que l'on pourrait définir comme une tentative d'épistémologie génétique sous une forme romanesque. Il s'agit de faire en sorte que 'l'homme puisse remonter à l'origine de ses idées, et à leur succession' en suivant 'les gradations que la Nature met dans ce développement'.[38] Véritable statue de Condillac, son héros n'est rien d'autre que la somme des expériences qui ont pu affecter ses sens et des concepts que celles-ci permettent de construire selon une progression minutieusement réglée. Dans sa version de 1771, que reprennent plusieurs rééditions ultérieures, l'ouvrage comporte trois tomes. Le premier (*La Nature*) est consacré à la première formation dans la solitude. D'abord enfermé dans une cage de bois, Ariste, dont le nom, ainsi qu'il nous l'explique, 'signifie bien instruit, parce que j'avois reçu une bonne éducation, parce que la Nature seule avoit été mon institutrice' (ii.24), n'a d'autres notions que celles qui résultent du spectacle des objets placés sous ses yeux. Le tour grâce auquel on lui fait passer ses aliments est pour lui 'le canal de la vie'. Son reflet observé dans l'eau de sa cruche l'amène, selon une figure désormais classique, à la conscience de lui-même, tandis que quelques paroles de ses gardiens invisibles qu'il surprend un jour offrent une première initiation au langage et à la notion d'autrui. Toujours enfermé, il est embarqué sur un vaisseau, ainsi qu'il le comprendra plus tard, et rendu à la liberté sur le rivage d'une île déserte. C'est une 'nouvelle naissance' à soi-même et aux éléments – la terre, l'eau, le ciel – dont, pour une fois, Guillard de Beaurieu a su rendre la solennité inaugurale: 'Je voyois le ciel! J'étois immobile. Deux torrents de larmes coulerent de mes yeux. Ah! que ces

---

37. Enea Balmas, *Il buon selvaggio nella cultura francese del settecento* (Fasano di Puglia 1984), p.181. Dans *Imirce, ou la fille de la nature*, de Dulaurens (a Berlin 1765), que nous n'étudierons pas ici car il ne s'agit plus d'une robinsonnade, c'est dans une cave, non plus dans une île déserte, qu'Imirce et son compagnon Emilor sont séquestrés par le philosophe expérimentateur Ariste, qui épie tous leurs mouvements. Excellent écrivain, à la différence de Guillard de Beaurieu, Dulaurens reprend les données de *L'Elève de la nature*, mais sur un mode semi-parodique et dans une perspective plus voltairienne que rousseauiste. L'expérience porte moins sur la genèse des idées que sur les problèmes métaphysiques du mal et de la mort: la cave est la métaphore du monde et le 'maître de la cave' (le philosophe) l'analogue de la Divinité. Selon une optique manichéenne qui rappelle celle de certains contes de Voltaire – *Le Blanc et le noir* – l'univers apparaît comme le théâtre du combat de deux principes, le bien et le mal, la providence secourable et la destinée sadique. Mais le texte s'oriente plutôt par la suite vers le roman libertin (Imirce, la 'fille de la nature' ignorante des tabous sexuels, sacrifie sans honte au culte hédoniste du plaisir) et vers une critique 'sauvage', très radicale, de l'ordre social. Sur l'*Imirce* de Dulaurens et les développements postérieurs du mythe de l'"enfant de la nature', voir Paul Vernière, 'L'enfant de la nature d'Imirce à Gaspard Hauser', in *Il buon selvaggio nella cultura francese ed europea del settecento* (Firenze 1981), p.89-99.

38. Beaurieu, *Elève de la nature*, ii.24.

larmes étoient douces! … je voyois le ciel … Si je suis le seul homme qui l'ait vu si tard, je suis le seul aussi à qui il ait paru si beau' (i.35). Ariste s'initie aux premières notions de cosmologie. Raisonnant à partir du phénomène de l'ombre que projette son corps sur le sable, il s'aperçoit que celle-ci est déterminée par le soleil, qui lui semble le seul objet digne d'être admiré. Plus tard, il vit dans la terreur et l'angoisse la tombée de la nuit, tandis que le lever du jour apporte une libération exaltante d'où naît une forme primitive de religion et une ébauche d'interrogation philosophique: 'Que suis-je? D'où viens-je? Qu'est ce que le soleil, le ciel, cette terre, ces oiseaux, ces plantes, ces arbres? Comment tout cela a-t-il été fait? Comment l'ai-je été moi-même? Car j'ai sans doute été fait' (i.93). L'observation de la putréfaction des poissons morts rejetés au rivage introduit l'idée du cycle de la vie et de la mort et la conscience de sa propre destinée mortelle. Mais le héros n'accède encore qu'à une conception rudimentaire et purement matérialiste de la vie future fondée sur une sorte de métemsomatose, de même que les cadavres dévorés de vers cessent d'être 'un seul animal' pour devenir 'un million d'êtres'. Il ne parviendra que bien plus tard, à partir des réflexions que suscitent en lui la mise bas d'une biche et la mort d'un écureuil, à une véritable pensée métaphysique: le spectacle de la naissance et de la mort, suggérant l'idée du caractère spécifiquement individuel de la vie, l'amène à rejeter comme insatisfaisante la solution matérialiste. De façon très kantienne, c'est l'exigence intérieure d'une immortalité personnelle qui conduit à inférer la distinction du corps et de l'âme, ainsi que l'immortalité de cette dernière: 'Je n'avois d'autre preuve de mon immortalité que le désir que je sentois d'être immortel' (i.191). La contemplation dans le miroir d'une fontaine de son visage souillé du sang d'un lapin qu'il vient de tuer éveille en Ariste la conscience morale et le remords, tandis que sa réflexion sur les mystères de la vie lui fait franchir une nouvelle étape religieuse, de l'animisme solaire au culte déiste du 'Grand Etre' qui en est l'ordonnateur.

Le second tome (*La Société*) s'ouvre sur une rencontre d'autrui qu'esquissait déjà, dans le volume précédent, le sentiment douloureux de la solitude éprouvé à la vue d'un couple de colombes. Dans l'île vivent deux exilés, Julie et son père Euphémon. Tombé dans un piège qu'ils ont tendu, Ariste succombe à l'éblouissement immédiat que suscite en lui la jeune fille. Un mariage 'naturel' est célébré aussitôt, sans cérémonie ni vaines formalités, mais dans une atmosphère d'exaltation vertueuse et d'effusion déiste. Suit une robinsonnade familiale dans le goût du *Robinson suisse*. Tandis que la nouvelle famille s'accroît rapidement (elle comptera bientôt six enfants), Ariste s'initie au langage selon une pédagogie originale: les mots n'ayant d'autre raison d'être que l'absence des choses qu'ils désignent puisque 'ces sons articulés, peut-être inutiles lorsque les objets qu'ils désignent sont présents, deviennent nécessaires lorsque ces mêmes objets ne sont plus sous nos yeux' (ii.28), on contraint donc l'"élève de la nature' à y avoir recours en dissimulant les objets dont il a le plus besoin (en cachant le pain dont il se nourrit, on l'obligera ainsi à articuler le mot *pain*). Heureusement préparé par la solidité de son éducation 'naturelle', il se fera ensuite un jeu d'apprendre 'en peu de tems la Musique, le François, le Latin et les Beaux Arts' (ii.52).

Sur ces entrefaites survient un vaisseau. Il amène le père d'Ariste, venu chercher son fils afin de parachever son éducation au contact de la civilisation de l'Europe. Le récit perd alors beaucoup de son intérêt: les observations d'Ariste sur la société française donnent lieu à une critique 'sauvage' de la corruption civilisée tout à fait conforme à ce que l'on peut trouver dans une foule de textes de l'époque. Depuis les *Lettres persanes* et *L'Ingénu*, le procédé du 'regard étranger' est banal; du reste, la pensée politique de Guillard de Beaurieu reste singulièrement conformiste et, à certains égards, contradictoire: comment concilier l'exaltation des vertus naturelles avec les éloges immodérés de Louis XV ou la défense du droit de propriété (ii.122, 238)?

Le troisième volume (*Les Plaisirs champêtres*), le moins réussi, est composé de bric et de broc par insertion d'interminables développements didactiques, sa seconde moitié se bornant à une rapsodie constituée d'anecdotes moralisantes et de fragments rapportés empruntés le plus souvent aux *Ephémérides du citoyen*, l'organe du clan physiocratique. On y trouve pourtant, aboutissement inattendu mais logique de la robinsonnade philosophique, une utopie d'ailleurs largement esquissée dans ses principes au tome précédent. Revenus dans leur île, rebaptisée île de la Paix, Ariste et Julie y ont fondé la cité idéale d'Aristie. Bien que ses lois soient, nous dit-on, 'à peu près celles de *L'Utopie*, cette belle et heureuse République imaginée par Thomas Morus' (ii.238), c'est probablement au modèle de Clarens dans *La Nouvelle Héloïse* que cette utopie doit le plus, non sans emprunter également au *Socrate rustique* de Hirzel et aux divers sous-produits de la vulgate physiocratique. Insérées en une longue digression, deux lettres sur la Virginie extraites des *Ephémérides du citoyen* (troisième et quatrième livraisons de 1769) complètent ces paradigmes utopiques avec un tableau paradisiaque de la vie des Européens qui 'se sont réfugiés dans le nouveau monde, pour y fuir les Villes, et pour y chercher la paix, la liberté, l'abondance et les bonnes mœurs, qui accompagnent les travaux champêtres' (ii.248) – version patriarcale et physiocratique du 'mythe américain' des Lumières.

Inscrite dans une enceinte carrée, comme l'Amaurote de More, Aristie comporte de vastes édifices publics: une église, un tribunal, des ateliers, deux maisons d'éducation, une pour chaque sexe. Au centre, les statues des fondateurs Ariste et Julie. Néanmoins la cité a 'un air champêtre' (iii.5) qui réalise le vieux rêve des utopistes: intégrer la campagne à la ville. Il s'agit en réalité d'une cité-jardin: chaque maison individuelle est entourée d'un rectangle cultivé où l'on trouve arbres fruitiers, allées fleuries, ruches, gazons, ainsi que, indique l'auteur avec ce goût de la précision saugrenue qui fait son charme, 'deux agneaux, deux chiens de moyenne taille, et deux lièvres apprivoisés qui jouent toujours ensemble' (iii.13). La disposition intérieure des habitations et de leurs dépendances, elle aussi très minutieusement décrite, paraît marquée par un souci hygiéniste très caractéristique de l'époque: comme beaucoup en cette seconde moitié du dix-huitième siècle, Guillard de Beaurieu est obsédé par les miasmes, la circulation de l'air et de la lumière. Ses propos sur les villes d'Angleterre asphyxiées par les émanations malsaines du charbon de terre situent assez bien la portée idéologique de son utopie: au phénomène de concentration urbaine qui accompagne la révolution industrielle, elle oppose une rêverie agraire quelque peu réactionnaire et de surcroît passablement incohérente, prise qu'elle est entre les modèles contradictoires du collectivisme utopique et de l'individualisme bourgeois. Ainsi, comme chez Thomas More, prévoit-on une organisation communautaire de la journée de travail, coupée de concerts et de lectures publiques (Virgile et Columelle), mais on célèbre aussi les bienfaits de la propriété privée et le bonheur tranquille des soirées au coin du feu dans l'intimité du cercle familial: 'Ma conscience, ma femme, mes enfans et la terre, voilà mon bonheur', déclare Ariste en une profession de foi caricaturale mais caractéristique (iii.61). Enfin, il faut souligner l'absence de toute indication d'ordre économique ou politique, qui voue cette utopie avortée à l'inconsistance. C'est l'aboutissement décevant d'une grande ideé: revenu au sein de la société, l'ex-'élève de la nature' y perd ce qui faisait son caractère propre. A la corruption civiliseé il n'a guère d'autre alternative à opposer que quelques banalités physiocratiques. Certes, comme le héros d'Ibn Thofaïl, il revient dans son île, mais c'est pour y réaliser le rêve médiocre d'un petit propriétaire terrien.

Confuse, mal écrite, pleine de dissertations parasitaires et parfois de consternantes sottises – ainsi le récit de cette visite d'un hospice d'enfants trouvés, si visiblement 'heureux de n'appartenir à personne' (ii.169) – l'œuvre de Guillard de Beaurieu illustre peut-être les divagations et les niaiseries auxquelles conduit une certaine vulgate rousseauiste: on en trouvera d'analogues chez Restif ou chez Sébastien Mercier. Mais dans ses meilleurs moments, l'évocation de la naissance au monde et à soi-même dans le cadre clos de l'île au premier tome, elle parvient à communiquer quelque chose de cette poésie des genèses qui est le véritable sujet des robinsonnades philosophiques.

Il n'entre pas dans notre propos de retracer les développements ultérieurs du mythe de l'"enfat de la nature'. On peut cependant mentionner quelques jalons comme *L'Homme sauvage* de Mercier (1767) ou *Lolotte et Fanfan ou les aventures de deux enfants abandonnés dans une île déserte* de Ducray – Duminil (1788). Mais le thème de l'enfant de la nature est également présent dans *Paul et Virginie* (1788) et il se prolonge au dix-neuvième siècle avec les écrits que suscitent l'énigme de Gaspard Hauser et les rapports du médecin Itard sur le cas du jeune Victor, l'"enfant sauvage de l'Aveyron'. Retenons seulement ses affinités avec le genre utopique, attestées par les œuvres de Kirkby et de Guillard de Beaurieu, si sommaires et insatisfaisantes que soient par ailleurs les constructions sociales imaginaires qu'on y trouve. Ce glissement de l'individuel au collectif est logique: la progression du scénario d'apprentissage veut que l'"enfant de la nature' cesse un jour de l'être, le première phase de son éducation achevée, pour rejoindre la société des hommes; mais sa formation antérieure implique aussi qu'il juge sévèrement les pratiques de ses contemporains et vise à construire une société autre, conforme à la vérité de la nature. C'est là l'occasion d'aborder dans une perspective plus générale la question des rapports entre utopie et robinsonnade.

iv. Robinsonnade et utopie: convergences et divergences

Ce qui distingue les deux genres peut paraître *a priori* assez facile à cerner. Si robinsonnade et utopie ont en commun 'l'insularisme et l'isolement de la société humaine', ce ne sont là, estime Raymond Trousson, 'que similitudes extérieures' qui ne doivent pas faire oublier la différence d'échelle – un individu isolé ou un groupe dans la première, une société complète dans la seconde – et de perspective: 'On aspire à devenir utopien, on ne souhaite guère demeurer Robinson. L'utopie suggère un état parfait et définitif, la robinsonnade un arrangement supportable et provisoire.'[39] Ces deux critères, apparemment évidents, sont loin cependant d'être universellement applicables. Au terme de leur évolution, certaines robinsonnades collectives, comme celles de Neville, de Schnabel ou de Grivel, aboutissent à la constitution de véritables sociétés dotées d'institutions étatiques. Et s'il est exact que l'on devient, en général, Robinson malgré soi à la faveur d'un naufrage, il en est de même le plus souvent du héros voyageur des utopies, jeté à son corps défendant sur une terre inconnue. Outre que ce dernier n'aura pas toujours avec ses hôtes utopiens des relations idylliques – ainsi Bridge au sein de la colonie rochelloise de *Cleveland* – il est fort rare qu'il choisisse de rester en utopie comme le voudrait la perfection qu'il est censé y trouver. En revanche, bien des Robinsons s'installent dans leur île sans espoir de retour, soit parce qu'ils y connaissent un bonheur et une perfection intérieure que le monde du dehors leur a refusés, comme le Philip

39. Trousson, *Voyages aux pays de nulle part*, p.28; 'Utopie et roman utopique', p.372.

Quarll de Longueville, soit parce qu'ils y ont fait souche et sont devenus les fondateurs d'une nouvelle nation, comme la majorité des héros des robinsonnades familiales.

La thèse d'Ehrard Reckwitz propose des critères distinctifs peut-être plus précis, mais qui ne sont pas non plus entièrement satisfaisants.[40] On peut les résumer comme suit:

– le voyageur utopien est un visiteur étranger, alors que le Robinson est un habitant de l'île activement impliqué dans une entreprise de survie;

– statique dans l'utopie, où il assure seulement la clôture de la société idéale, le principe d'isolement est dynamique dans la robinsonnade, où il enclenche l'action de survie;

– l'utopie élimine les contraintes du réel, auxquelles le Robinson doit faire face;

– la description utopique porte sur un macrocosme social; celle de la robinsonnade impose une réduction microcosmique à l'existence singulière d'un individu exemplaire;

– le naufragé des robinsonnades porte en principe un jugement négatif sur la situation qui lui est faite, s'opposant par là aux réactions ordinairement positives du voyageur utopique.

Sur ces deux derniers points, on l'a vu, les textes ne permettent pas toujours une discrimination aussi nette: la robinsonnade collective aboutit fréquemment à la constitution d'un véritable macrocosme social, en quoi elle diffère peu de l'utopie telle qu'elle est ici définie, et c'est bien, du reste, comme des utopies que sont ordinairement analysées *L'Ile Felsenburg* de Schnabel ou *L'Ile inconnue* de Grivel. Les trois autres critères retenus sont plus convaincants. Néanmoins il semble qu'ils découlent implicitement d'une assimilation peut-être contestable entre le narrateur-témoin de l'utopie, simple observateur non impliqué comme personnage d'un état de choses qu'une sage législation a amené à sa perfection définitive, et le narrateur-héros de la robinsonnade, acteur engagé d'une transformation des choses qui reste à accomplir. La position du Robinson, en revanche, s'apparente beaucoup, toute considération d'échelle mise à part, à celle du héros fondateur et législateur des sociétés utopiques, l'Utopus de More ou le Sevarias de Veiras; comme lui, ces derniers ont un statut de personnages actifs impliqués dans une entreprise de transformation du monde, de passage de la nature à la culture. Les deux rôles se rejoignent parfois dans les cas, assez rares, où est donnée à voir l'œuvre de construction de l'utopie par les yeux mêmes de celui qui l'accomplit, tout à la fois narrateur utopique et héros fondateur: ainsi, dans le *Cleveland* de Prévost, la tentative de création d'une société idéale par le héros éponyme parmi les sauvages Abaquis. Ici, la position

---

40. Reckwitz, *Die Robinsonade*, p.642-43.

narrative, l'implication dans l'action et l'attitude axiologique du personnage utopique sont fort peu différentes de celles du protagoniste de la robinsonnade.

Mieux vaudrait peut-être en revenir aux critères énoncés dans l'introduction de ce chapitre et se demander notamment dans quelle mesure la robinsonnade peut dégager un modèle social et plus largement idéologique 'autre' capable de se constituer en alternative ou en critique de l'univers de référence. Une confrontation avec celui-ci est donc nécessaire. Elle se réalisera ordinairement par l'entremise du héros narrateur, qui a connu le monde du dehors et peut ainsi comparer son existence antérieure à sa vie actuelle. D'où l'importance des épisodes pré-insulaires dans les robinsonnades et aussi leur tonalité volontiers 'picaresque' (si l'on veut bien accorder à ce terme le sens élargi que lui reconnaît l'usage), habituellement en contraste avec l'atmosphère vertueuse et recueillie de la robinsonnade proprement dite: à ce héros qui a connu pour en avoir été partie prenante les tares du monde social, le cadre insulaire, à la fois exil et asile, offre, avec l'itinéraire personnel de la pénitence et de la rédemption, la distance critique nécessaire pour juger son univers antérieur, c'est-à-dire le nôtre. Ainsi *L'Ermite* de Longueville est-il consacré pour un bon tiers – la totalité du livre II – aux expériences rien moins qu'édifiantes du jeune Philip Quarll dans les bas-fonds londoniens: apprenti serrurier, puis associé d'un cambrioleur qui met à profit ses talents, puis marin, puis époux d'une prostituée et quelque peu proxénète lui-même, soldat, maître de danse, escroc au mariage auprès de trois autres femmes qu'il épouse, dépouille et abandonne, convaincu de bigamie – c'est peu dire – condamné à mort et gracié, le héros a vécu les réalités dégradées de la vie sociale. La solitude insulaire du livre III en inverse la norme: converti et repentant, éclairé par la providence, qui lui envoie prémonitions et rêves allégoriques, Quarll, 'ayant ainsi entièrement banni de son esprit ce monde qui auparavant lui apportait souvent le trouble', connaît l'expérience du parfait bonheur de l'autosuffisance paradisiaque, 'comme Adam avant sa chute, n'ayant point de place pour les désirs, si ce n'est celui de voir chaque chose se perpétuer dans son état actuel'.[41]

Cependant, c'est dans le texte-paradigme de Defoe que l'île se constitue le plus nettement en contre-proposition utopique face au monde antérieur du narrateur:

Je considérais alors le monde comme une terre lointaine où je n'avais rien à souhaiter, rien à désirer: d'où je n'avais rien à attendre, en un mot avec laquelle je n'avais rien et vraisemblablement ne devais plus rien avoir à faire. Je pense que je le regardais comme

---

41. 'Thus, having entirely banish'd the World out of his Mind, which before often disturb'd it [...] In this most blessed State he thinks himself as *Adam* before his Fall, having no Room for Wishes, except that every Thing may continue in its present Condition' (Longueville, *The Hermit*, p.220).

peut-être le regarderons-nous après cette vie, je veux dire ainsi qu'un lieu où j'avais vécu, mais d'où j'étais sorti; et je pouvais bien dire comme notre père Abraham au Mauvais Riche: 'Entre toi et moi il y a un abîme profond'.

Là, j'étais éloigné de la perversité du monde, je n'avais ni concupiscence de la chair, ni concupiscence des yeux, ni faste de la vie.[42]

A la faveur de la coupure spatiale et mentale qui s'établit ainsi avec le monde extérieur s'instaure également une rupture avec les valeurs sur lesquelles il repose, tandis que surgissent des valeurs nouvelles. D'où les trois axes qui ordonnent la réflexion de Robinson sur sa nouvelle situation. Théorie économique d'abord: unique producteur et unique consommateur, le narrateur vit dans une heureuse autosuffisance. S'apercevant que 'ce dont [il pouvait] faire usage était seul précieux pour [lui]',[43] il prend conscience de l'opposition entre la valeur d'usage, inhérente à la nature même des choses, et la valeur d'échange, fruit d'une convention sociale arbitraire que la solitude insulaire rend sans objet: ainsi l'argent n'est-il plus à ses yeux qu'une 'triste vilenie' vouée à rester là 'inutile'[44] (non d'ailleurs sans quelque ambiguïté – ainsi, lorsqu'il se déclare prêt à 'donner le tout pour six penny [*sic*] de semence de navet et de carotte d'Angleterre',[45] il est clair qu'il continue à raisonner en termes de valeur d'échange dans un monde où celle-ci n'a plus sa place. Et son dépit de voir son or 'moisir à la saison pluvieuse' dans l'humidité de la grotte traduit moins sans doute le dédain pour l'argent que le regret de ne pouvoir le faire fructifier selon les règles de l'économie capitaliste.) Théorie politique ensuite: seul dans son île, et précisément parce qu'il y est seul, Robinson peut y exercer en toute légitimité une souveraineté que rien n'aliène. 'J'étais seigneur de tout le manoir: je pouvais, s'il me plaisait, m'appeler Roi ou Empereur de toute cette contrée rangée sous ma puissance; je n'avais point de rivaux, je n'avais point de compétiteur, personne qui disputât avec moi le commandement et la souveraineté.'[46] La séparation sociale permet ici à celui qui a voulu échapper

42. Defoe, *Robinson Crusoe*, éd. Ledoux, p.128-29. ('I look'd now upon the world as a thing remote, which I had nothing to do with, no expectation from, and indeed no desires about: in a word, I had nothing indeed to do with it, nor was ever like to have; so I thought it look'd as we may perhaps look upon it hereafter, viz. as a place I had liv'd in, but was come out of it; and well might I say, as Father Abraham to Dives, *Between me and thee is a great gulph fix'd*.

In the first place, I was remov'd from all the wickedness of the world here. I had neither *the lust of the flesh, the lust of the eye, or the pride of life*,' éd. Pocock, p.95.)

43. Ed. Ledoux, p.129. ('But all I could make use of was all that was valuable', éd. Pocock, p.95.)

44. Ed. Ledoux, p.130. ('the nasty sorry useless stuff', éd. Pocock, p.95.)

45. Ed. Ledoux, p.130. ('nay, I would have given it all for six-pennyworth of turnip and carrot seed out of England', éd. Pocock, p.95.)

46. Ed. Ledoux, p.129. ('I was lord of the whole manor; or if I pleas'd, I might call my self king or emperor over the whole country which I had possession of. There were no rivals; I had no competitor, none to dispute sovereignty or command with me', éd. Pocock, p.95.) Sur les fondements juridiques, peut-être issus de Locke, de cette théorie de la souveraineté, voir Jean Ducrocq,

au modèle paternel de la 'condition moyenne' la réalisation d'un rêve de grandeur. Mégalomanie? D'abord 'roi' quelque peu dérisoire d'une petite cour d'animaux familiers – son chien, ses chats, son perroquet – Robinson accèdera, l'île peuplée, à la souveraineté littérale d'une communauté humaine.[47] Théorie du bonheur enfin: loin de la 'perversité du monde', l'île est l'image du monde spirituel de la vie future où, faute de tentations, le péché est devenu impossible, où, réduits aux 'vrais besoins' de la nature, les désirs n'excèdent jamais la possibilité de leur satisfaction, aboutissant à la parfaite ataraxie du sage qui ne dépend de rien d'extérieur à lui-même – 'Je ne convoitais rien, car j'avais alors tout ce dont j'étais capable de jouir.'[48] Se pose cependant le problème de la sincérité de ce bonheur très volontariste. Comment oublier, en effet, que tout ce développement fait immédiatement suite à l'épisode où le héros, échouant à mettre à l'eau la pirogue qu'il vient de construire, renonce du même coup à quitter l'île et préfère donc faire de nécessité vertu?

Que le monde de l'île tende ainsi à se poser en recours face à la société corrompue de l'Europe ne suffit certes pas à faire de *Robinson Crusoe* une utopie; la dimension sociale en est par trop visiblement secondaire, même dans les séquences finales qui voient s'amorcer le peuplement de l'île. Mais il n'en ira pas de même dans certaines robinsonnades collectives où l'altérité morale de l'univers insulaire trouve une traduction politico-sociale appropriée: *Felsenburg* ou *L'Ile inconnue* sont bien à la fois des robinsonnades et d'authentiques utopies.

Ces convergences attestent en tout cas la parenté étroite des deux genres. La confirme également leur association, qui ne doit certainement rien au hasard, dans quelques grands récits utopiques de la fin de l'âge classique. Comme la robinsonnade peut conduire à l'utopie, les utopies narratives incluent fréquemment une séquence de robinsonnade qui se développe selon un scénario stéréotypé: jetés par le naufrage sur une côte inconnue, les voyageurs européens vont devoir, avant de rencontrer l'humanité utopique, organiser leur survie et structurer la vie du groupe selon des règles autres que celles qui ont cours dans le monde d'où ils viennent. Ainsi fait l'équipage du *Dragon d'or* échoué sur une côte déserte des Terres australes au premier livre de l'*Histoire des Sévarambes*: exploration, mise en culture du sol, constitution d'un micro-Etat doté de lois, d'institutions et d'organes de commandement, instauration enfin d'un étrange

---

'Relations de voyages et récits symboliques: *Robinson* et *Gulliver*', *Studies on Voltaire* 215 (1983), p.1-8 (p.5).

47. Dans le second volume, il se targuera auprès d'un prince russe d'avoir été 'un prince plus grand et plus puissant que le Czar de Moscovie, quoique [ses] états ne fussent pas si étendus, ni [ses] peuples si nombreux' (éd. Ledoux, p.571).

48. Ed. Ledoux, p.129. ('I had nothing to covet; for I had all I was now capable of enjoying,' éd. Pocock, p.95.)

système de polyandrie hiérarchique qui rappelle, en l'inversant, l'organisation polygame de Neville; les femmes sont ici moins nombreuses que les hommes, elles sont donc soumises à une rotation des partenaires dont la périodicité varie en fonction du rang de chacun.[49] Dans les *Voyages et aventures de Jacques Massé*, les séquences de robinsonnade encadrent l'épisode proprement utopique: comme pour ménager un espace de transition entre les deux mondes, le réel et l'imaginaire, elles se situent aussitôt avant l'entrée des héros dans le royaume de Bustrol et aussitôt après leur sortie, la seconde, beaucoup plus étendue, rapportant sous la forme d'un récit rétrospectif l'expérience vécue par le reste de l'équipage pendant l'absence de leurs compagnons.[50] Naufragé en compagnie de deux jeunes filles dont il s'éprend séance tenante, le narrateur des *Femmes militaires* de Rustaing de Saint-Jory vivra, lui aussi, avant de rencontrer les utopiens de l'île de Manghalour, une robinsonnade très marivaudienne, tentant, à l'image du héros de Neville, de convaincre ses compagnes de 'suivre l'exemple des premiers Patriarches'.[51] Une seconde robinsonnade s'y trouve d'ailleurs enserrée 'en abyme', puisqu'une stèle découverte par les trois jeunes gens rapporte longuement, dans un vieux français de fantaisie, le naufrage et l'installation dans l'île en l'an 1198 d'un groupe de chevaliers, d'hommes d'armes, de marins et de jeunes filles: c'est là l'origine de l'actuel peuple utopique de Manghalour, qui a su préserver dans ses institutions politiques actuelles les règles collectives autrefois adoptées dans la phase de robinsonnade initiale.

Dans tous ces exemples, la solitude insulaire offre l'occasion d'une première rupture avec la norme morale, sociale ou politique du monde réel. La mise en place de nouvelles structures politiques, égalitaires ou hiérarchisées, différentes en tout cas de celles qui ont cours dans l'univers de référence, l'institution d'un système de mariage pluriel, polyandrique ou polygame, constituent autant d'infractions au cours habituel des choses. On peut donc voir dans ces épisodes de robinsonnade une petite épreuve initiatique préparatoire préludant au grand renversement de la norme au sein du tableau utopique qui d'ordinaire les suit immédiatement: en quoi ils entrent dans le dispositif de 'sas' narratifs que le voyageur des utopies classiques doit nécesssairement traverser pour accéder enfin au lieu utopique. Il est donc clair que, sans se confondre absolument, utopie et robinsonnade sont étroitement apparentées et souvent associées: une robinsonnade collective débouchera presque nécessairement sur une utopie;

---

49. Denis Veiras, *L'Histoire des Sévarambes* (Paris 1677; Slatkine Reprints, Genève 1979), première partie, livre I, p.27-155.
50. Simon Tyssot de Patot, *Voyages et avantures de Jaques Massé* (Bordeaux 1710 [Hollande *c.*1714-1717]; Slatkine Reprints, Genève 1979), p.59-63 (séquence I), 342-75 (séquence 2).
51. Louis Rustaing de Saint-Jory, *Les Femmes militaires: relation historique d'une isle nouvellement découverte* (1735; Paris 1750), p.37-70 (p.64).

une utopie sera souvent précédée d'une séquence de robinsonnade. Jouant pareillement sur le choix d'un décor insulaire permettant le déroulement sans interférences extérieures d'une expérimentation imaginaire, sur la mise à distance critique du monde réel liée au décentrement spatial de l'action, sur le surgissement de valeurs et de pratiques spécifiques opposées à celles du monde de référence, les deux genres ne se distinguent que par le statut plus ou moins activement impliqué du personnage narrateur, par la dimension de la société imaginaire représentée, par l'accent mis, dans un cas, sur les questions individuelles de la survie matérielle et de la rédemption religieuse, dans l'autre, sur le problème collectif de l'organisation des rapports humains au sein d'une communauté.

8. Marges de l'utopie: les voyages imaginaires

COMME la robinsonnade, qui n'en est après tout qu'une variété particulière, le voyage imaginaire repose sur un déplacement spatial du cadre de l'action qui l'apparente à l'utopie. Du reste, les deux termes sont souvent considérés comme équivalents – à tort, car, si toutes ou presque toutes les utopies narratives sont aussi des voyages imaginaires, la réciproque est loin d'être vraie, et les critères définitionnels autour desquels se constituent les deux notions paraissent fort différents. Ce sont donc ces derniers qu'il faudrait préciser pour délimiter les champs respectifs de l'utopie narrative et du voyage imaginaire. La tâche se trouve cependant compliquée par l'existence de diverses variétés fort différentes de voyages imaginaires dont chacune entretient avec l'utopie un lien d'affinité spécifique. On a retenu comme principe de classement la nature du rapport au réel – vraisemblable, allégorique ou fabuleux – présent dans les divers types de récits, ainsi que les formes marginales d'utopies ou de quasi-utopies qui en résultent. Au reste, tous ces genres ou sous-genres peuvent parfaitement coexister à l'intérieur d'un même texte, comme le montre le *Peter Wilkins* de Paltock, qui les rassemble à peu près tous dans une œuvre inclassable dont l'interprétation fait problème.

i. Le voyage imaginaire: essai de définition et de typologie

Entendu comme étiquette littéraire, le vocable de 'voyage imaginaire' n'apparaît qu'assez tardivement, en 1741, semble-t-il, et, on l'a vu, avec une nuance quelque peu péjorative, dans les *Réflexions sur quelques ouvrages faussement appelés d'imagination* de Paradis de Moncrif. L'usage qui en est fait par les éditeurs de la *Bibliothèque universelle des romans* semble attester qu'aux alentours de 1770 il est entré dans le vocabulaire littéraire courant, ce que confirme une vingtaine d'années plus tard la grande publication collective de Garnier, à laquelle il fournit son titre et son principe de classement. La tradition critique enregistrera ultérieurement d'autres catégories terminologiques concurrentes qui ne se révèleront pas nécessairement plus pertinentes. Ainsi la notion d'"Odyssée philosophique' que Wijngaarden utilise, sans d'ailleurs la définir de façon bien précise, conviendrait-elle mieux sans doute à des œuvres du type de *Zadig* ou

244

8. Marges de l'utopie: les voyages imaginaires

de *Candide* qu'au corpus de textes – celui, en gros, de la littérature utopique des dix-septième et dix-huitième siècles – qu'elle est censée unifier.[1]

L'absence de définition précise de la notion de 'voyage imaginaire' offre une première difficulté. Comme le remarque Philip Gove, historien et bibliographe du genre, les textes rassemblés sous cette étiquette se trouvent unis 'non pas tant par le fait qu'ils sont des voyages que par le fait qu'ils constituent des témoignages de l'activité de l'esprit humain'.[2] En effet, la forme éminemment plastique du récit de voyages est susceptible d'accueillir les contenus intellectuels les plus divers: satire, roman à clés, fable philosophique, allégorie morale. En d'autres termes, l'élément 'voyage' peut fort bien n'y occuper qu'une place peu significative et quantitativement secondaire, voire nulle. C'est le cas dans certains textes qui, à proprement parler, ne mettent en jeu aucun déplacement spatial: lettres censément écrites par un habitant de la lune, récits où le narrateur communique par télépathie avec les habitants des autres planètes. ...

Que le voyage soit dit 'imaginaire' n'apporte pas non plus beaucoup de clarté, même si l'on accepte de restreindre ce qualificatif à son seul sens de 'fictif'. Que doit-on considérer comme tel? Le voyage lui-même, c'est-à-dire la matérialité de la pérégrination? Mais une telle définition pourrait s'appliquer à une bonne part de la littérature romanesque, où les déplacements des personnages sont évidemment aussi fictifs que ces personnages eux-mêmes. Le lieu où le voyage s'accomplit? Cependant la réalité ou l'irréalité des lieux explorés ne constitue pas un critère absolu: s'il est vrai que Lilliput ou Brobdingnag ne se trouvent sur aucune carte, la lune et le soleil existent bel et bien ailleurs que dans la fiction, ce qui n'en fait pas moins des récits de Cyrano de Bergerac des voyages imaginaires. Un rapide dépouillement de la bibliographie de Gove montre que le genre s'accommode fort bien d'un certain réalisme géographique dans la localisation: côtes d'Afrique ou d'Amérique du Sud, îles des Caraïbes et, plus tard, du Pacifique sud sont plus volontiers choisies que les sites plus 'fantaisistes' – lune, soleil, autres planètes, centre du globe ... Quant aux inévitables 'Terres australes' si souvent élues par les auteurs de voyages imaginaires, elles correspondent, on le verra, à un mythe cosmographique presque universellement reçu pour vrai jusqu'au milieu du dix-huitième siècle. Il semble que les conditions idéales de localisation du genre correspondent à des sites

1. Il est clair que pour le critique voyages imaginaires et odyssées philosophiques sont plus qu'apparentés, puisque, précise-t-il, 'les livres cités ont tous quelque rapport avec les romans désignés sous le nom de "Voyages imaginaires et extraordinaires". Ce sont des relations soi-disant authentiques de voyages faits dans un pays inconnu des Européens' (Wijngaarden, *Les Odyssées philosophiques en France*, p.10).

2. 'many of these voyages were unified not so much by the fact that they were voyages as by the fact that they were evidence of the activity of the human mind' (Gove, *The Imaginary voyage*, p.3).

lointains, mal connus mais géographiquement vraisemblables. Ces critères restent toutefois passablement flous, et il est bien difficile de déterminer si tel récit se déroulant parmi les Indiens d'Amérique du Nord doit être considéré comme un simple roman d'aventures exotiques ou comme un voyage imaginaire: songeons, par exemple, aux épisodes américains de *Cleveland*, qui se situent aux limites des territoires explorés par les Européens.

Pierre-François Moreau, qui a consacré une étude attentive et stimulante à la distinction générique entre l'utopie et les diverses 'littératures de l'ailleurs', propose à cet égard une utile différenciation entre le *voyage réel*, authentiquement effectué par le narrateur même si son compte rendu prend quelques libertés avec l'exactitude documentaire, le *voyage fictif*, 'où l'auteur fait semblant d'avoir vu ce qu'en fait il n'a pas vu', et les *voyages imaginaires*, 'où l'auteur raconte ce qui ne peut être vu'. Ainsi seront dits fictifs les voyages de John de Mandeville, qui décrit sans y avoir jamais mis les pieds des contrées bien réelles ou qui pourraient l'être, tandis que dans le voyage imaginaire 'la fiction porte alors directement sur le contenu de ce qui est raconté' par l'infraction aux règles du possible ou le bouleversement des catégories hiérarchiques du réel, par exemple l'inversion de la relation entre l'homme et l'animal – ce qui conduit l'auteur à considérer les *Voyages de Gulliver* (y compris le *Quatrième voyage*) comme relevant du voyage imaginaire plutôt que de l'utopie.[3]

En introduisant la notion de 'voyage extraordinaire', considérée comme une sous-catégorie du voyage imaginaire, et en distinguant à l'intérieur de ce dernier cinq types différents, l'étude de Geoffroy Atkinson avait eu le mérite, il y a déjà fort longtemps, de jeter un peu de clarté dans le débat. Le 'voyage extraordinaire' est défini par le critique américain comme

Un récit fictif se donnant pour la relation véridique d'un voyage réel effectué par un ou plusieurs Européens vers un ou des pays existants mais mal connus, incluant une description de l'heureuse situation de la société qui s'y trouve et, en complément, le compte rendu du retour en Europe du voyageur.[4]

Atkinson ajoute à cette définition deux traits distinctifs: souci du réalisme géographique, puisque les récits se donnent pour authentiques; présence, en sus du voyage et des aventures, d'un contenu philosophique ou utopique. Récit fictif s'affichant comme véridique, mise à distance spatiale de l'action déplacée

---

3. Pierre-François Moreau, *Le Récit utopique: droit naturel et roman de l'Etat* (Paris 1982), p.107, 108.

4. 'A fictitious narrative, purporting to be the veritable account of a real voyage made by one or more Europeans to an existent but little known country – or to several such countries – together with a description of the happy condition of society there found, and a supplementary account of the traveler's return to Europe' (Atkinson, *The Extraordinary voyage in French literature from 1700 to 1720*, p.7).

8. Marges de l'utopie: les voyages imaginaires

dans un ailleurs géographique, découverte d'une société à valeur de modèle politique et, enfin, schéma narratif circulaire s'achevant par un retour au point de départ, tous ces traits paraissent communs à l'utopie narrative et au 'voyage extraordinaire' ainsi caractérisé. Atkinson malheureusement ne s'attarde guère sur les quatre autres types de voyages imaginaires, se bornant à énumérer sommairement les voyages imaginaires fantastiques ou merveilleux, fondés sur le recours au rêve, au surnaturel ou à la magie, les voyages extra-terrestres dans la lune ou le soleil, les voyages souterrains et, enfin, les voyages satiriques ou allégoriques.

Cette typologie rejoint partiellement la vieille distribution en quatre classes mise en œuvre dans le recueil de Garnier, qui distingue les voyages imaginaires 'amusants, comiques et critiques', 'allégoriques', 'merveilleux' et – ce sont les plus nombreux – 'romanesques'. Ce que l'éditeur regroupe sous cette dernière rubrique est précisé à la fois par le choix des textes et par les commentaires qui les accompagnent: il s'agit des 'fictions [...] resserrées dans les bornes de la vraisemblance' mettant en scène des aventures improbables mais non impossibles, à la différence de celles où 'l'imagination rompt tous ses liens, et prend un libre essor', jusqu'à investir les planètes, le soleil, le centre du globe, et qui sont à la fois improbables et impossibles.[5]

On pourrait résumer tous ces débats en opposant plus simplement les voyages imaginaires réalistes ('voyages romanesques' de Garnier ou 'voyages extraordinaires' d'Atkinson) à tous ceux qui ne le sont pas, qu'ils soient fantaisistes, satiriques, allégoriques ou encore 'merveilleux', au sens que Garnier donne à ce terme. Ce classement recoupe la distinction qu'autorise la langue anglaise entre deux modes narratifs confondus en français sous l'étiquette commune de 'roman': à l'intérieur de la littérature narrative d'imagination (*fiction*), elle différencie ce qui relève du *novel*, roman réaliste qui cherche à produire une imitation plausible d'un monde donné pour reconnaissable, et, d'autre part, le récit non mimétique qui ne suscite pas l'effet de réel et ne requiert de la part de son lecteur aucune espèce de créance (*romance*).

Jusqu'aux alentours de 1675, c'est très clairement à cette seconde orientation que se rattachent la plupart des voyages imaginaires. Ni Thomas Artus dans *L'Ile des hermaphrodites* (1605), ni Joseph Hall dans son *Mundus alter et idem*, pas plus que Godwin ou Cyrano dans leurs voyages dans la lune respectifs, ne cherchent en aucune façon à être crus. Les deux premiers relèvent du genre du voyage imaginaire satirico-allégorique: ainsi Hall promène-t-il son lecteur dans le pays de Tender-Belly, composé des provinces de Eat-allia, Drink-allia et Banquetois, puis dans celui de She-land, ou Womandecoia, que bornent l'île

5. Garnier (éd.), *Voyages imaginaires*, xiii.v.

Hermaphrodite et le royaume de Lecheriana (ou royaume de paillardise), avant de lui faire visiter, entre autres, le pays des fous, celui des voleurs, des pirates, des illusionnistes ...[6] Toutes ces contrées, pour être censément situées dans la *terra australis incognita*, n'en reçoivent aucune espèce de crédibilité géographique. Si la machine qui transporte dans la lune le héros de Cyrano est bien fondée sur un vague principe de plausibilité scientifique – celui, en somme, de la fusée à étages combiné, en une curieuse anticipation des théories newtoniennes, avec l'utilisation de l'attraction des corps célestes – le voyage se poursuit ensuite en pleine invraisemblance par un 'alunissage' au paradis terrestre et s'achève dans le merveilleux le plus saugrenu avec un retour sur terre sur les ailes du démon. Cette même fantaisie débridée, l'"Avis au lecteur' du *Domingo Gonzales* de Godwin la revendique explicitement, montrant bien par là que ce type de récit exclut toute perspective de créance littérale:

J'appelle cet ouvrage un Caprice, pour ce qu'il est en effet une Créature de la Fantaisie. Aussi ne crois-je pas que l'intention de l'Auteur ait jamais esté, d'en tenir pour véritables toutes les particularitez et les circonstances. Il suffit que tu luy laisses la liberté d'imaginer, comme il te la laisse de juger de ce qu'il imagine.[7]

Tous ces voyages imaginaires s'inscrivent dans ce genre narratif non réaliste que la critique anglo-saxonne baptise ménippée et qui privilégie la fantaisie satirique aux dépens de la représentation plausible du monde. Tous se réclament à divers degrés du vieux modèle de l'*Histoire véritable* de Lucien et du rapport ironique du vrai qui s'y trouve défini. Evoquant les mensonges des pseudo-voyages de Ctésias et de Iambule, Lucien revendique, lui, le droit au mensonge avoué et prévient loyalement son lecteur: 'Je vais donc dire des choses que je n'ai jamais ni vues ni ouïes, et qui plus est, ne sont point, et ne peuvent être; c'est pourquoi, qu'on se garde bien de les croire.'[8]

C'est évidemment à cette première catégorie qu'il convient de rattacher le voyage imaginaire allégorique, fondé sur un code de lecture qui par définition exclut la créance littérale, les voyages fabuleux reposant sur des interventions surnaturelles (génies, esprits ...) ou sur une violation des normes du possible ordinairement admises (déplacements par télépathie, par exemple), enfin, même lorsqu'ils sont donnés pour 'vrais', les voyages non réalisables eu égard aux

6. Joseph Hall, *Discovery of a new world* [*Mundus alter et idem*] (1607; Amsterdam, New York 1969).

7. 'Thou hast here an Essay of *Fancy*, where *Invention* is shewed with *Judgement*. It was not the *Authors* intention (I presume) to discourse thee into a beleefe of each particular circumstance. Tis fit thou allow him a liberty of conceite; where thou takest to thy selfe a liberty of judgement' (Francis Godwin, *The Man in the moon / L'Homme dans la lune*, édition bilingue, éd. Annie Amartin, tr. Jean Baudoin, Nancy 1979, p.10-11)'.

8. Lucien, *L'Histoire véritable*, tr. Perrot d'Ablancourt, in Garnier (éd.), *Voyages imaginaires*, t.xiii; réédition, Nancy 1977, p.2-3.

possibilités techniques du temps: c'est le cas, notamment, des voyages dans la lune ou dans d'autres planètes, qui relèvent du 'merveilleux instrumental' analysé par Tzvetan Todorov.[9]

Pourtant le dernier quart du dix-septième siècle voit apparaître une forme nouvelle et entièrement différente de voyage imaginaire. Caractérisée par la recherche d'un réalisme formel élaboré, elle relève cette fois d'une esthétique narrative de la vraisemblance – *novel* et non plus *romance*. Le voyage imaginaire réaliste va se couler dans le moule de la relation de voyage authentique, à laquelle il emprunte ses techniques narratives pour mieux s'identifier à elle et faire oublier sa nature de fiction.

Il ne faut pas cependant s'exagérer les différences entre les deux formes de voyages imaginaires. L'auteur de voyages imaginaires réalistes est pris entre deux exigences contradictoires: celle de l'extraordinaire, qui seul peut donner au récit son intérêt; celle du vraisemblable, qui doit lui conférer un statut de document véridique. Il n'y a donc pas de rupture entre les variétés réalistes et fantaisistes du voyage imaginaire, beaucoup de textes se situant quelque part entre ces deux pôles. Ainsi, malgré tous les soins apportés à l'authentification géographique du récit, comment croire aux androgynes préadamites de Foigny? En fusionnant ironiquement les deux formules – réalisme minutieux de l'encadrement narratif, totale implausibilité du contenu – les *Voyages de Gulliver* se constituent en système autoparodique et font éclater le genre de l'intérieur, créant ainsi une troisième formule née de l'hybridation des deux premières qu'exploiteront avec plus ou moins de bonheur les imitateurs de Swift dans les 'Gulliveriana' des années 1727-1750. Exemplaire à cet égard est le cas de *A voyage to Cacklogallinia*, imitation anonyme du modèle swiftien.[10] On y trouve, d'une part, successivement, le récit d'un voyage à la Jamaïque, où le narrateur est capturé par une troupe d'esclaves marrons, des aventures maritimes dans les Caraïbes, des histoires de pirates, le tout manifestant un souci évident de réalisme et, comme le notent les éditeurs des *Gulliveriana*, bénéficiant d'un ancrage historico-géographique assez solide, notamment dans l'épisode jamaïcain: des troupes d'esclaves marrons occupaient en effet, à l'époque, les Blue Mountains de la Jamaïque; leur chef était un certain Cudjoe (Cuffey dans le texte). Mais, d'autre part, on y trouve aussi la découverte d'une utopie animale peuplée de volatiles raisonnables, réminiscence des Houyhnhnms de Swift, et, enfin, un voyage dans la lune probablement issu de Godwin, lesquels relèvent d'une toute autre optique.

9. T. Todorov, *Introduction à la littérature fantastique* (Paris 1970), p.61.

10. Samuel Brunt [pseudonyme], *A voyage to Cacklogallinia*, with a description of the religion, policy, customs and manners of that country (London 1727); réimpression photographique dans Welcher et Bush, *Gulliveriana*, t.iv.

II. *Le genre utopique*

Reste la question difficile de la distinction entre voyage imaginaire et utopie narrative. Celle-ci exige, on l'a vu, l'invention d'un monde fictif et sa mise à distance par rapport au réel de référence, laquelle ne peut être obtenue qu'en jouant sur les deux dimensions du temps et de l'espace. La première possibilité n'étant que rarement mise en œuvre avant *L'An 2440* de Mercier, si l'on excepte le cas assez particulier du roman archéologique, c'est au déplacement spatial, autrement dit au voyage, qu'auront recours la majorité des utopies jusqu'à la fin du dix-huitième siècle. Il en résulte que toute utopie ne reposant pas sur un décalage temporel relèvera *ipso facto* du voyage imaginaire, comme l'a signalé Philip Gove.[11] Mais la réciproque n'est pas vraie: bien des voyages imaginaires ne sont en aucune façon des utopies. On peut à cet égard éliminer d'emblée ceux dans lesquels l'itinéraire ne met au contact d'aucune collectivité humaine, comme l'étrange *Relation d'un voyage du pôle arctique au pôle antarctique par le centre du monde*, fantaisie géographique anonyme fondée sur le vieux mythe de la terre creuse et de la communication trans-polaire qu'exploitera plus tard Edgar Poe dans *Les Aventures d'Arthur Gordon Pym*. Si le périple intra-terrestre fait surgir sous les pas des voyageurs une faune proliférante, des végétaux inconnus et d'éblouissantes visions de paysages de glace et de cristal, il ne révèle d'autre trace de présence humaine que quelques ruines énigmatiques et des inscriptions indéchiffrables.[12] On ne saurait non plus considérer comme des utopies les voyages imaginaires qui font passer le voyage lui-même, ou les aventures qui en découlent, avant la représentation des sociétés rencontrées. Beaucoup, n'étant rien d'autre que des romans d'aventures maritimes coupés d'épisodes de captivité parmi les sauvages ou dans les geôles barbaresques, n'ont aucune signification proprement utopique.

La même remarque vaut pour certains textes comme *La Vie, les aventures et le voyage de Groenland du R. P. cordelier Pierre de Mésange*, le second des romans de Tyssot de Patot,[13] où le voyage imaginaire n'est plus qu'une forme éclatée idéalement libérée de toute contrainte narrative, une structure vide ouverte aux contenus les plus divers: aventures picaresques (c'est la fuite du narrateur en

11. 'When the utopist chooses to discover his nonexistent civilization by narrating the account of a voyage, he produces both a utopia and an imaginary voyage' (Gove, *The Imaginary voyage*, p.158). Cependant d'autres critiques (par exemple, Moreau, *Le Récit utopique*, p.101-29) préfèrent séparer entièrement les deux genres, ce qui paraît plus contestable.

12. Amsterdam 1721; in Garnier (éd.), *Voyages imaginaires*, xix; réédition, Lagrasse 1980. Les analogies entre la *Relation* et le roman de Poe vont au-delà de la similitude d'argument mentionnée. On trouve dans la *Relation* une symbolique des couleurs (blanc, noir, rouge) parente de celle du roman de Poe, et le récit, anticipant le fantasme de l'enterré vivant si prégnant dans *Arthur Gordon Pym*, s'achève sur une curieuse histoire d'ensevelissement prématuré. L'auteur des *Histoires extraordinaires* aurait-il pu connaître la *Relation* dans la réédition Garnier? On se gardera évidemment de l'affirmer.

13. Amsterdam 1720; éd. Raymond Trousson, Slatkine Reprints (Genève 1979).

Hollande, où il tente de subsister en donnant des leçons de français); péripéties galantes (après s'être attiré la défaveur du roi pour avoir méprisé les soupirs de sa nièce Zémire, Mésange encourra le châtiment d'Abélard pour de tendancieuses 'leçons de physique' administrées à la femme de son ami Sénéha); intrigues de la cour de Rufsal; innombrables récits insérés de tous ordres; textes de polémique antichrétienne, comme l''Histoire de Raoul', parodie sacrilège de la résurrection du Christ et du dogme de l'immortalité personnelle de l'âme; développements didactiques sur les sujets les plus variés, comme ce 'Discours concis sur la pesanteur' qui occupe quand même les pages 23 à 56 du second tome. Dans cet énorme fatras, toujours classé, on ne sait trop pourquoi, parmi les utopies, la description, extrêmement lacunaire, du royaume de Rufsal n'occupe guère que les pages 47 à 65 du tome i. Elle se borne à une brève présentation de la situation géographique, de l'architecture urbaine, de la religion (conçue 'à la manière de Spinoza, à l'école duquel il semble qu'ils ayent été élevez', i.63), des arts et métiers et du système économique, réduit à un communisme rudimentaire ('Tout ce qu'ils ont leur est commun, ou ils le partagent par égales portions: le Roi en a la dixième partie, qui lui sert pour l'entretien de sa famille, de ses gardes, et des pauvres gens, qui par maladie, vieillesse ou autres infirmitez, ne sont point en état de travailler, ou n'ont aucuns parens qui ayent soin d'eux,' i.59) – tout cela, coupé de surcroît d'un récit de chasse à l'ours et de longs développements climatologiques, ne représentant qu'une part infime dans un volumineux ouvrage de plus de 550 pages. Ainsi étouffée par la prolifération incontrôlée des éléments narratifs ou didactiques, la part proprement utopique se trouve réduite elle-même au statut d'expansion digressive mineure, et le *Voyage de Groenland* peut difficilement être considéré comme relevant du genre.

Ne relèvent pas non plus de l'utopie les voyages imaginaires qui, dans une perspective purement satirique, font du monde fictif que visite le voyageur une sorte de double caricatural de l'univers réel ne laissant émerger ni modèles sociaux ni véritable altérité, ainsi qu'il arrive souvent dans les 'voyages dans la lune' du dix-huitième siècle. Ces mêmes caractéristiques sont aussi celles en général du voyage imaginaire allégorique; de surcroît ce dernier élimine du tableau social imaginaire la dimension individualisée et concrète, composante nécessaire de l'utopie narrative entendue *stricto sensu*. Enfin, dans la mesure où ils ont recours au surnaturel ou à l'arbitraire, les voyages imaginaires fabuleux ou fantaisistes enfreignent une autre de ses règles, celle de la soumission aux lois physiques du monde existant.

C'est donc à l'intérieur de la sous-catégorie du 'voyage extraordinaire', ou voyage imaginaire réaliste, que le voyage imaginaire se constituera le plus volontiers en utopie, encore que les deux genres soient loin de coïncider exactement. Comme le remarque Raymond Trousson, la relation de voyage imaginaire peut donc contenir une utopie, et tout est alors affaire de proportions: auquel des deux éléments l'auteur a-t-il voulu donner la préséance? [...] Dans le voyage imaginaire à l'état pur, l'auteur insiste sur le dépaysement, l'exotisme, l'éloignement; dans l'utopie, l'éclairage se déplace sur le but d'un voyage qui n'est plus qu'un moyen, l'aventure cessant d'être une fin en soi.[14]

Aubrey Rosenberg pour sa part propose d'autres critères.[15] Ceux-ci reposent sur la part quantitative accordée au déroulement narratif, d'une part, et au tableau utopique, d'autre part, mais surtout au statut 'pertinent' (*relevant*) ou 'non pertinent' des digressions du point de vue de l'utopie. Ainsi pourrait-on cerner les intentions de l'auteur à cet égard et opposer, par exemple, *La Terre australe connue* de Foigny, véritable utopie où presque toutes les digressions apparentes contribuent en réalité à l'élaboration du tableau social qui occupe la quasi-totalité du texte, et les *Aventures de Jacques Massé* de Tyssot de Patot, simple voyage imaginaire encombré de digressions sans intérêt pour la construction utopique, laquelle ne constitue qu'un épisode parmi d'autres au sein du roman. Quant à l'*Histoire des Sévarambes* de Veiras, elle correspondrait à une forme intermédiaire, l'intention initiale de l'auteur – écrire une utopie – ayant été quelque peu perdue de vue en chemin au fil des développements digressifs. Mais faut-il ériger en critère une notion aussi vague que celle des 'intentions de l'auteur', bien difficiles à apprécier du reste lorsque ce dernier ne s'est nulle part soucié de les préciser? En l'espèce, cerner ces 'intentions' exigerait que l'écrivain ait eu une claire représentation des modèles génériques auxquels il est censé se référer – ce qui, on l'a vu, n'est certainement pas le cas à la fin du dix-septième siècle, ni même peut-être une centaine d'années plus tard. Resterait enfin à définir ce qu'est une digression et, plus précisément, à s'interroger sur la pertinence méthodologique d'un concept qui ne peut tirer son sens que d'une conviction préalable quant à la nature du texte qu'il s'agit précisément de déterminer: une digression n'est telle que par rapport à un contenu dominant préalablement identifié. On peut également se demander si cette notion est bien opératoire appliquée à des œuvres dont d'autres études ont pu montrer l'unité, même lorsqu'elles affectent la forme d'un 'fourre-tout' aussi chaotique que l'est le récit de Tyssot de Patot.[16]

Peut-être faut-il conclure avec Philip Gove que 'no final *inclusive and exclusive* definition of the imaginary voyage is possible',[17] pas plus qu'il n'est possible de tracer une ligne de partage rigoureuse entre voyage imaginaire et utopie: les

14. Trousson, *Voyages aux pays de nulle part*, p.27.

15. A. Rosenberg, 'Digressions in imaginary voyages', in Peter Hughes and David Williams (éd.), *The Varied pattern: studies in the 18th century* (Toronto 1971), p.21-37.

16. Voir, notamment, Michel Delon, 'Tyssot de Patot et le recours à la fiction', *Revue d'histoire littéraire de la France* 80 (1980), p.706-19.

17. Gove, *The Imaginary voyage*, p.175.

deux genres se recoupent, quoique l'extension de leur champ ne soit pas identique, mais les critères génologiques totalement différents à partir desquels ils sont constitués ne permettent pas d'en fixer précisément les limites.

On peut enfin signaler la possibilité d'une autre démarche. Au lieu de considérer l'utopie comme une sous-catégorie du voyage imaginaire, les deux genres étant conçus comme la superposition partielle d'ensembles d'extension différente, il est également loisible de tracer entre les deux notions une frontière non franchissable, ainsi que le fait P. F. Moreau en distinguant récit utopique, voyage imaginaire, voyage satirique, 'cité idéale restauratrice' (il s'agit des configurations politiques régressives se référant à une tradition, comme celles du *Télémaque*, l'utopie supposant pour sa part une rupture instauratrice et une annulation du temps) et, enfin, 'insertion utopique dans une trame romanesque', chacun de ces 'genres' répondant à des critères thématiques ou formels. Ainsi le voyage imaginaire se distinguerait-il de l'utopie par le bouleversement des ordres et catégories du monde réel, le recours à un merveilleux naturel ne devant rien à l'action humaine, l'orientation vers le romanesque; le voyage satirique pour sa part ajoute à ces caractéristiques l'exigence d'un double récit (du narrateur au lecteur sur le monde imaginaire, du narrateur à ses hôtes sur le monde réel), ainsi qu'une 'idéologie biologique' fondant les hiérarchies sur une supériorité naturelle des êtres – celle, par exemple, des Houyhnhnms de Swift – plutôt que sur une construction institutionnelle.[18] Cette analyse, certes, est séduisante. Mais elle implique une conception extraordinairement restrictive de l'utopie dans sa variété 'pure' conduisant à un corpus squelettique pour lequel on aura bien du mal à réunir quelques dizaines de textes. Plus gravement, en établissant ainsi entre les genres des séparations rigides, elle ne tient pas compte de leur plasticité, des multiples possibilités de chevauchement d'une forme à l'autre, du continuum thématique qui les parcourt.

ii. Le voyage imaginaire réaliste

Pour d'évidentes raisons, on se bornera à un survol rapide des voyages imaginaires réalistes de notre période ('voyages romanesques' dans la terminologie de Garnier, 'voyages extraordinaires' dans celle d'Atkinson); ceux d'entre eux qui se trouvent être aussi des utopies seront examinés plus loin en leur lieu; les autres sortent du cadre de ce travail et ne méritent donc qu'une brève mention.

L'origine du genre est à chercher, semble-t-il, parmi les relations de voyages authentiques, remaniées ou mises en forme par des hommes de lettres de

18. Voir Moreau, *Le Récit utopique*, p.101-29.

métier, dans lesquelles s'amorce un premier glissement vers la fiction romanesque. Atkinson a souligné l'importance à cet égard des *Voyages fameux du sieur Vincent Le Blanc*, issus des notes qu'on peut supposer authentiques de Le Blanc, mais certainement complétés par d'autres relations pour la partie américaine, le tout mis en forme et considérablement augmenté par l'éditeur Pierre Bergeron, 'spécialiste' de la littérature de voyages et auteur notamment d'une *Histoire des Tartares*, qui a joint au réalisme documentaire du texte initial un élément de réflexion philosophique et une dimension romanesque.[19] De là, la dérive est aisée vers les relations de voyage fictives compilées à partir de diverses sources authentiques. Ainsi *A new voyage to the East Indies*, publié sous le nom de William Symson[20] (le fameux 'Cousin Sympson' des pièces liminaires des *Voyages de Gulliver*), est-il un plagiat du *Voyage to Suratt* de John Ovington (1696) et de diverses autres sources. C'est également le cas de la *Relation de divers voyages faits dans l'Afrique, dans l'Amérique et aux Indes occidentales* que le titre attribue à un certain Dralsé de Grandpierre.[21] Dans son *Voyage de Marseille à Lima*, Durret se retranche derrière l'autorité d'un sieur Bachelier, chirurgien de Bourg-en-Bresse dont il prétend mettre en ordre le récit, en réalité un patchwork de diverses relations.[22] Même formule dans les *Voyages du capitaine Robert Lade* de Prévost (1744), qui a utilisé pour cet ouvrage une partie de l'énorme documentation amassée pour l'*Histoire générale des voyages* qu'il préparait alors, puisant chez Dampier, Exquemelin, Rogers, Cooke, Thomas Gage, Hans Sloane, parmi d'autres: d'où une impression de vérité qui a pu faire illusion, comme le montre le compte rendu contemporain du *Mercure*; du reste Prévost n'hésite pas à se référer à cette 'source' qu'est le *Voyage de Lade* dans l'*Histoire générale des voyages* (xii.512, n.6).[23] Même procédé dans *The Voyages and adventures of Miles Philips*, ouvrage anonyme[24] qui prend lointainement pour base la relation probablement authentique d'un marin de ce nom recueillie autrefois par Hakluyt et lui ajoute des épisodes issus de diverses sources, notamment des voyages de Jacques Cartier.

De la relation de voyage réécrite ou forgée à partir de sources véridiques, le glissement s'effectue spontanément vers le roman géographique plus ou moins

---

19. *Les Voyages fameux du sieur Vincent Le Blanc, Marseillais* [...] rédigez fidellement sur ses mémoires et registres par Pierre Bergeron, Parisien (Paris 1648); Geoffroy Atkinson, *The Extraordinary voyage in French literature before 1700* (New York 1920), ch.3.

20. London 1715.

21. Paris 1718.

22. Paris 1720.

23. Voir J. Ducarre, 'Une supercherie littéraire de l'abbé Prévost, les *Voyages de Robert Lade*', *Revue de littérature comparée* 16 (1936), p.465-76; sur les sources de ce récit, voir Percy G. Adams, *Travel literature and the evolution of the novel* (Lexington, Kentucky 1983), p.122-23.

24. London 1724.

sérieusement documenté et traité avec un souci plus ou moins affirmé de la vraisemblance. Dès la fin du dix-septième siècle on trouve dans ce genre quelques fictions assez rudimentaires ne dépassant pas les dimensions d'une mince brochure, comme *O'Brazile, or the inchanted island*, récit de la découverte au large de l'Irlande d'une île inconnue peuplée d'habitants qui parlent l'ancienne langue écossaise,[25] ou *A discovery of Fonseca*, où se rencontre une société d'amazones.[26] Mais le genre ne prend sa forme définitive qu'à partir des années 1720 avec les romans de flibuste et d'aventures maritimes de Defoe ou de Chetwood.[27] Appuyés sur une documentation géographique sérieuse – Defoe, par exemple, est remarquablement informé de la littérature de voyage de son temps – démarquant souvent des relations authentiques, mettant en œuvre un réalisme formel élaboré du type de celui que l'on trouve dans *Robinson Crusoe*, ces récits sont également de véritables romans, la continuité de la trame narrative étant assurée non pas tant par le déroulement d'un voyage, succession d'épisodes et de décors assez lâchement juxtaposés les uns aux autres, que par l'unité psychologique du héros, personnalité picaresque dotée d'une puissante vitalité, et par la marque subjective qu'il imprime au récit de ses propres aventures. Des dizaines de voyages imaginaires dans ce genre continueront à être publiés en Angleterre jusqu'à la fin du dix-huitième siècle, de plus en plus stéréotypés, se plagiant les uns les autres et rassemblant toujours les mêmes motifs convenus: par exemple, aventures picaresques dans les bas-fonds londoniens (*The Life and adventures of Joe Thompson*, 1750, de Edward Kimber), captivité barbaresque et aventures galantes (*The Voyages and adventures of Captain Robert Boyle*, 1726, de Chetwood), séjour chez les sauvages (*The Life, extraordinary adventures, voyages and surprising escapes of Capt. Neville Frowde, of Cork*, 1758, de Edward Kimber).

C'est un soulagement de trouver des récits dont l'extravagance échappe quelque peu à ces monotones scénarios, comme *The Travels and adventures of William Bingfield, Esq.*,[28] où le narrateur, victime d'un naufrage sur la côte d'Afrique avec sa fiancée Sally Morton, dont il est bientôt séparé, utilisera pour la rejoindre le secours d'étranges chiens volants (*dog-birds*) qu'il a pu domestiquer. Retrouvant Sally sur le point d'être mangée par ses gardiens noirs, il la délivre grâce aux *dog-birds*, recueille le récit de ses aventures dans un

25. London 1675, attribué à Richard Head (Bibliothèque bodléienne). Certaines allusions donnent à penser qu'il pourrait s'agir surtout d'une satire politique.

• 26. Dublin 1682, anonyme. *A voyage to the new island Fonseca* (London 1708) est peut-être une version plus étendue du même texte.

27. Par exemple, Defoe, *The Life, adventures, and pyracies of the famous Captain Singleton* (London 1720); Chetwood, *The Voyages, dangerous adventures, and imminent escapes of Captain Richard Falconer* (London 1720).

28. London 1753 (anonyme). Certaines sources attribuent cet ouvrage à Robert Paltock, l'auteur de *Peter Wilkins* (voir ci-après, dans le présent chapitre, §v, vi).

royaume africain anthropophage où elle était vouée au harem royal – tout cet épisode évoque avec quarante ans d'avance l'utopie sadienne de Butua dans *Aline et Valcour* – aide un souverain détrôné à reconquérir ses Etats, se trouve sur le point de devenir roi à son tour, est soudainement banni … La suite, bourrée d'incroyables péripéties conduites sur un rythme haletant, défie tout résumé. Si les aventures de William Bingfield constituent un défi à la vraisemblance élémentaire qu'un Defoe, pour sa part, s'est toujours efforcé de respecter, du moins méritent-elles pleinement le qualificatif de 'voyage extraordinaire'.

La France est relativement peu présente dans ce genre, qui apparaît comme une spécialité anglaise. On peut cependant citer, relevant d'ailleurs beaucoup plus du récit d'aventures maritimes que du voyage imaginaire, *Les Aventures de Robert Chevalier, dit de Beauchêne, capitaine de flibustiers dans la Nouvelle France*, de Lesage (1732), l'un des rares romans français de la flibuste.[29] S'il est possible que les aventures de Beauchêne lui-même aient une base authentique – Lesage dit les tenir de sa veuve, retirée à Tours – les récits insérés qui s'y trouvent sont certainement forgés de toutes pièces.[30] C'est le cas notamment du plus important d'entre eux, l'histoire du comte de Monneville, dont les aventures canadiennes sont étayées sur une sérieuse documentation géographique provenant de La Hontan et des missionnaires, et qui contient, avec le récit du séjour de Mlle Duclos parmis les Hurons, une ébauche d'utopie sauvage analogue à l'épisode presque contemporain des Abaquis dans le *Cleveland* de Prévost. Les similitudes sont si fortes qu'il faut nécessairement supposer une influence, vraisemblablement de Prévost sur Lesage, puisque les tomes III et IV de *Cleveland*, dont les livres IV à VII contiennent l'épisode des Abaquis, semblent avoir paru dès septembre 1731.

Déportée en Nouvelle-France sur l'ordre d'une mère qui la hait, Mlle Duclos rencontre sur le vaisseau le comte de Monneville, condamné à la même peine, accepte de se faire passer pour sa femme afin d'échapper au mariage forcé qui est de règle dans la colonie et se retire enfin parmi les Hurons, dont elle devient bientôt la Sakagme, c'est-à-dire la souveraine. Comme Fanny dans l'épisode correspondant de *Cleveland*, elle entreprend, avec l'aide de quelques déserteurs français, d'organiser les sauvages en nation et de les initier aux premiers rudiments de la civilisation, en se gardant toutefois de détruire leurs coutumes. Ainsi, à la différence des missionnaires, qui 'débutent par déclamer contre leur religion dans des termes qui révoltent ces malheureux', s'abstient-elle de christianiser brutalement les Hurons, se bornant à 'les accoutum[er] à ne point

---

29. Paris 1732; réédition, Lagrasse 1980 (les références renvoient à cette édition).

30. C'est l'avis de Chinard (*L'Amérique et le rêve exotique*, p.272), qui consacre aux *Aventures de Beauchêne* un long développement (p.271-79).

commencer d'entreprise considérable sans lever les yeux au ciel, pour demander l'assistance du grand Onuntio, qui a fait le ciel, la terre, le soleil, la lune et tous les astres', et c'est tout naturellement qu'elle en vient à justifier chez ses sujets les actes d'anthropophagie sur les prisonniers: 'Oui; mais, dira-t-on, pourquoi les manger? Hé! pour quelle raison voulez-vous qu'ils ne les mangent pas? C'est leur coutume de traiter ainsi les ennemis qu'ils peuvent prendre. Trouverions-nous bien raisonnable un chasseur qui, n'ayant jamais vu que des perdrix rouges, n'en tuerait pas une grise qui viendrait dans son canton, ou qui l'ayant tuée, et la voyant grosse et grasse, l'enfouirait plutôt que de la manger?' 'Vous voilà devenue Américaine', conclut Monneville.[31]

Là est l'essentiel en effet. A la différence de Prévost, Lesage s'intéresse beaucoup moins à l'expérience collective elle-même qu'aux motivations strictement individuelles de son organisatrice, et c'est la raison pour laquelle le texte ne parvient à aucun moment à se constituer en véritable utopie. Comme tous les personnages du roman, comme Monneville et Beauchêne eux-mêmes, Mlle Duclos (ce n'est pas son véritable nom) est une héroïne révoltée. Aristocrate en rupture de ban, maltraitée par sa mère, qui lui préfère son frère aîné, faussement accusée d'empoisonnement et déportée en Nouvelle-France, elle a renié l'Europe qui l'a rejetée et, par défi, a choisi l'Amérique sauvage. 'Je ne veux plus paraître française', déclare-t-elle, et ses Hurons lui sont si chers que, ajoute-t-elle encore, 'si l'on m'en séparait, je quitterais sans balancer ma famille et ma patrie pour les venir rejoindre' (p.175, 177). Cette tentation de l'ensauvagement comme fuite individuelle et revanche sociale fait écho aux options similaires d'un autre petit aristocrate aigri, le La Hontan des *Dialogues avec un sauvage*. Comme le remarque Henri Coulet, l'histoire de Mlle Duclos annonce l'épisode de la colonie du Père Aubry dans *Atala* de Chateaubriand;[32] mais peut-être plus nettement encore la fuite de René écœuré des contraintes de l'Europe se réfugiant parmi les sauvages américains.

iii. Les voyages imaginaires fabuleux aux frontières de l'utopie: mondes souterrains et fantaisies interplanétaires

L'émergence, dans le dernier quart du dix-septième siècle, du 'voyage extraordinaire' nouvelle formule n'empêche pas que se poursuive avec une vitalité intacte pendant tout le dix-huitième siècle l'ancienne tradition du voyage imaginaire délibérément anti-réaliste. L'influence de Lucien et de Cyrano est relayée et complétée à partir de 1726 par celle des *Voyages de Gulliver* de Swift: situés au

31. Lesage, *Aventures de Beauchêne*, p.178, 179, 181.
32. Henri Coulet, *Le Roman jusqu'à la Révolution* (Paris 1967), p.341.

point de contact des deux formules, ceux-ci en offrent une synthèse ironique, empruntant à la première son souci d'authentification et, à la seconde, le caractère fictif de son contenu. C'est à cette variété fabuleuse, ou fantaisiste, du voyage imaginaire qu'on s'intéressera ici, en privilégiant les textes, assez peu nombreux, susceptibles de présenter quelque intérêt du point de vue de l'utopie.

On peut, à cet égard, éliminer la majorité des voyages imaginaires purement allégoriques. Ceux-ci englobent des productions très diverses: de la polémique religieuse (*Relation du pays de Jansénie*, du père Zacharie de Lisieux, 1660) à la littérature galante (*Erotopolis, or the present state of Betty-Land*, 1684, attribué à Thomas Stretser, évocation grivoise de l'anatomie féminine déguisée en récit de voyage), de la satire de mœurs (*Découverte de l'isle Frivole*, 1750, de l'abbé Coyer, qui, sous couleur d'ajouter un supplément aux voyages de Lord Anson, brode autour des stéréotypes de l'image du Français dans la conscience du temps: étourderie, légèreté, inconstance ...) à l'enquête littéraire (*Voyage merveilleux du prince Fan-Férédin dans la Romancie*, 1735, du père Bougeant, exploration ironique du monde des romans et de leurs héros), sans compter d'innombrables pamphlets, romans satiriques ou récits à clés (par exemple, *The Floating island*, 1673, de Richard Head, satire de la vie londonienne; *The History of Menuthia*, 1715, anonyme, qui transpose à Madagascar l'actualité politique anglaise; *Crapulia, or the region of the cropsticks*, 1732, de William King, plagiat du début du *Mundus alter et idem* de Hall). Comme dans ces contes voltairiens où Persépolis et Babylone ne sont que d'autres noms de Paris, ces voyages imaginaires allégoriques, souvent de ton satirique, ne font surgir aucune réalité 'autre', donc aucune utopie, le monde 'imaginaire' n'étant ici qu'une transposition grossie, caricaturée et bien évidemment nullement idéale de l'état de choses que l'auteur se propose de dénoncer.

Fabuleux par leur destination même, qui exclut dès l'abord la créance, les voyages au centre de la terre relèvent plus volontiers de la fantaisie pure que de l'utopie et n'appellent ici qu'une brève mention, car les plus significatifs sortent des limites géographiques et chronologiques imparties à cette enquête. Premier en date, *The Blazing world* (1666) de Margaret Cavendish, duchesse de Newcastle, est un roman d'une imagination échevelée et souvent délirante.[33] Par télépathie, l'auteur se trouve en relation avec l'impératrice du Monde de Flammes et écrit sous sa dictée l'histoire de cette dernière, jeune terrienne enlevée par un marchand, puis entraînée vers le Pôle, où se trouve la communication avec l'autre monde intérieur, dont elle épouse le souverain. Mais nous

---

33. Margaret Cavendish, *The Description of a new world, called the Blazing world*, in *Observations upon experimental philosophy* (London 1666 et 1668). L'ouvrage est longuement analysé par Dupont (*L'Utopie et le roman utopique*, p.241-49).

sommes plus près de Cyrano que de More avec ce fabuleux pays souterrain où la capitale est le paradis terrestre, où la magie, les esprits élémentaires et les transmigrations des âmes d'un corps à l'autre paraissent le comble du naturel, où s'ébattent, comme dans *La Découverte australe* de Restif, des foules d'êtres hybrides, mi-humains mi-animaux. Tout au plus peut-on à la rigueur porter au compte de l'utopie – une utopie bien rudimentaire – le système politique du Monde de Flammes, monarchie absolue appuyée sur une religion d'Etat théologiquement vague, mais universellement acceptée dans tout le royaume. Comme le remarque A. L. Morton, ces thèses monarchistes ne sont guère surprenantes chez l'épouse du général en chef des armées royalistes, compagne d'exil de Charles II pendant la période cromwellienne.[34]

Même fantaisie, plus maîtrisée et chargée d'intentions satiriques, dans le *Voyage souterrain de Nicolas Klimius* du Danois Holberg, le 'classique' du voyage souterrain au dix-huitième siècle, publié initialement en latin, mais très vite traduit dans la plupart des langues européennes.[35] Auteur dramatique de premier plan dans la littérature danoise, Holberg est aussi un érudit et un humaniste qui s'inspire de Lucien, de Cyrano et de Swift. *Nicolas Klimius* donne sa forme définitive au vieux mythe géographique de la terre creuse, promis à une fortune durable parmi les auteurs de voyages imaginaires: sous la croûte terrestre s'étend un autre monde éclairé par un soleil interne autour duquel gravite la planète Nazar, habitée par vingt-sept peuples différents parmi lesquels seul est décrit en détail celui des Potuans, hommes-arbres chez qui atterrit brutalement le héros en conclusion de sa chute dans un précipice au cours de l'exploration d'une grotte de Norvège. Plus que les institutions du royaume de Potu (sans doute *utopie* à l'envers), dont la monarchie paternaliste n'est guère originale, il faut surtout retenir le conservatisme sceptique et nettement anti-utopique qui inspire ce voyage imaginaire: gens pondérés et méfiants face aux nouveautés, les Potuans imposent à quiconque propose des réformes de les présenter en public la corde au cou. Pour avoir imprudemment donné libre cours à son tempérament novateur, le héros sera banni du pays.

On passera également sur l'*Icosameron* (1788) de Casanova, très nettement postérieur à la période qui nous occupe, énorme roman fondé sur des données géographiques analogues à celles du récit de Holberg et, du point de vue théologique, sur le mythe d'une humanité préadamique androgyne déjà exploité

---

34. Morton, *L'Utopie anglaise*, p.109-10.

35. Holberg, *Nicolai Klimii iter subterraneum* (Hafniae et Lipsiae 1741); traduction française (par Eléazar de Mauvillon): *Voyage de Nicolas Klimius dans le monde souterrain* (Copenhague 1741). Dès 1741-1742, des traductions paraissent en allemand, danois, flamand, anglais, plus tard en suédois, russe et hongrois. Au total, l'ouvrage aurait eu trente-quatre éditions au dix-huitième siècle (H. Ehrencron-Müller, *Bibliografi over Holbergs Skrifter*, cité par Gove, *The Imaginary voyage*, p.304).

par Foigny, qu'au demeurant Casanova ne semble pas avoir lu: les Mégamicres, habitants de la terre intérieure, qui est l'ancien jardin d'Eden dont nous avons été bannis après la Chute, sont de petits êtres hermaphrodites qui vivent en couple et se nourrissent mutuellement du lait de leur partenaire.[36]

De la *Relation d'un voyage du pôle arctique au pôle antarctique par le centre du monde* (1721) et du *Voyage de Groenland du R.P. cordelier Pierre de Mésange* de Tyssot de Patot (1720) il a déjà été question brièvement; le second d'ailleurs usurpe le titre de voyage souterrain qui lui est ordinairement attribué, car, si les habitations du royaume de Rufsal sont bien enterrées pour mieux résister au froid polaire, rien n'indique clairement la configuration du pays, et ni l'un ni l'autre, on l'a vu, ne relèvent de l'utopie. C'est encore moins le cas des épisodes souterrains que comporte l'étrange *Lamékis* du chevalier de Mouhy, accumulation de péripéties fabuleuses dont le foisonnement imaginatif ne sera égalé peut-être que par *La Découverte australe* de Restif et l'*Icosameron* de Casanova. Mais, sous le vêtement 'égyptien' probablement hérité du *Séthos* de Terrasson, avec ses cultes à mystères, ses décors de catacombes et ses initiations vaguement maçonniques, c'est surtout au merveilleux oriental et aux complexes enchevêtrements narratifs des *Mille et une nuits* que font songer les métamorphoses et les récits enchâssés du roman de Mouhy.[37]

Mépris de la plus élémentaire crédibilité géographique, absence d'insertion narrative de type réaliste, violation des lois physiques du monde réel par le recours à des explications d'ordre magique ou para-théologique (on songe ici au thème du paradis souterrain – que Cyrano pour sa part localisait dans la lune – présent dans *The Blazing world* et l'*Icosameron*, ou encore aux spéculations de Casanova sur l'androgynie des préadamites), voire absence désinvolte de toute explication autre que la fantaisie de l'auteur, enfin pauvreté ou inexistence des contenus sociaux et politiques, tous ces élements sont communs, semble-t-il, aux divers voyages imaginaires souterrains de la période et les empêchent de donner naissance à de véritables utopies.[38]

Les mêmes remarques valent aussi pour les voyages dans l'autre monde

36. Les 108 premières pages du tome i sont occupées par un 'Commentaire littéral sur les trois premiers chapitres de la Genèse' où cette thèse d'une humanité préadamique androgyne se trouve exposée à grand renfort d'érudition exégétique.

37. Mouhy, *Lamekis, ou les voyages extraordinaires d'un Egyptien dans la terre intérieure avec la découverte de l'isle des Silphides* (Paris 1735-1738); in Garnier (éd.), *Voyages imaginaires*, t.xx-xxi.

38. Toutefois nous n'avons pu consulter un ouvrage anonyme de 1755 (*A voyage to the world in the centre of the earth, giving an account of the manners, customs, laws, government and religion of the inhabitants, their persons and habits described*, London 1755) que certaines sources attribuent à Robert Paltock, l'auteur de *Peter Wilkins*. Victor Dupont, qui lui consacre une longue et minutieuse analyse, lui reconnaît un indéniable intérêt du point de vue de l'utopie, tout en admettant que 'cette œuvre chevauche en réalité la frontière qui sépare le Roman Utopique de la Fable Philosophique' (*L'Utopie et le roman utopique*, p.306-23 (p.318)).

8. *Marges de l'utopie: les voyages imaginaires*

(*Pasquin risen from the dead*, 1674, satire anonyme antipapiste; *Voyage au séjour des ombres*, 1749, de l'abbé de La Porte; surtout *A journey from this world to the next*, 1743, le plus méconnu des romans de Fielding:[39] le narrateur y raconte avec un humour macabre sa descente aux Enfers, le jugement des âmes par Minos, ses aventures dans l'Elysée, et surtout sa rencontre avec Julien l'Apostat qui, à la faveur de ses réincarnations successives, a connu tous les états de la société, du roi au mendiant); point d'utopies non plus parmi la majorité des voyages interplanétaires, particulièrement nombreux dans l'Angleterre de la première moitié du dix-huitième siècle, où l'influence de l'œuvre de Cyrano semble avoir été au moins aussi forte qu'en France.[40] A quelques exceptions près, comme celle de l'*Iter lunare* de David Russen, lequel consacre 147 pages à s'interroger sérieusement sur la possibilité scientifique du voyage lunaire, imaginant pour ce faire divers dispositifs au succès improbable,[41] les auteurs de voyages sidéraux du dix-huitième siècle ne sont pas des précurseurs de la science-fiction, mais des satiriques utilisant un motif depuis longtemps traditionnel. C'est le cas de Defoe avec *The Consolidator, or memoirs of sundry transactions from the world in the moon* (1705), allégorie de la vie politique anglaise dans laquelle le 'consolidateur' – c'est le nom donné à la machine utilisée pour le voyage – représente la chambre des Communes. Dans *A trip to the moon* de Murtagh McDermot,[42] l'influence de Swift est explicite, comme l'atteste une pompeuse 'dédicace postérieure' (*dedicace in the rear*) au 'Worthy, Daring, Adventurous, Thrice-Renowned, and Victorious Captain Lemuel Gulliver' (p.91). En effet, cet ouvrage, de toutes les productions qui se réclament du modèle swiftien sans doute l'une de celles qui lui doit le moins, est l'une des rares qui n'en soit pas indigne. La lune est donnée pour l'image conforme de la terre, ainsi que la préface le souligne avec humour:

> Il y a contre cet écrit une objection qui me paraît devoir être levée. On pourrait prétendre que l'auteur n'est jamais allé dans la lune, puisqu'il ne relate presque rien qui ne soit observable parmi nous, car il parle de *pièces de théâtre*, de *cafés*, de *bals*, de *dames*, de *thé*, d'*intrigue*, de *pythagoriciens* et d'autres choses qui pourraient s'appliquer à nous-mêmes et sont en usage parmi nous.[43]

39. Ed. Claude Rawson (London, New York 1973).

40. Voir Marjorie Hope Nicolson, *Voyages to the moon* (New York 1960).

41. David Russen, *Iter lunare, or a voyage to the moon* (London 1703; éd. Mary Elizabeth Bowen, Boston 1976).

42. Dublin, London 1728. Cet ouvrage n'a aucun rapport avec celui publié en 1764 sous le même titre par Francis Gentleman (*A trip to the moon, containing an account of the Island of Noibla, by Sir Humphrey Lunatic*; York 1764).

43. 'There is one Objection against this Piece, which I think ought to be remov'd. It may be said, that the Author never has been in the Moon, since he relates very little, but what is observable among us, for he talks of *Plays, Coffe-Houses, Balls, Ladies, Tea, Intriguing, Pythagoreans*, and other things, which may be easily apply'd to our selves, and are in Use among us' (p.3).

Mais le projet satirique s'efface vite derrière la fantaisie pure dans cet ouvrage au demeurant plein de verve burlesque et d'une imagination souvent délirante comme en témoigne un magnifique morceau de *nonsense* (p.75-76): l'étonnant poème fabriqué par le narrateur dans un atelier de production automatique de littérature aléatoire (*mechanical poetry*), prolongement, du reste, d'une idée swiftienne du *Troisième voyage*; livré aux débordements d'une extravagance baroque, le monde de la lune n'acquiert pas là non plus la cohérence élémentaire qui lui serait nécessaire pour pouvoir se constituer en utopie.

Avec Mme de Roumier-Robert et ses *Voyages de Milord Ceton dans les sept planètes, ou le nouveau Mentor*, nous retombons dans les facilités du voyage allégorique, ici interminablement étiré sur huit cents pages faiblement pimentées par le motif de l'inceste sororal – que l'on retrouvera dans l'*Icosameron* de Casanova – et parfois relevé grâce à une assez heureuse préciosité d'écriture.[44] Les pérégrinations qu'accomplissent Milord Ceton et sa sœur Monime dans les planètes du système solaire avec l'aide du génie Zachiel se plient à un symbolisme convenu: le peuple de la lune est frivole, celui de Mercure cupide, celui de Vénus passionné, celui de Mars guerrier … En somme, comme le remarque un critique, l'auteur n'a pas vu 'qu'aucun de ses mondes n'était à même de fonctionner, faute de la diversité voulue par le proverbe. Comment pourrait-on être avare s'il n'y avait que des avares, noble s'il n'y avait que des nobles, etc.?'[45] Ces mondes trop prévisibles, trop monovalents pour offrir une possibilité concrète de fonctionnement et dont aucun d'ailleurs n'a valeur de modèle – sauf peut-être celui de Saturne, image de l'âge d'or – ne relèvent pas non plus de l'utopie.

iv. Deux ébauches d'utopies planétaires: la *Relation du monde de Mercure* et *Le Voyageur philosophe*

On trouvera en revanche, à défaut de constructions sociales imaginaires véritablement cohérentes, au moins des bribes d'utopies plus ou moins avortées dans deux autres voyages interplanétaires du milieu du siècle, la *Relation du monde de Mercure* et *Le Voyageur philosophe*. La *Relation du monde de Mercure*, du chevalier de Béthune, repose sur une affabulation aussi confuse qu'invraisemblable: le narrateur, initié à la secte des Rose-Croix par un étrange astronome, absorbe une poudre magique qui sépare son âme de son corps, se réincarne dans une fleur de myrte et reçoit enfin pour tâche liée à son noviciat rosicrucien la traduction d'un manuscrit arabe (une opération magique lui a permis d'appren-

44. La Haye et Paris 1764; in Garnier (éd.), *Voyages imaginaires*, t.xvii-xviii.
45. Gaillard, *Suppléments au voyage de La Pérouse*, p.57.

dre cette langue en un instant) contenant une relation du monde de Mercure.[46] Le reste du volume est constitué par la transcription de ce document, ordonné en chapitres descriptifs selon un plan logico-didactique qui rappelle quelque peu celui de *L'Utopie* de More (description de Mercure; de ses habitants; de l'empereur et du gouvernement; des lois fondamentales et impériales ...). Mais le contenu relève pour l'essentiel de la fantaisie féerique: petits êtres graciles, comme les habitants de Lilliput, les Mercuriens sont ailés, comme les Glumms de *Peter Wilkins*; libérés du souci de pourvoir à leur subsistance par une nature complice qui 'a pris soin elle-même de préparer et d'assaisonner d'une manière exquise les repas de ces heureux habitans' et pousse la sollicitude jusqu'à '[cacher] les lieux qui lui servent de magasin, pour ne laisser à la portée des hommes, que des objets toujours rians, et propres seulement au plaisir', ils sont entièrement déchargés des tâches matérielles par des animaux à leur service et qui comprennent leur langage: 'Quelqu'un veut-il bâtir une maison? les renards, les lapins, les taupes en creusent les fondemens; les castors coupent les grands arbres et les façonnent; les ânes portent sur leur dos les grosses pièces de bois façonnées, si on veut s'en servir' (xvi.194, 173, 209). Ils peuvent ainsi se consacrer entièrement à la galanterie et au plaisir. Les mariages mercuriens ne sont ni indissolubles ni même contraignants: l'inconstance amoureuse passe dans ce monde pour une forme louable de la curiosité intellectuelle, et les contrats matrimoniaux, souscrits après un mariage à l'essai de quarante-huit heures et limités à une durée de deux ans, prennent soin de stipuler 'le nombre des petites entorses conjugales et des infidélités réelles, qu'on est obligé de se passer l'un à l'autre, pour conserver la paix dans le ménage' (xvi.230).

Grâce à la maîtrise absolue de l'esprit sur le corps, la maladie est inconnue sur Mercure, et le vieillissement se marque seulement par un léger noircissement des plumes des ailes, la vie étant à volonté indéfiniment prolongée jusqu'au suicide philosophique qui vient y mettre un terme. Les Mercuriens ne dorment jamais – le sommeil forcé est le châtiment des crimes les plus graves – et craignent plus que tout la contagion de l'ennui: les sots, mis au ban de la société, car le défaut d'esprit est punissable comme un délit, peuvent toutefois se racheter en se mettant en apprentissage comme domestiques auprès de ceux qui en sont heureusement pourvus.

Le système politique est sommaire: les empereurs de Mercure, assistés de plusieurs vice-rois, exercent une autorité paternaliste limitée par le droit de remontrances reconnu aux députés de la nation, ces derniers pouvant même demander le remplacement du souverain. Mais ce n'est pas là, manifestement,

---

46. Genève 1750; in Garnier (éd.), *Voyages imaginaires*, xvi.164-478 (références à cette dernière édition).

ce qui intéresse l'auteur, lequel, fidèle à son inclination pour le merveilleux, préfère développer longuement les privilèges magiques dévolus à la famille impériale. Originaires du soleil, les empereurs de Mercure, dont le corps est composé d'une 'matière subtile' qui les rend à volonté visibles ou invisibles, jouissent d'un pouvoir illimité de métamorphose qu'ils délèguent en cadeau de noces à la jeune Mercurienne choisie pour impératrice; chez celle-ci toutefois la métamorphose se limite à une permutation, l'impératrice échangeant sa forme avec celui à qui elle emprunte sa nouvelle apparence, avec toutes les possibilités d'intrigues et de substitutions galantes que l'on imagine. Ce détail ouvre, du reste, sur l'aspect le plus original de la société mercurienne. Ce qui tient lieu de système économique à cet univers de fantaisie repose sur l'échange généralisé. On lègue à ses amis ses talents et qualités, car 'les dons de l'âme et les qualités acquises, sont réputés effets mobiliers dans Mercure, et on peut en laisser l'usufruit à qui l'on veut'; la même règle vaut pour les agréments physiques, si bien que 'par ce droit un bossu peut hériter en un moment d'une très-belle taille; une personne gauche, d'un air aisé; une physionomie basse, d'un minois fin' (xvi.188-89). Mieux, tout cela se vend à prix d'argent, la monnaie n'ayant d'ailleurs pas d'autre fonction dans ce pays de Cocagne où l'économie matérielle est rendue sans objet par la profusion du nécessaire. Celle-ci libère ainsi les énergies sociales pour une frénétique et frivole activité d'échange qui est à soi-même sa propre fin (xvi.221):

Comme la terre fournit *gratis* la nourriture, et l'Empereur les habillemens et les meubles, l'argent ne sert qu'au luxe, au jeu, aux emplettes, et si ce mot se peut dire, au brocantage, qui est plus commun dans Mercure, que dans aucune autre planette. Car tout se vend, parures, bijoux: et même (ce qui n'est point ailleurs) on y troque les complexions, les caractères, les qualités de l'âme, les talens, enfin tout ce qui peut tenter la curiosité des hommes.

Si les talents toutefois font l'objet d'une vente simple, les complexions et caractères 'ne se vendent pas à pur et à plein, il faut qu'il entre de l'échange dans le marché' (xvi.221): ainsi, un grincheux désireux de changer de disposition devra trouver un homme d'esprit aimable acceptant de permuter avec lui son caractère contre juste compensation financière. Quant aux ressources monétaires nécessaires à ces transactions, elles sont équitablement réparties entre tous par le souverain et d'ailleurs produites à volonté par une 'vapeur' qui se condense en talismans et pierres précieuses – conception purement ludique de la monnaie bien accordée à la légèreté frivole d'un univers que l'on pourrait situer, profondeur philosophique et sans doute talent en moins, quelque part entre Cyrano de Bergerac et ces 'modèles de l'imaginaire au XVIIIe siècle' que proposent, à la même époque à peu près que la *Relation du monde de Mercure*, les bizarres fantaisies d'un Tiphaigne de La Roche.[47] Sylphes, salamandres, 'esprits follets', transmutations alchimiques et opérations magiques ne sont plus ici que les auxiliaires complaisants d'un vieux folklore superstitieux auquel, de toute évidence, le narrateur ne croit pas plus qu'aux fées et génies les auteurs mondains des contes merveilleux à la mode: ils sont seulement les corollaires obligés de l'univers inconstant et gracieux du 'tout est possible'.

C'est à mi-chemin entre cette formule du voyage imaginaire fantaisiste et l'utopie proprement dite qu'on peut situer *Le Voyageur philosophe* de Villeneuve, alias M. de Listonai.[48] L'ouvrage s'ouvre sur une 'Epître à moi-même' (i.III-XXII), véritable hymne à l'égoïsme, qui est 'un pur sentiment naturel, que tout être organisé éprouve machinalement, du génie le plus sublime à l'animal le plus borné dans ses sensations, de Newton à l'huître' (i.v). Au lieu de lutter contre les passions et l'amour-propre, 'véritables présents du ciel', il convient donc de mettre la pulsion individualiste au service de l'harmonie sociale (i.v-vi):

Pourquoi rougirais-je de reconnaître l'amour-propre pour mobile de toutes les actions humaines; puisque, bien dirigé, il est la source de toutes les vertus sociales, et conséquemment lié au bien général? Loin donc de chercher à détruire un sentiment inhérent à la nature de tout être pensant, nécessaire et bon dans son principe, nuisible seulement par l'abus qu'on peut en faire, il faut au contraire lui fournir des alimens propres à son entretien, pour notre bien-être, et en ménager la délicatesse dans autrui.

Ici encore, l'affabulation est dépêchée avec une négligence nonchalante qui toutefois n'est pas sans charme. Le narrateur, '*dilettante* de cataractes' – car chacun a sa manie – rencontre dans les nuées de la chute du Niagara un vaisseau de Sélénites et s'embarque avec eux pour la lune; quelque sept cents pages plus loin, il se réveillera brutalement au bas de son lit, car tout cela n'était qu'un songe, 'image triste, mais fidèle, de la plûpart des félicités de la vie' (ii.384).

A peine un dixième du livre relève de l'utopie ou même du voyage imaginaire. Suivant l'exemple de Montaigne, qu'il cite souvent, Villeneuve procède par accumulation de digressions et de développements juxtaposés sans ordre apparent, introduisant, non parfois sans humour, d'interminables dissertations où il

47. Voir Jacques Marx, *Tiphaigne de La Roche, modèles de l'imaginaire au XVIIIe siècle* (Bruxelles 1981). En dehors de l'*Histoire des Galligènes*, qu'il faut d'ailleurs considérer plutôt comme une utopie, deux œuvres de Tiphaigne de La Roche relèvent – partiellement – du modèle du voyage imaginaire. *Amilec, ou la graine d'hommes* (1753), 'songe' plutôt que voyage, présente sous la forme d'une lettre de Zamar, 'député de la lune', un tableau satirique de notre satellite, image inversée de la société terrestre. Dans *Giphantie* (1760) – Tiphaigne à l'envers – le narrateur rencontre à la faveur d'un voyage en Guinée un étrange personnage qui lui révèle les secrets magiques de l'île du même nom, siège des 'esprits élémentaires' qui gouvernent nos destinées et, grâce à une sorte d'appareil de télévision, observent à distance avec amusement les mœurs absurdes de Babylone (= Paris).

48. Daniel de Villeneuve, *Le Voyageur philosophe dans un païs inconnu aux habitans de la terre*, par Mr de Listonai (Amsterdam 1761).

oublie entièrement que c'est du monde de la lune qu'il est censé parler. Ainsi, au tome i, les chapitres 3 ('Connoissances physiques à la portée du peuple'), 4 ('Connoissances métaphysiques à la portée du peuple'), 5 ('Vanité des nations'), 6 ('De l'éducation'), 7 ('Etat de la littérature chez les Sélénites') offrent-ils un déballage hétéroclite de développements sur les progrès des Lumières, sur la sottise des chauvinismes nationaux, sur l'éducation naturelle à la Rousseau et l'apprentissage des règles du bien-dire, sur l'art des vers, tout cela sans aucun rapport avec le fil conducteur de sa fiction. De ce pot-pourri désinvolte que viennent racheter quelques paradoxes assez bien venus (par exemple, au chapitre 5 du second tome, un éloge provocateur du despotisme oriental considéré comme le type de gouvernement le plus apte à assurer le bonheur des peuples: ceux-ci, 'accoutumés dès l'enfance au joug de la servitude et convaincus qu'ils ne pourraient tenter de le secouer, qu'avec bien des risques, cherchent plutôt à goûter les paisibles douceurs de l'esclavage, que les tumultueux avantages de la liberté, qui est moins un bien aux yeux de l'esclave, que sa privation n'est une douceur pour celui qui se croit libre', ii.95), on ne retiendra que ce qui peut se rattacher à l'utopie. Conformément au vieux principe spéculaire énoncé par Cyrano ('La lune est un monde comme celui-ci, à qui le nôtre sert de lune'),[49] la lune est l'image en miroir de la terre, à la fois même et autre: la 'mappe-lune' contient une Méditerranée, une Europe et même une Amérique lunaire, située, bien sûr, sur la face cachée du satellite. Tout à sa déception d'avoir 'entrepris un voyage inutile', puisque ce qui s'offre à son regard n'est guère nouveau, le narrateur rencontre un 'vénérable vieillard' – 'ces Vieillards vénérables se trouvent toujours à propos pour la consolation des Voyageurs', note-t-il ironiquement[50] – qui l'entraîne par le centre du globe dans l'Amérique lunaire, où se localise, comme une utopie à l'intérieur de l'utopie, l'"autre' de cet 'autre monde' pour le reste si semblable à celui de la terre. Suit une description de la capitale, Sélénopolis, ville carrée de vingt-quatre stades de côté aux rues rectilignes dont les principales sont bornées à chaque extrémité par un arc de triomphe. Toutefois, souci peu fréquent chez les utopistes, Villeneuve a soin d'"[ôter] la monotonie que produit toujours une uniformité trop étendue' en mêlant aux maisons des palais, fontaines et gymnases (i.83). Au centre, ouvrant sur huit rues aboutissant à d'autres places secondaires de même dessin, une vaste place carrée que bordent le palais impérial, l'arsenal, les tribunaux, le 'corps de ville', l'académie et le théâtre. Au point médian se trouve la statue équestre du souverain régnant, qui sera transférée à sa mort dans une sorte de Panthéon 'ou étoient rassemblés les simulacres de tous les

---

49. Cyrano de Bergerac, *Voyage dans la lune*, éd. Maurice Laugaa (Paris 1970), p.31.
50. Villeneuve, *Voyageur philosophe*, i.76.

Souverains qui avoient travaillé au bonheur de leurs sujets' (i.86), institution caractéristique d'une époque où naît le culte des grands hommes.[51]

Cependant, l'auteur s'attache surtout à l'hygiène urbaine. Comme dans *L'Utopie* de More, on a rejeté hors des villes boucheries et hôpitaux, ces derniers se distribuant en établissements spécialisés pour invalides, incurables, 'insensés et imbéciles', 'fainéants et gens de mauvaise vie' ... Les cimetières sont pareillement bannis des villes pour des raisons de salubrité. Tout est prévu pour faciliter la circulation de l'air et l'évacuation des miasmes, conformément aux thèses 'aéristes' de l'architecture du temps: réseau de distribution d'eau, système d'égoûts, ventilation forcée des appartements. Loin de désigner Sélénopolis comme un monde radicalement 'autre', ces préoccupations hygiénistes, avec les mesures d'exclusion ou d'enfermement qui en sont la contrepartie, ne font qu'exprimer les tendances urbanistiques déjà à l'œuvre dans les années 1760.[52]

De même, l'organisation politique, sociale et économique des Sélénites n'est que l'image de notre monde amélioré par quelques réformes conformes aux vœux de l'auteur. Celui-ci, dès le discours préliminaire, avait loyalement prévenu son lecteur:

Le païs, dont j'ai à parler, n'est point une de ces républiques idéales, où l'on vit sans magistrats, sans loix, sans médecins, sans chefs: c'est un gouvernement monarchique, à mon sens, le plus parfait de tous les gouvernements, où l'autorité résidant en un seul, les prétentions des Grands se réduisent à mériter les faveurs du Prince, et où le peuple vit sous la protection des Loix.[53]

Programme conformiste, on le voit, pour une 'utopie du possible' qui, du reste, s'intéresse fort peu au problème proprement politique. Villeneuve préfère mettre l'accent sur les progrès économiques résultant de quelques mesures ponctuelles: liberté du commerce, délivré des taxes sur les denrées, alimenté grâce à l'extension du crédit, favorisé par la construction de canaux et de routes entretenues et signalisées; encouragement à l'agriculture, devenue une profession honorable après avoir été longtemps méprisée; uniformisation des poids et mesures; réforme fiscale, la 'taille réelle' formant la base des revenus publics; développement démographique obtenu par la lutte contre le célibat – les jeunes filles laides sont dotées par les jeunes gens riches afin qu'elles épousent les plus pauvres, les célibataires endurcis sont mariés solennellement après leur mort 'en réparation de l'outrage, qu'ils avoient fait à la Nature et à la Société, pendant leur vie' (i.284). Le programme social se limite à l'abolition

51. Voir Jean-Claude Bonnet, 'Naissance du Panthéon', *Poétique* 33 (1978), p.46-65.
52. Voir *Dix-huitième siècle* 9 (1977), numéro spécial: *Le sain et le malsain*.
53. Villeneuve, *Voyageur philosophe*, i.35.

du droit d'aînesse et à l'ouverture des carrières aux talents sans considération de la naissance: 'L'homme le plus ignoré, de la plus basse extraction, avec des talens et de la vertu, pouvoit aspirer aux postes les plus éminents' (i.325). La religion des Sélénites se borne à un déisme des plus vagues. Point d'athées, grâce au développement de la philosophie, mais pas non plus de rites ni de dogmes. Comme dans *La Basiliade* de Morelly, il existe un 'temple allégorique de la Vérité', 'être métaphysique, considéré comme émanation de l'Etre Suprême' (i.338), mais on n'y célèbre aucun culte proprement religieux; nous ne sommes pas loin de la déesse Raison de l'époque révolutionnaire.

C'est en effet une sorte de vulgate des Lumières, celle qui inspirera la première révolution bourgeoise avant que celle-ci ne soit débordée par des aspirations plus radicales, que propose *Le Voyageur philosophe*. Le monde lunaire illustre les thèmes optimistes du progrès des sciences et de la diffusion du savoir. Par l'intercession de l'ombre de Newton, les Sélénites se sont dotés d'un 'sixième sens' qui leur a permis de résoudre tous les problèmes réputés insolubles – quadrature du cercle, trissection de l'angle ... – et d'acquérir 'une infinité de connoissances physiques et morales' que propagent les académies; les arts ont été purgés selon les règles de la raison et du goût, les lois 'réformées sur celles de la nature' (i.103, ii.5). Par exemple, le chapitre 4 du tome ii, consacré au théâtre, prévoit la proscription de la parodie, de la farce et du burlesque, 'amusemens peu dignes d'un esprit sensé, et propres seulement à faire les délices du peuple, vraiment peuple' (ii.54), et l'épuration du répertoire (presque tout Racine, très peu de Corneille, huit pièces de Molière seulement) selon les principes d'un goût étroitement classique, bien que l'auteur prêche en faveur d'un certain assouplissement de la règle des unités.

'Révolutionnaires', si l'on veut, dans l'acception historique du terme, les idées de Villeneuve ne le sont guère au sens spécifiquement politique: les réformes proposées ne sont que des réformes; elles ne remettent nullement en cause l'ordre social, et les thèmes mélioristes coexistent avec le plus parfait conformisme monarchique. Mieux, l'apologie du despotisme laisse entrevoir un relativisme sceptique foncièrement conservateur. Aux convulsions de la liberté, Villeneuve préfère visiblement 'les paisibles douceurs de l'esclavage'; et à qui se mêlerait de juger ce bonheur de la servitude, il répond qu''il ne s'agit pas de savoir si un peuple a raison d'être heureux, mais s'il l'est en effet' (ii.97). Par ces orientations contradictoires – mais, historiquement parlant, il n'est pas sûr qu'elles le soient – l'ouvrage de Villeneuve est assez représentatif des ambiguïtés du mouvement des Lumières, où l'aspiration au changement n'exclut pas nécessairement le plus plat conformisme.

Resterait à s'interroger sur la forme littéraire du livre, forme éclatée qui empile à l'infini des dissertations hétéroclites. L'affabulation romanesque sommairement expédiée en quelques pages, la narration même s'efface, gangrenée par un discours didactique proliférant. *Le Voyageur philosophe* illustre la dégéné-rescence du genre du voyage imaginaire, l'élément 'voyage' étant ici réduit à presque rien et l'imagination à peu de chose, puisque l'auteur ne fait qu'exposer ses idées, lesquelles, de surcroît, sont à peu près celles de tout le monde. Quant à l'utopie, elle est moins ici le tableau cohérent et complet d'un monde autre qu'une accumulation anarchique de notations éparses où il est souvent difficile de distinguer ce qui est explicitement référé à la société fictive et ce qui découle seulement de l'exposé didactique des positions de l'auteur. Comme le suggère Villeneuve dans son discours préliminaire, cette attitude d'ouverture prospec-tive, qu'on pourrait qualifier, au sens large du terme, d'utopique, relève d'une pédagogie du progrès permettant de faire émerger la catégorie du possible sous l'apparence du chimérique (i.8):

Ne seroit-il pas plus raisonnable de se familiariser avec les idées de possibilité sur tout ce qui nous est inconnu ou nous paraît incompréhensible, que de s'élever superbement contre tout ce qui porte l'empreinte de chimere ou de paradoxe, et qui n'est le plus souvent que l'effet de notre ignorance et de notre imbécillité?

v. Du voyage imaginaire à l'utopie dans *Peter Wilkins* de Robert Paltock

Tour à tour roman d'aventures maritimes, voyage imaginaire, robinsonnade d'abord solitaire puis collective et, enfin, utopie ou para-utopie, le roman de Robert Paltock, auteur dont on ne sait à peu près rien,[54] montre bien à quel point il est souvent arbitraire de vouloir séparer les divers genres étroitement imbriqués jouant sur ce que la critique anglo-saxonne appelle l'*estrangement*, ou, si l'on préfère, la mise en œuvre littéraire de l'ailleurs.

Aujourd'hui à peu près oublié, inexplicablement dédaigné des principaux

---

54. Robert Paltock, *The Life and adventures of Peter Wilkins, a Cornish man* by R. S., a passenger in the Hector (London 1751 [en réalité, 3 décembre 1750]). L'édition utilisée est celle de Christopher Bentley (London, New York, Toronto 1973), à laquelle renvoient toutes les références (abréviation *P.W.*). Les rares informations biographiques disponibles sont résumées par Bentley dans l'introduction de son édition. Certaines sources contemporaines (R. Lewis, *The Adventures of a rake in the character of a public orator*, London 1759, i, 4, cité par Gove, *The Imaginary voyage*, p.324-25) attribuent également à Paltock *The Travels and adventures of William Bingfield* (1753), brièvement examiné ci-dessus (ch.8, §ii), et peut-être aussi *A voyage to the world in the centre of the earth* (1755), si l'on en croit la *Monthly review* (xii.394 (1755), in Gove, p.342). On ne sait si *A narrative of the life and astonishing adventures of John Daniel* (1751), signé Ralph Morris, où il est également question d'hommes volants, est un plagiat de *Peter Wilkins* ou un autre roman de Paltock, comme l'indiquent certaines sources (voir J. O. Bailey, *Pilgrims through space and time: trends and patterns in scientific and utopian fiction*, nouvelle édition, Westport, Conn. 1977, p.21).

historiens de l'utopie anglaise, *La Vie et les aventures de Peter Wilkins* a pourtant connu un temps une assez remarquable faveur – illustration des aléas surprenants qui peuvent affecter la réception des œuvres dans ces catégories 'mineures' de la production littéraire.[55] A sa publication, en 1750, le roman ne suscite pourtant qu'un commentaire dédaigneux de la *Monthly review*, qui ne le situe dans le prolongement de Defoe et de Swift que pour mieux l'écraser sous la comparaison:

Il paraît s'agir du rejeton illégitime issu d'une conjonction fort peu naturelle entre les *Voyages* de Gulliver et *Robinson Crusoe*, bien inférieur au demeurant à la moins réussie de ces deux productions sous le rapport du divertissement comme de l'instruction. On y trouve tout ce qui est impossible dans l'un ou improbable dans l'autre, sans l'esprit et le brio du premier, et sans les touches de vérité naturelle et les utiles leçons de morale du second.[56]

Le succès initial est modeste: une seule réédition, à Dublin en 1751, puis un oubli de trente ans, jusqu'à la reprise du texte en 1783.[57] Désormais les rééditions se succèderont de façon presque ininterrompue jusque dans le dernier tiers du dix-neuvième siècle, souvent sous la forme plus ou moins abrégée ou réécrite d'adaptations pour le public enfantin ou de *chapbooks* destinés à la consommation populaire.[58] Si le livre n'a guère eu d'écho aux alentours de 1750, c'est sans doute, comme le suggère un critique anonyme de 1823, qu'il 'venait trop tôt ou trop tard':

A cette époque particulière où les grossières réalités de la vie l'avaient emporté sur les créations de la fantaisie et où l'imagination gisait pour ainsi dire assoupie dans l'attente du moment où elle serait rappelée à la vie et au mouvement, un ouvrage s'adressant principalement à cette faculté de l'esprit était sujet à être reçu froidement et apprécié au-dessous de son mérite.[59]

---

55. L'ouvrage est ignoré de Dupont comme de Manuel et Manuel. Brève analyse cependant dans Morton (*L'Utopie anglaise*, p.125-27), Dottin (*Daniel Defoe et ses romans*, ii.392-93), Goulding (*Swift en France*, p.98-99).

56. 'It seems to be the illegitimate offspring of no very natural conjunction betwixt *Gulliver's Travels* and *Robinson Crusoe*; but much inferior to the meaner of these two performances, either as to entertainment or utility. It has all that is impossible in the one, or improbable in the other, without the wit and spirit of the first, or the just strokes of nature and useful lessons of morality of the second' (*Monthly review*, iv.157 (1750), cité par Gove, p.325).

57. Toutefois il faut signaler aussi la traduction française de Florent de Puisieux (*Les Hommes volants ou les aventures de Peter Wilkins*, Londres, Paris 1763; in Garnier (éd.). *Voyages imaginaires*, t.xxii-xxiii).

58. On trouvera la liste des éditions dans Gove, p.320-24.

59. *Retrospective review*, vii. 122-24 (1823), cité par Bentley (éd.), *P.W.*, p.xiii. ('At that particular period, when the gross realities of life had superseded the creations of fancy, and the imagination, lying as it were torpid, awaited the moment when it should be again called into life and action, a work, applying itself chiefly to that faculty of the mind, was likely to be coldly received, and unduly appreciated.')

8. Marges de l'utopie: les voyages imaginaires

En revanche, dans les années 1780, les hommes volants de Paltock s'inscrivent parfaitement dans la perspective des utopies nouvelles fondées sur l'hypothèse de variétés 'différentes' de l'espèce humaine – les Mégamicres de l'*Icosameron* de Casanova, les races mi-humaines mi-animales de *La Découverte australe* de Restif de La Bretonne, lequel, du reste, a certainement lu *Peter Wilkins*.[60] Enfin le livre introduit dans le genre du voyage imaginaire une dimension qui n'y était jusqu'alors guère répandue, celle de la poésie, à laquelle contribuent les belles illustrations déjà romantiques de Stothard qui, dans l'édition de 1783, remplacent celles de Boitard jointes à l'originale;[61] la gracieuse invention des 'hommes volants' semble annoncer les êtres aériens et les mythologies angéliques de la première génération romantique, parmi laquelle le livre a été beaucoup lu et souvent admiré. Coleridge y a vu 'une œuvre d'une beauté peu commune',[62] Shelley s'en inspire pour son *Alastor*, et Southey l'estime 'un ouvrage d'un génie élevé'.[63] Walter Scott et Charles Lamb le citent avec éloge, et plus tard encore Thackeray, Dickens, Disraeli, Leigh Hunt. Ouvrage justement oublié ou bien 'classique mineur' à redécouvrir, selon l'expression de Walter de La Mare?[64] Chacun en jugera. En tout cas le récit tranche avec la médiocrité de la production courante du temps, et la difficulté qu'on éprouve à lui assigner des sources précisément identifiables atteste une relative autonomie par rapport aux modèles littéraires antérieurs.

Aux deux textes-paradigmes invoqués par le critique de 1750 – *Robinson* et *Gulliver* – Paltock n'a emprunté en vérité que quelques schémas très généraux qu'il pouvait aussi bien du reste trouver ailleurs. On retrouve dans les premiers chapitres de *Peter Wilkins* comme dans ceux de *Robinson Crusoe* des aventures maritimes ponctuées d'attaques de pirates, d'épisodes de captivité, d'aventures africaines accompagnées de l'inévitable apparition de bêtes féroces, de naufrages et de secours miraculeux;[65] mais ces éléments qui relèvent, on l'a vu, des stéréotypes d'époque ne traduisent pas nécessairement une influence ponctuelle. Quant à la robinsonnade qui occupe la seconde moitié du premier tome,

60. Sur les relations possibles entre les deux œuvres, voir Georges Lamoine, 'Deux utopies du dix-huitième siècle chez les hommes volants: quelques aspects', *Littératures* 5 (1982), p.7-18.
61. Sur l'iconographie de *Peter Wilkins*, voir Madeleine Blondel, 'Images de l'homme volant dans les récits de voyages imaginaires des deux côtés de la Manche au XVIIIe siècle', in François Moureau (éd.), *Métamorphoses du récit de voyage* (Paris, Genève 1986), p.32-39.
62. Coleridge, *Specimens of the table talk* (London 1835), ii.337-39.
63. Southey, *Poetical works* (London 1837-1838), viii.231; sur Shelley, voir Harold L. Hoffman, *An odyssey of the soul: Shelley's Alastor* (New York 1933), p.78-83.
64. Walter de La Mare, *Desert islands and Robinson Crusoe* (London 1930), p.67 (cité par Bentley (éd.), *P.W.*, p.xiv); les autres références se trouvent dans Gove, p.324-27, et dans Bentley (éd.), *P.W.*, p.ix-x.
65. Voir Zora Prica, *Daniel Defoe's Robinson Crusoe und Robert Paltock's Peter Wilkins* (Budapest 1909), cité par Gove, p.414.

elle s'écarte beaucoup du texte-paradigme par son décor – ici, une enceinte close étroitement enserrée entre des falaises infranchissables, sorte d'île dans l'île – par sa relation avec la nature plus tributaire du 'code édénique' que du 'code heuristique', puisque la profusion des fruits permet la subsistance sans recours nécessaire au travail, enfin par son déroulement matériel: bientôt Wilkins sera rejoint dans son asile de Grandevolet par une femme volante, ou Gawry, nommée Youwarkee; la robinsonnade solitaire deviendra robinsonnade en couple et, enfin, après la naissance de leurs neuf enfants, robinsonnade familiale.

Du modèle de Defoe, Paltock retient peut-être surtout l'armature religieuse du récit: comme celles de Robinson découlent d'une transgression initiale de l'interdit paternel, les aventures de Wilkins manifestent les principes de la prédestination, de l'enchaînement providentiel des événements et de la culpabi- lité héréditaire entraînant la punition des fautes du père en la personne de ses enfants. Le père du héros a jadis été exécuté pour avoir participé à la rébellion protestante de Monmouth contre le pouvoir royal; comme le lui explique son précepteur, 'il n'y a rien qui se fasse ici-bas qui ne soit au moins prévu si ce n'est décrété là-haut',[66] et ses tribulations peuvent être interprétées comme l'expiation et le rachat de la faute paternelle contre l'autorité légitime, dont Wilkins se libèrera, pour ainsi dire, dans le pays imaginaire, en réduisant pour le compte du roi Georigetti la rébellion des provinces de l'Ouest à la fin du livre.

L'empreinte des *Voyages de Gulliver* est encore plus discrète. Paltock a pu emprunter au procédé magnétique de sustentation de l'île volante de Laputa dans le *Troisième voyage* l'idée du rocher constitué de pierre d'aimant qui immobilise le vaisseau de Wilkins, dont la cale est chargée de barres de fer (*P.W.*, p.67-68). Peut-être, comme on l'a suggéré, faut-il voir une réminiscence des entretiens de Gulliver avec le souverain de Brobdingnag dans l'usage délibérément spectaculaire que le héros fait des armes à feu afin d'impressionner ses hôtes, puis de mater la rébellion;[67] mais il s'agit là d'une sorte de lieu commun présent pareillement dans une foule de romans du temps, à commencer par *Robinson*. C'est sans doute dans l'invention linguistique que la trace de Swift est le plus aisément décelable: sans chercher à construire comme Foigny ou Veiras un véritable langage imaginaire, Paltock a émaillé son récit d'une centaine de mots, expressions et noms propres empruntés au lexique des hommes volants; un glossaire les regroupe à la fin du volume.[68] Ce procédé swiftien,

66. 'there is nothing done below, but is at least fore-known if not decreed above' (*P.W.*, p.28).

67. Jean-Claude Dupas, 'Echange et circulation dans *The Life and adventures of Peter Wilkins*', *Bulletin de la Société d'études anglo-américaines des XVIIe et XVIIIe siècles* 11 (1980), p.77-94 (p.79).

68. Pour une tentative d'exégèse de ces créations linguistiques, voir Lamoine, 'Deux utopies

très vite imité dans une foule d'utopies et de voyages imaginaires, permet de créer à peu de frais le sentiment de l'altérité. Pour le reste, la perspective de Paltock n'est pas celle de Swift: si dans *Peter Wilkins* certaines intrigues de cour et certains noms – tel celui du roi Georigetti, qui évoque évidemment le souverain Georges II – semblent bien faire allusion à l'actualité politique anglaise, l'optique de Paltock n'est en aucune façon satirique ni même critique; si, comme Gulliver, Wilkins est bien au pays des Glumms médiateur entre les deux mondes, il s'abstient ordinairement de toute comparaison explicite; au lieu, enfin, que la description de la société imaginaire fournisse le prétexte d'une remise en cause de l'Europe, c'est bien plutôt le modèle européen qui va servir d'exemple pour les transformations techniques, économiques et religieuses qu'introduit le héros parmi les hommes volants – ce qui revient en somme à inverser le sens habituel de l'échange utopique.

Mais peut-être Paltock doit-il davantage à certaines sources françaises. L'action de Wilkins parmi les hommes volants est tout à fait comparable à celle du législateur Sévarias parmi les Sévarambes: restauration de l'unité politique de la nation compromise par des rébellions – celle d'Harloquin ici, celle de l'imposteur Stroukaras chez Veiras; développement du progrès technologique grâce à l'introduction de savoirs spécialisés venus d'Occident; réforme religieuse, enfin, visant à substituer à l'idolâtrie païenne primitive un déisme rationaliste que Wilkins pour sa part portera jusqu'à un christianisme modéré qui n'en est que le prolongement, ayant retrouvé fortuitement dans ses bagages une bible latine qu'il s'emploie à traduire dans la langue du pays.

Si la lecture de Veiras est seulement probable, celle des *Aventures de Jacques Massé* de Tyssot de Patot, traduites en anglais en 1733, paraît certaine. Comme Jacques Massé et son compagnon La Forêt au royaume de Bustrol, Wilkins suscite l'émerveillement du souverain en lui faisant admirer sa montre, que ce dernier prend d'abord pour un être vivant (*P.W.*, p.325-27). Plus nettement encore, la longue navigation souterraine qui permet au héros d'accéder à son refuge de Grandevolet (t.i, ch.5) semble directement empruntée à l'épisode similaire du roman de Tyssot de Patot. Enfin, comme le relève Christopher Bentley (*P.W.*, p.xii), Paltock a utilisé la compilation géographique de Thomas Astley (*A new general collection of voyages and travels*, 1745-1747) pour les aventures africaines de son personnage, dont le nom pour sa part est peut-être un hommage à l'évêque John Wilkins, auteur au siècle précédent de divers écrits sur l'art aéronautique et la possibilité technique du vol interplanétaire.[69]

chez les hommes volants', p.9-10.

69. *A discourse concerning a new world and another planet* (1638), *Mercury, or the secret and swift messenger* (1641), *Mathematical magick or the wonders that may be performed by mathematical geometry* (1648).

Comme chez Veiras et Foigny, le récit du voyageur-narrateur est pris en charge par celui, beaucoup plus bref, d'un narrateur premier désigné par les initiales 'R.S., passager de l'*Hector*', à la fois éditeur et exécuteur testamentaire. Ici encore, en effet, le héros meurt sitôt son récit achevé; en se l'appropriant, l'éditeur se rembourse pour ainsi dire des frais engagés pour la traversée du naufragé recueilli en mer, en accord avec un topos narratif dont on trouvera diverses variantes dans les utopies classiques.

La conduite du récit obéit à une triple progression. Progression générique d'abord, qui déploie successivement les divers paradigmes narratifs de l'ailleurs: roman d'aventures, robinsonnade, utopie. Progression géographique ensuite, qui entraîne le héros, parti d'Angleterre – les Cornouailles, puis Bristol – toujours plus loin vers le sud: l'Afrique pour commencer, puis encore une fois les fameuses terres mythiques du continent austral. Le refuge de Grandevolet et le pays des Glumms ne font l'objet d'aucune localisation précise. Aux dernières pages, le narrateur conjecture que la terre la plus proche est la pointe sud du continent américain: de fait il sera repêché par l'équipage de l'*Hector* par 75 ou 76 degrés de latitude sud, à l'occasion du franchissement du Cap Horn (*P.W.*, p.375, 5). Progression dans l'imaginaire enfin, du réalisme circonstanciel le plus minutieux à la fantaisie la plus débridée.

Peter Wilkins débute comme un roman d'aventures à la Defoe avec le classique désancrage familial et social, prélude à l'errance maritime. Trop couvé par une mère veuve qui meurt bientôt après son remariage, dépouillé par son beau-père, qui capte à son profit sa part d'héritage, amant d'une servante qu'il épouse et dont il a deux enfants, Wilkins, se retrouvant sans ressources dans une situation inextricable, choisit la fuite à bord du premier navire qui veut bien l'engager. Suivent les tout aussi classiques aventures maritimes: capture par un corsaire français, abandon en mer, esclavage sur la côte d'Afrique, évasion en compagnie de l'indigène Glanlepze, saisie d'un navire portugais, naufrage … Tout ceci est empreint d'un souci manifeste de la vraisemblance et d'un réalisme quelquefois brutal: les affaires d'argent qui motivent la décision de Wilkins sont longuement détaillées, le récit d'une famine en mer donne lieu à des scènes de cannibalisme auxquelles on s'abandonne 'avec aussi peu de remords que nous en eussions éprouvés à nous repaître de la meilleure viande qu'on puisse trouver sur un marché anglais'.[70] Détail sordide que même un Defoe n'aurait pas osé, chacun en est réduit à boire son urine, si bien que 'chaque homme avait si souvent bu la sienne que nous ne lâchions guère autre chose que du sang'.[71]

---

70. 'with as little Remorse, as we should have had for feeding on the best Meat in an *English* Market' (*P.W.*, p.41).

71. 'Every Man had so often drank his own, that we voided scarce any Thing but Blood' (*P.W.*, p.41).

8. *Marges de l'utopie: les voyages imaginaires*

Avec le naufrage du chapitre 8, provoqué par l'attraction d'un rocher aimanté où le narrateur voit d'abord l'effet de quelque diablerie, nous changeons entièrement de tonalité et de genre narratif. Cette entrée dans l'étrange est aussi pour Wilkins une initiation à la solitude – tous ses compagnons ont disparu – tandis que le récit, abandonnant le réalisme du roman d'aventures maritimes, se charge de résonances oniriques nettement perceptibles dans l'épisode de la traversée des ténèbres souterraines, épreuve initiatique qui donne accès au lieu clos où se déroulera la robinsonnade occupant tout le reste du premier tome.

Comme le 'bassin' de *Paul et Virginie*, que cet épisode du roman évoque bien souvent, ce site singulier réalise l'archétype du lieu intime refermé sur une sorte de quiétude matricielle: au fond d'un cirque aux parois vertigineuses, baignant dans une constante pénombre, un espace boisé circulaire dont un lac occupe le centre. Sur le territoire ainsi exactement circonscrit, Wilkins peut étendre librement sa souveraineté 'comme le maître absolu et unique de cette contrée', se livrant à des expériences gastronomiques sur les fruits qu'on y trouve en abondance et aménageant douillettement la grotte où il a élu domicile, certain de 'n'avoir pas lieu de craindre dans toute l'étendue de [ses] possessions un seul rival ou ennemi'.[72] Pourtant il entend la nuit des voix mystérieuses, étrangement musicales, et une fois même il surprend, dans un clair-obscur irréel, les jeux aériens des hommes volants.

Annoncée par un rêve prémonitoire, comme celle de Vendredi dans *Robinson Crusoe*, l'arrivée de Youwarkee, la femme volante, ouvre la robinsonnade collective, qui est la partie la plus réussie du roman. C'est d'abord une idylle empreinte d'un érotisme chaste et pudique, découverte graduelle de l'autre dans le mystère de sa différence: à la perplexité suscitée par les vêtements de Wilkins, dont la fonction est incompréhensible pour sa compagne, fait écho, recouvrant jalousement la nudité de cette dernière, l'irritante énigme du *graundee*, cette enveloppe vivante et douce qui, déployée, permet le vol et, au repos, s'ajuste sur le corps à la manière d'une combinaison ('au toucher, l'impression était la plus étrange qu'on pût imaginer; car tandis qu'à certains égards on eût pu la croire enserrée dans les baleines d'un corset, cela était en même temps aussi doux et tiède que si elle eût été nue').[73] S'ensuivent un mariage 'naturel', 'sans autre cérémonie que de solennels engagements mutuels l'un envers l'autre,

---

72. 'like the absolute and sole Lord of the Country'; 'I was persuaded I could not have one Rival, or Enemy, to fear in my whole Dominions' (*P.W.*, p.84, 96).
73. 'she felt to my Touch in the oddest Manner imaginable: for while in one respect it was as though she had been cased in Whalebone, it was at the same Time as soft and warm, as if she had been naked' (*P.W.*, p.107).

lesquels sont, en vérité, l'essence du mariage',[74] et le tableau d'un paisible bonheur familial où se succèdent cours de catéchisme – car Wilkins est fier d'"[avoir] une petite église chrétienne dans [sa] propre demeure'[75] – menus travaux au-dehors et longues veillées au coin du feu au cours desquelles, pour la centième fois, sans doute, le héros raconte à ses enfants éblouis ses aventures africaines (*P.W.*, p.173).

Avec la visite solennelle du père de Youwarkee et de sa suite, puis le transfert de Wilkins au pays des hommes volants, s'ouvre une nouvelle phase romanesque qui occupe tout le second volume. A la robinsonnade succède une sorte d'utopie, ou du moins ce que l'on désignera provisoirement comme tel. Si le terme n'est pas entièrement approprié, c'est d'abord que le tableau social reste lacunaire, peu structuré et parfois peu cohérent. Rejetée dans les chapitres finaux du second livre, après le récit d'interminables intrigues de cour, la description de la société des Glumms est trop dispersée pour que le lecteur puisse en construire une représentation globale satisfaisante.

D'une première série d'indications on pourrait conclure que les hommes volants en sont restés à un stade extrêmement archaïque de l'évolution technique, celui, à peu près, de l'âge de pierre, ignorant l'usage des métaux, le principe de la roue, et même, semble-t-il, le feu: la nourriture se compose de fruits exclusivement, et ceux qu'il est nécessaire de cuire – certains ont le goût exactement du poisson ou de la volaille – sont préparés comme il convient grâce à de providentielles sources chaudes. On retrouve ici, outre le traditionnel végétarisme utopique, l'opposition bien connue du cru et du cuit, le recours à la transformation culinaire équivalant à un passage de la nature à la culture. L'acquis culturel est pareillement rudimentaire: l'écriture est inconnue, tandis que la religion présente un système mixte rappelant un peu les ambiguïtés du culte solaire des Sévarambes – idolâtrie populaire des 'Grandes Images', culte des élites adressé au 'grand Collwarr', sorte d'Etre Suprême offrant une première approximation d'un déisme rationaliste encore à venir.

Tout ceci ne s'accorde guère avec d'autres éléments qui pourraient laisser supposer un état de civilisation plus élaboré, comme le gigantisme architectural du palais royal ou le raffinement urbanistique du plan de la capitale, énorme cité carrée de six milles de côté, avec des rues se coupant à angle droit et, au centre, une vaste place circulaire, le tout creusé d'une seule pièce dans le rocher et magnifiquement orné de colonnades et de statues. Il est vrai que cette monumentale architecture troglodytique est obtenue aux moindres frais par

---

74. 'without further Ceremony than mutual solemn Engagements to each other: which are, in truth, the Essence of Marriage' (*P.W.*, p.116).
75. 'I had a little Christian Church in my own House' (*P.W.*, p.159).

l'usage d'une certaine liqueur qui a la propriété de dissoudre immédiatement la pierre la plus dure (*P.W.*, p.315-18).

Quant aux données politico-sociales de l'utopie, elles tiennent en peu de chose. Le régime est monarchique, le roi étant assisté d'une assemblée des Etats (*Moucheratt*) aux attributions mal définies. Des vice-rois ou gouverneurs, à la loyauté parfois douteuse, exercent le pouvoir en son nom dans les provinces. La structure sociale, très archaïque, reproduit la vieille tripartition fonctionnelle des sociétés indo-européennes: une caste sacerdotale (*Ragams*), une autre de guerriers, un prolétariat manuel de maçons, cuisiniers et armuriers (*P.W.*, p.324), à quoi il faut ajouter des esclaves qui, en l'absence de monnaie ou de biens négociables, constituent le fondement économique de cette organisation que A. L. Morton qualifie de féodale, mais qu'on pourrait aussi bien rattacher à un stade de développement historique encore antérieur.[76]

C'est cette situation que Wilkins, devenu très vite le conseiller du roi Georigetti, puis, le titre en moins, le véritable souverain du pays, va s'efforcer de transformer. Il y est aidé par une ancienne prédiction qui d'avance le désigne comme le restaurateur de l'unité du royaume et de la véritable religion. Le voilà investi d'une mission divine à laquelle il ne saurait être question de se dérober:

Car si je puis ramener un Etat du malheur et de l'esclavage de l'idolâtrie à un juste sentiment de l'Etre Suprême, et apparemment de l'initiative même de ce dernier, craindrai-je de risquer en cette entreprise ma propre vie, ou bien souffrira-t-il que je la perde avant que j'aie au moins accompli quelque chose en ce sens? Et que sais-je si toute l'orientation de ma vie n'a pas été dirigée vers ce lieu précisément dans ce but?[77]

L'entreprise missionnaire comporte trois volets. Le premier est religieux. Il s'agit d'extirper l'idolâtrie – l'adoration des 'Grandes Images'[78] encouragée par la caste sacerdotale des *Ragams* – pour lui substituer un culte plus conforme à l'esprit des Lumières, dans un premier temps celui de l'Etre Suprême (le grand Collwarr), auquel d'ailleurs vont les préférences secrètes du roi. Mais ce dernier doit aussi tenir compte du besoin de croire qui est la justification de l'idolâtrie:

Mais là est pour moi la difficulté: où choisir un autre objet d'adoration? Car je puis me rendre compte qu'une impulsion naturelle incite l'homme à porter les yeux sur quelque chose qui le dépasse, comme l'enfant regarde son père de qui il espère et attend un secours dans ses difficultés[79]

---

76. Morton, *L'Utopie anglaise*, p.126.

77. 'For, if I can reduce a State from the Misery and Bondage of Idolatry, to a true Sense of the Supreme Being, and seemingly by his own Direction; shall I fear to risque my own Life for it, or will he suffer me to perish, till somewhat, at least, is done towards it? And how do I know but the whole Tendency of my Life has been by Impulse hither, for this very Purpose?' (*P.W.*, p.247).

78. La formule est d'origine biblique (G. Lamoine, '*Peter Wilkins*: bonheur et religion au pays des hommes volants', *Etudes anglaises* 35 (1982), p.135).

79. 'but here is my Difficulty, where to chuse another Object of Worship: for I perceive by myself,

– ce qui revient à peu près à faire de la religion non pas l'émanation d'une transcendance objectivement vraie, mais l'expression purement subjective et humaine d'un besoin psychologique. Est-ce une authentique conviction chrétienne ou bien plutôt ce fond de relativisme sceptique qui incite le narrateur à proposer finalement à l'adoration des hommes volants une nourriture spirituelle moins insipide que le culte déiste d'un 'Etre Suprême, créateur du ciel et de la terre, de nous-mêmes et de toutes choses'?[80] La campagne d'iconoclastie laisse subsister un vide religieux que le christianisme viendra combler à l'avant-dernier chapitre grâce à la révélation du message biblique, traduit par Wilkins dans la langue du pays, et corrélativement à celle de l'écriture et des techniques (fabrication du papier) qui en permettront la diffusion. Ainsi au terme du récit l'altérité théologique du pays imaginaire se trouve-t-elle ramenée à une parfaite identité avec le modèle européen.

Le second axe de l'entreprise de Wilkins est politique. Véritable détenteur du pouvoir, le narrateur s'emploie à restaurer l'unité du royaume en ramenant à la raison les provinces révoltées, en démasquant leurs complices à l'intérieur – la propre maîtresse du souverain – en unissant par des liens commerciaux et politiques les territoires voisins du royaume de Norbon, dont le monarque donnera sa fille et mariage au roi Georigetti, et du Mont Alkoe, pays de mineurs et de métallurgistes que de temps immémorial la superstition des hommes volants tenait pour un lieu infernal, à cause des flammes qui s'en échappent. Les remarques du narrateur sur l'union des trois royaumes (*P.W.*, p.372) situent la signification politique de cette allégorie d'une Angleterre impériale avec ses problèmes dynastiques et ses ambitions territoriales.

Le troisième aspect du programme est économique et technique. Wilkins introduit l'agriculture et l'élevage, initie les hommes volants à l'écriture, aux merveilles des machines et à la magie de la poudre à canon, répand l'usage des métaux grâce aux mines maintenant accessibles du Mont Alkoe, crée partout des réseaux commerciaux établis selon les principes libre-échangistes, en somme façonne de toutes pièces un Etat moderne animé par une intense activité économique, comme en une parabole des mutations apportées par la Révolution industrielle: c'est d'ailleurs sur une célébration enthousiaste des effets civilisateurs de l'industrie anglaise que Wilkins appuie son argumentation pour convaincre ses hôtes du bien-fondé de son programme économique, opposant leur existence frugale 'sans la centième partie des bienfaits de la vie' à la prospérité de ses compatriotes qui, grâce au travail des métallurgistes, commer-

---

Mankind must, through natural Impulse, look to somewhat still above them, as a Child does to his Father, from whom he hopes for, and expects Succour in his Difficulties' (*P.W.*, p.268).

80. 'the Supreme Being, Maker of Heaven and Earth, of us and all things' (*P.W.*, p.280-81).

cent 'd'un bout à l'autre du monde' (*P.W.*, p.333); la perspective n'est guère éloignée de celle d'un Mandeville.

Clef de voûte de ce programme, l'abolition de l'esclavage et l'instauration d'une économie monétaire, ces deux points étant liés. Dans une éloquente tirade, Wilkins condamne le système du servage au nom de l'égalité individuelle et de l'unité de l'espèce humaine:

Ne sommes-nous point, depuis le roi jusqu'au plus humble des malheureux qui soit parmi nous, façonnés avec les mêmes membres? Ne respirons-nous pas tous le même air? N'habitons-nous pas la même terre? Ne sommes-nous pas sujets aux mêmes maladies? Et ne ressentons-nous pas tous de même la douleur et l'oppression? N'avons-nous pas tous les mêmes sens, les mêmes facultés? En bref, ne sommes-nous pas tous pareillement les créatures et les serviteurs du même maître, le grand Collwarr? Le roi n'eût-il pas été un esclave, si par accident il n'eût été engendré par un homme qui était roi? Et le plus misérable d'entre nous n'eût-il point été le roi, s'il eût été engendré tel?[81]

Mais cette profession de foi égalitaire n'a pas de signification libertaire: il ne s'agit aucunement d'une égalité économique, mais seulement d'une égalité juridique. Son instauration améliore le rendement du système sans en bouleverser socialement les enjeux, le salariat étant désormais substitué à l'esclavage comme mode de production. La théorie lockéenne du contrat librement souscrit entre êtres libres aboutit ici à une célébration euphorique des principes du libéralisme économique:

Je ne souhaite pas que chacun soit seigneur ou chacun mendiant; rappelez-vous que je désire seulement pour chaque employé la liberté de choisir son propre maître, et pour chaque maître son propre employé; car celui qui possède des biens et des profits à distribuer ne manquera jamais de domesticité pour le servir en considération de ces profits; de même que qui ne les possède point doit servir afin de les recevoir. Mais que cela se règle par un libre choix; celui qui vous sert sera alors intéressé à une tâche qu'il accomplira de propos délibéré et pour son bénéfice; et vous, qui êtes servis, serez plus doux et plus attentionné envers un bon serviteur, sachant que vous le perdriez en en usant autrement avec lui.[82]

81. 'Are we not all, from the King to the meanest Wretch amongst us, formed with the same Members? do we not all breathe the same Air? inhabit the same Earth? are we not all subject to the same Disorders? and do we not all feel Pain and Oppression alike? have we not all the same Senses, the same Faculties? and in short, are we not all equally Creatures of, and Servants to the same Master, the great Collwarr? Would not the King have been a Slave, but for the Accident of being begotten by one who was a King? and would not the poorest Creature amongst us have been the King, had he been so begotten?' (*P.W.*, p.300).
82. 'I would not have every Man a Lord, or every one a Beggar; remember, I would only have every serving Man at Liberty to chuse his own Master, and every Master his own Man: for he that has Property, and Benefits to bestow, will never want Dependants, for the sake of those Benefits, to serve him; as he that has them not, must serve for the sake of obtaining them. But then let it be done with Free-will; he that then serves you will have an Interest in it, and do it for his own sake with a willing Mind; and you, who are served, will be tenderer and kinder to a good Servant, as knowing by a contrary Usage you shall lose him' (*P.W.*, p.301).

L'affranchissement des esclaves est ainsi la condition même du progrès économique, mais aussi la garantie de l'unité du corps social. Substituant le droit à
la force, le pacte salarial librement consenti à la contrainte du système servile,
Wilkins renforce du même coup la cohésion de l'Etat: tous en effet adhèrent
aux mêmes valeurs, qu'ils soient détenteurs actuels de richesses ou qu'ils
aspirent à le devenir – 'Mais à présent, dis-je, ceux qui étaient [esclaves]
auparavant peuvent s'acquérir des biens par leur activité; et leur propre intérêt
alors les engage à défendre l'Etat.'[83] Enfin, nul bouleversement à craindre:
après avoir félicité sur leur nouvelle condition d'hommes libres les anciens
esclaves employés dans les mines du Mont Alkoe, Wilkins leur explique qu'il
leur est loisible à présent, bien sûr, de quitter leur travail, mais qu'"[il croyait]
que la plupart d'entre eux seraient d'avis que leur intérêt les maintienne à leur
poste'[84] – ce qu'ils font, en effet; et que faire d'autre d'ailleurs lorsqu'on a posé
en principe que 'nul ne mangera qui n'aura point travaillé'?[85] Cette formulation
inspirera pareillement certains courants abolitionnistes soucieux de remplacer
l'esclavage colonial par un régime de salariat à la fois plus humain et économiquement plus rentable.

vi. Sur *Peter Wilkins* (suite): une parabole des Lumières?

Ces remarques conduisent au problème de l'interprétation de ce roman, peut-
être moins simple et moins naïf qu'il n'y paraît. On en proposera deux,
parfaitement antagonistes, l'une explicite, l'autre suggérée seulement par
l'affleurement de quelques indices épars.

On peut d'abord voir dans l'œuvre civilisatrice de Wilkins parmi les hommes
volants, selon l'expression de A. L. Morton, 'une révolution bourgeoise totale
de l'intérieur'.[86] De fait le programme qu'elle réalise exprime de façon exemplaire, et même caricaturale, les thèmes de l'idéologie bourgeoise des Lumières:
déisme vaguement christianisé, expansion commerciale, libre-échangisme, unification étatique, développement des arts et des sciences, progrès technique ...
D'autres allusions plus précises peuvent être interprétées comme une célébration de la vocation impériale de l'Angleterre, dont le commerce s'étend sur
toutes les mers du monde, ou encore comme une vision euphorique de la
Révolution industrielle naissante: le labeur s'accomplit dans le joie, les anciens

83. 'But now, says I, those who were so before may by Industry gain Property; and then their
own Interest engages them to defend the State' (*P.W.*, p.301-302).
84. 'I believed most of them would be of Opinion, their Interests would keep them where they
were' (*P.W.*, p.343).
85. 'let no Man eat, who will not work' (*P.W.*, p.342).
86. Morton, *L'Utopie anglaise*, p.126.

esclaves devenus mineurs salariés 'chantaient en travaillant, avec la plus grande ardeur qu'on puisse imaginer'.[87] Dans le bilan final qu'il dresse de son entreprise, le héros peut souligner orgueilleusement l'ampleur extraordinaire des mutations accomplies chez ses hôtes en 'ouvrant petit à petit leurs perspectives et en leur montrant comment chaque chose s'enchaîne à une autre'.[88]

Cette célébration optimiste de la dynamique du progrès et des Lumières s'accorde à la personnalité du narrateur, 'incarnation parfaite du héros bourgeois', dit justement A. L. Morton.[89] Bourgeois, Peter Wilkins l'est en effet jusqu'au prosaïsme le plus plat et, parfois, le plus ingénu. Eperdu de conformisme, respectueux au plus haut point de l'étiquette et soucieux de donner toujours de sa personne la meilleure image, il consacre une page entière à délibérer s'il est plus convenable à sa dignité d'apparaître devant son beau-père – c'est leur première rencontre – avec ou sans sa barbe, qu'il décide finalement de raser (*P.W.*, p.201). Le grand jour arrivé, il détaille complaisamment l'habillement qu'il a endossé dans l'intention d'éblouir ses hôtes, vêtus, eux, de leur seul *graundee*: 'J'étais vêtu d'un habit cannelle à boutons dorés, d'un gilet cramoisi, d'une culotte de velours, de bas de soie blanche, d'une ample perruque à la Campain, d'un chapeau à plume à galon doré, d'une cravate au point, avec une épée à poignée d'argent, et mon manteau sur le tout.'[90] Ce n'est du reste que l'une des nombreuses occurrences du thème du vêtement. Ainsi le retrouvons-nous lorsque, dans le même registre, Wilkins note avec satisfaction l'effet produit par la splendeur de son accoutrement: 'Vous eussiez été surpris de voir quel respect ils nous témoignèrent; et je crois que les gardes nous prirent pour quelque chose de plus que des êtres de la race des mortels.'[91] Le thème est au moins aussi présent ici que dans les *Voyages de Gulliver*, mais la signification en est apparemment tout autre: si pour Swift le vêtement est mensonge, maquillage de l'identité vraie, il est clair que pour Wilkins l'habit fait le moine et qu'on n'est que pour autant que l'on paraît. Tout cela s'accorde avec ce que l'on sait par ailleurs de ce personnage qui s'affaire aux fourneaux pour recevoir dignement ses invités, s'enquiert fébrilement des préséances pour ne commettre aucune erreur de protocole (*P.W.*, p.208) et, enfin, 'aussi obtus moralement qu'un politicien américain brandissant une

87. 'they would sing and work, with the greatest Delight imaginable' (*P.W.*, p.370).

88. 'by opening their Views by little and little, and shewing them the Dependance of one thing upon another' (*P.W.*, p.373).

89. Morton, *L'Utopie anglaise*, p.126.

90. 'I was dressed in a Cinnamon-coloured Gold-button Coat, Scarlet Waistcoat, Velvet Breeches, white Silk Stockings, the Campain-wig flowing, a Gold-laced Hat and Feather, Point Cravat, Silver Sword, and over all my Coat' (*P.W.*, p.204).

91. 'It would have surprised you, to have seen the Deference they paid us; and, I believe, the Guards took us for something above the mortal Race' (*P.W.*, p.216).

bombe atomique', déclare Morton dans une comparaison hardie où revit l'inimitable style de la Guerre Froide,[92] administre complaisamment à ses hôtes stupéfaits et terrifiés la démonstration de la magie européenne des armes à feu: la scène, répétée *ad nauseam*, est décrite chaque fois avec le même détail, et le narrateur visiblement ne se lasse pas du respect révérentiel qui en rejaillit sur sa personne.

La platitude presque caricaturale de ce Homais des Lumières pose problème, de même que ce qu'il y a d'un peu trop conventionnel dans le progressisme bourgeois de son programme civilisateur. Ne faudrait-il pas soupçonner quelque ironie de le part de l'auteur? L'hétérogénéité d'inspiration du roman suscite d'autres interrogations qui vont dans le même sens: ce qui a séduit la génération romantique, ce n'est pas évidemment la vulgate 'éclairée' du second tome, mais la poésie qui émane des épisodes de Grandevolet: puissantes résonances imaginaires de la description du site, douceur crépusculaire de l'idylle entre Wilkins et Youwarkee, grâce irréelle de la première apparition des hommes volants, 'les plus belles créatures de l'imagination jamais inventeés', selon la formule de Southey.[93] Faut-il admettre que deux récits entièrement différents ont été mis arbitrairement bout à bout, ou bien leur chercher une unité? C'est dans cette dernière direction que s'engagera la seconde interprétation du roman, opposée à la première, mais pourtant non contradictoire avec elle.

On remarquera que tous les éléments poétiques du récit paraissent associés à deux axes thématiques prédominants: la légèreté aérienne de l'envol, privilège des hommes volants; la pénombre, qui baigne tout l'épisode de Grandevolet et constitue le milieu naturel des Glumms. Ceux-ci en effet redoutent la clarté du plein jour; ils ne voyagent en principe que la nuit et se détournent même de la lueur d'un feu; pour permettre à Youwarkee de partager ses occupations à l'extérieur pendant le jour, Wilkins devra lui confectionner des lunettes. Pour ces êtres crépusculaires habitués à vivre dans la quasi-obscurité de leurs demeures souterraines, éclairées seulement par des *sweecoes* – sortes de vers luisants (*P.W.*, p.272), la lumière semble aussi négative que le vol est chargé de valeurs positives.

Ce sont en réalité deux réseaux thématiques complexes qui se font jour lorsqu'on en tire à soi les fils. Le premier associe le mal, la lumière et l'impossibilité du vol. Les criminels du pays sont punis par la lacération de leurs ailes, qui les y rend inaptes, et l'exil dans une contrée où règne une lumière éblouissante, 'si forte qu'il leur faut quelques années avant qu'ils puissent la

---

92. Morton, *L'Utopie anglaise*, p.126.
93. 'The most beautiful creatures of imagination that ever were devised' (Southey, *Poetical works*, viii.231, cité par Gove, p.325).

soutenir, s'ils y parviennent jamais'.[94] Le mythe d'origine des Glumms, où se reconnaissent divers épisodes de la Genèse, rapporte l'histoire du couple maudit d'Arco et de Telamine, meurtriers de leur père, qui furent jetés dans les flammes du volcan du Mont Alkoe, assimilé à l'enfer, que les hommes volants appellent Hoximo (*P.W.*, p.323, 332); c'est là qu'on jette les corps des défunts, et le couple infernal s'y emploie, dit-on, à tourmenter les âmes des méchants. On retrouve donc l'association des trois motifs précédents, le vol interdit – en l'occurrence, par l'enfermement souterrain – le mal, la lumière (représentée par le feu); mais ils entrent ici en corrélation avec un autre thème, celui de la transformation technique: le Mont Alkoe est en effet la résidence d'un peuple enchaîné de mineurs et de métallurgistes esclaves, et les flammes qui s'en échappent sont celles des forges. Ainsi, en contradiction radicale avec le discours explicite, celui que tient Wilkins, l'industrie n'est plus ici prise dans un discours euphorique du progrès, mais dans une imagerie infernale de la transgression qui fait des 'dark, satanic mills' de la Révolution industrielle les équivalents d'une géhenne médiévale.

Or, que représente Wilkins au sein du peuple des Glumms? D'une part, le progrès, incarné dans les modèles de développement technique, économique et social qu'il s'efforce de mettre en place: c'est-à-dire les Lumières, entendues à la fois comme diffusion d'un savoir transformateur et, littéralement, comme propagation des techniques liées aux arts du feu (cuisine, explosifs, travail des métaux). D'autre part, l'inaptitude personnelle au vol dans un pays où le don du déplacement aérien est le partage de tous, sauf – faut-il le rappeler – des criminels. Cette apparente limitation constitue pourtant la condition même de son succès: l'ancienne prophétie désigne le sauveur du royaume comme un homme capable de 'nager et voler sans le *graundee*'.[95] Wilkins se plaît à se reconnaître dans cette description, bien qu'il doive avoir recours à sa barque pour se mouvoir sur les eaux et qu'il soit parfaitement incapable de voler autrement que soutenu par un détachement de robustes Glumms sur une chaise à porteurs de son invention. On pourra juger révélatrice cette substitution de l'artifice mécanique à l'aptitude biologique que favorise ici l'interprétation quelque peu complaisante et biaisée de l'oracle. Que les deux motifs, lumière(s) et inaptitude au vol, soient étroitement associés, c'est ce que suggèrent d'étranges réflexions du narrateur lorsque, regrettant passagèrement de ne pas posséder, lui aussi, le *graundee*, il en vient à imaginer son retour en Angleterre si soudainement lui était donnée la faculté de voler (par quel miracle?); mais, se

94. 'the Light of the Place [...] is so strong, that it is some Years before they can overcome it, if ever they do' (*P.W.*, p.187).
95. 'swimming and flying without the Graundee' (*P.W.*, p.243).

dit-il, il lui faudrait dans ce cas 'soit perdre la vue, soit n'être plus en mesure de vivre ailleurs que dans l'obscurité', comme si ces deux mutations biologiques étaient nécessairement inséparables.[96]

Faut-il en conclure que Wilkins est condamné à ramper précisément dans la mesure où il est un messager de la lumière et des Lumières? Si l'on accepte cette interprétation, les divers réseaux thématiques du roman acquièrent une indéniable cohérence: d'un côté, les Glumms, êtres poétiques, aériens et crépusculaires vivant dans un état de civilisation rudimentaire encore tout proche de l'état de nature, sans industrie ni commerce; de l'autre, Wilkins, pesant et prosaïque bourgeois des Lumières, promenant partout le flambeau du progrès, initiant ses hôtes aux délices de la consommation et de l'échange monétaire, apprivoisant pour eux les flammes infernales des ateliers métallurgiques et l'inquiétante magie des machines. On peut lire alors le roman comme une parabole, singulièrement ambiguë, de la diffusion des Lumières. Elles apportent, certes, progrès matériel et développement économique, mais peut-être est-ce au détriment de la poésie aérienne des envols et des mystères fragiles du demi-jour. Comme le reconnaîtra Wilkins dans un moment de lucidité, les Glumms avant son arrivée vivaient frugalement, quoique sans désirer autre chose que ce qu'ils possédaient; mais, dit-il, 'j'ai introduit chez eux une autre façon de penser, bien que je n'eusse d'autre but que de les civiliser, comme nous disons'.[97] C'est ce même thème au fond que développe le bilan final que Wilkins dresse de son action, soulignant l'incroyable ampleur de la mutation accomplie:

Souvent, réfléchissant en moi-même, j'ai été stupéfait à la pensée qu'un peuple doté de l'ingéniosité et de l'industrie dont les *Swangeantines* [hommes volants] ont fait preuve par la suite, et qui jusqu'à ce que j'arrivasse parmi eux ne possédait rien d'autre que de la nourriture non apprêtée et un trou pour s'étendre, dans un pays rocailleux et stérile, semblant ne désirer alors rien de plus que ce qu'il avait, pût en l'espace de dix ans se trouver fourni non seulement des commodités, mais aussi des superfluités de la vie, et s'y attacher au point d'être prêt à se séparer de l'existence même plutôt que d'en être réduit à l'état dans lequel je l'ai trouvé.[98]

Dans sa formulation balancée, l'appréciation est fortement ambivalente. Sous

96. 'But, says I, if with my Graundee I should loose my Sight, or only be able to live in the Dark in *England*?' (*P.W.*, p.211).

97. 'But, I am afraid, I have put them upon another way of thinking, tho' I aimed at what we call civilizing of them' (*P.W.*, p.215).

98. 'I have often reflected with myself, and have been amazed to think, that so ingenious and industrious a People, as the Swangeantines have since appeared to be; and who till I came amongst them, had nothing more than bare Food, and a Hole to lie in, in a barren rocky Country, and then seemed to desire only what they had; should in ten Years time, be supplied not only with the Conveniencies, but Superfluities of Life; and that they should then become so fond of them, as rather willingly to part with Life itself, than be reduced to the State I found them in' (*P.W.*, p.372).

la célébration du progrès on sent poindre comme un regret. Devenus des civilisés, les hommes volants ont perdu l'heureuse immanence naissant de la parfaite adéquation de la possession effective et du désir de possession. A l'autarcie économique et morale des sociétés primitives a succédé le règne de la dépendance. C'est désormais, au sein même de l'abondance, l'insatisfaction du manque qui stimule leur activité. En sont-ils plus heureux? Et quel bénéfice réel ont-ils pu retirer du 'progrès' s'il est vrai que celui-ci ne leur a apporté, par les voies médiates de la technique humaine, rien d'autre que l'équivalent de ce leur offrait déjà la nature? Du moins est-ce ce que suggère le grand développement de l'avant-dernier chapitre, qui donne peut-être la clé du livre:

Et pourtant comment un peuple si considérable pouvait-il vivre sans aucune des améliorations de l'art sous la protection de la Providence? Envisageons-les d'abord éloignés de toute source d'approvisionnement; pourtant, grâce au *graundee*, la distance n'était pour eux qu'un pas. Ils étaient contraints d'habiter les rochers en raison d'une complète incapacité à se procurer ailleurs un abri, n'ayant ni outil à même de couper du bois pour en construire une habitation ou de creuser la terre pour en faire un remblai, ni de quoi en fabriquer; mais ils disposaient d'une liqueur capable de dissoudre le roc lui-même pour y creuser des demeures. Ils n'avaient ni poissons ni animaux de somme ou de boucherie, mais ils avaient des fruits équivalents aux uns et aux autres, de même saveur et aussi sains sans qu'il fût besoin de verser du sang. Leurs fruits étaient dangereux jusqu'à ce qu'ils eussent dégorgé à la chaleur; et ils ne disposaient ni du soleil, ni d'aucune sorte de feu ou de la façon de faire pour le propager ou l'entretenir. Mais ils avaient leurs sources chaudes toujours bouillantes sans qu'ils eussent à s'en préoccuper. Contre les intempéries ils n'avaient ni peaux de bêtes, le premier vêtement, ni aucune autre protection artificielle; mais ils étaient nés avec cette chaude vêture, le *graundee*, qui par sa texture compacte et pleine de veines parcourues de sang chaud ne défendait pas seulement leur corps de toutes les injures du dehors, mais lui offrait l'habit le plus doux, le plus avenant et le plus chaud. [99]

A quoi bon introduire la pêche et l'élevage si poussent tout seuls des fruits qui ont le goût de la viande et du poisson, ou encore l'artifice du vêtement

---

99. 'And yet, without any Imbellishments of Art, how did this so great a People live under the Protection of Providence? Let us first view them at a vast Distance from any sort of Sustenance, yet from the Help of the Graundee, that Distance was but a Step to them. They were forced to inhabit the Rocks, from an utter Incapacity of providing Shelter else where, having no Tool that would either cut down Timber for an Habitation, or dig up the Earth for a Fence, or Materials to make one: But they had a Liquor that would dissolve the Rock itself into Habitations. They had neither Beast or Fish, for Food or Burthen: But they had Fruits equivalent to both, of the same Relish, and as wholesome without shedding Blood. Their Fruits were dangerous, till they had fermented in a boiling Heat; and they had neither the Sun or any Fire, or the Knowledge how to propagate or continue it. But they had their hot Springs always boiling, without their Care or Concern. They had neither the Skins of Beasts, the original Cloathing, or any other artificial Covering from the Weather; but they were born with that warm Cloathing the Graundee, which being of a considerable Density, and full of Veins flowing with warm Blood, not only defended their Flesh from all outward Injuries, but was a most soft, comely, and warm Dress to the Body' (*P.W.*, p.373).

si l'enveloppe naturelle du *graundee* remplit exactement le même office? A l'immédiateté naturelle du pays de Cocagne, où d'emblée tout le nécessaire est donné, la médiation culturelle des Lumières substitue, sans bénéfice particulier, la complexité mécanicienne d'une relation instrumentale.

Si l'on prolonge le raisonnement vaguement finaliste qui soutient l'argumentation – la Providence organise le donné naturel en fonction des besoins de la vie, un peu comme la fonction crée l'organe – on peut prévoir la disparition corrélative de ce que le progrès aura rendu inutile dans l'ordre naturel, et qu'un jour les Glumms perdront la faculté de voler, devenue sans emploi. Ce jour-là, plus rien absolument ne les distinguera de la société européenne à laquelle déjà les assimile le programme civilisateur qui leur a été appliqué. Car, et c'est en cela surtout que le texte se distingue de l'utopie *stricto sensu*, *Peter Wilkins* ne propose pas une alternative sociale imaginaire ou un modèle de transformation du monde réel, mais bien exactement l'inverse: c'est le réel – la société anglaise en voie d'industrialisation du milieu du dix-huitième siècle – qui est proposé comme modèle, au moins implicitement, pour la métamorphose productiviste et bourgeoise d'une société imaginaire sous-développée. Il ne s'agit donc pas d'ouvrir le champ de l'altérité utopique, mais bien de le refermer en ramenant l'Autre au Même. Qu'une telle démarche ne soit guère satisfaisante sur le plan spirituel, c'est ce que laisse deviner peut-être l'évolution personnelle du narrateur au terme du récit. Ayant terminé sa tâche de transformation, le héros découvre l'ennui d'une machinerie sociale trop bien huilée: 'Je n'avais qu'à m'asseoir et à voir prospérer tout ce à quoi j'avais prêté la main.'[100] Dans la mort de Youwarkee, qui accentuera sa mélancolie et le désir de revoir sa patrie, peut-être y a-t-il un symbole: être par excellence de la poésie de la pénombre et de l'envol, elle disparaît au moment où s'achève la métamorphose prosaïque d'un monde désormais soumis à l'emprise des Lumières. Très logiquement, l'altérité du monde imaginaire à présent laminée par le progrès qu'il y a introduit, l'itinéraire de Wilkins s'achèvera dans un mouvement de réintégration à l'espace du Même: retour au pays natal qui est aussi, comme pour les héros de Veiras et de Foigny, entrée dans la mort sitôt accomplie la transmission narrative auprès du personnage de l'éditeur.

Si l'interprétation proposée ici est fondée, les êtres aériens de Paltock ne sont pas, comme le Victorin de *La Découverte australe* de Restif ou comme les hommes volants en route vers la Cité radieuse de l'énigmatique tableau de Goya qu'analyse Bronislaw Baczko dans la conclusion de son livre, les symboles de

---

100. 'I had only to sit down, and see every thing I had put my Hand to prosper' (*P.W.*, p.374).

l'homme nouveau libéré de tout ce qui l'aliène,[101] mais tout au contraire les vestiges voués à une disparition prochaine d'une poésie primitive condamnée par la marche du progrès. S'il fallait chercher au roman de Paltock des analogies dans la littérature contemporaine de l'imaginaire, c'est du côté des fantaisies nostalgiques de J. R. R. Tolkien et de C. S. Lewis qu'il faudrait le situer, plutôt que parmi les créations issues de l'imagination prospective de la science-fiction.

Faut-il ranger cette fable ambiguë aux côtés des œuvres de Foigny et de Swift, où l'utopie se constitue en critique de l'utopie? Deux raisons en dissuadent. La première tient à la nature du texte: si l'œuvre, dans sa dernière partie du moins, présente tous les attributs extérieurs de l'utopie, elle s'en distingue cependant, on l'a vu, en ce qu'elle vise le but qui lui est le plus opposé. Seconde raison: ce que le récit conduit à mettre en cause, non sans beaucoup d'ambiguïté, ce n'est pas l'élément proprement utopique qu'il peut contenir – c'est-à-dire le tableau du monde 'autre' des Glumms dans son état premier – mais bien la transformation introduite par le narrateur, qui le façonne sur le patron de l''ici' européen. Si l'on peut voir dans *Peter Wilkins* un procès de l'idéologie des Lumières, ce procès n'est pas pour autant celui de l'utopie, puisque l'idéologie en question, loin de faire signe pour un ailleurs, renvoie aux prosaïques réalités du monde moderne.

Au-delà du problème ponctuel de l'interprétation du texte, *Peter Wilkins* illustre bien l'interpénétration étroite des divers genres fondés sur l'écart spatial – robinsonnade individuelle ou collective, roman d'aventures maritimes, voyage imaginaire tour à tour réaliste ou fabuleux – et leur affinité avec l'utopie narrative.

---

101. Baczko, *Lumières de l'utopie*, p.416. Il est significatif que chez le héros de Restif le vol ne résulte pas d'une aptitude biologique naturelle mais de l'invention d'une machinerie compliquée. Et c'est à Victorin, l'Européen, non aux peuples du continent austral, qu'est donnée cette faculté d'envol.

Conclusion

SAUF à tomber dans le cercle vicieux méthodologique dénoncé par J. M. Goulemot consistant à 'définir l'utopie à partir de textes dont on décide, avant toute définition, qu'ils sont utopiques',[1] délimiter le champ de l'utopie narrative aux dix-septième et dix-huitième siècles implique que l'on utilise en priorité les catégories littéraires, les critères génériques et les corpus de textes en usage à l'époque. Or de tout cela on ne trouve à peu près aucune trace au dix-huitième siècle. Si *L'Utopie* de More est assez régulièrement rééditée, le titre n'est pas encore vraiment devenu un paradigme littéraire. Certes, on relève de ci de là quelques tentatives de regroupement de textes dont les contemporains perçoivent confusément la parenté, mais ceux-ci ne se cristallisent ni en un genre ni en un corpus utopique: le seul de ces essais de regroupement qui soit systématique et de grande ampleur, celui des *Voyages imaginaires* de Garnier, s'opère dans une perspective et à partir de critères qui sont largement étrangers à l'utopie. Le recours aux catégories génériques modernes et aux corpus que celles-ci permettent de délimiter ne conduit qu'à des évaluations quantitatives discordantes et difficilement exploitables. Toutefois on peut mettre en évidence l'existence d'une 'série utopique' à peu près stable de textes-paradigmes à partir desquels s'élaborent, à la faveur de divers processus d'intertextualité – réécritures, suites et continuations apocryphes, 'traductions' adaptées ... – de nouveaux textes dérivés.

A défaut d'une définition acceptée de l'utopie narrative et du corpus correspondant, l'exploration des genres connexes mieux reconnus permet d'en cerner le champ. Des récits jouant sur le décalage temporel, en attendant la naissance d'un véritable roman de l'avenir, on retiendra surtout la fécondité du roman archéologique de type fénelonien, où l'on trouvera à la fois des utopies-arcadies appartenant à un âge d'or situé hors du temps (la Bétique) et des utopies réformistes dont la véritable référence historique est la réalité contemporaine de l'auteur. *La Basiliade* de Morelly illustre pour sa part la plasticité de ce modèle, apte à épouser des orientations idéologiques apparemment fort différentes de celles du texte originaire. Le décalage spatial conduit encore plus aisément à des œuvres largement assimilables à des utopies narratives. C'est le cas notamment dans la robinsonnade, qui s'y rattache étroitement par son cadre d'élection, le site insulaire, par la trajectoire narrativement et spatialement

---

1. Jean-Marie Goulemot, 'Utopies et histoire', *Critique* 384 (1979), p.453.

circulaire à laquelle se plie son scénario-type, enfin par la finalité 'expérimentale' et démonstrative de son affabulation. La distinction des deux genres devient à peu près impossible dans le cas de la robinsonnade collective, où la préoccupation individuelle de la survie cède la place au problème collectif de l'ordre politique. Quant au voyage imaginaire, le seul de ces genres qui ait bénéficié auprès des contemporains d'une véritable reconnaissance critique, notamment à travers la publication collective de Garnier, il recouvre presque entièrement le domaine de l'utopie narrative, mais le déborde aussi très largement, car le corpus qu'il permet d'unifier est beaucoup plus étendu. Encore faudrait-il distinguer parmi les voyages imaginaires ceux qui s'inscrivent dans une perspective réaliste, soucieuse de vraisemblance géographique, et ceux qui, tributaires d'une tradition de fantaisie allégorique ou satirique, ne sollicitent pas la créance du lecteur. Les premiers équivalent souvent à de simples romans géographiques non utopiques. Les seconds peuvent dans certains cas aboutir à des formes très proches de l'utopie, dans les voyages interplanétaires par exemple, bien qu'ils violent les règles physiques de possibilité qui constituent sa norme. Le *Peter Wilkins* de Paltock présente l'intérêt de rassembler dans toutes leurs variantes les divers genres fondés sur le déplacement spatial: roman d'aventures maritimes, voyage imaginaire réaliste puis fabuleux, robinsonnade individuelle puis collective, pour déboucher enfin sur une sorte d'utopie où se développe une parabole fort ambiguë sur le thème de la diffusion des Lumières.

L'utopie apparaît ainsi, plutôt que sous l'aspect d'une entité autonome, comme la zone d'intersection d'une nébuleuse de formes diverses se développant à sa périphérie.

III
Les genres de l'utopie: formes canoniques et modèles annexes

Introduction

QUELS sont, à l'intérieur du champ ainsi délimité, les caractères de l'utopie narrative entre classicisme et Lumières? On constatera vite que ceux-ci ne sont pas homogènes. On trouvera en effet dans la production de cette période une forme nouvelle, qu'on peut considérer comme canonique, bien qu'elle ne soit probablement pas quantitativement prédominante, coexistant avec des modèles annexes, beaucoup plus faiblement narratifs, qui ne font guère que prolonger la tradition utopique antérieure. Le renouvellement formel est lié à la crise générale que traverse le genre romanesque à la fin du dix-septième siècle. La suspicion ou le discrédit jeté sur la fiction contraint les auteurs à donner à leur production un tour documentaire et un ancrage dans une réalité censément vérifiable, ou du moins une vraisemblance dont on s'était jusqu'alors peu soucié: d'où une recherche de l'effet de réel, une personnalisation accrue du personnage narrateur et, dans les meilleurs cas, la création d'un univers doté d'une véritable consistance romanesque.

C'est presque simultanément, dans les années 1675-1679, qu'apparaissent les deux textes-paradigmes: l'*Histoire des Sévarambes* de Veiras et *La Terre australe connue* de Foigny. Rompant avec la tradition du voyage imaginaire fantaisiste ou satirique à la manière de Lucien et de Cyrano, mais aussi avec la sécheresse didactique de l'utopie anglaise du dix-septième siècle, ils mettent la fiction romanesque au service d'une réflexion articulée sur trois points fondamentaux: la religion, l'Etat, l'individu. On retrouve ces mêmes préoccupations, souvent traitées dans une optique de rationalisme critique tributaire du courant libertin, dans les textes directement dérivés du modèle des *Sévarambes*, particulièrement nombreux dans la période dite des pré-Lumières. Mais l'équilibre entre l'élément romanesque et l'intention didactique y est rarement maintenu, et le schéma formel de l'original y apparaît fréquemment altéré ou vidé de sa substance. Il en va de même dans les utopies relevant d'autres modèles, souvent des utopies-programmes auxquelles a été plus ou moins artificiellement surimposée une forme narrative réduite à l'insignifiance. L'intérêt des textes n'est plus alors d'ordre littéraire: ils valent surtout comme reflet, à peine médiatisé par la mise à distance utopique, d'une idéologie sociale et des mutations d'une époque.

9. Genèse de l'utopie narrative classique: la crise du roman et le modèle de la littérature de voyages

L'APPARITION, aux alentours de 1675, d'une nouvelle forme d'utopie narrative qu'on peut considérer comme une variété du genre romanesque ne peut se comprendre que par référence à la situation de ce dernier et à la crise qu'il traverse dans le dernier tiers du dix-septième siècle, laquelle, du reste, se prolongera largement sur la période qui suivra. Participant de l'émergence d'un 'nouveau roman' – ou, plus exactement, d'une constellation de formes romanesques nouvelles – largement tributaire de genres narratifs documentaires jusque-là extérieurs à l'univers du roman, le récit utopique tel qu'il se constitue à la fin de l'âge classique emprunte pour sa part énormément à la littérature de voyages. La vogue de cette dernière auprès du public, le statut souvent incertain qui est le sien entre réalité et fiction, les conventions de localisation imposées par la tradition utopique sont autant de raisons qui contribuent à expliquer ce choix.

Il convient donc de souligner l'importance des apports du récit de voyage à l'utopie. Celle-ci, en se calquant sur le modèle de la relation authentique, à laquelle elle s'efforce de s'identifier, cherche à faire oublier sa nature de fiction. Elle joue pour ce faire sur l'utilisation de certaines techniques narratives 'réalistes' empruntées aux voyages véritables et tire parti de l'extension des conditions de la vraisemblance que favorisent le déplacement spatial et l'altérité géographique. Cette revendication de vérité documentaire, ou plutôt ce jeu ambigu entre la réalité et la fiction, va trouver son expression dans la préface de l''éditeur', à la fois personnage fonctionnel à vocation attestataire et masque ironique de l'auteur.

i. La crise du romanesque à la fin de l'âge classique

Il est permis de se demander pourquoi c'est en France d'abord, plutôt qu'en Angleterre, où la tradition dans ce domaine est autrement plus vivace, qu'apparaît ce qui deviendra la forme canonique de l'utopie des Lumières. On pourrait bien sûr invoquer diverses raisons d'ordre à la fois historique et littéraire. Ainsi est-il permis de voir dans l'absolutisme louis-quatorzien, avec l'effort de normalisation religieuse qui l'accompagne, un facteur qui tout à la fois engendre les frustrations politiques et leur interdit de s'exprimer autrement que par le biais de l'imaginaire. Et l'absence en France d'une littérature utopique antérieure était peut-être favorable à l'avènement de formes nouvelles. Mais il faut surtout envisager la situation globale du genre romanesque, profondément différente d'un pays à l'autre. A défaut d'une reconnaissance critique qu'il n'est pas près d'obtenir, le roman français à la fin du dix-septième siècle peut du moins s'appuyer sur une solide tradition attestée par une copieuse production assez régulièrement répartie selon une courbe très légèrement ascendante: 1200 ouvrages pour l'ensemble du siècle, selon l'estimation de Maurice Lever,[1] soit en moyenne quelque treize titres par an si l'on tient compte de certains fléchissements (1636-1637, 1649-1653) qui paraissent liés à la conjoncture politique. Quantitativement (mais aussi, semble-t-il, qualitativement), on ne trouve pas l'équivalent d'une semblable production en Angleterre: les œuvres de premier plan y sont inexistantes avant Defoe, et le genre romanesque y reste marginal. Le même décalage est encore effectif au début du dix-huitième siècle: pour la période 1700-1719, English Showalter relève 263 titres français contre 62 romans anglais seulement.[2] On comprend mieux alors la thèse, largement répandue dans la critique anglo-saxonne et dont l'ouvrage d'Ian Watt constitue la meilleure illustration, selon laquelle l'émergence du roman n'est pas antérieure au dix-huitième siècle:[3] point de vue parfaitement insoutenable dans le contexte français, mais qui n'est pas sans vérité pour la littérature anglaise. L'abondance de la production romanesque française, qui se développe de façon assez répétitive par l'imitation d'un petit nombre de modèles – romans pastoraux du type de *L'Astrée*, romans baroques à la manière du *Polexandre* de Gomberville, romans 'héroïques' et pseudo-historiques de La Calprenède ou de Mlle de Scudéry – contribue peut-être à expliquer le discrédit dans lequel s'enlise le genre à partir de 1660-1670, la lassitude du public conduisant à l'émergence de nouvelles formules narratives, parmi lesquelles précisément le récit utopique 'nouvelle manière'.

La 'crise de la conscience européenne' mise en évidence par Paul Hazard semble en effet coïncider également avec une crise du roman que tous les historiens du genre ont notée et qu'il est ici indispensable d'examiner avec quelque détail. 'En dépit de son immense succès, le roman souffre donc d'une réputation déplorable et quasi unanime', note Maurice Lever.[4] Les symptômes

---

1. Maurice Lever, *Le Roman français au XVIIe siècle* (Paris 1981), p.8.

2. English Showalter, Jr, *The Evolution of the French novel, 1641-1782* (Princeton, New Jersey 1972), p.24-25 (sources: S. P. Jones, *A list of French prose fiction, 1700-1750*, New York 1939; W. H. McBurney, *A check list of English prose fiction, 1700-1739*, Cambridge, Massachusetts 1960).

3. Watt, *The Rise of the novel*.

4. Lever, *Le Roman français*, p.23.

de cette crise du roman sont connus. Les 'grandes machines' du roman pastoral, héroïque ou galant de l'époque précédente, sans pour autant tomber dans l'oubli, surtout en province – Rousseau rappelle lui-même dans les *Confessions* qu'il a pratiquement appris à lire dans l'*Astrée* de d'Urfé – n'ont plus la faveur du public: 'La mode des grands Romans qui avoient longtems fait les délices de la Cour, *ayant cessé avec celle des chapeaux pointus*, dit un Auteur, on se jeta sur les Historiettes, les Nouvelles et les Romans historiques, ornés des agrémens que la vérité peut souffrir,' écrit Lenglet Du Fresnoy dans son traité *De l'usage des romans* en rapportant le témoignage du romancier Le Noble à la fin du dix-septième siècle.[5] Les lecteurs réclament des textes plus courts, des intrigues plus simples et plus vraisemblables situées dans un univers moins éloigné du leur, ainsi que le relève Du Plaisir en 1683:

Les petites Histoires ont entièrement détruit les grands Romans [...] Ce qui a fait haïr les anciens Romans, est ce que l'on doit d'abord éviter dans les Romans nouveaux. Il n'est pas difficile de trouver le sujet de cette aversion: leur longueur prodigieuse, ce mélange de tant d'histoires diverses, leur trop grand nombre d'Acteurs, la trop grande antiquité de leurs sujets, l'embarras de leur construction, leur peu de vray-semblance, l'excès dans leur caractère, sont des choses qui paroissent assez d'elles-mesmes.[6]

Tandis que les attaques contre le roman se multiplient, l'anonymat devient la règle parmi les auteurs, indice, peut-on penser, de la mauvaise conscience des romanciers et du discrédit qui frappe un genre copieusement brocardé par Boileau dans son dialogue sur *Les Héros de romans*.[7] Cette littérature est à peu près unanimement méprisée, y compris souvent par les romanciers eux-mêmes, comme un divertissement futile et peu avouable dont on abandonne la lecture aux femmes et aux jeunes gens.

A ce discrédit on peut trouver au moins trois ordres de causes. Certaines sont de nature esthétique. Dans le contexte de la poétique classique, où les genres sont étroitement hiérarchisés et codifiés par des règles, la dangereuse liberté dont jouit le roman traduit son absence de dignité littéraire: non codifié, il se trouve *ipso facto* exclu du système des genres reconnus – ce qu'exprime

5. Cité par Coulet, *Le Roman jusqu'à la Révolution*, ii.97. Le texte de Le Noble auquel se réfère Lenglet Du Fresnoy est la préface d'*Ildegerte*.
6. Du Plaisir, *Sentimens sur les lettres et l'histoire avec des scrupules sur le stile* (Paris 1683), cité par Coulet, *Le Roman jusqu'à la Révolution*, ii.88.
7. Sur les 1200 romans français publiés au dix-septième siècle, 350 seulement sont anonymes, 50 portent les initiales de l'auteur, les autres son nom. La relation s'inverse au dix-huitième siècle: des 946 titres recensés dans la bibliographie de Jones pour la première moitié du siècle (*A list of French prose fiction, 1700-1750*), 134 seulement sont signés (chiffres extraits de Mylne, *The Eighteenth-century French novel*, p.15). Outre la mauvaise conscience des auteurs, il existe, on le verra, une autre justification à cet état de choses: dans un système esthétique où la fiction est contrainte de se donner pour véridique, l'auteur doit s'abstenir d'apparaître à visage découvert ou se réfugier dans le rôle de l'"éditeur'.

peut-être involontairement l'argumentation de Huet, l'un des rares défenseurs du romanesque, dans sa *Lettre à M. de Segrais sur l'origine des romans* (1670), s'efforçant de rattacher ces derniers à l'épopée, le genre 'noble' par excellence aux yeux de la doctrine classique.[8] S'y joignent des griefs moraux très tradition-nels: ce sont ceux à peu près, ainsi que l'a montré Georges May, des adversaires du théâtre.[9] Le roman n'est pas seulement inutile et frivole, la peinture complai-sante des passions qui en constitue le principal sujet le rend également morale-ment corrupteur: comme l'écrit Nicole en 1665 dans une diatribe qui renvoie dos à dos romanciers et dramaturges, 'un faiseur de romans et un poète de théâtre est un empoisonneur public, non des corps, mais des âmes des fidèles, qui se doit regarder comme coupable d'une infinité d'homicides spirituels'.[10]

Plus fondamentales et plus pertinentes pour notre propos, les critiques qu'on pourrait qualifier de 'philosophiques' se ramènent à un même argument: le roman est pernicieux parce qu'il est fiction, c'est-à-dire fausseté, et par là assimilable à un mensonge, à un acte délibéré de tromperie. De fait tout le discours littéraire du temps accrédite cette équivalence. En 1671, Charles Sorel, évoquant l'emprise du romanesque, constate que 'ce n'est pas d'aujourd'hui que le mensonge se fait écouter dans le monde'; l'abbé de Bellegarde en 1702 voit dans la nature fictive du roman son principal danger: 'La vérité est, à proprement parler, la nourriture de l'entendement; il est dangereux de s'accoûtumer à aimer la fausseté, et on s'y accoûtume par la lecture des romans.'[11] Si ce thème se développe principalement dans la critique française, comme l'ont montré des chercheurs qui, bizarrement, sont presque tous anglo-saxons,[12] il n'est cependant pas inconnu en Angleterre: Defoe, pourtant roman-cier lui-même, n'hésite pas à faire de la lecture et de la composition des romans un acte criminel tombant sous le coup de la condamnation du mensonge édictée par l'Ecriture,[13] et la problématique de la vérité et du mensonge présente dans

---

8. C'est déjà à peu près la position qui sera plus tard – appliquée, il est vrai, à un autre type de roman – celle de Fielding, définissant le roman comme 'une épopée comique en prose' (*a comic epic poem in prose*). Voir Watt, *The Rise of the novel*, p.282-95 (citation p.283).

9. May, *Le Dilemme du roman*, p.28-34.

10. Nicole, *Lettre sur l'hérésie imaginaire*, cité par May, *Le Dilemme du roman*, p.24.

11. Charles Sorel, *De la connoissance des bons livres* (Paris 1671), p.85; J. B. Morvan, abbé de Bellegarde, *Lettres curieuses de littérature et de morale* (Paris 1702), p.106-107 (cités par Mylne, *The Eighteenth-century French novel*, p.12, 14).

12. Outre les ouvrages déjà cités de G. May et, surtout, de Vivienne Mylne, voir, plus récemment, l'étude de Marian Hobson, *The Object of art: the theory of illusion in eighteenth-century France* (Cambridge 1982), qui éclaire de façon décisive les catégories de la vérité, de la fiction et de l'illusion dans la théorie esthétique du temps. On peut y joindre également l'ouvrage de Philip Stewart sur le roman-mémoires (voir ci-après, n.20).

13. 'The Sister would have it be, that it was not fit that novels should be read at all; nay, that it was a sin; and that, as the making and writing of them was criminal in itself, being, as she explained, what the Scripture meant by *making a lie*, so no pretended use that might be made of it could justify

les utopies de cette période doit probablement être entendue comme une interrogation sur la légitimité de la fiction.

ii. Vers un 'nouveau roman': l'exigence de vérité et les formes romanesques nouvelles

Reprocher au roman d'être fiction ne va pas sans absurdité, comme le souligne à bon droit Maurice Lever, puisque cela revient à lui reprocher d'être ce qu'il est.[14] Mais, à la différence des critiques d'ordre littéraire ou moral, l'argument est imparable: on peut après tout trouver au roman d'illustres affinités avec les genres reconnus ou encore une valeur de mise en garde qui ferait du vice même un spectacle moralement utile, mais comment lui retirer sa nature de fiction sans nier son être même? Cette récusation du roman au nom du statut ontologique de la fiction s'appuie sur deux principes esthétiques bien mis en évidence par l'ouvrage de Vivienne Mylne. D'une part, la conscience littéraire du temps postule que l'implication intellectuelle ou affective du lecteur dans l'histoire relatée, ou tout simplement l'intérêt qu'il y prend, est étroitement subordonné à la conviction que celle-ci est vraie. 'Comment serais-je touché des infortunes de la reine de Guindaye, et du roi d'Astrobacie, puisque je sais que leurs royaumes mêmes ne sont point en la carte universelle, ou pour mieux dire, en l'être des choses?', se demande Huet dans son *Traité des romans*.[15] D'autre part, romanciers et théoriciens s'accordent sur une conception étroitement littérale de l'illusion romanesque et n'établissent d'ordinaire aucune distinction entre ces deux modalités fort différentes de l'adhésion du lecteur que sont la créance littérale et le consentement à l'illusion, le *willing suspension of disbelief*, selon la formule de Coleridge. A quoi il convient, semble-t-il, d'ajouter une troisième remarque: l'époque ne paraît pas non plus admettre la distinction, pourtant évidente aux yeux du lecteur d'aujourd'hui, entre une vérité purement factuelle (est 'vrai' ce qui s'est réellement produit) et une autre vérité qu'on qualifiera de représentative (est 'vrai' ce qui pourrait se produire eu égard aux circonstances historiques, à l'état des mœurs ...). Cette seconde conception de la vérité littéraire prend pour critère non pas l'historicité du narré, mais sa valeur symptômale: elle présuppose qu'un événement singulier, fût-il inventé, puisse donner lieu à une interprétation générale sociologiquement représentative.[16]

the action' (Defoe, *A new family instructor*, London 1727, p.51-52, cité par Mylne, *The Eighteenth-century French novel*, p.13-14).

14. Lever, *Le Roman français*, p.24.

15. (Paris 1670), p.113, cité par Mylne, *The Eighteenth-century French novel*, p.7.

16. C'est à peu près celle de Balzac assurant dans le prologue du *Père Goriot* que 'all is true' ou de Flaubert affirmant que l'héroïne de *Madame Bovary* 'souffre et meurt dans tous les villages de France'.

Mais une telle conception du vrai ne semble pas antérieure au début du dix-neuvième siècle.

Pour exercer sur le lecteur l'action qui pourrait le rendre formateur, le roman doit donc susciter une complète illusion de vérité. Le genre n'est alors justifiable qu'à condition de se renier dans son fondement même, de faire oublier sa nature de fiction pour se prévaloir du statut de narration véridique. Le modèle du roman, c'est le document authentique entraînant la créance littérale. Quant à la vraisemblance, cessant d'être seulement une condition négative délimitant les infractions à éviter ou une précaution narrative assurant la fluidité des enchaînements événementiels, elle devient un véritable art du trompe-l'œil permettant de persuader le lecteur de la vérité littérale de l'inventé. Le romancier se voit donc contraint de ruser avec l'accusation de mensonge qui pèse sur la fiction en donnant celle-ci pour vraie, ce qui est mentir doublement. D'où la rhétorique dénégatoire qu'exprime la formule 'Ceci n'est pas un roman' ou l'une quelconque de ses variantes, si familière au lecteur de romans du dix-huitième siècle. Cette évolution, qui précipite le déclin des formes anciennes, n'est pas sans rapport avec la faveur dont jouit le terme d''histoire', par lequel le fictif tente frauduleusement de s'introduire dans l'univers du vrai: en témoignent, pour le corpus qui nous occupe, des titres comme l'*Histoire des Sévarambes* ou l'*Histoire des Ajaoiens*. A la promotion en France de la 'nouvelle', type de récit plus vraisemblable et moins hors nature que le roman traditionnel, répond en Angleterre, sans que d'ailleurs les termes soient entièrement équivalents, la distinction désormais bien établie entre *romance* et *novel*, nettement exposée par Congreve dans la préface d'*Incognita*: 'Les romans romanesques (*romances*) prennent généralement pour sujet les amours constantes et l'invincible courage de héros, d'héroïnes, de rois, de reines et de mortels du premier rang', mais laissent le lecteur 'contraint d'en arriver à la conclusion qu'il n'y a là rien d'autre que mensonge'. Au contraire, 'les romans vraisemblables (*novels*) [...] nous divertissent avec des hasards et des faits surprenants, non point de l'espèce de ceux qui sont tout à fait inhabituels et sans précédent, mais plutôt de ceux qui, n'étant point si éloignés de notre créance, nous procurent aussi un plaisir plus proche de nous'.[17] A l'univers socialement, psychologiquement et historiquement lointain du *romance*, qui s'avoue fictif, s'opposent les réalités plus familières du *novel*, compatibles avec la créance du lecteur. Enfin, comme

17. 'Romances are generally composed of the constant loves and invincible courages of heros, heroins, kings and queens, mortals of the first rank [...] he is forced to be very well convinced that 'tis all a lye. Novels [...] delight us with accidents and odd events, but not such as are wholly unusual or unprecedented, such which not being so distant from our belief bring also the pleasure near us' (W. Congreve, *Incognita, or love and duty reconcil'd* (1692), in Henderson (éd.), *Shorter novels: seventeenth century*, p.241).

le remarquera plus tard l'abbé Desfontaines, 'le plus grand défaut des Romans ordinaires, de ceux qu'on a la bonté de lire, est de paroître trop Romans; jusque là que leurs Auteurs font souvent la sottise d'en avertir leurs lecteurs à la tête de l'Ouvrage. Quelle illusion prétendent-ils faire après cela?'[18] Tout à fait logiquement, on voit donc le mot *roman* ou ses substituts disparaître des pages de titre: S. P. Jones déclare ne l'avoir rencontré qu'à quatre ou cinq reprises au cours de son dépouillement bibliographique de la littéraire romanesque dans la première moitié du dix-huitième siècle, alors que cette étiquette était courante un siècle plus tôt.[19] Les désignations qui lui succèdent dans les intitulés des romans 'nouvelle formule' ('histoire véritable', 'histoire secrète', 'mémoires de …', 'lettres de … à …' …) constituent moins des étiquettes littéraires que des arguments destinés à accréditer la nature scrupuleusement documentaire du récit.

Qu'advient-il en effet du roman lorsque, soumis à la double pression du public qui réclame plus de 'naturel' et de 'vérité' et des théoriciens qui s'en prennent au principe même de la fiction, il n'ose plus s'avouer pour ce qu'il est? Sauf à disparaître, il lui faut alors s'abriter derrière d'autres genres narratifs non fictifs auxquels s'attache une aura de vérité. D'où le choix de modèles romanesques *nouveaux* tributaires de formes relevant de cette authenticité documentaire qu'attendent les lecteurs: 'nouvelles historiques' couvrant la fiction de l'autorité de l'histoire, récits pseudo-autobiographiques du type 'mémoires', romans épistolaires camouflés en correspondances authentiques.[20] Tous, on peut le remarquer, permettent et même exigent le recours à la narration à la première personne, sauf dans les 'nouvelles historiques', où une voix énonciatrice anonyme se donne pour l'expression impersonnelle de la vérité et, pour ainsi dire, de l'histoire elle-même. L'émergence du récit à la première personne entre classicisme et Lumières, retracée dans la thèse de René Démoris, peut être considérée comme l'apport décisif du 'nouveau roman' issu de la crise des formes romanesques traditionnelles.[21] Marginal dans la première moitié du

18. P. F. G. Desfontaines, *Observations sur les écrits modernes*, XXIX, p.205, cité par Coulet, *Le Roman jusqu'à la Révolution*, ii.117.

19. Jones, *A list of French prose fiction*, p.xv.

20. Ce glissement du vrai au fictif est d'ailleurs facilité par l'absence de toute distinction tranchée entre l'authentique et l'imaginé. D'où, pour le roman-mémoires, par exemple, une foule de formules intermédiaires possibles: mémoires authentiques mais retouchés, mémoires fictifs de personnages réellement existants, mémoires fictifs de personnages inventés appuyés sur un substrat historique plus ou moins solidement documenté … Voir, notamment, Philip R. Stewart, *Imitation and illusion in the French memoir-novel* (New Haven, London 1969); Marie-Thérèse Hipp, *Enquête sur le roman et les mémoires* (Paris 1970). Sur la naissance du genre du roman épistolaire et les stratégies d'authentification qu'il met en œuvre, voir Laurent Versini, *Le Roman épistolaire* (Paris 1979), ch.2-3 (p.28-60).

21. René Démoris, *Le Roman à la première personne* (Paris 1975).

dix-septième siècle, le récit à la première personne n'y apparaît guère que dans de rares fictions de forme autobiographique ou encore à la faveur des récits latéraux insérés dans un ensemble à la troisième personne, ainsi qu'on en trouve dans l'*Astrée*. Mais au dix-huitième siècle c'est la troisième personne qui devient l'exception, jusqu'à sa restauration comme norme de l'expression romanesque au début du dix-neuvième siècle. Faute évidemment d'être intrinsèquement plus 'vrai', le récit à la première personne autorise du moins une 'motivation' du discours romanesque compatible avec la prétention à l'authenticité documentaire. A la différence du roman à la troisième personne dans lequel 'personne ne parle', il permet de référer l'instance d'énonciation à un personnage identifiable, héros ou témoin de ce qu'il raconte, en tout cas narrateur pourvu d'un nom, d'un visage, d'une identité biographique et d'une insertion sociale.

iii. La littérature de voyages et le renouveau du roman

Parmi ces genres narratifs où la visée documentaire s'accompagne de l'effet d'attestation inhérent à la narration à la première personne et qui alimentent le renouveau du roman en lui permettant d'occulter sa vraie nature, il en est un souvent oublié, mais qui mérite pourtant une attention particulière, comme l'a bien montré un important article de Jacques Chupeau.[22] C'est la relation de voyage, dont tous les témoignages contemporains soulignent la vogue auprès du public. En témoigne également le succès des collections spécialisées comme celle de Melchisedec Thévenot, publiée de 1663 à 1672, des ouvrages inspirés par des préoccupations de propagande coloniale dans une perspective colbertiste comme ceux que publie l'académicien Charpentier, des premières séries de *Lettres édifiantes et curieuses* des jésuites, autre publication de propagande, religieuse celle-ci, des grandes compilations géographiques comme la *Chine illustrée* du père Athanase Kircher (1676), l'*Africa* d'Oliver Dapper (1668), l'*America* de John Ogilby (1674), la *Description de tout l'univers* de Sanson (1700). Cette faveur est due précisément, pour une large part, au discrédit qui frappe le romanesque traditionnel, ainsi que le souligne Chapelain dès 1663: 'Notre nation a changé de goût pour les lectures et, au lieu des romans, qui sont tombés avec La Calprenède, les voyages sont venus en crédit et tiennent le haut

---

22. J. Chupeau, 'Les récits de voyages aux lisières du roman', *Revue d'histoire littéraire de la France* 77 (1977), p.536-53. Les vieux ouvrages déjà cités de Geoffroy Atkinson et de Gilbert Chinard s'intéressent surtout à l'apport des relations de voyages dans les domaines de la thématique ou de l'histoire des idées mais ne mettent guère en évidence leur importance comme modèles formels ou répertoires de techniques narratives. Toutefois on dispose depuis peu d'une étude d'ensemble sur le sujet avec le livre de Percy Adams (*Travel literature and the evolution of the novel*, Lexington 1983), remarquable mine d'informations de tous ordres.

bout dans la Cour et dans la Ville.'[23] Il ne faut pas sous-estimer le poids de la mode – et même de considérations purement commerciales – dans cette réorientation de la littérature narrative. Ainsi, comme le déclare avec un certain cynisme la préface d'un prétendu *Voyage à l'intérieur de la Tartarie* publié à Londres en 1689, 'ayant retiré la conclusion de mes entretiens avec les libraires que les livres de voyages étaient du goût de la plupart des lecteurs, l'inclination que j'ai eue toute ma vie à être utile à l'humanité m'a déterminé à publier ce morceau de mon cru'.[24] Et François Leguat, dans la préface de son *Voyage et aventures* [...] *en deux îles désertes des Indes orientales* (1707), constatant qu''un grand nombre de faux voyages, et même assez mal inventez [...] ne laiss[ent] pas de se débiter', est pleinement fondé à espérer, lui aussi, les faveurs du public: 'De misérables Romans, avec leurs fables mal ajustées, trouvent des Acheteurs; pourquoi mon Roman véritable auroit-il une destinée plus malheureuse?'[25]

En effet, de même que les fictions pseudo-autobiographiques se camouflent en mémoires et les romans épistolaires en correspondances authentiques, selon une stratégie déceptive dont les *Lettres portugaises* fournissent le modèle, de même les récits utopiques 'nouvelle formule' vont s'efforcer de s'identifier aux relations de voyages authentiques qu'ils prétendent être. Cette assimilation frauduleuse du fictif au véritable est puissamment facilitée par les convergences existant alors entre relations authentiques et voyages fictifs: pas de distinction tranchée, mais une multitude de glissements et de formes intermédiaires qui interdisent d'opposer sommairement vérité documentaire et fiction romanesque. Les pratiques de l'époque, en effet, reviennent à faire des récits de voyages réels des romans en puissance, tandis que les utopies et voyages imaginaires les plus élaborés s'appuient sur un substrat géographique authentique. De fait, la littérature de voyages du temps répond rarement aux critères d'exactitude documentaire que le lecteur moderne est en droit d'attendre. L'introduction de digressions et d'anecdotes souvent étrangères au voyage lui-même, le recours sans vergogne à la compilation ou au plagiat, et surtout les pratiques de réécriture auxquelles les textes sont très souvent soumis, tout cela implique un écart par rapport au simple témoignage et l'amorce d'un glissement vers le romanesque. Les préfaces ont beau se réclamer d'une simplicité sans apprêt conforme aux goûts nouveaux du public, à l'image de François Leguat qui, mettant en avant

23. Lettre du 15 décembre 1663 (citée par Chupeau, 'Les récits de voyages', p.539).
24. 'Understanding by the Conversation which I had had with the Booksellers, that Books of Travels were agreeable to the Palates of most Readers, the Inclination which I have had all my life to be serviceable to Mankind, made me resolve to publish this small Part of mine' (Heliogenes de L'Epy, *A voyage into Tartary*, préface, non paginée).
25. Leguat, *Voyage et aventures de François Leguat*, édition de 1721, Préface (non paginée).

sa rude franchise de 'gentilhomme campagnard', déclare sans ambages: 'J'avoüe le fait. Je ne suis ni Auteur poli, ni Auteur du tout';[26] en réalité, les libraires sont souvent conduits à faire retoucher ou récrire les textes qui leur sont confiés, comme cela s'est d'ailleurs produit pour le *Voyage* de Leguat, remanié par Misson, de même que ceux de Chardin sont mis en forme par l'académicien Charpentier et que Gueudeville 'édite' à sa façon les *Nouveaux voyages dans l'Amérique septentrionale* de La Hontan.

Inversement, beaucoup de voyages fictifs puisent dans les relations authentiques une documentation géographique parfois plus sérieuse qu'il n'y paraît. Ainsi, la description du Congo dans *La Terre australe connue* de Foigny repose sur le récit de Pigafetta et Lopez recueilli dans l'édition de 1598 de la *Collection des voyages* de de Bry, sur la *Cosmographie universelle* de Thevet et sur une foule d'autres sources secondaires, tandis que l'épisode terminal de l'escale à Madagascar doit certains éléments à l'*Histoire de la grande île Madagascar* de Flacourt. Comme l'écrit Raymond Trousson, 'ces épisodes, rédigés d'après des relations authentiques, contribuent à donner plus de vraisemblance à la société utopique qui s'y trouve comme enchâssée: la vérité du voyage, en quelque sorte, déteint sur l'utopie'.[27] Le cas de Foigny n'est nullement exceptionnel. Dans l'*Histoire des Sévarambes*, Veiras, lui aussi, puise très abondamment dans la littérature de voyages du temps et utilise fort habilement l'affaire pourtant peu connue du naufrage – parfaitement authentique – du *Dragon d'or* dans les mers australes.[28] On pourrait faire les mêmes remarques à propos des *Aventures de Jacques Massé* de Tyssot de Patot, ou encore du *Voyage à l'intérieur de la Tartarie* d'Héliogène de L'Epy, dont les quatre-vingts premières pages, récit d'un voyage terrestre à travers la Grèce, la Turquie et la Géorgie, démarquent visiblement une relation de voyage non identifiée. Assez rares, dans l'ensemble, sont les textes qui négligent ostensiblement les problèmes de l'insertion géographique de la fiction et le recours aux sources documentaires, à l'instar de l'obscur François Lefèvre, situant son île d'Eutopie 'dans l'Amérique un peu plus bas que la Guinée, où il y a encore quelques Isles inconnües et dont on fera bientost mention dans la Carte', carte qu'il a lui-même visiblement négligé de consulter.[29]

---

26. Leguat, *Voyage et aventures de François Leguat*, édition de 1721, Préface.

27. Trousson, 'Utopie et roman utopique', p.376.

28. L'événement semble n'avoir été rapporté que par W. Schouten, dont le récit, paru en néerlandais en 1676 seulement, ne sera traduit en français que beaucoup plus tard. Voir Marie-Thérèse Bourez, 'La Terre australe inconnue et l'*Histoire des Sévarambes* de Denis Veiras', in Jacques Chocheyras (éd.), *Le Voyage austral* (Grenoble 1984), p.34-35.

29. Lefèvre, *Relation du voyage de l'isle d'Eutopie*, p.2. Aucun historien de l'utopie ne semble avoir tenté de percer l'anonymat de ce texte, signé ERVFL (anagramme de Lefèvre). L'identité de l'auteur est établie par une étude de Michel Destombe, '*Relation du voyage de l'isle d'Eutopie* par

Les interférences du réel et du fictif expliquent, comme les diverses formes de contamination ou d'hybridation entre voyages imaginaires et voyages authentiques, le statut souvent incertain de la littérature de voyages à cette période: pseudo-voyages reçus comme des relations véridiques, relations véridiques lues comme des romans. Le cas des voyages fictifs reçus comme vrais est bien connu depuis l'ouvrage déjà cité de Percy Adams, *Travelers and travel liars*. Encore faut-il distinguer entre les prétendues relations compilées à partir de lectures spécialisées, d'une part, comme la *Relation du voyage d'Espagne* de Mme d'Aulnoy (où très probablement elle n'était jamais allée) ou encore la très controversée *Relation des voyages de François Coreal aux Indes occidentales* (1722), pure fabrication selon Adams,[30] et, d'autre part, les véritables romans dans lesquels le faussaire ne s'est pas borné à refondre une documentation préexistante. Le cas le plus saisissant est sans doute celui de cet aventurier mythomane, imposteur et génial qui se faisait appeler Psalmanazar et se donnait pour originaire de l'île de Formose. Ce personnage, dont l'identité véritable reste encore aujourd'hui mystérieuse – tout au plus sait-on qu'il était probablement français – publie à Londres, en 1704, une *Description historique et géographique de Formose*, fascinante tentative borgésienne de reconstruction complète d'un monde avec sa géographie, son histoire, sa religion, ses institutions, son langage.[31] Mais Psalmanazar ne s'est pas borné à inventer les grandes lignes d'une langue imaginaire, comme l'avaient déjà fait Foigny et Veiras; il s'est aussi entraîné à la parler et à l'écrire, et fut même officiellement chargé d'enseigner le formosan à Oxford afin de former les futurs missionnaires qu'on se proposait d'envoyer dans ce pays. En dépit des protestations des jésuites, les seuls alors à disposer sur Formose de connaissances de première main, le pseudo-témoignage de Psalmanazar restera assez généralement reçu comme authentique pendant près d'une trentaine d'années. Converti et repentant, Psalmanazar devait avouer son imposture en 1747, puis dans ses *Mémoires* posthumes de 1765.

Plus irritante et beaucoup moins connue est la situation inverse, celle des relations authentiques prises à tort pour des romans. Presque tous les spécialistes de Defoe considèrent encore comme tel le *Journal de captivité de Robert Drury à Madagascar*; or, si Defoe a bien en effet mis la main à ce récit, le voyage de Drury est attesté, et les spécialistes de l'ethnographie de Madagascar ou de l'histoire malgache y voient, de leur côté, un document essentiel, bien qu'à

François Lefebvre, curé de Cambron', *Bulletin de la Société d'émulation d'Abbeville* 23 (1973), p.350-56.

30. Voir Adams, *Travelers and travel liars*, p.117-28, pour une discussion détaillée du problème de l'authenticité et des sources de cet ouvrage.

31. George Psalmanazar, *An historical and geographical description of Formosa* (London 1704); traduction française: *Description de l'île Formosa en Asie* (Amsterdam 1705).

utiliser avec prudence, sur la société insulaire.[32] Plus exemplaire encore est le cas du *Voyage et aventures de François Leguat en deux îles désertes des Indes orientales* (1707), que le *Dictionnaire géographique* de Bruzen de La Martinière, reflétant l'opinion générale, range parmi les 'Voyages fabuleux [...] qui n'ont pas plus de réalité que les songes d'un fébricitant'. Effectivement, le caractère très romanesque des aventures de Leguat dans l'Océan Indien, la charge symbolique dont se trouve investi le thème insulaire, la faune proliférante et singulière de l'île Rodrigue, sont autant d'éléments qui rendent suspect un récit que beaucoup attribuent à François-Maximilien Misson, lequel en a été l'éditeur. Atkinson, puis Adams, confirmeront cette attribution.[33] Et pourtant on sait aujourd'hui que les aventures de Leguat, abondamment attestées par les documents d'archives, sont parfaitement véridiques, et tout porte à croire que le texte est authentique.[34]

On voit donc que la littérature de voyages ne cesse de fluctuer entre les deux pôles antagonistes du romanesque et de l'authenticité documentaire. Demi-vérité et demi-mensonge, elle occupe une position ambiguë entre la réalité et la fiction. 'La vérité et la fiction se sont, ces derniers temps, trouvées si inextricablement mêlées dans les productions de cette nature que, dans le cas présent, il est absolument nécessaire de distinguer l'une de l'autre,' déclare la phrase d'ouverture de la préface d'une robinsonnade anglaise de 1727;[35] mais l'auteur, au fond, tient-il tellement à les séparer? Il semble bien plutôt que tout son effort consiste à jouer sur l'ambiguïté inhérente au genre même du voyage pour instaurer un glissement du réel au fictif que favorisent également les localisations géographiques retenues par les auteurs d'utopies.

iv. Le problème de la localisation utopique: le mythe géographique des Terres australes

Depuis les origines du genre, au début du seizième siècle, il s'est constitué à cet égard une sorte de tradition: à de rares exceptions près, comme celle de l'île d'Ajao, que Fontenelle situe dans le Pacifique nord au large du Japon, l'utopie-type est une île de l'hémisphère sud, comme l'était déjà l'île éponyme

32. Defoe, *Madagascar, or Robert Drury's journal during fifteen years captivity on that island* (London 1729). Sur les problèmes posés par cet ouvrage, voir Anne Molet-Sauvaget, '*Madagascar ou le journal de Robert Drury* par Daniel Defoe', thèse dactylographiée (Paris 1969).

33. Atkinson, *The Extraordinary voyage in French literature from 1700 to 1720*, p.35-65; Adams, *Travelers and travel liars*, p.100-103.

34. Voir l'introduction de notre édition (*Aventures aux Mascareignes*, p.5-34).

35. '*Truth* and *Fiction* have, of late, been so promiscuously blended together, in Performances of this Nature; that, in the present Case, it Seems absolutely necessary to distinguish the *one* from the *other*' (Longueville, *The Hermit*, p.v).

de More. Il existe, certes, quelques exemples d'utopies continentales, et tel était du reste le cas chez More de l'ébauche utopique des Polylérites, nation voisine de la Perse, brièvement évoquée dans le premier livre. Mais ces dernières elles-mêmes présentent une clôture interne typiquement insulaire: séparées du monde extérieur par d'immenses étendues de désert – ceux de la Tartarie pour les Héliopolitains d'Héliogène de L'Epy, ceux de l'Afrique centrale pour les Mezzoraniens de Berington – ou encore ceintes de montagnes infranchissables, comme l'Eldorado de *Candide*, elles occupent également des 'blancs' de la carte qui leur prêtent une certaine apparence de plausibilité géographique. Mais la localisation utopique par excellence, celle qui est respectée dans les deux tiers au moins des textes de la période, fait appel au 'troisième monde' (après l'ancien et le nouveau) encore à découvrir, que l'on situe dans les latitudes élevées de l'hémisphère sud. Il s'agira parfois du mythique continent austral lui-même, ainsi chez Foigny ou Veiras, beaucoup plus souvent de l'une des îles qui s'y trouvent géographiquement rattachées dans la zone sud de l'Océan Indien, du Pacifique ou, plus rarement, de l'Atlantique.

Le choix de la localisation australe répond à certaines orientations de l'imaginaire, mais aussi à des impératifs de vraisemblance cosmographique. Une première motivation tient aux puissantes résonances imaginaires de la localisation australe. Il est tentant, laissant jouer l'anagramme comme le fait René Démoris à partir du titre de l'ouvrage de Foigny,[36] de s'amuser à retrouver le mot *alter* dans *La Terre australe*; mais on peut tout simplement céder à l'attraction d'une étymologie controuvée qui nous invite à dériver 'austral' de 'autre'. Le monde austral apparaît ainsi comme le territoire élu d'une altérité qui sera tantôt effort d'invention d'un univers pleinement autonome, tantôt pur retournement de la norme, à l'image de ces personnages de Restif portant leurs chaussures sur leur tête. Le passage de la ligne équatoriale est ici comme un franchissement du miroir au-delà duquel toutes choses s'inversent, à la fois semblables et opposées. Occupant des espaces vides – déserts, étendues océaniques – ou livrées à la barbarie de la pure nature – sauvages, bêtes féroces – le cercle invisible joue le rôle d'une structure diamétrale autour de laquelle s'ordonnent dans l'un et l'autre hémisphère les univers peuplés, celui de l'Europe et celui de l'utopie, pareillement placés sous le signe de la culture, mais sémantiquement antagonistes. Quant à l'altérité australe, il ne faut pas nécessairement y chercher des modèles politiques: dans sa forme la plus spectaculaire, elle peut fort bien rejoindre le renversement antipodique du *mundus inversus* avec ses permutations hiérarchiques – ainsi, chez Swift, celle

---

36. R. Démoris, 'L'utopie, *Autre* du roman: *La Terre australe connue* de G. de Foigny (1676)', *Revue des sciences humaines* 155 (1974), p.397.

qui porte sur la relation de l'homme et de l'animal – ou ses langages palindromiques, tel celui des Mégapatagons de Restif, qui parlent le français à l'envers et dont la capitale s'appelle Sirap.

Mais la localisation australe présente dans beaucoup d'utopies est également liée à l'évolution des connaissances géographiques. Il est évidemment impossible ici de retracer l'histoire du continent austral (*Terra australis incognita*), exemple singulier d'une simple hypothèse progressivement transformée en dogme scientifique unanimement accepté par tous les géographes jusqu'au dernier tiers du dix-huitième siècle, puis brutalement reléguée au rang de mythe cosmographique avec le second voyage de Cook en 1772.[37] Ce 'cinquième continent' est constitué, selon la définition qu'en donne de Brosses en 1756 dans son *Histoire des navigations australes*, véritable somme sur le sujet, par

tout ce qui est au-delà des trois pointes méridionales du monde connu, en Afrique, Asie et Amérique, c'est-à-dire au-delà du Cap de Bonne-Espérance, des isles Moluques et Célèbes, et du détroit de Magellan; ce qui peut comprendre huit à dix millions de lieues quarrées faisant plus du tiers de notre globe.[38]

Les limites géographiques des Terres australes restent cependant aussi floues que le vocable lui-même, employé aussi bien pour désigner le continent austral proprement dit que ses archipels satellites; l'étiquette peut même s'appliquer aux diverses îles situées dans la zone sud de l'Océan Indien ou du Pacifique. La Terre de Feu, nommée parfois Terre magellanique, l'Australie (Nouvelle-Hollande) et la Nouvelle-Guinée, considérées comme autant de caps avancés du continent austral, constituent les seuls points de contact effectivement reconnus avec ce nouvel univers; les cartographes les plus hardis n'hésitent pas à les relier entre eux par des traits continus, délimitant ainsi une immense étendue continentale centrée sur le pôle antarctique et occupant la partie sud des trois océans.

On peut s'étonner que le mythe du continent austral ait persisté si longtemps; le développement des voyages d'exploration aurait dû, semble-t-il, conduire à le remettre en question dès le dix-septième siècle. Mais dans ce domaine l'information circule mal: ainsi la Hollande est-elle souvent accusée d'en

37. Voir sur ce point Numa Broc, *La Géographie des Philosophes, géographes et voyageurs français au XVIIIe siècle* (Lille 1972), p.237-55, pour un historique du problème au dix-huitième siècle. Pour une vue d'ensemble, voir A. Rainaud, *Le Continent austral, hypothèses et découvertes* (Paris 1893).

38. Ch. de Brosses, *Histoire des navigations aux Terres australes, contenant ce que l'on sait des mœurs et des productions des contrées découvertes jusqu'à ce jour; et où il est traité de l'utilité d'y faire de plus amples découvertes, et des moyens d'y former un établissement* (Paris 1756), i.13. Sur cet ouvrage, voir A. C. Taylor, *Le Président de Brosses et l'Australie* (Paris 1938). L'ouvrage anglais correspondant, celui de Callander (*Terra australis cognita, or voyages to the Terra australis, or southern hemisphere*, Edinburgh 1766), semble démarquer d'assez près celui de de Brosses, bien qu'il se défende dans la préface d'en être une simple traduction.

organiser la rétention délibérée pour préserver ses monopoles commerciaux. Et surtout elle est mal interprétée: la croyance dans l'existence du continent austral est si puissante qu'elle s'accommode de découvertes qui auraient dû la ruiner. En 1616, Le Maire et Schouten, abandonnant la voie traditionnelle du détroit de Magellan, entrent dans le Pacifique en contournant la Terre de Feu par le sud; mais ils prendront pour un cap du continent austral la frange côtière méridionale – celle, en réalité, d'une petite île – connue au dix-septième siècle sous le nom de Terre des Etats. En 1643, le voyage de Brouwer, qui franchit plus au sud la limite des deux océans, est accueilli avec un certain scepticisme: on estime que ce navigateur n'a pas découvert comme il le croit une mer libre à l'extrême sud du continent américain, mais seulement un nouveau détroit entre celui-ci et le continent austral, dont l'existence n'est nullement remise en cause. Les côtes nord et ouest de l'actuelle Australie, abordées à de multiples reprises depuis le seizième siècle, passaient pareillement pour une avancée du continent austral; en accomplissant en 1642 la circumnavigation de l'Australie, Tasman démontre la configuration insulaire de ce territoire, mais ne détruit pas le mythe géographique, qu'il se contente de reporter sur la Nouvelle-Zélande nouvellement découverte.

Aux incertitudes de l'information géographique il faut ajouter d'autres causes qui expliquent la persistance de la fiction australe. Certaines relèvent d'un raisonnement par analogie qu'alimente le précédent de la découverte de l'Amérique. Ainsi la préface de l'*Histoire des Sévarambes* rappelle-t-elle à ceux qui voudraient mettre en doute l'existence du continent austral les poursuites entreprises au huitième siècle contre l'évêque Virgilius de Salzbourg, coupable d'avoir cru à l'existence des Antipodes, et le scepticisme qui accueillit en Angleterre et au Portugal la première relation de Christophe Colomb. D'autres arguments s'appuient sur un raisonnement physique d'apparence plus scientifique. Ainsi de Brosses estime-t-il qu''il n'est pas possible qu'il n'y ait dans une si vaste plage quelqu'immense continent de terre solide au sud de l'Asie capable de tenir le globe en équilibre dans sa rotation, et de servir de contrepoids à la masse de l'Asie septentrionale'.[39] Conformément en effet à la vieille thèse de l'Antichtone héritée des géographes de l'Antiquité,[40] tous les cosmographes appuient l'existence du continent austral sur la nécessité dans l'hémisphère sud d'une masse continentale compensant celle des terres émergées du nord.

La fortune du mythe austral auprès des auteurs d'utopies s'explique également par la totale inconnue humaine que représentent ces territoires, et qui peut alimenter sans invraisemblance les hypothèses les plus folles. De Brosses,

39. Brosses, *Histoire des navigations australes*, i.13.
40. Voir Broc, *La Géographie des Philosophes*, p.237.

qui entend faire œuvre scientifique et laisse entièrement à l'écart la tradition des utopies australes, s'abandonne cependant à quelques dérives spéculatives sur les peuples 'certainement très dissemblables à nous, par la figure, les mœurs, les usages, les idées, le culte religieux' de ce monde qui 'nous est, pour ainsi dire, presque aussi étranger que pourroit l'être une autre planette'.[41] Les naturels du monde austral sont représentés tantôt comme des civilisés d'une autre espèce, conformément aux exigences du schème antipodique qui les donne pour homologues inversés de l'homme européen, tantôt comme de 'bons sauvages' plus en accord avec les témoignages des rares voyageurs qui aient été en contact avec eux.

Il faut, à cet égard, souligner l'importance dans la constitution du mythe de l'humanité australe des deux classiques du voyage austral les plus largement diffusés en France. En 1606-1607, Fernando de Queiros touche l'île d'Espiritu Santo dans les Nouvelles-Hébrides (qu'il prend, selon un scénario désormais connu, pour une avancée du continent austral) et en donne une description paradisiaque, constamment reprise et magnifiée dans les multiples requêtes que, jusqu'à la fin de sa vie, il adressera au roi d'Espagne pour demander la colonisation du territoire qu'il a découvert. Ce témoignage, repris dans de nombreuses collections de voyages, comme celle de de Bry ou celle de Purchas, publié séparément en français en 1617, est bien connu des auteurs d'utopies de la fin du dix-septième siècle.[42] Foigny le cite dans la préface de *La Terre australe connue*. Il a beaucoup contribué à répandre l'image d'un âge d'or retrouvé. Mêmes images flatteuses dans le voyage beaucoup plus ancien de Gonneville (1503-1504), qui avait ramené des Terres australes – en réalité, semble-t-il, des côtes de l'Amérique du Sud – un jeune sauvage nommé Essoméric. Pratiquement adopté par Gonneville, qui lui a légué son nom, converti et marié, Essoméric comptera parmi ses descendants un certain abbé Paulmier de Gonneville, chanoine à Lisieux, lequel relancera l'intérêt du public pour cette aventure vieille d'un siècle et demi: dans un ouvrage publié en 1663, l'abbé Paulmier, se prévalant de sa qualité d''originaire', réclame l'envoi aux Terres australes d'une mission de christianisation.[43] Il est très probable que ce livre a été connu de Foigny, de Veiras et de bien d'autres.

Tout cela situe bien la signification du monde austral dans les mentalités collectives entre classicisme et Lumières: il est à peu près l'équivalent de ce

41. Brosses, *Histoire des navigations australes*, i.16.
42. F. de Queiros, *Requeste présentée au roy d'Espagne par le capitaine Pierre Ferdinand de Quir, sur la découverte de la cinquième partie du monde appelée Terre australe incognue* (Paris 1617).
43. Paulmier de Gonneville, *Mémoires touchant l'établissement d'une mission chrestienne dans le troisième monde, autrement appelé la Terre australe, méridionale, antarctique et inconnüe, dediez à Nostre Saint Pere le pape Alexandre VII, par un ecclesiastique originaire de cette mesme terre* (Paris 1663).

que fut l'Amérique pour les contemporains de Colomb, l'archétype de l'univers 'autre', à la fois géographiquement indiscutable et parfaitement inconnu. Ainsi, jusqu'à son brutal effondrement comme dogme géographique et même au-delà – *La Découverte australe* de Restif a été publiée en 1781, alors que le 'cinquième continent' mythique se trouve réduit par les explorations de Cook à la décevante réalité des terres glacées de l'Antarctique[44] – l'hypothèse du continent austral a-t-elle pu nourrir une incroyable variété de 'fictions de l'ailleurs',[45] en ce qu'elle remplissait les deux conditions de base requises par l'imaginaire utopique: forte plausibilité géographique, impossibilité de toute vérification concrète.

v. De la relation authentique au roman utopique: techniques narratives et vraisemblance

Les utopies n'utilisent pas seulement la littérature de voyages comme source documentaire d'ordre géographique. Elles trouvent également dans les relations authentiques un certain nombre de procédés narratifs et, dans le motif même du voyage, certaines conditions particulières de vraisemblance, susceptibles d'authentifier le récit. S'il paraît quelque peu excessif de considérer le récit utopique du dix-septième siècle comme une sorte d'ancêtre du roman réaliste encore à venir,[46] il est certain pourtant que les utopies narratives de la fin du siècle participent à cet égard au renouveau du genre romanesque.

On appellera procédés d'authentification 'internes' les techniques confinées à l'intérieur du texte lui-même, sans que soient mis en jeu ses rapports avec l'univers extra-romanesque. On rangera d'abord dans cette catégorie les divers procédés narratifs créateurs d'un 'effet de réel': recours aux divers lexiques

---

44. Dans sa préface, Restif, après avoir évoqué les résultats des deux premiers voyages de Cook (1768-1771 et 1772-1773), ajoute: 'Cependant, honorable Lecteur, ne croyez pas que ce Navigateur célèbre soit mon Héros! non, non: Nous avons des découvertes plus nouvelles, et je me hâte de prendre date avant le retour du Capitaine Anglais' (*La Découverte australe par un homme volant*, éd. P. Vernière, Paris, Genève 1979, p.13). Pourtant le troisième voyage (1776-1779), où Cook trouva la mort, était alors terminé, et dès le second le navigateur anglais avait pu, en descendant au-delà du 71e degré de latitude sud, démontrer l'inexistence du continent austral.

45. Voir W. P. Friedrich, 'The image of Australia in French literature from the XVIIth to the XXth centuries', in *Mélanges de littérature comparée et de philologie offerts à M. Brahmer* (Varsovie 1967), p.219-30; du même auteur, *Australia in western imaginative prose writing* (Chapel Hill 1967).

46. Voir Doris C. Powers, 'Formal realism and the English utopian novel', *Genre* 11 (1978), p.15-27. L'auteur, qui s'appuie sur une définition du réalisme tributaire d'Erich Auerbach et d'Ian Watt – la représentation sérieuse de héros individualisés issus de la condition moyenne – aurait probablement obtenu des résultats plus convaincants en prenant pour exemple des récits comme ceux de Veiras ou de Foigny plutôt que *La Nouvelle Atlantide* de Bacon ou la *Nova Solyma* de Samuel Gott (1648), sur lesquels porte l'essentiel de son argumentation.

techniques, celui de la navigation notamment; multiplication des détails descriptifs; promotion littéraire de l'objet à travers inventaires et énumérations; attention minutieuse au monde concret, exprimée par l'appréciation chiffrée des dimensions et des distances – le tout relevant de la fameuse 'méthode circonstancielle' mise en honneur par Defoe.[47] Une attention particulière à ce que Bakhtine appelle le 'chronotope' romanesque contribue également à la création d'un réalisme formel par l'insertion du récit dans une trame spatio-temporelle aussi précise que possible. D'où le procédé du 'journal de bord', directement issu de la relation de voyage et utilisé, par exemple, dans les séquences d'approche du lieu utopique de l'*Histoire des Sévarambes* et des *Aventures de Jacques Massé* avant d'être repris de façon plus systématique dans certains passages de *Robinson Crusoe*: la scansion journalière du temps, allant de pair avec la progression spatiale du voyageur, permet d'inscrire le déroulement de l'action dans une chronologie rigoureuse, tout en référant le récit à un mode narratif perçu comme spécifique à la littérature de voyages. Parallèlement, la plupart des œuvres s'astreignent à décrire avec précision les itinéraires d'aller et de retour et indiquent souvent les coordonnées géographiques du lieu utopique, exprimées en latitude et longitude.

Enfin, au même titre que les autres genres pseudo-documentaires, le récit utopique est à la première personne. La narration à la première personne est tellement liée au motif narratif du voyage que, lorsque celui-ci disparaît, elle disparaît également: à preuve les très rares utopies narratives de cette période qui ne sont pas des voyages, comme l'*Histoire de Calejava*, de Claude Gilbert (1700). Ce choix narratif a pour effet de rattacher le roman au genre de la relation authentique et, d'autre part, de faire du récit le reflet direct d'une expérience personnelle, celle d'un être singulier raccordé au monde par un réseau de corrélations biographiques, tout en bénéficiant également de l'effet de réel inhérent à la narration directe. 'J'y étais, j'ai vu et voici mon témoignage': telle est l'affirmation que soutient implicitement le récit personnel du voyageur. Implicitement, mais aussi assez souvent de la façon la plus explicite: ainsi François Leguat ne cesse-t-il de rappeler qu'il a été, lui, 'juge et témoin oculaire des choses'. Il est cependant indispensable que le 'je' attestataire du narrateur-témoin s'appuie sur une identité clairement établie. Comme l'écrit encore Leguat,

Je crois que quiconque parle en témoin, doit, comme on dit, décliner son Nom. Son devoir est, à mon avis, de n'omettre rien de ce qui peut servir à persuader de sa candeur, et de la très exacte vérité de tout ce qu'il dit. En mon particulier, j'avoüe que je ne fais

47. Voir sur ce sujet les remarques suggestives de Jean Weisgerber à propos de *Moll Flanders* (J. Weisgerber, *L'Espace romanesque*, Lausanne 1978, p.73-94).

aucun cas d'un voyage sans nom d'Auteur: Ni même, de la Relation d'un Voyageur de médiocre réputation, lors même qu'il donne son nom, s'il ne produit pas aussi des témoins; principalement quand il vient de loin.[48]

Il faut signaler cependant que cette valeur authentificatrice du récit personnel ne joue pas avec la même intensité dans tous les récits utopiques et, surtout, est soumise à d'amples variations au fil d'un même récit. Son rendement est optimal lorsque le narrateur est un personnage impliqué dans une trame événementielle, ce qui est habituellement le cas dans les séquences qui précèdent ou suivent la description utopique proprement dite; celle-ci, précisément parce qu'elle est description, non pas événement, ne suppose pas le même degré de présence attestatrice de la part du héros-narrateur.

Mais c'est surtout le travail effectué sur la vraisemblance qui participe à l'authentification 'interne' du récit. Comme le note Thémiseul de Saint-Hyacinthe dans la préface à sa traduction de *Robinson Crusoe*, l'enchaînement sans heurt des événements narrés peut, à lui seul, créer chez le lecteur le sentiment du vrai à propos de ce qu'il sait pourtant pertinemment être faux:

Ceux qui s'efforcent à nous amuser par des romans et par des fables, tâchent de nous dédommager de la vérité par une vraisemblance habilement ménagée. On sait qu'on va lire des fables; mais on oublie qu'on en lit; et l'imagination, qui dans la liaison des objets qu'on lui présente, ne trouve rien qui se choque et qui se heurte, s'y attache avec autant d'ardeur, qu'elle donne rarement à la raison le loisir de venir l'interrompre dans ses amusemens.[49]

La vraisemblance, condition préalable à l'effet de réel suscité grâce à d'autres techniques, n'est rien d'autre que la conformité à une norme, largement idéologique, ainsi que l'a montré Gérard Genette, de ce que le public considère comme recevable, cette norme étant susceptible de variations selon l'époque et même le genre concernés:[50] l'aveu de Mme de Clèves, qui a heurté les contemporains, ne choque plus la vraisemblance pour les lecteurs d'aujourd'hui; le merveilleux, parfaitement incompatible avec la vraisemblance romanesque, peut être considéré en quelque sorte comme la norme de vraisemblance propre du genre du conte.

Dans le concept de vraisemblance, il faut inclure trois notions: la notion physique de possibilité, la notion statistique de probabilité, la notion psychologique ou sociologique de plausibilité. Les faits rapportés doivent être possibles, c'est-à-dire compatibles avec les lois de la nature: ce que ne sont pas, par exemple, dans l'état des techniques du temps, les déplacements sidéraux des

48. Leguat, *Voyage et aventures*, édition de 1721, Préface (non paginée).

49. Daniel Defoe, *Robinson Crusoe*, tr. Thémiseul de Saint-Hyacinthe (Amsterdam 1720), in Garnier (éd.), *Voyages imaginaires*, i.11-12.

50. G. Genette, 'Vraisemblance et motivation', in *Figures II* (Paris 1969), p.71-99.

voyages imaginaires interplanétaires ou les métamorphoses fabuleuses dont est témoin le héros de Cyrano dans la lune ou dans le soleil. Les événements possibles ne sont pas pour autant nécessairement probables: rien n'est merveilleux dans *Candide*, mais l'accumulation sur un rythme frénétique des aventures, des rencontres et des retrouvailles inopinées rend l'intrigue invraisemblable. Tout est affaire ici de répartition quantitative: le *Cleveland* de Prévost, dont le héros se trouve un moment sur le point d'épouser sans le savoir sa propre fille, est au moins aussi riche en scènes de reconnaissance et autres coups de théâtre; mais, étalés ici sur près de 3000 pages, ils y produisent un tout autre effet. Enfin, la notion de plausibilité fait intervenir les justifications apportées aux initiatives humaines, non plus celles qui s'appliquent au déroulement impersonnel des événements: les actes des personnages doivent répondre à l'idée que le lecteur se fait de leur caractère et de leur appartenance sociale. Lorsque le romancier déçoit cette attente, il lui faut justifier l'infraction en l'appuyant sur une 'maxime', 'loi' psychologique ou sociologique inventée pour les besoins de la cause, ou encore invoquer l'intervention de quelque force supra-humaine régulatrice des destinées: hasard, providence, fatalité …, camouflage opportun de l'arbitraire de l'auteur.

A l'intérieur de ce cadre théorique, quel bénéfice le roman utopique tire-t-il de l'imitation du modèle du récit de voyages? Sur les divers points énumérés, le motif narratif du voyage offre d'intéressantes possibilités d'extension des limites de la vraisemblance. A l'égard du principe du respect des lois physiques du possible, le décentrement géographique de l'action peut rendre acceptable dans le monde de l'ailleurs ce qui serait impensable dans l'univers de l'ici, l'exotisme assumant en ce cas une fonction d'alibi 'vraisemblabilisant'. Si certaines règles naturelles fondamentales doivent demeurer intangibles sous peine de tomber dans le fabuleux – un personnage mort ne peut ressusciter, un être ne peut se métamorphoser en un autre être – les limites des normes biologiques établies se dilatent en proportion de la distance. Les bizarres animaux amphibies que décrit Foigny dans *La Terre australe connue* ne sont après tout guère plus surprenants que les poissons volants dont s'émerveillent tous les voyageurs au passage de la Ligne, et les discrètes fictions zoologiques de Veiras dans l'*Histoire des Sévarambes* le sont infiniment moins que les observations pourtant authentiques de Leguat sur les mœurs nuptiales du 'solitaire' de Rodrigue. Les mêmes remarques valent aussi dans le domaine anthropologique. Les Australiens hermaphrodites de Foigny ne sauraient étonner des lecteurs habitués à voir les auteurs de récits de voyages parer de cette particularité anatomique les peuples qu'ils décrivent: il en est question à plusieurs reprises, par exemple, dans les *Voyages fameux du sieur Vincent Le Blanc*, de Pierre Bergeron.[51] Et l'on sait depuis longtemps que les traits physiques des Yahoos du *Quatrième voyage* (mamelles pendantes des femelles, intestins d'animaux enroulés autour de la taille, saleté et puanteur) ont été empruntés par Swift aux stéréotypes colportés par tous les voyageurs à propos des Hottentots du Cap et qu'il pouvait trouver notamment chez John Ovington, William Dampier ou Edward Cooke.[52] Au vu des affirmations des voyageurs ou des spéculations 'scientifiques' des précurseurs de l'anthropologie, on peut même estimer que dans l'ensemble, et si l'on met à part certains délires imaginatifs comme les Mégamicres de Casanova ou les produits de croisements monstrueux de *La Découverte australe* de Restif, les auteurs d'utopies ont singulièrement manqué d'audace lorsqu'ils ont créé les habitants de leurs pays imaginaires. En effet – et sur ce point l'âge des Lumières, fasciné, lui aussi, par les monstruosités et les 'écarts de la nature', n'est peut-être pas si éloigné qu'on pourrait croire des 'Images du Monde' médiévales – les plus étranges fables anthropologiques continueront à faire l'objet de débats scientifiques jusque dans le dernier tiers du dix-huitième siècle: si Buffon se montre sceptique quant aux 'hommes à queue' que le voyageur Struys affirme avoir observés aux Philippines et aux îles Mariannes, Voltaire pour sa part ne voit aucune raison de mettre en doute leur existence.[53] Quant aux célèbres géants patagons, inspirateurs des Mégapatagons de Restif et sur lesquels Buffon et de Paw accumulent des dizaines de témoignages de voyageurs, ils seront, dit Michèle Duchet, 'une des plus belles énigmes anthropologiques du demi-siècle; les témoignages de Byron, de Wallis, de Commerson, de Bougainville et de Cook suffiront à peine à la résoudre' (p.64).

Comme il étend les bornes du possible biologique, le voyage assouplit les critères du probable, lesquels tiennent, d'une part, aux chances statistiques de réalisation des événements rapportés et, d'autre part, à la densité à la fois chronologique et textuelle de leur succession. Le motif narratif de l'itinéraire pourvoit aux besoins de vraisemblance du roman du dix-huitième siècle en lui offrant situations-clichés (la voiture embourbée, qui fournit son titre à un roman de Marivaux) et décors récurrents (l'auberge, si présente, par exemple, dans *Manon Lescaut*) les plus propres à justifier rencontres inopinées, récits insérés et retrouvailles. De même les péripéties naturellement liées au voyage maritime et au récit d'exploration fournissent aux récits utopiques, mais aussi aux

---

51. Paris 1648.

52. Sur les 'sources' des Yahoos, voir R. W. Frantz, 'Swift's Yahoos and the voyagers', *Modern philology* 29 (1931), p.49-57. Sur les Hottentots, voir par exemple, le portrait qu'en présente François Leguat (*Voyage et aventures*, ii.154-65). On y retrouve les caractéristiques, réelles ou fantasmatiques, que leur prêtent tous les voyageurs. Sur ces stéréotypes, voir Michèle Duchet, *Anthropologie et histoire au siècle des Lumières* (Paris 1971), p.33-34.

53. Duchet, *Anthropologie et histoire*, p.249, 281.

robinsonnades, aux voyages imaginaires réalistes, aux romans géographiques, la possibilité d'accumuler sans invraisemblance des événements spectaculaires. Le récit utopique type, dont le schéma s'apparente de fort près à celui qui a été dégagé antérieurement pour la robinsonnade, comporte ainsi, après un départ souvent motivé par une inadaptation sociale ou psychologique, un voyage aller fréquemment coupé de diverses aventures préparatoires: captivité auprès de pirates barbaresques, comme dans *Gaudence de Lucques*;[54] escales et explorations, comme dans l'épisode du Congo de *La Terre australe connue*; rencontres amicales ou non avec des peuples sauvages; épisodes de robinsonnade solitaire ou, plus fréquemment, collective; naufrage, enfin, ou du moins débarquement sur une terre inconnue, ouvrant la séquence proprement utopique, ordinairement à peu près vide de tout événement. Mais le voyage de retour peut donner lieu aux mêmes incidents, parfois indéfiniment multipliés, comme dans les *Aventures de Jacques Massé* de Tyssot de Patot, où une foule de péripéties semblent conspirer à entraver l'itinéraire du héros vers l'Europe. Tout cela, qui constitue l'ordinaire des relations de voyages authentiques, ne saurait surprendre dans des récits qui se donnent pour tels.

Quant à la troisième composante de la notion de vraisemblance, la vraisemblance de plausibilité fondée sur la recevabilité sociale et psychologique des comportements humains, elle doit être envisagée dans les récits utopiques comme elle l'est dans les récits de voyages, c'est-à-dire sous deux aspects: comportements du héros-narrateur, d'une part, dont le lecteur postule la conformité aux normes morales et sociales du monde de référence auquel il appartient; comportements de l'humanité utopique, d'autre part, lesquels suscitent une attente plus ambiguë – on doit les supposer différents de la norme européenne, puisqu'ils émanent d'une humanité 'autre', mais point trop toutefois, faute de quoi ils seraient perçus comme arbitraires. Sur le premier point, le comportement du héros-narrateur des utopies suscite d'autant moins de difficultés que celui-ci s'estompe plus complètement comme personnage agissant pour se confiner dans son rôle d'observateur, conformément à l'optique documentaire et didactique de la relation de voyage. On notera cependant une exception à cette règle: rendue narrativement nécessaire par la fiction de la relation authentique et, donc, l'obligation d'en assurer la transmission auprès du lecteur, la décision quelque peu paradoxale du narrateur de quitter la perfection supposée de l'utopie pour retrouver les imperfections de l'Europe reçoit rarement une motivation vraiment satisfaisante. Quant à la seconde

---

54. Sur cette situation-cliché extraordinairement répandue dans divers genres romanesques aux dix-septième et dix-huitième siècles, voir G. Starr, 'Escape from Barbary: a seventeenth-century genre', *Huntington Library quarterly* 19 (1965), p.35-52.

exigence de plausibilité, celle qui est relative aux comportements des utopiens eux-mêmes, elle est au cœur du dispositif utopique: pour une grande part, le discours utopique est précisément un discours de justification des comportements singuliers, constamment référés à des principes qui constituent eux-mêmes l'expression de quelques grandes valeurs fondamentales – la nature, la raison, la justice. C'est dire que les 'motivations' traditionnellement chargées d'assurer une sorte de vraisemblance artificielle par la référence au hasard, à la Providence ou à un corps de maximes d'ordre psychologique ou sociologique reçues pour vraies deviennent ici inutiles: il n'existe en utopie ni contingence ni déterminisme supra-humain, puisque tout découle nécessairement des principes fondamentaux, lesquels rendent compte également des comportements individuels dans un monde où l'esprit humain et l'ordre de la société ont été réformés sur leur patron. Au vraisemblable romanesque de la motivation succède un vraisemblable utopique de la dérivation des principes fondateurs aux comportements concrets qu'ils inspirent.

Mais l'authentification du récit passe également par les procédés 'externes' visant à établir une relation de continuité entre l'univers fictif intra-romanesque et le monde extra-romanesque du vrai.

vi. Vers une continuité entre le monde du fictif et celui du vrai: le discours préfaciel et le rôle de l'"éditeur"

Le lieu où par excellence s'élabore l'effet de réel à la faveur duquel l'imaginaire tente de se faire passer pour authentique, c'est la préface. Etant à la fois extérieure au récit et inséparable de l'œuvre qu'elle précède, son statut liminaire ou paratextuel, comme on voudra, la voue aux procédures d'échanges et d'interférences entre le réel et l'inventé, entre le monde illusoire de la fiction romanesque et le monde empirique du lecteur.

Rares sont les œuvres non précédées d'un avant-propos. Sa présence ou son absence semble entretenir une relation directe avec deux éléments du reste étroitement associés: le type de rapport au réel que le récit entend susciter, d'une part; la personnalisation plus ou moins accentuée du voyageur-narrateur, d'autre part. Ainsi, ne comportent pas de préface la continuation de *La Nouvelle Atlantide* de Joseph Glanvill, laquelle, se présentant très explicitement comme la suite de l'ouvrage que Bacon avait laissé inachevé, ne peut évidemment prétendre au statut de relation authentique, pas plus que l'*Astreada* anonyme de 1693 et *L'Etat libre de Noland* de 1696. Ces trois utopies anglaises sont pratiquement dépourvues de toute mise en forme romanesque, le vague affabulation qui en tient lieu, sommairement dépêchée en quelques paragraphes, cédant aussitôt la place au discours didactique à la troisième personne. Dépourvues de localisation géographique précise, elles ne sont rien d'autre qu'une image en miroir de la réalité socio-politique existante plus ou moins transformée. Pas de préface non plus en tête de l'*Histoire de Calejava* de Claude Gilbert (1700), l'une des très rares utopies narrées à la troisième personne, qui ne met en jeu ni véritable voyage de découverte ni personnage de narrateur-témoin.

Ainsi qu'on pouvait s'y attendre, l'étendue des préfaces entretient également un rapport assez net avec les deux critères déjà énoncés: insertion réaliste du récit et degré d'élaboration du voyageur-narrateur qui en est le héros. D'où sans doute le caractère extrêmement rudimentaire des préfaces de l'*Histoire des Ajaoiens* et de la *Relation du voyage de l'île d'Eutopie*: si, à la différence de la seconde, dont on a vu avec quelle désinvolture l'auteur y manipule les données géographiques, l'île d'Ajao est située de façon relativement précise, les deux textes ont en commun un narrateur psychologiquement inconsistant, simple relais didactique de la société utopique. Inversement, le discours préfaciel se fait particulièrement élaboré dans les récits les plus nettement réalistes, c'est-à-dire ceux où, d'une part, l'action est fortement insérée dans un monde donné pour existant et reconnaissable, et où, d'autre part, le statut personnel de l'énonciation garantit l'authenticité de la description, donc l'existence de la réalité décrite, en la rapportant à un observateur individualisé ayant le statut d'un personnage 'plein'.[55] Tel est le cas, par exemple, du narrateur de *La Terre australe connue* de Foigny, doublement renvoyé à son irréductible singularité par une sorte de fatalité de la différence qui l'isole au sein de la société réelle comme elle l'exclura de la société utopique. Et c'est cette même expérience douloureuse de sa différence que fera Gulliver, Yahoo déchu parmi les Houyhnhnms parfaits au cours de son séjour au pays des Chevaux, puis, à son retour en Angleterre, solitaire reclus dans son délire misanthropique.

Ces voyageurs-narrateurs fortement constitués en personnages individualisés, évidemment les plus aptes à garantir par l'autorité de leur témoignage l'authenticité de leur aventure et de leurs observations, ont cependant besoin d'être eux-mêmes garantis dans leur existence, d'abord, dans leur véracité, ensuite. En c'est là précisément que la préface entre en jeu. Deux solutions s'offrent ici à l'écrivain: confier cette tâche d'authentification liminaire au narrateur lui-même; la déléguer à une sorte de personnage second, celui de l'éditeur. Le premier

---

55. Exception à peu près unique à cette règle, la très longue préface (une quarantaine de pages) de Lesconvel à sa *Relation du voyage du Prince de Montbéraud dans l'île de Naudely* (1706), utopie dépourvue de toute localisation géographique (ce n'est pas, dit l'auteur, un 'Etre physique', mais un 'Etre de raison') et dont le narrateur, 'secrétaire' anonyme du prince de Montbéraud, est particulièrement inexistant comme personnage. Cet interminable texte liminaire porte à peu près exclusivement sur la corruption mondaine des gens d'Eglise.

procédé est de loin le moins fréquent, et l'on comprend aisément pourquoi. 'La simple VÉRITÉ toute nue et la SINGULARITÉ de nos aventures sont le corps et l'âme de ma relation', affirme François Leguat, en invoquant pour preuve 'la pure et naïve *vérité* de tout ce [qu'il] raconte', cette vérité que, dit-il, 'j'ai toute ma vie respectée'.[56] Mais ce dispositif, reposant sur les seules affirmations du voyageur, ne peut fonctionner de façon satisfaisante: le récit de Leguat, on l'a vu, a généralement été reçu – à tort, d'ailleurs – comme un voyage imaginaire. Même échec à valider la narration dans la préface du *Voyage à l'intérieur de la Tartarie*, en dépit des protestations de vérité et des 'témoins encore vivants' (malheureusement anonymes) que le douteux Héliogène de L'Epy invoque à l'appui de ses dires.[57]

Cette véracité dont se prévaut le voyageur-narrateur a besoin, en effet, d'être attestée par autre chose que des affirmations sans preuves. Le narrateur ne peut valablement s'ériger pour son propre compte en garant de sa narration, ni même de sa simple existence. D'où le recours, dans presque toutes les préfaces, à cette instance attestataire qu'est l'éditeur, le 'je' de l'éditeur validant le 'je' du voyageur, lequel à son tour vient certifier le contenu de son récit.

Les fonctions de l'éditeur se confondent pour une part avec celles qui sont traditionnellement dévolues au discours préfaciel: fonction de sommaire ou de 'prière d'insérer', en forme de présentation du livre et de son sujet; fonction qu'on pourrait qualifier d'apologétique ou de polémique, et qui consiste à défendre l'ouvrage contre d'éventuelles critiques (souvent en prenant l'initiative des hostilités contre les productions concurrentes) et, surtout, à justifier sa publication. Ainsi reviennent régulièrement, sous la plume des éditeurs, quelques figures obligées du discours préfaciel: éloge de la simplicité du style, justification des longueurs et des digressions, dénonciation des mensonges des voyageurs (les autres s'entend), intérêt du texte du double point de vue de l'agrément et de l'instruction. Ainsi Veiras et Foigny insistent-ils sur la valeur documentaire de leurs ouvrages, témoignages de première main sur les fameuses 'terres australes inconnues': 'On ne cesse depuis quatre ou cinq cens ans de proposer une terre Australe inconnüe, sans qu'aucun jusqu'ici ait fait paraître son courage et ses soins, pour la rendre connüe', écrit Foigny, à quoi Veiras semble répondre en écho: 'Cette Histoire, que nous donnons au Public, suppléera beaucoup à ce défaut.'[58] La préface de *Robinson Crusoe*, pour sa part,

56. Leguat, *Voyage et aventures*, édition de 1721, Préface (non paginée).
57. 'Nevertheless there is nothing more certain than what I have said of it [...] there are still Persons alive that can testifie the same' (L'Epy, *A voyage into Tartary*, Preface, non paginée).
58. Gabriel de Foigny, *La Terre australe connue*, in F. Lachèvre (éd.), *Le Libertinage au XVIIe siècle*, t.xii: *Les Successeurs de Cyrano de Bergerac*, Slatkine Reprints (Genève 1968), p.60; Veiras, *Histoire des Sévarambes*, édition de 1677, première partie, 'Au lecteur' (non paginé).

préfère mettre en avant sa valeur d'exemple moral et d'édification religieuse: 'Le récit est fait avec modestie et sérieux, et l'on y trouve une pieuse application des événements à l'usage auquel les consacrent toujours les sages, à savoir l'instruction d'autrui par leur propre exemple, aussi bien que l'apologie et la reconnaissance de la sagesse de la Providence dans toute la diversité de nos situations quelles qu'elles soient.'[59]

Mais l'éditeur des récits utopiques remplit également une multitude d'autres fonctions, dont certaines paraissent beaucoup plus spécifiques. Pour les répertorier, on peut s'aider de la classification que propose Gérard Genette pour les fonctions du narrateur.[60] On constatera que toutes celles qui sont normalement dévolues à ce dernier peuvent être assumées par l'éditeur, y compris parfois celle qui lui est en principe la plus étrangère, soit la *fonction narrative*, ou, si l'on préfère, la production d'un récit. C'est le cas notamment lorsque l'éditeur évoque les circonstances de sa rencontre avec le narrateur, ou celles à la faveur desquelles il est entré en possession du manuscrit. Ainsi, l'éditeur de *La Terre australe connue* raconte comment, se trouvant en 1661 dans le port de Livourne, il a sauvé de la noyade un voyageur inconnu victime d'un accident au débarquement, comment il l'a assisté dans sa maladie, et a finalement recueilli son récit. L'avertissement du *Voyage de Groenland du R.P. cordelier Pierre de Mésange* (1720), de Tyssot de Patot, met en scène une affabulation voisine qui se développe pareillement en micro-récit: dans un cabaret de matelots des environs d'Alkmaar, les hasards d'une conversation avec l'aubergiste amèneront l'éditeur à acheter en guise de dédommagement le manuscrit d'un voyageur étranger mort récemment sans avoir payé sa note. Le désir d'authentifier la fiction conduit ainsi à mettre en place la fiction d'une authenticité; la préface se développe en récit premier chargé d'enclencher le récit second, celui du voyageur.

Passons rapidement sur les fonctions de l'éditeur qui apparaissent comme secondaires pour notre propos: ainsi la fonction appelée *métanarrative*, ou *de régie*, et qui enveloppe tout discours sur l'organisation interne du récit (lorsque, par exemple, l'éditeur évoque les adaptations, remaniements ou retranchements qu'il a dû faire subir au manuscrit original avant de le livrer au public); ou encore la fonction dite *idéologique* (commentaires et jugements généraux sur le contenu du récit), particulièrement cruciale dans des textes qui se situent souvent dans la mouvance du courant libertin: face aux passages qui peuvent paraître 'un peu forts', comme dit la préface des *Aventures de Jacques Massé*, l'éditeur adopte généralement une attitude de prudente réserve, soit en mettant

59. Daniel Defoe, *Œuvres*, Bibliothèque de la Pléiade (Paris 1957), i.3.
60. G. Genette, 'Discours du récit', in *Figures III* (Paris 1972), p.261-65.

au compte des seuls utopiens la hardiesse des idées exprimées,[61] soit en affectant d'en donner une interprétation édifiante.[62]

Restent deux fonctions tout à fait essentielles dans notre perspective: la *fonction testimoniale*, ou fonction d'attestation, et la *fonction de communication*. La fonction testimoniale inclut notamment les précisions fournies par l'éditeur sur les sources de son information. C'est elle qui permet, d'une part, d'ancrer dans le réel le personnage du narrateur; d'autre part, de rendre compte des modalités de transmission de son récit; enfin, d'accréditer autant que faire se peut la véracité de ce récit. On a vu comment, dans la préface de *La Terre australe connue*, par exemple, la multiplication des précisions circonstancielles entourant la rencontre de l'éditeur et du narrateur crée autour de celle-ci une atmosphère de vérité. La description du manuscrit dans son aspect matériel,[63] avec les passages effacés[64] et les taches d'eau de mer qui en rendent la lecture difficile,[65] constitue déjà une présomption de son authenticité, de même que son statut si l'on ose dire 'testamentaire', pour reprendre une expression de Georges Benrekassa.[66] En effet, selon un scénario étonnamment récurrent, c'est *post mortem* que s'accomplit la transmission narrative: chez Tyssot de Patot, Pierre de Mésange disparaît sans laisser d'autre trace terrestre que sa note d'auberge impayée et ses feuillets manuscrits, tandis que Sadeur et le capitaine Siden de l'*Histoire des Sévarambes* ne survivront que le temps d'en authentifier oralement le contenu. Cette véracité ainsi attestée *in articulo mortis*, à l'instant où nul ne saurait mentir, va recevoir une double confirmation: validation interne, par la vraisemblance intrinsèque des aventures rapportées (presque toutes les préfaces insistent sur ce point); validation externe par les témoignages, pièces justificatives et attestations diverses apportés par l'éditeur. Ainsi, la préface de l'*Histoire des*

---

61. Ainsi, l'avertissement de l'*Histoire des Ajaoiens* met le lecteur en garde contre 'tout jugement téméraire de Mr Van Doelvelt' (le narrateur), car 'cela pourrait donner lieu d'accuser cet honnête-homme de trahir la Religion et de la sacrifier à des gens qui n'en ont aucune. Il faut donc qu'on lise cette Relation, comme l'ouvrage des Ajaoiens mêmes' (Fontenelle [auteur présumé], *La République des philosophes, ou histoire des Ajaoiens*, Genève 1768, et réimpression photographique EDHIS, Paris 1970, Avertissement, non paginé).

62. C'est l'argumentation suivie par l'éditeur de *La Terre australe connue* pour justifier la publication de son très hérétique manuscrit.

63. 'Une espèce de livre fait de feuilles, long de demi-pied, large de six doigts et épais de deux' (Foigny, *Terre australe connue*, p.66).

64. 'En le parcourant ensemble, ils y trouvèrent plusieurs endroits défectueux, d'autres gras et tellement salis, qu'on n'en pouvoit souvent pas faire la lecture' (Tyssot de Patot, *Voyage de Groenland du R. P. cordelier Pierre de Mésange*, Avertissement, non paginé).

65. 'Je l'ai leu, bien qu'avec beaucoup de peine, à cause des taches que l'eau de mer y avoit causées' (Foigny, *Terre australe connue*, p.66).

66. 'L'utopie est un langage purement testamentaire, dont tout le legs est dans les paroles du testament' (G. Benrekassa, 'Le statut du narrateur dans quelques textes dits utopiques', *Revue des sciences humaines* 155 (1974), p.384).

Sévarambes accumule les preuves du naufrage, authentique en effet, du *Dragon d'or*: témoignage de van Dam, avocat de la Compagnie hollandaise des Indes orientales; lettre écrite par le Flamand Thomas Skinner à la requête d'un gentilhomme savoyard dont un parent a disparu dans le naufrage; rapport d'un naufragé, le marinier Prince, qui a fait partie de l'équipage de la pinasse envoyée à Batavia pour demander des secours. La fonction testimoniale de l'éditeur se trouve donc à la fois prolongée, démultipliée et relayée par une foule de personnages attestataires dont l'existence est, en l'espèce, historiquement vérifiable.[67] Cette fragmentation de la fonction testimoniale peut conduire à une sorte de dédoublement du personnage de l'éditeur: ainsi, dans les *Aventures de Philip Quarll* de Longueville (1727), le récit de Quarll a été recueilli, transcrit et mis en forme par le marchand Dorrington, qui fait fonction d'éditeur premier en certifiant l'authenticité des aventures du héros; le témoignage de Dorrington est à son tour validé par l'éditeur second qui, non content de le présenter comme 'un gentleman d'une indiscutable véracité'[68] retrace longuement sa biographie et l'histoire de sa famille jusqu'à la troisième génération. C'est donc un système complexe de validations successives qui est mis en place: A (l'éditeur second) garantit B (l'éditeur premier) qui garantit C (le voyageur-témoin) qui garantit D (le monde imaginaire faisant l'objet de la description). Ce faisant, le but de l'écrivain n'est peut-être pas seulement d'ancrer sa fiction dans le réel, mais aussi d'établir avec les diverses instances fictionnelles qui, dans le texte, le représentent une communication attestée parallèlement à travers les jeux onomastiques: entre Denis Veiras, auteur réel de l'*Histoire des Sévarambes*, le capitaine Siden, son voyageur-narrateur, et Sévarias, le législateur mythique de l'utopie, s'instaure une continuité masquée que met en évidence la permutation anagrammatique. Celle-ci est même plus complexe, car l'auteur joue sur les deux orthographes de son patronyme: devenu législateur des Sévarambes, Sévaris (=Veiras) joint à son nom la particule *as*, signe de dignité dans la langue du pays, et devient Sévarias (=Vairasse).

Cette fonction de communication, la dernière des fonctions de l'éditeur dans notre classification, ne s'établit pas seulement en direction du voyageur-narrateur et, à travers lui, du tableau utopique: elle est également orientée en sens inverse, à l'adresse du lecteur. Le discours préfaciel tend, sans y parvenir toujours, à être véritablement un 'discours' au sens où l'entend Benvéniste, c'est-à-dire un énoncé personnalisé orienté vers un destinataire 'Au lecteur', ce titre que porte l'avertissement de l'*Histoire des Sévarambes* pourrait être étendu à bien d'autres préfaces; et les diverses formes de l'adresse qui ponctuent

---

67. Voir sur ce point Mühll, *Denis Veiras et son Histoire des Sévarambes*, p.60-64.
68. 'a Gentleman of unquestionable Veracity' (Longueville, *The Hermit*, Preface, p.vii).

ordinairement ce discours ('bon et équitable lecteur', *courteous reader, gentle reader*) participent à la fois d'une très classique rhétorique de la *captatio benevolentiae* et d'une volonté de communication.

On voit mieux dès lors quel est l'enjeu profond du discours préfaciel: c'est un lieu de médiation qui tout à la fois maintient à distance et fait communiquer ces instances disjointes que sont le lecteur et le narrateur, le monde empirique de référence auquel appartient le premier et le monde imaginaire dont le second nous livre la description. De même qu'un seuil n'est ni tout à fait dehors ni tout à fait dedans, tout en faisant communiquer l'intérieur et l'extérieur, la préface ne relève ni tout à fait du texte, ni tout à fait du hors-texte, mais d'un paratexte ambigu dont la position liminaire permet précisément le passage de l'un à l'autre. C'est donc une sorte de 'sas' narratif entre l'univers du fictif et celui du vrai. Par là, la préface se révèle structurellement homologue à ces autres instances médiatrices dont la présence est indispensable au 'fonctionnement' du texte utopique, où la saisie de l'altérité s'opère toujours sur le fond d'une référence au Même: le voyageur-narrateur d'abord, porte-parole du monde réel en utopie, puis, à son retour, ambassadeur de l'utopie au sein du monde réel; le voyage lui-même ensuite, qui en son trajet d'aller-retour mime à la fois la disjonction et la confrontation des deux univers.

A l'opposé des conceptions actuelles du fait littéraire, qui postulent la clôture du texte sur lui-même et l'autonomie de la fiction, il s'agirait donc dans le récit utopique classique d'effacer la limite entre le texte et l'extra-texte, l'univers du réel et celui du fictif, en favorisant au sein du discours préfaciel une sorte de glissement de l'un à l'autre. Mais en vérité ce but est-il atteint? Dans ces protestations de véracité, l'auteur d'utopie cherche-t-il réellement à être cru? On se bornera à cet égard, en attendant l'étude détaillée du texte, à mentionner le cas des *Voyages de Gulliver*, dont le dispositif d'authentification préfaciel, remarquablement élaboré, est en même temps ironiquement autodestructeur. De la part de Swift, il y a, certes, la volonté de parodier les artifices narratifs d'un genre qui tout à la fois le fascine et l'irrite. Mais, au-delà, peut-être ne fait-il que mettre en évidence l'ambiguïté latente du discours préfaciel des utopies narratives de cette période. On ne peut accepter sans réserves l'hypothèse 'naïve', celle qui postule que l'éditeur, dans ses efforts pour accréditer la fiction, cherche véritablement à être cru. Ce n'est pas si sûr, pour plusieurs raisons. L'usure rapide des procédés d'authentification, en premier lieu, nuit à leur efficacité. Lorsqu'ils ne sont plus que convention, figure obligée du texte préfaciel, la revendication trop insistante du vrai en vient à signaler la fiction, de même que le 'ceci n'est pas un roman' des préfaces du dix-huitième siècle est aussitôt paradoxalement mais correctement interprété par le lecteur comme signifiant 'ceci est bel et bien un roman'. Autre raison: si l'éditeur est nécessaire comme instance médiatrice et attestataire, il s'interpose aussi d'une certaine manière entre le lecteur et le texte original, dont il donne une version estompée et parfois mutilée, voire mensongère. Parmi ses attributions figure en effet la 'toilette' littéraire auquel il a fallu soumettre le manuscrit pour le rendre publiable. Ces prétendus remaniements prêtés à l'éditeur permettent de mainte-nir la fiction du document véridique sans pour autant nuire à l'agrément de lecture que le public est en droit d'en attendre.[69] Cependant, ce faisant, le texte perd dans cette opération sa nature brute de témoignage documentaire. D'où la colère de Gulliver contre son éditeur Sympson, qu'il accuse de lui avoir 'fait dire la chose qui n'est pas'. Mais la relation du voyage au Groenland du père de Mésange était, elle aussi, d'une présentation si chaotique qu'il a été nécessaire, dit Tyssot de Patot, de la 'remettre entre les mains d'un homme de lettres'.[70] L'éditeur de l'*Histoire des Sévarambes* a dû pour sa part 'arranger et traduire en une seule langue' le manuscrit du narrateur, originellement rédigé en français, en italien et en provençal; traduction également – du latin – la version que donne Foigny de la relation de Sadeur après en avoir retranché 'la plupart des matières purement Philosophiques, afin de rendre son Histoire plus pure et plus divertissante'.[71] Qui plus est, les modifications imputables à l'éditeur étant par définition indiscernables, le lecteur ne peut apprécier jusqu'à quel point elles s'écartent de l'original. La fiction du remaniement éditorial n'accrédite l'existence d'une sorte d'avant-texte, le seul qui par hypothèse soit pleinement conforme au vrai, que pour rendre son contenu entièrement conjectural.

Mais il y a plus grave. Swift n'est pas le seul à dénoncer, par l'entremise de Gulliver, les mensonges des voyageurs dont se moquait déjà Lucien. Il s'agit en réalité d'un lieu commun, celui qu'exprime le classique proverbe 'A beau mentir qui vient de loin', cité par François Leguat dans son *Voyage*.[72] L'étonnant est que le vieux topos du voyageur menteur ressurgisse là où on l'attend le moins, dans les plus manifestement fictifs de ces voyages. Les relations des voyageurs sont toujours accueillies avec le plus grand scepticisme, constate la préface du *Voyage à l'intérieur de la Tartarie*. L'éditeur des *Aventures de Jacques Massé* avoue avoir soupçonné d'abord 'que l'Auteur s'étoit servi du privilège des Voyageurs, en mêlant à sa Relation un peu de Romanesque'.[73] Même thème encore chez Foigny, qui remarque que, 's'il est vray de dire qu'il est permis à ceux qui ont fait de longs voyages, d'en faire accroire aux autres qui ne connaissent que le lieu de leur naissance, il est encore plus vray d'assurer qu'ils

69. Voir sur ce point Démoris, *Le Roman à la première personne*, p.166-67.
70. Tyssot de Patot, *Voyage de Groenland du père de Mésange*, Avertissement (non paginé).
71. Veiras, *Histoire des Sévarambes*, 'Au lecteur'; Foigny, *Terre australe connue*, p.67.
72. Leguat, *Voyage et aventures*, édition de 1721, p.52.
73. Tyssot de Patot, *Voyages et avantures de Jacques Massé*, 'Lettre de l'éditeur' (non paginée).

se prévalent tant de cette licence qu'ils n'affectent presque que des fictions'.[74] Certes, on peut estimer que ces développements polémiques ont une fonction défensive. Mais c'est juger l'auteur bien naïf que de le supposer incapable de voir que son ironie se retourne ici contre lui-même. La référence au topos du voyageur menteur insinue en réalité le soupçon que le texte prétend vouloir dissiper. Et il ne sert à rien de souligner que celui-ci présente 'tous les caractères d'une Histoire véritable', comme le fait Veiras et à sa suite bien d'autres récits:[75] le vraisemblable n'est pas le vrai, les théoriciens classiques l'ont suffisamment répété, mais seulement son image illusoire, et s'en réclamer équivaut à se situer d'emblée dans le champ de la fiction.

Tout se passe donc comme si les procédures d'authentification parfois extrêmement raffinées mises en œuvre par le discours préfaciel semblaient prendre plaisir à se contester elles-mêmes, l'éditeur réintroduisant comme par mégarde le soupçon de fraude qu'il affecte de vouloir écarter. Plus qu'une volonté effective d'abolir les frontières du romanesque et du vécu en faisant passer pour vrai ce qui n'est qu'inventé, les préfaces des utopies de la fin de l'âge classique traduisent peut-être le souci d'instaurer l'ambiguïté ludique du 'mentir vrai', le jeu du réel et du fictif. Elles sont par là accordées à la nature même de l'utopie, dévoilement critique de la réalité socio-politique existante sous le masque ironique d'un discours de fiction.

---

74. Foigny, *Terre australe connue*, p.79.

75. Veiras, *Histoire des Sévarambes*, 'Au lecteur'; cf. 'Il ne faut avoir qu'une légère teinture de la raison pour être persuadé que n'y ayant rien d'impossible en toute cette pièce, on est au moins obligé de suspendre son jugement sur ce qui est en effet' (Foigny, *Terre australe connue*, p.67); 'As to what remains, since I relate nothing which is impossible or miraculous, or that may render my Relation incredulous, it signifies little to call in question the Matter of Fact, while the possibility of the thing is acknowledg'd' (L'Epy, *A voyage into Tartary*, Preface, non paginé); 'L'éditeur pense que c'est là une narration exacte des faits: il n'y existe d'ailleurs aucune apparence de fiction' (Defoe, *Robinson Crusoe*, in *Œuvres*, t.i, éd. Ledoux, Préface, p.3).

10. Le texte-paradigme: l'*Histoire des Sévarambes* de Veiras

PREMIÈRE utopie française si l'on néglige l'*Histoire d'Antangil* de 1616, qui est restée isolée et sans postérité,[1] l'*Histoire des Sévarambes* incarne aussi par excellence le paradigme de l'utopie narrative dans sa forme classique. Grâce à l'étude de von der Mühll, les sources du livre ont été soigneusement inventoriées, et il n'est guère utile de s'y attarder. Elles sont liées à la biographie de l'auteur, qui fit en Angleterre, où il s'était installé pour des raisons et à une date mal connues – avant 1665 en tout cas – une carrière d'agent diplomatique auprès de Buckingham et de Samuel Pepys, lequel deviendra secrétaire de l'Amirauté.

Veiras a lu les classiques de l'utopie: *La République* de Platon, *L'Utopie* de More, *La Nouvelle Atlantide* de Bacon, qu'il cite dans sa préface comme exemples d'"imaginations ingénieuses de leurs Autheurs' pour mieux les opposer aux prétentions 'véridiques' de sa propre fiction. De formation probablement cartésienne, il a subi l'influence de la tradition sceptique (Montaigne, Naudé, La Mothe Le Vayer), mais aussi celle de la philosophie anglaise (Hobbes et, surtout, Locke, dont il a été l'intime); il n'est pas impossible qu'il ait lu également le *Traité théologico-politique* (1670) de Spinoza, qu'il aurait pu rencontrer à l'occasion d'une mission diplomatique vers 1672 en Hollande, où il avait été envoyé avec la suite de Buckingham. Rentré en France après la chute de son protecteur, vraisemblablement en 1674 ou 1675, Veiras subvient à ses besoins en donnant des leçons, en publiant des ouvrages de grammaire, en organisant des cours publics d'histoire et de géographie. Il se lie notamment avec des spécialistes de la littérature de voyages comme François Bernier, peut-être aussi Chappuzeau, éditeur des voyages de Tavernier, et Samuel Sorbière, auteur d'un célèbre voyage en Angleterre et traducteur de *L'Utopie* de More. Mais la principale source de l'*Histoire des Sévarambes* dans ce domaine semble être Garcilaso de La Vega, abondamment utilisé pour la religion solaire des Sévarambes comme pour leur organisation sociale et politique, inspirée de celle de l'empire des Incas. A ces influences livresques et à ces contacts personnels il convient d'ajouter la réflexion à partir des modèles politiques offerts par l'histoire, voire

---

1. *Histoire du grand et admirable royaume d'Antangil* (Saumur 1616; éd. F. Lachèvre, Paris 1933). L'ouvrage, signé I.D.M.G.T., a été attribué à Jean de Moncy ou (plus vraisemblablement) au ministre protestant Joachim Du Moulin.

de certains événements récents: les lois de Lycurgue, la théocratie de Moïse, le régime cromwellien et l'ensemble des péripéties de la Révolution et de la Restauration anglaises, la monarchie louis-quatorzienne.

En revanche, la genèse de l'*Histoire des Sévarambes* est mal connue et l'histoire de sa publication s'entoure d'un certain mystère. La publication de l'édition française, comportant cinq volumes dont la tomaison confuse ne facilite pas les références, débute en 1677 pour les deux premiers volumes (chez Claude Barbin) et s'achève en 1679 pour le dernier (chez Etienne Michalet et chez l'auteur). [2] Mais une version anglaise des deux premiers volumes, probablement rédigée par Veiras lui-même, avait paru deux ans plus tôt, en 1675, et la mention 'traduit de l'anglais', présente sur la page de titre des volumes de 1677 (mais non des suivants) n'est sans doute pas de pure fantaisie. Sans la disgrâce de Buckingham, qui entraîna le retour de Veiras en France, l'*Histoire* aurait fort bien pu appartenir à la littérature anglaise.

i. Le modèle formel

Œuvre inaugurale, fondatrice d'une définition canonique du genre utopique dans sa forme classique, l'*Histoire des Sévarambes* l'est à plusieurs titres, et d'abord dans sa mise en œuvre littéraire: qu'il s'agisse des techniques de vraisemblance, du découpage séquentiel du récit ou des structures profondes présidant à l'organisation narrative, tout ici a valeur de modèle. On a déjà eu l'occasion d'évoquer le souci de vraisemblance qui préside à l'affabulation. L'extrême complexité du dispositif d'authentification a frappé tous les critiques. [3] Selon un schéma connu, la relation de l'utopie sévarambe – et donc son existence – est supportée par le récit autobiographique du capitaine Siden, appuyé pour sa part sur le discours préfaciel de l'éditeur-traducteur, lequel en authentifie les principales circonstances par une accumulation de détails dont beaucoup sont véridiques et même vérifiables. C'est le cas du naufrage du *Dragon d'or*, navire de la Compagnie hollandaise des Indes orientales échoué au cours d'un voyage à Batavia, ou de l'incident naval anglo-hollandais du 15 mars 1672, cause directe de la guerre ultérieure entre les deux puissances: le

---

2. On trouve en sous-titres des volumes successifs *Première partie* (vol.i), *Seconde partie* (vol.ii), *Seconde partie tome i* (vol.iii), *Seconde partie tome ii* (vol.iv), *Seconde partie tome iii* (vol.v). Par souci de clarté, les références renverront aux volumes. Comme déjà signalé, l'édition utilisée est la réimpression photographique de l'originale procurée par Raymond Trousson (Genève 1979), ci-après *H.S.*

3. Voir, outre l'ouvrage déjà cité d'E. von der Mühll, où se trouvent rassemblées toutes les informations concernant les sources anecdotiques du récit (*Denis Veiras et son Histoire des Sévarambes*, p.58-63), Atkinson, *The Extraordinary voyage before 1700*, ch.5; Bourez, 'La Terre australe inconnue et Veiras', p.33-37.

premier permet de justifier l'arrivée du narrateur en Terre australe, tandis que le second est donné pour la cause de sa mort sur le chemin du retour, cet arrière-plan événementiel véridique se trouvant de surcroît confirmé par un ensemble nourri de lettres, témoignages et pièces justificatives émanant de divers personnages liés à l'Oost-Indische Compagnie, comme l'avocat Pieter van Dam ou le gouverneur général des Indes Maetsuycker. Les indications circonstancielles concourent au même effet: ainsi les précisions de date et de lieu – Siden embarque au Texel 'le 12e jour d'Avril 1655' (*H.S.*, i.12) – ou l'évocation probablement largement autobiographique de la carrière antérieure du héros, tour à tour soldat en Italie, avocat sans vocation, voyageur en divers pays d'Europe et aventurier en partance pour les Indes.

Mais surtout l'*Histoire des Sévarambes* fixe pour longtemps les articulations narratives essentielles du récit utopique: on les retrouvera encore, sous une forme évidemment plus ramassée, mais disposées à peu près dans le même ordre de succession, dans l'épisode de l'Eldorado de *Candide*. Le schéma s'apparente du reste assez étroitement à celui qui a été dégagé antérieurement pour la robinsonnade. La biographie du héros, puis son départ d'Europe, donnent lieu à deux séquences préliminaires assez rapides où le récit, on l'a vu, trouve à s'ancrer dans une réalité référentielle vérifiable. L'entrée en utopie s'effectue, au contraire, d'une manière très progressive en une suite de sous-séquences longuement développées. C'est d'abord, avec la tempête qui emporte le vaisseau au large des îles du Cap Vert dans une dérive incontrôlable vers le sud, puis vers le sud-est, la perte des coordonnées géographiques, équivalant à une rupture spatiale avec l'univers connu. Au terme de sa course folle, le navire s'échoue en un lieu situé de la façon la plus vague dans la zone sud de l'Océan Indien – 'Environ le 40e degré de Latitude Méridionalle, selon nos meilleures observations', précise Siden, sans indiquer aucune estimation de longitude (i.33). Les naufragés n'y découvrent en premier lieu qu'une contrée déserte, 'sablonneuse, stérile, et couverte seulement de buissons et de quelques arbrisseaux sauvages' (i.31). Ici intervient la première épreuve préparatoire, en forme de robinsonnade collective. Il leur faudra résoudre les problèmes de survie, de hiérarchie et d'organisation sociale créés par cette situation nouvelle. Sur des bases encore tributaires du modèle européen, mais qui déjà s'en affranchissent sur certains points – ainsi l'institution d'un système de rotation des femmes justifié par le déséquilibre démographique du groupe – Siden formera une micro-société fortement structurée, ébauche imparfaite de l'utopie ultérieure à laquelle il se montre ainsi digne de s'agréger.

Le premier contact avec cette dernière n'intervient qu'à la page 168, d'une façon doublement indirecte, à la faveur d'un relais narratif. L'épisode en effet n'appartient pas au fil du récit principal, celui de Siden, narrateur et chef du groupe, mais à un long récit rapporté – il occupe tout le reste du premier volume – confié à son adjoint Maurice, envoyé en expédition de reconnaissance. Ce dernier relate sa rencontre avec une flotte inconnue, l'accueil qui lui est fait dans la ville de Sporounde, ses entretiens avec le guide Sermodas. Toutes ces scènes seront répétées avec le même détail lorsque, sur ce rapport favorable, l'ensemble du groupe se résoudra à lever le camp pour rejoindre Sporounde sous la direction de Siden, redevenu narrateur.

Mais la province ainsi deux fois parcourue, tout en se trouvant administrativement rattachée à l'empire sévarambe, n'en fait pas réellement partie. Elle incarne plutôt un espace de transition entre l'utopie et le monde extérieur: nombre de ses habitants portent le stigmate de quelque tare physique ou mentale, 'parce que ceux de Sevarinde [la capitale de l'empire] y envoyoient tous les gens contre-faits qui naissoient parmi eux, n'en voulans point souffrir de semblables dans leur Ville' (i.209). La perfection humaine de l'utopie ne saurait être atteinte qu'au terme d'une lente et progressive approche: elle implique une traversée préliminaire de l'imperfection dont la signification propédeutique est également attestée par les multiples rites d'entrée et cérémonies lustrales imposées aux voyageurs comme préalables à la poursuite de leur itinéraire (visite médicale afin de 'se prémunir contre le mal de Naples', bains, remise de vêtements neufs ayant valeur de 'prise d'habit'). L'admission toutefois n'est réellement effective qu'après le franchissement, au caractère initiatique plus nettement marqué encore, du passage souterrain donnant accès au territoire sévarambe à partir de la province de Sporounde. Les paroles obscures du guide ('Sermodas nous dit, qu'il nous alloit mener en Paradis par le Chemin de l'Enfer', ii.105), l'effroi des femmes répugnant à s'engager sous cette voûte obscure, les torches et les capes de toile cirée distribuées à l'entrée aux voyageurs, tout suggère les inquiétants mystères d'un passage dans l'autre monde. Veiras apparaît ici comme le créateur d'un motif narratif riche de sens dont se souviendront Tyssot de Patot dans *Jacques Massé*, Voltaire dans *Candide* et même Prévost dans l'épisode rochellois de *Cleveland*.[4]

La séquence suivante, répartie en de nombreuses étapes, conduit les voyageurs de la périphérie vers le centre, des marches de l'empire à sa capitale Sévarinde et enfin, dans celle-ci, au palais royal, où ils seront présentés au souverain, terme d'une progression qui marque aussi la fin de la narration événementielle autobiographique fondée sur le témoignage du narrateur et centrée sur le vécu collectif des visiteurs européens. Ceux-ci n'ont plus désor-

---

4. Il n'est pas impossible qu'à l'origine de ce motif se trouve un site géographique réel, le tunnel du Pausilipe près de Naples, 'curiosité' célèbre décrite par tous les voyageurs d'Italie. Heliogenes de L'Epy, qui évoque un site analogue, le qualifie de 'Pausilipe tartare' (*A voyage into Tartary*, p.185). Si l'on en croit ses biographes, Veiras avait séjourné en Italie.

mais qu'à se fondre dans la société sévarambe, tandis que s'estompe ou disparaît le caractère personnel de la narration: priés de s'employer utilement de peur de donner au peuple le mauvais exemple de l'oisiveté, ils apprennent la langue et les usages du pays, s'installent dans l'habitation collective, ou osmasie, qui leur a été attribuée, adoptent l'organisation politique et les règles matrimoniales de leur nouvelle patrie. Nommé osmasionte (chef de maison), Siden choisit ses deux lieutenants, ou derosmasiontes, constitue des brigades de travail de douze personnes sous la direction d'un douzenier et achève son intégration en épousant trois femmes conformément aux principes de polygamie hiérarchique en vigueur. Il disparaîtra dès lors comme individu différencié et narrateur personnalisé pour ne reparaître, très fugitivement, que dans les toutes dernières pages du cinquième volume.

L'ouvrage dès lors change entièrement de nature. Les trois volumes suivants, relevant pour l'essentiel de la chronique historique, de l'exposé didactique ou du commentaire idéologique, sont centrés exclusivement sur le monde utopique. Ils n'ont plus pour enjeu la relation d'une expérience personnelle, mais la transmission 'hors point de vue' d'un matériau informatif préexistant qui n'en est pas dépendant. Abandonnant la perspective contemporaine au profit de la diachronie, le troisième tome est consacré tout entier à la genèse de l'Etat et à celle des institutions à travers l'histoire de Sévarias, conquérant et législateur des Sévarambes, complétée plus brièvement par celle de ses successeurs. Ce récit à la troisième personne de forme historique débute en 1395 avec la naissance en Perse du prince parsi Sévaris, fils du grand prêtre du Soleil persécuté par les envahisseurs mahométans, se poursuit avec son éducation à travers l'Europe, son arrivée en Terre australe en 1427, à la tête d'une petite troupe de Parsis, sa prise de pouvoir, facilitée, comme celle de l'Utopus de More, par les discordes civiles entre les Prestarambes et les hérétiques Stroukarambes, l'instauration à la faveur d'une habile manipulation religieuse d'un Etat sévarambe réunifié, et enfin l'institution d'un ordre politique théocratique, absolutiste et communautaire dont ses successeurs se borneront à aménager les détails.

Le quatrième volume (*Des mœurs et coûtumes particulières des Sévarambes*) offre un exposé didactique systématique, bien qu'assez lâchement ordonné, de la société sévarambe à travers ses diverses rubriques: répartition de la population en classes hiérarchisées, hygiène et médecine, organisation judiciaire, militaire et économique, législation matrimoniale, la partie essentielle étant consacrée à la religion, envisagée surtout dans ses incidences politiques, à la cosmologie, à la théologie et à la philosophie.

Le dernier volume, plus composite, revient au développement historique pour présenter, sur plus de 200 pages, l'histoire de l'imposteur Stroukaras, contrepartie de celle de Sévarias, puisqu'elle met également en jeu une prise de pouvoir étayée sur l'imposture religieuse et la manipulation de l'opinion. Le reste reprend et développe les thèmes didactiques du volume précédent: fondements théologiques du culte sévarambe, description détaillée des fêtes religieuses et civiques, doctrines cosmologiques, analyse du système linguistique de l'utopie.

La dernière séquence – sortie d'utopie et retour au sein du monde réel – est fort brève et demeure inachevée: échouant à boucler entièrement le cercle du retour au point de départ qu'imposerait logiquement la norme narrative du récit de voyage, le récit de Siden s'interrompt brusquement à l'escale de Smyrne, laissant à l'éditeur le soin de refermer *in fine* l'encadrement narratif dans une conclusion symétrique au texte de la préface.

Pourtant ce découpage séquentiel, conforme à ce qui restera longtemps le déroulement canonique du récit utopique, interfère avec des schèmes organisateurs qui paraissent plus spécifiques au texte de Veiras. On peut en distinguer deux, la progression et la répétition. L'itinéraire des Européens, depuis la côte déserte du lieu de naufrage jusqu'à la capitale de l'utopie, correspond dans son ensemble à une progression de la Nature à la Culture, du dénuement (relatif) à la plénitude, tout comme des siècles plus tôt l'avait été également l'entreprise conquérante et civilisatrice de Sévaris/Sévarias édifiant une nation modèle à partir de l'ancien peuple barbare des Prestarambes. Une autre progression, à la fois spatiale et politique, est constamment perceptible dans les étapes du voyage: comme le gouverneur Albicormas n'est qu'un lointain reflet du vice-roi, Sporounde n'est qu'une première approximation de Sévarinde; la difformité des habitants de la province extérieure contraste avec la parfaite beauté des Sévarambes; à mesure que l'on s'approche du centre géographique et politique du pouvoir, les campagnes sont sans cesse plus riantes et mieux cultivées.

Le schème de répétition pénètre, lui, le texte entier. Le séjour de Siden à Sporounde reprend trait pour trait, on l'a vu, la relation antérieure de Maurice: mêmes observations, mêmes interlocuteurs. La ville de Sporounde, 'la plus reguliere que j'aye veuë de ma vie', affecte la même forme carrée et la même configuration insulaire, au confluent de deux rivières réunies par un canal artificiel, que la capitale Sévarinde, bâtie sur le même plan dans une île située au milieu d'un grand fleuve (*H.S.*, i.210, ii.208). Les étapes du long voyage de l'une à l'autre donnent lieu au même cérémonial inlassablement repris: visite protocolaire au gouverneur de la place, affectation d'un logement pour la nuit, 'divertissements' offerts aux voyageurs, en général une partie de pêche ou de chasse. Ces mêmes étapes seront à nouveau parcourues plus brièvement par Siden sur le trajet du retour, et il y retrouvera les mêmes personnages. Quant à la scène du passage souterrain, elle se trouve, elle aussi, répétée quelques pages plus loin, l'obstacle d'une nouvelle chaîne de montagnes étant franchi cette fois à l'aide d'une sorte de funiculaire (ii.138).

Or, le principe de récurrence informe également la macrostructure du roman, puisqu'il est clair que l'histoire de Sévaris, à bien des égards, reprend celle de Siden – ou plutôt serait-il plus juste de dire que l'aventure de ce dernier réitère sur le mode mineur la geste du héros fondateur. Pour l'un et l'autre, des voyages d'apprentissage à travers l'Europe préludent à l'expérience utopique; tous deux sont les chefs d'une expédition étrangère – l'équipage du *Dragon d'or* pour l'un, la minorité religieuse opprimée des Parsis pour l'autre – dont l'itinéraire en Terre australe suit exactement le même chemin; enfin, l'ordonnance nouvelle qu'institue Siden parmi ses compagnons peut apparaître comme l'homologue de l'entreprise fondatrice du prince persan. Ces parallélismes ne peuvent surprendre, Siden/Denis et Sévaris/Veiras n'étant que les projections fiction-nelles d'un même être, l'obscur Denis Veiras, qui se rêve ainsi à travers eux découvreur de terres nouvelles, voire conducteur de peuples.

Il convient également de préciser la place – mineure, il est vrai, mais significative – qu'occupent dans ce récit le narrateur et la narration personnelle. Personnage central, comme il est naturel, du récit autobiographique du début, puis instaurateur d'une nouvelle ordonnance sociale dans l'épisode de robinson-nade collective, enfin chef du groupe et interlocuteur privilégié des utopiens au cours du long itinéraire vers Sévarinde, Siden est toujours présent dans le premier volume, même si parfois son 'je' individuel tend à se fondre dans le 'nous' collectif de l'équipage européen. Presque complètement absent, en revanche, du récit historique du second volume, le 'je' du narrateur n'intervient dans les deux derniers que très fugitivement et, de façon à peu près exclusive, pour préciser sa propre position de parole: face aux thèses théologiquement hérétiques de ses hôtes, il tient à marquer nettement ses distances, non du reste sans une insistance suspecte. Affectant pour sa part une orthodoxie sans faille ('J'ay souvent assisté à la celebration de toutes ces Festes, plus par un motif de curiosité que par aucun zele de religion, m'estant toûjours confirmé dans la Catholique,' v.302-303), Siden ne manque pas d'afficher devant 'ces pauvres aveugles qui preferent les foibles lueurs de leurs esprits tenebreus aus lumieres eclatantes de la revelation, et au témoignage de la sainte Eglise de Dieu' (iv.305), c'est-à-dire 'la Religion ancienne, Orthodoxe, Catholique et Romaine, hors de laquelle il n'y a point de salut' (v.279-80), une commisération condescendante qu'on peut suspecter d'ironie. Le mode d'intervention propre du narrateur dans cette partie du livre où se concentre le catéchisme libertin s'écarte donc de la norme narrative-descriptive de la première partie. Il s'agit moins ici pour lui d'attester par l'autorité d'une expérience personnelle le tableau de la société imaginaire que de se démarquer face à ce qui s'écarte de l'orthodoxie européenne dont il s'affirme le représentant – prudence purement formelle et qui ne trompe personne, car, affronté au rationalisme des Sévarambes qu'il met ainsi en valeur, le fidéisme borné de Siden sollicite trop visiblement l'interprétation par antiphrase.

Il faut attendre la page 421 du cinquième volume pour voir resurgir un véritable récit personnel centré sur le narrateur et sur le groupe des Européens avec la séquence de retour vers l'Europe: 'Aprês avoir rendu comte de ce que j'ay iugé le plus digne de remarque dans cette heureuse Nation, il ne me reste qu'à dire quelque chose de la maniere dont nous vécumes dans nostre Osmasie pendant tout le tems que je demeurai à Sevarinde, et des moyens dont ie me servis ensuite pour quiter ce païs et pour passer en Asie' (v.421). Cette séquence – c'est-à-dire le départ lui-même, mais aussi ce qui l'entoure et le motive – fait apparaître des difficultés d'intégration et peut-être une inadaptation personnelle à l'ordre collectif dont jusqu'ici le texte n'avait rien laissé deviner. Siden a beau souligner la réussite de son assimilation, notant non sans complaisance qu'il '[étoit] fort civilement receu permi les plus Grands, et [conversoit] famillierement avec eux', se vanter de l'amitié d'un sévarobaste qui le 'faisoit mesme manger à sa table' et célébrer les heureux effets d'une vie saine sur ses compagnons qui 'rajeunirent presque tous, et devinrent beaucoup plus forts et plus vigoureus qu'ils n'étoient auparavant' (v.433, 435, 429); il est clair pourtant que cette assimilation n'est pas parfaite, ni pour lui ni pour ses compagnons. La faute en revient-elle à la xénophobie des Sévarambes, appréhendant, nous dit-on, 'que ce mélange de nostre sang avec le leur, ni apportast du changement et de la corruption' (v.414), ou plutôt à la 'mélancolie' du narrateur lui-même? Faut-il partir ou rester? Le 'conflit qu'il y avoit eu longtems entre [son] cœur et [sa] raison', finalement résolu au bénéfice du premier, justifie son départ, difficilement obtenu 'sous promesse de revenir', qui ressemble fort à une fuite (v.438, 439).[5]

Tout se passe comme si la résurgence de la narration personnelle et la réapparition en premier plan d'un narrateur redevenu personnage entraînaient la mise en cause insidieuse d'un ordre brusquement perçu comme plus étouffant qu'idéal, ou peut-être précisément étouffant *parce que* idéal. A peine esquissée ici, la corrélation entre la personnalisation du narrateur et l'émergence d'une optique critique prendra dans certaines utopies négatives ultérieures une tout autre ampleur.

Caractéristiques, enfin, de l'univers romanesque des *Sévarambes*, les multiples

5. Comme certains Etats totalitaires modernes, mais aussi à l'instar, déjà, des Utopiens de More, les Sévarambes n'autorisent les voyages à l'étranger que dans le cadre de missions officielles et en s'entourant de garanties pour le retour des bénéficiaires (les membres de la famille servent d'otages).

histoires insérées disséminées au fil du texte y remplissent peut-être également une fonction de mise en perspective critique des institutions collectives, cette fois à l'intérieur de l'utopie elle-même. Elles relèvent de registres variés, de la brève anecdote galante à l'"histoire tragique', et semblent obéir à une progression dans leur densité et leur ampleur: plus nombreuses vers la fin du livre, elles sont également beaucoup plus longues, jusqu'à acquérir la dimension d'un véritable roman à l'intérieur du roman, comme l'histoire d'Ahinomé et de Dionistar, qui occupe les pages 100 à 209 du dernier volume. Si leur présence correspond à un mode de composition familier aux romanciers du dix-septième siècle (on songera, par exemple, aux 'nouvelles à l'espagnole' insérées dans le *Roman comique* de Scarron), la fonction de ces 'historiettes insipides que Siden nous rapporte on ne sait pourquoi'[6] ne va pas sans difficulté. Toutes pourtant ont en commun de mettre en jeu un conflit de l'ordre communautaire et de la pulsion individuelle, ou, pour schématiser, de la raison et de la passion. Certaines se donnent pour illustratives d'une pratique sociale. Ainsi l'histoire d'Ulisbe et de Bramistas, où l'époux généreux sollicite le châtiment à la place de sa femme infidèle, illustre-t-elle les lois du pays contre l'adultère (*H.S.*, ii.56-73). L'histoire du mathématicien, du peintre et du juge inique se greffe sur la description du système judiciaire et, plus particulièrement, sur l'institution du droit de recours triennal contre les jugements rendus (iv.100-24). D'autres paraissent plus lâchement insérées. Véritable conte libertin à la manière de Boccace et de La Fontaine, l'histoire de Bemistar, Bemiste, Simmadé, Ktalipse et Pansona met en scène les jeux de l'amour et de l'inconstance entre deux couples de jeunes gens (iv.43-86). Histoire amoureuse encore celle de Foristan et de Calenis, inconstante par ambition, mais rendue enfin à son amant par le vice-roi, qui en est épris (iv.218-75). Dans une tonalité plus sombre, celle de Dionistar et Ahinomé fait succéder, dans une atmosphère de roman noir avant la lettre, récit galant, robinsonnade familiale et anecdote tragique: enlevée par un collège de prêtres imposteurs et lubriques, la jeune fille est délivrée par son amant, qui se réfugie avec elle dans une caverne inaccessible. Ils y vivront des années avec leurs enfants, entièrement isolés du monde, jusqu'à leur découverte et au dénouement sanglant.

Ces résumés suffisent à cerner l'enjeu des récits insérés. Même si d'aventure une conclusion heureuse vient restaurer l'ordre un moment perturbé, tous impliquent un dysfonctionnement de la société utopique: infraction aux lois sur la fidélité conjugale, à la règle de chasteté imposée aux jeunes gens, au principe de la bonne administration de la justice. L'histoire de Dionistar et Ahinomé semble faire exception à cette règle, puisqu'elle est antérieure à la fondation

6. Benrekassa, 'Le statut du narrateur', p.386.

de l'utopie et que les prêtres persécuteurs sont les disciples de l'imposteur Stroukaras; mais leur totalitarisme pseudo-théocratique est bien à sa façon une sorte d'utopie. D'autre part, dans tous ces fragments narratifs se fait jour un conflit latent de l'individu et de la norme sociale, alimenté le plus souvent par la plus individualiste des passions, celle de l'amour. Comme celle du narrateur, l'individualisation des utopiens, devenus ici acteurs personnalisés de leur propre destin et non plus rouages anonymes de la mécanique sociale, produit au sein de cette dernière des effets perturbateurs.

Que faut-il en conclure? Peut-être, comme le suggère Veiras, que la transgression des lois est inévitable, même dans l'Etat le mieux organisé, car 'partout on trouve des gens qui n'en apprehendent pas tant la severité, qu'ils aiment la passion aveugle qui les porte à les violer malgré le rigueur des chatimens qu'elles ordonnent' (iv.86-87). Mais ne peut-on penser également que l'ordre utopique, parfait peut-être pour une humanité rationnelle abstraite elle-même parfaite, se révèle inadéquat dès lors qu'il s'applique à des individus concrets soumis à l'emprise des passions? Les cas de transgression de la loi utopique que mettent en scène les récits insérés rejoignent ainsi le conflit du cœur et de la raison vécu par le narrateur, avec d'analogues conséquences.

ii. Le modèle politique

Paradigme inspirateur de toute une tradition ultérieure, l'*Histoire des Sévarambes* l'est également au plan politique ou, si l'on préfère, politico-religieux: le modèle du 'gouvernement héliocratique', présent évidemment chez les continuateurs directs de Veiras comme Heliogenes de l'Epy ou Berington, est encore décelable dans l'épisode des Abaquis de *Cleveland* ou, tout à la fin du siècle, dans celui de Tamoé d'*Aline et Valcour*. Mais, si le système institué par Sévarias est de loin le plus développé, il ne constitue pas la seule construction politique du livre. Deux autres au moins, sans recevoir le même développement ni la même valeur de modèle, apparaissent comme des ébauches d'organisation utopique.[7]

C'est le cas d'abord de l'organisation collective des naufragés, dont la description occupe la partie centrale du premier tome. Comme le remarque von der Mühll, les circonstances équivalent à un retour à l'état de nature imposant un nouveau contrat social, d'inspiration probablement hobbesienne,

---

7. On pourrait y ajouter aussi le communisme primitif des Prestarambes d'avant la conquête, encore tout proche de l'état de nature (iii.56ss). Quant à la pseudo-théocratie des Stroukarambes – en réalité, un despotisme exercé par la caste sacerdotale grâce à l'exploitation politique de la superstition – elle incarne évidemment un anti-modèle, non sans analogies toutefois avec le régime mis en place par Sévarias.

capable d'éviter la régression anomique à la loi de la jungle.[8] Le modèle inspirateur est militaire: à la tête, un gouverneur portant le titre de général, assisté d'un souverain Conseil de guerre composé des officiers subordonnés. Le fondement du pouvoir est électif, ce qui ne signifie pas démocratique (il semble que le général soit élu par les seuls officiers, mais sur ce point le texte est peu clair). Son ami van de Nuits ayant décliné l'offre, Siden est élu général en raison de son passé militaire et de ses voyages, 'ce qui devoit infailliblement luy avoir acquis de grandes lumieres dans la Politique' (*H.S.*, i.53), et fait approuver les conditions d'excercice de son pouvoir: serment d'obéissance exigé de tous, droit de désignation des officiers, triple suffrage et 'voix négative' (droit de veto) au sein du Conseil. Il n'est pas aisé d'assigner des sources précises à ce système politique à la fois aristocratique et monarchique. Outre le modèle théorique du *pactum subjectionis* de Hobbes, on peut évoquer ici les pactes analogues conclus à l'occasion des implantations coloniales américaines. On songera notamment aux *Constitutions fondamentales pour la Caroline* de Locke, ouvrage dont Veiras a fort bien pu avoir connaissance, encore que les institutions de Siden semblent se rapprocher davantage du projet de Duquesne pour la colonie de l'île d'Eden, pourtant nettement postérieur.[9]

L'auteur à vrai dire ne s'attarde guère sur le fonctionnement de ces institutions. Le seul point un peu développé concerne le règlement déjà évoqué relatif à la répartition des femmes – elles ne sont que 74 pour 307 hommes – afin de remédier aux désordres nés de la passion amoureuse, laquelle apparaît bien, ici encore, comme une pulsion foncièrement asociale. Qu'il ait été inspiré ou non par la lecture de l'opuscule de Henry Neville,[10] le dispositif adopté traduit un naturalisme tranquille parfaitement dédaigneux de la morale sexuelle chrétienne traditionnelle; s'exprime aussi, outre une solide misogynie (comme le montre l'anecdote narquoise des quatre femmes mariées qui, après avoir fait parade de leur vertu en méprisant leurs compagnes, finissent par demander à bénéficier elles-mêmes de l'arrangement qu'elles avaient d'abord refusé, *H.S.*, i.134-36), un esprit foncièrement aristocratique et hiérarchique: si les principaux officiers

---

8. Mühll, *Denis Veiras et son Histoire des Sévarambes*, p.65-67.

9. Le texte de Locke, dont Veiras était l'ami, date de 1669; il est donc contemporain du séjour en Angleterre de l'auteur de l'*Histoire des Sévarambes*, lié par ailleurs aux services de l'Amirauté anglaise. Veiras était en relation à Paris avec la famille Duquesne, et l'"Avertissement' du troisième volume invoque, à l'appui de l'affaire du naufrage du *Dragon d'or*, le témoignage d'"un neveu de l'illustre Monsieur du Quesne'. Il ne s'agit pas de Henri Duquesne, auteur du projet de république de l'île d'Eden, mais de son cousin Duquesne-Guiton, qui avait été en effet prisonnier des Hollandais à Batavia. La similitude est donc probablement fortuite, mais elle illustre les liens qui unissent projets coloniaux, utopies-programmes et utopies romanesques en cette fin du dix-septième siècle.

10. Ainsi que le suppose Aldridge ('Polygamy in early fiction', p.472).

reçoivent une femme en propre, les 'gens du commun' doivent se contenter d'une nuit tous les huit ou dix jours, 'ayant égard à l'âge et à la dignité de chacun' (i.134).

Même optique inégalitaire dans le projet d'organisation de l'Etat sévarambe que propose Giovanni, le précepteur vénitien de Sévaris, après que celui-ci a pris le contrôle du pays: division du peuple en sept classes hiérarchisées – laboureurs, travailleurs manuels, artisans, marchands, bourgeois, 'simples gentilshommes', seigneurs – distinguées les unes des autres 'par des habits différens, afin que les inférieurs ne peussent jamais usurper les honneurs et les respects dûs à leurs Supérieurs, et qu'ainsi chacun tint son rang et sa dignité' (iii.176); politique fiscale équitablement modulée selon la fortune de chacun; enfin, possibilité d'accéder à la caste supérieure moyennant le paiement d'une taxe. Cette dernière disposition laisse donc la porte ouverte à une mobilité sociale limitée dans un système pour le reste fort rigide et qui ne diffère pas fondamentalement des pratiques de la société française de l'époque. Le projet de Giovanni sera du reste écarté après examen.

L'essentiel de l'ouvrage est consacré à un troisième système institutionnel, celui de la société sévarambe, qui incarne l'utopie proprement dite. Il ne peut se comprendre qu'à partir des modalités de la prise de pouvoir du fondateur Sévarias et en relation étroite avec certaines préoccupations religieuses. Détenteur à la mort de son père de la charge héréditaire de grand prêtre du Soleil, chef spirituel et temporel des Parsis, le futur législateur cherche à soustraire son peuple aux persécutions religieuses. Après un apprentissage probablement inspiré de la *Cyropédie* de Xénophon (étude des belles-lettres, exercices du corps, aventures et voyages en Europe et en Extrême-Orient) le qualifiant pour sa future mission, il apprend par un matelot l'existence d'une nation australe adoratrice du Soleil, mais déchirée par une guerre civile provoquée par des discordes religieuses: les Prestarambes sont opprimés par leurs voisins les Stroukarambes, égarés par l'imposteur Omigas, ou Stroukaras, qui se prétend fils du Soleil et exerce son pouvoir par l'entremise d'un collège de prêtres complices. La tâche de Sévaris aura donc une quadruple justification: restaurer le culte solaire dans sa pureté en vertu de la légitimité religieuse dont il est héréditairement dépositaire; rétablir l'unité de l'ancien peuple des Séphirambes, aujourd'hui divisé; élever à la civilisation une population à peine sortie de l'état de nature; enfin, instaurer un Etat fort appuyé sur des institutions durables.

Ce programme implique la conquête préalable du pouvoir. Arrivé en Terre australe avec une armée de six cents Parsis, bientôt renforcée d'un contingent supplémentaire d'un millier d'hommes, Sévaris s'allie aux Prestarambes, les persuade que 'les Parsis étoient envoyez du Soleil pour leur delivrance' (iii.64), joue comme Cortez ou Pizarre sur la crainte révérentielle que leur inspire son artillerie, procède à une réforme militaire de la nation, désormais organisée en armée à l'européenne grâce aux chevaux et aux mousquets qu'il y a introduits, et se fait désigner comme 'Capitaine général'. Tout cet épisode, on le voit, est plein de réminiscences de la conquête espagnole.

L'ennemi stroukarambe est rapidement subjugué par les ruses de guerre et, surtout, par l'effet terrifiant des armes à feu. Mais Sévaris a l'habileté d'offrir des conditions de paix avantageuses aux vaincus et sa politique d'alliances matrimoniales esquisse la fusion des trois nations en un seul peuple, celui des Sévarambes, dont il deviendra le héros éponyme. Il épouse pour sa part les filles de deux notables, l'un Prestarambe, l'autre Stroukarambe, dont la réconciliation passe ainsi par sa personne, tandis qu'en imposant des alliances analogues à ses compagnons parsis il favorise l'intégration des conquérants étrangers à cette nouvelle entité nationale.

Analogue en cela à la gigantesque entreprise du conquérant Utopus faisant travailler côte à côte ses soldats et les indigènes vaincus au percement de l'isthme, ce processus d'unification s'accompagne de grands travaux collectifs à vocation civilisatrice: sur une île du fleuve, Sévaris fait tracer le plan de la future capitale Sévarinde et édifie un temple au Soleil; le passage à l'existence urbaine équivaut pour ce peuple à demi sauvage à un transfert de la Nature à la Culture, la position centrale de la ville – au centre de l'île, au centre de l'empire – ayant valeur, en outre, de métaphore de la fondation de l'Etat. A cet égard, l'utopie de Veiras peut apparaître comme un jalon significatif dans l'émergence du concept moderne d'Etat-nation, la collectivité étatique ne résultant plus d'un agrégat de particularismes locaux ou d'un réseau féodal de liens de suzeraineté et de dépendance mais du projet volontariste d'un Etat unitaire et fortement centralisé.

Reste à présent à fonder le pouvoir de fait du conquérant sur une base de légitimité non contestable, puis à lui conférer un contenu juridique précis, enfin à fixer les cadres institutionnels du nouvel Etat. Sa légitimité, Sévaris la tient de sa charge de grand prêtre du Soleil, héritier de la tradition zoroastrienne. Encore faut-il la faire reconnaître par ses futurs sujets. Conformément aux thèses du courant 'machiavéliste' – celles notamment des 'libertins spirituels' du début du siècle, comme Gabriel Naudé, mais peut-être aussi celles de Hobbes – Veiras justifie l'imposture politico-religieuse utilisée comme moyen de fondation de l'Etat. Affectant de refuser la royauté qu'on lui propose et récusant par là un pouvoir dont le fondement se donnerait ouvertement pour purement humain, Sévaris demande au Soleil la confirmation solennelle de sa désignation à la faveur d'une 'oraison' prononcée devant tout le peuple, non sans avoir secrètement dissimulé dans la voûte du temple des affidés dont les paroles retentissant dans l'édifice passeront pour l'oracle de la divinité (iii.145-

64). Les voix surnaturelles stipulent qu'à cette dernière seule revient la monarchie, Sévaris, son lieutenant, recevant le titre de vice-roi. En dépit de la
position apparemment subordonnée qui est la sienne, Sévaris, qui prend désormais le nom de Sévarias pour consacrer sa nouvelle dignité, n'est pas seulement
le détenteur effectif du pouvoir: il confère à ce dernier un fondement transcendant et, au sens plein du terme, théocratique, puisque le vice-roi se donne pour
le vicaire du Soleil. Certes, cette exploitation de la superstition, qui d'ailleurs
ne trompe pas les habiles, ne lui attribue qu'une légitimité fallacieuse; elle est
cependant nécessaire pour en imposer au peuple et créer les conditions d'un
pouvoir stable (iii.163-64):

Il crut [...] que refusant l'authorité suprême et l'attribuant toute au Soleil, le gouvernement qu'il avoit dessein d'établir parmi ces peuples, seroit plus ferme et plus respecté;
et que lui-même devant être le Lieutenant et l'interprete de ce glorieus monarque; il
seroit beaucoup plus honoré et mieus obeï, que s'il derivoit son authorité des hommes
mortels.

L'absolutisme héliocratique est cependant corrigé par les dispositions que
Sévarias introduit afin de limiter son propre pouvoir. Si, comme le dit Veiras,
'ce gouvernement est donc Monarchique, Despotique et Heliocratique au
premier chef', on peut également le définir comme 'une Monarchie successive
et despotique, meslée d'Aristocratie et de Democratie' 'si en second lieu on a
égard à l'administration de l'Etat de la part des hommes' (iii.272-73). Il existe
en effet une double circulation du pouvoir parcourant les divers étages d'une
pyramide institutionnelle fort complexe, apparemment imitée de celle de *L'Utopie* de More.[11] La première s'exerce du haut vers le bas: du Soleil-monarque
au vice-roi, de celui-ci aux gouverneurs de provinces et de ces derniers aux
officiers inférieurs, puis aux simples particuliers. De nature sacrée dans ses
échelons supérieurs, puis administrative dans les inférieurs, elle relève en effet
du modèle despotique – et peut-être plus précisément du despotisme oriental,
ottoman ou persan – puisqu'elle procède par délégation à une hiérarchie de
fonctionnaires d'un pouvoir dont le détenteur est unique. La seconde, en sens
inverse, remonte de la base au sommet par le canal d'une série d'assemblées
successives selon une procédure, en effet, à la fois démocratique et aristocratique, puisque les membres en sont élus, ou cooptés, pour les échelons supérieurs.

11. L'organigramme politique de *L'Utopie* comprend de même un système représentatif à
plusieurs étages: trente familles (soit 1200 personnes) élisent un syphogrante; les comices des
syphograntes élisent les tranibores, ou protophilarques; le sénat, composé des tranibores et de deux
syphograntes, désigne le prince, ou adème, parmi les quatre candidats proposés par les quatre
quartiers de la cité. On peut également distinguer dans *L'Utopie* deux circuits politiques distincts,
l'un, ascendant, portant sur la désignation des magistrats, l'autre, descendant, sur la ratification des
décisions du sénat.

Le pouvoir y est donc de nature représentative. La population sévarambe est répartie en osmasies, blocs d'habitation collectifs de forme carrée, lointains ancêtres du phalanstère fouriériste. Chaque osmasie, soit un millier de personnes plus leurs esclaves, est dirigée par un osmasionte, ou cœnobiarque, lequel siège au Conseil général, ou assemblée locale des osmasiontes. Cette dernière élit ses représentants au Conseil ordinaire des brosmasiontes, dont chaque membre représente huit osmasies. Les brosmasiontes accèdent par ancienneté au Grand Conseil, ou sénat, composé de vingt-quatre membres, ou sévarobastes. Lorsque le pouvoir se trouve vacant, le sénat désigne quatre candidats en son sein, parmi lesquels un tirage au sort, censé exprimer le choix du Soleil, aboutit à la désignation du vice-roi.

Ce dernier bénéficie donc d'une double investiture, divine et humaine. Si la première semble lui conférer un pouvoir absolu, la seconde toutefois en limite les effets: contraint de démissionner vers l'âge de soixante ou soixante-dix ans, lorsqu'il n'est plus en état de gouverner, le vice-roi peut également se voir attribuer un tuteur s'il est reconnu incapable. Surtout, il est tenu au respect absolu des maximes fondamentales de l'Etat, intangibles et sacrées, ainsi que l'explique Sévarias à son successeur le jour de son abdication (iii.227):

Ces Lois sont les Decrets d'une Sagesse, qui n'étant pas sujete au changement, n'en veut point souffrir dans les Constitutions fondamentales de ce Royaume. Respectez le principe d'où elles viennent, prenez garde d'y rien changer, et ne manquez pas de punir la temerité de ceux qui voudroient prophaner les Ordonnances sacrées du Soleil, par le mélange impur de leurs imaginations.

Les lois fondamentales instituées par Sévarias règlent également l'organisation de la société sévarambe. Estimant que les maux des sociétés 'derivent principalement de trois grandes sources, qui sont l'Orgueil, l'Avarice et l'Oisiveté' (iii.178) et que, d'autre part, 'la nature nous a faits tous égaus', Sévarias récuse le projet de Giovanni, qui aboutit à un système de castes inégalitaires où la position de chacun se trouve prédéterminée par la naissance et pérennisée par la fortune. D'où deux dispositions essentielles, les seules qui puissent garantir l'égalité de tous au regard du droit naturel: abolition de toute distinction héréditaire; abolition de la propriété privée. La suppression de la noblesse transmise par la naissance ne signifie pas pour autant le nivellement. La société sévarambe reste fortement hiérarchisée à partir de deux critères: l'âge et les charges publiques ('Pour donc remedier aus desordres que produit l'inegalité de la naissance, Sevaris ne voulut pas qu'il y eut d'autre distinction entre ses peuples que celle des Magistrats et des personnes privées; et que parmi ces derniers l'inegalité de l'âge decidast seule de l'inegalité du rang', iii.180-81). D'où un double code de reconnaissance sociale fondé sur la couleur du vêtement (pour les classes d'âge) et sur sa matière (pour les magistratures). Conformément au vieux rêve des utopies, la grille classificatoire de l'uniforme abolit la singularité individuelle au profit de la généralité abstraite du signe, qui rend chacun transparent à ses concitoyens. L'accès aux charges publiques, librement ouvert à tous en fonction du seul mérite personnel, sans exclusive ni privilège, détermine les classes de la société. Précurseur à cet égard de la théorie de l'honneur en régime monarchique dans *L'Esprit des lois*, Veiras assigne comme principe moteur au système les passions humaines, et notamment l'ambition. Habilement canalisée, cette pulsion individuelle se convertit en bien collectif: comme toutes les charges sont électives et que chacun peut aspirer à la dignité de vice-roi après avoir gravi toutes les étapes du *cursus honorum*, les Sévarambes 'sont fort soigneus de s'aquerir l'amour et l'estime de tout le monde, parce que c'est le moyen de parvenir aus charges'; d'où 'une honneste emulation, qui leur fait prendre soigneusement garde à toutes leurs actions' (iv.6). A quoi il faut ajouter divers privilèges ou stimulants matériels portant, par exemple, sur le logement, la nourriture, le vêtement, le nombre d'épouses autorisé. Quant aux simples particuliers exclus des charges, 'du moins ont-ils cette satisfaction de n'y voir que ceus que le merite et l'estime de leurs Concitoyens y ont élevé' (iii.307).

Cette société à la fois élitaire et ouverte, puisque les carrières y sont offertes aux talents, produit ainsi à partir d'une affirmation solennelle de l'égalité de droit fondée sur une conception universaliste de l'homme[12] une inégalité de fait. Cette dernière toutefois est rendue acceptable puisqu'elle résulte du seul mérite personnel: argent et propriété privée sont ici inconnus, l'Etat étant possesseur et distributeur de tous les biens de la nation. La critique des sociétés réelles se fait sur ce point plus explicite, et Veiras lui donne des accents qui rappellent ceux de son contemporain La Bruyère (iii.304-306):

Nous avons parmi nous des gens qui regorgent de biens et de richesses, et d'autres qui manquent de tout. Nous en avons qui passent leur vie dans la feneantise et dans la volupté; et d'autres qui suent incessamment pour gagner leur miserable vie. Nous en avons qui sont élevés en dignité et qui ne sont nullement dignes ni capables d'exercer les charges qu'ils possèdent; Et nous en avons enfin, qui ont beaucoup de merite, mais qui manquant des biens de la fortune croupissent miserablement dans la bouë et sont condamnez à une eternelle bassesse. [...] Mais parmi les Sevarambes personne n'est pauvre, personne ne manque des choses necessaires et utiles à la vie, et chacun a part aus plaisirs et aus divertissemens publics, sans que pour jouïr de tout celà, il ait besoin de se tourmenter le corps et l'ame par un travail dur et accablant.

Cependant, l'auteur en reste à une condamnation morale de l'inégalité des

---

12. Non sans quelques contradictions internes: le droit naturel s'accorde mal avec l'institution de l'esclavage d'Etat. Les Stroukarambes du Sud fournissent chaque année un tribut en garçons et en filles, ces dernières vouées à servir comme concubines ou pour l'agrément des voyageurs de passage.

biens de fortune. Il est clair que l'économie ne l'intéresse guère et, en contradiction avec la minutie des dispositions constitutionnelles ou législatives, les indications dans ce domaine, empruntées pour l'essentiel à Thomas More, restent sommaires et vagues. Il existe des 'Magasins publics de toutes les choses nécessaires et utiles à la vie' (ravitaillement, matériaux de construction ...), ainsi qu'un magasin particulier dans chaque osmasie où chacun pourvoit librement à ses besoins (iii.297). La production, coordonnée par des fonctionnaires, préfets ou intendants, fait l'objet d'une répartition spécialisée: les osmasies de campagne se consacrent aux productions agricoles, celles des villes à l'artisanat, à l'industrie, voire pour certaines à l'éducation des enfants. Les maximes fondamentales de l'Etat prescrivant 'de bannir l'oisiveté de toute la Nation, parce que c'est la nourrice des vices et la source des querelles et des rebellions', le travail est obligatoire pour tous à raison de huit heures par jour, deux autres tranches horaires égales étant consacrées au loisir et au sommeil (iii.193).

Plus développées, les lois sur le mariage, la famille et l'éducation ne sont guère plus originales et se situent, elles aussi, dans le droit fil de la tradition utopique antérieure. L'homme est un être imparfait, mais perfectible: 'Une bonne éducation corrige le plus souvent et même quelque fois étouffe les semences vicieuses qu'ont les hommes, et cultive celles qu'ils ont pour la vertu' (iii.316). D'où une pédagogie morale et civique qui implique la transmission de l'autorité paternelle à l'Etat: à l'âge de sept ans, les enfants, retirés à leur famille et solennellement adoptés par la collectivité, entrent dans des osmasies spécialisées où ils reçoivent une éducation manuelle et intellectuelle identique pour les deux sexes sauf en ce qui concerne l'apprentissage professionnel. On retrouve ici encore pourtant l'inspiration élitaire du système: les élèves les plus doués, exemptés de travaux manuels, suivent un cursus différent comportant notamment l'étude des langues étrangères. Ils alimenteront le corps des espions-enquêteurs – souvenir de Bacon – envoyés régulièrement en Europe et en Asie sous l'identité de marchands persans ou arméniens afin de faire bénéficier la nation des progrès les plus récents dans le domaine des sciences et des techniques.

Elevés séparément, filles et garçons ont la liberté, à partir de l'âge de seize ans pour les premières, de dix-huit ans pour les seconds, de se fréquenter sous le contrôle des adultes en vue de leur future union. Celle-ci intervient dix-huit mois plus tard à l'occasion de la grande cérémonie de l'Osparenibon, imitée des mariages de groupe incas et des 'mariages samnites' chers à l'imagerie du dix-huitième siècle. Les couples s'apparient librement et leur choix est solennellement consacré. Les filles laissées pour compte après trois présentations seront épousées d'office par les dignitaires à titre de concubines: ainsi les jeunes filles laides se voient-elles offrir du moins les consolations de l'ambition.

Conformément encore à une pratique constante des utopies, de Platon à Campanella, les lois de Sévarias règlent le mariage et la sexualité dans une perspective eugéniste et populationniste. Ainsi que le voulaient les lois de Lacédémone et celles de l'empire des Incas rapportées par Garcilaso de La Vega, le mariage précoce est obligatoire, à l'âge de dix-huit ans pour les filles, vingt et un ans pour les garçons.[13] Selon un modèle emprunté peut-être aux pratiques de la société romaine, le divorce est autorisé, et même les permutations d'épouses entre particuliers. Seuls en revanche les magistrats peuvent prendre plusieurs femmes, en nombre variable selon leur dignité, de deux pour les simples officiers à douze pour le vice-roi – système de polygamie hiérarchique parfaitement homologue à celui, polyandrique, imaginé par Siden et qui, on ne sait pourquoi, paraîtra si choquant à ses hôtes.

Comme Fénelon, Veiras voit dans l'accroissement du chiffre de la population un facteur essentiel de la puissance étatique. D'où des prescriptions d'hygiène sexuelle inspirées par des préoccupations eugénistes: l'union des époux n'est autorisée qu'un jour sur trois pendant les trois premières années du mariage, puis un jour sur deux jusqu'à l'âge de vingt-huit ans, ces restrictions étant d'ailleurs conformes aux thèses médicales du temps. D'où aussi le mépris pesant sur les femmes stériles, l'encouragement à l'allaitement maternel et les honneurs particuliers rendus aux mères de familles nombreuses. L'intérêt évident de l'auteur pour ces questions n'exprime certainement aucune aspiration à la 'liberté sexuelle', notion d'ailleurs parfaitement anachronique au dix-septième siècle, mais une perspective populationniste constamment présente dans les utopies ultérieures, et jusqu'à l'obsession dans des œuvres comme *La Basiliade* ou le *Supplément au Voyage de Bougainville*.

Ce résumé fort incomplet[14] laisse apercevoir certaines orientations qui deviendront, non sans de nombreuses variations individuelles, les cadres de la tradition utopique postérieure: une laïcisation foncière du pouvoir qui pourtant ne le dispense pas de s'appuyer sur un fondement religieux ou donné pour tel; un système institutionnel garantissant un Etat fort qui, cependant, ne soit pas tyrannique; une organisation sociale égalitaire en théorie, mais de fait fortement hiérarchisée; un refus de l'économie marchande et de la propriété privée, mais aussi un manque d'intérêt évident pour les réalités économiques; un dirigisme matrimonial moins soucieux d'épanouissement individuel que de croissance démographique et d'unification étatique.

13. Voir Mühll, *Denis Veiras et son Histoire des Sévarambes*, p.163
14. Il ne tient pas compte notamment de l'organisation militaire, à laquelle participent tous les citoyens (jeunes gens, jeunes filles et couples mariés, constituant trois armées distinctes), de l'administration de la justice, de la réforme linguistique de Sévarias (création d'une langue artificielle rationnelle), ni surtout de la théologie des Sévarambes, qui sera examinée plus loin.

iii. Le substrat idéologique: la religion au service de l'Etat

Le substrat idéologique de l'*Histoire des Sévarambes* est également typique de ce que l'on a appelé l'utopie louis-quatorzienne.[15] Comme la majorité des utopistes des années 1675-1715 – Foigny, H. de L'Epy, Fontenelle, Tyssot de Patot – Veiras se situe en matière philosophico-religieuse dans la mouvance du courant libertin, et cet arrière-plan rend compte également, dans une large mesure, de ses constructions politiques.

Le roman de Veiras offre plusieurs modèles étatiques ou para-étatiques distincts; il présente également divers systèmes théologico-philosophiques, très inégalement développés et dotés ou non d'un prolongement politique. Le premier, de loin le plus important, sous-tend la religion officielle des Sévarambes telle qu'elle fut instituée par le législateur Sévarias. Il comporte trois divinités, ou plutôt trois hypostases de la Divinité: Khodimbas, le 'Grand Dieu', sorte d'Etre Suprême représenté dans les temples par un voile noir tendu au-dessus de l'autel; le Soleil, figuré par un globe de cristal rayonnant de lumière; la Patrie, symbolisée par une statue de femme aux multiples mamelles. Veiras a-t-il voulu, comme on l'a supposé, imiter, voire parodier, la Trinité chrétienne? Ce n'est pas sûr. Les trois figures divines ne correspondent pas aux personnes d'un Dieu unique – ni non plus du reste à des dieux différents – mais à des émanations du principe divin hiérarchiquement ordonnées selon un degré croissant de matérialité et un degré décroissant de généralité – perspective qui semble devoir quelque chose au néo-platonisme ou, peut-être, à la tradition gnostique.

Invisible, incompréhensible, inconnaissable, défini en somme par des attributs purement négatifs puisque toute détermination serait négation de son infinité, le Grand Dieu préside à l'univers entier et s'identifie à l'ordre qui l'anime (*H.S.*, iv.302, v.229). La lumière naturelle, seule forme de connaissance qu'accepte le rationalisme des Sévarambes, nous convainc qu'il existe, mais ne saurait nous éclairer sur la nature d'un être incommensurable à l'homme (v.232-33):

Toutes choses nous annoncent que vous estes, mais rien ne peut nous expliquer vostre nature, ni nous dire vostre volonté, ce qui nous est un argument très-clair et très-sensible que vous ne voulez pas que nous cherchions plus loin que dans vos œuvres admirables, puisque vous n'avez pas voulu vous donner autrement à connoître à nous.

Ce n'est pas seulement la spéculation théologique qui se trouve ainsi frappée d'inutilité, mais même le culte, réduit à une adoration intérieure. On célèbre cependant – mais seulement tous les sept ans – une fête solennelle, ou Khodimba-sion, d'institution purement humaine, qui met en œuvre une impressionnante

---

15. Voir l'ouvrage cité de Myriam Yardeni, *Utopie et révolte sous Louis XIV*.

liturgie des ténèbres: pendant sept jours, dans le temple tendu de noir, devant les prêtres couverts d'un voile noir, le vice-roi se prosterne sur un carrelage noir et fait brûler des parfums avant de prononcer l''Oraison du Grand Dieu', reproduite au dernier volume, véritable bréviaire du déisme de l'âge des pré-Lumières.

Au culte ésotérique du Grand Dieu, qui paraît être avant tout le fait d'une élite, répond celui, exotérique, du Soleil, partagé par toute la nation. Les sources potentielles de Veiras sont ici beaucoup trop nombreuses pour être précisément identifiables. A celles qu'énumère l'ouvrage de von der Mühll (le culte solaire des Incas, le courant copernicien ou galiléen, la philosophie de Giordano Bruno) il faut certainement ajouter l'influence de *La Cité du Soleil* de Campanella, l'autre grande utopie héliocratique du dix-septième siècle, inexplicablement négligée par le critique. Aux yeux des Sévarambes, 'le Soleil visible et glorieux' ne se confond pas avec le Grand Dieu invisible; il n'en est qu'un 'ministre' ou un 'Dieu subordiné' (iv.300). Son empire ne s'étend que sur notre système solaire, les autres étoiles fixes représentant autant de soleils; 'or cette multiplicité de Soleils dans le monde et leur égalité sont choses incompatibles avec la Divinité Suprême, qui doit estre une, et qui ne souffre point d'égal' (iv.298). Conformément aux thèses vitalistes de la physique italienne de la Renaissance dont on trouve des échos chez Campanella, chez Cyrano ou encore chez Bruno, le soleil, 'âme du monde', est principe de vie et donateur du mouvement cosmique 'par la force des rayons qui émanent incessamment de son corps avec une grande rapidité, et font tourner tous les corps qu'ils echauffent et qu'ils éclairent, comme l'eau ou le vent font tourner une roüe de moulin' (iii.151, iv.310-11). Mais, à la différence du Grand Dieu éternel et immuable – contrairement aussi au principe aristotélicien de l'incorruptibilité des corps célestes – il est pris dans le cycle de la génération et de la corruption puisqu''il y en a une génération comme de chaque animal' (iv.295). La fête du Soleil, ou Erimbasion, célébrée tous les ans au solstice d'hiver austral, symbolise ce processus de mort et de renaissance: on éteint tous les feux de la nation, et c'est un brasier rallumé grâce au Soleil lui-même à l'aide de miroirs ardents qui communiquera aux lampes de chaque osmasie le feu de la nouvelle année.

Troisième terme de la trinité sévarambe, la Patrie, dont la figuration rappelle celle traditionnellement attribuée à Cérès ou encore l'image allégorique de la nature, est la divinité propre du peuple Sévarambe. Vraisemblablement tributaire du modèle républicain à l'antique (Sparte, Athènes, Rome), cette divinité symbolise le lien nourricier unissant l'individu à la collectivité et l'unité de l'Etat-nation: d'où un culte à la fois religieux et civique qui semble annoncer les célébrations analogues de la Révolution française.[16]

16. Sur les rapports existant entre les fêtes utopiques et les fêtes révolutionnaires, voir Baczko,

Chacune de ces trois hypostases divines implique des attitudes religieuses et des devoirs particuliers: 'respect et vénération intérieure' à l'égard de l'Etre Suprême; 'amour et reconnaissance' s'accompagnant d'un culte extérieur pour le Soleil; attachement au pays natal en ce qui concerne la Patrie. L'ensemble conduit à une religion purement rationnelle, sans révélation, ni dogmes, ni mystères, résultant entièrement de la réflexion sur l'ordre cosmique, d'une part, des nécessités politiques, d'autre part. Comme l'écrit Veiras: 'si leur Religion n'est pas la plus véritable de toutes, elle est du moins la plus conforme à la raison humaine' (*H.S.*, iv.294). On ne s'étonnera donc pas que 'ces pauvres aveugles [...] preferent les foibles lueurs de leurs esprits tenebreus aus lumieres eclatantes de la revelation, et témoignage de la Sainte Eglise de Dieu' (iv.305). S'ils tiennent Moïse et le Christ pour de 'grands hommes', hommage ambigu qu'un chrétien ne manquera pas de juger blasphématoire, ils 's'appuyent si fort sur la raison humaine qu'ils se moquent de tout ce que la Foi nous enseigne', donnent une explication purement rationnelle aux miracles et autres prodiges et opposent aux efforts du narrateur pour les convertir au christianisme un scepticisme narquois (iv.333, 331, 340-51). Mieux, Siden aura la tristesse de voir quelques-uns de ses compagnons abjurer leur religion pour adopter celle des Sévarambes (v.275-78).

Sur les problèmes qui relèvent de l'article de foi plus que de la conviction rationnelle, leur attitude est nuancée et prudente. A l'égard de l'immortalité de l'âme, l'élite de la nation est 'fort partagée'; 'mais parmi le peuple, tout le monde la croit immortelle, et c'est la Religion de l'Etat, parce que c'étoit l'opinion de Sévarias, et qu'elle est plus plausible et plus agreable que l'autre' (iv.312); quant à sa nature – matérielle ou spirituelle – les opinions sont divergentes. Cependant la doctrine officielle stipule que les âmes des justes seront à leur mort réincorporées au Soleil, dont elles sont une émanation, tandis que celle des méchants, 'revestue d'un corps plus abject et plus infirme que le premier', sera soumise à un cycle de transmigrations (iii.245).[17] On voit d'emblée en quoi la croyance populaire, encouragée par l'Etat, en une rémunération posthume de la vie d'ici-bas, est utile à l'ordre institué; mais il est significatif que Veiras s'abstienne de lui conférer un fondement philosophique.

On rejoint en ce point la fonction du système religieux des Sévarambes, qui est essentiellement politique. Cette société ignore la séparation du spirituel et du temporel, unis en la personne du vice-roi, lequel est aussi le lieutenant et le grand prêtre du Soleil (iii.284-85). La religion, précisent les lois fondamentales de l'Etat, a pour but de 'lier les hommes par la conscience, leur persuadant que rien n'est

Lumières de l'utopie, ch.5.
17. Mêmes idées chez Cyrano.

caché à la Divinité' (iii.196-97).[18] Elle assure également au pouvoir politique une grande liberté d'action, s'il est vrai que 'le Ciel autorisoit souvent même les actions injustes des Souverains, pour châtier les Peuples lors que par leurs offenses ils avoient attiré les effets de sa justice' et que donc 'la rebellion n'estoit pas seulement le plus detestable de tous les crimes, mais [...] aussi la plus grande de toutes les folies' (iv.232). Dans la querelle contemporaine sur le tyrannicide et la légitimité du soulèvement populaire, Veiras adopte donc une position nettement favorable à l'absolutisme, conforme d'ailleurs au loyalisme monarchique qui fut, au moins jusqu'à la Révocation, l'attitude dominante du protestantisme français.

Le souverain doit cependant se plier aux maximes fondamentales de l'Etat, elles aussi sacrées, puisque dictées par le Soleil. Parmi elles, la tolérance face à la diversité des croyances privées: 'Car les Sevarambes ont pour maxime de n'inquieter personne pour ses opinions particulieres, pourveu qu'il obeïsse exterieurement aus lois, et se conforme à la coutume du Pays dans les choses qui regardent le bien de la société' (iv.284). De même que, chez les Utopiens de More, le culte officiel de Mithra rassemble œcuméniquement la diversité des croyances particulières, chacun peut souscrire aux principes de la religion sévarambe sans contradiction avec ses convictions personnelles éventuellement différentes, car elle '[tient] plus de la Philosophie et du raisonnement humain, que de la revelation et de la Foi' (iv.293): produit de la raison naturelle, donc d'une évidence nécessairement partagée par tous, la religion d'Etat unifie sans uniformiser. La tolérance ne résulte pas ici d'une séparation de l'Eglise et de l'Etat, mais, au contraire, de la distinction établie entre deux champs du religieux, l'un particulariste et privé, du domaine de la foi, l'autre collectif, unitaire et public, relevant de la raison – ce qui revient en réalité à une laïcisation de la religion qui est peut-être le but secret de l'auteur, soucieux d'assurer par l'adhésion à un credo minimal l'intégration politique des individus à l'Etat, mais ne voyant d'autre part aucun inconvénient à laisser se développer des croyances diverses, dont il est clair qu'à ses yeux elles ne sont guère autre chose que des opinions frivoles, dès lors qu'elles ne portent pas atteinte à cet objectif premier. Veiras ne voit même que des avantages, du point de vue politique, à tolérer la diversité des croyances: 'Les effets de ces maximes justes et raisonnables sont fort avantageus au repos et à la tranquillité publique, qui est le but principal où doivent viser tous les sages politiques', car les divergences religieuses, étant licites, ne peuvent troubler la paix civile; aussi bien 'personne ne se pique d'estre le chef d'une Secte, parce que chacun peut facilement le devenir' (iv.286, 290). Ainsi s'explique la tolérance dont bénéficie la secte chrétienne – encore que d'un christianisme fort peu orthodoxe – des giovannites, descendants du

18. Même thème chez More.

Vénitien Giovanni, précepteur de Sévarias.[19] Cette petite Eglise autocéphale[20] réduite à un millier de fidèles végète en marge de la société sévarambe, dont elle n'a pu entamer le rationalisme. Si certains de leurs dogmes sont conformes au catholicisme, d'autres les font 'semblables aus Calvinistes et autres Heretiques que nous avons en Europe' (iv.326): doutes concernant la nature incréée et la divinité intrinsèque du Christ, rejet de la réalité substantielle des trois personnes de la Trinité et de la présence réelle dans l'eucharistie. Toutefois, bien qu'ils refusent la fusion du spirituel et du temporel qui est au fondement de la société sévarambe et récusent comme idolâtre le culte du Soleil, ils ne se font pas faute d'assister à celui de Khodimbas.

Il n'est pas aisé d'interpréter la signification de l'hérésie giovannite ni sa fonction dans l'économie idéologique du roman. On peut, comme von der Mühll, y voit une manifestation d'ironie antichrétienne: les Sévarambes ont été par son intermédiaire en contact avec la révélation chrétienne sans qu'ils en soient aucunement ébranlés.[21] Mais pourquoi les hérésies dogmatiques? Les dogmes que les Giovannites refusent sont précisément les moins acceptables pour la raison; ils figurent parmi les cibles les plus constantes des penseurs libertins. On peut donc penser que le giovannisme incarne un christianisme épuré, plus conforme à la raison – le calvinisme, suggère précisément Siden – mais pas encore assez cependant pour emporter la conviction d'êtres pleinement rationnels; ce qui montre à quel point le protestant Veiras est loin d'adhérer aux dogmes de sa propre confession.

Les thèses les plus conformes à la pensée de l'auteur, sans doute faut-il les chercher dans le discours du savant Scroménas, au cinquième volume. Il ne s'agit pas cette fois d'un corps de doctrine constitué en système théologico-politique, mais d'une réflexion spéculative exprimant le point de vue des 'habiles' dégagés des superstitions populaires. Scroménas s'abstient d'adhérer à l'héliocratisme officiel, notant seulement que 'l'adoration du Soleil étoit la plus ancienne, la plus generale et la plus plausible de toutes les adorations', conforme d'ailleurs aux données de l'expérience sensible (*H.S.*, v.265). Le problème de la révélation chrétienne n'est abordé qu'indirectement, mais il est aisé de deviner que celle-ci n'emporte pas davantage son adhésion. Certes, il se rallie dans le débat sur la chronologie et l'âge de la terre à 'la computation des Juifs' comme étant 'la plus probable' et à 'l'opinion de Moïse' (mais le terme d'"opinion' est significatif) quant à l'origine des animaux (v.249-50, 255). Toutefois il déve-

---

19. Comme le signale von der Mühll (*Veiras et son Histoire des Sévarambes*, p.218), Veiras a pu s'inspirer des 'chrétiens de Saint-Jean', ou mandaéens, secte persane d'origine gnostique décrite par divers voyageurs de la seconde moitié du dix-septième siècle.

20. Certes, 'ils honorent fort le Pape', mais 'ils disent aussi que tous les Chrétiens ne sont pas obligez de lui obeïr' (*H.S.*, iv.327).

21. Mühll, p.217.

loppe également une théorie de la genèse des idées religieuses à partir de la curiosité et de la contemplation qui exclut radicalement toute révélation primitive et assigne à la religion un fondement purement humain – d'où les superstitions qui la défigurent. Au demeurant, et là est peut-être l'affirmation la plus hardie, 'naturellement les hommes n'ont pas plus de religion que des bestes' (v.262). Si l'homme n'est pas naturellement religieux et si la religion n'a pas de fondement transcendant, si en somme elle ne vient ni de la nature ni de Dieu, n'est-ce pas suggérer qu'il s'agit d'une création contingente et purement humaine qui pourrait fort bien ne pas être si ne la justifiait la nécessité politique?

La philosophie propre de Scroménas – et celle, peut-on penser, de Veiras – repose sur une cosmologie vitaliste que Siden rattache à Platon et Pythagore, mais qui évoque aussi Bruno et le courant libertin. Le monde, éternel et infini, forme un 'Grand Tout' composé de matière et d'esprit, la 'vertu formatrice' du second façonnant la première selon un schéma qui rappelle la distinction spinoziste de la nature naturante et de la nature naturée. Comme les corps terrestres, les corps célestes obéissent au cycle de la vie et de la mort: les étoiles sont autant de soleils qui se dissolvent et se recomposent. A l'exemple de Cyrano et de Fontenelle, Scroménas prose le problème de la pluralité des mondes habités et s'en prend à l'orgueil anthropocentriste, car c'est 'une haute folie en plusieurs personnes de s'imaginer que le Ciel, la Terre et tous les astres lumineus que nous voyons briller sur nos têtes, n'ayent été créés que pour l'usage particulier des hommes' (v.258). Athéisme ou panpsychisme? En tout cas la philosophie de Scroménas est nettement plus hardie que le déisme bien tempéré de l'idéologie officielle sévarambe.

On trouvera la même hardiesse et plus de virulence polémique dans l'histoire de l'imposteur Omigas, ou Stroukaras, où la construction religieuse est entièrement asservie cette fois à une ambition politique. Ce récit inséré est à l'origine de la réputation scandaleuse du livre. Se prétendant fils du Soleil, Stroukaras se fait admettre comme tel grâce à de faux prodiges, élimine ses adversaires par des artifices spectaculaires qu'il fait apparaître comme des interventions divines, établit avec les complices qui lui tiennent lieu de disciples une sorte de dictature sacerdotale et organise les circonstances de sa mort pour faire croire à une assomption céleste. Il est inutile de retracer les divers 'miracles' qui lui sont attribués par la superstition populaire: si certains (par exemple, la source jaillissant du rocher, v.101-106) renvoient à ceux de Moïse ou de Mahomet, la plupart parodient très directement les miracles évangéliques; bien des allusions, d'ailleurs, évoquent en des termes blasphématoires la carrière du Christ, voire l'histoire de l'Eglise.[22] Quant aux pratiques des prêtres qui perpétuent

---

22. 'Plusieurs femmes le suivoient aussi, car il étoit bel homme, et il fesoit dire à quelques-unes

l'imposture du fondateur, elles donnent lieu à des anecdotes d'un anticléricalisme assez grossièrement satirique: lorsqu'ils ne manigancent pas quelque faux prodige destiné à mieux asseoir leur pouvoir, ils se font livrer les jeunes vierges du pays pour satisfaire leur lubricité en couvrant leurs débauches du manteau de la religion. Sade s'en souviendra dans l'épisode utopique de Butua d'*Aline et Valcour*. Mais le thème de l'imposture religieuse (ou, plus précisément, sacerdotale) est un lieu commun libertin que l'on retrouvera dans l'*Histoire des oracles* de Fontenelle, dans les *Aventures de Jacques Massé* de Tyssot de Patot et jusque dans le *Cleveland* de Prévost.

Toutefois l'intérêt essentiel du récit réside dans le parallélisme évident entre l'histoire de Stroukaras et celle de Sévarias. Peut-on affirmer qu'entre eux, 'malgré certaines ressemblances, tout est contraste'?[23] Certes, il est aisé de montrer que le premier s'appuie sur la superstition et le second sur la raison, que l'un attise la discorde tandis que l'autre ramène la paix, comme s'opposent à travers eux l'intérêt personnel et le souci du bien public (p.203-205). Mais on peut se demander alors pourquoi Veiras a voulu de si troublantes similitudes: si Sévarias ne se donne pas pour fils du Soleil, il se fait reconnaître pour son envoyé par des miracles à peine moins fabriqués que ceux de Stroukaras, et tous deux cherchent à édifier sur un fondement pseudo-religieux un pouvoir fort capable de leur survivre. Négatif de Sévarias, Stroukaras incarne aussi peut-être le même type de législateur vu dans une autre lumière et d'un autre point de vue, selon l'optique d'un observateur critique qui n'adhérerait pas aux valeurs de l'utopie mais l'envisagerait du dehors en refusant d'en être dupe. Le parallélisme des deux destins semble suggérer au moins une conclusion: juste ou injuste, tout pouvoir est inévitablement issu de l'imposture; il n'existe pas, sinon dans la nécessaire crédulité des peuples, de fondement transcendant du pouvoir, lequel n'a d'autre légitimité que celle, purement humaine et combien subjective, découlant des intentions bonnes ou mauvaises de celui qui l'exerce.

iv. La signification du texte: œuvre 'révolutionnaire' ou utopie absolutiste?

Resterait à cerner la signification de l'ouvrage. On peut l'examiner sous trois angles: en tant que construction utopique *in abstracto*; comme réponse au contexte historico-politique contemporain; enfin, comme expression de l'indi-

qu'il avoit corrompuës qu'il parloit familierement avec le Soleil du sommet d'une haute montagne' (v.8); la scission survenue au sein du collège des prêtres après la mort de l'imposteur et la construction d'un nouveau temple en un autre endroit du pays (v.56-60), font penser à la séparation des Eglises d'Orient et d'Occident, ou peut-être encore au schisme de la Réforme.

23. Mühll, p.203.

vidu Veiras dans sa situation concrète d'intellectuel protestant. La relation minutieuse des étapes de la prise de pouvoir du législateur, la complexité du système institutionnel, l'importance des développements consacrés à une doctrine religieuse – l'héliocratisme – dont l'auteur n'est pas dupe constituent déjà une première indication: pour lui, l'Etat ne va pas de soi. C'est un ordre difficilement conquis sur un désordre et que seule une science politique élaborée peut maintenir à l'existence. Au point de départ de la réflexion de Veiras se trouve une conception pessimiste de la nature humaine peut-être héritée de calvinisme, voire de la fréquentation des milieux jansénistes, mais aussi parfaitement conforme à l'attitude des moralistes classiques.[24] Pas plus que la religion, la vertu et la raison ne sauraient être des données spontanées du comportement humain, car 'la passion regne par tout où il y a des hommes' et 'tout le monde n'obeït pas également aus lois, quelques douces et raisonnables qu'elles paroissent estre' (*H.S.*, iv.100, 86). A la différence de beaucoup d'utopistes, comme le remarquait déjà Garnier dans sa préface à l'édition des *Voyages imaginaires*, Veiras n'a pas cherché à modifier ou à esquiver les constantes de la nature humaine:

Le but de l'auteur a été de nous tracer dans les Sévarambes, un peuple de sages; non qu'il ait imaginé des hommes différens des autres, et dépouillés des passions. La nature n'a rien fait de particulier pour les Sévarambes: ils sont nés avec le germe de tous les vices que nous apportons dans le monde; mais ce germe, étouffé dans sa naissance par la sage disposition des loix, ne peut prendre racine dans le cœur de ces peuples. C'est donc à la forme du gouvernement des Sévarambes qu'ils doivent leurs vertus.[25]

Les Sévarambes sont, eux aussi, soumis aux passions, et c'est en jouant habilement sur certaines d'entre elles – l'orgueil, l'ambition, la superstition – que le législateur a pu imposer son pouvoir. Ainsi, plus sensibles aux blâmes et aux honneurs qu'à la jouissance des richesses matérielles, ont-ils adopté sans trop de difficulté un système de communauté des biens où les distinctions inter-individuelles ne résultent plus de la fortune, mais des charges officielles.

Toutefois le pessimisme moral se trouve équilibré par un optimisme institutionnel qui, lui, est pleinement utopique: non sans contradiction, Veiras postule que la nature humaine, fût-elle corrompue, peut être améliorée par de sages institutions: 'Les hommes ont naturellement beaucoup de penchant au vice, et si les bonnes Loix, les bons exemples et la bonne éducation ne les en corrigent, les mauvaises semences qui sont en eux s'accroissent et se fortifient' (*H.S.*, iii.314-15). D'où – c'est une constante du genre – l'importance cruciale de l'éducation, investie d'une fonction de pédagogie de la norme et de rectification

24. D'après certains témoignages, Veiras aurait été lié à des jansénistes au cours de son séjour à Paris (voir Mühll, p.22).
25. Garnier (éd.), *Voyages imaginaires*, v.VIII.

de la nature, et plus encore des institutions, puisque 'la plupart des hommes [ne sont] méchans qu'à cause du mauvais gouvernement de leur païs' (v.427). Si l'intégration personnelle de Siden en pays sévarambe n'a pas été, on l'a vu, une parfaite réussite, il a bon espoir pour ses enfants, qui n'ont pas connu l'influence corruptrice de l'Europe. Ainsi coexistent un naturalisme universaliste et pessimiste (partout l'homme est mauvais) et un culturalisme optimiste à base de transformisme social (les institutions peuvent l'améliorer): position nuancée qui ménage à la fois l'exemplarité de l'utopie, puisqu'elle est susceptible de s'appliquer à des individus semblables à nous, et son idéalité, puisqu'elle façonne des êtres plus parfaits.

Qu'en est-il sous ce double rapport de la signification de l'ouvrage si on le replace dans le contexte politique contemporain? L'*Histoire des Sévarambes* doit-elle être interprétée comme un programme d'action politique, une plate-forme de proposition ou une rêverie d'évasion? Livre révolutionnaire ou simplement réformiste? Si toute utopie constitue une réaction à une situation historique, c'est d'abord ce modèle référentiel implicite qu'il faudrait déterminer. Mais ici il est double. Ecrite en Angleterre, pour la première partie du moins, par un homme qui y a longtemps vécu, l'*Histoire des Sévarambes* peut être lue comme une réponse aux péripéties de la Révolution et de la Restauration anglaises. On l'a souvent remarqué, Sévarias limite de lui-même son pouvoir comme Cromwell l'avait fait avec l'*Instrument of Government*; à l'instar de ce dernier en 1657, il refuse la couronne et se contente d'un titre de vice-roi qui lui laisse, comme au Lord Protecteur, la réalité du pouvoir; tous deux, enfin, sont des chefs de guerre en même temps que des législateurs. Quant aux dispositions prises par Sévarias pour assurer la pérennité des institutions, on peut penser qu'elles répondent indirectement à la rapide décomposition du régime qui, en Angleterre, suivit la mort de son fondateur. Et l'accent porté sur la nécessité de la tolérance pour la survie de l'Etat fait peut-être écho aux tensions qui marquent le règne de Charles II entre une nation majoritairement protestante et un souverain aux sympathies catholiques.

D'autre part, l'ouvrage trouve aussi des points d'application dans la situation française. On a beaucoup spéculé sur les sources littéraires du modèle héliocratique; ne faudrait-il pas y voir également une allusion au culte monarchique qui se développe autour du Roi Soleil? En ce cas, s'agit-il d'une mise en cause de la monarchie louis-quatorzienne, comme le suggèrent certains historiens?[26]

26. Ainsi Myriam Yardeni (*Utopie et révolte*, p.129), qui estime que 'les buts des utopistes de la crise de la conscience européenne sont révolutionnaires: substituer un modèle d'Etat et un modèle de société au modèle louis-quatorzien. [...] Car leur modèle est toujours une antithèse de l'Etat du Roi Soleil.' Le propos, qui ne s'applique pas spécifiquement à l'utopie de Veiras, n'est guère moins contestable pour la majorité des autres textes de cette période.

C'est fort discutable. A cet égard, certains indices sont intéressants. Veiras a dédié son livre à Riquet, constructeur du Canal du Midi et protégé de Colbert: faut-il se borner à mettre au compte des conventions du genre l'éloge appuyé de la politique colbertiste – manufactures, grands travaux, expansion démographique – que contient cette épître dédicatoire? 'On s'étonne que le livre ait pu paraître à cette date sans que l'auteur ait été inquiété', note pour sa part Henri Busson, en soulignant l'aspect nettement antichrétien de l'ouvrage;[27] mieux, il a bénéficié d'un privilège en bonne et due forme, au moins pour les premiers volumes. (Le dernier volume, celui qui rapporte l'histoire de l'imposteur Omigas, ne comporte pas d'indication de privilège. Mais le fait que l'auteur y ait laissé figurer son adresse prouve assez qu'il ne redoutait guère les poursuites.) Tolérance surprenante, en effet, dont n'ont pas profité d'autres textes apparemment plus conformistes (ainsi l'inoffensive *Relation du voyage du Prince de Montbéraud dans l'isle de Naudely* (1703), de Lesconvel, interdite par les censeurs à cause de 'quelques traits de satire un peu violente, contre le clergé particulièrement'[28]). 'Ouvrage dangereux' au dix-huitième siècle, et encore perçu comme tel en 1787 lorsque Garnier choisit d'en donner une édition mutilée, l'*Histoire des Sévarambes* n'avait, semble-t-il, rien de politiquement subversif vers 1677-1679.

A l'instar de nombreux libertins, Veiras ne semble pas être un adversaire de l'absolutisme, même si, dans une perspective 'machiavélienne', il en perce à jour les ressorts psychologiques secrets: exploitation des superstitions populaires, utilisation des passions humaines, confusion délibérée du spirituel et du temporel. L'héliocratisme sévarambe revient à reconnaître la nécessité politique d'une religion d'Etat, peu importe laquelle, et Sévarias, vice-roi investi du Soleil, est l'équivalent du souverain 'lieutenant de Dieu sur la terre' dans la doctrine monarchique française. Tout au plus faut-il remarquer que le livre insiste aussi sur le respect des 'lois fondamentales' de l'Etat. Cette notion appartient à l'arsenal doctrinal des théoriciens de la monarchie. Elle est invoquée aussi bien par les 'germanistes' de tradition féodale que par les tenants d'une royauté issue d'une délégation de la souveraineté populaire. En l'espèce, elle semble avoir pour but essentiel d'assurer la pérennité des institutions, ainsi soustraites aux caprices éventuels des gouvernants, plutôt que d'instaurer une monarchie parlementaire et constitutionnelle à l'anglaise, dont du reste le modèle est encore à naître.

Probablement est-ce dans le même sens qu'il faut interpréter la signification de l'utopie sévarambe au regard de la situation de son auteur. Protestant par

---

27. H. Busson, *La Religion des classiques (1660-1685)* (Paris 1948), p.395.
28. Henri-Jean Martin, *Livre, pouvoirs et société à Paris au XVIIe siècle* (Genève 1969), ii.766.

tradition familiale et, pour ainsi dire, malgré lui, mais personnellement déiste sinon athée, Veiras n'est sans doute pas le 'révolté' qu'on a dépeint parfois. Bien plus vraisemblablement, comme le suggèrent F. E. et F. P. Manuel, l'*Histoire des Sévarambes* offre une expression politique des thèses des 'accommodeurs' soucieux de préserver la paix civile en fédérant protestantisme et catholicisme sous l'égide d'une monarchie absolue, mais tolérante en matière de religion.[29] Prêt à admettre la nécessité politique du droit divin et d'une religion d'Etat capables de conférer au pouvoir l'autorité nécessaire à son exercice tout en assurant l'unité de la nation, Veiras demande seulement qu'on n'exige pas des sujets autre chose qu'une conformité extérieure à un credo minimal compatible avec la diversité des croyances privées. Ces aspirations, apparemment confortées par la politique gallicane de Louis XIV, allaient être brisées par la Révocation.

En ce sens, l'*Histoire des Sévarambes* est donc moins un appel à la révolte ou la formulation d'un contre-modèle qu'une réflexion sans hostilité de principe sur les conditions de fonctionnement du pouvoir monarchique et la constitution d'un Etat fort, lequel ne diffère pas fondamentalement de la France de la fin du dix-septième siècle.

Ces remarques débordent le cas individuel de Veiras. Elles peuvent s'appliquer, au moins dans une certaine mesure, à d'autres utopies de l'époque des pré-Lumières dues également à des protestants placés dans une situation sociologiquement analogue, comme celles de Foigny ou de Tyssot de Patot. Tous sont, à bien des égards, des marginaux. Etrangers au milieu littéraire, régents de collège ou précepteurs plutôt qu'hommes de lettres, ils ont également passé une partie importante de leur vie hors de France et se situent plus ou moins ouvertement dans la mouvance du courant libertin. Géographiquement déracinés, socialement déclassés, idéologiquement hétérodoxes, n'entretenant plus avec la communauté réformée qu'une solidarité lointaine et souvent conflictuelle, ils incarnent assez bien la solitude de l'intellectuel aux franges du protestantisme, élément déviant au sein d'un groupe social lui-même minoritaire et persécuté. Après des années passées en Angleterre où il a pu approcher la réalité du pouvoir dans l'ombre de Buckingham, Veiras, rentré à Paris, doit donner des leçons pour subsister en attendant l'exil définitif qui suivra la Révocation. Tyssot de Patot, qui appartient à la seconde génération du Refuge, n'a pratiquement jamais vécu en France: né à Londres, il fera toute sa carrière en Hollande dans le cadre sans gloire d'un collège provincial, en butte à

---

29. Manuel et Manuel, *Utopian thought*, p.368. Sur l'aspect proprement religieux de l'action des 'accommodeurs', voir Emile G. Léonard, *Histoire générale du protestantisme*, tome ii: *L'Etablissement* (Paris 1961), p.352-55, 367-69.

l'hostilité de ses collègues et à la méfiance des autorités religieuses, jusqu'à sa destitution, en 1726, pour blasphème, impiété et spinozisme.[30] Ancien moine cordelier en rupture de couvent, Foigny ne tirera de sa conversion qu'une paix illusoire: après dix-huit années de séjour comme régent de collège, il sera expulsé de Genève en 1684 au terme d'une longue série de tracasseries et de scandales.

Rien d'étonnant donc à ce que ces utopies écrites par des protestants ne soient en aucune façon des utopies 'protestantes'. Si la projection imaginaire dans l'ailleurs (l'hypothétique continent austral, où toutes trois sont localisées) peut apparaître comme le symptôme d'un sentiment collectif de fermeture historique, leurs auteurs ne s'y font jamais les porte-parole d'une communauté protestante à laquelle ils ne s'identifient pas. Bien que le débat théologique y occupe une place essentielle, les textes évoquent rarement la spécificité réformée. Seul Tyssot de Patot rappelle à mots couverts l'histoire malheureuse du calvinisme français, mais il s'agit surtout pour lui de montrer que les discordes religieuses ruinent la nation et engendrent des guerres lorsqu'elles sont attisées par les ambitions des princes.[31] Jacques Massé, le narrateur, rencontrera pourtant au cours de sa captivité en Barbarie un 'proposant gascon', mais converti à l'Islam et qui, nous dit-il, 'étoit bien le plus hardi Athée ou Déiste, que j'aye vû de mes yeux' (p.455). Curieux réformé, en effet, et qui semble bien exprimer la position de l'auteur lorsqu'il soutient que toutes les religions se valent, puisque, poursuit le narrateur (p.457):

il n'avoit rien trouvé dans aucune qui pût satisfaire une personne raisonnable; et qu'ainsi il ne voyoit rien qui dût empêcher un homme sage, de se conformer, pour le moins extérieurement, à la Religion du Païs où il demeure; tout de même comme on s'accommode aux habits, aux coûtumes et aux manières d'un Païs, pour ne pas paroître ridicule par sa singularité.

Cette doctrine de la conformité extérieure rejoint celle du prosélyte chinois qui, du fond des prisons de l'Inquisition, se proclame 'Universaliste, ou de la Religion des honnêtes gens' et estime qu''il est indifférent dans quelle Eglise ou avec quels Peuples on adore Dieu', puisque 'ce n'est ni le nom de Catholique, de Calviniste, de Luthérien ou d'Anabaptiste qui sauve les gens' (p.413, 425).

Si l'on décide de laisser provisoirement à part le cas plus complexe de Foigny, qui, parti de prémisses analogues, en tire des conclusions différentes, les positions de Tyssot de Patot et de Veiras sont pleinement convergentes. L'un et l'autre insistent vigoureusement sur la nécessité de la tolérance. Veiras

---

30. Sur la biographie de Tyssot de Patot, voir Aubrey Rosenberg, *Tyssot de Patot and his work, 1655-1738* (La Haye 1972).

31. Tyssot de Patot, *Voyages et avantures de Jaques Massé*, éd. Trousson, p.224-27.

notamment y revient souvent, stigmatisant au passage les conversions extorquées.[32] Certes, on peut voir là une protestation contre les dragonnades et la politique officielle d'éradication du protestantisme; mais on peut y lire également une profession de foi 'universaliste' qui renvoie dos à dos toutes les religions positives, néanmoins reconnues indispensables à titre de fondements psychologiques du pouvoir politique. Et Tyssot de Patot pour sa part ne voit en l'Ecriture sainte qu''un roman assez mal concerté', mais sans doute nécessaire aux 'esprits d'un ordre commun'.[33] Ces attitudes sont caractéristiques des intellectuels aux lisières du protestantisme. Prisonniers d'une appartenance sociologique qui les fait, malgré eux, solidaires du devenir d'une communauté à laquelle ils sont idéologiquement étrangers, ils projettent dans l'utopie de forme romanesque une réflexion sur la place de la religion dans le rapport de l'individu à la collectivité et des groupes minoritaires à l'Etat, ce dernier apparaissant à la fois comme une instance unificatrice autoritaire et comme le garant d'une marge socialement acceptable de différence individuelle. La conciliation entre la nécessité de l'unité étatique et l'exigence de spécificité personnelle, résolue tant bien que mal chez Veiras et Tyssot de Patot grâce à une tolérance sceptique qui s'accommode des manipulations politico-religieuses, achoppera toutefois chez Foigny sur la visée totalisante, voire totalitaire, qui est peut-être inhérente au genre, réintroduisant ainsi au cœur de la construction utopique le conflit de l'individu et de la collectivité.

32. Voir, par exemple, *H.S.*, iv.284, 292, 328-29; v.279-80.
33. Tyssot de Patot, *Jacques Massé*, p.23, 184.

11. La postérité des *Sévarambes*

LA diffusion de l'*Histoire des Sévarambes* a été considérable dans toute l'Europe pendant plus d'un siècle: une dizaine d'éditions françaises au moins jusqu'à celle, censurée, des *Voyages imaginaires*, des traductions, elles aussi pour la plupart rééditées, dans les principales langues européennes.[1] Bien accueillie dans l'ensemble par la critique,[2] presque aussi souvent citée que *La République* ou *L'Utopie*, elle a été probablement beaucoup plus lue, et par des gens aussi divers que Bayle, Fénelon, Leibniz, Montesquieu, Voltaire, Rousseau, Hume, Kant, entre autres, au point de devenir le prototype représentatif de la catégorie des 'romans politiques'. Enfin – cause ou conséquence de cette célébrité? – tout aussi révélatrices sont les attributions fantaisistes et diversement prestigieuses qui, dans l'ignorance de l'identité véritable de l'auteur,[3] circuleront fort long-temps et, dans certains cas, jusqu'au début du dix-neuvième siècle: à Vossius, à Bayle, à Leibniz, ou encore aux Anglais Algernon Sidney ou Maurice Ashley.

Rien d'étonnant donc à ce que l'on retrouve sous une forme plus ou moins altérée la présence du modèle canonique des *Sévarambes* dans une partie importante de la production utopique ultérieure. Immédiatement identifiable dans la majorité des utopies des pré-Lumières, il l'est moins après 1730. Il se combine alors avec d'autres influences, celles de Fénelon et de Swift notamment, pour donner naissance à des œuvres dont la structure formelle ne présente plus la même netteté et dans lesquelles l'orientation idéologique est également en général plus malaisément saisissable. On s'en tiendra pour l'instant aux textes de la première période, ou qui littérairement s'y rattachent, en Angleterre et en France.

1. En anglais (1675-1679, le premier volume seul étant conforme au texte français; 1738, version authentique complète), allemand (1689, 1714, 1783), hollandais (1682, 1701), italien (1728, 1730) … Cette liste, qui repose sur les informations anciennes fournies par Lachèvre et von der Mühll, est certainement incomplète.

2. Le compte rendu du *Journal des sçavans* (7 mars 1678, p.87) est assez nettement favorable. Un siècle plus tard, la préface de Garnier lui assigne 'un rang distingué parmi les voyages imaginaires' et place l'ouvrage 'parmi nos meilleurs romans philosophiques et moraux' (*Voyages imaginaires*, v.VII).

3. Elle semble inconnue de Bayle, qui évoque brièvement l'*Histoire des Sévarambes* dans son *Dictionnaire* mais ne mentionne pas le nom de l'auteur. Elle était pourtant divulguée dès 1689 par un article de la revue allemande de Christian Thomasius (*Freymüthige … Gedanken über allerhand*, novembre 1689, résumé dans Lachèvre, *Les Successeurs de Cyrano de Bergerac*, p.167-68). Cette notice, due, semble-t-il, à un réfugié français qui avait connu Veiras, a constitué longtemps la principale source d'information biographique sur l'auteur des *Sévarambes*. Sur les attributions fantaisistes, voir Mühll, p.256.

La postérité anglaise directe des *Sévarambes* se limite à deux ouvrages inégaux en importance et s'inscrivant dans des courants de pensée entièrement opposés: libertinage antichrétien aux lisières de l'athéisme pour le premier, volonté de stricte conformité à la doctrine de l'Eglise pour l'autre. Idéologiquement parfaitement atypique dans le corpus de l'utopie des Lumières, l'œuvre de Berington n'en est pas moins un jalon essentiel de la production anglaise au dix-huitième siècle.

i. Héliolâtrie et libertinage: le *Voyage à l'intérieur de la Tartarie*

Inconnu des histoires de l'utopie et des bibliographies spécialisées, le *Voyage à l'intérieur de la Tartarie* correspond, dans la vaste descendance des *Sévarambes*, à un premier type de textes, ceux où la relation au modèle est évidente et directe sans pour autant relever du plagiat (à la différence du pseudo-*Gulliver Part III* – voir ci-dessus, ch.5, §vi): même déroulement narratif, même perspective idéologique, celle du courant libertin, organisation politique voisine, bien que l'héliocratisme des Héliopolitains diffère nettement de celui de Sévarias.[4] Mais l'ouvrage porte également la marque de *La Cité du Soleil* de Campanella, et peut-être celle de Foigny.[5]

Sur la personnalité de l'auteur, qui signe du pseudonyme approprié d'Heliogenes de L'Epy (Heliogenes = 'né du soleil'), on en est réduit aux indications biographiques fournies par le texte, qu'il convient évidemment d'accueillir avec beaucoup de prudence. Il s'agirait d'un protestant français réfugié – il remercie la Providence de l'avoir 'arraché à la gueule béante des Dragons en France'[6] – originaire de Lyon, installé en Angleterre depuis septembre 1676 (*V.T.*, Préface et p.188). Se prévalant d'un titre de docteur en médecine et en philosophie de l'université de Padoue (*V.T.*, p.191),[7] H. de L'Epy conclut son récit sur un véritable boniment de marchand d'orviétan, vantant l'excellence de ses médicaments et ses cures miraculeuses; mais il semble avoir vécu plus prosaï-quement de leçons particulières, ainsi qu'en témoigne une annonce publicitaire

4. H. de L'Epy, *A voyage into Tartary, containing a curious description of that country, with part of Greece and Turky, the manners, opinions and religion of the inhabitants therein, with some other incidents* (London 1689), ci-après *V.T.* L'exemplaire consulté est celui de la Bibliothèque nationale.
5. Certains détails relatifs à l'enfance du héros semblent l'attester. Comme Jacques Sadeur dans la traversée de l'Atlantique, il est victime à l'âge de trois ans d'un naufrage sur la Saône auquel il survit miraculeusement; mais on le tient pareillement pour responsable du désastre et de la noyade des autres passagers. L'auteur cependant ne tire aucune parti de cet incident narratif (*V.T.*, p.7-9).
6. 'snatch'd me from the gaping Jaws of Dragons in France' (*V.T.*, Epître dédicatoire non paginée).
7. Il s'agit probablement d'un clin d'œil: l'école padouane a posé les fondements philosophiques du libertinage érudit.

insérée à la suite de la préface, puis reprise en dernière page.[8] ('L'auteur enseigne la philosophie et la physique, tant anciennes que modernes, la géographie, l'histoire, la chronologie, le latin, le grec, le français, l'italien, et prend des pensionnaires'.) Cet 'Avertissement' permet d'entrevoir le petit monde d'aventuriers, d'intellectuels déracinés et de pédagogues besogneux parmi lesquels se recrutent les plumitifs de Grub Street.

La préface, écrite avec beaucoup de verve, présente une très grande similitude d'argumentation avec celles du récit de Veiras, mais aussi de Foigny et, plus curieusement, du *Voyage de François Leguat*, qui ne devait paraître que dix-huit ans plus tard.[9] Elle porte presque exclusivement sur l'ambiguïté ironique du vrai et du faux et sur le classique lieu commun des mensonges des voyageurs. L'auteur, qui se défend d'avoir voulu 'entreprendre les voyages fantastiques de Bergerac de Cyrano', réclame du moins pour ses lecteurs 'la liberté d'en croire ce qu'il leur plaira' et pour lui-même 'celle que prit Platon de proposer l'idée d'une république à sa fantaisie' – façon plus désinvolte que convaincante d'accréditer sa fiction.[10] De fait, il semble bien n'avoir d'autre intention que de tourner en dérision les procédés d'authentification habituels au genre, ergotant longuement sur des points dénués d'intérêt ou sans rapport avec la substance du récit: ainsi l'auteur s'emploie-t-il à attester son 'naufrage' sur la Saône 'par le témoignage de personnes encore vivantes'; et à qui lui reprocherait de placer Héliopolis en Tartarie alors que cette ville est en Egypte il répond par les exemples de Francfort-sur-le-Main et Francfort-sur-l'Oder ou de Valence en Dauphiné et Valence en Espagne.

Le découpage séquentiel obéit au modèle des *Sévarambes*, avec toutefois d'importantes variations quantitatives. Le récit autobiographique initial, plus tributaire, semble-t-il, de Foigny que de Veiras, retrace la jeunesse du narrateur, d'abord adopté par ceux qui l'ont sauvé des eaux, puis gâté par les mauvais exemples, menant une vie errante de pays en pays. A Rome, il s'aperçoit que son éducation a été négligée, s'applique sérieusement à l'étude de la philosophie, se sépare de ses compagnons de mauvaise vie et s'embarque pour l'Orient le 4

---

8. 'The Author teacheth Philosophy and Physic, both Ancient and Modern: Geography, History, Chronology, *Latin, Greek, French, Italien*; and keeps boarders' (*V.T.*, Preface et p.192). Suit son adresse, 'in Beaufort Buildings, in the Strand behind the Fountain Tavern over against the Crown'.

9. Les deux textes offrent d'autres convergences curieuses. Ainsi, ils citent l'un et l'autre une anecdote *a priori* peu connue rapportée par Procope: la découverte en Afrique du Nord d'une inscription faisant des Maures les descendants des nations chassées de Palestine par Josué. La biographie de Misson, réfugié français auteur de la réécriture du *Voyage* de Leguat, est trop mal connue pour qu'il soit possible d'aller plus loin dans les hypothèses.

10. 'we do not pretend to undertake the fantastick Travels of *Bergerac de Cyrano* [*sic*]'; 'leaving to every one the liberty to believe as they please, they do not deprive me of that freedom which *Plato* had to propose the Idea of a Republick after his manner' (*V.T.*, Preface).

février 1663. Suit un itinéraire à travers la Grèce, la Turquie, la Géorgie et l'Asie centrale, coupé d'anecdotes burlesques,[11] de digressions, d'observations pseudo-ethnograhiques sur les mœurs des bergers tartares et d'incidents de route à la faveur desquels tous ses compagnons de caravane disparaissent, le laissant abandonné 'à la Fortune et au gouvernement de [ses] vaches'.[12] La traversée du désert, avec les épreuves qui l'accompagnent – bêtes féroces, épuisement des vivres, sables mouvants – se substitue ici à la fois aux séquences d'approche maritime et au franchissement de la clôture ouvrant l'accès à l'utopie. Celle-ci est atteinte à la page 85: brusquement, un riant paysage de jardins et de vergers succède au désert, et le narrateur surprend de l'autre côté d'un mur une conversation en grec. Accueilli, fêté, il est pris en charge par son hôte Callisthène, qui lui expose par le menu l'origine et le gouvernement de cette nation. Ensuite seulement prendra place la découverte du territoire utopique: traversée des campagnes en plusieurs étapes successives, visite de la capitale Héliopolis, enfin description du temple du Soleil qui en occupe le centre. L'ordre séquentiel des *Sévarambes* se trouve donc ici modifié, mais l'organisation interne de chaque séquence demeure strictement identique.

Le tableau de la société héliopolitaine se trouve rejeté à la fin du volume. Il prend la forme d'un exposé idéologique, assez lâchement structuré par la visite de la bibliothèque, plus spacieuse que celle du Vatican et dotée d'immenses galeries de physique et de sciences naturelles. Comme dans les *Sévarambes*, la spéculation philosophico-religieuse y occupe une place centrale.

Aussi narrativement peu motivée que celle du départ, la décision du retour donne lieu à une dernière séquence qui, comme chez Veiras, fait reparcourir au narrateur certaines des étapes de son voyage aller. Regagnant l'Europe par la Caspienne, il y retrouve son camarade Monthresor, qu'il croyait mort et qui a été miraculeusement entraîné à la mer par le cours d'une rivière souterraine.

A l'instar encore de l'*Histoire des Sévarambes*, le récit comporte des histoires insérées, moins nombreuses et moins développées toutefois, comme celle de Philarète et d'Uranie (p.127-39), qui porte sur la légitimité du suicide et sert de charnière entre la présentation didactique de la société héliopolitaine et le débat philosophique final.

Selon un schéma apparenté à celui des utopies para-archéologiques de la même époque – la *Gerania* de Barnes (1675) ou le *Gouvernement d'Astreada* de 1693 – les Héliopolitains, descendants d'un groupe de philosophes athéniens émigrés en Asie centrale après la mort d'Alexandre, sont les héritiers de la

---

11. On pense, par exemple, à l'épisode où le narrateur est agressé dans son lit par un jeune homme qui l'accuse d'avoir séduit sa sœur, son bonnet de nuit, transporté par des rats, ayant été retrouvé dans la chambre de cette dernière.

12. 'to Fortune, and to the guidance of my Cows' (*V.T.*, p.85).

sagesse antique, un rameau détaché de la civilisation hellénique, préservée dans sa pureté originelle par une sage législation et l'absence de contacts avec l'extérieur. La problématique coloniale de l'*Histoire des Sévarambes* est absente du mythe de fondation, puisque les nouveaux arrivants s'étaient promis de 'ne s'établir en aucun lieu au préjudice de ses anciens possesseurs',[13] la contrée élue étant d'ailleurs déserte. Dans ce texte fortement imprégné d'une cosmologie héliocentriste de type vitaliste, l'imaginaire spatial semble régi par une mystique de la centralité à la fois organique et cosmique. Aussi la première décision des fondateurs, après avoir délimité leur périmètre territorial – un cercle de cinquante-neuf milles anglais de diamètre – est-elle d'y construire une capitale centrale, à la fois projection microcosmique de l'ordre planétaire et organe essentiel du corps politique:

Ils édifièrent une cité à l'ombilic même de leur territoire comme siège ou résidence de l'âme de ce corps mystérieux afin d'excercer de son centre une influence égale sur toutes les parties de sa circonférence. Ils appelèrent cette cité Héliopolis en l'honneur du Soleil, que nous croyons être le centre du monde et le cœur d'où jaillissent ces esprits animaux qui lui donnent vie.[14]

La ville ne doit rien au plan orthogonal d'Amaurote ou de Sévarinde, mais semble s'inspirer plutôt du modèle de la cité du Soleil de Campanella. Circulaire, elle se répartit en trois quartiers concentriques distingués par les ordres architecturaux: quartier du Soleil (dorique), quartier du Conseil (ionien), quartier des Ecoles (corinthien). Hors de la ville, conformément au modèle cosmologique qui ordonne l'ensemble, on aperçoit au loin les maisons de campagne 'comme autant d'étoiles au firmament à la belle saison';[15] un réseau de chemins rectilignes bordés d'arbres les relie à la cité selon un plan rayonnant.

Un principe d'ordre et d'hygiène a présidé à l'aménagement: places publiques bordées d'arcades, canaux assurant l'évacuation des ordures, larges avenues rectilignes propres et nettes 'comme celles d'Amsterdam'. Au milieu de la place centrale de six cents pas de diamètre s'élève le temple du Soleil, magnifique bâtiment entouré d'une colonnade de porphyre et surmonté d'une coupole soutenue de cariatides d'albâtre. Les quatre portes s'orientent selon les quatre points cardinaux, tandis que le haut du mur d'enceinte est percé de trois cent soixante ouvertures correspondant aux 360 degrés de l'écliptique; comme chez

13. 'nor to settle in any place to the prejudice of the Ancient Possessors' (*V.T.*, p.94).
14. 'They built a City in the very Navel of their Territory, for the seat or residence of the Soul of this Mysterious Body, from the middle equally to influence all the Parts of its Circumference. This City they call'd *Heliopolis* in Honour of the Sun, which we believe to be the Center of the World, and the Heart from which those Spirits flow that enliven it' (*V.T.*, p.95).
15. 'like so many Stars in the Firmament in a serene Season' (*V.T.*, p.117).

Campanella, l'édifice n'est rien d'autre qu'un vaste planétarium dont la fonction est tout autant astromique que proprement religieuse.

L'organisation de la vie quotidienne, elle aussi, fait songer à More et à Campanella autant qu'à Veiras. Le législateur prit soin d'abolir la propriété pour supprimer toute distinction entre les citoyens, la répartition des vivres étant assurée par des magasins publics établis dans chaque quartier. Mais cette règle ne paraît plus strictement appliquée, car il est précisé que les particuliers âgés de plus de trente ans, donc dégagés de leurs obligations envers l'Etat après leur service agricole obligatoire de douze ans, sont autorisés à s'enrichir en participant au commerce extérieur avec l'empire de Grand Mogol: système peu cohérent qui semble hésiter entre de larges concessions à l'économie de marché et le classique communisme utopique (l'auteur ne manque pas dans son discours préliminaire de faire référence aux paradigmes traditionnels en matière de communauté des biens – la République de Platon et les usages des premiers chrétiens, *V.T.*, p.6); mais ce communisme est ici encore envisagé comme une option morale plutôt que sous l'angle des réalités fonctionnelles de l'organisation économique. La structure sociale, sur laquelle l'auteur ne s'attarde guère, est en principe égalitaire, sans autre distinction entre les individus que les classes d'âge auxquelles ils appartiennent: enfants (jusqu'à sept ans), jeunes gens (de sept à dix-huit ans), jeunes hommes (de dix-huit à trente ans), 'hommes dans leur perfection' (à partir de trente ans), ces derniers seuls étant autorisés à résider dans les villes et à se marier. Comme chez les Sévarambes, l'éducation, familiale jusqu'à sept ans, incombe aux collèges d'Etat de sept à dix-huit ans, du moins pour les plus aptes, car les autres se contentent d'un apprentissage manuel. Les sciences et les arts paraissent plus développés qu'en Europe, puisque les Héliopolitains ont inventé une foule d'instruments, exposés dans les galeries de physique: lunettes astronomiques perfectionnées permettant de voir dans la lune des prairies et des forêts, machines volantes ... tout cela dans l'esprit, semble-t-il, de *La Nouvelle Atlantide*. Mais, s'ils connaissent l'imprimerie et les armes à feu, ils se refusent pour des raisons morales à mettre en pratique ces inventions.

La médecine, domaine exclusif des philosophes, est d'orientation psychosomatique – on soigne les maladies de l'âme comme celles du corps – et repose sur une pharmacopée naturelle. La mort ne suscite ni appréhension ni tristesse: conformément aux thèses du matérialisme atomistique hérité de l'épicurisme antique, ce que nous appelons la vie n'est rien d'autre qu'un arrangement transitoire des particules élémentaires vouées à se dissoudre et à se recomposer en d'autres corps selon un cycle infini:

Ils ne conçoivent pas que la mort puisse être un mal; ils ne la regardent que comme une simple cessation de l'activité et de la pensée, l'une et l'autre pouvant faire retour quelque jour s'il arrivait que fussent de nouveau rassemblées les particules qui leur donnèrent naissance.[16]

Corrélat habituel de l'atomisme, la crémation des cadavres, que les Héliopolitains pratiquent comme les Sélénites de Cyrano,[17] permet de libérer les 'petits corps', dont les plus subtils se réunissent au Soleil, source de vie.

Toutefois, dans cette utopie beaucoup plus sommaire que celle de Veiras, deux points seulement font l'objet d'un réel développement: les institutions et le système philosophique. A l'égard des premières, elles se sont perpétuées moyennant quelques aménagements depuis la fondation. Il s'agit d'un système d'assemblées à trois étages peut-être inspiré de l'organisation politique d'Athènes: une assemblée générale réunissant tous les citoyens âgés de plus de trente ans élut alors une assemblée restreinte, initialement de mille personnes, mais dont le nombre a été ultérieurement ramené à trois cents. Ses membres, qui portent le titre de Sages (*Wise Men*), accèdent par ancienneté au Conseil permanent des Trente (*Standing Council*), dont le plus âgé est le chef de l'Etat. Le Conseil des Trente choisit les remplaçants à l'Assemblée des Trois Cents en cas de vacance de poste. Tout en conservant la même structure, le système, démocratique à l'origine, est donc devenu une oligarchie gérontocratique dont les membres se recrutent par cooptation et progressent au bénéfice de l'âge. Si le peuple est explicitement donné pour la source initiale de la souveraineté, il l'aliène défintivement après l'avoir déléguée dans l'acte fondateur. La circulation du pouvoir est ici exclusivement descendante: les Trente gouvernent toutes les affaires de la cité, les Trois Cents se répartissant sous leur contrôle les charges judiciaires, l'inspection des écoles, manufactures et magasins, ainsi que la surintendance des tribus – les trois quartiers sont subdivisés en trente tribus dont chacune est gouvernée par trois membres de l'Assemblée des Trois Cents choisis par le Conseil des Trente. Ces magistrats administrent, outre les affaires internes de la tribu, les magasins et les exploitations agricoles qui en dépendent.

Quant aux lois, elles sont d'une simplicité exemplaire et se réduisent à un principe unique universellement compris par tous, 'lequel est la loi de la nature imprimée dans nos cœurs, attestée par tous ceux dont la raison n'a pas été pervertie et adultérée par les passions'.[18] L'évidence de la loi naturelle ne dispense pas seulement de toute exégèse juridique et de tout code législatif: elle se confond également avec la nécessité rationnelle, puisque, selon une

---

16. 'They do not conceive there is any evil in death, which they look upon as a meer Cessation from Action and Thought, which may possibly return one day, if the Particles from whence the same Action and Thought deriv'd their first beginning should happen to reunite' (*V.T.*, p.161).

17. Cyrano de Bergerac, *Voyage dans la lune*, p.106.

18. 'And this is the Law of Nature, imprinted in our Hearts, confess'd and acknowledged by all those who have not a Reason perverted and disordered by their Passions' (*V.T.*, p.100)

formule dont on trouvera l'homologue chez Foigny, 'la nature de l'homme, c'est sa Raison'.[19] C'est le motif pour lequel, contrairement à Veiras, qui reconnaît l'irréductibilité de la part passionnelle de l'homme et la nécessité de la prendre en compte dans l'exercice du pouvoir, les fondateurs d'Héliopolis ont refusé le principe machiavélien de la manipulation de l'opinion et 'le stratagème ordinaire des législateurs qui avaient coutume de feindre une familiarité avec les dieux pour obliger le peuple à vénérer leurs lois'.[20]

Dépourvue, en effet, de fonction explicitement politique, la religion (s'il faut lui conserver ce nom) des Héliopolitains n'est qu'un prolongement ritualisé de leur philosophie: elle se réduit à un sacrifice d'encens offert au temple le dixième jour de l'année à l'intention du Soleil, 'âme du monde', principe de vie et de mouvement de toutes choses, centre de l'univers, lieu naturel des âmes individuelles, qui, purement matérielles, constituées de particules de 'matière subtile', y retournent après la dissolution du corps (*V.T.*, p.170-71, 167). A la différence de Veiras, chez qui la conscience relativiste de la pluralité des mondes et de la multiplicité des corps stellaires conduit à la notion d'un Etre Suprême invisible dont le soleil visible ne serait qu'une émanation, H. de L'Epy en reste à un héliocentrisme absolu qui ne tire pas les conséquences psychologiques et métaphysiques de la révolution copernicienne: le Soleil est unique, il n'est pas l'image de la Divinité, mais la Divinité elle-même, ou plutôt le principe organisateur de toutes choses. La religion entendue comme lien personnel avec une transcendance se trouve ici remplacée par une conception moniste de l'unité du grand tout qu'assure la circulation indéfinie des atomes et la correspondance analogique entre microcosme et macrocosme.

Du reste, comment les Héliopolitains pourraient-ils accepter l'existence d'une Divinité invisible, eux qui sont 'persuadés que ce qui ne peut être appréhendé par les sens ne saurait exister, ni servir d'objet à notre méditation'?[21] Ce rationalisme fortement teinté de matérialisme sensualiste explique leur totale indifférence devant la révélation chrétienne que leur apporte le narrateur,

cependant sans faire parmi eux le moindre progrès, car j'avais affaire à des gens qui ne reconnaissaient d'autre autorité que celle des sens et de la raison, lesquels ne peuvent appréhender les mystères de la foi. Mais lorsque j'en vins à leur parler d'une nature unique en trois personnes et d'une même Divinité invisible, incorporelle, entière dans son tout et entière en chacune de ses parties, née dans une étable, crucifiée sur une croix et se reproduisant elle-même chaque jour en mille lieux du monde pour être avalée

19. 'The Nature of Man is his Reason' (*V.T.*, p.101).
20. 'the usual Stratagem of Legislators, who were wont to feign Familiarity with the Gods, thereby to oblige the People to a veneration of their Laws' (*V.T.*, p.99).
21. 'perswaded that what cannot be apprehended by the Sense, is not at all, nor can be the object of our Meditation' (*V.T.*, p.149).

par ses adorateurs, ils commencèrent à dire entre eux que j'étais fou et parlaient déjà de m'envoyer aux Petites Maisons, si bien qu'il me fallut changer de langage.[22]

Le texte, on le voit, est beaucoup plus ouvertement antichrétien que celui de Veiras. La critique s'articule sur divers points: si la foi est nécessaire au salut, pourquoi la révélation n'a-t-elle pas été apportée à tous les hommes en termes clairs et irréfutables? Si le Christ est le fils de Dieu, pourquoi son père l'a-t-il laissé périr dans les tortures? Pourquoi enfin n'a-t-il pas donné à son incarnation terrestre la marque glorieuse qui eût pu le faire reconnaître pour tel? 'Au lieu d'exposer son fils innocent aux cruautés des tortures, il eût dû l'envoyer dans le monde accompagné d'un équipage en rapport avec sa naissance afin de se faire écouter avec plus de respect.'[23] Ultime ironie, le narrateur aura la surprise de retrouver au rayon 'Mythologie' de la bibliothèque l'exemplaire grec du Nouveau Testament qu'il a confié à ses hôtes, rangé là par le conservateur 'en raison d'une généalogie céleste et de divers autres détails qu'en toute raison il ne paraissait pas possible de croire'.[24] Quant à Moïse, on veut bien lui reconnaître la qualité de 'philosophe' mais son récit – celui de la Genèse – est purement fabuleux, car il lui fallait s'adresser 'à un peuple borné incapable de le comprendre par un raisonnement méthodique'.[25]

Tout ceci est d'une virulence que l'on ne trouve guère à l'époque que dans les manuscrits clandestins. A cet égard, et tout en restant une œuvre mineure, le *Voyage à l'intérieure de la Tartarie* est révélateur de l'état d'esprit de la frange la plus radicale du libertinage, exprimé ici sans le mondre déguisement. Pourtant son athéisme – car c'est bien de cela qu'il s'agit – annonce moins le matérialisme du dix-huitième siècle qu'il ne prolonge les cosmologies vitalistes de la Renaissance.

Quant à l'utopie proprement dite, il est difficile de déterminer si elle sert d'enrobage traité sur le mode du pastiche semi-ironique au discours antireligieux, ou si elle exprime les aspirations de l'auteur. Mais, en ce cas, lesquelles? Privée, à la différence de celle de Veiras, dont elle est loin d'ailleurs

---

22. 'however without making any progress among them, because I had to do with People that acknowledg'd no other Authority but that of Sense and Reason, which cannot apprehend the Mysteries of Faith. But when I came to tell them of one Nature in three Persons, and one invisible incorporeal Deity, who was All in All, and All in every Part; born in a Stable, Crucify'd upon a Cross, and reproducing himself every day in a thousand Parts of the World to be swallow'd by his Adorers, they began to discourse among themselves that I was frantick, and talk'd already of sending me among the mad Folks, so that I was forc'd to change my Language' (*V.T.*, p.179-80).

23. 'Instead of exposing an Innocent Son to the severity of Torment, he should have sent him into the World with an Equipage anwerable to his Birth, that he might have been heard with more respect' (*V.T.*, p.180-81).

24. 'by reason of a Celestial Genealogy, and some other particulars, that did not seem rationably to be believ'd' (*V.T.*, p.178).

25. 'a blockish sort of People, uncapable to apprehend it by methodical Reasoning' (*V.T.*, p.153).

d'avoir la minutieuse cohérence, de point d'appui clairement identifiable dans la réalité politique du temps, il n'est pas sûr après tout qu'elle corresponde à autre chose qu'à un pur jeu de l'esprit. Scandaleux au plan religieux, le livre ne l'est guère au plan politique. Quant aux 'hardiesses' apparentes comme la suppression de la propriété privée, elles appartiennent depuis toujours aux conventions thématiques du genre utopique, et il faudra attendre le dix-neuvième siècle pour les voir investies d'une signification 'révolutionnaire' qui, aux alentours de 1700, n'était sans doute guère évidente.

D'une toute autre ampleur à tous égards sont les *Mémoires de Gaudence de Lucques*, œuvre bien postérieure à celle de Veiras (1737) mais qu'on pourrait croire sa contemporaine, bien qu'elle se situe dans un registre idéologique fort différent, tant elle paraît tributaire des modes de pensée du dix-septième siècle.

ii. Narration et quête du sens dans les *Mémoires de Gaudence de Lucques*

Les *Mémoires de Gaudence de Lucques* ne sont plus aujourd'hui qu'une 'utopie oubliée', selon le titre de l'une des rares études qui leur aient été consacrées, délaissée par les lecteurs comme par les commentateurs.[26] Il s'agit pourtant de la plus réussie des utopies anglaises du dix-huitième siècle si l'on met à part l'œuvre de Swift, et sans doute de la plus marquante parmi celles issues du texte-paradigme de Veiras, dont elle constitue un prolongement original.

Aussi célèbre en son temps que l'*Histoire des Sévarambes*, abondamment réédité ainsi qu'on l'a vu, largement traduit, notamment en français et sous une forme d'ailleurs profondément altéré, le roman a bénéficié comme celui de Veiras de l'effet publicitaire dû à une attribution flatteuse, mais erronée (en l'occurrence, au philosophe Berkeley), et ce au moins jusqu'aux alentours de 1820.[27] Pourtant dès 1785 un correspondant du *Gentleman's magazine* avait

26. Simon Berington, *The Memoirs of sig.' Gaudentio di Lucca, taken from his confession and examination before the Fathers of the Inquisition at Bologna in Italy: making a discovery of an unknown country in the midst of the vast deserts of Africa, as ancient, populous, and civilized as the Chinese* [...]; *faithfully translated from the Italian by E. T. Gent* (London 1737). C'est la réimpression photographique de cette édition qui a été utilisée (éd. Josephine Grieder, New York, London 1973 [ci-après *G.D.L.*]). Nous empruntons l'expression *utopie oubliée* à Lee M. Ellison, 'Gaudentio di Lucca: a forgotten utopia', *Publications of the Modern Language Association of America* 50 (1935), p.494-509. L'étude la plus complète reste l'excellente et substantielle analyse de Victor Dupont (*L'Utopie et le roman utopique*, p.281-305). Voir également, outre l'article cité de Ellison, ceux, plus récents, de Georges Benrekassa ('Le statut du narrateur', p.379-95) et de Micheline Hugues ('Utopie et roman dans les romans utopiques des XVIIe et XVIIIe siècles', *Cahiers de l'UER Froissart* 4 (1980), p.73-89).

27. Il existe deux traductions françaises de *Gaudence de Lucques*, l'une et l'autre plusieurs fois réimprimées. La première est celle de Miltz et Saint-Germain (*Mémoires de Gaudentio di Lucca*, Amsterdam et Paris 1746), la seconde celle de Dupuy-Demportes (*Mémoires de Gaudence de Luques*,

révélé, en l'estropiant, il est vrai, le nom du véritable auteur: un certain Barrington, prêtre catholique[28] – en réalité, Simon Berington, d'abord professeur au Collège anglais de Douai, puis chargé de la bibliothèque ecclésiastique catholique de Gray's Inn. La situation de l'auteur, catholique anglais longtemps installé en France, puis 'émigré de l'intérieur' dans un pays où les 'papistes', exclus de la vie publique, ne sont pas loin d'être considérés comme des agents de l'étranger, n'est pas sans analogie avec celles des huguenots français, pris, eux aussi, entre l'attachement à une patrie qui tolère mal leur différence religieuse et l'appel du Refuge étranger. Au point de départ de la vocation d'utopiste de Berington, il y a peut-être un contexte personnel qui n'est pas très différent de celui où ont vécu Veiras, Foigny, Tyssot de Patot.

Ces intellectuels protestants libertins et déistes sont pourtant représentatifs d'un courant contre lequel, précisément, l'auteur de *Gaudence de Lucques* n'a cessé de lutter. Outre de nombreux opuscules de polémique religieuse, Berington a publié deux gros ouvrages de controverse. L'un, se présentant comme un dialogue entre un Hollandais 'déiste' (exact synonyme d''athée' dans le vocabulaire de l'auteur) et un théologien versé en mythologie, réfute les traditionnelles accusations de 'paganisme' adressées à l'Eglise romaine en milieu protestant.[29] L'autre, constitué par une série de douze dissertations portant sur l'exégèse de l'Ancien Testament, notamment sur le récit de la Genèse, attribué à Moïse, s'en prend particulièrement aux déistes et demi-savants qui 'attaquent l'Ancien Testament dans son origine même et voudraient nous faire croire que le récit mosaïque de la Création contient des impossibilités directes'.[30] Dans un esprit d'œcuménisme tolérant, Berington désigne ces 'modernes infidèles' comme les 'ennemis communs', puisque 'tous les rameaux de christianisme à quelque confession qu'ils appartiennent, peut-on penser, regardent la divine révélation des Ecritures comme l'un des principaux fondements de leur foi, bien que le commentaire qu'ils en donnent puisse diverger sur certains points

---

Amsterdam 1753). La version Dupuy-Demportes, reproduite au tome vi des *Voyages imaginaires*, sous prétexte de combler les 'manques' du texte original, modifie l'intrigue et les noms de certains personnages mais supprime aussi une partie de l'annotation érudite qui soutient la crédibilité du récit. Quant à l'attribution à Berkeley, une édition de 1821 (Dublin) porte encore 'By Bishop Berkeley'. L'identité de l'auteur n'est définitivement établie qu'en 1850 par un article de *Notes and queries* (voir Dupont, *L'Utopie et le roman utopique*, p.303).

28. Ellison, '*Gaudentio di Lucca*: a forgotten utopia', p.497.

29. Simon Berington, *A popish pagan the fiction of a protestant heathen* [...], *faithfully translated from the Dutch* (London 1743).

30. Simon Berington, *Dissertations on the mosaïcal Creation, Deluge, building of Babel, and confusion of tongues* (London 1750), Introduction, non paginée ('They attack the Old Testament in the very Origin of it, and would make us believe, that the Mosaïcal Account of the Creation contains direct Impossibilities').

particuliers'.[31] Parfaitement conforme à la doctrine officielle de l'Eglise, nettement retardataire à certains égards (Berington se montre plus que réservé sur
les innovations de la cosmologie newtonienne, dans laquelle il ne veut voir
qu'une simple hypothèse), l'ouvrage donne l'impression d'une solide érudition
théologique, historique et philologique: l'auteur semble bien connaître l'hébreu
et le grec, paraît familier des diverses versions de l'Ecriture, cite abondamment
les historiens de l'Antiquité; quant aux sources de son information exégétique,
elles appartiennent pour l'essentiel à l'érudition du siècle précédent.

Ce combat idéologique de toute une vie rend compte des intentions de
l'auteur de *Gaudence de Lucques*: écrire une anti-*Histoire des Sévarambes*, répondre
aux 'esprits forts' en utilisant les instruments littéraires qu'ils ont eux-mêmes
forgés. Berington a l'habileté de remplir ce programme en conservant les
principales données du texte canonique: même schème narratif, celui du récit
de voyage 'vraisemblable' encadrant une séquence utopique centrale; même
ordre d'exposition, la société imaginaire étant envisagée, successivement, selon
l'axe synchronique (le tableau utopique référé aux observations du narrateur)
et diachronique (l'histoire de sa fondation); bases politico-religieuses analogues,
enfin (religion naturelle rationnelle, héliocratisme, culte de l'unité étatique).
Cependant, la perspective est entièrement différente: la religion naturelle
n'est pas ici un aboutissement, mais une propédeutique au christianisme;
l'héliocratisme conduit à une structure politique fort éloignée de celle de Veiras;
l'histoire de l'utopie a moins pour enjeu la fondation de l'Etat qu'une fiction
généalogique visant à administrer 'expérimentalement' la preuve de la parfaite
congruence de l'histoire sacrée et de l'histoire profane et, au-delà, de l'unité
originaire de l'espèce humaine.

Construit avec une rigueur méticuleuse tout à fait inhabituelle dans ce type
de récit, le roman de Berington, malgré sa date tardive, est entièrement tributaire
des modèles romanesques (mais aussi, on le verra, idéologiques) du dix-
septième siècle. Au roman baroque – celui de Gomberville, par exemple – il
emprunte ses stéréotypes de personnages, de décors et d'intrigue. Héros
doué de toutes les perfections (et, pour cette raison, psychologiquement assez
statique), Gaudence de Lucques a appris à peu près tout ce qu'on peut savoir
en son temps, parle les principales langues d'Europe et d'Orient, est versé dans
les sciences et les arts. Sa beauté singulière exerce sur les femmes, qui jouent
dans son histoire un rôle ambigu, tantôt bénéfique, tantôt maléfique, une sorte
d'attraction magnétique: la fille du Bassa du Caire, la célèbre courtisane

---

31. 'All the different Branches of Christianity, under what Denomination soever, 'tis presumed,
look upon the Divine Revelation of the Scriptures, as one of the chief Foundations of their Belief,
though they may differ in the Explication of some particular Points of it. Our modern Infidels then
are common Ennemies to all' (Berington, *Dissertations*, Introduction).

vénitienne Favilla et bien d'autres renonceront à toute pudeur pour tenter de lui faire partager leur passion. Infiniment vertueux, infiniment vaillant, irréprochablement attaché à sa foi chrétienne, il ne lui manque qu'une noblesse reconnue; mais ce fils de marchand descend en réalité, par son bisaïeul Bernardino di Lucca, de l'amiral vénitien Venerio, vainqueur de la bataille de Lépante, et d'une princesse grecque apparentée aux Paléologue de Byzance. Quant à la lignée maternelle, enjeu principal de ce roman familial, elle donne lieu à une quête inconsciente dont le terme se trouve en utopie: Gaudence s'y découvrira neveu du Pophar, régent du royaume mezzoranien. L'intrigue pour sa part se développe à partir des *topoi* convenus de ce type de roman: hasards de la mer (corsaires barbaresques, abordages, captivité et esclavage), enfants trouvés dont l'identité est soudain révélée, reconnaissances miraculeuses, intercessions salvatrices, les effets très voulus de symétrie et de récurrence au gré desquels s'organisent ces éléments narratifs ne faisant qu'accentuer l'arbitraire apparent du tissu événementiel.

Pourtant, contradictoirement, c'est une stratégie réaliste de l'authentification que retient d'abord Berington de son second modèle, celui des *Sévarambes*. Imitant le dispositif des pièces liminaires du roman de Veiras, il fait précéder le récit de Gaudence d'une préface de l'éditeur-traducteur, puis d'une lettre du secrétaire de l'Inquisition de Bologne au signor Rhedi, conservateur de la Bibliothèque de Saint-Marc à Venise, lui-même annotateur de la relation originale de Gaudence. Ces personnages-relais ont pour vocation d'assurer la transmission matérielle du manuscrit du narrateur au lecteur, mais aussi, chacun à son niveau, d'en attester la parfaite véracité; et comment atteindre ce but plus efficacement qu'en adoptant à l'égard de son contenu une attitude de vigilance critique, anticipant ainsi les doutes et les objections du lecteur?

A cet égard, les circonstances de l'acte narratif remplissent un rôle essentiel. Autour de Gaudence flotte un mystère: récemment installé à Bologne, où il reçoit régulièrement la visite de dames de la ville, il semble jouir d'une fortune importante et, sous couvert d'exercice de la médecine, se livre à des activités mal définies qui pourraient bien relever de la magie ou de l'astrologie judiciaire, ainsi que le suggère la femme jalouse qui le dénonce à l'Inquisition. Arrêté et placé au secret, il est mis en demeure de se justifier par le récit détaillé de sa vie: récit écrit d'abord, puis lu devant la commission d'enquête, régulièrement coupé par les questions des juges et les réponses de l'inculpé, qui relève donc à la fois de la confession autobiographique et du procès-verbal d'interrogatoire. Le but des inquisiteurs est double: s'assurer de l'orthodoxie religieuse du suspect, mais aussi et en premier lieu de son identité et de la véracité de son incroyable histoire. Roman policier avant la lettre, le texte va parcourir en préliminaire les diverses figures d'une enquête judiciaire: perquisition, accumulation d'indices (les mystérieux objets mezzoraniens rapportés par Gaudence), collecte de renseignements et de témoignages extérieurs, contre-interrogatoires, pièges tendus à l'accusé ponctuent l'itinéraire qui conduit du mensonge suspecté au récit reconnu vrai.

On peut donc reconnaître, successives ou alternées, six voix narratives déterminant également, au moins de façon approximative, des niveaux correspondants d'enchâssement du récit. Elles sont chargées d'assurer la jonction entre l'utopie mezzoranienne et sa réception par le lecteur, chacune ayant ses lieux textuels spécifiques et apportant à celles qui la précèdent sa charge d'attestation.

1. La voix de l'éditeur-traducteur anglais s'exprime dans la préface (*The Publisher to the reader*, p.iii-xiii) et dans les notes infrapaginales. Dépositaire de la copie du manuscrit remise par son ami Rhedi, dont il corrige à l'occasion les préventions nationales, il intervient surtout pour présenter l'ensemble du dossier.

2. La voix du bibliothécaire Rhedi, éminent érudit à qui on a demandé une consultation d'expert sur le contenu historique et géographique du récit, se trouve confinée aux 'remarques' regroupées en fin de chapitre. Il s'agit, en réalité, d'une voix impersonnelle, celle du savoir. Les autorités citées sont les mêmes que dans les *Dissertations sur la Création mosaïque*: la Bible, les Pères de l'Eglise, les historiens de l'Antiquité et, parmi les modernes, avec une révérence particulière, *the learned Bochart* et *the celebrated Bishop of Meaux*.[32]

3. La voix du secrétaire de l'Inquisition occupe l'introduction (p.1-24) mais apparaît aussi dans certains commentaires marginaux ajoutés après coup dans le corps du texte. La première, en forme de lettre familière adressée au signor Rhedi, rapporte les circonstances de l'arrestation et annonce en sommaire la substance du récit. Les seconds commentent les phases de l'interrogatoire, précisent les réactions de l'accusé et celles des inquisiteurs.

4. Les questions des juges au cours des audiences. Nombreuses au début, plus rares vers la fin, elles viennent couper le récit de Gaudence pour demander des éclaircissements ou solliciter sa position personnelle sur certains points de doctrine.

5. Au 'nous' collectif du discours des inquisiteurs s'oppose le 'je' de la confession autobiographique constituant l'essentiel du texte. On y trouvera les types d'énoncés narratifs habituels au récit utopique: discours fortement personna-

---

32. Il s'agit du *Discours sur l'histoire universelle* de Bossuet et de la *Geographia sacra, seu Phaleg et Chanaan* (1646) de Samuel Bochart, illustre érudit protestant ('un des plus savants hommes du monde', dit le *Dictionnaire* de Bayle), spécialiste de l'exégèse de l'Ancien Testament.

lisé dans les séquences événementielles pré- ou post-utopiques, exposés didactiques ou tableaux descriptifs plus objectifs dans la séquence centrale.

6. Le discours rapporté des interlocuteurs utopiens. Il s'agit essentiellement du long historique de la nation mezzoranienne (p.117-50), placé dans la bouche du Pophar mais de forme impersonnelle.

Encore faudrait-il, à l'intérieur de chacune de ces voix, différencier des perspectives de locution éventuellement différentes. Ainsi le discours des inquisiteurs à l'adresse de Gaudence oscille-t-il entre une perspective purement 'référentielle' (demande d'information) et une perspective 'conative' (mise en garde, provocation, piège ...). Quant au narrateur principal, il est constamment amené à distinguer soigneusement ce qui dans son discours est simple transcription des dogmes religieux mezzoraniens, commentaire explicatif ou interprétation personnelle à partir de ces mêmes dogmes, ou, enfin, options théologiques propres au locuteur. D'où les rappels insistants par lesquels il précise sa position de parole: 'Révérends pères! Je rapporte seulement ce qui m'a été dit de la bouche d'un païen ignorant de nos saints mystères'; 'Je ne fais qu'informer vos Révérences des notions particulières à ces gens.'[33]

Cependant, il convient surtout d'insister sur la rigueur de la construction romanesque. Elle permet d'assurer très fortement l'unité d'un récit où rien n'est inutile, puisque les détails apparemment les plus gratuits se révèlent après coup chargés de sens, indispensables à son déroulement. Tributaire comme Veiras de la répartition tripartite résultant du schéma circulaire – voyage aller, utopie, retour au point de départ – Berington confère aux deux séquences encadrantes une ampleur et, surtout, un équilibre qu'elles n'avaient pas dans l'*Histoire des Sévarambes*, où elles souffrent d'une évidente dissymétrie d'ailleurs constante dans la majorité des utopies; loin d'être sacrifié, le périple de retour présente ici une structure exactement homologue au voyage aller, d'où, comme le note justement Victor Dupont, une 'sorte de développement en ondes concentriques [...] qui rappelle la coupe diamétrale d'une sphère constituée de couches successives'.[34] Parallèlement, d'autres réseaux de correspondances établissent également la suture entre les deux séquences latérales et l'épisode utopique central. Si arbitraire soit-il de vouloir dissocier dans les séquences initiale et finale des procédés structurants que leur intrication rend difficilement séparables, on peut cependant énumérer:

1. la *récurrence simple*, d'ordre événementiel (abordage d'un vaisseau corsaire, p.32, 314; combat singulier, p.35, 309; arrestation, p.41, 303, 315) ou

---

33. 'Reverend Fathers! I only relate bare Matter of Fact, as it was spoke by the Mouth of a *Heathen*, ignorant of our Holy Mysteries'; 'I only acquaint your Reverences with the Notions peculiar to these People' (*G.D.L.*, p.91, 121; autres interventions analogues, p.165, 190, 221, 222).

34. Dupont, *L'Utopie et le roman utopique*, p.285.

géographique: les itinéraires d'aller et de retour parcourent à peu près les mêmes étapes dans un ordre inverse (Venise, Alexandrie, Le Caire, la Haute-Egypte, le désert de Barca). Ces effets de répétition concernent également les personnages et les situations: le pirate Hamet et la princesse kurde appartiennent aux deux épisodes; à la folle passion de la fille du Bassa au Caire (p.65-74) fait écho celle de la courtisane Favilla à Venise (p.328-33);

2. le *parallélisme inversé* jouant sur la réciprocité de l'action salvatrice: une mystérieuse inconnue obtient du corsaire la grâce du narrateur à l'issue du combat naval (p.37); à Candie, il la soustrait en retour à la vengeance du même Hamet. Sauvée par Gaudence des eaux du Nil (p.73), la fille du Bassa, devenue entre-temps sultane régente de l'empire ottoman, assurera sa délivrance à Constantinople;

3. la *résolution différée d'énigmes initiales* – celles-ci portent notamment sur l'identité des personnages: au cours d'une impressionnante scène d'orage au milieu du désert un éclair illumine sur la poitrine de Gaudence une médaille d'or représentant un symbole solaire (p.113), don de sa mère morte, lui révélant ainsi la véritable origine de cette dernière (elle était l'une des deux filles jumelles d'Isiphena, la sœur du Pophar) et sa propre appartenance au peuple mezzoranien; une médaille analogue permettra, au terme du récit (p.323), d'identifier comme la seconde jumelle perdue – et, donc, la tante du héros – la mystérieuse dame kurde qui l'avait sauvé vingt-cinq ans plus tôt (p.38). Ce processus herméneutique s'appuie sur la circulation d'objets symboliques porteurs d'un sens caché (bagues, médailles, miniatures), à la fois instruments matériels des reconnaissances et signes mémoriels.

Des phénomènes analogues informent également la partie proprement utopique du récit. La longue traversée désertique (p.81-108, 150-58) qui conduit Gaudence en Mezzoranie, avec les deux oasis qui servent de lieu d'étape, ne fait que répéter en accéléré le récit historique du Pophar qui s'y trouve enchâssé (p.117-50): chassés jadis d'Egypte par l'invasion des Hycksos, les fondateurs de la nation mezzoranienne parcoururent en plusieurs siècles le même itinéraire, colonisant d'abord la première oasis avant de découvrir leur Terre promise. Ainsi l'itinéraire personnel du narrateur reprend-t-il en une réitération pleine de sens la geste collective des 'Pères du peuple' fondateurs.

Cette loi de duplication qui semble régir tous les éléments du récit et les répartir de part et d'autre d'un axe médian invite à s'interroger sur ce qui pourrait y tenir lieu de point central.[35] Celui-ci semble bien coïncider avec une

35. Peut-être pourrait-on trouver d'autres indices de la loi de duplication dans le goût évident que manifeste l'auteur pour les situations de parallélisme gémellaire: Gaudence et Hamet ont chacun un frère, tués l'un et l'autre au cours du premier combat naval; sœurs jumelles, la mère du héros et la princesse kurde ont été pareillement enlevées et adoptées; un récit inséré dans l'esprit

lacune narrative, résultat, nous dit-on, de la disparition à la douane de Marseille d'une partie du manuscrit. Ce 'blanc', que Dupuy-Demportes a malencontreusement cru devoir combler par des intrigues amoureuses de son invention, paraît correspondre au plus clair du long séjour de Gaudence en Mezzoranie, puisqu'il englobe toute la période comprise entre l'autorisation enfin obtenue pour son mariage avec Isiphena, la fille du Pophar, et la mort, dans des circonstances que nous ignorons, de cette dernière et des enfants du couple. C'est, en somme, toute la phase d'un bonheur péniblement gagné qui disparaît ainsi dans ce 'trou' narratif. Faut-il supposer que l'auteur ne savait comment le remplir? Ou bien est-ce de propos délibéré que la structure symétrique de la narration s'organise ainsi autour d'un vide central, d'une ultime énigme dont le mot cette fois ne sera pas donné?[36]

A partir de ce point, le récit s'assombrit. Ne '[pouvant] trouver aucune satisfaction dans un lieu où [il avait] perdu tout ce qui [lui était] cher', soucieux aussi de mourir dans le sein de l'Eglise, Gaudence prépare son départ.[37] Toutes les séquences de la fin baignent dans une atmosphère de renoncement nostalgique. Introduit auprès de la sultane régente, qu'il reconnaît à peine après tant d'années, Gaudence ne retrouve plus en elle la passion d'autrefois, mais une bienveillance paisible. Favilla repentante et la princesse kurde, toutes deux converties, se retireront au cloître, comme Gaudence parmi les reliques de son passé mezzoranien. Et que dire du déguisement du héros décidant de revêtir, à l'occasion du carnaval de Venise, sa robe mezzoranienne? Initiative singulière, et même quelque peu sacrilège lorsque l'on connaît la valeur presque sacrée que les Mezzoraniens attachent à cet habit, qui semble renvoyer l'aventure vécue et l'utopie elle-même à l'illusion d'un intermède festif aussi peu réel que les cendres de la bien-aimée Isiphena enfermées dans une urne de pierre, seul vestige d'un bonheur disparu.

C'est pourtant sur une perspective plus positive que s'achève le roman. L'envoi imminent d'une mission d'évangélisation en Mezzoranie sous la conduite de Gaudence postule, le livre refermé, une relance de l'action romanesque qui renouerait le lien rompu avec le territoire utopique. Ce double finale

de ceux des *Sévarambes* – le seul du livre – rapporte l'étonnante histoire de deux jumeaux épris d'une même jeune fille, laquelle s'engage auprès de l'un et l'autre en croyant s'adresser à un seul. Certes, il s'agit là d'un *topos* du roman baroque, mais il est traité ici avec une singulière insistance.

36. De plus, peut-être y a-t-il aussi quelque révélation philosophico-religieuse qui reste vouée à demeurer occultée: les feuillets égarés contenaient également 'plusieurs conversations entre le Pophar et Gaudence concernant la religion, la philosophie, la politique et choses semblables' ('several Discourses between the Pophar and Gaudentio, concerning Religion, Philosophy, Politicks, and the like', *G.D.L.*, p.282).

37. 'I could find no satisfaction in a Place where I had lost all that was dear to me'; 'I was not willing to die out of her Bosom [celui de l'Eglise]' (*G.D.L.*, p.283, 284).

est-il contradictoire? La voie collective de l'action missionnaire serait-elle ainsi désignée comme l'instrument nécessaire de la synthèse des deux mondes, la Mezzoranie et l'Europe, là où la voie individuelle de l'union charnelle a échoué? On peut dégager un dernier dispositif de structuration du récit – la quête-enquête découvrant au fur et à mesure de sa réalisation sa propre fin – qui répond partiellement à ces questions. Il découle des circonstances mêmes de l'acte narratif: la déposition d'un inculpé devant un tribunal ecclésiastique.

Cette affabulation 'policière', tout en participant au dispositif d'attestation et en permettant d'organiser une véritable polyphonie narrative, a peut-être, en effet, une autre fonction. Même si les inquisiteurs y sont traités sans esprit satirique ni hostilité de principe, on peut se demander quelles raisons ont conduit un prêtre catholique que tout laisse supposer parfaitement fidèle à l'orthodoxie ecclésiale à bâtir son roman autour d'un procès de l'Inquisition: l'institution a mauvaise presse et le thème appartient d'ordinaire à la littérature anticléricale. Mais il alimente une structure d'investigation, enquête et aussi quête, qui semble concerner divers personnages et divers niveaux du récit. Ainsi, les inquisiteurs, en arrêtant Gaudence, espèrent s'éclairer sur ce dont il pourrait bien être coupable: car, puisque 'rien ne ressemble tant à un honnête homme qu'un coquin',[38] l'accumulation superlative des indices d'innocence (renseignements unanimement excellents, livres de piété trouvés à son domi-cile ...) le rend éminemment suspect. C'est donc du récit même qu'on attend l'émergence des chefs d'inculpation. Semblablement, lorsque Gaudence, pro-ducteur de l'acte narratif, demande à les connaître, on lui répond – et pour cause – que telle n'est pas la méthode de l'Inquisition (p.20). Il lui incombe donc, toujours à travers le récit devenu examen de conscience, de découvrir la justification de l'épreuve qui lui est infligée. Moins nettement affirmée et, surtout, moins clairement perçue de ceux qui en sont les protagonistes, une démarche analogue gouverne également les niveaux 'internes' du récit. Acteur cette fois de la confession autobiographique, le jeune Gaudence se trouve au Caire, où un mystérieux étranger l'a acheté comme esclave. Aussitôt rendu à sa condition d'homme libre, il pourrait regagner l'Europe, puisque la générosité de son maître lui garantit les subsides nécessaires; il préfère poursuivre en sa compagnie un périple qu'on lui annonce sans retour, poussé par 'l'ardeur de la jeunesse' et la curiosité (p.55). Curiosité de quoi? Il ne saurait lui-même le dire. Et c'est une curiosité du même ordre qui semble justifier l'ardent désir du Pophar de prendre le jeune homme à son service. Est-ce seulement pour tirer profit de son savoir? Et lequel? Ses seules interventions à cet égard se

---

38. 'nothing looks so like an honest Man as a Knave' (*G.D.L.*, p.16).

borneront à l'enseignement des techniques de la peinture auprès des jeunes Mezzoraniennes.

De fait, chaque personnage ou chaque groupe poursuit une quête dont l'objet lui est caché, soit parce qu'il s'en assigne un qui est inadéquat, soit parce qu'il n'a pas conscience d'être engagé dans une recherche. Savoir enfin ce qu'il faut chercher, c'est l'avoir trouvé. Le désert traversé, le jeune Gaudence découvre simultanément l'énigme de son identité et sa solution. Bien des années plus tard, le narrateur vieillissant comprend la justification secrète de son séjour dans les cachots de l'Inquisition: révéler au monde chrétien la présence d'un peuple de païens vertueux avec qui il constitue le seul lien possible. Quant aux inquisiteurs, cessant de se consacrer à la persécution d'imaginaires hérésies, ils se tourneront vers une activité plus évangélique de propagation missionnaire de la foi dans ces terres nouvelles. Ce qui justifie le long itinéraire du Pophar pour ramener Gaudence du Caire, ce ne sont pas les maigres savoirs européens dont il est dépositaire, mais plutôt la révélation chrétienne, dont il jette en Mezzoranie les premières semences. Les diverses quêtes individuelles, articulées en un réseau qui les rend interdépendantes et toutes nécessaires, se résolvent donc en une quête unique. Mais c'est là poser le problème de la signification (religieuse, notamment) de l'utopie mezzoranienne et de la façon dont s'y insère l'aventure personnelle du héros.

iii. Les *Mémoires de Gaudence de Lucques* (suite): de l'utopie de la lumière naturelle au roman du christianisme missionnaire

Largement tributaire de Veiras, mais aussi de Campanella (la description du temple mezzoranien du Soleil, p.170-71, reprend dans des termes très voisins celle de l'édifice similaire de *La Cité du Soleil*), l'utopie mezzoranienne présente cependant une physionomie philosophico-politique originale. Intimement liée à l'architecture romanesque, ce n'est qu'assez arbitrairement qu'elle peut en être dissociée pour les besoins de l'exposé. On l'envisagera selon deux axes: celui de la synchronie, soit le tableau utopique tel qu'il ressort du témoignage du narrateur; celui de la diachronie, autrement dit le récit de sa fondation avec le mythe anthropologique qui le sous-tend.

Assez vaguement située au centre de l'Afrique, entre 10 degrés de latitude nord et l'équateur, la Mezzoranie s'offre aux yeux de voyageur épuisé par une interminable traversée du désert comme une terre bénie, un immense jardin parfumé où – vieux cliché fénelonien – règnent 'un printemps perpétuel dans certains des produits de la terre, et la maturité de l'automne avec les fruits les plus exquis dans d'autres'.[39] Evoquant avant la lettre la spontanéité naturelle du jardin anglais, la campagne partout vallonnée et boisée échappe à l'habituelle monotonie géométrique des implantations utopiques; on y trouve

de vastes et délicieuses forêts d'une variété infinie, semées çà et là d'espaces dégagés ou de gazons, soit naturels, soit aménagés artificiellement pour y planter les tentes dans la saison chaude, avec des vallées profondes, des précipices et des bois accrochés en surplomb, des chutes et des cascades, ou plutôt des cataractes jaillissant naturellement des rochers, qui font un spectacle si romanesque que tous les embellissements de l'art ne sont que l'ombre et le repoussoir de ces majestueuses beautés de la nature.[40]

Le territoire est réparti entre cinq nomes ou tribus peuplées des descendants des cinq fils du fondateur, le nome central, celui de l'aîné, abritant la ville de Phor, capitale du royaume. On renoue en ce point avec l'habituelle règle d'uniformité descriptive des utopies, puisque 'toutes les autres grandes villes ou capitales des nomes sont bâties sur ce modèle'.[41] Le plan urbain, remarquablement élaboré, s'inspire simultanément de Platon et de Campanella. On y retrouve à la fois le système complexe de canaux radioconcentriques de l'Atlantide et les enceintes successives de la cité du Soleil, ici dépouillés de leur fonction militaire, puisque la Mezzoranie vit en paix depuis 3000 ans, et transformées en une série de blocs d'habitations en arc de cercle. Au centre, au milieu d'une place immense ceinte de canaux circulaires, le temple du Soleil, dont la coupole sphérique repose sur 365 piliers de marbre. De là partent douze avenues radiales correspondant aux signes du zodiaque. Le tout évoque une cité-jardin: partout des fontaines, des statues, des parcs séparant les unités d'habitation. Celles-ci sont à la fois familiales et collectives: chaque famille reçoit un logement composé de deux appartements, l'un réservé aux hommes, l'autre aux femmes, lesquels communiquent respectivement avec les appartements correspondant des deux logements voisins. Ainsi, 'tout ce qu'ils font est pour nous une manière de paradoxe, car ils sont le peuple le plus libre et pourtant le plus réglé qu'il y ait au monde, toute la nation, comme je l'ai dit,

39. 'There was a perpetual Spring in some kinds of the produce of the Earth, and the ripeness of Autumn with the most exquisite Fruits in others' (*G.D.L.*, p.143). Quant à la localisation de la Mezzoranie, Dupont la situe, après des calculs minutieux fondés sur les temps de marche indiqués et les caps suivis dans la traversée du désert, au sud-ouest du lac Tchad, non loin du golfe de Guinée, ce qui concorde mal avec les indications du texte.
40. 'vast Forests of infinite variety and delight, distinguish'd here and there with Theatrical Spaces or Lawns, either Natural, or cut out by Hand, for the conveniency of pitching their Tents in the hot Seasons, with such Romantick Scenes of deep Vales, hanging Woods, and Precipices, natural Falls and Cascades, or rather Cataractes of Water over the Rocks, that all the decorations of Art are nothing but foils and shadows to those Majestick Beauties of Nature' (*G.D.L.*, p.256).
41. 'all other great Towns or Heads of the Nomes are built after that Model' (*G.D.L.*, p.168).

ressemblant plus à une communauté unique universelle ou à un collège ordonné qu'à tout autre chose'.[42]

Le système économique et social, en effet, se distingue à la fois de l'individualisme inégalitaire de nos sociétés et de la norme identitaire et collectiviste de nombreuses utopies. Aussi indifférent à cet égard que l'était Veiras, Berington ne s'est pas donné la peine de construire une organisation économique cohérente. Si, nous dit-on, les Mezzoraniens sont 'maîtres et propriétaires de leurs propres biens',[43] le droit de propriété n'est pas absolu et s'apparente plutôt à une concession viagère révocable. Pas de circuits économiques, sinon les traditionnels magasins publics, mais une pratique (non institutionnelle) d'échanges spontanés qui entraîne les Mezzoraniens 'de façon permanente à travers tout le pays, en visites plutôt qu'en affaires, échangeant les raretés de chaque endroit avec celles qu'on trouve en d'autres lieux, tout comme des amis se font mutuellement des cadeaux; si bien que les allées et venues continuelles rendent les routes semblables aux rues des grandes villes'.[44] C'est que tous se considèrent comme 'frères' les uns des autres: la nation n'est qu''une seule grande famille gouvernée par les lois de la nature'[45] où chacun, à la fois maître et serviteur, ne reconnaît d'autre supériorité que celle, pleinement 'naturelle', qui découle du droit d'aînesse.

L'extension à l'Etat entier du modèle familial patriarcal est ici tout autre chose qu'une simple métaphore ou un artifice politique: profondément imprégnés d'une idéologie de la lignée et de la pureté du sang, les Mezzoraniens, dont les cinq tribus sont issues en ligne directe des cinq fils du fondateur, constituent bien une seule et même famille où les individus, 'tous en quelque manière souverains et indépendants en ce qu'ils se regardent comme tous égaux par la naissance, se trouvent cependant dépendre entièrement de la subordination naturelle aux aînés'.[46] D'où une hiérarchie administrative qui, à chaque étage, reproduit celle de la cellule familiale: les chefs de famille – il s'agit de la famille patriarcale élargie, comprenant les enfants mariés et leur descendance – peuvent être inspectés par cinq anciens du district, ceux-ci

---

42. 'every Thing they do is a sort of Paradox to us, for they are the freest and yet strictest People in the World; the whole Nation, as I observed before, being more like one universal regular College, or Community, than any Thing else' (*G.D.L.*, p.232).

43. 'Lords and Proprietors of their own Possessions' (*G.D.L.*, p.212).

44. 'perpetually thro'out the whole Country, rather Visiting than Merchandizing, exchanging the Rarities of each respective Place with those of other parts, just like Friends making Presents to one another; so that all the Roads are like Streets of great Towns, with People going backward and forward perpetually' (*G.D.L.*, p.215).

45. 'one great Family Govern'd by the Laws of Nature' (*G.D.L.*, p.214).

46. 'all absolute in some manner, and independent, as looking on themselves as all equal in Birth; yet in an entire dependency of Natural Subordination or Eldership' (*G.D.L.*, p.211).

par cinq autres appartenant à cinq districts adjacents, eux-mêmes soumis à l'inspection des chefs de tribus (Pophars). Assisté d'un sénat, ou Sanhédrin, de 365 membres, le Grand Pophar tient lieu de souverain. Sa charge, en principe héréditaire, revient normalement au Pophar du nome central, auquel s'attache le privilège de primogéniture; mais, le principe étant de 'diviser entre eux la supériorité aussi équitablement que possible',[47] c'est toujours le Pophar d'un autre nome qui occupe la charge de régent jusqu'à la majorité légale du Pophar du nome central, fixée à l'âge de cinquante ans. De surcroît, des lois de succession très complexes permettent une rotation du pouvoir suprême entre les divers nomes lorsque le Grand Pophar n'a pas d'héritier mâle en ligne directe.

Comme chez les Sévarambes, les ressorts psychologiques que sont l'orgueil national et l'amour de la gloire sont canalisés pour le bien public:

> Ils placent leur ambition majeure dans *la grandeur de leur pays*, considérant comme des esprits étroits et mercenaires ceux qui peuvent préférer la partie au tout; chacun prenant la part qui lui revient dans la grandeur publique, l'amour de la gloire et de la louange semble être leur plus grande passion, ce dont ils tirent orgueil au regard des autres nations.[48]

Ainsi savants et inventeurs sont-ils honorés par des distinctions et des statues. Cependant c'est la religion qui constitue le principal fondement d'une morale garante de l'ordre collectif. On retrouvera chez les Mezzoraniens une sorte d'équivalent de la trinité sévarambe, bien que la signification en soit quelque peu différente. Du culte des ancêtres, équivalent du culte sévarambe de la Patrie, il est suggéré qu'il s'agit d'une institution politique autant que proprement religieuse, puisqu'il sert de justification au gouvernement patriarcal, au droit d'aînesse, au respect des anciens. Son rite essentiel est la cérémonie annuelle des urnes contenant la terre sacrée d'Egypte, lieu d'origine de la nation mezzoranienne; cette cérémonie matérialise le lien qui unit chaque citoyen à l'ancêtre fondateur.[49] Mais c'est au soleil qu''ils adressent toutes leurs prières et la plus grande partie des manifestations extérieures de leur adoration' – culte que le narrateur définit comme une forme d'idolâtrie, puisqu'il s'adresse à l'astre matériel, mais 'la moins irrationnelle dont un peuple puisse se rendre

---

47. 'to divide the superiority among them as equally as possible' (*G.D.L.*, p.213).

48. 'They place their great Ambition in the *Grandeur of their Country*, looking on those as narrow and mercenary Spirits, who can prefer a part to the whole; they pride themselves over other Nations on that Account, each Man having a proportionable share in the publick Grandeur, the Love of Glory and Praise seems to be their greatest Passion' (*G.D.L.*, p.217-18).

49. A diverses reprises, les notes de Rhedi établissent le rapprochement avec le culte des ancêtres en Chine et font référence à la querelle des 'rites chinois' ainsi qu'aux controverses entre jésuites et dominicains à ce sujet (p.131, 176), lesquelles pourraient bien constituer l'un des éléments de l'arrière-plan idéologique de l'ouvrage.

coupable'.[50] Au culte solaire s'ajoute, pour les femmes (que Berington, renchérissant sur la misogynie des *Sévarambes*, semble avoir du mal à considérer comme des êtres véritablement rationnels), une dévotion particulière à la lune, astre variable comme elles. Toutefois le soleil (et, plus encore, la lune, qui lui est subordonnée) n'est qu'une divinité vicariante (*vice-gerent*) d'un Dieu suprême inconnaissable que les Mezzoraniens appellent El. A ce dernier on ne rend aucun culte, si ce n'est un 'humble silence'.

Ce système religieux, très proche de celui de Veiras, s'en distingue cependant par l'unité de son fondement philosophique. La notion du divin semble se confondre pour les Mezzoraniens avec celle de la causalité, ou, si l'on préfère, de l'origine. Le culte des ancêtres, hiérarchiquement le dernier, s'adresse aux causes occasionnelles, ou instrumentales, puisque la paternité est l'agent causal immédiat de la production des êtres. Celui du soleil, 'cause physique de la production de toutes choses', se situe à l'échelon des causes secondes, le niveau intitial, celui des causes premières, étant dévolu au Dieu suprême, source de la raison et de la moralité. Ainsi, la hiérarchie des catégories de la causalité est également une hiérarchie des instances religieuses conçues comme une série d'engendrements successifs à partir d'un principe originaire, conformément à l'idéologie patriarcale de la lignée qui structure la société.

La théologie mezzoranienne se complète d'une très étrange théorie de la transmigration des âmes où l'on peut voir un écho à la fois des vieilles doctrines panpsychistes et de l'imagerie de la prédication populaire, à moins qu'il ne s'agisse d'une assez naïve allégorie.[51] Chez les hommes pécheurs – et plus encore, nous dit-on, chez les femmes, particulièrement fragiles à cet égard – l'âme rationnelle est sujette à être envahie, puis supplantée, par des âmes animales (lions, renards, chiens, pourceaux), dont la présence se trahit à l'œil exercé dans les traits du visage, les attitudes, la voix. Ainsi les Mezzoraniens ont-ils développé des techniques de détection, véritable herméneutique morale fondée sur l'interprétation du langage du corps et la science physiognomonique. La théorie de la possession bestiale est-elle un dogme philosophico-religieux ou plutôt une fiction utile? Le narrateur laisse planer le doute sur ce point, précisant qu''on leur inculque cette croyance si précocement et avec tant de

---

50. 'They address all their Prayers, and most of the external Actions of their Worship to the Sun'; 'the least Irrational Idolatry People can be guilty of' (*G.D.L.*, p.191, 105). Comme le rappelle Rhedi en note (p.111), le culte solaire peut s'autoriser de l'héritage de l'ancienne Egypte, dont les Mezzoraniens sont les dépositaires.

51. Pour l'imagerie de la prédication populaire, voir, par exemple, les vignettes destinées à la propagande missionnaire reproduites dans l'article de Philippe Joutard, 'La résistance protestante', *L'Histoire* 77 (1985), p.60-67.

soin qu'elle est d'un très grand bénéfice pour les maintenir dans les bornes de la raison'.[52]

On comprend alors que, pour obtenir la parfaite cohésion du corps social, la contrainte ne soit guère nécessaire. Au demeurant, n'étant rien d'autre que 'les premiers principes de la justice naturelle',[53] les lois, peu nombreuses, évidentes à tous et ne souffrant aucune glose – c'est une vieille rengaine utopique – peuvent se résumer à ce principe unique: 'Tu ne feras aucun tort à personne.' L'irénisme absolu des Mezzoraniens, qui leur interdit de verser le sang et même de résister à l'oppression, conduit évidemment à proscrire la peine capitale: d'où des peines plutôt infamantes qu'afflictives et, dans les cas les plus graves, une exclusion à la fois matérielle et symbolique de la communauté – le criminel est banni, tandis que son nom est effacé des généalogies. Au reste il est rarement nécessaire d'en arriver à de telles extrémités, car l'horreur qu'inspire à chacun la transgression des lois est un frein autrement efficace que la crainte du châtiment. Contre les 'machiavéliens', Berington estime donc que l'ordre étatique ne saurait résulter de la contrainte et de la peur, mais plutôt de l'intériorisation des valeurs collectives. C'est ce que montre *a contrario* l'épisode du 'déiste' anglais, 'membre de la secte des *Politici*', qu'une note donne pour 'les précurseurs de nos modernes libres-penseurs, dont les principes tendent à la destruction de toute société humaine'.[54] Recueilli aux confins du désert mezzoranien, il récompensera ses sauveteurs en bafouant leurs lois et en complotant pour s'emparer du pouvoir. Ce disciple de Hobbes (qui n'est pas nommé, mais dont les thèses sont aisément reconnaissables) soutient que toutes les religions se valent (p.292), que le mal moral n'existe pas dans la nature, ni non plus les crimes dont on peut éviter le châtiment (p.294), que 'la conscience n'est qu'une farce, une simple ruse de la prêtraille', puisque 'tout droit repose sur la force'.[55] Ironiquement pris au piège de ses propres principes, le 'déiste' sera mal fondé ensuite à s'indigner de la 'trahison' de Gaudence, à qui il a sottement fait confidence de ses projets criminels.

La parabole est claire: érigé en système, l'amoralisme individualiste est autodestructeur; minant la confiance qui fonde la relation interpersonnelle, il universalise le conflit (c'est le *bellum omnium contra omnes* de Hobbes) et ruine le lien social. En effet, 'si bien et mal n'existaient pas, qu'adviendrait-il du

---

52. 'This belief is instill'd into them so early, and with so much care, that it is of very great Benefit to keep them within the Bounds of Reason' (*G.D.L.*, p.197).
53. 'the first Principles of Natural Justice' (*G.D.L.*, p.203).
54. 'fore-runners of our modern Free-Thinkers, whose Principles tend to the Destruction of all human Society' (*G.D.L.*, p.293).
55. 'Conscience! Says he, that's a Jest, a meer Engine of Priestcraft: All Right is founded in Power' (*G.D.L.*, p.295).

monde, et de quelle sécurité la vie humaine pourrait-elle jouir?'[56] Cet important épisode situe clairement l'enjeu idéologique du texte: les propos du 'déiste' correspondent au diagnostic hobbesien concernant la violence de l'état de nature, à laquelle l'absolutisme étatique se propose précisément de remédier. Plus qu'à la philosophie de Hobbes, ici grossièrement déformée et amputée de sa partie constructive, Berington s'en prend à la vulgate libertine, celle d'un Tyssot de Patot par exemple, peut-être aussi celle de Veiras. Comme ce dernier, il insiste sur la nécessité de l'unité étatique, mais se sépare de lui quant aux moyens nécessaires pour l'obtenir: à la manipulation justifiée par le bien collectif il substitue une mystique de la légitimité fondée sur la continuité de la lignée.

C'est en effet à une étonnante rêverie généalogique que nous convie le récit historique des origines de la nation mezzoranienne, complété et étayé par les notes érudites du signor Rhedi. La généalogie individuelle du narrateur recoupe ce mythe de fondation collectif, en lui conférant peut-être son véritable achèvement.

Les Mezzoraniens, habitants originaires de l'Egypte il y a plus de 3000 ans, tirent leur nom de l'ancêtre fondateur Misraïm, ou Mezzoraïm, descendant de l'un des trois couples rescapés du Déluge, dont ils conservent vaguement la tradition, obscurcie par les siècles. Il est aisé de reconnaître ici les éléments du récit biblique, le partage du monde post-diluvien entre les trois fils de Noé, Sem (peuples sémitiques), Japhet (peuples européens) et Cham (peuples africains). C'est à cette dernière lignée que se rattachent les Mezzoraniens, mais aussi, s'il faut en croire les antiques traditions rapportées par le bibliothécaire Rhedi en un vertigineux télescopage de références érudites, le peuple maudit des Cananéens, ancêtres eux-mêmes des barbares Hycksos, adonnés au culte des idoles animales.[57]

Héritière de la science primitive conférée par Dieu à Adam, puis transmise par la postérité de Noé et de Misraïm jusqu'à son petit-fils Thoth (que Rhedi identifie à l'Hermès Trismégiste de la tradition ésotérique), mais réduite à l'impuissance par son refus radical de toute violence, la première civilisation mezzoranienne ne peut résister aux assauts des envahisseurs et choisit l'exil. Un triple exode est organisé. Le premier conduit une partie de la nation audelà de la 'Grande Mer' (la Méditerranée) et du Pont-Euxin vers les rivages de la Colchide, sur les bords de la Mer Noire. Un autre emprunte la voie de

---

56. 'If there were no such thing, as Right and Wrong, what would become of the World, or what security could there be in human Life?' (*G.D.L.*, p.299).

57. Rhedi tire ses informations d'une inscription babylonienne préservée par un fragment d'Eupolème transmis par Eusèbe. Le texte grec (reproduit à la page 127) manifeste la convergence du récit de la Genèse et des traditions païennes, préoccupation constante dans tout cet appareil d'annotation érudite.

la Mer Rouge vers l'Orient; de ceux-ci nulle nouvelle, si ce n'est quelque vague rumeur, dit le Pophar, d'"une nation très nombreuse et très civilisée dans la partie orientale du monde dont les lois et les coutumes ont quelque ressemblance avec les nôtres':[58] les Chinois seraient bien, en effet, les descendants des anciens Egyptiens, thèse apparemment surprenante, mais dont Berington n'est pas l'inventeur et qui a même joui d'une certaine faveur à la fin du dix-septième siècle, voire bien au-delà.[59]

C'est une troisième émigration, terrestre celle-ci, qui est à l'origine de l'actuel peuple mezzoranien, issu des cinq fils du grand prêtre du Soleil, descendant de Thoth. Envoyés en reconnaissance dans le désert, ils y découvrirent la première oasis, où ils prospérèrent pendant plusieurs siècles. Le retour en Egypte leur étant interdit par les convulsions politiques – expulsion des Hycksos, monarchie de Soss (Sésostris), invasion des Cnanim (Cananéens) – ils poursuivirent leur marche vers le sud-ouest jusqu'à la découverte de leur Terre promise, d'où ils ne sortirent plus qu'à l'occasion de rares pèlerinages destinés à ramener un peu de cette terre sacrée d'Egypte où ils voient la cendre des ancêtres. On ne s'étonnera donc pas que les Mezzoraniens, issus d'une même lignée se développant en vase clos, soient tous physiquement extraordinarement semblables (p.180).

La généalogie personnelle de Gaudence ne présente pas la même rectitude ni la même transparence. Certes, une tradition familiale lui assigne un ancêtre illustre, Venerio, héros de la bataille de Lépante – victoire de la chrétienté sur l'Orient despotique et impie. Cependant cette filiation prestigieuse, non sanctionnée par le mariage, est entachée d'illégitimité (c'est d'un 'mariage privé', p.27, entre Venerio et la descendante des empereurs de Constantinople qu'est issu le bisaïeul Bernardino – formulation euphémisée d'un bâtardise qui n'ose s'avouer pour telle). Du côté de la mère, enfant trouvée adoptée par une famille corse, nul espoir en apparence, de remonter à une quelconque origine. Et pourtant! 'Ils ne m'étaient pas davantage étrangers que je ne l'étais à moi-même':[60] la réflexion de Gaudence lorsque ses compagnons lui dévoilent l'identité véritable de sa mère – donc la sienne – éclaire le sens caché d'un aventure jusque-là passivement subie dans l'inconscience: la quête de son origine, qui s'achève ici en une réintégration à la lignée mezzoranienne. Est-ce hasard si ensuite il s'éprend de la fille du Pophar, dont il est le neveu, et simple inadvertance de l'écrivain si cette fille porte le nom d'Isiphena, celui précisément

---

58. 'a very numerous and civilis'd Nation in the Eastern Parts of the World, whose Laws and Customs have some Resemblance to ours' (*G.D.L.*, p.125-26).

59. Voir Jurgis Baltrušaitis, *La Quête d'Isis: essai sur la légende d'un mythe*, 2e édition (Paris 1985), p.163-86.

60. 'they were not greater Strangers to me, than I was to myself' (*G.D.L.*, p.113).

de la mère de sa mère? (Voir le tableau généalogique ci-après.) Sur un mode qu'on pourrait juger quelque peu incestueux, l'union avec la seconde Isiphena restaure le lien rompu avec l'axe maternel et la permutation symbolique qu'autorise l'homonymie fait de Gaudence, si l'on ose dire, son propre père. Faut-il voir là la cause profonde de la disparition précoce des trois enfants du couple, ou bien celle-ci manifeste-t-elle, comme le suppose Micheline Hugues, la fermeture de la voie de l'union charnelle au profit d'une union spirituelle des deux peuples réalisée par l'action missionnaire?[61] Les deux explications ne sont pas nécessairement contradictoires.

Reste à expliquer en quoi le 'roman familial' de Gaudence s'intègre à l'économie de l'utopie mezzoranienne.[62] L'effacement relatif du père au profit de la lignée maternelle retrouvée n'en fait pas moins du héros le produit d'un métissage, c'est-à-dire un être voué à la médiation et à la synthèse des cultures qui est un peu la vocation de tout narrateur utopique. En lui s'unissent les deux lignées issues des fils de Noé, celle de Cham et celle de Japhet, l'Europe et l'Afrique; et plus encore la religion naturelle maintenue dans toute sa pureté primitive d'une part, la révélation chrétienne d'autre part. Elles sont mutuellement nécessaires l'une à l'autre. Toute la tradition de l'Eglise reconnaît la légitimité de la première, nullement contradictoire avec la seconde, qui vient la parachever sans la détruire. Comme le Dieu inconnu de saint Paul, l'Etre Suprême des Mezzoraniens (El) n'est qu'une forme vide à laquelle le christianisme donnera son contenu. A l'instar, déjà, de *L'Utopie* de More, dont la problématique est sur ce point exactement semblable, l'œuvre s'achève sur une perspective de christianisation: le Pophar, avant de mourir, a demandé le baptême, et la dernière page annonce l'envoi en Mezzoranie d'une mission d'évangélisation. Mais, inversement, l'exemple des vertus mezzoraniennes appuyées sur la seule lumière naturelle doit édifier une chrétienté oublieuse de ses propres règles. En théorie, certes, les Européens 'sont gouvernés par une loi divine qui leur enseigne à faire du bien à tous et à ne causer du tort à personne', mais ils la respectent si peu qu'il est nécessaire 'd'avoir recours à des lois coercitives et à des châtiments pour imposer ce qui est au demeurant reconnu être un devoir'.[63] Le bénéfice à attendre de l'entreprise missionnaire est donc double: apport à l'utopie mezzoranienne de la révélation évangélique, d'une part; mais aussi peut-être régénération d'une chrétienté dégradée qu'il

61. Hugues, 'Utopie et roman', p.81.

62. Sur la notion freudienne de 'roman familial' et ses prolongements littéraires, voir l'ouvrage cité de Marthe Robert (*Roman des origines et origines du roman*).

63. 'the European Christians [...] are govern'd by a Divine law, that teaches them to do good to all, Injury to none' (*G.D.L.*, p.57); 'oblig'd to have recourse to coercive Laws and Penalties, to enforce what we acknowledg'd otherwise to be a Duty' (p.58).

Tableau généalogique

Cet arbre généalogique s'inspire en le complétant de celui de Micheline Hugues ('Utopie et roman', p.79), un peu faussé par l'utilisation de la version remaniée de Dupuy-Demportes, qui fait notamment disparaître l'homonymie des deux Isiphena.

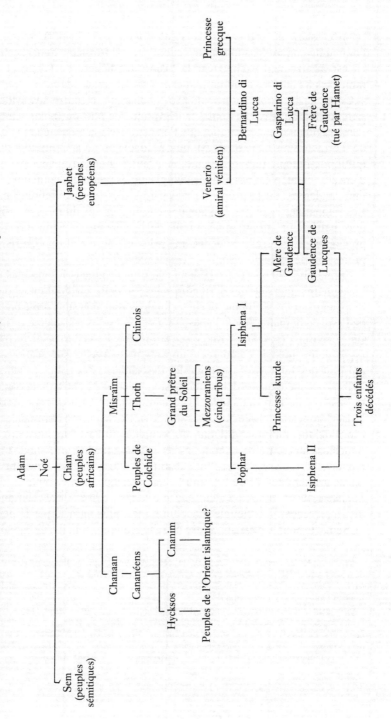

est nécessaire de retremper dans ses origines; et, au-delà, réunification de l'humanité entière (pas tout à fait cependant – la troisième lignée, celle de Sem, en est bizarrement exclue) par la fusion des lignées de Cham et de Japhet ramenées à l'ancêtre commun, Noé, et à travers lui à Adam.

Cette construction anthropologico-théologique n'épuise pas évidemment la signification du livre. Passons sur l'égyptomanie plus ou moins teinté d'ésotérisme vaguement maçonnique, que l'on retrouve à la même époque dans *Séthos* de Terrasson ou *Lamékis* de Mouhy. L'idéologie de la continuité de la lignée qui fonde l'utopie mezzoranienne, mais aussi la fable romanesque qui lui sert d'encadrement, n'est pas dénuée d'implications politiques contemporaines dans une Angleterre où le problème dynastique n'est encore définitivement réglé. Les sympathies jacobites de l'auteur ne font guère de doute: son insistance sur une 'patriarchie' tirant sa légitimité de la filiation en ligne directe et de la prééminence 'naturelle' attachée à la primogéniture équivaut clairement à une profession de foi légitimiste.[64]

Enfin, à mi-chemin entre la démonstration érudite et les grandes dérives de l'imaginaire, le récit de Berington s'inscrit dans un courant abondamment représenté au dix-huitième siècle: celui de la réflexion sur l'unité ou la pluralité de l'espèce humaine (monogenèse ou polygenèse), sur l'origine des peuples et sur la genèse des nations. En ce sens, il relève d'une perspective analogue aux essais de mythologie comparée d'un Lafitau ou à telles spéculations délirantes qui font des Indiens d'Amérique les descendants des tribus perdues d'Israël. Mais il occupe dans ce débat une position charnière entre deux configurations successives de l'épistémologie historiographique. Ainsi que l'a montré Pierre Vidal-Naquet, la pensée du dix-septième siècle est encore imprégnée du modèle généalogique biblique qui fait du peuple juif l'axe de l'histoire humaine. Soucieuse au contraire, d''en finir avec la vision judéo-centriste de l'histoire du monde', l'ère des Lumières lui substitue d'autres mythes d'origine, tels ceux qui se greffent autour de l'Atlantide platonicienne, par exemple.[65] *Gaudence de Lucques* reste tributaire de généalogisme scripturaire de l'âge classique, mais en déplace l'accent. Le 'peuple théophore' n'est plus incarné par la descendance de Sem – le peuple d'Israël, centre du récit biblique, dont il n'est jamais question

---

64. Parmi les œuvres de Berington conservées à la Bibliothèque bodléienne on trouve un poème dédié à Jacques III (*To his most excellent Majesty James III, King of England, Scotland, France and Ireland, Defender of the Faith*, by Simon Berington, priest and present Professor of Poetry in the English Colledge at Doway, s.l.n.d.).

65. Pierre Vidal-Naquet, 'Hérodote et l'Atlantide: entre les Grecs et les Juifs – Réflexions sur l'historiographie du siècle des Lumières', *Quaderni di storia* 16 (1982), p.3-76 (citation, p.14). Dans une perspective voisine, voir également, du même auteur, 'L'Atlantide et les nations', in *Représentations de l'origine, Cahiers du Centre de recherches littéraires et historiques*, Publications de l'Université de la Réunion (Saint-Denis-de-la-Réunion, Paris 1987), p.9-28.

ici – mais par la double lignée de Cham et de Japhet. Tout en restant strictement conforme à l'orthodoxie catholique (ce qui suffit à lui assurer une place tout à fait à part parmi les utopies de cette période), l'ouvrage amorce un glissement vers une représentation de l'histoire beaucoup plus caractéristique de l'orientation de la pensée des Lumières.

Toutefois ce que l'on retiendra surtout de *Gaudence de Lucques* dans la perspective qui a guidé la présente enquête, c'est la parfaite intégration réciproque, à peu près unique dans la production issue du modèle des *Sévarambes*, de l'élément romanesque et de l'élément utopique. Le livre est à la fois un texte utopique de premier plan et un excellent roman, non pas juxtaposés, mais se nourrissant mutuellement l'un de l'autre. On ne retrouvera pas cet équilibre, ni surtout cette symbiose, dans la production française correspondante, où l'affabulation narrative donne souvent l'impression de prospérer aux dépens du tableau utopique, ou inversement.

iv. La dérive didactique: l'*Histoire des Ajaoiens*, ou l'utopie sans romanesque

La République des philosophes, ou histoire des Ajaoiens paraît en 1768 sous le nom de Fontenelle, mort quasi centenaire onze ans plus tôt.[66] Si l'on en croit la note placée à la fin, l'ouvrage aurait été écrit en 1682. Attribution erronée, affirme Lichtenberger, peut-être forgée pour des raisons commerciales par un libraire peu scrupuleux.[67] Le problème n'est toujours pas véritablement résolu, mais la paternité de Fontenelle semble aujourd'hui au moins très probable.[68] Tout en notant le caractère négligé et inélégant du style, Alain Niderst relève d'indéniables convergences avec un autre texte para-utopique retrouvé dans les papiers de l'auteur et publié par Trublet dans les *Œuvres* de Fontenelle sous le titre *Fragmens de ce que M. de Fontenelle appeloit sa République*. Bien que le système économique soit différent – la propriété privée est maintenue dans ce dernier texte – l'organisation administrative et la hiérarchie des magistrats, empruntées, semble-t-il, au système politique des Provinces Unies, sont communes aux deux ouvrages. Toutefois, ajoute Alain Niderst, 'nous n'oserions en conclure que les

---

66. Fontenelle, *la République des philosophes, ou histoire des Ajaoiens* (Genève 1768). On a utilisé la réimpression photographique de cette édition (Paris 1970), désignée ci-après par l'abréviation *H.A.*

67. Lichtenberger, *Le Socialisme au dix-huitième siècle*, p.373.

68. Pour une discussion, voir Ch. R. Lagerborg, 'Un écrit apocryphe de Fontenelle', *Revue d'histoire de la philosophie et d'histoire générale de la civilisation* (1935), p.340-59; Giuseppe Lissa, 'Fontenelle e l'*Histoire des Ajaoiens*', in Luigi Firpo (éd.), *Studi sull'utopia*, Il pensiero politico 9 (1976), p.419-60.

Ajaoiens sont bien de Fontenelle'.[69] Quoi qu'il en soit, il paraît certain que le texte est très antérieur à sa date de publication et qu'il a été écrit dans les cercles libertins auxquels Fontenelle précisément se trouvait mêlé dans les années 1680-1690.[70] Le thème central de l'ouvrage renvoie clairement au débat philosophique des 'esprits forts' de la fin du dix-septième siècle sur l'articulation réciproque de la religion et de la politique: la religion est-elle le fondement nécessaire de toute société, ou bien peut-on concevoir un ordre politique purement laïque édifié sur d'autres bases? Plus précisément encore, il semble répondre à la fameuse question de Bayle, d'ailleurs énoncée dans le texte de la façon la plus explicite: un peuple d'athées pourrait-il subsister ('Comment une République de gens qui ont de pareils sentimens, peut-elle subsister, diront sans doute nos gens pleins de préjugés?', *H.A.*, p.51)? La hardiesse de l'ouvrage sur le plan religieux suffit largement à expliquer que Fontenelle, s'il en est bien l'auteur, se soit abstenu de le publier de son vivant et que la biographie 'officielle' de son disciple Trublet n'en fasse pas mention.[71]

L'*Histoire des Ajaoiens* a été diversement jugée. Si le livre semble jouir auprès de la critique allemande d'aujourd'hui d'une remarquable faveur, von Kirchenheim y voyait 'un des plus lamentables ouvrages du genre' et Raymond Trousson n'y retrouve pour sa part que 'les ingrédients habituels du brouet utopique'.[72] Faut-il se montrer aussi sévère? Lourdement tributaire de diverses sources antérieures, le texte en effet donne la sensation constante du déjà vu et du déjà lu. Comme le montre Alain Niderst,[73] l'auteur a lu les *Discours anatomiques* de Guillaume Lamy, probablement aussi le *Tractatus* de Spinoza; il a fréquenté la littérature clandestine, notamment, semble-t-il, le *Theophrastus redivivus*; certaines indications ponctuelles donnent à penser qu'il connaît également Cyrano et Foigny. Surtout, il s'inspire abondamment de More et de Veiras. A l'image de celle d'Utopie, l'île est environnée d'écueils et protégée des atteintes du monde extérieur, 'comme si la Nature eût voulu préserver les

69. Sur l'*Histoire des Ajaoiens*, voir Alain Niderst, *Fontenelle à la recherche de lui-même* (Paris 1970), p.127-28, 229-38.

70. D'où l'intérêt que pourrait revêtir une étude comparative entre l'*Histoire des Ajaoiens* et les œuvres contemporaines de Fontenelle directement liées au courant libertin: *Dialogues des morts* (1683), *Jugement de Pluton* (1683), *L'Origine des fables* (1686), *Histoire des oracles* (1687). Cependant, une telle enquête sort évidemment des limites de ce travail.

71. Trublet, *Mémoires pour servir à l'histoire de la vie et des œuvres de M. de Fontenelle* (Amsterdam 1759).

72. Kirchenheim, *L'Eternelle utopie*, éd. Chazaud Des Granges, p.246; Trousson, *Voyages aux pays de nulle part*, p.111. Pour la critique allemande contemporaine, voir Werner Krauss, 'Fontenelle und die Philosophenrepublik', *Romanische Forschungen* 75 (1963), p.11-21; Hans Gunther Funke, *Studien zur Reiseutopie der Frühaufklärung: Fontenelle Histoire des Ajaoiens* (Heidelberg 1982) [ouvrage non consulté].

73. Niderst, *Fontenelle à la recherche de lui-même*, p.236.

Ajaoiens de la fréquentation, et par conséquent de la corruption des autres peuples de la terre' (*H.A.*, p.33); les jeunes couples, aussitôt après leur mariage, sont envoyés à la campagne pour une période déterminée (p.71-72): il existe de même chez les Utopiens une sorte de 'service agricole' obligatoire de deux ans; comme chez More, les abondantes réserves d'or dont dispose la république sont utilisées pour soudoyer et corrompre les ennemis potentiels (p.108); à l'instar des Utopiens, les Ajaoiens pratiquent une sorte de visite prénuptiale: 'la mère ôtant à sa fille la robe de dessus, laisse voir à son gendre futur, à travers la gaze, toutes les beautés que la Nature a mises sur le corps de sa fille' (p.114); même remarque, enfin, pour l'abondance extraordinaire de l'or, si commun qu'il sert à couvrir les toitures et à forger les boulets de canon.

L'influence de l'*Histoire des Sévarambes*, moins immédiatement visible, est probablement plus profonde. On peut noter d'évidentes analogies entre le cérémonial ajaoien du mariage et l'"Osparenibon' des *Sévarambes* (p.110-14); la forteresse où sont entreposés les trésors de l'Etat est édifiée sur une île au confluent de trois rivières (p.108); les villes de Sporonde et de Sévarinde présentent une configuration géographique analogue; chez l'un et l'autre peuple, il existe un système d'esclavage d'Etat fondé sur l'asservissement d'une ancienne population aborigène vaincue par une conquête militaire (p.92-96); d'autres convergences concernent la polygamie, le système éducatif, la structure de la hiérarchie administrative. Mais il existe des similitudes moins anecdotiques qui se rapportent à la construction narrative ainsi qu'au processus d'intégration sociale et idéologique d'un groupe d'Européens au sein du monde utopique.

Peu originale, on le voit, l'*Histoire des Ajaoiens* est pour cette raison représentative de l'utopie 'moyenne' de l'âge des pré-Lumières. Cela est particulièrement vrai des caractéristiques de la société ajaoienne, qu'on se bornera à résumer sommairement. Comme il fallait s'y attendre – c'est le refrain de la majorité des utopies de l'époque – 'le tien et le mien sont ignorés dans l'Isle d'Ajao' (p.70): d'où une économie communiste ignorant la propriété privée et la monnaie, avec ses corrélats habituels – greniers et magasins publics, organisation planifiée de la production et de la distribution sous la surveillance des magistrats spécialisés. Comme à l'ordinaire, cette économie, essentiellement agricole, est favorisée par la remarquable fertilité des terres et par un système de rotation de la population hérité à la fois de Veiras et de More: sitôt mariés, les jeunes gens sont installés dans l'un des villages dépendant de leur district. Au terme de leur service agricole, ils regagneront la ville, où ils pourront briguer les magistratures. D'où une première sectorisation spatiale correspondant à une répartition des activités: à la ville, espace politique, s'oppose la campagne, espace productif.

L'obsession numérique et le souci de découpage géométrique de l'espace évoquent plutôt les Australiens de Foigny que les Sévarambes de Veiras.

L'habitat collectif est la norme: chaque maison abrite vingt familles; chaque quartier se compose de six cents à huit cents maisons; la ville, de plan hexagonal, regroupe six quartiers; il existe six villes, toutes rigoureusement identiques, dont chacune est le chef-lieu des six provinces de la république; celle d'Ajao, siège du Souverain Magistrat, fait office de capitale. L'éducation est obligatoire: à partir de cinq ans, les enfants sont pris en charge par l'Etat et élevés dans des collèges où ils resteront jusqu'à leur mariage. Conformément à une misogynie elle aussi traditionnelle, la formation des jeunes filles se bornera à leur inculquer leurs futurs devoirs de mères de famille. 'On prend un grand soin de ne leur apprendre pas à écrire', car 'l'écriture est tout-à-fait inutile aux femmes, qui ne se mêlent en aucune façon du gouvernement, ni de la justice' (p.65).

La cellule sociale de base est la famille, composée du père, de ses deux épouses, des enfants de moins de cinq ans et des esclaves que l'Etat met à leur disposition. Elle constitue également la première instance du système politique: vingt chefs de famille (Minch) élisent deux chefs de maison (Minchist), et ceux-ci à leur tour deux Minchiskoa, ou membres du Conseil de quartier. Les Minchiskoa élisent deux Minchiskoa-Adoë qui siègent au Conseil de la ville; les six conseils urbains désignent en leur sein quatre députés (Adoë-Resi) au Conseil Suprême, ou Souverain Magistrat. Malgré les apparences, cette organisation représentative à multiples étages, visiblement tributaire du système pyramidal de Veiras, ne paraît pas être d'inspiration démocratique. Certes, Fontenelle a éliminé les composantes monarchistes et absolutistes du système politique des Sévarambes, et même évité soigneusement toute personnalisation du pouvoir: les vingt-quatre Adoë-Resi forment collectivement le Souverain Magistrat, sans qu'aucun semble y occuper une position prééminente. Mais la complexité de cet organigramme, où l'on ne peut parvenir au faîte qu'après avoir gravi un à un tous les échelons d'un long *cursus honorum*, évoque plutôt quelque république oligarchique peut-être inspirée, comme le suggère Alain Niderst, par l'exemple hollandais.

Comme Veiras, mais de façon infiniment plus rudimentaire, Fontenelle s'est posé le problème des conditions psychologiques de l'exercice du pouvoir et du nécessaire consensus étatique, tout en y apportant à peu près les mêmes réponses. Situation assez fréquente dans les utopies, les lois répressives existent, mais les infractions sont si rares qu'il n'est guère jamais nécessaire de les appliquer. A l'instar des Sévarambes, les Ajaoiens ignorent la peine capitale 'parce que, disent-ils, il est contre la nature et la raison d'ôter à une créature ce qu'on ne peut lui donner' (p.84): les crimes les plus graves sont punis par l'esclavage et l'infamie. A la crainte purement négative du châtiment on préfère du reste les ressorts positifs de l'ambition: 'l'honneur et l'intérêt-propre étant les mobiles de toutes leurs actions [...] font sur eux ce que fait sur nous la crainte d'une Divinité redoutable' (p.83).

Toutefois la société ajaoienne, conforme à bien des égards à celle des Sévarambes, ne donne du modèle qu'une version simplifiée et rigide qui en accentue la rigueur bureaucratique. La réduction de l'individu à la norme collective est poussée ici jusqu'à la déshumanisation, dans la plus complète indifférence à la liberté du choix personnel et, plus généralement, à l'univers non rationnel des sentiments et des désirs. Ainsi, 'il est ordonné, sous peine d'infamie, à tout jeune homme qui a atteint l'âge de vingt ans, de se marier. On n'a jamais vu enfreindre cette loi': chaque jeune homme épouse simultanément deux jeunes filles, 'loi qui a été sagement établie pour rendre le ménage moins desagréable aux citoyens' (p.110, 112). Comme les Australiens de Foigny, les Ajaoiens accueillent la mort – la leur propre et celle des autres – sans regrets et sans inquiétude (p.120-21):

On n'entend à ce dernier moment et dans ces derniers devoirs, ni pleurs, ni gémissemens, ni cris des parens allarmés de la perte qu'ils font. Soumis à la Nature, ils respectent ses loix et reçoivent ses ordres avec soumission [...] L'Ajaoien n'a d'autres parens que la patrie: c'est d'elle qu'il tient tout ce qu'il a. Il regarde les hommes comme des êtres auxquels la Nature l'a uni pour un temps; quand elle trouve à propos de les retirer, pourquoi censurer par des plaintes aigres la conduite de cette bonne mere?

L'indifférence face à la mort équivaut donc à la fois à un refus de l'affectivité et au rejet d'une certaine conception de l'homme, centrée sur la notion de destinée individuelle, au profit d'une complète intégration à l'être collectif de la Cité. Mais n'est-ce pas là s'affranchir arbitrairement des contraintes imposées par la nature humaine, donc ôter à l'utopie sa valeur exemplaire? L'auteur semble hésiter entre deux explications quant à la spécificité de l'humanité ajaoienne. La première, celle que déjà suggérait Veiras, implique la primauté de la Culture sur la Nature et l'aptitude de cette dernière à se transformer positivement sous la pression de l'environnement (p.51-52):

On ne doit pas juger des Ajaoiens par nous-mêmes; ils n'ont ni nos passions, ni nos inclinations, ni nos desirs [...]; ils doivent ce bonheur à leur éducation: qu'on en juge donc sans la prévention de la corruption de nature. La Nature n'est corrompue que pour nous, en qui, nos parens, nos maîtres, les exemples, tout ce qui nous environne la corrompt; mais elle est saine où on ne reconnoit que ses loix, et où on ne mêle point les mauvais exemples à ses sains principes.

La seconde, qui fait des Ajaoiens 'des hommes qui, peut-être, ne descendent point d'Adam, puisqu'ils ne ressentent point la violence des passions insensées' (p.152), rejoint curieusement le mythe préadamique de Foigny; elle réintroduit obliquement la spéculation para-théologique dans cette république d'"esprits forts' tout en posant la question, décidément centrale dans les utopies de cette époque, de l'unité ou de la pluralité de l'espèce humaine.

Peut-être est-ce à cette conscience orgueilleuse d'une singularité qui les élève au-dessus du reste de l'humanité qu'il faut attribuer la clôture mentale des Ajaoiens, l'hostilité sourde qui imprègne toutes leurs relations avec les autres hommes. On notera, par exemple, leur vive méfiance à l'égard des étrangers, justifiée en théorie par la crainte d'invasions extérieures. 'Il n'y a ici personne qui ne versât son sang pour vous et pour chaque particulier de votre troupe', affirme-t-on au narrateur dès son arrivée (p.18). Mais cette démonstration d'hospitalité ostentatoire n'empêche pas que l'on prenne soin de brûler le vaisseau qui a amené le groupe sur les côtes d'Ajao enfin de prévenir toute tentative d'évasion: le paradis utopique n'est pas loin ici de devenir une prison, et que van Doelvelt semble s'en accommoder au mieux ne modifie en rien cette réalité. Peut-être faut-il rapporter aux mêmes causes l'attitude de détachement utilitariste qui marque les relations établies par les Ajaoiens avec leurs esclaves. Sur ce point non plus Fontenelle n'innove guère, puisque, on l'a vu, l'institution de l'esclavage d'Etat, probablement issu ici des *Sévarambes*, est présente dans la tradition utopique depuis More. Mais le problème du statut de la population servile, à peine esquissé chez Veiras, reçoit ici un développement inhabituel (p.92-98). Envahisseurs venus autrefois de Chine ou de Tartarie, les Ajaoiens ont asservi l'ancien peuple indigène de l'île après un génocide massif: 'Ils les firent tous esclaves, et après en avoir fait la revue, ils trouverent qu'ils étoient en trop grand nombre pour qu'on n'en eût rien à craindre; ainsi ils passerent au fil de l'épée tous ceux au-dessus de 50 ans. Ils conserverent 1000 hommes d'âge fait, environ autant de garçons depuis le plus bas âge, toutes les femmes en âge d'avoir encore des enfans, et les petites filles' (p.93). Deux exigences contradictoires règlent la politique officielle à l'égard des esclaves: s'assurer une main-d'œuvre servile abondante; empêcher cependant que celle-ci ne s'accroisse au point de menacer la sécurité publique. D'où une régulation démographique sévèrement planifiée de la population esclave, dont la stabilité numérique est obtenue en étouffant à la naissance les mâles en surnombre ou en les abandonnant à l'âge de douze ans sur quelque côte déserte. Cette république vertueuse qui se réclame de la nature, de la raison et de la justice est donc fondée sur la spoliation, l'esclavage et la violence, et le narrateur, pourtant personnellement si peu présent dans la plus grande partie du texte, souligne lui-même à quel point ces dispositions sont en contradiction avec la loi naturelle, fondement officiel de l'idéologie ajaoienne (p.95):

Que ce dernier article de loi ait été contraire à la Nature, c'est ce que je reconnois; et je ne doute pas qu'en chassant ces anciens habitans de leur patrie, en les réduisant en esclavage, et en portant contre leurs enfans cette loi inhumaine, les anciens Ajaoiens n'aient condamné eux-mêmes ce que la politique les contraignoit de faire. Mais il falloit ne pas laisser trop de force à un peuple qu'on ne vouloit pas détruire, et prévenir en même temps qu'il ne s'augmentât jusqu'au point de pouvoir venger un jour, sous les descendans, l'injure reçue de leurs ancêtres. C'est ce qu'ils ne pouvoient faire que par cette loi, qui, toute inhumaine qu'elle paroît, est aussi douce qu'on pouvoit la faire en pareille circonstance.

Ce qui revient à peu près à soutenir que nécessité fait loi, que la fin – le parfait bonheur du peuple d'Ajao, 'le plus heureux qui soit sur notre globe terrestre' (p.26) – justifie les moyens impurs de la 'politique', réduite à n'être ici que l'art casuistique de ruser avec les principes, notamment avec celui-ci, la seconde des deux règles fondamentales de la république: 'Traitez les autres comme vous voudriez qu'ils vous traitassent' (p.37). Piètre justification, et d'une maladresse telle qu'elle met en relief la contradiction au lieu de la rendre acceptable – à moins qu'il ne faille admettre qu'aux yeux des Ajaoiens imbus de la supériorité de leur race l'esclave n'est pas 'un autre', une modalité particulière de la personne humaine, mais un être 'autre', rejeté dans une infra-humanité à l'égard de laquelle on ne se sent aucun devoir. Involontairement peut-être, Fontenelle pose en des termes brutaux le problème de la compatibilité entre la pratique de l'utopie et les principes dont elle se réclame, soulève les implications dangereuses, éludées d'une façon un peu trop irénique dans l'*Histoire des Sévarambes*, des situations de domination coloniale qui semblent bien constituer l'arrière-plan de beaucoup d'utopies de cette période,[74] invite, enfin, à esquisser une réflexion sur d'autres points, eux aussi essentiels: universalité ou relativité de la loi morale, unité ou pluralité de l'espèce humain ...

Pourtant l'intérêt majeur de l'*Histoire des Ajaoiens* réside dans l'articulation de la fable romanesque, réduite ici à sa plus simple expression, et de l'idéologie de la société utopique. Le schéma formel, pleinement conforme aux normes du genre, ne laisse toutefois à l'encadrement narratif qu'une place dérisoire. Van Doelvelt, le narrateur, chassé de sa patrie, la Hollande, par les discordes civiles, s'embarque pour Batavia et, poussé par 'la passion de découvrir, dont [il avait] toujours été possédé' (p.3), prend la tête d'une expédition commanditée par la Compagnie des Indes dans le Pacifique nord. Il s'agit de découvrir le fameux 'passage du Nord', autre grand mythe géographique du siècle, permettant de relier la Scandinavie au Japon par voie de mer en longeant les côtes

---

74. Certes, les sociétés des Héliopolitains ou des Mezzoraniens ne sont pas issues d'une conquête (ces derniers ont eux-mêmes été chassés d'Egypte par les barbares Hycksos), mais toutes deux procèdent bien d'une colonisation; et l'insistance avec laquelle on souligne leur refus de s'installer dans une nouvelle patrie au détriment de ses anciens habitants monte bien qu'il y a là une problématique commune à l'intérieur de laquelle les textes se situent tous, même si les réponses apportées sont différentes.

sibériennes. Une tempête ayant dispersé la flotte, le héros se trouve jeté à la côte au large du Japon avec cent soixante de ses compagnons. D'assez nombreuses précisions de dates et de lieux ne compensent pas le caractère très sommaire de cette séquence préparatoire, où l'on ne retrouve guère l'effort de vraisemblance des *Sévarambes*. Suit, de façon également fort classique, une brève séquence de prise de contact avec le lieu utopique: voyage jusqu'à la capitale, qui permet au passage d'admirer 'l'abondance', 'l'ordre et la symétrie [...] admirables' des campagnes, rapide évocation de la ville, visite au Souverain Conseil et dialogue avec les magistrats de cette haute assemblée (p.18, 20, 21-22, 22-25). Ici commence la présentation didactique systématique de la société ajaoienne, dont les douze chapitres de la table des matières indiquent les articulations (géographie religion, éducation, hiérarchie des magistrats ...). La description est effectuée 'hors point de vue': on y cherchera vainement les signes linguistiques de l'énonciation personnelle, et le narrateur est à peu près entièrement absent de son texte, devenu traité politique ou débat d'idées plutôt que véritable récit.

Cette éclipse du narrateur, conforme, elle aussi, au modèle des *Sévarambes*, ne prend fin que dans les derniers chapitres du livre (chapitres 11 et 12), où van Doelvelt resurgit à la fois comme producteur de la narration et comme personnage du tableau utopique. Mais c'est pour s'y dissoudre presque aussitôt: si le héros éprouve le besoin de reprendre la parole en son nom propre, c'est afin de nous faire part de son mariage avec les deux filles (selon l'usage du pays) d'un haut magistrat d'Ajao, et surtout de sa naturalisation comme citoyen de l'utopie, devenue sa nouvelle patrie ('On me voyait attaché à la patrie par des liens si doux et si forts, qu'il n'y avoit gueres apparence que je voulusse les rompre; aussi n'en ai-je jamais eu la pensée, et je la regarde comme mon unique patrie', p.126). Ainsi accomplit-il une intégration définitive à la société ajaoienne qui le fait disparaître comme individu différencié. Le même processus d'acculturation touche également ses compagnons, qui 'se sont si bien fait [*sic*] aux coutumes du pays, qu'on avoit bien de la peine à les distinguer des naturels' (p.124).

Reste cependant à résoudre une difficulté de taille: comment concilier, dans la perspective de l'orthodoxie chrétienne, l'adhésion complète du narrateur aux valeurs de l'utopie et ce que l'auteur appelle assez improprement la 'religion' des Ajaoiens? A la différence, en effet, de la quasi-totalité des utopies de l'époque, dans lesquelles une intention anti-chrétienne, voire une attitude plus globalement anti-religieuse, se dissimule avec plus ou moins de conviction derrière un déisme naturaliste après tout conforme à l'orthodoxie théologique, s'agissant de peuples ignorants de la révélation chrétienne, les Ajaoiens, eux, constituent un peuple d'athées 'assez semblables à ceux qu'on nomme aujourd'hui Esprits forts, c'est-à-dire, sans autre préjugé que celui de se soumettre dans toute leur conduite au dictamen d'une raison saine, éclairée par une attention continuelle sur les devoirs dont la Nature imprime en nous la nécessité de la pratique, en nous donnant l'être' (p.92). Si les Ajaoiens croient en quelque chose, c'est en la raison et en la nature, qu'ils regardent 'comme leur bonne mere' (p.38), sans toutefois lui vouer aucune adoration ni lui rendre aucune culte; s'ils 'se croient fondés en raison, pour mettre la Nature à la place de ce que nous nommons Dieu' (p.142), c'est en tant que principe explicatif de l'ordre du monde, non pas à titre de nouvelle instance religieuse. Ni physiolâtrie ni panthéisme, la doctrine ajaoienne rejette toute idée de transcendance et témoigne d'une complète laïcisation de la pensée: pas de culte, pas de prêtres, pas de croyance en l'immortalité de l'âme ('chimere inventée par d'habiles politiques', p.50), pas même de croyance à l'âme en tant qu'attribut spécifique de l'homme, lequel ne se sépare des animaux que par une différence quantitative, non pas qualitative. Ce que nous appelons âme n'est en effet qu'une forme perfectionnée d'intelligence liée à la proportion plus ou moins grande de 'matière subtile' répandue dans les corps, ou, si l'on préfère, à la densité des atomes de feu, conformément aux thèses désormais familières du matérialisme néo-épicurien.[75] La fiction de l'âme, issue de l'orgueil de l'homme qui veut se faire immortel à l'image d'un Dieu lui-même chimérique, n'a d'autre justification que d'offrir à des gouvernants sans scrupules un moyen de pression sur l'esprit de leurs sujets, ainsi maintenus 'dans une crainte continuelle d'un prétendu avenir' (p.50)

Est-ce à dire que la matérialisme athée soit à même d'offrir une explication globale de l'univers? Il n'apporte aucune réponse au problème de l'origine, que les Ajaoiens se contentent de déclarer insoluble: comme beaucoup de libertins, ils croient en l'éternité du monde, constamment renouvelé par l''admirable circulation' des particules de matière (p.39). Cet agnosticisme pratique annonce le refus de la métaphysique caractéristique de la philosophie du dix-huitième siècle. Il renvoie aussi à une constante de la pensée de Fontenelle, qui, en s'interrogeant sur l'origine des fables, a rencontré ce qu'on pourrait appeler la fable de l'origine, cette ambition illusoire d'assigner à toutes choses une cause première et un point de départ. Probablement est-il significatif, ainsi que l'a remarqué Bronislaw Baczko, que les Ajaoiens n'aient ni mythe de fondation, ni législateur, ni récits fabuleux (leur littérature semble se borner à des odes célébrant la république, la nature et la vertu).[76]

75. Comme Cyrano, Veiras et H. de L'Epy, Fontenelle fait du soleil la source première du 'feu invisible' constituant la 'matière subtile'; mais il s'agit là d'un simple phénomène physique qui ne conduit à aucune attitude d'héliolâtrie (*H.A.*, p.48-49).

76. B. Baczko, 'Les arbres à Ajao', in R. Trousson (éd.), *Thèmes et figures du Siècle des Lumières:*

L'attitude du narrateur vis-à-vis de la question religieuse est évidemment le point crucial du texte. A aucun moment, avant le dernier chapitre, l'athéisme officiel d'Ajao ne semble faire problème pour lui. Le chapitre 3, 'De la religion des Ajaoiens', véritable petit manuel d'athéisme militant, manifeste même, sans équivoque, l'évidente sympathie de van Doelvelt pour les thèses ajaoiennes (*H.A.*, p.38-39):

Plus soumis que nous aux claires lumieres d'une raison saine et sans préjugé, ils ne vont pas inventer une chimérique époque pour y fixer la naissance des premieres créatures, qu'on fait sortir (contre le premier principe) des mains vuides d'un Etre incompréhensible, invisible, inconnu, inventé à plaisir; à peu-près comme un joueur de gibéciere fait sortir une muscade de dessous un gobelet, qu'il avoit fait voir vuide aux spectateurs.

Le narrateur ne se contente plus ici de rendre compte objectivement: prenant à son compte la position philosophique des Ajaoiens et la confrontant aux traditionnelles explications religieuses du monde, il la transforme en machine de guerre anti-religieuse. On s'explique mal alors que le héros, saisi soudain de scrupules que rien ne laissait prévoir, éprouve brusquement le besoin, selon ses propres termes, de 'devenir l'apôtre d'Ajao' (p.127). Au dernier chapitre, il obtiendra l'autorisation de tenter de convertir ses hôtes non pas au christianisme, mais à un déisme rationaliste qui est précisément la religion officielle des autres utopies de l'époque, à commencer par celle de Veiras. Son grand discours prononcé devant l'assemblée du peuple n'obtient pas cependant le résultat escompté.[77] On félicite l'orateur pour son éloquence, mais ses thèses sont censurées par le Souverain Magistrat qui, dit van Doelvelt, 'me pria de ne parler jamais à l'avenir du Dieu que je leur avois annoncé, ni de son culte, ni en public, ni en particulier. Je le promis, et j'ai exactement tenu ma promesse' (*H.A.*, p.149). En clair, le narrateur adopte l'athéisme officiel d'Ajao. Son discours, s'il faut le prendre au sérieux, a constitué l'ultime manifestation de sa différence personnelle avant qu'il ne s'abîme tout entier dans l'identité collective de l'utopie. Le même point, décidément central, est traité, avec les mêmes flottements, dans l'"Avertissement de l'éditeur': celui-ci nous met en garde contre tout 'jugement téméraire de Mr. Van Doelvelt' car 'cela pourroit donner lieu d'accuser cet honnête-homme de trahir la Religion et de la sacrifier à des gens qui n'en ont aucune. Il faut donc qu'on lise cette relation, comme l'ouvrage

mélanges offerts à Roland Mortier (Genève 1980), p.29.

77. On s'explique mieux ce qu'il y a de contradictoire dans l'attitude de van Doelvelt si l'on admet que ce discours, d'argumentation médiocre et banalement finaliste, est peut-être parodique. On rapprochera utilement le développement des pages 140-41 ('Toutes ces parties de notre corps si bien proportionnées, et placées avec tant d'ordre dans les endroits où elles doivent servir tout l'individu, sans s'embarasser l'une l'autre, ces os si artistement emboîtés les uns dans les autres, ces muscles, ces chairs qui les couvrent [...]') de la fameuse tirade burlesque de Sganarelle sur le même thème (*Dom Juan*, III.i).

des Ajaoiens mêmes'. C'est donc que le narrateur n'est pas partie prenante dans l'athéisme d'Ajao; mais, ajoute l'éditeur dans la même phrase, 'M. Van Doelvelt, reçu citoyen d'Ajao, en a embrassé toutes les opinions' – y compris alors l'athéisme? Cette adhésion entière aux valeurs de l'utopie se trouve indirectement confirmée par une perturbation du schéma circulaire habituel. Van Doelvelt a regagné l'Europe (il le fallait bien pour que sa relation y fût communiquée), mais en mission officielle pour le compte de l'Etat ajaoien: il se propose de recueillir des informations pratiques sur certaines techniques européennes (imprimerie, fabrication du papier, greffes, poterie) inconnues à Ajao (comme les Sévarambes, les Ajaoiens pratiquent l'espionnage industriel et diplomatique). Sitôt cette mission accomplie, il s'est empressé de regagner l'utopie, devenue sa nouvelle patrie, et l'éditeur nous apprend qu'il 'est retourné à Ajao, vers ses femmes et ses enfans, en 1682'.[78]

De fait, van Doelvelt n'est guère autre chose qu'un porte-parole officieux d'Ajao. Peu caractérisé, on l'a vu, faiblement inséré à tous égards dans le monde européen, auquel rien ne l'attache, il ne s'exprime presque jamais en sa qualité d'individu différencié et ne semble pas avoir de position de parole qui lui soit propre. A la différence de Siden qui, lui, du moins récupère tardivement un semblant d'autonomie romanesque et d'existence personnelle, il s'immerge dans la société ajaoienne dont il exprime fidèlement les valeurs. C'est à ce titre que sa relation peut être lue 'comme l'ouvrage des Ajaoiens mêmes'; psychologiquement inconsistant, le narrateur n'est plus qu'un milieu transparent permettant de réfracter sans distorsion, et sans non plus la moindre distance, l'idéologie de la société utopique. Par là disparaît la possibilité, esquissée pourtant chez Veiras, d'une lecture critique de l'utopie.

Cette simplification du modèle va de pair avec un dépérissement de l'élément romanesque, largement sacrifié à l'exposé idéologique ou institutionnel. C'est, au contraire, à la faveur d'une prolifération désordonnée du récit encadrant aux dépens du tableau utopique proprement dit que Tyssot de Patot s'écarte du paradigme de l'*Histoire des Sévarambes*.

v. Du bon usage des fables: les *Voyages et aventures de Jacques Massé*

Datés de 1710, mais publiés probablement entre 1714 et 1717, les *Voyages et aventures de Jacques Massé* de Tyssot de Patot se rattachent au même courant rationaliste et critique que l'*Histoire des Ajaoiens*, le *Voyage à l'intérieur de la Tartarie* ou, plus lointainement, l'*Histoire des Sévarambes* – dont ils ont presque

---

78. *H.A.*, Avertissement (non paginé).

égalé la diffusion.[79] Les sources de Tyssot de Patot ont fait l'objet de nombreuses études et sont désormais bien connues: ce sont les mêmes, ou peu s'en faut, que celles des textes précédents – Descartes, Hobbes et Spinoza en philosophie, plus La Mothe Le Vayer et l'*Abrégé de Gassendi* de Bernier, Veiras et probablement Foigny parmi les utopies du siècle antérieur, ainsi que de très nombreux récits de voyage, souvent littéralement plagiés.[80]

S'il est clair que *Jacques Massé* se situe dans la postérité idéologique de l'utopie veirassienne, le texte pose cependant divers problèmes et, d'abord, celui-ci: s'agit-il bien d'une utopie? Certes, on retrouve ici sans peine la structure générale tripartite héritée des *Sévarambes*: séquences pré-utopiques, séquences utopiques, séquences post-utopiques. Mais les séquences encadrantes reçoivent ici un développement tout à fait inhabituel: sur les seize chapitres de l'ouvrage, cinq concernent les aventures du héros antérieurs à l'entrée en utopie (chapitres 1 à 5), cinq celles qui suivent son départ (chapitres 12 à 16), le séjour dans le pays imaginaire étant limité aux six chapitres médians (chapitres 6 à 11). Encore seule une faible part de cette section centrale concerne-t-elle l'utopie elle-même. Il s'agit de l'essentiel du chapitre 6, consacré à la description du pays et de ses institutions, d'une partie du chapitre 8 (audience auprès du

79. Il existe quatre éditions datées de 1710, dont l'une comporte deux variantes, portant même titre et même éditeur (*Voyages et avantures de Jaques Massé*, à Bourdeaux, chez Jacques L'Aveugle, 1710) mais différenciées par les frontispices et motifs typographiques. Aubrey Rosenberg a pu montrer (*Tyssot de Patot and his work*, p.84-100), grâce aux méthodes de la bibliographie matérielle, que la première de ces éditions, probablement imprimée à La Haye, ne peut être antérieure à 1714 ni sans doute postérieure à 1717. Les autres sont des contrefaçons ou des éditions clandestines françaises (Rouen?) plus tardives. L'anti-datation pourrait s'expliquer par le désir d'éviter le rapprochement entre la 'Fable des abeilles' située à la fin de l'ouvrage et l'œuvre homonyme de Mandeville, selon l'hypothèse d'A. Rosenberg; mais il s'agit plus probablement d'un artifice destiné à déjouer les poursuites.
On a utilisé la réimpression photographique de l'originale procurée par Raymond Trousson (Slatkine Reprints, Genève 1979), désignée ci-après par les initiales *J.M.*
Quant à la diffusion de l'œuvre, Rosenberg (p.98-99) dénombre cinq éditions françaises, trois éditions allemandes (dans lesquelles le héros porte le nom de Peter Martons), trois éditions anglaises (*Travels and adventures of James Massey*). On a pu relever des emprunts à *Jacques Massé* chez Voltaire, dans l'article 'Résurrection' du *Dictionnaire philosophique* (Trousson, *Voyages aux pays de nulle part*, p.115), voire dans l'épisode de l'Eldorado de *Candide*, ainsi que chez Swift, qui a utilisé l'anecdote de l'incendie du palais royal faussement imputé aux héros (*J.M.*, p.311-13) dans le *Voyage à Lilliput*. Si le livre est rarement cité, il semble donc qu'il ait été beaucoup lu.
80. Voir D. R. McKee, 'Simon Tyssot de Patot and the seventeenth-century background of critical deism', *Johns Hopkins studies in Romance languages and literature* 40 (1941), p.11-101; Rosenberg, *Tyssot de Patot and his work*, p.49-55. Selon Atkinson (*The Extraordinary voyage from 1700 to 1720*, p.88-96), Tyssot de Patot a notamment mis à profit la *Relation d'un voyage des Indes orientales* (1685) de Dellon (pour l'épisode de l'Inquisition de Goa), les *Voyages* (1616) de Jean Mocquet (pour celui du Chinois 'universaliste'); les *Six voyages* de Tavernier (1676) racontent l'histoire d'un certain Rodolphe Stadler, horloger de la cour d'Ispahan, qui rappelle étrangement l'aventure de La Forêt à la cour du roi Bustrol. Les rapprochements avec La Hontan paraissent, en revanche, moins convaincants.

souverain et description du palais royal, p.201-208; histoire de l'ancienne monarchie et de sa chute, p.209-15), de quelques fragments des chapitres 9 (stratagèmes et impostures des anciens monarques, p.237-41) et 10 (cérémonies d'actions de grâces à l'occasion de la naissance du jeune prince, p.243-45; organisations des courriers et diffusion des nouvelles, p.246-47; pratiques funéraires et règles matrimoniales, p.264-67); soit, au total, moins de 70 pages d'un roman qui en compte plus de 500.

Le reste des chapitres correspondant au séjour dans le royaume austral est occupé, en portions à peu près égales, par des conversations, des exposés didactiques et des anecdotes narratives, conformément d'ailleurs à la norme éclatée du roman pris dans son ensemble, où ces trois modalités textuelles alternent régulièrement. Or, ces développements, qui n'apportent aucune contribution à la construction du tableau utopique, n'ont même pas le plus souvent pour référent l'univers imaginaire, mais le monde européen d'où proviennent les voyageurs, à moins qu'ils ne relèvent d'une réflexion spéculative abstraite sans point d'application déterminé. Ainsi la 'conversation curieuse de l'Auteur avec le Juge et le Prêtre de son Village, au sujet de la Religion, etc.' qui occupe le chapitre 7 n'est-elle pas consacrée à la religion utopienne, dont il y a d'ailleurs peu à dire, mais, de façon exclusive, à la critique du dogme chrétien: critique du récit de la Genèse, de la Résurrection, des miracles, de l'imposture des prêtres, de la chronologie biblique, de la croyance en l'immortalité de l'âme, de l'Enfer ... Au chapitre 9, la conversation avec le souverain du pays roule sur la cosmologie, les guerres en Europe, la division des Eglises chrétiennes; le narrateur y insère également l'histoire du conseiller du parlement dupé par une fausse orpheline. Au chapitre 10 on trouvera, après l'anecdote du jeune parricide en intention puni par la justice immanente, une longue dissertation sur la chute des corps, les lois de la balistique et le mouvement de la Terre. Quant au chapitre 11, il est occupé tout entier par une intrigue galante – les amours de La Forêt et de la reine Lidola – qui prend bien pour cadre le pays utopique, mais ne concourt guère à en construire la représentation.

Conformément à une tendance qui ne fera que s'accentuer dans le roman suivant de Tyssot de Patot (*Le Voyage de Groenland du père de Mésange*), la part proprement utopique du texte se trouve donc réduite à peu de chose, et encore est-elle intérieurement envahie par une prolifération parasitaire d'éléments qui lui sont étrangers. On peut cependant tenter d'en résumer les données, au risque de conférer à cet ensemble de notations éparses un caractère systématique qu'il n'a pas.

L'arrivée dans le royaume austral, que les coordonnées géographiques (60 degrés de longitude et 44 degrés de latitude sud) situent non loin de l'archipel des Kerguélen, encore inconnu alors, est précédée d'une séquence d'entrée particulièrement développée, étirée sur plusieurs chapitres. Après le traditionnel naufrage suivi d'un épisode de robinsonnade collective inspirée de celle des *Sévarambes*, le héros, avec deux de ses compagnons, se sépare du groupe et s'enfonce à l'intérieur des terres pour un long itinéraire semé de spectacles étranges et d'épreuves initiatiques. Ils recontreront sur leur route des ruines, des tombeaux, des squelettes et de mystérieuse inscriptions grecques et hébraïques,[81] se sustenteront des fruits délicieux mais dangereux d'un arbre inconnu sur lequel veille, comme au Jardin d'Eden, un serpent monstrueux,[82] devront franchir des obstacles d'une difficulté croissante: traversée à bord d'un radeau de fortune d'un lac immense, escalade d'une falaise verticale, franchissement d'un étang bordé de précipices dans lesquels périra l'un des explorateurs, pour parvenir enfin, dans un état de nudité évidemment symbolique, aux portes du royaume austral.[83]

La séquence de sortie, d'étendue presque égale, est enclenchée par l'intrigue avortée de l'horloger La Forêt, le compagnon survivant du narrateur, avec l'une des femmes du roi, qui affecte à son égard une passion intéressée (son but est de recevoir, elle aussi, une montre semblable à celle qui a été offerte au souverain). Inquiet des suites dangereuses de cette affaire dans un pays où l'adultère est sévèrement puni, dépité de la trahison de Lidola, empêtré dans d'inextricables mensonges, devenu suspect de surcroît à la suite de l'incendie du palais, excédé enfin des demandes continuelles de ses hôtes, qui le réduisent à la perspective de devoir fabriquer des montres jusqu'à la fin de ses jours, La Forêt décide de fuir et entraîne avec lui son camarade malgré les objections de ce dernier. Le franchissement de la frontière utopique s'effectue cette fois en empruntant le cours tumultueux d'un torrent souterrain, souvenir probable du tunnel des *Sévarambes*, mais peut-être aussi d'un épisode des *Voyages de Sinbad* dans les *Mille et une nuits*, que Galland venait de traduire.[84] La relation de symétrie avec la séquence d'entrée se trouve assurée par l'épisode de robinsonnade qui fait suite, à deux d'abord, puis en groupe, lorsque Massé et son compagnon auront retrouvé fortuitement le reste de l'équipage naufragé.

En contraste avec l'ampleur et l'apparente rigueur de construction de l'encadrement narratif, le tableau utopique lui-même reste étrangement lacunaire. L'organisation de l'espace interne de l'utopie, que les voyageurs parcourront,

---

81. Cet épisode rappelle beaucoup la *Relation d'un voyage du pôle arctique au pôle antarctique* de 1721, qui en est sans doute inspirée.

82. Comme ceux de l'arbre Balf chez Foigny, ces fruits ont des propriétés hypnotiques.

83. Réminiscence, peut-être encore, des circonstances de l'arrivée de Sadeur en Terre australe chez Foigny.

84. Sixième voyage de Sindbad, 81e Nuit, in *Les Mille et une nuits*, tr. Antoine Galland (Paris 1965), i.276-77.

comme chez Veiras, de la périphérie au centre, obéit aux traditionnelles règles d'identité et de symétrie: 'Le Païs est tellement uniforme, qu'il vaut autant n'en avoir vû qu'une partie, que de s'amuser à parcourir le tout' (*J.M.*, p.144). Selon un modèle géométrique qui doit peut-être quelque chose aux polders de Hollande, le territoire, presque entièrement plat, est divisé en villages ou cantons qui 'ont la figure d'un quarré parfait dont les faces sont environ longues de mille cinq cens pas' (p.132). Chacun, entouré d'un canal 'tiré à la ligne' doublé d'une chaussée bordée d'arbres, est en outre divisé par un fossé médian le long duquel se répartissent en deux rangées disposées face à face vingt-deux habitations toutes semblables, à l'exception de celle du prêtre, qui sert d'église, et de celle du juge, siège du conseil de canton. Toutefois, la contrée comprend également une région montagneuse où se trouvent des mines de charbon de terre, de fer, de cuivre et d'étain. Elles sont exploitées par les condamnés du pays, du moins les auteurs des crimes les plus graves (blasphémateurs, meurtriers, adultères, 'Paillards et grands Larrons'), car, se contentant 'd'imposer à un chacun la peine qu'ils croyent la plus proportionnée à son délict' (p.150), les utopiens se bornent à affecter les délinquants ordinaires à de petits travaux d'utilité publique. Quant à la peine de mort, elle a, ici aussi, été abolie, car 'la vie de l'homme dépendant uniquement de Dieu qui la lui a donnée, il n'est pas en notre puissance de la lui ôter, pour quelque cause que ce puisse être' (p.148-49).

La structure administrative, très floue, ne précise pas le mode de désignation des magistrats, qui semblent nommés par le pouvoir central plutôt qu'élus par la population. Les vingt-deux familles du canton sont encadrées par un juge ou bailli; dix cantons constituent un Gouvernement dirigé par un intendant, ou satrape, parmi lesquels un sur dix est député tous les ans à l'Assemblée souveraine, présidée par le roi. Nulle part on ne précise les pouvoirs attribués à ce dernier. Nous saurons seulement qu'il s'agit d'une monarchie apparemment débonnaire et paternaliste dont les revenus sont constitués par un tribut annuel d'une pièce de cuivre par famille. Si le célibat est imposé aux frères et sœurs du monarque – peut-être dans le but d'éviter les querelles dynastiques, mais cela n'est pas précisé – le roi, lui, peut avoir jusqu'à douze femmes, ce nombre étant limité à trois pour les gouverneurs et à deux pour les juges et les prêtres, conformément au principe sévérambien de la polygamie hiérarchique.

De la structure sociale nous ne saurons à peu près rien, sinon que le royaume compte 41.600 villages, soit un total de 8.323.000 personnes. Des épidémies de petite vérole assurent une sorte de régulation naturelle de la population, d'où une stabilité démographique évitant de recourir aux mesures malthusiennes autoritaires utilisées, par exemple, chez les Ajaoiens. Pas un mot sur le régime économique, qui n'est pas, semble-t-il, le communisme utopique habituel, puisqu'il existe une monnaie. Signalons au passage la présence, comme chez Veiras ou Foigny, d'une langue artificielle rationnelle, toutefois à peine esquissée et que l'auteur ne s'est pas donné la peine de rendre cohérente: après avoir précisé 'qu'ils n'ont point d'Impératif', Tyssot de Patot fait figurer ce mode dans le tableau des conjugaisons fourni comme exemple, où il confond d'ailleurs l'imparfait du subjonctif et le conditionnel (p.120).

Si une bonne partie des conversations avec les utopiens – et notamment la quasi-totalité du chapitre 7 – sont consacrées aux problèmes théologiques, la religion du royaume austral ne s'en trouve guère éclairée, sinon indirectement, car c'est presque exclusivement de la critique du christianisme qu'il est question. Au risque de perdre toute cohérence interne comme personnage, le narrateur abandonne ici son rôle d'"esprit fort' pour se faire le défenseur, combien maladroit, de l'orthodoxie religieuse face au rationalisme brutal de ses hôtes.[85] On retrouvera donc, dans la bouche du prêtre cette fois, et souvent avec les mêmes formulations, les arguments développés antérieurement par Massé lui-même: le récit de la Création est 'une pure Allégorie […] assez grossière dans son genre, et fabriquée par un Auteur fort ignorant de la nature des choses' (*J.M.*, p.169); les prétendus miracles ne prouvent rien, car les témoignages humains sont fragiles; le dogme de la résurrection des corps se heurte à une impossibilité concrète (Tyssot de Patot, qui était professeur de mathématiques, s'amuse à en apporter la preuve *more geometrico* par de savants calculs, p.172-73: soit le volume occupé par chaque corps, la population du pays et le nombre de ses générations depuis l'origine, il est clair que la surface du globe n'y suffirait pas!); l'âme spirituelle n'existe pas, car toute substance est matérielle; l'idée qu'elle est immortelle est, certes, consolante, 'en ce qu'elle vous flatte d'une autre vie après la mort', mais mieux vaut laisser cette croyance aux 'esprits d'un ordre commun' (p.184); la croyance à l'Enfer revient à 'rendre Dieu le plus cruel de tous les Etres, d'avoir créé l'homme pour le damner éternellement', et du reste le mal n'existe pas par rapport à Dieu, faute de quoi il en serait lui-même l'auteur (p.186). D'où une morale purement sociale et laïque: 'S'il y a quelqu'un de lésé dans la transgression de ces Loix, c'est proprement la Société, ou les Chefs qui la représentent, et nullement l'Esprit universel, qui ne peut en aucune manière du monde être offensé de personne' (p.188). Ainsi nos actions sont-elles indifférentes en elles-mêmes, 'et si elles peuvent devenir bonnes ou mauvaises, ce ne peut-être que par rapport à de certaines institutions' (p.190). De cet amoralisme relativiste, qui semble annoncer certaines pages du

---

85. Ces dialogues truqués sont caractéristiques des stratégies du discours libertin: dans les *Dialogues avec un sauvage*, La Hontan remplit face à son interlocuteur Adario le rôle d'apologiste médiocre assumé ici par Massé. Il en sera de même chez Foigny.

Supplément au Voyage de Bougainville ou certaines justifications des héros sadiens, les utopiens ne tirent cependant que des conclusions platement conformistes. On est un peu déçu, après ces étalages d'impiétés, des banalités déistes de la profession de foi du vieillard utopien (p.157):

Je crois une Substance incréée, un Esprit universel, souverainement sage, et parfaitement bon et juste, un Etre indépendant et immuable, qui a fait le Ciel et la Terre, et toutes les choses qui y sont, qui les entretient, qui les gouverne, qui les anime; mais d'une manière si cachée et si peu proportionnée à mon néant, que je n'en ai qu'une idée très imparfaite.

Il est même surprenant qu'on juge utile de rendre un culte quotidien à cet 'Esprit universel' qui s'occupe si peu des affaires des hommes; il est vrai que la cérémonie semble se borner à une adoration silencieuse et à des actions de grâces, à l'exclusion de toute prière de demande. Au reste, la 'religion' utopienne ne saurait remplir aucune fonction sociale, éthique ou politique, puisque les lois et les règles morales sont œuvre purement humaine.

Pourtant il n'en a pas toujours été ainsi. Avant la révolution qui, trois siècles et demi plus tôt, a chassé l'ancienne dynastie pour lui substituer une monarchie tempérée, le royaume a connu un régime d'absolutisme de droit divin. Issus, selon les termes du mythe de fondation (p.213-15), du couple primordial né de la fécondation de la Terre par le Soleil, les souverains d'autrefois, se prévalant de leur titre de 'Fils du Soleil et de la Terre', appuyaient leur pouvoir sur l'imposture religieuse: avec la complicité des prêtres, ils organisaient de faux miracles spectaculairement mis en scène pour frapper l'opinon et se débarrasser de leurs adversaires (p.237-41).[86] Mais l'arrivée soudaine d'un voyageur portugais par le fleuve souterrain d'où ils prétendaient tirer leur naissance démasqua leur imposture: sans doute est-il significatif que le narrateur, à son départ, emprunte, lui aussi, le même chemin, réitérant ainsi le geste démystificateur qui substitua la raison à la fable.

C'est à partir de ce dernier point précisément qu'on peut tenter de comprendre la structure et l'intention de ce roman chaotique qui a plongé dans l'embarras la majorité des commentateurs. Le tableau utopique, on l'a vu, n'y occupe qu'une place quantitativement très secondaire. De surcroît, il reste fragmentaire, voire incohérent, et ne définit aucun modèle social, économique, politique ou religieux clairement identifiable. A la différence de Veiras, Tyssot de Patot n'a prêté aucune attention aux conditions concrètes du fonctionnement de l'Etat

---

86. Le mythe d'origine du couple primordial évoque à la fois le récit biblique de la création de l'homme et la filiation solaire des Incas selon Garcilaso de La Vega (*Commentaires royaux*, I, 15). Les exemples de 'miracles' sont directement empruntés à l'épisode de l'imposteur Stroukaras et au récit de la prise de pouvoir de Sévarias dans l'*Histoire des Sévarambes*: Tyssot de Patot renvoie donc dos à dos les deux modèles de 'gouvernement héliocratique' proposés par le roman de Veiras.

ou aux modalités psychologiques de l'exercice du pouvoir. Enfin, la prolifération apparemment gratuite, aussi bien à l'intérieur de la séquence utopique elle-même que dans tout le reste du livre, des anecdotes, récits insérés, dissertations et excursus didactiques fait, elle aussi, problème. Pour Aubrey Rosenberg, frappé par la profusion de ce qu'il appelle des digressions (mais le terme n'est guère pertinent appliqué à un ouvrage où l'on a bien du mal à apercevoir ce qui tiendrait lieu d'axe directeur), l'intention de Tyssot de Patot n'a pas été d'écrire une utopie, ni même peut-être une satire anti-religieuse, mais de faire parade de la diversité de ses connaissances – préoccupation effectivement assez vraisemblable chez ce bel esprit provincial avide de reconnaissance sociale, arrivant à la soixantaine sans avoir encore réussi à se faire publier.[87] Il se serait donc borné à utiliser dans ce but le cadre éminemment plastique du voyage imaginaire, insérant pêle-mêle, et pour s'en tenir à quelques exemples épars dans les premiers chapitres, une histoire fantastique (histoire du Juif Errant), un rapport d'autopsie – Jacques Massé est chirurgien – une anecdote picaresque (histoire de l'escroc Pierre Heudde), une dissertation sur la cause de la couleur des Nègres, une théorie des esprits animaux, un exposé sur les mécanismes de la perception, des hypothèses sur le phénomène des trombes, des réflexions sur le culte solaire, un système de cosmologie, un traité de science calendaire, un développemment sur les dimensions du soleil ...

Faut-il pourtant renoncer à trouver un sens aux *Voyages et aventures de Jacques Massé*? Peut-être est-ce ici, ainsi qu'on l'a suggéré, 'le principe même de la fiction [qui] est porteur des sens'.[88] Pour Tyssot de Patot comme pour Fontenelle, l'attitude rationaliste implique une analyse critique de l'origine des fables, sources de toutes les superstitions et de toutes les impostures; et peut-être la fable se confond-t-elle avec toute activité fictionnelle, par exemple celle du romancier. C'est presque toujours à partir de l'analyse critique du récit biblique que s'opère la satire anti-religieuse présente d'un bout à l'autre du livre. On observera dans les formules qui qualifient l'Ecriture sainte quelques récurrences lexicales significatives: 'Roman assez mal concerté', 'Fables sacrées', 'pure fiction', 'composé de fictions fort mal concertées', 'un Roman ou une Imposture' (*J.M.*, p.23-24, 185, 461). La Bible n'est donc pas autre chose qu'une fiction, un *roman* plein 'de pauvretez, de puérilitez et d'impertinences', soit que 'Dieu begaye avec nous, pour se rendre intelligible', soit que le texte sacré, 'composé

---

87. Rosenberg, *Tyssot de Patot and his work*, p.120-34; 'Digressions in imaginary voyages', p.31-36. Avant *Jacques Massé*, Tyssot de Patot n'a publié qu'une brève *Dissertation* (1694) d'inspiration cartésienne montrant que l'homme ne peut se servir que d'un seul de ses sens à la fois, idée chère à l'auteur et qui se trouve d'ailleurs reprise dans le roman (*J.M.*, p.38).
88. Delon, 'Tyssot de Patot et le recours à la fiction', p.709.

d'Emblêmes, d'Allégories, de Métaphores, d'Hiperboles', soit justiciable seulement d'une interprétation allégorique.[89]

Mais peut-être est-ce bien à tout récit – et singulièrement à celui que Jacques Massé propose à son lecteur – qu'il faut étendre le soupçon d'imposture. Que tout récit soit mensonge en puissance, c'est ce que confirment surabondamment les anecdotes ou fragments narratifs dispersés au fil du texte, dont l'insertion trouve ainsi sa justification. Rares sont ceux qui ne mettent pas en jeu quelque abus de confiance, ou du moins quelque manipulation intéressée de la crédulité d'autrui et des superstitions populaires. Au cours de l'épuisante marche d'approche vers le royaume austral, Massé invente de toutes pièces un songe de favorable augure afin de ranimer l'ardeur défaillante de ses compagnons (p.108-10). Le mythe de genèse de l'ancienne dynastie fonde le pouvoir despotique des monarques (p.212-15). Le conseiller au parlement se laisse apitoyer par le récit mensonger de la fausse orpheline (p.229-35). La Forêt, contraint à une fuite précipitée lorsqu'il est sur le point d'être surpris dans les appartements de la reine Lidola, échafaude une extravagante histoire pour expliquer sa chute dans le canal qui longe le palais royal (p.315-17). Le prétendu Juif Errant rencontré à Dieppe au début du roman, qui se dit témoin oculaire de la crucifixion de Jésus et de la résurrection des saints, pourrait bien n'être qu'un escroc exploitant la crédulité du 'menu peuple, et [de] quantité de femmelettes crédules et superstitieuses, qui le regardoient comme un prodige' (p.16). Escroc sûrement, ce Pierre Heudde, tricheur, renégat et faux alchimiste qui, se targuant de savoir multiplier l'or pourvu toutefois qu'on lui fournisse la matière première nécessaire à l'opération, s'insinue dans la confiance d'un Juif d'Avignon et le dépouille après avoir séduit sa fille (p.482-502). Il conviendrait de joindre à cette liste, dans une perspective voisine, les deux histoires de (faux) fantômes, dans lesquelles l'erreur se nourrit de l'imagination et de l'illusion des sens attisées par la superstition, p.405-406, 446-53.

Comme pour rappeler l'enjeu polémique de cette mise en cause de l'activité fabulatrice, le récit s'achèvera, ou peu s'en faut, sur une vraie fable, cette fois-ci donnée pour telle: la fable des abeilles, parodie transparente du texte chrétien, que raconte à Alger un proposant gascon 'Athée ou Déïste'. Ayant interdit aux abeilles de butiner une certaine fleur de son jardin, le roi châtie leur désobéissance, puis, sa colère apaisée, leur envoie son fils sous la forme d'une abeille, dont les frelons bientôt imposeront le culte à toute la ruche (p.468-76). La fable n'est plus ici au service du mensonge, mais de l'esprit critique: réduite à sa dérisoire littéralité, le récit biblique exhibe sa nature de fiction, la fable se fait démystification des fables.

---

89. *J.M.*, p.415, 382, 430; sur la légitimité d'une inteprétation allégorique du récit biblique, voir p.40-47.

Mais peut-être faut-il étendre ces remarques au roman entier. Le genre même de l'utopie ou du voyage imaginaire, parce qu'il joue sur le dépaysement, l'étrange, l'invérifiable, est éminemment suspect: comme le rappelle le proposant gascon, 'plus un Livre contient de choses merveilleuses et extraordinaires, plus il est sujet à caution' (p.462). Si Geoffroy Atkinson note à juste titre l'emploi, il est vrai intermittent, de techniques réalistes (vocabulaire nautique, coordonnées géographiques, par exemple),[90] il n'en reste pas moins que cet effort de vraisemblance est au service de la fiction, ou, si l'on préfère, du mensonge, comme l'insinue ironiquement la mention, dans la préface, du vieux lieu commun des mensonges de voyageurs. Ça et là des clins d'œil (ainsi, p.400, la mention d'un certain 'Chevalier Tyssot, Gouverneur de Surinam') rappellent au lecteur qui serait tenté de l'oublier qu'il se trouve dans un univers de fiction. L'utopie, elle aussi, en fait partie. Tout en se pliant non sans négligence aux normes du genre, Tyssot de Patot ne croit pas en son utopie, ni bien sûr comme réalité géographique, ni comme modèle socio-politique – on l'a vu, elle n'en propose aucun – ni même comme exercice heuristique. Peut-être Swift, qui avait lu *Jacques Massé*, s'est-il souvenu de cette réflexion ébauchée sur le mensonge romanesque et les apories de la fiction dans les utopies des *Voyages de Gulliver*.

S'il fallait assigner une problématique commune aux utopies des pré-Lumières issues du modèle des *Sévarambes*, sans doute faudrait-il la chercher dans deux directions: d'une part, l'interrogation religieuse, omniprésente, et son articulation avec l'exercice du pouvoir; étroitement liée avec ces deux préoccupations, une réflexion commune sur la fable et l'activité fabulatrice, d'autre part. Veiras la croit philosophiquement infondée, mais politiquement nécessaire; s'il disqualifie le récit chrétien des origines et les formes les plus grossières de l'affabulation politico-religieuse incarnées par l'imposteur Stroukaras, il ne conçoit pas d'exercice possible d'un pouvoir laïcisé, non fabulateur, qui se donnerait pour purement humain: d'où la mise en place d'une mythologie héliocratique. Littérairement construite avec le strict minimum d'éléments romanesques ou même simplement narratifs, l'utopie de Fontenelle présente un peuple sans religion et sans fables; mais la cohésion collective n'y est rendue possible qu'à la faveur d'une réfection de la nature humaine, pleinement identifiée à la raison. En renversant le despotisme héliocratique de l'ancienne monarchie, le royaume austral de Tyssot de Patot a démasqué les fables et éliminé, lui aussi, la religion (du moins ce qui en reste mérite-t-il à peine ce nom); mais le problème de l'exercice concret du pouvoir s'y trouve entièrement

---

90. Atkinson, *The Extraordinary voyage from 1700-1720*, p.74-78. Voir, par exemple, *J.M.*, p.58-60.

éludé. Roman herméneutique où le déroulement diégétique apparaît comme le mode d'accès nécessaire à une vérité secrète, le *Gaudence de Lucques* de Berington fait à tous égards exception: la fable n'y est pas mensonge, mais récit vrai tributaire d'une origine sacrée avec laquelle elle permet de renouer; et la tradition permettant de remonter au récit premier (celui de la Bible) s'identifie à la continuité de la lignée qui, à partir de Noé, fonde l'unité de l'espèce humaine et la légitimité du pouvoir héréditaire des aînés.

Athées ou déistes, chrétiennes ou libertines, toutes les utopies des pré-Lumières issues du paradigme des *Sévarambes* agitent au fond les mêmes questions: origine des fables et origine de l'homme, unité ou diversité de l'espèce humaine, intangibilité ou mutabilité de sa nature, légitimité religieuse ou justification rationnelle de l'ordre étatique.

12. Autres modèles

Si productif qu'il se soit révélé, le paradigme incarné par l'*Histoire des Sévarambes* ne suffit évidemment pas à rendre compte de toute la production utopique de forme narrative. Bien des auteurs, qui ont lu Veiras, n'en retiennent guère que des détails, comme les cérémonies des mariages collectifs ou encore des réminiscences du culte solaire. En marge du modèle canonique subsistent d'autres configurations utopiques, formellement et idéologiquement différentes, beaucoup moins tributaires des schémas de la relation de voyage et des stratégies de vraisemblance qui s'y rattachent, souvent moins 'narratives' et très faiblement, voire pas du tout, romanesques.

On distinguera deux périodes: celle des pré-Lumières, représentée seulement par quelques textes très hétérogènes et, pour la plupart, mineurs; celle qui s'ouvre vers la fin des années 1720, marquée par une production plus abondante, mais dans laquelle on retrouve rarement la hardiesse de pensée de l'ère précédente. Signalons, enfin, que les textes répertoriés ici ne représentent qu'une partie de la production utopique: celle-ci, on l'a vu, se développe également – et peut-être surtout – aux confins d'autres genres comme le roman archéologique, le voyage imaginaire ou la robinsonnade.

i. Les pré-Lumières et l'utopie-dialogue:
Lefebvre, Gilbert, Lesconvel

Si les plus significatives des utopies françaises de l'ère louis-quatorzienne dérivent de Veiras ou de Foigny (lequel n'incarne qu'une variante de la même formule) on trouve aussi, tout au début de dix-huitième siècle, quelques textes qui ne leur doivent rien. L'élément 'voyage' y est très secondaire, voire inexistant; le dialogue, en revanche, y occupe la plus grande place, et l'optique foncièrement didactique entraîne un dépérissement de la narration, réduite souvent à sa plus simple expression. Quant aux orientations idéologiques, au demeurant difficilement réductibles à une configuration unique, elles se distinguent nettement des options libertines et antichrétiennes de la tradition veirassienne.

On se bornera à une brève analyse de l'*Eutopie* de François Lefebvre, curé, puis chanoine et principal du collège d'Abbeville.[1] Œuvre d'édification

1. François Lefebvre (ou Lefèvre), *Relation du voyage de l'isle d'Eutopie* (Delft 1711). Sur l'attribution à Lefebvre et la carrière de ce dernier, voir l'article cité de Michel Destombe ('*Relation du voyage de l'isle d'Eutopie* par François Lefebvre'). Jacques Gury a consacré une brève note à cette

chrétienne bien isolée en son temps, l'*Eutopie*, dont le titre semble renvoyer à More, sans toutefois lui emprunter aucun élément précis, conserve le schéma canonique de l'utopie narrative classique, mais réduit à une simple trame de convention. Aucune recherche d'insertion réaliste: le récit s'avoue pour ce qu'il est, un appendice purement fonctionnel qu'il importe de franchir au plus vite pour passer à la présentation didactique. Après un naufrage dans des circonstances qui ne sont pas précisées, le narrateur, personnage anonyme et dépourvu de biographie, est jeté sur une côte inconnue dont la situation géographique est des plus vagues: Lefebvre, on l'a vu, semble placer la Guinée en Amérique du Sud. Conduit chez le curé de lieu, il aura ensuite avec l'évêque de longs entretiens. Toutefois, la présentation des institutions est également effectuée – mais 'hors point de vue' et à la troisième personne le plus souvent – par le narrateur à la lumière de son séjour de dix ans en Eutopie.

Le chapitre 2, consacré à la description de l'île d'Eutopie, est à peu près le seul où l'on retrouve, sous une forme sommaire et rapide, les rubriques de l'utopie classique. La structure urbanistique sacrifie au traditionnel géométrisme utopique: les maisons de Macaria, la capitale, sont 'toutes bâties en droite ligne et uniformes', selon un plan en damier. Cependant, le schème générateur n'est pas ici le carré de More, mais la croix: 'Je ne sçai si c'est leur piété ou l'amour de la croix qui a contribué à la bâtir de la manière qu'elle est: il est constant que toutes les rües font une figure de la croix, et représentent par leur disposition l'instrument de nôtre salut' (p.9). C'est toujours le modèle cruciforme qui rend compte de la situation des deux autres grandes villes, Eusepole et Théotime, à l'orient et à l'occident, ainsi que des deux rivières qui 'partagent cette Isle en une espèce de croix'. Suit un historique assez rudimentaire de la société eutopienne, issue d'un père de famille venu ici deux cent cinquante ans plus tôt avec un évêque et ses dix enfants mariés. L'île compte aujourd'hui 40.000 habitants, dont l'excédent émigre dans les terres voisines pour y former des colonies. Ainsi qu'il l'a annoncé, le narrateur, laissant de côté le 'gouvernement politique', va se consacrer entièrement au 'gouvernement ecclésiastique' (p.8): nous aurons désormais affaire à une présentation didactique structurée par une table des matières occupant treize des seize chapitres dont les titres indiquent clairement le sujet: 'De l'éducation des jeunes clercs', 'Où l'on marque les fonds établis pour la subsistance des communautez', 'Du chant de l'Eglise, des personnes qui y sont employées et des jours destinez pour cette divine occupation'. Seuls les chapitres 1 et 2, ainsi que le chapitre 16 (refermement du récit

utopie ('Une utopie chrétienne au siècle des Lumières', *Revue des sciences humaines* 155 (1974), p.505). L'ouvrage n'est pas si rare qu'on l'a dit: signalé à la Bibliothèque municipale de Rennes (Gury, p.505) et dans diverses bibliothèques d'Abbeville et d'Amiens (Destombe, p.350), il est également présent à l'Arsenal et à la Bibliothèque universitaire de Poitiers (Fonds Dubois).

et retour au monde réel) ne concernent pas directement le sujet auquel l'auteur déclare avoir voulu se limiter: le 'gouvernement ecclésiastique', c'est-à-dire non pas seulement les problèmes de hiérarchie religieuse, mais surtout l'organisation matérielle de la vie ecclésiale – jeûnes, processions, cérémonies ...

L'orientation du texte paraît teintée de jansénisme (le Père de l'Eglise le plus souvent cité est saint Augustin) mais reste foncièrement orthodoxe. Du reste, l'auteur ne s'aventure guère dans le domaine théologique, préférant faire apparaître l'image d'une république chrétienne guidée par un clergé austère, vertueux, mais dont la place dans la société est solidement garantie: en Eutopie, la rémunération des prêtres est suffisante pour leur éviter l'obligation de rendre payants les actes religieux; les sermons sont des moyens d'édification, non des spectacles mondains; les confesseurs ont tous plus de quarante ans et des mœurs irréprochables; ici, point de prêtres indignes, ni d'étalage de richesses, ni de jeunes gens dissipés; et, du reste, les fêtes publiques y sont interdites.

Pas un mot au demeurant sur l'organisation sociale ou économique (seule indication à cet égard, l'abondance de l'or et de l'argent, 'ces métaux [étant] employez aux dépenses nécessaires aux familles, et pour en assister les pauvres', p.81). Il est clair que Lefebvre a utilisé la forme extérieure de l'utopie, réduite ici à un simple squelette, en la détournant de ses fins habituelles. Il s'agit en somme d'une utopie 'professionnelle', répondant ponctuellement aux préoccupations qui pouvaient être celles d'un curé de province au début du dix-huitième siècle; parfaitement terre-à-terre et à peu près dépourvue de perspective transformatrice,[2] l'*Eutopie* ne présente guère d'intérêt que pour les spécialistes de l'histoire sociale.

C'est vers un registre idéologique plus familier à l'utopie du tournant du siècle que nous ramène l'*Histoire de Calejava* de Claude Gilbert, encore que la pensée de cet avocat dijonnais soit à plusieurs faces et diffère à bien des égards de la vulgate libertine.[3] En revanche, si Gilbert a bien lu Veiras, ainsi qu'en font foi certains emprunts précis (par exemple, la polygamie ou les cérémonies du mariage collectif, p.124-26, inspiré de l''Osparenibon' sévarambe), il s'écarte encore plus que ne le faisait Lefebvre du scénario des *Sévarambes*, et *Calejava* ne mérite plus qu'à peine le nom d'utopie narrative. Au lieu de s'ouvrir sur la présentation du personnage narrateur et le traditionnel récit de naufrage, le

---

2. Comme le montre le ton désabusé de la 'Lettre de l'auteur de cette relation à un ami', qui sert de préface: 'Les Catholiques de nos climats vivront toûjours comme ils ont fait: et ma Relation sera comme une tymbale qui battra l'air sans rien effectuer'; l'auteur ne prévoit d'autre sort pour son livre que de 'servir d'enveloppe au poivre et à l'encens.'

3. Claude Gilbert, *Histoire de Calejava ou de l'isle des hommes raisonnables*, avec le paralelle [*sic*] de leur morale et du christianisme [Dijon] 1700). On a utilisé la réimpression de l'unique exemplaire de cet ouvrage qui ait été conservé (Paris 1970).

texte débute assez abruptement par l'explication du nom de Calejava, qui signifie 'terre d'hommes', puisque 'ces Insulaires croyent mériter le nom d'hommes par excellence' (p.6), et l'histoire de la fondation de la république par le médecin Ava, huit ou neuf siècles plus tôt. Ensuite seulement sont introduits, très sommairement, les personnages des voyageurs européens, héros mais non narrateurs, dont les noms signifient assez clairement la nature allégorique: Abraham Christofile, le père, qui est protestant; sa fille Eudoxe, née de son mariage avec une catholique, qui 'étoit huit jours de la Religion de son pere, quatre de celle de sa mere'; son gendre Alatre (a-lâtre, 'celui qui n'adore pas'), 'bon Philosophe, bon Mathématicien, et bon Juris-Consulte', bien qu'il 'n'ût [*sic*] pas beaucoup de Religion' (p.14-15); enfin, leur guide Samieski ('sans Jésus'?), qui est, comme son nom ne l'indique guère, 'Turc d'origine fort entêté du Mahometisme' (p.23). Au cours d'un voyage en Lithuanie, où il fuit la révocation de l'Edit de Nantes, le groupe, emporté sur des glaces flottantes, est sauvé par un vaisseau d'Avaïtes. On les conduit dans l'île, dont la position doit rester secrète, ce qui élimine toute velléité de vraisemblance géographique. Ici s'arrête ce qu'on n'ose appeler un récit, que ne renouent même pas à la fin du livre (p.325) quelques indications confuses de l'éditeur sur le retour des personnages et la transmission du manuscrit, mis en forme par ses soins à la troisième personne – infraction majeure aux règles du genre presque unique dans les annales de l'utopie.

Dispersée en indications fragmentaires, la description de Calejava tient en peu de choses. Il s'agit d'une république communautaire qui pousse très loin la dépersonnalisation de l'individu: chacun est désigné par un numéro matricule cousu sur son vêtement – ainsi l'Avaïte interlocuteur s'"appelle'-t-il 7-53 (le premier chiffre renvoie au numéro de l'habitation, le second est un numéro d'ordre fondé sur la date de naissance; p.75-76). Les institutions sont rudimentaires: les cent Glebirs, ou conseillers de la république, transmettent les propositions de lois aux Caludes, ou intendants des habitations, lesquels répercutent auprès des premiers l'avis des citoyens; ainsi, 'personne ne croit obéir aux Glebirs, et ceux-ci disent qu'ils ont le même Maître que les autres, qui est la raison' (p.70). Obligatoire pour tous, y compris les magistrats, le travail est cependant limité à cinq heures par jour. Outre les inévitables magasins et magistrats préposés à la répartition, on trouvera chez les Avaïtes une foule d'inventions bizarres, certaines d'une étonnante naïveté, témoignages d'une imagination technique balbutiante – ainsi une charrue constituée par une cage circulaire armée de lames et mue par des hommes se déplaçant à l'intérieur (p.116). Les seuls points un peu développés concernent l'éducation – service étatique comme chez Veiras: les enfants sont soustraits à leur famille à l'âge de quatre ans – et, surtout, la loi matrimoniale, qui accepte le divorce et encourage la polygamie, mais, à l'inverse de la valorisation chrétienne de la chasteté, châtie rigoureusement le célibat, car 'il semble qu'on ne puisse pas rendre un meilleur office au genre humain que de concourrir avec Dieu à la création des hommes, et que le plus grand crime de tout est de s'en abstenir' (p.122) – thème à peu près constant dans toute la tradition utopique, mais poussé ici à de singulières extrémités.

Tout le reste du livre, soit sa quasi-totalité, est occupé par des développements didactiques philosophico-religieux lourdement subdivisés en 'dialogues', 'leçons' et 'conférences', sans qu'on aperçoive toujours clairement le lien établi entre ces débats d'idées et la pratique de l'utopie avaïte. Mais c'est surtout leur orientation idéologique qui fait problème: entre les positions divergentes des différents interlocuteurs, lesquelles d'ailleurs ne correspondent pas nécessairement à celles que leurs noms semblent leur assigner et que le lecteur attend d'eux, l'option propre de l'auteur ne se dessine pas toujours. Plusieurs discours en fait s'y juxtaposent avant de tenter d'aboutir à une synthèse finale.

Le premier se rattache nettement au discours libertin contemporain, plutôt toutefois par les thèmes ou par la stratégie d'exposition que par les références théoriques: imprégné de Malebranche et de Descartes, qu'il cite souvent, parfois pour le critiquer, Gilbert n'a visiblement pas les mêmes lectures que Veiras ou Fontenelle. Cependant, on retrouve chez lui le thème de la critique des fables, véhicules du mensonge:[4] les hypothèses suggérées par le récit biblique de la chute sont qualifiées de 'roman' et la Genèse d''allégorie', l'homme étant pour sa part défini comme 'un animal crédule et superstitieux' (p.231-32, 191). Il en résulte que les miracles sont suspects et 'qu'il faut prendre pour fabuleuses les histoires qui marquent une protection spéciale ou un soin particulier en faveur d'un peuple, d'un grand Seigneur ou d'une personne privée' (p.154). Du reste, l'homme est parfaitement inutile à Dieu, lequel se soucie peu de ses prières, raison pour laquelle les Avaïtes 'ne font pas un si grand fonds sur la priere que les superstitieux' et se contentent d'adorer Dieu 'par un acte de l'esprit' (p.136, 134, 180). A ces thèmes familiers il faut ajouter certaines ruses, ou prudences ironiques, tout aussi caractéristiques: ainsi les fausses coupures qui donnent pour 'supprimés' les livres VII ('Du judaïsme') et VIII ('Du christianisme'); le signal de la censure est peut-être aussi subversif que le développement qu'il est censé occulter. De même le déplacement tactique de l'objet du discours: le 'mahométisme' de Samieski est à cet égard bien commode pour alimenter la critique du miracle. Quant au raisonnement du Turc ('Que risquez-vous à croire l'Alcoran s'il est faux, mais que ne risquez-vous pas à ne le point croire s'il est véritable?'), prétendument tiré 'de Mahomet,

4. Voir le second dialogue, 'De la foi qu'on doit aux histoires' (*Calejava*, p.48-56).

au chapitre hécaf', il provient plus vraisemblablement de Pascal: abrité derrière l'Islam, Gilbert peut impunément tourner en dérision l'argument du pari (p.184-85).

Pourtant l'éditeur prétend '[fournir] contre les libertins de nouvelles preuves de quelques vérités importantes' (p.327-28). La formule n'est pas nécessairement ironique. Comme l'avait remarqué Lanson,[5] le rationalisme de Gilbert est d'obédience malebranchiste, même s'il en tire des conclusions hérétiques: récusant radicalement l'athéisme, il insiste sur le fait que Dieu agit en fonction de règles générales et non de décrets particuliers – d'où la critique du miracle et de la prière.[6] La religion avaïte aboutit à un eudémonisme moral impliquant la fraternité humaine: 'Dieu veut que nous soyons heureux en ce monde', et nous ne pouvons l'être qu'en faisant pour autrui ce que nous souhaiterions pour nous-mêmes (p.298). Quant à l'ordre social, explique l'Avaïte, les hommes doivent le respecter, quel qu'il soit: 'En vain Dieu veut qu'ils soient heureux, s'il leur permet de saper par le fondement la société civile, la base et l'appui de leur félicité' (p.313-14). Même si l'on admet la nature purement conventionnelle des lois, il faut donc leur obéir à la façon dont, précisément, on se plie aux conventions d'un jeu, assurant ainsi l'égalité des partenaires et la stabilité du lien social: leçon de conformisme qui ne se confond pas exactement avec la doctrine de la conformité extérieure énoncée par Veiras ou Tyssot de Patot.

C'est à Eudoxe ('bonne doctrine') que revient la tâche d'opérer la synthèse de ces positions religieuses divergentes. Dans un 'Paralelle [*sic*] du Christianisme avec les mœurs et les sentiments des Avaïtes', elle s'efforce de montrer que la religion utopienne n'est pas autre chose qu'un christianisme ramené à sa pureté primitive: la 'lumière du monde' christique se confond avec la lumière de la raison qui éclaire les Avaïtes; la loi naturelle ne diffère pas de celle de l'Evangile ('Les Avaïtes, comme les premiers Chrétiens, mettent tout en commun', et saint Paul a soutenu l'égalité de tous les hommes en Jésus-Christ, p.261); le culte utopien consiste à 'adorer Dieu en esprit' comme le veut l'Evangile; il n'est pas jusqu'à la polygamie et au divorce qui ne se trouvent également justifiés par l'Ecriture. En bref, 'voilà les Préceptes essentiels de l'Evangile que les Pharisiens du Christianisme ont abandonné pour suivre des traditions et des commandements humains' (p.304-305).

Il n'y a pas de raison de mettre en doute la sincérité de cette tentative de conciliation entre certaines thèses de la pensée libertine et un christianisme rénové ramené à la loi de la raison. Comme l'écrit Bernard Tocanne, 'chez

---

5. G. Lanson, 'Origines et premières manifestations de l'esprit philosophique dans la littérature française de 1675 à 1748', *Revue des cours et conférences* 16-17 (1907-1908).
6. Gilbert, *Calejava*, p.73, 140.

Gilbert le rationalisme cartésien et le rationalisme théologique de Malebranche font de l'Evangile la voix d'une raison qui s'oppose à la religion révélée'.[7] Si rudimentaire soit-elle, l'utopie avaïte illustre la réalisation concrète de ce qu'on pourrait appeler un déisme chrétien, ou plus exactement évangélique, en rupture avec le christianisme ecclésial des religions institutionnelles.

Reste que Gilbert, comme Lefebvre, détourne l'utopie vers des fins qui ne sont pas les siennes et en altère profondément les caractères formels. Le modèle politique constitué en tableau cède ici la place à une spéculation philosophico-théologique terriblement abstraite, ainsi que le reconnaît l'auteur en une tardive autocritique ('Les matieres sont seches et peu susceptibles d'ornements')[8], dans laquelle l'élément proprement narratif est à peu près inexistant.

Même dépérissement du récit, même recours à peu près exclusif à la forme dialoguée dans la *Relation du voyage du Prince de Montbéraud dans l'île de Naudely* publiée en 1703 par Hervé Pezron de Lesconvel.[9] Pourtant la perspective est entièrement différente. Peu intéressé par la spéculation abstraite, en prise directe en revanche avec les réalités économiques et administratives de la France du début du siècle, Lesconvel propose, selon la formule d'un commentateur, 'une utopie réformatrice et constructive': 'On ne parlera jamais d'aucun abus qu'on ne propose aussi-tôt les moyens de le réformer: si bien qu'en découvrant le mal, on fera voir de quelle maniere on le pourroit guérir.'[10] Il s'agit en réalité d'une utopie-programme très superficiellement narrativisée: les réformes réalisées à Naudely en l'espace de quarante ans grâce à l'action d'un premier ministre éclairé sont celles exactement qu'il conviendrait d'appliquer à la société française, ainsi que le souligne de façon constante le dialogue entre Montbéraud, le visiteur européen, et le gouverneur de Merinde, son interlocuteur utopien. Littérairement hybride, puisqu'elle combine le déplacement spatial de l'utopie-voyage avec le déplacement temporel de l'utopie-programme, l'œuvre met en jeu un dispositif à deux niveaux: l'*ailleurs* de Naudely incarne l'*avenir* possible de l'Europe, tout comme le passé de l'utopie est le présent de la société française.

7. Bernard Tocanne, *L'Idée de nature en France dans la seconde moitié du XVIIe siècle* (Lille 1978), i.606.

8. Gilbert, *Calejava*, p.328.

9. Et non Pierre de Lesconvel, comme indiqué dans la plupart des bibliographies. On a utilisé la seconde édition (Merinde 1706), désignée ci-après par l'abréviation *R.V.P.M.* L'exemplaire consulté (BN) comporte une erreur de pagination: sans que le texte paraisse tronqué, on passe de la page 125 à la page 226. L'ouvrage comporte donc 282 pages et non 382 comme indiqué.

10. Auguste-Pierre Ségalen, 'Une utopie réformatrice et constructive: la *Relation du voyage du Prince de Montbéraud dans l'île de Naudely*', in *Modèles et moyens de la réflexion politique au XVIIIe siècle*, Actes du colloque international des Lumières, octobre 1973 (Villeneuve-d'Ascq 1977), ii.205-24; *R.V.P.M.*, Préface (non paginée).

Extrêmement détaillé bien qu'encore incomplet, le programme de réformes appliqué à Naudely est d'ordre essentiellement économique, social et administratif.[11] Le problème religieux en revanche perd la place centrale qu'il occupait dans la majorité des autres utopies contemporaines – ou, plus exactement, le religion y est traitée non comme un objet spéculatif, mais comme une institution sociale parmi d'autres, dont les fondements dogmatiques ne sont jamais remis en cause. Le christianisme de Naudely ne diffère de celui de l'Europe que par la rigueur austère du clergé et la discipline respectueuse des fidèles. Lesconvel, qui a consacré l'essentiel de sa longue préface aux 'crimes des gens d'Eglise' et aux 'vices de Messieurs les Prélats' – raison pour laquelle le privilège lui a été refusé par les autorités – souligne le bon ordre qui règne dans les églises de Naudely: on y observe le silence le plus strict, hommes et femmes y sont séparés, la mauvaise tenue y est punie de cent livres d'amende ou de six mois de prison. Quelle différence avec l'Europe, où l'on donne à cet endroit des rendez-vous galants, où les femmes exposent aux yeux du prêtre 'des seins à demy découverts' (*R.V.P.M.*, p.20)! Quant aux ecclésiastiques, ils s'efforcent d'"imiter autant qu'il est en eux, les humiliations et la pauvreté volontaire de Jésus-Christ' (p.36): à la stupéfaction du prince, l'évêque de Merinde se déplace à pied.

La même austérité est d'ailleurs imposée à l'ensemble de la population. La censure de l'opinion publique veille sur la pureté des mœurs. Alors qu'en France l'adultère est regardé 'comme un jeu, comme une bagatelle' (p.285), les coupables n'étant 'ordinairement distinguez des autres que par la magnificence de leur train, et la richesse de leurs habits' (p.267), il se trouve puni à Naudely par le déshonneur public et le ridicule: le port d'un grotesque chapeau pointu est plus dissuasif que la menace de la potence. Pour percer à jour les 'crimes cachés' qui peuvent se commettre sous l'apparence de l'honorabilité, on a mis en place un appareil policier d'inquisition de la vie privée fondé sur la délation et l'espionage que le prince se propose d'étendre à l'Europe: censeurs des mœurs établis dans chaque ville, mouchards affectés à la surveillance des débauchés, interdiction des 'livres de galanterie' … Préoccupation constante de l'époque – on en a trouvé la preuve chez Fénelon ou chez Mandeville – le luxe est ici banni, ou du moins strictement réglementé, dans cette nation commerçante pourtant prospère: 'les tables sont reglées, aussi-bien que le nombre de domestiques que chacun doit avoir' (p.337), et des lois somptuaires accordent aux seuls nobles le droit de porter des vêtements d'écarlate et des galons d'or ou d'argent. Aussi, 'toutes les conditions sont parfaitement bien

---

11. La préface annonce une suite de plusieurs autres volumes dont aucun ne semble avoir été publié. Le récit, de fait, reste en suspens avec le départ du prince pour la cour.

distinguées par la différence de leur train, et de leurs habits' (p.336). Constante de la tradition utopique, on l'a vu avec les exemples de Veiras et de Fénelon, cette aspiration à la transparence sociale renvoie aussi de façon plus directe à la situation de la société française au tournant du siècle. Comme son contemporain La Bruyère, Lesconvel ne cesse de stigmatiser le règne de l'argent et l'enrichissement scandaleux de gens sans naissance, financiers et autres partisans, 'viles grenouilles [qui] ont l'effronterie de vouloir s'égaler aux plus gros bœufs' (p.340). Ainsi, puisque 'nos Européens ne connoissent d'autre noblesse que celle qui naît de l'éclat des richesses [...] on ne peut plus distinguer le Noble d'avec le roturier, ni le Gengil-homme d'avec le faquin' (p.25, 350). Petit aristocrate breton socialement frustré par une carrière décevante d'officier et de courtisan, Lesconvel détourne le débat économique sur le luxe vers l'expression des rancœurs de la noblesse dépouillée de ses privilèges visibles dans une société en mutation livrée à une insupportable confusion des classes:[12] thème réactionnaire dont on trouvera encore beaucoup d'autres exemples dans les utopies des années 1730.

Pourtant, contrairement à ce qu'on aurait pu attendre, la société de Naudely n'est pas figée; elle repose au contraire sur une large mobilité individuelle relevant d'un tout autre modèle idéologique. La noblesse n'est pas héréditaire, sauf à l'intérieur de la famille royale, mais personnelle, et d'ailleurs révocable en cas de faute; puisqu'elle ne s'acquiert que 'par le mérite et la vertu', 'tout le monde en ce païs peut aspirer à devenir noble', la bassesse de la naissance constituant en ce cas un mérite supplémentaire (*R.V.P.M.*, p.111-12). Quatre fonctions sociales sont dévolues à l'aristocratie: l'Eglise, le métier des armes, la justice et, innovation dont l'auteur perçoit lui-même la valeur révolutionnaire, les 'sciences et les arts'.[13] A l'intérieur de chaque corps, les candidats sont sélectionnés à l'âge de vingt-cinq ans par un examen portant sur leurs aptitudes et leurs bonnes mœurs après un cycle d'études spécialisées. Les 'recalés' bénéficient d'une session de repêchage après leur trentième année, puis après leur trente-cinquième. Inscrits sur une liste d'aptitude, les nouveaux nobles sont affectés sur un emploi vacant ou, à défaut, nommés en qualité d'adjoints surnuméraires auprès des titulaires. Ce système étonnant constitue probable-

12. Il y eut à la fin du dix-septième et au début du dix-huitième siècle plusieurs ordonnances royales interdisant aux roturiers le port de certains ornements et de certains vêtements; mais elles ne furent jamais respectées. Sur la biographie de Lesconvel, voir Ségalen, 'Une utopie réformatrice et constructive', p.206.

13. En réponse à une objection de Montbéraud reflétant le traditionnel préjugé aristocratique à l'égard des gens de métier, le gouverneur admet que cette dernière catégorie peut 's'élever à un genre de noblesse', mais sans 'vouloir aller de pair avec ceux des trois premières classes' (*R.V.P.M.*, p.245), ce qui revient à rétablir les hiérarchies anciennes dans un pays où elles n'ont plus lieu d'être.

ment l'aspect le plus novateur de l'ouvrage: il revient très exactement à édifier une 'noblesse bourgeoise' préfigurant les modes de recrutement de la haute fonction publique moderne. Le modèle pourtant est ancien: cette bureaucratie d'Etat recrutée par concours sur la base du seul mérite dérive très certainement du système mandarinal chinois, largement diffusé en Europe par la propagande missionnaire jésuite et dont on sait quelle fut l'emprise sur la civilisation des Lumières.

Peut-être est-ce à une orientation idéologique voisine qu'il convient de rattacher l'ensemble des propositions économiques de la *Relation*, marquées par une perspective pragmatique tout à fait opposée au rigorisme moral des développements sur le luxe. Lesconvel consacre notamment une place considérable à l'organisation du commerce. Si celui des blés reste un monopole étatique afin d'éviter les spéculations frumentaires et les disettes (moyennant un système qui comporte un office public chargé de toutes les transactions et des greniers de stockage permettant d'obtenir la stabilisation des cours, p.77-91), le négoce ordinaire jouit d'une totale liberté. Libéré de tous droits et taxes, le commerce est pourtant encadré et épaulé par l'Etat, qui favorise la mise en place de sociétés maritimes et accorde des prêts bancaires sans intérêts. Toutefois, pour garantir la solvabilité des emprunteurs, les négociants sont obligatoirement assurés par une caisse de solidarité coopérative. La prospérité commerciale entraîne celle de la nation entière, 'car, comme un grand commerce traîne après soi un grand détail, il fournit abondamment de l'ouvrage à tous ceux qui en cherchent' (p.311). Tout ceci, à quoi il faudrait ajouter encore la pratique du prix fixe dans le commerce de détail, l'instauration d'un système obligatoire d'assurance-incendie, une politique de grands travaux d'utilité publique employant la main-d'œuvre pénitentiaire, la création d'une milice bourgeoise appuyant l'armée permanente, évoque beaucoup l'*Essai sur les projets* de Defoe, dont il n'est pas tout à fait exclu que Lesconvel ait pu avoir connaissance.[14]

Par son réformisme pragmatique, ses professions de foi libre-échangistes, son attention minutieuse au concret, son esprit d'utilitarisme bourgeois, la *Relation* constitue l'une des rares productions utopiques françaises évocatrices des Projeteurs anglais contemporains. Toutefois les texte n'est pas idéologiquement homogène: tout cela coexiste avec un discours rigoriste nourri de nostalgies aristocratiques. Probablement est-il significatif à cet égard que l'auteur ait dédié son livre au duc de Bourgogne, l'élève de Fénelon, en qui le 'clan des ducs' avait placé tous ses espoirs: c'est à lui que 'le Ciel [...] réserve la gloire d'élever

---

14. D'après son biographe A. P. Ségalen, Lesconvel aurait passé plusieurs années à la cour d'Angleterre ('Une utopie réformatrice et constructive', p.206).

un jour au milieu de la France' le 'Temple Mistique' que les guerres continuelles ont empêché Louis XIV de réaliser.[15]

Bien peu 'utopique' dans son contenu, la *Relation* ne l'est pas davantage dans sa forme, du moins si l'on se réfère au modèle de l'utopie-voyage à la manière des *Sévarambes*. Refusant de conférer à son île la moindre situation géographique, l'auteur la donne d'emblée pour une fiction: '[les savants] la placeront, s'ils veulent, dans les espaces imaginaires; et au lieu d'un Etre phisique, ils en feront un Etre de raison' (Préface). Le voyage – il existe pourtant, puisque l'on s'embarque d'Amsterdam – fait l'objet d'une complète ellipse, et la question, essentielle dans toute utopie narrative, du langage d'échange avec les utopiens se trouve pareillement éludée, comme s'il était évident que les habitants de Naudely dussent parler français. La narration est relayée par la description à la faveur des traditionnelles visites guidées permettant la prise de contact avec la société utopique: visite de la ville, où les rangées de maisons sont 'tirées au cordeau' (p.5), visite de l'église, de la forteresse, des greniers publics … Cependant, la description elle-même s'efface presque entièrement devant les dialogues entre le visiteur européen et son interlocuteur utopien. Ceux-ci s'articulent selon une progression stéréotypée: visite guidée du siège de l'institution à présenter, la description servant ici d'embrayeur; exposé explicatif du gouverneur; questions et objections de Montbéraud; réponse aux objections; conclusion du visiteur enfin convaincu reprenant sous une forme approbative le discours initial de son interlocuteur. Le caractère fastidieux et pénible du procédé est accentué par l'inconsistance des personnages en présence, si toutefois ils méritent bien ce nom: ce ne sont que des entités fonctionnelles dépourvues de toute personnalité humaine. De Montbéraud nous savons seulement qu'il est appelé à régner un jour (comme le duc de Bourgogne?) et que son séjour à Naudely s'inscrit dans sa formation de futur souverain: le livre est donc une 'éducation du Prince' à la manière du *Télémaque*. Plus grave, ce n'est pas à lui, mais à un 'secrétaire' encore plus inexistant qu'est confiée la narration, ou plutôt la transmission au lecteur des dialogues rapportés. D'où un substrat narratif quantitativement insignifiant et qui tend formellement vers le récit à la troisième personne, puisque le narrateur en titre, n'étant rien d'autre qu'une utilité narratologique, est trop inconsistant pour y apparaître jamais comme personnage – ce qui ramène à peu près exactement à la situation observée dans l'*Histoire de Calejava* ou, à un moindre degré, dans la *Relation du voyage de l'isle d'Eutopie*.

On ne peut évidemment rapporter à un paradigme unitaire ces trois utopies de la première décennie du dix-huitième siècle. N'ayant guère en commun que

---

15. *R.V.P.M.*, Lettre dédicatoire (non paginée).

leur situation marginale par rapport à la forme canonique, elles se définissent surtout par exclusion relativement aux traits formels caractéristiques de cette dernière: la présence d'un narrateur personnalisé racontant à la première personne, un déroulement diégétique fondé sur un récit de voyage, une séquence utopique nettement délimitée par des séquences d'entrée et de sortie, un retour final au monde de référence. Ici le narrateur est trop indéterminé pour accéder au statut de personnage, voire absent, comme dans *Calejava*: d'où un glissement partiel ou total vers le récit à la troisième personne, si toutefois il faut encore baptiser récit un ensemble d'énoncés qui s'organisent moins en fonction d'une progression diégétique que d'un programme didactique. Le motif du voyage, lui aussi, s'estompe (Lefebvre, Gilbert) ou disparaît (Lesconvel), et, avec lui, la recherche du réalisme circonstanciel et l'ancrage topographique du pays imaginaire: il est remarquable qu'aucune de ces trois utopies ne possède de localisation géographique. Corrélativement, disparaissent également les séquences d'entrée et de sortie, ainsi que les épreuves initiales et finales qui les accompagnent: le héros, ou ce qui en tient lieu, se trouve comme transporté d'emblée et sans transition en utopie, et c'est à peine également s'il doit la quitter à la fin; en raison sans doute de l'inachèvement du livre, le retour au monde réel est absent chez Lesconvel, mais il se trouve simplement mentionné, non pas raconté, chez Lefebvre, ou chez Gilbert. On observera en revanche une expansion démesurée de la forme dialoguée: celle-ci appartient, certes, à l'arsenal habituel du discours utopique, en alternance avec le récit, la description, le commentaire; mais elle devient ici prédominante (Lefebvre), voire à peu près exclusive (Gilbert, Lesconvel). Ces utopies 'narratives' qui ne le sont plus qu'à peine pourraient donc être caractérisées plutôt comme des utopies-dialogues.

ii. Entre nostalgies féodales et réalités bourgeoises: Varennes de Mondasse et Saint-Jory

Entre les années 1700-1711, où apparaissent les trois utopies précédentes, et la période nouvelle qui débute aux alentours de 1730 – la *Relation du royaume des Féliciens*, de Lassay, premier en date des textes qui nous intéressent, est de 1727 – il paraît assez vain de chercher une 'coupure épistémologique' qui marquerait le passage de l'âge de la 'crise de la conscience européenne' à celui des Lumières: chez un Varennes de Mondasse les préoccupations ne sont pas extrêmement différentes de celles que développait trente ans plus tôt l'ouvrage de Lesconvel, même si la perspective est moins pragmatique et plus conservatrice. Guère non plus de réponses directes à l'histoire événementielle; et si un événement semble avoir laissé dans les textes des traces immédiatement lisibles, c'est moins, semble-t-il, la fin du règne de Louis XIV que l'effondrement du 'système' de Law en 1720, évoqué, par exemple, au début des *Femmes militaires*. Quant aux traits formels, on se bornera pour l'instant à noter l'effacement à peu près général, à de rares exceptions près, du motif narratif du voyage et de la visée réaliste et documentaire qui lui est liée.[16] Faut-il admettre avec René Démoris qu''il semble bien que vers cette époque, le roman échappe au dilemme classique du faux et du vrai qui poussa tant de romanciers à faire supposer aux lecteurs que leurs fictions reposaient sur des *histoires vraies*'?[17] L'explication n'est pas entièrement convaincante: elle ne s'applique pas aux robinsonnades utopiques, fort nombreuses à cette époque, et l'abandon du réalisme documentaire était déjà une constante, on l'a vu, des œuvres du début du siècle non tributaires du modèle des *Sévarambes*.

Cette production ici encore très diverse ne se prête guère à une typologie rigide. Aussi proposera-t-on une simple répartition thématique en distinguant deux catégories d'utopies. Les premières, sans se référer directement à la réalité contemporaine et encore moins proposer un programme concret de réformes, paraissent refléter un certain malaise social. La préoccupation essentielle semble concerner le statut dans la société des différentes classes, notamment celui de l'aristocratie, prise entre les nostagies 'féodales' et les tentations 'bourgeoises' plus conformes à l'évolution historique. Les secondes, dans une perspective plus pragmatique qui n'exclut pas l'application au réel, posent le problème des conditions de fonctionnement de la monarchie, soit pour en limiter les pouvoirs, soit pour l'appuyer sur une base à la fois 'éclairée' et autoritaire.

C'est au premier type qu'on peut rattacher les œuvres de Varennes de Mondasse (*La Découverte de l'empire de Cantahar*) et de Rustaing de Saint-Jory (*Les Femmes militaires: relation historique d'une isle nouvellement découverte*).[18] Les deux ouvrages portent la marque de nombreuses influences. Sans pour autant relever du même modèle, *Cantahar* trahit celle de Veiras, relayée peut-être par les *Aventures de Jacques Massé*: l'utopie comporte un culte solaire institué par un premier législateur, des mariages collectifs célébrés au cours d'une cérémonie annuelle, des fêtes quadriennales analogues à celles des *Sévarambes*. Comme chez Tyssot de Patot, les montres y sont inconnues, mais les feuilles d'un certain

---

16. Parmi les exceptions, on peut mentionner l'*Histoire d'un peuple nouveau, ou découverte d'une isle à 43 degrés 14 minutes de latitude méridionale par David Tompson, capitaine du vaisseau le Boston, à son retour de la Chine en 1756* (Londres 1757). L'édition consultée est le reprint EDHIS (Paris 1976). Cet ouvrage, prétendument traduit de l'anglais, débute par un récit de voyage assez développé (chapitres 1-2) de tonalité très réaliste.

17. R. Démoris, 'Vers 1730: l'utopie dépolitisée', in *Modèles et moyens de la réflexion politique au XVIIIe siècle*, Actes du colloque international des Lumières, octobre 1973, ii.140.

18. Respectivement, Paris 1730 (ci-après *D.E.C.*); Paris 1735 (réimpression, Paris 1750; ci-après *F.M.*).

arbrisseau possèdent la propriété d'indiquer l'heure sur un cadran gradué. Mondasse a probablement lu Cyrano et le *Domingo Gonzales* de Godwin: pour quitter l'utopie, le narrateur utilise une machine volante entraînée par un attelage de cigognes. Bien des détails de l'organisation sociale semblent provenir de Lesconvel, plusieurs fois réédité, et encore tout récemment en 1729. Introduisant dans son discours un abondant lexique imaginaire censé donner l'illusion de l'altérité (l'or s'appelle le topar; le soleil, le mouski; un paysan, un rustin …), l'auteur s'efforce maladroitement d'imiter Swift, créateur du procédé. De Swift encore vient la condamnation scandalisée portée par les utopiens contre les armes à feu européennes, que l'on retrouve pareillement dans les *Femmes militaires*.[19] Saint-Jory toutefois paraît s'inspirer surtout de l'épisode de Babilary dans *Le Nouveau Gulliver*, tirant de l'inversion des rôles sociaux des deux sexes imaginée par Desfontaines un féminisme que l'original ne comportait pas et qui doit probablement quelque chose aux utopies dramatiques de Marivaux.[20]

C'est donc sur un vaste corpus intertextuel que se greffe l'utopie des années 1730. Les filiations communes, les renvois constants aux textes antérieurs, peuvent contribuer à expliquer certaines similitudes de deux œuvres à d'autres égards fort différentes par leur contenu socio-politique: absolutisme bourgeois chez Mondasse, républicanisme féodal chez Saint-Jory;[21] mais peut-être aussi un arrière-plan historique commun que le second seul a pris la peine de préciser en clair: la banqueroute de Law et le durable traumatisme collectif qu'elle entraîne, le malaise d'une société traditionnelle où la stratification rigide des castes héréditaires est ébranlée par les hasards de l'argent.

Ruiné par la fatale 'année 1720, si fameuse en révolutions incroyables' (*F.M.*, p.1), Frédéric, le héros des *Femmes militaires*, est secouru non pas par les membres de sa caste – un certain marquis de La Guêpe, qui s'est voué, dit-il, à soulager la misère des gentilshommes dans le besoin, ne lui offre de son mobilier qu'une somme ridicule – mais par un ancien domestique de son père nommé Robert qui, lui, a eu la sagesse de ne spéculer que sur des 'espèces bien sonnantes', à l'exclusion du papier monnaie, et se montre à présent l'épée

---

19. Le même motif était déjà présent dans *Jacques Massé*, où Swift l'a peut-être emprunté.

20. Ami de Marivaux, Saint-Jory a été son collaborateur pour *L'Amour et la vérité* (1720). Il a pu s'inspirer de *La Nouvelle colonie ou la ligue des femmes* (1729), pièce perdue dont on ne connaît que la seconde version (*La Colonie*, 1750), mais peut-être aussi de *L'Ile de la raison* (1727). Sur les rapports de Saint-Jory et de Marivaux, voir L. Desvignes-Parent, *Marivaux et l'Angleterre* (Paris 1970), p.38-41.

21. On voit mal ce qui autorise Wijngaarden à affirmer que Varennes de Mondasse 's'hypnotise sur la magnificence et la grandeur de la féodalité' (*Les Odyssées philosophiques*, p.157), idée reprise par Raymond Trousson (*Voyages aux pays de nulle part*, p.133), à moins d'identifier de façon assez contestable féodalisme et absolutisme.

au côté. Heureusement, un petit héritage imprévu permettra à Frédéric de rembourser son bienfaiteur: la morale aristocratique est sauve. Cette abominable humiliation est probablement la donnée qui fournit la clé du récit. Dès lors, deux voies s'ouvrent au noble dépossédé. La première, 'réaliste' et conforme aux mutations économiques nouvelles, consiste à passer en Angleterre, 'où le commerce est le pere commun du Noble et du Roturier, où il est permis à tous les hommes d'acquérir et de conserver par le travail' (*F.M.*, p.13): avec les fonds qui lui restent, Frédéric prend des parts dans une compagnie coloniale constituée par de riches négociants afin d'exploiter les richesses de l'île de Groenkaaf, habitée par un peuple de sauvages vertueux et libres, et déjà partagée d'avance en dix lots, 'comme si nous en eussions été possesseurs' (*F.M.*, p.33). Pourtant le récit récuse implicitement cette mutation sociale vers une 'noblesse commerçante'[22] accordée au monde moderne; Groenkaaf ne sera pas atteinte, et c'est la solution mythique d'un retour rêvé au passé féodal qui sera choisie avec l'utopie de Manghalour, peuplée de descendants des Croisés, où se perpétuent les mœurs de la chevalerie du douzième siècle. En rencontrant un Manghalourien 'occupé à labourer, l'épée au côté, et une espèce de lance ou de demi-pique plantée debout sur le manche de la charrue', le narrateur croit d'abord avoir affaire à 'un Gentilhomme malaisé qui cultive son petit héritage, pour jouir, comme on fait dans nos Provinces, des tristes prérogatives de la Noblesse indigente' (*F.M.*, p.70). Cependant, les signes ont ici changé de sens: le travail des champs ne renvoie plus à la déchéance économique de l'aristocratie des campagnes, mais à l'ordre ancien du manoir et à la vertu austère des vieux temps. Dès lors apparaît clairement le sens de l'absence totale de l'argent, du commerce et même de toute indication d'ordre économique au sein de l'utopie manghalourienne: non que l'auteur juge ces objets indifférents; c'est tout au contraire parce qu'ils constituent les composantes obligées du statut social de l'aristocratie dans la réalité moderne qu'ils se trouvent si soigneusement exclus du rêve féodal.

Varennes de Mondasse, lui, pose d'entrée la dignité sociale et même la valeur civique du commerce. Son héros est le fils d'un riche négociant d'Amsterdam qui se fait une haute idée de sa mission: 'Je travaille plutôt pour le bien de l'Etat, et pour trois ou quatre mille malheureux que j'employe, que dans la vûe d'entasser des millions; si j'en agissois autrement, disoit-il, je me rendrois indigne de la qualité de bon Citoyen' (*D.E.C.*, p.2). Tout au long du récit, les préoccupations d'argent semblent jouer un grand rôle dans la vie du narrateur: à la différence des autres utopies, où la question n'est en général même pas posée, Cantahar ne pratique pas l'hospitalité gratuite; il lui faut donc subvenir

22. La formule renvoie au titre d'un ouvrage de l'abbé Coyer dont le sujet fit scandale.

à ses besoins. Heureusement, il a pu récupérer ses biens, sauvés du naufrage et soigneusement mis sous scellés par le Severky (juge) moyennant quelques menus frais de justice; la vente de ses effets lui procurera un pécule de 1500 pocs (monnaie du pays), complété plus tard d'une gratification ministérielle de 500 pocs pour un mémoire sur le commerce. Mais l'épuisement de ses ressources l'obligera à 'aller demeurer dans une Province éloignée, où l'on vit à très grand marché' (*D.E.C.*, p.357) avant de le contraindre au départ.

Ces intrusions constantes des réalités économiques dans l'univers de la fiction sont accordées à l'esprit froidement utilitariste et mercantiliste de cette société où les préoccupations commerciales occupent une place importante. Comme dans beaucoup d'utopies antérieures (celle de Lesconvel, mais, bien avant elle, celle de More), le système pénitentiaire, d'une extrême rigueur – il n'y a jamais de grâces, car 'c'est la certitude de la punition, qui rend les loix respectables' (*D.E.C.*, p.145) – est conçu dans une perspective utilitaire: les condamnés 'sont obligés de servir l'Etat toute leur vie, dans les emplois les plus pénibles' (*D.E.C.*, p.128), cette main-d'œuvre gratuite pouvant en outre être louée aux particuliers. Ce système d'esclavage d'Etat a été jugé préférable à la déportation dans les colonies précédemment pratiquée: peuplées désormais de volontaires, celles-ci sont devenues plus rentables.

Mais c'est surtout la législation du commerce que développe Varennes de Mondasse. D'esprit apparemment plus colbertiste, malgré des dispositions souvent analogues, que celle de Lesconvel – on ne retrouve pas, semble-t-il, à Cantahar la liberté totale du commerce extérieur qui existait à Naudely – l'organisation des échanges participe d'abord d'un culte de l'activité et du rendement: les Cantahariens sont 'si adonnés au commerce que [...] les plus paresseux sont excités au travail' (*D.E.C.*, p.161), et ceux d'entre eux qui résisteraient à l'émulation générale sont dénoncés par l'affection indiscrète que leur porte un certain animal nommé Igriou (paresseux), féroce avec tout autre que ses semblables. Comme chez Lesconvel, le commerce privé est fortement encouragé par l'Etat. Des crédits publics aident les négociants victimes de banqueroute, à condition que celle-ci ne soit pas frauduleuse. Il leur est en revanche interdit de faire des reports d'échéance aux débiteurs douteux, d'aventurer plus de 10% de leur capital sur un seul navire, d'enfreindre les lois sur l'usure et sur le contrôle des prix, etc. Les enfants les plus doués sont élevés dans un 'collège de commerce' financé par une contribution des négociants et une taxe sur les marchandises, ainsi que par un prélèvement au dixième sur la succession des anciens élèves. On leur montre, certes, que la réputation d'honnêteté est le meilleur moyen de s'enrichir, mais le cursus des études inclut également les ruses et astuces du négociant, ou l'art de corrompre les gouverneurs des comptoirs étrangers (*D.E.C.*, p.166-67).

Rien de semblable à Manghalour, où l'on chercherait vainement le moindre détail d'organisation économique. Tout au plus apprendrons-nous que le partage des terres a été réalisé 'avec une justice exacte' au moment de l'instauration de l'Etat, et que c'est par le troc que s'effectuent des échanges entre les Manghalouriens et les montagnards ghèbres, habitans originaires de l'île (*F.M.*, p.119, 245). Les gentilshommes laboureurs, partageant leur temps entre les travaux des champs, la chasse, le tir à l'arc et la guerre, ne sont pas les agents d'un processus de production, mais les acteurs d'une pastorale féodale parfaitement irréelle. Même mutisme quant à la structure sociale de cette république aristocratique, qui pourtant ne saurait l'être totalement, puisque, aux soixante-dix-neuf chevaliers, arrivés dans l'île en l'an 1198, il faut ajouter plusieurs centaines d'hommes d'armes et de marins: de la descendance de ces derniers il ne sera jamais question, ne laissant émerger que l'image socialement parfaitement homogène d'une collectivité nobiliaire égalitaire – si égalitaire même qu'elle accorde aux deux sexes le même statut et la même dignité. A la suite d'un exploit guerrier – un contingent féminin a jadis repoussé une invasion musulmane – on a décidé d'accorder aux femmes 'les honneurs militaires de la Chevalerie, c'est-à-dire le droit de porter la lance, l'épée et le pavoi' (*F.M.*, p.127). Recevant selon la tradition platonicienne la même éducation que les garçons, les filles apprennent à tirer à l'arc, vont à la chasse, prennent part aux guerres, où leur présence stimule l'ardeur des combattants, à l'image des vierges guerrières de l'Arioste ou du Tasse. Leur situation en somme diffère en tout de celle de la femme-objet de la société française, comme l'expliquent les filles de l'hôte dans un 'langage gaulois' de fantaisie qui annonce avec quarante ans d'avance le 'genre troubadour' du comte de Tressan:

Vous êtes donc, repliqua Justine, comme oiselets en cage, pour donner plaisir aux regardans par gentille contenance, chants harmonieux, et beau plumage, ou comme chiennes mignardes, nourries en la maison, pour récréer et caresser le maître. Or ne sommes nous autres réduites à si chétif état; n'avons à obéir qu'à vertu et raison, les hommes ne nous regardent nullement comme d'espèce autre que la leur; nous avons part égale avec eux, de tous travaux honnêtes qui appartiennent à la chose publique; et quand il y a guerre furieuse, la garde de nos Châteaux et Forteresses nous est mise ès mains, tandis que nos peres, maris et garçons d'âge viril, vont en avant affaiblir et combattre l'ennemi.[23]

Non exempt parfois d'intentions grivoises,[24] le 'féminisme' médiévalisant de

---

23. *F.M.*, p.93. Les adaptations de textes médiévaux par Tressan commencent à paraître dans la *Bibliothèque universelle des romans* à partir de 1776.

24. Mais les équivoques galantes, qui réintroduisent la futilité et la corruption civilisées dans ce vertueux univers médiéval, résultent de la présence du narrateur et de ses deux compagnes européennes: habillées de vêtements masculins et prises pour des 'damoisaulx efféminés et mols', celles-ci devront, à l'heure du coucher, avouer la supercherie et demander à '[rentrer] dans les

Saint-Jory équivaut donc à une homogénéisation totale de la société, ou du moins de sa seule part visible, l'aristocratie.

Bien que le thème des 'femmes militaires' soit également esquissé chez Varennes de Mondasse (*D.E.C.*, p.170-79), il ne conduit aucunement à l'égalité des sexes, et les femmes ne conservent de leurs exploits passés que les privilèges sans conséquence de présider le tribunal des divorces et de commander les troupes un jour par an. Surtout, à la différence de celle de Manghalour, la société de Cantahar s'organise en castes rigidement hiérarchisées, extérieurement différenciées grâce à 'des Loix severes pour distinguer par les Equipages et les habillemens l'état d'un chacun' (*D.E.C.*, p.21); à défaut des traditionnels uniformes utopiques, des détails vestimentaires permettent de 'connoître les differentes qualités d'un chacun': Otanmis (prince du sang), Sophodars (haute noblesse), Matadrils (gentilshommes), bourgeois, répartis en plusieurs classes, et, enfin, 'hommes du commun'. Cette réglementation a mis fin à un état antérieur de confusion sociale et de bouleversements des hiérarchies analogue à celui qu'évoque également le prologue des *Femmes militaires*: 'Tout étoit confondu, les honneurs n'étoient rendus qu'à la magnificence. Souvent le Faquin entroit où l'homme de condition et l'Officier restoient à la Porte' (*D.E.C.*, p.242). Dans une perspective qu'on peut juger quelque peu contradictoire avec les orientations bourgeoises de son système économique – mais dans ces textes le rapport à l'idéologie sociale n'est jamais univoque – l'auteur établit donc un lien entre la liberté du vêtement et la dégradation du statut nobiliaire.[25] Lié au rêve d'une parfaite transparence sociale, le vêtement utopique alimente aussi bien l'aspiration égalitaire que le mythe aristocratique d'un stabilisation des hiérarchies au sein d'un ordre social intangible, garanti de surcroît par une stricte endogamie: à Cantahar, on ne peut se marier qu'à l'intérieur de sa classe. Il est même précisé que les taxes imposées aux gens du peuple ont pour but 'de les retenir dans une certaine mediocrité, qui ne les dispense pas de travailler; car s'ils devenoient trop riches, ils renverseroient cette harmonie qui nous distingue les uns des autres, et que la corruption du cœur humain oblige de conserver' (*D.E.C.*, p.330-31). Peut-être est-ce un motif analogue de régulation sociale qui inspire l'étrange tolérance, et même l'encouragement officiel, accordés aux folles prodigalités de fermiers généraux: c'est le meilleur moyen de leur faire rendre gorge en assurant 'la circulation des Especes, qui est [...] nécessaire à un Etat' (*D.E.C.*, p.223).

---

privilèges de [leur] état' (*F.M.*, p.82-83).

25. On peut néanmoins lire un refus de l'éthique aristocratique dans l'anecdote historique de la bataille perdue par la faute des gentilshommes qui refusèrent de combattre à pied: 'Ce n'est pas être bon Citoyen, que de vouloir, par gloire, se faire tuer mal-à-propos, à la tête des autres' (*D.E.C.*, p.179).

L'immobilisme du système social se reflète dans la rigidité du système politico-religieux. Il s'agit d'une monarchie absolue, fortement centralisée, mais aux institutions mal précisées, appuyée sur une religion d'Etat de type héliocratique qui seule fait l'objet de quelque développement. Il n'est guère utile d'en commenter les dogmes, venus tout droit des *Sévarambes*. L'originalité de Cantahar par rapport à la tradition veirassienne réside dans son refus radical de la tolérance religieuse, considérée comme un péril politique majeur. Dans un développement sur 'les malheurs qu'entraînent plusieurs Religions dans un Empire' (*D.E.C.*, p.121) dirigé apparemment contre les protestants, on retrace l'histoire des désordres suscités dans l'Etat par les hérésies de Phaarton et Iscary (Phaéton et Icare = Luther et Calvin?) et des six siècles de guerres civiles qui en résultèrent jusqu'à l'expulsion des hérétiques dans les pays voisins. Une loi prévoit donc la peine de mort pour 'ceux qui osent proposer la moindre opinion nouvelle en fait de Religion' (*D.E.C.*, p.65): dans un pays où celle-ci s'identifie pleinement à sa fonction politique, l'exigence d'unanimité religieuse se confond avec l'exigence d'unité étatique.

Si le thème religieux est à peine effleuré dans les *Femmes militaires* – le rôle de l'évêque, chef spirituel de l'île, semble se borner à consacrer le choix du nouveau chef de l'Etat – le système politique en revanche fait l'objet d'une description assez détaillée. Il s'agit d'un régime mixte, à mi-chemin de la république aristocratique et d'une monarchie élective conforme à l'ancienne tradition franque souvent prise pour modèle par les théoriciens 'germanistes'. Elu roi par ses pairs après le naufrage, le chevalier Mathieu de Laval refuse le trône et se contente de prendre le titre du duc, simple *primus inter pares* détenant son autorité du seul choix de ses compagnons et exerçant le pouvoir conjointement avec une sorte de parlement. La forme semi-républicaine du gouvernement répond aux circonstances, 'si l'on considère qu'ils étoient dans un pays inconnu, où par les difficultés infinies qui pouvoient se présenter à chaque pas, on auroit plus souvent besoin de délibérer que d'agir, à quoi la puissance Parlementaire unie à la Souveraine, étoit plus propre que la volonté d'un seul' (*F.M.*, p.104-105). On crée donc une 'assemblée d'Etats', principal organe de gouvernement; mais 'ce n'étoit point une confuse et tumultueuse fourmilière de peuple legier, variable, séditieux et incompatible, mais une congrégation honorable de vertueux Gentils hommes, tous de bon sang' (*F.M.*, p.105) – assemblée exclusivement aristocratique, donc, qui exclut toute participation du peuple aux délibérations et récuse le 'désordre' démocratique. Le républicanisme féodal de Manghalour montre la fausseté de l'équation moderne république = démocratie et illustre peut-être la liaison souterraine de l'anti-absolutisme, du parlementarisme et de la réaction aristocratique vers 1735. Les lois fondamentales ont pour but manifeste de prévenir un éventuel glissement

vers une monarchie héréditaire et de maintenir une égalité absolue à l'intérieur
de la caste aristocratique, y compris entre les deux sexes: le pouvoir ne passe
jamais des pères aux enfants, le titre ducal est attribué alternativement à un
homme et à une femme, chacun étant élu par les membres de l'autre sexe (*F.M.*,
p.129).

Telles sont les principales données de l'idéologie socio-politique de ces deux
utopies:[26] option aristocratique et même féodale dans les *Femmes militaires*,
option bourgeoise corrigée par un fixisme social autoritaire dans *Cantahar*, l'une
et l'autre d'ailleurs profondément conservatrices et politiquement bien peu
subversives, ainsi qu'en témoigne leur publication avec approbation et privilège.

Cependant, la description statique des institutions ne rend pas compte de
l'intégralité du texte utopique. Il convient de tenir compte également de la
dynamique narrative, de la mise en perspective qu'apporte l'enchâssement de
l'utopie dans une trame événementielle, éventuellement des perturbations ou
contradictions résultant de la présence en son sein du héros-narrateur. A la
différence des ouvrages de Gilbert ou de Lesconvel, *Cantahar* et les *Femmes
militaires* relèvent de plein droit de l'utopie narrative. A défaut d'y être nettement
individualisé, le voyageur narrateur est impliqué dans un enchaînement d'événements avant et même pendant son séjour en utopie et ne se borne pas à une
simple fonction de relais descriptif.

Varennes de Mondasse à vrai dire ne consacre qu'une dizaine de pages au
voyage de son héros – anonyme – et à son naufrage quelque part au sud du Cap
de Bonne-Espérance, sans indiquer du reste aucune position géographique.
Mais, en présentant le sommaire de sa relation, il inclut, après les traditionnelles
rubriques didactiques – climat, gouvernement, religion … – le récit de 'ce qui
[lui] est arrivé pendant le temps où [il a été] parmi eux' (*D.E.C.*, p.18) et suggère
par là une implication personnelle dans la réalité décrite qui peut-être en
modifie l'image. Ainsi, son refus d'adopter la religion solaire officielle lui vaut
de nombreuses difficultés avec l'autorité. Traîné chez le sacrificateur, juge des
délits religieux, emprisonné dans un cachot obscur, menacé d'être brûlé vif,
accusé de surcroît d'espionnage et de complot, il n'obtient d'être libéré que
sous la promesse de se soumettre à des entretiens théologiques destinés à le
tirer de ses 'erreurs'. Dans tout cet épisode, probablement inspiré de Cyrano,

---

26. On a volontairement laissé de côté comme peu pertinents pour le propos: dans *F.M.*, les
longues guerres contre les Musulmans qui ont marqué l'histoire insulaire et les relations avec
l'ancien peuple indigène des Ghèbres, adorateurs du feu, qui posent dans des termes voisins de
ceux de l'*Histoire des Sévarambes* le problème de la conquête coloniale et du rapport avec les
populations autochtones; dans *D.E.C.*, les longs développements consacrés à l'éducation, à l'urbanisme, aux établissements de charité et à l'élimination de la mendicité, dont l'esprit est analogue à
celui de l'utopie de Lesconvel.

l'utopie change de sens: l'intolérance religieuse cantaharienne, justifiée par des considérations politiques d'unité étatique et de paix civile, cesse d'être positive dès lors qu'elle adopte les pratiques inquisitoriales européennes et que le héros en est personnellement la victime.

Beaucoup plus complexe, la structure narrative des *Femmes militaires* fait intervenir un narrateur mieux individualisé et des séquences pré-utopiques particulièrement developpées. La première est un récit inséré qu'on peut considérer comme une ébauche d'utopie. Il s'agit de la relation du séjour du négociant anglais Sembrook dans l'île de Groenkaaf, où vivent dans une innocente nudité, sans propriété, sans argent et sans lois autres que ces deux sentences: 'Aime ton semblable' et 'Adore Dieu', des indigènes qu'on pourrait croire issus tout droit du chapitre 'Des cannibales' des *Essais* (*F.M.*, p.23-24):

Ces peuples sauvages semblent avoir conservé la primitive innocence; ils ne connoissent ni vices ni vertus, ils se conduisent par un instinct droit et sage qui ne les abandonne jamais; et tout l'office de leur raison se réduit à se procurer par les voies les plus douces les choses nécessaires à la vie, à ne point amasser pour un avenir dont on ne jouira peut-être pas, à se conserver une bonne santé, sans laquelle on ne possède rien.

Il n'est pas aisé d'interpréter le sens de cette utopie primitiviste qui fait un peu figure de mirage inaccessible (l'expédition coloniale montée pour exploiter les richesses de Groenkaaf n'y parviendra jamais). Pour René Démoris, elle 'permet d'exclure l'hypothèse édénique tout en en signalant la présence'.[27] Peut-être cette existence de loisir libérée de toute contrainte et de toute pesanteur matérielle équivaut-elle aussi à une transposition purement mythique des aspirations aristocratiques dont le médiévalisme de l'utopie manghalourienne offrira plus tard une autre version, guère moins irréelle, mais accrochée à une vague vraisemblance historique. Quant à l'épisode de robinsonnade à trois qui fait suite au naufrage et précède la prise de contact avec l'humanité utopique, il introduit le thème, longuement développé plus tard, de la condition féminine et met en place les éléments d'intrigue justifiant le départ d'utopie: entre les deux jeunes filles, Saphire et Susanne, le héros devra finalement choisir, s'attirant ainsi le ressentiment de Susanne qui, parvenue à la tête de l'Etat, obtient son bannissement. Entre-temps il est néanmoins devenu une sorte de héros national, ayant repoussssé une invasion musulmane grâce à l'artillerie récupérée sur l'épave – invention pourtant jugée 'détestable', contraire au code de l'honneur et politiquement dangereuse, car 'un petit nombre de scélérats ambitieux pourroit avec de pareilles armes dépeupler l'Isle de ses habitans, et établir la tyrannie' (*F.M.*, p.100). Introduisant à Manghalour les techniques modernes de l'extermination de masse qui rendent dérisoire le corps à corps

27. Démoris, 'Vers 1730: l'utopie dépolitisée', p.153-54.

aristocratique, Frédéric s'est donc fait l'agent involontaire d'une fâcheuse évolution historique dont l'utopie était jusqu'alors préservée. On trouve le même motif chez Varennes de Mondasse: poussé 'par la vanité et par la misère' (*D.E.C.*, p.322) – ses finances, on le sait, sont précaires – le voyageur vend à l'Etat cantaharien le secret de la poudre à canon. Tout scandalisé qu'il soit, le ministre n'en consigne pas moins soigneusement cette redoutable découverte.

Dans les deux cas l'expérience personnelle de la réalité utopique est donc plutôt négative: victime de l'intolérance dont il est le révélateur et de la médiocrité de sa situation économique (Varennes de Mondasse), chassé par une vengeance féminine (Saint-Jory), le narrateur est contraint à la fuite, non sans avoir quelque peu altéré le tableau utopique par les innovations qu'il y introduit, voire par sa seule présence. Utopies décevantes, d'ailleurs: Cantahar n'est qu'une France aménagée dont le coefficient d'altérité est bien faible; quant à Manghalour, ce n'est pas une construction politique, mais un rêve à mi-chemin de *L'Astrée* et des *Amadis*. Leur intérêt à vrai dire ne réside pas dans leur valeur exemplaire: ces utopies 'dépolitisées' ne proposent aucun modèle. Mais le détour par la fiction qu'elles mettent en œuvre permet d'exprimer les interrogations nobiliaires devant l'évolution historique. Quel sera le statut de l'aristocratie dans une société où le critère hiérarchique n'est plus la naissance, mais l'argent? Varennes de Mondasse semble se résigner à cette mutation, non sans ambiguïtés ni contradictions. Saint-Jory préfère l'évasion dans un passé mythique, tout en sachant bien que la réalité est ailleurs.

iii. Utopie et réforme monarchique: Lassay et Stanislas Leczinski

Parmi les utopies de l'époque des Lumières, on peut enfin faire une place à celles qui, sans s'astreindre à produire le tableau global d'une société – ce qui les différencie des précédentes – semblent se limiter à une réflexion sur l'Etat monarchique et sur son fonctionnement institutionnel. On se bornera à deux exemples, non les plus réussis peut-être, mais probablement les plus typiques:[28] la *Relation du royaume des Féliciens* (1727), du marquis de Lassay, et l'*Entretien d'un Européen avec un insulaire du royaume de Dumocala* (1752), de Stanislas

---

28. Deux autres utopies contemporaines paraissent relever de la même catégorie. *Le Législateur moderne, ou les mémoires du Chevalier de Meillecourt*, du marquis d'Argens (Amsterdam 1739), présente l'instauration d'un régime monarchique à partir de l'état de nature. Naufragé parmi les sauvages, le narrateur crée une colonie où coexistent pacifiquement Européens et indigènes, s'en fait élire roi et instaure un Etat patriarcal. Beaucoup moins romanesque et plus conforme au modèle, l'*Histoire ou police du royaume de Gala* de l'abbé de Brancas-Villeneuve (Londres 1754) est le tableau d'une monarchie rénovée par un programme de réformes (essentiellement économiques) réalisé cent ans plus tôt à l'initiative du souverain.

Leczinski, probablement l'unique utopie qui ait jamais été écrite par un souverain.[29] A la fois 'éclairées' et profondément conformistes, ces utopies sont également empreintes d'un pragmatisme réformiste qui les situe dans la lignée des ouvrages de Lesconvel ou de Varennes de Mondasse; elles ne proposent aucun bouleversement du système, mais quelques aménagements limités de l'ordre existant dont la conformité apparente avec certains thèmes issus de la vulgate des Lumières ne doit pas masquer le caractère foncièrement conservateur. Littérairement, elles prennent place aux frontières extrêmes de l'utopie narrative, ne se différenciant de l'utopie-programme que par la présence d'un bref récit introductif et par le recours à un déplacement spatial de convention, le pays imaginaire n'étant rien d'autre que l'image légèrement redressée du monde de référence.

Dans les deux cas, l'affabulation introductive sacrifie en quelques pages – six pour les *Féliciens*, quatre pour *Dumocala* – aux figures préparatoires habituelles: origine du manuscrit (celui des *Féliciens* a été découvert dans un coffre échoué à la suite d'un naufrage sur les côtes de Guinée en 1714), embarquement, tempête, naufrage, entrée en utopie. L'itinéraire et les étapes mêmes du voyage obéissent à un rituel immuable. Ayant dû se réfugier en Hollande pour des raisons mal précisées, le voyageur de Lassay s'embarque pour Batavia afin de réparer sa fortune. Sitôt franchi le Cap de Bonne-Espérance, une tempête l'entraîne à la dérive pendant dix-sept jours et échoue le navire à l'embouchure d'une rivière défendue par une forteresse. Accueilli par le gouverneur, il remonte le fleuve vers la capitale du royaume, Léliopolis. Ici commence l'exposé didactique, entièrement dépourvu de tout élément narratif. C'est également au cours d'un voyage aux Indes, qu'il ne raconte pas, '[laissant] à d'autres Voyageurs marins l'usage ordinaire de raconter les avantures d'une longue et pénible navigation' (*E.E.I.D.*, p.2), que l'Européen' de Stanislas Leczinski est dérouté par 52 degrés de latitude australe, puis jeté à la côte dans une île inconnue.

Toutefois les modalités de présentation diffèrent d'un texte à l'autre. Chez Lassay, l'élément descriptif lui-même est à peu près absent, à l'exception d'une brève évocation de Léliopolis, ville 'à peu près grande comme Paris', mais

---

29. Lassay, *Relation du royaume des Féliciens*, peuples qui habitent dans les Terres australes; dans laquelle il est traité de leur origine, de leur religion, de leur gouvernement, de leurs mœurs, et de leurs coutumes, in *Recueil de différentes choses*, par M. le marquis de Lassay (Lausanne 1756), Quatrième Partie (désignée ci-après par les initiales *R.R.F.*). L'édition de 1727, indiquée par Wijngaarden, semble introuvable dans les principales bibliothèques.

Stanislas Leczinski (ou Leszczynski), *Entretien d'un Européan* [*sic*] *avec un insulaire du royaume de Dumocala*, par le R.D.P.D.L.E.D.B.; nouvelle édition (s.l. 1754), désignée ci-après par les initiales *E.E.I.D.* Nous n'avons pu malheureusement utiliser l'édition critique de l'*Entretien* procurée par Laurent Versini (Nancy 1981), non plus que les *Inédits* de Stanislas (éd. R. Taveneaux et L. Versini, Nancy 1984), où se retrouvent divers projets de réformes dont certains recoupent ceux de l'*Entretien*.

construite 'beaucoup plus régulièrement', où l'on retrouvera, avec les habituelles rues 'tirées au cordeau' (*R.R.F.*, p.359), un étalage de faste et de magnificence qui marque déjà la position de l'auteur dans le traditionnel débat sur le luxe. Tout le reste est consacré à l'origine de la nation, à sa religion et, surtout, à l'analyse minutieusement détaillée de ses institutions, que n'interrompt pas même une seule anecdote ainsi qu'on en trouve encore chez Lesconvel ou Varennes de Mondasse. La description quitte donc le terrain du concret, qui autorise et même invite à spécifier l'angle de vision de l'observateur, maintenant ainsi la possibilité de l'énoncé personnel. Avec l'exposé didactique, nous entrons dans un discours entièrement dépersonnalisé du type de l'article d'encyclopédie. La modalité narrative-descriptive est un peu moins absente dans l'utopie de Stanislas Leczinski, qui suit dans ses premières pages l'itinéraire canonique veirassien: accueil du narrateur par un groupe de villageois, traversée du pays, visite de la capitale. On notera toutefois l'aspect extraordinairement conventionnel de ces descriptions à la fois euphoriques et vagues: le village 'étoit dans une position agréable; l'air en étoit pur et serein; j'y remarquai avec plaisir une police des plus exactes'; dans les campagnes, où règne 'un air d'abondance', on perçoit 'un ordre et un arrangement qui deceloient la sagesse d'un gouvernement éclairé et toujours constant dans ses maximes'; quant à la ville, elle offre des maisons 'commodément bâties', mais dont 'aucune n'avoit ces dehors superbes que l'orgueil des richesses affecte parmi nous' – enfilade de clichés verbeux qui n'autorisent ni la visualisation ni même la caractérisation du décrit (*E.E.I.D.*, p.4, 8, 9). Après l'apprentissage de la langue, qui est simple, rationnelle et dépourvue de flexions, le voyageur-observateur peut s'effacer, relayé dans son rôle de présentation par le traditionnel vieillard interlocuteur (ici, 'une espèce de Brachmane') préposé à l'exposé des institutions, tandis que la description cède la place au dialogue – dialogue, comme à l'ordinaire, peu équilibré, où l'Européen se borne à émettre des objections vite réfutées avant de reconnaître 'avec une espèce de dépit et de honte' la supériorité de Dumocala (*E.E.I.D.*, p.98).

Cependant l'originalité – bien relative – de Stanislas Leczinski est de donner explicitement à son utopie un statut d'*exemplum*, ou d'expérience imaginaire. Un appendice intitulé 'Réponse à la lettre d'un ami' esquisse le passage de l'utopie à la pratique politique. Reconnaissant que Dumocala 'n'est qu'une pure fiction', l'auteur se défend pourtant d'avoir écrit 'un de ces Romans politiques dont Platon a donné l'idée' (*E.E.I.D.*, p.110). Reprenant point par point les principaux articles de l'utopie dumocalienne, il se propose de montrer qu'ils seraient applicables moyennant quelques adaptations. Situation peu fréquente dans l'utopie narrative – mais celle-ci justement l'est très peu – la fiction débouche ainsi sur l'action politique concrète, ainsi que l'ont noté les journalistes dont les comptes rendus sont reproduits en annexe dans la seconde édition: 'Ceci, encore une fois, s'exécute, non à Dumocala mais en Lorraine par les ordres et sous la direction d'un grand Roi', écrit le *Journal de Trevoux* (*E.E.I.D.*, p.219). Quant à Fréron, soulignant que 'ce ne sont point ici les rêves de l'Abbé de Saint-Pierre ni même ceux de Platon' (*E.E.I.D.*, p.223), il insiste sur le fait que les réformes proposées sont réalisables: 'C'est un modèle de Gouvernement, et un modèle qu'on peut imiter'.[30]

Réalisable, Dumocala l'est, à vrai dire, d'autant plus aisément que le programme qu'elle propose tient en peu de chose si l'on élimine les vœux pieux, les déclarations d'intention et la rhétorique 'éclairée' du 'Philosophe bienfaisant'. Comme dans toutes les utopies de cette période, les inégalités économiques et les problèmes de subsistance sont résolus par des mesures palliatives d'aide sociale et une organisation étatique du commerce des blés: il existe à Dumocala des hôpitaux subventionnés grâce à un impôt sur la fortune et des greniers publics alimentés par l'exploitation de terres communautaires – disposition difficilement transposable là où la propriété collective n'existe pas, mais un prélèvement de 1/100e sur les récoltes produirait le même résultat et éviterait les spéculations en période de disette. Ainsi a-t-on éliminé la mendicité, 'et par conséquent le libertinage et la fainéantise' (*E.E.I.D.*, p.7). L'auteur suggère (mais sans préciser par quels moyens) d'encourager l'agriculture, 'première source de la force et de l'opulence de la nation' (*E.E.I.D.*, p.130): ainsi lutterait-on contre le dépeuplement des campagnes, tout en évitant que les paysans ne cherchent une promotion dans la carrière militaire ou ecclésiastique. A la différence de Lassay, Stanislas Leczinski se montre peu favorable au commerce, surtout extérieur, rejoignant ainsi la traditionnelle idéologie de clôture des utopies: environnée d'écueils, l'île ne se prête pas au trafic maritime et, de surcroît, il est rigoureusement interdit à ses habitants d'en sortir. L'enfermement géographique va de pair avec une fermeture psychologique qui, en opposition avec l''inquiétude' et l'agitation européennes, aboutit à l'immobilisme social le plus complet: 'Ainsi toute notre ambition, c'est d'être, chacun dans notre état, ce que nous devons être' (*E.E.I.D.*, p.35). La 'Réponse à la lettre d'un ami' précise le caractère réactionnaire de cet idéal isolationniste: 'Il est bien certain, en effet, que les Peuples se gâtent mutuellement par le commerce qui les fait communiquer les uns avec les autres'; les relations établies en Europe avec nos voisins n'ont apporté que les ravages de l'athéisme et des 'paradoxes injurieux à l'autorité des rois' (*E.E.I.D.*, p.144-45). Mais l'auteur ne précise pas comment il se propose d'éviter la 'funeste contagion' du monde extérieur et de retrouver

---

30. *Lettres sur quelques écrits de ce temps*, in *E.E.I.D.*, p.250.

'l'aimable simplicité et la candeur naturelle de nos anciennes mœurs' (*E.E.I.D.*, p.147).

L'essentiel porte toutefois sur le principe et le fonctionnement du gouvernement monarchique, jugé plus apte à assurer l'exercice effectif de la liberté que l'anarchie républicaine, où chacun 'se fait un mérite de l'indépendance' (*E.E.I.D.*, p.39), tous voulant commander et personne obéir. Au contraire, 'il en est des Monarchies comme de ces machines dont la simplicité fait la perfection' (*E.E.I.D.*, p.153). Les principes du bon gouvernement sont simples en effet: à l'extérieur, le souverain doit s'assurer la confiance des Etats voisins par une politique pacifique, mais aussi se garantir par une puissante armée permanente à effectifs variables (on licencie la moitié des troupes en temps de paix); à l'intérieur, il lui faut 'faire plier de force ou de gré sous le joug des loix tous les sujets, quels qu'il soient, qui veulent s'y soustraire' et, pour cela, les respecter d'abord lui-même en substituant la droiture et l'équité aux 'voies obliques' de la 'politique' (la formule semble faire écho au débat du premier livre de *L'Utopie* de More), identifiée ici à l'art de la manipulation (*E.E.I.D.*, p.56, 52). Il s'appuiera à cette fin sur la religion. Celle de Dumocala est un déisme rationaliste dont le dogme essentiel se réduit à la croyance en un Dieu rémunérateur et vengeur garant de l'ordre politique: 'De-là naît parmi eux l'amour de l'ordre; l'amour de l'ordre inspire la subordination aux Loix; la subordination aux Loix impose des devoirs; l'accomplissement des devoirs fait le mérite des bons Citoyens; et du mérite des bons Citoyens dépend la prospérité de l'Etat' (*E.E.I.D.*, p.135). Souverain 'éclairé' mais parfaitement conservateur, Stanislas maintient donc la traditionnelle union du trône et de l'autel – les prêtres de Dumocala ont pour tâche d'enseigner la soumission à l'autorité du prince – et même un absolutisme de droit divin dont on voit mal pourtant comment il peut coexister avec la religion naturelle (*E.E.I.D.*, p.30):

La Religion est le plus ferme appui de l'autorité Souveraine; c'est par elle que nos Rois s'estiment l'image de la Divinité, se font un devoir de punir le crime, de protéger l'innocence, de récompenser la vertu [...] et que chacun de nous, voyant leur pouvoir émané de Dieu même, se fait une gloire de leur obéir.

Les dispositions judiciaires et administratives, les seules à peu près qui correspondent à des propositions concrètes, confirment cette orientation absolutiste. Dumocala a connu jadis la vénalité des charges et les abus qui en découlent. A présent recrutés par concours et rémunérés par le pouvoir central, les juges sont placés sous l'autorité directe du souverain: 'sa vigilance les éclaire, sa sagesse les récompense ou les punit, et son autorité borne leur pouvoir pour empêcher qu'ils n'en abusent' (*E.E.I.D.*, p.89); pas de séparation des pouvoirs, pas d'indépendance de la magistrature. La structure administrative émane tout entière elle aussi, du pouvoir central. Dans chaque province il existe une administration collégiale de quatre conseillers (guerre, finances, justice, police) présidée par un intendant. Chaque conseiller relève du département ministériel concerné. Cette structure reproduit celle qui est à la tête de l'Etat: les quatre principaux ministres constituent sous son autorité le conseil suprême du souverain; 'ainsi le Roi peut voir tous les jours sans confusion l'état actuel de son Royaume' (*E.E.I.D.*, p.94) – système très fortement centralisé qui élimine corps intermédiaires et instances locales pour concentrer entre les mains du monarque la totalité du pouvoir. Sous le rhétorique paternaliste affleure une conception moderne de l'absolutisme, qui évolue vers le despotisme éclairé tout en maintenant cependant la justification religieuse traditionnelle par le droit divin.[31]

C'est une conception de la monarchie exactement inverse qu'illustrent les Féliciens de Lassay. Situé 'entre le 40e et le 50e degré de latitude méridionale de l'autre coté de la Ligne; c'est-à-dire, à peu près comme la France' (*R.R.F.*, p.358), le royaume de Félicie n'en est visiblement que la figuration allégorique. L'Etat a été fondé jadis par le Romain Lélius, ami de Scipion, qui en a été le premier souverain, 'ou plutôt le Chef de leur République; car il donna de telles bornes à la Royauté, que les Rois ne sont proprement que les protecteurs des Loix, et de la Liberté' (*R.R.F.*, p.386). Il s'agit en effet d'un gouvernement mixte, à mi-chemin de la monarchie et de la république, évitant ainsi les inconvénients de l'une et de l'autre, fortement tributaire du modèle parlementaire anglais. Héréditaire, la monarchie toutefois n'est pas absolue: les rois ne sont que les 'dépositaires des loix', auxquelles ils sont eux-mêmes soumis (*R.R.F.*, p.400), et ils peuvent être déposés par la nation, représentée par ses députés aux états du royaume, en qui réside la seule source de légitimité. A la différence de celle de Dumocala, la religion des Féliciens n'apporte en effet aucun fondement transcendant au pouvoir monarchique: il s'agit d'un déisme agnosticiste et tolérant, sans révélation ni dogmes, dépourvu de toute fonction politique (Lassay condamne les 'inventions [des] Législateurs, qui pour donner de l'autorité à leurs Loix, et pour obliger les Peuples à les suivre, leur ont persuadé qu'elles venoient du Ciel', *R.R.F.*, p.389).

A la personne du souverain, incarnation de l'Etat plutôt que source effective

---

31. Sans doute est-ce à la même perspective absolutiste qu'il convient de rattacher le texte intitulé *Idée d'une république* joint à *Dumocala* dans l'exemplaire de la Bibliothèque nationale. Il s'agit d'une brochure d'une vingtaine de pages où la date 1754 a été ajoutée à la main. Cette utopie-projet d'inspiration aristocratique, eugéniste et raciste reprend l'argument de *La République*: pourquoi tant de soins apportés à la reproduction des chiens ou des chevaux et si peu à celle des hommes? L'auteur propose donc de créer, à l'imitation du célèbre 'haras de géants' du roi de Prusse, des haras humains pratiquant la sélection génétique et l'élimination des inaptes afin de créer de toutes pièces une nouvelle caste nobiliaire, sorte de corps de janissaires au service de l'Etat. Stanislas Leczinski est-il bien l'auteur de ce projet inquiétant, comme la réunion des deux textes incite à le penser?

du pouvoir, se joignent des institutions complexes de nature représentative, mais dans un esprit qui n'est nullement démocratique: la représentation nationale n'émane pas du peuple – le concept moderne de suffrage universel reste au dix-huitième siècle largement anachronique – mais d'une oligarchie de notables délégués par les différents corps de la nation. Tous les six ans a lieu une assemblée des états du royaume, composée comme en Angleterre d'une chambre haute et d'une chambre basse. La première rassemble, entre autres, les pairs du royaume, issus de la haute noblesse, les membres de l'ordre de chevaleire, les vingt-six membres des Conseils du roi, les 'Grands Prêtres' (évêques), les douze généraux de l'Etat. On trouve dans la seconde, outre les fils des pairs et les cadets des grandes familles, les députés des provinces. Cette assemblée suprême, réunie si besoin est pour des sessions exceptionnelles, se double de deux conseils permanents composés chacun de douze personnes choisies par le roi pour leur seul mérite, indépendamment de leur naissance, sur une liste de noms proposée par les états. Le Conseil d'Etat s'occupe des affaires étrangères, de la guerre et du 'gouvernement général du royaume'. Le Conseil Souverain a des attributions administratives (affaires intérieures, police, finances) mais aussi judiciares: il s'agit d'une cour suprême qui juge 'arbitrairement', c'est-à-dire sans référence aux textes législatifs, soit dans les affaires venant en appel (mais celui-ci doit être fondé, sous peine de très graves sanctions pour le plaideur abusif), soit dans celles qui échappent à l'emprise des lois. Ainsi peut-on déférer devant cette juridiction, dont la fonction de normalisation sociale est assez analogue à celle de la lettre de cachet dans la monarchie française, 'les gens qui, de notoriété publique, sont injustes, querelleurs, insupportables, qui font des choses que les Loix ne punissent point, mais que troublent pourtant la Société, et tourmentent tout le monde' – voisins fâcheux, belles-mères abusives … (*R.R.F.*, p.448).

Cet appareil de gouvernement s'appuie sur un ensemble de corps intermédiaires, élite nationale sélectionnée à partir du double critère du mérite et de la naissance. Il existe ainsi un ordre de chevalerie, sorte de légion d'honneur avant la lettre, limité à cent membres choisis par le roi avec le consentement des états en fonction du seul mérite personnel pour tous 'services qu'on a rendus à la Patrie dans le Gouvernement de l'Etat ou dans l'administration de la Justice' (*R.R.F.*, p.433). Cette dignité, dont les titulaires ont rang avant les pairs du royaume, n'est pas héréditaire. Ce qui n'est évidemment pas le cas de la noblesse, divisée en deux castes comme en Angleterre, la haute aristocratie seule accédant à la pairie, dignité solidaire de la terre et du nom. La petite noblesse est associée à la division territoriale en seigneuries, ou paroisses; dans chacune le seigneur, par ailleurs seul détenteur des droits de chasse, administre conjointement avec le prêtre et deux paysans désignés par la communauté une

433

sorte de fonds de charité destiné à secourir les indigents. Enfin il existe un système judiciaire volontairement simplifié afin d'accélérer les procédures; aucun procès ne peut s'étendre au-delà d'un an, et les possibilités d'appel sont exceptionnelles. Chaque juge a cent paroisses sous sa juridiction et peut révoquer les prêtres ou seigneurs indélicats, lui-même étant responsable devant le Conseil Souverain.

Telles sont les institutions essentielles des Féliciens, sans entrer dans le détail infiniment plus complexe de leur fonctionnement. La minutie même du système lui donne un caractère réaliste que n'a pas celui de Dumocala, et Lassay ne s'écarte guère du reste des modèles référentiels de son temps: les institutions anglaises, bien sûr, mais aussi, plus ou moins remodelées, bon nombre de celles de l'administration d'ancien régime. Cela suffit-il à en faire le tenant d'une 'restauration féodale', comme l'en accuse Wijngaarden?[32] L'appartenance politique de l'œuvre ne se laisse pas facilement cerner. Comme à l'ordinaire, on peut y déceler plusieurs discours idéologiquement divergents, voire contradictoires.

C'est ainsi que coexistent libéralisme et interventionnisme étatique: la liberté religieuse est totale, les Féliciens 'laissent penser les hommes comme il leur plaît, sans se croire chargés du soin de leur conscience' (*R.R.F.*, p.486); complète liberté du commerce également, associée à un éloge du luxe facteur de prospérité générale qu'on pourrait croire issu de Mandeville; liberté conjugale, enfin, puisque les divorces sont admis et les accrocs à la fidélité tolérés sans drame. En revanche, les prix de détail sont fixés autoritairement par une tarification officielle révisée chaque année; Lassay ne fait pas davantage confiance aux lois du marché pour assurer l'équilibre frumentaire et prévoit, lui aussi, des greniers publics et des stocks régulateurs; enfin, c'est par l'Etat qu'est pris en charge tout le secteur de l'aide sociale: hôpitaux, maisons de retraite ... On trouvera les mêmes contradictions entre certaines mesures d'unification centralisatrices (les 'Lois sont uniformes dans tout le Royaume, de même que les Poids, les Monnoies, les Mesures, et les Coutumes qui reglent les biens et les successions', *R.R.F.*, p.442) et l'esprit décentralisateur, voire fédératif, qui inspire l'organisation territoriale: les douze provinces 'se gouvernent elles-mêmes' (*R.R.F.*, p.410) et, en cas de guerre, chacune fournit une armée recrutée en son sein, troupes et officiers, l'armée personnelle du roi venant en complément des contingents territoriaux. Quant au 'féodalisme', certes Lassay insiste sur la nécessité de distinguer visiblement les différents états par leur habillement (*R.R.F.*, p.374), mais il s'agit là, on l'a vu, d'une sorte de lieu commun obligé des utopies du temps, et il admet volontiers que le mérite aussi bien que la naissance puisse donner accès aux emplois.

32. Wijngaarden, *Les Odyssées philosophiques*, p.144.

12. *Autres modèles*

Plutôt qu'un réactionnaire nostalgique, l'auteur des *Féliciens* est un conservateur libéral, anti-absolutiste, attaché à l'autonomie administrative des provinces et aux prérogatives des corps intermédiaires, porte-parole peut-être d'une opposition parlementaire modérée à la manière de Montesquieu. Quoi qu'il en soit, les *Féliciens* traduisent un sens de la complexité sociale et de l'équilibre des pouvoirs qu'on chercherait vainement dans *Dumocala*. Reste que, ici plus encore que dans les textes précédents, l'utopie 'littéraire' est à peu près inexistante. Terriblement monotones, encombrées de dissertations indigestes sur le luxe ou le commerce des blés, les utopies 'réformatrices' de l'époque des Lumières relèvent de l'histoire sociale beaucoup plus que de la littérature.

Conclusion

CETTE enquête sur les 'genres de l'utopie' entre la fin de l'époque classique et la période des Lumières ne saurait évidemment rendre compte de toute la production dans ce domaine; elle a du reste délibérément négligé d'autres configurations possibles qui seront examinées plus loin. Elle a cependant permis de mieux cerner deux points essentiels: l'enjeu idéologique de la littérature utopique; sa situation en tant que genre romanesque ou para-romanesque. A l'égard du premier, trois orientations se font jour assez nettement. Chez Veiras, comme chez la quasi-totalité de ses imitateurs, la fiction utopique permet l'expression d'une dissidence idéologique, et particulièrement religieuse, correspondant à la situation de leurs auteurs, en marge d'une Eglise protestante elle-même perçue comme dissidente au sein de la société française. Sans aller nécessairement jusqu'à l'athéisme comme chez Fontenelle, le rationalisme critique prend habituellement la forme d'un déisme antichrétien parfois blasphématoire et d'une mise en cause générale des fables religieuses, que Veiras pourtant s'abstient d'éliminer de sa construction utopique. Hérétiques sur le plan religieux, ces utopies sont-elles politiquement subversives, voir 'révolutionnaires'? On peut en douter. L'héliocratisme veirassien, s'il dévoile les ressorts psychologiques de l'exercice du pouvoir, revient en même temps à les justifier et aboutit à un absolutisme masqué. Quant aux critiques portées contre la propriété privée et l'argent, elles apparaissent moins comme une revendication concrète que comme un *topos* sans conséquence pratique.

Prédominant jusqu'aux premières années du dix-huitième siècle, le criticisme libertin semble ensuite progressivement relayé par une idéologie réformatrice dont les objectifs sont beaucoup plus terre-à-terre. Indifférents à la spéculation religieuse et même à la théorie politique, Lesconvel et ses successeurs ne cherchent pas à construire un monde 'autre' logiquement dérivé de principes abstraits, mais partent de l'état de la société contemporaine pour l'améliorer sans la détruire, d'où le côté limité, fragmentaire, dispersé et parfois contradictoire des réformes proposées, mais aussi l'attention au possible, la minutie du détail et le souci du passage à la réalisation. A de rares exceptions près, comme celle des *Femmes militaires* de Saint-Jory, dont la perspective est nettement réactionnaire, il est hasardeux d'assigner une orientation idéologique univoque à ces utopies dont la plupart associent thèmes 'féodaux' et thèmes 'bourgeois', toujours dans le cadre du gouvernement monarchique considéré comme une donnée de base qu'on ne saurait mettre en question. Dénominateurs communs peut-être: les interrogations sur le devenir social de l'aristocratie et la hiérarchie des classes au sein d'une société dont on perçoit confusément les mutations.

D'autres textes, à l'écart de ces deux orientations, tentent de concilier le rationalisme déiste des utopies libertines avec le christianisme. Dans une optique malebranchiste d'ailleurs fort peu orthodoxe, Gilbert s'efforce non sans confusion de montrer qu'ils ne sont pas incompatibles, si l'on entend par christianisme la doctrine primitive de l'Evangile, qui a été défigurée par l'institution religieuse. Reprenant à son compte les thèmes héliocratiques de Veiras, Berington fait au contraire de la religion naturelle non pas un aboutissment disqualifiant les religions instituées, mais une propédeutique à la révélation chrétienne.

L'utopie relève-t-elle du genre romanesque? pour que l'on puisse parler de roman, il est nécessaire que soient réunis au moins ces quatre éléments: un déroulement diégétique fondé sur une succession événementielle; un héros individualisé qui s'y trouve en quelque façon impliqué; une soumission à la vraisemblance, c'est-à-dire aux normes acceptées du possible et du probable; un monde reconnaissable ou, du moins, cohérent et plausible. Or, l'utopie ne satisfait spontanément à aucune de ces conditions: le projet didactique du texte utopique s'accommode mieux de la description ou du discours explicatif que du récit événementiel; la personnalisation du héros n'est pas indispensable s'il n'est qu'un témoin non impliqué; l'exigence de vraisemblance est en quelque façon contradictoire avec l'altérité utopique, qui postule l'existence d'un possible autre; pour la même raison, le monde imaginaire ne renvoie pas à un monde reconnaissable, et sa cohérence interne implique la reconstruction minutieuse d'un univers complet qui est rarement réalisée. C'est donc seulement à la faveur de circonstances particulières que l'utopie se constituera véritablement en récit romanesque. Celles-ci se trouvent réunies à la fin du dix-septième siècle à l'occasion de la crise que traversent les formes romanesques anciennes. L'utopie 'nouvelle manière', celle de Veiras, rénovée par l'apport des techniques narratives de la relation de voyage, présente une structure tripartite assurant un solide ancrage dans la réalité empirique. Si le volet central, le tableau utopique, reste tributaire de la norme descriptive et didactique de l'utopie traditionnelle, les deux récits latéraux qui l'encadrent s'organisent en fonction d'un déroulement événementiel soigneusement authentifié, centré sur les aventures d'un voyageur-narrateur personnalisé.

Toutefois, si l'on met à part une remarquable réussite comme *Gaudence de Lucques*, l'une des rares utopies de l'époque qui soit aussi un roman de premier plan, on constate chez les successeurs de Veiras une détérioration rapide du modèle du point de vue romanesque, soit par l'accumulation désordonnée de récits insérés parasitaires, ainsi chez Tyssot de Patot, soit, beaucoup plus souvent, par l'élimination plus ou moins complète du dispositif narratif d'encadrement au profit de l'exposé institutionnel ou du débat idéologique. Ce dépérissement du romanesque est évidement encore plus marqué dans les utopies non tributaires du modèle veirassien, qui suppriment l'ancrage initial dans le monde réel, le récit de voyage introductif, la personnalisation du narrateur et parfois le narrateur lui-même, aboutissant comme chez Lassay à un exposé théorique impersonnel dont la sécheresse rappelle les utopies 'harringtoniennes' du dix-septième siècle anglais.

IV
L'utopie en question: la nature humaine et les antinomies de la raison

Introduction

Sı, depuis une quinzaine d'années, bon nombre de travaux ont envisagé l'attitude utopique dans une perspective critique, on a beaucoup plus rarement mis en question les intentions inspiratrices des utopistes eux-mêmes, présumés proposer un modèle politique et social à leurs yeux toujours idéal. C'est le contenu de ce modèle qui est généralement contesté, pour des raisons diverses, mais non la perspective positive qui est censée s'y exprimer, puisqu'on y voit ordinairement sa vocation obligée. Or, certaines œuvres présentent sous ce rapport une remarquable ambiguïté, que l'auteur ait voulu consciemment suggérer une interprétation contraire aux normes habituelles du genre ou qu'elle résulte, de façon peut-être involontaire, des contradictions internes du texte et des modalités de mise en forme littéraire qui y sont adoptées. C'est alors l'utopie elle-même qui se constitue en critique de l'utopie, selon un processus un peu analogue à celui des anti-utopies contemporaines de Huxley ou Orwell et dont il était tentant de chercher des antécédents possibles dans l'utopie classique.[1]

Le thème se trouve déjà esquissé dans les dernières pages de l'*Histoire des Sévarambes*, au moment du départ de Siden pour l'Europe. Diverses indications laissent alors entrevoir un autre visage, moins idyllique que n'aurait pu le laisser croire le tableau descriptif, non peut-être de l'utopie elle-même, mais de la relation qu'établissent avec elle les visiteurs étrangers: difficultés d'intégration du groupe des Européens, jugés 'étrangers et d'une génération maligne';[2] mélancolie croissante du narrateur, saisi par la nostalgie de sa patrie. Sans doute s'agit-il d'abord de justifier psychologiquement la décision du départ, imposée par la contrainte narrative de retour au point d'origine. Mais Siden lui donne une autre portée lorsque, évoquant ses hésitations, il note que '[son] esprit s'opposoit vainement aus mouvemens de [son] cœur' (v.439). A l'évidence de la raison (conforme à un ordre utopique dont il ne songe pas à remettre en question la perfection), qui l'incite à rester, s'opposent les raisons du cœur, c'est-à-dire les passions – il emploie lui-même le mot – qui le persuadent de partir. Ainsi se trouve esquissé un double conflit: entre l'aspiration individuelle et l'ordre collectif; entre les pulsions irraisonnées de l'affectivité et l'empire

---

1. Raymond Trousson semble avoir été le premier à explorer cette direction de recherche particulièrement féconde ('L'utopie en procès', p.313-27). Voir également, sur le même thème, Carmelina Imbroscio (éd.), *Requiem pour l'utopie? Tendances autodestructives du paradigme utopique* (Pise 1986), que nous n'avons pu consulter.
2. *H.S.*, v.423.

utopique de la raison. Idéale peut-être aux yeux de ses habitants façonnés par ses lois, l'utopie sévarambe se révèle ainsi contraignante, voire inhabitable, pour les Européens prisonniers des passions héritées du monde antérieur; non qu'elle soit imparfaite, mais peut-être à cause de cette perfection même.

Le débat, à peine amorcé chez Veiras, trouve un prolongement d'une toute autre ampleur philosophique dans deux œuvres distantes d'un demi-siècle, mais dont la problématique est étrangement semblable: *La Terre australe connue* de Foigny et les *Voyages de Gulliver* de Swift. Le voyageur-narrateur n'y est plus un observateur neutre, une entité fonctionnelle préposée à la construction du tableau utopique, mais un véritable personnage fortement individualisé qui s'y trouve personnellement impliqué et, par sa simple présence, en perturbe le fonctionnement. La rigidité d'un ordre collectif répondant aux seules exigences rationnelles se heurte à la singularité individuelle du héros; les virtualités conflictuelles qui se font jour dans les *Sévarambes* s'exaspèrent ici en une crise conduisant à son expulsion finale et manifestent son inaptitude à s'intégrer à la construction utopique, ainsi sans doute que l'inadaptation de cette dernière à la condition humaine.

Peut-être faudrait-il référer au paradigme du voyage imaginaire, qui féconde l'utopie veirassienne et, plus encore, celles de Foigny et Swift, cette implication accrue du personnage du voyageur, ainsi que les tensions qui semblent nécessairement en résulter. De ce point de vue, l'exemple de *L'Autre monde* de Cyrano de Bergerac est particulièrement intéressant. Les relations du narrateur avec l'univers social, aussi bien dans le monde terrestre que dans les mondes imaginaires de la lune et du soleil, sont presque toujours malheureuses, marquées par les thèmes négatifs de la violence, de l'intolérance, des procès et des prisons. A son arrivée dans la lune, le héros est mis en cage comme une bête curieuse, puis traduit en jugement pour avoir affirmé que la terre n'est pas une lune, mais bien un monde habité – proposition hérétique aux yeux des Sélénites. Le second voyage débute par un nouveau procès et un nouvel emprisonnement: convaincu de sorcellerie par le parlement de Toulouse, le narrateur est enfermé dans un cachot obscur; parvenu dans le soleil, il sera encore une fois traduit en jugement et condamné à mort par le tribunal des oiseaux. Au thème obsédant de l'oppression d'une collectivité intolérante et hostile s'oppose le motif euphorique de l'envol, toujours solitaire, dans la lumière des espaces stellaires, parfait symbole de la libération individuelle et de la rupture sociale.

De fait, la réflexion sur la notion de nature humaine est au centre de ces deux utopies. Entre les Sévarambes et les Européens, Veiras se bornait, non sans quelque hésitation, à spécifier une différence relative, résultat chez les premiers des heureux effets d'une sage législation. Les Australiens de Foigny et les Houyhnhnms de Swift, eux, relèvent d'une nature *autre*, purement rationnelle, qui n'est plus une nature 'humaine'. A une option optimiste en faveur de la perfectibilité de l'homme préservant entre les deux mondes au moins la possibilité d'une certaine continuité, Foigny et Swift opposent la perspective pessimiste d'une coupure radicale entre la surhumanité rationnelle de l'utopie et la réalité de l'homme prisonnier de sa nature. Beaucoup plus qu'une contre-proposition politico-sociale, l'utopie ainsi entendue est une interrogation sur ses propres conditions de validité, en même temps qu'un réflexion sur la définition de l'homme.

A. *La Terre australe connue* de Foigny

PARMI les utopies de la fin de l'âge classique, *La Terre australe connue* de Gabriel de Foigny est sans doute celle qui a connu ces dernières années le destin critique le plus surprenant. Très rarement réédité, mentionné rituellement par les historiens de l'utopie ou du courant libertin plus que véritablement lu, le texte de Foigny a longtemps fait figure d'œuvre oubliée, pâture exclusive de quelques spécialistes. Or, depuis quelque dix ans, le roman a fait l'objet d'une complète réévaluation grâce à une série d'études qui ont entièrement renouvelé son interprétation et mis en évidence son importance: de nombreux articles ont paru, parmi lesquels tout spécialement ceux de Georges Benrekassa et René Démoris, ainsi que, tout récemment, la remarquable monographie de Pierre Ronzeaud, probablement le travail le plus substantiel qui ait jamais été consacré à une utopie de cette période.[1]

Aux yeux de l'histoire littéraire, l'œuvre de Foigny partage avec celle de Veiras, presque exactement contemporaine, l'honneur d'inaugurer les schémas narratifs sur lesquels s'appuiera l'utopie des Lumières. Constamment rééditée jusqu'à la fin du dix-huitième siècle, traduite dans presque toutes les langues européennes, l'*Histoire des Sévarambes* a exercé une influence considérable sur le développement des utopies ultérieures, notamment en France et en Angleterre. Le récit de Foigny aura un retentissement plus limité: six rééditions seulement, toutes dans le texte mutilé de 1692 et sous un nouveau titre (*Les Aventures de Jacques Sadeur*), plus trois traductions en anglais, hollandais et allemand, également dérivées du texte de 1692.[2] Il aura pourtant la chance

---

1. Ronzeaud, *L'Utopie hermaphrodite* (Marseille 1982). La première version du présent travail était entièrement rédigée lorsque nous avons pu prendre connaissance de cet ouvrage. Sa lecture nous a incité à compléter certains de nos développements, mais sans modifier notre démarche ni nos conclusions. Ces dernières, bien qu'elles s'écartent sur des points fondamentaux de celles qui sont exposées dans *L'Utopie hermaphrodite*, nous paraissent toujours valables. Notre argumentation s'appuie, notamment, sur les contradictions internes du texte de Foigny; partant pour sa part du postulat de l'absolue cohérence philosophique de l'œuvre, Pierre Ronzeaud est amené, sans pour autant les esquiver, à les justifier en les intégrant à la construction idéologique d'ensemble.

2. Edition originale: *La Terre / Australe / Connue: / c'est-à-dire, / la Description / de ce pays inconnu jusqu'ici / de ses mœurs et de ses / Coûtumes. / Par Mr Sadeur, / Avec les avantures qui le conduisirent en / ce continent, et les particularitez du / sejour qu'il y fit durant trente cinq ans / et plus, et de son retour. / Reduites et mises en lumière par les / Soins et la conduite de G. de F. / A Vannes, / Par Jaques Verneuil rue / S. Gilles 1676* [en réalité, Lapierre à Genève].
Rééditions:
1. *Les Aventures de Jaques Sadeur dans la découverte et le voiage de la Terre australe* (Paris 1692). Ce texte modifié et tronqué sert de base à toutes les rééditions ultérieures.

d'intéresser quelques lecteurs d'élite: Bayle lui consacre un long développement dans l'article 'Sadeur' du *Dictionnaire historique et critique*; quant à Swift, s'il y puise quelques détails pour les *Voyages de Gulliver*, il y retrouve surtout une problématique philosophique fort proche de celle qu'il développe lui-même dans le *Quatrième voyage*.

Si Foigny et Veiras s'appuient sur un schéma formel identique, l'orientation et la signification des deux œuvres sont très différentes. L'*Histoire des Sévarambes* est avant tout la description d'un ordre politique et institutionnel à valeur exemplaire. Veiras y propose un modèle d'organisation étatique partiellement applicable, ou du moins transposable, dans le cadre du monde réel. Face à cette utopie qu'on pourrait qualifier d'optimiste, en ce qu'elle est pourvoyeuse de modèles politiques et sociaux idéaux dont rien, après tout, n'interdit absolument

---

2. *Les Avantures de Jaques Sadeur* (Paris 1693). Lachèvre (*Le Libertinage au XVIIIe siècle*, t.xii, *Les Successeurs de Cyrano de Bergerac*, Paris 1909-1928, reprint Genève 1968, p.166) signale une contrefaçon hollandaise de cette édition sous le titre *Nouveau voyage de la Terre australe* (même date, même indication d'éditeur).

3. *Les Avantures de Jacques Sadeur* (Lyon 1696) [selon Ronzeaud].

4. *Nouveau voyage de la Terre australe* (Paris 1705) [réédition par un consortium de libraires avec des pages de titre différentes].

5. *Les Aventures de Jacques Sadeur* (Amsterdam 1732). D'après Lachèvre, il s'agit d'invendus de l'édition précédente sous une nouvelle page de titre.

6. *Les Aventures de Jacques Sadeur*, in Garnier (éd.), *Voyages imaginaires*, tome xxiv.
Traductions: *A new discovery of Terra incognita australis, or the southern world, by James Sadeur, a French man* (London 1693); *Nieuwe Reise na het Zuid-Land* (Amsterdam 1701) [selon Ronzeaud]; *Neu Entdektes Sudland* (Dresde 1704) [selon Ronzeaud].
Nous nous référerons pour notre part, sauf avis contraire, au texte de l'édition originale, reproduit, avec les principales variantes de l'édition de 1692, dans Lachèvre, *Le Libertinage*, tome xii (ci-après *T.A.*).

Le texte de 1692, repris dans toutes les éditions ultérieures, a été publié l'année même de la mort de Foigny par les soins de l'abbé François Raguenet, s'il faut en croire une tradition bibliographique qui ne repose en réalité sur aucune preuve formelle (sur Raguenet, voir Storer, 'Abbé François Raguenet, deist, historian, music and art critic'). Lachèvre suppose assez gratuitement que celui-ci aurait pu utiliser un manuscrit corrigé par l'auteur (*Le Libertinage*, xii.60). Quoi qu'il en soit, les corrections et suppressions équivalent souvent à une véritable censure. Outre de nombreuses corrections de détail qui visent à alléger le style ou à éliminer les archaïsmes, on a procédé à des amputations considérables, portant sur un quart du texte environ. Presque tous les développements à thème religieux ou philosophico-théologique ont été supprimés ou très sensiblement abrégés: c'est ainsi que le chapitre 6, 'De la religion des Australiens', le plus suspect du point de vue de l'orthodoxie religieuse, perd la quasi-totalité de sa substance dans la version de 1692. La censure semble avoir porté également sur les passages les plus difficilement acceptables du point de vue de la vraisemblance: tout ce qui relève du merveilleux pur est éliminé, par exemple les étranges 'inventions des Australiens', plus proches de la magie que de la technologie, ou encore, dans l'épisode final du séjour à Madagascar, l'incroyable anecdote des cadavres qui, jetés à la mer, se dirigent d'eux-mêmes vers leur île natale comme sous l'impulsion d'un étrange magnétisme (*T.A.*, p.127-28, 162-63). Plus généralement, la révision de 1692 vise à retrancher tout ce qui relève du pittoresque gratuit dans les descriptions. C'est ainsi qu'on a supprimé, dans la description anatomique des Australiens, le troisième bras que quelques-uns d'entre eux portent sur la hanche (p.95), curieux précurseur de l''archibras' fouriériste.

l'application au monde réel, l'œuvre de Foigny paraît ambiguë et obscure dans ses motivations. *La Terre australe connue* ne propose aucun modèle politique ou institutionnel, pour la simple raison que l'organisation de la société australienne ne découle pas d'un appareil législatif ou d'un système politique, mais de la nature même des êtres qui la composent. De ce fait, son exemplarité est nulle, et toute transposition au monde réel est à exclure: le bonheur des Australiens – à supposer, mais on y reviendra, que ce terme soit bien approprié – est celui d'un humanité radicalement 'autre', et pour cette raison parfaitement inimitable. L'œuvre de Foigny semble bien dessiner les linéaments d'une conception très nouvelle de l'utopie, dans laquelle le problème posé ne serait plus: comment faire le bonheur de l'homme par des institutions rationnelles?, mais bien plutôt: qu'est-ce que l'homme?

Il semble bien pourtant que cette analyse de *La Terre australe connue* soit loin de faire l'unanimité. L'ouvrage de Foigny a suscité des interprétations passablement divergentes. Dans leur grande majorité, les critiques l'ont lu dans la perspective classiquement positive qui est celle de l'utopie traditionnelle (ou de l'idée que nous nous en faisons), tableau d'un monde idéal dont la perfection est opposée au caractère dégradé de l'univers réel. Pour Charles Rihs, Foigny 'nous offre le tableau d'une cité heureuse de sages épicuriens' et doit prendre place avec son contemporain Veiras parmi 'les avant-coureurs du socialisme révolutionnaire'.[3] Marie-Louise Berneri, pourtant habituellement si vigilante face à l'autoritarisme étatique des utopies, n'hésite pas à faire sienne l'opinion de l'historien anarchiste Max Nettlau, qui voit dans *La Terre australe connue* la première utopie libertaire:[4] mais peut-être est-ce assimiler un peu vite l'absence d'appareil d'Etat à une absence de contraintes collectives. Pour sa part, Alexandre Cioranescu, après avoir, lui aussi, souligné l''aimable liberté' qui règne dans cette utopie où 'la vie est facile et sans problème', formule clairement, mais avec précaution et à titre de simple hypothèse, une autre interprétation possible, moins idyllique: 'Qu'il l'ait voulu ou non, [Foigny] inaugure le pessimisme utopique. Il faudrait l'aligner avec ses autres confrères, les utopistes négatifs.'[5] Les remarques d'Alexandre Cioranescu sur le pessimisme utopique de Foigny paraissent justes, mais incomplètes: s'il voit dans *La Terre australe connue* 'une utopie à l'envers et une négation de l'utopie' (p.160), c'est essentiellement dans la mesure où le bonheur dont jouissent les Australiens est étroitement lié à leur

---

3. Rihs, *Les Philosophes utopistes*, p.337.

4. Marie-Louise Berneri, *Journey through utopia: studies in the libertarian and utopian tradition* (New York 1971), p.197; Max Nettlau, *Bibliographie de l'anarchie: utopies libertaires* (Paris 1897).

5. Cioranescu, *Avenir du passé*, p.158-60. 'Mais', ajoute Cioranescu, 'on ne l'a jamais compris ainsi, on ne le comprend pas encore en ce sens et son héritage n'est pas celui d'un Swift ou d'un Huxley' (p.160).

hermaphrodisme. L'utopie perd ainsi toute chance de se réaliser, ce qui remet en question son exemplarité, mais non son idéalité. Toutefois la contradiction interne qui semble marquer cette analyse – utopie idyllique ou négation de l'utopie? – et qui traduit peut-être l'embarras du critique est aussi pleinement fidèle au texte, dont elle permet de mesurer l'ambiguïté.

C'est sur cette ambiguïté de signification qu'on se propose de mettre l'accent, en montrant comment elle résulte des techniques littéraires mises en œuvre, comment elle est intimement associée au fonctionnement d'un texte où tout fait sens, où il n'est aucun détail qui soit séparable de l'ensemble auquel il s'intègre.

13. L'itinéraire du narrateur, ou la dialectique de l'identité et de la différence

La Terre australe connue s'appuie, elle aussi, sur un certain schéma formel dont une première approximation avait été donnée, en 1516, par *L'Utopie* de Thomas More et qui fournira l'armature de la majorité des romans utopiques jusqu'à la fin du dix-huitième siècle: il s'agit d'un récit rétrospectif, de forme autobiographique, d'événements donnés pour authentiques. La perspective est donc assez analogue à celle que propose, à la même époque, la relation de voyages ou le roman du type 'mémoires fictifs'. Le voyageur-narrateur y raconte ses antécédents au sein de monde réel, son voyage vers la contrée utopique, puis son retour vers l'Europe, relayé dans cette dernière séquence par un 'éditeur' qui rend compte en préface des modalités de transmission du récit et en atteste la véracité. Mais la fonction essentielle du narrateur est de produire la description du pays imaginaire, c'est-à-dire la séquence centrale du texte, et la seule qui soit à proprement parler utopique. Le statut personnel de l'énonciation permet ici de garantir l'authenticité de la description – donc, l'existence de la réalité décrite – en la rapportant à un observateur identifiable, lui-même garanti dans son existence et dans sa véracité par le témoignage de l'éditeur.

Le narrateur est donc indispensable à un double titre: en tant que producteur de la description utopique; en tant qu'intermédiaire entre le monde utopique et le monde réel, destinataire de cette description. Ceci n'implique nullement qu'il accède dans tous les cas au statut de personnage, c'est-à-dire d'être fictif défini par une collection de traits empiriques suffisamment cohérente et complexe pour lui conférer une illusion d'existence. Ce n'est pas le cas dans beaucoup de romans utopiques, comme l'a montré Georges Benrekassa, soit parce qu'il est insuffisamment caractérisé, soit parce qu'il semble se résorber et disparaître en tant qu'individu au sein de la société imaginaire qu'il est censé décrire.[1] Raphaël Hythloday, le narrateur de *L'Utopie* de More, se trouve dans l'un et l'autre cas: inexistant comme personnage au sein de l'utopie, dont il fait le tableau sans presque jamais y apparaître lui-même, il est aussi fort peu caractérisé – nous ne saurons rien de lui, sinon qu'il est 'déjà sur le déclin de l'âge', qu'il est portugais et a participé aux expéditions de Vespucci. Le marin génois, narrateur de *La Cité du Soleil* de Campanella, est encore plus inconsistant. Face à ces narrateurs ectoplasmiques, réduits à leur seule fonction narra-

---

1. Benrekassa, 'Le statut du narrateur', p.385-86.

tive, *La Terre australe connue* apparaît à première vue comme un des rares textes utopiques où le voyageur-narrateur accède au statut de personnage 'plein'.

i. Sadeur comme personnage

Ce statut privilégié semble mis en évidence par la transformation que subit le titre dans l'édition 'définitive' de 1692: le nouvel intitulé (*Les Aventures de Jacques Sadeur*) déplace l'accent de la description de l'utopie au personnage narrateur, comme pour marquer son autonomie et souligner à quel point l'être l'emporte en lui sur la fonction.

Sadeur en effet a un passé, une enfance, des parents, un enracinement dans une origine:

Mon père s'appeloit Jaques Sadeur et ma mère Guillemette Ottin, l'un et l'autre de Chatillon-sur-Bar, du ressort de Rethel en Champagne, province de France. Mon père connoissot plusieurs secrets dans les Mathématiques, plutôt de nature que par étude ou par l'assistance de quelque Maître.

Il excelloit particulièrement aux inventions pour faciliter le transport des gros fardeaux. Monsieur de Vanre qui avoit alors quelque intendance sur la Marine l'ayant connu, l'attira à Bourdeau, et de Bourdeau aux Indes Occidentales, avec des promesses qui eurent autant d'effet qu'il le crut nécessaire à son service. Ma mère qui l'avoit suivi, le pressa de retourner après neuf ou dix mois de séjour au port Royal et, s'étant embarquée le 25 avril 1603, elle me mit au monde quinze jours après son embarquement.[2]

Voici donc le narrateur doté d'une date de naissance et d'une famille – on admirera au passage l'abondance des précisions de dates, de lieux, de noms et de circonstances. Mais on s'aperçoit vite que tous ces traits empiriques qui l'ancrent dans le réel et le constituent comme personnage sont presque toujours spécifiés négativement, sur le mode de l'absence et du manque. En effet ces parents, si précisément situés dans une réalité reconnaissable, ne sont mentionnés que pour être aussitôt effacés, niés comme possible enracinement, à la faveur du naufrage et de la noyade qui les emporte dès la page suivante. Abandonné à ce qu'on pourrait appeler sa destinée d'orphelin de naissance, Sadeur ne cesse par la suite d'être l'objet de tentatives d'adoption: tour à tour recueilli par un couple de paysans galiciens, enlevé par son parrain M. de Sare, sauvé par le valet de ce dernier, confié aux jésuites de Lisbonne, puis accueilli dans la maison de la Comtesse de Villa-Franca, une destinée chaotique l'entraîne dans les milieux les plus divers sans qu'il puisse y trouver un ancrage familial ou une insertion sociale. 'Conceu dans l'Amérique et [...] né sur l'Océan' (p.69),

2. *T.A.*, p.69. Dans l'édition originale, le personnage se prénomme Nicolas, 'parce que j'estois né sur les eaux où ce saint est particulièrement invoqué' (p.69). Faut-il faire un sort à la mutation d'état-civil qui, dans les rééditions ultérieures, assigne au héros le prénom du père?

Sadeur n'a pas non plus de patrie; certes, comme le fait remarquer l'éditeur dans l'"Avis au lecteur', 'puisque le fruit appartient à l'arbre qui l'a porté, et que son père et sa mère ont été François, nous pouvons asseurer que cet avantage appartient à la France' (p.65), mais il a été élevé au Portugal et écrit son livre en latin.

Pourtant il y a plus grave: le passé du narrateur, son enfance, sa famille ne constituent même pas un enracinement dans une histoire personnelle. Le valet de M. de Sare, qui sauve Sadeur lors du second naufrage, a recueilli son histoire et la transmet au jésuite portugais chargé de son éducation, lequel en fait un 'mémoire' écrit qu'il remettra au héros à sa majorité. Celui-ci reçoit donc sa propre biographie de l'extérieur, sous la forme d'un récit auquel il est étranger. Les parents morts n'existent que par le récit du jésuite de Lisbonne, qui transmet à Sadeur le texte de ses origines; mais ils ne sont pas inscrits dans la mémoire affective du narrateur. Sadeur est sommé d'adhérer à un passé qu'il reçoit 'tout à fait', déjà constitué en *texte*, et auquel il n'est pas réellement partie prenante.

Raccordé au réel par un réseau de corrélations biographiques, le narrateur est suffisamment présent au monde pour exister comme personnage. Mais c'est aussi un être désancré, en rupture avec le monde: statut paradoxal qu'on peut rattacher au sentiment de culpabilité qui le frappe.

ii. La culpabilité et l'exclusion

Voué à l'exclusion et au malheur par la singularité de sa naissance, Sadeur apparaît en effet comme un être constamment et irrémédiablement marginal par rapport à toutes les sociétés qu'il traverse: marginalité qui peut-être n'est autre chose que la figuration transposée d'une culpabilité fondamentale. Sadeur ne s'insurge pas contre l'ostracisme social dont il est victime; il lui apparaît comme la sanction légitime d'une sorte de monstruosité personnelle, et on le verra, à l'occasion, réclamer et revendiquer lui-même cette exclusion.

La mort des parents, dès la seconde page du récit, constitue probablement l'événement déterminant dans la genèse de ce sentiment de culpabilité. Le bateau qui ramène vers l'Europe le jeune Sadeur et sa famille fait naufrage en vue des côtes de Galice: 'Il n'y eut que mes parens qui, me préférant à leurs propres personnes, s'exposèrent au danger évident de périr pour me conserver' (p.70). Sauvé par le sacrifice de son père, qui périra noyé, Sadeur est en quelque sorte responsable de la mort de ses parents: symboliquement, il a tué son père pour survivre lui-même.[3] Cette faute initiale, à l'origine d'une destinée de

---

3. Il nous paraît difficile d'adhérer à l'interprétation trop ingénieuse que Pierre Ronzeaud donne de cet épisode, où il voit 'la première manifestation d'une coupure symbolique et purificatrice avec

malheur, est pour ainsi dire objectivée et confirmée par le jugement d'autrui (*T.A.*, p.70-71):

Pendant qu'il poussoit les derniers soupirs, je donnois plusieurs marques de vie, et on m'a dit que quelques-uns de la Compagnie avoient peine de me voir sans indignation. 'Pauvre rejeton', disoient-ils, 'que peux-tu devenir? Peux-tu avoir quelque bonheur en ce monde étant la cause si funeste de la mort de ceux qui t'ont donné la vie?' [...] Je ne faisois que commencer une tragédie qui dure déjà depuis quarante-cinq ans, avec tant et de si étranges catastrophes qu'on ne les sçauroit croire quand je les pourrois toutes raconter.

Cette culpabilité profondément intériorisée sous-tend le discours que le narrateur tient sur lui-même et l'image de sa propre personne qu'il prête au regard d'autrui: c'est ainsi qu'il s'étonne que la femme de M. de Sare puisse le prendre en affection jusqu'à désirer l'adopter, 'au lieu de concevoir de l'indignation pour [sa] chétive personne' (p.71). Elle est renforcée par une sort de fatalité du malheur liée à sa naissance. Comme le suggère Sadeur dans une formule assez révélatrice, sa destinée est d'emblée entièrement prédéterminée, inscrite qu'elle est dans l'étrangeté de sa naissance: 'J'ai receu un mémoire d'un P. Jésuite de Lisbonne en Portugal, lorsque j'étois à Villafranca qui contient *ma naissance et ses suites* comme je vais les décrire' (p.69, mis en italiques par nous). Né en mer à mi-chemin du nouveau et de l'ancien monde, Sadeur est voué au déracinement des apatrides et à l'instabilité associés à l'élément liquide, tandis que son origine géographiquement inscrite dans l'entre-deux incertain qui sépare de l'Europe l'univers 'autre' de l'Amérique annonce sa vocation spatialement et idéologiquement médiatrice de narrateur utopique.

La mer en effet joue dans sa destinée le rôle d'un élément maléfique et mortifère, conformément aux poncifs du roman d'aventures, mais aussi à une thématique de la navigation comme activité de transgression présente dans toute la tradition de la robinsonnade. Il suffit que le personnage prenne pied à bord d'un vaisseau pour qu'il en résulte immédiatement un désastre dont il est généralement le seul rescapé. Quatre naufrages, on le sait, précèdent l'arrivée de Sadeur dans la Terre australe (p.70, 72, 75, 81). Il s'agit bien ici d'une fatalité: lorsque le héros tente d'échapper à son destin, celui-ci vient le rejoindre là où il l'attend le moins. Chargé d'accompagner a Coïmbre le jeune Comte de Villa-Franca, Sadeur obtient, à force de supplications et malgré les railleries, de faire le chemin par voie de terre; mal lui en prend: 'Je croyois qu'allant par

le monde de l'imperfection', ajoutant que 'le "meurtre" des parents constitue la première étape d'un itinéraire initiatique très complet: la destruction de ses géniteurs "animaux" semble en effet conférer à Sadeur un peu de l'immaculée conception des Australiens' (*L'Utopie hermaphrodite*, p.73). Si le 'meurtre' parental revient à soustraire le héros au monde de l'imperfection et du péché, comment expliquer alors les formulations réitérées de son intense sentiment de culpabilité?

terre j'éviterois les dangers de la mer, et la mer, s'il faut ainsi dire, me vint trouver sur la terre, et me réduisit à tous les malheurs que je m'efforçois de füir' (p.75). Enlevé par des pirates sur le rivage, il est entraîné en mer, où il fait naufrage immédiatement. Chaque naufrage renforce le sentiment de culpabilité du narrateur, puisqu'il s'en considère comme responsable: 'Je frémis d'écrire ce qu'on ne sçauroit lire sans me considérer pis qu'un vipéreau, puisqu'il semble que je ne vivois que pour causer la mort à ceux qui travailloient davantage à me conserver la vie' (p.72). Recueilli à la suite du désastre du vaisseau pirate par une flotte portugaise, on le verra 'conjur[er] la Compagnie de se décharger de [lui] à quelque prix que ce fût' (p.75) dans une sorte d'aspiration suicidaire à une mort libératrice qu'exprime avec plus d'évidence encore la prière à Dieu du début du chapitre 3, anticipant ainsi très curieusement ce qui sera plus tard l'attitude des Australiens eux-mêmes:

Seigneur, je vous remercie de ce que vous avez daigné me faire connoître que vous êtes le Maître de ma vie, comme vous en êtes l'Autheur. Je sais aussi, mon Dieu, qu'il est très juste que je vous glorifie de la façon qui vous est la plus agréable et que les faveurs que j'ay receües jusqu'ici de vostre divine conduite surpassent tout ce qu'on en peut penser. Il est vray, mon Sauveur, que je ne puis et ne dois sans témérité en attendre ni en espérer davantage et, en vérité, l'état où je suis réduit fait que je suis persuadé que la faveur la plus signalée que je puisse recevoir de votre paternelle bonté, est de ne point tarder de mourir.[4]

Il faudra attendre l'arrivée dans la Terre australe pour que s'interrompe brusquement et, semble-t-il, définitivement la fatalité du naufrage: on n'en trouvera aucun dans les épisodes ultérieurs. Toutefois, par une étrange ironie, c'est au retour en Europe que l'élément liquide va confirmer sa vocation maléfique: en débarquant dans le port de Livourne, Sadeur glisse sur la passerelle et se noieroit infailliblement sans le prompt secours que lui porte celui qui deviendra l'éditeur de son livre. Ce bain forcé va néanmoins déclencher la fièvre fatale qui l'emportera quelques jours plus tard. Le narrateur, régulière-ment le seul rescapé de chaque naufrage, ne survivra pas cette fois-ci aux conséquences de cet accident qui n'implique que lui seul.

Resterait à s'interroger sur la signification de ces catastrophes à répétition. C'est, en apparence, le désir d'illustrer la bonté et la sagesse de la Providence qui est censé justifier le récit de Sadeur: 'Comme il m'est impossible de faire réflexion sur toutes les aventures de ma vie, sans admirer la divine conduite sur

4. p.82. Tout ce passage a été supprimé dans l'édition de 1692. Cette censure permet d'apprécier l'ambiguïté de l'attitude du narrateur vis-à-vis de la Providence: derrière les proclamations emphati-ques et la soumission ostentatoire aux décrets divins, il convient sans doute de lire chez l'écrivain Foigny une ironie révoltée qui rejoint les aspects les plus radicaux et les plus blasphématoires du courant libertin. Mais, rapportée à Sadeur et à son obsession de la culpabilité, cette attitude de soumission masochiste est pleinement conforme à la logique du personnage.

ses créatures, j'ai crû que j'en devois faire un recueil, et en marquer toutes les particularitez plus considérables' (p.69). Or, la formule 'admirer la divine conduite sur ses créatures' a été supprimée dans l'édition de 1692. Dans le même ordre d'idées, on notera que le texte de 1692 substitue systématiquement les termes de 'déstinée' ou de 'fatalité' à celui de 'Providence'. C'est ainsi que le début du chapitre 4: 'S'il est chose qui doive *faire connoistre et aimer la divine Providence*, c'est l'histoire que je viens de décrire' (p.87), devient dans l'édition de 1692: 'S'il y a quelque chose au monde qui puisse persuader *la fatalité inévitable des choses humaines*, et l'accomplissement infaillible des événements dont la suite compose *la destinée des hommes*, c'est [...]' (passages mis en italiques par nous). La 'déchristianisation' du vocabulaire obéit visiblement ici à une préoccupation de prudence en évitant de tourner ouvertement en dérision la Providence chrétienne. Il semble bien, donc, qu'il faille voir dans les aventures de Sadeur, comme dans la mort des parents, dont les naufrages ultérieurs ne sont d'ailleurs qu'un prolongement, l'expression d'une fatalité, ou plutôt d'un châtiment providentiel. Sans être personnellement responsable des malheurs que suscite sa présence, Sadeur en porte cependant la culpabilité qu'une Providence maléfique le contraint malgré lui à assumer. Ainsi se dessine dans le non-dit du texte, et malgré les affirmations contraires, l'image d'un Dieu injuste et sadique se délectant de la souffrance de ses créatures. La fatalité du malheur qu'exprime la destinée du narrateur est l'exact équivalent, sur le plan individuel, de ce que peut être le péché originel pour la collectivité humaine: une faute que nous n'avons pas commise, mais dont Dieu nous fait porter la responsibilité.

Culpabilité œdipienne et fatalité du naufrage marquent pareillement la desti-née du Robinson Crusoé de Defoe, comme le montre Marthe Robert.[5] C'est pour avoir méprisé la volonté du père et le modèle qu'il propose (la 'condition moyenne') pour courir l'aventure sur les mers que Robinson recevra, dès sa première escapade, l'avertissement providentiel du naufrage. C'est bien ainsi, d'ailleurs, que l'interprète le capitaine du vaisseau naufragé: 'Peut-être cela n'est-il advenu qu'à cause de vous, semblable à Jonas dans le vaisseau de Tarsis.'[6] L'exil insulaire de Robinson, expressément désigné comme une expia-tion religieuse, est bien la sanction d'une transgression de tous les interdits 'paternels': oubli de Dieu et désobéissance au père définissent les deux aspects d'une même culpabilité. *La Terre australe connue* pourrait justifier une analyse analogue, avec quelques différences: chez Sadeur, l'expiation ne conduit à

---

5. *Roman des origines et origines du roman*, p.133-37.
6. Defoe, *Robinson Crusoé*, tr. Pétrus Borel, éd. Ledoux, p.15.

aucune rédemption, et ce qu'il s'agit d'expier est moins une faute qu'une culpabilité essentielle.

Il n'est pas exclu cependant que les naufrages dont Sadeur est victime puissent exprimer autre chose: on peut y voir aussi, conformément à la norme des récits utopiques, une forme d'exclusion sociale, une coupure qui sépare symboliquement le naufragé de la collectivité. En ce sens, leur fonction n'est pas sans analogie avec la singularité physique qui fait du héros un 'monstre' au sein de la société humaine.

iii. Le monstre, ou l'autre du même

Sadeur en effet est hermaphrodite. Cette particularité (dont la révélation est curieusement différée: il faudra attendre que le narrateur ait atteint l'âge de trente mois pour qu'on semble s'en apercevoir) a plongé dans l'embarras les critiques de *La Terre australe connue*. Certains l'attribuent à l'hypocrite immoralité du libertin Foigny: 'On sait le rôle considérable que joue la question sexuelle dans les préoccupations des libertins, surtout chez ceux du tempérament de Gabriel de Foigny, aussi l'écarte-t-il, pour ne pas se trahir, en faisant de Sadeur un hermaphrodite', suggère Lachèvre avec la logique tortueuse dont il est coutumier.[7] D'autres préfèrent la passer sous silence.[8] Bayle, cependant, a bien vu l'importance de cette singularité, au point d'en faire le centre de sa réflexion sur *La Terre australe connue* dans l'article 'Sadeur' du *Dictionnaire historique et critique*.[9] Elle est en effet essentielle pour la compréhension du rôle assigné au narrateur et, au-delà, pour le fonctionnement du texte. Comme la naissance en mer et les naufrages à répétition, l'hermaphrodisme exprime une fatalité personnelle et signale une destinée vouée à l'exceptionnel. Surtout, l'androgynie du narrateur le désigne au sein du monde réel comme *monstre*, c'est-à-dire comme être radicalement *autre* et, même temps, comme lieu du mixte et instrument de la médiation: l'hermaphrodite est médiateur entre les deux sexes, comme plus tard Sadeur sera médiateur entre les deux mondes, le réel européen et l'utopie australienne.

Sous peine de ne voir en cette particularité physique qu'une bizarrerie malsaine, l'hermaphrodisme du héros doit être interprété en fonction de la signification qu'il revêt dans les différentes sociétés que le narrateur est appelé à traverser. Au sein du monde réel, il s'agit d'une monstruosité qui le sépare de la société des hommes: confié à une nourrice qui découvre sa singularité,

---

7. Lachèvre, 'La vie de Gabriel de Foigny', in *Le Libertinage*, xii.34.
8. Antoine Adam, *Histoire de la littérature française au XVIIe siècle* (Paris 1962), v.323-24.
9. Cinquième édition (Bâle 1738), iv.110-12.

'depuis cette connoissance cette femme conceut tant d'aversion de [sa] personne qu'à peine pouvoit-elle [le] regarder' (*T.A.*, p.72). Notons que, dans tous les épisodes qui précèdent l'entrée en utopie, l'hermaphrodisme du narrateur semble n'avoir aucune signification précisément sexuelle: ce n'est que le signe de sa différence.

Arrivé en Australie, Sadeur y découvre un peuple d'hermaphrodites à très peu près semblables à lui, anatomiquement du moins.[10] Sa particularité physique, signe de la monstruosité et de l'exclusion sociale au sein du monde réel, change brutalement de sens: elle s'inverse en signe de l'humanité 'pleine', par opposition aux 'demi-hommes' que sont, aux yeux des Australiens, les êtres dotés d'un seul sexe; de signe de la différence, elle devient signe de l'identité; providentiellement dépouillé de ses vêtements (attributs des 'demi-hommes') au cours du combat avec les oiseaux géants qui précède l'arrivée en Terre australe, Sadeur est accueilli et identifié par les Australiens comme 'frère', quoiqu'à la faveur d'un quiproquo linguistique qui laisse présager le malentendu sur lequel repose cette identification: 'comme je me trouvay mieux, la démangeaison que j'avois de parler me fit souvenir de certains mots que j'avois retenus de Congo: "rim lem", c'est-à-dire, "je suis votre serviteur" qu'ils entendirent comme si la force de parler m'étoit revenuë et comme si j'avois dit: "je suis du pays supérieur". Cela fit qu'ils s'écrièrent avec des signes de joye: "le clé, le clé, notre frère, notre frère"' (*T.A.*, p.88). L'androgynie est ainsi la condition de l'intégration sociale: si Sadeur peut se fondre – avec plus ou moins de bonheur – dans la société australienne, c'est parce qu'il est hermaphrodite. 'Les deux sexes m'étoient nécessaires sous peine d'être perdu à mon arrivée', dit-il (p.88), puisque les Australiens ont l'habitude de massacrer immédiatement tous les 'demi-hommes' qui leur tombent entre les mains. Il s'agit donc de la condition même de sa survie au sein de la société australienne et, au-delà, de celle qui rend possible l'existence du texte de *La Terre australe connue*: c'est par elle que Sadeur se trouve qualifié en tant que narrateur de l'utopie.

Cette identité solennellement reconnue est toutefois illusoire, et l'intégration du narrateur à la société australienne reste provisoire et fragile. Sadeur, irréductiblement en marge, incarnera donc la différence à l'intérieur même d'une apparente identité. L'hermaphrodisme du héros n'est pas, en effet, de la même

---

10. D'après Atkinson (*The Extraordinary voyage before 1700*, 'hermaphroditism is one of the commonest of rarities reported by travelers'. Il cite notamment les *Voyages fameux du sieur Vincent Le Blanc* (1634) et l'*Histoire d'Amérique* de de Bry (1590-1630), qui font mention de l'existence d'hermaphrodites dans le Nouveau Monde. Il n'est pas impossible que Foigny ait pu également se souvenir des *Hermaphrodites* de Thomas Artus (1605), où le thème est utilisé à des fins satiriques (les 'hermaphrodites' d'Artus sont les 'mignons' de la cour de Henri III). Artus, déjà, situe le pays des hermaphrodites dans les Terres australes.

nature que celui des Australiens. Chez ceux-ci, toute sexualité semble absente, et tout ce qui touche à la reproduction fait l'objet d'un tabou sévère (mais le vieillard australien, son interlocuteur, laisse entendre qu'elle s'effectue de manière végétative, par auto-fécondation, p.99-100). Les Australiens ne se perçoivent pas eux-mêmes comme des bisexuels, ainsi qu'on pourrait s'y attendre, mais plutôt comme des êtres non sexués. Les deux sexes chez eux semblent pour ainsi dire s'annuler; chez Sadeur, on pourrait dire qu'ils s'additionnent, bien que la part masculine soit sans aucune doute prédominante en lui. Ce sont en effet les manifestations intempestives d'une sexualité mal réprimée qui lui vaudront ses plus graves difficultés avec la société australienne. Le narrateur se laisse aller à 'caresser quelque frère, et l'exciter à ce que nous appelons plaisir', viole par ses questions impertinentes le tabou sur la génération, se trahit par des 'mouvements déréglés' en présence de ses 'frères': autant de comportements incompréhensibles et scandaleux aux yeux de ses hôtes (p.96, 119). Le désir, 'signe de manque',[11] est la négation du principe d'autonomie et d'autosuffisance qui gouverne l'existence, ou du moins l'idéologie affichée, des Australiens.

En s'affirmant comme être sexué dans une société où la sexualité est synonyme d'animalité ('la bête est bête et a de la conformité avec une autre bête en cela particulièrement que leurs sexes sont séparez et que les deux sexes doivent se joindre pour faire la production d'un semblable', *T.A.*, p.99), bien qu'il soit par ailleurs hermaphrodite, donc en tous points semblable à un 'homme entier', Sadeur jette le trouble dans leur système de valeurs: il perturbe la représentation qu'ils se font de la hiérarchie des êtres en installant la différence au cœur même de l'identité. Au cours d'une guerre contre les Fondins, ennemis héréditaires des Australiens et 'demi-hommes' (donc sexués), il mettra le comble au scandale en se laissant aller à des relations charnelles avec une belle Fondine (p.146), ce que les utopiens 'considèrent comme nous considérons le crime de bestialité en Europe' (p.152). La conjonction charnelle avec la Fondine remplit ici une fonction analogue à celle de l'épisode du *Voyage au pays des chevaux*, où Gulliver est l'objet d'une tentative de séduction de la part d'une femelle Yahoo: elle consacre, par-delà l'apparente différence, une parenté, sinon une identité, avec une forme 'inférieure' d'humanité. Jugé comme 'inventeur de crime', le narrateur est condamné à se donner la mort. Depuis longtemps, il l'avoue, la société des Australiens lui était insupportable (p.151):

Il est aysé de juger de tout ce que j'ay avancé que la différence de mon naturel et la contraire éducation que j'avois receuë me rendoient incompatible aux Australiens. Il est aussi asseuré que je ne devois la conservation de ma vie parmy ce peuple, qu'à l'action

11. Démoris, 'L'utopie, *Autre* du roman', p.407.

de désespéré que je fis paroître par cas fortuit en y arrivant et à la violence continuelle que je faisois sur mon esprit pour le conformer à leurs façons de faire après les avertissements du vieillard qui me servit de protecteur. Cependant comme la nature ne se peut détruire, j'étois toujours forcé, malgré toutes mes diligences, de donner quelque marque de ce que j'étois.

Anatomiquement Australien, Sadeur est bien, spirituellement, un 'demi-homme', et c'est précisément cette double appartenance qui fait scandale. Mis au ban de la société et promis à une mort prochaine, il trouvera son salut (tout provisoire) dans une fuite sans gloire: son évasion, minutieusement préparée, protégée par la duplicité et le mensonge (toutes choses dont les Australiens n'ont aucune idée), emprunte très significativement le secours de l'animalité dans ce qu'elle a de plus odieux à la société australienne. C'est en effet sur les ailes d'un 'Urg', monstrueux oiseau carnivore qu'il a réussi a domestiquer, que Sadeur quitte la Terre australe et le monde des 'hommes entiers'.

Devenu monstre en utopie comme il l'était déjà au sein du monde réel, le narrateur est donc irrémédiablement voué à signifier la différence, l'altérité radicale, l'affirmation de la singularité individuelle face à tout univers social concevable.

14. La structure du récit

COMME presque toutes les utopies de son temps, *La Terre australe connue* doit beaucoup au modèle de la relation de voyage. Elle lui emprunte d'abord son statut au regard du vrai. Se présentant comme le compte rendu d'une aventure authentique, elle étaie cette prétention sur l'abondance de la documentation géographique mise en œuvre, sur le souci manifeste de précision topographique qui préside à certaines descriptions et, plus généralement, sur la multiplication des détails circonstanciels à effet réaliste. A ces éléments d'authentification interne il faut ajouter le recours, à l'extérieur du texte, à l'intervention d'un 'éditeur' chargé d'en assurer la véracité et d'en garantir la transmission. Comme le note un critique, la revendication de l'authenticité documentaire permet d'assurer à la société utopique une 'fonctionalité' sans laquelle elle ne serait qu'une épure intellectuelle.[1]

La littérature de voyages apporte aussi un modèle d'organisation narrative, qu'on retrouve, fort peu modifié, dans *La Terre australe connue*. Le déroulement du récit se calque sur la trajectoire circulaire qui est celle du voyage, l'itinéraire de retour répondant à l'itinéraire de départ. Ainsi s'établissent entre les segments constitutifs du texte des réseaux de parallélismes et d'échos. Quant à la séquence centrale, celle où se trouve le tableau de l'utopie australe, elle utilise des modalités de présentation qui sont également celles des relations de voyages: descriptions, anecdotes, dialogues.

i. L'histoire fictive du texte

Comme son narrateur, le récit de *La Terre australe connue* est fictivement pourvu d'une histoire dont les péripéties sont presque aussi chaotiques que la destinée de son auteur supposé. Le texte lui-même nous en précise les étapes: les douze premiers chapitres ont été écrits en Terre australe, le premier ('De la naissance de Sadeur et de son éducation') s'appuyant lui-même sur un texte antérieur: le mémoire, remis à Sadeur par un jésuite de Lisbonne, où se trouvent consignés l'origine du narrateur et les faits marquants de sa première jeunesse (*T.A.*,

1. 'La finzione di possedere un autentico racconto di viaggio e di far passare Sadeur per un uomo reale, non una creazione della fantasia, permette a Foigny non solo di proporre un progetto di società ideale, ma di dimostrarne la funzionalità, perché il viaggiatore ha visto coi suoi occhi e ha vissuto in questa società' (M. T. Bovetti Pichetto, 'Gabriel de Foigny, utopista e libertino', in Luigi Firpo (éd.), *Studi sull'utopia*, Il pensiero politico 9 (1976), p.376.

p.69). Les derniers chapitres (ch.13-14) ont été écrits à Madagascar, comme Sadeur prend soin de nous en avertir à la première phrase du chapitre 13 (p.151).

Les motivations d'écriture et les perspectives de locution sont assez différentes dans les deux tranches du texte ainsi délimitées. Exilé en Terre australe, d'où il n'a guère d'espoir de revenir un jour, Sadeur est censée n'écrire que pour lui-même, dans un but d'hommage religieux à son créateur:

> Comme il m'est impossible de faire réflexion sur toutes les aventures de ma vie, sans admirer la divine conduite sur ses créatures, j'ai crû que j'en devois faire un recueil, et en marquer toutes les particularitez plus considérables. Et bien que je ne connoisse aucun moyen d'en pouvoir édifier mon païs puisque je ne vois aucune apparence d'y retourner, je trouve à propos de les réduire par écrit pour ma satisfaction particulière, afin de les repasser plus souvent par ma mémoire pour bénir mon adorable Conducteur, et lui rendre de continuelles actions de grâces.[2]

L'optique est autre dans les chapitres rédigés à Madagascar, où, dit le narrateur, 'je commence à me flatter que cette histoire pourra donner de l'édification à mon pays' (p.151). Toutefois, bien des chapitres datés de la Terre australe revêtent eux-mêmes une orientation qui implique le désir et la possibilité de communiquer avec le public européen, véritable destinataire du texte. C'est ainsi que le chapitre 11 ('Des raretez utiles à l'Europe qui se trouvent dans le Pays Austral') est tout entier consacré à des projets d'exploitation commerciale des produits de la Terre australe au bénéfice des nations européennes. Ces considérations d'utilitarisme commercial peuvent apparaître comme l'expression d'une idéologie coloniale. On peut y voir aussi une sorte de lieu commun obligé des relations de voyages du temps: en ce sens, ce développement contribue à accréditer l'authenticité du récit en l'insérant dans le genre de la relation de voyage.

Pourtant, le devenir du texte se prolonge au-delà de ce que le récit de Sadeur nous en apprend. Conformément aux règles du roman du type 'pseudo-mémoires', dont le roman utopique constitue une variété, la narration est livrée au public sous la responsabilité d'un tiers qui en garantit l'authenticité. L'"Avis de l'éditeur' indique les circonstances dans lesquelles celui-ci est entré en possession du manuscrit, légué par Sadeur sur son lit de mort, et en donne une description dont la minutie lui confère une aura de réalité indiscutable: 'une espèce de livre fait de feuilles, long de demi-pied, large de six doigts et épais de deux, "dont la lecture lui a couté beaucoup de peine" à cause des taches que l'eau de mer y avoit causées' (p.66). Le texte que nous avons entre les

---

2. p.69. On a vu ce qu'il faut penser de ces prétendus élans de reconnaissance envers la Providence.

mains, toutefois, n'est pas une transcription de ce document, mais une traduction remaniée et tronquée de l'original latin (p.67):

j'en ay seulement détaché la plupart des matières purement Philosophiques, afin de rendre son Histoire plus pure et plus divertissante. Ce n'est pas que je prétende les refuser au public; mais je me suis imaginé que si j'en faisois un traité particulier, on jugeroit mieux des grandes lumières dont joüissent les Australiens par rapport aux ténèbres dont nos esprits sont enveloppez.

En laissant entrevoir l'éventuelle publication d'un complément, Foigny a-t-il réellement envisagé une suite à son roman? Rien ne permet de l'affirmer. Il semble plutôt que cette fausse annonce confère à l'ouvrage un arrière-plan et une profondeur, peut-être un mystère: c'est avertir que tout n'est pas dit, qu'il y a à lire et à comprendre bien au-delà de la lettre du texte dont on nous fournit ainsi le 'mode d'emploi'. Le récit de Sadeur devient donc insaisissable: comment faire la part de ce qui appartient en propre à l'auteur? Le flou introduit dans le texte par les interventions invisibles de l'éditeur permet, comme le montre René Démoris, de ménager conjointement deux préoccupations contradictoires, le souci d'agrément littéraire et la fiction de l'authenticité documentaire.[3]

ii. Vérité et fiction

L'authentification du récit est bien, en effet, dans tous les textes de ce type, la fonction essentielle de l'éditeur: il crée autour du narrateur, à qui il sert de garant, une atmosphère de vérité. Les précisions de dates et de lieux entourant les circonstances de la rencontre (1661 à Livourne) permettent de susciter un puissant effet de réel, au même titre que les raisons diverses invoquées pour justifier la publication du texte. Ainsi, l'exemple des Australiens, qui ne disposent pourtant que des seules lumières de la raison naturelle, devrait faire honte aux chrétiens: la relation de Sadeur 'donne de la confusion à ceux qui se disent Chrétiens, et assistez très particulièrement de la grâce, vivent pis que des Bêtes, pendant que des Payens, fondez seulement sur des lumières naturelles, font paroître plus de vertus que les Réformez ne font profession d'en garder'.[4] Surtout, le récit de Sadeur constitue un document de premier ordre sur le

---

3. 'La préface de l'éditeur permet d'innocenter le premier auteur de tout souci de plaire: si le souci est présent, il est le fait du correcteur lui-même. La médiation littéraire (traduction, modifications, etc.) n'est avouée que pour mieux situer l'essentiel du texte hors du champ littéraire' (Démoris, *Le Roman à la première personne*, p.166-67).

4. *T.A.*, p.66. On remarquera que, si l'utopie se veut exemplaire, c'est seulement sur le plan religieux; mais ni l'éditeur ni le narrateur ne mettent en avant une quelconque exemplarité politique, sociale ou institutionnelle. L'idée que la société australienne puisse servir de modèle pour une transformation du monde réel n'est jamais formulée.

continent austral, 'dont nous n'avons eu aucune Relation véritable avant lui', bien qu'il ait eu dans cette découverte des prédécesseurs – 'Marc Paul, Vénitien', Magellan, Gonneville et, surtout, Fernandez de Quir dans sa *Huitième requête au roi d'Espagne*.[5] Ces références à des relations de voyages authentiques, ou du moins généralement reçues comme telles au dix-septième siècle, permettent d'y insérer le texte en définissant la perspective de lecture dans laquelle il convient de l'aborder: il s'agit d'un document véridique, non d'une fiction romanesque. On trouvera la même recherche d'un 'effet de réel' dans certains passages où le voyageur multiplie détails et précisions chiffrées sur la configuration géographique de la Terre australe ('Elle commence au trois cent quarantième méridien vers le cinquante-deuxième degré d'élévation australe, et elle avance du côté de la Ligne en quarante méridiens jusques au quarantième degré')[6] et propose très sérieusement d'établir des relations commerciales avec cette contrée pour l'exploitation des 'raretez utiles à l'Europe' qui peuvent s'y trouver.

Cependant, tout cet effort de vraisemblance est miné de l'intérieur par l'attitude curieusement contradictoire du narrateur et de son éditeur, ainsi que par le contenu même du texte, lequel se réclame de l'authenticité documentaire, mais sur un mode parfois ambigu. On trouve, dans l'épisode du voyage au Congo, une référence ironique au *topos* traditionnel du voyageur menteur (p.79):

S'il est vray de dire qu'il est permis à ceux qui ont fait de longs voyages, d'en faire accroire aux autres qui ne connoissent que le lieu de leur naissance, il est encore plus vray d'asseurer qu'ils se prévalent tant de cette licence qu'ils n'affectent presque que des fictions [...]. Cependant, comme on est persuadé qu'il faut dire quelque nouveauté quand on revient de loin, plus les esprits sont subtils, plus ils en inventent. Et comme il n'est personne qui puisse leur contredire, on reçoit avec plaisir et on débite avec empressement leurs inventions, comme des véritez auxquelles on n'oseroit répugner sans passer pour téméraire

– ironie à double tranchant, car qui nous assure que Sadeur est plus véridique que les voyageurs dont il se moque? La même ambiguïté marque la préface, qui conclut en jetant délibérément le doute sur la nature réelle du texte: 'Il ne faut avoir qu'une légère teinture de la raison, pour être persuadé que n'y ayant rien d'impossible en toute cette pièce, on est au moins obligé de suspendre son jugement sur ce qui est en effet' (p.67). L'éditeur, du reste, s'aventure beaucoup en ne voyant 'rien d'impossible' dans le récit: l'intrusion du merveilleux et de l'extraordinaire vient régulièrement contester la vraisemblance dont il se réclame. Comment croire en effet aux aventures du héros et à l'existence des

---

5. p.63 (citation du texte de l'édition de 1692). Sur les sources de l'information géographique de Foigny, voir l'enquête très complète de Ronzeaud (*L'Utopie hermaphrodite*, p.86-107).
6. *T.A.*, p.89. Ce développement géographique se poursuit sur plus d'une page.

Australiens tels qu'ils nous sont présentés? Tout dans la destinée du narrateur est placé sous le signe de l'exceptionnel et de l'étrange, à commencer par la bizarrerie de sa naissance et sa miraculeuse capacité de survie. Et qui pourrait croire au bestiaire extravagant de la Terre australe: animaux à faciès humain, porcs laboureurs, monstrueux oiseaux anthropophages?[7] Le même merveilleux se manifeste dans les pouvoirs magiques dont sont dotés les Australiens: la bizarrerie assez inquiétante de leurs 'inventions' (*T.A.*, p.127-38) évoque l'atmosphère des pays imaginaires décrits par Henri Michaux. Il est permis de se demander si l'auteur a authentiquement cherché à susciter un 'effet de réel', ou bien s'il a voulu au contraire parodier les techniques de vraisemblance habituellement utilisées dans le genre du voyage imaginaire, lequel fournit également à Foigny le schéma formel qui gouverne l'ouvrage.

iii. La circularité du récit et les séquences intermédiaires

Le paradigme du voyage imaginaire impose, on le sait, le recours à un schéma circulaire: départ d'Europe, visite du pays imaginaire, retour au monde réel. Le héros, enlevé par des corsaires sur la côte du Portugal, regagnera l'Europe trente-cinq ans plus tard en débarquant au port de Livourne, en Italie. Ce retour au sein du monde réel, qui fonde la possibilité de la transmission du récit, c'est-à-dire la communcation de l'utopie au public et la divulgation du message qu'elle contient, marque à la fois le terme du récit et l'achèvement de la destinée du narrateur: arrivé à Livourne, Sadeur ne survit que le temps nécessaire pour léguer le manuscrit à l'éditeur et en authentifier oralement le contenu. Peut-être n'est-ce pas un hasard s'il rend son dernier soupir 'le jour de l'Incarnation du Fils de Dieu' (p.66); par une autre mutation ontologique, c'est ici la Chair qui s'est faite Verbe: si de lui quelque chose se perpétue au-delà de sa mort terrestre, c'est le livre contre quoi il l'échange. Le récit transmis, le narrateur peut disparaître, mission accomplie.[8] L'utopie est bien en ce sens, selon la formule de Georges Benrekassa, 'un langage purement testamentaire, dont tout le legs est dans les paroles du testament'.[9]

La circularité du récit entraîne d'autres conséquences: de part et d'autre de la séquence centrale consacrée au tableau de la contrée utopique se répartissent des séquences pré- ou post-utopiques correspondant aux étapes du voyage d'aller et de retour. Elles constituent des stades préparatoires à l'entrée en

7. Chinard évoque ce propos les 'Images du monde' médiévales, dont Foigny aurait pu subir la lointaine influence (*L'Amérique et le rêve exotique*, p.205).

8. Le capitaine Siden, narrateur de l'*Histoire des Sévarambes*, disparaît de même au moment de rejoindre l'Europe.

9. Benrekassa, 'Le statut du narrateur', p.384.

462

utopie ou aux retrouvailles avec le monde réel. On peut y voir aussi une sorte de milieu de transition, ou de 'sas', pour reprendre l'expression de René Démoris,[10] destiné tout à la fois à manifester la distance infinie qui sépare le monde utopique du monde réel et à réduire cette distance en installant dans l'entre-deux qui les divise un espace intermédiaire participant des caractères de l'un et l'autre. Ces séquences intermédiaires, particulièrement développées dans *La Terre australe connue* (ch.2-3, voyage d'aller; 13-14, voyage de retour), y sont assez nettement construites en parallèle: les épisodes du retour reprennent ceux qui précèdent l'entrée un utopie, mais en inversent l'ordre de déroulement et, parfois, la signification. L'entrée de Sadeur en Terre australe est liée à l'intervention d'oiseaux gigantesques qui l'entraînent dans les airs et dont la monstruosité menaçante le terrifie. Sa vaillance dans le combat désespéré qu'il leur livre lui vaudra d'être accueilli au sein de la société australienne. C'est pour la fuir au contraire qu'il décide délibérément d'avoir recours au même animal, mais cette fois-ci domestiqué et entièrement soumis à la volonté humaine. Le parallélisme des deux épisodes est souligné par le narrateur lui-même: 'Ne se pourroit-il pas faire que comme je ne suis arrivé en ce pays que par la cruauté de ces bêtes, j'en puisse sortir par leur amitié? (*T.A.*, p.153) – parallélisme inversé toutefois et sans doute riche de sens.

Plus généralement, il convient de signaler la symétrie frappante qui existe entre la séquence d'entrée en Terre australe et la séquence de sortie: abandon à l'élément liquide (p.81, 155), prière de soumission aux décrets de la Providence (p.82, 155), abordage dans une île (p.82, 156), apparition d'animaux inconnus (p.83, 156), combats d'oiseaux gigantesques (p.96, 156), sauvetage en mer (p.87, 157), les deux séquences ont recours aux mêmes éléments, plus développés et parfois réitérés dans la première, mais globalement disposés dans le même ordre de succession. Ces deux épisodes symétriques se présentent pareillement comme une sorte de cauchemar incohérent coupé de sommeils pesants et de secours miraculeux: des fruits salutaires redonnent au voyageur courage et force, des îles surgissent opportunément lorsque l'épuisement le gagne. On retrouverait aisément dans les deux séquences bon nombre de motifs traditionnels du périple initiatique: abandon lustral et purificateur à l'élément liquide, lutte contre des animaux monstrueux, mort symbolique transcrite par l'évanouissement ou le sommeil ...

Même symétrie dans les descriptions plus étendues consacrées aux escales, elles-mêmes investies d'une assez nette signification utopique, qui ponctuent les deux voyages. On observera en effet d'évidentes corrélations entre l'étape du Congo, au cours du voyage vers la Terre australe, et le séjour à Madagascar,

---

10. Démoris, *Le Roman à première personne*, p.168.

sur le trajet de retour: dans les deux cas, il s'agit de pays lointains, mal connus, à la frontière du réel et de l'imaginaire dont ils assurent la jonction. Ces deux terres d'étape, à travers le parallélisme qui les unit, sont également en relation thématique avec l'utopie australe. Le Congo en constitue par bien des aspects une préfiguration. C'est un 'vray paradis terrestre [...] remply de tous les avantages que l'esprit humain peut souhaiter pour la santé, pour les commoditez et pour les plaisirs de la vie, sans aucune nécessité de cultiver la terre' (p.76). L'abondance extraordinaire des fruits, 'si délicats et si nourrissans qu'ils contentent et rassasient pleinement ceux qui en mangent', rend inutile tout travail et permet aux habitants de vivre dans un état de simplicité édénique, sans appareil économique, sans propriété privée et sans monnaie ('Nous y fîmes un séjour assez considérable mais sans aucune dépense, tant parce que le peuple méprise le gain, que parce que la campagne nous fournissoit avec abondance tout ce que nous souhaitions', p.76-77). Et pourtant, cet univers paradisiaque baigne dans une atmosphère de douceur funèbre et de léthargie mortifère. La source délicieuse dont l'eau est 'plus douce que notre hypocras et qui réjouït et fortifie plus que notre vin d'Espagne' (p.79) verse à ceux qui en boivent avec excès le sommeil et la mort, comme le fruit de l'arbre Balf ('arbre de Béatitude') chez les Australiens; les habitants, soustraits à la nécessité d'agir sur la nature pour la transformer, puisque celle-ci pourvoit à tous leurs désirs, traînent une existence languissante, plus proche de la mort que d'une véritable vie (p.77):

Toutes ces considérations me faisoient concevoir un peuple qui, n'étant point obligé de travailler, vit avec quelque justice dans une oysiveté qui le rend pesant, négligent, endormy, dédaigneux, et sans perfection, puisque la perfection demande de l'exercice, du travail et de la peine. Et ainsi bien loin que la béatitude consiste à posséder ce qu'on désire, quand même on ne désireroit rien que de bon, nous devons être asseurez qu'un homme qui ne souhaite plus rien en ce monde devient stupide et ne mérite plus de vivre, puisqu'il est incapable d'agir.

Comment ne pas songer ici à la mélancolie secrète des Australiens, eux aussi comblés de tous les dons de la nature et délivrés de l'aiguillon du désir? L'existence crépusculaire des naturels du Congo préfigure l'aspiration australienne à la mort et introduit le thème du paradis désenchanté.

L'épisode du Congo permet en outre, à travers la description du bestiaire fabuleux du lac Zaïr, d'orchestrer le motif récurrent du mixte monstrueux né de la rencontre de deux éléments: poissons 'amphibies' qui 'approchent en quelque chose de nos gros chiens barbets' et 'sautent presque comme des renards'; poissons volants que 'nous pourrions [...] appeler paons marins' et dont '[les] plumes paroissent véritablement comme des écailles de poissons, mais avec une diversité de verd, de bleu, de jaune et de rouge tacheté qui ravit ceux qui les considèrent'.[11] Le même thème réapparaît sous une forme différente dans le mythe par lequel on explique l'origine des sauvages du pays voisin: 'Un homme du pays ayant élevé une petite Tigresse devint si familier avec cette bête, qu'il l'aima charnellement et commit le crime infâme avec elle, d'où suivit un homme monstre qui a donné l'origine à ces Sauvages qu'on ne peut humaniser' (*T.A.*, p.80). Or, c'est bien sous l'aspect du mixte monstrueux que les Australiens perçoivent ceux qu'ils appellent les 'demi-hommes', mélange de raison et de déraison, d'humanité et d'animalité. Le mythe congolais présente un rapport thématique évident avec le 'crime de bestialité' que commettra plus tard le narrateur dans ses relations charnelles avec une Fondine; c'est aussi une sorte d'approximation ou d'anticipation du mythe fondateur par lequel les Australiens rendent compte de l'origine des 'demi-hommes', issus de l'accouplement d'un 'homme entier' et d'un serpent comme en une parodie hérétique du récit de la Genèse (p.132-33).

L'épisode symétrique du séjour à Madagascar, sur le chemin du retour, est loin d'offrir la même richesse, bien qu'on y retrouve en filigrane des thèmes analogues. La tonalité générale est beaucoup plus sombre: le narrateur, pris pour un Australien, est capturé par des sauvages anthropophages qui, après l'avoir 'attaché sur une espèce d'échaffaut de trente pieds de hauteur' (p.158), lui percent les flancs de leurs lances et commencent à boire son sang, rappel peut-être de la scène de la crucifixion qui confère au personnage de Sadeur une signification christique sur laquelle il faudra revenir. Sauvé par les Français de Madagascar, il recueille sur le compte des indigènes de ce pays d'horribles anecdotes qui reprennent sur le mode sanglant le thème de l'humanité animalisée (p.160). Le récit d'un vieillard, gouverneur d'une île australe détenu comme prisonnier par les Français, permettra d'esquisser une ébauche d'utopie qui, par certains aspects, évoque la Terre australe que le narrateur vient de quitter: notamment, la présence d'un bestiaire fabuleux et de monstrueux oiseaux carnivores semblables aux 'Urgs' australiens. A la différence de l'Australie toutefois, l'île est dotée d'institutons politiques, puisque 'le Gouvernement y étoit Aristocratique' (p.161), le pouvoir étant exercé par six gouverneurs. La peur de la mort y est inconnue: le vieillard et ses compagnons en administreront la preuve en se livrant à une sorte de suicide rituel. Dans une scène d'une saisissante étrangeté, nous verrons leurs cadavres jetés à la mer rejoindre seuls leur île natale, comme sous l'effet d'un mystérieux phénomène d'attraction (p.162-63). Il n'est peut-être pas interdit de lire dans cet épisode bizarre une

---

11. p.78. Cet étrange animal semble résulter de la réalisation littérale d'une vieille métaphore baroque issue de la poésie mariniste (*pennuti pesci dell'aereo mare*) analysée par Jean Rousset (*La Littérature de l'âge baroque en France*, Paris 1983, p.188). Même image chez Cyrano ('Lettre sur les miracles de rivière', in *Voyage dans la lune*, suivi de *Lettres diverses*, p.161-62).

formulation obscure du principe de circularité qui régit le texte et la destinée de son narrateur. Une fois transmis au monde le récit utopique, c'est, lui aussi, à l'état de cadavre que Sadeur regagnera l'Europe quittée trente-cinq ans plus tôt.

Les séquences intermédiaires précédant l'entrée en utopie ou le retour au monde réel n'ont donc pas pour seule fonction d'occuper l'intervalle qui sépare les deux mondes en balisant le trajet de l'un l'autre: elles permettent d'anticiper sur le déroulement du récit ou d'établir des corrélations entre des univers différents, tout en faisant référence de façon permanente à la problématique générale de l'œuvre.

iv. Présence et absence du narrateur dans le tableau utopique

Le noyau central du texte (chapitres 4-12), consacré à la présentation de l'utopie australe, se plie à des modalités de mise en forme littéraire assez différentes. Dans les séquences intermédiaires analysées précédemment, le caractère personnel de la narration est évident: on y trouve une série d'événements presque toujours envisagés du point de vue du narrateur et dans lesquels celui-ci se trouve impliqué, puisqu'il y joue le plus souvent le rôle de victime; les descriptions, toujours référées à la personnalité du narrateur-témoin, donnent lieu à des réflexions ou opinions rapportées sur le mode subjectif du commentaire personnel. La séquence centrale relève bien en principe, au même titre que les autres, du récit rétrospectif à la première personne; mais la présence du narrateur y apparaît avec beaucoup moins de netteté et de façon curieusement intermittente. Comme dans toutes les utopies, les développements descriptifs ou didactiques y prennent le pas très nettement sur la relation d'événements.[12] Ces développements sont presque toujours de forme impersonnelle: l'absence des signes linguistiques de la première personne traduit l'effacement du narrateur. Celui-ci s'exclut à la fois du tableau descriptif comme personnage, puisqu'il n'y figure pas, et du texte comme instance énonciatrice, puisque le discours paraît n'émaner de personne en particulier. On en trouvera un exemple dans la grande description géographique de la Terre australe qui ouvre le tableau utopique (*T.A.*, p.89-90). Le regard qui la produit semble ne provenir d'aucune point particulier de l'espace ni d'aucune instance observatrice individualisée; il s'agit ici d'un regard 'hors point de vue', embrassant de façon simultanée et

12. Comme l'écrit Louis Marin, 'le mode de discours propre à l'utopie est la description: il s'agit de dresser un tableau, une représentation, de projeter, dans le langage, une présence parfaite et totale à l'esprit' (*Utopiques: jeux d'espace*, Paris 1973, p.75).

globale la réalité décrite.[13] L'image qu'il nous donne de la Terre australe est à la fois lacunaire et précise: les contours en sont définis par un réseau serré de coordonnées géographiques exprimées en termes numériques; mais c'est une image plate, sans accidents de terrain et sans relief; on sait d'ailleurs que 'ce qui passe toute admiration, c'est que toute la terre Australe est sans montagne' (*T.A.*, p.90), puisque les Australiens se livrent depuis les temps les plus reculés à un étrange travail d'arasement des reliefs. En tous points analogue à une carte géographique, la description ouvre ainsi à l'esprit un espace abstrait, homogène, sans particularités ni points privilégiés, et comme déjà préparé en vue du quadrillage géométriquement égalitaire que viendront lui imposer les pratiques sociales de la société utopique.

L'essentiel des chapitres 8 ('Des exercices des Australiens'), 9 ('De la langue australienne et des études de ce pays') et 10 ('Des animaux de la Terre Australe') serait justiciable de remarques analogues: on n'y trouvera pas la découverte graduelle, vécue par celui qui s'y trouve impliqué, d'une réalité nouvelle dont il lui faudrait faire l'apprentisssage; le monde utopique y est vu d'en haut et de loin, par un observateur neutre, sous l'aspect d'une nomenclature ordonnée par l'esprit et déjà constituée en texte. La première personne, lorsqu'elle apparaît, semble avoir pour fonction essentielle de scander les articulations du discours, sans pour autant entraîner une implication effective du narrateur dans son acte de description, ni sa présence en tant que personnage dans la réalité décrite.[14] La première personne n'est ici rien d'autre qu'une articulation rhétorique qui permet d'ouvrir un nouveau segment du discours.

Toutefois, le tableau utopique ne résulte pas de façon exclusive de ces modes non personnels que sont la description et le développement didactique. Les deux autres modalités de présentation utilisées, le dialogue et l'anecdote, impliquent l'une et l'autre le recours à la première personne et la présence effective du narrateur dans le texte. Les trois chapitres centraux (ch.5, 6, 7) sont en effet consacrés presque intégralement à un dialogue entre Sadeur et un 'vénérable vieillard' australien qui l'a pris sous sa protection (p.96). Ce personnage, voué à la fortune que l'on sait dans les récits utopiques et les relations de voyage du dix-huitième siècle, n'a pas seulement pour fonction

13. 'Le présent de la description dans sa réitération tout au long de la construction du tableau est la marque de la pseudo-présence de la représentation, tout entière offerte à l'examen, sans dissimulation ni secret, dans l'"à-plat" ou la "superficialité" d'une carte géographique qui n'est rien d'autre que l'ensemble cohérent des éléments et des relations qu'elle conserve' (Marin, *Utopiques*, p.78).

14. En voici deux exemples: '*De ce que j'ai dit*, il est aisé de juger que ce grand pays est plat, sans forêts, sans marais, sans déserts, et également habité partout'; '*Outre tous les animaux dont j'ay parlé*, les Australiens ont mille secrets pour en former de toutes les façons' (p.93, 136; mis en italiques par nous).

d'informer le narrateur sur la société utopique: il l'interroge également sur le monde réel et ses pratiques sociales, créant ainsi les conditions d'une véritable réciprocité des échanges; aux questions de Sadeur sur les coutumes et les croyances des Australiens font écho les questions symétriques du vieillard sur la société des 'demi-hommes'.

Cet équilibre du dialogue n'est peut-être cependant qu'une apparence. Une étude des 'temps de parole' impartis aux deux interlocuteurs montrerait aisément que les interventions du vieillard sont plus nombreuses et, surtout, infiniment plus développées que celles de son antagoniste. Ce déséquilibre est accentué par l'utilisation sélective des modalités de transcription du dialogue: si les paroles du premier sont généralement citées intégralement en style direct, conservant ainsi le mordant et l'effet de 'présence' liés au style oral, les propos du narrateur sont le plus souvent sommairement résumés sur le mode assourdi du discours rapporté ('Je répondis que', 'Je lui demandai si'). Il ne faut donc pas s'étonner de voir Sadeur, constamment mis en difficulté par son interlocuteur, se rallier, sans oser l'avouer, aux raisons de son adversaire et se montrer déplorablement inférieur à sa tâche lorsqu'il s'agit pour lui de défendre le monde réel, ses valeurs et ses croyances. Ainsi, conscient de la supériorité dialectique de son adversaire, Sadeur renoncera, au cours de la discussion sur la religion, à recourir à l'argument 'décisif' que constitue la révélation chrétienne (p.114):

Je fus ensuite fort douteux pour me déterminer, si je devois luy découvrir la foy que nous avons d'un Dieu mort et ressuscité pour notre salut. Enfin, après mille combats, je conclus que c'étoit présenter des pierres précieuses à des aveugles, que d'en vouloir entamer le discours. Comme je connoissois son humeur et son génie, je fus asseuré qu'il m'enlaceroit dans cent difficultez, et qu'il nous feroit passer, selon sa coutume, pour des ridicules. Je me souvins des paroles de l'Apôtre: 'que la doctrine de l'Evangile étoit opposée à la vaine sagesse des mondains, que c'est une folie à ceux qui périssent, et que Dieu ne se donne pas à connoître aux orgueilleux de ce monde'.

Si l'ironie antichrétienne de Foigny est ici manifeste, c'est bien aussi, sur un autre plan, l'incapacité ou l'insuffisance du narrateur dans le dialogue qui est en cause.

C'est également une implication personnelle du narrateur que permettent de mettre en œuvre les anecdotes ou incidents dispersés dans le tableau utopique, presque toujours centrés sur la personnalité de Sadeur qui s'y trouve impliqué en tant qu'agent ou victime.[15] On remarquera que ces micro-récits ont un sujet

---

15. Citons, par exemple, l'incident provoqué par la curiosité du narrateur quant à la reproduction des Australiens (p.96), l'étonnement qu'il suscite en priant 'les mains jointes et les yeux levez vers le ciel' (p.115), le scandale résultant des 'mouvements déréglés' causés par 'les caresses extraordinaires des frères' (p.119).

unique: la rencontre de l'ordre collectif de l'utopie (habituellement transcrit par la description impersonnelle) avec l'individu singulier chargé d'incarner en son sein le monde réel. Chez Foigny, il semble que les événements ou anecdotes dans lesquels figure le narrateur aboutissent presque toujours à mettre en évidence un conflit entre l'individu et la société utopique. C'est ce que montrent de façon exemplaire le récit de la campagne contre les Fondins et la façon dont, par le biais d'une anecdote (Sadeur apitoyé et séduite par une belle Fondine, p.146), l'événement collectif y interfère dramatiquement avec l'histoire personnelle du héros.

Que le 'je' du narrateur (et son implication personnelle dans le texte) surgisse à l'occasion d'un dialogue ou d'un micro-récit en forme d'anecdote, c'est dans l'un et l'autre cas que se pose alors concrètement le problème de son rapport à la société australienne, et, à travers lui, du rapport du monde réel au monde utopique. Tout se passe donc comme si l'irruption de la première personne au sein du tableau utopique se trouvait liée à une confrontation explicite des différences.

15. La société australienne

MALGRÉ le caractère très détaillé et même minutieux des descriptions, la société des Australiens reste floue: on la visualise mal, on ne parvient pas à l'imaginer dans son fonctionnement concret ni à en construire une représentation globale. Ce vague a plusieurs causes. Certains points importants sont plus ou moins occultés par des tabous que le narrateur déclare n'être pas parvenu à percer, ou seulement de façon incomplète; il s'agit essentiellement des mécanismes de la sexualité et de la reproduction, de la religion australienne, de l'histoire de la société utopique. Entre l'affirmation solennelle de l'interdit, qui devrait contraindre au silence, et le développement explicatif qui vient le transgresser, le discours de Sadeur laisse à cet égard apercevoir d'étranges flottements. D'où de curieuses prétéritions. Ainsi, après avoir précisé, à propos de la reproduction australienne, que 'c'est un crime entre eux d'[en] parler', au point, dit-il, que 'jamais je n'ay pu connoître comment la génération s'y fait', il en expose assez longuement les mécanismes sur le rapport de son interlocuteur utopien (*T.A.*, p.95, 118-19). Même contradiction dans le chapitre 'De la religion des Australiens', qui s'ouvre, pour le violer aussitôt, sur l'énoncé d'un tabou ('C'est le sujet le plus délicat et le plus caché qui soit parmy les Australiens que celuy de la Religion. C'est un crime inouÿ d'en parler', p.108). Par-delà l'effet d'extériorité 'ethnographique' qu'implique le discours utopique, pris entre les interdits propres à la société imaginaire et la nécessité d'informer exhaustivement le lecteur européen, on peut voir là l'indice de la position potentiellement transgressive du narrateur, voué à violer les tabous et à trahir les secrets, donc à se faire, comme le lui diront ses hôtes, 'inventeur de crime' (p.96). De fait, ces tabous, on le verra, signalent peut-être moins un système d'interdits qui seraient propres à la société australienne qu'un glissement de la pensée vers des thèmes que l'orthodoxie religieuse du temps réprouve comme subversifs.

Notons également que nous ne trouverons dans *La Terre australe connue* aucune allusion à ce 'système de gouvernement idéal' que l'on considère souvent, à tort ou à raison, comme le fondement même de l'utopie. Certes, on nous présente une organisation, extraordinairement minutieuse, détaillée et complexe; mais le paradoxe est que cette organisation semble surgir de nulle part. Ses bases juridiques ou institutionnelles n'apparaissent pas, et il n'y a en Terre australe ni lois, ni souverain, ni Etat. Ajoutons, enfin, que la société australienne n'est qu'imparfaitement concevable pour l'homme, car ce n'est pas réellement une société 'humaine'. Etres entièrement rationnels, sans sexualité, sans passions, sans individualité puisque tous sont absolument semblables, les Australiens vivent dans un monde inimitable qui résulte de leur nature spécifique. Du reste, Sadeur, au cours de son séjour, n'a affaire qu'avec des membres anonymes et indifférenciés du corps social, presque jamais avec des individus. Les 'frères' semblent n'avoir ni nom ni visage, à la seule exception du 'vénérable vieillard, Maître du troisième ordre dans le Heb, nommé Suains' (p.96) qui consentira à devenir son initiateur. Il ne figure toutefois dans le texte qu'à titre de porte-parole de la société australienne et de ses valeurs collectives; sous le masque de l'individuel, il incarne le typique et le représentatif, c'est-à-dire, en somme, le collectif.

i. Structuration de l'espace et du temps

L'espace australien, poussant jusqu'à son terme la tendance géométrisante inhérente à la pensée utopique, est entièrement homogène, sans accidents de terrain ni particularités, intégralement divisible, régi par un principe d'identité et de répétition que l'on retrouve à la fois dans la géographique physique ('la Terre Australe est sans montagne') et dans la géographie humaine ('l'uniformité admirable de langues, de coutumes, de bâtiments, et de culture de la terre qui se rencontrent en ce grand pays', p.90). A vrai dire, l'une et l'autre ne sont guère dissociables, car l'homme ici a façonné son territoire: s'il n'y a pas de montagnes, c'est que les Australiens ont pris soin de les aplanir. Cette entreprise démesurée se trouve justifiée, en surface, par la nécessité de lutter contre les dangereux oiseaux anthropophages qui y trouvent refuge. Mais on peut y voir plutôt un désir secret d'établir partout le règne de l'identité en supprimant le relief, facteur d'individualisation de l'espace. On obtient ainsi un monde plat, réduit à ses deux dimensions, et surtout artificiel, puisque la configuration du terrain elle-même résulte d'une décision et d'une entreprise humaines.[1] Le territoire utopique, ainsi rendu intégralement traductible en termes de relations numériques, de distances, de degrés et de méridiens, se convertit spontanément en carte géographique, une carte qui ne serait plus la figuration d'un espace, mais pour ainsi dire cet espace lui-même.

Le même souci d'homogénéité et d'uniformité préside à l'organisation de l'espace humain et à la répartition de la population selon une arithmétique complexe. La population 'active' comprend quatre-vingt seize millions d'habitants, auxquels il faut joindre, regroupés en marge de la vie sociale dans les

---

1. Ce caractère d'artificialité de l'espace utopique est également manifeste dans *L'Utopie* de More: c'est en faisant détruire par ses soldats l'isthme qui la relie au continent que le conquérent Utopus constitue l'ancienne terre d'Abraxa en île d'Utopie.

'maisons d'éducation', quarante-huit millions d'enfants et vieillards: soit un total de cent quarante-quatre millions, réminiscence évidente des cent quarante-quatre mille élus de l'Apocalypse, conformément à un symbolisme numérologique d'inspiration biblique présent dans tout l'ouvrage, comme l'ont montré les minutieuses analyses de Pierre Ronzeaud.[2] La Terre australe compte quinze mille seizains composés chacun de seize quartiers. Chaque quartier regroupe vingt-cinq maisons divisées en quatre appartements abritant chacun quatre personnes. Le seizain constitue l'unité sociale de base: entièrement autonome par rapport aux autres seizains, il contient tout ce qui est nécessaire à la vie spirituelle, intellectuelle et matérielle des Australiens. On y trouve une 'maison d'élévation' (Hab) vouée à la méditation religieuse, quatre 'maisons d'éducation' (Heb), dont chacune dessert quatre quartiers, et un nombre non précisé de jardins collectifs (Huids) destinés à l'approvisionnement du seizain. Le système semble s'organiser principalement autour du chiffre 4 et de ses multiples: il y a dans chaque seizain quatre cents Hiebs (25×16) abritant au total six mille quatre cents personnes (400×16). Cette structure quaternaire est à mettre en rapport avec le quadrillage en damier auquel est soumis l'espace australien. On remarquera l'absence, dans le système numérique, de toute relation binaire, qui serait susceptible de rappeler la relation de couple, dont les Australiens ont horreur.[3]

Entre les maisons d'élévation, maisons d'éducation et maisons d'habitation s'établit une hiérarchie très précise des matériaux employés: le Hab est construit en une pierre transparente 'que nous pourrions comparer à notre plus fin chrystal de roche' et son pavement est de jaspe;[4] les Hebs sont bâtis dans le matériau du pavé des Habs, mais avec un plafond de cristal analogue aux murs des Habs et un pavement de marbre blanc; les maisons d'habitation (Hiebs), édifiées à l'aide du marbre blanc du pavé des Hebs, sont éclairées par des fenêtres de cristal analogue au matériau des Habs. Cette curieuse disposition instaure, à partir d'une hiérarchie des matériaux en fonction de leur caractère plus ou moins précieux, une hiérarchie des lieux (Hab/Heb/Hieb) et des fonctions sociales correspondantes (religion/éducation/habitation). Inversement, puisque ce sont les mêmes matériaux que l'on retrouve, affectés à des

2. Ronzeaud, *L'Utopie hermaphrodite*, p.264-70.

3. Ronzeaud (p.264-70) signale également l'effacement significatif de certains chiffres dotés, dans la tradition chrétienne, d'une forte charge symbolique: le chiffre 3, rappel de la trinité, et le chiffre 7, chiffre du péché (les sept péchés capitaux). Faut-il y voir avec lui l'indice du projet déiste et antichrétien de Foigny, reconstruisant dans son utopie la perfection paradisiaque d'avant le péché originel?

4. *T.A.*, p.90. L'architecture cristalline va de pair avec l'aspiration utopique à une parfaite transparence mutuelle des êtres. La langue australienne manifestera sur un autre plan cette même aspiration à la transparence.

usages différents, dans chacun de ces édifices, leur permanence assure la cohérence organique du système: chaque édifice, et chaque activité qui lui est associée, est à quelque titre présent dans tous les autres; entre Hab, Hebs et Hiebs s'établissent des rapports d'interrelations qu'on pourrait transcrire en termes d'équations algébriques.

Urbanisme et architecture obéissent à un schéma uniforme d'une extrême rigidité. La figure génératrice de l'ensemble semble bien être le carré, encore que le flou du vocabulaire et le caractère manifestement erroné de certains relations numériques laissent planer quelques doutes sur ce point.[5] Néanmoins, il résulte du schéma un plan général en damier dont l'unité est le seizain comportant en son centre un Hab, avec quatre entrées se situant dans l'axe des quatre avenues qui y conduisent, et quatre Hebs placés 'sur la croisée des quatre quartiers' (p.91). La structure en damier régit également la répartition intérieure des édifices, puisque les Hebs et les Hiebs sont également subdivisés en quatre 'départements' par un mur intérieur cruciforme. Enfin, l'organisation de l'espace australien permet, conformément à un vieux rêve des utopies, d'abolir toute distinction entre la ville et la campagne. Il semble bien en effet que les seizains s'étendent de façon parfaitement homogène et continue sur l'ensemble du territoire australien, partout dotés de la même configuration, de la même superficie et du même chiffre de population: 'ce grand pays est plat, sans forêts, sans marais, sans déserts, et également habité par tout' (p.93).

Si l'espace interne à l'utopie se présente comme un monde ordonné, régi par un système de relations mathématiques et géométriques qui le rendent intégralement pénétrable par l'esprit, l'extérieur est, aux yeux des Australiens, le domaine du désordre et du chaos. Comme tous les habitants des utopies, ceux-ci se méfient du monde du dehors, monde de l'Autre, donc monde du Mal. Les côtes, pourtant protégées par leur configuration, puisque la faible profondeur des eaux interdit l'abordage des vaisseaux, sont constamment surveillées par des 'gardes de la mer' australiens; en cas de danger, un système de signaux et de relais, sorte de télégraphe optique, permet de mobiliser très rapidement les troupes. Cernés par un monde extérieur hostile, les Australiens vivent en permanence sur le pied de guerre. Les 'exercices' décrits au chapitre

5. Par exemple, Foigny utilise toujours les termes de 'diamètre' et de 'circuit', même lorsque la configuration de l'édifice est expressément définie comme carrée, ainsi que le prouve la description des Huids (p.92). Le Hab a 'environ cent pas de diamètre et trois cents et treize pas de circuit' (p.91), ce qui, malgré les indications contraires, semblerait indiquer une forme circulaire; mais il n'est pas interdit de penser que le 'diamètre' correspond ici à la diagonale du carré et le 'circuit' au périmètre du cercle dans lequel on peut l'inscrire. La périphérie des Huids, par contre, est bien égale à la somme de leurs quatre côtés (p.92). Les précisions numériques concernant le Heb ('cinquante pas de diamètre et environ cinquante-trois pas de circuit', p.91) sont manifestement aberrantes; peut-être faut-il y voir coquille.

473

8 ont une évidente finalité guerrière (il s'agit du maniement de la hallebarde et du jet de 'certains boulets de trois ou quatre grosseurs' que le partenaire doit esquiver, p.128-29). Les seules techniques un peu élaborées qu'ils semblent avoir développées ont trait à l'art militaire (on lance des projectiles au moyen de 'tuyaux d'orgue' mus par des ressorts et des machines de siège permettent d'ouvrir des brèches dans les murailles, p.128, 144): technologie d'ailleurs rudimentaire; les Australiens, qui ignorent les armes à feu, seront sérieusement mis en difficulté par les canons d'une flotte de 'monstres marins' (c'est-à-dire d'Européens) qu'il finiront cependant par détruire au prix de lourdes pertes (p.148-49).

Ces préoccupations militaires n'ont rien de bien surprenant dans le contexte de l'utopie de l'époque classique, où l'activité guerrière – omniprésente, par exemple, dans l'*Histoire des Ajaoiens* – ne semble fair l'objet d'aucune condamnation morale *a priori*. Alors qu'ils eussent pu se donner la facilité (les utopistes s'en accordent bien d'autres) d'imaginer un peuple vivant pacifiquement, loin de tout adversaire, 'presque tous les auteurs d'utopies ont accepté la guerre comme quelque chose de naturel, d'inhérent au genre humain'.[6] A cet égard, la spécificité de Foigny réside dans la violence froide et apparemment gratuite qui préside aux rapports avec le monde du dehors: la guerre n'est pas une modalité ou un prolongement de l'action politique, mais une sorte de mesure prophylactique. Chez les Australiens, la haine et le mépris de l'altérité s'expriment par le rejet hors de l'humanité de tout ce qui leur est extérieur: hermaphrodites, les Australiens considèrent comme des 'demi-hommes', c'est-à-dire comme des animaux à peine supérieurs, les hommes ordinaires soumis à la division des sexes. Ainsi, les Fondins, peuple voisin de l'utopie australe, sont exterminés méthodiquement au cours de grandes expéditions militaires. Les campagnes menées contre eux ne sont pas à proprement parler des guerres, ou du moins la signification de l'activité guerrière y apparaît étrangement dévaluée puisque l'ennemi n'y est jamais reconnu comme adversaire, c'est-à-dire comme semblable. Les Fondins ne sont que des animaux qu'il faut éliminer méthodiquement et rationnellement, sans pitié et, malgré les apparences, sans cruauté – tous sentiments que les Australiens sont incapables d'éprouver, puisque ce sont des sentiments, donc des faits psychologiques qui excèdent le champ de la pure raison.[7] Comme le remarque René Démoris, c'est le seul critère quantitatif du

6. Wijngaarden, *Les Odyssées philosophiques*, p.63.

7. La cruauté pourtant affleure assez clairement dans le discours propre du narrateur sur les horreurs de la guerre ('La boucherie fut si grande que le lieu du combat faisoit un mortier de sang des corps morts, où on enfonçoit jusqu'aux genoux'; 'Le massacre qui se fit feroit frémir les plus résolus, si on le pouvoit dépeindre. On voyoit le père, la mère et cinq ou six enfants égorgez les uns sur les autres. On voyoit des ruisseaux de sang qui couloient au milieu des rues. Enfin on ne pardonnoit à personne de quelque âge et de quelque condition qu'il fût', *T.A.*, p.142, 146). Cette

rendement qui préside aux opérations militaires, et les colliers d'oreilles coupées que rapportent les combattants au soir de la bataille évoquent moins l'héroïsme guerrier que quelque opération de destruction de nuisibles.[8] Sur leur propre territoire, les Australiens sont en outre constamment menacés par les Urgs, ces monstrueux oiseaux anthropophages qui trouvent refuge dans les montagnes et dans les îles de la côte. Dans les deux cas, on aura recours au même remède: on détruit l'île où les Fondins se sont retranchés, on rase celles qui servent de repaire aux oiseaux, comme si la négation de l'altérité allait jusqu'au désir de détruire l'espace qui la porte (*T.A.*, p.147, 150-51).

Le temps australien est découpé et hiérarchisé avec la même rigueur que l'espace. De la naissance à la mort, comme dans l'emploi de chacune des journées, la distribution socialisée du temps modèle la vie des hommes. Dès sa naissance, l'Australien entre au Heb, ou maison d'éducation. Il y restera jusqu'à l'âge de trente-cinq ans, parcourant un cursus d'études gradué en cinq grandes étapes: 'La première est occupée à se perfectionner aux principes, et elle a six Maîtres; la seconde est de ceux à qui on expose les raisonnements communs des choses naturelles, et ils ont quatre Maîtres; la troisième de ceux à qui on permet de raisonner, et ils ont deux Maîtres; la quatrième de ceux qui peuvent opposer, et ils ont un Maître; la cinquième de ceux qui attendent d'être Lieutenants, c'est-à-dire de prendre la place d'un frère qui se retire de ce monde, comme je dois l'expliquer' (p.91). L'entrée dans la vie active s'effectue par cooptation: c'est parmi les jeunes gens de la cinquième section du Heb, âgés de trente à trente-cinq ans, que les vieillards choisissent un 'lieutenant' destiné à les remplacer à leur mort dans leur rôle social et à porter leur nom. C'est à cet instant seulement que l'Australien accède à l'existence sociale, comme en une nouvelle naissance, publique celle-ci, qui efface et annule l'animalité liée à la naissance biologique: 'La compagnie le reçoit avec joye, et on lui donne le nom du vieillard qui veut cesser de vivre. Cela étant fait, on luy représente les belles actions de celuy dont il occupe la place, et on dit qu'on est asseuré qu'il n'est pas capable de dégénérer' (p.125). Société d'une parfaite stabilité, puisque le co-occurrence de la mort et de la naissance y réalise les conditions d'une continuité sans heurts; les signes mêmes de l'individualité (nom propre, passé personnel) ne sont ici qu'un rôle social que chacun endosse à son tour comme un vêtement, avant de le léguer à son successeur. Après une vie active relativement brève – une trentaine d'années – la vieillesse est consacrée à l'enseignement: comme dans toutes les sociétés qui se veulent immobiles,

---

imagerie sanglante laisse apercevoir une attitude complexe faite à la fois de complaisance macabre et de pitié horrifiée, bien éloignée en tout cas de l'indifférence rationnelle des Australiens et où se reflète déjà la 'nature fondine' du narrateur, justification de son exclusion ultérieure.

8. Démoris, 'L'utopie, *Autre* du roman', p.403.

c'est aux vieillards qu'est confiée la fonction d'éducation, instrument essentiel de ce que les sociologues appellent la reproduction sociale. Quant à la mort, soustraite aux hasards de l'arbitraire biologique, elle résulte d'une décision volontaire. Bien que les Australiens soient soumis à la destinée commune (et nullement 'immortels', comme le prétend Chinard),[9] il semble bien que la mort naturelle soit chez eux tout à fait exceptionnelle: hormis les guerriers tués au combat, chacun, au-delà de cent ans d'âge, est admis à choisir librement sa fin. L'apologie stoïcienne de la mort volontaire est, certes, présente dans de nombreux textes utopiques.[10] Mais la légitimation du suicide a ici un sens tout différent: les Australiens ignorent les maladies et la décrépitude de l'âge; ce n'est pas la vieillesse avec ses infirmités qui leur est insupportable mais, on y reviendra, la vie elle-même.

On observera que la répartition spatiale des étapes chronologiques de la vie australienne aboutit à un sorte de négation ou d'immobilisation de la diachronie individuelle. Aux deux extrémités de la trajectoire biographique, enfance et vieillesse – ce qui commence et ce qui finit – se trouvent comme rejetées hors de la vie sociale, étroitement enserrées dans l'espace clos du Heb, de même que l'"aversion d'ouïr parler de ces commencements' exclut pareillement de l'univers du discours les mystères de la conception et de la naissance (*T.A.*, p.118). Seul accède à la visibilité sociale l'Australien adulte que la maturité physique fixe fictivement dans un état 'définitif' de lui-même, corps éternisé sans croissance ni déclin et, pour ainsi dire, soustrait à l'écoulement de la durée.[11]

L'emploi du temps quotidien est tout aussi rigoureusement planifié. La nuit est réservée au sommeil, procuré artificiellement par l'ingestion des fruits d'un certain arbre. Le jour 'utile' est réparti en trois tranches, consacrées, respectivement, à la religion et aux débats scientifiques, à la culture des jardins, et à divers 'exercices' qui vont du maniement d'armes à la démonstration publique des 'inventions' présentées au Heb. A chaque tranche temporelle correspond donc un lieu spécifique – Hab, Heb ou Huid – et un secteur d'activité déterminé. Le système mis en place permet une rotation constante des activités: toutes sont successivement exercées par l'ensemble des citoyens sans exclusive ni privilège, évitant ainsi toute spécialisation des tâches, toute

---

9. Chinard, *L'Amérique et le rêve exotique*, p.198.

10. On en trouvera un exemple chez Cyrano de Bergerac (p.106), mais le thème était déjà présent dans *L'Utopie* de More, où l'on exhorte les vieillards impotents à en finir avec les maux de la vie en leur laissant le choix entre le jeûne et le poison (*L'Utopie*, éd. Prévost, p.549). Sur les sources et la signification du thème du 'suicide philosophique', voir Ronzeaud, *L'Utopie hermaphrodite*, p.225-28.

11. Voir sur ce point notre article 'Corps utopiques, utopies du corps'.

distribution des responsabilités et des pouvoirs. Même dans les utopies les plus égalitaires et les plus collectivistes, il subsiste une certaine différenciation individuelle imputable à la distribution des rôles sociaux découlant de l'antique séparation des prêtres, des guerriers et des producteurs.[12] Il est curieux de constater que l'on retrouve dans *La Terre australe connue* des traces lointaines de cette tripartition fonctionnelle; mais elle s'y traduit par une répartition différentielle du temps qui évite le recours au système des castes, donc l'instauration de la différence au sein de la société utopique, la réitération réglée des mêmes activités dans un ordre immuable créant d'autre part une durée circulaire et répétitive, vide de tout événement, qui équivaut à une abolition du temps.

ii. Une société anti-économique

Les Australiens se veulent en effet pleinement identiques et, par là, rigoureusement égaux: 'Quant à nous', déclare le vieillard interlocuteur de Sadeur, 'nous faisons profession d'être égaux en tout; notre gloire consiste à paroître les mêmes' (*T.A.*, p.103). Egalité et identité sont les principes qui régissent tous les aspects de la vie, à commencer par l'existence matérielle. On retrouvera en Terre australe, du moins en apparence, les fondements habituels de l'économie collectiviste des sociétés utopiques: absence de propriété privée, puisque 'tout est commun entre eux' (p.95), absence de monnaie et de métaux précieux ('Ils ne savent ce que signifient les mots d'or et d'argent. En un mot, tout ce que nous croyons précieux passe en leur jugement pour ridicule et pour recherche de bêtes,' p.140), absence de commerce et d'échanges, absence de tout processus d'accumulation des richesses. Les Australiens n'ont pas non plus d'industrie ni d'artisanat, bien qu'il soit fait mention d'"étoffes d'un ouvrage fort délicat' dont le narrateur rapportera d'ailleurs quelques échantillons pour preuve de son voyage. Les techniques, du reste rudimentaires, semblent ne s'appliquer qu'au seul domaine militaire. Les 'inventions' soigneusement notées dans le 'Livre des Curiosités publiques' relèvent, beaucoup plus que de la technologie, d'une forme de 'magie naturelle' qui imprègne encore largement certains courants de pensée du dix-septième siècle, comme le montre tel exemple pris au hasard: 'Prenant un verre d'eau de mer, y mêlant six onces de terre ou environ, y versant demie cuillerée du fruit du repos, mettant le tout empaqueté de feuilles sous l'aisselle environ six heures, il en sort une espèce de petit chien merveilleux'

---

12. Voir, par exemple, les trois castes que constituent dans *La République* de Platon les 'gardiens parfaits', les guerriers, les artisans et laboureurs.

(p.127).[13] Entre autres 'semblables merveilles' que contient le Livre des curiosités publiques, on mentionnera aussi plusieurs méthodes pour susciter l'apparition de divers animaux, la formule du mouvement perpétuel et une recette pour se rendre invisible. Quoi qu'en disent certains critiques,[14] nous sommes ici beaucoup plus près des recettes magiques du *Grand Albert* que de la science appliquée d'inspiration baconienne; *La Terre australe connue* n'est pas une utopie technologique. Peut-être faudrait-il voir dans ces étranges développements, avec Pierre Ronzeaud, outre la trace d'un symbolisme alchimique et, peut-être, une intention polémique orientée contre la conception chrétienne du miracle, l'illustration fabuleuse du principe philosophique de l'homogénéité du monde créé librement transmutable de règne en règne:

Un des éléments les plus surprenants de la nature australe, le prodigieux animisme universel qui assure son renouvellement éternel, tout comme l'auto-génétisme des Australiens, est, en effet, une métaphore de la création continuée. En même temps, les créations qui en résulteront traverseront les habituelles séparations en ordre végétal, minéral ou animal, illustrant 'expérimentalement' la dogme unitaire sur lequel repose la physique matérialiste des Australiens et le refus du spiritualisme chrétien.
Les transmutations auxquelles se livrent les Australiens dans leurs Exercices sont donc le lieu d'une vérification 'in libro' des thèses exposées dans les chapitres antérieurs.[15]

Si ces pratiques magiques indiquent effectivement une certaine forme de domination de l'homme sur la nature, il est à noter cependant qu'elles ne conduisent nullement à un aménagement productif du monde: les inventions australiennes suscitent l'émerveillement lié à l'étrange, mais ne servent à rien; ce sont des *mirabilia* sans aucune utilité pratique (à une exception près toutefois, et peut-être est-elle significative – le papier sur lesquel le narrateur consigne sa relation résulte de l'une de ces inventions, *T.A.*, p.128).

Quant à l'économie australienne, ou du moins ce que l'on nommera provisoirement ainsi, elle présente, certes, des traits spécifiquement utopiques tels que l'abolition de la propriété privée, la socialisation de la production, la distribution égalitaire des produits du travail, qui semblent bien correspondre à une forme de collectivisme économique. Certains commentateurs ont vu là, à tort, semble-t-il, l'intérêt essentiel de *La Terre australe connue*. Il est douteux en effet que Foigny ait voulu définir un modèle d'économie communiste duquel dériverait toute l'organisation de sa société imaginaire, à en juger par le caractère extrême-

13. L'ouvrage célèbre de Giambattista Della Porta (*De la magie naturelle*, 1558), largement traduit et diffusé, a exercé une influence considérable sur la fraction 'vitaliste' et anti-mécaniste de la pensée du dix-septième siècle. La présence du thème de la magie naturelle est patente dans l'œuvre de Campanella et dans celle de Cyrano.

14. Rihs, *Les Philosophes utopistes*, p.337.

15. Ronzeaud, *L'Utopie hermaphrodite*, p.151. Sur la possibilité d'une interprétation alchimique des inventions australiennes, voir Ronzeaud, p.154-55.

ment rudimentaire du tableau de la vie économique australienne. Ainsi l'option collectiviste suppose-t-elle – ce dont les utopistes sont en général parfaitement conscients – une organisation sociale et politique complexe: répartition contraignante du travail et de la main d'œuvre (c'est, par exemple, le 'service agricole' de More), planification de la production à partir d'une statistique prévisionnelle des besoins, stockage des réserves dans des greniers publics, règles d'échange et de distribution ... Rien de tout cela ici: l'unanimité sociale des Australiens, résultat d'une nature rationnelle si parfaite qu'elle rend inutiles l'Etat et les lois, permet également de se passer de toute organisation explicite des processus économiques. La rotation des activités quotidiennes fait de chaque Australien un producteur; la nature périssable des fruits constituant leur alimentation exclusive interdit la constitution de réserves et tout ce qui pourrait ressembler à un processus d'accumulation des richesses; la générosité de la nature et l'absence de commerce rendent les échanges inutiles; enfin, la distribution est assurée de la façon la plus simple à l'occasion des assemblées du matin (p.91).

Les Australiens du reste ont peu de besoins, et ceux-ci ne sont nullement valorisés. Ce n'est pas seulement le luxe qui leur est inconnu; tout ce qui concerne le corps et ses fonctions fait chez eux l'objet d'une sorte de tabou. Sexualité, reproduction, nourriture, excrétion relèvent pareillement de la sphère de l'animalité, donc de l'interdit. Manger est un acte quasi obscène, que les bienséances sociales invitent à dissimuler (p.120):

Bien loin de faire gloire de manger et d'être somptueux en festin, ils se cachent et ne mangent qu'en secret et comme à la dérobée. Ils n'ont nulle heure réglée pour leur repas parce qu'ils jugent que c'est une action trop animale, de laquelle un homme devroit s'abstenir s'il pouvoit.

Toute la nourriture est fournie par les jardins communautaires (Huids), de forme carrée. Les parterres sont divisés par douze allées concentriques plantées d'arbres fruitiers hiérarchiquement répartis selon leur fonction. On trouve à la périphérie les fruits les moins précieux, destinés à la nourriture; puis ceux qui fournissent la boisson; enfin ceux qui procurent le sommeil. Au centre, l''arbre de Béatitude' (Balf) assure, selon le nombre de fruits absorbés, le bonheur d'une ivresse heureuse, le sommeil ou la mort: c'est à eux qu'ont recours les vieillards autorisés à mettre fin à leurs jours.

La rigoureuse ordonnance des jardins laisse penser que leur fonction est tout autant ornementale que productive; plus exactement, l'aménagement ornemental de l'espace masque sa mission utilitaire au point de la faire entièrement oublier:

Leurs parterres sont émaillez de mille sortes de fleurs, les unes plus belles que les autres, et qui semblent se disputer l'avantage de l'éclat, de la variété des couleurs, et des charmes de l'odeur. Leurs allées y sont d'une longueur à perte de vue et d'une propreté à laquelle on ne sauroit rien ajouter. Tout cela est entrecoupé de mille pièces d'eau toutes différentes qui forment des bassins, des canaux, des cascades et tout ce que l'Art peut inventer pour le plaisir des sens.[16]

Les Huids, dont la finalité est pourtant de pourvoir aux besoins matériels des Australiens, évoquent le faste décoratif des parcs royaux plutôt que le prosaïsme d'un enclos potager – à moins qu'il ne faille y voir, avec Pierre Ronzeaud, l'image quelque peu hérétique d'un paradis terrestre déiste où la profusion naturelle s'offre librement à l'homme sans qu'il lui faille redouter la transgression fondatrice de la chute:

Ce Paradis Terrestre offert à l'homme par le Dieu rationnel et juste du Déisme diffère fondamentalement de celui créé, pour faire chuter l'homme, par le Dieu cruel et absurde du christianisme. Ici, l'espace naturel est offert à l'homme qui pourra y consommer les fruits de tous les arbres sans risquer de pécher.[17]

Si l'on retrouve en Terre australe un équivalent des principes économiques habituels dans les utopies, par la suppression de la propriété privée et de la monnaie, leur sens est ici tout différent. Le collectivisme – chez More, par exemple – vise à instaurer l'harmonie économique par une planification de la production, et la justice sociale par une répartition équitable de la consommation. Foigny conçoit, lui, une société non productive dans laquelle le terme même d'économie n'a plus aucun sens, puisque la nature pourvoit d'elle-même aux besoins de l'homme en échange d'un travail purement symbolique (*T.A.*, p.139):

Que peut-on penser de plus délicieux que de joüir d'un boire cordial, plus nourrissant et plus roboratif que toutes les boissons naturelles et artificielles de l'Europe, sans peine, sans travail et en se divertissant? Quel repos d'esprit pour les âmes Religieuses de pouvoir vivre quasi sans manger et sans boire, je veux dire sans être obligées de perdre et temps et argent à mille sortes d'apprêts, puisqu'on n'auroit besoin que de trois ou quatre morceaux d'un fruit doux et plus appétissant que nos viandes les plus substantielles et les mieux assaisonnées, et de boire d'une espèce de nectar naturel dont on ignore la délicatesse en nos pays, sans autre soin que de le recevoir de la nature après quelque médiocre culture.

iii. Une société sans Etat

Libérés par une nature bienveillante des servitudes matérielles de la vie, les Australiens échappent aux nécessités de la division du travail et à la répartition

16. p.127 (texte de l'édition de 1692).
17. Ronzeaud, *L'Utopie hermaphrodite*, p.269.

en castes qui en découle. Ajoutons que l'hermaphrodisme, en supprimant la différenciation sexuelle et la spécialisation biologique qui en résulte, accomplit sans effort le vieux rêve des utopies égalitaristes: effacer la distinction des sexes, abolir la famille, niveler les différences. L'institution familiale est en effet le cadre originaire de l'inégalité inter-individuelle: s'appuyant sur la séparation des rôles biologiques, elle consacre une répartition hiérarchisée des rôles sociaux d'autant plus difficilement récusable qu'elle se présente comme 'naturelle' dans son fondement. Chez les Australiens, où chaque individu est apte à remplir indifféremment toutes les fonctions biologiques et participe de façon non spécifique à toutes les activités sociales, ces distinctions n'existent pas. Etant strictement identiques ('notre gloire consiste à paroître les mêmes', dit le vieillard, p.103), ils sont aussi absolument égaux et comme interchangeables. Il ne s'agit pas seulement ici d'une égalité 'de droit', d'ordre économique, mais d'une véritable égalité de fait: le narrateur déclare n'avoir jamais pu déceler chez eux aucune différence d'intelligence ou de savoir. D'un Australien à l'autre, la somme des expériences individuelles, l'idéologie, l'acquis intellectuel et humain sont pleinement identiques. Il ne faut donc pas s'étonner de voir les individus partager spontanément les mêmes pensées et communier dans les mêmes desseins. Comme le dit le vieillard dans une formule qui fait significativement de la parfaite identité le critère d'une 'différence' ontologique, 'Il y a cette différence entre les vrais hommes et entre les demi-hommes, que toutes les pensées et toutes les volontez de ceux-là, étant parfaitement unies, sont les mêmes sans différence' (p.106).

La justification profonde de cette identité des êtres, c'est que tous communient dans la raison; l'Australien 'fait ce que sa raison lui dicte de faire; sa raison c'est la loy, c'est la règle, c'est son unique guide' (p.106). Les Australiens ignorent les passions humaines, qui nous rendent dépendants de ce qui est extérieur à nous-mêmes; le luxe, l'ambition, l'avarice qui caractérisent les 'demi-hommes' sont pour eux autant de notions incompréhensibles. L'aliénation de soi par la passion amoureuse leur est également inconnue, puisque 'l'amour est égal pour tous' (p.95): amour abstrait, impersonnel, qui ne relève pas de l'affectivité, encore moins de la sexualité. Ayant ainsi éliminé les passions et les sentiments, facteurs de différenciation individuelle et de dépendance, les Australiens s'identifient à la pure raison: 'Comme ils n'ont nul principe d'altération, ils vivent dans une espèce d'indifférence, sans autre mouvement que celuy que la raison leur imprime' (p.120). 'Indifférence' que l'on peut interpréter dans tous les sens du terme: ataraxie affective résultant de l'élimination des passions, soumission absolue de chacun au dictamen de la raison, mais aussi, et corrélativement, 'non différence' qui autorise la fusion complète et sans heurte dans la collectivité; tous soumis à la raison et communiant dans la volonté générale, les Australiens forment un seul être où chaque individu n'est qu'un fragment du corps social (p.107):

Cette union inviolable de tous, sans qu'ils sachent même ce que peut être division; [...] enfin cette attache si étroite à la raison qui les unit tous, et les porte à tout ce qui est bon et nécessaire, sont des fruits de personnes consommées en tout ce que nous pouvons concevoir naturellement de parfait.

On voit alors pourquoi, situation à peu près unique dans la littérature utopique, les Australiens vivent sans institutions, ni gouvernement, ni lois. Leur société est une société sans Etat parce que l'Etat est ici entièrement inutile, l'autorité politique étant sans emploi dans une nation où tous les citoyens, guidés par la raison, ne peuvent vouloir que la même chose.[18] Sans être en aucune façon une société démocratique, puisque le débat politique n'existe pas, la société australienne est égalitaire et sans contraintes:[19] il n'y existe ni maîtres ni esclaves, les rapports de servitude et de domination étant incompatibles avec l'essence de l'homme. C'est le principe qu'énonce le vieillard, dans une formulation qui, avec un siècle d'avance, annonce Rousseau et Kant (p.106):

Il s'étendit avec des propositions dignes d'admiration pour me faire comprendre qu'assujettir un homme à un autre homme, c'étoit l'assujettir à sa propre nature, et le faire aucunement esclave de soy-même, ce qui ne peut être sans contradiction et sans une violence extrême. Il me prouva que l'essence de l'homme consistoit en sa liberté, et que la lui vouloir ôter, sans la détruire, c'étoit le vouloir faire subsister sans son essence.

Les Australiens sont en effet pleinement libres, en ce sens que ne pèse sur eux aucun appareil d'Etat, puisqu'ils sont eux-mêmes le Souverain collectivement et chacun pour son propre compte.[20] Toutefois cette liberté n'est nullement anarchique.[21] Rien de moins libertaire en effet que ce totalitarisme de la raison qui ne tolère aucune forme d'expression sociale de la différence. Mais c'est une

---

18. D'où l'absence d'instances de commandement et même de hiérarchie militaire dans les opérations guerrières: 'Ce qui surpasse toute admiration, c'est de voir que *sans aucun conducteur, sans avertissement, et même sans se parler, ils savent se poster avec tant d'exactitude et d'adresse* que jamais soldat pour bien commandé et conduit qu'il soit, n'a été plus ponctuel ny mieux dressé qu'ils le sont [...] *Un chacun a la raison pour guide, à laquelle ils s'unissent tous*, avec un tel soin qu'on diroit, ou qu'ils ne font qu'un même, ou qu'ils sont autant d'admirables conducteurs qui n'ont qu'un même dessein, et un même moyen pour l'exécution' (p.141-42; mis en italiques par nous).

19. Le contenu des débats du Heb (p.126) reste assez imprécis. Il semble bien cependant que les 'disputes' prennent pour sujet des problèmes philosophiques généraux et ne concernent nullement l'administration de la cité.

20. 'Le roi a-t-il été vraiment expulsé? De fait, il s'est produit en chacun une infusion du souverain, et notamment de sa supposée faculté divinatoire en matière politique. On assiste donc non à la suppression de la fonction royale, mais à sa distribution' (Démoris, 'L'utopie, *Autre* du roman', p.401).

21. Le terme d''anarchie' appliqué par Antoine Adam à la société australienne paraît peu approprié, à moins qu'il ne faille l'entendre en son sens étymologique de 'société sans Etat' (A. Adam, *Les Libertins au XVIIe siècle*, Paris 1967, p.304).

liberté vide de tout contenu. L'Australien ne pouvant vouloir que le meilleur selon la raison, sa liberté se confond entièrement avec la nécessité rationnelle. Or, la fusion de la liberté et de la nécessité est, on le sait, un des attributs théologiques traditionnels de la personne divine. Si les Australiens ne sont pas des Dieux, ils sont cependant 'plus qu'hommes', à moins que nous ne soyons nous-mêmes 'moins qu'hommes' (*T.A.*, p.102).

16. Le problème théologique: divinisation de l'homme ou asservissement à la divinité?

Les Australiens de Foigny constituent en effet une humanité profondément différente de celle qui peuple le monde réel. Mais le terme même d'"humanité' est-il encore pertinent ici? Ce qui les différencie de l'homme tel que nous le connaissons, ce n'est pas seulement la particularité de leur structure sociale (le collectivisme égalitaire) ou de leur anatomie (l'hermaphrodisme) mais bien plutôt la spécificité du statut ontologique dont ces particularités sont le signe. Les Australiens, qui ne sont pas soumis aux conséquences du péché originel, jouissent en effet d'une plénitude et d'une autosuffisance inconnues de l'humanité déchue à laquelle nous appartenons. Pourtant, la conscience de leur perfection ne leur apporte pas le bonheur: entre l'Australien et l'idéal de divinisation de l'homme vers lequel il tend s'interpose l'image d'un Dieu lointain, muet et inaccessible, mais néanmoins despotique, qui exerce sur les êtres sa souveraineté et leur fait sentir cruellement leur dépendance. D'où le désespoir qui marque secrètement leur existence: dans un univers qui ignore le péché, mais aussi la rédemption et la grâce, la dialectique de l'homme et de Dieu reste bloquée sans issue possible sur une position conflictuelle. Le choix de la mort volontaire est alors l'unique moyen d'échapper à la dépendance à l'égard de la Divinité.

i. Le mythe de l'humanité préadamique

Selon l'hypothèse de Bayle, exposée dans l'article 'Sadeur' du *Dictionnaire historique et critique*, Foigny aurait tenté, dans *La Terre australe connue*, une sorte de reconstitution de l'humanité préadamique:

Peu s'en faut qu'on ait lieu de croire que Jacques Sadeur, qui qu'il soit, a voulu nous insinuer que ces gens-là ne descendent point d'Adam, mais d'un Androgyne, qui ne déchut point comme lui de son état d'innocence. Ce tour-là seroit assez bien imaginé pour tromper la vigilance des Censeurs de Livres, et pour prévenir les difficultez du Privilège, en cas qu'on voulût faire tenter fortune à un Système Préadamique. Si La Peyrere se fût servi de ce tour, il se seroit épargné bien des affaires. Cyrano de Bergerac s'en aida un peu dans ses voiages de la Lune et du Soleil. L'auteur de l'*Histoire des Sévarambes* n'a pas négligé peut-être cette finesse.[1]

1. Bayle, *Dictionnaire*, article 'Sadeur', p.110-11.

484

Bayle semble suggérer, avec prudence, qu'il existe une liaison entre les humanités utopiques (Australiens de Foigny, Sélénites de Cyrano, Sévarambes de Veiras) et le thème de l'homme préadamique. Point capital, car cette thèse renverse notre conception de l'utopie en la faisant apparaître comme une spéculation d'anthropologie théologique beaucoup plus que comme un mode de réflexion proprement politique ou social; elle revient d'autre part à lui enlever toute valeur exemplaire, puisque les institutions décrites sont le fait d'une humanité radicalement *autre*, ignorant le péché et la chute originelle. La thèse, nulle part formulée en clair dans le texte de Foigny, semble cependant confirmée par une série d'indices convergents: les Australiens ne sont pas issus du couple déchu de la Genèse, mais d'une race humaine bien antérieure dont les descendants n'ont pas été soumis aux conséquences du péché originel. On rejoint là une très ancienne tradition, constamment condamnée par l'Eglise officielle mais qui s'appuie sur quelques passages obscurs du texte biblique, notamment sur le récit de la Genèse et sur le chapitre de l'Epître aux Romains où saint Paul développe les conséquences du péché originel et les modalités de sa transmission.

L'hermaphrodisme des Australiens est du reste inséparable du mythe de l'humanité préadamique. On peut, certes, invoquer des sources très diverses qui pourraient expliquer la présence du thème: le mythe platonicien de l'androgyne exposé dans *Le Banquet*, de l'homme total et autosuffisant dont les deux moitiés, séparées par les dieux, s'épuiseront ensuite dans une recherche interminable de l'unité originelle; les divinités androgynes de la mythologie antique et, plus particulièrement, la légende d'Hermaphrodite et de Salmacis; les symboles de la bisexualité présents dans la tradition alchimique, notamment celui du phénix androgyne, image de l'éternel retour se perpétuant par auto-engendrement; les cas d'indétermination sexuelle anatomique tels qu'ils sont évoqués dans le discours médical du temps, avec les interrogations juridiques et religieuses qu'ils suscitent.[2] Mais la source essentielle de Foigny semble bien être un passage effectivement troublant du premier récit de la création de l'homme dans la Genèse: 'Elohim crée l'homme en sa forme / en forme d'Elohim il le crée. / Mâle et femelle il le crée'[3] – d'où l'idée d'un premier Adam bisexué non pécheur, ayant précédé le couple maudit du second récit de la Création dans la Genèse, dont nous sommes les descendants.

---

2. Platon, *Le Banquet*, 189e-193d; sur la légende d'Hermaphrodite etc., voir Marie Delcourt, *Hermaphrodite: mythes et rites de la bisexualité dans l'Antiquité classique* (Paris 1956); sur l'aspect contemporain médical etc., voir, notamment, l'article de J. P. Guicciardi, 'Hermaphrodite et le prolétaire', *Dix-huitième siècle* 12 (1980), p.49-77, qui comporte un important développement sur *La Terre australe connue*. Les sources du thème de l'androgynie font l'objet d'une analyse approfondie dans la somme érudite de Ronzeaud (*L'Utopie hermaphrodite*, p.24-62).

3. Genèse i.27-28, tr. André Chouraqui (Paris 1974), p.17.

Transmise par la tradition hébraïque et la Kabbale, souvent reprise (associée ou non au motif de l'hermaphrodisme) par certaines sectes dissidentes du protestantisme ou par certains mystiques qui y trouvent l'occasion d'une rêverie sur les origines, la thèse préadamique connaît une nouvelle faveur dans la seconde moitié du dix-septième siècle à l'occasion des débats sur la chronologie biblique que suscitent les progrès de l'exégèse vétéro-testamentaire et les discordances constatées avec certaines chronologies extra-occidentales.[4] Il n'est pas impossible que Foigny ait lu l'ouvrage où Isaac La Peyrère s'efforce d'étayer l'hypothèse préadamique par une analyse comparée des chronologies des différentes civilisations.[5]

La chronologie des Australiens, précisément, remonte beaucoup plus haut que la chronologie biblique, puisqu''ils comptent près de douze mille révolutions de Solstices' (*T.A.*, p.132); la 'révolution de Solstices' n'équivaut pas à six mois, mais à une année, puisque 'les Australiens comptent leurs années depuis le premier point du solstice du Capricorne jusqu'à la révolution du même point' (p.125). Ces annales sont consignées dans 'quarante-huit volumes d'une grosseur prodigieuse qu'ils conservent dans le Hab comme choses sacrées qu'on ne doit toucher qu'avec respect'. Sadeur ne manque pas de noter qu''il faut un génie très particulier et très subtil pour pouvoir lire et expliquer les révolutions des cinq premiers mille' (c'est-à-dire, celles qui couvrent la période antéadamique) et, dit-il, 'jamais je n'y pus rien comprendre' – ce qui le dispense opportunément de nous donner les explications attendues (p.132). Ainsi se justifie le tabou de parole qui pèse sur les annales australiennes et d'où il résulte que 'Quand ils sont parvenus à l'âge de trente ans, ils peuvent raisonner sur toute sorte de matières excepté sur celles du Haab et des Habes, c'est-à-dire

---

4. Bayle établit lui-même le rapprochement entre l'hermaphrodisme australien et le mythe préadamique que développe, à la même époque, la mystique flamande Antoinette Bourignon: 'Si vous exceptez l'influence du péché, la doctrine d'Antoinette Bourignon et celle du philosophe australien se ressembleront comme deux gouttes d'eau, Antoinette dit, en effet, "que le péché a défiguré dans les hommes l'œuvre de Dieu, et qu'au lieu d'hommes qu'ils devraient être, ils sont devenus des monstres dans la nature divisez en deux sexes imparfaits, impuissans à produire leurs semblables seuls, comme se produisent les arbres et les plantes, qui, en ce point, ont plus de perfection que les hommes ou les femmes, incapables de produire seuls, ains par conjonction d'un autre et avec douleur et misère"' (*Dictionnaire historique et critique*, cinquième édition, Bâle 1738, article 'Sadeur', iv.110).

5. Isaac La Peyrère, *Praeadamitae, sive exercitatio super versibus duodecimo, decimotertio et decimoquarto capitis quinti Epistolae D. Pauli ad Romanos: quibus inducuntur primi homines ante Adamum conditi* (Amsterdam 1655). La Peyrère s'appuie sur le texte biblique, ainsi que sur les chronologies chaldéenne, égyptienne et chinoise. Il montre que s'y est conservée la tradition d'une humanité bien antérieure à Adam selon la chronologie biblique, laquelle place la Création environ 4 000 ans avant la naissance du Christ (4004 ans, exactement, selon le comput du canon ecclésiastique), et suggère que les Terres australes pourraient sans doute nous livrer des chronologies tout aussi anciennes si nous pouvions y avoir accès. Voir Paul Cornelius, *Languages in seventeenth and early eighteenth-century imaginary voyages* (Genève 1965), p.66.

de la Divinité et de leurs Annales' (p.133): l'interdit signale ici tout à la fois le sacré australien de l'origine et le risque d'hérésie encouru par l'auteur du livre.

C'est à propos de la nudité australienne que la référence au thème préadamique s'exprime de la façon la plus nette, comme en témoignent les réflexions du narrateur:

> Nous sommes venus nuds et, autant de temps que nous sommes demeurez innocens, autant de temps notre nudité nous a été agréable. Il n'est que le péché qui nous ait donné de l'horreur de nous-même et qui, ayant sali notre âme devant Dieu, nous ait rendus insupportables. *A voir ces gens, on diroît facilement qu'Adam n'a pas péché en eux*, et qu'ils sont ce que nous aurions été sans cette cheute fatale.[6]

Les vêtements et la pudeur sont donc, comme le dit d'ailleurs fort clairement la Genèse, des stigmates du péché originel.

Le mythe qui rend compte de l'origine des 'hommes entiers' évite soigneusement toute référence au récit biblique: 'Ils enseignent que leur origine est du Haab ou d'une divinité, qui en souffla trois en même qu'ils nomment par leurs noms, d'où tous les autres sont venus.'[7] Les Australiens ne sont donc pas soumis à la malédiction originelle. Ces 'hommes entiers' définissent une humanité sans péché, conforme à la plénitude de sa nature première, soustraite à la malédiction du travail et de l'enfantement dans la douleur – les mères australiennes accouchent 'sans jeter du sang et sans faire semblant d'avoir souffert' (p.119) – libérée

---

6. p.105 (mis en italiques par nous). On trouvera des réflexions analogues chez Antoinette Bourignon: 'Si Adam fût demeuré dans l'innocence, il n'aurait pas eu de vergogne d'être nu; [...] il n'avait pas besoin de se couvrir avant qu'il eût péché parce que son corps était plus beau et plus artificiellement élaboré que ne pourront jamais être les plus précieuses étoffes avec quoi l'on le pouvait couvrir; mais l'imagination étant troublée par le péché lui fit voir les choses belles comme laides [...] De là vient qu'ils ont regardé les choses naturelles comme honteuses' (Antoinette Bourignon, *La Lumière du monde*, Amsterdam 1679, troisième partie, p.25; cité par René de Planhol, *Les Utopistes de l'amour*, Paris 1921, p.113).

7. *T.A.*, p.132. Pourquoi trois, puisque les Australiens ont la faculté de s'autoreproduire? Sans doute s'agit-il à la fois d'éviter la référence à Adam, créature unique, et de bannir la relation de couple, odieuse aux Australiens. On comparera avec le mythe australien sur l'origine des 'demi-hommes', laquelle se situe 'après cinq mille révolutions', ce qui donne à la race humaine environ sept mille ans d'âge. Le mythe est clairement une réinterprétation de la Genèse: un 'homme entier' (hermaphrodite) violé par un serpent donne naissance à deux enfants des deux sexes; dès l'enfance, ceux-ci montrent 'plusieurs signes de malice et beaucoup de brutalité'; dédaignant les fruits, ils ne vivent 'que de chasse et de pêche, comme des bêtes carnassières' (p.132-33). Les hommes sont donc issus de la race du serpent, lequel n'est plus seulement ici le tentateur du récit biblique. Là est la véritable malédiction originelle: l'homme est un mixte monstrueux d'animalité et d'humanité 'pleine', issu d'un accouplement interdit. La relation est évidente avec le mythe congolais des hommes-tigres (p.80; voir ci-dessus, ch.14, §iii); les implications profondes du scandale que provoque l'accouplement de Sadeur avec une Fondine s'en trouvent également éclairées.

Ajoutons que le mythe rend parfaitement compte de ce qui différencie 'hommes entiers' et 'demi-hommes' selon l'idéologie australienne: séparation des sexes, reproduction sexuée, alimentation carnée constituent ici les critères de distinction entre vraie et fausse humanité, de même d'ailleurs qu'entre le monde animal et le monde humain.

même des humiliantes servitudes excrémentielles du corps ('Les excréments qu'ils jettent sont en si petite quantité qu'on diroit qu'ils n'en rendent point'; 'à peine rendent-ils quelques excréments en huit jours', p.119, 120),[8] pour ne rien dire de l'inégalité, de la propriété privée et de l'argent, stigmates sociaux de l'imperfection de l'homme dans le monde réel.[9]

Etres parfaits, souverainement libres, soustraits aux passions humaines ainsi qu'à toute forme de dépendance économique ou politique, les Australiens sont ainsi pleinement autonomes et autosuffisants. Le principe d'autarcie qui définit l'homme australien trouve sa traduction symbolique dans l'hermaphrodisme et la reproduction non sexuée (par parthénogenèse ou autofécondation) qu'il autorise. Chez les demi-hommes et chez les animaux, le concours des deux sexes est nécessaire, d'où l'imperfection du produit et la dépendance: le désir est toujours désir de l'Autre, donc déperdition du moi dans la quête de l'altérité (*T.A.*, p.99-100):

Cette division d'opération ne peut faire une union si parfaite qu'elle fasse une identité, c'est pourquoy le produit ne peut être sans beaucoup de deffauts, et la nature qui a besoin des deux ensemble pour produire, les oblige de se rechercher, faisant que l'un soit en langueur autant de tems qu'il est absent de l'autre.

La dépendance vis-à-vis de l'autre qui régit l'existence des êtres sexués explique que le vieillard australien se refuse à leur accorder le bénéfice de la raison (p.98). Par contre, chez les Australiens, la coexistence des deux sexes en un même individu élimine le désir; à l'image de l'androgyne platonicien, l'Australien est placé sous le signe de l'immanence et de l'autosuffisance. Comme Dieu crée *ex nihilo*, l'Australien peut créer un semblable sans qu'il lui soit nécessaire de recourir à un autre être ou à quoi que ce soit d'extérieur à lui-même; ce n'est pas un hasard si, à propos de la reproduction australienne, le narrateur évoque 'ce que notre Théologie enseigne de la production de la seconde personne de la Sainte-Tinité, et de tous ses effets au dehors de la Divinité' (p.100); on pourrait aller jusqu'à dire que l'Australien est cause de soi, comme Dieu lui-même.

8. Le thème excrémentiel, qui prendra chez Swift l'ampleur que l'on sait, est déjà présent dans *La Terre australe connue*; il y fonctionne comme critère distinctif de l'animalité opposée aux 'hommes entiers'.

9. Bayle a bien vu la cohérence profonde des traits de comportement apparemment très divers que Foigny prête à ses Australiens: 'Il leur attribue bien des choses qui ne conviennent qu'à l'état d'innocence: comme de n'avoir point de honte de leur nudité, de s'aimer tous d'un amour cordial, de ne se quereller jamais, de ne savoir ce que c'est que le mien et le tien, d'avoir tout commun entre eux avec un désintéressement admirable; d'enfanter sans douleur, de ne sentir aucun mouvement d'impudicité; d'être forts, robustes et vigoureux, sans que leur santé soit jamais altérée par la moindre maladie, de faire peu de cas de la vie, en comparaison du repos éternel qui la suit et après lequel ils soupirent' (*Dictionnaire*, article 'Sadeur', Remarque C: 'Que ces gens-là ne descendent point d'Adam', p.110-11).

La conscience de l'autosuffisance aboutit à un anthropocentrisme forcené: l'Australien ne cesse de se célébrer lui-même ('L'homme n'a rien de plus beau que l'homme même', dit le vieillard, p.105) et d'exalter sa perfection d'être souverainement libre et rationnel. Divinisation de l'homme? Et pourtant, les Australiens savent qu'ils ne sont pas des dieux. La connaissance d'un Dieu tout-puissant, à la fois infiniment lointain et infiniment despotique, leur fait sentir tragiquement leur finitude. Par-delà l'apparente autosuffisance, le vide ontologique ronge leur existence et les pousse à désirer la mort.

ii. Théologie négative et religion de l'ambiguïté

Comme la reproduction et les annales de l'utopie, la religion australienne fait l'objet d'un tabou extraordinairement rigoureux: 'C'est un crime inouÿ que d'en parler, soit par dispute, soit par forme d'éclaircissement' (p.108). Cet interdit renvoie, comme toujours, à deux motivations fort différentes. L'une, extérieure à l'univers du roman, concerne Foigny en tant qu'auteur. Ce chapitre 6, 'De la religion des Australiens', est le plus scandaleux du point de vue de l'orthodoxie religieuse: il révèle un Foigny libertin, déiste et anti-chrétien. Très significativement, il sera amputé de l'essentiel de sa substance dans l'édition de 1692, perdant plus des quatre cinquièmes de son développement. Mais l'interdit est également justifié par des raisons intraromanesques: la conception australienne de Dieu met en évidence de graves contradictions à l'intérieur de l'univers utopique. Le discours théologique est censuré en Terre australe parce que, peut-on penser, en faisant éclater ces contradictions, il pourrait mettre en péril l'unanimité sociale et l'unité idéologique de l'utopie. Ainsi s'explique que 'leur grande Religion est de ne point parler de Religion' (p.108). Et pourtant, il ne s'agit nullement ici d'un 'athéisme à peine déguisé', comme l'écrit un commentateur.[10]

L'existence de Dieu dans la théologie australienne n'est pas de l'ordre du certain, mais seulement du probable. Le vieillard examine successivement deux hypothèses: ou l'ordre du monde implique un Dieu créateur; ou il résulte seulement du dynamisme interne de la matière et des combinaisons fortuites des 'petits corps'. Ce matérialisme atomistique d'origine épicurienne, très répandu chez les libertins, trouvera une illustration saisissante dans le *Voyage dans la lune* de Cyrano. Foigny le présente comme une hypothèse recevable, en dépit des difficultés qu'elle suscite (*T.A.*, p.110):

Quand même on pourrait accorder que l'éternité de ces petits corps est possible, parce

---

10. P. Sage, *Le 'Bon prêtre' dans la littérature française d'Amadis de Gaule au Génie du christianisme* (Lille, Genève 1951), p.159 (cité par Trousson, *Voyages aux pays de nulle part*, p.107).

qu'il est certain que l'autre opinion est au moins autant pour ne pas dire plus probable que celle-là, c'est s'exposer à un crime volontaire de la laisser pour favoriser des corps sans sentiment et incapables d'aucune reconnoissance [...] Enfin cette proposition est très probable, et on ne peut que bien faire en la suivant: l'autre est dangereuse, et on ne peut y acquiescer sans se déclarer coupable.

La croyance en un Dieu créateur et ordonnateur du monde résulte donc d'un pari de type pascalien, soutenu toutefois par une argumentation résultant des seules lumières de la raison naturelle: l'ordre du monde et sa simple existence impliquent une cause première génératrice de l'univers et une intelligence suprême qui le maintient dans son ordre – c'est le 'Souverain Etre', 'grand Architecte et suprême Modérateur' (p.109). Ce seul énoncé laisse déjà présager que la doctrine religieuse australienne présente tous les caractères de ce qui sera plus tard le déisme des Lumières, avec des formulations parfois étonnamment pré-voltairiennes. Il existe un lieu spécifiquement consacré à l'activité religieuse – le Hab – mais le culte, réduit à une méditation silencieuse sans démonstration extérieure, ne comporte ni rites, ni liturgie, ni prêtres. Les Australiens récusent la prière en tant qu'elle est prière de demande: on ne peut 'prier [Dieu] sans l'offenser', puisque c'est le supposer ignorant et changeant, alors que 'Quant à nous, nous concevons cet Etre Souverain comme incapable de changement et comme voulant toujours ce qui est plus parfait' (p.115). Le vieillard récuse également toute forme de révélation. La critique, très radicale, s'appuie sur deux arguments: Dieu est un être infiniment lointain, qui ne se soucie pas de troubler l'ordre de la nature pour se manifester aux hommes, parce que 'nous sommes si peu de chose à son égard que nous ne méritons pas qu'il fasse aucun état de nous, ny qu'il nous considère en façon quelconque' (p.113). Et (ce qui situe Foigny comme précurseur du scepticisme critique de Bayle plutôt que comme l'héritier de la tendance radicale et matérialiste du courant libertin) quelle foi accorder aux témoignages sur lesquels reposent révélation et miracles?[11] Les Australiens enfin, comme la plupart des déistes, ne croient pas à l'immortalité personnelle de l'âme; ils admettent cependant une sorte d'immortalité impersonnelle résultant de la participation de chaque être à 'un génie universel qui se communique par parties à chaque particulier, et qui a la vertu, lorsqu'un animal meurt, de se conserver jusques à ce qu'il soit communiqué à un autre' (*T.A.*, p.117), selon une conception apparentée à la vieille doctrine stoïcienne de l'"Ame du monde' ou, peut-être, au spinozisme.[12]

11. Pour Cyrano, par exemple, la réalité physique du 'miracle' peut fort bien être indiscutable, mais le phénomène s'explique, sans recours au surnaturel, par le dynamisme interne de la matière et par la puissance sur les choses de l'imagination et du désir (*Voyage dans la lune*, p.111-12).

12. Selon l'interprétation de Paul Vernière, *Spinoza et la pensée française avant la Révolution* (Paris 1954), i.216. On peut cependant s'interroger sur la diffusion effective du spinozisme en 1676: aucun ouvrage du philosophe hollandais n'a été traduit à cette date, et les textes le plus importants

16. *Le problème théologique*

Il en résulte que tout ce qui définit traditionnellement l'Etre divin et la relation entre l'homme et Dieu se trouve ici envisagé sur le mode de l'absence. La théologie australienne est une théologie négative: Dieu est l'être sur lequel on ne peut tenir aucun discours. Le Dieu australien (le Haab) est en effet donné pour incompréhensible, motif pour lequel les Australiens censurent tout discours théologique explicite: 'C'est la raison qui nous oblige de n'en point parler parce que nous sommes persuadez qu'on n'en sauroit parler sans faillir.' La spéculation religieuse, pensent-ils, ne peut susciter que la division et la discorde, puisque 'c'est une suite nécessaire que parlant d'une chose incompréhensible, on en parle avec beaucoup de diversité': d'où, en effet, les conflits confessionnels de l'Europe, où le débat théologique est licite (*T.A.*, p.111).

Ce développement appelle deux remarques: l'impossibilité d'un discours théologique unitaire, même chez ces êtres qui ne sont que pure raison, semble montrer que le domaine religieux échappe à l'emprise de cette dernière; surtout, on voit ici que l'unité sociale et intellectuelle des Australiens, issue de la participation de tous les individus à la commune raison, vient se briser sur le problème théologique. Le mieux sera donc de 'ne prononcer nulle parole et de laisser un chacun dans la liberté d'en penser ce que son esprit lui en suggère', seul moyen d'éviter les divergences (p.111). Cette solution est grave de conséquences. La cohésion idéologique de l'utopie n'est maintenue qu'au prix d'un interdit de parole permettant de masquer la diversité des opinions. Ainsi se trouve réintroduite la différence dans l'univers de l'identité, mais hypocritement dissimulée par le tabou et superficiellement occultée par l'identité des pratiques cultuelles; celles-ci sont d'ailleurs réduites à l'immobilité et au silence, c'est-à-dire à une sorte de degré zéro du comportement religieux, délibérément ramené à l'attitude la plus neutre et la moins signifiante possible – d'où l'étonnement quelque peu scandalisé que suscitent auprès des Australiens les génuflexions du narrateur (p.115).[13] Dieu n'est donc ainsi que le dénominateur commun de la diversité des opinions religieuses.[14]

ne seront publiés qu'après sa mort. Toutefois, le *Tractatus theologico-politicus* a paru dès 1670, et Pierre Ronzeaud suppose que Foigny aurait pu en avoir connaissance. Il est également possible, selon l'hypothèse de J. S. Spink (*La Libre pensée française de Gassendi à Voltaire*, tr. Paul Meier, Paris 1966, p.309), que Foigny ait lu *La Religion des Hollandais*, de Stouppe (1673), premier ouvrage de vulgarisation d'un spinozisme d'ailleurs grossièrement déformé.

13. A la suite de Lanson, Bovetti-Pichetto signale que ce culte silencieux doit peut-être quelque chose à la tradition protestante, qui reprend volontiers à son compte les paroles des Psaumes: 'le silence est notre louange' ('Gabriel de Foigny, utopista e libertino', p.388).

14. Situation quelque peu analogue dans *L'Utopie* de More, où coexistent deux systèmes religieux, l'un (au plus haut point particularisé) familial et privé, l'autre public et collectif, mais suffisamment vague et indifférencié pour accueillir œcuméniquement l'extrême diversité des croyances individuelles (éd. Prévost, p.580-621). Une orientation analogue, on l'a vu, se fait jour chez Veiras.

iii. Du dieu caché à la divinité sadique

La religion australienne n'est pas une véritable 'religion' au sens étymologique du terme. Elle ne relie rien ni personne, si ce n'est, au prix d'une ambiguïté quelque peu hypocrite, les Australiens entre eux. Elle n'instaure en tout cas aucune relation de l'homme à Dieu, puisque tous les instruments de médiation – prêtre, prière, liturgie – ont été éliminés. Le Dieu australien est un être infiniment lointain, absent, indifférent ('nous sommes si peu de chose à son égard'), à la façon des dieux d'Epicure, qui n'interviennent pas dans les affaires des hommes. Transfuge du catholicisme et, plus tard, de la religion réformée, Foigny a rencontré sur sa route les divers courants religieux de son temps. 'Cet Etre des Etres qui ne se découvre non plus que s'il n'étoit pas' (*T.A.*, p.110) évoque aussi par bien des aspects le *Deus absconditus* des jansénistes, mais sans problématique de la grâce et sans aucune possibilité de salut: les Australiens, n'étant pas soumis au péché originel, ne peuvent pas non plus être sauvés. Il s'agit donc d'une religion privée de la dimension de l'espérance; c'est la raison pour laquelle la révélation chrétienne est, en ce qui les concerne, totalement irrecevable: comment prétendre apporter la rédemption à une humanité qui n'a jamais connu la chute? D'où, peut-être, le fait que le narrateur renonce à communiquer cette révélation comme sa foi chrétienne (affichée) lui en fait le devoir. L'obstacle ne réside pas ici dans le farouche rationalisme des Australiens, invoqué comme excuse à son abstention, mais bien dans la non-pertinence du christianisme auprès d'une humanité préadamique non pécheresse.

Au sein d'une théologie qui ne fait aucune place à l'espérance du salut et qui, de plus, censure toute possibilité d'interpellation de Dieu par la médiation de la prière, la relation de l'homme à Dieu cesse d'être relation dialectique de réciprocité pour se transformer en lien univoque de dépendance. En violation flagrante de l'idéologie australienne d'absolue souveraineté de l'homme, d'autonomie et de non-dépendance, le rapport de Dieu à l'homme est un rapport de maître à esclave:

Nous savons que nous sommes fort nobles, fort parfaits et dignes d'une éternité. Nous voyons que, nonobstant ces excellences, nous sommes obligez de dépendre de mille pièces qui sont beaucoup au-dessous de nous, *et que nous sommes soumis à la liberté d'un Souverain qui ne nous a faits que pour nous changer*, quant et comme il veut, *et qui fait consister sa toute-puissance à nous détruire* autant qu'à nous faire exceller [...] Nous nous considérons comme des personnes qu'on n'élève que pour les rendre plus malheureuses, en quoy on nous traite pis que des bêtes et il faut être plus insensible qu'elles pour n'en être pas persuadé.[15]

15. p.123 (mis en italiques par nous). Commentant ce passage-clé, Pierre Ronzeaud, qui soutient la thèse de l'absolue cohérence philosophique du livre en tant qu'exposé d'un idéal déiste, rconnaît qu'"il est évident que, si on les prend comme telles, ces paroles détruisent tout le système déiste'

L'homme est donc livré sans défense à l'arbitraire tout-puissant d'un Dieu persécuteur et sadique qui ne crée les êtres que pour le plaisir de les détruire. Par un étrange phénomène de retour du refoulé, la société australienne transpose dans le domaine religieux de la relation de l'homme à Dieu les rapports de servitude et domination exclus du champ du politique grâce au principe d'identité et d'égalité inter-individuelles.

iv. L'aspiration à la mort

L'existence australienne, sans autre horizon que purement terrestre, puisqu'il n'y a ni salut ni survie personnelle de l'âme, ne trouve son sens ni en elle-même ni dans l'espoir d'un au-delà; elle est vécue dans la conscience aigüe de son inanité et de son absurdité. Séparé de lui-même par la conscience de son inéluctable dissolution, l'Australien n'adhère pas à sa propre existence. C'est une possession viagère (*T.A.*, p.122-23),

> un bien étranger que nous ne pouvons posséder qu'en fuyant. Le temps que nous la conservons nous est à charge parce qu'il ne sert qu'à nous faire regretter un bien qu'on nous ôte plus facilement qu'on ne nous le donne. Enfin nous nous ennuyons de vivre, parce que nous n'osons pas nous attacher à nous-mêmes de toute la tendresse que nous pourrions avoir.

'Seroit-il bien possible qu'on pût aimer une telle vie?', se demande le vieillard (p.122). La haine de soi comme être voué à la destruction conduit au dégoût de la vie et à l'aspiration à la mort: 'Ils sont persuadez que ce que nous appelons la mort est leur repos, et que le plus grand bien de la créature est d'y retourner au plus tôt' (p.120). En effet, c'est justement cette aspiration à la mort qui constitue, dans l'idéologie australienne, le critère distinctif essentiel qui sépare l'homme de l'animal.

Peut-on affirmer, avec Lanson, que 'l'origine de ces idées est purement chrétienne'?[16] Il ne le semble pas, car ce dégoût de la vie ne naît pas d'un sentiment d'imperfection: tout au contraire, l'Australien se voit lui-même

---

(*L'Utopie hermaphrodite*, p.231). Pour rendre compte de la contradiction, il avance trois hypothèses longuement argumentées (p.233-35):

1. hors de toute référence chrétienne, ce développement pourrait seulement viser à justifier la mort volontaire des Australiens (ce qui ne contribue guère à lever la contradiction);
2. il pourrait s'agir d'une parodie d'un certain christianisme 'tragique' d'inspiration augustinienne qui reviendrait à montrer l'absurdité de la croyance en une telle divinité (mais rien dans le texte n'autorise cette interprétation);
3. on peut y voir également la manifestation 'd'un pessimisme absolu renvoyant dos à dos christianisme et déisme'.

16. Lanson, 'Origines et premières manifestations de l'esprit philosophique', cité par Lachèvre, *Le Libertinage*, xii.120.

comme un être parfait ('La veuë de nos perfections fait un autre tourment, puisqu'on ne peut les considérer que comme des biens passagers qui ont tant coûté pour être incontinent perdus,' *T.A.*, p.121), le scandale étant précisément que cette perfection soit vouée à l'anéantissement, victime 'd'une cause supérieure qui se plaît de nous détruire' (p.122). Rien de chrétien ici; on serait plutôt tenté de voir dans l'aspiration à la mort une sorte de révolte – la seule possible – contre les caprices d'un Dieu inaccessible. Cette révolte s'exprimera paradoxalement par le choix volontaire de la mort, c'est-à-dire par une reprise en charge personnelle de la fatalité qui la motive. Les Australiens se suicident *parce qu'ils* se savent condamnés à mourir: c'est affirmer donc leur liberté au sein même de la nécessité personnellement réassumée, voler, en quelque sorte, leur mort au Dieu jaloux en choisissant le jour et l'heure de leur disparition. Les fruits de l'arbre Balf, absorbés en nombre suffisant, assurent, en même temps qu'une mort paisible et douce, la satisfaction d'échapper à l'arbitraire despotique de la Divinité.

L'expérience de la condition mortelle conduit donc fort logiquement à la conclusion que la mort est préférable à la vie, le néant à l'être transitoire; la raison, valeur suprême des Australiens, montre clairement que la vie ne vaut pas d'être vécue. Chez ces êtres parfaitement rationnels, un suicide général devrait logiquement résulter de cette conviction. C'est du reste, nous dit le vieillard, ce qui faillit arriver il y a quelques siècle: 'Nos Ancêtres étoient tellement convaincus de cette vérité qu'ils cherchoient de mourir avec empressement.' Devant la catastrophe démographique qui en résulta, 'on trouva des raisons pour convaincre ceux qui restoient de s'épargner quelque temps. On leur remontra qu'il ne falloit pas rendre inutile une si belle et si grande terre; que nous faisions un ornement de cet Univers, et que nous devions complaire au premier Souverain de toutes les façons' (p.124). L'équilibre démographique étant retrouvé, l'institution des 'lieutenants' permet de le stabiliser de façon définitive.

Cet épisode de l'histoire utopique appelle plusieurs remarques. La première difficulté consiste à identifier ce 'on' qui invite les Australiens à reconstituer leur démographie, donc à préférer la vie à la mort en dépit de leur intime conviction. 'On', mais qui? L'Etat? Le législateur? Mais nous savons qu'il n'existe en Terre australe ni lois ni structures politiques. La mystérieuse entité qui contraint les Australiens de vivre semble donc impliquer qu'il existe en Terre australe, malgré toutes les dénégations antérieures, une instance sociale supérieure à la volonté individuelle et qui poursuit des fins contraires à celles de l'individu. Ainsi se trouve réintroduite au sein même de l'utopie la contradiction que celle-ci se proposait précisément de résoudre, c'est-à-dire l'opposition de l'individu et de la société.

16. *Le problème théologique*

On peut observer au demeurant le caractère bien peu convaincant des raisons invoquées pour justifier l'interdiction du suicide: il faut, nous dit le texte de 1692, dont la formulation est ici plus claire, 'endurer la vie quand ce ne seroit que pour complaire au Souverain Maître qui nous l'avoit donnée'.[17] Mais l'argument est contradictoire: il faut vivre, nous dit-on, puisque la vie est un don divin; mais on a vu que ce don est sans valeur, puisqu'il n'est accordé que pour être aussitôt retiré par le cruel caprice d'un Dieu-despote. L'instance sociale anonyme, en promulgant la loi qui oblige à vivre, apparaît donc comme une émanation nouvelle de la Divinité sadique, dont elle prolonge les desseins. Ne convient-il pas de voir en Dieu et en la société (envisagée comme instance supra-individuelle) deux expressions d'une sorte de 'surmoi' poursuivant une finalité opposée aux aspirations de l'individu?

Enfin et surtout, s'il est vrai que la raison engage à préférer la mort à la vie, les Australiens, *par leur existence même*, renient cette raison à laquelle ils prétendent s'identifier. Cette contradiction fondamentale pèse sur l'ensemble de l'univers utopique de *La Terre australe*; elle ne peut que jeter le doute sur la validité et la cohérence de l'architecture mentale qui le sous-tend. Etrange tableau d'un monde où tout dans l'existence est rationnel, sauf, précisément, l'existence.

17. p.124 (variante de l'édition de 1692).

17. L'idéologie australienne et ses contradictions

CONFRONTÉS avec le problème religieux, les Australiens voient s'effondrer quelques-unes des certitudes sur lesquelles s'appuie leur orgueil: autosuffisance et absolue souveraineté de l'"homme entier', parfaite identité des pensées et des vouloirs individuels assurée par la communion de tous dans la raison. Or, l'idée de Dieu, échappant à une saisie rationnelle unitaire, introduit dans la société australienne une diversité d'opinions masquée par le silence et fait sentir à ses habitants leur profonde dépendance. Enfin, la raison peut-elle encore prétendre régir leur existence si le fait même d'exister apparaît comme une négation de la raison?

Ces exemples montrent suffisamment quelles contradictions peuvent s'instaurer entre la représentation que la société australienne se fait d'elle-même et la façon dont elle vit cette représentation – ou, si l'on préfère, entre la pratique sociale effective et l'idéologie qui supporte cette pratique. Nous retrouverons des contradictions analogues à propos de la nature, seconde valeur fondatrice, avec la raison, de la société utopique. De même, les étranges relations que les Australiens entretiennent avec le monde animal ou 'demi-humain' permettent de mettre en évidence l'idéologie d'absolue séparation de l'humain et de l'infra-humain tout en trahissant l'obsession d'une insidieuse contamination. En installant au sein de la société australienne, par sa personne et par ses actes, la représentation concrète de la continuité et de la solidarité des règnes, le narrateur fera éclater le caractère purement idéologique de ce principe de séparation.

i. Idéologie de la Nature et réalité de l'artifice

L'Australien se veut pleinement conforme à la vérité de la nature.[1] Or, les comportements réels vont le plus souvent à l'encontre de l'idéologie de la Nature ainsi affichée. Comme le dit fort justement Henri Coulet, 'ces êtres naturels ont en réalité horreur de la nature'.[2]

L'espace australien, on le sait, ne doit rien à la spontanéité désordonnée de la nature: édifices et jardins, tout y est au contraire régi par une vision

---

1. Voir, par exemple, la discussion sur la nudité et le vêtement – 'Comment s'est-il pu faire que tout un monde embrassât ce qui est si contraire à la Nature? Nous naissons ce que nous sommes et on ne peut nous couvrir sans croire que nous sommes indignes d'être veus' (*T.A.*, p.104).

2. Coulet, *Le Roman jusqu'à la Révolution*, i.283.

géométrique du monde et par un réseau de corrélations numériques; le travail d'arasement des montagnes révèle une volonté, dans tous les sens du terme planificatrice, de soumettre la diversité du donné naturel à l'unité d'un quadrillage égalitaire dans lequel s'affirme la toute-puissance de l'homme sur les choses. Il ne s'agit pas, comme on pourrait le penser, d'aménager la nature pour la rendre productrice – ces gigantesques travaux n'ont guère d'utilité pratique – mais plutôt de l'annuler au profit d'un ordre artificiel: le territoire australien, entièrement refaçonné par l'homme, fait passer dans le champ de la Culture ce qui relève normalement de celui de la Nature.

On remarquera la même volonté de substituer l'artificiel au naturel dans les relations que les Australiens entretiennent avec leur propre corps et avec les fonctions biologiques qui s'y rattachent. Certes, la nudité australienne est expressément référée à l'idéologie de valorisation du donné naturel: à la différence des 'demi-hommes', qui dissimulent la nature sous les 'superfluitez' vestimentaires (*T.A.*, p.103), les Australiens sont fiers de se montrer tels que la nature les a faits. On peut toutefois se demander si elle ne renvoie pas à un idéal social de transparence plus qu'à un idéal 'naturel' d'authenticité. Elle a le sens d'une proclamation visible de l'identité inter-individuelle; c'est aussi un critère immédiat de différenciation entre Australiens et 'demi-hommes', et un moyen de contrôle de la collectivité sur l'individu: le narrateur s'en apercevra à ses dépens lorsque certains 'mouvements déréglés' au contact de ses 'frères' susciteront le scandale (p.119). Il faut donc y voir une institution sociale beaucoup plus que l'expression d'une conformité à la nature.

Dans le même ordre d'idées, les Australiens tendent à censurer tout ce qui se rapporte aux fonctions biologiques du corps. Il a déjà été question du secret rigoureux qui pèse sur la sexualité – si elle existe – et sur la reproduction. Les réticences du narrateur, certaines contradictions de son discours aussi, où le long exposé du vieux Suains coexiste bizarrement avec des affirmations d'ignorance, font de l'hermaphrodisme, selon l'expression de Georges Benrekassa, le 'point aveugle' du récit.[3] 'Ils les produisent [les enfants] d'une façon si secrète que c'est un crime entre eux de parler de "conjonction" de l'un avec l'autre à cet effet', nous confie Sadeur en une formule bien ambiguë (*T.A.*, p.95): la 'conjonction' serait-elle donc nécessaire à la reproduction australienne comme elle l'est aussi chez les 'demi-hommes'?[4] C'en serait fait alors de

---

3. G. Benrekassa, 'Anthropologie, histoire et utopie: le cas des *Aventures de Jacques Sadeur*', *Le Concentrique et l'excentrique: marges des Lumières* (Paris 1980), p.272.
4. Pour P. Ronzeaud (*L'Utopie hermaphrodite*, p.39), la reproduction australienne semble découler d'une autofécondation conforme au système oviste qui a alors la faveur des milieux médicaux et des théologiens (car la théorie de l'emboîtement des germes rend compte de la transmission héréditaire de la chute). Antoinette Bourignon (*Le Nouveau ciel et la nouvelle terre*, cité par Ronzeaud, p.53) a également recours à l'ovisme pour rendre compte de la 'génération sainte' de l'Adam

l'orgueilleuse affirmation d'autosuffisance de l'hermaphrodite: il leur faudrait en ce cas réintégrer, avec la sexualité mal camouflée derrière un angélisme fallacieux, le monde animal de la dépendance et du désir. Le tabou qui entoure tout ce qui concerne la génération n'aboutit pas seulement à occulter les mécanismes de la reproduction, mais aussi à rejeter hors de l'existence sociale les premières périodes de la vie: l'enfant australien, sans doute trop proche encore de son origine, reste cloîtré dans le Heb; il y mènera, jusqu'à l'âge de trente ans, une vie entièrement séparée, comme si l'enfance présentait aux yeux des Australiens quelque chose de gênant, et presque de scabreux, en ce qu'elle rappelle confusément les mystères trop charnels de la conception et de la naissance. La cérémonie solennelle qui consacre l'entrée de l'Australien dans le monde des adultes, à l'issue de son éducation dans le Heb, constitue une seconde naissance, naissance sociale celle-là, qui annule la honte secrète attachée à la naissance biologique à laquelle elle vient se substituer. L'institution des 'lieutenants' revient de même à remplacer la parenté biologique par une parenté sociale purement conventionnelle: le 'lieutenant' peut être, mais est rarement, semble-t-il, le rejeton de celui dont il prend la place, le point important étant en tout état de cause qu'un système institutionnel de substitution sociale vienne oblitérer la relation biologique de l'Australien à son géniteur.

La même censure frappe les autres fonctions corporelles, particulièrement celles qui relèvent de la sphère de l'oralité et de l'analité. Les Australiens, on le sait, se cachent pour manger et produisent fort peu d'excréments: le désir est manifeste de dissimuler les fonctions digestives ou du moins d'en minimiser l'importance, faute de pouvoir les éliminer totalement.[5] Ils vont même jusqu'à s'efforcer de maîtriser les fatalités et les rythmes biologiques, puisque le sommeil et la mort sont délibérément provoqués par des moyens artificiels: les vieillards australiens qui souhaitent 'retourner au repos' absorbent les fruits de l'arbre

primordial bisexué qui 'avoit dans son ventre un vaisseau où naissoient de petits œufs, et un autre vaisseau plein de liqueur qui rendoit ces œufs féconds'.

5. On remarquera, à ce propos, que les Australiens ignorent les arts de la cuisine, puisqu'ils se nourrissent exclusivement de fruits. L'opposition du cru et du cuit semble correspondre, dans l'idéologie australienne, à un critère de différenciation entre 'hommes entiers' et 'demi-hommes'. Le choix d'une alimentation 'naturelle' qui ne fait pas appel à la transformation culinaire est expressément référé à une idéologie de la Nature; mais on peut également l'interpréter comme un refus de valoriser si peu que ce soit les fonctions digestives en leur accordant le temps et les soins qu'impliquerait une préparation culinaire des aliments. Rappelons les réflexions du narrateur sur la nourriture australienne (voir ci-dessus, ch.15, §ii), lesquelles illustrent parfaitement cette ambivalence de signification: 'Mais que peut-on s'imaginer de plus souhaitable que de vivre splendidement et très délicatement, sans dépense, *sans nécessité ny de cuisine ny de cuisinier, ny de tous les attirails qui s'en suivent?* [...] Quel repos d'esprit pour les âmes Religieuses de *pouvoir vivre quasi sans manger et sans boire, je veux dire sans être obligées de perdre et temps et argent à mille sortes d'apprêts* [...] sans autre soin que de le [le manger et le boire] *recevoir de la nature*, après quelque médiocre culture' (p.139; mis en italiques par nous).

Balf, et le temps de sommeil quotidien est déterminé à volonté par l'ingestion d'autres fruits, dont chacun procure trois heures d'un 'dormir nourrissant' (p.138).

Peut-être est-ce cependant dans le langage que se reflètent le mieux les contradictions de la société australienne au regard de cette valeur fondatrice qu'est la Nature. La langue australienne se donne pour éminemment *naturelle*, puisque les mots y peignent véritablement les choses qu'ils désignent: 'on ne peut nommer aucune chose en ce pays qu'on n'explique sa nature en même temps'; 'ils forment si parfaitement leurs noms qu'en les entendant on conçoit aussitôt l'explication et la définition de ce qu'ils nomment' (p.130). Nous avons affaire, apparemment, à une conception 'cratylienne' du langage dans laquelle une nécessaire relation de nature unit le signifiant au signifié: les mots y sont l'image des choses, comme c'était le cas, d'après toute une tradition théologique, dans la *lingua humana*, la langue primitive de l'humanité antérieure à la confusion de Babel.[6] C'est cette analyse que suit René Démoris lorsqu'il écrit que 'leur langage même s'épargne l'arbitraire du signe'.[7]

Ceci n'est qu'à moitié vrai: la langue australienne n'est pas une langue 'naturelle', mais une langue artificielle – et pour cause – très analogue à celles que l'on trouve à la même époque dans d'autres voyages imaginaires – chez Veiras, en particulier, ou, en Angleterre, dans *The Man in the moon* de Francis Godwin (1638)[8] – et chez de très nombreux théoriciens du 'langage philosophique'. Par exemple, le système linguistique des Australiens offre des similitudes avec celui qui est exposé dans l'*Ars signorum* de George Dalgarno (1661), ou (système graphique mis à part) celui de John Wilkins (*Essay towards a real character and philosophical language*, 1668). Le célèbre projet de langage numérique universel de Leibniz, contemporain de l'œuvre de Foigny, relève du même

6. 'Cratyle [...] pensait que "la fonction des noms est d'enseigner" et que "connaître les noms, c'est aussi connaître les choses". Tel était aussi l'avis d'Antisthène, disciple de Socrate pour qui "le commencement de toute instruction était dans l'étude des noms"' (Brice Parain, *Recherches sur la nature et les fonctions du langage*, Paris s.d., p.50). Sadeur, on l'a vu, ne dit pas autre chose. Sur les conceptions cratyliennes du langage, voir Gérard Genette, *Mimologiques: voyage en Cratylie* (Paris 1976), en particulier le chapitre 4 ('Hermogène logothète') sur le débat linguistique à l'époque classique. P. Ronzeaud pour sa part évoque une lettre de Descartes à Mersenne du 20 novembre 1629 où se trouve évoqué le projet, parfaitement analogue à celui de Foigny, d'une 'langue universelle fort aisée à apprendre, à prononcer et à écrire, et ce qui est le principal, qui aiderait le jugement, lui représentant si distinctement toutes choses, qu'il lui serait presque impossible de se tromper'; mais, ajoute Descartes en une singulière anticipation de la fiction de *La Terre australe connue*, 'il faudrait que tout le monde ne fût qu'un paradis terrestre, ce qui n'est bon à proposer que dans le pays des romans' (cité par Ronzeaud, *L'Utopie hermaphrodite*, p.271). Sur la *lingua humana*, voir Cornelius, *Languages in imaginary voyages*, p.5-23.

7. Démoris, *Le Roman à la première personne*, p.173.

8. Voir Emile Pons, 'Les langues imaginaires dans le voyage utopique', *Revue de littérature comparée* 12 (1932), p.500-32.

courant.[9] Le principe qui sous-tend ces langages, c'est que chaque phonème correspond à un concept, ce qui implique donc l'établissement préalable d'une *tabula rerum*, c'est-à-dire une taxinomie des objets conceptuels. Celle-ci est chez Foigny assez simpliste et d'origine probablement scolastique, puisqu'elle repose sur la vieille distinction des substances et des qualités. Les cinq voyelles désignent les cinq 'corps simples' que sont les quatre éléments traditionnels, auxquels Foigny, fidèle aux catégories alchimiques traditionnelles, ajoute le 'sel'. Les trente-six consonnes de la langue australienne servent à caractériser les qualités (chaud, froid, humide ...). La combinaison des unes et des autres permet de former des mots qui peignent 'l'essence et la nature' des choses qu'ils désignent (*T.A.*, p.131). Certes, une fois établi et accepté le code des correspondances phonético-sémantiques entre la taxinomie conceptuelle et la liste des phonèmes, il est relativement aisé d'inclure dans les mots une caractérisation approximative des choses qu'ils désignent. On observera cependant le caractère assez peu satisfaisant de beaucoup de ces 'définitions': on peut admettre que, dans *af* ('aimer'), 'A signifie le feu et F signifie la sécheresse que cause l'amour' (p.131), ou que, si les oiseaux sont nommés *oef*, il faut y voir la 'marque de leur matière aérienne et sèche' (p.130), mais force est de reconnaître qu'elles seraient pour nous parfaitement inexploitables, probablement parce qu'elles s'appuient sur un système taxinomique qui nous est entièrement étranger. La cohérence du système est du reste loin d'être toujours assurée: *rim lem* ne peut en aucun cas se traduire par 'je suis du pays supérieur', et, plus gravement, les noms désignant les institutions de l'utopie (hab, hieb, heb, huid ...) ne peuvent recevoir aucune interprétation satisfaisante. La récurrence à l'initiale de la lettre *H* ('bas') laisse cependant entrevoir ici une cohérence sérielle dont le sens reste peu clair – à moins qu'il ne faille, en y joignant, comme le fait Pierre Ronzeaud, la présence allusive du mot *homme*, lire dans ces noms l'indice d'une perfection appartenant au monde de l'ici-bas, 'celle du paradis terrestre rendu à l'homme'.[10] Mais que dire alors du mot *Haab* (littéralement 'bas/feu/feu/clair'), qui dans la langue australe désigne la Divinité? Sur ce point, l'exégèse trop ingénieuse du critique n'emporte guère la conviction. Surtout, enfin, la relation entre l'élément signifiant minimal – le phonème – et son signifié est purement arbitraire et de nature conventionnelle. Les Australiens nomment les étoiles AEB, 'mot qui explique leur composition de feu et d'air avec la clarté' (*T.A.*, p.130), puisque le feu et l'air sont désignés respectivement par les voyelles *A* et *E*, et la qualité 'clair' par la consonne *B*. Mais rien, par exemple, n'implique qu'il existe une relation nécessaire entre la

9. Voir Cornelius, *Languages in imaginary voyages*, p.127-29.
10. Ronzeaud, *L'Utopie hermaphrodite*, p.293.

voyelle *A* et le concept de feu. Le système linguistique australien repose donc sur l'arbitraire du signe, même lorsqu'il semble effectivement l'éliminer. Ce langage qui se veut pleinement naturel découle en fait d'une construction intellectuelle. Ici encore, derrière l'idéologie de la Nature, se révèle la réalité de l'artifice.

ii. L'homme, l'animal, le demi-homme

Ce sont d'autres contradictions qui se font jour à travers l'étrange attitude des Australiens vis-à-vis du monde animal. L'idéologie australienne postule, on le sait, l'existence d'une séparation radicale entre l'animal et l'homme, puisque 'l'homme est distingué de la bête par tout ce qui est de l'homme même, et qu'il n'a rien qui ne lui convienne privativement à la bête' (p.99). La différence n'est pas de degré, mais véritablement de nature; le vieillard australien nie même avec la plus grande véhémence qu'il puisse exister une quelconque parenté biologique entre le monde animal et le monde humain: '"Peut-on nier", dis-je, "que l'homme convienne avec la bête en chair, en os et en sens? Ne dit-on pas de l'un et de l'autre qu'il a de la chair, qu'il voit, qu'il entend, et ne l'expérimente-t-on pas autant de fois qu'on y fait réflexion?" "Oui," répondit-il, "on le nie formellement, et l'homme n'a rien de l'homme qui puisse convenir à la bête. Toutes les conceptions chimériques dont tu t'entretiens ne sont que des foiblesses de ton raisonnement qui unit ce qui ne se peut joindre et qui désunit souvent ce qui est inséparable"' (p.99). La représentation que les Australiens se font d'eux-mêmes s'appuie sur un anthropocentrisme totalitaire qui affirme la singularité et la solitude de l'homme parmi les êtres créés et récuse d'avance toute possibilité de rapports de sympathie et de solidarité avec le reste de l'univers; elle se situe par là à l'opposé de la vieille conception de la 'grande chaîne des êtres' qui institue entre tous les aspects de la Création, de l'infiniment grand à l'infiniment petit, une relation de parenté, de solidarité et d'harmonie.[11]

La rupture instaurée entre le monde animal et le monde humain se trouve rationnellement justifiée par un certain nombre de critères distinctifs érigés en

11. Sur le thème de la 'grande chaîne des êtres', voir Arthur Lovejoy, *The Great chain of being: a study of the history of an idea* (Cambridge, Massachusetts 1936). Sur ce point, notre interprétation s'oppose entièrement à celle de Pierre Ronzeaud. Celui-ci, s'appuyant notamment sur la théorie australienne de l'âme, croit pouvoir conclure que 'Foigny, théoriquement, n'instaurera aucune coupure entre l'âme humaine et l'âme animale; toutes deux sont matérielles et elles ne se distinguent que par une différence de degré dans l'ordre de la rationalité,' et estime donc que l'homme et l'animal sont inclus dans une 'échelle unique des êtres vivants' (*L'Utopie hermaphrodite*, p.157, 159). Cette analyse nous paraît difficilement conciliable avec les indications contraires, fort nombreuses, fournies par le texte et rend incompréhensible l'agressivité manifeste qui marque le comportement des Australiens à l'égard du monde animal.

absolus. C'est avant tout la parfaite raison, opposée aux passions et aux instincts du monde animal, qui constitue la caractéristique essentielle de l'homme (*T.A.*, p.102):

L'homme ne peut être homme qu'il ne diffère des bêtes, en ce qu'elles sont pleines de passions et de deffauts, et l'homme en doit être exempt. La preuve infaillible que ce n'est pas un homme, et qu'il n'en a au plus qu'une image vaine et trompeuse, se connoît lorsqu'il est emporté, querelleur, gourmand, luxurieux, ou autrement défectueux, parce que l'homme consiste en l'exemption de ces défauts qui sont naturels à la bête, laquelle approche plus ou moins de l'homme selon qu'elle est plus ou moins vicieuse.

Les Australiens communiant tous également dans la parfaite raison, il en résulte une absolue identité inter-individuelle ('Notre gloire consiste à paroître les mêmes'), alors que le monde animal est celui de la diversité et de la différence. De même, au principe de concurrence biologique qui régit l'existence du monde animal s'oppose l'unité sociale du monde humain: 'Ce mot d'homme, qui emporte par une suite nécessaire la raison et l'humanité, nous oblige à l'union qui est telle que nous ne savons pas même ce que c'est que division et discorde entre nous' (p.102). Mais il semble bien que la bisexualité soit le critère essentiel d'où découlent tous les autres, en ce qu'elle fonde la possibilité même de l'exercice de la raison: 'Tu n'accorderas jamais l'usage du raisonnement avec l'exclusion des deux sexes', déclare le vieillard australien au narrateur (p.98). A l'idéal australien d'immanence et d'autosuffisance, que satisfait la faculté d'autoreproduction de l'hermaphrodite, s'oppose la dépendance liée à la reproduction sexuée, qui est la règle dans le monde animal; perpétuellement en quête d'une altérité qui viendrait compenser leur insuffisance propre, les individus s'y aliènent réciproquement dans une interminable recherche du partenaire qui est aussi une recherche de l'Autre.

Aux frontières de la Terre australe existent plusieurs races de 'demi-hommes' (il sera surtout question dans le texte des Fondins et des 'monstres marins', nom que les Australiens donnent aux équipages des flottes européennes à qui il arrive de toucher leurs côtes); pourtant, leur existence ne conduit nullement les Australiens à remettre en question la séparation radicale de l'homme et de la bête. Certes, on peut reconnaître chez les 'demi-hommes' quelques 'petites étincelles de raison' et, dans leur apparence physique, 'plusieurs marques d'humanité' (p.104, 99), mais il serait faux de croire qu'ils puissent représenter une sorte d'état transitoire entre l'animal et l'homme: la reproduction sexuée constitue une caractéristique qui les rejette sans équivoque dans l'animalité.[12] Si le 'demi-homme' se différencie de l'animal, ce ne peut guère être que de

12. On retrouvera précisément la même formule: 'petites étincelles de raison', pareillement appliquée à l'homme européen, dans la bouche du 'maître cheval' hôte de Gulliver dans le *Quatrième voyage* des *Voyages de Gulliver*.

façon purement négative. Les caractéristiques bestiales s'exaspèrent en lui, tout en s'aggravant de dissimulation et d'hypocrisie: le vêtement, signe distinctif des 'demi-hommes', ne fait que travestir la nature; il ne peut se justifier, comme le dit le vieillard au narrateur, que par 'une faiblesse qui vous abaisse au-dessous des bêtes pour ne vous pouvoir regarder sans les ardeurs dont tu as parlé' (p.104). L'art culinaire, que les Australiens ignorent, a pareillement pour but de déguiser la véritable nature des aliments par la transformation qu'on leur fait subir. Il semble bien qu'aux yeux des Australiens les faits qui nous paraissent constitutifs de l'état de civilisation, en ce qu'ils marquent le passage de la Nature à la Culture, n'aient d'autre sens que celui d'un travestissement ou d'une perversion de la nature. Plus généralement, c'est la civilisation en tant qu'elle pourrait constituer un critère décisif de l'hominisation qui se trouve ici récusée.

Vis-à-vis du monde animal ou 'demi-humain', les Australiens ne se reconnaissent donc ni parenté, ni affinité, ni même une forme quelconque de solidarité biologique élémentaire. On pourrait donc s'attendre à les voir adopter une attitude d'indifférence conforme à leur nature purement rationnelle, ou encore, peut-être, opter pour une exploitation rationnelle de la force de travail animale en la mettant au service de la collectivité. Or, il n'en est rien. Les relations de la société australienne avec les êtres 'inférieurs' qui les entourent sont empreintes d'une extraordinaire agressivité, qui ne doit rien pourtant à une volonté de les asservir à sa puissance; il s'agit plutôt de les éliminer, comme si l'animalité incarnait pour l'Australien un danger potentiel et, peut-être, une obscure tentation. On ne trouvera pas chez Foigny l'équivalent de l'impérialisme utilitariste qui anime les Utopiens de More: les prisonniers de guerre fondins, qui pourraient fournir une main-d'œuvre servile à bon marché selon le modèle proposé par les pratiques de l'île d'Utopie, sont méthodiquement exterminés en d'horribles boucheries, puisque 'c'est une coutume inviolable parmi [eux] de ne souffrir aucun demi-homme' (p.96). On notera de même que les Australiens ne tirent à peu près aucun parti des animaux qui vivent sur leur territoire; et pourtant, ceux-ci sont tous utiles, au moins potentiellement. Les Lums (ou Hums), animaux apparentés aux porcs européens, 'ont certaine adresse de foüir et de renverser la terre en lignes droites, avec autant et plus d'artifice que ne font nos meilleurs laboureurs avec leurs charrües, leurs bœufs et leurs chevaux'; transportés en Europe, ils 'rendroient des services incroyables puisqu'ils exempteroient les hommes de ces peines étranges qu'il faut avoir pour labourer la terre' (p.131, 137). Les Fuefs (ou Suefs) sont des chevaux gigantesques admirablement adaptés au transport des charges les plus lourdes (p.137):

Le fruit que les marchands et les Seigneurs en retireroient n'est pas explicable; ils ne feroient pas la dizième partie de la dépense qu'ils sont obligez de faire pour voyager et pour le transport des marchandises [...] Les Australiens, qui n'ont besoin d'aucun trafic, sont excusables d'en faire si peu d'état; mais les Européens devroient les rechercher à tout risque, à cause de l'avantage incroyable qu'ils en peuvent prétendre.

Quant aux monstrueux oiseaux carnivores qui font la terreur des Australiens, ils pourraient, une fois domestiqués, se révéler extrêmement utiles pour le transport aérien des voyageurs: 'Il n'est que de leur attacher une petite ficelle au bec pour les conduire où et comme l'on veut, et on fait, sans se peiner, les quinze et seize heures d'une traite' (p.138). Mais c'est le narrateur et lui seul qui prend en charge cette perspective d'exploitation rationnelle de la force de travail animale, en la situant toujours, d'ailleurs, dans le contexte de la société européenne, comme si cette optique utilitariste ne pouvait avoir aucun sens au sein du monde utopique.

On pourrait, de façon un peu superficielle, expliquer l'indifférence des Australiens à cet égard par les caractères propres de leur société: dans une collectivité non productive, sans commerce ni échanges, l'utilisation de l'animal ne se justifie guère. Les divers inconvénients qui résultent de la présence des animaux l'emportent largement sur l'utilité qu'on en pourrait tirer et justifient donc leur destruction: les singes humanoïdes ont été 'bannis de plusieurs seizains à cause qu'ils étoient trop importuns, particulièrement dans le Hab', où leurs 'tours de gentillesse' distraient les fidèles; le même sort est réservé à certains oiseaux nommés Effs, 'parce qu'on en reçoit de notables incommodités dans les parterres'; les porcs laboureurs, malgré leur utilité potentielle, ont été 'détruits dans la plupart des seizains, à cause des ordures qu'ils causent' (p.134, 135, 134-35). On peut accepter ces justifications, encore que ce qu'elles laissent entrevoir ne relève peut-être pas de la pure raison: l'animalité semble plus ou moins consciemment associée aux thèmes de l'excrément, de la dispersion et du désordre. Le cas des Urgs, ces redoutables oiseaux anthropophages, incarnations du thème du mixte monstrueux et qu'on dirait issus du plus improbable des croisements (ils ont 'de vrais yeux de bœuf, qui sortent de leur tête, deux grandes oreilles, des plumes rousses et blanches', p.135), est ici exemplaire: outre le danger constant qu'ils représentent, ces animaux, carnivores exclusivement, 'perdent pour deux ou trois mois les parterres où [ils] se placent' et font montre 'd'une ardeur extrême pour la conjonction charnelle', leur agressivité décuplant d'ailleurs en période de rut (p.150, 138). Ces êtres fabuleux, peut-être issus de l'oiseau Roc des contes arabes, concentrent ainsi en eux les caractères de l'animalité les plus odieux aux Australiens.

L'univers bestial installe donc la présence insistante des fonctions corporelles au sein d'une société qui en censure les manifestations et suscite la différence dans l'univers géométriquement réglé de l'identité. Ainsi s'ordonnent en parallèle les éléments d'apparence hétérogène mais, cependant, cohérents entre eux qui constituent les traits distinctifs de l'animalité et de l'humanité 'pleine': à celle-ci s'attachent l'identité, la raison, l'autosuffisance, la reproduction par autogenèse, l'hermaphrodisme, la censure des fonctions digestives, l'alimentation végétarienne; à celle-là, la différence, les passions et les instincts, la dépendance biologique et affective, la reproduction par accouplement, la séparation des sexes, l'obscénité excrémentielle, l'alimentation carnée. On retrouvera cette série d'oppositions, à peine modifiée, dans le *Quatrième voyage* des *Voyages de Gulliver* de Swift.

Il semble bien toutefois qu'il faille chercher ailleurs les motivations profondes de l'attitude australienne vis-à-vis du monde animal: les Fuefs, ces chevaux gigantesques capables de porter 'huit hommes sans difficulté qui pèsent au moins douze Européens', sont, eux aussi, systématiquement éliminés en dépit des services qu'ils peuvent rendre, 'parce qu'il faut employer beaucoup de temps à les entretenir, les loger et les conduire, *ce qu'on juge indigne d'un homme qui ne doit être occupé qu'à des sujets dignes de sa nature*'.[13] L'utilisation de l'animal, comme sa domestication, implique que s'établisse entre l'homme et la bête une relation de proximité et presque de familiarité à laquelle l'Australien répugne profondément. Or, les animaux de la Terre australe sont tous aisément domesticables, y compris les monstrueux oiseaux carnivores qui font de la vie des habitants une inquiétude perpétuelle: 'Ces animaux, qui sont fort cruels étant sauvages, s'apprivoisent facilement, et deviennent si domestiques et si amis de l'homme, étant apprivoisez, que nos chiens ne le sont pas davantage' (p.137-38). Mais c'est le narrateur qui envisage cette perspective de domestication, dans l'hypothèse d'une utilisation future de ces animaux par les nations européennes. Les Australiens, pour leur part, préfèrent mener contre eux une guerre d'extermination interminable et épuisante. Ce choix est en lui-même significatif. C'est que la proximité avec l'animal est aussi une promiscuité; elle attente au principe essentiel de séparation radicale du monde animal et du monde humain, elle met en jeu un insidieux danger de contagion de l'humanité 'pleine' par le contact avec l'univers bestial. C'est par la même raison que se justifie l'interdit australien sur l'alimentation carnée (p.136):

on ne peut manger de la chair d'un animal, sans se revêtir de ses inclinations [...] la chair d'une brute est tellement modifiée à cette brute qu'elle ne peut servir à la composition d'une autre qu'elle ne luy ressemble, et qu'on ne devienne brute à proportion qu'on s'unit de la chair de bête [...] Enfin l'antipathie est entière entre eux et la bête, et si un Australien avoit mangé de la chair d'une bête, il croirait devenir bête.

Se nourrir de la chair des animaux, c'est faire pénétrer l'animalité en soi, matérialiser une continuité biologique du monde animal au monde humain,

---

13. p.135 (mis en italiques par nous).

c'est-à-dire transgresser le principe de rupture entre l'homme et la bête qui constitue un des fondements de l'idéologie australienne.

iii. La fonction du narrateur: l'altérité dans l'identité

C'est précisément ce principe de séparation entre l'homme et la bête, fondement de la représentation que les Australiens se font d'eux-mêmes, que l'entrée en scène du narrateur va faire vaciller. Ce n'est pas seulement sa propre place au sein de la société australienne que son comportement et son être même vont remettre en cause, mais cette société elle-même et les valeurs qui la fondent.

Hermaphrodite, mais non Australien, Sadeur relève spirituellement de l'univers des 'demi-hommes', même si au demeurant il a bien 'toutes les marques d'un homme entier' (p.97). C'est précisément cette coexistence en lui des traits humains et 'demi-humains' qui le constitue en objet d'horreur et de scandale; c'est par elle aussi qu'il peut fonctionner comme révélateur des contradictions secrètes de la société australienne. Sans l'hermaphrodisme, élément essentiel de la définition australienne de l'homme, Sadeur ne serait aux yeux des Australiens qu'un 'demi-homme' de plus, et son existence n'aurait pas plus d'effets perturbateurs sur les systèmes de représentation de la société utopique que ne peut en avoir celle des Fondins. Or, c'est précisément à l'intérieur même de l'hermaphrodisme, trait distinctif de l'homme, que le narrateur introduit la bestialité, consacrant ainsi la subversion des codes et la transgression du principe de séparation de l'homme et de l'animal.

Australien par malentendu, Sadeur s'introduit en Terre australe à la faveur d'une triple fraude, épreuve qualifiante truquée qui l'investit des signes fallacieux d'une identité qui n'est pas la sienne: un quiproquo linguistique (la phrase congolaise se trouve avoir aussi un sens dans la langue australe); une nudité purement accidentelle résultant de sa lutte avec les Urgs; un hermaphrodisme, enfin, où il ne faut rien voir d'autre que la contingence d'une singularité anatomique. Car la bisexualité n'est pas chez lui le signe de l'autosuffisance, puisqu'il ne possède pas comme ses hôtes la faculté d'autoreproduction, et elle ne le libère pas non plus de l'emprise du désir, c'est-à-dire de la quête de l'altérité et de la différence. Dès son arrivée, Sadeur se comporte en fauteur de scandale. Les questions 'impertinentes' qu'il pose à ses hôtes sur la génération et sur la conception de la Divinité violent les tabous les plus sacrés. Se laissant aller aux pulsions sexuelles les plus incongrues, le narrateur devient, selon l'expression du vieillard, 'inventeur de crime' (p.96); comme le dit René Démoris, 'il fait passer, par ses actes et ses paroles, dans le domaine de l'*interdit*, ce qui devait être dans celui de l'*impensable* et de l'*impossible*'.[14]

14. Démoris, 'L'utopie, *Autre* du roman', p.407.

C'est dire que l'innocence antérieure – peut-être fallacieuse – de l'utopie australe n'est plus désormais qu'une intenable fiction: sous les espèces de l'"homme entier", Sadeur y introduit, pour ce qui le concerne, le mal et le péché, et, pour la collectivité australienne, la conscience du mal et du péché, équivalent, pour ce peuple de préadamites parfaits, d'une entrée dans l'univers de la chute. En se joignant charnellement à une Fondine, Sadeur montre également ce que la société australienne refoule: l'hermaphrodisme n'équivaut pas nécessairement à l'élimination de la sexualité. Accusé d'avoir en outre 'mangé des viandes des Fondins' et 'témoigné un extrême regret de voir la sanglante boucherie de ces pauvres malheureux' (*T.A.*, p.152), le narrateur aggrave et complète la transgression initiale: par la consommation d'une alimentation carnée, il instaure une continuité concrète entre l'animal et l'humanité 'pleine', tandis que son sentiment de compassion pour les Fondins impitoyablement massacrés établit une communication affective avec l'univers infra-humain. Condamné à mort, ou plutôt philosophiquement exhorté à un suicide réparateur, Sadeur aura recours à une duplicité bien révélatrice de sa 'nature fondine', feignant d'accepter la sentence tout en préparant son évasion – réponse après tout appropriée à une décision qui n'est que le réflexe de rejet d'une collectivité menacée dans l'image qu'elle entretient d'elle-même. Tout à la fois révélateur et bouc émissaire, le héros ne laissera derrière lui qu'une perfection déjà gangrenée par la conscience du mal qui l'habite et qu'elle voudrait pouvoir rejeter hors d'elle-même.

Enfin, la domestication de l'oiseau monstrueux qui permettra à Sadeur de fuir la Terre australe, où peut se lire une inversion significative de la lutte avec le monde bestial qui marque la séquence d'entrée, n'est pas seulement une trahison de l'humanité au profit de l'animalité: à travers les rapports d'affection et même de tendresse qui s'instaurent entre l'homme et l'oiseau ('Son inclination s'augmenta tellement pour moy qu'il ne pouvoit plus souffrir que je m'éloignasse sans plainte, et moy réciproquement je n'étois content que lorsque j'étois auprès de lui,' p.154), elle permet aussi de montrer qu'il n'y a pas rupture entre l'animal et l'homme, mais solidarité et continuité entre tous les êtres de la Création. Tout à la fois hermaphrodite et 'demi-homme', le narrateur installe au cœur de la société australienne par sa seule présence le chaînon manquant qui rattache les Australiens à la grande chaîne des êtres, 'demi-hommes' et animaux. A l'idéologie de la rupture entre l'homme et l'animal il substitue la représentation concrète d'une continuité indéfinie des êtres faite de gradations et de transitions insensibles, ou, pour reprendre ses propres paroles (à propos des jardins australiens), 'une ressemblance de différence continuelle' (p.126) dans laquelle se dissout l'idée même de l'homme comme être spécifique et entité différenciée.

Ainsi se confirme la vocation médiatrice du narrateur, intermédiaire entre l''homme entier' et l'animal, comme il est aussi médiateur entre les deux sexes et les deux mondes, le réel européen et l'utopie australe. Lieu de toutes les intersections, centre de toutes les contradictions, c'est en lui que viennent se recouper et s'entrechoquer les mondes et les idéologies; c'est par lui, et par lui seulement, que l'utopie accède à la signification.

Dans ce texte à bien des égards fascinant et quelquefois inquiétant, le problème de la signification globale de l'œuvre n'est pas le point le moins troublant. S'il est vrai que l'ambiguïté est, à quelque degré, un trait permanent des utopies, *La Terre australe connue* la pousse infiniment plus loin que la plupart des textes de cette période. A travers les réticences et les déguisements divers imposés par la prudence, les intentions d'un Veiras nous apparaissent d'une façon relativement claire; celles de Foigny restent parfaitement obscures, tant l'ouvrage est susceptible d'interprétations contradictoires. Ainsi pourrait-on voir dans *La Terre australe connue* l'énoncé d'un idéal libertin, déiste et antichrétien que l'auteur partage avec de nombreux auteurs d'utopies de son temps. Il ne fait guère de doute que, sur le plan intellectuel, Foigny ait été fort proche du courant libertin, dont on retrouve ici les méthodes (utilisation des relations de voyages, comparatisme religieux, analyse critique de la chronologie biblique, travestissement ou parodie voilée des textes sacrés), les thèmes critiques (critique du miracle, de la révélation, de la prière, de l'immortalité personnelle de l'âme) et le corps de doctrine (rationalisme, déisme naturaliste). La société australienne incarne bien, en effet, sur le plan idéologique, une sorte d'idéal libertin, et c'est ainsi qu'on a souvent interprété l'intention de l'ouvrage:[15] Foigny n'aurait-il pas voulu dresser le tableau d''une véritable image de la béatitude naturelle' d'une humanité libérée, rendue à la vérité de la nature et de la raison (*T.A.*, p.106)? Mais est-on sûr que telle ait été l'intention de l'auteur? On observera que seuls quelques chapitres – ceux qui mettent en scène les dialogues avec le 'sage vieillard' australien – correspondent effectivement à cette perspective, le reste de l'ouvrage ayant alors un statut et une signification problématiques. Et que penser, en ce cas, des contradictions gênantes qui viennent ternir ce tableau? Pourquoi les Australiens, libérés de tout ce qui opprime et aliène l'esprit humain, aspirent-ils à la mort? Pourquoi ne survivent-ils qu'au prix d'une série de tabous, d'interdits et d'hypocrisies qui réintroduisent les aliénations dont ils se disent délivrés? Si Foigny a voulu, avec *La Terre australe connue*, construire une utopie intellectuelle d'inspiration libertine, force est de reconnaître que cette utopie est insatisfaisante, ternie de contradictions qui, du

---

15. C'est la cas, notamment , dans l'analyse d'Antoine Adam (*Les Libertins au XVIIe siècle*).

reste, ne font peut-être que refléter la situation de l'auteur, les contraintes qui pèsent sur lui, les aspirations qu'il développe.[16]

De fait, bien des convergences peuvent nous inciter à lire *La Terre australe connue* comme une autobiographie symbolique – démarche nécessairement hasardeuse, tant la vie de Foigny est encore mal connue.[17] Le serait-elle mieux, d'ailleurs, que cette lecture n'échapperait pas aux inconvénients de toute interprétation biographique. Néanmoins, quelles que soient sur ce point les carences de l'histoire littéraire, la biographie de Foigny invite de toute évidence à établir un rapprochement entre sa destinée propre et celle de son héros, rejeté en marge de la société européenne pour sa monstruosité physique, puis exclu de la société australienne pour cause de non-conformité morale. Moine cordelier, Foigny fait scandale par les désordres de sa vie, et peut-être aussi par une irrépressible liberté de pensée. En 1666, il se défroque et s'enfuit à Genève, où il se convertit à la religion réformée. A Lausanne, à Morges, puis à Genève, loin de trouver la paix qu'il espérait, il ne cessera d'attirer sur lui l'attention vigilante et tâtillonne des autorités religieuses. Un mariage désapprouvé par le Consistoire, quelques menus scandales, sont l'occasion de diriger contre lui une véritable persécution, comme l'attestent les pièces d'archives recueillies par Lachèvre. La publication de *La Terre australe connue*, en 1676, entraînera la saisie du livre et un ordre d'expulsion qui, cependant, ne sera pas exécuté. Accusé d'avoir fait un enfant à sa servante, Foigny devra quitter Genève en 1684. Après avoir abjuré le protestantisme, il se réfugie dans un couvent de Savoie où il meurt en 1692, au terme d'une trajectoire qui, par bien des aspects, rappelle celle de son personnage.

Il est tentant de voir dans les aventures de Sadeur une transposition des tribulations de Foigny lui-même, et dans la rigidité de la société australienne une image de la rigueur du calvinisme genevois. Comme son héros, Foigny est un être marginal, toujours en porte-à-faux par rapport à tout ordre social, partout étranger et exclu. Mais rien n'autorise à croire que cette interprétation

16. G. Negley et J. M. Patrick (*The Quest for utopia*, New York 1962, p.393) proposent, à partir de la personnalité de Foigny, une interprétation nuancée qui rend bien compte de ces contradictions et à laquelle nous souscririons volontiers: 'Foigny's utopia may be interpreted as a projection of his problems upon a wider screen, an attempt to face them and to think his way through them, and an effort to reconcile his desire for liberty with the social need for order and discipline. His account is partly the escape of a maladjusted individual, partly a satire upon the ideas of his persecutors, and partly the expression of a conception of liberty.'

17. La vie de Foigny n'est connue qu'à travers les préjugés déformants et la présentation malveillante, pour ne pas dire haineuse, qu'en fait son biographe Frédéric Lachèvre; Foigny n'est pour lui qu''un vulgaire paillard, un déséquilibré complet, présentant comme Cyrano de Bergerac toutes les caractéristiques des libertins du XVIIe siècle' (*Le Libertinage*, xii.VII). Pour une interprétation à dominante biographique, voir J. M. Patrick, 'A consideration of *La Terre Australe Connue* by Gabriel de Foigny', *PMLA* 61 (1946), p.729-51.

biographique corresponde à une intention effective et consciente de l'auteur, encore moins qu'elle épuise la signification du livre. Et il est bien hasardeux d'attribuer à *La Terre australe connue* une valeur quasi prophétique en voulant y lire l'annonce d'un exil qui, dans la réalité, n'interviendra que huit ans plus tard.

Dans l'optique adoptée ici, c'est bien évidemment l'interprétation du livre en tant qu'utopie qui mérite discussion. On pourrait à cet égard se contenter d'une lecture de pur contenu et relever, dans une perspective qui a été longtemps celle de l'histoire des idées, un certain nombre de traits économiques et politiques censés caractériser la société australienne. C'est ainsi, par exemple, que procède Irmgard Hartig:

Cette société se distingue par l'absence d'autorité publique, elle vit de l'agriculture et refuse le commerce. Une place spéciale est réservée à l'étude de la physique dans l'instruction publique. En matière de religion, c'est un exemple de tolérance. Œuvre de critique sociale et religieuse importante.[18]

On voit de suite les limites d'une telle perspective: cette brève description, à supposer qu'on la juge exacte, ne rend pas compte de l'originalité de l'ouvrage. A une réserve près: l'"absence d'autorité publique', qui constitue en effet une des originalités majeures de cette utopie, les traits énumérés ici ne sont nullement spécifiques et pourraient renvoyer à des dizaines d'utopies des Lumières. Surtout on ne répond pas à la question essentielle: l'état de choses ici décrit est-il bien présenté comme susceptible de servir de modèle en vue d'une transformation du monde réel? S'agit-il bien d'une *utopie* au sens historico-politique du terme?

On a déjà noté l'exemplarité nulle de cette utopie: elle est évidente, puisque les pratiques sociales qui y sont décrites sont inséparables de l'hermaphrodisme de ses habitants et de leur nature d'êtres parfaits non pécheurs. Comme l'a bien montré Georges Benrekassa, ce ne sont pas ici, comme dans la tradition utopique, les institutions qui ont façonné les êtres, mais ceux-ci qui ont secrété des institutions à leur image: 'On voit bien que l'organisation sociale suppose l'identité des individus, et que cette identité n'est pas du tout un effet de l'organisation sociale. Celle-ci n'a pas d'efficacité propre, elle est un dérivé d'une harmonie pré-établie.'[19] Et Alexandre Cioranescu a raison de remarquer qu'il ne dépend pas de nous de naître hermaphrodites.[20] A aucun moment, du reste, le narrateur ou son éditeur n'envisagent une quelconque transposition au monde réel du système mis en œuvre dans l'utopie australe. L'ouvrage comporte

18. Hartig, *Essai de bibliographie*, in Hartig et Soboul, *Pour une histoire de l'utopie* ,p.34.
19. Benrekassa, 'Anthropologie, histoire et utopie', p.276.
20. Cioranescu, *L'Avenir du passé*, p.160.

bien une finalité explicite, mais si peu convaincante qu'elle apparaît largement parodique, et d'ailleurs beaucoup plus religieuse que politique: Foigny se propose (dit-il) d'illustrer 'la divine Conduite sur ses créatures' (*T.A.*, p.69) – mais on sait ce qu'il faut penser de ce projet apologétique. L''éditeur' pour sa part met en avant le souci de 'donn[er] de la confusion à ceux qui se disent Chrétiens et assistez très particulièrement de la grâce, vivent pis que des Bêtes, pendant que des Payens fondez seulement sur les lumières naturelles, font paroître plus de vertus que les Réformez ne font profession d'en garder' (p.66) – justification tout aussi édifiante, mais guère plus satisfaisante que la première, puisque les Australiens ne sont pas soumis au péché originel, ce qui enlève toute pertinence à la comparaison.

Qui, de plus, souhaiterait vivre parmi les Australiens? Cette société parfaitement rationnelle est-elle idéale ou terrifiante? Cette question, qui est un peu celle que soulève toute utopie, est ici d'autant plus insoluble que l'auteur ne nous a livré aucun élément de réponse quant à son option personnelle face au monde qu'il a créé. L'oppressante symétrie identitaire de la société australienne a incité certains commentateurs à voir dans l'œuvre de Foigny une utopie totalitaire, interprétation vigoureusement contestée par Pierre Ronzeaud, qui, voulant y voir surtout 'un miracle d'équilibre assurant la fusion harmonieuse de l'un avec le tout' – mais cette absorption de l'individu dans le corps social n'est-elle pas précisément une assez bonne définition du totalitarisme? – relève justement l'anachronisme d'un tel concept, parfaitement étranger à la pensée politique du dix-septième siècle.[21] Toutefois, le rapprochement est difficilement évitable pour le lecteur moderne, dont les références historiques et politiques ne sont plus les mêmes. Vaine querelle, d'ailleurs, car l'important serait plutôt de déterminer si la société australienne est donnée ou non pour idéale: apologie ou dénonciation?

L'attitude du narrateur ne nous apportera sur ce point que des indications contradictoires. Sadeur ne cesse de souligner l'infinie supériorité des Australiens sur les Européens (*T.A.*, p.107):

Il me sembloit que plusieurs écailles étoient tombées de mes yeux, et que je voyois les choses d'une toute autre façon qu'auparavant. Je fus plus de huit jours comme forcé à faire des comparaisons continuelles de ce que nous étions par rapport à ce que je voyois. Je ne pouvois que je n'admirasse leur conduite opposée à nos deffauts, et j'étois honteux d'être obligé d'avouer en moy-même que nous étions si éloignez de leurs perfections.

Mais il met aussi en évidence à plusieurs reprises l'ostracisme dont il est victime de la part de la société australienne, justifié par les divers scandales suscités par son comportement 'demi-humain' et qui aboutira très logiquement à l'ordre de

---

21. Ronzeaud, *L'Utopie hermaphrodite*, p.250.

mort; parallèlement, il note l'incompatibilité personnelle qui l'oppose à l'ordre utopique et 'la violence continuelle qu'[il] faisoi[t] sur [son] esprit pour [se] conformer à leurs façons de faire' (p.151). Pourtant cette même société qui l'exclut de son sein ne fait l'objet d'aucune condamnation explicite: même lorsqu'on le voue à la mort, le narrateur ne manifeste aucune révolte et s'abstient de tout commentaire sur le bien-fondé de cette décision, souscrivant ainsi, implicitement, à la sentence portée contre lui. Mieux: c'est avec un enthousiasme intact qu'il évoque l'existence édénique des Australiens, et, à peine quitté, leur monde est déjà l'objet d'un regret nostalgique ('La Terre Australe se représentoit à mon esprit avec tous ses avantages', p.157). Face à l'utopie australe, Sadeur oscille donc entre deux perspectives opposées que parfois il semble même adopter de façon simultanée. Il est certain que ces contradictions dans l'attitude du narrateur vis-à-vis de ses hôtes font dangereusement vaciller sa cohésion interne en tant que personnage et amènent également à s'interroger sur l'existence, dans le tableau de l'utopie australe, d'un projet unitaire véritablement cohérent. Faut-il pourtant, comme le fait un critique, voir ici une inconséquence, un signe de la maladresse de Foigny romancier et un indice de son 'défaut de sens artistique'?[22] La contradiction est au contraire constitutive de la signification du livre et contribue à lui donner sa profondeur.

Monde idéal ou monde invivable? Sadeur ne tranche pas et maintient simultanément les deux termes de l'alternative dans leur intenable contradiction: la Terre australe est *à la fois* idéale et invivable. Ses institutions, ou ce qui en tient lieu, correspondent bien, en effet, à un idéal de perfection rationnelle que le narrateur, en tant qu'être de raison, ne peut qu'approuver; mais c'est aussi un monde où il lui est concrètement impossible de vivre, car tout y heurte la part animale et instinctive de son être. L'utopie australe, qui ne fait aucune place au corps, à la sexualité, au désir, à l'affectivité, est incompatible avec l'existence humaine (ou, diraient les Australiens, 'demi-humaine') telle que nous la connaissons: elle s'applique exclusivement aux 'hommes entiers' que sont les Australiens, c'est-à-dire à une surhumanité rationnelle qui se dit, peut-être abusivement et hypocritement, libérée de toute participation à l'animalité. Mais cette société, abominable aux 'demi-hommes', est-elle parfaite pour les

---

22. Atkinson, *The Extraordinary voyage in French literature before 1700* (New York 1920), p.80-83. Atkinson commente longuement ces contradictions, dans lesquelles il voit le témoignage d'un échec du romancier: 'These Australians, whose virtues have been extolled, whose civilization has been praised in such glowing words, are now criticized. There is but one slight consistency in these two opposed points of view [...] That it is inartistic in the extreme; that it greatly impairs the plausibility of the argument in the main part of the book; that it weakens the artistic and philosophical structure of the story, is only too evident.' Atkinson ajoute toutefois que 'it is also true that in the chapter explaining Sadeur's departure we have a keen criticism of the necessary faults and shortcomings of such a society', ce qui nous paraît correspondre à une perspective plus pertinente.

Australiens eux-mêmes? Il ne le semble pas, puisqu'ils ne consentent à vivre qu'à regret, aspirant à la mort qui constitue pour eux le seul refuge et la seule forme d'altérité à laquelle il leur soit permis d'accéder.

La société australienne, dans sa répulsion haineuse pour l'Autre, ne peut que vouloir la mort de tout ce qui n'est pas elle-même: d'où le rejet dans l'animalité de tout ce qui n'est pas humanité 'pleine' et le massacre massif des 'sous-hommes' que sont les Fondins; d'où aussi l'élimination sans faiblesse de toute différence ou singularité qui pourrait surgir à l'intérieur d'elle-même, comme le montre la destinée du narrateur. Il n'est pas interdit de voir dans *La Terre australe connue* un exercice de théologie spéculative et, si l'on ose dire, expérimentale, dans lequel Foigny aurait reconstitué ce que pourrait être l'univers mental d'une humanité sans péché et, partant, sans rédemption ni salut.[23] Telle est, en gros, l'interprétation de Pierre Ronzeaud. On peut y souscrire, à condition de ne pas voir dans le déisme rationaliste et antichrétien des Australiens de Foigny une profession de foi à vocation universaliste, mais la philosophie propre, et certainement non transposable à l'humanité déchue, de la surhumanité australe.[24] On peut y voir aussi, et telle serait plutôt notre interprétation, le tableau d'un monde dans lequel la sacralisation de l'homme aboutit à la plus complète déshumanisation. Les Australiens, ayant censuré en eux-mêmes la part animale de l'être pour mieux ériger l'Homme en absolu, illustrent de la façon la plus littérale la maxime pascalienne: 'Qui veut faire l'ange fait la bête'. *La Terre australe connue* ne manifeste peut-être pas seulement 'la faiblesse et l'inutilité de la raison'[25] mais aussi, lorsqu'elle est érigée en absolu, son caractère meurtrier pour autrui et autodestructeur pour soi-même.

23. Foigny devant ses juges genevois définit son livre comme 'l'explication du Livre de la Genèse' (Genève, Archives d'Etat, procès-verbal d'interrogatoire du 3 mars 1677, in Lachèvre, *Le Libertinage*, xii.47). Cette déclaration, évidemment suspecte en raison des circonstances dans lesquelles elle a été faite, est néanmoins précieuse: c'est l'unique commentaire de l'auteur sur son ouvrage qui nous soit parvenu.

24. La dialectique chrétienne de la faute et de la rédemption pourrait en ce cas conserver sa pertinence pour l'homme pécheur. Bien loin de nier la réalité de la chute, Foigny en fait le pivot de sa pensée et n'en propose, pour ce qui est de l'homme concret, aucun dépassement. Si le livre est hérétique, il n'est pas, à notre sens, antichrétien – ou du moins il ne peut paraître tel que par la fiction d'une humanité autre, non pécheresse, intellectuellement concevable mais historiquement impossible. Et, une fois accepté ce postulat de départ, la 'religion' qui lui est prêtée – le déisme – est, en bonne logique théologique, la seule possible.

25. Démoris, *Le Roman à la première personne*, p.176.

B. Les *Voyages de Gulliver* de Swift

UN demi-siècle exactement sépare la publication de *La Terre australe connue* de celle des *Voyages de Gulliver*.[1] Et pourtant, quelles que soient les différences qui, littérairement, distinguent les deux ouvrages, Foigny et Swift partagent bien fondamentalement les mêmes interrogations sur l'homme et sa définition. L'un et l'autre s'efforcent de le situer par rapport à deux critères essentiels: la nature et la raison, tout à la fois posées comme valeurs absolues et contestées quant à leur pertinence relativement à cet objet très particulier qu'est l'espèce humaine, pour aboutir à la même ambiguïté de signification: si la nature et la raison ne peuvent convenir à une authentique définition de l'homme, faut-il en imputer la faute à notre nature déchue ou bien doit-on remettre en question la validité même de ces deux notions?

Les sources directes des *Voyages de Gulliver* ont, depuis fort longtemps, fait l'objet d'études exhaustives, dont les acquis sont résumés par Emile Pons dans l'introduction à son édition.[2] Outre des réminiscences plus ou moins précises de Rabelais, de Montaigne et, peut-être, de *L'Utopie* de Thomas More,[3]

1. La première édition des *Travels into several remote nations of the world* a paru anonymement à Londres, en 1726, dans un texte quelque peu censuré par l'éditeur. Nous utilisons le texte de l'édition Faulkner (Dublin 1735), dans laquelle Swift a restitué la plupart des passages supprimés, reproduite dans *Gulliver's travels*, ed. Robert A. Greenberg (New York 1970) [ci-après éd. Greenberg]. Pour le texte français, nos références renvoient, en ce qui concerne les trois premiers voyages, à l'édition de la Pléiade (Jonathan Swift, *Œuvres*, tr. Emile Pons, Paris 1965) [ci-après éd. Pons]. Pour le *Voyage au pays des chevaux*, nous avons utilisé l'édition bilingue de Georges Lamoine (Paris 1971) [ci-après éd. Lamoine], dont le texte anglais est également conforme à celui de l'édition Faulkner.

2. Ed. Pons, p.3-7.

3. Swift connaissait l'ouvrage de More, comme en fait foi la 'Lettre du Capitaine Gulliver à son cousin Sympson': 'Si les critiques des Yahoos pouvaient m'affecter en quelque manière, j'aurais bien raison de me plaindre de la hardiesse de certains qui croient voir en mon livre une simple fiction issue de ma seule imagination, et qui vont jusqu'à insinuer que les Houyhnhnms et les Yahoos n'existent pas davantage que les habitants d'*Utopie*.' ('If the Censure of Yahoos could any Way affect me, I should have great Reason to complain, that some of them are so bold as to think my book of Travels a meer Fiction out of mine own Brain; and have gone so far as to drop Hints, that the Houyhnhnms and Yahoos have no more Existence than the Inhabitants of *Utopia*' (éd. Lamoine, p.70-73). Ceci ne prouve pas que l'influence de *L'Utopie* soit effective dans l'ouvrage: si More figure, dans l'épisode de Glubbdubdrib, parmi le 'Sextumvirat' des sages (éd. Pons, p.205), c'est moins comme auteur de *L'Utopie* que pour sa résistance stoïque au despotisme et sa fermeté devant la mort. L'étude de John Traugott ('A voyage to nowhere with Thomas More and Jonathan Swift: Utopia and the Voyage to the Houyhnhnms', *Sewanee review* 69 (1961), p.534-65) ne permet pas de conclure de façon décisive à une influence certaine; celle de Brian Vickers ('The satiric structure of Gulliver's travels and More's Utopia', in *The World of Jonathan Swift*, Essays for the tercentenary, ed. Brian Vickers, Oxford 1968, p.233-57) met en évidence d'intéressants parallélis-

deux influences paraissent prépondérantes: l'*Histoire vraie* de Lucien, dans la traduction française de Perrot d'Ablancourt (augmentée de la suite apocryphe de son neveu Frémont d'Ablancourt, laquelle constitue les troisième et quatrième livres de l'édition de 1654), est à l'origine de nombreux détails et, peut-être, de la structure générale de l'ouvrage, divisé en quatre voyages. Swift a pu également trouver chez Lucien un jeu ironique sur la vérité et le mensonge qui préfigure la problématique du vrai et du faux centrale dans le *Quatrième voyage*. Après avoir ironiquement commenté les mensonges des poètes et des voyageurs, Lucien définit ainsi son projet d'"histoire vraie':

Cependant, il m'a pris envie, pour n'être pas le seul au monde qui n'ait pas la liberté de mentir, de composer quelque roman à leur exemple; mais je veux, en l'avouant, me montrer plus juste qu'eux, et cet aveu me servira de justification. Je vais donc dire des choses que je n'ai jamais ni vues ni ouïes, et qui plus est, ne sont point, et ne peuvent être; c'est pourquoi qu'on se garde bien de les croire.[4]

L'*Histoire comique des Etats et empires de la lune et du soleil*, de Cyrano de Bergerac, a fourni plusieurs emprunts de détail, ainsi que le thème capital du renversement des rôles entre l'homme et l'animal. Mais on a également la preuve que Swift a lu les utopies de Foigny et de Veiras, ainsi probablement que les *Voyages et aventures de Jacques Massé* de Tyssot de Patot. De l'ouvrage de Foigny, qui nous intéresse plus particulièrement ici, Swift a retenu quelques rares détails, surtout regroupés dans le *Troisième voyage*; à ceux qui ont été relevés par Emile Pons on peut ajouter quelques autres emprunts possibles ou probables.[5] Mais l'essentiel est ailleurs: l'étude des sources, en dehors de ce qu'elle peut apporter à l'érudition, a pour intérêt essentiel de montrer que Swift

mes de thèmes et de structure, mais ceux-ci pourraient être aussi concluants si le rapprochement était effectué à partir d'autres textes utopiques.

4. Lucien, *Histoire vraie*, tr. Perrot d'Ablancourt, in Garnier (éd.), *Voyages imaginaires*, xiii.2-3.

5. Les porcs laboureurs des agronomes de l'Académie de Lagado (*Voyage à Balnibarbi*, ch.5, éd. Pons, p.190) évoquent les Lums (ou Hums) de la Terre australe (*T.A.*, p.134); la mélancolie des Struldbruggs (*Voyage à Luggnag*, ch.10, éd. Pons, p.220-21), condamnés à l'immortalité, et qui regardent passer avec envie les convois funèbres de leurs concitoyens mortels, doit probablement quelque chose à l'aspiration australienne à la mort (*T.A.*, p.121-25). La façon dont Gulliver quitte Brobdingnag, enlevé dans la boîte qui lui sert de logement par un aigle géant, puis lâché à la mer lorsque l'oiseau est attaqué par ses congénères (*Voyage à Brobdingnag*, ch.8, éd. Pons, p.151-56), évoque beaucoup plus les séquences d'entrée et de sortie du voyage de Sadeur en Terre australe (*T.A.*, p.86-87, 154-57) que les 'machines' construites par le narrateur du récit de Cyrano pour ses voyages interplanétaires. De même, les étranges recherches des académiciens de Lagado ('Les uns condensaient l'air en une substance solide, le séparant de son nitre et éliminant les particules aqueuses ou fluides. D'autres amollissaient le marbre pour en faire des oreillers et des pelotes à épingles', éd. Pons, p.192) évoquent peut-être, comme le suppose Emile Pons, les expériences de Boyle sur l'élasticité de l'air. On peut y voir également, de façon aussi convaincante, un développement humoristique de l'une des 'inventions' que Foigny attribue à ses Australiens: 'On peut changer ce qui est mol en des matières plus dures que l'acier, sans besoin de fonte, ny de coup de marteau. On peut rendre ce qui est dur, traitable et maniable comme de la cire fondue' (*T.A.*, p.139).

connaissait parfaitement la tradition de l'utopie et du voyage imaginaire et qu'il était, notamment, familiarisé avec la littérature utopique du dix-septième siècle français et avec ses modalités de mise en forme littéraire. C'est dans cette perspective qu'il convient d'envisager les rapports possibles entre *La Terre australe connue* et les *Voyages de Gulliver*.

Si la problématique de la fiction swiftienne est si proche de celle de *La Terre australe connue*, peut-être est-ce parce que, sous bien des aspects, Swift est encore un homme du dix-septième siècle. Les *Voyages de Gulliver* paraissent à l'époque où, en Angleterre, le mouvement des Lumières se propage dans une atmosphère d'enthousiasme et d'optimisme militant; Voltaire, qui a vécu de l'intérieur cette période triomphante à l'occasion de son exil londonien, saura en refléter les caractéristiques dans les *Lettres philosophiques*. L'œuvre de Swift, elle, apparaît au contraire comme une contestation radicale des valeurs des Lumières; rien de commun entre son pessimisme moral et l'optimisme d'un Shaftesbury, pour qui l'homme est un être spontanément rationnel, éminemment sociable, amical, dévoué envers son semblable et naturellement porté au bien, puisque la loi morale n'est autre que la loi naturelle inscrite au fond de son cœur comme dans l'ordre qui régit l'univers.[6] Cette contestation s'opère au nom des valeurs du passé et dans la perspective pessimiste qui est celle de la fin de l'époque classique. A la fois anticartésien et antinewtonien, Swift se méfie de toute explication prétendument globale du monde et, surtout, des formes nouvelles d'une science d'inspiration mathématique qui entend inscrire l'univers dans un réseau rationnel de relations numériques ou géométriques. Ses goûts littéraires et ses lectures philosophiques sont d'un classique et d'un pessimiste: Platon plutôt que Locke, La Rochefoucauld plutôt que Shaftesbury. Politiquement, Swift est un conservateur, voire un réactionnaire; lié aux intrigues du parti Tory, dont il a été le propagandiste officieux dans certains de ses pamphlets, il rêve nostalgiquement d'un retour à une 'vieille Angleterre' largement mythique, traditionnelle et rurale, à la fois aristocratique et paysanne, délivrée de la démagogie parlementaire, de la corruption électorale, du mercantilisme agressif de la nouvelle classe bourgeoise.

Dans quelle mesure les utopies swiftiennes reflètent-elles cette attitude conservatrice et pessimiste? Son expression, à supposer qu'elle soit compatible avec le contenu traditionnellement positif de l'utopie, ne vient-elle pas bouleverser les données habituelles du genre? Et est-on même fondé à considérer l'œuvre de Swift comme relevant de l'utopie? Sur le dernier point, le plus important puisqu'il conditionne tous les autres, la critique semble maintenant avoir tranché. Les études les plus anciennes sur la littérature utopique, celles

6. Voir Willey, *The Eighteenth-century background*, ch.4: 'Natural morality: Shaftesbury', p.60-77.

B. *Les Voyages de Gulliver de Swift*

de Lewis Mumford, de Victor Dupont ou de Marie-Louise Berneri, ne mention-
nent pas les *Voyages de Gulliver*, ou ne le font que pour les en rejeter.[7] On
comprend aisément pourquoi: tributaires – ou prisonniers – de la conception
de l'utopie entendue comme modèle idéal, ces commentateurs peuvent difficilement y faire entrer une œuvre où les constructions sociales, bien rarement
exemplaires, sont en tout état de cause impossibles à imiter.[8] Il n'en est pas de
même dans l'abondante littérature critique postérieure à 1950: toutes les
histoires de l'utopie récentes font une place aux *Voyages de Gulliver*, bien qu'avec
des interprétations divergentes. Pour Raymond Ruyer et Jean Servier, Swift
inaugure une forme d'utopie essentiellement satirique et critique, qui 'ne nous
propose pas un idéal opposé à la réalité, mais une critique philosophique et une
mise en doute des règles de notre société',[9] tandis que A. L. Morton relève les
ambiguïtés nées de la présence simultanée d'éléments satiriques et d'éléments
proprement utopiques:

C'est dire que la critique sociale se révèle quelquefois sous les descriptions d'une
république que Swift montre en exemple à ses concitoyens, et ailleurs sous celles d'un
pays dont les vices et les folies ne sont que les charges satiriques d'institutions familières.
Bien mieux, il y a des endroits où l'on trouve ces deux éléments conjoints, et en cela,
Swift semble avoir montré la voie à Samuel Butler, l'auteur d'*Erewhon*.[10]

Mais, aux yeux de beaucoup, la perspective satirique de l'utopie swiftienne ne
vise pas seulement le monde réel: elle s'adresse aussi, et peut-être d'abord, à
l'utopie elle-même. Pour Alexandre Cioranescu, satire de l'utopie et satire du
monde réel sont, chez Swift, dialectiquement liées: 'L'ironie posant le vrai en
faux, elle transforme la réalité en utopie et inversement. Comme l'auteur déteste
l'utopie autant que la réalité, il a trouvé là un moyen de les renvoyer dos à
dos'.[11] Faudrait-il donc voir dans les *Voyages de Gulliver* une anti-utopie plutôt
qu'une utopie? Telle est la position de Raymond Trousson: 'Contre l'utopie,
Swift emploie l'utopie elle-même et la pulvérise par la caricature et le grotesque';
tandis que, tout en reconnaissant l'ambiguïté de l'œuvre ('un savant méli-mélo
d'utopies faisant fonction d'anti-utopisme, et d'anti-utopies qui renforcent
l'utopisme'), Darko Suvin aboutit à une conclusion inverse: 'Ainsi, tout en étant
le contraire d'un utopiste didactique, Swift est un allié amer de l'utopie.'[12]

Ces divergences d'interprétation sont particulièrement cruciales dans l'ana-

---

7. Lewis Mumford, *The Story of utopias* (1922; New York 1974); Dupont, *L'Utopie et le roman utopique*; Berneri, *Journey through utopia*.
8. Voir Berneri, *Journey through utopia*, p.174.
9. Servier, *Histoire de l'utopie*, p.182-85 (p.182); Ruyer, *L'Utopie et les utopies*, p.191-95.
10. Morton, *L'Utopie anglaise*, p.114.
11. Cioranescu, *L'Avenir du passé*, p.229-30.
12. Trousson, *Voyages aux pays de nulle part*, p.171; Suvin, *Pour une poétique de la science-fiction*, p.118, 119.

lyse du *Voyage au Pays des chevaux*. S'il est à peu près évident pour tous que l'épisode de l'Académie de Lagado, par exemple, constitue une satire de l'esprit utopique, la signification du *Quatrième voyage* est beaucoup moins claire. Les commentateurs s'accordent généralement à voir dans cet épisode celui qui est extérieurement le plus proche de l'utopie classique: sa mise en forme littéraire est conforme aux modèles traditionnels, tout comme les valeurs fondatrices – Nature et raison – de la société imaginaire; enfin, le caractère idéal de cette société est explicitement affirmé par le narrateur. Mais ils s'opposent sur la signification qu'il convient de lui attribuer: pourquoi cette société 'idéale' est-elle une société de chevaux, non une société humaine? Comment expliquer la place accordée aux Yahoos, race humaine dégénérée, au sein de l'utopie chevaline? Gulliver, lorsqu'il en exalte la perfection, est-il vraiment le porte-parole de Swift? S'agit-il d'une utopie ou d'une parodie de l'utopie?

Après une étude de la structure générale des *Voyages de Gulliver* et des ambiguïtés qui caractérisent l'insertion du texte dans le réel, on examinera assez brièvement les utopies des trois premiers livres et leurs implications positives et négatives. On s'arrêtera beaucoup plus longuement sur le *Voyage au pays des chevaux*, d'abord pour décrire les instances sociales qui y apparaissent, les principes qui président à leur construction, les liens qui les unissent, puis pour analyser la position du narrateur, son rôle dans le fonctionnement du texte, et les conclusions qu'il est possible d'en tirer quant à la signification de l'utopie swiftienne.

18. Problèmes de structure et de signification dans les *Voyages de Gulliver*

LES *Voyages de Gulliver* sont découpés en quatre livres correspondant à quatre voyages, chacun consacré à la découverte par le narrateur d'une terre inconnue et d'une humanité 'différente': peuple de nains à Lilliput (*Premier voyage*), géants à Brobdingnag (*Deuxième voyage*), chevaux raisonnables et hommes animalisés au pays des Houyhnhnms (*Quatrième voyage*). Seul le *Troisième voyage* (voyage à Laputa, Balnibarbi, Glubbdubdrib, Luggnagg et au Japon), qui est aussi le dernier dans l'ordre de la rédaction, présente une organisation plus complexe et plus confuse: les pays visités y sont plus nombreux; la description, n'étant plus centrée sur une seule contrée et sur une société unique, tend à s'éparpiller ou à se concentrer sur quelques points particuliers sans chercher à construire la représentation cohérente et complète d'un monde. Il n'est pas interdit de penser que Swift a rassemblé ici des matériaux épars qu'il n'avait pu utiliser dans les autres voyages, d'où l'aspect composite de cette troisième partie.

Si l'unité d'ensemble de l'ouvrage est assurée, sur le plan thématique, par la confrontation avec une humanité 'autre', elle résulte aussi, sur le plan formel, de la reprise régulière d'un certain schéma, lié au type de déroulement narratif qu'impose le récit de voyage, ainsi que de la présence permanente d'un même personnage de voyageur-narrateur. Toutefois, c'est précisément cette permanence du personnage, et son statut même de personnage, qui posent problème: d'un voyage à l'autre, Gulliver apparaît souvent moins comme un être de fiction pris dans la continuité vivante d'une histoire personnelle que sous l'aspect d'un ensemble de fonctions nécessaires à la construction du récit et à la représentation des mondes imaginaires.

i. Gulliver dans les *Voyages*: de la fonction au personnage

Quel rôle assigner à Gulliver dans le texte des *Voyages*? Les fonctions qu'il assume suffisent-elles à le définir comme personnage? Ne faudrait-il pas voir en lui, selon la formule de Jenny Mecziems, 'une structure plutôt qu'un personnage'?[1]

Gulliver est d'abord, non parfois sans artifice, un fil conducteur du récit,

---

1. J. Mecziems, 'The unity of Swift's *Voyage to Laputa*: structure as meaning in utopian fiction', *MLR* 72 (1977), p.3.

puisque sa seule présence permet d'en référer tous les épisodes à une même expérience individuelle. Il est aussi un instrument d'optique sur la réalité décrite, tantôt démesurément grossie, tantôt démesurément rapetissée selon une norme constante, mais réversible: Lilliput divise par 12 les normes dimensionnelles du monde de référence (autrement dit le nôtre), Brobdingnag les multiplie pareillement par le même chiffre. On sait que figure régulièrement, dans l'inventaire du contenu des poches du narrateur, une longue-vue de marine. La fonction que remplit Gulliver au cours de ses deux premiers voyages n'est pas sans quelque analogie avec celle qu'on est tenté d'assigner à cet instrument évidemment ˋ symbolique: regarder la réalité alternativement par l'un et l'autre bout de la lorgnette, c'est faire surgir tour à tour le monde rapetissé de Lilliput et le monde agrandi de Brobdingnag. Mais le héros s'inclut lui-même, sans altération de taille, dans le tableau du monde 'autre' ainsi produit; au sein d'un univers distordu par la vision télescopique, il peut remplir une fonction d'étalon de référence chargé d'incarner la norme intangible du réel. Parmi les nains de Lilliput ou les géants de Brobdingnag, il ne cesse de se trouver dans des situations de confrontation avec des êtres et des objets qui lui permettent de 'donner l'échelle', c'est-à-dire de mettre en évidence à l'intérieur d'une identité foncière des objets représentés les écarts dimensionnels entre le monde réel et le monde imaginaire. C'est toujours à son contact et par référence à lui que surgit la représentation concrète des différences sur le fond d'une identité; c'est donc lui qui souligne, et peut-être suscite, une altérité dont tous les élements ne font pourtant que reproduire fidèlement ceux du monde connu.

Le phénomène de changement d'échelle qui frappe la réalité observée, ou plutôt la distorsion qui s'introduit entre celle-ci et la personne de l'observateur, est d'abord une source inépuisable d'émerveillement et de pittoresque du dépaysement. Les voyages de Lilliput et de Brobdingnag sont riches en épisodes, repris avec prédilection par les adaptations enfantines et fixés par une abondante tradition iconographique, qui jouent de façon spectaculaire sur le décalage entre le héros et son environnement concret: les repas de Gulliver à Lilliput (des barriques de vin et des bœufs entiers), sa victoire sur la flotte de Blefuscu ramenée au bout d'un fil, ou, inversement, à Brobdingnag, ses combats à l'épée contre des guêpes gigantesques et ses démonstrations nautiques dans l'espace dérisoire d'une cuvette remplie d'eau. Ces instantanés mettent en jeu des éléments qui, pris en eux-mêmes, sont d'une grande banalité: rien d'intrinsèquement dépaysant ou monstrueux, seulement des réalités familières du monde concret. Mais c'est par le regard de Gulliver que nous les percevons, ce qui, en permettant de jouer sur les deux aspects du motif gigantal – monde agrandi par rapport au héros ou héros hypertrophié face à un monde qui rapetisse – en recharge le sens: ces scènes relèvent ainsi des *adunata* de la rhétorique médiévale ou renaissante; installant la représentation de l'impossible ou du vivant paradoxe, la présence conjointe du narrateur et de la réalité 'autre' d'un nouveau monde crée les conditions d'un renouvellement de la vision et pose les bases concrètes des problèmes philosophiques de l'échelle des êtres, de l'anthropocentrisme, du relativisme universel.

En effet, ce ne sont pas seulement les mondes imaginaires infiniment dilatés ou infiniment rapetissés qui se trouvent ainsi désignés comme 'autres' par le regard que porte sur eux le narrateur. S'il est vrai que Gulliver incarne, face aux variations aberrantes qui les frappent dans leurs proportions, une norme supposée stable, celle du réel européen, cette norme n'est pas elle-même absolument intangible: l'univers d'origine se trouve parfois, lui aussi, coloré d'étrangeté, altéré dans sa juste mesure, et par là presque aussi 'autre' que Lilliput ou Brobdingnag. Cet effet de mise en perspective relativiste du réel de référence, sensible notamment dans les dialogues, apparaît également avec une particulière évidence lorsque Gulliver, à l'issue de ses aventures insulaires, reprend brutalement contact avec l'Europe ou ceux qui la représentent. Recueilli par un navire anglais en quittant Brobdingnag, le narrateur reste pour un temps tributaire du système de proportions en vigueur au pays des géants; il applique malgré lui ce code maintenant inadéquat aux objets qu'il a sous les yeux, comme le voyageur, la frontière franchie, continue à compter mentalement dans une monnaie qui n'a plus cours:

Le capitaine me dit qu'en effet, il avait noté, quand nous étions à table, que je regardais tout avec une sorte d'ébahissement et que j'avais souvent donné l'impression de ne pouvoir me retenir de rire, ce qu'il n'avait guère pu s'expliquer que par un dérangement de mon cerveau. Je répondis que c'était la vérité. J'étais à un doigt de pouffer de rire, quand je voyais ses plats grands comme une pièce de trois sous en argent, un jambon qui faisait à peine une bouchée, une tasse plus petite qu'une coquille de noix. J'allongeais la liste, décrivant toutes ses affaires et toutes ses provisions de cette façon-là. Car bien que la Reine eût fait exécuter pour moi, en petit, tous les objets nécessaires à mon ménage pendant que j'étais à son service, je concevais le monde à l'image de tout ce qui m'entourait, fermant les yeux sur ma petitesse, comme les gens sur leurs propres défauts.[2]

Le brusque changement d'échelle qui frappe le monde concret exige de Gulliver

2. Ed. Pons, p.158-59. ('The Captain said, that while we were at Supper, he observed me to look at every thing with a Sort of Wonder; and that I often seemed hardly able to contain my Laughter; which he knew not well how to take, but imputed it to some Disorder in my Brain. I answered, it was very true; and I wondered how I could forbear, when I saw his Dishes of the Size of a Silver Three-pence, a Leg of Pork hardly a Mouthful, a Cup not so big as a Nutshell: And so I went on, describing the rest of his Household stuff and Provisions after the same Manner. For although the Queen had ordered a little Equipage of all Things necessary for me while I was in her Service; yet my Ideas were wholly taken up with what I saw on every Side of me; and I winked at my own Littleness, as People do at their own Faults', éd. Greenberg, p.122).

un effort d'accommodation qu'il ne pourra réaliser que progressivement. Rentré en Angleterre, c'est toujours avec l'optique rapetissante d'un Brobdingnagien qu'il appréhende notre monde, en révélant ainsi, malgré lui, la vraie nature. Sous son regard, Londres devient une autre version de Lilliput, tout aussi dérisoire et guère plus rèelle:

A force de voir tout au long du chemin, maisons, arbres, bêtes et gens d'une taille si minuscule, je me figurais être à Lilliput. J'avais peur d'écraser les piétons sur la route et je leur criais souvent de dégager le passage, ce qui manqua de me faire rosser une fois ou deux pour mon impertinence. [...] Je regardais de bas en haut les domestiques et un ou deux amis venus chez moi, comme s'ils étaient des pygmées et moi un géant.[3]

On voit par là que le jeu sur les échelles de proportion contient déjà en germe les fondements d'une remise en cause critique du monde réel et de l'humanité qui l'habite: vus de Brobdingnag, nous ne sommes que des nains dérisoires au sein d'un univers lilliputien. Critique curieusement ambiguë toutefois, car le regard qui la rend opérante, s'il utilise bien les codes et les normes de la vision gigantale, n'est après tout que celui d'un homme semblable aux autres: Gulliver peut bien contempler de haut ses concitoyens, force est de constater que rien ne justifie cette perspective de supériorité condescendante, ni la stature prééminente qu'il est conduit imaginairement à s'attribuer. Si, comme nous y invite une symbolique traditionnelle, on peut voir dans la supériorité de taille l'emblème physique d'une supériorité morale,[4] l'attitude de Gulliver révèle déjà une contradiction qui est peut-être inséparable de l'attitude du moraliste: celui qui s'élève au-dessus des autres hommes pour jeter sur eux un regard venu d'en haut n'est lui-même qu'un homme. Rien, sinon l'illusion ou l'imposture, ne justifie la position surplombante qu'il adopte, indice probable d'un orgueil qui s'ignore. Si entre les différents mondes, réels ou imaginaires, qu'il visite Gulliver a pour fonction de donner une échelle de proportions ou d'incarner une norme dimensionnelle, ce n'est donc pas sans que se trouvent remises en

---

3. Ed. Pons, p.160. ('As I was on the Road; observing the Littleness of the Houses, the Trees, the Cattle and the People, I began to think my self in Lilliput. I was afraid of trampling on every Traveller I met; and often called aloud to have them stand out of the Way; so that I had like to have gotten one or two broken Heads for my Impertinence. [...] I Looked down upon the Servants, and one or two Friends who were in the House, as if they had been Pigmies, and I a Giant', éd. Greenberg, p.123-24.)

4. C'est sur une symbolique de cet ordre que repose le dispositif de mise en scène de *L'Ile de la raison* de Marivaux. Les 'Raisonnables', habitants de l'île, sont des géants dont la taille indique la prééminence morale. L'aliénation spirituelle de leurs visiteurs européens, livrés à toutes les illusions de la vanité et à toutes les perversions des vices sociaux, est transcrite par une métamorphose rapetissante dont une 'cure de raison' permettra de triompher. A propos de cette pièce, voir notre étude, 'Les utopies morales de Marivaux', in *Etudes et recherches sur le XVIIIe siècle* (Aix-en-Provence 1980), p.57-85.

cause à la fois la notion même de norme et, d'une certaine façon, la légitimité de la fonction qu'il assume.

Toutefois, ce n'est pas seulement dans l'ordre strictement matériel des dimensions et des proportions mais aussi dans l'ordre philosophique et moral que le héros remplit au sein des sociétés imaginaires des *Voyages* une fonction d'étalon de référence représentatif du monde réel et de ses valeurs. Son nom est, selon toute probabilité, le résultat d'un de ces jeux de mots franco-anglais que Swift affectionnait: Gulliver, c'est *the gullible worm* (littéralement, 'le ver jobard'), incarnation de l'homme moyen mystifié par son propre orgueil, porte-parole d'un anthropocentrisme naïf qui n'a pas encore pris conscience de l'infirmité de la nature humaine.[5] C'est bien sous cet aspect qu'il nous apparaît dans quelques épisodes du *Voyage à Brobdingnag*, notamment au cours de ses dialogues avec le roi du pays, s'efforçant d'y présenter les mœurs et les institutions de l'Angleterre sous leur jour le plus favorable, sans succès d'ailleurs, car le souverain n'est pas dupe de ce tableau naïvement idyllique et en arrive à la conclusion que les Européens forment, dans leur ensemble, 'la plus odieuse petite vermine à qui la nature ait jamais permis de ramper à la surface de la terre'[6] – ce qui d'ailleurs n'ébranle aucunement le sentiment de supériorité condescendante du visiteur:

Mais il faut se montrer très indulgent pour un Roi qui vit entièrement séparé du reste du monde, et doit par conséquent ne pas avoir l'expérience des manières et des coutumes les plus répandues dans les autres nations. Ce manque de connaissances entraîne forcément beaucoup de préjugés et une certaine étroitesse d'esprit, dont nous-mêmes et les pays les plus civilisés d'Europe sommes complètement exempts. Et certes, on ne saurait envisager que les idées d'un Prince vivant si loin de notre continent fussent, en matière de vertus et de vices, proposées comme normes à toute l'humanité.[7]

Mais les développements de ce type relèvent trop manifestment de l'antiphrase ironique (sans qu'on puisse toutefois exactement déterminer si cette perspective doit être ici référée à l'auteur ou à son personnage) pour qu'il soit possible de

---

5. D'autres explications ont été proposées (Gulliver = *very gull*), toujours autour de la racine *gull*, 'dupe'. Après sa victoire sur la flotte de Blefuscu, les Lilliputiens décernent à Gulliver le titre de *Nardac*, 'qui est leur plus haut titre de noblesse' (éd. Pons, p.63): c'est l'anagramme du mot français *canard*, en anglais *duck*, d'où, par analogie, *duke*. Le calembour polyglotte est, parmi d'autres, l'un des procédés les plus courants de la création linguistique swiftienne.

6. Ed. Pons, p.142. ('the most pernicious Race of little odious Vermin that Nature ever suffered to crawl upon the Surface of the Earth', éd. Greenberg, p.108.)

7. Ed. Pons, p.143. ('But, great Allowances should be given to a King who lives wholly secluded from the rest of the World, and must therefore be altogether unacquainted with the Manners and Customs that most prevail in other Nations: The want of which Knowledge will ever produce many Prejudices, and a certain Narrowness of Thinking; from which we and the politer Countries of Europe are wholly exempted. And it would be hard indeed, if so remote a Prince's Notions of Virtue and Vice were offered as a Standard for all Mankind', éd. Greenberg, p.109.)

les prendre entièrement au sérieux. La disproportion de taille entre ce dernier et ses hôtes, ainsi que les mésaventures humiliantes et ridicules qui en résultent, rendent assez dérisoires ces affirmations de supériorité, d'ailleurs contredites par d'autres déclarations, dirigées cette fois contre l'orgueil de l'homme européen. Gulliver a-t-il pour mission d'illustrer malgré lui les ravages de l'attitude anthropocentriste ou, au contraire, d'en dénoncer les méfaits? Au sein des sociétés imaginaires des *Voyages*, incarne-t-il les normes et les modèles de l'Europe, ou bien vient-il sourdement les contester? L'un et l'autre sans aucun doute. Ici encore il semble assumer des fonctions contradictoires, au point que sa cohérence interne et son unité psychologique s'en trouvent menacées.

D'où résulte peut-être son faible degré de caractérisation et, à la limite, son insignifiance en tant que personnage, du moins dans les trois premiers voyages: incarnation d'une norme représentative de l'attitude générale de l'humanité moyenne, Gulliver reste largement indifférencié. De sa personnalité et de son histoire, n'est esquissé que ce qui est strictement nécessaire à son insertion dans le réel, c'est-à-dire à l'effet de 'réalisme romanesque' voulu par Swift, d'ailleurs de façon ambiguë et, très probablement, parodique. Nous savons qu'il est issu de la classe moyenne, qu'il s'est marié, qu'il est devenu chirurgien de vaisseau; moins d'une page suffit pour communiquer au lecteur ces précisions indispensables. De sa vie en Angleterre, nous ne connaissons presque rien, du moins jusqu'aux toutes dernières pages du livre: c'est seulement à l'issue du roman, de retour du pays des chevaux, qu'il va conquérir son autonomie romanesque. De son expérience chez les Houyhnhnms, Gulliver a rapporté en effet une singularité qui le constitue véritablement comme personnage: l'horreur de la race humaine le distingue désormais et l'isole au sein de la société réelle enfin retrouvée.

Il serait légitime en ce sens de voir dans l'œuvre de Swift une sorte de roman de formation: d'un personnage indifférencié, transparent et insignifiant, réduit à une série de fonctions romanesques, on passe au terme du récit à un personnage 'plein', doté d'un être autonome affirmé par ses opinions, ses goûts et ses dégoûts. Cette analyse recoupe dans une certaine mesure la distinction proposée par Alain Bony entre un Gulliver 'mémorialiste', dont la 'discrétion touchant sa propre personne est à la mesure de son désir d'effacement devant des événements auxquels il a été mêlé par hasard', et un Gulliver 'autobiographe', 'dont le propos est de retracer rétrospectivement l'élaboration de sa propre personnalité'.[8] L'évolution du héros n'est pas entièrement positive cependant, puisque l'accès à l'existence propre se paie d'un décalage avec la société environnante: aux yeux de ses concitoyens, son comportement est celui

8. A. Bony, 'Call me Gulliver', *Poétique* 14 (1973), p.203-204.

d'un demi-fou. Plus gravement, Gulliver ne peut conquérir sa singularité qu'au prix d'une insupportable contradiction intérieure: s'il a perdu la naïveté anthropocentriste du *gullible worm*, de l'homme moyen qu'il était, il se voit désormais lui-même sous l'aspect d'un Yahoo, symbole haïssable de la laideur et du mal, il ne commence véritablement à exister que pour sentir à quel point l'existence lui est odieuse.

ii. Le schéma formel des *Voyages*

Le schéma formel des quatre voyages, pratiquement toujours identique, à l'exception du *Troisième voyage*, est conforme dans ses traits généraux à celui que l'examen de *La Terre australe connue* a permis de dégager, avec cette différence que les séquences intermédiaires qui précèdent ou suivent la visite du pays imaginaire sont ici, dans l'ensemble, beaucoup moins développées.

Le narrateur, quittant son pays et sa famille, s'embarque pour un voyage vers les mers du Sud qu'un quelconque accident vient interrompre: à la suite d'un naufrage (*Premier voyage*), d'un abandon (*Second voyage*), d'une attaque de pirates (*Troisième voyage*), d'une mutinerie (*Quatrième voyage*), Gulliver, séparé de ses compagnons et symboliquement retranché de la société humaine, se retrouve seul sur une terre inconnue. C'est là qu'intervient la première prise de contact avec le pays fictif et ses habitants. Celle-ci revêt presque toujours un aspect traumatisant, sauf dans l'île volante de Laputa, où les insulaires, absorbés dans leurs spéculations mathématiques, ne prêtent que peu d'attention au visiteur. A Lilliput, Gulliver se réveille étroitement ligoté et cerné par toute une armée; à Brobdingnag, réfugié dans un champ de blé, il est sur le point d'être tranché en deux par la faucille géante d'un moissonneur; chez les Houyhnhnms, il lui faut subir l'infâme bombardement d'excréments que lui inflige l'abject troupeau des Yahoos.

Puis prend place l'étape capitale: aux prises avec une humanité 'différente' qui ne l'identifie pas spontanément comme homme, il s'efforce d'être reconnu comme être pensant. Il est essentiel pour lui, par-delà le sentiment de monstruosité que suscite sa différence, d'établir avec une humanité autre une relation de communication: d'où l'importance attachée, dans cette phase du récit, à l'acquisition du langage. Même motif chez Cyrano: le narrateur du *Voyage dans la lune*, pris par les Sélénites pour 'la femelle du petit animal de la reine',[9] est mis en cage et transporté au palais royal, tout comme Gulliver dans l'épisode de Brobdingnag; c'est également au terme d'un apprentissage du langage (lunaire) qu'il parviendra à obtenir la reconnaissance de son humanité. Ce motif

9. Cyrano de Bergerac, *Voyage dans la lune*, p.55.

narratif, devenu traditionnel dans le voyage imaginaire (on le retrouve, inversé, dans le *Micromégas* de Voltaire), est étroitement lié à la critique de l'attitude anthropocentriste et au problème de la définition de l'homme.[10]

A cette séquence fait suite une présentation du pays imaginaire, de ses mœurs, de ses lois, de son système social et politique. Conformément au modèle proposé par la tradition utopique, la description proprement dite y alterne avec le dialogue: entretiens avec le souverain du pays à Lilliput et à Brobdingnag, conversations avec le seigneur Munodi à Balnibarbi, dialogues avec le 'maître cheval' dans le *Quatrième voyage*. L'interlocuteur choisi, porte-parole ou représentant qualifié de la société fictive, a évidemment pour fonction première d'en présenter les coutumes et les institutions; il concourt ainsi à la construction du tableau utopique. Cependant ces entretiens ne contribuent pas seulement à édifier la représentation du monde imaginaire. Dans deux voyages au moins (le second et le quatrième), les dialogues, qui reçoivent du reste un développement d'une ampleur inhabituelle – trois chapitres (ch.5-7) leur sont intégralement consacrés dans le *Voyage au pays des chevaux* – portent essentiellement sur le monde réel: c'est la société anglaise, avec ses tares, ses injustices et ses absurdités qui en constitue le sujet; c'est elle qui, vue du pays imaginaire et à travers les valeurs qui lui sont propres, apparaît paradoxalement comme un monde 'autre', régi par des coutumes étranges, abandonné à mille inconséquences scandaleuses ou burlesques. Le changement de point d'optique et de 'focale', si l'on ose dire, qui résulte du transfert du narrateur au sein d'une réalité autre s'accompagne d'une mutation concernant l'objet du discours: à Brobdingnag ou chez les chevaux, c'est au premier chef sur l'état de l'Angleterre que portent les entretiens, non sur la société utopique. Celle-ci n'apparaît alors dans les dialogues que de façon indirecte et, pour ainsi dire, en creux; les étonnements et les indignations de l'interlocuteur utopien devant le tableau de l'Europe que dresse le narrateur impliquent l'existence d'autres coutumes, d'autres normes de jugement, et suggèrent *a contrario* une société différente, indemne des injustices et des absurdités du réel. Le dialogue participe donc à la présentation de l'utopie à la fois par son contenu et par sa présence même, puisqu'il postule au principe de l'échange une confrontation de différences.

En dehors des séquences dialoguées, le narrateur ne s'exclut jamais entièrement du tableau descriptif: sa relation personnelle avec la société insulaire

---

10. Remarquons toutefois que la même épreuve est épargnée, du moins en apparence, au narrateur de *La Terre australe connue*, puisque son hermaphrodisme le fait d'emblée reconnaître comme 'frère' par les Australiens; il serait plus juste de dire que le processus s'en trouve inversé: par son comportement, Sadeur dévoilera progressivement aux yeux des Australiens une monstruosité morale qui incitera ceux-ci à le rejeter hors de l'humanité 'pleine' dont il possède pourtant tous les traits physiques.

constitue presque toujours le point d'optique à partir duquel la description est produite, et cette relation est rarement harmonieuse. Très vite surgissent des tensions, des difficultés. A Lilliput, après avoir été reconnu comme une sorte de héros national à la suite de la destruction de la flotte du royaume ennemi de Blefuscu, Gulliver devient rapidement indésirable: la façon toute rabelai-sienne dont il éteint l'incendie du palais royal heurte les usages locaux, et sa nourriture s'avère une charge écrasante pour la nation; soupçonné de complot, puis inculpé pour haute trahison, il devra s'enfuir. A Brobdingnag, sa petite taille lui attire, outre la jalousie féroce du nain de la reine, une multitude de mésaventures tragi-comiques; surtout, il perdra la faveur du roi pour avoir voulu lui révéler le secret des armes à feu, trahissant ainsi auprès de ce peuple pacifique sa propre inhumanité et, à travers elle, la perversité des nations dites civilisées. Au pays des chevaux, Gulliver ne sera jamais réellement accepté et devra finalement choisir entre l'exil et la relégation dans l'animalité.

L'ultime séquence de chacun des voyages est consacrée au départ du narra-teur et à son retour au monde réel selon un scénario immuable: recueilli en mer par un vaisseau européen, Gulliver est ramené en Angleterre, bouclant ainsi la trajectoire circulaire imposée par le schéma formel commun à l'utopie et au voyage imaginaire. Cette dernière séquence, généralement fort brève, n'a d'autre but que de mettre le héros en position de préparer une nouvelle aventure. Le dernier voyage, de façon fort significative, fait seul exception de ce point de vue: la séquence finale y est considérablement plus développée, puisqu'elle couvre deux chapitres (ch.11, 12), et, à la différence des autres, elle n'ouvre pas la perspective d'un nouveau départ; de retour du pays des chevaux, et alors même que le dégoût de la race humaine qu'il y a contracté semblerait justifier toutes les fuites et tous les exils, Gulliver choisit de s'installer définitivement en Angleterre, au sein d'une société qu'il abhorre. De même, le personnage de don Pedro de Mendoza, capitaine du vaisseau portugais qui le recueille pour cet ultime voyage, fait l'objet d'un développement inhabituel; ses qualités de douceur, de patience et de bonté font problème, en ce qu'elles semblent contredire la conclusion de misanthropie que le narrateur prétend tirer de sa dernière aventure.

On notera enfin que, dans le seul *Voyage au pays des chevaux*, séquence d'entrée et séquence de sortie du pays imaginaire semblent présenter quelques traces des phénomènes de parallélisme relevés dans les épisodes correspondants de *La Terre australe connue*. C'est au chapitre 11, sitôt après avoir quitté le pays des chevaux, que Gulliver se trouve face à face avec les sauvages qu'il s'attend à rencontrer lorsque, au premier chapitre, il prend pied sur cette terre inconnue; c'est alors seulement qu'il reçoit la flèche dont il appréhendait d'être frappé à l'instant de son débarquement, comme si, par-delà tout l'épisode central ainsi mis entre parenthèses, le même récit longtemps suspendu reprenait brutalement son cours. C'est tout le tableau descriptif de la société des Houyhnhnms qui semble ainsi se tenir dans la marge temporelle d'un instant infiniment étiré, dans le vol miraculeusement suspendu d'une flèche. Comment exprimer plus clairement que ce monde relève d'un temps et d'un espace radicalement *autres*, ceux de l'utopie et du rêve?

iii. Fiction littéraire et effet de réel: de la parodie à l'ambiguïté

Les *Voyages de Gulliver* ne se présentent en aucune façon comme un roman, mais comme la relation parfaitement véridique de voyages *into several remote nations of the world, by Lemuel Gulliver, first a surgeon and then a captain of several ships*, ainsi que le proclame la page de titre. Comme pour mieux authentifier l'ensemble, l'édition Faulkner de 1735 s'orne de plusieurs cartes et d'un portrait du 'Capitaine Lemuel Gulliver' dont on ne s'étonnera guère qu'il évoque assez nettement les traits d'un Swift quelque peu rajeuni. Rien ici de bien original ni de très nouveau: depuis longtemps, on l'a vu, la fiction de l'authenticité documentaire est de règle dans les formes romanesques à la première personne; c'est même, très probablement, l'usure du procédé qui incite Swift à en faire un usage subtilement parodique. Peut-être l'auteur se souvient-il des artifices d'authentification utilisés dans *La Terre australe connue* ou, plus probablement, dans l'*Histoire des Sévarambes*, où le dispositif comporte une série de pièces justificatives s'appuyant sur des faits authentiques aisément vérifiables. Mais il semble bien que le réalisme prosaïque et efficace du *Robinson Crusoe* de Defoe (un auteur qui incarne tout ce que Swift déteste, comme le rappelle Nigel Dennis) soit ici à la fois la source inspiratrice et la cible principale de Swift[11] – d'ou, peut-être, ces précisions concernant les affaires d'argent, dot, rentes, revenus (voir, en particulier, le début et la fin du *Voyage à Lilliput*), si étrangères à la sensibilité de Swift et, surtout, à son esthétique littéraire.

On sait que, pour accréditer une fiction, le moyen le plus simple est de l'insérer dans un contexte géographique et historique précis, reconnaissable et présentant toutes les garanties du réel. Ainsi, dans le *Voyage au pays des chevaux*, le premier chapitre est bourré de précisions de dates et de lieux destinées à lui donner l'aspect d'un journal de bord: Gulliver s'embarque à Portsmouth le 7 septembre 1710, rencontre à Ténériffe, le 14, le capitaine Pocock de Bristol, est abandonné à terre le 9 mai 1711 par son équipage mutiné. Un seul détail

---

11. 'Defoe embodies everything that Swift hates: he is the other half of England that Swift struggled all his life to suppress or ignore and by which he was defeated and driven into isolation' (Nigel Dennis, *Jonathan Swift: a short character*, New York, London 1964, p.123).

manque: nous ignorons les coordonnées géographiques de la terre inconnue sur laquelle le narrateur a débarqué. Cette situation sera précisée plus tard, dans la séquence de retour: en quittant l'île des chevaux, qui se situe, encore une fois, dans les fameuses Terres australes si souvent utilisées par les auteurs d'utopies, Gulliver rejoindra en seize heures de navigation la côte sud-est de la Nouvelle-Hollande (c'est-à-dire, de l'Australie), ce qui l'autorise à réclamer contre les erreurs des cartographes.[12]

C'est toutefois en marge du texte, dans les préfaces, qu'apparaît avec le plus d'évidence le désir ironiquement affiché d'authentifier le récit. L'édition de 1735 est précédée de tout un dossier de pièces justificatives: un 'Avertissement' anonyme de l'imprimeur; un 'Avis au lecteur' d'un certain Richard Sympson; une 'Lettre du Capitaine Gulliver à son cousin Sympson'.[13] Ce dernier, se présentant comme l'éditeur du texte que lui a remis son parent et ami Gulliver, en motive la publication par le désir d'apporter 'une distraction plus utile à nos jeunes gentilshommes que les faibles écrits politiques et partisans'.[14] Se justifiant d'avoir abrégé le récit, élagué de ses observations maritimes ainsi que des 'précisions sur les longitudes et les latitudes', Sympson est donc responsable des altérations du texte et, particulièrement, de ses imprécisions géographiques, c'est-à-dire de son insertion imparfaite dans le réel. Il ajoute toutefois que le lecteur pourra, s'il le désire, consulter le manuscrit complet – fausse piste, car la lettre de Gulliver révèle que celui-ci est malheureusement détruit. Le narrateur ne peut que protester contre les remaniements du texte imputables à Sympson ('vous avez, soit omis quelques détails matériels, soit les avez diminués ou transformés de telle manière que je reconnais à peine mon œuvre')[15] ou à l'incurie de l'imprimeur, qui a introduit des erreurs de chronologie en donnant des dates erronées pour ses traversées; l'effet de réel suscité par l'abondance des précisions temporelles se trouve donc ruiné, puisque celles-ci sont fausses.

Les préfaces sont également intéressantes à un autre titre: selon un mécanisme déjà analysé (voir ci-dessus, ch.9, §v), elles mettent en jeu des personnages

12. Voir éd. Lamoine, p.212-13.
13. Le 'cousin Sympson' des *Voyages de Gulliver* a depuis longtemps été identifié avec William Symson, auteur prétendu d'un *New voyage to the East Indies* paru à Londres en 1715 (voir, à propos de ce texte, Adams, *Travelers and travel liars, 1660-1800*, Berkeley, Los Angeles 1962, p.1, 237). Cette identification figure déjà dans une clé contemporaine des *Voyages de Gulliver*. D'après Gove, Symson est un personnage entièrement imaginaire et le livre publié sous son nom est un plagiat romancé du *Voyage to Suratt* de John Ovington (*The Imaginary voyage in prose fiction*, p.222). Ce n'est sans doute pas sans intention que Swift a choisi de placer le récit de Gulliver sous la protection d'un autre voyageur tout aussi fictif que le narrateur dont il prétend garantir l'existence.
14. 'a better Entertainment to our young Noblemen, than the common Scribbles of Politicks and Party' (éd. Lamoine, p.75-76).
15. 'you have either omitted some material Circumstances, or minced and changed them in such a Manner, that I do hardly know mine own Work' (éd. Lamoine, p.67-68).

censés attester l'existence du narrateur et, par voie de conséquence, l'authenticité de son récit. Sympson n'a évidemment d'autre fonction que de garantir l'existence de son prétendu cousin en multipliant les *realia* destinés à ancrer le personnage dans le concret:

Voici trois ans, Mr. Gulliver, se lassant du concours de gens curieux venant le voir en sa maison de Redriff, fit l'achat d'une petite terre et d'une agréable maison près de Newark, dans le comté de Nottingham, son pays natal. C'est là qu'il s'est retiré, jouissant de l'estime de ses voisins. Bien que Mr. Gulliver fût natif du comté de Nottingham, où demeurait son père, je l'ai entendu dire que sa famille était du comté d'Oxford; pour confirmer ses dires, j'ai remarqué dans le cimetière de Banbury, en ce comté, plusieurs tombes et monuments funèbres à la mémoire des Gulliver[16]

– tous détails parfaitement oiseux, mais qui font entrer le personnage fictif dans une réalité familière et, en principe, vérifiable. La préface de Sympson contribue également à accréditer l'authenticité du récit de Gulliver par le recours à des témoignages extérieurs d'ordre psychologique: 'l'auteur était si connu pour sa sincérité que parmi ses voisins de Redriff il devint proverbial de dire, quand on affirmait quelque chose, "C'est aussi vrai que si Mr. Gulliver l'avait dit"'.[17] Mais, si le témoignage de Sympson garantit Gulliver, personne n'atteste l'existence de Sympson lui-même, si ce n'est précisément la lettre que Gulliver lui adresse – système parfaitement circulaire qui met en évidence la complète inanité de l'ensemble du dispositif externe des préfaces. Un cercle logique du même ordre régit le fonctionnement du dispositif interne qui est censé certifier de façon irréfutable la sincérité du narrateur. Sur ce point le *Quatrième voyage* apparaît bien comme la clé de voûte de l'ensemble des *Voyages de Gulliver*. Les Houyhnhnms ignorent le mensonge: leur langage n'a pas de mot pour le désigner et ils ne peuvent même le concevoir. Ayant totalement assimilé leurs valeurs et leur vision du monde, Gulliver a conçu à leur contact une furieuse haine pour toutes les formes de tromperie, comme en témoigne sa tirade sur les mensonges des voyageurs et la crédulité de leurs lecteurs;[18] ainsi est-il devenu lui-même, du moins nous l'affirme-t-il, incapable de mentir:

16. 'About three Years ago, Mr. Gulliver growing weary of the Concourse of curious People coming to him at his House in Redriff, made a small Purchase of Land, with a convenient House, near Newark, in Nottinghamshire, his native Country; where he now lives retired, yet in good Esteem among his Neighbours.
'Although Mr. Gulliver were born in Nottinghamshire, where his Father dwelt, yet I have heard him say, his Family came from Oxfordshire; to confirm which, I have observed in the Church-Yard at Banbury, in that County, several Tombs and Monuments of the Gullivers' (éd. Lamoine, p.74-75).
17. 'the Author was so distinguished for his Veracity that it became a sort of Proverb among his Neighbours at Redriff, when any one affirmed a Thing to say, it was as true as if Mr. Gulliver had spoke it' (éd. Lamoine, p.74-75).
18. Ed. Lamoine, p.227-29. Nous avons déjà noté un développement analogue dans *La Terre australe connue* (*T.A.*, p.79).

18. Problèmes de structure dans les Voyages de Gulliver

Je me suis imposé comme principe de m'en tenir à la stricte vérité et de ne jamais m'écarter de cette maxime; et en vérité la moindre tentation ne saurait me faire changer, tant que j'aurai en mémoire les conseils et l'exemple de mon noble maître et des autres illustres Houyhnhnms, que j'eus si longtemps l'honneur d'écouter humblement.[19]

De façon fort curieuse, il conclut sa tirade par une citation de l'*Enéide* apparemment sans rapport avec le passage:

> Nec si miserum fortuna Sinonem
> Finxit, vanum etiam, mendacemque improba finget.[20]

La relation apparaît mieux toutefois si nous songeons que Sinon est le personnage qui incita traîtreusement les Troyens à introduire dans leurs murs le fameux cheval de bois, après le faux départ des Grecs. L'allusion au fallacieux Sinon met donc en jeu un mensonge dissimulé dans une proclamation de sincérité, et un mensonge où, précisément, il est question de chevaux. Or, l'existence des Houyhnhnms, affirmée par le narrateur, est le pivot du dispositif d'authentification de l'ensemble du texte: la personnalité de Gulliver, et notamment sa haine du mensonge, garantit la véracité de son récit, donc l'existence du peuple des chevaux; inversement, cette haine du mensonge est à son tour validée par la véracité du récit, puisque le narrateur n'a pu la contracter qu'au contact des Houyhnhnms. Ici encore nous aboutissons à un cercle vicieux, ironiquement souligné par l'allusion à Sinon. Le vice logique qui entache le raisonnement n'est pas le fait du hasard: il manifeste le caractère volontairement parodique et autodestructeur que Swift a voulu conférer à son œuvre.

Le jeu sur le vrai et le faux se poursuit à travers les invraisemblances manifestes d'un récit qui se réclame avec d'autant plus d'assurance des prérogatives du vrai que le contenu en est parfaitement invraisemblable. Peuples de nains et de géants, île volante, êtres immortels, chevaux qui parlent, tout ici relève du merveilleux: nous sommes dans l'univers des contes de fées. Quelles que soient les précautions – parodiques – prises par l'auteur, l'effet de réel ne peut jouer, car il est constamment démenti par le contenu du texte.[21] L'attitude

---

19. 'I imposed on myself as a Maxim, never to be swerved from, that I would strictly adhere to Truth; neither indeed can I be ever under the least Temptation to vary from it, while I retain in my Mind the Lectures and Example of my noble Master, and the other illustrious Houyhnhnms, of whom I had so long the Honour to be an humble Hearer' (éd. Lamoine, p.228-29).

20. 'Si le sort a fait de Sinon un malheureux, il ne fera pas de lui dans son acharnement un fourbe et un menteur' (*Enéide*, II.79-80, tr. Lamoine).

21. Est-ce si sûr toutefois? Dans sa lettre à Swift du 5 novembre 1726 (*Swift's correspondence*, in *Gulliver's travels*, éd. R. A. Greenberg, New York 1970, p.266-67), Arbuthnot cite quelques anecdotes qui pourraient en faire douter: 'Gulliver is in every body's Hands. Lord Scarborow who is no inventor of Storys told me that he fell in company with a Master of a Ship, who told him that he was very well acquainted with Gulliver, but that the printer had Mistaken, that he lived in Wapping, and not in Rotherhith. I lent the Book to an old Gentleman, who went immediately to his Map to search for Lillyputt.' ('Gulliver est entre les mains de tout le monde. Lord Scarborow,

probable du lecteur vis-à-vis de la geste gullivérienne est anticipée ironiquement par l'incrédulité du capitaine don Pedro de Mondoza, qui manifestement prend Gulliver pour un imposteur ou pour un fou et n'affecte de le croire que par pure courtoisie.

L'invraisemblance majeure des *Voyages* se situe toutefois à un autre niveau, et c'est Gulliver lui-même qui la dénonce dans sa lettre à Sympson: elle porte sur leur publication, foncièrement incompatible avec le pessimisme radical qu'il affiche. Comment peut-on, d'un même mouvement, affirmer la corruption radicale de la nature humaine et former le projet de l'amender? C'est en effet dans le but explicite de réformer l'homme en lui communiquant la honte de ses propres vices que Gulliver déclare écrire ses *Voyages* ('Car, qui peut lire la description que j'ai faite des vertus des Houyhnhnms sans avoir honte de ses propres vices en se considérant comme l'animal raisonnable supérieur de son pays?')[22] – projet inconséquent, puisqu'il suppose améliorable une nature humaine précisément définie par son irréversible corruption. Le narrateur a beau jeu d'incriminer ici les conseils fallacieux de son cousin Sympson, qui, dit-il, l'a incité à publier son livre en le persuadant qu'il contribuerait infailliblement à corriger l'humanité.[23] Six mois après cette publication, il peut constater qu'il n'en a rien été; mais le délai est bien court, et c'était faire preuve d'un surprenant optimisme – surprenant surtout chez ce misanthrope qu'est Gulliver – que d'en attendre un résultat aussi rapide. La fin de la lettre livre une explication possible de cette étonnante contradiction: 'Il me faut avouer franchement que depuis mon dernier retour, certains travers de ma nature Yahoo se sont réveillés en moi [...]; autrement je n'aurais jamais entrepris le projet si absurde de réformer la race Yahoo de ce royaume'[24] – confidence inquiétante, car que penser alors de la véracité du narrateur? N'a-t-il pas perdu quelque peu de son aversion pour le mensonge? En ce cas, tout le récit ne serait donc que fiction?

Comment expliquer que Swift, après avoir consacré à l'effet de réel un dispositif d'une singulière complexité, paraisse prendre plaisir à le miner de

qui est un homme digne de foi, m'a raconté qu'il s'était trouvé en compagnie d'un patron de navire, lequel lui a dit qu'il connaissait fort bien Gulliver, mais que l'imprimeur s'était trompé, que c'était à Wapping qu'il habitait, non à Rotherhith. J'ai prêté le livre à un vieux gentilhomme qui a immédiatement consulté sa carte pour y chercher Lilliput.')

22. 'For, who can read the Virtues I have mentioned in the glorious Houyhnhnms, without being ashamed of his own Vices, when he considers himself as the reasoning, governing Animal of his Country?' (éd. Lamoine, p.228-29).

23. Voir la 'Lettre du Capitaine Gulliver à son cousin Sympson' (éd. Lamoine, p.68-71).

24. 'I must freely confess, that since my last Return, some Corruptions of my Yahoo Nature have revived in me [...]; else I should never have attempted so absurd a Project as that of reforming the Yahoo Race in this Kingdom' (éd. Lamoine, p.72-73).

l'intérieur en le soumettant aux effets destructeurs d'une logique pervertie? Certes, la volonté de parodie des procédés d'authentification en vigueur dans l'utopie et dans le voyage imaginaire est manifeste. Mais surtout l'auteur met en évidence le statut ambigu de sa fiction, à la fois mensonge et vérité, création d'univers imaginaires et dévoilement du réel. Si les Yahoos sont pure invention, ils existent pourtant sous nos yeux, dans notre entourage et en nous-mêmes. Comme le dit Gulliver dans une formule apparement naïve, mais qui va plus loin qu'on ne pense:

Et mon histoire des Houyhnhnms ou des Yahoos est-elle moins plausible quand il est manifeste qu'il y a des milliers de ces derniers, dans cette ville même, qui ne diffèrent de leurs frères de race animale en pays Houyhnhnm que par leur jargon et les habits qui couvrent leur nudité.[25]

La narration swiftienne exhibe, sous couleur de le dissimuler, le mensonge constitutif de toute fiction; mais elle montre aussi que la fiction, en nous mettant à distance du réel, nous offre sur le monde un point d'optique privilégié qui nous le livre dans sa vérité.

25. 'And, is there less Probability in my Account of the Houyhnhnms and Yahoos, when it is manifest as to the latter, there are so many Thousands even in this City, who only differ from their Brother Brutes in Houyhnhnmland, because they use a Sort of a Jabber, and do not go naked' (éd. Lamoine, p.72-73).

19. L'utopie et les sociétés utopiques dans les trois premiers voyages

Dans son étude sur les utopies swiftiennes, Robert C. Elliott remarque que, pour quiconque du moins n'est pas cheval (cette restriction est importante dans la perspective du *Quatrième voyage*), de toutes les sociétés utopiques dont nous parle Gulliver, la plus parfaite est indiscutablement la société anglaise.[1] Affirmation évidemment paradoxale, puisque l'Angleterre n'est en aucune façon une utopie – ce n'est pas une île de nulle part, mais le lieu où le récit s'enracine dans le réel – et que, loin d'apparaître comme idéale, elle est la cible la plus constante de la satire. La remarque est pourtant pleinement justifiée si on la réfère au passage sur lequel elle s'appuie. Il s'agit du discours dans lequel, tout au long de cinq audiences successives, Gulliver prétend dresser à l'usage du souverain de Brobdingnag un tableau de l'Angleterre et de son système politique: une île heureuse, remarquable autant par la fertilité de son sol et la clémence de son climat que par ses sages et vertueuses institutions.[2] Les membres de la Chambre des pairs 'sont du sang le plus noble' et se signalent par 'leur valeur, leur dignité, leur fidélité': 'Ils sont l'ornement et le bouclier du Royaume, les dignes héritiers de leurs glorieux ancêtres, à qui, seule, leur vertu avait valu leur élévation, et dont on n'a jamais pu dire que leur postérité eût dégénéré.'[3] A leurs côtés siègent les évêques, choisis dans la classe sacerdotale pour 'la sainteté de leur vie et la profondeur de leur érudition'. Quant à la Chambre des communes, ses membres sont 'librement choisis et désignés, par le peuple lui-même, en raison de leurs qualités d'esprit et de patriotisme, pour représenter la Sagesse de la nation toute entière'. Les juges, enfin, 'ces sages et vénérables interprètes de la loi', veillent à 'punir le Vice et [à] protéger l'Innocence' (éd. Pons, p.137-38).

Cette Angleterre où les parlementaires sont dévoués au bien public, où les évêques sont pieux, où les juges sont justes, relève bien de l'utopie: elle correspond sans aucun doute à un état de choses idéal (du moins les institutions décrites semblent-elles garantir, à défaut de l'égalité, cet équilibre des pouvoirs auquel Swift est particulièrement attaché); mais elle est aussi parfaitement

---

1. Elliott, 'Swift's utopias', in *The Shape of utopia*, p.53.
2. *Voyage à Brobdingnag*, ch.6 (éd. Pons, p.136-38).
3. Ed. Pons, p.137. ('these were the Ornament and Bulwark of the Kingdom; worthy Followers of their most renowned Ancestors, whose Honour had been the Reward of their Virtue; from which their Posterity were never once known to degenerate', éd. Greenberg, p.104.)

irréelle et n'existe nulle part ailleurs que dans le discours qui la célèbre. Son rapport à l'Angleterre réelle est, de façon typiquement utopique, un rapport de renversement: pour obtenir l'image authentique de ce qu'est réellement la société anglaise, il suffit d'interpréter par antiphrase le panégyrique de Gulliver, ce que ne manquera pas de faire le souverain de Brobdingnag. Ainsi, les membres de la Chambre des pairs ne songent qu'à l'intérêt de leur propre carrière, et leur noblesse est sujette à caution; les évêques sont ignorants et corrompus; les juges légalisent l'injustice. Et pourtant, si la description que fait le narrateur du système politique anglais n'est guère conforme au réel, elle n'est pas non plus intrinsèquement fausse au regard de ses objectifs théoriques: les magistrats ont bien pour rôle de juger selon la justice et les parlementaires de représenter la sagesse de la nation. Si le tableau n'est pas fidèle, c'est qu'une distorsion s'est introduite entre la finalité abstraite des institutions et leur réalisation sociale concrète.

Que conclure de cette contradiction entre le fait et le droit, la théorie et la pratique? Que, à l'image des êtres vivants, les sociétés sont vouées à dégénérer avec le temps? Ainsi le pense le roi de Brobdingnag: 'J'ai retrouvé dans vos institutions quelques traits qui étaient passables à l'origine, mais dont les uns sont à moitié effacés, les autres brouillés et dénaturés par les abus'.[4] Ou bien que les plus sages institutions – et, aux yeux de Swift, celles d'Angleterre ne sont peut-être pas très éloignées de cette perfection théorique – une fois traduites dans les faits, produisent des effets exactement contraires à ceux qui étaient recherchés? Dans l'un et l'autre cas, ce sont les présupposés au fondement de l'attitude utopique qui se trouvent remis en question. L'utopiste est foncièrement optimiste: il postule l'aptitude d'un ordre social à se perpétuer sans changement ni altération, comme en dehors du temps; il postule également une continuité sans rupture de la théorie à la pratique, des institutions idéales se convertissant spontanément en une pratique sociale pareillement idéale. Swift ne partage ni cet optimisme historique ni cet optimisme institutionnel. Les sociétés des trois premiers voyages apportent la preuve de ce scepticisme si contraire à l'esprit même de l'utopie.

i. La société de Lilliput

Faut-il voir en Lilliput une utopie? Comme le remarque Raymond Trousson, on retrouve dans cet épisode, tout comme dans celui de Brobdingnag, bon

---

4. Ed. Pons, p.142. ('I observe among you some Lines of an Institution, which in its Original might have been tolerable; but these half erased, and the rest wholly blurred and blotted by Corruptions', éd. Greenberg, p.108.)

nombre de traits traditionnellement utopiques, tels que l'intérêt pour les langues imaginaires et pour leur système graphique (éd. Pons, p.67-68) ou les préoccupations d'urbanisme géométrique.[5] Ajoutons-y l'ordonnance générale du récit, qui au moins en son début évoque d'assez près le découpage séquentiel de l'*Histoire des Sévarambes*: naufrage, abordage sur une côte déserte, rencontre avec l'humanité utopique, transfert dans la capitale, description de la ville et du palais royal, entrevue avec le souverain, interrogatoires et dialogues.

Force est de reconnaître pourtant que l'essentiel de l'épisode échappe à l'utopie, parce qu'il met l'accent sur autre chose: le changement d'échelle qui frappe la réalité perçue par le narrateur, ou encore les allusions satiriques à la politique anglaise. Le jeu sur les dimensions et les proportions concourt effectivement à créer la sensation de l'altérité ou, du moins, de l'étrangeté du monde imaginaire; il offre l'occasion de poser les problèmes philosophiques de la relativité des choses, de la petitesse de l'homme, de la contradiction burlesque entre son orgueil et sa faiblesse; mais il n'a pas de signification directement utopique, car le passage à une autre échelle dimensionnelle est en soi dépourvu de toute signification positive ou négative: par bien des aspects – non par tous – Lilliput n'est que notre monde rapetissé, ce qui ne le rend ni meilleur ni pire que le monde réel. Enfin, à partir de la seconde moitié du chapitre 6, les allusions à la vie politique anglaise deviennent de plus en plus nombreuses: les relations franco-anglaises sont longuement évoquées à travers les démêlés des royaumes de Lilliput et de Blefuscu; la disgrâce de Gulliver et son départ pour Blefuscu font directement allusion à la chute de Bolingbroke et à son exil en France, tandis que le personnage du Grand Trésorier Flimnap, ennemi tortueux du narrateur, renvoie sans aucun doute à Walpole. Sur bien des points, le récit du *Premier voyage* est un roman à clefs et Lilliput une allégorie satirique de l'Angleterre; les éléments proprement utopiques s'en trouvent relégués à l'arrière-plan, et leur coexistence avec les éléments satiriques ne va pas parfois sans remettre en question la cohérence du monde imaginaire, ou du moins son unité de signification.

Au chapitre 4 de son récit, le narrateur annonce la prochaine parution d'un ouvrage plus détaillé

qui comportera une description générale de cet Empire depuis sa fondation, avec l'histoire de la longue succession de ses Princes, leurs guerres et leur politique, ainsi

---

5. Trousson, *Voyages aux pays de nulle part*, p.171. La ville de Mildendo, capitale de Lilliput, affecte la forme d'un carré divisé en quatre quartiers par deux artères se coupant à angle droit (éd. Pons, p.56). Cette disposition semble dériver du plan de la ville d'Amaurote dans *L'Utopie* de More, mais une telle configuration est très fréquente, on l'a vu, dans toute la tradition utopique. Au reste, la description est ici trop floue pour permettre une identification précise des modèles.

qu'une étude des lois, de la science et de la religion de ce pays, enfin la faune et la flore, les us et coutumes des habitants, et d'autres matières fort curieuses et instructives.[6]

Mais ce programme descriptif, celui de l'utopie classique, ne sera pas rempli. Le plan méthodique d'investigation n'est annoncé que pour être rejeté dans une sorte d'au-delà du texte. Pour dresser l'image de la société lilliputienne, il nous faut nous contenter de quelques indications dispersées et du bref exposé systématique qui occupe la première moitié du chapitre 6. Cette image est composite. Elle comporte en tout cas des éléments que le narrateur juge largement positifs: 'Il y a dans cet Empire des lois et des coutumes très singulières, et que je serais assez tenté de défendre si elles n'étaient si directement contraires à celles de ma chère patrie.'[7] Sur le plan institutionnel, Lilliput ne diffère pas foncièrement des sociétés européennes; on peut y lire une image plus ou moins mythique de l'Angleterre d'autrefois vue à travers les nostalgies tory de Swift. Il s'agit d'une monarchie de droit divin dont les souverains se considèrent comme 'représentants sur terre de la Divinité' et s'appuient par conséquent sur une religion d'Etat garante de la subordination politique: comme chez More, tous ceux qui ne croient pas à la Providence divine sont écartés des emplois publics, car ils ne sauraient respecter l'autorité du prince. La population est répartie en castes bien séparées et hiérarchisées: noblesse, bourgeoisie, peuple. A côté de la noblesse héréditaire, il existe (comme en Angleterre) une sorte de noblesse personnelle: si chez nous c'est l'infraction aux lois qui est châtiée, leur respect est ici récompensée par l'octroi du titre de *Snilpall* ('loyal'), auquel s'attachent divers avantages. La pérennité des castes est assurée par une éducation différenciée, mais toujours collective et obligatoire, dans des collèges d'Etat. Les fils de paysans seuls sont soustraits à l'obligation d'étudier puisque 'l'Etat n'a aucun intérêt à en faire des gens instruits' (éd. Pons, p.73). Le régime des collèges est rigoureux et austère, voire spartiate: les enfants s'habillent seuls, sont nourris et vêtus très simplement et se trouvent constamment occupés. Les filles reçoivent une éducation pratiquement identique à celle des garçons, comme le veut la tradition platonicienne de *La République*; on réprime tout particulièrement chez elles avec la plus grande rigueur tout penchant à la coquetterie et à la niaiserie. L'entrée au collège se fait le plus tôt possible afin

---

6. Ed. Pons, p.58. ('containing a general Description of this Empire, from its first Erection, through a long Series of Princes, with a particular Account of their Wars and Politicks, Laws, Learning, and Religion; their Plants and Animals, their peculiar Manners and Customs, with other Matters very curious and useful', éd. Greenberg, p.29.)

7. Ed. Pons, p.68. ('There are some Laws and Customs in this Empire very peculiar; and if they were not so directly contrary to those of my own dear Country, I should be tempted to say a little in their Justification', éd. Greenberg, p.39.)

de soustraire les enfants au contact de leur famille: 'On n'accorde aux parents que deux visites annuelles, et ces visites ne peuvent durer plus d'une heure.'[8]

La famille, du reste, ne semble guère valorisée chez les Lilliputiens, comme c'est fort souvent le cas dans les utopies. A l'inverse des Houyhnhnms du *Quatrième voyage*, chez qui la sexualité rationnellement assumée a pour finalité exclusive la reproduction, les Lilliputiens considèrent que 'l'homme et la femme, comme tous les animaux, n'ont de rapports que pour satisfaire leurs désirs';[9] mais cette reconnaissance de la part animale en l'homme conduit finalement à un résultat analogue à celui qui découle de la répression de l'animalité par la raison: le lien familial est désacralisé, puisque, d'une part, la tendresse des parents pour les enfants n'est qu'un fait physiologique sans signification particulière, et que, d'autre part, les enfants n'ont aucune obligation d'aucune sorte envers des parents qui, en les engendrant, avaient en tête tout autre chose.[10] Tout ceci est dans le droit fil de l'utopie classique.

L'esprit qui inspire l'organisation judiciaire constitue l'un des traits remarquables de cette société: on ne se contente pas d'y punir les délits, mais on y récompense aussi la bonne conduite. On s'y méfie de l'intelligence pure, toujours dangereuse lorsqu'elle n'est pas accompagnée de qualités morales. De tous les crimes, le plus grave est l'escroquerie, que nous considérons avec indulgence comme un délit mineur sous le nom d'abus de confiance: circonstance aggravante aux yeux des Lilliputiens, puisque la confiance est précisément le fondement des rapports sociaux – expression d'une aspiration, très utopique, à une totale transparence des relations humaines.

En tout cela, Lilliput est parfaitement conforme aux modèles de l'utopie traditionnelle; utopie conservatrice, hiérarchisée, passablement étatique et autoritaire, dont le caractère idéal risque de ne pas nous apparaître, mais ne faisait très certainement aucun doute aux yeux de Swift et de ses lecteurs contemporains – Lord Orrery voyait, paraît-il, dans les institutions de Lilliput, 'an improvement on those of Lycurgus'.[11] Il paraît donc contestable de ne voir ici qu'une simple 'utopie négative',[12] bien que Lilliput soit aussi cela. L'épisode en effet permet de mettre en évidence une foule de traits de comportement qui sont, eux, parfaitement négatifs. Les charges officielles sont attribuées aux meilleurs danseurs de corde, et les ministres en place sont souvent appelés à

8. Ed. Pons, p.71. ('Their Parents are suffered to see them only twice a Year; the Visit is not to last above an Hour', éd. Greenberg, p.42.)

9. Ed. Pons, p.30. ('Men and Women are joined together like other Animals, by the Motives of Concupiscence', éd. Greenberg, p.41.)

10. Selon toute vraisemblance, l'idée vient du *Voyage dans la lune* de Cyrano de Bergerac, où elle se trouve longuement développée.

11. Cité par Elliott, *The Shape of utopia*, p.57.

12. Morton, *L'Utopie anglaise*, p.115.

donner un aperçu de leur talent à la corde raide (éd. Pons, p.49-50). Les plus malhabiles s'y rompent le col. Des tours d'agilité consistant à ramper ou à sauter par-dessus un bâton donnent lieu à l'attribution de récompenses sous forme de fils de couleur. La nation est déchirée par de dérisoires luttes de partis entre Hauts-Talons et Bas-Talons, Gros-Boutiens et Petit-Boutiens, ainsi nommés parce que leur divergence porte sur le côté par lequel il convient de casser les œufs (p.58-60). Les mésaventures du narrateur, d'abord honoré du titre de *Nardac* en récompense de sa victoire sur la flotte de Blefuscu, puis tombé en disgrâce et menacé d'un procès en haute trahison, sont l'illustration de l'ingratitude des princes, de l'hypocrisie des cours et du pouvoir souterrain des mauvais conseillers. Ce qu'on reproche à Gulliver, c'est d'avoir violé 'une loi fondamentale du royaume' (p.66) en urinant dans l'enceinte du palais royal pour éteindre un incendie, d'avoir mécontenté le souverain en se refusant à profiter de sa victoire sur Blefuscu pour réduire à merci la nation ennemie et y imposer par la force la religion lilliputienne, et enfin de coûter fort cher à l'Etat, qui pourvoit difficilement à son entretien. La négativité de l'utopie culmine avec cette mise en cause personnelle du héros, qui n'est plus seulement témoin, mais aussi victime: Gulliver ne se soustraira que par la fuite à la sentence de mort que lui prépare le conseil du roi de Lilliput.

Il y a manifestement une contradiction entre l'utopie très classiquement positive dont les institutions nous sont brièvement présentées au chapitre 6 et la réalité politique corrompue, hypocrite et violente qui se fait jour ici. Deux explications peuvent en rendre compte. La première est suggérée par Swift lui-même: 'Précisons que je ne décris et vais décrire les institutions de Lilliput que dans l'état où elles étaient à l'origine et non dans celui de scandaleuse corruption, où les firent tomber plus tard les vices inhérents à la nature humaine.'[13] Ainsi les danses sur la corde raide et autres 'pratiques indignes' sont d'introduction récente. Lilliput serait donc une utopie dégradée: des institutions initialement positives ont été corrompues par des apports étrangers; l'utopie est devenue anti-utopie. Pour qui connaît l'immobilisme des utopies et le soin qu'elles apportent à ménager leur pérennité, toute mutation, indépendamment de son contenu, revêt en elle-même une signification négative: une utopie qui évolue ne peut que déchoir.

Pourtant on peut comprendre autrement cette coexistence, au sein de l'utopie lilliputienne, d'éléments à significations opposées. La société du *Premier voyage* est à la fois une utopie classique, tableau d'un monde 'autre' qui rectifie l'état

---

13. Ed. Pons, p.71. ('In relating these and the following Laws, I would only be understood to mean the original Institutions, and not the most scandalous Corruptions into which these People are fallen by the degenerate Nature of Man', éd. Greenberg, p.41.)

de choses réel ou lui propose une alternative politique, et une allégorie satirique de la politique anglaise dans laquelle l'Autre n'est que le masque du Même: les exercices de corde raide auxquels se livrent les ministres du roi sont d'un symbolisme trop évident pour justifier l'exégèse; les fils de couleur récompensant qui sait sauter et ramper rappellent les trois grandes décorations anglaises; les querelles entre Gros-Boutiens et Petit-Boutiens évoquent les conflits entre protestants et catholiques; les malheurs de Gulliver sont ceux de Bolingbroke. Tout ce réseau d'allusions d'époque cohabite assez malaisément avec les éléments proprement utopiques et amène à s'interroger sur la cohérence de l'image de Lilliput; il était naturel que, remplissant deux fonctions fort différentes, cet épisode présente deux significations antagonistes.

ii. La société de Brobdingnag

La plupart des critiques s'accordent à voir dans l'épisode de Brobdingnag une utopie positive, peut-être la seule véritable du livre. Gulliver lui-même ne déclare-t-il pas au terme de ses voyages que, de tous les Yahoos du globe terrestre, 'les moins corrompus sont les habitants de Brobdingnag, dont nous devrions pour notre bonheur respecter les sages maximes morales et politiques'?[14] C'est là reconnaître à l'exemple brobdingnagien une vocation de modèle. Le ton toutefois, étrangement mesuré, semble suggérer que Brobdingnag n'est pas réellement un monde idéal: ses habitants sont seulement moins corrompus que d'autres, et c'est ailleurs sans doute qu'il faudra chercher la perfection.

Comme celui de Lilliput, et plus nettement que lui peut-être, l'épisode de Brobdingnag présente un certain nombre de traits utopiques fort traditionnels. La configuration géographique du pays, brièvement présentée au chapitre 4, est caractérisée par la classique clôture spatiale:

Le Royaume forme une presqu'île, terminée au nord-est par une chaîne de montagnes haute de cinquante mille mètres, et rendues infranchissables par les volcans qui les couronnent. Les plus grands savants ignorent absolument quelle sorte de mortels habitent au-delà de ces montagnes. Ils ne savent même pas s'il y a des habitants.[15]

Cette coupure topographique est renforcée par l'absence complète de port

14. 'the least corrupted are Brobdingnagians, whose wise Maxims in Morality and Government, it would be our Happiness to observe' (éd. Lamoine, p.228-30).
15. Ed. Pons, p.120. ('The Kingdom is a Peninsula, terminated to the North-east by a Ridge of Mountains thirty Miles high which are altogether impassable by Reason of the Volcanoes upon the Tops. Neither do the most Learned know what sort of Mortals inhabit beyond those Mountains, or whether they be inhabited at all', éd. Greenberg, p.88.)

maritime, les récifs côtiers et l'ignorance de l'art de la navigation.[16] La capitale, Lorbrulgrud, construite sur un fleuve, entretient, comme la ville d'Amaurote dans l'ouvrage de More, une évidente relation allégorique avec Londres.

Le contenu institutionnel de la société brobdingnagienne cependant reste fort imprécis. Il s'agit, semble-t-il, d'une monarchie modérée, paternaliste et débonnaire, fort proche en fait d'un modèle féodal idéalisé. La milice, qui remplace avantageusement les armées de métier européennes, est commandée par la noblesse: les paysans y sont placés sous les ordres de leurs seigneurs tandis que les bourgeois des villes dépendent de l'autorité de notables élus (éd. Pons, p.148). La stabilité politique est assurée par l'"heureux équilibre" entre la noblesse, le peuple et le pouvoir royal – un équilibre qui est aussi un rapport de dépendance hiérarchique. Conquise progressivement à travers des désordres et des guerres civiles (seul exemple, dans l'utopie swiftienne, où l'évolution historique apparaisse autrement que comme un facteur de dégradation), cette stabilité rend pratiquement inutiles le gouvernement et les lois, dont nous ne saurons rien sinon qu'elles ne peuvent comporter plus de mots qu'il n'y a de lettres dans l'alphabet et que le commentaire en est prohibé sous peine de mort. Simplicité et petit nombre des lois, clarté et évidence dans leur formulation, transparence du sens qui disqualifie les gloses des juristes, ce sont là encore des traits utopiques d'une grande banalité. Même simplicité et même transparence dans l'art du gouvernement: 'Pour lui [le roi de Brobdingnag] toute la science du gouvernement se ramenait à quelques principes très simples, au sens commun et à la raison, à la justice et à la bonté, au jugement rapide des causes civiles et criminelles'.[17] Le développement de notre science politique, loin d'être un indice de progrès intellectuel, apparaît au souverain comme la preuve de notre corruption et de notre défaut de raison; pour l'anti-intellectualisme swiftien, il faut se garder de confondre la raison, qui a le caractère d'une illumination immédiate et ne donne pas lieu à la constitution d'une science, avec la ratiocination, qui en constitue la caricature dégradée.

Du point de vue intellectuel et technologique, Brobdingnag est donc fort en retard sur l'Europe (du moins est-ce là ce qu'affirme le narrateur, non sans quelque condescendance): l'imprimerie y est certes connue 'depuis un temps immémorial', mais les livres sont peu nombreux; on ignore tout des armes à feu, carence rédhibitoire aux yeux de Gulliver, qui déconsidérera l'espèce

---

16. Cette méfiance à l'égard de la mer est présente dans de nombreuses utopies: voir, sur ce point, la description de l'île d'Utopie chez Thomas More (*L'Utopie*, éd. Prévost, p.449-50). Les mêmes traits, plus marqués encore, sont perceptibles chez les Houyhnhnms du *Quatrième voyage*.

17. Ed. Pons, p.145. ('He confined the Knowledge of governing within very narrow Bounds; to common Sense and Reason, to Justice and Lenity, to the Speedy Determination of Civil and criminal Causes', éd. Greenberg, p.111.)

humaine dans l'esprit du roi lorsqu'il voudra lui en révéler le secret. Les seules disciplines pratiquées sont la morale, l'histoire, la poésie et les mathématiques, ces dernières exclusivement orientées vers des 'applications pratiques et utiles à la vie', en contradiction avec le développement purement spéculatif dont la même science sera l'objet à Laputa. Il semble bien que, pour Swift, une certaine médiocrité intellectuelle, ou du moins une franche exclusion de toute activité qui serait seulement spéculative, constitue un trait paradoxal mais caractéristique des utopies positives: on retrouvera les mêmes limitations culturelles, sous une forme plus radicale, chez les Houyhnhnms du *Quatrième voyage*.

Au total, Brobdingnag incarne peut-être moins un monde radicalement 'autre' (malgré l'effet de dépaysement suscité par le gigantisme) qu'une image nostalgique et très probablement mythique d'une 'vieille Angleterre' idéalisée, conforme aux vœux de Swift et aux thèmes de la propagande tory: un modeste développement des arts et des sciences laissant intactes les vertus traditionnelles, un peuple de paysans prospères sur le modèle du maître de Gulliver et de sa famille, une économie plus agricole que commerciale – d'où l'absence de ports de mer – une organisation sociale féodale fondée sur la séparation des castes mais dont la cohésion est assurée par l'équilibre des forces et la participation commune à la défense de la nation sous l'égide d'une monarchie paternaliste. Tout ceci ne se distingue pas fondamentalement de ce que nous savons des institutions de Lilliput; la différence est qu'ici, malgré les menaces de dégénérescence, ces principes gouvernent encore la vie quotidienne dans toute leur pureté, tandis que les premières, corrompues par le temps, ont donné naissance à une société dégradée. Une autre différence tient à l'attitude de Gulliver, ouverte et modeste à Lilliput, pleine d'un ethnocentrisme condescendant à Brobdingnag.[18]

L'utopie brobdingnagienne est-elle pourtant pleinement positive? La lecture du *Deuxième voyage* conduit à nuancer beaucoup cette affirmation. La construction du tableau utopique tient fort peu de place dans cette seconde partie, où les institutions restent floues et rudimentaires. Plutôt que de le détailler, Swift a préféré consacrer l'essentiel du développement à l'analyse critique des maux du monde réel (au cours des dialogues avec le souverain) et aux mésaventures humiliantes pour l'orgueil humain que vaut au narrateur sa petite taille. Menacé par la faucille des moissonneurs, en butte aux mauvaises farces du nain de la

---

18. Comme le dit un commentateur, 'Brobdingnag est une utopie swiftienne du bon sens et de la morale communément admis; et Gulliver, conditionné par la corruption de sa société d'origine, apparaît naïf, aveugle et insensible aux valeurs morales' ('Brobdingnag is a Swiftian Utopia of common good sense and morality; and Gulliver, conditioned by the corrupt society from which he comes, appears naive, blind, and insensitive to moral values', Samuel H. Monk, 'The pride of Lemuel Gulliver', *Sewanee review* 63 (1955), p.59).

reine, enlevé par un singe, attaqué par des rats, des guêpes, une grenouille, Gulliver traverse mille périls souvent aggravés de ridicule. Certes, à la différence de ce que l'on pouvait observer à Lilliput, les dangers encourus ne révèlent aucune dégradation de la société brobdingnagienne et ne devraient donc pas, en principe, remettre en cause son caractère idéal. Il n'en reste pas moins que ces mésaventures tragico-burlesques placent les relations du narrateur et de ses hôtes sous le signe du conflit plutôt que de l'harmonie. On notera, dans cette perspective, la mélancolie du héros, sa lassitude, sa solitude et son ennui – d'où un sentiment d'exil en contradiction avec l'idéalité supposée de la société dans laquelle il vit, et une aspiration à regagner l'Europe et toutes ses imperfections:

Certes, j'étais traité avec beaucoup de bonté. J'étais le favori d'un grand Roi, d'une grande Reine, et l'enfant gâté de toute la Cour, mais dans des conditions qui ne convenaient guère à la dignité humaine [...] Je rêvais depuis longtemps de revoir l'océan qui restait pour moi la seule voie possible vers la liberté si je devais la retrouver un jour.[19]

Plus gravement encore peut-être, la réalité brobdingnagienne suscite chez lui une sorte de répulsion physique dont les indices finissent par acquérir une densité obsédante. Le corps humain, monstrueusement dilaté par la vision télescopique, révèle au regard écœuré et fasciné de Gulliver une sorte d'obscénité essentielle: le sein monstrueux d'une nourrice qui donne à téter (éd. Pons, p.102); les plaies et les ulcères d'une troupe de mendiants (p.122); l'infâme vermine qui grouille sur leurs haillons; le repas de la reine, qui 'broyait entre ses dents, avec les os et tout, une aile d'alouette neuf fois plus grosse au moins que celle d'une dinde de bonne taille';[20] l'intimité malodorante et scatologique des filles d'honneur du palais (éd. Pons, p.127-28) – tout ici suscite la répulsion et l'horreur.[21]

Assurément, il n'y a rien là qui, d'un point de vue philosophique, puisse disqualifier l'utopie brobdingnagienne. La valeur des institutions n'en est nullement altérée et, du reste, les tares que relève le narrateur, non sans complaisance, ne lui sont aucunement spécifiques; le gigantisme des habitants les rend seulement plus apparentes, et aussi plus gênantes. L'obscénité corporelle est liée à la condition humaine, et Gulliver reconnaît bien volontiers que son

19. Ed. Pons, p.149-50. ('I was indeed treated with much Kindness; I was the Favourite of a great King and Queen, and the Delight of the whole Court; but it was upon such a Foot as ill became the Dignity of human Kind [...] I longed to see the Ocean, which must be the only Scene of my Escape, if ever it should happen', éd. Greenberg, p.115.)

20. Ed. Pons, p.116. ('She would craunch the Wing ofa Lark, Bones and all, between her Teeth, although it were nine Times as large as that of a full grown Turkey', éd. Greenberg, p.84.)

21. Obscénité corporelle, scatologie et antiféminisme sont pareillement associés dans le poème de 1730, *Le Cabinet de toilette d'une dame* (éd. Pons, p.1552-56).

encombrante présence physique a pu susciter parmi les Lilliputiens d'analogues réactions de dégoût (p.127). On sait d'ailleurs à quel point le thème excrémentiel a été souvent exploité dans l'œuvre de Swift, qu'il faille y voir l'indice pathologique d'un déséquilibre personnel ou la marque d'un pessimisme chrétien issu de la tradition augustinienne.[22] Il n'en demeure pas moins que la laideur fait mauvais ménage avec l'utopie: l'écœurement de Gulliver face à la pesante humanité des Brobdingnagiens ne change assurément rien à leurs vertus, mais elle suffit à ôter tout désir de vivre parmi eux et même de les imiter.

Considérée dans ses seules institutions, pour vagues qu'elles soient par ailleurs, la société de Brobdingnag paraît bien présenter les caractères d'une utopie positive; mais, replacée dans l'ensemble du texte du *Deuxième voyage*, cette signification positive s'estompe. Constamment menacé dans son intégrité physique, atteint dans son orgueil d'homme par une humiliante proximité avec un monde animal hostile, offusqué dans sa sensibilité par de pénibles promiscuités, le narrateur ne peut s'adapter à cette société prétendument idéale. Son malaise et son désir de fuite situent l'utopie de Brobdingnag dans sa juste perspective: monde théoriquement positif, mais où pratiquement on ne souhaiterait guère vivre.

iii. La critique de l'attitude utopique dans le *Troisième voyage*

Le *Troisième voyage* occupe dans l'œuvre une place un peu à part. Dès la publication, cette partie des *Voyages*, la dernière achevée, a souffert d'une certaine désaffection des lecteurs; les amis de Swift eux-mêmes n'ont guère cherché à la défendre: 'I tell you freely the part of the projectors is the least brilliant', écrit, par exemple, John Arbuthnot.[23] Le schéma formel habituel des autres voyages y est profondément altéré: on ne trouvera guère ici la traditionnelle progression dans l'approfondissement d'une réalité autre se réalisant à travers une succession réglée de séquences toujours à peu près identiques. A la différence de ce qu'on peut observer dans les autres voyages, Gulliver n'est ici pratiquement jamais impliqué comme agent ou victime des événements au sein des contrées imaginaires; les jeux de proportions et d'échelles qui organi-

---

22. Réagissant contre des interprétations d'obédience psychanalytique qu'il juge simplistes et réductrices (Huxley, Murry), le psychanalyste Norman O. Brown rappelle qu'il est hasardeux et sans intérêt de poser des diagnostics nosographiques ou de délivrer à l'encontre de Swift des certificats de démence. Il souligne que la scatologie swiftienne s'inscrit d'abord dans un certain courant de la spiritualité chrétienne: rappeler les désagréables compromissions excrémentielles du corps, c'est humilier l'orgueil de l'esprit humain; tel est le sens du *inter feces et urinas nascimur* de saint Augustin. Voir N. O. Brown, 'The excremental vision', in *Life against death* (London 1959), p.179-201.

23. Lettre de John Arbuthnot à Swift du 5 novembre 1726.

saient les univers de Lilliput et de Brobdingnag n'ayant plus cours dans cet épisode, le narrateur n'y joue même plus son rôle de norme de référence et tend à se dissoudre dans une dangereuse insignifiance.[24]

Mais l'originalité essentielle de ce troisième livre réside dans le fait que, au lieu de se concentrer sur la description d'une société unique, le récit tend à s'éparpiller: le *Troisième voyage* regroupe en réalité cinq voyages assez artificiellement rassemblés dont aucun ne donne lieu à une description complète et, surtout, cohérente des univers imaginaires qui y sont évoqués.[25] Nulle part, sauf peut-être à Laputa, la description ne permet de construire une représentation à peu près satisfaisante de la société; elle s'attache à certains points particuliers – l'Académie des Projeteurs de Lagado à Balnibarbi, les Struldbruggs à Luggnagg – tout en laissant dans l'ombre l'essentiel des institutions du pays. Les contrées fictives du *Troisième voyage* ne relèvent donc pas à proprement parler de l'utopie telle qu'elle a été définie: elles se situent plutôt dans la tradition du voyage imaginaire fantaisiste et satirique à la manière de Lucien et de son continuateur Frémont d'Ablancourt, dont l'influence est souvent sensible.

Seul l'épisode de Laputa peut, à la rigueur, présenter les caractères d'une utopie, bien que par ses intentions il ne s'y rattache en aucune façon.[26] L'île volante de Laputa est équilibrée par un étrange système d'aimants qui en assure la sustentation et le mouvement, souvenir probable de la 'machine de fer' de Cyrano de Bergerac, mue par un aimant, que le prophète Elie utilise pour se rendre dans la lune,[27] et, très vraisemblablement, parodie de l'attraction newtonienne, que Swift s'est toujours refusé à prendre au sérieux. Les habitants de Laputa ont 'un œil tourné vers le dedans tandis que l'autre se fixait sur le zénith'[28] et consacrent tout leur temps à des spéculations mathématiques; celles-

24. Comme le remarque Kathleen Williams, Gulliver dans le *Troisième voyage* perd toute présence comme personnage et est à peine une fonction descriptive: 'In the *Voyage to Laputa*, any still surviving notion that Gulliver is a safe guide through those strange countries is ended. He ceases to have any character and, in effect, vanishes, so that for the most part the satire speaks directly to us; the 'mouthpiece' performs no real function [...] The handling of Gulliver is in fact far less interesting, and his contribution is far slighter than in any other book' (*Jonathan Swift and the Age of compromise*, Lawrence, Kansas 1958, p.176-77).

25. L'unité problématique de ce troisième livre et sa place dans l'économie de l'œuvre ont suscité de nombreuses études. Voir notamment John H. Munro, 'Book III of *Gulliver's travels* once more', *English studies* 49 (1968), p.429-36; I. D. Traldi, 'Gulliver the educated fool: unity in the *Voyage to Laputa*', *Papers on language and literature* 4 (1968), p.35-50.

26. Pour une interprétation d'ensemble du *Troisième voyage* comme récit utopique, voir l'article cité de Jenny Mecziems, où l'on trouvera également (p.6) une suggestion d'interprétation pour le nom de Laputa. Il faudrait y voir une transformation du mot *utopia* jouant sur la traduction et l'anagramme: *utopia* = *nowhere* = *whore* (par anagramme partielle) = *laputa* (par traduction).

27. Cyrano de Bergerac, *Voyage dans la lune*, p.47-49.

28. Ed. Pons, p.168. ('one of their Eyes turned inward, and the other directly up to the Zenith', éd. Greenberg, p.132.)

ci les absorbent si fort qu'il faut périodiquement les ramener à la réalité en leur frappant les yeux et les oreilles avec une baudruche. Chacun dispose d'un laquais (*climenole*) spécialement commis à cette tâche. L'obsession mathématique s'étend jusqu'à la manière de servir à table – les viandes sont découpées en forme de solides géométriques – ou de célébrer la beauté féminine: 'Leurs idées aiment à s'énoncer en lignes et en figures. S'ils veulent par exemple louer la beauté d'une femme, ou de tout être vivant, ils la décrivent à l'aide de cercles, de parallélogrammes, d'ellipses et autres termes de la géométrie.'[29] Toutefois, comme les Laputiens méprisent au plus haut point toute application pratique de la science, leurs maisons sont bâties tout de travers et les tailleurs, après avoir procédé à des calculs fort complexes, livrent des habits parfaitement inutilisables. Sur le plan politique, Laputa est une monarchie aux institutions assez mal précisées. Outre l'île volante, où semblent ne résider que les courtisans, le royaume comprend le vaste territoire continental de Balnibarbi, dont il tire toutes ses ressources. Pour mater les révoltes des Balnibarbiens, las d'être pressurés et écrasés d'impôts, le pouvoir royal immobilise l'île volante au-dessus des villes rebelles afin de les priver de pluie et de soleil. Dans les cas graves, on fait descendre l'île suffisamment bas pour écraser habitants et édifices.

On voit clairement que, si Laputa n'est pas une utopie – elle ne définit bien évidemment aucun modèle social – elle n'est pas non plus exactement, comme l'affirment certains critiques,[30] une utopie négative ou une anti-utopie. Il lui manque pour cela cohérence et consistance. Création composite, Laputa n'est pas plus un anti-modèle qu'un modèle; c'est une double allégorie satirique, scientifique et politique. Pour un lecteur contemporain de Swift, les relations entre Laputa et Balnibarbi renvoient de façon transparente à la situation respective de l'Angleterre et de l'Irlande. Les Laputiens, qui mènent une existence parasitaire aux dépens des Balnibarbiens écrasés d'impôts, représentent l'aristocratie anglaise, propriétaire absentéiste d'énormes domaines en Irlande. L'évocation des révoltes des Balnibarbiens et des différents moyens utilisés pour leur répression s'appuie sur des correspondances historiques précises. Mais à cette satire politique se superpose une satire philosophico-scientifique: le goût immodéré des Laputiens pour la spéculation mathématique et cosmologique, leur impuissance à appréhender le monde autrement que sous l'aspect de formes géométriques, leur distraction et leur totale incapacité pratique tournent en dérision tout à la fois l'intellectualisme cartésien, la

29. Ed. Pons, p.172. ('If they would, for Example, praise the Beauty of a Woman, or any other Animal, they describe it by Rhombs, Circles, Parallelograms, Ellipses, and other Geometrical Terms', éd. Greenberg, p.136.)
30. Morton, *L'Utopie anglaise*, p.119.

cosmologie mathématique de Newton et l'idéalisme de Berkeley.[31] Toutefois, la cohérence de ces deux registres satiriques fait problème: on voit mal ce qui, dans la description de Laputa, assure l'unité du thème politique et du thème philosophico-scientifique.

Ils sont associés de façon beaucoup plus convaincante dans l'épisode de Balnibarbi, qui illustre les effets politiquement, économiquement et socialement désastreux d'une application aveugle d'une science pervertie. Malgré la fertilité de son sol, Balnibarbi est en friche: il n'y pousse 'ni un épi de blé, ni un brin de fourrage';[32] la capitale, Lagado, est peuplée de foules sous-alimentées et de mendiants en haillons. A l'origine de cette faillite économique et humaine, les technocrates, planificateurs et autres faiseurs de projets qui, depuis quarante ans, président de façon 'scientifique' à l'administration du pays, imposent de nouvelles méthodes agricoles, édifient des moulins à eau au sommet des collines et font tout au rebours de ce que conseillent le bon sens et la tradition. Le narrateur est guidé dans sa visite de Balnibarbi par le vieux Lord Munodi, fidèle aux anciennes coutumes et, pour cette raison, 'la risée de [ses] compatriotes', bien que (ou parce que) la prospérité de ses domaines contraste avec la stérilité du reste du pays (éd. Pons, p.196). L'épisode s'achève par une très longue visite (deux chapitres entiers) de l'Académie de Lagado, siège des plus remarquables parmi les Projeteurs balnibarbiens. A la différence de ceux de Laputa, les savants de l'Académie de Lagado visent une application concrète de la science. Cependant, la pratique scientifique aboutit à une perversion ou à une inversion de l'ordre naturel des choses: certains cherchent les moyens de transformer la glace en poudre à canon, ou les excréments en aliments; d'autres se consacrent à la propagation d'une race de moutons sans laine; un architecte élabore une méthode pour construire les maisons en commençant par le toit; un agronome suggère d'ensemencer les champs avec la balle du blé; des physiciens se proposent de condenser l'air en une substance solide ou d'amollir le marbre pour en faire des oreillers. Toutes ces spéculations saugrenues, comme, plus généralement, l'ensemble des activités des Projeteurs de Balnibarbi, sont susceptibles de plusieurs interprétations. La plupart des inventions des savants de Lagado relèvent du vieux thème burlesque du 'monde renversé' et réalisent les *impossibilia* fixés par une ancienne tradition rhétorique.[33] Sur un autre plan,

31. Voir, sur ce point, Marjorie Nicolson et Nora M. Mohler, 'The scientific background of Swift's *Voyage to Laputa*', *Annals of science* 2 (1937), p.299-334.
32. Ed. Pons, p.186. ('not [...] one Ear of Corn, or Blade of Grass', éd. Greenberg, p.150.)
33. Le thème du 'monde renversé' chez Swift mériterait une étude approfondie. Sur le 'monde renversé' et les motifs apparentés (notion de *misrule*, inversion carnavalesque, pays de Cocagne ...), on trouvera de précieuses analyses dans les ouvrages suivants: Frédérick Tristan, *Le Monde à l'envers*, avec un essai d'iconologie par Maurice Lever (Paris 1980); Giuseppe Cocchiara, *Il mondo alla rovescia* (Turin 1963); Mikhaïl Bakhtine, *L'Œuvre de François Rabelais et la culture populaire au*

l'épisode appartient à la satire d'actualité: l'érudition swiftienne a montré que les inventions prêtées aux savants balnibarbiens trouvent presque toutes leur point de départ dans les activités de la Philosophical Society de Dublin, filiale de la Royal Society de Londres, surtout dans celles du chimiste Robert Boyle, le plus illustre des Projeteurs de l'époque.

Enfin – et c'est par là que l'épisode nous intéresse au premier chef – Balnibarbi, à défaut d'être une utopie (puisque toute description détaillée et cohérente de la société s'en trouve exclue), constitue une très remarquable satire de la mentalité utopique. Les savants de Lagado correspondent en effet au portrait de l'utopiste-type: désintéressés, pleins d'excellentes intentions, compétents même peut-être, ils ne visent que l'amélioration du sort de leurs compatriotes plongés dans la misère, comme les technocrates de la Philosophical Society, leurs modèles, s'efforcent de trouver des remèdes au sous-développement de l'Irlande.

La critique de la mentalité utopique dans l'épisode de Balnibarbi est à envisager sous plusieurs angles. Il faut sans aucun doute voir dans la description de l'Académie des Projeteurs une satire de la philosophie expérimentale de Bacon et, plus précisément, une transposition burlesque du passage le plus célèbre de l'utopie de la *Nouvelle Atlantide*: le collège scientifique de la 'Maison de Salomon', sorte d'institut de recherches dont l'activité explique la prospérité et l'avance technique de l'île de Bensalem.[34] Les corrélations existent dans l'organisation même de ces deux institutions, regroupements de savants autour de programmes de recherche coordonnés par l'Etat et orientés vers une utilisation pratique de la science; 'Le Collège de Salomon, loin d'être une institution en marge de la vie économique et sociale, s'incorpore dans le plan général de mise en valeur du pays: c'est l'utilisation rationnelle de ses ressources intellectuelles.'[35] Déformation burlesque mise à part, cette remarque pourrait aussi bien s'appliquer à l'Académie de Lagado et à sa place dans la société de Balnibarbi. Les deux institutions se ressemblent aussi dans l'esprit qui les anime. Bacon présente en ces termes les buts de la 'Maison de Salomon': 'The

---

Moyen Age et sous la Renaissance (Paris 1971); Jean Lafond et Augustin Redondo (éd.), *L'Image du monde renversé et ses représentations littéraires et para-littéraires de la fin du XVIe siècle au milieu du XVIIe, colloque de Tours, 17-19 novembre 1977* (Paris 1979).

34. Le rapprochement est de Raymond Trousson (*Voyages aux pays de nulle part*, p.172). Brian Vickers a montré que l'ensemble de l'œuvre de Swift fourmille de réminiscences ou d'allusions (le plus souvent satiriques) à Bacon et à sa pensée (B. Vickers, 'Swift and the Baconian idol', in Brian Vickers (ed.), *The World of Jonathan Swift*, p.86-128). Swift voit en Bacon l'initiateur d'un courant philosophico-scientifique auquel il est hostile: exaltation de l'esprit 'moderne' et remise en cause dédaigneuse des Anciens, fondation d'un nouvel esprit scientifique qui aboutira à Newton, optimisme technologique et moral.

35. Dupont, *L'Utopie et le roman utopique*, p.134-35.

End of our Foundation is the knowledge of Causes, and Secret motions of things; and the enlarging of the bounds of Human Empire, to the Effecting of all things possible.'[36] Observation et reproduction des phénomènes, connaissance des secrets de la nature et action concrète sur les choses y sont constamment associées dans une perspective pragmatique qui semble exclure toute science qui ne serait que théorie. Dans l'épisode de Laputa, Swift avait dit ce qu'il pensait de la science spéculative; il règle ici ses comptes avec certaines orientations, qu'on pourrait qualifier au sens large du terme d'utopiques, de la science appliquée. Par-delà Bacon et la *Nouvelle Atlantide*, le tableau satirique de l'Académie de Lagado s'applique à toute tentative visant à transformer par la science les conditions de la vie humaine, à faire de l'homme le 'maître et possesseur' de la nature.[37]

C'est en effet à partir de la notion de la nature et des possibilités humaines de maîtrise de l'ordre naturel que nous pourrions envisager une autre approche de la satire de l'esprit utopique dans l'épisode de Lagado. L'utopiste oscille le plus souvent entre deux attitudes qu'on peut juger contradictoires bien qu'elles soient parfois associées: affirmer la maîtrise technique de l'homme sur les choses, s'asservir la nature par la science, la modifier pour la faire servir à une transformation des conditions de vie, comme le fait dans une certaine mesure l'utopie baconienne; rétablir, au contraire, au sein d'une société imaginaire, un ordre naturel qu'on estime perturbé par les institutions 'contre nature' de la société réelle. Les deux attitudes sont présentes dans la démarche des savants de Lagado. Leur méthode consiste, on l'a vu, à prendre le contre-pied de l'ordre habituel des choses pour en inverser le cours, d'où l'échec qui sanctionne ces violations burlesques de l'ordre naturel. Toutefois, le raisonnement qui les inspire ne va pas, quelquefois, sans une apparence de logique: renverser la norme d'un monde où tout va mal, c'est, du moins l'espère-t-on, remettre à l'endroit ce qui était à l'envers, restituer l'intention droite de la nature en inversant un état de choses qui était lui-même inversé. Ainsi procède le médecin lagadien qui 'soignait les affections de l'intestin en l'obligeant à fonctionner à rebours':[38] la maladie, bouleversement de l'ordre naturel, est combattue par

36. Francis Bacon, *The Advancement of learning; New Atlantis* (Oxford 1974), p.239.

37. Satire anti-baconienne, satire de l'esprit projeteur, satire contemporaine des académies et satire de l'activité utopique se rejoignent: le Collège de philosophie, fondé en 1645, s'inspire directement de la 'Maison de Salomon'; ses fondateurs, Hartlib et Coménius, ont tous deux une place dans les annales de l'utopie, l'un pour *A description of the famous kingdom of Macaria*, l'autre pour *The Paradise of the world*. Le Collège de philosophie donnera naissance à la *Royal Society* de Londres et à la *Philosophical Society* de Dublin, dont Boyle, le membre le plus illustre (et le plus directement attaqué dans l'épisode de Lagado), est, comme le rappelle Brian Vickers, un disciple enthousiaste de Bacon ('Swift and the Baconian idol', p.89).

38. Ed. Pons, p.191. ('was famous for curing that Disease ['the Cholick'] by contrary Operations from the same Instrument', éd. Greenberg, p.154.) On lira à ce propos Jacques Ehrmann, 'Le

une autre inversion censée restaurer l'ordre perturbé. Mais l'intervention répa-ratrice qui prétend rétablir la nature dans ses droits est elle-même artifice, c'est-à-dire anti-nature: d'où peut-être son échec; le chien soumis à l'expérience (Gulliver, pour sa part, a eu la sagesse de s'y soustraire) n'y survivra pas. De même, le projet de 'langage naturel' universel substituant la présence directe des choses aux mots qui habituellement les représentent se révèle-t-il, à l'usage, extrêmement incommode: la conversation la plus simple exige le transport et le déballage d'un bric-à-brac si encombrant qu'il est nécessaire d''entretenir deux solides valets à cet effet'.[39]

L'épisode lagadien présente cependant une autre forme de renversement satirique de l'ordre naturel, plus troublante et plus étrange, car ce qui nous y est explicitement donné pour une innovation déraisonnable n'est, après tout, qu'une application conforme de la norme admise. Il s'agit de la visite de l'Institut des sciences politiques de l'Académie:

Pas un seul professeur ne m'y parut être dans son bon sens, et le spectacle de la folie humaine me rend toujours mélancolique. Ces malheureux s'étaient mis dans la tête de convaincre les rois qu'un favori devait être choisi pour sa sagesse, sa capacité, sa vertu; que les ministres devaient apprendre à se soucier du Bien public; qu'on devait récompenser le mérite, les grands talents, les éminents services; qu'un prince devait reconnaître son véritable intérêt, lequel n'est jamais différent de l'intérêt du peuple; qu'il fallait mettre à un poste la personne qualifiée pour le tenir; plus une quantité d'autres balivernes qu'aucune cervelle humaine n'avait jamais conçues.[40]

Le renversement ne naît pas ici du contenu du 'projet', ou, si l'on préfère, des pratiques qui y sont décrites: elles sont parfaitement en accord – en apparence – avec les normes et les valeurs habituelles de notre monde. Quoi de plus 'naturel', en effet, que de choisir un conseiller pour sa sagesse, un ministre pour son attachement au bien public, d'attribuer les récompenses au mérite et les charges aux plus qualifiés? Ce qui suscite ou suggère le renversement, c'est la surprise

---

dedans et le dehors', *Poétique* 9 (1972), p.31-40, qui s'appuie sur un autre passage, tout à fait analogue, des *Voyages de Gulliver* (*Voyage au pays des chevaux*, éd. Lamoine, p.150-51) pour mettre en évidence, à travers les obsessions scatologiques de Swift, un système d'oppositions entre dedans et dehors, intériorité et extériorité, Nature et Culture.

39. Ed. Pons, p.195. Peut-être est-ce une allusion à la *Characteristica universalis* de Leibniz ou aux divers projets de langages universels, si nombreux au dix-septième siècle. Voir, sur ce point, l'ouvrage cité de Paul Cornelius, *Languages in imaginary voyages*.

40. Ed. Pons, p.196. ('[...] the Professors appearing in my Judgment wholly out of their Senses; which is a Scene that never fails to make me melancholy. These unhappy People were proposing Schemes for persuading Monarchs to chuse Favourites upon the Score of their Wisdom, Capacity and Virtue; of teaching Ministers to consult the publick Good; of rewarding Merit, great Abilities, and eminent Services; of instructing Princes to know their true Interest, by placing it on the same Foundation with that of their People; Of chusing for Employments Persons qualified to exercise them; with many other wild impossible Chimaeras, that never entered before into the Heart of Man to conceive', éd. Greenberg, p.159-60.)

scandalisée du narrateur, qui nous présente cette volonté de conformité à la norme comme le comble de la folie. Ici apparaissent deux interprétations nullement exclusives l'une de l'autre. La première, que confère à l'attitude de Gulliver une signification d'antiphrase ironique, invite à s'interroger sur notre monde et sur la façon dont il applique ses propres principes: il est tristement vrai que les favoris ne sont pas nécessairement vertueux, ni les ministres soucieux du bien public, que les récompenses ne vont pas toujours au mérite, que les charges sont rarement confiées à ceux qui en sont dignes. C'est donc à l'intérieur même de notre société que se produit le renversement: entre le fait et le droit, entre les principes et la pratique, entre ce qui est et ce qui devrait être. La seconde interprétation, encore plus pessimiste, invite à prendre au pied de la lettre et sans y voir d'ironie particulière la surprise de Gulliver: vouloir entreprendre de bâtir un monde où les favoris seraient vertueux et les ministres intègres, où, en somme, les choses seraient ce qu'elles devraient être, n'est-ce pas la véritable folie? La perspective utopique de transformation du monde, voire la simple volonté de réformer l'état de choses existant, se trouvent ainsi disqualifiées, renvoyées à la puérilité naïve des bonnes intentions illusoires affrontées à l'irréversible dégradation de l'état de fait.

C'est encore l'illusion inhérente à la démarche utopique que dénonce le mythe des Struldbruggs, dans l'épisode de Luggnagg. Gulliver apprend à son arrivée dans le royaume que, très exceptionnellement, il y naît des individus qui jouissent de l'immortalité. Voici réalisé le plus universel et le plus impossible des vœux de l'humanité mortelle. 'J'avoue que ces révélations me causèrent une joie indicible', commente le narrateur, et aussitôt il s'enflamme:

Heureuse nation où tout enfant naît avec une chance au moins d'être immortel! Heureux peuple, qui bénéficie de tant d'exemples vivants de la vertu antique, qui trouve des maîtres sachant lui enseigner la sagesse de tous les temps passés! Mais mille fois plus heureux encore ces excellents Struldbruggs, exemptés dès leur naissance du malheur qui guette la race des hommes, et capables par conséquent de garder leur esprit libre et dégagé, d'avoir des pensées affranchies de cette lourdeur et de cette tristesse que cause l'appréhension continuelle de la mort![41]

Par un glissement conforme à la pente de l'imagination utopique, Gulliver s'imagine lui-même Struldbrugg et dresse avec enthousiasme un 'plan de vie immortelle' devant ses hôtes ébahis, puis secoués par le rire – plan fort banal,

41. Ed. Pons, p.216. ('I freely own myself to have been struck with inexpressible Delight upon hearing this Account [...] Happy Nation, where every Child hath at least a Chance for being immortal! Happy People who enjoy so many living Examples of antient Virtue, and have Masters ready to instruct them in the Wisdom of all former Ages! But, happiest beyond all Comparison are those excellent Struldbruggs, who being born exempt from that universal Calamity of human Nature, have their Minds free and disengaged, without the Weight and Depression of Spirits caused by the continual Apprehension of Death', éd. Greenberg, p.178.)

au demeurant, puisqu'il consiste à devenir l'homme le plus riche, le plus savant, le plus vertueux; à 'prodigu[er] aux hommes [ses] avertissements et [ses] conseils', tout en goûtant 'le plaisir de voir se bouleverser les Etats et les empires'.[42] Mais la réalité est toute autre: la sérénité des immortels n'existe que dans l'imagination des mortels naïfs. Les Struldbruggs ne sont ni sages, ni heureux, ni vertueux. Soumis comme tous les hommes à la décrépitude de l'âge, ils traînent une interminable vieillesse, en proie à l'amertume de la jeunesse perdue et à la hantise de la mort impossible. Leur déchéance physique et intellectuelle fait d'eux des objets de dérision et d'horreur.[43] La signification du mythe des Struldbruggs est assez claire. L'aspiration utopique – ici, l'aspiration à une existence soustraite à la mort – se pare de couleurs séduisantes; mais qu'on la suppose réalisée et elle s'inverse aussitôt en cauchemar.

Ce pessimisme, si marqué dans les épisodes du *Troisième voyage*, est à quelque degré présent dans les deux premiers livres. Même si l'organisation de Brobdingnag, par exemple, manifeste quelques aspects positifs, le narrateur s'y sent en exil et ne peut s'empêcher de regretter l'Angleterre. Non qu'il idéalise sa patrie: si Swift s'en prend à l'utopie, ce n'est pas pour défendre les mérites de la première; au contraire, il en étale les tares. Entre la satire du monde réel et la destruction ironique du monde utopique, il n'y a pas d'échappatoire, et le scepticisme swiftien ne laisse entrevoir aucune instance de recours.

Faut-il voir dans cette attitude pessimiste le dernier mot de l'œuvre? Le *Quatrième voyage* marque l'aboutissement du livre, et il est légitime d'y chercher la clé de sa signification. Les propositions désenchantées découlant des trois premiers voyages semblent, à première vue, y être renversées, puisque le pays des chevaux se présente comme une utopie positive – du moins a-t-elle très généralement reçu cette interprétation. Mais on peut également montrer qu'il n'y a pas de contradiction entre ce quatrième livre et les trois précédents.

42. Ed. Pons, p.218. ('giving perpetual Warning and Instruction to Mankind'; 'the Pleasure of seeing the various Revolutions of States and Empires', éd. Greenberg, p.180.)

43. On a vu dans le mythe des Struldbruggs une anticipation tragique du destin que Swift devait connaître pendant les dernières années de sa vie, alors qu'il se trouvait condamné à une existence quasi végétative. Il exprime en tout cas une obsession constante chez Swift, celle du vieillissement et du déclin des facultés intellectuelles (voir, par exemple, 'Résolutions pour quand je vieillirai', éd. Pons, p.1307).

20. Les sociétés imaginaires du *Quatrième voyage*

Très schématiquement, le *Voyage au pays des chevaux* repose sur la confrontation de trois types de sociétés: celle des chevaux, conforme au modèle traditionnel des sociétés idéales, bien qu'elle présente pour la sensibilité humaine des aspects inacceptables et même révoltants; celle des Yahoos, dans la mesure toutefois où ceux-ci constituent bien une société; celle des hommes, enfin, tels qu'on peut les observer dans leur vie quotidienne au sein du monde réel. Les modalités littéraires qui président à la construction de ces trois images sociales sont sensiblement différentes. Celle des Houyhnhnms découle des observations du narrateur et de ses conversations avec le 'maître cheval'. Les Yahoos sont vus à peu près exclusivement à travers le regard fasciné et horrifié de Gulliver, donc selon une perspective subjective et chargée d'affectivité. L'image de la société humaine européenne est plus composite: elle résulte à la fois de la présentation à dominante satirique qu'en fait le narrateur à l'usage de son hôte, de la vision de la société anglaise redécouverte à son retour et d'un certain nombre d'expériences individuelles très diverses, voire contradictoires (brutalité de l'équipage mutiné, barbarie des sauvages, humanité du capitaine don Pedro de Mendoza).

Notons dès à présent le rôle capital du narrateur dans le processus de représentation des formes sociales. Sa vision, nécessairement subjective, sera influencée par sa sensibilité, ses préjugés, ses goûts et ses dégoûts. C'est également grâce à lui et à travers lui que ces trois types de sociétés, auxquelles il participe de quelque manière sans faire véritablement partie d'aucune, pourront entrer dans une relation de confrontation mutuelle. C'est donc la présence du narrateur qui, comme chez Foigny, permet le fonctionnement global du dispositif utopique.

i. Renversements, antithèses et symétries: les instances sociales de l'utopie du *Quatrième voyage* et les principes de leur construction

L'utopie traditionnelle met en jeu une confrontation implicite ou explicite entre deux types de société: le monde imaginaire du tableau utopique, la société européenne de référence. Celle-ci, souvent directement présente dans les séquences pré- ou post-utopiques, apparaît également, de façon plus détournée, dans les propos du narrateur, dans les dialogues qu'il entretient avec ses interlocuteurs utopiens, ou encore dans le regard encore imprégné des préjugés du monde ancien qu'il porte sur son nouveau décor.[1] Que l'une soit corrompue et l'autre idéale, l'une réelle et l'autre imaginaire, n'empêche pas ces deux sociétés d'être en un sens identiques: l'une et l'autre apparaissent comme des mondes unidimensionnels, sans altérité ni différence. C'est bien le caractère étouffant et clos de l'univers social qui contraint l'utopiste à chercher ailleurs, dans un espace imaginaire de liberté, l'alternative que le réel lui refuse. Mais la société utopique ainsi créée est elle-même dépourvue de toute altérité: monde clos, homogène, autosuffisant, refermé sur son immanence, l'utopie ne sait ordinairement que se mirer dans son identité. De fait, l'"effet utopique" résulte d'une mise en relation dialectique des deux instances sociales: ce n'est pas la seule présence du tableau utopique, mais sa confrontation avec le monde réel par la médiation du voyageur-narrateur qui peut faire signifier l'utopie comme expression d'une alternative.

Dans le cas présent, ce processus dialectique se trouve en quelque sorte dédoublé. La grande originalité du *Quatrième voyage* est en effet de présenter, au sein même du tableau utopique, deux sociétés nettement différenciées, celle des Houyhnhnms et celle des Yahoos; la situation y est donc plus complexe. La société des chevaux inclut en elle-même sa propre altérité et son propre contraire sous l'aspect des Yahoos, hommes animalisés qui tendent aux Houyhnhnms un reflet inversé d'eux-mêmes: d'un côté la raison, la vertu, la noblesse, la pudeur; de l'autre le déchaînement bestial des appétits, la méchanceté et la ruse, la hideur grotesque, la lubricité et l'excrément.[2] Ainsi, chez Swift, à la relation binaire simple entre deux instances sociales, vont se substituer des rapports plus complexes: il faudra examiner les relations possibles entre la société réelle et les deux sociétés utopiques, celle des chevaux et celle des Yahoos, ainsi que les rapports mutuels de ces dernières. Ces trois instances ne sont pas égales en dignité. Mais leur hiérarchie est problématique: si la société

---

1. 'A l'origine de tous les discours utopiques, dans leurs dialogues manifestes ou latents, on trouve le geste de désigner, un regard étonné d'ici vers l'ailleurs, un "panoramique" où la caméra pivote du monde quotidien de l'auteur vers le paysage merveilleux d'une lointaine contrée' (Suvin, *Pour une poétique de la science-fiction*, p.47).

2. Une situation quelque peu analogue apparaît, avec moins de netteté toutefois, dans *La Terre australe connue*. Les Fondins, rejetés hors des frontières de l'utopie, ne font pas partie du tableau utopique et ne peuvent donc y figurer une société imaginaire de même statut que celle des Australiens: ils incarnent seulement une modalité particulière de l'humanité 'réelle'. Mais la faune proliférante de la Terre australe remplit, relativement à la société australienne, un rôle analogue à celui des Yahoos vis-à-vis de la société des Houyhnhnms. Sans s'organiser à proprement parler en société, le monde animal est bien constitué en univers distinct, homogène, régi par des caractères spécifiques entièrement opposés à ceux qui définissent l'humanité 'entière' des Australiens: instincts et passions, appétits charnels et reproduction sexuée s'y opposent à la pure raison et à l'hermaphrodisme des Australiens, tout comme, chez Swift, l''humanité' paradoxale des chevaux rationnels trouve sa répondante inversée dans la bestialité dégradante d'un monde humain déchu.

des chevaux est indiscutablement présentée comme la plus parfaite, où placer la société humaine? Entre les chevaux et les Yahoos, comme le bon sens voudrait nous le faire croire? Mais l'homme dit civilisé n'est-il pas plutôt une version dénaturée et pervertie du Yahoo? Hypothèse monstrueuse, mais qui n'est peut-être pas très éloignée de celle que Swift souhaiterait secrètement nous faire partager. Entre ces deux formes d'"humanité' qu'incarnent au sein du monde utopique les Yahoos et les Houyhnhnms – faut-il souligner à quel point ce terme est ici inadéquat, s'agissant de brutes dépourvues de toute intelligence et de chevaux doués de raison? – on chercherait vainement la place exacte de l'homme. C'est la notion même d'"humanité' qui devient ici problématique: le bouleversement des rôles respectifs de l'homme et de l'animal perturbe les codes et fait éclater nos classifications.

C'est en effet le renversement de l'ordre de choses prévalant au sein du monde réel qui constitue le principe générateur du tableau utopique du *Quatrième voyage*. En ceci, nulle originalité: le procédé qu'Alexandre Cioranescu appelle 'la loi du contre-pied'[3] inspire à quelque degré toutes les utopies; c'est lui qui incite Thomas More à réserver l'or à la fabrication des pots de chambre et les Utopiens à opter pour la communauté des biens; de même, chez les Sélénites, le narrateur du *Voyage dans la lune* de Cyrano, habillé 'par ignominie fort magnifiquement', est condamné à faire amende honteuse 'car il n'en est point dans ce pays-là d'honorable'.[4] C'est le vieux motif carnavalesque du 'monde renversé', issu de la culture populaire médiévale.[5] Il est porteur d'une puissance de contestation de l'ordre social, puisqu'il met en scène une inversion imaginaire de la hiérarchie et un bouleversement libérateur des règles admises.[6] Mais l'idée du monde renversé n'est concevable et ne devient opératoire que par référence à un univers supposé stable: c'est par rapport à la hiérarchie intangible d'un ordre solidement établi qu'elle acquiert sa valeur exemplaire d'écart enthousiasmant, burlesque ou scandaleux selon les cas.[7] D'où l'ambiva-

---

3. 'le procédé qui conseille à l'utopiste l'adoption d'une solution ou d'une formule pour la seule raison qu'elles représentent le contraire de la réalité que nous connaissons' (*L'Avenir du passé*, p.44).

4. Cyrano de Bergerac, *Voyage dans la lune*, p.81.

5. Sur les origines du thème du 'monde renversé', voir Bakhtine, *L'Œuvre de François Rabelais*, passim.

6. C'est le thème biblique du *world turned upside down* (Actes des apôtres), qui inspire les courants 'radicaux' de la Révolution anglaise et qui a donné au grand livre de Christopher Hill son titre et son épigraphe.

7. Yves-Marie Bercé ('Fascination du monde renversé dans les troubles', in Lafond et Redondo (éd.), *L'Image du monde renversé*, p.15) met en évidence 'la fonction conservatrice du thème du monde à l'envers, puisque le bouleversement des rangs sociaux était aussi improbable et délirant que la dévoration du loup par la brebis ou le remplacement du soleil par la lune. Cette liaison d'impossibilités témoignait d'un univers parfaitement statique où la tradition était identifiée à la nature'.

lence de ce motif, susceptible d'accueillir et d'exprimer la contestation révolutionnaire de la société aussi bien que les nostalgies conservatrices, voire réactionnaires.

Le thème du monde renversé, déjà rencontré dans certains épisodes du *Troisième voyage*, celui de l'Académie de Lagado notamment, permet de rendre compte, dans une large mesure, des caractères des sociétés imaginaires du *Quatrième voyage*, sans qu'il soit par ailleurs aisé de déterminer la signification sociale ou politique qu'il convient de lui attribuer ici. Le procédé de renversement y est appliqué de façon systématique et relativement cohérente, ce qui est rarement le cas chez les devanciers de Swift.[8] Sans cesser jamais d'avoir l'aspect physique et les caractéristiques de l'animal que nous connaissons – les particularités de leur régime alimentaire ou les contraintes physiques liées à leur anatomie sont là pour le rappeler – les chevaux reçoivent tous les attributs traditionnellement dévolus à l'homme: raison, sagesse, vertu;[9] les Yahoos, qui conservent pour l'essentiel un aspect physique humain, ont toutes les caractéristiques de l'animalité, mais portées à un degré superlatif: instincts, appétits, lubricité, violence, stupidité. Enfin, les Yahoos remplissent auprès des

---

8. Dans le monde lunaire de Cyrano, les Sélénites sont quadrupèdes et sans vêtements, ceux-ci étant réservés, semble-t-il, aux animaux. Mais ce thème, très vite oublié, ne donne pas lieu à d'autres développements: l'auteur n'en tire aucun effet. Le renversement est ici un moyen de dépaysement burlesque, non un principe rigoureux permettant de construire un monde cohérent.

9. D'après Jean Richer (cité in éd. Pons, p.18), le nom des Houyhnhnms serait à rattacher à la racine *homo*, 'homme', conformément d'ailleurs aux implications de l'étymologie donnée par les Houyhnhnms eux-mêmes ('la perfection de la nature'). Et pourtant, contrairement à ce qu'on a dit parfois, les chevaux de Swift sont de vrais chevaux, non des hommes déguisés: l'abondance du vocabulaire spécialisé du registre hippique ('paturon', 'sabot', 'robe', 'bai', 'alezan' ...) ne permet jamais d'oublier – un relevé systématique du lexique le prouverait sans doute – que c'est à des chevaux que nous avons affaire. Pour rendre compte du développment technologique (d'ailleurs modeste) de la société chevaline, Swift est toutefois conduit à prêter aux Houyhnhnms une habileté manuelle (si l'on ose dire) qui va contre la vraisemblance anatomique. Mais, loin de chercher à dissimuler ici l'invraisemblance, l'auteur semble prendre plaisir au contraire à la rendre plus choquante en donnant à voir la représentation concrète de l'impossible: ainsi cette scène où le narrateur décrit avec le plus grand sérieux apparent une jument occupée à enfiler une aiguille en s'aidant du sabot et du paturon (éd. Lamoine, p.191). Mais pourquoi des chevaux? Leur choix ne s'explique pas entièrement par le renversement de la relation homme-animal, puisque d'autres animaux auraient pu s'y prêter aussi bien. Les explications avancées (amour de Swift pour les chevaux, présence dans le folklore irlandais de légendes mettant en scène des chevaux parlants ...) sont peu satisfaisantes; on retiendra plutôt celle de R. S. Crane ('The Houyhnhnms, the Yahoos and the history of ideas', in *Reason and the imagination*, ed. J. A. Mazzeo, London 1962, p.231-53), qui montre que les traités de logique élémentaire de l'époque (Burgersdicius, Narcissus Marsh), après avoir défini l'homme comme 'animal rationnel' (*Homo est animal rationale*), l'opposent régulièrement au cheval, pris comme exemple d'animal non rationnel, défini par sa 'faculté de hennir' (*Equus est animal hinnibile*). Rien d'étonnant à ce que Swift ait exercé sa verve sur ces lieux communs pédantesques qui permettent d'expliquer à la fois l'origine du nom des Houyhnhnms – une transcription approximative du hennissement chevalin – et la nature du renversement dont ils sont l'objet.

Houyhnhnms des fonctions d'animaux domestiques dont certaines sont tout à fait analogues à celles des chevaux dans notre société, donnant ainsi à voir de la façon la plus concrète le renversement ainsi opéré: 'Vers midi je vis venir vers la maison une sorte de véhicule tiré comme un traîneau par quatre Yahoos. Il transportait un vieux cheval qui semblait être d'un certain rang.'[10] Mais les scènes de ce genre sont relativement rares: Swift joue assez peu sur le pittoresque du monde renversé; son but est plutôt de remettre en question la traditionnelle définition de l'homme comme 'animal rationnel' en imaginant, à travers la fiction des Houyhnhnms, ce que pourrait être un véritable animal rationnel. Prenant au pied de la lettre la définition, il confère à l'animal (le cheval) l'attribut 'humain' de la raison ainsi retirée à l'homme, lequel n'est plus alors que le Yahoo, c'est-à-dire l'empire de l'animalité dans une apparence humaine. On voit que le procédé de renversement s'apparente ici à une opération linguistique: stabilité des signifiants (l'appartenance biologique, attestée par une configuration anatomique aisément reconnaissable, à la race humaine ou à la race chevaline), mais permutation des signifiés qui leur sont habituellement attachés (la raison, d'une part; l'animalité, d'autre part).

Il y aurait lieu du reste de distinguer soigneusement ici ce qui relève d'un processus actif de renversement et, d'autre part, les oppositions spontanées, d'ordre naturel ou culturel, sur lesquelles ce renversement s'opère. Dans l'utopie ou le voyage imaginaire, le renversement est un processus binaire: il fonctionne au sein d'une relation duelle entre le monde imaginaire et le monde réel, le premier étant construit à partir d'une inversion du second – d'où ces mondes où les maîtres deviennent esclaves et les esclaves maîtres, où les femmes imposent leur loi aux hommes, où les pères sont châtiés par leurs enfants.[11] Mais le renversement implique la reconnaissance préalable d'un ordre qu'il subvertit, c'est-à-dire l'existence d'un monde régi par une ordonnance stable, consacrée par la nature ou par la culture, en tout cas perçue comme intangible et immuable qui se présente toujours initialement comme un donné naturel, même lorsqu'il est clair que son origine est manifestement culturelle. L'inversion qui le frappe peut, selon les cas, remettre en question le caractère prétendument naturel de l'ordre antérieur ou, au contraire, stigmatiser une insupportable violation de la norme. Cette ordonnance interne à notre monde prend le plus

10. 'About Noon I saw coming towards the House a Kind of Vehicle, drawn like a Sledge by four Yahoos. There was in it an old Steed, who seemed to be of Quality' (éd. Lamoine, p.100-101). Cette scène reprend un *topos* traditionnel dans les représentations graphiques du monde renversé. Le cheval traîné dans une voiture par un attelage humain figure dans deux des planches (nos. 1, 3) reproduites à la suite de l'article de Helen F. Grant, 'Images et gravures du monde à l'envers', in Lafond et Redondo (éd.), *Image du monde renversé*, p.17-33.

11. Respectivement, *L'Ile des esclaves* et *La Colonie* de Marivaux; le *Voyage dans la lune* de Cyrano de Bergerac.

souvent la forme d'une hiérarchie ou d'une échelle des êtres dont les éléments constitutifs sont mutuellement unis par des réseaux d'oppositions ou d'antithèses: gouvernants et gouvernés, riches et pauvres, hommes et femmes, maîtres et serviteurs, pères et fils, hommes et animaux ... C'est sur cette hiérarchie et sur le système d'oppositions qui s'y attache que s'opère le renversement du monde réel au monde utopique (et, pour cette raison, un monde qui serait totalement homogène et dépourvu de toute différenciation interne se prêterait fort mal au processus d'inversion) faisant surgir, en reflet inversé des premières, de nouvelles antithèses et une nouvelle échelle des êtres, selon le schéma présenté dans le tableau qui suit.

Tableau: Le monde renversé utopique du *Quatrième voyage*

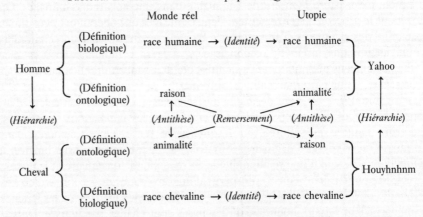

Le renversement à l'œuvre dans le *Quatrième voyage* est, en apparence, de type fort traditionnel. Il s'inscrit dans la catégorie 'de l'humain à l'animal', la seconde des sept formules d'inversion définies par David Kunzle à partir des modes de relation possibles entre les composantes potentielles du processus de renversement: l'humain, l'animal, l'objet, les quatre éléments.[12] Référé à la typologie des modes de renversement proposée par Maurice Lever – par retournement, réflexion ou permutation – c'est évidemment de la dernière de ces modalités qu'il relève.[13] Cependant les permutations mises en jeu ici n'ont pas réellement cette rigueur un peu mécanique. En s'échangeant d'un monde à l'autre et d'une espèce à une autre espèce, les caractères physiques et moraux de l'humanité et de l'animalité semblent subir une transformation dont le phénomène de renversement ne suffit pas à rendre compte. Le Houyhnhnm

12. D. Kunzle, 'Worlds upside down', in *The Reversible world* (New York 1978), cité par Lever, in Tristan, *Le Monde à l'envers*, p.176.
13. Lever, in Tristan, *Le Monde à l'envers*, p.176.

ne résulte pas, comme le voudrait le schéma, d'un transfert de l'intellect de l'homme dans un corps chevalin: sa raison, à la fois plus parfaite et intellectuellement moins féconde que la nôtre, n'est pas réellement une raison 'humaine'. De même, le Yahoo, reconnu par Gulliver – mais tardivement et non sans hésitation – comme biologiquement humain, n'est pas entièrement conforme à la norme anatomique de l'espèce, dont le séparent ses griffes, sa pilosité, la rudesse de son cuir. On s'étonnera également de trouver dans les mœurs du Yahoo une bestialité sordide que l'application simple du schéma d'inversion ne saurait expliquer: on peut admettre qu'il emprunte au cheval les caractéristiques de l'animalité qui sont attribuées à celui-ci dans le monde réel, mais comment rendre compte de cette monstruosité abjecte qui n'existe nulle part dans le règne animal, et surtout pas chez l'animal avec lequel le Yahoo est censé permuter? A la différence de ce dernier, l'animalité du cheval au sein du monde réel est dépourvue de toute connotation péjorative: au lieu de susciter la répulsion, elle suggère la noblesse instinctive d'un être qui conserve en lui, par-delà sa dégénérescence présente, la marque d'un plus haut destin.[14]

Cette remarque conduit à une autre constatation: si, au sein du monde utopique, l'opposition Houyhnhnm/Yahoo est d'une grande richesse de signification, on ne saurait en dire autant de l'opposition qui lui est symétrique dans le monde réel, celle de l'homme et du cheval. Le 'rendement' thématique de cette dernière antithèse est très faible, le cheval étant loin d'avoir, dans sa relation avec l'homme, l'importance que revêt le Yahoo dans sa relation avec le Houyhnhnm. Il y a ici un autre élément de déséquilibre qui vient perturber la symétrie rigoureuse liée, en principe, au phénomène d'inversion. Pour rendre compte de ces anomalies, la tentation se présente de substituer à celui du renversement un autre schéma dont Darko Suvin propose une sorte de formulation mathématique, à savoir, cheval: Houyhnhnm = homme: X.[15] Le cheval est donc au Houyhnhnm ce que l'homme social serait à un homme parfaitement rationnel ('X') dont nous ne pouvons que conjecturer l'existence. Cette interprétation présente l'intérêt d'introduire dans les *Voyages de Gulliver* une véritable unité de construction, puisque le *Voyage au pays des chevaux* mettrait alors en scène une échelle de proportions analogue, dans l'ordre spirituel, à celle qui régit, dans l'ordre matériel, les épisodes de Lilliput et de Brobdingnag.

---

14. Au sein du monde réel, les chevaux sont 'les animaux les plus nobles et les plus élégants que nous ayons' ('the most generous and comely Animal we had', éd. Lamoine, p.120-21). De retour en Angleterre, Gulliver, on le sait, ne trouvera quelque compagnie que parmi les chevaux de son écurie: des animaux, certes, mais qu'il faut 'respecter dans leur personne [...] bien que leur esprit ait dégénéré' ('treat their Persons with Respect [...] however their Intellectuals came to degenerate', éd. Lamoine, p.234-35).
15. Suvin, *Pour une poétique de la science-fiction*, p.92.

Toutefois, l'équation suggérée par D. Suvin semble insatisfaisante, à plusieurs titres. D'abord, comme on peut le constater, le Yahoo n'y a pas sa place. Sa présence donc, dans cette optique, fait problème. Comme le reconnaît d'ailleurs implicitement le critique, elle signale en fait l'inadéquation du schéma au réel. 'X', l'homme rationnel parfait, n'existe pas et c'est, ironiquement, le Yahoo dégradé qui se substitue à lui. Deuxièmement, en postulant, fût-ce à titre d'hypothèse, l'avènement possible d'une humanité parfaite conforme à la défi-nition de l'*animal rationale*, elle implique une sorte d'optimisme évolutionniste qui paraît étranger à tout ce que l'on peut savoir de la pensée de Swift. Enfin, elle semble clairement démentie par le texte lui-même. Elle correspond en effet très exactement à la première hypothèse formulée par Gulliver à son débarquement. N'ayant pas encore identifié les Yahoos comme êtres humains, il ne trouve aucune place à leur assigner dans son schéma mental; frappé par ailleurs par le comportement 'raisonnable' des chevaux, il en conclut 'que si les habitants de ce pays étaient doués de raison en proportion, il fallait assurément qu'ils fussent les hommes les plus sages au monde' (éd. Lamoine, p.89). On sait qu'il lui faudra abjurer cet anthropocentrisme naïf pour qui l'homme ne saurait se trouver ailleurs qu'au sommet de l'échelle des êtres.

Les distorsions énumérées ci-dessus, sans remettre en cause la validité du schéma, conduisent donc à le nuancer: elles montrent que les sociétés imaginai-res du *Quatrième voyage* ne résultent pas d'une application mécanique du procédé de renversement. Tout en restant tributaires du monde réel à partir duquel elles sont produites, les images des Houyhnhnms et et celle des Yahoos sont suffisamment autonomes pour exister par elles-mêmes, c'est-à-dire pour apparaître comme de véritables sociétés.

ii. La société des chevaux

La description du monde des chevaux est infiniment plus élaborée et complète que celle des sociétés imaginaires des autres voyages. Conformément au schéma classique de l'utopie, on trouve ici une description détaillée d'un ordre politique et social présenté comme idéal. Autre trait utopique traditionnel, la clôture insulaire, renforcée, comme à Brobdingnag, par l'isolement – les Houyhnhnms n'ont pas de voisins immédiats – et par l'ignorance complète de l'art de la navigation: Gulliver a le plus grand mal à faire comprendre à ses interlocuteurs ce que peut être un navire. Chez les chevaux, la mer est à la fois une protection contre le monde extérieur et une menace potentielle; d'après certaines traditions, les premiers Yahoos seraient venus de la mer, comme Gulliver lui-même:

Il semblait y avoir dans cette tradition une grande part de vérité, et ces créatures ne pouvaient être *ylnhniamshy* ou aborigènes à cause de la violente haine que les Houyhnhnms et tous les autres animaux nourrissent à leur égard; et, bien que leur propension au mal justifiât suffisamment cette haine, elle n'aurait jamais atteint un tel degré, s'ils avaient été natifs de ce pays.[16]

Tout ce qui est lié à l'imperfection provient donc de l'extérieur. Ce mal exogène doit être éliminé pour restaurer la pureté interne de l'utopie: d'où la décision d'expulsion dont le narrateur est l'objet; d'où aussi, vers la fin du récit, ce projet d'extermination de la race maudite, inquiétante 'solution finale' apportée au problème crucial de l'altérité.

Il est toutefois un point sur lequel la description du pays des chevaux, comme celle de l'Australie de Foigny, s'écarte du schéma de l'utopie classique, laquelle entend proposer un modèle imitable. L'exemplarité de l'utopie est ici à peu près nulle, pour deux raisons: d'abord parce que, les Houyhnhnms étant des chevaux, de nombreux aspects de leur mode de vie liés à leur nature chevaline ne sont pas transposables dans le cadre de la société humaine; le rapprochement s'impose ici avec l'utopie de Foigny, dont la valeur de modèle est également très faible, en ce que l'organisation de la société australienne est inséparable de l'hermaphrodisme de ses habitants. Ensuite, le pays des chevaux manque d'exemplarité parce que l'on peut s'interroger sur la capacité du monde humain à recevoir et à comprendre l'exemple de cette société parfaite.

Encore deux perspectives passablement contradictoires se manifestent-elles sur ce point. Après s'être livré à une attaque en règle contre les pratiques européennes de colonisation, Gulliver propose d'inverser le processus colonial en répandant dans son propre pays les principes en vigueur au Houyhnhnmland:

Mais, au lieu de proposer la conquête de cette nation magnanime, je souhaiterais plutôt qu'elle veuille ou puisse envoyer ses habitants en nombre suffisant pour civiliser l'Europe, en nous enseignant les principes premiers de l'honneur, de la justice, de la vérité, de la tempérance, de l'esprit publique, du courage, de la chasteté, de l'amitié, de la bienveillance, de la fidélité.[17]

---

16. 'there seemed to be much Truth in this Tradition, and that those Creatures could not be *Ylnhniamshy* (or Aborigines of the Land) because of the violent Hatred the Houyhnhnms as well as all other Animals, bore them; which although their evil Disposition sufficiently deserved, could never have arrived at so high a Degree, if they had been Aborigines' (éd. Lamoine, p.186-87). Le maître de Gulliver appuie cette interprétation en affirmant que les deux premiers Yahoos 'avaient été amenés d'au-delà des mers' (éd. Lamoine, p.187). Il est juste de signaler que, selon une autre interprétation de cette même tradition, les Yahoos seraient issus d'un processus de génération spontanée dans lequel, ici encore, la mer joue pourtant son rôle, puisque c'est à la fermentation de 'l'écume et de la vase marine' qu'il faudrait attribuer leur origine.

17. 'But instead of Proposals for conquering that magnanimous Nation, I rather wish they were in a Capacity or Disposition to send a sufficient Number of their Inhabitants for civilizing Europe: by teaching us the first Principles of Honour, Justice, Truth, Temperance, publick Spirit, Fortitude, Chastity, Friendship, Benevolence, and Fidelity' (éd. Lamoine, p.232-33).

Ce développement manifestement parodique (l'Europe évangélisée par des chevaux!) définit cependant, fût-ce sur le mode plaisant, une perspective positive, puisque le monde réel y apparaît comme perfectible. Or, la conclusion du livre réfute cet optimisme: la corruption de l'humanité étant irréversible, la société des chevaux constitue un exemple trop parfait, donc étranger à la nature humaine et, de ce fait, impossible à imiter. De retour au sein du réel, le narrateur tentera d'appliquer pour lui-même et tant bien que mal les valeurs des Houyhnhnms au milieu du monde humain; il n'aboutira qu'à la haine de soi et des autres, tandis que les bizarreries de son comportement le feront passer pour un fou auprès de ses concitoyens, consacrant ainsi l'échec de la tentative de transposition du modèle.

Et pourtant, les valeurs fondatrices de la société des chevaux sont très exactement celles sur lesquelles la pensée des Lumières appuie sa définition de l'homme: Nature et Raison (les deux notions étant d'ailleurs largement identifiées l'une à l'autre) gouvernent tous les aspects de l'existence des Houyhnhnms; contre Shaftesbury et tout le courant d'humanisme optimiste des Lumières, Swift montrera qu'elles ne gouvernent malheureusement pas l'existence des hommes. Les chevaux croient profondément à la sagesse et à la bonté de la nature. La maladie, que leur société ignore entièrement, est pour eux un phénomène incompréhensible, puisque la nature semble y combattre ses propres fins:

Il [le maître cheval] concevait aisément qu'un Houyhnhnm s'affaiblît ou s'alanguît quelques jours avant sa mort, ou que par quelque accident il se blessât à un membre. Mais que la nature, qui fait toutes choses dans la perfection, souffrît qu'une peine quelconque se développât en nos corps, cela lui semblait impossible.[18]

Les maladies dans les sociétés humaines résultent d'une perversion de la nature par les vices sociaux: luxe, gourmandise, alcoolisme et débauche.[19] Rien de semblable chez les chevaux, qui ne se nourrissent que pour satisfaire les besoins du corps, avec frugalité et mesure, sans luxe ni recherche, conformément à l'enseignement de la nature. C'est elle également qui leur dicte cette attitude toute stoïcienne d'indifférence devant la mort (qui, ici encore, n'est pas sans évoquer les Australiens de Foigny), légitimée en ce qu'elle est une nécessité naturelle; mourir, c'est s'identifier entièrement avec la nature, ou, selon l'étymologie que les Houyhnhnms assignent au terme dans leur langage, 'se retirer à sa mère première' (éd. Lamoine, p.193). L'enterrement a lieu 'dans les coins

18. 'He could easily conceive, that a Houyhnhnm grew weak and heavy a few Days before his Death; or by some Accident might hurt a Limb. But that Nature, who worketh all things to Perfection, should suffer any Pains to breed in our Bodies, he thought impossible' (éd. Lamoine, p.148-49).

19. Cf. *T.A.*, p.120.

les plus obscurs qui se puissent trouver'[20] et ne donne lieu à aucune cérémonie funéraire. Les survivants, même proches parents du mort, ne marquent ni chagrin ni deuil.

La raison, surtout, est le principe fondamental de la société des chevaux: 'leur grand principe est de cultiver la raison et de s'en remettre entièrement au gouvernement de cette raison'.[21] Point capital cependant, la raison ainsi entendue n'est en aucune façon la raison spéculative des philosophes; elle n'est pas un instrument d'analyse critique ni un moyen d'investigation intellectuelle, mais une évidence immédiate résultant de la nature des choses: 'elle vous convainc immédiatement de façon frappante, comme cela se doit faire quand elle n'est ni adultérée, ni obscurcie ni ternie par la passion et l'intérêt'.[22] Cette conception de la raison explique paradoxalement les limitations intellectuelles de la société des Houyhnhnms: le vrai y étant connu par une illumination immédiate, l'esprit ne peut penser que le certain. Le vaste champ du probable, du possible et du virtuel – hypothèses, conjectures, opinions – correspond, très littéralement, au domaine de l'*impensable*. Il n'y aura donc chez eux ni philosophie ni métaphysique; pas non plus de religion (du moins, tout nous incite à le penser), absence assez étonnante, si l'on songe que la question religieuse est centrale dans la plupart des textes utopiques de cette période, de Veiras à Tyssot de Patot.[23] Leur langage découle directement de leur conception de la raison: c'est un

---

20. 'in the obscurest Places that can be found' (éd. Lamoine, p.193).

21. 'their grand Maxim is, to cultivate Reason, and to be wholly governed by it' (éd. Lamoine, p.176-77).

22. '[Reason] strikes you with immediate Conviction; as it must needs do where it is not mingled, obscured, or discoloured by Passion and Interest' (éd. Lamoine, p.176-77). Il n'est pas impossible que Swift se souvienne ici du principe cartésien de la certitude absolue de la raison lorsqu'elle opère sur des idées claires et distinctes. Ceci n'est pas contradictoire avec son anti-cartésianisme bien connu: Swift ne met pas en cause la puissance intrinsèque de la raison, il doute seulement que l'homme soit en mesure de l'exercer dans sa plénitude et sous une forme non adultérée par les passions.

23. Faut-il en conclure à un 'athéisme secret' de Swift? C'est ce que tend à faire Robert Merle ('L'amère et profonde sagesse de Swift', *Europe* 463 (1967): *Swift avant, pendant et après Gulliver*, p.68): 'Curieux, cette absence de Dieu dans un livre écrit par un ecclésiastique! J'ai relu les *Voyages de Gulliver* d'n bout à l'autre pour y trouver, au moins une fois, ne serait-ce que dans une locution proverbiale, le nom du Seigneur. Aucune trace. Gulliver court des dangers atroces: pas une fois il n'invoque son créateur. Pas de recours, ni de prières. Ni, le danger passé, d'actions de grâces. Dieu n'est pas là.' A quoi on peut rétorquer que, dans les trois premiers voyages au moins, les allusions ou références religieuses ne sont pas totalement absentes (voir éd. Pons, p.38, 70, 163-64, 224-26); et que cette absence, dans le *Quatrième voyage*, s'explique assez bien: la problématique chrétienne étant bien évidemment inconcevable au sein d'une société animale, la religion des chevaux, si elle existait, ne pourrait être qu'un déisme naturaliste dont Swift est précisément l'adversaire acharné (voir, sur ce point, le pamphlet de 1708: *L'Abolition du christianisme en Angleterre est-elle sans inconvénients?*, éd. Pons, p.1311-24). Pour une autre approche du même problème, voir G. Lamoine, 'Notes on religion in *Gulliver's travels*', *Annales de l'Université de Toulouse* 9 (1973), p.23-33.

IV. *L'utopie en question*

langage transparent, dans lequel le mot renvoie directement à la chose, et par
là extraordinairement limité, car il exige par son principe même la présence
positive et immédiatement vérifiable du référent, excluant ainsi toute possibilité
d'expression du doute, de la probabilité, de l'hypothèse, puisque l'existence du
référent serait alors problématique. En ce sens, le langage houyhnhnm n'est
peut-être pas très éloigné du 'langage par les choses' imaginé par les académiciens de Lagado, qui prétend faire l'économie du passage par un système de
signes en substituant les choses elles-mêmes aux mots qui les désignent. La
langue houyhnhnm, sans aller jusqu'à cette extrémité caricaturale, se refuse de
même à dissocier le mot et la chose, et, par là, méconnaît la négativité qui est
le fondement de tout langage. A propos du débat sur le problème du mensonge,
le maître cheval est amené à préciser en ces termes sa philosophie du langage:

Le langage sert à nous permettre de nous comprendre, et à recevoir des renseignements
sur des faits; or, si quelqu'un disait *la chose qui n'est pas*, elle ne satisferait pas cette fin
parce qu'il serait impossible de comprendre cette personne, et loin de me fournir des
renseignements, elle me laisserait dans une situation pire que l'ignorance; car je serai
conduit à croire une chose *noire* quand elle est *blanche*, et *courte* quand elle est *longue*.[24]

Ainsi apparaissent, dans la conception du langage chez les Houyhnhnms, deux
fonctions prédominantes et peut-être exclusives: une fonction de communication ('nous permettre de nous comprendre'), subordonnée elle-même à une
fonction de représentation ('recevoir des renseignements sur des faits'), étant
entendu que les informations ainsi transmises par le message linguistique ne
sauraient être que 'vraies'.

Comment faut-il entendre cette 'vérité' attribuée au langage? Deux interprétations sont possibles. Selon la première, la langue des chevaux serait 'vraie' parce
que capable d'épuiser le réel et d'en rendre compte entièrement, les mots étant
conçus comme un calque des choses dans la tradition cratylienne. Mais le
langage houyhnhnm n'épuise pas le réel: il ne fait qu'exprimer – peut-être,
d'ailleurs, incomplètement – la 'réalité' de l'utopie, et ses limitations lexicales
le rendent incapable de rendre compte, par exemple, de la société anglaise qui
constitue le monde du narrateur. La fonction de Gulliver, excellent linguiste,
on l'a souvent remarqué, toujours prompt à s'initier aux idiomes les plus variés
dans ses divers voyages, excède dans celui-ci la tâche accoutumée de traduction
d'une langue dans une autre à partir d'un stock préexistant de signifiants et de
signifiés commutables. Ici, les carences du langage cible contraignent à une

24. 'For he argued thus; That the Use of Speech was to make us understand one another, and
to receive Information of Facts; now if any one *said the Thing which was not*, these Ends were
defeated; because I cannot properly be said to understand him; and I am so far from receiving
Information, that he leaves me worse than in Ignorance; for I am led to believe a Thing *Black* when
it is *White*, and *Short* when it is *Long*' (éd. Lamoine, p.118-19).

continuelle création linguistique qui est aussi une création conceptuelle. Voulant expliquer à ses hôtes les notions européennes de 'loi', d''Etat' ou de 'guerre', qui n'ont chez eux ni signifié, puisque ces objets y sont inconnus, ni signifiants, puisqu'il n'existe aucun mot pour les désigner, le narrateur doit recourir à de tortueuses périphrases qui déconstruisent dérisoirement ce à quoi elles s'appliquent, en faisant éclater l'absurdité essentielle – ainsi, par exemple, la façon dont Gulliver, énumérant pour son hôte les motifs de guerre en Europe, rend compte des querelles religieuses autour de l'eucharistie: 'Des divergences d'opinion ont coûté la vie à des millions de gens; par exemple, la question de savoir si la *viande* est du *pain*, ou le *pain* de la *viande*; si le jus d'une certaine *baie* est du *sang* ou du *vin*.'[25]

D'où une autre hypothèse: si la langue houyhnhnm est 'vraie', c'est qu'elle est le reflet de la pensée des Houyhnhnms, c'est-à-dire d'une pensée entièrement rationnelle et de la façon dont cette parfaite raison structure la perception du monde. Apte à en rendre compte intégralement et sans distorsion, elle ne peut cependant rendre compte de rien d'autre; du même coup, tout ce que la langue des chevaux ne peut exprimer – par exemple, les absurdités et les vices de la société anglaise – devra être considéré comme excédant le champ de la pure raison. On notera enfin que cette conception du langage s'appuie sur une logique binaire rigide (blanc/noir, court/long, vrai/faux) qui ne laisse aucune place à la contradiction, à l'incertitude ou à l'hypothèse.[26]

Toute forme de spéculation intellectuelle est ainsi rendue impossible: les chevaux sont même dans l'incapacité de penser l'altérité, puisqu'ils ne disposent d'aucun mot pour traduire les concepts échappant à leur expérience et à leur univers mental. Gulliver aura le plus grand mal à expliquer à son hôte ce que peuvent être la méchanceté, l'envie, l'avarice, ou encore le pouvoir, le gouvernement, la loi, le châtiment, toutes notions pour lesquelles il n'existe aucun équivalent dans le monde des chevaux. Ces derniers de même ne conçoivent pas qu'il puisse exister d'autres terres que la leur, et encore moins des pays où les Yahoos gouvernent les Houyhnhnms. On sait que ceux-ci sont incapables, non seulement de mentir, mais encore de concevoir le mensonge, parce qu'il est en contradiction avec la visée de communication qui est la finalité

25. 'Difference in Opinions hath cost many Millions of Lives: For Instance, whether *Flesh* be *Bread*, or *Bread* be *Flesh*: Whether the Juice of a certain *Berry* be *Blood* or *Wine*' (éd. Lamoine, p.132-33).

26. Peut-être conviendrait-il de rattacher cette conception du langage à un certain courant de la réflexion linguistique au dix-septième siècle, celui de la 'grammaire générale', illustré, par exemple, par la *Grammaire de Port-Royal*. Voir l'article 'Grammaires générales' dans O. Ducrot et T. Todorov, *Dictionnaire encyclopédique des sciences du langage* (Paris 1972), p.15-19. Sur le langage et les problèmes linguistiques dans *Gulliver*, voir C. T. Probyn, 'Swift and linguistics: the context behind Lagado and around the fourth voyage', *Neophilologicus* 58 (1974), p.425-39.

rationnelle du langage. La périphrase à laquelle le maître cheval est contraint de recourir dans ses entretiens avec Gulliver ('dire la chose qui n'est pas') montre bien ce que peut être le mensonge à ses yeux: une impensable négativité et une contradiction dans les termes; c'est violer la loi fondamentale de l'existence positve du référent, donc briser la transparence de la communication et mettre en question le langage lui-même (éd. Lamoine, p.119-20).[27] La parfaite raison à laquelle s'identifie la société des chevaux ne doit en aucune façon être confondue avec l'intelligence spéculative: incapable de faillir, elle est aussi extraordinairement limitée, puisqu'elle interdit de penser la négativité ou d'imaginer l'altérité.

L'organisation sociale des Houyhnhnms présente les mêmes caractères, à la fois parfaite et extraordinairement rudimentaire. Du point de vue matériel, la civilisation en est à l'âge de pierre: 'une base économique qui est à peu de choses près celle de l'époque néolithique', dit Morton[28] – pas de métaux, mais quelques instruments de silex pour faucher les récoltes et façonner le bois; une technologie peu développée, limitée à la fabrication de récipients de terre ou de bois et à la construction d'un habitat sommaire. Les arts et les sciences sont à peu près inexistants. A la différence des autres peuples visités par Gulliver dans ses voyages, les Houyhnhnms ignorent l'écriture. On pourrait justifier en surface cette absence par l'état archaïque de leur civilisation ou encore par un souci de vraisemblance – qu'un cheval puisse tenir une plume est en effet difficile à accepter – mais cette 'motivation réaliste' ne tient pas, puisque les Houyhnhnms se montrent capables d'accomplir des travaux délicats. Leur ignorance à cet égard tient sans doute à d'autres causes. Les peuples heureux, comme on sait, n'ont pas d'histoire: pas d'écriture, donc pas d'annales, pour ce peuple dont l'existence, vide de tout événement, s'inscrit dans une durée immobile. Le texte établit clairement la liaison entre l'absence d'écriture et l'absence (ou la quasi-absence) d'histoire:

Les Houyhnhnms n'ont pas d'alphabet, et par conséquent tout leur savoir est fondé sur la tradition. Mais très peu d'événements de quelque importance surviennent chez un peuple aussi uni, si naturellement porté à toutes les vertus, gouverné par la raison, et séparé de tout commerce avec les autres nations, aussi conservent-ils des souvenirs d'histoire sans se surcharger la mémoire.[29]

Mais l'écriture, c'est aussi la médiation du signe abstrait opposée à l'immédiateté

27. Cette analyse du mensonge n'est pas sans rappeler la traditionnelle définition théologique du péché comme 'défaut d'être' dépourvu de toute existence positive, donc comme pure négativité.

28. Morton, *L'Utopie anglaise*, p.121.

29. 'The Houyhnhnms have no Letters, and consequently, their Knowledge is all traditional. But there happening few Events of any Moment among a People so well united, naturally disposed to every Virtue, wholly governed by Reason, and cut off from all Commerce with other Nations; the historical Part is easily preserved without burthening their Memories' (éd. Lamoine, p.188-89).

d'une relation transparente avec le monde. Comme l'argent entre le désir et son objet, elle interpose son opacité entre le mot et la chose; signe au second degré, elle exaspère cet arbitraire du langage que, on l'a vu, les Houyhnhnms s'efforcent à tout prix de réduire.[30] La société des chevaux ne possède donc qu'une littérature orale, qui rappelle celle des civilisations archaïques: des poèmes épiques ou des odes de type pindarique célébrant les vainqueurs aux courses. Les connaissances en astronomie se bornent à ce qui est nécessaire pour l'élaboration d'un calendrier. L'économie, exclusivement agricole, est fondée sur la culture des céréales et sur l'élevage laitier. Les Yahoos fournissent, en cas de besoin, une inépuisable main-d'œuvre servile. Bien qu'on n'observe ni spécialisation du travail ni division des tâches, il existe cependant un embryon d'organisation économique permettant une répartition communautaire des surplus agricoles et des instruments de production en fonction des besoins de chaque région. Cette forme élémentaire de communisme économique vise à satisfaire les seuls besoins de la nature, sans nulle recherche du superflu. Bien entendu, les Houyhnhnms ignorent le vêtement, comme les Australiens de Foigny, car il est en contradiction avec l'idéal de conformité à la nature (la nudité ne doit susciter ni honte ni sentiment du péché) comme avec l'idéal social de transparence inter-individuelle (nul ne doit pouvoir se soustraire au regard d'autrui).[31]

Sur le plan institutionnel, la société des chevaux se distingue, comme celle des Australiens, par l'absence de toute structure politique. Les notions de 'pouvoir', de 'loi', de 'gouvernement' ne peuvent même être exprimées dans le langage houyhnhnm. Pour le maître cheval, les institutions juridiques complexes qui régissent les sociétés humaines, loin de témoigner du perfectionnement de la science politique, sont le signe d'un défaut de raison, puisque 'seule la raison suffit à gouverner une créature raisonnable'.[32] Il n'y a, bien sûr, ni châtiments ni appareil judiciaire; du reste, tous les individus communiant dans l'évidence

---

30. Rien d'étonnant, donc, à ce que l'écriture soit, dans la civilisation dégradée du monde réel, le véhicule de la tromperie et du mensonge: c'est l'instrument favori des hommes de loi, des pamphlétaires et des écrivains à gages dont Gulliver, dans ses conversations avec le maître cheval, dénonce les méfaits. Mais c'est aussi, hélas, l'instrument de Gulliver lui-même et de tous ces voyageurs qui, 'pour mieux faire accepter leurs œuvres du public, font avaler les mensonges les plus grossiers au lecteur qui n'est pas sur ses gardes' ('to make their Works pass the better upon the Publick, impose the grossest Falsities on the unwary Reader', éd. Lamoine, p.228-29). En vertu d'un mécanisme d'ironie dialectique très fréquent dans les *Voyages*, la dénonciation se retourne contre son auteur.

31. Le vêtement, attribut de l'homme social, sera pour Gulliver un critère de différenciation d'avec les Yahoos dont il jouera très consciemment pour renforcer sa position auprès de ses hôtes – critère mensonger toutefois, puisqu'il n'est pas un attribut de nature, mais un artifice qui la dissimule.

32. 'Reason alone is sufficient to govern a Rational Creature' (éd. Lamoine, p.162-63).

de la raison, comme les Australiens de Foigny, il est impossible que le moindre conflit puisse surgir entre eux, 'parce que personne ne peut désobéir à la raison sans cesser d'être une créature raisonnable'.[33] La seule instance institutionnelle, à compétences administratives plus que réellement politiques, est une assemblée réunie tous les quatre ans: elle a pour tâche d'organiser la répartition des productions et celle de la population.

Au total, l'existence des Houyhnhnms peut paraître idyllique: pas d'Etat, pas de conflits, pas de répression politique ou religieuse. Mais cette non-dépendance politique résulte d'une absolue dépendance par rapport à la raison qui constitue le principe de leur union; comme dans *La Terre australe connue*, la liberté individuelle est absolue, mais sans aucun contenu, puisqu'elle se confond avec la nécessité rationnelle. Toutefois, à la différence de celle des Australiens de Foigny, la société des Houyhnhnms est foncièrement inégalitaire. Les chevaux sont répartis en castes strictement endogames extérieurement différenciées par la couleur de leur robe:

Il me fit observer que chez les Houyhnhnms, les Blancs, les Alezans et les Gris-Fer n'étaient pas conformés exactement comme les Bais, les Gris-Pommelés et les Noirs, et qu'ils ne naissaient pas avec d'égales dispositions intellectuelles, ni avec la possibilité d'améliorer celles-ci, et qu'ils demeuraient par conséquent en condition domestique, sans jamais aspirer à des unions en dehors de leur propre race, qui dans ce pays seraient considérées comme monstrueuses et contre nature.[34]

Aux yeux des Houyhnhnms, la séparation des castes et leur hiérarchie sont pleinement justifiées par des différences de nature extérieurement attestées par des différences physiques, selon un raisonnement qui est au principe de toutes les théories racistes et dont on trouverait d'ailleurs d'autres exemples dans la tradition utopique.[35] Moins absolue en cela que le monde pleinement égalitaire des Australiens, la société des chevaux tolère la différence inter-individuelle, mais c'est pour l'intégrer aussitôt dans un ordre social institué, lui assigner sa place dans une hiérarchie immuable et incontestée, puisqu'elle est censée reposer sur la nature elle-même.

33. 'because no Person can disobey Reason, without giving up his Claim to be a rational Creature' (éd. Lamoine, p.204-205).

34. 'He made me observe, that among the Houyhnhnms, the White, the Sorrel, and the Iron-grey, were not so exactly shaped as the Bay, the Dapple-grey, and the Black; nor born with equal Talents of Mind, or a Capacity to improve them; and therefore continued always in the Condition of Servants, without ever aspiring to match out of their own Race, which in that Country would be reckoned monstruous and unnatural' (éd. Lamoine, p.154-55).

35. Dans *La République*, Platon s'appuie sur le vieux mythe hésiodique des races métalliques pour justifier pareillement, par une différence de nature, la répartition des citoyens en trois castes hiérarchisées: les hommes de la race d'or seront les gouvernants de la cité; ceux de la race d'argent seront consacrés au métier des armes; les hommes des races d'airain et de fer seront voués aux tâches inférieures de l'artisanat et de l'agriculture.

En créant une société d'hermaphrodites dotés de la faculté d'autoreproduction, Foigny a pu supprimer d'un coup la dépendance inter-individuelle, l'amour, la sexualité, la famille. Swift est moins radical: celle-ci est maintenue ici – c'est même la seule institution sociale qui soit présentée de façon un peu détaillée – mais largement vidée de son contenu et réduite pour l'essentiel à sa finalité de reproduction. La structure familiale des chevaux nous est présentée à travers l'exemple d'une famille type, celle de l'hôte de Gulliver, petite unité sociale patriarcale composée du couple des maîtres, de leurs rejetons et de nombreux domestiques. Comme dans beaucoup d'utopies, les soucis d'eugénisme et de planification démographique sont constamment présents: les partenaires sont choisis par la collectivité en fonction de l'équilibre qui s'établit entre leurs qualités respectives, afin que les rejetons obtenus soient sans défaut. Faute de pouvoir éliminer la sexualité, on la limite strictement à sa finalité reproductive, celle-ci étant d'ailleurs étroitement contrôlée: les familles de la caste supérieure donnent naissance à deux poulains, les familles de domestiques à trois. Chaque foyer devant comporter un rejeton de chaque sexe, on procède à des échanges et à des adoptions entre familles. Ces échanges et adoptions, négociés lors des grandes assemblées quadriennales, qui régissent également la répartition des produits agricoles, permettent d'arracher la famille à la fatalité biologique pour la transformer en pure institution sociale.[36] Un tel système de démographie volontaire et de contrôle des naissances, justifié explicitement par la nécessité d'éviter le surpeuplement, exprime un refus de l'expansion démographique qui est peut-être refus de tout progrès et de toute évolution. La société des chevaux n'aspire qu'à persévérer dans son être, figée dans une perfection immuable qui ignore le devenir.

L'absence de toute relation affective spécifique est le second trait remarquable de la vie familiale au pays des Houyhnhnms:

> Les deux principales qualités chez les Houyhnhnms sont l'amitié et la bonté, et elles ne s'étendent point seulement à des personnes particulières, mais à toute leur race [...] Ils n'éprouvent aucune tendresse pour leurs poulains ou pouliches, mais le soin qu'ils prennent à les éduquer procède entièrement des nécessités de la raison.[37]

La famille n'est pas ici une petite unité sociale autonome, dépositaire de valeurs spécifiques plus ou moins concurrentes de celles de la collectivité, unie par des

---

36. L'adoption existe également dans *L'Utopie* de More, où elle remplit la même fonction. Peut-être More et Swift s'inspirent-ils pareillement des pratiques adoptives de la famille romaine archaïque.

37. 'Friendship and Benevolence are the two principal Virtues among the Houyhnhnms; and these not confined to particular Objects, but universal to the whole Race [...] They have no Fondness for their Colts or Foles; but the Care they take in educating them proceedeth entirely from the Dictates of Reason' (éd. Lamoine, p.178-79).

liens affectifs privilégiés qui la constituent en anti-société. La méfiance des utopistes vis-à-vis de la famille est bien connue: certains, comme Platon ou Campanella, choisissent de la détruire par la pratique de la communauté des femmes; d'autres, comme Swift dans le *Quatrième voyage*, préfèrent la conserver, tout en la vidant de sa substance: la clôture sur lui-même du clan familial disparaît au profit du sentiment de l'appartenance à une collectivité dans laquelle l'individu se dissout et s'abolit. La disparition des liens affectifs inter-individuels privilégiés n'est d'ailleurs qu'une manifestation particulière d'un phénomène beaucoup plus général de suppression de l'affectivité. Entièrement façonnés par la raison, les Houyhnhnms ignorent les passions: ils échappent donc aux vices de l'humanité commune, mais c'est aussi le monde non rationnel des sentiments qui leur est fermé. Ignorant l'amour, la jalousie, la discorde, ces êtres surhumains peuvent aussi apparaître parfaitement inhumains.

iii. La société des Yahoos

A la différence des Fondins de Foigny, qui d'ailleurs ne remplissent pas exactement la même fonction, les Yahoos font pleinement partie du tableau utopique au lieu d'être rejetés sur ses marges ou au-delà de ses frontières. Constamment présents dans le texte, leur importance y est presque comparable avec celle des chevaux, à qui tout invite à les confronter. Le monde des Yahoos est en effet construit en antithèse avec celui des Houyhnhnms, les vertus des seconds projetant leur reflet inversé dans les vices des premiers: à la beauté répond la hideur, à la raison l'animalité, à la pudeur la lubricité. Le motif du renversement ne joue plus ici seulement dans la relation du monde réel au monde imaginaire, mais aussi à l'intérieur de ce dernier: le Yahoo est un Houyhnhnm inversé.

Les chevaux de Swift sont des êtres de discours: étrangement dématérialisés, soustraits autant qu'il est possible aux servitudes du corps, ils ne font l'objet d'aucune description physique précise; la représentation que nous nous faisons d'eux et de leur monde résulte pour une large part du discours qu'ils tiennent sur eux-mêmes à l'occasion des dialogues socratiques entre Gulliver et son hôte. Privés de langage comme, du reste, de toute intelligence, les Yahoos n'ont pas ce privilège de construire eux-mêmes leur propre image sous la forme d'un discours qu'il ne resterait qu'à transcrire. Celle-ci résulte presque entièrement des observations du narrateur – observations d'apparence objective, mais imprégnées d'une subjectivité écœurée et partiale qui tient à la position de l'observateur. Privé de toute existence intellectuelle, le Yahoo dispose seulement d'une existence physique, mais celle-ci est intense, oppressante, insupportable. La corporéité pesante du Yahoo, avec ses sécrétions, ses odeurs, ses mécanismes d'ingestion et d'excrétion, est l'occasion pour Swift de donner libre cours à sa haine du corps et à son horreur fascinée pour les fonctions intestinales.[38] Les Yahoos donnent lieu, dès la première rencontre, à une description anatomique extrêmement précise, menée avec un apparent détachement scientifique. Mais cette description n'est pas objective: sous le masque d'une apparente neutralité, l'observateur cherche à provoquer la répulsion et le dégoût, en mettant l'accent sur certaines particularités anatomiques: pilosité bizarrement répartie, mamelles pendantes des femelles, ces dernières tout particulièrement maltraitées (éd. Lamoine, p.84-87). Le comportement général de l'animal contribue à renforcer le sentiment d'aversion que provoque son anatomie: les Yahoos se repaissent avec avidité de certaines racines qu'ils extraient du sol et de la viande avariée des bêtes crevées que leur abandonnent les Houyhnhnms; la lubricité des femelles, qui ne cessent de provoquer les mâles, accentue l'obscénité corporelle de cette créature dont le trait le plus frappant est une 'étrange propension à la saleté dégoûtante'.[39] Le Yahoo est en effet associé à une thématique de l'ordure, de l'excrément et de la puanteur. Dès sa première rencontre avec eux, le héros est soumis à l'agression pestilentielle des Yahoos grimpés dans l'arbre sous lequel il a trouvé refuge; mais la scène la plus frappante, et celle qui provoque le plus de malaise, est probablement l'épisode du jeune Yahoo, 'un jeune mâle de trois ans', qui mord, égratigne et, enfin, souille de ses excréments celui qui tentait imprudemment de l'apprivoiser (éd. Lamoine, p.175).[40]

Physiquement, le Yahoo est un animal robuste et agile: protégé des intempéries par son abondante pilosité, il grimpe aux arbres grâce à ses griffes recourbées, dont il se sert également, à l'état sauvage, pour creuser les terriers où il

38. 'I hate the word *bowels*', écrit Swift dans le *Journal à Stella* (cité par G. Lamoine dans l'introduction à l'édition citée du *Voyage au pays des chevaux*, p.48). Malgré les apparences, la scatologie swiftienne n'a aucun rapport avec la célébration rabelaisienne des fonctions corporelles. Elle exprime par des voies opposées et apparemment contradictoires un refus de la fonction digestive analogue à celui que nous avons noté chez les Australiens de Foigny; la complaisance scatologique n'est que l'autre face du tabou excrémentiel. Sur la 'vision excrémentielle' de Swift, voir Brown, *Life against death*, p.179-201.

39. 'strange Disposition to Nastiness and Dirt' (éd. Lamoine, p.168-69).

40. Misogyne et célibataire endurci, Swift a horreur de la procréation et déteste les enfants. Peut-être convient-il de rappeler ici le fameux pamphlet de 1729, *Modeste proposition concernant les enfants des classes pauvres* (éd. Pons, p.1383-92), 'chef-d'œuvre de l'humour noir' (Pons, p.1304) dans lequel Swift propose aux familles irlandaises des classes pauvres d'engraisser leurs jeunes enfants pour les vendre, résolvant ainsi les problèmes de surpopulation et de chômage. Ce texte célèbre a généralement été interprété comme une généreuse protestation contre le sort misérable fait à la population irlandaise par le colonisateur anglais. Telle était bien, sans aucun doute, l'intention de Swift, mais il n'est pas exclu non plus que l'humour noir lui permette ici d'exprimer, de façon plus ou moins inconsciente, des fantasmes beaucoup plus troubles. (Pour une analyse plus détaillée de ce pamphlet, voir ci-dessus, ch.3, §iv.)

se réfugie. Capable seulement d'une domestication rudimentaire en raison de ses penchants vicieux et de son défaut total d'intelligence, il est utilisé par les Houyhnhnms comme animal de trait, conformément aux exigences du schéma de renversement qui en fait l'homologue fonctionnel du cheval dans le monde réel.

Ces êtres dépourvus de langage, même rudimentaire, et sans la moindre étincelle de raison, sont néanmoins organisés en une collectivité qui évoque quelque forme primitive de société. Ils sont également dotés d'un certain nombre de traits de comportement tout à fait caractéristiques. Parmi les plus frappants figurent la haine et l'agressivité qui régissent leurs rapports mutuels: pour s'emparer de la carcasse d'une vache crevée qui suffirait à en nourrir cinquante, une demi-douzaine de Yahoos se battent stupidement jusqu'à la mort. Non contents de s'opposer entre eux, les mâles se heurtent également aux femelles. Deux troupeaux s'affrontent parfois sans raison apparente dans des combats sanglants. Les Yahoos recherchent avidement certaines racines dont la consommation les jette dans un état d'ivresse et de démence. Par une étrange manie, ils fouillent le sol à la recherche de certaines pierres brillantes qu'ils thésaurisent et dissimulent dans un coin de leur bauge. Les femelles se livrent à mille simagrées lubriques pour provoquer les mâles. Certains individus traversent parfois des crises de mélancolie inexplicables: couchés dans un coin de leur cabane, ils ne font que hurler ou gémir; le seul remède est alors de les contraindre au travail à coups de fouet. Malgré ces traits de caractère foncière-ment asociaux, les Yahoos possèdent cependant un embryon de vie collective. Le troupeau est dirigé par un chef, qui est l'individu le plus laid et le plus méchant, assisté d'un favori haï de tous et couvert d'excréments lorsqu'il tombe en disgrâce – allusion transparente aux rapports du roi et de son premier ministre en Angleterre.

Ces caractéristiques de comportement sont en effet, de toute évidence, à interpréter par référence à la société humaine. Il est vrai que certains traits physiques – agilité, présence de griffes acérées, pilosité abondante – semblent renvoyer à une réalité spécifique, celle d'un animal inconnu mais, somme toute, plausible. Toutefois les traits qui caractérisent cette créature sont à interpréter dans une perspective allégorique: le Yahoo, c'est l'homme ramené à l'animalité privé de langage et de raison, mais néanmoins parfaitement reconnaissable. On peut observer chez lui, à l'état naissant, tous les vices sociaux de l'homme dit civilisé: violence, avidité, ivrognerie, lubricité, paresse, ennui. L'identité profonde de la société humaine et de la société Yahoo est mise en évidence involontairement par le narrateur et, de façon explicite, par le maître cheval, qui n'aura aucune peine à montrer à son interlocuteur que tous les traits de la société anglaise telle qu'il vient de la décrire trouvent leur exact répondant parmi les Yahoos. L'ensemble du chapitre 7 est consacré à cette démonstration (éd. Lamoine, p.158-71). Malgré certaines différences anatomiques mineures, l'image physique du Yahoo est bien, d'ailleurs, indiscutablement celle de l'homme; confronté sur l'ordre de son hôte avec l'abjecte créature, Gulliver devra se résigner à admettre cette humiliante identité: 'Il est impossible de décrire mon étonnement horrifié quand je découvris dans cet affreux animal une silhouette complètement humaine.'[41]

Le Yahoo, c'est donc la représentation allégorique de l'homme réduit à la vérité de sa nature, privé de tous les masques derrière lesquels il s'abrite (civilisation, institutions, vêtement), ramené à la nudité essentielle du 'moi haïssable',[42] à moins qu'il n'incarne seulement tel aspect particulier de la condition humaine. Certains ont pu y voir une image, peut-être inconsciente, du peuple irlandais ramené à un état voisin de l'animalité par la misère, la famine et l'alcoolisme. L'interprétation est *a priori* choquante, puisque Swift se veut Irlandais et défenseur de la population irlandaise face à la colonisation anglaise. Mais ses sentiments vis-à-vis de l'Irlande sont fort ambigus: Anglais d'origine, il considère son séjour à Dublin comme un exil et ne s'y résignera que faute d'avoir pu obtenir un évêché en Angleterre.[43] Avec plus de vraisemblance, le Yahoo peut apparaître comme une figuration, évidemment polémique, de l'homme à l'état de nature, comme le suggèrent certaines similitudes physiques: 'Il avait en effet la figure plate et large, le nez enfoncé, une grande bouche et de grosses lèvres. Mais ces détails se retrouvent de façon commune à tous les peuples sauvages.'[44] Violemment hostile au mythe du 'bon sauvage' qui commence à se répandre avec le courant philosophique (par exemple, dès 1703, dans les *Dialogues curieux entre l'auteur et un sauvage de bon sens qui a voyagé*, de La Hontan), Swift ne croit pas que l'homme soit naturellement bon: lecteur de Hobbes, l'état de nature correspond pour lui au règne de la violence et à la domination du plus fort. De fait, la description des Yahoos évoque le tableau hobbesien de l'humanité primitive antérieurement à l'institution de l'autorité politique.

41. 'My horror and Astonishment are not to be described, when I observed, in this abominable Animal, a perfect human Figure' (éd. Lamoine, p.98-99).
42. Selon toute probabilité, le mot *Yahoo* est à rattacher au pronom de la première personne (peut-être l'espagnol *yo*, selon Pons, p.24): 'the odious I'. Quant au motif du vêtement, capital dans tout le *Quatrième voyage*, il est lié aux thèmes de la dissimulation, de l'artifice et du mensonge (voir ci-dessus, n.29).
43. Pour une mise au point sur cette interprétation 'irlandaise' des Yahoos, voir D. T. Torchiana, 'Jonathan Swift, the Irish and the Yahoos: the case reconsidered', *Philological quarterly* 56 (1975), p.195-212; A. C. Kelly, 'Swift's explorations of slavery in Houyhnhnmland and Ireland', *PMLA* 91 (1976), p.845-55.
44. 'The Face of it indeed was flat and broad, the Nose depressed, the Lips large, and the Mouth wide: but these Differences are common to all savage Nations' (éd. Lamoine, p.98-99).

Cette interprétation soulève toutefois deux difficultés. Si l'homme à l'état de nature est radicalement mauvais, la civilisation ne se trouve-t-elle pas alors justifiée? Or les vices des Yahoos semblent démesurément amplifiés dans la description que fait Gulliver de la société humaine que nous connaissons. Certes, l'homme civilisé dispose du langage et se croit, dans son orgueil, l'unique détenteur de la raison; mais le langage humain, à la différence de celui des chevaux, exprime indifféremment le mensonge ou la vérité, et ce que les hommes nomment leur raison n'est qu'une faculté de ratiocination, une aptitude à l'intelligence spéculative incapable de conduire à la certitude irréfutable de l'évidence rationnelle. Il semble bien du reste que l'homme dans l'état de civilisation soit biologiquement fort inférieur au Yahoo en ce qu'il est infiniment moins bien adapté aux finalités de la nature; certes, sa peau est plus fine et plus douce, sa pilosité moins abondante, ses griffes moins saillantes, mais, dit Gulliver, son hôte

ne pensait pas que cette différence fût à mon avantage; mes ongles ne me servaient à rien, ni ceux des pieds de devant, ni ceux des pieds de derrière; quant à mes pieds de devant, il ne pouvait à proprement parler les nommer ainsi, car il ne me voyait jamais les utiliser pour la marche, et ils étaient trop délicats pour supporter le contact du sol [...] Mon corps avait besoin d'être abrité du froid et de la chaleur par une enveloppe protectrice que je devais mettre et ôter tous les jours, ce qui était fatigant et gênant.[45]

La station debout, argument traditionnel de la supériorité de l'homme sur l'animal, devient elle-même l'indice d'une infériorité au regard de la nature.[46] On voit souvent dans le Yahoo une forme dégradée de l'homme ramené à l'animalité; mais l'homme européen ne serait-il pas plutôt un Yahoo dénaturé? Entre l'homme dégénéré du monde yahoo et l'animal dénaturé de l'univers social, aucun choix préférentiel ne s'impose: Swift se refuse à la fois à valoriser la nature aux dépens de la civilisation et à exalter la civilisation comme dépassement de la nature.

Ici surgit une autre interrogation. La société des chevaux, fondée sur la nature, est spontanément vertueuse et juste. Or, les Yahoos relèvent, eux aussi, tout entiers de la nature; mais, chez eux, cette nature n'est pas bonne. Cette contradiction, qui constitue une des difficultés du texte, renvoie peut-être à une option théologique sous-jacente. L'absence de toute référence religieuse explicite dans le *Quatrième voyage* ne doit pas conduire à des conclusions

45. 'in point of real Advantage, he thought I differed for the worse. That my Nails were of no Use either to my fore or hinder Feet: As to my fore Feet, he could not properly call them by that Name, for he never observed me to walk upon them; that they were too soft to bear the Ground [...]; that my whole Body wanted a Fence against Heat and Cold, which I was forced to put on and off every Day with Tediousness and Trouble' (éd. Lamoine, p.122-25).
46. Cf. Cyrano, *Voyage dans la lune*, p.54-55.

erronées: Swift est un chrétien dont il n'y a aucune raison de suspecter la sincérité ou l'orthodoxie, et sa théologie s'inscrit, très classiquement, dans la ligne de la tradition augustinienne fondée sur la dialectique du péché originel et de la rédemption. Dans cette perspective, le Yahoo peut apparaître comme une image de l'homme pécheur, dont la nature a été irrémédiablement corrompue par la faute; ses vices, devenus consubstantiels à sa nature, sont en quelque sorte visiblement inscrits et immédiatement lisibles dans sa difformité corporelle.[47] Face aux Yahoos, image de l'humanité déchue, les Houyhnhnms incarneraient, au même titre que les Australiens de Foigny, la représentation imaginairement reconstruite d'une humanité prélapsaire. Que le terme d'"humanité' soit ici parfaitement inadéquat, puisque les Houyhnhnms n'appartiennent pas à la race humaine, montre bien que, pour Swift, l'homme n'est pas concevable autrement que soumis aux conséquences de la chute. Choisir un peuple de chevaux pour incarner ce que pourrait être l'humanité si elle n'était pas soumise au péché, c'est mettre en évidence le caractère purement spéculatif, délibérément fictif et même impensable de cette hypothèse.

L'interprétation théologique soulève toutefois un autre problème. Si le Yahoo représente l'homme déchu par la faute originelle, le schéma chrétien imposerait le recours possible à une rédemption et l'espérance d'un salut. Or, la grâce est apparemment exclue de l'univers du *Quatrième voyage*. Pour les Yahoos européens que nous sommes, aussi bien, d'ailleurs, que pour ceux du pays des chevaux, les Houyhnhnms n'incarnent pas un modèle imitable: leur perfection rationnelle, ainsi que leur nature non-humaine, les tiennent à une infinie distance de nous-mêmes. Entre ces êtres quasi-divins et l'humanité réelle, la relation ne peut s'établir que par l'entremise d'un médiateur occupant une position intermédiaire entre les deux mondes en participant simultanément de la nature déchue des Yahoos et de la nature parfaite des Houyhnhnms. C'est ici qu'entre en jeu le narrateur: c'est bien, en effet, une fonction médiatrice de cet ordre que Swift assigne à son personnage.

47. Roland M. Frye a mis en évidence de façon convaincante les convergences frappantes entre la description des Yahoos chez Swift et les traits physiques traditionnellement associés à l'homme pécheur dans la littérature religieuse du dix-septième siècle ('Swift's Yahoos and the Christian symbols for sin', *Journal of the history of ideas* 15 (1954), p.201-17). Pour des sources bibliques directes (Genèse xxv; Lévitique xi, xxvii), voir J. F. Sena, 'Another source for the Yahoos', *Research studies* 41 (1973), p.278-79.

21. La position du narrateur et le fonctionnement du texte

COMME dans *La Terre australe connue*, le narrateur joue dans les *Voyages de Gulliver* un rôle essentiel. Aux fonctions traditionnelles du narrateur utopique – production de la description à travers observations et dialogues, puis transmission à la société réelle du message de l'utopie – Gulliver en ajoute d'autres: à l'intérieur du monde imaginaire comme entre celui-ci et le monde réel, c'est lui qui met en relation les diverses instances sociales ou, si l'on préfère, les différentes formes d'"humanité' incarnées par les Yahoos, les Houyhnhnms et les Européens. Participant à quelque titre de tous ces univers à la fois sans se rattacher véritablement à aucun, il ne parvient à se fondre dans aucune des collectivités avec lesquelles il est en contact, soit qu'il se trouve exclu de celle à laquelle il aspirait à se joindre (celle des Houyhnhnms), soit que lui-même rejette avec horreur l'appartenance (au monde des Yahoos) à laquelle le voue se nature biologique. Si Gulliver rejoint finalement la société humaine, c'est à son corps défendant et parce qu'il n'a pas d'autre choix; loin d'ailleurs de s'immerger dans la vie sociale retrouvée, il la fuit en se cloîtrant dans son écurie. Dans ce *Quatrième voyage* s'affirme chez le narrateur une singularité irréductible à toute appartenance sociale et à toute définition biologique ou ontologique univoque; Gulliver ne cesse de poser pour son propre compte la question anthropologique fondamentale: qui suis-je? Qu'est-ce que l'homme?

i. Une quête de l'identité

Dès son arrivée dans l'île, le narrateur va se trouver confronté aux deux types d'"humanité' qui peuplent le pays imaginaire: très vite, c'est par rapport à elles qu'il lui faudra se situer, reconsidérer sa propre image et repenser la place de l'homme dans l'univers. Aux premières pages du *Quatrième voyage*, le héros, encore fort peu personnalisé, apparaît comme le représentant typique de la mentalité européenne, prisonnier de tous les préjugés de l'humanité moyenne. Débarqué sur une terre inconnue, il ne peut se penser lui-même que sous l'aspect d'un être supérieur, détenteur de la civilisation, face aux hypothétiques habitants de cette contrée. Dans son ethnocentrisme naïf, il s'imagine aussitôt ces derniers sous l'aspect de sauvages stupides et hostiles auxquels il compte bien 'acheter [sa] vie à l'aide de quelques bracelets, anneaux de verroterie et autres bimbelots que les navigateurs emportent d'habitude dans ce genre de voyage':[1] image classique du colonisateur européen aux prises avec des sauvages non moins traditionnels. Nous sommes dans l'univers des stéréotypes culturels: ruse intéressée du civilisé, puérilité cruelle du monde sauvage.

Cependant, beaucoup plus difficile à vaincre que l'ethnocentrisme, reste l'anthropocentrisme: malgré tous les indices contraires, Gulliver se montre totalement incapable de concevoir que l'homme puisse ne pas être ici, comme il l'est ailleurs, le souverain de la création et l'unique créature douée de raison. Dès l'arrivée dans l'île, il repère sur le sol des traces de pieds humains et de sabots de chevaux: indices rassurants, car ils semblent annoncer une relation hiérarchique de l'homme et de l'animal analogue à celle qui existe dans le monde réel. Les Yahoos rencontrés aussitôt après ne remettront pas en cause cette vision conformiste du monde: bien que leur description renvoie clairement à l'anatomie humaine, Gulliver voit en eux de simples animaux et les décrit comme tels. Le recours à un lexique descriptif spécifiquement bestial – 'pattes', 'toison', 'griffes' – contribue ici à l'effet de 'non-reconnaissance'.[2] Inversement, les chevaux, dont tout le comportement semble pourtant, dès cette première prise de contact, annoncer une raison humaine, restent pour lui des chevaux, quel que soit l'étonnement que suscite leur attitude: 'Je fus stupéfait de voir des bêtes dépourvues de raison se conduire de telle sorte; j'en conclus que, si les habitants de ce pays étaient doués de raison en proportion, il fallait assuré-ment qu'ils fussent les hommes les plus sages du monde.'[3] Le narrateur reste donc prisonnier du schéma hiérarchique régissant la relation de l'homme et de l'animal dans le monde réel. Il se contente de l'aménager en postulant, pour ainsi dire, un glissement de l'échelle qui maintiendrait toutefois la position respective des êtres dont elle règle les rapports. Se plaçant à l'intérieur d'une conception rigidement anthropocentriste de la chaîne des êtres, Gulliver est incapable de concevoir le renversement qui vient ici en bouleverser les données.

Ce n'est qu'au second chapitre qu'il sera contraint de reconnaître dans les chevaux des êtres doués de raison, organisés en société, et dans le Yahoo un

---

1. 'purchase my Life from them by some Bracelets, Glass Rings, and other Toys, which Sailors usually provide themselves with in those Voyages' (éd. Lamoine, p.84-85).

2. Effet truqué du reste, comme l'ensemble de ce premier chapitre: Gulliver narrateur, rédigeant de retour en Angleterre la relation de son voyage, sait ce que Gulliver personnage ignore encore dans l'instant de l'aventure qu'il est en train de vivre (que les Yahoos sont des hommes et qu'il est lui-même un Yahoo). L'écart temporel qui sépare le temps de l'écriture et le temps de l'aventure vécue permet ainsi un dédoublement: tantôt narrateur, tantôt personnage, il adopte alternativement le point de vue de l'un ou l'autre et peut se permettre vis-à-vis de lui-même – et de ses lecteurs – l'attitude de supériorité ironique qui est celle du romancier vis-à-vis de ses personnages.

3. 'I was amazed to see such Actions and Behaviour in Brute Beasts; and concluded with myself, that if the Inhabitants of this Country were endued with a proportionable Degree of Reason, they must needs be the wisest People upon Earth' (éd. Lamoine, p.88-89).

être anatomiquement humain. Révélation douloureuse, car elle le contraint à s'identifier lui-même par contre-coup comme Yahoo – identité que Gulliver refuse de toutes ses forces et qu'il ne parviendra jamais à assumer réellement. Il est donc conduit, dans une première étape du récit, à affirmer sa différence en valorisant tous les critères qui le distinguent de cet abject animal, fussent-ils les plus artificiels et les plus ténus: sa peau est plus blanche et plus douce, des ongles remplacent chez lui les griffes du Yahoo, ses habitudes alimentaires sont moins répugnantes. Comme dans *La Terre australe connue*, le régime alimentaire constitue, dans une certaine mesure, un critère de différenciation entre l'homme et l'animal: on offre d'abord à Gulliver un morceau de viande pourrie, nourriture habituelle des Yahoos, qu'il repousse avec dégoût (éd. Lamoine, p.98-99). Pendant tout son séjour, il se nourrira de laitages et de galettes d'avoine, c'est-à-dire d'une nourriture fort proche de celle des chevaux. Le refus de l'alimentation carnée, absolu chez les Houyhnhnms comme chez les Australiens de Foigny, est beaucoup moins strict chez Gulliver, dont le régime végétarien s'autorise quelques écarts, conformément à la position médiane qu'il occupe entre le monde des Yahoos et celui des Houyhnhnms.

Cependant, c'est surtout grâce à ses vêtements, dont les chevaux n'ont aucune notion, que Gulliver échappera, pour un temps, à l'infamante identification – mais au prix d'un mensonge, c'est-à-dire, précisément, d'un artifice caractéristique du Yahoo européen: 'J'avais jusque là celé l'existence de mes vêtements, afin de me différencier le plus possible de cette maudite race des Yahoos.'[4] La supercherie s'effondrera le jour où, surpris dans sa nudité pendant son sommeil, il sera pleinement reconnu comme Yahoo: le vêtement n'est donc qu'un critère de différenciation inauthentique, une apparence surajoutée, à la fois masque et mensonge.[5] Parallèlement, il va prendre conscience chaque jour davantage de sa parfaite identité physique avec l'engeance maudite, confirmée par un incident humiliant pour son orgueil: Gulliver au bain, que ne protège plus l'artifice du vêtement, est l'objet d'une tentative de séduction – et peut-être serait-il plus juste de parler de viol – de la part d'une jeune femelle Yahoo qui l'a immédiatement identifié comme un être de sa propre espèce: 'Je ne pouvais plus désormais

---

4. 'I had hitherto concealed the Secret of my Dress, in order to distinguish myself as much as possible, from that cursed Race of Yahoos' (éd. Lamoine, p.110-11).

5. Mais il peut aussi être aveu, dévoilement ironique de la véritable nature de celui qui le porte. Lorsque ses vêtements seront tombés en lambeaux, Gulliver devra s'en confectionner d'autres avec des peaux de lapins ou d'autres animaux, mais aussi avec 'de la peau de Yahoo séchée au soleil' (éd. Lamoine, p.197). Ainsi, l'apparence rejoint paradoxalement la réalité qu'elle veut nier, le vêtement exhibe ce qu'il a mission de dissimuler: le Yahoo caché sous une peau de Yahoo proclame malgré lui sa vraie nature, et l'animalité refoulée fait retour dans ce qui devrait l'occulter.

nier que je fusse un Yahoo, par les traits et les membres, puisque j'attirais naturellement les femelles tout comme l'un des leurs.'[6]

Toutefois, le critère de différenciation essentiel, celui dont Gulliver est le plus fier, c'est sa raison, qui, pense-t-il, établit entre le Yahoo et l'homme civilisé une barrière infranchissable. Il va s'effondrer à son tour: le tableau de la société anglaise que le narrateur dresse à l'usage de son hôte permet à celui-ci de montrer de façon irréfutable que toutes les pratiques du civilisé sont déjà en germe chez le Yahoo. La parcelle de raison dont l'homme est doté lui permet seulement de développer ses vices naturels:

il craignait que la corruption de cette faculté ne fût pire que la simple animalité. Il était convaincu de ce qu'au lieu de la raison nous n'étions en fait doués que d'une faculté qui permettrait d'accroître nos vices naturels, de même que l'image renvoyée par une eau agitée est celle d'un corps déformé, non seulement plus grand, mais encore plus difforme.[7]

Ainsi, l'admirable virtuosité dialectique des juristes européens est au service de l'injustice et de la fraude: elle ne leur enseigne qu'à 'confon[dre] l'essence même de la vérité et de la fausseté, du droit et de l'injustice, du bien et du mal'; dans cette étrange perversion de toutes les valeurs, le plaideur dans son bon droit devra faire 'représenter [sa] cause comme aussi injuste que possible' s'il veut avoir quelque chance d'obtenir satisfaction.[8] A la différence de la parfaite raison des Houyhnhnms, qui ne reflète que le vrai, l'intelligence ratiocinante des hommes de loi permet de 'prouver en paroles multipliées par l'occasion que *noir* est *blanc*, et que *blanc* est *noir*, selon qu'on les paie'.[9]

Il est à noter que Gulliver acceptera sans protester que soit ainsi radicalement disqualifiée la raison humaine et, par conséquent, la sienne propre. Et pourtant

6. 'I could no longer deny, that I was a real Yahoo, in every Limb and Feature, since the Females had a natural Propensity to me as one of their own Species' (éd. Lamoine, p.176-77). Cet épisode à la fois burlesque et scabreux est, par ailleurs, intéressant en ce qu'il trahit chez Gulliver un mélange de répulsion et d'attirance inavouée ('son aspect n'était pas si hideux que chez le reste de son espèce', note le narrateur, en précisant que la créature 'ne pouvait avoir à mon avis plus de onze ans'). Toute la scène présente une grande analogie avec l'épisode du viol d'une Fondine par Sadeur dans *La Terre australe connue*; sa signification (établissement d'une relation avec une forme inférieure d'humanité) est également analogue, bien que le narrateur refuse ici de l'assumer autrement que sur le mode de la dénégation.

7. 'he dreaded lest the Corruption of that Faculty might be worse than Brutality itself. He semed therefore confident, that instead of Reason, we were only possessed of some Quality fitted to increase our natural Vices; as the Reflection from a troubled Stream returns the Image of an ill-shapen Body, not only larger, but more distorted' (éd. Lamoine, p.136-37).

8. 'they have wholly confounded the very Essence of Truth and Falsehood, of Right and Wrong'; 'The second Way is for my Lawyer to make my Cause appear as unjust as he can' (éd. Lamoine, p.140-41, 138-39).

9. 'proving by Words multiplied for the Purpose, that *White* is *Black*, and *Black* is *White*, according as they are paid' (éd. Lamoine, p.138-39).

il n'a personnellement rien fait pour mériter d'être ainsi rejeté hors de l'univers des êtres raisonnnables: n'étant ni magistrat, ni courtisan, ni financier, ni ministre, il n'est en aucune façon partie prenante dans les injustices et les absurdités qu'il dénonce. Il accepte cependant avec humilité que soit ainsi proclamée son infériorité essentielle, et on le verra, à l'instant du départ, se prosterner devant son hôte pour baiser le sabot qu'on lui tend – faveur insigne à l'adresse d'un Yahoo et dont le narrateur ne manque pas de s'enorgueillir. Il a si bien intériorisé le système de valeurs et la vision du monde des Houyhnhnms qu'il se voit lui-même à travers leurs yeux, c'est-à-dire comme un être d'une race radicalement inférieure. Sa haine des Yahoos s'en trouve accrue; mais elle n'est peut-être qu'une autre face de la haine de soi.

Vers la fin du récit apparaissent en effet des détails passablement inquiétants. Avec le plus grand détachement, Gulliver mentionne que, ses vêtements étant usés, il a dû en confectionner d'autres avec des peaux de Yahoos, qui lui fournissent aussi les voiles de l'embarcation à bord de laquelle il quittera le pays de chevaux, 'celles plus jeunes que je pouvais trouver', précise-t-il, 'car celles des vieux étaient trop raides et épaisses' (éd. Lamoine, p.209), tandis que le suif de Yahoo permet de calfater les voies d'eau. L'apparente insouciance du ton ne doit pas faire illusion: par ces actes de cannibalisme symbolique, c'est l'humanité que Gulliver immole en lui. Le même sentiment l'incite à se détourner avec horreur de sa propre image reflétée dans les eaux des fontaines. De retour en Angleterre, il lui en restera la hantise des miroirs, qu'il s'appliquera toujours à éviter avec soin. Le narrateur est ainsi intérieurement déchiré par une intolérable contradiction entre le biologique et le spirituel, entre une identité réelle qu'il refuse et l'aspiration impossible à une identité autre: sa conformation physique le relègue irrémédiablement dans l'univers des Yahoos, mais il aspire de toutes ses forces à accéder à la pure raison des chevaux, à devenir Houyhnhnm en esprit – tentative vouée à l'échec et dont les seuls résultats concrets seront, de retour au sein du monde réel, les bizarreries de son comportement. Reclus dans son écurie, il y passe de longues heures en conversation avec ses chevaux; par un étrange phénomène de mimétisme, le son de sa voix évoque irrésistiblement un hennissement, et il lui arrive de trotter 'comme un cheval' – traces dérisoires d'une impossible métamorphose.

ii. Un être voué à l'exclusion

Placé entre deux mondes, celui des Yahoos et celui des Houyhnhnms, Gulliver est donc astreint à occuper une place marginale par rapport à ces deux sociétés. Son statut est en ce sens parfaitement homologue à celui du narrateur de *La*

Terre australe connue et, comme lui, il est voué, où qu'il se trouve, à incarner la différence. Dès l'origine, malgré son apparente indétermination comme personnage, Gulliver est marqué d'une singularité dont sa condition de voyageur est le signe. En reprenant la mer après quelques mois passés 'dans un bonheur qui eût été complet s'[il] avai[t] pu apprendre à le reconnaître au passage',[10] il abandonne femme et enfants, refusant ainsi les joies paisibles de la 'condition moyenne', de la vie conjugale et de la famille. On peut voir dans ce dédain pour la quiétude bourgeoise la préfiguration obscure d'un refus ultérieur de la collectivité humaine: déjà le héros s'exclut du modèle collectif pour aller courir l'aventure sur les mers. Plus tard, la mutinerie qui soulève contre lui tout l'équipage du navire – image en réduction de la société – a bien le sens d'un ostracisme social: l'abandon sur une côte inconnue est ici l'équivalent d'un rejet hors de l'humanité.

Gulliver est encore infiniment plus marginal dans la société des chevaux: identifié comme Yahoo, donc comme objet de dégoût, mais singularisé cependant par ses vêtements, son aptitude au langage et quelque 'étincelle de raison', son statut y sera d'abord celui d'une bête curieuse qu'on vient voir à la ronde, d'une sorte de singe savant admis par faveur spéciale à partager l'existence de ses maîtres. Cette position, si humiliante soit-elle, va elle-même se dégrader: il deviendra bientôt un objet d'inquiétude, voire de scandale, et ceci au moment même où, ayant pleinement assimilé le système de valeurs de la société des chevaux, il espère être admis à finir ses jours en son sein. Sa présence représente un danger potentiel pour la société houyhnhnm: il y introduit la corruption et le mal du monde extérieur, rendus plus dangereux encore par la petite parcelle de raison dont il est gratifié. Au même titre que Sadeur, Gulliver est, lui aussi, un 'inventeur de crime'. Non qu'il soit personnellement responsable d'aucun manquement aux règles vertueuses qui régissent l'existence des Houyhnhnms, mais il introduit dans ce monde fermé à tout ce qui n'est pas lui-même, à travers ses dialogues avec le maître cheval, la représentation jusqu'ici impensable d'un monde autre, celui de l'Europe, avec ses extravagances, ses vices, ses notions inconnues: la loi, l'Etat, la justice. Surtout, il révèle à cette société d'êtres rationnels la possibilité d'un usage autre de la raison, une raison qui ne serait plus illumination de l'évidence et reflet du vrai, mais manipulation des concepts, auxiliaire de la falsification et du mensonge. Grâce à lui, la société houyhnhnm sait désormais qu'il existe, ailleurs, des sociétés autres régies par d'autres principes – révélation de l'altérité qui est douloureuse, puisqu'elle fait basculer dans la pluralité et dans le relatif ce monde accoutumé à se penser

---

10. 'in a very happy Condition, if I could have learned the Lesson of knowing when I was well' (éd. Lamoine, p.80-81).

comme unique et comme absolu. L'intrusion du monde réel au sein du monde utopique qui s'opère par l'entremise du narrateur porte en elle la menace d'une rupture: tout à la fois révélation de l'Autre et révélation du mal, elle vient briser un état d'innocence. On peut se demander toutefois si cette innocence était réellement authentique. La conscience du mal préexiste chez les Houyhnhnms à l'arrivée de Gulliver: le mal est dénoté dans leur langage par le mot *Yahoo* employé comme suffixe. De même, les vices des civilisés sont, comme on sait, tous présents à l'état d'ébauche chez ces animaux. Ils ne sauraient donc constituer une véritable révélation pour les chevaux, qui en ont tous les jours le spectacle sous les yeux. La présence de Gulliver n'apporte pas à un monde édénique la révélation de l'altérité et du mal; si elle gêne, peut-être est-ce parce qu'elle démasque une mauvaise foi, en l'obligeant à voir ce qu'au fond d'elle-même elle savait déjà. La même analyse, on l'a vu, pourrait s'appliquer aux effets perturbateurs de la présence de Sadeur au sein de l'utopie de Foigny.

L'autre élément de scandale tient à la position intermédiaire qu'occupe Gulliver: au sein de ce monde rigoureusement hiérarchisé, ce Yahoo qui vit comme un Houyhnhnm, partage leur existence et parle leur langage est un intolérable facteur de confusion. Comme Sadeur dans *La Terre australe connue*, sa position médiane entre deux races que tout destinait à maintenir séparées instaure une continuité concrète et une communication entre le monde 'animal' de l'existence instinctive et le monde pleinement 'humain' de la pure raison, s'il est permis de maintenir une distinction dont on a vu à quel point elle est ici devenue problématique. Détail sans doute significatif, il semble bien que la présence de Gulliver soit pour quelque chose dans le projet d'extermination des Yahoos présenté au cours de l'une des grandes assemblées quadriennales – du moins est-ce elle qui permet de cristalliser le débat. Selon un schéma bien connu, puisqu'on en a trouvé l'exact équivalent dans l'utopie de Foigny avec l'entreprise d'extermination rationnelle des Fondins par les Australiens, ainsi que la façon dont ceux-ci anéantissent progressivement sur leur territoire toute forme de vie animale, la destruction projetée des Yahoos a le sens d'une liquidation de l'altérité: délivrée de l'abjecte cohabitation avec ces animaux souillés de vices et d'ordure, la société des chevaux n'aurait plus en face d'elle-même que sa propre image.

On conçoit à quel point la présence du narrateur peut être ici gênante: ce qui le rend indésirable est moins sa nature de Yahoo que la position intermédiaire qu'il occupe entre le monde yahoo et le monde houyhnhnm, établissant ainsi, de façon toute involontaire, une relation de continuité entre ces deux univers qui est parfaitement insupportable à ses hôtes. La sentence prononcée contre lui est tout à fait explicite sur ce point: 'L'assemblée l'exhorta [le maître de Gulliver] soit à m'employer comme le reste de mon espèce, soit à m'ordonner de retourner à la nage à l'endroit d'où j'étais venu.'[11] Le choix est donc clair: ou bien rentrer dans le rang, c'est-à-dire redevenir un Yahoo en tout point semblable aux autres, ou bien disparaître. Dans tous les cas, Gulliver, comme Sadeur, est sommé de mettre fin à la transgression qu'il incarne: celle du principe de séparation des mondes, de la rupture absolue entre l'animalité et la raison. Il faut noter toutefois que le narrateur de *La Terre australe connue* et celui du *Quatrième voyage*, tout en remplissant une fonction analogue, vivent de façon inversée leur relation aux deux mondes entre lesquels ils se situent. Biologiquement Australien, puisque hermaphrodite, Sadeur est spirituellement un 'demi-homme', c'est-à-dire, aux yeux de ses hôtes, un animal qui trahira l'humanité 'pleine' des Australiens au profit du monde bestial. Biologiquement Yahoo, Gulliver est, ou plutôt se veut, spirituellement Houyhnhnm; en proposant de castrer les Yahoos pour en détruire la race, il trahit sa nature biologique de Yahoo au profit des chevaux auxquels il aspire à s'identifier spirituellement. L'opposition toutefois n'est peut-être qu'apparente, puisque c'est précisément le risque d'une trahison au profit du monde animal des Yahoos qui constitue le principal argument avancé par les chevaux pour justifier la condamnation à l'exil du narrateur (éd. Lamoine, p.202-203).

De retour dans sa famille, après d'autres épreuves, Gulliver restera toujours aussi irréductiblement en marge; mais, cette fois-ci, l'exclusion qui le frappe est entièrement de son fait: sa solitude pleinement choisie résulte d'un insurmontable dégoût de l'humanité, dégoût intellectuel et moral, mais surtout dégoût physique. D'abord terrorisé par le spectacle des rues des villes grouillantes de Yahoos, il parvient à surmonter son angoisse, 'mais [s]a haine et [s]on mépris semblaient augmenter'.[12] L'odeur de Yahoo partout répandue l'oblige à se boucher le nez avec des herbes aromatiques. A la vue de sa femme et de ses enfants, il ne ressent que 'haine, dégoût et mépris', et surtout un indicible sentiment de honte à la pensée 'qu'en copulant avec une femelle de l'espèce Yahoo, j'avais engendré d'autres Yahoos'.[13] Par des voies quelque peu différentes, Gulliver aboutit au même puritanisme exaspéré que les Australiens de Foigny: l'horreur de la race humaine le conduit à l'horreur de la sexualité, et au dégoût de soi comme être sexué. Il ne trouve quelque consolation que dans l'écurie, où il s'enferme avec ses chevaux: leur senteur le ramène nostalgique-

---

11. 'The Assembly did therefore exhort him, either to employ me like the rest of my Species, or command me to swim back to the Place from whence I came' (éd. Lamoine, p.202-203).

12. 'but my Hatred and Contempt seemed to increase' (éd. Lamoine, p.222-23).

13. 'by copulating with one of the Yahoo-Species, I had become a Parent of more' (éd. Lamoine, p.222-25).

ment au pays qu'il a dû quitter et lui fait pour un moment oublier le monde pestilentiel où il est contraint de vivre.[14]

iii. Fonction du narrateur et signification du texte: Gulliver médiateur et faux prophète

Quel sens faut-il attribuer à l'exclusion qui frappe le héros dans toutes les sociétés qu'il traverse? Pourquoi est-il, partout et toujours, irréductiblement en marge? Tenter de répondre à ces questions, c'est d'abord en poser une autre, celle de son rôle dans l'économie du texte.

Comme tout narrateur d'un récit utopique, Gulliver a pour fonction première de produire une description des sociétés rencontrées dans le pays imaginaire répercutée ensuite auprès du lecteur européen; mais peut-être joue-t-il surtout, dans le *Quatrième voyage*, un rôle de médiateur, d'intermédiaire entre les différents types de sociétés qui nous y sont présentées. Ainsi que l'a déjà montré l'exemple de *La Terre australe connue*, cette fonction médiatrice est à mettre en relation avec sa marginalité sociale: comme Sadeur, Gulliver ne relève réellement d'aucune des sociétés qu'il décrit, mais, participant à quelque degré de chacune d'entre elles, il peut servir de lieu de passage de l'une à l'autre. Il assume d'abord une fonction générale de médiation entre le monde réel et le monde imaginaire: représentant du monde réel au sein de l'utopie, il est aussi, à son retour, l'ambassadeur de la société utopique auprès de ses compatriotes retrouvés. Mais la dualité du monde utopique du *Quatrième voyage*, où s'opposent les Yahoos et les Houyhnhnms, rend ici cette fonction particulièrement complexe: médiateur entre le monde civilisé et la société houyhnhnm, Gulliver dresse, à l'intention de son hôte, un tableau de la société européenne comme inversement, à son retour en Angleterre, il tentera de convertir ses compatriotes à l'admirable exemple des vertus des chevaux; médiateur entre le Yahoo et

---

14. A noter que Pope, dans l''épître héroïque' burlesque qu'il attribue à l'épouse de Gulliver, donne un sens explicitement érotique à la réclusion du narrateur dans son écurie:

My Bed (the scene of all our former Joys,
Witness two lovely Girls, two lovely Boys)
Alone I press; in Dreams I call my Dear,
I stretch my Hand, no Gulliver is there!
[...]
Where sleeps my Gulliver? O tell me where?
The Neighbours answer, With the Sorrel Mare.

(*Mary Gulliver to Captain Lemuel Gulliver*, in éd. Greenberg, p.282; 'Je repose seule sur ma couche, naguère scène de toutes nos joies; deux garçons et deux filles en sont les adorables gages. Dans mes rêves j'appelle mon cher époux, je tends vers lui mes bras: point de Gulliver! Où repose mon Gulliver? dites-moi où! – Avec la jument alezane, me répondent les voisins.') Swift a trouvé suffisamment d'intérêt à ce texte pour l'inclure dans plusieurs éditions des *Voyages de Gulliver*.

l'homme civilisé, il reconnaît, par-delà les différences superficielles qu'instaure la civilisation, leur identité fondamentale; de même, Yahoo biologiquement et Houyhnhnm (ou se voulant tel) dans son être spirituel, il est médiateur entre les deux univers antagonistes du monde imaginaire. C'est donc lui qui rend opératoires les relations de renversement ou d'antithèse mises en évidence précédemment (ch.20, §i). S'il est vrai que la place respective des Yahoos et des Houyhnhnms au sein du tableau utopique résulte d'une inversion de la relation hiérarchique de l'homme et de l'animal au sein du monde réel, Gulliver est bien le pivot autour duquel s'articule cette permutation, laquelle ne prend sens que par rapport à lui: au pays des chevaux, c'est le narrateur (et non ses hôtes, pour qui tout autre ordre est rigoureusement impensable) qui s'étonne de voir un peuple de chevaux raisonnables régner sur une humanité animalisée. De retour en Europe, c'est lui encore qui se scandalisera de voir 'ces mêmes Yahoos traînés par des Houyhnhnms dans une voiture, comme si ceux-ci étaient des bêtes brutes et ceux-là des créatures raisonnables':[15] qui songerait, sinon lui, à s'étonner de ce qui nous paraît inscrit dans la nature même des choses?

Le regard 'naïf' que le héros porte sur le monde constitue donc en lui-même une remise en question de la légitimité de ce qui est; à travers lui s'opère un reclassement général des valeurs qui, bouleversant les ordres institués et les hiérarchies consacrées par l'habitude, met en évidence le caractère problématique et aléatoire de tout ordre et de toute hiérarchie. Enfin, comme dans *La Terre australe connue*, le narrateur du *Quatrième voyage* participe simultanément de toutes les instances sociales sans réellement relever d'aucune: lieu des recoupements et des échanges, c'est en lui que s'opère la rencontre du Même et de l'Autre productrice de l'altérité utopique.

Il faut à cet égard accorder une place particulière à la fonction du personnage au sein de la société humaine dans laquelle il est malgré lui appelé à vivre après son retour en Europe: la signification de l'ouvrage tout entier en dépend. Pourquoi Gulliver a-t-il pris la décision d'écrire et de publier son livre? Le *gentle reader* en est averti, le but est d'instruire, non de divertir (éd. Lamoine, p.227) – objectif ambitieux, puisqu'il ne s'agit de rien moins que de purger l'humanité de ses vices en lui offrant l'exemple de la perfection morale incarnée par les Houyhnhnms. Le projet est formé dès l'instant où le narrateur quitte pour toujours le pays des chevaux: 'Si jamais je retournais en Angleterre, j'avais l'espoir de me rendre utile à mon espèce, en chantant les louanges des célèbres Houyhnhnms, et en proposant l'exemple de leurs vertus à l'humanité.'[16] Les

15. 'these very Yahoos carried by Houyhnhnms in a Vehicle, as if these were Brutes and those the rational Creatures?' (*Lettre du capitaine Gulliver à son cousin Sympson*, éd. Lamoine, p.68-69).

16. 'if ever I returned to England, was not without Hopes of being useful to my own Species, by celebrating the Praises of the renowned Houyhnhnms, and proposing their Virtues to the Imitation

Voyages seraient donc, s'il faut l'en croire, l'ouvrage d'un moraliste qui se propose de réformer l'humanité par l'imitation d'un modèle supra-humain, celui des chevaux; le narrateur a été en quelque sorte élu entre tous pour le révéler aux hommes, et son livre sera le véhicule de cette révélation. Moraliste ou prophète? L'attitude du personnage n'est pas sans évoquer celle du fondateur de religion: bénéficiaire exclusif d'une 'révélation', il entend transmettre le message de vérité dont il se sait dépositaire. Tout chez lui évoque la psychologie du personnage prophétique: sa certitude un peu hagarde d'être investi d'une mission; sa conviction légèrement paranoïaque d'avoir raison seul contre tous; son attente millénariste d'un prochain bouleversement de l'ordre des choses consécutif à la révélation de sa Parole ('Et il faut avouer que sept mois représentaient un délai suffisant pour corriger tous les vices et toutes les folies auxquels les Yahoos sont sujets, si leur nature avait été capable de la moindre disposition à la vertu ou à la sagesse');[17] son manque d'humour et de recul par rapport à lui-même, enfin.[18]

Or, si l'on adopte l'interprétation chrétienne du Yahoo comme image de l'homme pécheur prisonnier d'une nature corrompue par la chute, la fonction médiatrice du narrateur s'enrichit d'une signification nouvelle: à la fois Yahoo (biologiquement) et Houyhnhnm (spirituellement), Gulliver apparaît comme l'homologue fonctionnel du Christ – fils de l'homme *et* fils de Dieu – chargé d'une mission de médiation rédemptrice: sauver l'humanité déchue du vice et du péché en lui révélant l'exemple de ces êtres quasi divins que sont les Houyhnhnms. Gulliver ne ferait peut-être en cela que pousser jusqu'à son terme logique une virtualité qui est celle de tous les narrateurs utopiques. Dans la mesure où l'utopie se veut révélation aux hommes de l'ici d'un modèle issu d'un ailleurs lointain et peut-être supra-humain, son discours s'apparente à celui des religions. Quant au héros voyageur, vecteur prophétique de cette révélation et intermédiaire entre les deux mondes, certains indices semblent, dans des textes très divers, confirmer sa vocation christique, comme peut-être ici le nombre de ses *Voyages* (quatre, à l'instar des Evangiles) ou, chez Foigny, la scène de crucifixion et la communion sanglante, qui assimilent Sadeur au Christ (*T.A.*, p.158). On notera également l'aspect fréquemment 'testamentaire' du récit du voyageur utopique,[19] qui meurt à ce monde à l'instant de lui

---

of Mankind' (éd. Lamoine, p.206-207).

17. 'And, it must be owned that seven Months were a sufficient Time to correct every Vice and Folly to which Yahoos are subject; if their Natures had been capable of the least Disposition to Virtue or Wisdom' (éd. Lamoine, p.70-71).

18. Voir Desroche, *Sociologie de l'espérance*, p.109-30. Sur les rapports de l'utopie et du millénarisme religieux, voir Servier, *Histoire de l'utopie*, p.347-59.

19. Benrekassa, 'Le statut du narrateur dans quelques textes dits utopiques', p.384.

transmettre la révélation du monde autre, comme si cette dernière devait nécessairement transiter par une Passion: on trouvera ce scénario chez Foigny (*La Terre austral connue*), chez Veiras (*Histoire des Séverambes*), chez Tyssot de Patot (*Jacques Massé, Le Voyage de Groenland du père de Mésange*), Paltock (*Peter Wilkins*) et bien d'autres.

Peut-on toutefois sérieusement accepter une interprétation qui ferait de Gulliver un nouveau Messie et de ses *Voyages* un nouvel évangile? On sent bien à quel point elle est en décalage avec un aspect du texte que, à l'exemple de son héros peut-être, on a jusqu'ici un peu trop négligé: l'humour. Les *Voyages de Gulliver* relèvent, comme l'*Histoire vraie* de Lucien ou l'œuvre de Rabelais, du genre de la 'satire ménippée';[20] celui-ci mêle traditionnellement, de la façon la plus inextricable, le burlesque et le sérieux, fait porter à un même personnage ou à une même situation les significations les plus contradictoires, et interdit donc toute interprétation univoque. Les critiques l'ont souvent souligné, il est difficile de prendre tout à fait au sérieux certains aspects de la société houyhnhnm du *Quatrième voyage*: il y a quelque chose de comique dans la représentation que le lecteur peut se faire de ces chevaux devisant gravement ensemble assis sur leur séant. De même, lorsque Gulliver rapporte – avec quelle fierté! – qu'à l'instant du départ son hôte lui fit l'honneur inouï d'élever son sabot jusqu'à sa bouche pour lui faire ses adieux, l'intention parodique est manifeste (éd. Lamoine, p.209). On en dira autant de certaines bizarreries de son comportement à son retour en Europe: les longues heures que le personnage passe dans son écurie, en conversation avec ses chevaux, incitent à sourire. Et pourtant, sommes-nous fondé à le faire? Pour un esprit purement rationnel, le comique n'est pas réellement concevable. On pourrait soutenir – et peut-être une telle interprétation n'est-elle pas étrangère à la véritable pensée de Swift, que le sens de la dérision et de la satire est une caractéristique du Yahoo civilisé que la pure raison ignore. Trouver les chevaux comiques et Gulliver ridicule, c'est lire le texte en Yahoo.

Mais il y a plus grave: que Gulliver présente ou non des traits comiques, cela ne remet pas en cause fondamentalement son rôle de témoin de la vérité, ni n'infirme la validité du jugement pessimiste qu'il porte sur la nature humaine. Ce pessimisme, précisément, est-il justifié? Il est frappant de constater que c'est à partir du moment où le personnage s'enfonce dans la misanthropie la plus noire que ses expériences avec ses semblables redeviennent positives. Dans ces derniers chapitres de l'œuvre, on ne trouve ni mutinerie ni pirates: Gulliver est charitablement secouru par le capitaine don Pedro de Mendoza, qui le

20. Voir W. E. Yeomans, 'The Houyhnhnm as menippean horse', *College English* 27 (1966), p.449-54.

587

protège, l'abrite chez lui, lui prête vêtements et argent; rentré dans sa famille, il y est accueilli 'avec beaucoup de surprise et de joie'. Mais à tous il ne sait répondre que par l'expression mal dissimulée de son dégoût et de son mépris. Face à l'humanité et à l'évidente bonté de don Pedro, son attitude écœurée et quasi haineuse ne peut apparaître que comme un indice d'inhumanité. Gulliver ici fait preuve de la même intolérance et du même racisme que la société utopique qui l'a banni de son sein: ce qui condamne don Pedro à ses yeux, ce n'est pas tel vice moral ou telle entorse à la raison, mais le seul fait qu'il est un Yahoo; or, conformément au grand principe énoncé par Swift dans sa lettre à Pope du 29 septembre 1725, il faut toujours distinguer entre les individus et le corps social auquel ils appartiennent:

J'ai toujours détesté toutes les nations, toutes les professions, tous les corps constitués, et toute mon affection s'adresse à des individus. Par exemple, je déteste la tribu des hommes de loi, mais j'adore le Conseiller Untel et le Juge Untel; de même pour ce qui est des médicins (pour ne rien dire de mon métier), des soldats, des Anglais, des Ecossais, des Français et de tout le reste. Mais avant tout je hais et j'abhorre cet animal nommé homme, bien que j'aime de tout mon cœur John, Peter, Thomas, etc. Tel est le système d'après lequel je me gouverne depuis des années (mais n'en dites rien).[21]

C'est encore à une généralisation abusive, issue d'une rationalité totalitaire incapable d'échapper à la logique binaire simpliste du tout ou rien, que procède Gulliver en confondant dans la même détestation les Yahoos du Houyhnhnmland et ses compatriotes civilisés. Les premiers sont la négation de la définition traditionnelle de l'homme comme *animal rationale*, dont pour leur part les chevaux constituent, on l'a vu, une sorte de projection littérale. Mais si Swift conteste cette définition, la lettre à Pope le prouve, c'est pour lui substituer celle d'*animal rationis capax*, non pour refuser entièrement à l'homme le bénéfice de la raison. C'est là pourtant ce que fait Gulliver en identifiant sans restriction l'homme au Yahoo, en ramenant la diversité individuelle concrète à la rigueur d'un jugement *a priori* appuyé sur le seul critère de l'appartenance biologique. Logique sommaire, qui réduit le divers à l'unité et ne sait que faire des états intermédiaires; logique raciste, la même précisément qui a conduit les chevaux à exclure Gulliver, reposant sur l'identification de l'individu à l'espèce.

Enfin, parmi les vices de la société des hommes, l'orgueil est, aux yeux de Gulliver, le plus grave et celui qui est dénoncé avec le plus de constance:

21. 'I have ever hated all Nations professions and Communityes and all my love is towards individualls for instance I hate the tribe of Lawyers, but I love Councellor such a one, Judge such a one for so with Physicians (I will not Speak of my own Trade), Soldiers, English, Scotch, French and the rest but principally I hate and detest that animal called man, although I hartily love John, Peter, Thomas and so forth. This is the system upon which I have governed my self many years (but do not tell)' ('Swift's correspondence', in éd. Greenberg, p.264-65).

Je ne suis pas le moins du monde irrité à la vue d'un homme de loi, d'un vide-gousset, d'un colonel, d'un sot, d'un seigneur, d'un politique, d'un souteneur, d'un médecin, d'un témoin, d'un suborneur, d'un avocat, d'un traître et autres fripons. Tout ceci est dans l'ordre normal des choses; mais quand je vois un tas de difformités et de maladies corporelles et morales saisi d'orgueil, les limites de ma patience en sont aussitôt débordées.[22]

Mais cet orgueil qu'il stigmatise, n'en est-il pas lui-même atteint, lui qui s'en croit si parfaitement délivré? Certes, il ne cesse de dénoncer les vices et les infirmités de notre nature, de proclamer le néant de l'homme, son infériorité infinie au regard des admirables Houyhnhnms et la nécessité d'une complète humilité. Mais il en tire surtout un jugement tranchant et sans nuances sur ses concitoyens; sachant, lui, quelle est la misère de la condition humaine, il ne peut que se sentir supérieur à ses contemporains encore aveuglés par l'orgueil anthropocentriste, et c'est la conscience de cette supériorité qui l'incite à écrire pour les corriger: 'C'est pour la plus noble cause que j'écris, celle d'instruire et d'informer l'humanité, *par rapport à qui je puis, en toute modestie, prétendre être supérieur,* par les avantages que j'ai retirés de mes si longues conversations avec les Houyhnhnms les plus parfaits.'[23] La 'modestie' affichée ici ressemble à la proclamation de sincérité du tortueux Sinon: elle se dénonce elle-même comme son propre contraire. Le récit de Gulliver, qui se voulait l'évangile de l'humilité, devient ainsi, à la faveur d'un ultime retournement, une œuvre d'orgueil, le plus grave de tous les péchés capitaux. Comme le remarque un commentateur, la satisfaction affichée ici par le narrateur évoque la gratitude du pharisien: 'Je te remercie, Seigneur de ne m'avoir pas fait semblable à eux.'[24]

Le terme de l'analyse ramène donc à ce qui en avait été le point de départ: l'infernale dialectique du vrai et du faux, dont celle de l'humilité et de l'orgueil n'est qu'une variante. Swift encore une fois enferme son lecteur dans un tourniquet logique. La machinerie du *Quatrième voyage* constitue un admirable piège où le sol se dérobe constamment sous les pas du lecteur. Qu'il n'y ait pire orgueil que celui de l'humilité, c'est là une idée chère au pessimisme des moralistes classiques: La Rochefoucauld aurait pu y souscrire. Mais surtout il faut y voir une dénonciation par Swift lui-même de son propre projet littéraire:

22. 'I am not in the least provoked at the Sight of a Lawyer, a Pick-pocket, a Colonel, a Fool, a Lord, a Gamster, a Politician, a Whoremunger, a Physician, an Evidence, a Suborner, an Attorney, a Traytor, or the Like: This is all according to the due Course of Things: But, when I behold a Lump of Deformity, and Diseases both in Body and Mind, smitten with Pride, it immediately breaks all the Measures of my Patience' (éd. Lamoine, p.236-37).
23. 'I write for the noblest End, to inform and instruct Mankind, over whom I may, without Breach of Modesty, pretend to some Superiority, from the Advantages I received by conversing so long among the most accomplished Houyhnhnms' (éd. Lamoine, p.230-31; passage mis en italiques par nous).
24. Monk, 'The pride of Lemuel Gulliver', p.70.

vouloir juger l'homme ou tout simplement souhaiter l'améliorer, c'est se placer implicitement au-dessus de lui, donc tomber dans l'insupportable travers d'orgueil que l'on se propose de dénoncer. A la limite, tout discours sur l'homme est impossible, car il implique la déshumanisation de celui qui le tient. Parlant d'un lieu où sa critique ne peut être moralement fondée sans qu'il tombe lui-même sous ses propres coups, le moraliste, le satirique ou l'utopiste s'engage donc dans une entreprise placée sous le signe de la contradiction interne.

Il n'est guère aisé de déterminer la signification des *Voyages de Gulliver* au regard de l'utopie. Les utopies swiftiennes ont-elles un caractère positif ou négatif? Utopies parodiques ou anti-utopies ambiguës? Swift semble tout à la fois tourner en dérision l'aspiration utopique et la légitimer en ce qu'elle conteste une société qu'il déteste; il dénonce les mirages de l'utopisme tout en s'abandonnant à la vision nostalgique d'un monde autre. Les difficultés tiennent, pour une part, à la nature composite du texte. Au lieu de se centrer sur un tableau unique, il en contient plusieurs – au moins quatre, et plus, si l'on tient compte de toutes les contrées visitées par Gulliver dans le *Troisième voyage* – le plus développé, celui du *Quatrième voyage*, regroupant lui-même les deux mondes bien distincts des Yahoos et des Houyhnhnms. Rien n'indique au demeurant que la construction de mondes utopiques soit le but essentiel de l'ouvrage: il est souvent difficile de déterminer si les institutions et les traits moraux qui y apparaissent font sens par eux-mêmes ou s'ils doivent être interprétés avant tout comme des allégories satiriques de tel ou tel aspect de la société anglaise.

La recherche des intentions poursuivies par l'auteur doit-elle guider notre interprétation? Mais, dans ce cas, comment les connaître? Pas plus que Foigny, Swift n'a précisé son but ou indiqué son appréciation personnelle sur sa création. Tout au plus est-il possible, à partir de ce que l'on sait par ailleurs de ses idéaux politiques, de relever un certain nombre de convergences ou d'oppositions entre les tendances personnelles de l'auteur et les institutions de ses sociétés imaginaires. L'épisode de Balnibarbi et, partiellement, celui de Laputa, allégories transparentes des rapports de l'Angleterre et de l'Irlande, se situent sans ambiguïté dans la lignée des 'pamphlets irlandais'. L'intention anti-utopique est évidente dans la description de l'Académie de Lagado, où l'on retrouve sous une forme sarcastique l'hostilité maintes fois exprimée par Swift à l'égard du mouvement des Projeteurs, mais l'auteur ne s'en prend ici qu'à certain aspect de l'utopie, ou plutôt, peut-être, de l'utopisme: le courant d'optimisme technologique issu de la tradition baconienne. Une seule des utopies des *Voyages de Gulliver* semble réellement conforme à ce que l'on sait des aspirations politiques de Swift: il s'agit de la société brobdingnagienne, avec sa monarchie tempérée, son équilibre hiérarchisé des classes et des pouvoirs, son conservatisme paternaliste et vertueux, son économie traditionnellement agricole. Mais elle n'est pas pour autant, on l'a vu, une société idéale, et le thème obsédant de la difformité corporelle qui parcourt la description contribue en quelque façon à en disqualifier les caractères positifs.

Il est difficile de déterminer l'option personnelle de Swift face au monde du *Quatrième voyage*, dont l'interprétation conditionne pourtant celle de l'ouvrage entier. Non que les commentaires sur la société des chevaux fassent défaut; fort abondants, au contraire, tous mettent l'accent avec beaucoup de véhémence sur son caractère idéal. Mais ces discours justificatifs émanent du narrateur, non de l'auteur. Si, dans une certaine tradition de l'utopie dont l'*Histoire des Sévarambes* peut figurer le modèle canonique, la cohésion idéologique entre auteur et narrateur est à peu près totale, attestée parfois par l'anagramme (ainsi Siden/Denis chez Veiras), il n'en va pas toujours de même dans les *Voyages de Gulliver*. Incontestablement le porte-parole de Swift dans les développements satiriques sur l'Angleterre, le héros, aveuglé par l'orgueil anthropocentriste au début du *Quatrième voyage*, est pareillement aveuglé à la fin par l'orgueil paradoxal de l'humilité, et il est hasardeux d'attribuer à l'auteur des jugements émanant d'un personnage dont tout souligne le décalage comique avec le réel: d'où l'incertitude quant à la signification, pour son auteur, de l'utopie du *Voyage au pays des chevaux*. On peut tenir pour positifs, en ce qu'ils sont conformes aux orientations de l'utopie traditionnelle, ses principaux traits moraux ou institutionnels: une existence entièrement gouvernée par la Nature et la Raison, un langage transparent qui rend impossible l'erreur et le mensonge, pas de propriété privée ni de commerce, pas de luxe, pas d'argent et, enfin, pas de structures contraignantes ni à proprement parler d'Etat; tout ceci dessine l'image d'une 'société d'une simplicité arcadienne',[25] plus proche peut-être de la pastorale que de la véritable utopie. Ces aspects positifs ont pourtant leur revers: un état de civilisation archaïque; une technologie rudimentaire; une raison certes 'parfaite', mais qui s'accompagne d'une extrême indigence intellectuelle; une liberté théoriquement illimitée, mais entièrement vide, car l'absence d'institutions contraignantes est liée à une intériorisation de la contrainte qui les rend inutiles. Surtout, la société houyhnhnm est caractérisée par son intolérance, son totalitarisme, son incapacité à admettre l'altérité, et même à la penser, en raison de la nature de son langage et de sa conception de la logique rationnelle. Convaincus d'être 'la perfection de la nature' et les seuls êtres rationnels possibles, les chevaux ne peuvent même imaginer qu'il existe d'autre civilisation que la leur et s'enferment dans un 'hippocentrisme'[26] qui n'a rien à envier à

25. Morton, *L'Utopie anglaise*, p.121.
26. Irvin Ehrenpreis, 'The meaning of Gulliver's last voyage', in *Swift: a collection of critical essays*, éd. Ernest Tuveson (Englewood Cliffs 1964), p.139.

l'anthropocentrisme de nos sociétés. Certes, il s'agit là d'une tendance assez générale dans les sociétés utopiques; mais ses implications négatives sont ici mises en évidence par l'exclusion dont le narrateur est victime, exclusion d'autant plus injustifiable au regard de la justice que Gulliver souscrit entièrement aux valeurs de la société qui l'exclut.

L'exemplarité nulle de cette utopie est également un élément qui conduit à l'envisager comme une mise en cause critique du genre. Cette société 'idéale' est une société de chevaux détenteurs de la raison parfaite: il y a là une double spécificité, biologique et ontologique, qui interdit toute imitation du modèle. Le projet du narrateur – réformer notre société en lui offrant l'exemple des chevaux parfaits – ne peut guère être vu autrement que comme une réinterprétation parodique des motivations de l'utopiste livrant son œuvre au public.[27]

Enfin, la présence des Yahoos fait problème. Dans la perspective d'une interprétation positive de l'utopie du *Quatrième voyage*, elle n'a aucun sens. Certes, on a pu voir dans le Yahoo, au lieu d'une représentation de l'homme dans son essence, une image de l'homme historique tel que le façonnent – ou le dégradent – certaines circonstances sociologiques. La 'yahoudisation'[28] de l'homme dont s'indigne Swift serait alors un fait de société, non un fait de nature. Mais, outre que rien dans le texte n'autorise véritablement ce type de lecture, on s'explique mal en ce cas que le Yahoo figure au sein du tableau utopique: il ne s'y trouve pris dans aucune détermination sociale ou historique et peut donc difficilement représenter, comme on l'a suggéré, l'homme défiguré par la montée de l'individualisme bourgeois ou par toute autre forme d'aliénation sociale.[29] On ne peut donc retenir cette interprétation optimiste qui fait du Yahoo un phénomène historiquement contingent, ce qui implique l'espoir d'une possible amélioration. Force est alors de reconnaître en lui une image de l'homme essentiel, stigmate d'une condition déchue plus que des circonstances sociales – ce qui nous ramène à une problématique théologique assez voisine de celle qui gouverne le texte de Foigny. Ainsi compris, le Yahoo s'intègre mieux dans le dessin d'ensemble de l'utopie du *Quatrième voyage*, et sa présence

27. Il faut pourtant mentionner cette déclaration de Swift qui annonce une ambition parfaitement identique: 'I have finished my Travells, and I am now transcribing them; they are admirable Things, *and will wonderfully mend the World*' (lettre de Swift à Charles Ford du 14 août 1725, mis en italiques par nous). S'il faut prendre cette phrase au pied de la lettre, c'est alors une part de notre interprétation qui s'écroule: Gulliver, dans son rôle final d'utopiste-moraliste, doit être considéré comme le porte-parole de Swift, et les *Voyages de Gulliver* comme un utopie positive à vocation de modèle. Mais la fausse solennité de l'accent ne doit pas faire illusion: dans la correspondance intime entre Swift et ses amis, le sérieux exagéré du ton signale souvent la plaisanterie.

28. Suvin, *Pour une poétique de la science-fiction*, p.118.

29. Il n'en va bien sûr pas de même du Yahoo civilisé, c'est-à-dire du Yahoo européen, qui, lui, porte la marque des détermnations sociales et historiques auxquelles il est soumis – ce qui, au reste, ne signifie nullement que sa nature de Yahoo résulte de ces facteurs extérieurs.

y a davantage de sens: elle permet de montrer ce que serait la société humaine si on la ramenait à un état de civilisation analogue à celui dans lequel vivent les chevaux, c'est-à-dire à une condition fort proche de l'état de nature. L'hypothèse est doublement utopique: elle l'est dans la méthode choisie (l'expérimentaion imaginaire) et dans la valeur prise pour référence – la Nature, qui, pour de nombreux utopistes des Lumières, est en effet un guide de vérité. Mais l'expérience ici n'est pas concluante: chez le Yahoo, l'état de nature correspond au règne hobbesien de la violence et à la libération bestiale des instincts sans pour autant éliminer, on l'a vu, aucun des vices habituellement associés à l'état social. Le Yahoo 'naturel', celui de l'utopie, est-il meilleur ou pire que le Yahoo 'civilisé', celui du monde réel? Le dialogue avec le maître cheval suggère quelques arguments dans l'un et l'autre sens que chacun appréciera; mais le vrai débat n'est pas entre la nature et la civilisation. On constatera que, pour ce qui concerne l'homme, un hypothétique retour à l'ordre naturel ne résoudrait rien – ce qui est une façon de disqualifier le naturalisme optimiste des utopies. Chez les chevaux seuls, une nature non dégradée par le péché originel, et pour ce motif identifiée avec la raison dans sa perfection, peut servir de base à la construction d'une société idéale, mais pratiquement incompatible avec l'imperfection essentielle de l'homme et, en tout cas, irréalisable pour les êtres déchus que nous sommes. Quoi qu'en disent les commentateurs, il ne semble pas que, malgré certains traits humainement déplaisants, Swift mette réellement en question la perfection du monde des chevaux, encore moins qu'il le tourne en dérision. Si Gulliver peut apparaître comme un personnage comique, c'est qu'il projette sur le monde humain imparfait un projet de perfection rationnelle qui lui est inadéquat, sacrifiant ainsi à l''amour déraisonnable de la raison'; mais il est aussi bien un personnage tragique, car l'aspiration utopique à la perfection coexiste intérieurement avec la fatalité d'une nature dégradée et introduit en lui une insupportable déchirure.

Faut-il faire de Swift un partisan ou un adversaire de l'utopie? Ainsi posée, la question n'a peut-être guère de sens. Les utopies des *Voyages de Gulliver* semblent simultanément reconnaître la vérité intrinsèque de la perfection utopique face à l'imperfection du réel et en souligner la non-pertinence pour l'homme; de son côté, l'exemple du narrateur illustre à la fois la grandeur, peut-être la légitimité, de l'aspiration utopique et les dangers moraux et philosophiques de cette aspiration: angélisme, orgueil, folie constituent la sanction de cette inadéquation au monde et à soi-même.

Conclusion

IL n'est guère nécessaire de revenir sur les étonnantes similitudes qui unissent *La Terre australe connue* et le *Quatrième voyage*: même traitement ambigu de la vraisemblance narrative et de l'ancrage réaliste du récit, mi-sérieux mi-ironique chez Foigny, nettement parodique et même autodestructeur chez Swift; mêmes jeux autour de la vérité et du mensonge conférant à la narration et au tableau utopique qui s'y trouve inclus un statut incertain; même scénario ayant pour enjeu un processus d'intégration et son échec; même exclusion finale du héros. Il convient, en revanche, d'insister sur ce qui rend cet échec à la fois inévitable et exemplaire, ouvrant ainsi la porte à une critique de l'utopie réalisée à l'intérieur de l'utopie elle-même: la double spécificité qui marque à la fois le monde utopique et le narrateur, ainsi que les techniques littéraires qui en favorisent la manifestation.

L'humanité utopique n'incarne plus ici un exemple imitable, une version améliorée de l'homme occidental, mais la spécificité ontologique d'une nature autre, non déchue, pleinement identifiée à une raison parfaite dans laquelle communient tous les êtres. Il en résulte des sociétés d'une grande rigidité où règne un ordre collectif écrasant pour l'individu 'différent', l'homme ordinaire prisonnier des tares de sa nature déchue, particulièrement mis en évidence par le traitement littéraire du personnage narrateur. Celui-ci, plus nettement caractérisé et plus fortement impliqué dans la société imaginaire que ce n'est généralement le cas dans l'utopie classique, n'est pas seulement un regard neutre, mais véritablement un *personnage* acteur et victime des événements. Chez Foigny, Sadeur, socialement rejeté dans le monde réel en raison de son hermaphrodisme, sera également persécuté par l'humanité utopique, qui partage pourtant la même particularité anatomique, mais en lui prêtant un autre sens. Cette société est régie par le principe d'identité: tous égaux et tous semblables, les Australiens traquent impitoyablement toute différenciation individuelle. Dans le *Quatrième voyage*, un peuple de chevaux doués de raison exerce sa domination sur une race humaine réduite à l'animalité. Leur société, rigide, vertueuse, spartiate, est pareillement fondée sur l'identification complète à la nature et à la raison. Biologiquement humain, mais récusant cette identité, le narrateur ici encore fait figure de monstre inclassable; la singularité qu'il représente le rend intolérable à la collectivité utopique, qui l'exclut finalement de son sein.

La mise en cause critique de l'utopie, ou du moins de sa pertinence en tant

594

que modèle offert à l'homme concret, s'opère donc par l'entremise du voyageur-narrateur. Celui-ci n'est plus, comme c'est le cas dans les utopies 'positives' de Fontenelle, de Lesconvel ou de Lassay, un outil fonctionnel producteur de la description et interprète de l'idéologie de la société imaginaire; c'est un personnage 'plein', nettement individualisé et, par là, inintégrable. Ainsi se trouvent préfigurés les thèmes qui seront ceux de l'anti-utopie moderne: conflit de la différence et de l'identité, de l'individu et de la collectivité, de la passion et de l'ordre social, effets terrifiants d'une rationalité étatique totalitaire, et d'autant plus totalitaire qu'elle s'appuie sur ces valeurs 'indiscutables' que sont la Nature et la Raison.

Cette problématique nouvelle ne peut émerger sans une évolution des techniques narratives de l'utopie classique dans une direction moins didactique et plus nettement romanesque. C'est l'accès du narrateur au statut de personnage ainsi que son implication personnelle dans la vie quotidienne des utopiens qui seuls permettent de mettre en évidence les failles de cette société; c'est par lui que peut s'inverser du positif au négatif la signification axiologique des textes. On peut s'amuser à reconstruire hypothétiquement ce que pourraient être *La Terre australe connue* sans Sadeur, les *Voyages de Gulliver* sans Gulliver; on peut prédire sans s'avancer beaucoup que rien n'y dénoncerait plus l'existence des éléments négatifs que la présence du narrateur permet de mettre en évidence. Réduites à l'énoncé abstrait de leurs institutions ou à une description 'objective' de leur fonctionnement, ces sociétés paraîtraient sans doute idéales à un lecteur non prévenu, sans que pour autant leur véritable nature s'en trouve en quoi que ce soit modifiée. L'utopie ne se confond donc pas avec le contenu explicite de ses institutions. Loin d'être donnée 'toute faite' au sein d'un code législatif ou d'un exposé didactique, sa signification résulte du fonctionnement de l'ensemble du texte utopique, c'est-à-dire, notamment, des relations entre le contenu institutionnel et les formes littéraires qui permettent de le manifester. Ces remarques, qui peuvent s'appliquer à toute utopie narrative, sont sans doute encore plus vraies des séquences utopiques d'ampleur variable intégrées à certaines œuvres romanesques du dix-huitième siècle, le roman et son insert utopique recevant alors mutuellement leur signification des interactions qui les unissent.

V
Du roman utopique à l'utopie dans le roman: 'micro-utopies' et 'petites sociétés' dans le roman des Lumières

Introduction

Si l'utopie narrative classique peut légitimement être considérée comme appartenant au genre romanesque, bien que les virtualités didactiques qui lui sont inhérentes l'orientent souvent dans d'autres directions, le roman du dix-huitième siècle, inversement, s'ouvre volontiers à l'utopie: d'où des formes utopiques nouvelles correspondant à un renouvellement du genre. Deux matrices formelles, qui du reste peuvent coexister – c'est le cas dans *Candide* – sont ici à distinguer.

A partir de 1730 surtout apparaissent de brèves séquences utopiques intégrées à un ensemble romanesque plus vaste qui pour l'essentiel ne relève pas du genre de l'utopie: ce sont, pour reprendre la formule de Michèle Duchet, qui en a défini les caractéristiques, ces 'micro-utopies' si fréquentes dans le roman des Lumières et dont certains épisodes du *Cleveland* de Prévost ou la description du pays d'Eldorado dans *Candide* fournissent une sorte d'archétype. Elles constituent au sein du récit englobant un bloc en général nettement différencié repérable par divers indices formels: changement de régime narratif, par exemple passage du récit à la description; transformation du héros agissant en personnage spectateur; rupture de la continuité narrative par intervention d'un récit inséré confié à un narrateur secondaire, ainsi qu'il arrive dans deux des trois épisodes de *Cleveland*; rupture de la continuité spatiale, enfin, transcrite par divers rites de passage (naufrage, traversée souterraine ou désertique) ouvrant l'accès au lieu 'autre'. Et c'est également un scénario-type conforme à la norme des *Sévarambes* qui en structure le déroulement: entrée, à l'issue d'un voyage, dans un 'autre monde' caractérisé par sa clôture géographique et son altérité socio-politique; visite du lieu utopique sous la conduite d'un guide-initiateur; alternance de tableaux descriptifs, de dialogues explicatifs et d'anecdotes illustratives; sortie d'utopie, souvent parallèle à la séquence d'entrée, et voyage de retour au monde réel.

Dans toutes les œuvres de ce genre, il est bien sûr possible d'extraire l'utopie de sa gangue romanesque pour la constituer en texte autonome; cette démarche est apparemment autorisée par la démarcation qui la rend isolable. Mais une telle lecture, faisant de la séquence considérée un ensemble clos se suffisant à soi-même, conduit à l'envisager comme une sorte d'appendice ou d'excroissance parasitaire dépourvue de fonction spécifique au sein de l'univers romanesque qui l'englobe. Or, l'utopie n'est ici qu'un moment d'une démarche: loin de pourvoir par elle seule à sa propre signification, elle reçoit son sens des rapports qu'elle entretient avec le roman tout entier, ou encore, lorsque celui-ci en comporte plusieurs, des relations d'interdépendance des micro-utopies entre elles.

Le second modèle est moins aisément repérable. Dans la deuxième moitié du dix-huitième siècle – mais il s'agit là d'un motif déjà esquissé dans l'ouvrage de Prévost – se développe un nouveau thème romanesque chargé de potentialités utopiques, celui des 'petites sociétés'. Un petit groupe d'individus qu'unissent des liens affectifs privilégiés et une conception commune de la vie se retire en marge de l'existence sociale pour se constituer en communauté autarcique régie par des règles et des valeurs spécifiques en rupture, ou du moins en décalage, avec celles qui ont cours dans la société globale: ainsi la métairie de la Propontide au chapitre 30 de *Candide* ou le domaine de Clarens dans *La Nouvelle Héloïse*.

Il en résulte une nouvelle variété d'utopies romanesques, formellement très différentes des schémas de l'utopie classique, que Bronislaw Baczko caractérise justement comme des 'utopies pratiquées imaginaires'.[1] Elles ne donnent pas à voir en effet la découverte dans un ailleurs insituable d'un univers fictif complet dont le fonctionnement présent est l'aboutissement d'une longue histoire, mais la mise en place au sein du monde connu d'une expérience sociale limitée donnée pour réalisable. Point de voyage donc, ou seulement un déplacement géographique modeste qui n'équivaut jamais à une rupture avec le monde réel; pas non plus de clôture spatiale ni, par conséquent, de séquence d'entrée nettement caractérisée, puisque la communauté utopique ne s'isole de son environnement que par la spécificité de sa pratique sociale; enfin, pas de frontière textuelle clairement identifiable, car l'utopie, pleinement intégrée au mouvement romanesque, tend à s'identifier à l'une des étapes de sa démarche, voire à se diluer dans le roman entier.

1. Baczko, *Lumières de l'utopie*, p.56.

A. Les parcours utopiques de *Cleveland* ou l'utopie désenchantée

PRIS dans son ensemble, *Cleveland* est un vaste roman qui ne relève pas du genre utopique. Il enclôt pourtant en son sein trois 'micro-utopies' parfaitement caractérisées et aisément isolables, depuis longtemps identifiées comme telles.[1] L'un de ces épisodes au moins, celui dit de la 'colonie rochelloise', a particulièrement retenu l'attention des commentateurs. Presque tous ont relevé, d'une part, son apparente conformité aux règles, voire aux poncifs, du genre; de l'autre, une conclusion qui semble aller délibérément à l'encontre des finalités qui sont habituellement les siennes. Ainsi Jean Sgard a-t-il relevé les contradictions qui surgissent au sein de l'utopie rochelloise entre les exigences individuelles de la passion et le poids d'un ordre social autoritaire et patriarcal; bien avant les études plus récentes de Jacques Decobert, Philip Stewart ou Raymond Trousson, Jean Ehrard avait déjà noté la signification nettement anti-utopique de ce texte et la place singulière qu'il occupe de ce fait dans la littérature utopique des Lumières.[2] Les deux autres épisodes utopiques que contient le roman, celui des Nopandes et celui des Abaquis, n'ont pas bénéficié de la même attention. Il est vrai que la conformité aux modèles canoniques du genre y est moins évidente, tandis que la mise en question des idéaux traditionnels de l'utopie ne s'y présente pas avec la même netteté. Une lecture unitaire de ces fragments narratifs est cependant légitime: à travers ces trois micro-récits, à la fois en marge du roman et intégrées à sa démarche, c'est bien la même problématique critique qui est en jeu, soit la contestation de l'utopie se réalisant au sein de l'utopie elle-même.

La formule des séquences utopiques d'importance variable insérées dans un contexte romanesque non utopique, relativement fréquente dans le roman de la seconde moitié du dix-huitième siècle, n'est pas à vrai dire entièrement nouvelle, bien que le roman de Prévost en constitue sans doute la meilleure

---

1. Voir, par exemple, Chinard, *L'Amérique et le rêve exotique*, p.282; Roger Mercier, *La Réhabilitation de la nature humaine (1700-1750)* (Villemomble 1960), p.269. L'expression *micro-utopie* est de Michèle Duchet, *Anthropologie et histoire*, p.315.

2. Respectivement, Jean Sgard, *Prévost romancier* (Paris 1968), p.202; Jacques Decobert, 'Au procès de l'utopie, un "roman des illusions perdues": Prévost et la "colonie rochelloise"', *Revue des sciences humaines* 155 (1974), p.493-504; Ph. Stewart, 'Les désillusions de l'heureuse île: l'épisode de Sainte-Hélène dans *Cleveland*', *Saggi e ricerche di letteratura francese* 16 (1977), p.213-40; Trousson, *Voyages aux pays de nulle part* et 'L'utopie en procès'; Jean Ehrard, *L'Idée de nature en France dans la première moitié du XVIIIe siècle* (Paris 1963), ii.769.

illustration: on en trouve déjà l'équivalent dans l'histoire des Troglodytes des *Lettres persanes*, et bien des romans d'aventures maritimes ou robinsonnades contiennent des épisodes d'escales insulaires ou de séjour parmi les sauvages dans lesquels cette orientation est latente. On pourrait également chercher un modèle formel aux parcours utopiques de *Cleveland* dans les périples politiques du *Télémaque*, si contestables que soient, au demeurant, les équivalences un peu mécaniques proposées entre les deux textes: colonie rochelloise = île de Calypso, Abaquis = Salente, Nopandes = Bétique.[3] Mais c'est chez Marivaux que l'on trouvera l'approximation la plus nette: un épisode des *Effets surprenants de la sympathie* (1713) semble annoncer de très près les thèmes que Prévost développera un peu plus tard dans son roman à l'occasion du séjour de Cleveland chez les Abaquis, sans que rien pourtant puisse autoriser à parler d'imitation ni même d'influence.[4] Le rôle inaugural que joue à cet égard le roman de Prévost est indéniable: de l'Eldorado de *Candide* aux épisodes de Butua et de Tamoé dans l'*Aline et Valcour* de Sade et jusqu'à la description de la colonie du père Aubry dans *Atala* de Chateaubriand, c'est toujours son modèle que suivent les romanciers ultérieurs, que l'influence soit directe ou qu'elle s'exerce par le relais d'autres ouvrages qui l'ont eux-mêmes subie.

3. Voir Gilroy, 'Peace and the pursuit of happiness in Fénelon's *Télémaque* and Prévost's *Cleveland*', p.172.

4. L'épisode constitue la partie centrale d'un récit emboîté, au tome v de l'ouvrage de Marivaux: le narrateur, qui se présente sous le nom d'Emander, mais dissimule sa véritable identité, a été abandonné dans une île inconnue. Il y rencontre des sauvages encore tout près de la pure nature et entreprend de les élever à un état de civilisation modérée. A l'exemple de Prométhée et de Triptolème, il leur apporte l'usage du feu et celui du blé. S'étant assuré un pouvoir absolu, il instaure le mariage, la famille et, enfin, la société, après avoir éveillé les consciences à la nécessité de la religion naturelle. L'utopie s'achève sur un tableau d'idylle fénelonienne: 'Toute cette île ne semblait plus qu'une seule famille; le charme de l'innocence et de la paix se glissait de jour en jour dans leurs cœurs' (Marivaux, *Les Aventures de ****, *ou les effets surprenants de la sympathie*, t.v, in *Œuvres de jeunesse*, Paris 1972, p.282-92 (p.289)).

22. Roman et utopie dans *Cleveland*

Après avoir examiné brièvement l'architecture romanesque de *Cleveland* et la place qu'y occupent les trois séquences utopiques, on s'attachera à décrire les sociétés imaginaires qui y sont présentées: la colonie rochelloise d'abord, puis les deux utopies américaines des Abaquis et des Nopandes. Si apparaissent, dans la première, une grande fidélité aux formes fixées par la tradition du genre, mais aussi quelques distorsions significatives, dans les secondes, où les schémas littéraires de l'utopie se présentent sous une forme profondément altérée, on retiendra surtout les rapports originaux qui s'établissent entre l'état de nature, l'état sauvage et la civilisation. Cependant ces utopies posent toutes trois le problème de l'utilisation de la religion à des fins politiques et trouvent là leur unité. Leur faillite finale enfin invite à analyser la signification de cet échec du point de vue de l'utopie en général comme par rapport à l'ensemble du roman où elles s'insèrent.

i. L'univers romanesque de *Cleveland*: du roman de la vie intérieure à l'interrogation politique

'Un ouvrage de cette nature peut être regardé comme un pays nouvellement découvert; et le dessein de le lire, comme une espèce de voyage que le lecteur entreprend', déclare Prévost dans la préface de *Cleveland*.[1] La formule peut s'entendre en bien des sens. L'œuvre a, en effet, les dimensions d'un continent: une publication étalée de 1731 à 1739, quinze livres regroupés en huit tomes,[2] soit dans l'édition originale, un ensemble de près de deux mille cinq cents pages. D'autre part, il est exact aussi que le voyage est le leitmotiv de l'action romanesque: exilé, éternel errant, Cleveland est suivi dans ses pérégrinations entre l'Angleterre, la France, les déserts du Nouveau Monde, les îles des

---

1. Prévost, *Le Philosophe anglois, ou histoire de Monsieur Cleveland*, in *Œuvres choisies* (Paris 1810-1816; Slatkine Reprints, Genève 1969) [ci-après *O.C.*], iv.11. Ce travail avait pris sa forme définitive lorsqu'il a été possible de consulter l'édition de *Cleveland* établie par Philip Stewart (*Œuvres de Prévost*, Grenoble 1977, tome ii).
2. Le tome v n'est pas de Prévost: il s'agit d'une continuation apocryphe due à une plume anonyme et probablement suscitée par l'éditeur Néaulme, qui s'était lassé de solliciter vainement l'auteur pour obtenir la suite du manuscrit. Ce tome, rejeté des rééditions ultérieures, a cependant été décompté dans le découpage de l'édition définitive. Sur l'histoire, particulièrement complexe et embrouillée, de la publication de *Cleveland*, on lira l'étude de Philip Stewart, 'Prévost et son *Cleveland*: essai de mise au point historique', *Dix-huitième siècle* 7 (1975), p.181-208.

Caraïbes, l'île perdue de Sainte-Hélène. Moins présent dans l'intrigue principale à partir du livre VI (retour en Europe et installation à Saumur), le motif du
voyage est désormais pris en charge par d'autres personnages et transcrit par
le biais des récits rapportés: récit de Fanny (livre IX), récit de Mme Riding
(livres X, XIII, XIV), confession de Gelin (livre XI) permettent de le réintroduire
dans une narration première dont le héros est désormais devenu sédentaire.
Enfin, à l'image de quelques autres grands romans du dix-huitième siècle,
Cleveland se présente comme une somme de l'expérience humaine. Ainsi que
l'écrit Jean Sgard,

ici, Prévost est allé au bout de ses rêves, il en a épuisé les possibilités. Il a créé un héros
exemplaire, dont la perfection dans la noblesse et le malheur rappelle le roman précieux;
il l'a soumis à toutes les épreuves du sentiment, afin de voir les limites de l'âme sensible;
il lui a fait parcourir, dans une sorte d'odyssée spirituelle, toutes les erreurs de l'homme;
il l'a impliqué dans un drame historique qui prend la forme de son propre destin.[3]

Bâtard de Cromwell, Cleveland porte dès sa naissance les marques d'une
fatalité qui le voue à l'exceptionnel et à l'extrême; rejeton d'une père monstrueux
qui le hait, lui-même se rappelle avec horreur sa propre filiation: 'Ainsi je
m'accoutumai à mépriser l'auteur de ma naissance en commençant à le connoître; le doux nom de père se lia tout-d'un-coup dans mon esprit à des idées
d'aversion et de haine' (*O.C.*, iv.14). Elevé loin des hommes, dans les ténèbres
de la caverne de Rumney Hole où on le soustrait aux fureurs meurtrières du
tyran après la mort de sa mère, le héros y rencontre, à l'issue d'une étrange
scène d'exploration labyrinthique, un autre proscrit qui y a également trouvé
refuge: c'est le vicomte Axminster, accompagné de sa toute jeune fille Fanny,
dont il ne tarde pas à s'éprendre. Au sein de cette petite communauté cachée
dans les profondeurs de la terre, refermée sur son intimité et sur son secret,
l'orphelin trouve tout à la fois une collectivité harmonieuse unie par les liens
du cœur, un père d'adoption conforme à ses désirs et le bref bonheur d'un amour
partagé.[4] Cette expérience d'enfance prend valeur de situation archétypale: elle
fixe les lignes directrices d'un scénario appelé à se répéter tout au long du
roman.

Quête d'un père, quête amoureuse et quête d'une société idéale sont en effet
étroitement liées: elles tendent à se réaliser conjointement selon un schéma
fourni par l'expérience initiale de Rumney Hole. Pour le héros orphelin, le rejet
du père biologique entraîne la recherche d'une famille adoptive et d'un père
spirituel de substitution: Axminster et, plus tard, Clarendon joueront ce rôle,

---

3. Sgard, *Prévost romancier*, p.119.
4. Sur l'imaginaire de la caverne dans *Cleveland*, voir Jacques Chouillet, 'La caverne, ses habitants
et ses songes: de Platon à Prévost et au-delà', *Cahiers Prévost d'Exiles* 1 (1984), p.59-72.

tandis que, sur un mode plus effacé, Mme Riding fera fonction de mère, tout comme Mme Eliot auprès de Bridge dans l'épisode de la colonie rochelloise. Au fantasme de l'adoption par une famille idéale s'associe une quête amoureuse dont l'objet est une femme-enfant à peine entrée dans l'adolescence: Fanny Axminster est à peine âgée de dix ans lorsque Cleveland s'éprend d'elle, et, nous dit-on, elle sera mère à douze. Dans l'épisode des Nopandes, où le recours à l'utopie, avec son éloignement spatial, sa rupture délibérée par rapport au monde réel, son orientation latente vers le merveilleux, crée les conditions d'une expression naïve et non censurée des fantasmes profonds, la situation est plus étonnante encore: l'étrange passion du jeune prince des Nopandes, âgé de douze ans, pour Cécile, qui n'en a que deux, exprime assez clairement la signification régressive de retour à l'enfance que peut revêtir l'amour dans l'univers de *Cleveland*. Il s'épanouit à sa naissance dans une atmosphère de chaude intimité familiale, sous le regard de parents bienveillants et complices: Axminster favorise les amours de Cleveland et de Fanny comme Mme Eliot celles de Bridge et de sa fille Angélique; même attitude chez les parents du jeune prince des Nopandes, qui n'hésitent pas à envisager pour lui un mariage avec Cécile, ou chez M. de R, qui encourage l'attachement grandissant entre Cleveland et celle qu'il prend encore pour Cécile de R.

Repliés dans l'intimité du cercle familial, les amants y régressent vers l'état d'enfance, et la tendresse qui les unit est aussi celle d'un frère et d'une sœur: d'où le caractère virtuellement incestueux de cet amour, que met en évidence le destin de Cleveland et de Cécile. En s'éprenant de cette dernière, dont il ignore qu'elle est sa fille, Cleveland comble la mesure des épreuves et des malheurs que lui impose sa destinée, mais aussi renoue avec l'expérience initiale de Rumney Hole: en Cécile (qui a alors quatorze ans), c'est Fanny enfant qu'il retrouve, et avec elle le mirage de sa propre jeunesse. Que Cécile et Fanny ne soient en réalité que deux figurations interchangeables d'une seule et même personne, c'est ce que montre avec évidence le détail d'une intrigue où mère et fille ne cessent de se substituer l'une à l'autre comme objet amoureux: Don Thadeo, épris de Fanny, s'amourache de Cécile, en qui il a cru reconnaître sa mère; entre l'une et l'autre, la passion extravagante de Monmouth ne saura jamais véritablement choisir. Lorsque, le secret de la naissance de Cécile révélé et les malentendus levés, la mère et la fille sont enfin réunies, une scène étrange et ambiguë souligne encore cette identité profonde tout en associant père, mère et fille dans les liens inextricables d'une triade incestueuse: contemplant Cécile et Fanny enlacées dans leur sommeil, Cleveland s'attendrit: 'Heureux père! Heureux mari! car c'étoit moi que ces deux cœurs passionnés cherchoient l'un dans l'autre. J'étois l'objet de leurs tendres caresses' (*O.C.*, vii.29).

Pourtant, l'amour dans *Cleveland* n'est pas heureux: voué à connaître tous les déchirements de la séparation et de l'exil, il est de surcroît empoisonné par le malentendu et l'opacité des êtres à autrui comme à eux-mêmes. Certes, le thème du malentendu est une composante habituelle de ce type de roman: il a pour fonction de pourvoir aux 'retardements d'amour' qui permettent de prolonger indéfiniment l'action romanesque jusqu'aux retrouvailles finales des amants séparés. Sa présence pourtant véritablement obsédante en fait ici tout autre chose qu'un simple artifice narratif: dans l'univers de *Cleveland*, il est le mode privilégié de l'intervention du destin et la figure même de la condition humaine. Entre les êtres, même les plus proches, une communication sans réticences se révèle impossible: une chape de silence enveloppe chacun dans son secret et dérobe à autrui sa véritable image. Pour avoir négligé de s'expliquer auprès de Fanny sur le compte de Mme Lallin, dont elle le croit épris, Cleveland suscite la défiance de son épouse et fait le malheur de sa vie. Mais Fanny à son tour s'enferme dans le mutisme et refuse de livrer les causes de son incompréhensible tristesse. A l'opacité des êtres s'ajoute l'ambiguïté des signes: chacun, aveuglé par l'évidence trompeuse d'indices ambivalents aussitôt interprétés comme des preuves, acquiert la conviction de la trahison de l'autre et s'isole dans un stoïcisme meurtri. La narration rétrospective à la première personne, coupée de récits insérés émanant des autres protagonistes en position de narrateurs secondaires, permet de jouer sur la pluralité des vérités contradictoires et d'en démonter le mécanisme: la dualité de Cleveland, tantôt personnage agissant, tantôt narrateur racontant, permet de confronter temps du malentendu et temps de la vérité, aveuglement passé du personnage empêtré dans d'illusoires certitudes et lucidité actuelle du narrateur dont l'histoire achevée est désormais saisissable dans toutes ses parties. Eclairé par les récits rétrospectifs de Gelin et de Fanny, Cleveland sait maintenant qu'il n'a pas été trahi, que la séparation infligée aux deux amants est tout à la fois la manifestation de la malignité du destin et la sanction de l'aveuglement, ou plutôt la punition d'un orgueilleux stoïcisme du silence.[5]

Parallèlement à l'intrigue amoureuse se poursuit une interrogation philosophique, morale et religieuse qui se fait de plus en plus pressante au fur et à mesure de la progression romanesque. Dans sa triple quête – quête du bonheur, quête de la sagesse, quête de la vérité – Cleveland éprouvera la vanité de la philosophie et l'impuissance de la raison, sans parvenir à adhérer véritablement à aucune forme de foi religieuse. Il lui faudra encore traverser une ultime épreuve – la mort de sa fille, minée par une passion incestueuse qu'elle n'a

---

5. Sur les problèmes de narration dans *Cleveland*, voir Coulet, *Le Roman jusqu'à la Révolution*, p.362-63; Jean Rousset, *Narcisse romancier: essai sur la première personne dans le roman* (Paris 1973), p.129-32.

jamais pu entièrement réprimer – pour accéder, grâce à l'enseignement de son ami Clarendon, à la révélation d'une sagesse chrétienne.

'Roman de la vie intérieure', selon la formule de Jean Sgard,[6] *Cleveland* se présente aussi comme une sorte de roman historique, dont l'action s'étend approximativement de 1642 jusqu'à la fin du règne de Charles II.[7] Ainsi, la destinée individuelle du héros s'inscrit sur l'arrière-plan des 'révolutions d'Angleterre' dans la seconde moitié du dix-septième siècle: fils de Cromwell, mais poussé dans le camp monarchiste autant par sa haine pour son père que par la tradition royaliste de sa famille maternelle, Cleveland est associé aux intrigues politiques de la Restauration anglaise. Ami intime d'Axminster, puis de Clarendon, il partage l'exil en France des royalistes anglais; le voyage en Amérique, qui donnera lieu à l'épisode des Abaquis, est initialement justifié par un projet de reconquête des colonies anglaises au profit des monarchistes sous la direction d'Axminster. Mais, une fois la monarchie restaurée, Cleveland fera l'expérience de l'ingratitude des princes et pourra méditer sur l'effet corrupteur du pouvoir. Charles II, installé sur le trône, s'y montre faible, inconstant et cruel: il exile Clarendon et fait empoisonner sa fille, la duchesse d'York. La lutte des monarchistes n'aurait-elle eu d'autre effet que de favoriser l'accès au pouvoir d'un nouveau Cromwell? A ce titre, *Cleveland* est bien un roman de la désillusion politique, comme il est aussi un roman de la désillusion amoureuse et de l'impossibilité du bonheur. Par-delà le détail des intrigues – et peu importe que Prévost y malmène fréquemment la chronologie et l'exactitude historique des faits – le roman pose le problème politique essentiel: peut-on imaginer un type de gouvernement qui ne soit pas despotique? Existe-t-il une forme d'organisation sociale qui ne soit pas incompatible avec le bonheur individuel? Ce sont ces mêmes questions que poseront encore, sous une autre forme, les séquences utopiques du roman, non pour y apporter une solution, mais plutôt pour démontrer, par la voie de l'expérimentation imaginaire, l'impossibilité de les résoudre.

ii. Les séquences utopiques et leur insertion romanesque

Trois épisodes, dans *Cleveland*, relèvent de l'utopie. Le premier et le plus étendu, celui de la colonie rochelloise, occupe la plus grande part du livre III et constitue l'essentiel du récit de Bridge, demi-frère de Cleveland, rencontré

6. Sgard, *Prévost romancier*, p.219.

7. Jean Sgard a montré que l'information historique de Prévost provient pour l'essentiel de l'*Histoire d'Angleterre* de Rapin de Thoyras, dont le tome ix, qui concerne la période 1649-1685, venait de paraître à la Haye en 1727. Pour plus de détail, voir Ph. Stewart, 'L'armature historique de *Cleveland* de Prévost', *Studies on Voltaire* 137 (1975), p.121-39.

par le plus grand des hasards au début des aventures américaines du héros. L'épisode des Abaquis (seconde moitié du livre IV et début du livre V) constitue l'élément central de la partie américaine du roman. Le narrateur est cette fois Cleveland lui-même. La description de la société des Nopandes (début du livre XIV), beaucoup plus brève, est insérée dans le long récit rétrospectif de Mme Riding, commencé au livre X et poursuivi aux livres XIII et XIV.

La répartition des séquences utopiques dans le roman peut donc donner l'impression d'obéir à une architecture concertée: deux récits rapportés confiés à des personnages secondaires, ceux de Bridge et de Mme Riding, encadrent un récit direct émanant du narrateur principal. Il semble bien toutefois que cet effet de triptyque n'ait pas été réellement prémédité: Prévost écrit à la hâte et se trouve souvent amené à modifier le plan qu'il s'était tracé.[8] Il suffit pour s'en convaincre d'examiner la préface, parue en juin 1731 avec les deux premiers tomes (livres I-III): présentant l'ouvrage comme la traduction remaniée de mémoires authentiques, le romancier s'efforce de justifier du point de vue de l'authenticité historique et géographique, ou du moins de la vraisemblance, l'ensemble des événements qu'il compte mettre en scène dans son roman, et ce faisant en esquisse le plan. Ce développement contient quantité d'allusions à des faits que les volumes ultérieurs n'évoqueront pas: ainsi, Prévost s'efforce d'étayer par des témoignages historiques contemporains les circonstances de 'la fin tragique du second fils de M. Cleveland' (*O.C.*, iv.XII), que le roman ne mentionne pas, et en revanche passe sous silence bon nombre de points essentiels pour l'insertion historique de l'ouvrage, surtout dans sa seconde moitié. Il est intéressant de noter toutefois que la préface contient une longue tentative de justification historique et géographique de la colonie rochelloise, qui appartient donc sans aucun doute au projet initial du roman:

La *colonie rochelloise* m'a causé de l'embarras. Il ne me paraissoit pas vraisemblable qu'un établissement si extraordinaire eût été si entièrement ignoré, qu'il ne s'en trouvât nulle trace dans les relations de nos voyageurs, et je ne pus m'empêcher d'en témoigner quelque chose au fils de M. Cleveland. Il me satisfit aussitôt, en me faisant voir quelques

8. Ce qui explique peut-être quelques inconséquences dont certains critiques n'ont pas manqué de se gausser – par exemple, à l'escale de Cuba, Don Pedro d'Arpez, gouverneur de La Havane, offre à Cleveland 'un nègre qui étoit depuis longtemps son esclave' et qui se nomme Iglou; quelques dizaines de pages plus loin, le même Iglou, devenu 'Amériquain, de la nation des Abaquis', sert d'introducteur à Cleveland parmi les sauvages. Gilbert Chinard ironise sur cette contradiction: 'Ne nous a-t-on pas dit plus haut qu'Iglou était un esclave noir; faut-il donc en conclure que Prévost suppose que les nègres habitent l'Amérique en liberté, ou qu'il ne sache pas distinguer la couleur d'un Indien de celle d'un nègre? Si improbable que soit cette dernière hypothèse, elle est pourtant la vraie' (*L'Amérique et le rêve exotique*, p.287). On peut en douter. Si l'anecdote prouve quelque chose, c'est plutôt que Prévost compose à partir d'un canevas fort lâche, ou encore insère au fur et à mesure de la progression du texte des épisodes qui n'étaient pas initialement prévus à cette place.

endroits d'une relation de la mer d'Ethiopie, composée par William Rallow, Anglois. Si je n'y trouvai point l'histoire de Bridge et de ses compagnons, je fus assuré du-moins de l'existence de la colonie et de la manière déplorable dont elle fut détruite. J'y remarquai même quelques singularités de sa situation, que M. Cleveland avoit omises, et que j'ai jointes à son récit dans le troisième tome[9]

mais ne comporte aucune allusion aux épisodes des Abaquis et des Nopandes; ceux-ci n'apparaissent que dans des volumes publiés plus tardivement: septembre 1731 pour les tomes iii et iv (livres IV-VII), qui contiennent l'épisode des Abaquis, 1739 pour les tomes vii et viii (livres XI-XV), où se trouve celui des Nopandes. On peut donc penser que ces développements , que la préface ne mentionne pas, ont été ajoutés en cours de rédaction.

Les séquences utopiques apparaissent généralement un peu en marge de l'intrigue et n'y sont pas très fortement insérées: aucune n'est à proprement parler indispensable à son déroulement, soit qu'elle s'inscrive dans une sorte de temps mort au sein de la destinée du héros principal, soit que vienne la prendre en charge un personnage secondaire.[10] Le séjour de Cleveland parmi les Abaquis correspond, du point de vue romanesque, à une pause de l'action; celle-ci ne reprendra, de façon très brutale, qu'au début du livre v, avec la désastreuse expédition militaire organisée par le narrateur. Il en est de même du séjour de Mme Riding et de Cécile parmi les Nopandes, simple halte au milieu d'une longue errance dans le désert américain. L'épisode de la colonie rochelloise serait mieux relié à la trame de l'action si Bridge, qui en est le narrateur et le héros, ne disparaissait très vite du roman; mais il introduit son compagnon Gelin, qui va jouer un rôle déterminant pour la suite: secrètement épris de Fanny, il fera tout pour la persuader de l'infidélité de Cleveland et l'incitera à fuir, rendant ainsi irrémédiable le malentendu entre les époux.

Certains motifs narratifs toujours à peu près identiques précèdent l'insertion de ces micro-récits dans le texte romanesque comme pour en signaler l'approche: c'est au point extrême du désespoir et du dénuement, à l'issue d'une interminable errance, que le narrateur va accéder au lieu utopique, aussitôt identifié comme la récompense de ses épreuves et l'image de la Terre promise.[11] Déporté sur ordre de son père vers l'île de Nevis, Bridge s'abandonne au

---

9. *O.C.*, iv.X-XI. Nous n'avons pu vérifier la référence à la 'relation' de William Rallow; les 'singularités' annoncées en complément ont pris place au livre v, dans le récit de la fin de la colonie (*O.C.*, v.311-18).

10. Jeanne R. Monty souligne cependant que, à la différence des histoires insérées des *Mémoires d'un homme de qualité*, sans incidence sur l'intrigue, les épisodes utopiques de *Cleveland* sont mieux intégrés à l'univers romanesque (*Les Romans de l'abbé Prévost*, Studies on Voltaire 78, Genève 1970, p.73-74).

11. 'Nous entrâmes donc dans cette plaine comme dans une espèce de terre promise', déclare Bridge en découvrant l'île heureuse' des colons rochellois (*O.C.*, iv.302-303).

désespoir et appelle la mort. Au cours de la traversée, une passagère âgée semble s'intéresser à son sort et lui fait de mystérieuses offres de délivrance. A l'escale de Sainte-Hélène, sur ses instructions, il se jette à l'eau, sans savoir nager, par un acte de foi qui lui permettra d'accéder dans l'asile promis. Lancé sur les traces d'Axminster dans une course-poursuite épuisante qui le mène à l'île de la Martinique, puis à Cuba, dans la baie de Chesapeake, à Jamestown, à Powathan, Cleveland à chaque étape aura la déception d'apprendre que celui qu'il recherche vient d'en repartir pour une nouvelle direction. Il retrouvera enfin Axminster et sa fille dans le plus total dénuement, dépouillés même de leurs vêtements, avant de s'engager dans la vallée retirée des Appalaches où se situe le territoire des Abaquis. Mais c'est dans l'épisode des Nopandes qu'apparaissent avec le plus de netteté ces motifs annonciateurs caractéristiques. L'entrée en utopie est précédée par une longue traversée désertique qui occupe l'essentiel du livre xiii. Mme Riding, ayant pu échapper avec Cécile aux sauvages Rouintons, décide de marcher droit devant elle en se confiant à la Providence. Elle errera ainsi pendant près d'une année entière, nourrissant l'enfant de son propre sang, la protégeant des ardeurs du soleil, à l'instar de 'l'Amour paré des simples ornements de la nature', en l'enveloppant 'de fleurs et d'herbes odoriférantes' (vii.123-24). La narratrice, vêtue elle-même de peaux de bêtes, devra apprendre à survivre grâce aux fruits trouvés sur sa route et, à l'image de l'homme primitif, réinventera le feu tiré de deux cailloux frappés l'un contre l'autre. Tout ce récit, qui présente le caractère d'une robinsonnade irréelle, prépare, à la faveur d'un glissement progressif dans l'étrange, l'entrée dans le merveilleux qu'annoncent les dernières phrases du livre xiii: 'Mon récit n'a pu flatter jusqu'à présent que la tendresse de votre cœur par les douceurs de la compassion. Attendez-vous ici à la surprise que des événements merveilleux sont capables d'inspirer' (vii.124).

Ainsi l'insertion des séquences utopiques dans la trame romanesque est-elle toujours préparée et annoncée par une sorte d'intermède narratif qui réalise le passage progressif du réel à l'imaginaire et s'organise autour de certains motifs récurrents à fonction pour ainsi dire signalétique: l'emprisonnement suivi d'une délivrance, le désancrage spatial de la traversée maritime ou désertique, la progression dans le dénuement transcrite par la nudité des héros permettent tout à la fois de relier la séquence utopique au récit qui la porte tout en la maintenant dans une sorte d'au-delà auquel on n'accède qu'à la faveur d'une suite de voyages de d'épreuves. Tout est ici parfaitement conforme aux modalités d'insertion observables dans *La Terre australe connue* et dans les *Voyages de Gulliver*.

Il faut également souligner la continuité thématique qui s'établit entre l'intrigue principale et les séquences utopiques qui s'y trouvent insérées, ainsi du reste qu'entre ces séquences elles-mêmes. La malentendu et le silence, sources de tous les malheurs de Cleveland, marquent également l'aventure de Bridge parmi les Rochellois: pour s'être abstenu de dénoncer d'emblée le mariage par le sort qui lui est imposé, pour avoir conseillé à ses compagnons la dissimulation et le secret plutôt que la révolte ouverte, Bridge s'enferre dans une situation qui fera son malheur et celui de ses camarades. Quant aux manigances du ministre, véritable chef de la colonie et porte-parole d'un ordre gérontocratique hostile au bonheur des jeunes gens, elles évoquent celles du grand-père de Cleveland s'efforçant de détacher le héros de Fanny pour le marier malgré lui avec Mme Lallin. Dans un autre registre, les amours de Bridge et d'Angélique, dans l'épisode de la colonie rochelloise, se déroulent sous le regard bienveillant de Mme Eliot, mère de le jeune fille, mais aussi 'initiatrice' et mère adoptive du jeune homme; l'épisode des Abaquis est marqué par la célébration du 'mariage sauvage' de Cleveland et de Fanny, sans prêtre ni sacrement, mais sous l'autorité quasi sacerdotale d'Axminster, lui aussi doublement père; chez les Nopandes, la passion du jeune prince pour Cécile bénéficie de l'approbation officielle de la famille royale, tandis que Mme Riding, mère spirituelle de l'adolescent et mère nourricière de Cécile, garde une attitude de réserve attendrie et prudente, nullement hostile cependant. Pour s'en tenir au seul domaine thématique de la relation amoureuse, la liaison des divers épisodes et leur intégration au roman est donc assurée par quelques schèmes récurrents: fatalité du malentendu, despotisme des vieillards hostiles à l'amour adolescent, ou, au contraire, euphorie enfantine de l'idylle permise que protège l'approbation complice d'un regard adulte.

23. L'épisode de la colonie rochelloise

L'ÉPISODE de la colonie rochelloise est un long récit rapporté (il couvre à lui seul plus des deux tiers du livre III), constituant la partie essentielle du récit de Bridge, demi-frère de Cleveland. Comme Cleveland tient à le préciser en reprenant la parole à la fin du livre III, il faudrait plutôt le considérer comme un document inséré d'une autre main, puisque censément rédigé par Bridge lui-même. Cette 'narration' est probablement, parmi les épisodes de *Cleveland*, celui qui se réclame le plus ouvertement de l'utopie traditionnelle. Comme le montre Jacques Decobert, la mise en forme littéraire, étroitement calquée sur le schéma narratif habituel au genre, tend à susciter une lecture 'référentielle' qui prendrait appui sur toute la tradition utopique des Lumières;[1] mais cette lecture 'conforme', voire conformiste, à laquelle la banalité de l'organisation narrative semble convier, est démentie par la signification très fortement critique d'un texte qui semble vouloir faire, à travers l'utopie, le procès de l'attitude qu'elle implique.

Le texte à vrai dire n'est que partiellement utopique, si l'on considère que l'utopie est avant tout la description d'une société: après une assez brève présentation de la colonie et de ses institutions surgit un conflit qui va opposer Bridge et ses compagnons aux autorités politiques et religieuses, tout particulièrement au ministre protestant, véritable chef de la communauté. Les démêlés juridiques qui découlent de l'affaire des mariages forcés vont occuper plus des deux tiers de l'épisode: passé les premières pages à dominante descriptive, les aspects proprement utopiques sont ainsi relégués à l'arrière-plan. Toutefois, il serait faux de croire que le récit de ces péripéties judiciaires n'apporte rien au tableau utopique: il contribue au contraire à en redresser l'image, notamment en mettant en évidence un certain nombre de contradictions entre les principes fondateurs dont la colonie se réclame et les applications qu'elle en tire dans sa pratique, ou encore en révélant certaines conséquences individuellement déastreuses d'un ordre collectif présenté comme idéal.

i. Organisation narrative

La structure du récit, conforme aux schémas utopiques traditionnels, se prête à un découpage en quelques segments dont les limites sont nettement indiquées.

---

1. Decobert, 'Au procès de l'utopie', p.494-97.

La première séquence, pré-utopique, est consacrée à une brève présentation du narrateur et à la relation des épreuves préparatoires qu'il doit subir avant de parvenir à la colonie. On sait que Bridge est, comme Cleveland, un bâtard de Cromwell, victime comme lui de la cruauté du despote. Le hasard providentiel, ou plutôt l'arbitraire du romancier, qui, contre toute vraisemblance, fait ici se croiser sur le pont d'un navire la destinée de deux frères qui ne se sont jamais vus,[2] permet également de souligner la parfaite identité de leur destin: Bridge est bien plus que le demi-frère de Cleveland, il est véritablement son double. Sans doute est-ce la raison pour laquelle le personnage n'a pas d'avenir romanesque: il disparaît du roman à la fin du livre v, tué en combat singulier par son ancien compagnon Gelin, sans y avoir assumé d'autre rôle que celui qu'il remplit au sein de l'épisode de la colonie rochelloise. Les théoriciens de l'époque classique demandent que les romanciers ne multiplient pas au-delà de la vraisemblance les aventures attribuées à un même personnage, d'où le recours aux personnages secondaires et aux récits intercalés.[3] Il semble que Prévost, voulant se conformer à cette exigence, ait suscité à Cleveland, en la personne de Bridge, une sorte de reflet temporaire sur lequel il a transféré quelques-unes des expériences qu'il ne pouvait attribuer à son héros sans heurter les normes acceptées de la vraisemblance. Pour l'un et l'autre frère, la vie est 'un don funeste et empoisonné': au terme d'une enfance rigoureusement parallèle, marquée par la terreur et la séparation des hommes dans les ténèbres de la caverne de Rumney Hole, tous deux sont des exilés et des errants, voués à une sorte de fatalité du malheur peut-être imputable à la monstruosité d'un père dont la volonté divine leur fait expier les fautes. A l'instant de leur rencontre, tous deux sont à la recherche d'une femme aimée et perdue: Bridge, expulsé de la colonie, parcourt vainement les mers dans l'espoir de retrouver l'île où l'attend son épouse Angélique; Cleveland, séparé de Fanny qui l'a cru infidèle, cherche à la rejoindre en Amérique, où elle a fui avec son père, le vicomte Axminster. Tous deux, enfin, apparaissent comme les victimes dési- gnées de l'opacité du monde: malentendus, ambiguïté des signes, impénétrabi- lité des êtres les précipitent de malheur en malheur.

Tel est le narrateur qui va faire son entrée dans le lieu utopique. Conformé- ment à toute une tradition, cette entrée, revêtue d'une certaine solennité rituelle, est précédée d'une série d'épreuves de caractère initiatique. Rejeté par un père

---

2. Tributaire plus qu'aucun de ses contemporains du roman baroque du dix-septième siècle, Prévost s'inspire ici du *Polexandre* de Gomberville: la rencontre en mer de Bridge et de Cleveland à la recherche de la colonie évoque celle de Polexandre et de son frère Iphidamante à l'occasion de la recherche de l'Ile Inaccessible (voir Stewart, 'Les désillusions de l'heureuse île', p.218).

3. Voir sur ce point la préface d'*Ibrahim*, de Georges de Scudéry, in Coulet, *Le Roman jusqu'à la Révolution*, ii.46.

qui récuse sa paternité, orphelin de sa mère, proscrit de sa patrie, Bridge est un être solitaire, coupé de toute attache et de tout lien social. Ce déraciné présente donc toutes les conditions requises pour être reçu dans une terre d'accueil et intégré à une communauté d'adoption. Déporté par ordre de Cromwell vers l'île de Nevis, il est secouru sur le navire qui l'emporte vers le lieu de son exil par une vieille femme asssez mystérieuse – Mme Eliot, dont il ignore encore l'identité – qui l'engage à tenter son évasion à la faveur de l'escale de Sainte-Hélène. Au troisième jour, après avoir attendu comme une nouvelle naissance 'l'heureuse nuit où [sa] vie devoit finir ou [sa] liberté commencer', il se précipite dans les flots, conformément aux instructions reçues, sans savoir nager, 'en invoquant le secours du Ciel' (iv.288, 290). Le narrateur n'a donc pas choisi son destin: il s'y jette en aveugle au moment le plus désespéré du récit. Le saut dans l'inconnu est tout ensemble un acte de désespoir et un acte de foi; c'est l'épreuve préalable à l'immersion purificatrice qui accompagne traditionnellement le rite de la nouvelle naissance. Recueilli dans un filet tendu sous lui, Bridge, sans bien comprendre ce qui lui arrive – lui-même parle d'"enchantement' – se trouve hissé dans la barque salvatrice où l'attendent Mme Eliot et ses quatre compagnons.[4] Sans chercher à s'enquérir de la destination du voyage, il remet son sort entre les mains de ses sauveteurs avec la plus entière passivité. N'est-ce pas d'ailleurs exactement l'attitude qu'on attend de lui? 'Laissez au ciel et à nous le soin de vous rendre heureux', lui dit-on (*O.C.*, iv.293-94); phrase lourde de conséquence pour l'avenir, en ce qu'elle postule l'identité profonde de la volonté divine et de l'ordre collectif de l'utopie, ainsi que la nécessaire soumission du vouloir individuel à ces deux instances extérieures: faisant du bonheur personnel le produit exclusif de la volonté commune, elle revient à nier l'autonomie individuelle du sentiment.

La séquence de l'arrivée dans la colonie multiplie les symboles initiatiques: au terme d'une navigation dans les ténèbres que protège la présence bienveillante mais toujours mystérieuse de la vieille femme inconnue, dont les propos sont pour le narrateur 'une énigme perpétuelle' (iv.294), la barque accoste au petit jour devant une falaise d'apparence infranchissable. Sous la conduite des mystagogues, Bridge y découvre un passage souterrain dont l'entrée est dissimulée: conformément à un *topos* dont on a pu trouver les antécédents chez Veiras ou Tyssot de Patot, le rite d'entrée signale la clôture utopique et confère

---

4. Faut-il prêter à toute cette séquence une signification plus précise et y déceler une imagerie chrétienne latente? 'L'atmosphère religieuse de tout ce préambule est à ce point insistante qu'il est impossible de ne pas remarquer que l'évasion de Bridge, et pour ainsi dire sa résurrection, n'intervient qu'au troisième jour, et qu'en le retirant de la mer dans leur filet, les compagnons de Mme Eliot accomplissent à leur manière, la prophétie évangélique des "pêcheurs d'hommes"' (Decobert, 'Au procès de l'utopie', p.495).

une solennité initiatique à son franchissement. Mais le texte ne propose le classique décor d'une descente aux enfers que pour en inverser la signification: 'C'étoit une espèce de porte, après laquelle nous nous trouvâmes dans une fente qui prenoit depuis le pied du rocher jusqu'au sommet, et qui alloit en serpentant. La lumière y entroit par le haut' (iv.296) – non point plongée dans les ténèbres, mais montée vers la lumière, qui débouche sur la découverte émerveillée d'une image du paradis terrestre.

La séquence suivante est en effet consacrée à une sorte de plan d'ensemble sur le territoire utopique: comme le veulent les lois du genre, pour cette première rencontre avec le lieu imaginaire, le regard se fait surplombant, l'utopie saisie dans sa globalité se constitue en tableau, mais sans l'impersonnalité du regard et l'atmosphère d'abstraction géométrique qui rendent si caractéristiques les séquences correspondantes de *L'Utopie* et de *La Terre australe connue*. Certes, le narrateur ne manque pas de transmettre dans ce premier coup d'œil les indications numériques et les caractéristiques d'organisation de l'espace néces- saires à la construction de la représentation ('C'étoit une plaine dont la largeur étoit d'environ quatre lieues sur cinq ou six de longueur', iv.296); mais, loin de revêtir la sécheresse abstraite d'une carte, cet espace est vivant et concret. Le regard qui le saisit n'émane pas d'un observateur neutre s'excluant lui-même de ce qu'il observe; c'est celui, tout imprégné de subjectivité, d'un voyageur qui, après une suite d'épreuves, se croit 'transporté dans un nouveau monde' et y projette ses sentiments (iv.296):

Toute la campagne me parut un jardin enchanté. L'art et la nature sembloient réunis pour l'embellir. C'étoit des allées d'arbres à perte de vue, de petits bois, un mélange bien ordonné de prairies et de terres cultivées, des maisons d'un côté et de l'autre qui se répondoient avec symétrie et qui paroissoient aussi-bien disposées pour le plaisir des yeux que pour la commodité des habitants

– tableau idéal d'un monde édénique où se trouve réalisée la synthèse harmo- nieuse de la nature et de la culture. Un peu plus loin, la maison de Mme Eliot, où est accueilli le héros, 'propre et commode', unira pareillement l'abondance de la civilisation et la simplicité de la nature. Comme c'est la règle dans le genre utopique, la description ne vise que le représentatif: 'En voyant une maison', dit Mme Eliot, 'vous pouvez prendre une idée de toutes les autres; elles ressemblent entièrement à la mienne' (iv.308). Le décor ainsi planté, il ne reste plus au néophyte devenu citoyen de l'utopie qu'à consacrer son nouveau statut par une symbolique cérémonie de prise d'habit le préparant à 'paraître pour la première fois en public' (iv.308).

Conformément encore au schéma attendu, la présentation de l'histoire de la colonie, puis de ses institutions, intervient au cours de séquences dialoguées coupées de brèves remarques descriptives du narrateur. Mme Eliot, relayée par un 'vieillard' anonyme, tient un rôle essentiel dans ces dialogues qui, à vrai dire, sont plutôt des monologues, tant le héros y intervient peu. Comme l'a remarqué Jacques Decobert, l'histoire de l'utopie, ou, plus exactement, de sa fondation, telle qu'elle est présentée par la bouche de Mme Eliot, reproduit sur le plan collectif l'aventure individuelle vécue par le narrateur:[5] on y trouvera donc, en raccourci, toutes les séquences déjà évoquées, disposées dans le même ordre de succession: relation des épreuves préparatoires subies par les futurs fonda-teurs de la colonie (des protestants français et anglais chassés d'Europe par les persécutions religieuses), tempête et naufrage sur une côte inhospitalière fermée par des falaises infranchissables, découverte providentielle du passage souterrain et, enfin, bref panoramique sur cette 'Terre promise' bénie de Dieu et favorisée de la nature.[6] Le lecteur assiste donc à une duplication d'un même scénario initiatique, centré d'abord sur le personnage de Bridge, puis sur les fondateurs de la colonie. Ce parallélisme a un sens: il prélude à la mise en relation de l'histoire personnelle du narrateur avec l'histoire collective de l'utopie que va manifester la suite de l'entretien avec Mme Eliot. Si le développement de la communauté a amené la prospérité matérielle, il s'est également créé un déséquilibre démographique qui, à long terme, en menace la survie: 'Cette campagne [...], toute favorisée qu'elle est du ciel et de la nature, a dans l'air ou dans le fond du terroir quelque chose de vicieux qui s'oppose à la propagation de la colonie' (*O.C.*, iv.304), puisqu'il n'y naît que des filles; d'où la nécessité, pour donner satisfaction aux jeunes filles qui languissent dans le célibat, soit de les autoriser à s'expatrier, munies d'une dot, soit de recruter à leur intention dans le monde extérieur des maris 'sages, doux, vertueux, attachés à leur religion'.[7] Tel était l'objet de la mission en Europe de Mme Eliot, mission à

5. Decobert, 'Au procès de l'utopie', p.495-96.

6. Il a existé, tout au long du dix-septième siècle, trop de tentatives d'implantation de colonies protestantes dans les pays neufs (surtout en Amérique) pour qu'on puisse assigner une source historique précise à l'épisode de la colonie rochelloise. Le contexte évoque néanmoins l'établisse-ment des colonies puritaines en Nouvelle Angleterre (l'Amérique du Nord est la destination primitive des colons rochellois avant le naufrage de leur vaisseau) ou celui des Quakers en Pennsylvanie (les colons sont comparés 'à une troupe de Quakers, qui faisoient profession de condamner les usages ordinaires de la société humaine, et de vivre d'une manière toute opposée à celle des autres hommes', *O.C.*, iv.311). D'après Claire-Eliane Engel (*Figures et aventures du XVIIIe siècle: voyages et découvertes de l'abbé Prévost*, Paris 1939, p.112-17), la source essentielle serait à chercher dans le récit de François Leguat, dont le point de départ est en effet lié à un projet analogue de colonie huguenote, celui de Duquesne. Rien toutefois, dans le texte de *Cleveland*, n'autorise à conclure à une influence, en dehors de quelques analogies de situation assez vagues (ainsi, c'est le manque de femmes qui incite les compagnons de Leguat à quitter l'île Rodrigue; un déséquilibre démographique inverse met en péril la survie de la colonie rochelloise) et d'une thématique de l'île-paradis présente dans de nombreuses autres relations de voyage.

7. Mais une autre solution – la polygamie – serait également envisageable, et on peut s'étonner que les colons rochellois n'y songent pas. Effet du puritanisme calviniste? Elle est pourtant conforme à la tradition biblique des patriarches et, surtout, aux normes de l'utopie (*Histoire des Sévarambes*,

demi manquée d'ailleurs, puisqu'elle ne ramène que six jeunes gens pour une centaine de jeunes filles à marier. En apprenant que, pour éviter de 'bless[er] la loi de l'égalité', les épouses seront tirées au sort, Bridge commence à 'craindre de ne pas trouver dans l'île tout le bonheur qu'on [lui] y promettait' (*O.C.*, iv.312-13) – crainte confirmée par la suite des événements, puisque, pour les six jeunes gens, les choix spontanés du cœur seront contrariés par les décrets du sort.

Ici, le récit change de face; tout ce qui suit découle du mariage forcé et de ses conséquences. Bridge et ses compagnons, sans oser d'abord dénoncer ouvertement l'union qui leur a été imposée par le sort, vont contracter un mariage secret conforme à leurs vœux; à force de réticences et de demi-mensonges, le narrateur s'enferre dans une situation sans issue, puis, passant à la révolte ouverte, s'attire la haine du ministre, dont il a heurté l'orgueil, chacun des deux camps s'efforçant de soulever en sa faveur l'opinion publique. Après emprisonnement, jugement et condamnation à mort pour adultère, Bridge sera expulsé de la colonie – relative clémence qui est le fruit du repentir tardif du ministre, mortellement blessé au cours d'une tentative armée conduite par le principal des compagnons de Bridge, le jeune Français Gelin. Toute cette séquence, beaucoup plus longue que les précédentes et très fortement chargée d'événements, ne contribue pas à la construction didactique du tableau utopique, mais le met à l'épreuve des faits en permettant d'observer son fonctionnement concret dans une situation de crise; le narrateur, de son côté, n'y est plus le voyageur-témoin de l'utopie classique, simple regard enregistreur promené sur les choses, mais un être immergé dans une action où il se trouve impliqué comme acteur et comme victime. Comme c'est presque toujours le cas, cette irruption de l'événement dans l'enclave utopique correspond à un thème de dégradation: un ordre parfait n'étant susceptible d'aucun changement, l'intrusion du devenir y est presque nécessairement synonyme de dégénérescence.

ii. Configuration de l'utopie

Comme toute utopie, la colonie rochelloise propose un certain type d'organisation de l'espace, des institutions politiques et des rapports sociaux entre les citoyens. De ce point de vue, cet épisode semble se conformer au modèle classique, non sans toutefois lui apporter quelques distorsions significatives.

Un certain mystère pèsera longtemps, jusqu'au livre v (*O.C.*, v.311-18), sur

---

Histoire des Ajaoiens) et de la robinsonnade collective (*The Isle of Pines* de Neville, dont Prévost justement donnera en 1737 une adaptation française dans *Le Pour et le contre*, tome xiii, sous le titre *Découverte d'une île inconnue ou aventures de Georges Pinès*).

la position géographique exacte de la colonie: le narrateur croit savoir, comme les colons eux-mêmes, qu'elle se trouve non loin de l'île de Sainte-Hélène, dont elle n'est séparée que par quelques heures de mer; mais nul ne soupçonne qu'elle est située à l'intérieur même de l'île, dans une zone inexplorée de la côte méridionale, retranchée derrière des falaises escarpées qui la dissimulent au reste du monde.[8] Expulsé de la colonie et séparé de son épouse Angélique, Bridge parcourt vainement les mers, cherchant au loin ce qu'il a pour ainsi dire sous les yeux; le gouverneur de Sainte-Hélène, qui voit parfois accoster dans son port ces mystérieux visiteurs, ignore tout, lui aussi, du lieu de leur installation. L'ailleurs utopique se trouve donc enclos au cœur même de l'ici, à la fois infiniment proche et parfaitement inaccessible; il faudra la destruction finale de la communauté, décimée par une épidémie, et l'exode des survivants pour que soit révélé au monde le secret de son emplacement.

Ce dernier, s'il constitue avant tout une protection contre un monde extérieur que l'on imagine volontiers injuste, corrompu et violent, est aussi une précaution prise contre les germes de corruption internes. La clôture utopique joue en effet dans les deux sens: à la menace extérieure, on oppose une mer inhospitalière, des récifs, une falaise infranchissable sinon par une voie d'accès dissimulée; mais, parallèlement, il est interdit aux habitants de quitter leur enclos, et les chaloupes qui permettraient ce départ sont étroitement cadenassées. La situation de l'île leur est cachée 'pour l'intérêt de la colonie' et, dit Mme Eliot, 'nous nous trouvons bien de notre solitude et de notre éloignement du commerce des hommes' (*O.C.*, iv.305). Tout rapport avec l'extérieur n'est pas supprimé cependant: les colons manquant de blé, d'outils et de chevaux, il a fallu s'en procurer à Sainte-Hélène; une confrérie de quatre membres élus, dépositaires du secret, est chargée de ces contacts commerciaux, d'ailleurs de plus en plus rares au fur et à mesure que le groupe devient autosuffisant. La communauté pourrait ainsi se refermer orgueilleusement sur elle-même dans un sentiment de parfaite autarcie si le lancinant problème démographique issu du déséquilibre des naissances ne l'obligeait à recourir à ce monde extérieur qu'elle méprise. De là viendra d'ailleurs l'ébranlement précurseur de sa future destruction.

L'espace interne de la colonie est pareillement régi par le principe de la clôture: un cirque de falaises escarpées enclôt une vaste plaine; 'la vue étoit

---

8. Jean Sgard signale que la brève description géographique de l'île de Sainte-Hélène au livre v provient directement du *Dictionnaire universel géographique et historique* de Thomas Corneille (*Prévost romancier*, p.201). C'est aussi à Sainte-Hélène que se déroule un important épisode du roman de Francis Godwin, *The Man in the moone, or a discourse of a voyage thither* (1638). L'île y est présentée sous un aspect édénique qui rappelle le texte de Prévost. Une nouvelle traduction française venait de paraître en 1731 sous le titre *Voyage au monde de la lune découvert par Dominique Gonzalès, aventurier espagnol, surnommé le courrier volant.*

ainsi bornée de toutes parts', et l'utopie se referme sur sa propre immanence, lieu paradisiaque si miraculeusement favorisé de la nature que, dit Mme Eliot, 'depuis tant d'années que notre établissement est formé, nous n'avons point connu d'autre saison qu'un continuel printemps, qui est toujours accompagné des richesses de l'automne' (iv.296, 303). La configuration grossièrement circulaire de l'enceinte de montagnes suggère une orientation convergente vers le centre, et la polarité du centre préside à son tour à l'organisation humaine de l'espace: 'Au milieu de la plaine s'élevoit un vaste édifice. Il n'avoit rien de frappant pour la magnificence; mais il ornoit le paysage, parce qu'il sembloit comme le centre de toutes les autres maisons qui en étoient à peu près au même éloignement' (iv.296). Cet édifice central, que le narrateur prend d'abord pour une église et dont la position privilégiée montre assez l'importance, est 'le magasin commun où toutes les richesses de l'isle étoient enfermées': on y entrepose le produit des récoltes communautaires, mais aussi, nous l'apprendrons plus tard, l'argent rapporté d'Europe, qui n'est ici 'qu'un bien mort et sans usage', puisque l'économie n'a pas recours à la monnaie (iv.315, 319). Ce magasin sert également de dépôt d'armes ('quoique ce fût le meuble dont on faisoit le moins d'usage dans l'isle'; iv.399) et, à l'occasion, de prison: Bridge et ses compagnons y seront enfermés à l'issue de leur procès.

Cette répartition des fonctions au sein du magasin appelle quelques remarques. Dans ce lieu privilégié qu'est le centre du territoire utopique, pivot autour duquel s'articule l'ensemble de la vie sociale, les colons n'ont pas édifié une église, comme on aurait pu s'y attendre et comme le narrateur s'y attend lui-même, mais un magasin de vivres, symbole de la réussite économique de la communauté – constatation d'autant plus étonnante que, on le verra, le pouvoir ecclésiastique l'emporte en son sein sur le pouvoir civil.[9] Plus curieusement encore, ce même édifice recèle également de l'or, des armes et des cachots, c'est-à-dire les symboles de la corruption marchande, de la violence et de l'oppression sociale, en bref tout ce que les colons ont voulu fuir en s'installant à l'écart du monde, tout ce que la société nouvelle entend récuser. Il est assez paradoxal de voir ainsi installés, au centre spatial et spirituel de la cité, les symboles de ce qui est le plus opposé aux valeurs qu'elle professe. Inconséquence ou aveu? Ne peut-on voir ici l'indice d'une contradiction entre le discours politique ou institutionnel que l'utopie tient sur elle-même et la réalité de sa pratique?

Quant au système politique de la colonie, il reste fort vague. Quatre 'Gouverneurs' sont désignés chaque année selon des modalités mal précisées: ils sont 'élus au sort', nous dit-on dans une formulation assez ambiguë. Le tirage au

9. Voir Decobert, 'Au procès de l'utopie', p.501.

sort concerne-t-il l'ensemble des citoyens? Ou bien des candidats préalablement désignés? Et par qui? Leurs attributions, essentiellement économiques, semblent graviter autour du magasin: ils planifient le travail agricole, collectent les récoltes et procèdent à la redistribution des vivres. Nulle part, dans les dialogues didactiques du début, il n'est question d'une autre structure politique. Aussi le lecteur sera-t-il surpris de constater que, si ces magistrats désignés comme détenteurs du pouvoir politique ne jouent aucun rôle dans les démêlés de Bridge avec les autorités, le ministre et le consistoire qu'il préside semblent exercer un pouvoir sans partage, même dans les affaires qui ne relèvent pas de la compétence ecclésiastique.[10] Au-dessus du pouvoir du ministre existe, certes, l'autorité suprême de l'assemblée de la colonie – et Bridge lui rappelle d'ailleurs, avec quelque insolence, la primauté du pouvoir civil: 'Si nous y reconnaissons une autorité supérieure à nous, ce n'est pas celle d'un particulier, qui n'a point ici d'autre emploi que de réciter des prières à l'église; c'est uniquement celle de l'assemblée générale de la colonie' (iv.374). Mais le ministre manipule cette dernière à sa guise et, de fait, se comporte en chef souverain sans en avoir le titre.

L'organisation repose sur des principes communautaires et collectivistes: la propriété privée est abolie, ainsi que la monnaie, et on procède à une égale répartition des produits du sol ('Tous nos biens sont communs [...] et chacun a droit à la même portion pour l'usage', iv.309). Mais l''égalité parfaite' dont se réclament les habitants ne concerne que l'aspect économique. Il existe, en effet, un double système de hiérarchie. Le premier, lié à l'âge, renvoie à l'organisation patriarcale traditionnelle (c'est cette hiérarchie 'naturelle', reposant sur l'autorité du père de famille, que Cleveland tentera d'introduire chez les Abaquis). Le second, conventionnel, perpétue au sein de l'utopie les divisions sociales issues du monde extérieur. Comme l'explique Mme Eliot, 'nous n'avons point changé l'ordre des conditions' (iv.309): les domestiques restent domestiques de pères en fils et doivent assumer, seuls, semble-t-il, la charge des travaux agricoles. L'inégalité de fait, devenue héréditaire sans aucune perspective de possible mutation sociale, se trouve ainsi transformée en une inégalité de nature; nous sommes entrés dans un système de castes où les rangs sociaux sont modulés par la double hiérarchie, ce qui, affirme-t-on, assure la cohésion et l'unité de l'ensemble (iv.309-10):

Pour ce qui regarde le rang, ils l'ont immédiatement après nos enfants; et ils observent entre eux le même ordre que nous gardons parmi nous. Ainsi, comme on ne sauroit dire qu'il y ait de l'inégalité entre un fils et son père, il n'y en a guère davantage entre nous

---

10. Le ministre, il est vrai, a l'habileté de transformer en un délit religieux – l'adultère – le refus d'obéissance que lui oppose le narrateur.

et nos domestiques. Chaque famille est considérée comme un tout, dont le père fait la première partie, les enfants la seconde, et les domestiques la troisième. Ils nous touchent d'aussi près que les mains font au corps. Nous ne nous croyons supérieurs à eux que comme la tête l'est à l'égard des autres membres.

Ne faut-il pas voir dans ces inconséquences autant d'indices des contradictions internes de l'organisation utopique? Elles peuvent contribuer à expliquer les conflits qui opposeront au héros les personnages-clé du système, ainsi que la fragilité de ce dernier.

24. L'utopie face au monde sauvage: les épisodes des Abaquis et des Nopandes

LES deux utopies américaines de *Cleveland* peuvent être envisagées simultané-ment: bien que plusieurs centaines de pages les séparent dans le déroulement du récit, ces deux séquences sont étroitement liées du point de vue du dévelop-pement de l'intrigue. L'épisode des Nopandes, rejeté au début du livre XIV, à l'intérieur du récit rétrospectif de Mme Riding, fait suite chronologiquement à l'effondrement du royaume des Abaquis, dont la construction nous avait été présentée à la fin du livre IV; on peut le considérer comme un prolongement du cycle des aventures américaines du héros. Mais les deux épisodes sont surtout unis par les transformations thématiques et formelles qu'y subit le récit utopique. D'une séquence à l'autre, la problématique est de surcroît analogue: elle porte essentiellement sur la confrontation du monde civilisé et du monde sauvage et sur l'articulation de la religion et de la politique.

i. Les transformations formelles de l'utopie dans les épisodes américains

Si la colonie rochelloise présente, avec une netteté presque archétypale, tous les éléments de la configuration spatiale habituelle – clôture insulaire redoublée par le cercle de montagnes infranchissables qui enserre le territoire utopique – on ne trouve rien d'équivalent dans l'épisode des Abaquis: il s'agit d'une utopie continentale, ouverte à l'immensité de l'espace américain et dépourvue de toute frontière explicite. Cette tribu indienne, vraisemblablement imaginaire (d'après Paul Vernière, le nom viendrait des Abénaquis, tribu indienne du Canada français), occupe une vallée qu'on peut situer sur le versant oriental des Appalaches, dans une région alors fort mal connue que les cartes laissent en blanc, mais qui n'est pas pour autant inaccessible.[1] De façon très significative, c'est l'œuvre civilisatrice de Cleveland au sein des Abaquis qui instaure la coupure d'avec le monde extérieur: on creusera sur ses ordres autour du village un fossé empli d'eau de quinze pieds de profondeur, créant ainsi un substitut

---

1. P. Vernière, 'L'abbé Prévost et les réalités géographiques: à propos de l'épisode américain de *Cleveland*', *RhlF* 73 (1973), p.632. M. Vernière, qui a reconstitué avec précision les périples américains de Cleveland, montre que Prévost travaille avec des cartes et utilise les données géographiques avec beaucoup moins de désinvolture qu'on ne l'a dit.

prosaïque de l'insularité utopique. Cleveland répète ici, en quelque façon, le geste fondateur du conquérant Utopus qui, dans l'œuvre de More, transforme en île l'ancienne terre d'Abraxa en détruisant l'isthme qui la relie au continent.

Beaucoup plus conforme au modèle utopique traditionnel, le territoire des Nopandes est parfaitement insituable et, pour ainsi dire, hors espace. C'est au terme d'une longue errance à travers les déserts que Mme Riding l'atteindra; ayant perdu depuis longtemps tout repère géographique, la narratrice se trouve ainsi opportunément dispensée de fournir une localisation précise, ce qu'elle feint de déplorer: 'j'ai regretté mille fois de n'avoir pas eu assez de lumières pour me faire des idées justes de la situation du pays, et pour me mettre en état d'en ouvrir la route à nos voyageurs' (*O.C.*, vii.127). L'enclave utopique, tenue à distance du monde réel par une vaste étendue inhabitée, se retranche derrière ses murailles infranchissables dans un isolement solennel: 'Un jour qu'ayant traversé une plaine vaste et stérile, je cherchois un asile pour la nuit, je découvris entre deux montagnes qui terminoient l'horizon, un mur fort élevé, dont le sommet étoit encore surpassé par un grand nombre d'arbres' (vii.125). Détail étrange, aucune porte n'apparaît sur la muraille extérieure: la cité heureuse des Nopandes semble se replier sur sa plénitude, opposant au monde un refus de communication. Il y a pourtant, la suite le montrera, quelque chose d'un peu illusoire dans cette affirmation d'autosuffisance: les deux utopies américaines de *Cleveland* sont profondément dépendantes de l'univers extérieur.

La clôture utopique en effet s'accompagne habituellement d'une recherche de l'autarcie matérielle et, surtout, spirituelle. En s'isolant à Sainte-Hélène, les colons rochellois cherchaient à conquérir leur autonomie par rapport au monde et à l'histoire, sans y parvenir toutefois, puisque le déséquilibre démographique de la colonie contraint les autorités à aller chercher ailleurs les jeunes gens nécessaires au renouvellement de la population – échec de la clôture qui est déjà, on l'a vu, un aveu d'échec de l'utopie. Ici, au contraire, l'utopie n'est pas spirituellement autarcique: elle ne puise en elle-même ni ses propres valeurs ni le détail de son organisation. C'est Cleveland, l'Européen, qui s'institue le législateur des Abaquis, leur apprend la religion, la famille, les règles de l'art militaire; c'est à l'imitation – maladroite – des colonies espagnoles d'Amérique que le législateur des Nopandes a organisé la vie quotidienne et les croyances religieuses de ses compatriotes. Ces utopies apparaissent comme des greffes plus ou moins heureuses de la vision européenne du monde sur la société sauvage: en ce sens, il s'agit moins de rompre avec l'univers du dehors pour construire un monde radicalement autre que d'amener progressivement des communautés closes à s'intégrer culturellement, autant qu'elles le peuvent, à l'univers civilisé.

Les utopies américaines de *Cleveland* présentent également certains signes d'altération dans leur mise en forme littéraire. Ceux-ci sont relativement peu marqués dans l'épisode des Nopandes, qui se conforme dans l'ensemble aux normes de l'utopie classique: Mme Riding, la narratrice, y remplit le rôle habituel du voyageur-témoin qui atteint le territoire utopique à l'issue d'une préparation de caractère initiatique – la longue errance dans le désert joue ici ce rôle – puis en décrit les institutions sans se trouver personnellement impliqué dans sa description ni engagé dans aucune action. Cependant la description reste ici extrêmement lacunaire – elle ne contient à peu près aucune information sur la structure sociale et politique de la communauté – et la présence de l'observatrice est constante à l'intérieur du tableau descriptif: c'est à elle-même, ou à l'Europe d'où elle vient, que Mme Riding rapporte toutes les informations qu'elle juge utile de nous transmettre. L'épisode des Abaquis, beaucoup plus développé, ne relève plus du tout du schéma canonique: Cleveland n'est pas ici le voyageur-témoin décrivant, sans y intervenir lui-même, l'organisation sociale et politique qu'il a sous les yeux, mais le législateur qui l'institue et la regarde se construire. Au lieu d'être relégué dans un passé à demi mythique, comme c'est le cas chez More ou, dans une moindre mesure, chez Veiras, l'acte fondateur de l'utopie est rendu contemporain du regard porté sur elle. Il en résulte certaines transformations narratives essentielles: on ne retrouvera pas ici la traditionnelle alternance de la description et du dialogue, ni non plus la démarche explicative qui lui correspond, la description de la réalité concrète appelant l'énoncé, à la faveur du dialogue, des principes abstraits qui expliquent et légitiment ce qui vient d'être décrit. Corrélativement, disparaît également le personnage utopique du sage interlocuteur, destinataire de toutes les questions et détenteur de toutes les réponses, qu'incarnait si bien Mme Eliot dans l'épisode de la colonie rochelloise. La société des Abaquis ne nous sera connue que par le seul regard de Cleveland, et nous n'entendrons pas ici d'autre voix que la sienne. La démarche explicative s'articule toujours en deux temps, mais ceux-ci sont pour ainsi dire permutés: au lieu d'aller de la description des faits institutionnels au principe qui les jutifie, selon la démarche de l'observateur, le récit suit celle du législateur, des principes généraux à leur application concrète, ou du projet à la réalisation.

Enfin, comme on a vu, le narrateur de l'utopie classique n'a d'autre raison d'être que de parcourir son territoire pour en porter la relation auprès du lecteur. Ainsi, le personnage du capitaine Siden dans l'*Histoire des Sévarambes*, se confondant entièrement avec sa fonction de voyageur-témoin de l'utopie, n'a de passé au sein du monde réel que ce qui est nécessaire pour le qualifier comme narrateur, et, hors de l'utopie, il est privé de tout avenir. Sa mort, à l'instant où il s'apprête à rejoindre l'Europe, met l'accent sur l'absence d'autonomie du personnage par rapport à un univers en dehors duquel il ne saurait avoir d'existence. Il n'en est pas de même des narrateurs des deux utopies américaines de Prévost: Cleveland et Mme Riding ne sont pas des fonctions narratives mais des personnages porteurs d'un destin romanesque qui excède très largement cette seule finalité instrumentale. Enracinés dans une histoire personnelle et tendus vers un avenir qui donnera forme à leur destin, ils existent pleinement en dehors du rôle de témoins que le romancier leur fait provisoirement assumer. L'utopie n'est pour eux qu'une étape, ou plutôt une halte, dans une quête dont l'objet se situe en dehors et au-delà de celle-ci. Le séjour plus ou moins forcé qu'y effectue le narrateur n'est pas seulement perçu par lui comme une pause dans l'action, mais aussi comme une entrave ou un obstacle à la poursuite de ses objectifs. Ainsi Mme Riding, soucieuse avant tout de retrouver au plus vite la trace de Cleveland et d'Axminster, supporte-t-elle avec quelque impatience la prolongation de son séjour chez les Nopandes. Elle s'acquiert très vite un tel crédit parmi ce peuple paisible et doux que le prince lui propose de 'gouverner souverainement sous ses ordres', ce qu'elle refuse car, dit-elle, 'je ne pouvois me charger d'un emploi qui m'engageoit dans une captivité sans fin'; elle souffre de voir les Nopandes 'comme abîmés dans une multitude de superstitions qu'il [lui] paroissoit aisé de détruire', mais se gardera toutefois d'intervenir en ce sens, car, dit-elle, 'je leur voyois attacher un si grand prix à mes moindres services, que, dans le danger inévitable de ne jamais sortir de leurs mains si je me rendois trop nécessaire à leurs instructions, toute la difficulté se réduisoit à savoir si leur intérêt devoit l'emporter sur le mien'. Il lui faudra recourir à la ruse pour échapper à ce qu'elle en vient à nommer 'l'ennui de [son] esclavage'; à la faveur de cette 'évasion', elle renouera, par-delà la parenthèse utopique, avec le fil de l'action romanesque (vii.149-50, 149, 156, 157).

La situation de Cleveland parmi les Abaquis n'est différente qu'en apparence. Pour lui aussi, l'utopie, dont il est pourtant l'ordonnateur, apparaît comme une sorte de prison. Ce qui devait n'être initialement qu'une brève halte sur la route de la Caroline, où l'appellent de vastes projets politiques, se transforme malgré lui en un séjour d'une durée indéterminée. Retenu par l'affection encombrante des sauvages, le groupe des voyageurs, après avoir envisagé le recours à la force pour recouvrer sa liberté de mouvement, devra se résigner à la séparation: Axminster poursuivra seul le voyage; Cleveland et Fanny resteront parmi les Abaquis, dont ils seront à la fois les hôtes et les otages. Sans nouvelles d'Axminster – les expéditions lancées à sa recherche n'ont produit aucun résultat – Cleveland est condamné à l'inaction, tandis que son mariage long-temps différé avec Fanny semble marquer l'aboutissement de l'un des aspects de sa quête. C'est à la faveur de cette apparente suspension de l'action que se développe la séquence utopique. Parmi les motivations très diverses qui incitent Cleveland à se mettre à la tête des Abaquis pour devenir leur législateur, peut-être y a-t-il le désir d'échapper à l'inquiétude et à l'ennui, ainsi que celui de distraire Fanny de son inexplicable langueur.[2] Toujours est-il que Cleveland ne s'investit pas tout entier dans la construction de l'utopie; elle apparaît plutôt comme un dérivatif à d'autres préoccupations: interrogations sur les causes de la mystérieuse tristesse de Fanny, inquiétudes quant au sort d'Axminster disparu.

Ici encore, l'utopie apparaît donc bien, aux yeux du narrateur, comme une sorte de parenthèse ou de relais dans l'action, non comme le lieu où pourrait s'employer son énergie et s'accomplir la quête qu'il poursuit.

ii. Utopies sauvages et modèles européens: les thèmes de dégradation de l'utopie américaine

Chez les Abaquis comme chez les Nopandes, l'utopie naît d'une rencontre de l'état sauvage et de la civilisation, le premier fournissant le matériau brut de l'expérimentation utopique, la seconde l'élément inspirateur et les principes directeurs qui président à l'expérience. A l'origine de la communauté, on trouvera dans l'un et l'autre cas un législateur venu imposer de l'extérieur à un peuple sauvage une ordonnance civilisatrice dont les racines sont européennes. Les Nopandes étaient autrefois ce que sont les Abaquis à l'instant où Cleveland s'installe parmi eux: une peuplade sauvage, 'comme les autres sans lois, sans discipline, nue, accoutumée à mener une vie errante, et à se nourrir, sans préparation, des animaux qu'elle tuait dans les forêts', sans 'principes de religion, ni règles de morale' (vii.136), à peine distinguée des tribus voisines par la douceur et l'humanité de ses mœurs; il faudra, pour les tirer de 'cet horrible avilissement qui deshonoroit la nature' (vii.136), l'intervention d'un législateur qui réformera la nation à l'imitation des colonies espagnoles parmi lesquelles il a vécu, accomplissant ainsi la transformation que l'Européen Cleveland réalise de son côté chez les Abaquis. Il est donc clair que, pour Prévost, le monde sauvage ne peut de son propre mouvement se constituer en utopie: les sociétés américaines de *Cleveland*, loin de surgir de l'état sauvage sur lequel elles prennent racine, sont idéologiquement et génétiquement dépendantes de l'Europe. A leur origine, on trouvera l'acte fondateur d'un législateur venu d'ailleurs et le dépassement de l'état sauvage vers une forme de civilisation dont l'Occident constitue le modèle. A l'opposé d'un La Hontan, pour qui le

2. Grâce aux anticipations sur le récit (dont le narrateur fait un peu plus loin la théorie: voir v.267), nous en connaissons la cause: Fanny croit Mme Lallin aimée de Cleveland. Le silence persistant de celui-ci et la réception d'une lettre révélant que Mme Lallin l'a suivi en Amérique ne peuvent que confirmer des craintes qu'elle n'osera exprimer ouvertement.

monde sauvage, identifié aux valeurs fondatrices de Nature, de Raison et de Justice, se constitue spontanément en contre-société face à la corruption de l'Europe, Prévost ne voit dans le sauvage qu'un matériau brut à transformer.[3]

Le refus chez Prévost de toute idéalisation primitiviste se marque dans l'attitude constamment critique, voire condescendante, des narrateurs vis-à-vis des peuples parmi lesquels ils sont amenés à vivre. Cleveland manifeste volontiers son agacement devant l'exubérance intempestive et les bruyantes démonstrations d'amitié des Abaquis. Son mariage avec Fanny donne lieu à une cérémonie en laquelle il ne veut voir qu'une 'fête ridicule, que nous fûmes obligés de souffrir par des vues d'intérêt'; après quoi il lui faudra encore subir 'les caresses et les félicitations bizarres' de ses hôtes (*O.C.*, v.89, 92). Au-delà du pittoresque superficiel de l'impression immédiate, le jugement se fait plus sévère encore. Le sauvage incarne aux yeux de Cleveland une humanité à l'état d'enfance 'dont la conduite se [règle] ordinairement par les premières impressions', dépourvue de prévoyance et presque de raison: 'Rien ne marque mieux la stupidité des sauvages de l'Amérique que de voir qu'ils manquent d'industrie, même pour leur conservation, quoique la nature seule dût suffire pour leur en inspirer. Ils ne l'emportent guère en cela sur les bêtes' (v.83, 125). Encore les Abaquis constituent-ils, parmi les tribus américaines, une sorte d'heureuse exception: à la différence des barbares Rouintons anthropophages, leurs voisins, on trouve chez eux 'quelques sentiments d'humanité et quelque connoissance de la loi naturelle' (v.129).

Dans l'épisode des Nopandes, l'attitude de Mme Riding, la narratrice, est moins tranchée et plus complexe. C'est que nous avons affaire ici à une utopie déjà constituée, dans laquelle l'action passée du législateur a permis d'instaurer un état intermédiaire entre la sauvagerie et la civilisation que met en évidence

3. Pour cette raison, les utopies américaines de *Cleveland* se rattachent moins aux descriptions de l'empire inca selon Garcilaso de La Vega qu'à l'exemple des réductions jésuites du Paraguay, vraisemblablement l'une des sources majeures de Prévost pour ces deux épisodes. Civiliser progressivement les Indiens, sédentariser les tribus éparses, instaurer une 'armée guaranie' encadrée par les Pères, créer les conditions de la stabilité intérieure et de la prospérité économique par la planification et la théocratie autoritaire, le tout en obtenant l'adhésion des indigènes par une conquête pacifique et non par l'esclavage colonial, tels sont, d'après Jacques Decobert, les principaux articles de l'entreprise missionnaire du Paraguay (Decobert, 'Les missions jésuites du Paraguay'). Ils correspondent point par point à la visée du législateur dans l'épisode des Nopandes et, plus encore, dans celui des Abaquis. Toutefois, il convient de souligner également tout ce que Prévost doit à la tradition utopique: beaucoup d'utopies naissent ainsi d'un dépassement de l'état sauvage initial sous l'impulsion civilisatrice d'un héros fondateur, conquérant et législateur, étranger à la communauté dont il prend en charge la transformation. Le conquérant Utopus, créateur mythique de l'Utopie dans le récit de More, fait ainsi passer de la nature à la civilisation une population inculte et sauvage (*rudis atque agrestis turba*). De même, dans l'*Histoire des Sévarambes* (source vraisemblable de Prévost pour l'épisode des Abaquis), le prince persan Sévarias régénère par la conquête militaire et par l'action civilisatrice le peuple déchu des Séphirambes.

la rhétorique de l'évaluation comparative. Si, autrefois, 'la couleur des deux sexes étoit olivâtre', les Nopandes sont aujourd'hui 'beaucoup plus blanc[s] que le commun des sauvages' (vii.136, 130): curieuse mutation biologique qui semble transcrire, non sans un racisme ingénu, le passage de la Nature à la Culture. D'emblée, la muraille qui enclôt le territoire semble annoncer 'une industrie plus relevée que celle des sauvages', et la narratrice croit d'abord avoir rejoint quelque colonie européenne dont elle ignore la langue: 'Dans quelque partie du monde que je voulusse me supposer, il me sembloit impossible qu'une nation aussi douce et aussi policée que celle où j'étois fût sans liaison avec les colonies de l'Europe, ou même qu'elle n'en fût pas une dont je ne tarderois guère à parler le langage' (vii.125, 136) – réflexion révélatrice d'une certitude ethnocentriste pour laquelle toute manifestation de civilisation ne sauroit être qu'européenne. Par un curieux renversement des rôles, c'est Mme Riding qu'on prend pour une femme appartenant à quelque nation sauvage, et ses guides s'étonnent de son peu d'étonnement au spectacle de leur civilisation; ce n'est pas ici l'affirmation d'une altérité par rapport à l'Europe, mais, au contraire, l'apparence (peut-être illusoire) d'une identité, qui signale l'irruption de l'étrangeté utopique.

C'est en effet sous le signe de l'identité que se présente au premier regard le monde 'autre' de l'utopie: au long du chemin qui la mène au palais royal, la narratrice remarque 'des jardins qui ne [lui] parurent point sans art', 'une campagne riante cultivée avec soin, une grande ville dont les rues [lui] parurent belles et les maisons fort bien rangées', témoignages d'un développement technologique sans exemple parmi les nations indiennes; rien ici qui puisse surprendre, puisque tout y rappelle le décor de l'Europe, jusqu'à la toilette de la princesse, 'vêtue si galamment que je crus remarquer les traces de notre goût dans sa coiffure et dans ses habits' (vii.129, 130, 133). Toutefois, un contact plus approfondi avec ses hôtes amènera Mme Riding à rectifier son impression première et à nuancer son jugement: les Nopandes ne sont que des demi-civilisés; du modèle européen, ils n'ont retenu que l'écorce. Si leur société est une réussite matérielle et humaine en raison de la douceur qui y règne, elle reste soumise aux limitations intellectuelles des peuples sauvages: 'leurs idées avoient les mêmes bornes que leur sens' (vii.154). Leur religion n'est qu'une superstition grossière, un christianisme dégénéré en idolâtrie: incapables de toute pensée qui ne repose pas sur une représentation concrète, ils ne peuvent concevoir Dieu qu'à travers l'image qui le représente. La divinité qu'ils adorent est 'une figure aussi vénérable par la grandeur de sa fraise que par la blancheur de ses cheveux et de sa barbe' (vii.150), héritage malencontreux d'une imitation maladroite de la dévotion espagnole. La croyance en une vie future, le dogme de la Trinité, le culte des saints se sont pareillement transmis sous une forme profondément altérée. La spiritualité chrétienne a disparu derrière les symboles qui la manifestent; enlisée dans la représentation matérielle, elle ne survit plus qu'à travers des mots et des images vides de sens:

> Mon étonnement étoit de leur voir attribuer une puissance et une sagesse infinies à des statues presque informes, dans lesquelles ils confessoient eux-mêmes qu'ils n'avoient jamais découvert aucune marque de pensée ni de mouvement. C'étoit un mystère, disoient-ils, qu'il n'étoit pas permis à la raison d'approfondir. Ainsi, employant notre langage, mais confondant tous nos principes, ils n'avoient pas une seule notion qu'ils pussent expliquer nettement.[4]

Mieux: les représentations de l'au-delà forgées par la religion populaire ne se contentent plus d'habiter l'univers mental: elles reçoivent chez les Nopandes une traduction matérielle. Ceux-ci ne se contentent pas de croire à l'enfer: ils l'ont réalisé aux portes de leur ville de la façon la plus littérale. La configuration du lieu – un rocher élevé surplombant un 'affreux précipice' ceinturé de murailles – évoque une sorte d'utopie à l'intérieur de l'utopie. Un collège de prêtres en garde l'entrée (vii.152-53):

> Mais ce n'étoit que le premier degré de leur sainteté, car la perfection consistoit à se dévouer au ministère intérieur de ce terrible lieu. On n'y étoit reçu qu'après de longues épreuves, et ceux qui avoient le courage ou la folie de s'y engager une fois n'en sortoient jamais. A quelque distance de la première porte, et dans l'endroit où le chemin commençoit à se resserrer, on en trouvoit une autre qui étoit encore plus impénétrable. C'étoit l'entrée des ministres intérieurs. Ils habitoient le fond du précipice. Leur emploi étoit d'y entretenir perpétuellement un grand feu dont les flammes s'élevoient assez pour être perçues au-dehors. Ce feu se nommoit l'enfer, et les ministres portoient le nom de diables.

De cette description, dans laquelle on ne sait trop si Prévost exerce sa verve satirique ou s'il s'abandonne à la pente de ses fantasmes, on ne retiendra pour l'instant que l'aspect le plus saillant: l'enfer des Nopandes n'est, comme tout le reste, qu'une caricature grossière d'un christianisme déjà préalablement déformé par les superstitions de la religion populaire. Transplantée au sein du monde sauvage, le greffe du christianisme européen a avorté. Il y a là, en apparence – mais on verra qu'on peut suggérer une autre interprétation – un échec du législateur qui, peut-être, remet en question la validité du projet civilisateur commun aux utopies américaines de *Cleveland*.

---

4. vii.151. Faut-il référer le développement sur les pratiques religieuses des Nopandes à la position personnelle de Prévost sur ces problèmes? Au-delà d'une satire de la dévotion espagnole, que le texte rend particulièrement manifeste, la convergence est frappante avec les critiques des pratiques religieuses populaires qu'on peut trouver chez les libertins de la fin du dix-septième siècle. Nous aurons l'occasion d'y revenir (voir ci-après, ch.25, §ii).

iii. L'état sauvage comme forme déchue de l'état de nature: la médiation nécessaire de la civilisation et l'action du législateur

Le décor de la vie sauvage, tel qu'il apparaît au narrateur à son arrivée parmi les Abaquis, frappe par son caractère inorganisé et amorphe: le regard européen n'y discerne ni structures, ni principes directeurs, ni règles de cohérence. Indice révélateur, les maisons, construites 'd'un *mélange* de bois, de terre et de cailloux', sont semées au hasard avec 'fort peu d'*ordre* et de netteté' (v.83; mis en italiques par nous). Le monde sauvage est l'univers de la contingence: il se contente d'exister, sans ordre, sans règles et sans fondements, comme un pur état de fait. C'est précisément cette indétermination qui en fait un matériau privilégié de l'expérimentation utopique: sans constituer à proprement parler une table rase, il est néanmoins aisément ployable en tous sens, puisque le législateur n'a pas à détruire un ordre antérieur pour instituer l'ordonnance nouvelle. C'est ainsi que la religion des Abaquis se réduit à un contenu minimal: adorateurs du soleil, ils 'ne reconnoissent point d'autre divinité', et Cleveland, remarquant 'avec joie' qu'ils n'ont aucune pratique d'idolâtrie ou de superstition, en déduit qu'ils possèdent 'un fond réel de religion' (v.91, 116-17) – religion d'ailleurs aussi indéterminée que possible, puisqu'elle se passe de prêtres, de dogmes, de liturgie et même d'assemblées.[5]

On retrouvera la même indétermination dans l'ordre politique. Peu nombreux – ils ne sont que six mille – les Abaquis vivent sans Etat, sans institutions, sans commerce, sans échanges économiques: 'Les familles étoient séparées, et, à la réserve d'un fort petit nombre qui se joignoient quelquefois ensemble par des raisons particulières, chacune avoit son logement à part, et se procuroit, par son propre travail, les choses nécessaires à la vie' (v.130). La nation, rassemblée seulement par les liens de la solidarité tribale et par la nécessité de se protéger de ses cruels voisins les Rouintons, n'offre qu'une texture sociale très lâche, sans aucune structure politique. La famille constitue la seule unité sociale repérable, et Cleveland s'émerveille d'y voir régner 'une concorde admirable malgré l'indépendance où ils étoient les uns à l'égard des autres' (v.131). Encore n'est-elle qu'un agrégat amorphe d'individus indifférenciés, beaucoup plus qu'une cellule sociale structurée par une hiérarchie interne issue des relations de parenté (v.131):

5. Le culte solaire est en effet la pratique religieuse la plus constante parmi les tribus indiennes d'Amérique. Mais, en le prêtant à ses Abaquis, il est douteux que Prévost obéisse seulement à un souci d'authenticité ethnologique. Toute une tradition philosophique reconnaît dans l'adoration du soleil la plus noble croyance: c'est elle en effet qui offre l'approximation la plus pure d'une véritable religion naturelle. De surcroît, le thème de la religion solaire semble être une des constantes de la tradition utopique de Campanella à Veiras.

Ils connoissoient peu les relations du sang et les devoirs mutuels de la parenté. Le fils n'étoit obligé à aucun respect pour son père, et le père n'en exigeoit point de ses enfants. A peine un jeune Abaqui avoit-il atteint l'âge où l'on commence à pouvoir se passer du secours d'autrui, qu'il ne dépendoit plus de personne, et qu'il se trouvoit en égalité, non seulement avec les vieillards, mais avec ceux même de qui il tenoit la naissance. Ils n'avoient même aucun nom particulier pour exprimer la qualité de père.

On pourrait juger positive, parce que conforme à la nature, la parfaite égalité qui règne au sein de la famille abaquie. Ce n'est pas l'avis de Prévost: loin de renvoyer à une authenticité première, elle est le signe d'une perversion et d'une dégénérescence de la nature; ce n'est pas l'égalité, mais la hiérarchie – au moins sous sa forme familiale – qui est originairement naturelle. On touche là un point essentiel de la pensée de l'auteur, qui se trouve être également le fondement de l'entreprise civilisatrice de Cleveland: c'est à tort que l'on voit habituellement dans l'état sauvage une expression de la nature; il faut plutôt l'interpréter comme une dégradation et un oubli de l'état originel. Selon la formule de Jean Ehrard, aux yeux de Prévost, 'les sauvages sont des dégénérés plutôt que des primitifs'.[6] Si les Abaquis paraissent, somme toute, moins corrompus que les autres peuplades d'Amérique, c'est qu''il leur [reste] du moins quelques sentiments d'humanité et quelque connoissance de la loi naturelle', et la concorde qui règne dans certaines familles suffit à prouver qu''il s'en trouvoit néanmoins quelques-uns dans lesquels la nature étoit assez forte pour conserver ses droits' (*O.C.*, v.129, 131).

Paradoxalement, c'est par le détour de la culture que doit passer l'exhumation de la nature perdue. Civiliser les Indiens, ce n'est pas les détourner de la loi naturelle, mais au contraire les y ramener, en développant en eux ses vestiges enfouis. C'est ainsi seulement qu'ils accéderont à la plénitude de la condition humaine, délivrés 'de tout ce qui les avoit ravalés jusqu'alors au-dessous de la qualité d'homme' (v.172). Pour Fanny, l'humanité authentique se définit par l'adéquation à la raison et à la nature, c'est-à-dire par un état d'équilibre intermédiaire entre la civilisation et la barbarie de l'état sauvage (v.172):

Tout ce qui est opposé à la raison, ou qui s'en écarte par quelque excès, n'appartient point à l'humanité; et, dans ce sens, l'on trouveroit peut-être autant de sauvages et de barbares en Europe qu'en Amérique. La plupart des nations de l'Europe s'écartent des bornes de la raison par leur excès de mollesse, de luxe, d'ambition, d'avarice; celles de l'Amérique, par leur grossièreté et leur abrutissement. Mais, dans les unes et dans les autres, je ne reconnois point les hommes. Les unes sont en quelque sorte au-delà de leur condition naturelle, les autres sont au-dessous, et les Européens et les Américains sont ainsi de vrais barbares, par rapport au point dans lequel ils devroient se ressembler pour être véritablement hommes

6. Ehrard, *L'Idée de nature*, i.351. Ehrard s'appuie tout particulièrement sur l'*Histoire générale des voyages*, xv.3-4.

– passage capital, car on voit que, si Prévost disqualifie le sauvage, ce n'est pas au bénéfice du civilisé. Bouleversant les données classiques du débat – primitivisme ou culturalisme, nature ou civilisation – il montre que les termes en présence ne sont pas nécessairement antagonistes. La civilisation n'est pas intrinsèquement supérieure à l'état sauvage; elle permet seulement, lorsqu'elle est conduite avec modération et mesure, de retrouver les valeurs essentielles de Nature et de Raison qui définissent l'homme.[7]

Cleveland civilisera donc les Abaquis, mais sans les corrompre. Il serait dangereux d'introduire parmi eux un luxe qu'ils ignorent; aussi conservera-t-on les traditionnelles maisons indiennes, 'commodes sans être belles ni régulières', et l'usage des nourritures rustiques: en effet, 'ce seroit les traiter en ennemis que d'introduire parmi eux le pernicieux usage de nos sauces et de nos ragoûts'; et 'quelle nécessité de construire des maisons qui durent plus longtemps que nous? N'est-ce pas un mal que notre infirmité nous oblige à vivre cachés presque continuellement sous un toit, et qu'elle nous prive ainsi de la vue du ciel, qui est le plus beau spectacle de la nature?' (v.128). Quant à la nudité des Indiens, qui scandalise tant les Européens, elle ne procède que de leur innocence; les soumettre à l'obligation du vêtement, ce serait introduire parmi eux la dissimulation, le luxe et la vanité, donc les détourner de 'l'inspiration droite de la nature [...] pour leur ouvrir le chemin qui conduit au luxe et à la mollesse' (v.126-27). Loin donc de vouloir soustraire les sauvages à l'ordre de la nature, Cleveland n'a d'autre ambition que de leur enseigner ses lois – démarche paradoxale, puisque c'est au civilisé que revient la charge de convertir à la vérité naturelle une humanité sauvage qui lui est en principe identifiée.[8]

Le passage de l'ordre naturel à l'ordre politique s'effectue sans contradiction ni rupture. La société, telle que Cleveland la conçoit et s'efforce de la réaliser parmi les Abaquis, ne fait qu'accomplir la nature, puisque c'est de celle-ci qu'elle reçoit ses lois: 'Pour ce qui regardoit les loix, je ne crus point devoir en établir un grand nombre. Celles de la nature suffisoient, et leur plus importante partie se trouvoit déjà comprise dans l'ordre que je mettois dans les familles' (*O.C.*, v.138). C'est en effet sur l'affermissement des liens familiaux que portera l'effort premier du législateur, liens conformes aux 'devoirs de la nature' (puisque c'est elle qui 'assujettit jusqu'à un certain point les enfants à l'autorité

---

7. Comme l'écrit Robert Mauzi, 'Prévost sait bien que la nature idéale, qui est la plus haute expression de l'homme civilisé, diffère de cette nature historique que l'on croit reconnaître dans la condition des primitifs' (*L'Idée du bonheur dans la littérature et la pensée françaises au XVIIIe siècle*, quatrième édition, Paris 1969, p.569).

8. Mais le paradoxe n'est qu'apparent; comme l'écrit Jean Sgard, Prévost 'distingue ainsi, dans la condition naturelle, entre l'état de fait et la norme' (*Prévost romancier*, p.207). La formulation de la loi naturelle exige un détour réflexif dont le sauvage, immergé dans la nature, est précisément incapable.

paternelle'), et qui permettent d'instaurer une hiérarchie indiscutable dans son fondement: 'J'ordonnai donc par une loi irrévocable, que le pouvoir et l'autorité suivroient l'âge, sans distinction de sexe' (v.132, 134). L'ordre institué chez les Abaquis est donc, au fond, analogue à celui qui règne au sein de la colonie rochelloise. Mais le législateur se montre ici parfaitement conscient des risques politiques (despotisme gérontocratique, frustration de la jeunesse) liés au système qu'il instaure. Sachant que l'opposition ne viendra pas des anciens, qui en bénéficient, mais d'une jeunesse 'naturellement ennemie de la dépendance', il décide 'd'employer les jeunes Abaquis à quelque exercice qui pût servir tout à la fois à les tenir occupés et à leur faire prendre insensiblement l'habitude du joug' (v.139): une grande réforme militaire, dont le voisinage des Rouintons fournit le prétexte, permettra de canaliser utilement leur agressivité tout en les accoutumant à l'obéissance.

Il est aisé alors de passer de la famille à l'Etat, en faisant de celui-ci une simple extension de l'institution familiale: après avoir divisé la nation en vingt parties, qui sont plutôt des clans familiaux que des subdivisions administratives, Cleveland crée un 'souverain tribunal' de vingt membres, initialement choisis par lui, puis renouvelés par cooptation parmi les candidats désignés par chacun des clans. Les magistrats ainsi recrutés auront des attributions exécutives, mais aussi judiciaires: outre 'la connoissance et le gouvernement général des affaires et des intérêts de la nation', ils s'occuperont également de 'l'inspection particulière des familles', afin de déceler et de réprimer tout manquement à la règle (v.137). Soucieux de la pérennité des institutions, Cleveland pense avoir ainsi instauré un ordre assuré de lui survivre.

Le législateur a donc réalisé cet étonnant miracle: une société qui, au lieu de renier ou de dépasser la nature, la rétablit dans la plénitude de ses droits. Il n'en reste pas moins que cette transformation n'aurait pu s'accomplir sans un brutal bouleversement de l'état de choses antérieur imposé par le pouvoir absolu d'un individu qui s'est lui-même érigé en législateur. Or, ce pouvoir n'a pas, lui, de légitimité naturelle; il s'appuie de fait sur un fondement surnaturel, ou qui se donne mensongèrement pour tel, mettant ainsi la religion au service d'un projet politique.

25. Religion et pouvoir, ou l'art de la manipulation politique

ON est frappé, dans les utopies de *Cleveland*, par l'abondance des références religieuses et, surtout, par leur constante interférence avec les préoccupations de gouvernement. Sur le premier point, le roman de Prévost ne se distingue pas fondamentalement du reste de la littérature utopique de son temps. On sait la place qu'occupent les thèmes religieux dans les utopies du premier âge des Lumières. La liaison du religieux et du politique ne constitue pas non plus, on l'a vu, une véritable originalité dans le contexte de cette période; elle renvoie d'ailleurs à toute une tradition depuis Platon et plus tard Campanella. Les sociétés utopiques sont rarement des sociétés purement laïques: le pouvoir qui s'y exerce, à la recherche d'un fondement et d'une légitimité qui ne puissent être discutés, les trouve dans la caution transcendante que lui apporte la religion. Cette exigence de validation théologique semble être d'autant plus impérieuse que le pouvoir est plus absolu: d'où des théocraties sacerdotales, comme chez les Solariens de Campanella, ou des régimes monarchiques de droit divin, comme chez les Sévarambes.

La nouveauté relative des utopies de *Cleveland* est ailleurs: le pouvoir politique, chez Prévost, se réclame auprès de ses administrés d'un fondement religieux qu'il sait au fond de lui-même inauthentique et illusoire. Il n'est pas l'émanation d'une vérité religieuse, sinon aux yeux d'une population abusée; c'est, à l'inverse, la religion qui est ici réduite à n'être qu'une fonction de la politique, un instrument de manipulation de l'opinion plus ou moins cyniquement utilisé par le législateur.

i. Nature et Providence: les fondements idéologiques de la société rochelloise et les ambiguïtés politiques de la théologie providentielle

On a pu relever, en étudiant la configuration spatiale et politique de l'utopie rochelloise, un certain nombre d'inconséquences ou d'étrangetés qui semblent en mettre en question la cohérence. Faut-il chercher dans l'univers intellectuel de l''isle heureuse' l'origine de ces perturbations? L'ordre de la colonie repose sur une idéologie justificatrice dont les deux piliers essentiels sont la nature et la Providence; le narrateur, en introduisant dans ce monde immobile et clos le trouble de l'événement, va affronter l'idéologie utopique à l'épreuve des faits et en faire éclater les contradictions.

Aux yeux des habitants de l'île, nature et Providence, qui justifient l'ordre sous lequel ils vivent, loin de s'opposer, se complètent mutuellement: c'est parce qu'ils ont réalisé la synthèse harmonieuse de la volonté de Dieu et de celle de la nature que les colons rochellois peuvent s'épanouir dans l'autosatisfaction et la bonne conscience. 'La nature nous aide,' déclare Mme Eliot, 'car elle n'est nulle part plus libérale et plus féconde' (*O.C.*, iv.303). On sait, en revanche, faire droit à ses exigences légitimes: connaissant 'ce qu'il en coûte dans un certain âge pour modérer ses désirs et pour résister au penchant de la nature' (iv.319), on s'efforce de procurer des maris aux jeunes filles qui se consument dans le célibat. Les lois, 'simples' et 'd'observation facile', consistent en 'un petit nombre de conséquences claires et immédiates des préceptes généraux de la charité et de la justice' (iv.325). La hiérarchie sociale est elle-même naturelle car, dit Mme Eliot, 'nos rangs sont réglés par nos âges', et la société tout entière apparaît moins comme un fait d'institution que comme un fait de nature, puisqu'elle se contente d'élargir à la dimension de l'Etat le modèle 'naturel' de la famille patriarcale: 'Nous nous regardons moins ici [...] comme un même peuple que comme une seule famille. Nous vivons sans inquiétude et sans soins, comme des enfants dans la maison de leur père' (iv.308, 317). Surtout, une législation conforme à la nature a permis, pense-t-on, de résoudre au moins partiellement le problème des passions (iv.319):

Ainsi, des trois principales passions qui font la guerre au cœur des hommes, nous avons su couper la racine à deux: l'égalité qui est établie parmi nous, nous met à couvert de l'ambition, et l'inutilité des richesses nous a guéris de l'avarice. Il n'y a que l'amour auquel nous ne saurions trouver de remède

– l'amour, certes, mais aussi l'appétit déréglé du pouvoir, comme le montrera dans la suite du récit le comportement du ministre.

Si la référence à la nature légitime les institutions de la colonie, la croyance dans la Providence en constitue bien le fondement essentiel. Pour ces protestants, la volonté divine se manifeste de façon directe et immédiate dans la vie des hommes: il n'y a pas de hasard, puisque 'tout ce que nous appelons de ce nom n'est qu'une secrette disposition du ciel, qui tourne toujours les événements à l'avantage de ceux qui respectent ses volontés' (iv.326). Dans un univers mental où tout événement fait l'objet d'une interprétation providentielle, il est naturel que l'aventure vécue par les colons rochellois se constitue spontanément en une destinée où s'accomplissent les desseins de Dieu. Tout le récit introductif de Mme Eliot baigne dans une atmosphère religieuse: le désastre du naufrage s'inverse en signe de salut ('Le malheur qui nous arriva nous conduisit au bonheur dont nous jouissons'); c'est 'par un miracle de la Providence' que le reflux soudain de la marée évite la noyade aux naufragés; et la découverte apparemment fortuite de cette 'espèce de Terre promise' répond à 'une vue particulière du ciel' (iv.300, 301, 303). Tout au long de l'histoire de la fondation de la colonie court en filigrane le thème biblique du peuple élu, guidé par Dieu à travers les épreuves de l'exode vers la Terre promise. L'interprétation que font les insulaires de leur propre histoire régit aussi certains de leurs comportements qu'on pourrait juger aberrants: le tirage au sort des épouses, lors de la cérémonie du temple, ne vise pas seulement, comme on le dit, à respecter 'la loi de l'égalité'; il faut y voir aussi une sorte d'ordalie; 'Dieu, dont la main conduit le sort', choisira pour le plus grand bien de tous (iv.312, 325). On voit les implications politiques de cette théologie providentialiste, d'inspiration vaguement piétiste:[1] elle revient à justifier sans réserve l'ordre établi, puisque l'état de choses existant ne peut être que le résultat d'un décret divin. Mais on voit également ses dangers: elle peut aussi bien légitimer un ordre contraire. Si, au cours de la cérémonie du temple, le hasard qui préside à la constitution des couples est l'expression d'une volonté divine, pourquoi n'en serait-il pas de même pour le coup de foudre qui unit mutuellement aux six jeunes gens six autres jeunes filles? C'est cet argument que, fort habilement, Gelin exploite dans sa harangue, retournant ainsi contre le ministre les implications de sa propre théologie:

Les desseins de Dieu ne se déclarant jamais plus sensiblement que par ces mouvements indélibérés, auxquels la volonté de l'homme ne contribue en rien, nous les avions expliqués dans le sens le plus naturel, c'est-à-dire comme une marque que le ciel nous destinoit à épouser les jeunes personnes pour lesquelles il nous inspiroit tout d'un coup la plus vive affection.[2]

De même, il peut être dangereux d'utiliser la doctrine du hasard-Providence pour légitimer l'entreprise utopique: voir dans ses succès la preuve d'une

---

1. Faut-il assigner à la théologie des Rochellois des origines plus précises? La vieille secte des frères moraves avait recours, elle aussi, au tirage au sort pour régler tous les problèmes importants de la vie communautaire. Cette pratique remonte à la désignation du premier synode de l'Eglise morave, en 1467. Après une longue éclipse, les fraternités moraves connaissaient alors un nouvel essor sous l'impulsion du comte Zinzendorf, qui transforme son domaine de Haute-Lusace en communauté modèle et, après avoir consulté le sort, décrète solennellement, le 7 janvier 1731, la remise en vigueur des anciennes constitutions de l'Eglise morave (voir Armytage, *Heavens below*, p.49-51).

Il est assez douteux que Prévost ait pu entendre parler de ces expériences, puisque l'expansion des fraternités moraves en Angleterre n'est pas antérieure à 1738. Mais les pratiques d'arbitrage par le sort sont présentes dans toute la tradition du protestantisme 'non conformiste'; on les retrouve, sous une forme moins systématique, dans certaines sectes puritaines et chez les quakers.

2. *O.C.*, iv.419-20. Le raisonnement repose ici sur le même immanentisme théologique qui conduit à la divinisation du sort et relève bien de la même forme de sensibilité religieuse: les 'mouvements indélibérés' dans lesquels Gelin affirme voir l'expression directe de la volonté divine évoquent la 'lumière intérieure' (*inner light*), guide infaillible de vérité dans la théologie des quakers.

bénédiction divine, c'est aussi interpréter ses échecs comme une sanction providentielle. N'est-ce pas ainsi qu'il faut comprendre l'insurmontable problème démographique auquel se heurte la colonie? 'Comme les peuples maudits de la Bible, les Rochellois sont frappés dans leur descendance', observe Jacques Decobert.[3] Le médiocre succès de la mission de recrutement de Mme Eliot – six jeunes gens pour une centaine de jeunes filles – ne saurait que conforter cette interprétation.

La révolte de Bridge et de ses compagnons conteste très directement les fondements de la société utopique. Dans l''odieuse cérémonie du sort' qui a procédé à la répartition des couples, ils ne voient nullement la manifestation de la volonté divine, mais plutôt celle d'un arbitraire injuste et absurde qui viole les principes élémentaires du droit naturel: 'Nous sommes nés libres', rappellent-ils au Consistoire (*O.C.*, iv.374). En revendiquant ainsi les droits de la nature, les insurgés montrent à quel point celle-ci est en opposition avec les principes religieux appliqués dans la colonie (iv.477):

Protestants cruels! Est-ce là cet esprit de douceur et d'humanité que votre religion vous inspire? Ah! retournez dans vos patries que le zèle de la vérité, dites-vous, vous a fait quitter. Soyez-y Turcs, idolâtres, et ne violez pas les saintes lois de la nature, qui est la plus sacrée et la plus inviolable de toutes les religions.

Ce sont les deux principes fondamentaux de la communauté rochelloise qui sont ici dressés l'un contre l'autre: la nature ne peut s'accorder avec la soumission aveugle aux décrets d'un hasard rebaptisé Providence et, surtout, d'une autorité ecclésiastique qui s'en prétend l'interprète. Dès lors, c'est toute l'utopie qui s'effondre avec son système de valeurs: la hiérarchie des âges, prétendument fondée sur la règle naturelle, apparaît comme le garant d'un ordre gérontocratique; les 'sages vieillards' ne sont plus aux yeux des jeunes gens révoltés que 'quelques vieillards ridicules', des 'vieillards soupçonneux qui n'avoient point d'autre occupation que d'observer notre conduite' (iv.345, 349). La religion officielle dévoile sa véritable finalité, celle d'un appareil oppressif au service du despotisme politique.

ii. La fondation de l'Etat et l'imposture religieuse: l'exemple des épisodes américains

Cette même liaison du religieux et du politique, parfaitement explicite dans l'épisode des Abaquis, n'apparaît dans celui des Nopandes que sous une forme plus allusive. On a déjà noté le caractère profondément dégradé que revêt la

---

3. Decobert, 'Au procès de l'utopie', p.497.

pratique religieuse chez ce peuple de demi-civilisés. Les diverses 'erreurs' des Nopandes constituent le point sur lequel la narratrice elle-même revient le plus volontiers; constamment partagée entre le 'scrupule' religieux qui l'incite à communiquer à ses hôtes un christianisme plus authentique et l'impérieux devoir de rejoindre au plus vite Axminster, Mme Riding se résignera finalement à 'les laisser comme abîmés dans une multitude de superstitions' dont elle dresse complaisamment la liste: les Nopandes se forment de l'Etre suprême l'image la plus fausse et la plus comiquement matérielle, n'ont qu'une idée fort approximative de la Trinité chrétienne, se prosternent devant des figurines informes dont 'toutes les maisons étoient remplies', transposant ainsi avec maladresse le culte des saints de la religion catholique (vii.149, 150, 151, 138). Cette étonnante dégénérescence religieuse pourrait s'expliquer assez naturellement par la personnalité du législateur – un sauvage superficiellement christianisé par un séjour de quelques années dans les colonies espagnoles – ainsi que par l'isolement matériel de la nation, qui a interdit tout contact avec une tradition religieuse vivante. C'est bien cette double interprétation que propose la narratrice en remarquant que les opinions et les objets du culte ne sont 'qu'autant d'altérations des nôtres, soit que le temps seul eût été capable de produire ce changement, soit que le zèle du fondateur eût manqué de lumières' (vii.139).

Mais certains éléments suggèrent une interprétation tout autre, et peut-être la naïveté prêtée au législateur sauvage ne réside-t-elle après tout que dans le regard condescendant d'un observateur trop superficiel. On sait que les Nopandes, avec cette simplicité qui les porte à représenter visiblement l'objet de leur croyance, entretiennent au fond d'un gouffre effrayant un brasier perpétuel qu'ils appellent l'enfer, sans qu'il soit possible de déterminer 's'ils regardoient ce supplice comme une simple image du châtiment qui attend le crime après la vie, ou s'ils croyoient effectivement que c'étoit l'enfer même qui se trouvoit placé dans l'enceinte de leurs murs' (vii.154). Mais il ne s'agit pas seulement d'une naïve représentation concrète d'un dogme religieux: l'enfer matériel des Nopandes est un moyen original d'exécution des criminels, chargé de réprimer les 'crimes contre la majesté divine' (parjure, blasphème, profanation) mais aussi certains délits civils ou politiques tels que les attentats à la sûreté publique (meurtre, vol, calomnie) ou à l'autorité du prince (révolte, trahison). Le supplice se déroule en présence de tout le peuple, toujours de nuit, et donne lieu à une mise en scène spectaculaire propre à frapper les esprits. 'En livrant le criminel aux ministres intérieurs, on l'accabloit d'imprécations, comme une victime dévouée à la colère divine' (vii.154). Comment alors ne pas voir dans cette institution, sous son apparente puérilité, un habile moyen de gouvernement? Abolissant toute distinction entre justice humaine et justice divine, monde de l'ici-bas et monde de l'au-delà, le législateur en est arrivé à diviniser la justice humaine, ou plutôt les considérations d'opportunité politique qui en tiennent lieu. L'ordre social de l'utopie se trouve ainsi spectaculairement garanti par un fondement surnaturel aux manifestations effrayantes; la religion – ou, si l'on préfère, la superstition – n'est plus ici qu'un instrument politique, et la narratrice est amenée sur ce point à réviser son jugement (vii.154-55):

Si quelque chose a pu me persuader qu'il étoit entré plus de politique que de superstition dans la plupart de ces établissements, c'est le soin avec lequel on s'étoit efforcé de soutenir tous ceux qui pouvoient contribuer particulièrement au bon ordre de la société et au maintien de l'autorité souveraine.

C'est alors toute l'interprétation de l'utopie qui change de sens: l'idolâtrie des Nopandes est moins le stigmate de la dégénérescence d'un christianisme corrompu par l'ignorance sauvage que l'indice d'une science politique utilitariste, efficace, lucide dans le choix de ses moyens (vii.151-52):

De quantité d'autres opinions que le temps ou l'ignorance avoit altérées parmi les Nopandes, j'admirai quelle force ils attribuoient encore à celle de la justice divine, même en la défigurant. Si l'on aimoit mieux l'attribuer à la politique de leur fondateur, qui n'avoit peut-être rien imaginé de plus propre à soutenir l'ordre qu'il avoit établi parmi eux, il faudroit prendre une assez haute idée de sa prudence.

L'épisode des Abaquis développe les mêmes thèmes de façon beaucoup plus explicite. Dès l'origine, les motivations du législateur, si pures soient-elles, ne sont pas entièrement désintéressées. Cleveland se propose, certes, par 'l'établissement d'un gouvernement sage qui [les] distinguerait bientôt de tous les autres peuples de l'Amérique', de 'délivrer les Abaquis de tout ce qui les avoit ravalés jusqu'alors au-dessous de la qualité d'hommes' (v.109, 172); mais la finalité véritable de l'entreprise est ailleurs, et les Indiens n'en sont qu'un instrument. Cleveland a une espérance secrète: le voyage d'Axminster en Amérique avait pour but de soulever les colonies anglaises contre l'autorité de Cromwell; les Abaquis, civilisés par ses soins, pourraient fournir un corps de troupes discipliné et puissant, susceptible de jouer un rôle déterminant pour la cause royaliste. Il est à peine utile de souligner à quel point, dans ce projet, les considérations d'opportunité politique priment sur toutes les autres: envisageant d'enrôler les sauvages au service du roi Charles, Cleveland n'a aucune scrupule à les mêler aux guerres civiles de l'Europe pour une cause qui ne les concerne pas.

Une perspective de manipulation politique est donc inséparable du projet initial du législateur; étroitement associée à une habile utilisation de la religion, elle présidera également au détail de sa démarche, notamment aux différentes étapes de la conquête du pouvoir. Celle-ci est facilitée par les circonstances:

Iglou, l'esclave de Cleveland, est Abaqui d'origine. Entièrement dévoué aux intérêts de son maître, après lui avoir servi de guide et d'introducteur dans la communauté, il manœuvre auprès de ses compatriotes pour les persuader de le demander pour chef. Cleveland feint d'hésiter et n'accepte de se laisser fléchir que lorsque le peuple vient le supplier de se mettre à sa tête. Mais il exige en retour un serment solennel d'obéissance et de fidélité consacré par le Soleil, suprême référence religieuse des Abaquis. Des légendes rapportent des exemples de la vengeance du Soleil contre les parjures, et Cleveland exploitera ces superstitions pour asseoir son pouvoir: 'Il n'étoit pas question de les détromper. Au contraire, je crus pouvoir tirer d'abord des avantages considérables de leur simplicité et de leur erreur, remettant à leur faire prendre dans la suite des idées plus justes de ce qu'ils devoient craindre et adorer' (v.109-10). La cérémonie d'investiture, véritable acte fondateur de la société civile, n'instaure qu'un contrat social perverti et truqué, puisque l'ordre social qui y est institué s'appuie sur une imposture du législateur: ce qui fonde son autorité, c'est une religion à laquelle lui-même ne croit pas.

Chef de la nation, Cleveland associera dans une même démarche l'effort de perfectionnement religieux des Indiens et le renforcement de son propre pouvoir. Partant du culte solaire indigène, il s'efforcera d'élever les Abaquis à la connaissance 'd'une autre divinité que le soleil, plus ancienne et plus puissante que lui, dont il étoit lui-même l'ouvrage, et dont il recevoit sa chaleur et sa lumière'.[4] Son but est de passer sans rupture de l'animisme solaire à un déisme naturaliste rudimentaire, seul compatible avec les 'simples lumières' des sauvages et excluant toute approche de la révélation chrétienne (v.164-65):

Ils n'avoient que les lumières les plus simples de la nature, et je ne les croyois pas capables d'en recevoir d'autres. J'examinai sur ce principe ce que l'être infiniment juste pouvoit exiger d'eux. Il me parut que le point essentiel de leurs obligations étoit de reconnaître un Dieu tout puissant, leur créateur et leur maître absolu, de l'adorer sans partage et d'espérer ses récompenses. Telles furent les bornes que je crus devoir donner à leur foi.

C'est une religion naturelle, sans sacrements, sans dogmes, sans rites, sans prêtres et sans temple, puisque l'on doit 'envisager tout l'univers comme un temple magnifique que Dieu s'est fabriqué de ses propres mains' (v.165); les cérémonies sont réduites à un simple culte bihebdomadaire et à une brève prière quotidienne. Mais ce programme religieux est inséparable d'un programme

---

4. v.153. La société 'héliocratique' des Sévarambes de Veiras connaît de même deux systèmes religieux distincts, ainsi qu'on l'a vu: l'un exotérique, reconnaît dans 'le Soleil visible et glorieux' la Divinité suprême; l'autre, ésotérique (c'est la religion de l'élite), tient le soleil pour une simple image concrète du 'Dieu invisible, éternel et infini'. Le pacte instauré entre le souverain et la nation est garanti par un serment invoquant ces deux aspects de la Divinité.

politique: la consolidation du pouvoir absolu exercé par Cleveland doit accompagner la découverte du vrai Dieu, dont il se prétend d'ailleurs l'élu et l'interprète. Ici encore, nous ne sommes pas loin de l'absolutisme théocratique en vigueur chez les Sévarambes. Le souverain, qui reçoit le titre de vice-roi, est regardé comme le lieutenant du Soleil et exerce le pouvoir en son nom. Cette interpénétration du religieux et du politique conduit à de singulières conséquences. Moou, chef indien d'un tempérament belliqueux et emporté, accepte mal l'autorité de Cleveland et complote contre lui afin de s'emparer du pouvoir et d'épouser Fanny; Cleveland décide de le faire disparaître: 'Mon emploi me donnoit ce droit sur la vie d'un sujet rebelle et parjure' (v.156). Transformant en œuvre d'édification religieuse ce qui n'est qu'un vulgaire assassinat politique, le narrateur en profitera pour 'amener les Abaquis à la connoissance du vrai Dieu', grâce à une mise en scène spectaculaire propre à frapper les esprits: après des mises en garde solennelles, prononcées sur un ton prophétique, on fait exploser à grand bruit une charge de poudre dans la cabane du rebelle, tandis que celui-ci est adroitement abattu par un tireur dissimulé dans l'obscurité. Un discours aux Abaquis permet de tirer la leçon de ce 'miracle': 'Ceux qui suivroient l'exemple de Moou devoient s'attendre au même malheur. J'ajoutai que j'avois ordre de ce même Dieu, qui savoit si bien punir, de leur offrir des faveurs et des bienfaits s'ils vouloient l'adorer' (v.163).

Certes, reconnaît Cleveland, 'peut-être trouvera-t-on quelque chose d'irrégulier ou du moins de trop humain dans les moyens que j'employai' (v.153); mais ce n'est qu'une fraude pieuse, puisque le faux miracle va avoir pour effet une conversion à une religion plus authentique, la superstition populaire étant ainsi retournée contre elle-même. Toutefois, cette justification ne convainc qu'à moitié. La mise en scène imaginée par Cleveland a surtout servi ses desseins politiques: elle lui a permis d'éliminer sans danger un rival et d'asseoir assez hypocritement son autorité sur un peuple crédule en conférant à celle-ci un fondement surnaturel. Se donnant pour mandataire du 'vrai Dieu' auprès des Abaquis, Cleveland est donc fondé à réprimer toute forme de résistance politique comme un crime religieux. Le régime de dictature ainsi institué, qui fait de Cleveland rien d'autre que 'le double exotique de Cromwell',[5] relève simultanément de deux modèles: perçu par le peuple comme un gouvernement direct de Dieu, une théocratie, il n'est aux yeux du législateur qu'une forme de despotisme éclairé dans laquelle l'utilisation politique des superstitions religieuses permet d'assurer la puissance de l'Etat et l'harmonie de la collectivité.

Ce qui aux yeux du narrateur justifie la fusion du religieux et du politique,

5. Jean-Paul Sermain, *Rhétorique et roman au dix-huitième siècle: l'exemple de Prévost et de Marivaux (1728-1742)*, Studies on Voltaire 233 (Oxford 1985), p.92.

c'est qu'à la racine de l'un et de l'autre on trouve une même constante de l'esprit humain: le goût instinctif de la soumission, la révérence naturelle devant toute forme de domination. Se rendant à la cérémonie où il doit recevoir son investiture, Cleveland médite sur 'l'inclination qu'ont tous les hommes à flatter ce qu'ils regardent comme supérieur à eux' (*O.C.*, v.113-14):

C'étoit donc dans ces barbares un mouvement naturel, causé par cette seule idée, qu'ils alloient me voir élevé au-dessus d'eux, et dans un degré de grandeur qu'ils commençoient à craindre et à respecter, quoiqu'il fût leur ouvrage. Je m'attache avec complaisance à cette réflexion, parce que je trouve dans ce penchant des hommes à la soumission et à la dépendance, un caractère marqué de la puissance d'un souverain être qui les a faits tels qu'ils sont, et qui les avertit par là, non seulement qu'ils ont un auteur et un maître, mais encore que c'est vers lui qu'ils doivent diriger leurs premiers respects et leurs principales adorations.

– saisissante analyse, qui assigne à la religion et au pouvoir un fondement commun dans l'instinct naturel de la servitude. La soumission à l'autorité politique a donc une signification originairement religieuse; inversement, la foi religieuse crée les conditions mentales d'une acceptation de la domination politique.

Tout ce développement, qui semble aller dans le sens d'une justification de l'absolutisme fondé sur le droit divin, est cependant fort ambigu, et on peut se demander si Cleveland ne s'aveugle pas lui-même sur les implications de son analyse. Faut-il réellement voir dans la soumission volontaire des hommes à l'autorité d'un seul à la fois la marque de 'la puissance d'un souverain être' et l'indice du caractère sacré de la souveraineté? Comme le note le narrateur lui-même, son élévation au pouvoir est l'ouvrage du peuple. Cleveland n'est investi d'aucune autorité transcendante; s'il est l'élu de Dieu, c'est seulement dans l'esprit trop simple de ses sujets. La doctrine de l'investiture divine du souverain, fondement de l'absolutisme, n'est peut-être, elle aussi, qu'une forme de l'imposture politique.

iii. Le problème du mensonge politique: Prévost et la tradition libertine

Tout le discours sous-jacent dans l'épisode des Abaquis sur l'imbrication de la religion et de la politique renvoie de la façon la plus claire au courant libertin du dix-septième siècle. Relayé par les exilés français (souvent protestants) d'Angleterre et de Hollande, il est encore vivace à l'époque où Prévost écrit son roman. Des thèmes tels que les faux miracles, le recours au mensonge comme moyen de gouvernement, l'utilisation politique de la superstition populaire sont depuis l'origine des constantes de la pensée libertine. Dès 1639,

Gabriel Naudé s'efforce de montrer dans ses *Considérations politiques sur les coups d'Etat* que 'si nous considérons quels ont esté les commencemens de toutes les monarchies, nous trouverons tousjours qu'elles ont commencé par quelques unes de ces inventions et supercheries, en faisant marcher la Religion et les miracles en teste d'une longue suite de barbaries et de cruautez'.[6] La vieille tradition libertine des 'trois imposteurs', souvent reprise par les manuscrits clandestins – notamment le *Theophrastus redivivus* (1659) et le traité *De tribus impostoribus ou l'esprit de Spinoza* (antérieur à 1706 selon Spink),[7] présente Moïse, Jésus et Mahomet comme d'habiles politiques imposant leur autorité grâce à des miracles fabriqués.

Ces mêmes thèmes sont présents, on l'a vu, dans plusieurs romans utopiques de la fin du dix-septième et du début du dix-huitième siècles. Le *Jacques Massé* de Tyssot de Patot, sorte de vulgate de la pensée libertine, illustre abondamment le thème de la 'subtilité' et de la 'violence' des rois dans l'utilisation politique des miracles: les habitants du royaume austral, aujourd'hui libérés du joug du despotisme, ont vécu autrefois sous un régime de monarchie absolue de droit divin. Les souverains, qui se donnaient pour fils de la Terre et du Soleil, appuyaient leur autorité sur de prétendus miracles forgés grâce à la complicité des prêtres:

Lorsqu'il y avoit de grands débats entre le Souverain et ses Sujets, et qu'il appréhendoit quelque Révolution fatale à sa Famille, on faisoit monter secrettement quelqu'un des Intéressez, par l'un des Escaliers des Colonnes qui soûtiennent le Dôme, lequel se glissoit doucement entre la Cappe et le Plat-fonds; et quant le Conseil étoit assemblé, il se mettoit à crier de toute sa force, et par un trou fait pour cela, qui répondoit au centre du Soleil de Cuivre, qui est au milieu de l'Edifice: Mon Fils est juste, et vous êtes méchans! Cette Voix qui retentissoit partout comme un Tonnerre, surprenoit extrêmement les Assistans, et ne manquoit jamais de faire son effet.[8]

Un ingénieux système de trappe mue par des ressorts dissimulés permet de même d'éliminer spectaculairement les 'blasphémateurs', c'est-à-dire ceux qui contestent la religion officielle, en faisant apparaître leur châtiment comme un acte surnaturel de la justice divine. Pour les Ajaoiens de Fontenelle, qui professent ouvertement l'athéisme, 'tout ce que les Européens disent de l'immortalité de leur ame, n'est qu'une chimere inventée par d'habiles politiques, leurs législateurs, pour les tenir dans une crainte continuelle d'un prétendu avenir'.[9] Mais la source essentielle de Prévost semble bien être ici l'épisode de

6. G. Naudé, *Considérations politiques sur les coups d'Etat* (1639), p.84-85, in Adam, *Les Libertins au XVIIe siècle*, p.142. L'ouvrage de Naudé a été plusieurs fois réédité, notamment en 1667 et 1673, dans une version augmentée d'un commentaire sur la dictature de Cromwell.

7. Spink, *La Libre pensée française*, p.281.

8. Tyssot de Patot, *Voyages et avantures de Jaques Massé*, p.240-41.

9. Fontenelle, *La République des philosophes, ou histoire des Ajaoiens*, p.50.

l'imposteur Omigas dans l'*Histoire des Sévarambes*, lequel se donne pour le fils du Soleil et s'institue chef de l'Etat grâce à des miracles fabriqués. Comme chez Tyssot de Patot et Prévost, il se débarrasse de ses ennemis en faisant s'ouvrir sous leurs pieds une fournaise ardente et prophétise des événements dont il a préalablement arrangé le déroulement.

La façon dont le thème se trouve traité dans l'épisode des Abaquis présente cependant une singularité. Chez Veiras comme chez Tyssot de Patot, les manipulations politico-religieuses et les miracles truqués renvoient à un état archaïque des sociétés imaginaires, antérieur précisément à l'instauration de l'organisation utopique, qui a permis d'abolir ces pratiques: employant, il est vrai, des méthodes guère moins contestables, la réforme de Sévarias a rompu avec les falsifications religieuses d'Omigas et de ses successeurs; chez les utopiens de *Jacques Massé*, une révolution pacifique a, trois cent cinquante ans plus tôt, renversé l'absolutisme fondé sur le droit divin pour installer à sa place une monarchie tempérée. Mais, chez Prévost, c'est précisément pour établir l'ordre nouveau d'une cité prétendument idéale que Cleveland a recours à la fraude, au mensonge et à la violence. L'imposture se trouve ainsi installée au cœur même de l'acte fondateur de l'utopie. Cleveland n'a reçu d'autre mandat divin que celui qu'il s'attribue lui-même auprès de l'opinion publique; le régime qu'il institue n'a que les apparences extérieures d'une monarchie théocratique; c'est un despotisme éclairé purement laïque, dépourvu de toute légitimité transcendante.

L'épisode des Abaquis développe avec toutes ses conséquences la problématique déjà entrevue à propos de la colonie rochelloise et de la société des Nopandes: la confusion du politique et du religieux, délibérément entretenue par le législateur ou par les gouvernants, conduit à un régime d'absolutisme despotique. Chez les Nopandes ou, de façon plus explicite, dans l'organisation que Cleveland met en place chez les Abaquis, le pouvoir politique prend appui sur une religion mal dégagée de la superstition; dans la colonie rochelloise, par un mouvement inverse mais avec un résultat finalement identique, c'est l'instance religieuse qui investit le pouvoir politique et assume l'essentiel de ses attributions: par le biais du Consistoire ou grâce aux manipulations qu'il exerce sur l'opinion publique, le ministre détient au sein de la colonie la réalité du pouvoir. Dans tous les cas, cette contamination de la religion et de la politique permet de transférer à une instance surnaturelle le soin de réprimer les déviations individuelles de tous ordres, notamment politiques: c'est comme adultère, c'est-à-dire comme crime religieux, qu'on punit la rebellion de Bridge contre les institutions de la colonie, et la mise en scène organisée par Cleveland présente le châtiment du conspirateur Moou comme le résultat d'une intervention divine, de même que l'"enfer' des Nopandes fait du criminel jeté dans la fournaise 'une victime dévouée à la colère divine' (*O.C.*, vii.154).

Plus généralement, les trois épisodes utopiques de *Cleveland* posent le problème de la légitimité du pouvoir et des conditions pratiques de son exercice. Il semble bien que, pour Prévost, un pouvoir rationnel purement humain, celui précisément que cherchent à instaurer les utopies, ne trouve pas en lui-même les conditions de sa propre légitimité; le législateur doit donc, pour le rendre acceptable aux yeux du peuple, lui donner, au besoin par le mensonge et l'imposture, une apparence de fondement religieux – mais qui n'est et ne peut être autre chose qu'une apparence.

26. De la faillite de l'utopie au roman de l'échec

LA simple analyse des sociétés utopiques présentées dans le roman permet donc de mettre en évidence certaines contradictions qui nuisent à leur cohérence interne. La colonie rochelloise se réclame tout à la fois de la Nature, de la Raison et de la Providence; mais cette référence apparaît comme l'expression d'une idéologie justificatrice qui, soumise à l'épreuve des faits, ne peut cacher les oppositions existant entre ces valeurs fondatrices. En édifiant une société chez les Abaquis et les Nopandes, on a voulu tirer ces peuples de la barbarie et les élever à la connaissance du vrai Dieu; mais le législateur n'a pu établir son pouvoir et instaurer un ordre social qu'à la faveur de la superstition, de la fraude et de la violence, réintroduisant ainsi dans l'univers qu'il a créé toutes les tares de l'état sauvage qu'il se proposait de corriger. Faut-il donc voir dans *Cleveland* une illustration de la faillite des utopies? c'est bien, en effet, d'une entreprise de contestation méthodique de l'utopie et de ses mythes qu'il s'agit. L'épisode de la colonie rochelloise, allant contre les présupposés fondamentaux du genre, met en évidence l'opposition de l'individu et de la société, l'antinomie du bonheur collectif et du bonheur individuel: deux au moins de ces communautés connaissent un effondrement total, illustrant la fragilité des constructions utopiques; enfin, un examen de l'ensemble du roman envisagé sous l'angle des aspirations utopiques qui s'y manifestent permet de montrer que l'utopie n'est qu'une modalité inadéquate, décevante et, d'ailleurs, vite dépassée de la quête du bonheur. Mais la faillite de l'utopie n'est elle-même qu'un versant particulier d'un échec plus général qui affecte tous les axes de la quête romanesque.

i. L'individu et la société: l'antinomie du bonheur personnel et du bonheur collectif

En mettant en doute l'harmonie entre l'ordre social et la vie personnelle, l'absence de tout conflit entre bonheur individuel et bonheur collectif, l'épisode de la colonie rochelloise fait vaciller quelques-unes des certitudes sur lesquelles s'appuient la majorité des utopies de l'époque et, plus généralement, les courants dominants de la pensée des Lumières. Comme l'a montré Robert Mauzi, le problème d'un possible antagonisme entre l'individu et la société est généralement résolu au dix-huitième siècle de façon optimiste, en vertu d'un double postulat: celui de la sociabilité naturelle de l'homme, dont l'existence n'est concevable qu'au sein du groupe – individu et collectivité poursuivant des finalités identiques, tout conflit entre ces deux instances est pratiquement écarté; celui de l'aptitude de l'ordre social idéal à '[prendre] en charge toutes les exigences individuelles, auxquelles il est en mesure de répondre complètement', l'individu se réalisant alors tout entier dans sa participation à l'existence collective.[1] L'utopie, par la logique même de sa démarche, tend à systématiser et à radicaliser l'optimisme moral latent dans la pensée des Lumières. Cette démarche est déductive: elle va de l'abstrait au concret, du principe au fait, du général au particulier, du collectif à l'individuel. Posant en principe que de sages institutions produisent nécessairement un Etat idéal, l'utopiste en conclut que la collectivité y est nécessairement heureuse et que chaque individu pris séparément l'est donc également. De plus, l'ordre social parfait ainsi mis en place a vocation à satisfaire l'ensemble des aspirations individuelles. Comme à Sparte ou comme dans la Rome républicaine – non telles sans doute qu'elles furent historiquement, mais telles que les réinvente l'imaginaire politique des Lumières – la relation de l'individu à l'Etat absorbe tous les aspects de sa personnalité: l'homme n'est plus un être séparé, mais parcelle de la Cité, fragment du corps politique; intérêt particulier et intérêt général cessant de s'opposer, il ne peut plus y avoir de conflit entre l'individu et la collectivité.

Ce sont ces certitudes élémentaires que remet en cause l'épisode de la colonie rochelloise. Non que l''île heureuse' se réclame de valeurs autres que celles qui régissent les utopies traditionnelles: les fondements de cette société sont comme à l'accoutumée la nature et la raison; les protestants rochellois se distinguent seulement par l'adjonction d'un troisième terme, la Providence, qui confère une sanction transcendante à l'union des deux premiers. L'ordre social créé dans l'île permet une intégration complète des individus à la collectivité: l'abolition de la propriété privée et l'instauration de 'la loi sacrée de l'égalité', en supprimant leurs causes, ont supprimé l'ambition et l'avarice, passions génératrices d'individualisme; ainsi sont créées les conditions d'une fusion des particuliers dans la communauté. Certes, l'égalité n'est pas parfaite, puisqu'il subsiste une distinction entre les maîtres et les domestiques et, à l'intérieur de chaque caste, une hiérarchie des âges; mais ceci ne saurait remettre en cause la cohésion de l'ensemble. Comme le dit Mme Eliot à propos des domestiques, 'ils nous touchent d'aussi près que les mains font au corps. Nous ne nous croyons supérieurs à eux que comme la tête l'est à l'égard des autres membres' (*O.C.*, iv.310) – curieuse métaphore biologique qui montre bien l'unité organique à laquelle vise la république des Rochellois: il n'existe qu'un seul véritable individu, c'est l'Etat. L'homogénéité de la colonie n'est pas obtenue, comme chez les Australiens de Foigny, par l'identité absolue de tous les êtres qui la

---

1. Mauzi, *L'Idée du bonheur*, p.141.

composent, mais par l'intégration dans un plan d'ensemble de différences socialement codées: jeunes et vieux, maîtres et domestiques, chacun y a sa place et participe selon son rang à la vie collective du corps politique.

Accueillis dans cette 'île heureuse', Bridge et ses compagnons sont aussitôt invités à '[s']agréger à une société de gens aimables et vertueux', c'est-à-dire à se fondre dans l'être collectif, trouvant ainsi leur bonheur propre dans le bonheur de la communauté. Cependant, la cérémonie du mariage, qui doit précisément consacrer la parfaite intégration des nouveaux venus, va ouvrir une crise grave de conséquences dont les développements feront éclater l'antinomie du bonheur individuel et du bonheur collectif. Comme c'est souvent le cas dans l'univers de *Cleveland*, tout commence par un engrenage fatal de malentendus et de silences. Bridge est, comme Cleveland, un être voué au malheur: ses initiatives, ses habiletés et ses prudences se retournent fatalement contre lui. C'est lui qui dissuade ses camarades de récuser par avance la 'cérémonie du sort' qui doit décider de la répartition des couples; soucieux de ne pas heurter les autorités de la colonie et dans l'espoir illusoire que le décret du hasard pourrait bien, après tout, être conforme à ses vœux, il persuade les autres jeunes gens de se plier sans murmurer aux exigences imposées par l'instance sociale. C'est sans compter avec l'éblouissement immédiat qui l'unit à Angélique et avec le caprice du sort qui lui assigne comme épouse une autre jeune fille. Le malentendu lié à l'ambiguïté des signes l'enferme dans une situation sans issue: Bridge accepte, comme ses compagnons, de donner un baiser à la jeune fille qu'on lui destine – politesse indifférente pour lui, engagement formel aux yeux du ministre. Silences, malentendus, ambiguïtés, puis demi-mensonges de Bridge, auxquels feront écho les manœuvres tortueuses du ministre: déjà sont en place les mécanismes qui conduiront plus tard à la condamnation à mort du héros.[2] Face à 'l'odieuse cérémonie du sort' (iv.375), qui viole le droit naturel et blesse la raison, les jeunes gens vont d'abord faire bloc. Leur révolte s'organise, secrète d'abord, puis ouverte: 'On nous traite ici comme des esclaves', s'exclame Gelin (iv.330). Ils vont contracter avec celles qu'ils aiment, forts d'"un sentiment si raisonnable et si naturel' (iv.344), un mariage à la face du ciel, dans une prairie écartée. La scène est l'exacte antithèse de la cérémonie initiale. Ici, point de temple, ni de prêtres, ni de sacrements, mais un engagement librement consenti qui ne doit rien à la pression sociale: 'Vous savez en quoi

---

2. L'histoire de Cleveland est pareillement marquée par des engagements involontaires nés du malentendu et du silence: lorsque, au livre ii, son grand-père maternel manœuvre pour le séparer d'Axminster et l'attacher au roi, le silence de Cleveland passe pour une acceptation. De même, l'attitude de Cleveland vis-à-vis de Mme Lallin est à l'origine d'un malentendu qui fera le malheur de sa vie: dans une réponse ambiguë, Mme Lallin croit voir une promesse de mariage et provoque sans le vouloir la fuite de Fanny.

l'essence du mariage consiste: ce n'est point une vaine cérémonie, c'est dans le don du cœur et dans les serments qui l'accompagnent' (iv.352). Contre la tyrannie d'un ordre social qui trahit et détourne les valeurs dont il se réclame, les jeunes gens révoltés rétablissent la légitimité de l'ordre naturel; c'est de leur côté que se trouvent la nature, la raison, et aussi la véritable religion, une religion du cœur qui se dispense de tout intermédiaire entre Dieu et l'homme (iv.356-57):

Que manquoit-il à une cérémonie si sage, pour être regardée comme un mariage saint et solennel? Le ciel l'approuva sans doute, car nous avions ménagé religieusement tous ses droits. Cependant, il a plu à des hommes cruels et injustes, de la traiter d'union sacrilège, et de rompre des nœuds qui devoient être immortels par leur nature, comme ils le seront par notre inclination.

Affirmer la légitimité naturelle et religieuse de l'exigence individuelle, c'est renvoyer à l'arbitraire l'ordre social qui lui est contraire. Cependant, la contestation de Bridge et de ses compagnons ne prend pas spontanément et immédiatement la signification d'une opposition irréductible de l'individu et de la société. Ce n'est pas contre *la* société en général, mais contre *un* ordre social particulier que s'exerce leur rébellion. Le groupe des six jeunes gens et de leurs épouses, tous unis par un serment solennel de fidélité et d'entraide, jette les bases d'une possible alternative à l'ordre de la colonie. A travers les discours de Gelin et les commentaires de Bridge s'esquisse l'image d'une autre société, sorte d'utopie dans l'utopie, plus juste et plus libre, débarrassée de la surveillance tâtillonne des vieillards et de l'insupportable despotisme du ministre. A l'image des héros fondateurs des utopies, à la fois conquérants et législateurs, Gelin envisagera même fort sérieusement de fomenter dans la colonie une révolte armée pour y prendre le pouvoir et en réformer les lois.

Cependant, le projet collectif de société 'autre' est voué à l'échec, et les héros, renvoyés à leur solitude individuelle, devront affronter isolément la dictature de l'ordre établi. Le ministre a compris quel danger résultait de l'union des six jeunes gens; ses intrigues visent à dissocier les cas et à séparer les chefs d'accusation pour briser l'unité du groupe. Profitant de l'occasion de scandale offerte par la grossesse d'Angélique, il fera retomber sur Bridge (qu'il estime le plus dangereux) tout le poids de sa vengeance judiciaire. Les cinq autres jeunes gens sont libérés, et les plus faibles, trahissant leur serment, se laissent marier conformément aux décisions de la colonie.[3] L'éclatement du groupe,

3. Gelin, il est vrai, ne trahira pas: non content de partager la destinée de Bridge jusqu'à l'expulsion finale, il lui sauve la vie en suscitant l'émeute qui provoquera la mort du ministre. Toutefois, la signification du personnage est beaucoup moins positive dans la suite du roman, où il joue un rôle fort important: saisi pour Fanny d'une passion criminelle, Gelin est dans la vie de Cleveland une sorte de génie malfaisant; c'est également lui qui blesse mortellement en combat

l'échec du projet collectif de transformation de la société, la solitude finale de Bridge et de Gelin, exclus de l'île et abandonnés sur le rivage de Sainte-Hélène, tout semble manifester l'impossibilité de trouver une solution collective aux problèmes individuels.

L'utopie rochelloise peut sans doute instituer autoritairement un ordre collectif qui assure à tous une vie paisible et réglée, mais c'est au prix d'une renonciation de chacun à son individualité. Pleinement identifiés à l'ordre vertueux qui régit leur vie, délivrés de l'angoisse liée à l'exercice de leur liberté par un Etat-providence qui choisit en leur nom, les citoyens de la colonie mènent une existence immobile, sans risques et sans imprévus, qui ressemble peut-être au bonheur. Mais c'est au prix d'une mutilation de leur individualité, d'une renonciation aux passions et d'une entière aliénation de la personne à l'instance collective. Loin de résoudre l'opposition de l'individu et de la société, du bonheur personnel et du bonheur collectif, de l'ordre social et de la liberté, l'utopie ne fait qu'exaspérer dramatiquement la contradiction en illustrant l'écrasement de l'individu par le despotisme du groupe.

ii. Fragilité des sociétés utopiques

L'utopie traditionnelle se pense elle-même comme un monde immobile. Protégée contre la corruption du dehors par la clôture qui l'enserre, garantie au dedans par de sages institutions, elle échappe aux vicissitudes de l'histoire et se fige dans une perfection qu'elle imagine éternelle. Il n'en va pas de même chez Prévost. Toutes les sociétés utopiques présentées dans *Cleveland* sont singulièrement fragiles. La seule qui paraisse avoir quelque chance de survivre, celle des Nopandes, semble en proie à un processus de dégradation dont la dégénérescence religieuse n'est qu'un symptôme. La destinée de la colonie rochelloise manifeste assez clairement cette fragilité. Expulsé de l'île après la mort du ministre, Bridge en cherche longtemps l'emplacement dans les parages de Sainte-Hélène, sans soupçonner qu'il a à portée de la main ce qu'il cherche si loin. Ce n'est qu'au livre v que seront dévoilés à la fois le secret de l'île et la fin de la colonie: peu après son départ, une épidémie a décimé la communauté et contraint les survivants à fuir leur 'Terre promise'. Ainsi l'utopie fait-elle retour au monde réel et au cours de l'histoire humaine dont, retranchée dans son autosuffisance, elle s'était orgueilleusement séparée: les colons viennent

singulier son ancien ami Bridge, au livre v. Les conséquences catastrophiques de la passion de Gelin ne font que confirmer d'une autre manière l'enseignement de l'épisode de la colonie rochelloise: la passion amoureuse, comme toute aspiration strictement individuelle, est par essence anti-sociale; elle ne peut s'inscrire dans un ordre institué ou dans une relation interpersonnelle, fût-ce celle de l'amitié, sans y introduire la confusion et la violence.

demander asile et protection au gouverneur de Sainte-Hélène; installés en position de sujets, ils ne conserveront que quelques franchises religieuses. Lorsque, plus tard, Cleveland visitera lui-même le site de la colonie abandonnée, il notera que 'les Portugais ayant fait sauter à force de poudre quelque partie des rochers qui la séparoit du reste de l'île, la communication par terre étoit devenue libre et facile' (v.359): à la destruction de l'utopie répond symboliquement la destruction de la clôture, l'ouverture au monde réel d'un espace désormais sans mystère.

Quel sens donner à l'effondrement de la colonie rochelloise? Certes, la catastrophe finale semble résulter d'une cause externe purement accidentelle – l'épidémie – mais on peut penser que celle-ci ne fait que matérialiser l'ébranlement interne dû à la révolte de Bridge et de ses compagnons. Dévoilant le véritable visage de l'organisation utopique, démasquant sous les apparences de l'égalité, de la nature et de la Providence la réalité de l'oppression, de l'artifice et de l'arbitraire, ils ont brisé sa cohésion sociale en faisant apparaître en son sein des divisions et des conflits, entraînant une partie de la population dans leur révolte contre le ministre et le Consistoire. Surtout, ils ont irrémédiablement détruit un équilibre: comme le dit au moment de leur expulsion un vieillard de la colonie (iv.483-84),

Nous vivions paisiblement dans cette isle avant que de vous y avoir reçus. Vous y avez mis le trouble en séduisant nos filles, en massacrant notre ministre, et en voulant nous imposer des lois à force armée. Enfin, vous nous avez apporté toute la corruption de l'Europe, dont nous nous étions crus à couvert ici pour toujours.

Ils sont responsables d'une irruption de l'histoire au sein d'un monde immobile et clos qui s'en est volontairement retiré; introduire le devenir dans l'utopie, c'est y installer la violence et le mal.

L'empire abaqui connaît un effondrement encore plus rapide. Ayant reçu des nouvelles alarmantes d'Axminster, prisonnier des sauvages du désert de Drexara, Cleveland lève un corps de troupes de deux mille hommes. Après quelques jours de marche, une épidémie, ici encore, frappe la petite armée, qui doit arrêter sa progression. Les guerriers meurent les uns après les autres, et les survivants sont de moins en moins enclins à obéir: 'Enfin je ne reconnus plus dans mes bons Abaquis qu'une troupe de sauvages capricieux et inflexibles' (v.201). Décimée par la maladie et, surtout, par des désertions massives, la petite escorte restée fidèle est taillée en pièces par les Rouintons anthropophages. L'aventure se termine en catastrophe: séparés de Cécile et de Mme Riding, qu'ils croient mortes, Cleveland et Fanny, après avoir assisté à d'horribles scènes de cannibalisme, sont entraînés par les sauvages, qui les vendront comme esclaves. La boucle est refermée, et l'épisode s'achève comme il avait commencé: dans l'extrême dénuement matériel et dans le désarroi moral, mais cette fois sans aucune lueur d'espoir. Le séjour parmi les Abaquis n'a été qu'une halte illusoire, une brève parenthèse dans une destinée de malheur. De l'entreprise de Cleveland, il ne reste rien, sinon le récit qui en transmet la trace. La brutalité de l'échec est d'autant plus sensible que le narrateur avait voulu édifier une œuvre qui pût lui survivre: préoccupé au plus haut point de la pérennité des institutions, Cleveland a tout prévu pour 'mettre [les Abaquis] dans une habitude d'ordre et de police qui pût se soutenir lorsqu'ils [l']auroient perdu' –

Sans penser à multiplier leurs loix et leurs obligations, je me bornai à les contenir dans l'observation exacte de celles qu'ils avoient déjà. C'étoit le seul moyen d'assurer le fruit de mes travaux, qui eût été fort incertain après mon départ, si je n'eusse pris soin de lier ainsi ces bons sauvages par les chaînes de l'habitude

– préoccupations bien vaines, puisque sa présence n'empêchera pas son empire de s'effondrer en quelques jours (v.137, 183).

Entre les dénouements de l'un et l'autre épisode, les analogies sont évidentes. Premièrement, l'effondrement de la société utopique est soudain et total, lié, plus ou moins indirectement, à une violation du principe de clôture: c'est à l'instant où Cleveland quitte le territoire des Abaquis pour secourir Axminster que sa bonne étoile semble l'abandonner; la chute de la colonie rochelloise est, nous l'avons vu, indirectement liée à l'arrivée des six jeunes gens dans la colonie et aux discordes qu'ils y font naître; Bridge et ses compagnons font entrer dans l'univers protégé de l'utopie 'toute la corruption de l'Europe', c'est-à-dire la conflictualité du monde extérieur. Deuxièmement, la catastrophe finale semble résulter, au moins en surface, d'une cause accidentelle: l'épidémie qui décime la communauté. En lui assignant une motivation aussi purement extérieure, Prévost a choisi la voie de l'ambiguïté. On pourrait voir là un souci de disculper l'utopie en évitant de faire porter sur elle le jugement des faits: les sociétés qui nous sont présentées ne pâtissent pas, en apparence, de leurs contradictions internes, mais d'une causalité externe qui semble trahir l'arbitraire du romancier. Toutefois, le fait même que les sociétés utopiques périssent, alors que tout est organisé pour assurer leur pérennité, suffit à démentir cette interprétation. De surcroît, du point de vue de la logique narrative, rien n'impliquait cette destruction: sans que rien ne soit modifié dans l'ordonnance du récit – mais non, peut-être, dans sa signification – la société des Abaquis pourrait parfaitement se perpétuer après le départ de Cleveland, comme celle des Rochellois après l'expulsion de Bridge. Tel est d'ailleurs le schéma de l'utopie classique: le narrateur quitte, pour en porter la description au monde réel, le territoire utopique qu'il a parcouru et dont l'histoire se poursuit désormais en dehors de lui.

On peut se demander si l'aboutissement catastrophique des expériences utopiques de *Cleveland* n'est pas à mettre en relation avec l'optique providentialiste qui imprègne tout le roman et qui est aussi à la base de la théologie officielle de la colonie rochelloise. Dans ce roman de la destinée, il n'y a ni hasard ni contingence: tout événement est porteur de sens; qu'on l'interprète comme Providence ou comme fatalité, tout semble réglé d'avance par une rigoureuse prédétermination.[4] Héros voué au malentendu, à l'errance et au malheur, Cleveland envisage lui-même rétrospectivement son histoire comme le déroulement d'un destin: 'Mon nom étoit écrit dans la page la plus noire et la plus funeste du livre des destinées; il y étoit accompagné d'une multitude d'arrêts terribles, que j'étois condamné à subir successivement' (*O.C.*, iv.231-32). Semblables aux fléaux qui, dans la Bible, viennent détruire les cités maudites en proie à la colère divine, les épidémies qui provoquent la chute des communautés utopiques de *Cleveland* participent de la même atmosphère fatale et entrent pareillement dans le plan d'une explication providentielle. Dans cette optique, la faillite des sociétés utopiques du roman est nécessairement signifiante: signifiante par rapport aux héros, dont elle souligne la vocation de l'échec et la propension à l'illusion; signifiante aussi par rapport à l'aspiration utopique elle-même, mise en question dans sa capacité à fonder un ordre durable et à apporter une réponse satisfaisante au problème du bonheur humain.

iii. Les univers-refuges de *Cleveland* et la quête du bonheur: vers une liquidation de la tentation utopique

L'aspiration, qu'on peut dire au sens large du terme utopique, à un autre ordre du monde, à un autre type de relations humaines, à une vie plus pleine et plus vraie, libérée de l'enchaînement des aventures, du désordre passionnel et du poids du destin, est en effet récurrente dans *Cleveland*, et toujours déçue.[5] Les trois épisodes de la colonie rochelloise, des Abaquis et des Nopandes, s'ils marquent les étapes les plus saillantes de cette quête, sont loin pourtant d'en constituer les seuls indices. La recherche d'un 'lieu où vivre', d'une retraite ou d'un refuge dans lequel le bonheur serait enfin possible, semble gouverner la

4. Comme le remarque Jean Ehrard, 'Est-ce la Providence ou la Fatalité qui règle la destinée humaine? Cette question angoissante que presque tous les personnages de l'abbé Prévost en viennent un jour ou l'autre à se poser donne à son œuvre romanesque sa véritable dimension: non plus celle d'un banal écrit d'aventures, mais d'une enquête passionnée qui met la fiction romanesque au service d'une recherche métaphysique' (*L'Idée de nature*, ii.630).
5. Cf. les trois fonctions que Robert Mauzi ('Le thème de la retraite dans les romans de Prévost', in *L'Abbé Prévost*, Actes du colloque d'Aix-en-Provence, 20-21 décembre 1963, Aix-en-Provence 1965, p.185-95) assigne aux 'retraites' qui apparaissent si souvent dans les romans de Prévost. Elles s'incarnent dans quelques images concrètes telles que l'île, la caverne, le couvent, l'asile rustique, la première seule étant susceptible de revêtir une dimension collective à signification directement utopique.

démarche des personnages du roman; mais, à peine atteints et investis par les héros, ces 'ailleurs' dans lesquels se projette l'aspiration utopique dévoilent leur caractère illusoire. Comme l'écrit Jean Sgard à propos de l'aspiration au bonheur dans *Cleveland*, 'vivre, ce serait aimer et être aimé, trouver dans la grotte ou dans une famille idéale, dans une petite société d'amis, dans un cercle parfait ou une cité bien fermée, un refuge contre la vie active, un asile où l'on puisse s'aimer sans souffrir, mais c'est en vain'.[6]

Bâtard et orphelin, né d'un père monstrueux haineux et haï, Cleveland est, comme son demi-frère Bridge, un paria coupé de tout ancrage social. Pour le soustraire à la cruauté paternelle, on l'a élevé dans les profondeurs d'une grotte, à l'écart de la société humaine dans laquelle il ne voit que violence et malheur. Dès l'enfance, l'Amérique, une Amérique rêvée, à la fois contre-société et lieu d'asile, s'investit à ses yeux d'une signification utopique: 'Partons pour l'Amérique, ajoutai-je; si c'est un lieu désert et inhabité, nous y vivrons loin des hommes. Je les abhorre, s'ils sont tous semblables à celui qui vient de me reconnaître pour son fils' (*O.C.*, iv.25). L'échec lamentable de l'utopie des Abaquis, tentative de création d'une société autre à partir de l'innocence du monde sauvage, conduira à la liquidation du mythe américain que Cleveland s'est forgé et préludera à un retour désenchanté vers l'Europe.[7]

L'île lointaine, lieu d'une humanité régénérée, protégée contre la méchanceté des hommes et les incertitudes de l'histoire, pourrait également incarner ce monde autre que réclame l'aspiration utopique; mais la colonie rochelloise est sous cet angle profondément décevante, et sa fin malheureuse semble porter condamnation du rêve de bonheur insulaire. D'autres îles apparaissent au détour du récit et jouent un moment le rôle de mirages provisoires avant de dévoiler leur véritable nature. Au livre v, l'épisode de l'île de Serrane, sorte de brève robinsonnade, amorce la démystification du thème insulaire.[8] Cleveland apprend qu'un homme a choisi de vivre seul sur cet îlot désert par dégoût de la société humaine et de ses trahisons. Séduit par une misanthropie si proche de ses propres sentiments, il décide d'aller secourir ce malheureux en qui il se

---

6. Sgard, *Prévost romancier*, p.713.

7. La démarche est presque identique dans *Manon Lescaut*, roman à peu près contemporain de l'élaboration des épisodes américains de *Cleveland*. Déporté à la Nouvelle-Orléans avec Manon repentante et convertie au véritable amour, Des Grieux pense accéder enfin au bonheur. Mais, conformément cette fois au scénario de l'épisode de Sainte-Hélène, sa volonté d'épouser sa maîtresse entraînera le conflit avec les autorités de la colonie, la fuite au désert et la mort de Manon. Sur le mirage américain chez Prévost, voir Jean Sgard, 'Prévost et l'espérance américaine', in *L'Amérique des Lumières*, Actes du colloque du bicentenaire de l'Indépendance américaine (Genève 1977), p.51-59.

8. *O.C.*, v.278-307. Cette anecdote s'inspire de l'histoire de Pedro Serrano rapportée par Garcilaso de La Vega (*Commentaires*, I, 8; voir ci-dessus, ch.7, §i).

promet d'avance de trouver un ami et un frère. Mais l'expédition s'achève sur une désillusion: le Robinson de l'île est le général Lambert, ancien séide de Cromwell disgracié par le dictateur, puis trahi par sa maîtresse. Sa solitude n'est pas le choix d'une âme noble, mais le juste châtiment d'un être perfide et aigri.

L'épisode de l'île de Madère, au livre ix, constitue la meilleure illustration du mensonge de l'utopie insulaire (*O.C.*, vi.202-25). Egarée par les manœuvres de Gelin et se croyant trahie par Cleveland, Fanny s'est enfuie vers l'Europe. A l'escale de Madère, elle rencontre une jeune femme en pleurs qui lui raconte son histoire: c'est la sienne, c'est l'histoire de Fanny et de Cleveland. Frappée par cette extraordinaire similitude de destin et poussée par Gelin, qui l'engage à 'rompre absolument avec la race perfide des hommes', Fanny envisage un instant d'y finir ses jours dans la solitude et la retraite: 'Je crus sentir pendant quelques moments que la paix et l'innocence, qui me sembloient être le partage d'un si beau séjour, pourroient me dédommager de tout ce que j'avois perdu' (vi.208, 210). Au premier regard, l'île est en effet une image séduisante et trompeuse du paradis terrestre (vi.203):

La disposition des collines, la verdure des arbres, l'abondance des fruits les plus délicieux, la multitude des fontaines et la fraîcheur des eaux, enfin la douceur merveilleuse de l'air, qui paraissoit composé des parfums que les fleurs et les fruits exhaloient continuellement, formoient tous ensemble un séjour si délicieux, que toute ma tristesse ne put se défendre d'un sentiment de plaisir.

Mais très vite Fanny prend conscience que 'ce n'étoit qu'une illusion', et, dit-elle, 'les objets qui m'avoient paru délicieux au premier coup d'œil ne soutinrent pas deux fois mes regards' (vi.211). A l'instant du départ, un éclat de rire de la jeune éplorée achève de disqualifier ce faux paradis. Tout ceci, on l'apprendra plus tard, n'était qu'artifice: l'Espagnole de Madère, habile comédienne séduite par la promesse d'une récompense, a accepté de jouer le rôle que Gelin lui proposait; celui-ci espérait par ce moyen retenir Fanny dans l'île pour l'avoir à sa merci.

Si l'île heureuse n'est qu'un décor truqué, un piège artificieux où vient se prendre l'aspiration utopique, ne pourrait-on alors trouver le bonheur, non dans quelque ailleurs lointain, mais tout près de soi, dans le groupe chaleureux d'une petite société d'amis vivant à l'écart du monde, où l'harmonie serait assurée par l'union des cœurs et par une sage réglementation de la vie quotidienne? Le thème des 'petites sociétés', appelé au développement que l'on sait dans les romans ultérieurs, est ici mieux qu'esquissé. A l'issue de sa désastreuse aventure chez les Abaquis et après la déception de l'île de Serrane, Cleveland, réfugié à Cuba avec Fanny, y retrouve ses amis Bridge et Gelin. Mme Lallin, cause innocente de tous ses malheurs ultérieurs, vient se joindre au groupe. Le héros, 'accoutumé à [se] regarder comme une branche détachée et sans racines, qui ne tenoi[t] à rien sur la terre', s'est enfin découvert une famille d'élection formée d'êtres chers (v.318, 336):

Vous allez servir au bonheur de ma vie [...] Quelle douceur, continuai-je, ne trouverons-nous pas dans la manière dont nous allons vivre? Notre vie sera toute composée de raison. Nous en passerons une partie à lire, une autre à nous communiquer nos réflexions. Mon épouse elle-même n'est point incapable d'entrer dans ce projet. Il ne nous manquera rien pour être heureux; car, ajoutai-je, il n'y a plus d'apparence que nous ayons rien à démêler désormais avec la fortune. Notre condition est fixée. Je ne vois plus par quel endroit nous pourrions appréhender ses coups.

Certitudes illusoires: la réapparition de Mme Lallin confirme les soupçons de Fanny, que Gelin s'emploie de surcroît à fortifier. Tandis que Cleveland, Bridge et Mme Lallin se consacrent ensemble à l'étude, Fanny se retire dans la solitude et le silence. Tout à son bonheur aveugle, Cleveland ne perçoit rien du drame qui se prépare. Aussi mensonger que le mirage de l'île, le bonheur de la 'petite société' n'a pu conjurer la tragédie persistante du malentendu et de l'opacité des êtres. Non moins décevantes se révèleront à l'usage les sociétés analogues que Cleveland formera à Saumur (livre VI) ou à Paris (livres XII, XIV), caressant vainement l'espoir de découvrir la recette du bonheur tour à tour dans la philosophie, dans le culte du plaisir et dans la fréquentation des 'esprits forts'.

L'Amérique rêvée de l'enfance, l'île lointaine, la petite société d'amis unis par les liens du cœur et par la transparence mutuelle: autant de lieux ou d'instances para-utopiques dans lesquels s'investit l'aspiration à une monde 'autre', en marge des tourments de la vie réelle, refuge contre le malheur, la méchanceté des hommes et les persécutions du destin. Mais tous les lieux d'asile s'avouent à l'expérience illusoires: comme l'île de Madère sous le regard de Fanny, l'image paradisiasque se transforme vite en un fallacieux décor de carton-pâte. C'est au sein du monde réel que les héros de Prévost devront subir jusqu'à son terme leur destin incompréhensible. Certes, la quête du bonheur reste l'axe essentiel du roman; mais c'est en lui-même, par l'interrogation morale et philosophique que Cleveland en cherche le secret, non plus dans quelque société substitutive ou dans quelque refuge rêvé. Recherche vaine, d'ailleurs: après l'avoir poursuivi tour à tour dans la tension héroïque du stoïcisme, dans l'hédonisme d'une existence vouée aux plaisirs, dans le rationalisme matérialiste du courant libertin, Cleveland en arrive à penser que 'la vérité et la sagesse philosophiques sont des chimères de l'imagination' et constate l'échec de la raison comme guide de la vie morale – 'me défiant de tout ce qui m'étoit suggéré par ma raison, il ne me restoit guère d'autres règles de conduite que le sentiment' – ce qui d'ailleurs ne lui épargnera pas une suite de nouveaux malheurs, et la conclusion désenchantée que 'nous ne sommes pas faits pour ce que le commun des hommes appelle bonheur' (vii.240-41, 239, 378). L'ultime bouleversement que suscite en lui la mort de sa fille, puis l'exemple de l'admirable constance de Clarendon devant le malheur, incitent Cleveland à demander à son ami le secret de sa sagesse. C'est une initiation religieuse qu'il en reçoit: lui qui, jusqu'ici indifférent aux religions positives, n'a pu s'élever au-dessus d'un déisme vague, va accéder à la révélation d'une sagesse chrétienne dont les articles, tels qu'ils nous sont livrés, peuvent d'ailleurs paraître bien peu explicites.[9]

Tout se passe donc comme si l'aspiration utopique ne correspondait qu'à l'une des étapes de la recherche du bonheur, la première, la plus élémentaire et peut-être aussi la plus décevante. Au risque de conférer à la démarche assez fluctuante du roman une raideur schématique qu'elle n'a pas, on pourrait distinguer dans l'itinéraire du héros trois temps successifs correspondant à un approfondissement de la quête: le temps de l'utopie; celui de la recherche purement laïque d'une sagesse rationnelle; enfin, celui d'une intiation religieuse. Replacées dans le mouvement général de l'œuvre, les utopies de *Cleveland* ne seraient donc que de premières approximations destinées à être dépassées dans une étape ultérieure. La faillite de l'utopie telle qu'elle se manifeste dans *Cleveland* ne résulte donc pas seulement de la mise en évidence des antinomies qui opposent bonheur individuel et ordre collectif, ni non plus de la fragilité des sociétés utopiques, illustrée par la soudaineté de leur effondrement. Si, cessant de considérer les séquences utopiques du roman comme autant de textes clos et autonomes, on les replace dans l'œuvre qui les porte et, au sein de celle-ci, dans la quête où elles s'inscrivent, on constate que l'utopie, loin de proposer des réponses définitives, constitue seulement une façon particulière-ment inadéquate de poser la question du bonheur.

Le caractère profondément insatisfaisant des utopies de *Cleveland* a été perçu, plus ou moins confusément, par tous les critiques: d'où la perplexité de ceux qui, prisonniers d'une vision traditionnellement positive du genre, ne reconnaissent pas ici les images de sociétés idéales qu'ils attendaient. Faut-il pour autant admettre que 'en réalité Prévost conte pour le plaisir de conter', que 'ces tableaux successifs ont été mis dans *Cleveland* pour flatter le goût du temps', en bref qu'il n'y a là que concession à une mode?[10] C'est réduire à l'insignifiance, parce qu'ils entrent mal dans le moule habituel, un ensemble de

---

9. A propos de l'apologétique de Clarendon, Henri Coulet note que 'les dogmes en restent secrets, comme si Prévost faisait allusion à quelque maçonnerie mystique: la soumission reconnaissante à la volonté divine se vit sans pouvoir se formuler, elle ne s'enseigne pas, c'est de cœur à cœur qu'elle se communique' (*Le Roman jusqu'à la Révolution*, p.355).

10. Chinard, *L'Amérique et le rêve exotique*, p.299-300.

textes dont la singularité fait précisément l'intérêt. C'est davantage rendre justice à Prévost penseur et romancier que de le supposer parfaitement conscient de la portée des distorsions qu'il introduit par rapport au modèle de l'utopie classique; il convient donc de traiter *Cleveland* comme un ensemble cohérent dans lequel les séquences utopiques contribuent à faire naître une signification globale. En ce sens, les trois épisodes utopiques du roman apparaissent bien, à des degrés divers, comme des mises en question de l'utopie, d'une part, et peut-être aussi, plus généralement, des grandes valeurs de l'univers romanesque qui en sont le fondement.

Certes, les sociétés imaginaires présentées dans *Cleveland* ne manquent pas de se réclamer de la nature, de la raison et de la justice, valeurs de référence censées guider l'action du législateur. Mais, plus ou moins vidées de leur contenu, elles ne sont plus que des garants passablement formels de l'ordre social, voire de simples instruments de gouvernement que le pouvoir politique manipule dans un but intéressé. D'ailleurs, quel crédit peut-on encore accorder à la justice, à la raison et à la nature au sein d'un univers romanesque où la Providence, modèle divin de la justice, semble se plier aux caprices d'une destinée incompréhensible et absurde, où la raison n'est qu'une 'fausse lumière' qui nous empêche de nous voir 'obscurs et impénétrables à nous-mêmes' (*O.C.*, vii.234), où ce que nous nommons nature n'est peut-être pas autre chose qu'une première habitude? Rappelons, par exemple, en ce qui concerne la justice providentielle, ce passage du livre XI où Cleveland a la révélation qu'il a été lui-même la cause involontaire et innocente de son propre malheur (vi.454):

Non, dis-je au ciel en y levant les yeux, je n'ai jamais rien souffert au fond de mon cœur qui ait mérité d'être puni comme un crime; et si je n'accuse point ta justice dans les jugements rigoureux qu'il t'a plu d'exercer sur moi, je ne connois rien non plus qui ait dû m'attirer tes vengeances. Mais ta sagesse a des profondeurs qu'il ne m'appartient point de pénétrer;

ou encore, quant à la nature, les propos de Milord Clarendon sur l'éducation des enfants (vii.42; mis en italiques par nous):

Les premières méthodes décident ordinairement de ce qu'on doit attendre d'un enfant pour toute sa vie, parce que les habitudes qu'elles servent à former changent rarement lorsqu'elles ont acquis un certain degré de force, *et sont peut-être proprement ce qui doit porter le nom de nature*.

Quoi qu'il en soit exactement du fameux 'jansénisme' de Prévost, il existe chez lui un pessimisme sceptique qui le porte à considérer avec la plus grande défiance ces guides de vérité de la pensée des Lumières, qui sont aussi les valeurs fondatrices de l'utopie. Ainsi, on sera frappé par l'extrême précarité des sociétés imaginaires de *Cleveland*: sans fondement philosophique authentique, puisque les valeurs auxquelles elles prétendent se référer sont vides ou inaccessibles, sans autre légitimité que celle de l'état de fait, c'est en vertu de l'inertie acquise ou encore des impostures des gouvernants qu'elles se soutiennent à l'existence, à la merci du moindre ébranlement extérieur. Par leur fragilité, elles s'opposent à la permanence immobile de l'utopie dans sa forme canonique. Privées de véritable fondement, donc de légitimité, ces utopies apparaissent comme des arrangements imparfaits, aptes peut-être à structurer provisoirement un groupe humain placé dans des conditions spécifiques, mais dépourvus de signification universelle et sans valeur de modèle. Dans les trois sociétés utopiques du roman, les solutions adoptées par les législateurs sont en effet étroitement relatives à l'état de civilisation des populations auxquelles elles s'appliquent: des sauvages à peine sortis de la barbarie (les Abaquis), des demi-civilisés (les Nopandes), des protestants européens (les colons rochellois) recevront des institutions fort différentes permettant d'assurer par des moyens spécifiques le fonctionnement d'un groupe social déterminé – optique pragmatique et relativiste qui tranche avec la vocation d'universalité et l'exigence d'exemplarité que l'on peut attendre du genre.

Toutefois, la singularité des utopies de Prévost et leur caractère foncièrement anti-utopique résultent surtout de ce qu'elles mettent en évidence certaines contradictions que le genre cherche habituellement à masquer ou suppose dès le départ résolues. Si l'utopiste classique ne se préoccupe guère que des problèmes d'organisation collective, c'est que l'existence individuelle de chacun des citoyens lui semble résulter entièrement des institutions sociales dans lesquelles elle s'inscrit. Le bonheur de chacun découlant logiquement, pour lui, du bonheur général, il ne lui vient guère à l'idée qu'un quelconque conflit puisse surgir entre l'individu et la société. Au contraire, les communautés imaginaires de *Cleveland* révèlent une opposition irréconciliable entre l'ordre communautaire et la passion individuelle, entre le bonheur personnel et le bonheur collectif. Cette vision conflictuelle de la société imaginaire tient, pour une large part, à la position particulière qu'occupe en son sein le narrateur qui nous en transmet l'image. C'est dans l'épisode de la colonie rochelloise que cette situation apparaît avec le plus de netteté. Le voyageur-témoin est ici tout autre chose qu'une simple utilité narrative: suffisamment personnalisé pour se comporter en personnage plein doté d'une large autonomie romanesque, il ne s'épuise pas dans sa fonction d'observateur. L'affirmation de son individualité le conduit à entrer en conflit avec les instances collectives, mettant ainsi en évidence leur caractère oppressif. Comme le remarque Raymond Trousson, le héros est ici, comme dans l'anti-utopie moderne, 'le grain de sable qui bloque le fonctionnement impeccable du mécanisme utopique et entraîne le refus de l'utopie par un de ceux qui en vivent la loi'.[11]

11. Trousson, 'L'utopie en procès', p.322.

B. L'utopie dans le conte philosophique: *Candide* et l'épisode de l'Eldorado

DEMONSTRATION philosophique 'en acte', comme le suggère, par exemple, le sous-titre de *Candide* (*ou l'optimisme*), le conte de type voltairien entre dans la catégorie des récits à thèse à finalité exemplaire. Il présente par là des affinités avec le genre utopique, qui, lui aussi, donne à voir la réalisation fictive d'une expérience sociale imaginaire en principe universalisable. Mais le conte tel que le conçoit Voltaire relève aussi d'une métalittérature fondée sur le pastiche ou la parodie des genres narratifs les plus divers: merveilleux oriental (*Zadig*), voyage imaginaire interplanétaire (*Micromégas*), récit picaresque (*Scarmentado*), roman sentimental (*L'Ingénu*). La micro-utopie de l'Eldorado, qui occupe les chapitres centraux de *Candide*, manifeste la même intertextualité ironique. Voltaire joue des conventions et des stéréotypes d'un genre à la mode, ou qui l'a été, et ce faisant met en évidence la sclérose d'une forme vieillissante qui n'a guère évolué depuis Veiras; le conte précisément en esquisse le renouvellement avec la 'petite société' de l'épisode final.

La perspective satirique entrant en conflit avec la visée exemplaire, vocation supposée de l'utopie, l'épisode de l'Eldorado ne saurait évidemment être considéré comme un modèle institutionnel à prendre pour sa valeur faciale – ce qui ne signifie pas qu'il ne puisse aussi correspondre à une expression authentique de l'idéal voltairien, car le jeu ironique du pastiche littéraire n'exclut pas le sérieux. D'autre part, l'intégration de la micro-utopie au mouvement et à la problématique romanesques, beaucoup plus complète que chez Prévost, conduit à en rechercher le sens non seulement en elle-même, mais dans la fonction qu'elle remplit au sein de l'économie narrative, notamment dans les corrélations qui l'unissent aux séquences initiale et finale.

En dépit de sa brièveté ou, peut-être, à cause d'elle – il ne s'agit guère que d'une esquisse laissant le champ libre à une large gamme de possibles interprétatifs –, le texte est d'une extrême richesse. Avec le chapitre 30 de *Candide*, conclusion du conte, l'épisode de l'Eldorado constitue depuis longtemps l'une des étapes obligées de la critique voltairienne. Plusieurs études importantes lui ont été spécifiquement consacrées depuis une trentaine d'années, sans compter les innombrables ouvrages ou articles qui en proposent une interprétation dans le cadre d'une analyse de *Candide* ou de l'idéologie voltairienne.[1]

1. Par ordre chronologique: Rita Falke, 'Eldorado: le meilleur des mondes possibles', *Studies on Voltaire* 2 (1956), p.25-41; William F. Bottiglia, 'The Eldorado episode in *Candide*', *PMLA* 73 (1958), p.339-47; Roger Barny, 'A propos de l'épisode de l'Eldorado dans *Candide* (littérature et idéologie)', *Annales littéraires de l'Université de Besançon* 141 (1973), p.11-43; Donna Isaacs Dalnekoff, 'The meaning of Eldorado: utopia and satire in *Candide*', *Studies on Voltaire* 127 (1974), p.41-59; Jean-Marie Goulemot, 'Ecriture et lecture de l'ailleurs: l'Eldorado ou le fusil à deux coups des ingénus qui feignent de l'être', *Revue des sciences humaines* 155 (1974), p.425-40.

27. L'Eldorado et les règles formelles du récit utopique

i. Présence du schéma narratif de l'utopie classique

Ce qui légitime l'étude de l'épisode en tant qu'utopie, c'est d'abord la présence d'un scénario stéréotypé, exactement conforme au schéma narratif de l'utopie classique. Plutôt que More, que Voltaire avoue n'avoir jamais lu (du moins était-ce encore le cas en 1739),[1] le modèle est ici l'*Histoire des Sévarambes*, identifiable dans la démarche générale ainsi que dans certains détails, très probablement aussi les *Aventures de Jacques Massé* et les *Voyages de Gulliver*. La brièveté de l'épisode et la clarté de ses articulations permettent d'isoler avec une netteté presque archétypale les éléments canoniques du scénario utopique, limités ici aux séquences centrales: épreuves préparatoires, entrée, tableau utopique, sortie.

Comme à l'ordinaire, l'arrivée en utopie est précédée d'épreuves préalables aboutissant à une séparation progressive de la société humaine. Dans *Candide*, elle prend la forme d'une série de fuites motivées par des situations irréversibles interdisant tout retour en arrière: le héros fuit Lisbonne et les conséquences prévisibles du meurtre de l'inquisiteur, fuit Buenos Aires pour les mêmes raisons, fuit le Paraguay après avoir tué – du moins le croit-il – le baron jésuite, fuit les Oreillons anthropophages, fuit enfin la forêt vierge, vide cette fois de toute présence humaine. Ainsi se dessine un itinéraire régressif de la Culture à la Nature: le récit s'enfonce toujours plus loin des terres dites civilisées dans la barbarie sauvage, et même dans une sorte d'en-deçà de l'humanité qu'esquissent les amours incongrues des singes et des filles oreillonnes,[2] jusqu'à la solitude absolue d'une contrée déserte. Parallèlement s'accroissent le dénuement matériel et le désarroi moral: vivres épuisés, chevaux morts, fermeture du monde bouché par l'omniprésence de la violence. Point d'autre issue que le retour vers l'Europe proposé par Cacambo. Mais, objecte Candide, 'si je vais dans mon pays, les Bulgares et les Abares y égorgent tout; si je retourne

---

1. Voltaire à Helvétius, 6 juillet 1739 (Best.D2040).

2. Les propos de Cacambo sur les singes, assimilés à 'des quarts d'hommes', ceux de Candide sur les égypans, faunes et satyres résultant de ces 'mélanges' esquissent l'idée d'un glissement possible de l'humanité sauvage vers l'animalité conforme au thème de la grande chaîne des êtres développé dans *Micromégas* (*Candide, ou l'optimisme*, éd. René Pomeau, Paris 1979, ch.16, p.146-47; toutes les références renvoient à cette édition).

en Portugal, j'y suis brûlé; si nous restons dans ce pays-ci, nous risquons à tout moment d'être mis en broche' (ch.17, p.150). En somme, le récit s'enlise sans dégager d'autre perspecitve qu'une vaine réitération des aventures antérieures, tout en en constatant simultanément l'impossibilité.[3] Il est à peine nécessaire de souligner le symbolisme suicidaire de la solution choisie – la dérive au fil de l'eau – saut désespéré dans l'inconnu qui permettra la relance narrative.

La séquence d'entrée peut se décomposer en deux segments aisément isolables. C'est d'abord le franchissement de la frontière utopique, qui est également une frontière textuelle signalée par des récurrences lexicales à valeur démarcative placées en position initiale et finale: 'Ils voguèrent *quelques lieuës* [...]. La rivière s'élargissait toûjours: *enfin* elle se perdait sous une voûte de rochers épouvantables [...] Il fallut se traîner *pendant une lieuë entière*; *enfin* ils découvrirent un horizon immense.'[4] Dans une succession accélérée d'instanta-nés contrastés ('des bords tantôt fleuris, tantôt arides, tantôt unis, tantôt escar-pés'; ch.17, p.151), la réalité du monde antérieur s'efface en un vertigineux tourbillon et s'annule enfin dans l'obscurité du 'trou noir' souterrain. Il est inutile de rappeler la signification évidemment initiatique de la traversée périlleuse des ténèbres sur la rivière souterraine,[5] qui se redouble ici du cérémonial lustral du naufrage coïncidant avec le retour à la lumière: avec une scrupuleuse et ironique fidélité, le récit parcourt les diverses figures obligées du genre et les cumule sans craindre la redondance plutôt que d'en oublier une seule. On peut aussi noter la durée de la navigation – vingt-quatre heures exactement – qui introduit les explorateurs dans un autre temps, parallèle au nôtre mais comme imperceptiblement décalé. Puis intervient un bref panoramique inaugural, lui aussi caractéristique des rites d'entrée du récit utopique classique. Faute de donner lieu à une véritable description géographique, il permet de faire émerger quelques indices caractéristiques de civilisation (cultures, routes, voitures) et, surtout, le thème, omniprésent dans l'épisode, de la clôture ('un horizon immense, borné de montagnes inaccessibles'). Comme toujours, la fermeture matérielle vaut aussi comme clôture mentale: l'Eldorado, on l'apprendra plus tard, s'isole volontairement du monde extérieur et de la rapacité des nations européennes.

En ce point débute le tableau utopique, dont le déroulement général est

3. Voir Goulemot, 'Ecriture et lecture de l'ailleurs', p.426-27.
4. *Candide*, ch.17, p.151; passages mis en italiques par nous.
5. La 'source' ordinairement alléguée est le *Sixième voyage de Sindbad* dans *Les Mille et une nuits* (voir Pomeau (éd.), *Candide*, p.262). Mais, on l'a vu, un épisode tout à fait analogue figure dans *Jacques Massé*, déplacé toutefois dans la séquence de sortie du royaume de Bustrol. Au demeurant, on sait que la traversée souterraine constitue, depuis l'*Histoire des Sévarambes*, l'un des rites d'entrée classiques des récits utopiques.

également parfaitement conforme aux canons du genre. Comme chez Veiras, il est produit à la faveur d'un itinéraire, coupé de descriptions, de dialogues et d'anecdotes, s'organisant semblablement de la périphérie au centre (du village à la capitale), la progression spatiale s'accompagnant d'une progression sociale et politique: les interlocuteurs des deux voyageurs sont, successivement, les marchands et voituriers attablés à l'auberge; l'aubergiste lui-même, qui se dit 'fort ignorant'; un 'vieillard retiré de la cour', premier porte-parole qualifié de la société utopique; enfin, le souverain du pays. A chaque rencontre correspond également un progrès dans la communication et un approfondissement de la réalité eldoradienne: la première entrevue, avec les écoliers et leur maître, ne donne lieu qu'à une scène muette simplement mimée, sur le sens de laquelle les héros du reste se méprennent entièrement; la parole entre en jeu dans l'épisode de l'auberge, mais la 'discrétion circonspecte' des convives n'autorise pas non plus une compréhension satisfaisante des principes de cet 'autre monde'; il faudra attendre l'entretien avec le vieillard pour les appréhender enfin plus complètement.

Dans l'utopie classique, la séquence de sortie est souvent symétrique à la séquence d'entrée, le second franchissement de la clôture répétant parfois presque littéralement le premier, ainsi chez Foigny. Ici, nous avons affaire à une symétrie inversée: inversion spatiale d'abord – à la traversée souterraine initiale répond le franchissement des montagnes final; l'abandon passif à la Providence qui a permis l'arrivée des voyageurs se transforme en une décision volontaire de départ (on laissera pour l'instant de côté les raisons qui la motivent), se réalisant grâce à l'artifice technologique humain: une machine construite avec l'aide de 'trois mille bons physiciens' hissera Candide et Cacambo au-dessus de la chaîne de montagnes, réminiscence probable de l'étrange funiculaire à fonction analogue décrit par Veiras, qui sert à franchir l'une des deux chaînes de montagnes séparant la province de Sporonde de l'empire sévarambe.[6]

Recouvrant ces éléments d'opposition ponctuels, un antagonisme thématique plus général s'établit entre les deux séquences: au dénuement initial (épuisement des vivres; disparition des chevaux, puis de l'embarcation) répond une situation finale de profusion: Candide quitte l'Eldorado avec cinquante moutons 'chargés d'or, de pierreries et de diamans'.[7] Toutefois ce renversement de situation n'est que provisoire: les moutons meurent les uns après les autres, les richesses disparaissent, et toute la suite du récit met en scène une spoliation progressive qui ramène graduellement vers un équivalent de la situation de départ. A cet

6. Veiras, *Histoire des Sévarambes*, ii.138-42.
7. *Candide*, ch.18, p.161.

égard, l'apparente inutilité pratique de l'étape eldoradienne conduira évidemment à s'interroger sur la fonction de l'épisode: à quoi bon ces trésors puisqu'ils s'évanouissent, et pourquoi l'Eldorado s'il est quitté?

Si le déroulement séquentiel ne s'écarte guère de la norme, il n'en va pas de même de la forme narrative. Bien que l'insignifiance du narrateur, ou son absence au sein du tableau utopique, puisse conduire dans les utopies classiques à un quasi-abandon de la narration personnelle – ainsi chez Lesconvel – l'épisode de l'Eldorado est probablement, avec l'*Histoire de Calejava* de Gilbert, la seule utopie de notre période relevant formellement du récit à la troisième personne. Ce choix résulte assez naturellement de l'insertion générique de la micro-utopie eldoradienne: *Candide* est un conte, l'un des rares genres narratifs du dix-huitième siècle qui n'impose pas l'emploi de la première personne. Le statut du héros – ici, non narrateur – n'en est pas pour autant fondamentalement modifié: comme Siden chez les Sévarambes, Candide est en Eldorado un voyageur-témoin faiblement impliqué, non un personnage engagé dans un action. Sitôt franchies les péripéties dramatiques de la séquence d'entrée, où du reste les personnages restent passifs, le calme s'installe; dans un récit devenu étale, la description l'emporte désormais sur la relation d'événements, Candide n'est plus qu'un touriste accomplissant la traditionnelle visite guidée. C'est qu'en Eldorado, comme dans toutes les sociétés 'parfaites', il ne se passe rien: il n'y a rien à raconter, seulement matière à décrire et à expliquer. Tous les critiques ont noté le changement de rythme qui caractérise cette 'halte philosophique' placée au centre d'un récit où les événements se précipitent à un rythme effréné. Il est d'autant plus sensible que, pour une fois, le héros n'est ni agent ni victime, comme c'était le cas dans tous les épisodes antérieurs, mais seulement spectateur de l'altérité utopique.

ii. La production de l'altérité utopique

L'une des difficultés rencontrées dans toute utopie consiste à faire apparaître le monde imaginaire comme un univers 'autre'. Il en résulte deux exigences quelque peu contradictoires. Son altérité exige qu'il soit constitué en rupture, ou du moins en décalage, par rapport au monde réel de référence, cette rupture pouvant être d'ordre géographique, historique, idéologique ou institutionnel. Toutefois, l'altérité n'apparaît telle que par confrontation avec l'univers connu, pris comme norme ou comme terme de comparaison, ou encore, ce qui revient au même, comme repoussoir: l'Autre utopique implique donc la présence du Même, ou du moins des personnages qui en incarnent les codes. Le voyageur européen est cet opérateur qui assure la 'mise en utopie' par cette confrontation de la norme du monde antérieur avec la réalité nouvelle qui s'offre à lui. Ce mécanisme est présent d'une façon exemplaire dans l'épisode de l'Eldorado. La rupture est d'abord géographique. S'appuyant sur les lectures accumulées pour la préparation de la seconde édition de l'*Essai sur les mœurs* en 1758 – Sir Walter Raleigh, mais surtout Garcilaso de La Vega, source essentielle de tout cet épisode[8] – Voltaire s'est servi du vieux mythe géographique de l'Eldorado, le 'pays de l'or' que la tradition situe au nord de l'Amazone, plus ou moins confondu, semble-t-il, avec la cité secrète protégée par des montagnes infranchissables où les Incas se seraient réfugiés avec leurs richesses après l'effondrement de leur empire. Né avec la conquête espagnole, le mythe de l'Eldorado s'est prolongé pendant plus d'un siècle et a justifié les expéditions espagnoles et anglaises auxquelles le vieillard fait brièvement allusion. Comme les fameuses terres australes de la tradition utopique, dont il constitue une variante continentale curieusement peu exploitée, il remplit les conditions optimales de la localisation utopique. Son existence est après tout plausible, du moins si l'on s'en tient aux multiples témoignages transmis par la tradition, mais parfaitement invérifiable. En l'absence de toute coordonnée géographique, l'Eldorado ne peut être situé que de la façon la plus vague: tout au plus peut-on le localiser de manière incertaine dans le bassin de l'Amazone, puisque les voyageurs, ayant franchi les frontières du Paraguay, s'efforcent de remonter vers Cayenne; mais, à la différence de Veiras ou de Foigny, Voltaire est entièrement indifférent à l'effet de réalisme géographique. De surcroît le pays est inaccessible, les montagnes offrant un substitut renforcé de la traditionnelle clôture insulaire (Brooks relève chez Garcilaso de La Vega plusieurs descriptions de territoires semblablement protégés par des obstacles géographiques infranchissables: pays de Chirihuana, province de Muzu ...).[9] Etanche aux atteintes du dehors, l'Eldorado est également intérieurement protégé par la clôture institutionnelle à laquelle se plient de bon gré les habitants: si le souverain ne se reconnaît pas 'le droit de retenir des étrangers', rappel sans doute du séjour en Prusse et de la mésaventure de Francfort, ses sujets, dit-il, 'ont fait vœu de ne jamais sortir de leur enceinte, et ils sont trop sages pour rompre leur vœu'[10] – disposition qui, on l'a vu, pourrait s'appliquer à la quasi-totalité des utopies.

---

8. René Pomeau indique que Voltaire a lu la *Relation* de Raleigh dans les *Voyages de François Coréal* de 1722 (*Candide*, éd. Pomeau, p.265). Selon Richard A. Brooks ('Voltaire and Garcilaso de La Vega', *Studies on Voltaire* 30 (1964), p.189-204), Voltaire possède dans sa bibliothèque deux éditions de l'ouvrage de Garcilaso, l'originale espagnole de 1609 et une traduction française de 1744. Les principaux éléments utilisés pour l'épisode de l'Eldorado se retrouvent aux chapitres 148 ('De la conquête du Pérou') et 151 ('Des possessions des Français en Amérique') de l'*Essai sur les mœurs*.

9. Brooks, 'Voltaire and Garcilaso', p.198-99.

10. *Candide*, ch.18, p.160.

A la rupture géographique s'ajoute une rupture historique. Le monde eldoradien s'est développé – ou plutôt s'est perpétué dans une stabilité immobile – en marge de l'histoire réelle, sans toutefois l'ignorer complètement: le vieillard a eu connaissance (comment?) de la conquête espagnole et de l'expédition de Raleigh. Contrairement à ce qu'on peut observer dans la majorité des utopies classiques, il ne s'agit pas d'une histoire autre, mais bien d'une non-histoire: les Eldoradiens ne semblent avoir ni législateur, ni mythe de fondation, ni annales, ni guerres, ni événements historiques, ce qui en tient lieu se réduisant à la décision prise jadis par le souverain en accord avec son peuple, bien inutile, du reste, eu égard à la configuration du territoire, de proscrire tout rapport avec l'extérieur.[11] Enfin, à la différence de beaucoup de peuples utopiques, les Eldoradiens ne constituent pas un rameau détaché d'une nation du monde connu ou le produit d'une colonisation: le pays est au contraire le berceau originaire des Incas, miraculeusement protégé depuis le début de tout contact avec le dehors.

Pourtant, la rupture avec l'univers de référence est avant tout d'ordre idéologique et institutionnel. Les pratiques sociales de l'Eldorado ne peuvent être dites utopiques que si elles s'écartent de celles ayant cours au sein du monde réel, pris comme étalon, mais aussi comme répertoire de formes sociales ou comme donnée initiale à transformer: l'imaginaire utopique, on le sait, ne peut créer un monde 'autre' qu'à partir d'une recombinaison des éléments empruntés à la réalité, non en créer de toutes pièces de nouveaux dont il n'existerait aucune modèle. Le processus qui, en somme, permet de fabriquer de l''autre' avec du 'même' prend ici deux formes: la soustraction et le renversement.

Le procédé de soustraction, en général caractéristique des utopies primitivistes – ce qui n'est pas le cas de l'Eldorado – consiste à spécifier négativement la société utopique en énonçant tout ce qu'elle n'est pas au regard du monde de l'Europe, donc à énumérer les faits institutionnels ou pratiques sociales qui y sont inconnus. Tel est le cas chez les chevaux swiftiens, qui ignorent l'Etat, les lois, les juges, le mensonge … Pour une bonne part, l'image de la société eldoradienne résulte, elle aussi, de la somme de ses absences. Il en est ainsi, notamment, de la religion qui y est pratiquée. Délibérément, sans aucun doute, Voltaire a entièrement évacué le culte solaire des Incas, pourtant entériné par toute la tradition 'héliocratique' issue de l'utopie veirassienne, et

11. L'épisode qui pourrait tenir lieu d'un mythe de fondation est référé non pas à l'espace interne de l'Eldorado, mais à l'unique – et malheureux – contact de ses habitants avec l'univers extérieur: c'est d'Eldorado que viennent les anciens Incas, 'qui en sortirent très imprudemment pour aller subjuguer une partie du monde, et qui furent enfin détruits par les Espagnols' (ch.18, p.156). Ainsi se trouvent associés viol de la clôture, accès à l'historicité, contact avec l'Europe et entrée dans le malheur.

de surcroît nullement incompatible avec un déisme naturaliste. Extrêmement rudimentaire, le déisme eldoradien se confond avec 'la religion de tout le monde', que son universalité même réduit à un contenu minimal: la croyance en un Etre suprême lointain, inconnaissable et dont il n'y a rien à dire, pure idée de la Divinité réduite à son essence la plus générale plutôt que figure théologique issue d'une quelconque religion positive.[12] Si l'on excepte l'adoration qu'on lui voue 'du soir au matin', dit le vieillard dans une formule bizarre et peut-être ambigüe,[13] ainsi que les actions de grâces quotidiennes célébrées solennellement avec l'accompagnement de 'cinq ou six mille musiciens', le culte qui lui est rendu se résume à une série de négations: pas de prières de demande; pas de prêtres ('nous sommes tous prêtres', dit le vieillard); pas de moines, 'qui enseignent, qui disputent, qui gouvernent, qui cabalent, et qui font brûler les gens qui ne sont pas de leur avis'; pas non plus, semble-t-il, de rites, de dogmes ou d'édifices cultuels.[14] De même les institutions sont-elles dans une large mesure définies de façon purement négative: pas de parlement, pas de cour de justice, pas de procès, pas de prisons – trait du reste fort peu utopique, car poser une norme, c'est envisager la possibilité de sa transgression et, donc, se donner les moyens d'en réprimer les effets. De ce fait la configuration institutionnelle de l'utopie eldoradienne reste singulièrement vague: construite par négation du réel, elle se donne bien comme 'autre', mais sans attribuer à cette altérité aucun contenu positif identifiable.

Le recours au motif du 'monde renversé' ou à ses variantes thématiques – mythe de Cocagne, inversion carnavalesque – offre une autre forme de rupture avec le réel. A l'époque de *Candide*, le *topos*, encore vivace chez Cyrano et même chez Swift, a perdu l'essentiel de sa force critique et de sa productivité littéraire. Repris en charge par la culture populaire, notamment dans les images d'almanachs,[15] il tend à se scléroser en stéréotypes dont Voltaire joue ici avec une certaine distance ironique. L'Eldorado manifeste d'abord une résurgence du vieux mythe populaire du pays de Cocagne, lieu du loisir et de l'abondance,

12. On peut cependant noter de nombreuses convergences entre l'Etre suprême eldoradien et le Dieu suprême des Incas, Pachacamac, en qui Garcilaso de La Vega voit un pressentiment du Dieu chrétien. A cette divinité, dont le nom signifie 'celui qui est l'âme de l'univers', on ne rend aucun culte: 'Si quelqu'un leur demandait qui était Pachacamac, ils répondaient que lui seul donnait la vie à l'univers et le faisait subsister, mais qu'ils ne le connaissaient pas, ne l'ayant jamais vu, et que pour cette raison ils ne lui bâtissaient point de temples et ne lui offraient aucun sacrifice; mais ils l'adoraient en leur cœur, c'est-à-dire mentalement, et le tenaient pour un dieu inconnu' (*Commentaires*, ii, 2; éd. Bataillon et Durand, i.155-60 (i.156)).

13. Cette interversion de termes, où plusieurs commentateurs ont cru voir quelque plaisanterie scabreuse, est pourtant attestée dans l'usage du dix-huitième siècle sans qu'il faille y voir nécessairement une suggestion libertine.

14. *Candide*, ch.18, p.157.

15. Voir l'anthologie iconographique recueillie dans Tristan, *Le Monde à l'envers*.

tout particulièrement alimentaire. C'est à ce registre qu'appartient l'extravagante profusion du repas servi à l'auberge, et aussi le fait que celle-ci soit gratuite (dans le monde inversé de Cocagne, c'est l'aubergiste qui paie ses convives). Toutefois, Voltaire tend à gommer l'aspect grossièrement matérialiste du mythe. Certes, tout en Eldorado est orienté vers la satisfaction des sens, mais dans la perspective d'un hédonisme raffiné où le qualitatif l'emporte sur le quantitatif: dans cette simple auberge de village, on dîne en musique; on notera de même l'aisance magique des déplacements dans l'espace ('les chevaux volaient'), l'élégante somptuosité des décors, la présence constante des saveurs et des parfums dans ce monde où, à la différence de l'infecte voirie parisienne, le pavement même exhale une délicate senteur de cannelle; nous sommes ici très loin de la gloutonnerie des pays de Cocagne médiévaux. Pour ce qui est des composantes anarchisantes et individualistes du mythe (Cocagne, vouée toute entière à la célébration de l'activité digestive, ignore toute organisation sociale et proscrit rigoureusement le travail), elles sont évidemment entièrement absentes de l'Eldorado.

Quant au renversement proprement dit, il emprunte au réel des éléments signifiants dont il inverse le signifié selon un processus dont on trouvera de nombreux exemples: l'Eldorado est un monde où, comme pour faire mentir le dicton, les charretiers sont polis, où la garde royale est assurée par une troupe de 'belles filles', où maître et valet échangent leurs rôles ('Candide ne jouait plus que le second personnage, et accompagnait son valet', le seul en effet à parler le péruvien, langue du pays), où les codes de la politesse bourgeoise se substituent à l'étiquette monarchique, puisque 'l'usage [...] est d'embrasser le roi et de le baiser des deux côtés'[16] – autant de détails où l'on pourrait voir à la rigueur la formulation d'aspirations politiques (diffusion des lumières, égalité des sexes et égalité sociale, monarchie populaire), mais qui relèvent beaucoup plus sûrement du seul pittoresque résultant de l'inversion de la norme du monde de référence.

Le renversement essentiel toutefois porte sur la signification attribuée à l'or. Largement attesté dans le mythe du pays de Cocagne, lequel dans certaines de ses versions comporte des carrières de pièces d'or, le motif de la surabondance de l'or n'appartient pas véritablement à l'iconographie traditionnelle du monde renversé. Il est pourtant exemplaire de son schéma de fonctionnement. Au sein du monde réel, ce métal est associé à divers signifiés de connotation, la plupart positifs (rareté, beauté, richesse, puissance, position sociale élevée), d'autres négatifs (cupidité, avarice). En Eldorado, où l'or est partout, les signifiés sont différents: il équivaut à la profusion (il constitue 'les cailloux des grands

16. *Candide*, ch.17, p.153; ch.18, p.158, 155.

chemins'; à la simplicité la plus austère, comme le montre le système de restrictions ironiques qui accompagne la description des appartements du vieillard; voire à la pauvreté, puisque c'est de 'brocards d'or tout déchirés' que sont vêtus les 'petits gueux' du village; peut-être, enfin, à la souillure: selon une équivalence or/excrément bien connue de la psychanalyse, l'or est assimilé à 'la fange de notre terre', à la 'bouë jaune' des chemins (ch.17, p.154, 152; ch.18, p.156, 161). (Cette même association est présente chez More: on sait que la fabrication de pots de chambre est en Utopie l'un des usages réservés à ce métal.) Ce type de renversement, qui échappe au modèle binaire simple défini par David Kunzle,[17] laisse toutefois subsister une hiérarchie des valeurs assignées aux diverses substances (la vaisselle de l'auberge est de cristal seulement, celle du vieillard de diamant), dont le terme ultime se dérobe dans l'ineffable: le conteur renonce à toute description du palais royal, sinon pour nous dire qu'"il est impossible d'exprimer quelle en était la matière. On voit assez quelle supériorité elle devait avoir sur ces cailloux et sur ce sable que nous nommons *or* et *pierreries*'.[18] Comme Platon inventant dans sa description de l'Atlantide un métal infiniment plus précieux que l'or, l'orichalque, Voltaire est donc conduit à poser un 'paradigme absent' – et, par là, non descriptible.[19]

La tradition utopique est riche dans ce domaine en exemples de renversements portant sur la valeur respective des métaux: c'est le vieux *topos*, présent, par exemple, chez More ou chez Fénelon, qui valorise le fer aux dépens de l'or inutile. Ce classique retournement des valeurs n'est pas absent ici, mais il se complique d'un glissement qui, au sein d'une répartition hiérarchique maintenue, en décale toute l'échelle comme pour signifier, sur le mode de l'indicible, l'infinie supériorité de l'utopie sur le monde réel: si l'or est en Eldorado la boue des chemins (renversement), il constitue aussi le terme inférieur d'une progression des substances (déplacement) dont le terme supérieur reste informulé.

iii. Multiplicité des points de vue et confrontation des codes

Toutefois, l'altérité du pays imaginaire, qui nécessite sa confrontation avec les codes et normes du monde réel, ne peut s'accomplir que par la médiation du

17. Cette typologie repose sur la mise en rapport de deux instances A et B empruntées au monde humain, au monde animal, aux quatre éléments traditionnels, aux objets (Kunzle, 'Worlds upside down', cité par Lever, 'La représentation du mythe: essai d'iconologie', in Tristan, *Le Monde à l'envers*, p.176). Elle ne semble pas prévoir le cas d'un renversement portant sur les significations antagonistes attribuées à une même instance.

18. *Candide*, ch.18, p.158.

19. Voir l'étude de Marc Angenot sur les résolutions possibles du même problème dans la littérature de science-fiction ('Le paradigme absent: éléments d'une sémiotique de la science-fiction', *Poétique* 33 (1978), p.74-89).

voyageur qui les incarne au sein de l'utopie. Alors que dans la majorité des textes le tableau utopique se présente sous la forme ordonnée et didactique d'une sorte d'encyclopédie impersonnelle, synthèse d'un savoir 'objectif' dont le narrateur s'abstient de nous dire par quelles voies il l'a acquis, l'image de l'Eldorado se construit progressivement sous nos yeux, ou plutôt sous ceux des protagonistes, à la faveur d'un processus d'apprentissage ponctué d'essais et d'erreurs: elle découle entièrement, au début de l'épisode du moins, des étonnements, des naïvetés, des bévues et des erreurs d'interprétation de Candide et Cacambo, confrontés à une réalité nouvelle dont ils se montrent d'abord incapables de fournir une interprétation correcte.

Pourtant, l'altérité eldoradienne s'offre d'emblée sous l'apparence de l'identité. Comme en Europe, on y voit des campagnes cultivées, des routes, des voitures, des enfants qui vont à l'école et, à l'heure de la récréation, jouent au palet comme tous les enfants du monde. Tous ces objets, qui renvoient au monde connu, sont immédiatement et correctement interprétés par les voyageurs. Cependant, à l'intérieur même de cette identité s'établit déjà une différence qui signale l'étrangeté; les palets des écoliers jettent 'un éclat singulier'; 'singulière' aussi la beauté des occupants des voitures, tirées non par des chevaux, mais par 'de gros moutons rouges' en qui le lecteur soucieux de réalisme pourra, s'il lui plaît, reconnaître de lamas (auxquels Garcilaso de La Vega signale que les Espagnols donnaient le nom de moutons);[20] étranges véhicules aussi, 'd'une forme et d'une matière brillante' sur laquelle le texte ne donne aucun détail; la campagne, cultivée 'pour le plaisir comme pour le besoin', unit de façon inattendue le souci ornemental à la finalité utilitaire; quant aux enfants, ils sont vêtus de haillons ainsi qu'on pouvait s'y attendre dans une école de village, mais ceux-ci sont faits de brocart d'or, tandis qu'un plus ample examen identifie dans leurs jouets de l'or et des pierres précieuses. Et les deux voyageurs s'étonneront de nouveau, en entrant dans l'auberge du village, de la trouver 'bâtie comme un palais d'Europe'.[21]

C'est en effet par leur regard imprégné des significations du monde antérieur, avec ses normes, ses systèmes de valeur et ses préjugés, que va être appréhendée cette réalité nouvelle. Le procédé critique du 'regard étranger', familier à la littérature du dix-huitième siècle, se trouve ici inversé: les 'deux hommes de l'autre monde' perçoivent eux-mêmes l'Eldorado comme un monde 'autre'. 'Où sommes-nous?', s'interroge Candide (ch.17, p.152). L'optique de l'extranéité permet de mettre en place les éléments nécessaires à une appréciation comparative des deux univers: d'où la présence de nombreuses comparaisons associant

---

20. Brooks, 'Voltaire and Garcilaso', p.199.
21. *Candide*, ch.17, p.153.

éléments de la réalité eldoradienne et éléments du monde de référence. Elles visent à la fois à mettre en évidence la supériorité de la première sur le second et à expliciter l'inconnu par référence au connu: les moutons rouges 'surpassaient en vitesse les plus beaux chevaux d'Andalousie, de Tétuan et de Méquinez', les enfants jouent avec 'des émeraudes, des rubis, dont le moindre aurait été le plus grand ornement au trône du Mogol', l'auberge est 'bâtie comme un palais d'Europe' – au total, comme le dit Candide, 'un pays qui vaut mieux que la Vestphalie', référence panglossienne de la perfection.

Toutefois, si le regard des voyageurs est apte à faire surgir la différence dont l'Eldorado est porteur, et aussi sa supériorité face au monde antérieur, il ne permet pas une lecture adéquate de cette réalité nouvelle. A partir d'un indice correctement observé, Candide et Cacambo transposent mécaniquement les codes de leur univers d'origine et aboutissent à des conclusions erronées. La petite saynète dont les écoliers sont les figurants est à cet égard éclairante. Incapables de concevoir le renversement qui affecte ici la hiérarchie des valeurs, les observateurs laissent jouer le code européen (or = rareté et richesse) et concluent qu'il ne peut s'agir que des 'fils du roi du pays', tandis que le magister de village est identifié comme 'le précepteur de la famille royale'. L'étrange comportement des acteurs de la scène donne lieu à une nouvelle erreur d'interprétation suggérée par un banal lieu commun moral: 'Il faut que les enfans des rois de ce pays soient bien élevés, puisqu'on leur apprend à mépriser l'or et les pierreries' (ch.17, p.153). Si les deux voyageurs perçoivent bien l'altérité du pays imaginaire, ils se montrent donc pour l'instant incapables d'en préciser la nature. Celle-ci ne s'éclairera à leurs yeux, après de nouvelles bévues, qu'à la faveur des entretiens qui la leur livrent enfin dans sa vérité, avec l'aubergiste d'abord, puis avec le vieillard, enfin avec le monarque. Nous retrouverons dans ces dialogues les normes de l'exposé didactique qui prévalent ordinairement dans le récit utopique.

D'où vient que le lecteur, lui, perçoive d'emblée la vraie nature de l'utopie eldoradienne? C'est que, on l'a déjà souligné, Candide ici n'est pas narrateur. A son point de vue propre, limité, subjectif et souvent erroné vient s'en superposer un autre, celui du narrateur omniscient qui interprète ce qui échappe aux personnages. La présence du conteur affleure tout au long de l'épisode, dans les jugements ou commentaires portés sur ces derniers ('on aime tant à courir, à se faire valoir chez les siens, à faire parade de ce qu'on a vu dans ses voyages, que les deux heureux résolurent de ne plus l'être', ch.18, p.160), ou plus nettement dans la complicité ironique qu'il établit avec le lecteur au détriment de ses héros ('*Nos* deux hommes de l'autre monde'; '*tout le monde sait* que Cacambo était né au Tucuman', ch.17, p.153). Régulièrement aussi, les erreurs commises par ces derniers se trouvent rectifiées par le point de vue 'vrai' du conteur, qui nous livre l'interprétation correcte: là où Candide ne voit que les brocarts d'or de la troupe d'écoliers, c'est lui évidemment qui apporte la précision complémentaire ('tout déchirés') permettant des les identifier comme de 'petits gueux' plutôt que comme des fils de roi; c'est lui également qui ramène le 'précepteur de la famille royale' au statut d'un simple 'magister du village'. Mais le narrateur ne se borne pas à ce rôle de rectification; il contribue, lui aussi, à la création de l'altérité eldoradienne, lorsque son discours s'imprègne, jusque dans la syntaxe qui le structure, des codes spécifiques de ce monde nouveau. Ainsi lors de la visite chez le vieillard (ch.18, p.155):

Ils entrèrent dans une maison fort simple, car la porte n'était que d'argent, et les lambris des appartements n'étaient que d'or, mais travaillés avec tant de goût, que les plus riches lambris ne l'effaçaient pas. L'antichambre n'était à la vérité incrustée que de rubis et d'émeraudes, mais l'ordre dans lequel tout était arrangé réparait bien cette extrême simplicité.

Le point de vue est ici tributaire du code eldoradien (or = simplicité), en tous points opposé à celui régissant le monde de référence du lecteur – d'où, conformément à une pratique stylistique dont l'ironie voltairienne est coutumière, un usage pour nous aberrant des liaisons causales: les *car* surgissent là où nous attendrions des *bien que*, désignant ainsi notre monde comme 'autre' face à la réalité eldoradienne, devenue ici l'ancrage référentiel.[22]

Ainsi le passage à la narration à la troisième personne permet-il un dédoublement du point de vue, tantôt 'objectif', chez le narrateur, tantôt frappé d'une restriction de champ, lorsqu'il s'agit des personnages: d'où, chez le premier, une position de supériorité ironique à l'égard des seconds et, plus généralement, un double niveau d'appréhension de la réalité dont on ne trouverait guère d'équivalent dans la tradition utopique. A cet égard, le bref épisode de l'Eldorado, pourtant si tributaire des stéréotypes du genre ironiquement pastichés, est beaucoup plus proche des formules narratives spécifiquement romanesques que la majorité des utopies classiques.

22. Voir P. Haffter, 'L'usage satirique des causales dans les contes de Voltaire', *Studies on Voltaire* 53 (1967), p.7-28.

28. De l'utopie au conte: l'Eldorado et la signification de *Candide*

i. Le contenu de l'utopie eldoradienne: le modèle et ses zones d'ombre

LA présence de la norme utopique est patente dans les schémas narratifs utilisés comme dans les procédés visant à présenter l'Eldorado comme un monde autre, avec toutefois quelques écarts par rapport à l'utopie classique, notamment dans la personne de narration. En est-il de même du contenu institutionnel? L'Eldorado est-il bien une utopie au sens socio-politique du terme? Comment interpréter le départ de Candide, qui semble remettre en question la validité du modèle? Enfin, quel sens donner à l'épisode si on le replace dans le contexte général du conte, et quelle est notamment sa fonction au regard de la situation initiale et de la situation finale?

Que l'Eldorado incarne bien la société idéale selon Voltaire, c'est là une idée si largement répandue dans la critique voltairienne qu'elle a pu longtemps passer pour une évidence.[1] Si donc l'on admet que l'épisode transpose dans un cadre descriptif un corps de propositions et d'aspirations, on peut esquisser un bilan de ce qui s'y trouve présenté comme idéal. L'Eldorado est un univers de prospérité matérielle, attestée par l'élégance des vêtements, la richesse des décorations intérieures, le raffinement de la cuisine, remarquable même dans une auberge de campagne, mais surtout par une politique d'urbanisme et de grands travaux: la capitale est immense – en une demi-journée les voyageurs n'en visiteront que 'la millième partie' – ses édifices s'élèvent 'jusqu'aux nuës', partout on y trouve des fontaines, des marchés, des colonnades; un réseau routier moderne et un système d'auberges gratuites, l'un et l'autre sans doute empruntés à Garcilaso de La Vega, attestent l'importance accordée au commerce, activité éminemment civilisatrice selon Voltaire.[2] On notera, en revanche, la faible place accordée à l'agriculture: l'utopie eldoradienne est essentiellement

1. Voir, par exemple, l'enquête déjà ancienne de Bottiglia ('The Eldorado episode', p.339). A partir d'un corpus critique de dix-huit interprétations de l'épisode, l'auteur en recense quinze qui s'accordent sur ce point. Première en date des études consacrées à l'Eldorado dans la perspective propre de l'utopie, l'article déjà cité de Rita Falke voit en l'Eldorado 'l'illustration de la doctrine voltairienne', 'l'idéal véritable de l'auteur' ('Eldorado: le meilleur des mondes possibles', p.33, 38).
2. Voltaire évoque dans l'*Essai sur les mœurs*, à la suite de Garcilaso, la fameuse route de 500 lieues construite par les Incas entre Cusco et Quito. D'après Garcilaso, il existait au Pérou des hôtelleries publiques gratuites, ou *corpahuaci* (*Commentaires*, v, 11; éd. Bataillon et Durand, ii.95).

urbaine. Le progrès matériel va de pair avec le progrès intellectuel et moral. Dans ce pays où les villages les plus écartés possèdent une école, on semble se consacrer à la diffusion des lumières: avec le palais royal, l'édifice le plus remarquable de la capitale est le palais des sciences et sa 'galerie de deux mille pas, toute pleine d'instrumens de mathématique et de physique'.[3] Toutefois la science eldoradienne paraît être d'orientation plus concrète et technologique que purement spéculative, comme l'indique la machine construite à l'intention des deux voyageurs.

L'Eldorado est également un pays de tolérance et de raison: réduit au seul dogme de l'existence d'un Dieu unique, le déisme autorise une parfaite unité religieuse ('nous sommes tous ici du même avis') qui pourtant n'est en aucune manière contraignante, pas plus que ne l'est une monarchie patriarcale et débonnaire où le roi légifère 'du consentement de la nation' (ch.18, p.157, 156). On notera enfin l'irénisme absolu de cette contrée sans police, ni armée, ni tribunaux, qui n'a jamais connu la guerre ni les discordes civiles. Enfin, l'Eldorado se donne pour un monde réconcilié où les oppositions se résolvent en harmonies: l'Etat n'exclut pas la liberté ni la religion la tolérance; le décor de la vie quotidienne réunit luxe et simplicité, confort et bon goût; 'partout l'utile était agréable' (ch.17, p.151), et l'agriculture sacrifie simultanément au plaisir et au besoin; chez le vieillard, hôte accueillant et disert, tout différent du derviche du dernier chapitre, la sagesse s'accorde avec la sociabilité, comme l'esprit et la raison dans les bons mots du roi, lesquels, même traduits, restent de bons mots.

Au total, on peut estimer que l'Eldorado reflète bien certaines aspirations des Lumières, qui d'ailleurs sont loin d'être spécifiquement voltairiennes et demeurent d'une grande banalité. D'où vient pourtant que cette utopie, si c'en est une, reste aussi peu convaincante? D'abord peut-être du fait que au modèle de l'utopie s'en superpose un autre, celui du conte voltairien de type 'oriental', fondé, lui aussi, sur la création d'un monde 'autre', mais à la faveur d'une altération des lois naturelles incompatible avec la créance minimale qu'exige le genre utopique. Certes, à la différence de *Zadig* ou de *La Princesse de Babylone*, directement tributaires de l'esprit des *Mille et une nuits*, l'épisode de l'Eldorado ne comporte, à proprement parler, aucun merveilleux: pas de métamorphoses, pas d'apparitions ...; on sait que, si dans *Candide* plus qu'en aucun autre conte les morts ressuscitent (Cunégonde, Pangloss, le baron jésuite), c'est qu'ils ne l'étaient pas véritablement. Pour autant, l'exigence d'une 'nature neutre',[4] fondatrice du genre utopique, n'y est pas respectée: rien n'explique rationnelle-

3. *Candide*, ch.18, p.159.
4. Suvin, *Pour une poétique de la science-fiction*, p.64.

ment la profusion extravagante de l'or, l'allongement démesuré de la vie humaine (le vieillard est 'âgé de cent soixante et douze ans'), l'exclusion magique du mal, qui permet d'éliminer appareil judiciaire et prisons. Le décor de la vie quotidienne baigne, lui aussi, dans la féerie: fontaines d'eau de rose ou de liqueur de canne à sucre, animaux inconnus évocateurs du bestiaire fabuleux des contes, constante amplification hyperbolique des chiffres (ainsi, par exemple, le menu servi à l'auberge: 'quatre potages garnis chacun de deux perroquets, un contour bouilli qui pesait trois cent livres, deux singes rôtis d'un goût excellent, trois cent colibris dans un plat, et six cent oiseaux mouches dans un autre').[5]

Mais ce sont surtout les nombreuses zones d'ombre qu'elle contient qui rendent l'utopie eldoradienne insatisfaisante si l'on retient comme critère définitionnel de l'utopie l'exigence d'une description exhaustive des institutions, saisies dans leur fonctionnement concret. La religion est le seul secteur institutionnel qui reçoive quelque développement; mais, on l'a vu, elle est caractérisée d'une façon purement négative. Tout le reste demeure singulièrement flou, malgré les éclaircissements apportés par le vieillard: 'La conversation fut longue; elle roula sur la forme du gouvernement, sur les mœurs, sur les femmes, sur les spectacles publics, sur les arts' (ch.18, p.156). Ce sont, en effet, les rubriques traditionnelles de l'utopie. Mais elle restent à l'état de rubriques, puisque la substance de l'entretien ne nous est pas livrée: simple salut ironique aux stéréotypes du genre, qui ne sollicite la curiosité du lecteur que pour mieux la frustrer.

Les institutions proprement politiques sont d'un vague extrême. Le régime est monarchique, d'une monarchie paternaliste et débonnaire, si l'on en croit l'étiquette sans façon de la cour; mais celle-ci s'accorde assez mal avec la somptuosité du palais royal et le cérémonial pompeux des audiences du souverain:

Vingt belles filles de la garde reçurent Candide et Cacambo à la descente du carrosse, les conduisirent aux bains, les vêtirent de robes d'un tissu de duvet de colibri; après quoi les grands officiers et les grandes officières de la couronne les menèrent à l'appartement de sa majesté au milieu de deux files chacune de mille musiciens, selon l'usage ordinaire.[6]

Quant à la nature du pouvoir, elle est mal définie. Le monarque '[ordonne] du consentement de la nation' (mais alors à quoi bon ordonner ce à quoi chacun est prêt à souscrire?), ce qui pourrait laisser croire à quelque procédure institutionnelle de consultation populaire. Il est cependant précisé que les

5. *Candide*, ch.17, p.153.
6. Ch.18, p.158. Bains, prise d'habit et 'belles filles' viennent de Veiras.

parlements n'existent pas en Eldorado, pas plus, semble-t-il, que les divers corps intermédiaires susceptibles de faire contrepoids au pouvoir monarchique. Le déisme de la religion officielle privant ce dernier de fondement transcendant, le régime relève formellement du despotisme – 'éclairé', si l'on veut; en tout cas, dépourvu de source évidente de légitimité. Les conditions de l'exercice du pouvoir demeurent, elles aussi, obscures: en l'absence de tout appareil coercitif – point de tribunaux ni de prisons – comment en imposer les décisions? Il est vrai que les Eldoradiens sont 'tous du même avis', solution magique du problème politique qui devrait logiquement rendre l'Etat inutile, ainsi que l'ont fort bien compris les Australiens de Foigny et les Houyhnhnms de Swift.[7]

L'organisation sociale et économique est encore plus floue. Tout au plus peut-on de quelques indications fragmentaires inférer que la société eldoradienne n'est pas égalitaire: ainsi que le suggérait déjà la progression sociale, des 'petits gueux' au souverain, liée au mouvement diégétique, il existe une hiérarchie des fortunes et des positions sociales que reflète, on le sait, le choix des matières utilisées pour la décoration intérieure. L'Eldorado a ses riches et ses pauvres, ses maîtres et ses domestiques – le vieillard prête douze des siens propres aux deux visiteurs – mais pas de clergé et, semble-t-il, pas de noblesse. Les auberges gratuites pourraient suggérer une économie communiste analogue à celle des *Sévarambes* et de bien d'autres utopies, mais elles sont établies 'pour la commodité du commerce':[8] il existe donc des échanges fondés sur une économie de marché, nécessairement purement intérieure en raison de la fermeture spatiale du territoire. L'Eldorado possède une monnaie, et même convertible – la construction de la machine a coûté 'vingt millions de livres sterling, monnaie du pays' (ch.18, p.161) – mais gagée sur quoi? Certainement pas sur l'or, puisque sa profusion lui ôte toute valeur dans le cadre d'une économie fermée, les échanges extérieurs étant pour leur part rendus impossibles par la configuration géographique. L'abondance des métaux précieux ne saurait donc rendre compte d'une prospérité dont la 'raison suffisante' nous échappe: comme la concorde spontanée des habitants et leur soumission à l'autorité politique en l'absence de tout appareil coercitif, la richesse de l'Eldorado relève de l'arbitraire du conteur et retire à l'utopie sa portée exemplaire. Voltaire décrit une perfection inexpliquée, non les moyens qui permettraient de la réaliser. Au demeurant, cette 'perfection' n'est elle-même parfaite qu'à l'intérieur d'un certain cadre social et idéologique, celui-là même qui régit les

7. Faut-il rattacher le vague des données institutionnelles et l'absence d'appareil judiciaire à un thème de 'dépérissement de l'Etat', ainsi que le fait Bottiglia ('The Eldorado episode', p.340)? Mais, en ce cas, pourquoi avoir conservé l'institution monarchique, de tous les régimes celui où l'autonomie du corps étatique est le plus marquée?

8. *Candide*, ch.17, p.154.

sociétés réelles fondées sur l'économie marchande: Voltaire 'n'a pas l'idée d'une structure autre que celle d'un capitalisme libéral, fondé sur la propriété et la liberté des transactions – structures qu'il considère avec son époque comme "naturelles"'.[9] S'écartant de la tradition collectiviste prédominante dans l'utopie classique, l'utopie eldoradienne se borne à refléter certains thèmes mélioristes présents dans la pensée des Lumières: laïcisation de l'Etat, tolérance, déisme, expansion économique, développement urbain, progrès des sciences et des techniques. On pourrait classer l'Eldorado parmi les utopies réformistes, si, précisément, les moyens pratiques et la perspective même d'une transformation du monde réel n'en étaient aussi complètement absents.

ii. L'Eldorado quitté: motifs et implications d'un départ

Une autre raison suggère que l'utopie eldoradienne ne saurait constituer une véritable solution. Il s'agit du départ de Candide et Cacambo. Après un mois de séjour, 'les deux heureux résolurent de ne plus l'être, et de demander leur congé à sa majesté'.[10] Cette décision, où l'on pourrait voir l'indice du caractère insatisfaisant de l'Eldorado, appelle plusieurs remarques.

Voltaire, en apparence, ne fait que se plier au scénario canonique: le départ du voyageur européen et son retour au sein du monde réel font structurellement partie du schéma diégétique de l'utopie classique. Mais ce retour y est rendu nécessaire par le fait que le voyageur est aussi le narrateur: il doit quitter l'utopie pour en rendre la relation communicable. Or, Candide ici n'est pas narrateur et ne se sent de surcroît investi d'aucune mission de diffusion du modèle. Cette contrainte narrative levée, rien ne s'opposerait sur le seul plan de la cohérence du récit à ce que le héros décide de s'établir en Eldorado, s'éprenne d'une belle Eldoradienne, etc. Le départ résulte donc bien d'un choix. Les raisons qui le motivent se ramènent à quatre arguments. Les deux premiers sont énoncés par Candide lui-même: l'amour ('mais enfin, mademoiselle Cunégonde n'y est pas'), auquel se joint la cupidité ('Si nous restons ici, nous n'y serons que comme les autres; au lieu que si nous retournons dans notre monde, seulement avec douze moutons chargés de cailloux d'Eldorado, nous serons plus riches que tous les rois ensemble'; ch.18, p.159-60), le premier servant d'excuse à la seconde, puisque ces trésors pourront servir à racheter Cunégonde. Les deux autres, instabilité humaine et vanité, résultent du commentaire du conteur: 'On aime tant à courir, à se faire valoir chez les siens, à faire parade de ce qu'on a

9. R. Pomeau, 'Candide entre Marx et Freud', *Studies on Voltaire* 89 (1972), p.1313.
10. *Candide*, ch.18, p.160.

vu dans ses voyages' (ch.18, p.160).[11] Comme le remarque Jean Sareil, ces motifs 'sont d'une étonnante faiblesse':[12] ambition, cupidité, vanité ne sont guère conformes à la logique du personnage de Candide tel que nous le connaissons. Restent l'amour et l'instabilité humaine. Le premier est bien, en effet, une donnée essentielle du personnage et le moteur constant de l'action romanesque, du moins jusqu'au chapitre terminal, où il se dissout, devenu inutile à la progression diégétique. La seconde renvoie à l'un des thèmes essentiels du conte: au dernier chapitre, Martin conclut que l'homme est 'né pour vivre dans les convulsions de l'inquiétude, ou dans la létargie de l'ennui';[13] après avoir connu les premières, il semble bien que l'étape de l'Eldorado, vide de tout événement, corresponde pour Candide à la seconde, et que le bonheur calme qu'il pourrait y goûter lui paraisse d'avance insipide.

Amour, insatisfaction, ambition, cupidité, désir de briller: tous les motifs, réels ou supposés, qui peuvent justifier la décision des héros ont en commun d'appartenir à la sphère des passions, que le rationalisme de l'utopie eldora-dienne est incapable de prendre en charge. Nous retrouvons ici un thème déjà rencontré chez Foigny, chez Swift ou chez Prévost: parfaite sans doute pour des êtres eux-mêmes parfaits, l'utopie est incompatible avec les passions inhérentes à l'espèce humaine dès lors que celle-ci a perdu l'innocence paradisiaque.[14] Toutefois, à la différence de ce qu'on a pu observer dans les textes précédents, le thème ici reste implicite: rien n'indique expressément que les habitants d'Eldorado soient soustraits aux tares de la nature humaine comme le sont les Australiens de Foigny.

Le départ de Candide, alors même qu'il a apparemment trouvé l'objet de sa quête philosophique, le 'pays où tout est bien' conforme à l'enseignement de Pangloss, doit-il être interprété comme une mise en cause de l'inconstance du héros ou comme une critique de l'utopie? S'agit-il d'une 'sottise', comme le dit le souverain et comme le suggère le commentaire du narrateur ('les deux heureux résolurent de ne plus l'être'), ou bien d'une liquidation de l'utopie comme solution possible? On s'abstiendra sur ce point d'entrer dans les querelles

11. Tout ce passage évoque les discussions entre Jacques Massé et son compagnon La Forêt chez Tyssot de Patot (*Voyages et avantures de Jaques Massé*, p.320-21). Les motivations du départ sont également une intrigue amoureuse (il s'agit des amours de La Forêt avec la reine Lidola), une insatisfaction pécuniaire ('toute notre récompense se borne à un morceau de Métal, qui ne vaut que quinze sols la livre en Europe') et, enfin, un 'humeur changeante' qui incite à préférer les hasards de l'inconnu à l'existence paisible des utopiens.

12. Jean Sareil, *Essai sur Candide* (Genève 1967), p.58.

13. *Candide*, ch.30, p.225.

14. C'est l'absence de tout contact avec l'extérieur qui, dit le vieillard, 'nous a conservé notre innocence et notre félicité' (ch.18, p.156), formule du reste quelque peu contradictoire, car l'innocence ne saurait s'énoncer elle-même sans être aussitôt perdue.

des différents commentateurs.[15] On observera seulement que les deux interprétations ne sont pas nécessairement exclusives l'une de l'autre. Envisagé sous le seul angle de la raison, le départ de Candide n'est pas justifiable: si l'Eldorado est réellement parfait, comme tout semble l'indiquer, pourquoi le quitter? Il n'y a aucun motif de penser que l'utopie eldoradienne, si rudimentaire soit-elle, n'exprime pas en effet un idéal voltairien. Et rien n'autorise véritablement à en juger l'atmosphère 'irrespirable', ainsi que l'écrit Jean Sareil avec quelque exagération:[16] utopie rationaliste, certes, mais tempérée de bienveillance et de tolérance, sans la moindre trace de ce totalitarisme de la raison qui rend si inquiétant l'univers des Australiens de Foigny. On n'y trouve même pas le traditionnel géométrisme utopique: pour une fois, le *topos* des rues 'tirées au cordeau' n'apparaît nulle part dans la description de la capitale. On ne peut donc interpréter cet épisode comme une satire de l'utopie: à la différence de Prévost, par exemple, Voltaire ne cherche pas à débusquer les contradictions internes de la construction utopique ou celles qui pourraient surgir entre sa théorie et sa pratique; si ironie il y a, elle porte sur les conventions littéraires et les stéréotypes narratifs du genre, non sur la réalité institutionnelle.

Cependant, d'un autre point de vue, le départ de Candide est pleinement justifié au moins pour trois raisons. D'abord, on l'a vu, la perfection de l'utopie est mal accordée à la réalité passionnelle de la nature humaine; le sentiment du bonheur étant chose subjective, le héros est fondé à chercher le sien hors de l'utopie, même si cette dernière semble objectivement apte à en remplir idéalement les conditions. Ensuite, cette perfection est statique: loin d'être le résultat d'un processus d'évolution historique, elle est donnée 'toute faite' dans sa forme définitive, sans aucun des moyens qui ont permis de la réaliser et pourraient donc la rendre reproductible. Elle incarne un horizon vers lequel on peut tendre, non un modèle transposable. Or, *Candide* peut être considéré comme un roman de formation, à la fois quête et enquête, interrogation sur les fins, mais aussi recherche des moyens qui permettraient de les atteindre;[17] l'Eldorado correspond bien au *telos* de la vie sociale selon l'idéologie des Lumières, mais ne dit rien des modalités concrètes de sa construction. Pour échapper au panglossisme, qui est peut-être moins l'acharnement dans l'optimisme que le culte d'une finalité indifférente à la question des moyens, ce sont ces derniers que Candide devra mettre en place; et il ne pourra le faire qu'à

---

15. Pour W. F. Bottiglia, 'Candide and Cacambo lack the philosophic maturity to appreciate Eldorado at its real worth, and their reasons for leaving it are wrong' ('The Eldorado episode', p.343). Jean Sareil estime au contraire que 'Eldorado était au mieux une tentation à laquelle il n'a pas succombé' (*Essai sur Candide*, p.58).

16. Sareil, *Essai sur Candide*, p.58.

17. Voir Jacques van den Heuvel, *Voltaire dans ses contes* (Paris 1967), p.289-91.

partir des données du monde réel, à la faveur d'une série d'expériences concrètes, au terme d'une longue chaîne d'essais et d'erreurs. Enfin, raison déterminante quoique apparemment contingente, il est nécessaire que le héros quitte l'Eldorado parce que le conte tout simplement n'est pas terminé et que la poursuite du récit exige son retour au sein du monde réel. C'est là un truisme, mais qui conduit à un autre point de notre enquête: l'Eldorado n'est pas un texte clos, ni même un sous-ensemble autonome comme c'était encore plus ou moins le cas dans les épisodes utopiques de *Cleveland*, mais une très brève halte utopique fortement insérée dans la trame romanesque et dont le sens ne peut résulter que de son insertion contextuelle et de sa fonction dans l'économie générale de l'œuvre.

iii. L'Eldorado dans l'économie narrative de *Candide*

L'insertion de l'épisode appelle plusieurs remarques. Occupant les chapitres 17 et 18 dans un texte qui en comporte trente, il se situe à peu près exactement, on l'a souvent remarqué, au centre textuel du conte, surtout si l'on tient compte de la longueur sensiblement accrue des chapitres qui le suivent. Il divise ainsi le récit en deux moitiés presque exactement égales: dans l'édition Pomeau, 74 pages précèdent l'épisode, 67 le suivent. Dans sa situation spatiale, il correspond au terme ultime d'une progression géographique dans les errances de Candide, orientées dans la première partie selon un axe nord-sud et est-ouest, ainsi que le montrent les étapes de l'itinéraire suivi: Allemagne, Hollande, Portugal, Brésil, Paraguay, forêt amazonienne. Il précède un mouvement géographique inverse orienté vers l'est et vers le nord: Surinam, Bordeaux, Paris. Toutefois, pour des raisons sur lesquelles il faudra s'interroger, cet itinéraire de retour jusqu'ici assez rectiligne s'infléchira de nouveau vers le sud et vers l'orient dans les derniers chapitres: Venise, la Propontide.

Pourtant, c'est également sur d'autres plans que l'épisode de l'Eldorado occupe une position de charnière, d'articulation médiane subdivisant le récit en deux parties complémentaires. Avant l'Eldorado, la référence philosophique constante de Candide était l'optimisme panglossien. Sitôt après l'avoir quitté, l'épisode du nègre de Surinam conduit le héros à abjurer pour la première fois cette doctrine de façon formelle: 'O Pangloss! s'écria Candide, tu n'avais pas deviné cette abomination: c'en est fait, il faudra qu'à la fin je renonce à ton optimisme.'[18] A partir de ce chapitre 19, Pangloss, physiquement absent du récit depuis le chapitre 7 – il ne réapparaîtra qu'au chapitre 27 – est supplanté dans son rôle doctrinal par un autre philosophe, Martin. L'intermède eldoradien

---

18. *Candide*, ch.19, p.164.

délimite ainsi deux modèles philosophiques opposés dont le déroulement narratif va manifester successivement l'inadéquation à la réalité: s'il est clair que pour Voltaire le pessimisme de Martin représente bien un progrès sur le finalisme béat de Pangloss, il a le tort d'être encore un système, c'est-à-dire une construction dogmatique indifférente au concret; ainsi Martin se trompe-t-il en croyant pouvoir prédire la trahison de Cacambo à l'égard de son ancien maître. L'accès de Candide à la maturité philosophique passera par l'abandon de tout système d'explication *a priori*.

La halte de l'Eldorado semble également faire fonction de charnière entre deux problématiques et deux types de rapport au monde. Avant le chapitre 17, Candide, toujours pourchassé et toujours fuyant, se trouve directement impliqué, en tant qu'acteur et, plus souvent, en tant que victime, dans l'épouvantable chaos du monde. Après le chapitre 17, son statut se modifie. Riche désormais des trésors rapportés d'Eldorado, du moins de ce qu'il a pu en sauver, il n'est plus qu'un spectateur de la comédie humaine, comme si le rôle de voyageur-témoin qui était devenu le sien dans l'utopie se prolongeait au-delà de ses frontières. Le rythme frénétique des aventures de la première partie s'apaise dans la seconde; l'errance subie se transforme en un voyage d'enquête conduit à l'initiative du héros, désormais soustrait aux dures nécessités de la lutte pour la survie qui étaient celles du personnage picaresque initial. Certes, Candide se trouve toujours d'une certaine façon en position de victime, mais c'est à sa bourse, non à sa vie, qu'en veulent à présent la prétendue marquise de Parolignac, la fausse Cunégonde, l'abbé périgourdin, le levanti patron et tous les escrocs ou coquins qui s'attachent à ses basques.

Parallèlement, la problématique du conte se déplace également. La première partie passe en revue les diverses manifestations du mal physique imputable à la folie des hommes (la guerre), à l'intolérance des religions (l'Inquisition), aux caprices de la nature et aux décrets incompréhensibles de la Providence (le tremblement de terre de Lisbonne). Dans la seconde, c'est le mal moral qui l'emporte, comme le montrent les expériences de Paris et de Venise: friponnerie générale, ridicule des querelles littéraires, vanité des auteurs, cruelle sottise des orgueils nationaux, instabilité politique des Etats et, surtout, accablement général de l'ennui.[19]

Le conte semble bien, en effet, s'ordonner tout entier autour du dilemme énoncé par Martin: à la première partie correspondent les 'convulsions de l'inquiétude'; à la seconde, la 'léthargie de l'ennui' – ennui des 'tristes pontes' attablés au jeu chez Mme de Parolignac, médiocrité de la vie littéraire parisienne,

---

19. Voir, respectivement, les discussions chez Mme de Parolignac (ch.22), l'exécution de l'amiral Byng (ch.23), le souper en compagnie des rois détrônés à Venise (ch.26).

mélancolie de Venise, enfin, lieu symbolique d'une civilisation décadente qui cherche à s'oublier dans l'artifice de la fête. Le thème trouve son héros emblématique dans le personnage du sénateur Pococurante, dont l'épicurisme raffiné et suprêmement blasé montre que les privilèges du goût, de la culture, de la naissance et de la fortune ne sont d'aucun recours contre cette maladie morale. A cet égard encore, l'Eldorado est un épisode-charnière: ce qui justifie le départ de Candide et Cacambo, c'est bien, affleurant sous les autres motifs allégués, l'ennui qui émane d'une société trop parfaite d'où tout événement est banni.

Point médian essentiel dans l'articulation du conte, la micro-utopie eldoradienne est également à examiner dans sa relation avec les divers modèles de sociétés qu'on peut y rencontrer, notamment avec ceux qui sont susceptibles de revêtir une signification utopique. Il est évidemment difficile de faire entrer dans ce cadre *toutes* les sociétés traversées par le héros dans la première partie, sous le prétexte que 'the ingenuous Candide visits a series of places which, because of Pangloss's teachings, he mistakes for utopias':[20] ni le royaume des Bulgares, ni la Hollande, ni le Portugal n'apparaissent jamais aux yeux de Candide sous l'aspect de contrées idéales, soit avant, soit, on s'en doute, après les séjours d'ailleurs involontaires qu'il y effectue. Il s'agit donc, en premier lieu, des diverses étapes des aventures américaines du héros. On peut observer chez Candide, comme chez les héros de Prévost de Cleveland à Des Grieux, les indices d'un 'rêve américain' d'ailleurs répandu dans tout l'imaginaire des Lumières.[21] Fuyant l'Europe pour 'un autre univers', Candide se berce d'espérances: 'c'est dans celui-là sans doute que tout est bien'. Après la traversée de l'Ancien Monde ensanglanté par toutes les formes du mal, le Nouveau Monde incarne une instance de recours conforme à la géographie mythique des Lumières, qui y localise volontiers les ailleurs utopiques de l'Europe: 'C'est certainement le nouveau monde qui est le meilleur des univers possibles.'[22]

On laissera de côté la réalité coloniale américaine, évoquée brièvement dans les épisodes de Buenos Aires et Surinam (ch.13, 19): à la différence de ce que l'on a pu observer ailleurs, le projet colonial ne semble revêtir ici aucune virtualité utopique; il se borne à reproduire l'Europe, en y ajoutant les horreurs de l'esclavage. Ce n'est pas le cas, en revanche, des deux séquences qui précèdent celle de l'Eldorado. Les réductions jésuites du Paraguay constituent, en effet, un exemple classique d'utopie réalisée. Voltaire s'y est longuement intéressé dans le chapitre 154 de l'*Essai sur les mœurs*, écrit en janvier 1758, et

20. Dalnekoff, 'The meaning of Eldorado', p.46.
21. Voir *L'Amérique des Lumières*, Actes du colloque du bicentenaire de l'Indépendance américaine (Genève 1977), en particulier l'article déjà cité de Jean Sgard, 'Prévost et l'espérance américaine'.
22. *Candide*, ch.10, p.120.

porte sur l'œuvre des jésuites une appréciation nuancée qui est loin d'être entièrement défavorable. Tout en interprétant le système des réductions comme une sorte d'esclavage d'Etat établi 'par la seule persuasion', il reconnaît que 'si quelque chose peut donner l'idée de cette colonie, c'est l'ancien gouvernement de Lacédémone'.[23] Dans *Candide*, en revanche, le jugement cède aux simplifications polémiques les plus sommaires: 'Los Padres y ont tout et les peuples rien';[24] les jésuites sont présentés comme des despotes régnant sur un peuple asservi, et le conflit qui les oppose à la couronne d'Espagne les fait apparaître comme des fauteurs de troubles et même des fauteurs de guerre. L'expérience du Paraguay se trouve ainsi disqualifiée sans examen.

Le chapitre 16 réserve le même sort à l'utopie primitiviste. Si 'le meilleur des mondes possibles' n'est pas dans la civilisation, faut-il le chercher dans la pure nature? Le nom, aux consonances bouffonnes, des sauvages Oreillons – emprunté à une peuplade authentique (*Orejones*, en espagnol) provenant de l'ouvrage de Garcilaso de La Vega[25] – suggère déjà la réponse. Voltaire adopte une optique délibérément caricaturale, qui ne correspond pas à sa position beaucoup plus nuancée sur le monde sauvage et l'état de nature telle qu'elle s'exprime dans ses écrits théoriques ou même dans certains de ses contes, comme *L'Ingénu* et, surtout, l'*Histoire de Jenni ou l'athée et le sage* (1775), qui met en scène un bon sauvage vertueux et déiste.[26] De l'utopie sauvage ramenée aux stéréotypes d'une imagerie d'opérette (massues, broches, marmites), Voltaire ne retient ici que l'anthropophagie et l'archaïsme technique: 'haches de caillou', 'cordes d'écorces d'arbres', non la fonction critique qu'elle pourrait revêtir face à la corruption européenne. La pure nature ne fait surgir ni valeurs ni modèles; l'épisode vaut surtout par l'effet de contraste qu'il permet de ménager avec la civilisation élaborée de l'enclave eldoradienne.

Le cycle américain de *Candide* aboutit donc à la liquidation de l'espérance investie dans le Nouveau Monde et à la conclusion que 'cet hémisphère-ci ne vaut pas mieux que l'autre'.[27] Les prétendus ailleurs utopiques sont, eux aussi, contaminés par la violence: esclavage colonial, despotisme des jésuites, cannibalisme des sauvages. Le mal est donc universel: il n'existe aucune enclave préservée, le pays où tout est bien est un mythe.

L'Eldorado, qui surgit à ce moment du récit, matérialise précisément ce mythe, et c'est en tant que mythe, dans tous les sens du mot, qu'il faut l'interpréter: univers de fiction d'abord, comme le suggèrent l'irréalité féerique

23. *Essai sur les mœurs*, p.290-91.
24. *Candide*, ch.14, p.138.
25. Brooks, 'Voltaire and Garcilaso', p.194.
26. Sur les écrits théoriques de Voltaire, voir Duchet, *Anthropologie et histoire*, p.281-321.
27. *Candide*, ch.17, p.150.

du décor, l'inconsistance de l'appareil institutionnel, la désinvolture avec laquelle est éludé le problème économique; mythe aussi au sens sorélien du terme, en ce qu'il peut être un horizon d'espérance, un schème directeur de l'action. Il n'y a donc pas de contradiction entre la disqualification des pseudo-utopies 'réelles' de l'espace américain et le surgissement hors espace d'une utopie 'véritable' mais parfaitement irréelle.

iv. Les trois jardins de *Candide*

Le 'jardin' de l'Eldorado, placé au centre du conte, entretient également une relation évidente avec les deux autres 'jardins' sur lesquels s'ouvre et se referme le récit: le château westphalien du chapitre 1, la métairie de la Propontide du chapitre 30. Sans relever véritablement du modèle thématique et formel de l'utopie, tous deux présentent certaines caractéristiques du genre: une localisation géographiquement marginale par rapport aux grands centres de la civilisation des Lumières; une société, ou plutôt une micro-société, régie par un ordre sensiblement différent de celui qui règle l'univers de référence du lecteur; une organisation institutionnelle spécifique, rationnellement justifiée, ou se voulant telle; enfin, une clôture interne plus ou moins accentuée.

Ainsi que le début du second chapitre le rend parfaitement explicite ('Candide, chassé du paradis terrestre, marcha longtems sans savoir où'; ch.2, p.89), le jardin initial est une parodie de la Genèse aux correspondances évidentes: le baiser donné par Candide-Adam à Cunégonde-Eve suscite la colère du baron de Thunder-ten-tronckh-Dieu le Père, que la première partie de son nom assimile à quelque Jupiter tonnant, mais aussi au Jéhovah biblique. La destruction ultérieure du château, dont 'il n'est pas resté pierre sur pierre', ne peut que parfaire l'assimilation: elle équivaut à la forclusion du paradis terrestre, devenu inaccessible à l'homme sitôt la chute accomplie (ch.4, p.98).

Le jardin westphalien n'offre pas seulement, sous une forme parodique et travestie, les principaux éléments du scénario biblique, mais aussi les traits topographiques caractéristiques du *locus amœnus* des mythes d'origine.[28] La Westphalie, choisie par Voltaire parce que le caractère arriéré de cette région l'avait frappé lors de sa traversée de l'Allemagne, est évidemment, pour le lecteur français, une sorte de bout du monde, lointaine province d'un pays qu'on imagine volontiers lui-même encore imprégné de 'simplicité gothique'; pourtant, le domaine de Thunder-ten-tronckh est ironiquement donné pour une lieu de centralité, une sorte d'ombilic du monde: le maître des lieux est 'le

---

28. Voir Patrick Henry, 'Sacred and profane gardens in *Candide*', *Studies on Voltaire* 171 (1979), p.133-52.

plus grand baron de la province' et son château 'le plus beau des châteaux'; quant au précepteur Pangloss, le jeune Candide voit en lui 'le plus grand philosophe de la province, et par conséquent de toute la terre'.[29] Si, à la différence de l'Eden biblique, le domaine n'est pas physiquement séparé du monde extérieur, il pratique la clôture sociale et, plus encore, intellectuelle. Solidement établie sur un arbre généalogique qui plonge dans la nuit des temps – soixante-douze quartiers de noblesse – une micro-société fermée sur elle-même y perpétue dérisoirement l'ordre féodal du manoir dans une semi-indigence qu'elle prend pour de la splendeur (ch.1, p.85-86):

Monsieur le baron était un des plus puissants seigneurs de la Vestphalie, car son château avait une porte et des fenêtres. Sa grande salle même était ornée d'une tapisserie. Tous les chiens de ses basses-cours composaient une meute dans le besoin; ses palfreniers étaient ses piqueurs; le vicaire du village était son grand aumônier. Ils l'appelaient tous *Monseigneur*, et ils riaient quand il faisait des contes.

Quant à la doctrine panglossienne du 'tout est au mieux', elle constitue la justification idéologique de l'ordre hiérarchique du château, comme du reste de tout ordre établi: 'Les pierres ont été formées pour être taillées, et pour en faire des châteaux; aussi monseigneur a un très beau château; le plus grand baron de la province doit être le mieux logé' (ch.1, p.86).

La relation entre l'Eldorado et le jardin initial est établie à deux reprises par Candide lui-même (ch.17, p.152; ch.18, p.157):

Voilà pourtant, dit Candide, un pays qui vaut mieux que la Vestphalie;

Ceci est bien différent de la Vestphalie et du château de monsieur le baron: si notre ami Pangloss avait vu Eldorado, il n'aurait plus dit que le château de Thunder-ten-tronckh était ce qu'il y avait de mieux sur la terre; il est certain qu'il faut voyager.

Le second jardin réalise, cette fois littéralement mais sur le mode de l'irréel, le 'tout est bien' leibnizien. Si l'Eldorado retient certains éléments du dérisoire paradis westphalien – le décentrement géographique, le caractère statique, l'absence d'histoire, la clôture – à bien d'autres égards il en inverse la norme: à l'ignorance satisfaite du château s'oppose l'expansion des lumières, à la médiocrité matérielle la profusion et même le luxe, à la rusticité féodale la splendeur de la civilisation urbaine. Ne faudrait-il pas également suggérer une opposition d'ordre social? La naissance et l'ancienneté de la lignée font seules du baron le maître du domaine; si la structure sociale de l'Eldorado reste floue, il n'y est fait aucune mention d'une noblesse héréditaire; en revanche, le commerce et la recherche scientifique bénéficient de la sollicitude de l'Etat et de la considération publique.

29. *Candide*, ch.1, p.86, 87.

Au faux paradis terrestre de l'enfance westphalienne détruit par le grotesque avant de l'être physiquement, s'oppose le paradis rêvé des Lumières, ironiquement contesté en ce qu'il n'est qu'un rêve, justifié cependant en ce qu'il incarne une aspiration légitime. Comme la pseudo-perfection westphalienne avait pu servir d'étalon jusqu'à la rencontre avec la perfection eldoradienne, celle-ci à son tour va tenir lieu de référence comparative face aux imperfections du réel dans la seconde partie du conte: entre les chapitres 19 et 30, on peut relever pas moins de neuf allusions à ce second jardin, qui presque toutes mesurent à l'aune de l'idéalité utopique les imperfections du réel (ch.19, 20, 21, 22: deux références, 24: trois références, 30). Il est donc légitime de situer le jardin final dans la perspective de l'utopie de l'Eldorado, modèle de la société parfaite.

Sa localisation géographique, d'abord, pose problème. Pourquoi la Propontide? Le conte s'écarte en ce point du schéma de réitération spatiale mis en place à partir du chapitre 19, qui tendait à ramener le héros vers son point de départ. D'autre part, on aurait pu s'attendre, après la liquidation des diverses versions de l''espérance américaine', à un retour vers les centres de la civilisation de l'Ancien Monde. Candide séjourne en effet à Paris, mais choisit de s'installer sur le Bosphore, à l'ultime lisière de l'Europe. Faut-il voir dans ce décentrement de l'action un désir de 'décentrer l'Histoire', de 'l'arracher à la fascination de l'Europe, des trois ou quatre nations qui se croient le nombril du monde'?[30] Mais, si l'image de Paris n'est guère positive, qui dire de celle de Constantinople, réduite d'ailleurs au dérisoire jeu de massacre politique du despotisme asiatique, avec ses processions de pachas exilés, de muphtis étranglés et de têtes coupées? L'exil oriental du petit groupe remplit en réalité les conditions d'une complète fermeture sociale: installés 'en marge', étrangers dans une civilisation incompréhensible et féroce qu'ils côtoient sans s'y mêler, Candide et ses compagnons vont se constituer en petite cellule sociale autonome, refermée sur elle-même, n'entretenant avec le monde du dehors que des relations d'ordre économique.

Après avoir fait traverser à ses héros l'ailleurs utopique de l'Eldorado, c'est-à-dire le monde parfait de la fiction et du rêve, le récit s'achève sur la construction, au sein de la réalité imparfaite, d'une 'utopie pratiquée imaginaire' aux ambitions infiniment plus limitées. Deux années avant le domaine de Clarens dans *La Nouvelle Héloïse*, le chapitre 30 de *Candide* offer un bon exemple de 'petite société'[31] à signification utopique.

La genèse de la 'petite société' résulte d'abord d'une double liquidation. Les dernières pages du conte mettent en évidence l'abandon, plutôt que l'aboutissement, des deux quêtes poursuivies par le héros: Cunégonde retrou-

30. Jean Goldzink, 'Roman et idéologie dans *Candide*: le jardin', *La Pensée* 155 (1971), p.83.
31. *Candide*, ch.30, p.228.

vée, devenue laide et acariâtre, n'est épousée que par faiblesse et fidélité à la parole donnée; la porte claquée au nez des questionneurs importuns par le derviche équivaut clairement à une liquidation de l'interrogation métaphysique sur l'origine du mal. Il en résulte donc un monde où le bonheur ne saurait résulter de la relation amoureuse d'individu à individu et où, d'autre part, la voie verticale d'une relation avec la transcendance se trouve fermée. C'est le sens de l'apologue du derviche: 'Quand sa hautesse envoie un vaisseau en Egypte, s'embarrasse-t-elle si les souris qui sont dans le vaisseau sont à leur aise ou non?' (ch.30, p.226). La Divinité bienfaisante du déisme eldoradien devient ici un *deus otiosus*,[32] entièrement indifférent aux malheurs de l'homme. Seules subsistent intactes les valeurs de sociabilité et d'union inter-individuelle; la 'petite société' réunit autour de Candide tous les personnages du conte, à la seule exception du baron jésuite, inintégrable, qu'il a fallu exclure: le jardin final récuse radicalement les symboles de l'ordre ancien, parasitaire et féodal, du jardin westphalien.

L'organisation positive de la 'petite société' découle pour sa part d'un double modèle. La perfection de l'Eldorado, que vient rappeler encore une fois le discours terminal de Pangloss,[33] indique l'idéal, évidemment irréalisable, vers lequel il faut tendre, non toutefois les moyens à mettre en œuvre. Ceux-ci résultent de l'entretien avec le vieillard turc: retrait de la société globale, sinon pour maintenir les échanges économiques indispensables – le vieillard se contente de vendre à Constantinople les produits de son exploitation, mais n'a 'jamais su le nom d'aucun muphti, ni d'aucun visir' (ch.30, p.227) – généralisation du travail, judicieuse répartition des tâches permettant à chacun de se rendre utile selon ses talents. Or, la dimension du travail, principe essentiel du petit phalanstère, était précisément absente des deux jardins antérieurs. Il n'est nulle part mentionné dans l'évocation du faux paradis westphalien, dont la médiocrité matérielle indique assez la faible productivité; il ne l'est pas davantage dans le tableau de l'Eldorado, dont la prospérité n'est référée à aucune causalité humaine identifiable (une seule indication pourrait se rapporter au thème du travail: 'Le pays était cultivé pour le plaisir comme pour le besoin', ch.17, p.151 – mais c'est le résultat qui nous est montré, non l'activité qui le produit).

Dans la première version du jardin final, tributaire des modèles antérieurs, tout est en place, mais rien ne fonctionne: en vertu sans doute de son ancien statut de valet, Cacambo seul s'active sur la métairie et 'excédé de travail [... maudit] sa destinée', tandis que tous ses compagnons sont en proie à un insupportable ennui (ch.30, p.224). La découverte essentielle du chapitre 30,

---

32. Henry, 'Sacred and profane gardens', p.146.
33. *Candide*, ch.30, p.229.

celle qui permet de dépasser le dilemme du choix entre les 'convulsions de l'inquiétude' et la 'léthargie de l'ennui', c'est bien le travail, qu'il faille l'entendre comme hygiène de vie, voire nécessaire 'divertissement' pascalien ('Travaillons sans raisonner, dit Martin, c'est le seul moyen de rendre la vie supportable'), comme fondement de l'unité du groupe et de son insertion économique ('Toute la petite société entra dans ce louable dessein; chacun se mit à exercer ses talens. La petite terre rapporta beaucoup', ch.30, p.228), ou encore comme auto-limitation de l'homme à ce qui doit être son domaine propre; parmi les nombreuses interprétations de la formule finale ('il faut cultiver notre jardin'), on peut, en mettant l'accent sur le 'notre', retenir celle qui fait du jardin le domaine propre de l'homme, excluant ainsi la quête des vérités métaphysiques, qui lui sont inaccessibles, et, peut-être, toute ambition qui excède ses possibilités. Le jardin se définirait alors par ce qui s'en trouve exclu, et sa culture par l'accomplissement intégral du possible.

L'expérience de l'utopie eldoradienne n'a pourtant pas été vaine: exilant le 'monde où tout est bien' dans un au-delà inaccessible, elle en indique néanmoins la direction et nourrit l'espérance qui, dans le cercle étroit de la 'petite société' et avec des ambitions limitées, guide la transformation du réel. La fécondité de l'Eldorado est symboliquement mise en évidence par le rôle que jouent dans l'aboutissement du conte les richesses qui en ont été rapportées: grâce aux quelques diamants qu'il a pu sauver, Candide acquiert la métairie et rassemble autour de lui la 'petite société', rachetant successivement Cacambo, Pangloss, Cunégonde et la vieille. C'est donc la traversée de l'Eldorado qui a permis de pourvoir à l'instrument économique et à l'instrument humain, mais non toutefois au principe qui en assurerait la liaison et permettrait à l'ensemble de fonctionner: le travail collectif du jardin.

Comme toute micro-utopie, l'épisode de l'Eldorado supporte deux types de lecture: soit comme ensemble autosuffisant, soit comme élément constitutif d'un texte romanesque. La première, justifiée par la clôture à la fois spatiale et textuelle de l'épisode, ainsi que par le changement de rythme narratif et la dominante descriptive, qui l'autonomisent au sein du conte, ne permet pas seulement de mettre en évidence une grande fidélité au scénario diégétique de l'utopie classique; elle fournit aussi une illustration d'une clarté exemplaire, comme à la faveur d'une expérience en laboratoire, des formes de l'altérité utopique et des procédés textuels qui permettent de la produire. Loin d'être une preuve de la vitalité du genre, peut-être cette référence appuyée au canon utopique est-elle plutôt l'indice de son épuisement: lorsqu'une forme littéraire est devenue aussi consciente de ses moyens, c'est qu'elle a perdu la spontanéité indispensable à son développement; comme c'est le cas ici, elle ne peut plus guère que se dégrader en pastiche ou en parodie. Cette évolution est confirmée par l'analyse du contenu de l'utopie eldoradienne, qui sans doute correspond bien à une sorte d'idéal moyen des Lumières, d'ailleurs fort banal; mais lacunes ou zones d'ombre sont nombreuses, et l'Eldorado, se bornant à offrir l'image d'une perfection réalisée mais non la procédure de réalisation, est dépourvu de valeur exemplaire. Si l'épisode fait sens, c'est moins en lui-même que rapporté à l'œuvre entière, comme le suggère peut-être la position à tous égards stratégique qu'il occupe dans le conte. Il convient donc de replacer la micro-utopie dans l'économie générale de *Candide* en la confrontant notamment aux séquences d'ouverture et de clôture.

Les trois jardins de *Candide* se répondent mutuellement. Au dérisoire et mensonger paradis terrestre de Westphalie succède l'image mythique de l'inaccessible paradis céleste de l'Eldorado, l'unique lieu où l'on puisse dire que 'tout est bien'. Quant au jardin final, le seul, nullement paradisiaque, qui soit accessible à l'homme, il relève seulement d'un 'tout est passable', étroitement limité d'ailleurs au cadre restreint de la 'petite société' qui l'habite. Le conte s'achève ainsi sur une chute dans le relatif, mais aussi sur une perspective de progrès qu'ignoraient aussi bien le château de Westphalie, refermé sur la médiocrité de son immobilisme féodal, que la perfection achevée et, par là, non améliorable de l'utopie eldoradienne.

La démarche du conte équivaut-elle à une critique de l'utopie? Une comparaison avec un autre conte philosophique, le *Rasselas* de Samuel Johnson, presque exactement contemporain de *Candide*, peut ici être éclairante.[34] Chez Johnson, l'aspiration utopique est expressément donnée pour un symptôme de la puissance maligne de l'imagination. Dans une confession qui suit immédiatement une autre histoire d'illusion imaginative, celle de l'astronome qui croit gouverner le cours des saisons, le prince Rasselas avoue avec honte ses rêveries réformatrices qui le soustraient au réel.[35] Dans ce conte dont la structure a souvent été

---

34. Samuel Johnson, *The History of Rasselas, prince of Abissinia*, éd. D. J. Enright, Penguin Books (Harmondsworth 1976).

35. '"Je vais avouer", dit le prince, "un penchant pour les plaisirs imaginaires plus dangereux que les vôtres. Je me suis fréquemment ingénié à trouver les moyens de créer un gouvernement parfait, dans lequel toute injustice serait réprimée, tout abus réformé, et la paix et le bonheur de tous les sujets assurés. Cette idée m'a suggéré d'innombrables projets de réformes et dicté un grand nombre de règlements utiles et d'édits salutaires"' (*Rasselas*, tr. J. Bérard, Paris 1886, p.185; 'I will confess, said the prince, an indulgence of fantastick delight more dangerous than yours. I have frequently endeavoured to image the possibility of a perfect government, by which all wrong should be restrained, all vice reformed, and all subjects preserved in tranquillity and innocence. This thought produced innumerable schemes of reformation, and dictated many useful regulations and salutary edicts,' *Rasselas*, p.134-35). Les aspirations utopiques du prince relèvent du rêve éveillé, au même titre que les rêveries pastorales de sa sœur Nekayah, qui s'imagine bergère, ou les fantasmes de sa suivante Pekuah, qui s'imagine reine. L'histoire de l'astronome occupe les chapitres 40 à 43.

comparée à celle de *Candide*,[36] l'utopie, ou ce qui en tient lieu, est le point de départ du récit. Il s'agit de la 'vallée heureuse', lieu de délices étroitement clos où sont enfermés les princes d'Abyssinie. Poussé par une insatisfaction vague, un désir en quête de son objet, Rasselas s'en évadera pour connaître le monde imparfait et ses misères. L'écœurante perfection de la vallée heureuse – qui ne constitue pas une utopie au sens institutionnel du terme – est incompatible avec les besoins spirituels de l'homme. Mais aucune autre solution ne vient la remplacer: le héros, ayant constaté la vanité de toutes choses, choisira d'y retourner au terme d'un récit qui revient exactement à son point de départ. Chez Voltaire, l'utopie n'offre pas non plus une solution viable, et le départ de Candide évoque celui de Rasselas. Mais elle se trouve prise dans une progression continue – du jardin initial au jardin final – où elle remplit une fonction nécessaire: ici, pas de renvoi au point de départ, mais l'aboutissement malgré tout positif de la 'petite société', qui tout à la fois nie l'Eldorado et en procède. Si donc Voltaire disqualifie l'utopie, c'est en tant que possible humain, non en tant qu'aspiration: celle-ci est le moteur nécessaire de l'action transformatrice, si modestes et imparfaites qu'en soient les réalisations effectives.

36. Voir, notamment, Mark J. Temmer, 'Candide and Rasselas revisited', *Revue de littérature comparée* 2 (1982), p.177-93, ainsi que l'étude à paraître de Mme Elfrieda Dubois, '*Rasselas* de Samuel Johnson: quelques conceptions des Lumières en Angleterre l'année même de *Candide*'.

c. L'utopie des 'petites sociétés': de Clarens à Millenium Hall

ESQUISSÉE dans *Candide*, l'utopie des 'petites sociétés' trouve sa réalisation littérairement la plus achevée avec la description du domaine de Clarens dans *La Nouvelle Héloïse*. Si *La Nouvelle Héloïse* a longtemps passé pour un ouvrage disparate et mal composé, la faute en incombe peut-être à une certaine lecture du roman, celle du dix-neuvième siècle, prolongée aujourd'hui par la pratique scolaire des morceaux choisis, qui privilégie, aux dépens des autres, ces 'grands moments' que sont la promenade sur le lac ou la mort de Julie. Pour le reste, on y a vu souvent une œuvre historiquement importante mais un médiocre roman, un collage artificiel de développements hétérogènes et, surtout, non romanesques. Au risque de détruire une trame narrative déjà bien mince, Rousseau y aurait déversé pêle-mêle ses opinions sur le duel, sur le suicide, sur la société parisienne. Dans cette optique, les lettres sur l'agriculture, sur l'Elysée, sur l'économie domestique risquent d'apparaître comme autant de dissertations plaquées.

Il convient, au contraire, d'insister sur l'unité et la cohésion du livre. Loin d'être des digressions ou des concessions à la mode de l''agromanie' des Lumières, les lettres relatives à l'organisation de Clarens appartiennent de plein droit au roman. Tout à Clarens est signifiant: disposition des lieux, organisation de la vie quotidienne, comportements économiques renvoient à une morale, à une idéologie, à une vision du monde, et celles-ci à leur tour tirent leur sens de leur insertion dans un univers romanesque. C'est à la problématique générale du roman que Clarens s'efforce de répondre et, peut-être, d'apporter une solution.

On ne peut évidemment limiter à ce seul exemple l'utopie des 'petites sociétés', quitte à déborder quelque peu les limites chronologiques assignées à cette enquête. C'est, en effet, pendant les vingt ou trente années qui suivent la publication de *La Nouvelle Héloïse* que ces 'utopies pratiquées imaginaires' deviennent un thème romanesque à part entière. Les préoccupations nouvelles qui s'y expriment débordent largement le champ de la littérature et rejoignent le courant du 'socialisme philanthropique' étudié autrefois par Lichtenberger: programmes d'aide sociale destinés aux classes défavorisées, plans de communautés-modèles, projets coopératifs d'association ...[1] Si, en France, ces

1. Lichtenberger, *Le Socialisme au XVIIIe siècle*, p.325-57. Pour des programmes d'aide sociale, voir, par exemple, les *Réflexions sur le régime des pauvres* de Séguier de Saint-Brisson (1764) ou les

C. L'utopie des 'petites sociétés'

orientations nouvelles ne paraissent pas avoir eu d'expression romanesque, il n'en va pas de même en Angleterre: dès les années 1760, le thème utopique des 'petites sociétés' donne naissance à des œuvres certes mineures, mais novatrices en ce qu'elles s'efforcent de prendre en compte les réalités sociales nouvelles issues de l'industrialisation, paradoxalement associées aux nostalgies agraires du passé.

Idées d'un citoyen sur les droits et les devoirs des vrais pauvres, de l'abbé Baudeau (1765). Parmi les auteurs de semblables projets coopératifs, particulièrement nombreux dans les années 1760-1780, on peut citer, outre Wallace, Restif et Guillard de Beaurieu, déjà mentionnés, les nombreux ouvrages de Piarron de Chamousset (*Plan d'une maison d'association*), le 'Projet d'établissement singulier' publié dans le *Journal d'agriculture* de septembre 1755 ou la *Maison de réunion pour la communauté philosophique* de d'Hupay de Fuvéa (1779). On en trouvera une analyse dans l'étude de Lichtenberger.

29. Clarens comme utopie

i. Situation et fonction de Clarens dans l'économie romanesque

RAPPELONS d'abord le schéma général du récit et la place qu'y tient l'évocation de la 'petite société'. Le roman obéit à une progression en quatre étapes dialectiquement ordonnées. La première, la plus brève, occupe les vingt-huit premières lettres de la première partie: passé l'instant difficile de l'aveu (lettre 4), l'amour de Saint-Preux et de Julie, confirmé dans sa réciprocité, peut s'épanouir dans une atmosphère de transparence mutuelle des âmes – moment parfait où, dit Julie, 'l'accord de l'amour et de l'innocence me semble être le paradis sur la terre',[1] mais aussi état d'équilibre instable, puisque l'identité amour/innocence ne pourra se perpétuer qu'au prix d'un refus de la satisfaction charnelle. La 'chute' de Julie (*N.H.*, I, 29) ouvre une seconde phase, celle de l'amour coupable et de la transparence perdue. La passion des amants apparaît comme une révolte individuelle contre un ordre social contraignant et conformiste, celui qu'incarne le père de Julie, le Baron d'Etange, prisonnier de ses préjugés de caste. En cela, elle disqualifie une société inauthentique et injuste; pourtant la revendication légitime dont elle est porteuse n'est pas originairement naturelle: pour Rousseau, la passion ne relève pas comme elle le croit de la spontanéité de la nature, mais n'est qu'une manifestation dégradée de l'amour affronté aux contraintes de la vie sociale. Vécue dans la dissimulation et le secret, elle ne peut se développer que dans une atmosphère de mensonge qui opacifie les rapports entre les êtres et la rend incompatible avec le bonheur. C'est un état de crise privé de toute perspective d'avenir, comme le montre bien l'accident qui met fin aux espoirs de maternité de Julie (*N.H.*, I, 63; *O.C.*, ii.178). Incapable de s'inscrire et de se perpétuer dans un ordre collectif, la passion est liée à un individualisme autodestructeur qui ne peut déboucher que sur la mort, non sur le bonheur temporel. C'est que suggèrent les appels à la mort qui, chez Saint-Preux, accompagnent l'exaltation charnelle: 'O mourons, ma douce Amie! mourons, la bien-aimée de mon cœur! Que faire désormais d'une jeunesse insipide dont nous avons épuisé toutes les délices?' (I, 55; p.147). Il en résulte le sentiment de culpabilité déclenché par la 'chute' de Julie, véritable faute originelle, et la nostalgie de l'innocence perdue: 'nos feux ont

---

1. Jean-Jacques Rousseau, *La Nouvelle Héloïse*, éd. Bernard Guyon [ci-après *N.H.*], partie I, lettre 9, in *Œuvres complètes*, Bibliothèque de la Pléiade (Paris 1961) [ci-après *O.C.*], ii.51. Nos références indiquent la partie (en chiffres romains), la lettre (en chiffres arabes) et la page dans cette édition.

perdu cette ardeur divine qui les animoit en les épurant; nous avons recherché le plaisir et le bonheur a fui loin de nous' (I, 32; p.102). Ce dernier ne sera donc retrouvé qu'au terme d'un rétablissement de la transparence et d'un dépassement de la passion.

La troisième phase romanesque, celle de la vertu, s'ouvre avec la lettre 18 de la troisième partie et se poursuit sur les deux parties suivantes. La 'conversion' de Julie au cours de la cérémonie de son mariage avec Wolmar, qui pourtant lui a été imposé par son père, fait d'elle 'comme un nouvel être sorti récemment des mains de la nature' et ferme définitivement la voie passionnelle de l'union charnelle. Justification conformiste de la norme sociale et des règles de la fidélité conjugale? Il semble plutôt que le refus imposé par les contraintes sociales soit pris en charge par Julie au nom même de l'amour qu'elle continue à porter à Saint-Preux, devenu 'l'amant de [son] âme' (III, 18; p.364): les obstacles extérieurs, intériorisés et réassumés, permettent de conserver dans le renoncement charnel un amour épuré placé sous le signe de la vertu. Installée à Clarens avec son mari et ses enfants, sa cousine Claire et, bientôt, Saint-Preux, de retour après une longue absence, Julie règne sur une petite communauté d'êtres choisis; la passion individualiste renfermée sur la solitude du couple s'est ouverte sur l'amour des autres, la bienveillance mutuelle et la sociabilité.

Cependant, comme le montre bien l'analyse de Jean Starobinski, la transparence retrouvée au sein de la 'petite société' reste imparfaite.[2] La sixième partie marque un retour des thèmes négatifs de l'opacité et du voile qui ouvre une dernière étape romanesque caractérisée par une recherche religieuse d'ordre purement individuel. C'est que, dira Saint-Preux, 'la vertu est un état de guerre, et que pour y vivre on a toujours quelque combat à rendre contre soi'; et Julie, pour sa part, déclare: 'Mon ami, je suis trop heureuse: le bonheur m'ennuie'.[3] La 'langueur secrète' de l'héroïne disqualifie le bonheur purement terrestre de Clarens; elle revient à affirmer l'impossibilité d'intégrer l'amour à un ordre humain. De plus en plus nettement religieuse et même mystique, la tonalité de la correspondance annonce un nouveau déplacement de la problématique romanesque. C'est dans l'au-delà seulement qu'aura lieu la réunion des amants sous le regard de Dieu, ainsi que l'écrit Julie dans sa lettre testamentaire: 'Non, je ne te quitte pas, je vais t'attendre. La vertu qui nous sépara sur la terre, nous unira dans le séjour éternel. Je meurs dans cette douce attente' (VI, 12; p.743). La mort de Julie est donc une sorte d'assomption, de divinisation, qui permet

---

2. J. Starobinski, *J.-J. Rousseau: la transparence et l'obstacle*, nouvelle édition (Paris 1971), p.102-48.

3. *N.H.*, VI, 7, 8; *O.C.*, ii.682, 694.

la résolution de toutes les antinomies: la passion (sublimée) est réconciliée avec la vertu, la séparation terrestre équivaut à une promesse de réunion céleste, l'amour renoue avec l'innocence.

Le mouvement est donc nettement marqué: transparence initiale de l'amour innocent; perte de la transparence et contestation d'un ordre social injuste par la revendication individualiste de la passion; transparence reconquise grâce à la vertu au sein d'un nouvel ordre social régénéré; dépassement du bonheur purement laïque de Clarens et réintégration dans l'au-delà d'une passion sublimée par la mort. La démarche dialectique, où chaque étape dépasse la précédente sans l'annuler, dessine donc une sorte de spirale: l'identité initiale de l'amour et de l'innocence est ainsi retrouvée au terme du roman. Cette courbe, qui conduit du paradis terrestre d'avant la faute au paradis céleste en passant par la chute et la rédemption vertueuse, est évidemment d'origine chrétienne. Curieusement, elle est conforme, dans une tonalité assurément tout autre, au schéma général de *Candide*, dont l'action se déploie pareillement entre trois jardins au symbolisme religieux également évident. On notera que la place, sinon la fonction, de l'épisode de l'Eldorado est structurellement homologue à celle de Clarens. D'autre part, l'action de *La Nouvelle Héloïse* semble faire alterner deux modèles, l'un individuel, l'autre collectif: individualisme de la passion ou de l'aspiration mystique, norme contraignante de la convention sociale ou communauté rénovée de la 'petite société'.

La description du domaine de Clarens coïncide en gros avec le troisième temps de la démarche romanesque, sans obéir toutefois à une délimitation textuelle précise. Elle résulte pour l'essentiel des lettres 10 et 11 de la quatrième partie, 2, 3 et 7 de la cinquième partie, toutes écrites par Saint-Preux; mais celles-ci se trouvent complétées par le reste de la correspondance, et il n'existe aucune frontière entre cette évocation d'un bonheur terrestre collectif et la recherche religieuse, amorcée dès la cinquième partie, qui en constitue le dépassement. De sa place dans la courbe générale du roman, on peut tirer deux remarques. D'abord, Clarens est un ordre conquis sur un désordre, un triomphe de la sociabilité sur la passion, fruit de la rencontre d'une volonté et d'une inspiration: Wolmar et Julie, l'ordonnateur matériel et le principe spirituel. Pourtant, en second lieu, Clarens ne constitue pas une solution définitive: son ordre purement humain sera dépassé à son tour, car le bonheur qu'il propose repose, dans une certaine mesure, sur le mensonge et l'illusion.

L'étude du monde de Clarens ne peut, on le voit, être séparée d'une analyse de son insertion et de sa signification dans l'architecture du roman. Est-il légitime pourtant de traiter ce fragment romanesque – qui ne constitue pas à proprement parler un 'épisode', à la différence des micro-utopies précédentes –

en ensemble distinct justiciable d'une étude spécifique? En d'autres termes, Clarens doit-il être considéré comme une utopie, et à quel titre?

ii. Le paradigme de l'utopie et ses transformations

Sur les rapports de l'œuvre de Rousseau avec l'utopie, il existe une littérature critique d'une abondance quelque peu décourageante dont l'un des intérêts est de refléter, involontairement, les diverses acceptions de la notion d'"utopie'. Partant des définitions du *Vocabulaire philosophique* de Lalande, l'article déjà ancien de Jean Fabre choisit de ne retenir que le troisième sens courant et péjoratif du terme, soit 'tout idéal politique que l'on juge séduisant mais irréalisable, parce qu'il n'y est pas tenu compte des faits réels, de la nature de l'homme et des conditions de vie', et s'emploie à réfuter cette imputation plus ou moins infamante en montrant que les projets de législation élaborés par Rousseau pour la Corse ou pour la Pologne, appuyés sur une information sérieuse, ne sont nullement 'chimériques'. Pour le reste, Jean Fabre estime que Rousseau 'n'a jamais eu recours à l'utopie au sens formel du terme' et, sans s'attarder au cas de *La Nouvelle Héloïse* – l'enquête porte exclusivement sur l'œuvre politique – récuse à son propos le terme d'"utopie' comme 'inacceptable'.[4] L'étude de Nicolas Wagner, centrée, elle, sur *La Nouvelle Héloïse*, considère le roman entier comme une utopie, ou plutôt une 'constellation d'utopies'. Reprenant la terminologie de Mannheim, l'auteur distingue dans le roman trois utopies successives: utopie millénariste, utopie humanitaire-libérale figée en utopie conservatrice (Clarens), utopie piétiste. Mais c'est d'utopie-mode (ou d'utopisme), non d'utopie-genre qu'il s'agit; N. Wagner souligne même l'absence dans *La Nouvelle Héloïse* de toute convergence avec la forme littéraire de l'utopie: 'Si *La Nouvelle Héloïse*, est une négation de la forme littéraire de l'utopie, elle peut nous apparaître utopique par l'état d'esprit qui y règne de façon permanente.' Or, la conception mannheimienne de l'utopie se montre fort peu opératoire dès lors qu'on la transporte hors du domaine de la sociologie pour laquelle elle est faite: comme le rappelle N. Wagner, Mannheim considère qu'"un état d'esprit est utopique quand il est en désaccord avec l'état de réalité dans lequel il se produit'.[5] Quel roman, à ce compte, ne pourrait être dit 'utopique', si l'on admet avec Lukacs que l'opposition du héros et de l'univers social est constitutive du genre romanesque? Surtout, c'est l'exclusion de *La Nouvelle Héloïse* du genre utopique qu'il faudrait examiner.

4. Jean Fabre, 'Réalité et utopie dans la pensée politique de Rousseau', dans *Lumières et romantisme* (Paris 1963), p.159.
5. N. Wagner, 'L'utopie de *La Nouvelle Héloïse*', in *Roman et Lumières au 18e siècle*, Centre d'études et de recherches marxistes (Paris 1970), p.233, 191.

v. *Du roman utopique à l'utopie dans le roman*

On a la preuve que Rousseau connaissait au moins quelques-unes des utopies narratives de son temps. Il a lu au moins *La Basiliade*, prêtée par Mme d'Houdetot en mars 1758, et, bien sûr, le *Télémaque*. Le 24 décembre 1764, alors qu'il prépare les *Lettres écrites de la montagne*, il écrit au libraire Duchesne pour demander l'envoi de *L'Utopie* et des *Sévarambes* – mais rien ne prouve que ces ouvrages n'aient pas été lus antérieurement. A cette liste, Raymond Trousson suggère d'ajouter Foigny, Tyssot de Patot et Stanislas Leczinski.[6] S'il est à première vue hasardeux de vouloir inscrire le tableau de Clarens dans une 'série utopique' à laquelle on chercherait vainement la moindre référence consciente, on peut pourtant y retrouver, à l'état de traces, quelques éléments du modèle formel et thématique de l'utopie classique. Une première convergence porte sur le mode d'existence du monde de Clarens, occupant un espace incertain entre la réalité documentaire et la fiction. Certes, Clarens appartient à la géographie référentielle, tout comme son environnement (Montreux, Vevey, les bords du Léman), non aux mythiques terres australes de la tradition utopique. Mais la préface jette délibérément le doute sur la cohérence de l'ancrage topographique, l'authenticité de la correspondance et la réalité de l'aventure rapportée, en un jeu ironique qui rappelle les procédés de Swift (*N.H.*, Préface; *O.C.*, ii.5):

Quoique je ne porte ici que le titre d'Editeur, j'ai travaillé moi-même à ce livre, et je ne m'en cache pas [...] Quant à la vérité des faits, je déclare qu'ayant été plusieurs fois dans le pays des deux amans, je n'y ai jamais ouï parler du Baron d'Etange, ni de sa fille, ni de M. d'Orbe, ni de Milord Edouard Bomston, ni de M. de Wolmar. J'avertis encore que la topographie est grossièrement altérée en plusieurs endroits; soit pour mieux donner le change au lecteur; soit qu'en effet l'auteur n'en sut pas davantage.

Les 'notes de l'éditeur' contribuent au même effet. Rousseau y commente l'action par des intrusions d'auteur qui désarmorcent ironiquement l'illusion romanesque: 'C'est un pair d'Angleterre qui parle ainsi! et tout ceci ne seroit pas une fiction? Lecteur, qu'en dites-vous?' (II, 3; p.200). Ainsi, l'ambiguïté constitutive du genre romanesque renforce l'ambiguïté propre de la forme utopique, qui depuis More se plaît à désamorcer ironiquement l'effet de réel résultant de son insertion narrative.

On peut également retrouver, dans les lettres de Clarens, l'équivalent du voyageur-témoin utopique en la personne de Saint-Preux, qui en est l'unique scripteur.[7] Sa situation par rapport à la 'petite société' est, à certains égards,

---

6. R. Trousson, 'Rousseau et les mécanismes de l'utopie', *Romanische Forschungen* 83 (1971), p.267-88.

7. Toutes ont également le même destinataire, Milord Edouard, interlocuteur pratiquement muet qui n'est guère ici autre chose qu'un substitut du lecteur: il n'écrit que deux fois au cours des quatrième et cinquième parties (v, 1, 4).

analogue: 'voyageur' venu du monde extérieur (et aussi – mais n'est-ce pas la même chose? – d'un passé aboli, du Clarens d'avant Clarens), il n'est pour le moment qu'un visiteur privilégié, non un citoyen de la petite république des belles âmes. Son arrivée au domaine répète les rites d'entrée habituels des utopies: sous la conduite de Wolmar et de Julie, substituts du 'sage vieillard' traditionnel, la découverte de Clarens est à la fois visite guidée et itinéraire initiatique. Différence toutefois avec l'utopie classique, l'implication personnelle, affective et même événementielle, du voyageur dans le tableau utopique est ici intense: ancien amant de Julie invité à Clarens par l'époux de cette dernière, Saint-Preux y subira une thérapeutique, imaginée par Wolmar, destinée à le libérer de sa passion ancienne, et des épreuves qui le qualifient pour s'agréger à la communauté.

Pourtant, si l'on s'en tient au contenu des lettres, on est frappé par leur caractère statique, qui, lui aussi, renvoie à la norme textuelle du genre: l'action proprement romanesque n'y progresse guère, il ne s'y passe rien ou presque. On y trouve une description ordonnée et complète de l'organisation du domaine, coupée de développements didactiques qui en fournissent la justification idéologique: principes économiques et structures sociales (IV, 10); description de l'Elysée et théorie de l'art des jardins (IV, 11); organisation matérielle et théorie du bonheur (V, 2); évocation de la 'matinée à l'anglaise' et théorie de l'éducation (V, 3); description de la fête rustique et théorie de l'égalité (V, 7). Ce va-et-vient du didactique au descriptif qui tend à étouffer l'action est caractéristique du genre utopique, lequel se singularise par la faible place qu'y tient le développement événementiel et par la prédominance de la description sur le récit.

Si l'on ne retrouve pas la dépersonnalisation du discours observée dans de nombreuses utopies – le 'je' de Saint-Preux est ici bien présent – on peut cependant observer le très faible degré d'épistolarité des lettres de Clarens, qui les distingue au sein de la correspondance: la lettre ne suppose ici aucune interaction entre l'émetteur et le destinataire, dont seules quelques apostrophes assez artificielles ('Voilà, Milord, mes principales observations'; 'Non, Milord, je ne m'en dédis point') rappellent l'existence théorique. Il en résulte une sorte de reportage qui, encore une fois, nous ramène à la norme du discours utopique.

Des divergences existent pourtant. C'est ainsi qu'on a pu à bon droit souligner l'insignifiance', du point de vue de l'utopie, du voyage de Saint-Preux:[8] le périple autour du monde ne laisse dans le texte qu'une trace dérisoire – trois pages (*N.H.*, IV, 3; *O.C.*, ii.412-14), juxtaposition d'instantanés hâtifs ('j'ai vu [...] j'ai vu [...]') dont la succession incohérente ne laisse émerger aucune

---

8. Wagner, 'L'utopie de *La Nouvelle Héloïse*', p.190.

signification. C'est par un autre biais toutefois que le voyage remplit ici sa fonction de 'mise en utopie': il permet d'instaurer un 'blanc' de quatre ans, durée de l'expédition de l'amiral Anson. La rupture de la continuité temporelle accomplit au niveau du récit la fonction de coupure spatiale que remplit le voyage dans l'utopie classique; elle permet, en outre, tout en suscitant à travers le regard de Saint-Preux une confrontation constante du passé et du présent de Clarens, d'éluder l'évocation d'une étape capitale, celle de la mise en place du nouvel ordre qui le régit. Entre l'état antérieur et l'état actuel, il manque le chaînon intermédiaire qui rendrait intelligible le passage du Clarens d'autrefois au Clarens d'aujourd'hui. Celui-ci nous est donné achevé, comme sorti tout armé de la volonté organisatrice du législateur Wolmar dans sa perfection définitive et immobile; de sa genèse, des efforts, des luttes et des conflits qui ont permis sa réalisation, nous ne saurons rien. Combien d'utopies semblent ainsi résulter d'un avènement et non d'une histoire! Wolmar lui-même, originaire de la lointaine Russie, s'inscrit assez bien dans la lignée utopique des héros conquérants et législateurs venus d'ailleurs: l'œuvre transformatrice accomplie à Clarens en fait l'homologue d'Utopus, de Sévarias ou de Cleveland.

Tout en s'écartant à bien des égards des normes formelles du récit utopique classique, le tableau de Clarens en récupère donc en les transformant un certain nombre d'éléments. Il en est de même sur le plan thématique. Comme toute utopie, Clarens est construit par référence à un contre-modèle réel: la société parisienne, monde dégradé de la vanité et de l'apparence, décrite par Saint-Preux dans les lettres de la deuxième partie, et à un modèle mythique ou, du moins, fortement idéalisé: les paysans des montagnes du Valais, avatars des Montagnons de la *Lettre à d'Alembert*. La population du Haut-Valais n'incarne pas l'état de pure nature, mais plutôt cette étape intermédiaire entre la nature et la société civile que le *Discours sur l'origine de l'inégalité* considère comme 'la véritable jeunesse du monde'.[9] On y 'vit pour vivre, non pour gagner ni pour briller', dans une simplicité patriarcale; l'égalité concrète y est réalisée, puisque 'les enfans en âge de raison sont les égaux de leurs peres, les domestiques s'asseyent à table avec leurs maîtres'; l'économie est autarcique, 'sans aucun débouché au-dehors, sans consommation de luxe au-dedans'; ce n'est pas seulement l'économie marchande qui est proscrite, mais aussi l'usage même de l'argent: 'Il y a dans le pays des mines d'or qu'il n'est pas permis d'exploiter', tabou caractéristique de la tradition utopique depuis More (I, 23; p.80, 81). En somme, comme le note Lionel Gossman, l'existence des montagnards valaisans réalise la parfaite fusion de l'individu dans la communauté:

Self-awareness can scarcely be said to exist among them, and form and content alike of

---

9. J.-J. Rousseau, *O.C.*, iii.171.

the self are determined by the community, of which the self is a virtually unalienated part. There are no individuals, properly speaking, and as no one knows the pain of alienation, so no one seeks the means of removing it. [10]

Il est clair que la petite république du Haut-Valais incarne de façon spontanée toutes les valeurs qui sous-tendent d'une manière plus volontariste l'organisation de Clarens: clôture, autarcie, harmonie sociale, sens de la collectivité. Certes, on ne retrouve pas à Clarens la traditionnelle clôture utopique matérialisée par la classique configuration insulaire: Clarens n'est pas une île de nulle part, mais un prosaïque domaine agricole précisément situé dans un environnement topographique reconnaissable, sans rupture apparente avec le monde réel. Cependant, il se trouve, comme la métairie de la Propontide dans *Candide*, géographiquement décentré par rapport aux foyers de la civilisation urbaine et aux habituels 'lieux polaires' du roman des Lumières: non point Paris, mais la province; non point la ville, mais la campagne; non point la France, mais la Suisse. A l'écart de la civilisation urbaine et des mutations économiques du monde moderne, Clarens occupe ainsi une position géographiquement et idéologiquement médiane entre la corruption des villes, l''âge d'or' mythique du Valais et la réalité de la misère paysanne, que le roman exile sur la rive sud du Léman (laquelle appartient au royaume de Savoie) pour mieux l'opposer à la prospérité des cantons suisses. Pourtant, c'est surtout la recherche d'une parfaite autarcie économique, morale et sociale qui installe ici un substitut de l'insularité utopique. Aspirant à se suffire à lui-même, le domaine cherche à s'isoler du monde comme une île en terre ferme. Ainsi, les contacts avec l'extérieur n'étant pas souhaités, les visites sont rares: 'les hôtes sont toujours bien venus et ne sont jamais desirés' (*N.H.*, v, 2; *O.C.*, ii.553). Les rares visiteurs admis à Clarens sont des gens qui ne risquent pas de remettre en question les valeurs qui y sont pratiquées, et dont la fréquentation ne tire pas à conséquence (v, 2; p.554):

De paisibles campagnards sans monde et sans politesse; mais bons, simples, honnêtes et contens de leur sort; d'anciens officiers retirés du service; des commerçans ennuyés de s'enrichir; de sages meres de famille qui amenent leurs filles à l'école de la modestie et des bonnes mœurs; voila le cortège que Julie aime à rassembler autour d'elle.

Aussi bien, on ne voyage jamais, et on fait tout pour retenir les domestiques, même pour leurs loisirs. Clôture économique et mentale également: reflet du communisme agraire des utopies primitivistes, les échanges monétaires sont frappés d'un tabou, d'où le recours à l'autoconsommation et au système du troc. Les références à l'âge d'or et au temps des patriarches associent le refus de l'économie marchande et le refus de l'évolution historique, autre aspect de

10. L. Gossman, 'The worlds of *La Nouvelle Héloïse*', *Studies on Voltaire* 41 (1966), p.243.

la clôture dans un monde où tout changement ne pourrait être que dégradation. A Clarens, tout est figé dans un éternel présent, le temps est immobilisé, la notion même de progrès est sans signification. Refermé sur sa quiétude heureuse, le domaine vit en marge de l'histoire. Les événements du monde extérieur n'y parviennent que sous forme d'échos assourdis: il faut un personnage aussi excentrique que le vieux Baron d'Etange pour s'intéresser aux nouvelles apportées par les gazettes.

Quant au type d'organisation sociale mis en œuvre, il s'inscrit, lui aussi, dans la tradition collectiviste et patriarcale de l'utopie agraire. C'est le modèle de la famille élargie qui règle les rapports entre les membres de la communauté, maîtres et serviteurs, tous unis par la conscience d'appartenir à une même collectivité organique dans laquelle l'individu s'abolit au profit de l'ordre communautaire.

iii. L'ordre économique: utopie agraire et autosuffisance

Pour reprendre l'expression de Michèle Duchet, à la différence de beaucoup d'utopies, Clarens 'sonne plein', tant par la minutie du détail ou l'exhaustivité des descriptions que par le souci constant de relier ces dernières aux principes qui en fondent le fonctionnement et aux moyens qui permettent de l'obtenir.[11] Par la voix de Wolmar et de Julie, ses fondateurs et ses interprètes, Clarens donne toujours à voir simultanément les trois niveaux qu'implique toute organisation utopique: règles abstraites, applications concrètes, pratiques politiques médiatrices assurant le passage des premières aux secondes.

L'organisation économique repose sur un choix fondamental, celui de l'agriculture, choix tout autant moral qu'économique: c'est l'image mythique de l'origine retrouvée. Le travail de la terre est 'la première vocation de l'homme, il rappelle à l'esprit une idée agréable et au cœur tous les charmes de l'âge d'or; c'est le fondement des richesses matérielles et des valeurs morales, l'activité première dont dépendent toutes les autres: 'La condition naturelle à l'homme est de cultiver la terre et de vivre de ses fruits [...]. Cet état est le seul nécessaire et le plus utile. [...] C'est en lui que consiste la véritable prospérité d'un pays, la force et la grandeur qu'un peuple tire de lui-même.'[12]

La Nouvelle Héloïse ne propose toutefois aucun programme de retour à la terre. D'un courtisan on ne fera jamais un agriculteur. Rousseau, il le dit clairement dans l'*Entretien sur les romans*, s'adresse avant tout aux propriétaires terriens afin de leur faire comprendre la dignité de leur état et le bonheur qui

11. Michèle Duchet, 'Clarens, le lac-d'amour où l'on se noie', *Littérature* 21 (1976), p.86.
12. *N.H.*, v, 7, 2; *O.C.*, ii.603, 534-35.

en découle. 'Le paisible habitant des champs', écrit Saint-Preux en paraphrasant Virgile, 'n'a besoin pour sentir son bonheur que de le connoitre' (v, 2; p.534). Le père de famille exploitant lui-même son domaine incarne ainsi une humanité de référence épargnée par la corruption urbaine. A l'agriculture reviendra pareillement la charge de protéger les paysans contre la tentation de la ville, de lutter contre l'exode rural et le déracinement: quittant le village pour s'engager comme laquais ou soldats à l'étranger, ils se vendent, s'aliènent et se corrompent. Les retenir comme domestiques, c'est (au prix de leur liberté) préserver leur innocence et leur bonheur.

Il est aisé, bien sûr, de relever tout ce qu'un tel programme peut avoir de réactionnaire et d'irréaliste à l'aube de la révolution industrielle. Mais, tout en s'opposant à ceux qui voient dans le commerce l'activité par excellence créatrice de richesses et dans le luxe un facteur de prospérité générale, Rousseau ne suggère pas réellement d'alternative de développement. L'exploitation agricole de Clarens ne propose aucune modèle d'expansion; son seul souci est de durer, sa seule valeur la stabilité.

La gestion financière du domaine reflète le même conservatisme immobiliste. La fortune de Wolmar, ruiné par les événements de Russie, est médiocre selon les critères de sa classe. Toutefois, le Baron d'Etange lui a transféré ses biens, ne se réservant pour lui-même qu'une pension. Au lieu des spéculations privées dans la banque ou la navigation (hautement rémunératrices, mais hasardeuses), Wolmar a placé son argent 'plus sûrement qu'avantageusement', c'est-à-dire en rentes publiques, refusant les risques de l'aventure capitaliste. D'importantes liquidités toujours disponibles permettent de faire face à tout imprévu (v, 2; p.529):

La seule précaution qu'il ait prise à ce sujet a été de vivre un an sur son capital, pour se laisser autant d'avance sur son revenu; de sorte que le produit anticipe toujours d'une année sur la dépense [...]. L'avantage de n'être point réduit à des expédiens ruineux au moindre accident imprévu l'a bien des fois remboursé de cette avance.

La justification de cette prudence recouvre un profond désir d'autarcie: il faut à tout prix éviter d'être contraint de faire appel à autrui. Pareillement, on se méfie des investissements: 'au lieu d'acheter de nouvelles terres, ils ont donné un nouveau prix à celles qu'ils avoient déjà'. A l'expansion Clarens préfère la stabilité.

L'exploitation du domaine (comme d'ailleurs l'organisation du travail) est pourtant toute entière orientée vers la recherche de la productivité. Mais, plutôt qu'une option économique, il faut y voir un choix moral entraînant la suppression de tout ce qui est inutile, donc dangereux: le luxe, les 'faux besoins' suscités par la vanité. Le grand principe est en effet la substitution de l'utile à l'inutile: 'Partout on a substitué l'utile à l'agréable et l'agréable y a presque toujours gagné' (IV, 10; p.442). Les parterres ont été convertis en potagers, les ifs remplacés par des arbres fruitiers, des noyers ont pris la place des vieux tilleuls de l'allée. Le Clarens d'autrefois multipliait les signes de la vanité et du spectacle social; le Clarens d'aujourd'hui leur substitue des instruments de production. C'est aussi par souci de productivité que Wolmar a opté pour le faire-valoir direct. Les fermiers, préoccupés seulement par le gain immédiat qu'ils peuvent retirer de l'agriculture, négligent la terre et épuisent les sols (V, 2; p.549). Comme toujours, les motivations économiques recouvrent des arguments moraux: ce choix offre une relation plus immédiate avec la terre – et, peut-être, avec soi-même – en supprimant l'échelon intermédiaire du métayer. C'est aussi condamner implicitement l'absentéisme du propriétaire terrien, qui est encore la règle en ce milieu du dix-huitième siècle. Enfin, Wolmar a choisi l'agriculture intensive; il s'agit de 'tirer de la culture tout ce qu'elle peut donner, non pour faire un plus grand gain, mais pour nourrir plus d'hommes'. La production à son tour sera directement fonction de la main d'œuvre disponible (IV, 10; p.442):

M. de Wolmar prétend que la terre produit à proportion du nombre de bras qui la cultivent; mieux cultivée, elle rend davantage; cette surabondance de production donne de quoi la cultiver mieux encore; plus on y met d'hommes et de bétail, plus elle fournit d'excédent à leur entretien. On ne sait, dit-il, où peut s'arrêter cette augmentation continuelle et réciproque de produit et de cultivateurs.

La théorie de Wolmar implique une croyance presque mystique dans la générosité inépuisable de la terre ainsi qu'un vigoureux optimisme démographique: Rousseau rejoint par là les thèses populationnistes de la majorité des Encylopédistes. Mais elle implique aussi le refus de la mécanisation et le choix d'une agriculture traditionnelle fondée sur l'abondance de la main-d'œuvre.[13]

Les Wolmar disposent de deux domaines aux productions complémentaires: Etange (bois, cultures, élevage) et Clarens (cultures fruitières et vigne), où des conditions naturelles favorables et une 'économe industrie' permettent de 'rassembl[er] vingt climats en un seul' (V, 7; p.606). Ainsi se trouvent réunies les conditions d'une existence autarcique en économie fermée. L'essentiel de ce qui est nécessaire à la vie (pain, vin, huile, bois ...) est produit et consommé sur place. On évite ainsi 'les échanges intermédiaires entre le produit et l'emploi' (V, 2; p.548). Les raisons de commodité alléguées par Wolmar recouvrent en

---

13. En dépit des apparences, bien des choses séparent Rousseau de l'"agromanie' des Lumières. Certes, l'éloge du faire-valoir direct et la critique de l'absentéisme du propriétaire terrien sont des lieux communs de la littérature agronomique du dix-huitième siècle; mais le refus de la mécanisation est un trait conservateur. Enfin, on ne trouve aucune allusion aux améliorations des façons culturales (substitution de l'assolement à la jachère, bonification des terres, prairies artificielles, utilisation rationnelle des engrais) qui bouleversent les techniques agricoles en cette seconde moitié du dix-huitième siècle. Balzac, lui, saura montrer dans *Le Médecin de campagne* et *Le Curé de village* la portée économique et humaine de ces mutations techniques.

fait un idéal moral d'immanence, d'immédiateté et d'autosuffisance: on ne dépend pas de l'extérieur, il n'y a pas de médiation entre la production et la consommation. Toutefois, il est parfois indispensable de recourir au monde du dehors pour se procurer les produits manquants et les objets manufacturés. Mais on n'*achète* rien; le recours au système du troc permet d'échanger les surplus agricoles non autoconsommés: on paie le boucher en bétail, et en laine la manufacture qui fabrique le drap d'habillement (v, 2; p.551). Encore dans ces deux exemples le troc ne met-il en jeu aucun échange de produits. Une partie de la matière première a servi à payer la valeur ajoutée par sa transformation; mais le drap envoyé par la manufacture n'est que la laine des moutons de Clarens qui revient à son point de départ. Rien ne vient rompre le cercle parfait de l'immanence. Encore limite-t-on ces échanges au minimum: le monde extérieur et ses produits ne suscitent que la méfiance car 'tout ce qui vient de loin est sujet à être déguisé ou falsifié' (v, 2; p.550). La fabrication d''ersatz' permettra de ne pas rompre avec le principe d'autosuffisance: 'Le rancio, le cherez, le malaga, le chassaigne, le siracuse dont vous buvez avec tant de plaisir ne sont en effet que des vins de Lavaux diversement préparés, et vous pouvez voir d'ici le vignoble qui produit toutes ces boissons lointaines' (*N.H.*, v, 2; *O.C.*, ii.552). Il ne s'agit pas seulement ici de suppléer à un manque: on pourrait fort bien se passer, après tout, de ces crus recherchés. Le malaga de Julie manifeste plutôt l'autosuffisance de Clarens, point central de toutes les convergences, microcosme complet qui 'rassemble vingt climats en un seul' et réunit en son sein ce qui est épars à la surface de la terre.

Derrière ces choix économiques qu'on peut juger irréalistes ou retardataires se manifeste un refus de l'économie monétaire. Il s'agit d'exclure l'argent des processus économiques (v, 2; p.548):

Notre grand secret pour être riches [...] est d'avoir peu d'argent, et d'éviter autant qu'il se peut dans l'usage de nos biens les échanges intermédiaires entre le produit et l'emploi [...]. Le transport de nos revenus s'évite en les employant sur le lieu, l'échange s'en évite encore en les consomant en nature, et dans l'indispensable conversion de ce que nous avons de trop en ce qui nous manque, au lieu des ventes et des achats pécuniaires qui doublent le préjudice, nous cherchons des échanges réels où la comodité de chaque contractant tienne lieu de profit à tous deux.

La justification alléguée (éviter la déperdition qu'impliquent les 'échanges intermédiaires') n'est qu'une rationalisation. Comme la parole ou l'écriture, l'argent, instrument de médiation, s'interpose entre la production et la consommation, entre le désir et son objet, entre le besoin et la satisfaction du besoin. Ce détour est un obstacle à l'immédiateté des rapports humains.[14] Le troc

14. Voir Starobinski, *J.-J. Rousseau: la transparence et l'obstacle*, p.129-37.

('échange réel') apparaît comme un moyen terme entre l'aspiration à l'autarcie intégrale – impossible – et la nécessité du recours au monde extérieur: s'il faut dépendre, que ce soit du moins sans rompre la transparence de l'échange.

iv. L'ordre social: de l'utopie patriarcale à l'organisation paternaliste

Petite unité économique autarcique, Clarens forme une micro-société sur le modèle de la famille patriarcale: ce n'est pas un hasard si les références au temps des patriarches bibliques y sont si nombreuses. On peut y distinguer quatre groupes différenciés:

1. les maîtres: Wolmar et Julie, 'la raison vivante et la vertu sensible', se répartissent les fonctions de gouvernement matériel et de royauté spirituelle de Clarens; Claire, veuve de M. d'Orbe, viendra s'y installer définitivement (*N.H.*, v, 6); quant à Saint-Preux, il n'est pour l'instant qu'un invité en séjour temporaire et, en quelque sorte, à l'essai, mais Wolmar a déjà résolu de le fixer à Clarens (IV, 14); le baron, père de Julie, vit seul à Etange; vestige et symbole de l'ordre ancien, il reste en marge de la 'petite société';

2. les domestiques employés au service de la maison, peu nombreux (trois hommes et cinq femmes): les Wolmar, ayant cherché le nombre de serviteurs en rapport avec leur état de fortune et le train de leur maison, sont arrivés au chiffre de quinze ou seize, mais 'pour être mieux servis, ils l'ont réduit à la moitié';[15] ainsi les domestiques seront-ils toujours occupés: lutte morale contre l'oisiveté et préoccupation économique du rendement y trouvent leur compte;

3. les 'gens de basse-cour', ouvriers agricoles permanents, dont le nombre n'est pas précisé;

4. des journaliers, embauchés temporairement pour les travaux saisonniers. A quelque catégorie qu'ils appartiennent, les serviteurs sont choisis parmi les enfants des familles nombreuses paysannes: ainsi s'intègreront-ils sans difficulté au modèle patriarcal, puisqu' 'ils n'ont fait, pour ainsi dire, que changer de pere et de mere' (*N.H.*, IV, 10; *O.C.*, ii.445).

Vivre en autosuffisance nécessite une rigoureuse répartition des tâches et la généralisation du travail. Ainsi l'oisiveté est-elle le crime capital. Tous travaillent, y compris les maîtres, à qui il revient même de donner l'exemple afin d'entretenir l'émulation par leur activité propre. Julie n'hésite pas à réprimander

---

15. IV, 10; p.446. B. Guyon signale les dix-neuf domestiques de Costa de Beauregard, qui conduit dans son domaine de Savoie une expérience assez proche de celle de Wolmar à Clarens (*O.C.*, ii.1600, n.1).

publiquement Saint-Preux pour sa paresse. La productivité du travail semble être en effet l'un des fondements du système. Les moyens destinés à l'obtenir sont variés. Les serviteurs sont soumis à la surveillance du maître – on sait que Wolmar aspire à 'devenir un œil vivant' (IV, 12; p.491) – ou de ses représentants, lesquels travaillent eux-mêmes tout en observant leurs camarades. Un système de primes permet d'entretenir une atmosphère de compétition: gratification hebdomadaire au meilleur travailleur, double salaire, l'un 'de rigueur et de droit', l'autre 'de bénéficience' (IV, 10; p.443). Enfin, on réprime tout ce qui pourrait nuire à la qualité du travail en faisant régner un régime d'ordre moral. On veille en particulier à observer une rigoureuse séparation des sexes. Justifiée par la 'nature', elle motive à son tour l'obligation du travail: 'Pour prévenir entre eux des liaisons suspectes, son grand secret [celui de Mme de Wolmar] est d'occuper incessamment les uns et les autres; car leurs travaux sont si différens qu'il n'y a que l'oisiveté qui les rassemble' (IV, 10; p.451).

Alternance conforme à la nature, la vie au domaine est rythmée par la succession des travaux et des loisirs, régis, eux aussi, par le grand principe de l'autarcie: on se méfie du monde extérieur et des mauvaises fréquentations. Le dimanche, au lieu d'aller jouer et boire au cabaret, les serviteurs resteront au domaine. Ils boiront et joueront, mais innocemment et sous la surveillance des maîtres. Certes, la liberté de sortir leur est formellement reconnue, mais elle semble plus théorique que réelle (IV, 10; p.455):

Que s'il se trouve parmi nos gens quelqu'un soit homme soit femme qui ne s'accomode pas de nos regles et leur préfere la liberté d'aller sous divers prétextes courir où bon lui semble; on ne lui refuse jamais la permission; mais nous regardons ce goût de la licence comme un indice très suspect, et nous ne tardons pas à nous défaire de ceux qui l'ont.

Les maîtres organisent au domaine des divertissements variés: fêtes rustiques, bals, loteries (mais l'argent en est exclu), concours sportifs. Toutefois, l'intérêt du travail n'est jamais entièrement perdu de vue: les jeux entretiennent l'esprit d'émulation; les joutes sportives, qui maintiennent les serviteurs en bonne forme physique, ne peuvent manquer d'avoir des répercussions favorables sur leur rendement. Le chef-d'œuvre du maître sera d'identifier travail et loisir en faisant travailler des gens qui ont l'impression de se divertir. La veillée consacrée au teillage du chanvre, avec le 'feu d'artifice' final de chénevotes qui en est le couronnement, met en évidence l'identité du travail et de la fête (V, 7; p.610). L'exemple le plus achevé est probablement celui de la 'fête des vendanges': on y travaille, on y travaille même beaucoup, mais le labeur a cessé d'être l'antique malédiction pour devenir l'expression spontanée du bonheur: 'Vous ne sauriez concevoir avec quel zele, avec quelle gaité tout cela se fait. On chante, on rit toute la journée, et le travail n'en va que mieux' (V, 7; p.607).

La société de Clarens est une création pure de Julie et de Wolmar. Son harmonie, sa cohésion ne vont pas de soi: d'où un véritable code législatif et judiciaire chargé d'en assurer le fonctionnement. Le problème essentiel est celui des domestiques (les 'belles âmes' n'ont pas besoin de règles extérieures puisqu'elles tirent d'elles-mêmes leurs propres principes moraux). On établit la cohésion interne du groupe des serviteurs en créant des liens entre eux. Ainsi ne peut-on demander au maître une faveur pour soi-même, mais seulement intercéder pour un tiers: 'On les unit pour ainsi dire malgré eux par les services qu'on les force en quelque sorte à se rendre, et l'on fait que chacun d'eux ait un sensible intérêt d'être aimé de tous ses camarades' (IV, 10; p.462). De même, les mariages sont encouragés, pourvu qu'ils soient assortis; les bals y trouvent leur justification: 'Nous tâchons dans ces petites assemblées de leur procurer cette occasion sous nos yeux pour les aider à mieux choisir' (IV, 10; p.458). Le point le plus important concerne, bien sûr, les rapports avec les maîtres. La pratique du travail commun et des réjouissances communes – Julie danse avec ses domestiques – tend à estomper les différenciations sociales extérieures. La 'douce égalité' qui règne dans la fête des vendanges 'rétablit l'ordre de la nature, forme une instruction pour les uns, une consolation pour les autres et un lien d'amitié pour tous' (V, 7; p.608). Ce n'est pas seulement la hiérarchie des classes qui disparaît, mais la notion même de classe: comme le dit Rousseau dans une note de la même page, 'Si de là naît un commun état de fête, non moins doux à ceux qui descendent qu'à ceux qui montent, ne s'ensuit-il pas que tous les états sont presque indifférens par eux-mêmes, pourvu qu'on puisse et qu'on veuille en sortir quelquefois?' Cette égalité reconquise est-elle authentique? Elle n'exclut pas en tout cas une sorte de hiérarchie 'naturelle', celle de la famille patriarcale: 'Ai-je tort, Milord, de comparer des maîtres si chéris à des peres, et leurs domestiques à leurs enfans? Vous voyez que c'est ainsi qu'ils se regardent eux-mêmes' (IV, 10; p.447). D'ailleurs, maîtres et serviteurs ne disposent pas du même statut moral. Si des règles sociales élaborées sont nécessaires aux seconds, seul le petit groupe des 'belles âmes', régi au demeurant par le même idéal de clôture sociale et d'autarcie psychologique, peut se consacrer tout entier au culte du bonheur.

v. Le bonheur des 'belles âmes': théorie et pratique de l'hédonisme vertueux

Le bonheur de Clarens résulte, d'abord, d'une maîtrise complète du temps. C'est un monde d'abondance et de sécurité: grâce à la générosité de la nature, à des options économiques saines et à une organisation sociale judicieuse, la crainte de l'avenir a disparu. Les serviteurs ne redoutent plus d'être jetés à la rue sur leurs vieux jours. Les maîtres, qui ont toujours un an d'avance sur leur revenu, ne craignent pas de voir l'équilibre de l'exploitation remis en question. On n'investit pas non plus son énergie et ses espoirs dans le futur; on ne cherche qu'à persévérer dans son être: Wolmar refuse d'agrandir le domaine en achetant de nouvelles terres. Monde stable et immobile, Clarens n'aspire qu'à préserver ce qui est en refusant les risques de l'ambition, voire la dimension du temps. Ne plus éprouver d'inquiétude pour l'avenir, puisque l'équilibre matériel est assuré, ni de regret du passé, puisque la passion d'autrefois est dominée et dépassée, c'est accéder à un bonheur soustrait à la durée, c'est coïncider totalement avec l'instant présent. Les deux axes temporels étant pour ainsi dire neutralisés – même si la sécurité matérielle découle d'une sage prévoyance de l'avenir, même si la sérénité morale résulte d'un refoulement du passé – Clarens pourra s'épanouir dans un éternel présent (v, 2; p.551):

Quand chaque année on est sûr de la suivante, qui peut troubler la paix de celle qui court? Ici le fruit du labeur passé soutient l'abondance présente, et le fruit du labeur présent annonce l'abondance à venir; on jouït à la fois de ce qu'on dépense et de ce qu'on recueille, et les divers tems se rassemblent pour affermir la sécurité du présent.

Au point de jonction de l'économique et du moral, la maîtrise du temps permet de s'abandonner sans inquiétude à la jouissance de l'instant.

Clarens en effet n'est pas une communauté ascétique. Julie, théoricienne du plaisir comme Wolmar est le théoricien de l'ordre, en souligne avec force la légitimité, à condition qu'il n'aliène pas. La jouissance sera placée sous le signe de la modération et de la rareté, car elle s'affaiblit par sa répétition; en conséquence 'l'art d'assaisonner les plaisirs n'est que celui d'en être avare' (v, 2; p.544): d'où un art de jouir qui combine curieusement l'épicurisme et la morale stoïcienne: Julie se prive volontairement de café pour mieux en conserver le goût; le 'salon d'Apollon', qui fait une si agréable salle à manger, n'est utilisé qu'en quelques rares occasions. La vie quotidienne est ainsi gouvernée par mille règles d'austérité qui ne semblent avoir été établies que pour donner l'occasion de les transgresser. Le sentiment exaltant de la fête naît à peu de frais de ces incartades infimes à la norme. Inversement, la frugalité habituelle de l'existence journalière devient elle-même jouissance, puisqu'elle en est la promesse et la condition. Ainsi, l'exception et la règle, la quotidienneté et la fête, loin de s'opposer, se soutiennent et s'interpénètrent mutuellement. C'est l'absence même du plaisir qui devient plaisir: 'L'art de jouïr est pour elle [Julie] celui des privations' (v, 2; p.541). Il est à peine utile de souligner à quel point cet hédonisme paradoxal communique avec la problématique générale du roman: renoncer au plaisir pour lui conserver sa saveur et renoncer à l'amour pour sauver l'amour ne sont que les deux faces d'une même démarche.

Si rien n'est plus accessible que le plaisir, d'où vient alors l'insatisfaction de nos sociétés? C'est que 'tout ce qui tient au sens et n'est pas nécessaire à la vie change de nature aussi-tôt qu'il tourne en habitude, qu'il cesse d'être un plaisir en devenant un besoin' (v, 2; p.541). On court ainsi le risque de perdre à la fois la jouissance et sa propre liberté face à l'objet qui la nourrit. La préoccupation essentielle sera donc d'éviter que les plaisirs ne se transmuent en besoins; pour cela, on s'abstiendra de franchir le cercle des 'besoins réels', ceux qui tiennent authentiquement à l'entretien de la vie et à la commodité de l'existence, par une séparation rigoureuse du nécessaire et du superflu. Le mal de la civilisation est précisément de sortir du domaine des 'besoins réels' pour s'abandonner à la recherche du superflu – recherche interminable, car, si les premiers sont bornés par la nature, le champ du second, lui, est infini: dîner dans de la vaisselle d'argent n'augmente nullement la réalité du plaisir mais amène à se demander pourquoi cette vaisselle n'est pas d'or (v, 2; p.547). Juger des choses par leur valeur d'usage et non par leur valeur d'échange ou de convention, telle est la condition du bonheur. Or, en confondant l'une et l'autre, la civilisation crée une perversion du désir, toujours insatisfait et impossible à satisfaire. Pour Rousseau (*N.H.*, v, 2; *O.C.*, ii.547),

Au contraire un ordre de choses où rien n'est donné à l'opinion, où tout a son utilité réelle et qui se borne aux vrais besoins de la nature n'offre pas seulement un spectacle approuvé par la raison, mais qui contente les yeux et le cœur, en ce que l'homme ne s'y voit que sous des rapports agréables, comme se suffisant à lui-même

– la satisfaction des 'vrais besoins' est une condition de l'autarcie spirituelle. Julie applique dans tous les domaines sa définition du bonheur: 'l'abondance dans le nécessaire et nulle trace de superflu' (v, 2; p.548). De ce point de vue, la transformation des parterres en potagers a une signification morale aussi bien qu'économique. Clarens refuse le faux luxe des villes, 'le luxe de vanité et de magnificence', mais non 'le luxe de plaisir et de sensualité sans rafinement ni molesse', c'est-à-dire le confort légitime dans la satisfaction des besoins réels (v, 2; p.531): aussi peut-on cultiver avec discernement les plaisirs du vin (pris avec modération) ou de la simple cuisine rustique. Ainsi, tout peut devenir jouissance: la sensation s'identifie avec le plaisir; 'sentir et jouïr sont pour moi la même chose', déclare Julie (vi, 8; p.689).

La limitation des désirs aux besoins engendre une ataraxie qui est à la fois absence de désirs et adhésion profonde à soi-même. 'Se plaire dans la durée de son état'; '[trouver] dans son état tout ce qu'il faut pour en être content et ne point désirer d'en sortir'; 'se plaire avec soi-même' – autant de définitions du bonheur.[16] Ce contentement intime n'a rien à voir avec la vanité, qui nous fait exister par et pour le regard d'autrui. Aliénante, puisque nous ne trouvons

16. v, 2; p.553, 547; IV, 11; p.487.

plus en nous-mêmes le fondement de notre propre existence, toujours insatis-
faite, elle entretient l'agitation et l'"inquiétude'. Au contraire, la satisfaction de
soi est coïncidence avec soi, puisqu'elle dispense pour s'estimer soi-même de
passer par le regard de l'autre. C'est un état parfait d'immobilité et de repos à
la fois psychologique (n'ayant pas de désirs on n'a pas de source d'insatisfaction)
et moral (on se sent être 'ce que l'on doit être', s'identifiant ainsi avec la nature
et la vertu). La 'belle âme' ne se définit pas seulement par sa conformité avec
ce qu'elle 'doit être', mais surtout par la conscience de cette conformité et par
la jouissance qu'elle en tire. Tout devient pour elle source de plaisir, y compris
la vertu, devenue 'la plus douce des voluptés' (v, 2; p.541). La charité faite aux
malheureux est pour Julie l'occasion de s'épanouir dans le sentiment de sa
propre bonté, de 's'aimer dans ses bienfaits' (v, 2; p.533). Comme le remarque
J. Starobinski, l'autarcie spirituelle de la 'belle âme' lui confère même le privilège
divin de l'autosuffisance, 'se suffire à soi-même comme Dieu' (*Rêveries, O.C.*,
i.1047). C'est ce que réalise Wolmar à Clarens: 'Seul entre tous les mortels, il
est maître de sa propre félicité parce qu'il est heureux comme Dieu même, sans
rien desirer de plus que ce dont il jouït' (IV, 10; p.467). L'immobilité sereine
de la bonne conscience est le couronnement du bonheur.

A Clarens sont réunis tous les êtres chers au sein d'une petite société close.
Ce monde renfermé sur son intimité cherche plutôt cependant à réintégrer qu'à
exclure. Seul M. d'Etange, symbole de l'ordre ancien, reste un peu en marge.
Toutefois, la présence de Saint-Preux ne va pas sans difficultés. Aussi, avant
de l'admettre dans la communauté des belles âmes, va-t-on le guérir de ses
dérèglements anciens. La 'profanation du bosquet' illustre bien les principes
de la thérapeutique imaginée par Wolmar (IV, 12; p.496). Reproduire la scène
traumatisante, le baiser échangé autrefois par Julie et Saint-Preux, c'est la
désamorcer, la purger de sa charge émotionnelle, voire l'annuler en la répétant.
Le passé ayant cessé ainsi d'être virulent, le dépassement – au moins apparent –
de l'amour a permis d'abolir la passion, avec tout ce qu'elle représente de
potentiel de désordre. Avec elle disparaît aussi la nécessité du secret et de la
dissimulation. Jusqu'au début de la quatrième partie, Julie s'interroge: doit-elle
avouer à son mari? Perplexité inutile: Wolmar (la suite nous l'apprendra) sait
tout depuis longtemps. Aucun des membres de la petite société n'ignore rien
désormais du passé de tous les autres. Wolmar lui-même, personnage fermé et
impénétrable, éprouve le besoin de se livrer tout entier: 'Puisque vous n'avez
plus de secret pour moi, je n'en veux plus avoir pour vous' (IV, 12; p.490). Ainsi
peut maintenant s'instaurer entre les êtres une nouvelle qualité de rapports,
faite de franchise et de bonne conscience vertueuse: 'Chacun, se sentant tel
qu'il doit être, se montre à tous tel qu'il est' (VI, 8; p.689). Saint-Preux, au
cours de la fête des vendanges, s'abandonne sans crainte à son penchant pour

le vin, philtre magique, instrument du dévoilement et de la transparence des cœurs: 'Je laisse exhaler mes transports sans contrainte; ils n'ont plus rien que je doive taire, rien que gêne la présence du sage Wolmar. Je ne crains point que son œil éclairé lise au fond de mon cœur' (v, 7; p.609). La transparence de soi au regard de l'autre n'est pas ressentie comme une violation d'intimité, d'abord parce qu'elle est mutuelle (avec des degrés: Wolmar est beaucoup moins transparent que Saint-Preux, Julie reste enveloppée dans une sorte de mystère), mais surtout parce qu'elle permet aux individus singuliers de se fondre les uns dans les autres pour ne plus former qu'une sorte de vaste entité collective. Julie se sent exister non seulement en elle-même, mais aussi dans tout ce qui l'environne (vi, 8; p.689):

Tout l'univers est ici pour moi; et je jouïs à la fois de l'attachement que j'ai pour mes amis, de celui qu'ils me rendent, de celui qu'ils ont l'un pour l'autre; leur bienveillance mutuelle ou vient de moi ou s'y rapporte; je ne vois rien qui n'étende mon être et rien qui le divise; il est dans tout ce qui m'environne, il n'en reste aucune portion loin de moi.

Loin d'être aliénation ou perte d'identité, c'est un élargissement de soi à la faveur duquel chaque être englobe simultanément tous les autres. La 'matinée à l'anglaise' est une parfaite illustration de ce bonheur de la fusion interpersonnelle. Les habitants de Clarens, 'recueillis, pour ainsi dire, l'un dans l'autre' y goûtent dans le silence une 'immobilité d'extase' presque religieuse. La séparation des consciences est abolie, la communication, si immédiate qu'elle n'a plus même besoin de la médiation imparfaite du langage ('que d'ardens sentimens se sont communiqués sans la froide entremise de la parole!'), devient communion spontanée des âmes (v, 3; p.558, 560).

Le monde de Clarens se donne pour un Eden retrouvé où les antinomies se trouvent réconciliées: ainsi du conflit antérieur entre la passion et l'ordre social; l'amour transmué en bienveillance mutuelle peut s'intégrer à un ordre social régénéré. Saint-Preux, personnage 'déviant', a été repris en main et réformé. Le voilà guéri, du moins le pense-t-on, et il le croit lui-même. Le Baron d'Etange, s'il n'a pas perdu ses préjugés nobiliaires – ce qui empêche sa complète intégration – apparaît davantage comme un vieux gentilhomme plein d'honneur que comme un père tyrannique. Dans le même ordre d'idées, le retour de Claude Anet, repentant, peu avant la mort de Julie, manifeste avec éclat la puissance réintégratrice de la 'petite société' au moment même où elle va se dissoudre. Sur le plan de la vie sociale, elle réalise le miracle d'une réconciliation des classes sans modification des structures politiques: il n'y a pas d'antagonisme entre maîtres et domestiques; les rapports de servitude et de domination s'effacent derrière les relations patriarcales dans le sentiment d'une égalité vécue.

29. *Clarens comme utopie*

Clarens réconcilie également les valeurs les plus opposées, les plus contradictoires: travail et loisir (la fête en assure la synthèse), plaisir et vertu, jouissance et frugalité, luxe et simplicité, utile et agréable. Une grande pensée dialectique ordonne le monde de Clarens, tout comme elle informe l'ensemble du roman: rejeter l'agréable au profit de l'utile, c'est retrouver l'agréable au cœur même de l'utile; combattre l'amour pour lui substituer un ordre vertueux, c'est inscrire dans cet ordre un amour purifié et justifié. La négation d'un des deux termes par son contraire, loin d'entraîner l'élimination du terme dépassé, permet sa récupération à un niveau supérieur d'authenticité, dans une synthèse qui réconcilie les instances initialement contradictoires.

Cependant, l'entreprise des 'belles âmes' est minée de l'intérieur par le mensonge: Clarens n'est pas l'âge d'or retrouvé, seulement un simulacre qui peut faire illusion. Les antinomies n'ont pas été résolues, elles ont seulement été masquées.

30. Violence et illusion: mensonges et contradictions de Clarens

i. Les contradictions des 'belles âmes': manipulations sociales et ambiguïtés morales

QUE Julie danse avec ses domestiques, cela ne change en rien la nature réelle des rapports sociaux: les serviteurs restent des serviteurs, les maîtres restent des maîtres. Sous une apparence illusoire d'égalité se dissimule un dispositif de contrôle et de répression.

L'idéal de transparence justifie implicitement la surveillance constante dont les serviteurs sont l'objet; il impose qu'eux aussi soient transparents au regard du maître. En effet, 'l'innocente joye aime à s'évaporer au grand jour, mais le vice est ami des ténebres, et jamais l'innocence et le mistère n'habiterent longtems ensemble' (IV, 10; p.457). Le principe d'autarcie, qui contraint les domestiques à rester au domaine, même pour leurs loisirs, permet de les garder en permanence sous contrôle: jeux, danses, divertissements, tout se déroule sous le regard des maîtres. Mais le chef-d'œuvre de Wolmar est d'amener les serviteurs à se surveiller eux-mêmes mutuellement. La délation est érigée en devoir civique: 'M. et Mad^e de Wolmar ont sû transformer le vil métier d'accusateur en une fonction de zele, d'intégrité, de courage, aussi noble, ou du moins aussi louable qu'elle l'étoit chez les Romains' (IV, 10; p.463). La référence au modèle mythique de la vertu républicaine permet ainsi d'opérer un renversement des valeurs morales courantes. On persuadera donc les domestiques que s'abstenir de dénoncer une faute dont on a été le témoin est plus grave que la commettre soi-même, car c'est faire montre d'une 'profonde indiférence pour la justice' et pour 'l'intérêt sacré du maitre' (IV, 10; p.464-65). Les infractions dûment constatées aux règles de la communauté entraînent des sanctions graduées selon la gravité du délit: sanctions affectives (ce sont les 'reproches touchans' que Julie adresse au fautif), sanctions pécuniaires (le serviteur insolent perd son ancienneté et les avantages qui y sont attachés). En cas de faute grave, Wolmar prononce l'éviction du coupable: celui-ci peut toutefois déposer un recours auprès de Julie, qui seule dispose du droit de grâce, privilège régalien qui souligne la royauté spirituelle qu'elle exerce sur le domaine.

Comment justifier ce système répressif et, surtout, comment le faire accepter par ceux qui y sont soumis? Lucide et réaliste, Wolmar sait que la subordination engendre le ressentiment et que l'homme dominé n'est pas spontanément vertueux: 'La servitude est si peu naturelle à l'homme qu'elle ne sauroit exister sans quelque mécontentement' (IV, 10; p.460). Mais il sait aussi que son action se déploie au sein d'un monde dégradé dans lequel il y a nécessairement des maîtres et des serviteurs, des dominants et des dominés. Dans un régime d'inégalité, les rapports humains ne peuvent être que des rapports de force. Pourtant Wolmar ne règne pas par la terreur. Non seulement il est obéi, mais encore il est aimé. C'est qu'il a su dissimuler la contrainte qu'il exerce; mieux même, il a amené les domestiques à confondre avec la leur propre la volonté du maître: 'Tout l'art du maitre est de cacher cette gêne sous le voile du plaisir et de l'intérêt, en sorte qu'ils pensent vouloir tout ce qu'on les oblige de faire' (IV, 10; p.453). Le retour des thèmes maléfiques de la dissimulation et du voile ramène à leur juste mesure les prétentions si souvent proclamées à la totale transparence. Julie s'efforcera de créer entre elle et ses serviteurs des liens affectifs: 'un moyen plus efficace encore, [...] c'est de gagner l'affection de ces bonnes gens en leur accordant la sienne'. Ils auront ainsi l'impression, ou l'illusion, de devenir 'des enfans de la maison' et identifieront leur intérêt propre à l'intérêt collectif (IV, 10; p.444, 445). Le modèle familial imposé par le paternalisme des maîtres suppose également que les serviteurs forment un groupe harmonieux: 'N'est-il pas bien simple que les enfans du même pere se traitent en freres entre eux?' Il faut donc, comme on l'a vu, 'les [unir] pour ainsi dire malgré eux par les services qu'on les force en quelque sorte à se rendre'. Mais cette union ne doit en aucun cas se réaliser aux dépens du maître. Afin que les sujets ne puissent se percevoir comme un groupe autonome ayant des intérêts propres, afin d'empêcher la naissance d'une 'conscience de classe', on fera de sa personne le principe même de leur union, le point de passage obligé des relations collectives entre les subalternes, le lieu central où s'opèrent leurs échanges (IV, 10; p.462-63). C'est donc qu'ils n'ont en quelque sorte pas d'existence propre: leur conscience n'est autre que la conscience de celui qui les dirige.

Toutefois, pour prévenir tout ressentiment chez leurs sujets, les maîtres sentent la nécessité de '[tempérer] la bassesse de la servitude et la rigueur de l'autorité', en instituant entre les acteurs sociaux un sentiment d'égalité (IV, 10; p.458). C'est là le point essentiel du dispositif. Ils exercent leur autorité avec douceur, par la persuasion davantage que par la force, et adoptent un genre de vie aussi proche que possible de celui de leurs serviteurs, travaillant avec eux, se mêlant à leurs divertissements et à leurs jeux. La fête rustique, on l'a vu, sera l'occasion privilégiée d'une mise en scène de relations d'égalité: mise en scène, car elle ne '[rétablit] l'ordre de la nature' que sur le mode fictif du spectacle; ce n'est, comme tout le reste, qu'une 'douce illusion' (V, 7; p.603). Egalité de surcroît temporaire, qui ne dure que le temps de la fête: le rapprochement que Saint-Preux établit – pour le récuser aussitôt, il est vrai – avec les Saturnales romaines est à cet égard significatif. Enfin, égalité mensongère, puisque, à l'intérieur même de celle-ci, les serviteurs conservent une attitude de déférence et de respect: 'Tout le monde est égal et personne ne s'oublie' (v, 7; p.607). Selon la formule de J. Starobinski, 'le sentiment de l'égalité reste ainsi un luxe de maître';[1] l'existence d'une hiérarchie sociale n'est nullement remise en cause, ou plutôt c'est au maître seul qu'il appartient de le faire, si bon lui semble, par un libre décret de sa volonté.

Le machiavélisme très conscient qui inspire ces principes de gouvernement ne va pas jusqu'au cynisme; il prétend en effet trouver sa justification dans une théorie des régimes politiques issue de Montesquieu et, probablement, des thèses du *Contrat social*, dont l'élaboration est contemporaine à celle de *La Nouvelle Héloïse*. 'Dans la République on retient les citoyens par des mœurs, des principes, de la vertu: mais comment contenir des domestiques, des mercenaires, autrement que par la contrainte et le gêne?' (*N.H.*, IV, 10; *O.C.*, ii.453). Dans les régimes dégradés – ce qui reste le cas de Clarens, malgré lui tributaire des modèles du monde extérieur, avec lequel il n'a pu rompre entièrement – les hommes ne sont pas spontanément vertueux: il faut les contraindre à l'être par la force ou par la ruse. Toutefois, l'argument semble entaché de mauvaise foi: en effet, les valeurs qu'on s'efforce d'inculquer aux serviteurs – fraternité de la famille patriarcale, égalité inter-individuelle, fusion des intérêts personnels dans l'intérêt collectif – sont précisément celles du modèle mythique de la république antique, mais détournées de leur sens et récupérées par les maîtres à leur seul profit. Les serviteurs croient vivre dans un îlot de vertu républicaine retrouvée, et on les entretient soigneusement dans cette illusion. Seules les 'belles âmes' savent que Clarens continue de participer du monde dégradé et de la politique impure – mais c'est là leur secret.

Clarens, qui se veut monde du bonheur et de la transparence, est donc aussi le monde de l'hypocrisie et du mensonge. Les 'belles âmes' sont prises dans un réseau de contradictions qui mettent leur pratique en désaccord avec les principes dont elles se réclament. On l'a vu, l'argent est l'objet d'une sorte de tabou. Sur le plan social, il incarne la corruption civilisée. Sur le plan philosophique, il est une médiation entre l'objet et le désir, un signe abstrait qui brise l'immédiateté de la communication. Le domaine produit des biens consommables, mais ne produit pas d'argent. Par là, la propriété devient innocente et on peut en jouir en toute bonne conscience. Détail significatif, l'excédent des revenus monétaires du domaine est consacré par Julie à la bienfaisance, comme si l'argent impur lui brûlait les mains. Le même refus de l'argent semble présider

---

1. Starobinski, *J. J. Rousseau: la transparence et l'obstacle*, p.122.

aux rapports avec les serviteurs: on entretient une atmosphère de bienveillance et de paternalisme, on établit avec eux des liens affectifs qui rappellent le lien personnel de la société féodale. Mais derrière cette apparence, on trouve la réalité moderne du salariat, véritable moteur économique du domaine. On a vu qu'il existe, pour inciter les domestiques au travail, un système élaboré et complexe de stimulants matériels. Bien sûr, tout ceci coûte assez cher; mais, dit Wolmar, 'combien de fois croyez-vous que je regagne cette somme dans mon ménage et dans mes affaires par la vigilance et l'attention que donnent à leur service des domestiques attachés qui tiennent tous leurs plaisirs de leurs maîtres?' (IV, 10; p.455). Les rapports entre maîtres et serviteurs sont, en réalité, d'ordre monétaire. Les 'belles âmes', qui ont voulu construire un monde idéal à l'écart de la société marchande, y réintroduisent pourtant ses principes.

Humanistes, les maîtres de Clarens proclament qu'on doit considérer autrui comme fin et jamais comme moyen: 'L'homme [...] est un être trop noble pour devoir servir simplement d'instrument à d'autres, et l'on ne doit point l'employer à ce qui leur convient sans consulter aussi ce qui lui convient à lui-même' (V, 2; p.536). Or, si le domaine prospère, c'est par le travail des domestiques. Leur statut économique est celui d'instruments qu'il est de l'intérêt du maître de bien traiter pour en obtenir le meilleur rendement, de même que dans une exploitation mécanisée il est de l'intérêt du cultivateur d'entretenir correctement son outillage. Défenseurs de la liberté et de la dignité humaine, Wolmar et Julie font des serviteurs leur chose, leur propriété au même titre que la terre qu'ils cultivent; du moins est-ce ce qui ressort de cet éloge du père de famille: 'Son Domestique lui étoit étranger; il en fait son bien, son enfant, il se l'approprie. Il n'avoit droit que sur les actions, il s'en donne encore sur les volontés' (IV, 12; p.467). Les sujets n'ont pas seulement perdu leur liberté matérielle, mais aussi leur liberté morale. Les âmes appartiennent au maître comme les corps.

La misère du monde extérieur pourrait perturber la quiétude heureuse des 'belles âmes': aussi Rousseau insiste-t-il sur la prospérité du pays de Vaud (contestée, semble-t-il, par les historiens). Mais, si l'excès de pauvreté n'est pas souhaitable, peut-être n'est-il pas mauvais qu'il y en ait un peu, ne serait-ce que pour donner aux riches l'occasion d'exercer leur charité. C'est le motif pour lequel Julie défend l'utilité sociale de la mendicité: 'A ne regarder l'état de mendiant que comme un métier [...], on n'y trouve que de quoi nourrir en nous les sentimens d'intérêt et d'humanité qui devroient unir tous les hommes' (V, 2; p.539). 'Ils sont tous mes freres [...] si l'on ne doit rien au gueux qui mendie, au moins se doit-on à soi-même de rendre honneur à l'humanité souffrante ou à son image': Julie ne manque pas d'arguments religieux et humains pour justifier la pratique de l'aumône (V, 2; p.540). Mais voici plus inquiétant (V, 2; p.539):

Si l'on veut le considérer par le talent, pourquoi ne récompenserois-je pas l'éloquence de ce mendiant qui me remue le cœur et me porte à le secourir, comme je paie un Comédien qui me fait verser quelques larmes stériles? Si l'un me fait aimer les belles actions d'autrui, l'autre me porte à en faire moi-même: tout ce qu'on sent à la tragédie s'oublie à l'instant qu'on en sort; mais la mémoire des malheureux qu'on a soulagés est un plaisir qui renait sans cesse.

Ainsi, l'aumône entretient l'émotion vertueuse des 'belles âmes', elle leur permet de s'admirer et de se célébrer elles-mêmes. Mais ici, en contradiction flagrante avec les principes moraux et religieux proclamés plus haut, le mendiant cesse d'être perçu comme un être autonome: il n'est qu'un instrument, et plus précisément un instrument de plaisir, le plaisir vertueux de la bonne conscience. Sade saura montrer plus tard, en un retournement ironique du rousseauisme, la parenté qui unit l'impérialisme vertueux de la 'belle âme' et l'aspiration à la souveraineté du libertin.[2] La bienfaisance et la cruauté ne sont que deux moyens, peut-être moins opposés qu'il n'y paraît, d'affirmer aux dépens d'autrui sa propre existence. Fonder la morale sur le plaisir, comme le fait Julie, pour qui, on l'a vu, la vertu est 'la plus douce des voluptés', c'est courir le risque d'aboutir à un égocentrisme déshumanisant.

Loin d'être le monde de la transparence qu'il prétend être, Clarens ne serait-il pas plutôt celui de l'artifice et du mensonge?

ii. L'Elysée antithèse de Clarens: le spectacle de la nature

La lettre 11 de la quatrième partie, consacrée à la description de l'Elysée, peut apparaître dans une certaine lecture du roman comme le type même du développement plaqué dont l'intérêt serait surtout d'ordre historique (vogue du jardin anglais, expression d'une sensibilité 'préromantique').[3] Or, l'Elysée est

---

2. Voir les analyses de Jean Biou sur *Aline et Valcour* ('Le rousseauisme, idéologie de substitution', in *Roman et lumières au XVIIIe siècle*, Paris 1970, p.115-28).

3. L'Elysée est-il un avatar littéraire de la vogue du jardin anglais, comme on l'a dit souvent? Certes, Saint-Preux cite 'le parc célèbre de Milord Cobham à Staw', mais dans une optique plutôt critique: 'C'est un composé de lieux très beaux et très pittoresques dont les aspects ont été choisis en différens pays et dont tout paroit naturel excepté l'assemblage' (*N.H.*, IV, 11; *O.C.*, ii.484); du reste, Stowe, où 'une mode se superpose à une autre pour produire une sorte de palimpseste jardinier' (Christopher Thacker, *Histoire des jardins*, Paris 1981, p.197), ne correspond pas à la forme canonique du 'jardin anglais'. (Sur le 'modèle anglais' en matière de jardins, voir André Parreaux et Michèle Plaisant (éd.), *Jardins et paysages: le style anglais*, Villeneuve-d'Ascq 1977). De plus, *La Nouvelle Héloïse* est nettement antérieure aux principaux ouvrages de vulgarisation sur le sujet, français et même anglais (Shenstone, *Unconnected thoughts on gardening*, 1764; Walpole, *History of the modern taste in gardening*, 1771; W. Mason, *The English garden*, 1772). Enfin, l'Elysée semble sur plusieurs points s'écarter du modèle tel qu'il a été défini par les principaux théoriciens: le jardin anglais recherche l'intégration du jardin dans le paysage; la campagne qui l'environne doit sembler en être le prolongement naturel, raison pour laquelle, à la différence de l'Elysée, il n'est jamais

en rapport direct avec l'histoire de Saint-Preux et de Julie, bien que la multiplicité des significations parfois contradictoires qui s'y enchevêtrent en rende le décodage difficile. 'J'ai cru voir l'image de la vertu où je cherchois celle du plaisir,' note Saint-Preux au cours de sa promenade (*N.H.*, IV, 11; *O.C.*, ii.486); l'attitude flottante du narrateur, balancé entre la rêverie sensuelle – aussitôt réprimée – et l'émotion vertueuse, traduit bien cette ambivalence. Que l'Elysée soit obscurément perçu comme une extension érotique de la personne de Julie, c'est ce que suggère cette bien étrange réflexion de Saint-Preux regrettant, à l'instant où il va franchir la porte qui donne accès au jardin fermé, que M. de Wolmar ne lui en ait pas confié sa propre clé.[4] Sous les ombrages maternels et au milieu du murmure des eaux, la promenade y prend la forme d'une errance voluptueuse, du parcours d'un corps métaphorique. Mais l'Elysée est aussi ce lieu 'planté par les mains de la vertu', figuration allégorique de la 'belle âme' régénérée: '[Ce nom] me peignoit en quelque sorte', dit Saint-Preux, 'l'intérieur de celle qui l'avoit trouvé [...]. Je me disois: la paix regne au fond de son cœur comme dans l'asile qu'elle a nommé' (*N.H.*, IV, 11; *O.C.*, ii.485, 487). Commencé longtemps après le départ de Saint-Preux et peu avant le mariage avec Wolmar, l'Elysée est contemporain de la rédemption de Julie; rien ne le rattache à la passion d'autrefois, il ne fait pas partie du patrimoine de souvenirs communs des anciens amants, ce en quoi il est bien l'antithèse du 'bosquet du premier baiser'. La visite du jardin, lieu du progrès des âmes et de l'épuration des passions, constitue une sorte d'initiation, un rite de passage qui consacre solennellement l'admission de Saint-Preux dans la fraternité des 'belles âmes'. Enfin, l'Elysée entretient avec Clarens un rapport complexe: île au sein de cette île qu'est déjà Clarens, il en constitue le cœur, le sanctuaire secret. Il est le dépositaire de ses valeurs les plus profondes, y compris lorsqu'il semble les contredire, en même temps qu'il révèle avec une particulière netteté ses contradictions et ses artifices.[5]

La description met en évidence la clôture du lieu, 'toujours soigneusement fermé à la clé', entouré de hauts murs et presque insoupçonnable de l'extérieur,

clos, sinon par un fossé (c'est le *Ha-Ha*, ou saut-de-loup) ne faisant pas obstacle à l'expansion du regard. L'Elysée, d'autre part, exclut les 'fabriques' (urnes, inscriptions, tombeaux), contrairement à la conception de Shenstone et de ses continuateurs. Voir sur ce point l'étude de C. Thacker, 'Voltaire and Rousseau, 18th-century gardeners', *Studies on Voltaire* 90 (1972), p.1595-1614.

4. Pour une interprétation en ce sens, voir l'étude d'André Blanc ('Le jardin de Julie', *Dix-huitième siècle* 14 (1982), p.357-76), qui voit en l'Elysée 'la projection de la féminité et, plus précisément, du sexe de Julie'.

5. A cet égard, il est contestable de ne voir en l'Elysée, comme le fait Christie McDonald Vance, qu'une sorte de modèle naturel idéal d'un ordre social pareillement idéal: 'The Elysée plays the same role in relation to Clarens as the mountain to the Valaisans, earlier in the novel; nature recapitulates the principles of the society that inhabits it' (Christie McDonald Vance, *The Extravagant shepherd: a study of the pastoral vision in Rousseau's 'Nouvelle Héloïse'*, Studies on Voltaire 105 (1973)).

puisque 'l'épais feuillage qui l'environne ne permet point à l'œil d'y pénétrer' (*N.H.*, IV, 11; *O.C.*, ii.471). Toutefois, loin de s'y sentir emprisonné, le promeneur n'y décèle rien qui en limite l'étendue: les murs, signes d'opacité et de séparation, ont été 'masqués, non par des espaliers, mais par d'épais arbrisseaux qui font prendre les bornes du lieu pour le commencement d'un bois', et tout est ménagé pour 'cacher les bords de l'Isle, et en agrandir l'étendue apparente' (p.479). Le séjour dans un espace clos n'a rien, du reste, qui puisse troubler le bonheur de celui qui 'se [plaît] avec soi-même' (p.487): c'est, tout au contraire, la condition d'une sorte de concentration intérieure. Rien ne vient briser le sentiment d'immanence et d'autarcie morale; au lieu de se diluer dans un espace indéfini, de 'se [perdre] comme un ciron dans ses immenses possessions' (p.481), l'être se rassemble tout entier en lui-même dans le sentiment de sa propre suffisance. On connaît le goût de Rousseau pour les îles; comme l'île Saint-Pierre évoquée dans les *Rêveries*, l'espace clos de l'Elysée permet de 'se circonscrire'. Le jardin de Julie réalise cette variante de l'île qu'est l'"asile', microcosme intime et protégé dans lequel on se sent coïncider entièrement avec le territoire restreint qui vous environne: 'on n'a pas de vue hors du lieu, et l'on est très content de n'en pas avoir. On penseroit volontiers que tous les charmes de la nature y sont renfermés, et je craindrois fort que la moindre échapée de vue au dehors n'ôtât beaucoup d'agrément à cette promenade.' Au contraire, les perspectives fuyantes, les allées rectilignes du parc à la française expriment l'insatisfaction humaine, toujours en quête d'un au-delà et d'un ailleurs (p.483):

Le goût des points-de-vue et des lointains vient du penchant qu'ont la plupart des hommes à ne se plaire qu'où ils ne sont pas. Ils sont toujours avides de ce qui est loin d'eux, et l'artiste qui ne sait pas les rendre assés contens de ce qui les entoure se donne cette ressource pour les amuser; mais l'homme dont je parle n'a pas cette inquiétude, et quand il est bien où il est, il ne se soucie point d'être ailleurs.

Aspirer à l'ailleurs, c'est cesser d'adhérer à soi-même, montrer qu'on ne se suffit pas. Sans doute est-ce en ce sens qu'il faut interpréter l'attitude de Rousseau à l'égard de l'exotisme. Les jardins que Saint-Preux a visités 'à la Chine' auraient pu le séduire peut-être, s'ils ne rassemblaient 'des merveilles qu'on ne voit qu'éparses et séparées [...] des fleurs et des plantes rares de tous les climats de la Chine et de la Tartarie rassemblées et cultivées en un même sol'.[6] Dans l'Elysée, au contraire, on ne trouve 'point de plantes exotiques et de productions des Indes', mais seulement 'celles du pays disposées et réunies

6. P.484 L'information de Rousseau provient vraisemblablement de la célèbre lettre du F. Attiret sur les jardins chinois, publiée en 1749 (voir les *Lettres édifiantes et curieuses de Chine*, éd. I. et J. L. Vissière, Paris 1979, p.411-29).

de manière à produire un effet plus riant et plus agréable' (*N.H.*, IV, II; *O.C.*, ii.472). Et pourtant, la nature purement indigène de l'Elysée n'en évoque pas moins les îles lointaines du Pacifique, Tinian et Juan Fernandez. Comme le dit Saint-Preux émerveillé, 'Julie, le bout du monde est à votre porte!' (p.471). Ainsi permet-il d'opérer la synthèse de l'indigène et de l'exotique, du proche et du lointain, du clos et de l'illimité. L'enracinement dans l'ici de Clarens, tout en récusant catégoriquement l'aspiration à l'ailleurs, symptôme de maladie morale, permet, au terme d'une démarche dialectique, de retrouver cet ailleurs présent en son cœur même, unissant dans son enceinte une prosaïque exploitation agricole et l'île vierge de Tinian, dont l'Elysée est l'image. Ainsi apparaît la véritable fonction du jardin de Julie: il est l'ailleurs du domaine, et peut-être est-ce pour cela qu'il incarne tout ce que Clarens n'est pas: liberté, désordre, gratuité, dans un monde voué à la contrainte, à l'ordre et à la production. Mais cette île du bout du monde est au centre de la propriété et 'vingt pas de plus [...] ramènent bien vite à Clarens' (p.471): symbole de parfaite immanence, il inclut en lui son propre exotisme et contient sa propre extériorité.[7]

'Partout on a substitué l'utile à l'agréable': telle est, on le sait, la formule-clé de l'économie et de la morale de Clarens. Or, cet enclos ne produit rien et ne sert à rien, sinon à l'agrément de ceux qui sont admis à y pénétrer: 'Dans ce lieu seul on a sacrifié l'utile à l'agréable' (p.473). En ce sens l'Elysée est l'exact négatif de Clarens, puisqu'il en inverse la norme; il n'est pas indifférent que le jardin soit un ancien verger, c'est-à-dire un espace productif devenu ornement. Son histoire reproduit très exactement, mais en l'inversant, celle du domaine, autrefois contaminé par les influences néfastes du luxe et de la vanité, puis régénéré par l'élimination de l'inutile: salle de billard convertie en pressoir, parterres transformés en potagers; inversement, les arbres fruitiers n'ont plus ici qu'une fonction d'agrément. Au sein de la petite société utilitariste et productiviste, le jardin est la part du rêve et de la gratuité.

Ce n'est pas seulement à la nature cultivée de l'exploitation agricole que s'oppose la nature 'sauvage' de l'Elysée. Espace de solitude et de retraite, il est perçu par Saint-Preux comme une sorte d'anti-société: 'ce lieu solitaire où le doux aspect de la seule nature devoit chasser de mon souvenir tout cet ordre social et factice qui m'a rendu si malheureux' (p.486) s'oppose bien sûr à l'ordre ancien de l'injustice et du préjugé incarné par M. d'Etange, mais peut-être

---

7. Le même type de synthèse, liée aux thèmes de l'immanence et de l'autarcie, semble gouverner certains comportements économiques de Clarens. Le principe de l'autarcie interdit l'importation des produits 'exotiques'; on boira néanmoins, comme on a vu, du rancio, du cherez, du malaga, du chassaigne, du siracuse, qui 'ne sont en effet que des vins de Lavaux diversement préparés': le refus du produit exotique au profit du produit domestique ne supprime pas l'exotique, mais permet de créer de l'exotique à partir du domestique.

aussi à l'ordre nouveau de la 'petite société'. Qu'on s'y sente aussitôt 'transporté' hors du monde (p.478), qu'il fasse si irrésistiblement surgir à l'esprit l'image des îles désertes du Pacifique montre bien à quel point il se situe à l'écart de tout univers social et de tout ordre institué, fût-ce même celui de la communauté régénérée.

En ce sens encore, l'Elysée est bien l'anti-Clarens, le négatif d'un monde construit par une volonté organisatrice. Ce qu'il donne à voir (mais il s'agit là, on le verra, de son suprême mensonge), ce n'est pas l'action ordonnatrice d'une intelligence, mais la spontanéité naïve de la pure nature. Aussi son dessin refuse-t-il l'ordre artificiel des créateurs de jardins: pas de lignes droites, pas de symétrie 'ennemie de la nature', laquelle ignore 'l'équerre et la règle' (p.484). Le désordre, l'anarchie végétale imposent l'idée d'une nature vierge de toute intervention humaine: comme le dit Saint-Preux, 'il me sembloit d'être le premier mortel qui jamais eut pénétré dans ce desert' (p.471). Eden retrouvé, comme l'indiquent assez la profusion végétale, l'exclusion du mal, la familiarité amicale de l'homme et des animaux, le jardin par son nom même invite à une autre interprétation, qui d'ailleurs n'exclut pas la première: image du paradis terrestre, il est aussi, Julie le dira, une promesse et un avant-goût du paradis céleste: 'des jours ainsi passés tiennent du bonheur de l'autre vie et ce n'est pas sans raison qu'en y pensant j'ai donné d'avance à ce lieu le nom d'Elysée' (p.486). Si l'Elysée apparaît comme une sorte d'antithèse de Clarens et des valeurs qui y ont cours (utilitarisme, productivité, sociabilité), peut-être est-ce parce qu'il incarne à la fois son origine et sa destination. Le présent purement humain de la 'petite société' apparaît ainsi comme enserré entre deux pôles temporels à coloration religieuse ou mythique dont il offre la représentation symbolique: paradis terrestre et paradis céleste, pure nature et vie future, mythe de l'origine et mythe eschatologique.

iii. L'Elysée miroir de Clarens: nature et artifice

Pourtant, si l'Elysée est bien l''autre' de Clarens, il en reproduit aussi les artifices et les contradictions. Espace clos, protégé de murs et fermé à clé, le jardin est un lieu réservé. Aucun étranger n'y a accès, et Saint-Preux est le premier visiteur qui y soit admis – mais n'est-il pas déjà bien plus qu'un visiteur? On lui fait sentir, du reste, tout le prix de cette faveur. Les domestiques n'y entrent jamais: Gustin, le jardinier, n'y pénètre que deux fois dans l'année pour effectuer les travaux indispensables; encore n'y est-il jamais seul. Certes, Fanchon Regard en possède une clé, peut-être parce qu'elle est 'la vivante preuve du triomphe des vertus et de l'humanité sur le plus ardent amour' (p.487); en cela elle participe du thème du dépassement de la passion, et son histoire personnelle coïncide avec la trajectoire morale de Julie et de Saint-Preux. Mais sa fonction y reste purement instrumentale: nourrir les oiseaux, promener les enfants. Seules les 'belles âmes' sont admises à jouir de l'Elysée. Ainsi le jardin apparaît-il comme le privilège d'une aristocratie spirituelle qui se trouve coïncider – est-ce un hasard? – avec une aristocratie sociale: ses bénéficiaires sont aussi les maîtres du domaine. En cela, l'Elysée manifeste la hiérarchie sociale réelle de Clarens et récuse implicitement la fiction de l'égalité.

Ne peut-on voir également un rapport d'analogie entre le statut des serviteurs à Clarens et celui des oiseaux qui rendent 'animée et sensible' la nature de l'Elysée? Quelque peu choqué par cette idée qui 'ne [lui] sembloit point assortie au reste', Saint-Preux croit comprendre qu'une volière a été installée dans le jardin (p.475). Aussi est-il soulagé de constater que les oiseaux y sont 'des hôtes et non pas des prisonniers' (p.476): les 'belles âmes' repoussent avec horreur toute idée de violence et de contrainte. Mais cette liberté très surveillée ne doit rien à la spontanéité de la nature. Tout est conçu pour attirer et retenir les oiseaux, 'en prévenant tous leurs besoins' et en les soustrayant artificiellement aux lois de la concurrence biologique: 'Avec le voisinage des matériaux, l'abondance des vivres et le grand soin qu'on prend d'écarter tous les ennemis, l'éternelle tranquillité dont ils jouïssent les porte à pondre en un lieu commode où rien ne leur manque, où personne ne les trouble' (p.477). Et Julie conclut: 'Voilà comment la patrie des peres est encore celle des enfans, et comment la peuplade se soutient et se multiplie' (p.477), ce qui rappelle curieusement d'autres propos sur la nécessité d'enrayer l'exode rural (v, 2; p.536):

La grande maxime de Madame de Wolmar est donc de ne point favoriser les changements de condition, mais de contribuer à rendre heureux chacun dans la sienne, et sur tout d'empêcher que la plus heureuse de toutes, qui est celle de villageois dans un Etat libre, ne se dépeuple en faveur des autres.

Dans les deux cas, le but est le même: il s'agit bien, sous les apparences du libéralisme, de retenir et de fixer les êtres, d'éviter tout contact avec la corruption extérieure, d'organiser tous les aspects de la vie au sein d'une petite société stable en marge du désordre du monde. Qu'il soit pour cela nécessaire de tricher, de faire subtilement violence aux individus et à la nature que l'on prétend préserver, voilà une contradiction inscrite au cœur même du jardin.

L'Elysée se donne pour une image de la pure nature retrouvée. Mais ce n'est là qu'un 'désert artificiel': comme le révèle Julie, 'La nature a tout fait, mais sous ma direction, et il n'y a rien là que je n'aye ordonné' (iv, 11; p.472). Tout est factice: les sources sont alimentées par des conduites souterraines et c'est un habile secret de jardinage qui fait courir la mousse sur les allées. L'Elysée est un vaste trompe-l'œil, une artificieuse machinerie d'opéra. Suprême habileté, 'la main du jardinier ne se montre point: rien ne dément l'idée d'une Isle déserte' (p.478). Si le décor ne révèle aucune trace d'intervention humaine, c'est, dit Wolmar, 'qu'on a pris grand soin de les effacer' (p.478). On peut voir là, à la suite de Bernard Guyon, une référence à l'esthétique classique:[8] au lieu de chercher à se mettre en évidence, comme c'est le cas dans le jardin à la française, l'art véritable efface les traces de sa production. Mais n'est-ce pas aussi le comble de l'hypocrisie? Julie tente de s'en justifier (IV, 11; p.479-80):

La nature semble vouloir dérober aux yeux des hommes ses vrais attraits [...]. Ceux qui l'aiment et ne peuvent l'aller chercher si loin sont réduits à lui faire violence, à la forcer, en quelque sorte à venir habiter avec eux, et tout cela ne peut se faire sans un peu d'illusion.

L'Elysée, qui prétend, contre l'artifice, retrouver la pure nature antérieure à toute intervention humaine, n'est lui-même qu'artifice et mensonge, 'violence' et 'illusion'. De même que la fiction de l'égalité primitive ressuscitée par la fête des vendanges (v, 7; p.608), il *met en scène* l'image de la nature perdue. Qu'il s'agisse de l'art des jardins ou des rapports sociaux à Clarens, la règle d'action des 'belles âmes' est toujours la même: puisqu'il est inévitable de faire violence à l'ordre naturel des choses – par la contrainte exercée sur les serviteurs ou, plus innocemment, par les artifices du jardinage – on tentera du moins de dissimuler cette violence aux regards d'autrui et aux siens propres; ainsi s'efforcera-t-on de croire et de faire croire qu'on a retrouvé la spontanéité et la pureté de la nature, tout en sachant bien au fond de soi-même que tout ceci n'est que 'douce illusion' (v, 7; p.603).

Resterait à s'interroger sur le statut littéraire de la description de l'Elysée, où l'on ne peut se contenter de voir une digression ornementale ou une dissertation sur l'art des jardins. Le modèle de l'utopie est, ici encore, assez aisément identifiable, et probablement avec plus de netteté que dans le tableau de Clarens. Le motif de la clôture est pleinement actualisé: clôture sociale, puisque seuls les maîtres y ont accès, mais aussi clôture spatiale, fortement matérialisée par les murs qui entourent ce jardin dont l'insularité symbolique est explicitement soulignée. Comme dans toute utopie, elle signifie ici à la fois la rupture avec le monde extérieur et l'autosuffisance interne de l'espace ainsi circonscrit, puisque 'tous les charmes de la nature y sont renfermés'. On aura noté aussi le caractère très nettement initiatique que revêt l'entrée de Saint-Preux dans l'Elysée, d'abord guidé par Wolmar et Julie, qui jouent le rôle de mystagogues, puis livré seul, en guise d'épreuve, à ses fluctuations intérieures entre la rigueur vertueuse et les rêveries voluptueuses, dont il saura finalement triompher. Conformément aux stratégies d'exposition du texte utopique, la

8. Guyon (éd.), *O.C.*, ii.1610, n.1.

description est régulièrement relayée par des dialogues explicatifs, dont les étonnements naïfs du narrateur fournissent l'occasion; leur fonction est de rendre cette description signifiante en établissant un va-et-vient constant de l'organisation visible des choses aux principes qui l'inspirent ou qui en découlent. Le mythe de fondation de la tradition utopique trouve son équivalent dans l'histoire de l'ancien verger devenu jardin, une histoire renvoyant à un passé qui, certes, n'est ni reculé ni mythique, mais dont, cependant, le narrateur se trouve exclu.

Il existe pourtant dans l'épisode quelques écarts significatifs avec le schéma classique de l'utopie: le voyage est ici inutile, puisque, si l'Elysée sait susciter l'image des lointaines îles de Tinian et de Juan Fernandez, c'est au cœur même de Clarens qu'il se situe; étrange utopie aussi qui, en guise de cité idéale et d'organisation sociale à valeur exemplaire, n'offre pour tout modèle qu'une république d'oiseaux. Cette enclave vierge de présence humaine, si ce n'est celle des 'belles âmes', qui en sont les spectateurs mais non les habitants, ne propose aucune alternative sociale, ne suggère aucun modèle d'organisation collective de l'existence humaine. La fonction que remplit l'Elysée ne saurait donc être exactement celle de l'utopie traditionnelle.

N'oublions pas en effet que le jardin est situé au cœur de Clarens: c'est une utopie insérée dans une utopie, le dépassement et la négation d'un ordre social artificiellement institué, lui-même dépassement et négation de l'ordre du monde tel qu'il est. Tout se passe comme si Clarens, trop timide ou trop contradictoire, ne parvenait pas à satisfaire l'aspiration utopique de ceux qui y vivent: l'élan vers l'ailleurs, que l'utopie a précisément pour tâche de satisfaire, ne trouvant pas à s'investir dans l'ordonnance qui y a été établie, suscitera cette nouvelle projection dans un espace autre, celui du jardin: exemple à peu près unique d'une utopie sécrétant sa propre utopie, comme pour faire mentir l'adage qui veut qu'en utopie seulement on ne rêve point d'une utopie.

Négation de Clarens en même temps que miroir de ses contradictions, l'Elysée en esquisse aussi le dépassement, non pas vers un ailleurs – le jardin est au cœur du domaine, et, sauf peut-être à Tinian ou Juan Fernandez, on n'échappe pas à l'emprise de la société civile – mais, son nom l'indique assez, vers un au-delà qui échappe évidemment à toute signification collective. Ce glissement d'une perspective politique à une perspective religieuse correspond pleinement à l'orientation finale du roman.

iv. Une utopie aux prises avec le réel

Par les procédés littéraires qu'elle met en œuvre, par le désir de clôture spatiale et psychologique qu'elle affirme, par son souci d'organisation de la vie collective, la description du monde de Clarens relève bien de la tradition utopique. Mais c'est aussi sur bien des points une construction bizarrement contradictoire: les cadres formels, thématiques et idéologiques du genre y sont présents et reconnaissables, mais perturbés par un certain nombre de dysfonctionnements qui semblent remettre en question la validité du modèle proposé. C'est ainsi que l'ordre de la 'petite société' ne semble pas constituer dans le roman une solution définitive: la perspective religieuse qui s'affirme dans la sixième partie le conteste et, finalement, le détruit. Julie le dira elle-même dans sa lettre testamentaire: 'Cette réunion n'étoit pas bonne. C'est un bienfait du Ciel de l'avoir prévenue' (VI, 12; p.740). La mort de l'héroïne et la conversion finale de Wolmar annoncent l'éclatement de la communauté et le dépassement des valeurs collectives. Semblablement, le système social qui prévaut à Clarens revêt un aspect oppressant et suscite une sorte de malaise. L'exigence de transparence y débouche sur une dictature du regard: l'œil du maître, substitut laïcisé du regard divin, installe le despotisme d'une société 'panoptique' qui évoque les inquiétantes machineries pénitentiaires d'un Bentham.[9] Il est vrai que Rousseau en cela ne fait que suivre, en la radicalisant, une tradition anti-individualiste perceptible dans presque toutes les utopies classiques.[10] Toutefois, si l'utopie sacrifie ainsi la liberté individuelle, c'est en vue du bonheur collectif: l'intérêt privé étant pleinement identifié à celui de la Cité, c'est de l'harmonie de la communauté que dépend le bonheur propre de chacun. Clarens, au contraire, malgré les apparences, n'a pas de réelle finalité collective. Les 'belles âmes' s'efforcent d'amener leurs serviteurs à identifier leur intérêt personnel avec un prétendu intérêt général qui n'est en réalité que celui des maîtres. La liberté des domestiques n'est pas sacrifiée, comme on voudrait le leur faire croire, à un idéal communautaire, mais à un intérêt privé, celui de

9. Jeremy Bentham, *Le Panoptique*, précédé de *l'Œil du pouvoir*, entretien avec Michel Foucault (Paris 1977). Foucault établit un rapprochement entre le système panoptique de Bentham et certaines implications du rousseauisme: 'Je dirai que Bentham est le complémentaire de Rousseau. Quel est, en effet, le rêve rousseauiste qui a animé bien des révolutionnaires? Celui d'une société transparente à la fois visible et lisible en chacune de ses parties; qu'il n'y ait plus de zones obscures, de zones aménagées par les privilèges du pouvoir royal ou par les prérogatives de tel ou tel corps, ou encore par le désordre; que chacun, du point qu'il occupe, puisse voir l'ensemble de la société; que les cœurs ne rencontrent plus d'obstacles, que l'opinion règne, celle de chacun sur chacun' (p.16).

10. Faut-il de nouveau reposer à propos de *La Nouvelle Héloïse* le vieux problème du 'totalitarisme' de la pensée politique de Rousseau? L'interprétation 'totalitaire' a été soutenue par Lester G. Crocker ('Julie ou la nouvelle duplicité', *Annales de la Société J. J. Rousseau* 36 (1963-1965), p.105-52, ainsi que *Rousseau's Social contract: an interpretative essay*, Cleveland 1968) et, avec plus de réserve, par James F. Jones, Jr (*La Nouvelle Héloïse: Rousseau and utopia*, Genève, Paris 1978), lequel estime que 'the control, the authoritarian despotism to be observed in the Clarens community, the reshaping of nature – both in the physical sense and in regard to reshaping the behavior of human beings – do indeed underscore a most definite totalitarianism on Rousseau's part' (p.86).

Wolmar et de Julie. Tout se passe comme si ceux-ci reprenaient à leur compte les valeurs et les principes d'organisation de l'utopie, mais en les détournant à leur profit.

Aux inconséquences et aux écarts qui semblent perturber le modèle utopique on peut proposer deux explications. La première tient à l'existence d'une insurmontable contradiction entre les nécessités de la vie sociale et les valeurs qui prétendent la fonder. Ce qui unifie ces comportements moraux et économiques, c'est la référence constamment rappelée à ce qui les justifie: la nature, dont Clarens se donne pour une émanation. Or, Clarens est une création humaine, un ordre collectif artificiellement institué, c'est-à-dire une anti-nature. Comme le dit ailleurs Rousseau,

les bonnes institutions sociales sont celles qui savent le mieux dénaturer l'homme, lui ôter son existence absolue pour lui en donner une relative et transporter le moi dans l'unité commune; en sorte que chaque particulier ne se croie plus un, mais partie de l'unité, et ne soit plus sensible que dans le tout.[11]

Cette contradiction, qui est peut-être celle de toute utopie, entre l'exigence d'un fondement naturel, critérium de vérité, et la dénaturation inhérente à toute existence sociale permet de rendre compte de certaines singularités de la 'petite société'. Si Clarens est bien l'envers et l'ailleurs du monde réel, ou plutôt d'une certaine image du réel (la société parisienne), il éprouve à son tour la nécessité de sécréter son propre espace d'altérité: l'Elysée, dont on ne trouverait aucun équivalent dans les utopies classiques, est l'utopie personnelle de ses habitants. Dans cette image trompeuse de la pure nature, les 'belles âmes' s'abandonnent à l'illusion nostalgique d'une impossible renaturation qui en réalité est le comble de l'artifice: produit d'une dénaturation, Clarens, ayant perdu tout contact immédiat et naïf avec la valeur fondatrice dont il se réclame, ne peut plus vivre sa relation à la nature que sur le mode dégradé de la mise en scène et du spectacle.

La seconde explication tient à l'insertion de l'utopie dans la réalité. Profondément intégré à un univers romanesque qui entend présenter une image reconnaissable du réel, Clarens ne peut conserver la pureté abstraite de l'utopie classique. Sans être un roman régionaliste avant la lettre, *La Nouvelle Héloïse* est fortement enracinée dans un environnement géographique réel, celui du pays de Vaud. Le milieu naturel y affirme sa présence à travers les cultures, les paysages, la succession des saisons, les nourritures rustiques, les noms du terroir. Clarens n'est pas une île de nulle part: tout comme Montreux, Vevey, Meillerie, il a une localisation géographique précise, indiscutable, vérifiable. Il est fort probable également que, pour Rousseau, Clarens n'est pas une utopie

11. *Emile*, livre I; *O.C.*, iv.249.

dans la mesure où l'expérience sociale qu'il décrit lui paraît vraisemblable et réalisable. Peut-être, d'ailleurs, a-t-il raison: une certaine frange 'physiocrati-que' de l'aristocratie terrienne a manifesté pour le système de Wolmar un vif intérêt – les démarches de Mirabeau auprès de Rousseau en sont un témoignage – qui se traduira plus tard par des mises en application partielles, fidèles à l'esprit sinon à la lettre de leur modèle.[12] Voltaire lui-même, à Ferney, met sur pied une exploitation agricole sur des bases identiquement paternalistes, sans refuser toutefois l'industrie et la spéculation financière.

Or l'utopie, du moins dans sa forme la plus pure, suppose une rupture consciente et délibérée avec les conditions du réel, les mesures nécessaires pour le transformer apparaissant à la fois comme absolument nécessaires et comme absolument impossibles: ainsi, par exemple, More préconise l'abolition de la propriété privée, tout en la reconnaissant parfaitement irréalisable. Clarens, lui, ne transgresse aucune des règles fondamentales du monde réel: le système de M. de Wolmar est applicable sans aucun bouleversement de l'ordre existant. A la différence des utopistes, Rousseau se situe dans le cadre du monde tel qu'il est et, malgré les apparences, ne s'en évade jamais. Celui-ci – fût-il comme le pays de Vaud relativement protégé de la corruption des grandes villes – repose sur la propriété privée, l'inégalité sociale et l'économie marchande. En cela, le *Discours sur l'inégalité* l'a suffisamment montré, il n'est porteur d'aucune légiti-mité: la propriété privée du sol résulte d'une usurpation primitive, l'inégalité sociale est sans fondement naturel, l'échange monétaire pervertit les rapports humains.

Que faut-il donc faire? L'histoire étant irréversible, tout espoir de retour à l'état de nature est illusoire. Rousseau n'est guère enclin non plus à attendre de l'évolution historique une amélioration de l'état actuel des choses.[13] Comme

12. Rousseau a-t-il été abusivement 'récupéré' par la propagande physiocratique? Il est exact que, pour les physiocrates comme pour Rousseau, l'agriculture est l'unique secteur productif de l'économie (l'industrie n'étant qu'une activité de transformation) et le seul qui soit créateur de richesses. Mais l'agriculture que prônent les physiocrates est une agriculture moderne, mécanisée, intégrée aux processus d'échanges et à la forme capitaliste de l'économie. L'agriculture intensive et l'économie fermée du domaine de Clarens sont d'inspiration nettement précapitaliste. Au reste, le 'laissez faire, laissez passer' et le libéralisme économique des physiocrates sont totalement étrangers à la pensée de Rousseau.

13. Cette affirmation semble démentie par les œuvres proprement politiques de Rousseau. Il faut toutefois distinguer entre les analyses théoriques et les perspectives d'action concrète: 'Autant il [Rousseau] fait preuve d'une hardiesse paradoxale dans l'énoncé de sa théorie historique et dans sa critique du présent, autant il fait preuve de prudence et de timidité dans ses propositions pratiques' (Volguine, *Le Développement de la pensée sociale*, p.230). Le tableau très sombre que trace Rousseau de l'état actuel des sociétés n'implique pas nécessairement une perspective de transformation révolutionnaire. Rousseau du reste a horreur de la violence et des discordes civiles. Si, dans le *Contrat social*, il estime que les révolutions peuvent, à l'occasion, avoir des effets favorables, c'est à la manière des crises qui peuvent guérir les malades mais aussi les tuer. Enfin,

le dit la préface de *Narcisse*, 'puisqu'un peuple vicieux ne revient jamais à la vertu, il ne s'agit pas de rendre bons ceux qui ne le sont plus, mais de conserver tels ceux qui ont le bonheur de l'être' (*O.C.*, ii.971-72). Tout au plus, donc, peut-on tenter d'arrêter l'histoire en installant en marge de l'évolution sociale une petite élite encore intacte de paysans et de propriétaires terriens. Mais ce monde dégradé avec lequel on prend ses distances, on ne pourra l'ignorer tout à fait: il faudra en admettre les lois, si dépourvues soient-elles de toute légitimité. Clarens a beau rêver un monde réconcilié; il doit pourtant composer avec la réalité existante. Comme l'écrit Bronislaw Baczko,

il est symptômatique de toute l'utopie de Jean-Jacques qu'on peut toujours déceler une tension, tantôt explicite et tantôt implicite, entre l'idéal et les conditions sociales de sa réalisation; tension qui mène d'ailleurs à des conclusions assez pessimistes: le 'cours du temps et des choses' finit toujours par triompher sur l'idéal.[14]

C'est cette tension entre les aspirations utopiques et les exigences du réel qui permet de rendre compte des contradictions de Clarens: on se résignera, puisqu'il est impossible de faire autrement, à pactiser avec les tristes réalités du monde moderne – la propriété privée, l'inégalité, l'argent. Mais on fera comme si l'argent et l'inégalité n'existaient pas, comme si on avait miraculeusement retrouvé l'innocence naturelle et 'le temps des patriarches', tout en sachant bien au fond de soi-même que tout ceci n'est qu'illusion'.

Le récit des *Confessions* rapporte que Rousseau avait d'abord songé à installer ses héros sur les îles Borromées ou dans les vertes vallées de Thessalie, c'est-à-dire dans l'espace de la fiction. En choisissant l'insertion dans un monde réel et reconnaissable, l'auteur a accompli un pas décisif. Il aurait pu sacrifier à la pastorale en faisant de *La Nouvelle Héloïse* une nouvelle *Astrée* et de Clarens une nouvelle Bétique. Rien ne l'empêchait, après tout, d'imaginer un univers idyllique, sans argent, sans inégalité, sans propriété privée, magiquement rendu à l'innocence. En situant Clarens au sein d'un monde réel dont il refuse les valeurs mais dont il continue de dépendre, il a pris le risque d'en faire le lieu des contradictions et des mensonges, sans pour autant être dupe des illusions sentimentales de ce qu'il est convenu d'appeler le rousseauisme.

s'il est indéniable qu'il existe une certaine opposition entre les perspectives politiques du *Contrat social* et celles de *La Nouvelle Héloïse*, peut-être ne faut-il pas accuser Rousseau de contradiction: dans le *Discours sur l'économie politique*, il prend soin de distinguer 'l'économie générale ou politique' et 'l'économie domestique ou particulière', dont Clarens constitue une application. Les principes applicables à la famille ne sont pas ceux qui sont applicables à l'Etat: 'Il y aura toujours une extrême différence entre le gouvernement domestique, où le père peut tout voir par lui-même et le gouvernement civil, où le chef ne voit presque rien que par les yeux d'autrui' (*O.C.*, iii.241).

14. B. Baczko, *Rousseau, solitude et communauté* (Paris, La Haye 1974), p.349.

31. Deux 'petites sociétés' anglaises: *Millenium Hall* et *Munster Village*

i. De l'utopie pastorale au modèle de développement industriel

Parmi l'abondante littérature consacrée au thème des 'petites sociétés' en Angleterre, on retiendra seulement deux exemples, d'un inégal intérêt. *Millenium Hall* de Sarah Scott et *Munster Village* de Lady Mary Walker ont beaucoup de choses en commun.[1] Les deux romans ont été écrits par des femmes appartenant au même milieu aristocratique et aisé; tous deux ont pour arrière-plan, à défaut d'une véritable revendication féministe (qui ne se développera guère avant la fin du siècle, notamment dans l'ouvrage de Mary Wollstonecraft, *A vindication of the rights of woman*, 1792), une réflexion plutôt critique sur la condition faite à la femme dans la société et une vive défiance à l'égard de l'institution matrimoniale probablement nourrie par de fâcheuses expériences personnelles: les histoires insérées qui constituent la matière essentielle des deux livres ont pour héroïnes des orphelines exposées à la concupiscence masculine, des jeunes filles victimes d'amours malheureuses et surtout des femmes mal mariées, abandonnées ou négligées par leur époux.[2] *Millenium Hall* s'attarde longuement sur la condition économiquement précaire et socialement humiliante des femmes de qualité laissées seules et sans ressources, victimes de surcroît d'une éducation inadaptée qui les rend incapables de subvenir à leurs besoins. L'auteur évoque

le misérable destin de ces femmes que la minceur de leur fortune et l'orgueil familial réduit à la dépendance, supportant de la part de ceux qui veulent bien les recevoir dans leur famille toute l'insolence de la richesse; bien qu'esclaves dans une certaine mesure

---

1. Sarah Scott, *A description of Millenium Hall and the country adjacent, together with the characters of the inhabitants and such historical anecdotes and reflections as may excite in the reader proper sentiments of humanity and lead the mind to the love of virtue*; by a gentleman on his travels (London 1762); ed. Walter M. Crittenden (New York 1955) [ci-après *M.H.*]. L'ouvrage est parfois attribué également à Lady Barbara Montagu, l'amie de Sarah Scott.

Lady Mary Walker, *Munster Village: a novel* (London 1778) [ci-après *M.V.*].

2. Mariée en 1751 à George Lewis Scott, Sarah Robinson s'en sépare définitivement au début de 1752, pour des raisons d'"incompatibilité de tempérament', dit sans autre précision son biographe W. Crittenden (*M.H.*, Préface, p.10).

volontaires, elles endurent pourtant tous les maux de la plus rigoureuse servitude et sont, je crois, ce qu'il y a de plus malheureux dans la création.[3]

L'organisation mise en place aura précisément pour but de leur offrir un asile leur permettant d'échapper à la déchéance sociale. Même scepticisme à l'égard du mariage dans *Munster Village*: Lady Frances, l'héroïne, qui, elle, est riche, préférera, plutôt que d'épouser Lord Darnley, que pourtant elle aime et dont elle est aimée, se retirer à la campagne et se consacrer à l'amélioration de la propriété familiale dont elle vient d'hériter.

Le retrait à l'écart de la vie urbaine est en effet une autre constante de ces romans. Il ne s'agit pas pourtant d'une fuite dans une solitude asociale ni d'une rupture avec le monde: beaucoup moins fermées que celle de Clarens, les deux communautés cherchent à promouvoir les valeurs de sociabilité, de bienveillance, d'ouverture à autrui, et, loin de se replier sur elles-mêmes, elles s'efforcent de transformer leur environnement par la lutte contre l'oisiveté et le chômage, par le développement économique des campagnes grâce à la création d'activités nouvelles assurant le plein emploi, mais surtout par l'action charitable, thème constant en cette période d'expansion du courant méthodiste. Ce dernier point est particulièrement marqué dans *Millenium Hall*, qui transpose – à une tout autre échelle – une expérience authentique: à partir de 1754 et pendant plusieurs années, Sarah Scott et son amie Barbara Montagu animèrent une école de charité destinée aux enfants pauvres à Batheaston, aux environs de Bath.

Littérairement, *Millenium Hall* et *Munster Village* relèvent d'une formule voisine, celle du reportage descriptif mêlé de récits insérés, mais les modalités de présentation de l'organisation utopique y sont assez différentes. D'une structure assez hétérogène, *Munster Village* se présente successivement comme une narration à la troisième personne (tome i), puis comme un roman épistolaire (tome ii). Bien délimitée, contrairement à celle de *Millenium Hall*, la description de l'organisation communautaire occupe les pages 64 à 110 du premier tome. Elle est effectuée 'hors point de vue', selon un plan à la fois chronologique et topographique – récit de fondation puis description ordonnée selon une progression spatiale – assez conforme aux normes d'exposition habituelles des utopies. Laissé en mauvais état du fait de l'absentéisme du précédent propriétaire, qui résidait à Londres, le domaine a été refaçonné par Lady Frances avec l'aide d'un architecte paysagiste, le fameux 'Capability' Brown. Elle y a fait construire ensuite une sorte de cité modèle à la fois industrielle et agricole dont les bâtiments sont disposés en cercle autour d'un édifice central. Très

3. 'the wretched state of those women, who from scantiness of fortune, and pride of family, are reduced to become dependent, and to bear all the insolence of wealth, from such as will receive them into their families; these, though in some measure voluntary slaves, yet suffer all the evils of the severest servitude, and are, I believe, the most unhappy part of the creation' (*M.H.*, p.82).

classiquement, la description se déplace du centre vers la périphérie, examinant au fur et à mesure de sa progression les diverses composantes architecturales de la cité et les activités qui leur sont rattachées: recherche scientifique, enseignement, industrie, agriculture. Le bâtiment central, de style palladien, est une sorte de palais des sciences. Décoré de fresques représentant les créateurs des arts et des sciences, ainsi que d'une statue de la fondatrice en marbre blanc, il comporte une vaste bibliothèque ouverte à tous, un observatoire astronomique, des cabinets de peinture et de sculpture, un atelier d'architecture et, enfin, une académie où l'on enseigne logique, physique, astronomie, etc. Cette fondation reçoit les jeunes gens du voisinage, dûment orientés en fonction de leurs capacités, ainsi que vingt jeunes filles recrutées parmi celles qui présentent des imperfections corporelles. On ne les instruit pas dans les arts d'agrément, mais on leur apprend à tenir une maison, ce qui leur permet de se marier avantageusement.

Le village, dont le plan évoque curieusement le projet de 'cité industrielle' de Ledoux, se compose d'une centaine de maisons ordonnées selon un plan radioconcentrique autour de l'édifice central. Leur taille va décroissant du centre à la périphérie, les ordres d'architecture se succédant du corinthien au toscan. Chaque bâtiment est 'orné de figures emblématiques des divers métiers prévus pour leurs occupants'.[4] Ceux-ci, sélectionnés parmi les meilleurs ouvriers, ne paient pas de loyer pendant les deux premières années, ce qui leur permet des coûts de production modérés et une installation aisée sur le marché. Plus loin, d'autres constructions 'heureusement appropriées à leurs diverses fonctions et en même temps conçues pour l'ornement du site':[5] ce sont des manufactures utilisant l'énergie hydraulique. On y fabrique, notamment, des soieries et des vases de modèle 'étrusque' – c'est l'époque de la mode néo-antique – copiés sur ceux de la bibliothèque du Vatican: curieux mélange de préoccupations artistiques et d'ouverture à la révolution industrielle. Au-delà encore, un hôpital pour incurables, un jardin botanique dirigé par un disciple de Linné, où l'on trouve les plantes de tous les pays, et, enfin, la partie proprement agricole du domaine, sur laquelle l'auteur ne donne guère de détails. Faisant fi des contraintes climatiques – nous sommes en Angleterre – Lady Frances a introduit à Munster Village la culture du chêne-liège, l'élevage du ver à soie et même des techniques de labour aussi nouvelles qu'irréalistes: 'Lady Frances utilise des buffles pour tirer les charrues. Ces animaux sont beaucoup plus robustes que les bœufs et mangent moins. Pourquoi n'en avons-

---

4. 'ornamented with emblematical figures of the different trades intended for the possessors' (*M.V.*, p.82).

5. 'finely adapted to their different purposes, at the same time calculated to ornament the grounds' (*M.V.*, p.82).

nous point en ce pays, ainsi que des dromadaires et des chameaux?'[6] Pourquoi pas, en effet? Ces naïvetés, jointes à un sentimentalisme envahissant (on est allé jusqu'à prévoir pour les animaux domestiques des maisons de retraite et une sépulture proche de celle de leur maître), révèlent une conception de l'agriculture plutôt ornementale que productive. Significativement, l'auteur s'attarde beaucoup plus volontiers sur l'art des jardins, dans lequel, nous dit-on, l'héroïne excelle.

Quant à *Millenium Hall*, c'est une sorte de faux roman épistolaire constitué d'une seule lettre, d'ailleurs dépourvue de toute nécessité interne, adressée par le narrateur à l'éditeur. La construction met en jeu une série d'emboîtements: la relation du voyageur-narrateur, coupée de descriptions et de dialogues rapportés, inclut un très long récit dans lequel Mrs Maynard, porte-parole de la 'petite société', raconte l'histoire des cinq autres dames fondatrices de la communauté. Il en résulte une suite de nouvelles relativement autonomes (histoire de Mrs Mancel et de Mrs Morgan, histoire de Lady Mary Jones, histoire de Mrs Selvyn, histoire de Mrs Trentham), théoriquement rapportées à la première personne, mais relevant de fait du récit impersonnel, puisque la narratrice n'y est pas elle-même présente. Plusieurs de ces nouvelles contiennent elles-mêmes de surcroît des digressions narratives et des épisodes insérés. Les récits biographiques de Mrs Maynard alternent avec les descriptions de l'organisation communautaire et les dialogues explicatifs ou les commentaires idéologiques qui permettent de la justifier, conformément à un modèle discursif assez proche de celui des lettres de Clarens dans *La Nouvelle Héloïse*, que l'auteur a vraisemblablement dû connaître.[7]

La présentation de la 'petite société' met en jeu les personnages fonctionnels traditionnels du récit utopique. Mrs Maynard joue le rôle du 'sage vieillard', à la fois initiateur, guide et interprète: c'est elle qui présente la communauté, en organise la visite, en raconte l'histoire et en expose les principes de fonctionnement. Quant au personnage du voyageur-témoin, il est ici dédoublé. Le narrateur reste anonyme et dépourvu de toute espèce de caractérisation, en dépit d'une vague esquisse de biographie: il est rentré fortune faite en Angleterre après un long séjour à la Jamaïque et, sur le conseil des médecins, voyage pour réparer sa santé dans l'ouest du pays. Simple observateur non impliqué, il n'a

6. 'Lady Frances makes use of buffaloes to draw her ploughs. These animals are far stronger than oxen, and eat less. Why have we not them in this country, and dromedaries and camels?' (*M.V.*, p.104).

7. La traduction de William Kenrick (*Eloisa, or a series of original letters*) paraît dès avril 1761, alors que l'original français a déjà été largement diffusé en Angleterre, où, dit Henri Roddier (*J. J. Rousseau en Angleterre au XVIIIe siècle*, Paris 1950, p.65), sa popularité précéda même celle que l'ouvrage devait connaître en France.

ici, il le dit lui-même, 'd'autre part dans ce [qu'il se] propose de relater que celle d'un spectateur et d'un auditeur'.[8] Un peu moins inconsistant, Mr Lamont, son compagnon de voyage, est un jeune petit-maître gâté par les mauvais exemples et la frivolité des sociétés à la mode. C'est, on s'en doute, le personnage préposé aux objections. Sa 'conversion' finale – on le découvre à la dernière page plongé dans la lecture de l'Evangile – atteste l'efficacité de la contagion vertueuse et la puissance exemplaire de la communauté.

A la différence de *Munster Village*, l'ordre d'exposition obéit ici strictement aux déplacements du voyageur-narrateur au sein de la réalité qu'il a pour charge de décrire: dépourvue d'organisation topographique spécifique – ce qui la différencie de la norme utopique – et constituée d'un agrégat d'institutions diverses géographiquement dispersées, la communauté se dévoile peu à peu au hasard des promenades et des visites, réservant tout à fait pour la fin, ce qui n'est peut-être pas entièrement innocent, la prosaïque découverte d'une fabrique de tapis dont on n'avait jusqu'alors soufflé mot. Cette manufacture, où travaillent 'plusieurs centaines de personnes de tous âges, de six à quatre-vingts ans [...], tous affairés, chantant et sifflant, avec l'apparence d'une allégresse générale',[9] constitue pourtant, et de loin, la composante économiquement la plus importante de Millenium Hall. Décentrée et marginalisée par la démarche descriptive, qui la rejette pour ainsi dire en appendice du récit, la réalité industrielle moderne est pourtant bien présente, y compris dans ses aspects qui paraîtront aujourd'hui les moins positifs – le travail des enfants et des vieillards – en dépit d'un maquillage paternaliste et de l'euphorie factice de l'évocation.

C'est néanmoins sur une suite de visions pastorales rappelant 'l'époque de Théocrite' que s'ouvre la description initiale.[10] Rien n'isole Millenium Hall de la campagne de Cornouailles qui l'environne, si ce n'est, tenant lieu de clôture utopique, l'éclairage idyllique dans lequel baigne le domaine, plus intense à mesure que l'on approche de son centre:

Plus nous approchions de la demeure, plus grande nous paraissait la profusion des fleurs qui ornaient chaque champ. Certains n'étaient protégés que par des haies de rosiers et d'églantiers plantés avec tant d'art qu'ils faisaient une clôture très épaisse, tandis qu'à leur base des œillets, des jonquilles, des jacinthes et diverses autres fleurs semblaient pousser sous leur protection.[11]

8. 'no other share than as a spectator and auditor, in what I purpose to relate' (*M.H.*, p.30).

9. 'several hundreds of people of all ages, from six years old to four-score [...], all busy, singing and whistling, with the appearance of general chearfulness' (*M.H.*, p.195).

10. 'We began to think ourselves in the days of Theocritus' (*M.H.*, p.31).

11. 'The nearer we came to the house, the greater we found the profusion of flowers which ornamented every field. Some had no other defense than hedges of rose-trees and sweet-bryars, so artfully planted, that they made a very thick hedge, while at the lower part, pinks, jonquils, hyacinths, and various other flowers, seemed to grow under their protection' (*M.H.*, p.32).

Après la rencontre d'une troupe de faneuses, en qui les voyageurs contemplent 'la simplicité campagnarde sans aucune de ces marques d'indigence ni de grossièreté rustique qui eussent terni le cachet pastoral de la scène environnante', le château apparaît enfin, image du paradis terrestre et, comme l'indique son nom, 'asile assuré contre tout mal'.[12] Le thème édénique s'amplifie encore avec la visite du jardin, où le jeune Lamont croit reconnaître la main d'un jardinier célèbre; mais, lui affirme-t-on, la nature seule a fait presque tout. Il inclut pourtant, à la différence de l'Elysée de Clarens, les 'fabriques' exigées par le 'modèle anglais': une grotte qu'on croirait 'l'habitation de quelque dévot anachorète', un temple d'architecture gothique dédié à la solitude. Mais c'est la familiarité amicale des animaux sauvages, dont l'homme est ici 'le préservateur et non le tyran', qui réalise avant la lettre la prophétie biblique: 'A peine pouvait-on s'empêcher de croire qu'étaient venus ces heureux temps où "le loup habitera avec l'agneau, où le léopard partagera la litière du chevreau, où le veau et le lionceau et les bêtes à l'engrais seront assemblés, et un jeune enfant les conduira".'[13]

Peut-être faut-il voir dans les jeux de références qui conduisent du passé de l'idylle antique (Théocrite) à l'avenir réconcilié qu'annonce le prophétisme chrétien le sens de l'expérience de Millenium Hall: moins sans doute, malgré les apparences, un rêve pastoral historiquement régressif qu'un modèle de développement économique futur intégrant, bien que, on l'a vu, avec quelques réticences, les formes les plus modernes de l'expansion industrielle. Les mêmes remarques s'appliquent également au village de *Munster Village*, qui abrite des manufactures derrière ses façades néo-classiques, au cœur d'un vaste jardin artistement aménagé. Nostalgies pastorales, réalités industrielles: les deux orientations, en cette fin du dix-huitième siècle, ne sont pas perçues comme contradictoires. Millenium Hall et Munster Village évoquent déjà ces usines modèles établies à la campagne par des industriels philanthropes, comme la filature de New Lanark installée en Ecosse par Robert Owen ou, mieux encore, certains projets pré-phalanstériens combinant exploitation agricole et cité industrielle à

---

12. 'rural simplicity, without any of those marks of poverty and boorish rusticity, which would have spoilt the pastoral air of the scene around us'; 'an assured asylum against every evil' (*M.H.*, p.32, 33). Le nom *Millenium Hall* renvoie au 'millénaire sabbatique' de la tradition apocalyptique, selon laquelle, au terme des six premiers millénaires, le Christ reviendra en gloire et régnera mille ans sur le peuple des justes.

13. 'the preserver, instead of the tyrant [...]. One could scarcely forbear thinking those happy times were come, when "the wolf shall dwell with the lamb, and the leopard shall lie down with the kid; and the calf and the young lion, and the fatling together, and a young child shall lead them"' (*M.H.*, p.42).

l'instar du plan de communauté autosuffisante élaboré par le même Owen au début du dix-neuvième siècle.[14]

ii. Retrait et expansion: de l''Asile' au modèle de transformation du monde

A cette double orientation, agricole et industrielle, il faudrait peut-être rattacher le double mouvement simultané de retrait et d'expansion qui anime la construction utopique. On s'en tiendra ici à *Millenium Hall*, de loin le plus riche des deux romans.

Toutes les institutions dépendant de la communauté se répartissent en effet entre ces deux perspectives: le retrait en marge de la société et l'aspiration transformatrice, l'asile pastoral offert aux exclus de la vie sociale et le pôle de développement économique. Outre le château où résident les six fondatrices constituant la 'petite société' proprement dite, la collectivité gère de nombreuses institutions annexes, certaines purement charitables, d'autres à finalité productive. Dans la première catégorie on peut ranger un 'asile', vaste demeure où vivent en communauté trente femmes de qualité, veuves ou célibataires, dont la fortune est insuffisante pour soutenir leur rang. Elles souscrivent à un règlement en onze articles et peuvent être expulsées en cas d'infraction; puisqu''un esprit oisif, comme un sol en jachère, est le terrain dans lequel poussent toutes les mauvaises herbes',[15] on les tient constamment occupées à des travaux d'aiguille et de jardinage ainsi qu'à l'administration de la charité auprès des pauvres du canton. Cette fondation est financée par les pensions prélevées sur le pécule des pensionnaires, remis entre les mains de la communauté à leur entrée, ainsi que par les legs ou donations.

Il existe un autre 'asile', plus secret: au plus profond du parc, dissimulé derrière les buissons à la lisière du jardin anglais, s'offre au regard du visiteur indiscret un véritable enclos de monstres dont tous les habitants, nains ou géants, 's'écartent par défaut ou par excès de la norme habituelle'.[16] Rachetés à ceux qui exploitaient leur difformité en les exhibant dans les foires, ils ont été regroupés dans un village rigoureusement clos d'où ils ne sortent jamais, sinon pour se rendre à l'office, en voiture fermée, dans la tribune grillée qui leur est réservée à l'église. Il s'agit, certes, de les soustraire à la cruauté du regard d'autrui – peut-être aussi à leur propre aliénation morale: on nous apprend que 'même les pauvres malheureux avaient leur vanité et se disputaient entre eux

14. R. Owen, *Report to the Committee for the relief of the manufacturing poor* (London 1817).
15. 'An idle mind, like fallow ground, is the soil for every weed to grow in' (*M.H.*, p.85).
16. 'either fall short or exceed the usual standard' (*M.H.*, p.45).

la supériorité du mérite, tirant argument de l'argent que leurs gardiens avaient amassé en les exhibant. Pour mettre un terme à ces disputes, les dames leur firent comprendre que ce qu'ils croyaient être matière à s'enorgueillir ne faisait que prouver à quel point ils étaient éloignés de la norme habituelle de la forme humaine.'[17] Ainsi, ces mesures d'enfermement illustrent également l'ambiguïté du discours charitable et le poids de la norme.

Tous les autres établissements créés par les fondatrices de Millenium Hall relèvent d'une activité de bienfaisance fortement insérée dans la réalité économique. On a construit un village modèle aux maisons toutes semblables, comportant deux pièces et un jardin; on y a recueilli les personnes âgées et impotentes, autrefois exploitées par les squires du voisinage; elles gagnent leur vie en filant la laine, aidées par les enfants des familles pauvres placés chez elles en apprentissage. Comme l'éducation est 'le seul moyen probable d'améliorer l'humanité',[18] des écoles de charité ont été créées pour garçons et filles, mais les premiers n'y restent que le temps d'être en âge de travailler. L'éducation n'est nullement intellectuelle: il s'agit seulement de former de bonnes ménagères; aussi les jeunes filles ainsi élevées sont-elles recherchées 'partout où l'on a besoin de femmes accomplies de rang et de comportement modestes pour le soin de la maison ou celui des enfants'.[19] Reste la manufacture de tapis, dont la taille – plusieurs centaines d'ouvriers – est sans commune mesure avec celles des autres établissements. Instaurée pour remédier au chômage qui frappait la région, elle assure des salaires plus élevés que ce n'est la coutume, la rémunération au poste et non au rendement permettant d'avantager relativement enfants et vieillards. A tout cela il faut encore ajouter les secours ponctuels aux indigents, notamment aux veuves dans le besoin, et surtout les efforts entrepris pour restaurer la dignité du mariage. Sur ce point, 'l'exemple des grands infecte toute la collectivité' et le libertinage a gagné les classes populaires.[20] Grâce à des bals rustiques organisés sous leur surveillance, à des pécules offerts en dot aux jeunes filles les plus méritantes, à une aide au logement pour les jeunes couples, les dames de Millenium Hall, explique Mrs Maynard, 'encouragent le

17. 'Even these poor wretches had their vanity, and would contend for superior merit, of which the argument was the money their keepers had gained in exhibiting them. To put an end to this contention, the ladies made them understand, that what they thought a subject for boasting, was only a proof of their being so much farther from the usual standard of the human form' (*M.H.*, p.46-47).
18. 'the only probable means of mending mankind' (*M.H.*, p.29).
19. 'where accomplished women of an humble rank and behaviour are wanted, either for the care of a house, or children' (*M.H.*, p.122).
20. 'The example of the great infects the whole community' (*M.H.*, p.126).

mariage infiniment plus que nous n'eussions pu le faire en y entrant nous mêmes'.[21]

A la différence du Collège d'industrie de Bellers, auquel il fait souvent penser, ce complexe d'organismes philanthropiques n'est pas animé par une préoccupation de rentabilité financière. L'auteur donne le détail des comptes d'exploitation, qui se soldent par un déficit annuel de 1210 livres, couvert par les fondatrices sur leur fortune personnelle. Pleinement 'utopique' en ce sens qu'il fait appel d'une façon parfaitement irréaliste à la charité à fonds perdus, le système de Millenium Hall ne relève pas du capitalisme moderne, mais du vieux rêve du plein emploi, constante de l'histoire sociale anglaise depuis le seizième siècle. Dans certaines dispositions choquantes pour le lecteur moderne, comme le travail en usine pour les jeunes enfants et les vieillards, il ne faut sans doute voir que l'expression d'un droit au travail pour tous, jeunes ou vieux, impotents ou malades, et paradoxalement une sorte de conquête sociale.

Contrairement à Clarens, ni Millenium Hall ni Munster Village ne sont des communautés fermées ou même autocentrées. Animées d'un dynamisme expansif qui les porte vers le dehors, elles vivent en étroite symbiose avec leur environnement géographique et surtout humain, véritable point d'application de l'expérience transformatrice, répondant ainsi au reproche que le romancier Robert Graves adresse à tous ceux qui choisissent de se mettre en marge de la société pour se retirer à la campagne, à l'instar de son héros Cornelius Milward, surnommé Columelle à cause de sa prédilection pour cet agronome latin. Une telle attitude, dit Graves, 'ne prive pas seulement la collectivité d'un membre utile', mais suscitera le malheur de l'intéressé par 'la conscience d'avoir déserté la place qui lui convenait dans la société'.[22] Or, le choix des fondatrices de Millenium Hall – 'se séparer [du monde] et s'en faire pour ainsi dire un nouveau'[23] – n'est pas une désertion sociale, mais répond à une préoccupation d'efficacité: en choisissant de restreindre volontairement le champ de son action à ce qui l'entoure, la 'petite société' renonce certes en apparence à toute ambition de transformation globale du monde. Comme le dit Mrs Mancel,

Nous ne nous posons point en réformatrices [...], nous souhaitons nous régler sur les lois établies à notre usage et nous nous efforçons de les faire valoir aussi loin que notre influence peut s'étendre; au-delà de ce cercle restreint tout nous est étranger; nous avons suffisamment à faire à nous améliorer nous-mêmes; transformer le monde demande des bras autrement plus capables.[24]

21. 'certainly much more promote wedlock than we could do by entering into it ourselves' (*M.H.*, p.125).

22. Robert Graves, *Columella, or the distressed anchoret* (London 1779), p.4.

23. 'to seclude themselves from it, and make as it were a new one for themselves' (*M.H.*, p.48).

24. 'We do not set up for reformers [...] we wish to regulate ourselves by the laws laid down to us, and as far as our influence can extend, endeavour to enforce them; beyond that small circle all

Mais par là cette expérience limitée devient crédible et reproductible, et la décision finale prise par le narrateur de se lancer pour son propre compte dans une entreprise analogue amorce peut-être une diffusion du modèle de proche en proche, conformément à une perspective analysée antérieurement dans les *Various prospects* de Wallace.[25]

iii. Les fondements idéologiques: l'hédonisme charitable et l'origine du lien social

Les bases philosophiques de ces communautés, longuement analysées dans *Millenium Hall*, nettement plus sommaires dans *Munster Village*, peuvent se ramener à trois principes étroitement associés: la sociabilité, la bienfaisance, l'hédonisme moral. Croire en la valeur éminente de la sociabilité, ainsi que le fait la 'petite société' de Millenium Hall, n'est nullement contradictoire avec le choix d'une existence en retrait du monde, car celui-ci précisément, loin d'offrir l'image d'une société digne de ce nom, n'est rien d'autre que 'cet état de guerre que Hobbes suppose être la première condition de l'humanité'. La société vraie exclut la poursuite de désirs absurdes et la concurrence inter-individuelle; elle est fondée sur la raison, la concorde, la transparence mutuelle des êtres, unis par des liens de réciprocité: 'Ce que j'entends par société', dit Mrs Mancel, 'est un état de confiance mutuelle, de services réciproques et d'affections coordonnées; là où des individus se trouvent ainsi unis, il y aura une libre communication des sentiments.'[26] L'exigence sociale de transparence conduit à de curieuses conséquences: il ne suffit pas d'être vertueux à ses propres yeux; encore faut-il s'offrir tel au regard d'autrui, donc veiller jalousement à préserver sa réputation, puisque chacun est comptable du mal qu'on lui impute comme de celui qu'il a réellement accompli ('Jamais donc je ne m'estimerais innocente, si pures que fussent mes actions, si je m'attirais la réputation contraire, alors qu'il était en mon pouvoir de l'éviter').[27]

La bienfaisance, pour sa part, est le moyen par lequel se réalise cet idéal de sociabilité: aux yeux de l'héroïne de *Munster Village*, 'la société est manifestement entretenue par une circulation de bienfaits; tous autant que nous sommes, nous

is foreign to us; we have sufficient employment in improving ourselves; to mend the world requires much abler hands' (*M.H.*, p.127).

25. Voir ci-dessus, ch.4, §v.

26. 'What I understand by society is a state of mutual confidence, reciprocal services, and correspondant affections; where numbers are thus united, there will be a free communication of sentiments' (*N.H.*, p.79).

27. 'I should never therefore esteem myself innocent, however pure my actions, if I incurred the reputation of being otherwise, when it was in my power to avoid it' (*M.H.*, p.91).

nous trouvons d'une manière ou d'une autre en situation d'avoir besoin de l'aide d'autrui ou semblablement de lui accorder la nôtre'.[28] Cette règle de réciprocité de l'échange, fondatrice du lien social, rend compte des comportements économiques et de l'idéologie sociale. Elle explique que, à la différence de celui de Clarens, le domaine de Millenium Hall s'abstienne de vivre dans une complète autarcie, ainsi que ses ressources propres pourtant le permettraient: il faut éviter qu'"une personne en cette situation [ne soit] en danger de se sentir si indépendante qu'elle ait la tentation de rejeter tout commerce avec l'humanité, puisqu'elle n'en pourrait tirer aucun bénéfice'.[29] Plus généralement, les échanges monétaires, qui contribuent à unir les individus entre eux, apparaissent comme un facteur de socialisation, voire comme une sorte d'extension de l'action charitable. C'est ainsi qu'est perçue la manufacture, qui assure la subsistance de centaines d'ouvriers par les salaires qu'elle distribue; grâce au choix judicieux des bénéficiaires, 'chaque dépense équivaut en mérite à un don aux yeux de Celui qui en connaît les motifs'.[30] Il en résulte une sacralisation de l'argent, vecteur de la charité et instrument de l'interdépendance humaine. Les mêmes raisons permettent d'expliquer l'idéologie sociale foncièrement conservatrice qui anime le roman. Pas un instant Sarah Scott ne semble imaginer qu'un ordre puisse exister au sein duquel il n'y aurait plus ni pauvres ni riches. L'inégalité des fortunes est perçue comme une donnée naturelle, d'ailleurs nécessaire pour que s'établissent ces rapports d'échange qui construisent la société et justifiée même par le plan de la Providence: 'Chaque condition a ses épreuves; dans les classes inférieures, la pauvreté met à l'épreuve l'activité et la résignation; les richesses des grands sont l'essai de leur tempérance, de leur humilité et de leur humanité.'[31] Resterait à se demander ce que pauvres et riches peuvent bien avoir à échanger, puisque, on l'a vu, c'est l'échange qui lie les êtres au sein d'une société. Du plaisir, répond Sarah Scott, développant une théorie de l'hédonisme vertueux d'un rationalisme étonnamment utilitariste. Pour les habitants de Millenium Hall, 'gastronomes des plaisirs rustiques',[32] le plaisir est le souverain bien et le principe moteur de l'activité humaine: les

---

28. 'society is manifestly maintained by a circulation of kindness: we are all of us, in some way or other, wanting assistance, and in like manner qualified to give it' (*M.V.*, p.61).

29. 'A person thus placed, would be in danger of feeling himself so independent a being, as might tempt him to disclaim all commerce with mankind, since he could not be benefitted by them' (*M.H.*, p.78).

30. 'every expense bears the merit of a donation, in the sight of Him who knows their motives' (*M.H.*, p.131).

31. 'Each state has its trials; the poverty of the lower rank of people exercises their industry and patience; the riches of the great are trials of their temperance, humility and humanity' (*M.H.*, p.197).

32. 'epicures in rural pleasures' (*M.H.*, p.177).

premières motivations de toutes nos actions visent à rechercher le plaisir et à fuir la douleur. Reste à distinguer vrais et faux plaisirs. Les plus authentiques sont ceux de la bienfaisance:

la preuve la plus forte de la noblesse d'esprit consiste à ressentir la joie de la gratitude; car ceux qui connaissent tous les plaisirs d'accorder un bienfait se rendront compte qu'en l'acceptant ils donnent les plus hautes délices que l'esprit humain puisse ressentir lorsqu'il s'applique à des objets humains; et donc, tandis qu'ils reçoivent un bienfait, ils ne goûteront pas seulement le bénéfice qui leur en revient pour eux-mêmes, mais partageront le contentement du bienfaiteur à l'idée de la joie qu'ils donnent à celui qui le leur a accordé.[33]

Partant de prémisses identiques, l'éthique du plaisir de la bienfaisance dans *Millenium Hall* s'écarte de l'impérialisme vertueux des 'belles âmes' de Clarens, qui ramènent tout à elles-mêmes et jouissent seulement, dans la gratitude du mendiant dont elles soulagent la misère, du reflet de leur propre bonté. Ici la bonne conscience charitable s'épanouit en une dialectique infinie qui met en jeu pareillement les deux partenaires: le bienfaiteur jouit de la joie de l'indigent secouru, et celui-ci à son tour du plaisir qu'elle procure au premier. Ainsi s'établit entre eux une relation de réciprocité qui serait le fondement même du lien social au sein d'une société future régénérée: 'Cette communication réciproque de bienfaits devrait être universelle, et alors pourrions-nous à juste raison aimer ce monde.'[34]

On peut sourire de cette conception pré-victorienne de la société et de cette morale de dame patronnesse. On ne peut pourtant lui reprocher ni hypocrisie ni incohérence: Sarah Scott assume pleinement les implications égoïstes de son hédonisme charitable et ne cherche nullement à dissimuler la finalité du système, qui est la recherche d'une satisfaction personnelle passant par celle d'autrui. La faille du dispositif est ailleurs: postulant l'interchangeabilité des partenaires au sein de l'acte de bienfaisance, il suppose une parfaite réciprocité des consciences qui transcenderait les barrières de classe; il tient l'inégalité à la fois pour nécessaire, puisque sans elle la charité serait sans objet, et pour négligeable, puisque l'émotion charitable en inverse les rôles. C'est évidemment ce consensus prêté à l'humanité objet de l'action charitable qui fait problème, ce que le roman ne montre pas: ici, pas d'ingrats ni de révoltés, seulement un chœur

33. 'The greatest proof of a noble mind is to feel a joy in gratitude; for those who know all the pleasures of conferring an obligation, will be sensible, that by accepting it they give the highest delight the human mind can feel, when employed on human objects; and therefore while they receive a benefit, they will taste not only the comforts arising from it to themselves, but share the gratification of a benefactor, from reflecting on the joy they give to those who have conferred it' (*M.H.*, p.63).
34. 'This reciprocal communication of benefits should be universal, and then we might with reason be fond of this world' (*M.H.*, p.80).

conventionnel de bénédictions bavardes pour saluer l'inépuisable générosité des riches. Reste enfin que c'est à cette dernière seule, au sein d'un ordre inégalitaire posé comme intangible, que l'on fait confiance pour modifier les rapports sociaux et transformer le monde, ce qui indique assez les limites de l'ambition réformatrice.

Conclusion

Si l'on examine les rapports de l'utopie et du roman tels qu'ils résultent des exemples analysés, on peut conclure qu'ils évoluent dans le sens d'une intégration croissante des séquences utopiques au texte romanesque. Aisément isolables, les micro-utopies fidèles au modèle de l'utopie classique font encore figure de pièces rapportées; mais cela est déjà beaucoup moins vrai pour *Candide* que pour *Cleveland*: l'épisode de l'Eldorado est pris dans la trame du conte, qui ne saurait exister sans lui. Quant au thème des 'petites sociétés', qui se développe vers la fin de la période concernée, il ne donne plus lieu à une 'séquence utopique' séparée, mais s'identifie à une phase du développement diégétique, comme dans *La Nouvelle Héloïse*, voire au roman entier, comme dans *Millenium Hall*.

Cette diffusion des modèles utopiques à l'intérieur du roman peut s'analyser selon deux perspectives suivant qu'on la considère sous l'angle de la littérature romanesque ou sous celui du devenir du genre de l'utopie. Elle traduit d'abord certaines interrogations propres aux univers romanesques de l'époque des Lumières, que le recours à l'expérimentation imaginaire permet de résoudre, ou du moins de formuler de façon figurée. Ces interrogations portent notamment sur le bonheur humain, sur la relation de l'individu et de la société, sur la compatibilité entre l'ordre social et les passions. Ainsi Candide trouve-t-il en Eldorado le 'pays où tout est bien' vainement cherché dans le Nouveau Monde; mais c'est pour le quitter aussitôt, puisque 'Mademoiselle Cunégonde n'y est pas', et que les richesses dont il regorge y sont sans emploi: un bonheur purement rationnel paraît donc incompatible avec la réalité humaine des passions. Les micro-utopies de *Cleveland* dramatisent sous une forme exemplaire la relation conflictuelle entre l'individu et l'univers social sous-jacente dans l'ensemble du roman. Chez Rousseau, l'ordre vertueux de Clarens permet bien de maîtriser la passion antérieure, mais c'est au prix du mensonge et de l'artifice. Par là, ces utopies ont une fonction essentiellement critique: elles formulent les conflits inhérents à l'univers romanesque, mettent à jour ses contradictions.

Toutefois, l'utopie peut aussi exprimer les aspirations des héros, voire celles de l'auteur, et fournir des normes positives de référence transposables à l'univers romanesque tout entier. S'il n'offre à Candide aucune solution toute faite, l'Eldorado lui indique du moins la direction vers laquelle il faut tendre, et c'est bien l'idéal des Lumières qui s'y reflète. Les 'petites sociétés' de Clarens ou de Millenium Hall correspondent, elles, à la réalisation du possible et du souhaitable dans le cadre de l'ordre existant. L'appréciation critique de ce dernier s'alimentera dans la suite du roman des normes posées à la faveur de la traversée de la séquence utopique: ainsi Candide ne cesse-t-il jusqu'au chapitre terminal du conte de comparer à la perfection de l'Eldorado la société qui l'entoure.

Enfin, l'insertion dans un texte romanesque d'épisodes utopiques a aussi des effets proprement narratifs. Et d'abord sur l'objet même du récit: dans de nombreux cas et, par exemple, chez Voltaire, elle substitue temporairement au personnage-héros une 'société-personnage'[1] statique, somme de fonctionnements institutionnels synchroniques et non série diachronique d'enchaînements événementiels.[2] Une modification du rythme narratif s'ensuit dont rendent bien compte les termes de 'pause', d''étape' ou de 'halte philosophique' qui caractérisent habituellement ces séquences utopiques. C'est également le régime du texte romanesque qui s'en trouve affecté, passant d'une dominante narrative à une dominante descriptive ou commentative.

La présence d'éléments utopiques dans le roman est aussi à envisager dans la perspective de l'utopie elle-même. Sans qu'on puisse les ramener à une simple concession à la mode, les micro-utopies attestent indirectement la pénétration de l'utopie narrative classique, la reconnaissance littéraire d'un genre appuyé sur une tradition et des textes canoniques – Prévost et Voltaire ont lu Veiras, Tyssot de Patot et bien d'autres – auquel s'attachent des conventions thématiques et des schémas narratifs suivis avec une ironique fidélité dans *Candide*, plus altérés dans *Cleveland*. Toutefois, cette reprise en charge de la forme utopique par le roman, qui confine souvent au pastiche – ainsi chez Voltaire – traduit également peut-être une sclérose de l'utopie narrative pure, laquelle après 1740 cesse de donner naissance à des œuvres majeures (la dernière est probablement le *Gaudence de Lucques* de Berington en 1737). Comme tous les genres fondés sur des règles formelles très strictes laissant peu de place à l'invention, elle s'est rapidement figée ou, s'abandonnant à sa pente didactique, s'est dégradée en utopie-programme superficiellement narrativisée.

Notons, enfin, que les micro-utopies romanesques dont il s'agit ici ont rarement une signification pleinement positive; aucune en tout cas n'est donnée pour exemplaire, et nulle part d'ailleurs n'apparaît l'idée qu'elles pourraient servir de modèles transposables aux sociétés réelles. Dans *Cleveland*, le procès de l'utopie est parfaitement explicite: toutes les sociétés imaginaires du roman, à des degrés divers, font régner un ordre despotique incompatible avec la liberté

1. Moreau, *Le Récit utopique*, p.128.
2. Ceci, on l'a vu, n'est pas vrai de deux au moins des micro-utopies de *Cleveland* (épisodes de la colonie rochelloise et des Abaquis), où le récit événementiel reste prédominant.

individuelle, et deux d'entre elles démontreront la fragilité de ce type de construction en s'effondrant soudainement; au mieux, l'utopie est inutile, comme celle des Nopandes. C'est également le cas dans une certaine mesure de l'Eldorado de *Candide*: si la société eldoradienne peut être considérée comme une société parfaite, cette perfection n'est pas imitable, et Candide n'en retirera rien, sinon un cadre de référence mesurant l'imperfection du monde réel qu'il a préféré rejoindre.

Il convient de faire une place particulière aux 'petites sociétés' para-utopiques qui se développent aux alentours des années 1760 et jusqu'aux abords de la Révolution – le thème est présent dans *Paul et Virginie*, notamment[3] – sans référence consciente aux modèles de l'utopie classique, mais en annonçant les utopies phalanstériennes du dix-neuvième siècle. Dans la mesure où c'est au sein du monde réel, et non dans quelque contrée imaginaire, qu'elles installent un ordre viable triomphant d'un désordre antérieur, elles peuvent passer pour relever d'une optique optimiste: 'changer la vie' est possible ici et maintenant, sans attendre un problématique bouleversement général du monde. Pourtant, elles correspondent aussi, au regard de l'utopie antérieure, à un thème de désenchantement et de repli: lorsque l'ordre des choses est perçu comme intangible, la solution utopique ne peut concerner que quelques individus la vivant pour leur propre compte au sein d'une communauté fermée, sans grandes ambitions réformatrices face à l'univers du dehors. Dans *Millenium Hall*, il est vrai, le retrait social est compensé par le dynamisme expansif de l'action charitable; mais la clôture interne est complète dans le domaine de Clarens de *La Nouvelle Héloïse* et, plus encore, dans le jardin final de *Candide*, où le bonheur – tout relatif – de la 'petite société' se construit durement par un pénible travail, sur fond de têtes coupées et de muphtis étranglés, en marge d'un monde non transformé abandonné à ses maux. A cet égard, l'utopie des 'petites sociétés' rompt avec l'utopie traditionnelle non pas seulement sur le plan formel, mais aussi sur le plan thématique. Il s'agit toujours, selon la formule de Raymond Ruyer, d'une 'expérience mentale sur des possibles latéraux' – à condition toutefois de donner au mot *possible* son sens le plus concret et le plus empirique, soit 'réalisable *hic et nunc* sans modification de l'ordre des choses' – mais cette expérience ne porte plus sur 'la totalité d'un monde'. La 'petite société' n'est ni un Etat ni une société au sens moderne du terme, mais une communauté de taille réduite n'excédant guère celle de la famille élargie de type patriarcal, au sein de laquelle le problème politique ne se pose pas, ou se pose en des termes qui ne sont plus ceux que doit résoudre une collectivité étatique: la réduction d'échelle, purement quantitative, entraîne ici une modifi-

---

3. Voir notre étude déjà citée, '*Paul et Virginie* et l'utopie'.

cation qualitative dans la régulation des rapports humains. D'autre part, ces utopies 'nouvelle formule' ne présentent plus qu'un coefficient d'"utopicité" infiniment plus faible. Immergées dans le monde de référence malgré leur volonté de clôture interne, elles restent tributaires de ses modèles sociaux et économiques (propriété privée, argent, inégalité des rangs et des fortunes), qu'elles se contentent d'aménager dans le sens d'un idéal, lui, pleinement 'utopique', puisque inaccessible, mais en restant dans les limites compatibles avec l'ordre qui gouverne la société globale: d'où, au lieu d'une véritable rupture institutionnelle, une option réformiste et une altérité limitée qu'exprime, sur le plan de la localisation spatiale, un décentrement géographique modéré qui n'est plus l'ailleurs radical de l'utopie classique.

Conclusion générale

i. Essai de bilan

On ne s'attardera guère sur la démarche suivie dans cette étude, sinon pour en rappeler l'axe général – du mode utopique au genre utopique, puis de ce dernier à ses incarnations particulières – et les principales étapes. Il importait d'abord de délimiter l'objet d'étude et la perspective adoptée. Les travaux dans ce domaine foisonnent, mais, faute d'une définition précise de la notion d'"utopie', tour à tour ou tout ensemble perçue comme une attitude mentale, un phénomène social ou un genre littéraire, cette littérature critique laisse surtout l'impression d'une grande confusion. Il fallait donc choisir entre ces acceptions diverses et préciser celle retenue comme pertinente dans les limites de l'enquête, soit l'utopie entendue comme forme littéraire narrative telle qu'elle se développe à partir du dernier quart du dix-septième siècle. Il convenait également de déterminer l'optique méthodologique choisie: elle a consisté à traiter les utopies comme des textes littéraires, en refusant de considérer leur forme narrative comme un vêtement surajouté sans incidence sur leur contenu idéologique. Il était pourtant nécessaire de replacer la littérature utopique, sinon dans son contexte historique global, du moins dans un certain environnement sociologique, politique, économique et intellectuel qui peut contribuer à l'expliquer: d'où l'intérêt d'un panorama général des expériences sociales, des mouvements d'idées ou des écrits où se font jour soit une 'mentalité utopique' (débouchant sur une pratique effective ou simplement programmatique), soit une réflexion, volontiers critique, sur le changement social et, plus particulièrement, sur les modalités de la transformation utopique de la société.

L'étape suivante a consisté à délimiter le champ de l'utopie entendue cette fois comme un genre narratif. La difficulté tient à deux causes. La première résulte de l'absence, dans la conscience littéraire du temps, d'un cadre générique adéquat et même d'un concept unificateur. Rarement employé et d'acception plus étroite qu'aujourd'hui, le terme d'"utopie' ne peut guère alors remplir ce rôle, encore moins déterminer un corpus. Tout au plus peut-on parler d'une 'série utopique' dont la continuité est attestée par les jeux intertextuels qui s'établissent entre les œuvres comme par leur regroupement en collection – ainsi celle de Garnier – mais plutôt empiriquement perçue que véritablement conceptualisée. Le second obstacle résulte des multiples connexités qui rendent à peu près indécidable la frontière entre ce que nous appelons aujourd'hui l'utopie narrative et les genres périphériques fondés, eux aussi, sur un déplacement par rapport à l'univers de référence du lecteur: déplacement dans le temps, de type rétrospectif ou, beaucoup plus rarement, prospectif; déplacements dans l'espace, surtout, avec ces 'marges de l'utopie' que sont robinsonnades et voyages imaginaires, genres eux-mêmes mal définis et décomposables en diverses sous-catégories dont certaines, comme la robinsonnade collective ou le voyage imaginaire de type réaliste, ne se distinguent pratiquement plus de l'utopie narrative.

A l'intérieur du cadre générique ainsi tracé – peut-être davantage, du reste, par ce qui s'en trouve exclu que par des caractères qui lui seraient spécifiques – on peut cependant cerner un corpus assez nettement délimité et relativement homogène correspondant à l'utopie narrative classique. Celle-ci naît, dans les années 1675, de la crise des formes romanesques traditionnelles et des nouvelles exigences de réalisme documentaire qui en découlent, sans que toutefois le recours aux techniques de vraisemblance issues du modèle du récit de voyage élimine certains jeux ironiques sur la vérité et la fiction. Texte-paradigme inspirateur d'une bonne part de la tradition utopique ultérieure, l'*Histoire des Sévarambes* en fixe pour longtemps le scénario narratif (celui du périple circulaire articulé en séquences-types aisément isolables), le modèle politico-religieux (un pouvoir fort appuyé sur une religion civique) et le cadre idéologique (un déisme antichrétien d'inspiration libertine). A l'exception de *Gaudence de Lucques*, qui détourne au profit de l'orthodoxie religieuse le modèle veirassien, ce sont les mêmes traits, plus ou moins altérés, que l'on retrouve dans la plupart des utopies postérieures, marquées en outre par un dépérissement croissant de l'élément romanesque. Cet effacement du narratif au profit du didactique est également la caractéristique la plus constante des modèles utopiques secondaires, notamment des utopies 'réformatrices' à la manière de Lesconvel ou de Lassay, chez qui l'ailleurs n'est plus autre chose qu'une version amendée de l'ici et l'utopie un programme de réformes directement applicables à la société réelle.

Modèles exemplaires en fonctionnement, voire, dans les moins romanesques d'entre elles, corps de propositions superficiellement narrativisées, ces utopies équivalent pour la plupart à la formulation d'un 'possible historique autre' à valeur positive. Le sens de l'utopie devient infiniment plus problématique dans ces deux œuvres majeures que sont *La Terre australe connue* et les *Voyages de Gulliver*. Si elles restent fidèles au scénario narratif traditionnel, non sans une intention nettement parodique chez Swift, elles poussent jusqu'à son terme ultime la logique de l'altérité utopique en inventant des sociétés 'parfaites' où la raison a été érigée en absolu, où l'individu s'abolit entièrement dans la collectivité, où l'Etat même est devenu inutile, remplacé par la communion de chacun dans une volonté générale identifiée avec la nécessité rationnelle. Pourtant, cette perfection porte en germe les éléments de sa propre critique, que la position du narrateur au sein de la société fictive rendra manifeste: idéale, peut-être, pour des êtres eux-mêmes parfaits, l'utopie se révèle incompatible avec la nature humaine déchue, et le culte de la raison se résout en un insupportable totalitarisme. L'utopie aboutit ici à une interrogation sur la validité de l'idéal rationnel qui la fonde, à une réflexion philosophique sur la définition de l'homme et, peut-être, à sa propre contestation.

C'est également à une mise en cause de l'utopie que conduisent dans la plupart des cas les séquences utopiques intégrées aux grandes œuvres romanesques du dix-huitième siècle. Il s'agira le plus souvent de 'micro-utopies' aisément isolables, conformes pour l'essentiel aux normes narratives de l'utopie classique, mais tirant un supplément de sens de leur insertion dans le mouvement diégétique du roman. Mieux intégrées à ce dernier, s'y diluant parfois, et aussi plus faiblement 'utopiques', à peine séparées du monde qui les entoure et avec lequel elles doivent composer, les 'petites sociétés' correspondent à une formule nouvelle dont l'émergence traduit peut-être la sclérose croissante des formes utopiques traditionnelles. Ni les unes ni les autres au demeurant ne semblent apporter une solution pleinement satisfaisante aux tensions ou aux contradictions internes à l'univers romanesque qu'elles paraissaient pourtant précisément avoir pour but de résoudre. Elles incarnent au mieux un arrangement transitoire ou un répit dans la progression événementielle, parfois un mirage qui se dissipe lorsqu'on l'approche, voire un mensonge dissimulant des pratiques contestables.

S'il fallait esquisser l'évolution diachronique de l'utopie narrative entre la fin de l'âge classique et l'époque des Lumières – mais tel n'était pas exactement le but de ce travail – on pourrait distinguer très grossièrement trois catégories d'utopies, correspondant à trois aires chronologiques, qui, cependant, présentent de larges zones de chevauchement. La première englobe la naissance, le développement et peut-être aussi le déclin de la grande utopie romanesque. Les dates de publication de l'*Histoire des Sévarambes* (1675-1679, si l'on tient compte de la pré-originale anglaise) ou de *La Terre australe connue* (1676) constituent ici des jalons significatifs, au même titre que celle de *Gaudence de Lucques* (1737); mais, on l'a vu, le modèle veirassien se prolongera bien au-delà de cette date. La seconde, presque contemporaine, relève du projet de réforme déguisé. Elle s'ouvre en France en 1703 avec le *Voyage du Prince de Montbéraud* de Lesconvel, bien plus tôt cependant en Angleterre, où elle ne fait que prolonger la vieille tradition de l'utopie harringtonienne, sans qu'il soit possible de lui assigner une limite chronologique terminale précise. La troisième, celle du roman à incidence utopique – micro-utopies ou 'petites sociétés' – débute véritablement avec *Cleveland*, dont la publication commence en 1731, et continue à se développer bien au-delà de la période qui nous intéresse.

L'évolution du genre utopique ne correspond donc pas à une règle linéaire de succession chronologique. Pour la plupart, ses diverses composantes se développent de façon quasi simultanée et se prolongent sans limites bien précises dans le temps. On peut cependant observer une mutation dans la situation de l'utopie par rapport au roman. Avec le modèle veirassien, forme de substitution de la littérature romanesque traditionnelle dans la crise que celle-ci connaît à la fin du dix-septième siècle, l'utopie devient roman. Mais, prisonnière sans doute d'un scénario trop rigide, elle ne peut guère se renouveler. Avec *Candide* et, surtout, *La Nouvelle Héloïse*, c'est au contraire le roman qui s'ouvre à l'utopie.

ii. Forme et signification du récit utopique: remarques de méthode

Il convient à présent de montrer comment les choix formels mis en œuvre dans ces récits contribuent à en faire émerger le sens, ou si l'on préfère l'appréciation que le lecteur est conduit à porter sur la société utopique. Il ne s'agit évidemment pas de se demander si les dispositions qui s'y trouvent appliquées sont ou non réalisables, mais si elles paraissent ou non souhaitables. Ce jugement positif ou négatif est largement indépendant du discours appréciatif explicite tenu à l'intérieur du texte lui-même soit par les habitants de l'utopie, soit par le héros narrateur: il est douteux que le lecteur partage l'enthousiasme de Gulliver pour la société chevaline du *Quatrième voyage*, et il conviendra précisément de se demander pourquoi.

Sauf chez Prévost, la critique de l'attitude utopique n'est presque jamais manifeste; au contraire, le discours que tient le narrateur sur la société imaginaire – seule source d'information dont nous, lecteur, puissions disposer pour juger cette dernière – insiste volontiers sur le caractère idéalement rationnel de ses institutions et sur la perfection de ses habitants. Et pourtant, de beaucoup de ces textes émane une sensation de malaise, qui tient à la fois à la nature des sociétés présentées et aux aventures ou mésaventures qu'y traverse le héros, même – et surtout – lorsque ce dernier prétend exalter, dans le tableau qu'il dresse du monde utopique, un caractère idéal que sa propre expérience devrait pourtant démentir. Cela explique le parti-pris adopté: refusant de s'en tenir au discours que l'utopie tient sur elle-même par la voix de son narrateur, on a choisi de pratiquer une lecture délibérément partiale qui seule permettait de mettre en évidence la signification négative ou critique des textes en les poussant dans leurs retranchements jusqu'au point où y apparaissent des situations de blocage. L'examen des présupposés, avoués ou non, des sociétés utopiques, des valeurs fondatrices (nature, raison, justice, Providence) et de leur compatibilité mutuelle, des implications souvent fâcheuses du système (refus de l'histoire, réduction à l'identité et haine de la différence, écrasement de l'individu par l'ordre collectif), ainsi que des moyens quelquefois utilisés pour le mettre en place (manipulations politico-religieuses, violence et imposture), laisse affleurer des vices de construction susceptibles de remettre en question la perfection proclamée de l'ordre utopique. Ce qui justifie cette attitude de vigilance critique, c'est l'ambition manifestée par le genre utopique de construire un monde harmonieux, libéré du mal, ignorant les tares du monde réel. Comme tout genre littéraire mettant en scène une résolution optimiste des problèmes humains, l'utopie doit être considérée comme une forme éminemment suspecte, et le soupçon qui pèse sur elle légitime la 'mauvaise foi' inverse du lecteur qui entend ne pas être dupe et refuse de croire sur parole en cette perfection qu'on lui vante.

Quant à la signification positive ou négative des utopies telle qu'elle est appréhendée par le lecteur, tient-elle seulement, ainsi qu'on pourrait le supposer, à la nature propre de leur contenu institutionnel? Il est certes évident que les caractères spécifiques de certaines sociétés imaginaires, rigides, intolérantes, autoritaristes peuvent en infléchir négativement la signification. Mais une analyse un peu attentive relèvera souvent des tares analogues, pour l'ordinaire parfaitement inaperçues, dans certaines autres données pour idéales. C'est le cas de l'*Histoire des Ajaoiens*, prototype de l'utopie positive, selon tous ses commentateurs, et dont les citoyens forment, nous dit-on, le peuple 'le plus heureux qui soit sur notre globe terrestre, tant par la sagesse de ses loix, que par l'exactitude avec laquelle on les pratique'.[1] Tableau euphorique d'un monde idéal? Telle est bien, en effet, l'impression qui se dégage à la première lecture et, sans aucun doute, celle que l'auteur entendait communiquer. Et pourtant, par son contenu, cette société n'est pas foncièrement différente des utopies négatives ou axiologiquement ambiguës de Prévost, de Foigny ou de Swift. Comme dans *La Terre australe connue* et dans le *Quatrième voyage* de Gulliver, une communauté 'parfaite' d'êtres suprêmement rationnels exploite, opprime et finalement détruit un peuple 'inférieur' rejeté dans une sorte d'en-deçà de la nature humaine: Fondins, Yahoos et indigènes d'Ajao partagent au fond un statut identique; comme les colons rochellois de *Cleveland*, les vertueux habitants de cette 'République des Philosophes' ne cessent de violer dans leur pratique quotidienne les principes de nature, de raison et de justice dont ils se réclament.

---

1. Fontenelle, *Histoire des Ajaoiens*, p.26; voir aussi p.31, 51, 120-21, 129-30, 151-52.

Or, les traits peu sympathiques de cette utopie, qu'une analyse quelque peu malveillante permet de mettre au jour, passent pratiquement inaperçus dans une lecture cursive. Pourquoi les mêmes causes ne produisent-elles pas ici les mêmes effets? Peut-être simplement parce que les techniques narratives et la position du héros narrateur n'y sont pas les mêmes. Personnage à peu près dépourvu de biographie et de caractéristiques propres, van Doelvelt, déjà bien insipide dans le bref prologue qui précède son entrée, devient totalement transparent sitôt celle-ci accomplie. De son séjour dans l'île d'Ajao n'émerge aucun événement, ce qui en tient lieu – son mariage et sa naturalisation – n'ayant d'autre sens qu'une immersion dans la norme collective qui le fait disparaître comme individu. Ayant 'embrassé toutes les opinions' des Ajaoiens, il est parfaitement incapable de voir – et, donc, de nous faire voir – tout ce qu'il y a de potentiellement négatif dans leur univers: l'utopie-prison, l'indifférence aux sentiments humains, l'esclavage, l'élimination rationnelle de la sous-humanité indigène. Utopie positive en 'fonctionnement conforme', l'*Histoire des Ajaoiens* l'est moins par son contenu spécifique que par l'effet du regard conformiste et impersonnel qui nous en livre le tableau. On objectera que Sadeur et Gulliver – ce dernier surtout – adhèrent, eux aussi, aux valeurs de leur nouvel univers et reflètent fidèlement son idéologie. Mais, à la différence de van Doelvelt, 'reçu citoyen d'Ajao' et pleinement intégré à sa nouvelle patrie, ils ne parviennent pas à abdiquer leur individualité pour se fondre dans l'unité collective: marqués d'une singularité qui les désigne comme radicalement 'autres', ils en sont exclus ou s'en excluent eux-mêmes. Entre leur discours explicite et la réalité concrète de leur inadaptation personnelle, la contradiction est flagrante. C'est par cette faille que s'introduit alors la critique de l'utopie.

L'interprétation des textes dépend donc moins des particularités intrinsèquement positives ou négatives de leur contenu institutionnel que des procédures narratives qu'ils mettent en jeu; ou peut-être faudrait-il dire plutôt que ce sont ces dernières qui permettent d'actualiser dans un sens différent les virtualités axiologiques inhérentes à ce contenu. Avant donc d'analyser les éléments de contenu sur lesquels s'appuie l'appréciation des sociétés utopiques, il importe de recenser les techniques littéraires qui permettent de les faire émerger. On examinera successivement, dans leur version canonique conduisant à une lecture 'positive' comme dans les diverses altérations susceptibles d'y introduire une signification plus ambiguë, les modalités du récit utopique, puis le statut et les fonctions de son narrateur.

iii. Le récit utopique et ses effets de sens

Comme tout genre narratif, l'utopie a recours à certaines formes discursives, se plie à un certain scénario, met en scène certains personnages, ces divers éléments étant du reste étroitement imbriqués, car un choix dans l'un ou l'autre de ces domaines prédétermine celui qui sera opéré dans chacun des autres. On se demandera donc comment les spécificités du récit utopique (recours à la première personne, faiblesse ou absence de la narration événementielle, poids quantitatif du dialogue, de l'exposé didactique ou de la description) retentissent sur les autres composantes narratives, comment l'ensemble produit une signification, comment celle-ci peut être altérée par certaines variations du modèle formel canonique.

A quelques exceptions près – l'épisode de l'Eldorado de *Candide*, l'*Histoire de Calejava* de Gilbert – le récit utopique, pour la période concernée, est toujours à la première personne. On en connaît les raisons: refus des modèles romanesques anciens, prétention à l'authenticité documentaire, influence des techniques issues de la relation de voyage. Ce choix narratif, qui se perpétuera lorsqu'auront disparu les raisons qui l'avaient initialement dicté, s'accompagne en principe de certaines contraintes. Rançon du gain obtenu sous l'angle de la vraisemblance, le récit à la première personne entraîne normalement une restriction du point de vue. A la différence de la troisième personne, qui joue librement sur les trois types de 'focalisation' distingués par Gérard Genette,[2] et singulièrement sur le regard total et omniscient dit 'en focalisation zéro', la première personne est théoriquement limitée à la 'focalisation interne', puisque le discours émane d'un sujet-témoin individualisé qui ne rapporte que ce qu'il a pu effectivement voir et comprendre à partir du lieu où il se trouve placé. Disposant d'un angle de vision restreint, il ne saisit qu'une partie de la réalité, qu'il découvre 'en perspective', non de façon panoramique. Cette remarque vaut également pour la perception des réalités morales ou psychologiques: le narrateur ne peut que les reconstruire de façon conjecturale avec une importante marge d'incertitude; aussi sera-t-il entouré d'êtres psychologiquement opaques, quand il ne l'est pas lui-même à sa propre conscience. Par exemple, il est impossible de déterminer si Manon Lescaut est une fille vénale ou une amoureuse victime de ses faiblesses, car, n'ayant d'autre existence que sa réfraction subjective dans le regard de Des Grieux, l'être 'véritable' de l'héroïne nous reste parfaitement inaccessible. Et pourtant, cette situation théorique est rarement celle du récit utopique, du moins dans la séquence centrale consacrée à la contrée imaginaire. Tout se passe comme si, une fois ses frontières franchies,

2. Genette, 'Discours du récit', in *Figures III*, p.206-23.

le récit du voyageur-narrateur y tendait ordinairement vers la narration non personnelle. Ainsi qu'on a eu l'occasion de le remarquer souvent, les signes de l'énonciation y sont rares ou absents, le 'je', lorsqu'il apparaît, étant moins le reflet d'une expérience subjectivement vécue qu'une articulation rhétorique scandant le découpage du discours ('J'ai déjà dit que [...]', 'Je parlerai maintenant de [...]'). Corrélativement, disparaît également le point de vue individualisé normalement inhérent à la première personne. A quelques exceptions notables près, le récit semble ne mettre en jeu aucun processus d'apprentissage; le tableau utopique n'apparaît pas comme le fruit progressivement mûri d'une série d'expériences personnelles vécues en son sein par le héros narrateur, mais comme le condensé d'un savoir totalisant et 'objectif' offrant de la réalité une vision surplombante. Sans leur être propre, ce trait semble particulièrement accentué dans les utopies 'positives', où la présentation de la société fictive a souvent le caractère impersonnel d'un article d'encyclopédie, ce que reflète un ordre d'exposition tributaire de l'ordonnance logique d'un organigramme politique ou d'un code institutionnel plutôt que d'un regard vivant. Il n'en va pas de même toutefois dans les utopies de Prévost ou de Swift. Ici, l'apprentissage de l'utopie se présente bien comme une initiation progressive, singulièrement douloureuse dans le cas de Gulliver, confronté à l'impensable réalité d'un monde renversé, en tout cas subjectivement appréhendée par le héros.

Est-on encore fondé à qualifier de 'narratives' les utopies du premier type? Oui, si l'on admet que tout ce qui se trouve inclus dans un récit devient par là même récit. Non, si l'on considère que seule mérite ce nom une relation d'événements obéissant à un enchaînement d'ordre causal et chronologique. Or, le scénario utopique s'organise selon une répartition circulaire tripartite: voyage – utopie – voyage. L'événement, rejeté dans les péripéties des séquences initiales et finales, celles du trajet d'aller ou de retour, est ordinairement absent du tableau utopique lui-même. Canoniquement, ce qui peut être considéré comme en tenant lieu relève des trois registres de l'histoire, du rituel social et de l'anecdote. L'événement, on en trouvera la trace rémanente dans les institutions utopiques elles-mêmes, issues d'un acte instaurateur exilé à une infinie distance temporelle dans un lointain récit de fondation dont l'histoire de la conquête de Sévarias offre le paradigme. Mais, une fois l'ordre utopique institué, il est voué à se perpétuer inchangé en vertu de la perfection même à laquelle il se trouve par hypothèse identifié: si l'utopie est parfaite, on ne peut la modifier sans qu'elle cesse de l'être, ou sans avouer qu'elle ne l'était pas véritablement.

Point d'événements donc, mais seulement une réitération réglée de manifestations collectives récurrentes au sein d'un temps circulaire d'amplitude variable: journée, semaine, mois, année, durée d'un règne ou d'une vie humaine. Ces pratiques sociales rituelles donnent lieu à des tableaux descriptifs pour lesquels les utopistes manifestent une prédilection particulière: cérémonie quotidienne du repas collectif ou du culte, fêtes religieuses et civiles de périodicité diverse, rites de la naissance, du mariage et de la mort, couronnement d'un nouveau souverain. Tout ceci, exemplairement illustré dans les *Sévarambes*, relève seulement d'une traduction imagée de la norme institutionnelle, où rien n'advient qu'elle n'ait prévu et prescrit.

Le statut de l'anecdote est plus ambigu. Illustrative d'une pratique sociale, elle s'inscrit donc dans la même perspective d'actualisation de la norme; mais, à la différence des rites périodiques, elle relève bien de l'événementiel. Mettant en scène des acteurs individualisés – c'est à peu près le seul cas où la population utopienne apparaisse sous un autre aspect que celui d'une foule indifférenciée – elle ne peut surgir, on l'a vu chez Veiras, qu'à la faveur d'un dysfonctionnement, d'une intervention perturbatrice du hasard ou des passions humaines au sein de l'ordre utopique. Son but, il est vrai, est de montrer comment il sera rétabli, mettant ainsi en évidence la capacité d'autorégulation du système; mais, ce faisant, elle suggère aussi que cet ordre n'est pas parfait, puisqu'un désordre temporaire a pu s'y introduire. La fonction de l'anecdote est donc ambivalente: elle vérifie 'expérimentalement' le bon fonctionnement de l'institution, mais au prix d'une infraction initiale. Par là, le développement anecdotique est gros de virtualités critiques, parfois actualisées lorsqu'il atteint l'ampleur d'un véritable récit, ainsi à l'occasion des démêlés judiciaires de Bridge dans *Cleveland*. Si toutes les utopies axiologiquement ambiguës ne sont pas – loin s'en faut – caractérisées par la présence d'un récit événementiel, le surgissement de l'événement y revêt toujours une signification négative, ainsi qu'on a pu l'observer chez Prévost.

Sans événement, donc sans intrigue, le récit utopique s'écarte également de la norme romanesque en ce qu'il s'ouvre très largement à d'autres modalités discursives non narratives: description, dialogue, exposé didactique. Vouée à la confrontation des différences et, donc, à l'expression de l'altérité, la forme dialoguée est tout naturellement présente dans cette confrontation de l'ailleurs et de l'ici qu'est l'utopie. Certaines d'entre elles ne sont pratiquement constituées de rien d'autre: entretiens entre l'Avaïte et ses interlocuteurs européens dans *Calejava*, entre le Prince de Montbéraud et le gouverneur dans *Naudely*. Certes, tout roman ou presque comporte aussi des dialogues. Mais leur signification est ici entièrement différente: il ne s'agit plus d'un échange interpersonnel pris dans la trame d'une intrigue, mais de la confrontation idéologique de deux mondes, chacun des locuteurs ayant alors le statut de représentant qualifié de la société à laquelle il appartient, en aucune façon d'individu singulier. Les acteurs du dialogue sont des fonctions, non des personnages, comme l'atteste le caractère singulièrement stéréotypé du porte-parole utopien, guide-initiateur ou 'sage vieillard', que reflète parfois du reste un nom emblématique de sa fonction: n'est-ce pas en ce sens qu'il conviendrait d'interpréter le patronyme de Sermodas, chargé d'escorter en pays sévarambe le groupe des Européens (*sermo/das*, 'tu produis le discours')?

Cette désindividualisation touche d'ailleurs l'ensemble de la population utopienne, appréhendée soit sous l'aspect d'une collectivité unitaire composée d'êtres interchangeables, soit à travers les grilles d'un quelconque système classificatoire (classes d'âge, castes, hiérarchie des magistratures et des dignités) extérieurement manifesté par quelques signes identifiant chacun à sa fonction sociale: couleur et matière des vêtements, ornements ... La personnalisation du dialogue et de ses acteurs, la modification de son contenu, plus généralement l'individualisation des rôles sociaux en personnages différenciés, ont évidemment une incidence sur le sens de l'utopie: ainsi dans l'épisode de l'île heureuse' de *Cleveland*, où presque toutes les relations entre le narrateur Bridge et les utopiens sont d'ordre passionnel – amoureuses avec sa fiancée Angélique, conflictuelles avec le ministre chef de la colonie.

Surtout, le texte utopique se singularise par une présence massive du descriptif. On a souvent utilisé, pour caractériser la séquence proprement utopique, le terme de 'tableau'. C'est dire que la description, 'représentation d'objets ou de personnages', y prédomine largement sur le récit, 'représentation d'actions et d'événements',[3] ce qui n'est guère conforme aux normes habituelles du genre romanesque. Plus que la distribution quantitative des séquences descriptives et des séquences narratives, c'est surtout la subordination hiérarchique de la narration à la description qui viole les règles traditionnelles du roman et constitue l'utopie comme genre autonome. Ainsi que l'écrit G. Genette (p.57-58):

La description est tout naturellement *ancilla narrationis*, esclave toujours nécessaire, mais toujours soumise, jamais émancipée. Il existe des genres narratifs, comme l'épopée, le conte, la nouvelle, le roman, où la description peut occuper une très grande place, voire matériellement plus grande, sans cesser d'être, comme par vocation, un simple auxiliaire du récit. Il n'existe pas, en revanche, de genres descriptifs, et l'on imagine mal, en dehors du domaine didactique (ou de fictions semi-didactiques comme celles de Jules Verne), une œuvre où le récit se comporterait en auxiliaire de la description.

Tel est bien le cas pourtant dans beaucoup d'utopies, qui semblent relever de ces 'fictions semi-didactiques' dont parle le critique: la présence du voyageur au sein de l'utopie n'a d'autre but que de justifier la description du monde imaginaire, et les aventures qui lui sont prêtées dans les séquences anté-utopiques servent à leur tour à légitimer cette présence. Ce n'est pas le

---

3. Genette, 'Frontières du récit', in *Figures II*, p.56.

développement du récit qui justifie l'insertion des descriptions, mais la nécessité de décrire qui suscite la mise en place d'un récit. Semblablement, on pourrait dire que le voyageur-narrateur héros de ce récit et producteur de la description est lui-même le produit de l'intention descriptive: statut diégétique très particulier, mais dont on trouverait peut-être une sorte d'équivalent dans certains genres romanesques.[4]

La description utopique présente pourtant quelques caractères très spécifiques qui la distinguent de la description romanesque traditionnelle. On a déjà noté l'absence de portrait physique et le très faible degré de caractérisation individuelle des utopiens, qui les empêchent presque toujours d'accéder au statut de personnages 'pleins'. La description utopique, en effet, ne particularise pas, elle typifie. Le spectacle du singulier s'y donne pour norme universalisable, de même que, chez More, le tableau de la cité d'Amaurote dispense opportunément de la description des cinquante-trois autres villes du pays, puisque toutes sont absolument identiques; la description de l'un quelconque des seizains de Foigny rend compte de celle de tous les autres, donc de la totalité du territoire australien. Les utopiens sont pareillement des êtres sans visage, spécifiés seulement en termes de catégorisation ou de fonctions sociales: jeunes ou vieux, gouvernants ou gouvernés, esclaves ou citoyens, sans que jamais vienne les différencier l'inflexion d'une voix, l'expression d'une physionomie ou d'un regard; 'beaux et bien naturés', 'd'une beauté singulière', précise-t-on tout au plus quelquefois, ainsi qu'il est dit des pensionnaires de Thélème ou des habitants du pays d'Eldorado, mais on sait que la beauté s'énonce et ne se décrit pas.

Ensuite, si l'on admet qu'il n'est de description que du concret – objets ou personnages – beaucoup de descriptions utopiques ne sont à proprement parler que des extensions du discours didactique. Est-il légitime de parler de la 'description' d'un système politique, d'une organisation sociale ou d'une hiérarchie administrative autrement que sur le mode métaphorique? Même les plus apparemment 'visuelles' d'entre elles, par exemple celle de la capitale, étape obligée de la majorité des textes, ne relèvent pas d'une observation subjective concrète dont le point d'origine serait spatialement localisable, mais d'une totalisation surplombante où la figure géométrique génératrice, cercle ou carré, rend compte de l'ordonnance de chacune des parties, tandis qu'inversement la partie vaut pour le tout: ainsi le choix initial d'une configuration

---

4. Dans son étude sur la description ('Qu'est-ce qu'une description?', *Poétique* 12 (1972), p.465-85), Philippe Hamon remarque que Zola est conduit à susciter dans ses romans des personnages-types (peintres, promeneurs, badauds, néophytes, techniciens ...) afin de justifier l'insertion de 'fiches' descriptives préparées à l'avance (une scène de rue, une locomotive, une mine ...). La création du personnage est donc, ici encore, tributaire d'une intention descriptive première.

orthogonale rend prévisibles les 'rues tirées au cordeau', les carrefours à angle droit, la répartition régulière des pâtés de maisons, de même que décrire une rue, c'est décrire la ville entière. La description utopique n'est donc pas autre chose que le développement logique d'un schème ou d'un organigramme; elle ne relève pas du 'voir', mais du 'savoir', et, par là, elle ne se distingue qu'en apparence de l'exposé didactique, dont elle constitue seulement le prolongement à peine figuratif, la traduction concrète d'un programme conceptuel apte à se réaliser sans distorsion dans les choses. Corrélativement, la démarche descriptive des textes canoniques n'est pas structurée par une intrigue – on sait que celle-ci est en principe entièrement absente au sein du tableau utopique – ni même, pour l'essentiel, par une progression spatiale, mais par un plan d'exposition rationnellement ordonné en rubriques à la manière d'une table des matières: lois, appareil judiciaire, organes de gouvernement, urbanisme, organisation de la vie quotidienne.[5]

Ces particularités descriptives produisent des significations ambivalentes. Elles peuvent contribuer à une lecture positive en ce qu'elles manifestent l'omniprésence d'un ordre rationnel où les principes s'inscrivent visiblement dans les choses, où la contingence du concret a été bannie au profit de l'harmonie nécessaire de l'intelligible. Mais cette imprégnation de la représentation par les concepts qui en régissent l'ordonnancement produit aussi un univers géométriquement identitaire, sans fantaisie ni imprévu – celui des Australiens de Foigny – qui peut paraître terriblement oppressant. Découlant de ces postulats descriptifs, la réduction des êtres à leur catégorisation sociale aboutit logiquement à la déshumanisation et à la perte d'identité: anticipant sur les univers dystopiques de la science-fiction contemporaine, un Gilbert, on le sait, a déjà imaginé de substituer le numéro matricule au patronyme. Mais ces virtualités signifiantes ne peuvent s'actualiser pleinement qu'à travers le statut du narrateur et les fonctions qu'il assume au sein du texte utopique.

iv. Statut et fonctions du narrateur utopique

Rappelons d'abord le schéma auquel se conforment, jusqu'à la fin du dix-huitième siècle au moins, beaucoup de récits utopiques: un 'éditeur' présente, en avant-propos, le manuscrit qu'il dit tenir d'un voyageur de retour d'un long périple. Ce narrateur second (ou premier, si l'on préfère, par ordre

5. Dans l'*Histoire des Sévarambes* et les textes qui en sont dérivés, l'itinéraire que parcourt le héros de la périphérie de l'utopie à son lieu central, la capitale, a bien pour fonction de motiver une description narrativement justifiée par un déplacement spatial; mais celle-ci correspond seulement à une première appréhension de la réalité utopique, destinée à être reprise et développée sous une forme plus systématique hors de toute préoccupation de motivation narrative.

d'importance) peut être envisagé sous deux aspects, la prédominance dans chaque texte de l'un ou de l'autre permettant de cerner deux types d'utopies axiologiquement différentes: le narrateur peut apparaître comme la figuration d'une série de fonctions indispensables à la mise en œuvre littéraire du récit utopique; il peut également apparaître comme un personnage, c'est-à-dire comme un être fictif suffisamment individualisé et complexe pour exister de façon autonome. Selon la première optique, le narrateur est une simple utilité romanesque permettant de subsumer un ensemble de fonctions au sein d'une sorte d'entité artificielle. Dans certaines utopies – les plus nombreuses – il n'a pas accès au statut de personnage 'plein'. Peu individualisé, il tend à s'absorber et à se fondre dans l'unanimité sociale de l'utopie au point parfois d'y disparaître comme individu différencié: c'est le cas de Van Doelvelt dans l'*Histoire des Ajaoiens*, plus encore de l'insignifiant 'secrétaire' anonyme censé rapporter les entretiens du Prince de Montbéraud dans l'utopie de Lesconvel, et même, dans une large mesure, de Siden et de Jacques Massé chez Veiras ou Tyssot de Patot sitôt accomplie leur installation dans la société imaginaire.

Pour préciser le statut et les fonctions de ces narrateurs purement instrumentaux, on s'inspirera d'abord des grilles théoriques proposées par Gérard Genette.[6] La forme narrative de l'utopie classique – avant-propos de l'éditeur introduisant le récit d'un voyageur-narrateur – semblerait, à première vue, devoir se rattacher à celle, très fréquente au dix-huitième siècle, de la narration à deux niveaux, illustrée par un roman comme *Manon Lescaut*, que G. Genette prend précisément pour exemple: un narrateur premier, M. de Renoncour, introduit un narrateur second, Des Grieux, dont il recueille et transmet le récit. L'acte de production du récit de Renoncour étant extérieur à l'univers romanesque (nous ne le voyons pas écrire ses mémoires), ce narrateur premier sera dit 'extradiégétique'. Nous assistons bien, en revanche, à l'acte narratif de Des Grieux, au cours de la rencontre à l'auberge du Lion d'Or. Le jeune homme, narrateur présent 'ès qualités' à l'intérieur du roman, sera classé narrateur 'intradiégétique'.

Malgré la présence fréquente, dans les récits utopiques, de deux instances énonciatrices au moins, incarnées respectivement par le voyageur-narrateur et par l'éditeur, assez rares sont les textes ou se retrouve une situation analogue. Il en est ainsi chez Berington ou dans l'épisode des Nopandes de *Cleveland*: Gaudence déposant devant les inquisiteurs, Mme Riding rapportant à Cleveland, narrataire et transcripteur, le récit de son séjour sont bien des narrateurs intradiégétiques – ce qui toutefois n'est pas le cas de Bridge. Certes, c'est bien à Cleveland, narrateur premier, qu'il fait le récit de ses aventures, mais on sait que cette relation orale est doublée et comme annulée par une narration écrite, due à la plume de Bridge lui-

---

6. Genette, 'Discours du récit', ch.5, in *Figures III*, p.225-67.

même, que Cleveland se contente d'insérer dans la sienne propre. Beaucoup d'autres récits sont réductibles à un modèle analogue pareillement ambigu. Chez Foigny comme chez Veiras, Swift ou Paltock, le texte que nous avons entre les mains est censé émaner du voyageur, qui l'a lui-même rédigé. Nous devrions alors considérer ce dernier comme un narrateur extradiégétique, à l'image de Renoncour ou de Gil Blas dans le roman de Lesage. Ce n'est pas tout à fait le cas cependant. Dépositaire du manuscrit du voyageur, l'éditeur a aussi reçu de lui un récit oral (purement conjectural, puisque son contenu ne nous est pas livré) qui confirme et authentifie (mais c'est l'éditeur qui l'affirme, et rien ne nous oblige à le croire) la relation écrite. Parfois censément traduite, comme chez Veiras ou Foigny, cette dernière du reste est rarement transmise dans sa forme originale: l'éditeur s'est donné le droit de mettre en forme, de retrancher et, peut-être, d'ajouter. Le récit est donc un peu aussi son œuvre.

Le statut diégétique du narrateur, rarement franchement intradiégétique, mais pas non plus totalement extradiégétique, est donc passablement incertain dans sa relation au récit; il l'est aussi dans sa relation à l''histoire', c'est-à-dire au contenu de ce récit. On sait que G. Genette distingue deux grands types narratifs, selon que l'instance narratrice y apparaît ou non en tant que personnage: 'hétérodiégétique', lorsque le narrateur n'y est pas présent (ainsi Flaubert dans *L'Education sentimentale*); 'homodiégétique' dans la situation inverse, qui correspond au cas général du récit à la première personne et est donc applicable aux textes utopiques. Toutefois, note G. Genette, 'l'absence est absolue, mais la présence a ses degrés':[7] à l'intérieur de la catégorie homodiégétique, il faut distinguer entre les narrateurs héros de leur propre récit, donc 'autodiégétiques', et ceux qui n'y jouent qu'un rôle effacé, simples témoins d'une aventure centrée sur d'autres personnages.[8]

Les narrateurs utopiques sont de toute évidence homodiégétiques, c'est-à-dire présents comme personnage de leur récit, ce qui résulte nécessairement du choix de la narration à la première personne. Mais à quelle sous-catégorie convient-il de les rattacher à l'intérieur de ce cadre? Sont-ils les personnages centraux de leur propre histoire? Tel est bien le cas de Bridge aux prises avec les autorités de la colonie rochelloise, de Cleveland dans son rôle de législateur des Abaquis, dans une certaine mesure aussi de Gaudence de Lucques poursuivant en Mezzoranie une quête inconsciente de sa propre généalogie. Mais la situation de Siden, de Jacques Massé, de Gulliver ou de Sadeur est moins claire, surtout pour ce dernier: si leur récit, avant et après leur entrée en utopie,

---

7. Genette, 'Discours du récit', p.253.
8. Ainsi le vieillard anonyme narrateur des malheurs de Paul et de Virginie dans le roman de Bernardin de Saint-Pierre. G. Genette ne propose aucun nom spécifique pour cette catégorie de narrateurs.

est bien centré sur leurs aventures propres, sitôt celle-ci effectuée, ils passent à l'arrière-plan et jouent surtout un rôle de témoins, aussi longtemps du moins que leur position personnelle au sein de la société utopique n'est pas directement mise en cause, soit par une interrogation sur leur identité, soit à la faveur d'un conflit avec l'autorité. Témoins de quoi, du reste? Si tant de narrateurs utopiques renoncent ainsi à raconter leur propre histoire, ce n'est pas dans le but de narrer celle de quelqu'un d'autre, à l'instar du vieillard de *Paul et Virginie*. Hormis Sévarias dans l'*Histoire des Sévarambes*, dont le narrateur présente longuement l'éducation, les voyages, les conquêtes et l'œuvre législatrice – mais il appartient à l'histoire lointaine de l'utopie, non à son environnement humain actuel – rares sont les récits utopiques dans lesquels un personnage appartenant à l'univers imaginaire se trouve promu au statut de héros ou même suffisamment caractérisé pour accéder au rang d'acteur de premier plan. Et d'ailleurs, le narrateur utopique cherche-t-il à nous *raconter* quoi que ce soit? Dans sa forme canonique, l'utopie, on l'a vu, est ordinairement vide de toute action une fois franchie l'étape initiale de la fondation de l'Etat. Le statut habituel du narrateur au sein de l'utopie est donc celui d'un simple observateur non impliqué – fût-ce seulement en qualité d'observateur – dans un processus événementiel.

Il y remplit pourtant diverses fonctions, pour lesquelles, ici encore, on s'inspirera des analyses de Gérard Genette. Celui-ci, étendant au narrateur une grille héritée de Jakobson, lui attribue cinq fonctions possibles: 'narrative' (le narrateur raconte l'"histoire"); 'métanarrative', ou 'de régie' (il donne des indications sur l'organisation interne de son récit); 'de communication' (il établit le contact avec son narrataire ou son lecteur); 'testimoniale' (il précise le rapport affectif, moral, intellectuel ou, simplement, informatif qu'il entretient avec ce qu'il raconte); 'idéologique', enfin (il commente l'action, émet des appréciations sur les êtres et les choses). Ces différentes fonctions, de caractère très général, peuvent être aisément identifiées dans les récits utopiques, comme d'ailleurs, vraisemblablement, dans n'importe quel autre type de récit. Plus significative serait une étude de leur densité et de leur répartition. On est frappé par la relative faiblesse de la fonction narrative, pourtant la plus essentielle de celles qui sont confiées habituellement au narrateur – faiblesse sensible surtout dans la séquence utopique elle-même, puisque celle-ci vise à décrire plus qu'à raconter. La fonction de régie intervient surtout pour marquer les articulations du discours: elle permet d'ouvrir un chapitre ('Mais peu de temps après, je fus mieux logé, comme le lecteur le découvrira bientôt quand je traiterai de mon mode d'existence dans le détail')[9] ou de refermer une digression ('Mais trève

9. 'But I was in a short time better accommodated, as the Reader shall know hereafter, when I come to treat more particularly about my Way of living' (Swift, *Voyage au pays des chevaux*, éd. Lamoine, p.104-105).

de réflexions, revenons à nos moutons').[10] La fonction de communication ne semble apparaître avec une densité significative que chez Berington, dont le héros s'emploie à convaincre de sa bonne foi le tribunal de l'Inquisition, ou encore chez Swift, lequel n'hésite pas à prendre à témoin le *gentle reader*;[11] c'est également chez lui que se manifeste avec le plus de vigueur la fonction testimoniale, indice d'une profonde implication du narrateur dans son discours que l'attitude beaucoup plus impersonnelle de Sadeur ne laisse qu'affleurer. Quant à la fonction idéologique, on est fort en peine d'en délimiter précisément les contours; la difficulté est liée à l'ambiguïté touchant la position de parole du narrateur, qui, à l'exception notable d'un Gaudence de Lucques, ne cesse en effet de commenter et d'expliquer, sans qu'il soit toujours aisé de déterminer s'il émet ces commentaires en son nom propre ou s'il ne fait que transcrire de façon 'objective' l'idéologie du peuple imaginaire.

Trop générales, les fonctions recensées par G. Genette ne permettent pas de cerner ce qui fait la spécificité du discours utopique. Peut-être est-il préférable de procéder de façon plus empirique, en regroupant ici celles qui ont été déjà repérées au cours de l'analyse des textes. On en distinguera quatre. Le narrateur a d'abord une fonction d'attestation ou, si l'on préfère, de création d'un 'effet de réel'. Que le recours à la première personne soit ou non créateur en soi d'une illusion de vérité, le lecteur d'utopies perçoit bien, dans le 'je' du voyageur-narrateur, l'autorité d'un témoignage personnel: 'j'y étais et j'ai vu'. Il est évident que cet effet ne peut jouer pleinement que dans la mesure où le narrateur est lui-même inséré dans le réel par un nom, un passé biographique, un enracinement géographique et familial, c'est-à-dire dans la mesure où il accède au statut de personnage. Si, donc, le narrateur se porte garant de l'authenticité de son récit et, par là, de l'existence de l'utopie, il a lui-même besoin d'être garanti dans son existence par le témoignage de l'éditeur et, parfois, d'autres personnages intermédiaires: d'où les systèmes complexes de garants 'en chaîne', dont on trouvera des exemples dans l'*Histoire des Sévarambes* et dans *Gaudence de Lucques*, qui semblent à la fois tenir l'utopie à distance du lecteur et établir entre elle et lui une série de maillons intermédiaires.

Le narrateur a également une fonction de médiation entre le monde réel et le monde imaginaire, justifiée – et symbolisée – par le trajet circulaire que dessine son voyage. Au sein de l'utopie, il représente la société européenne, soit qu'il y transporte naïvement les préjugés ayant cours dans le monde d'où il vient (ainsi que le fait Gulliver au cours de ses entretiens avec le souverain de Brobdingnag), soit qu'il présente 'objectivement' à ses hôtes un tableau de

10. Fontenelle, *Histoire des Ajaoiens*, p.80.
11. Voir, par exemple, Swift, *Voyage au pays des chevaux*, éd. Lamoine, p.226-27.

ce monde qu'ils ignorent (Gulliver encore, dans ses entretiens avec le maître cheval). A son retour il sera, inversement, le porte-parole de l'utopie, qu'il s'en fasse le propagandiste actif, comme le héros de Swift à l'issue de son dernier voyage, ou qu'il se contente, comme celui de Foigny, de transmettre au public le récit de son expérience. Le narrateur est donc l'instrument nécessaire de cette dialectique du réel et de l'imaginaire essentielle dans l'utopie classique: moyen de la rencontre des deux sociétés, il permet de mettre en évidence leur différence, c'est-à-dire l'altérité de l'utopie. Enfin, même s'il ne porte personnellement aucun jugement, il met en place à l'usage du lecteur les éléments nécessaires à une évaluation comparative des systèmes sociaux et politiques.

Il assume en outre une fonction de production de la description. Il est le regard sous lequel (et par lequel) se constitue le tableau utopique, regard souvent 'hors point de vue' qui appréhende de façon globale la réalité au lieu de la découvrir progressivement à travers une série d'événements et d'aventures: d'où ces présentations didactiques qui ne sont plus que des nomenclatures, ces descriptions de systèmes politiques réduites à l'énoncé d'un code législatif. Ces traits sont particulièrement accentués lorsque le narrateur est absent comme personnage du tableau utopique et n'y vit aucune aventure.

On peut lui assigner, enfin, une fonction dernière d'interprétation de la description: il rend celle-ci signifiante en articulant ses éléments épars dans un schéma d'ensemble. La mise en relation des données descriptives, l'interprétation et la justification des faits observés s'effectuent à travers lui, permettant le passage de la description à une idéologie sociale et politique et la constitution de l'utopie en modèle. Cette opération est rarement assumée au grand jour et, ici plus qu'ailleurs, les signes de l'énoncé personnel sont généralement absents. Ainsi que le note G. Benrekassa, 'cette "critique idéologique de l'idéologie" qu'est l'utopie ne peut être mise en œuvre qu'à l'aide d'un opérateur privé lui-même d'idéologie qui lui soit propre puisqu'il a renoncé à la pratique sociale que devrait lui imposer son personnage'.[12] Comme dans l'*Histoire des Ajaoiens*, la narrateur n'est plus alors qu'un relais permettant l'expression directe de l'idéologie de la société utopique.

Tels sont le statut et les fonctions du narrateur dans les utopies dites positives. Mais il en existe d'autres dans lesquelles il est beaucoup plus nettement caractérisé comme personnage. Cette mutation est riche de conséquences. Au lieu de se dissoudre dans la collectivité, le héros y affirme (parfois malgré lui) son individualité et sa singularité; au lieu de se borner à un rôle d'observateur neutre, pur regard quasi impersonnel, il est impliqué comme agent – et plus

---

12. Benrekassa, 'Le statut du narrateur', p.386.

souvent comme victime – dans une série d'aventures et d'événements; au lieu de servir de relais didactique idéalement docile à l'idéologie officielle de l'utopie, il conquiert une existence autonome, en entrant en conflit avec elle; au lieu de s'absenter comme personnage du tableau qu'il décrit, il y apparaît personnellement à la faveur d'incidents qui mettent en jeu sa position propre au sein de ce tableau. Lorsque le narrateur ainsi individualisé accède au statut de personnage 'plein', cette singularité qui le marque et l'isole semble être référée le plus souvent à une sorte de tare personnelle, à la fois cause et symbole de sa différence. Seul Gulliver paraît exempt de cette tache originelle, à moins qu'il ne faille en voir un équivalent dans sa passion jamais rassasiée pour les voyages. La singularité chez lui n'est pas initiale, mais finale: d'abord assez terne et indifférencié, il s'individualisera progressivement au cours du récit, au point d'apparaître, à l'issue du *Quatrième voyage*, comme un excentrique à demi fou. Dès l'enfance, par contre, Cleveland est voué à la fatalité de l'errance, de l'exil et du malheur, comme Sadeur à celle des naufrages à répétition. Sur quelques-uns pèse une prédestination liée à une forme quelconque de monstruosité: Sadeur est hermaphrodite; Bridge et Clevleand sont tous deux des rejetons illégitimes d'un monstre régicide. L'exil insulaire apparaît comme l'expiation d'une culpabilité essentielle et, peut-être, l'occasion d'une rédemption; toutefois, marginal dans le monde réel, le narrateur restera tout aussi marginal dans la société utopique. Enfin, à son retour vers l'Europe, ce n'est pas la réintégration sociale qu'il trouvera, mais la folie (Gulliver), la mort (Sadeur) ou de nouvelles épreuves (Cleveland).

Le thème de l'intégration sociale impossible est souvent mis en évidence par l'exclusion dont le héros est victime. Exclusion de la société réelle, bien sûr, liée à la 'différence' dont il est porteur; mais aussi exclusion de la société utopique: s'il regagne finalement l'Europe, c'est à la suite d'un bannissement ou d'une évasion. Ce dernier point, essentiel, est directement lié à la structure circulaire du récit qui découle de la fiction de la relation authentique: pour que le récit soit transmis, le retour du narrateur est indispensable. Il lui faut donc quitter la société utopique, soit volontairement, soit parce qu'il y a été contraint. Dans l'un et l'autre cas, ce départ met en cause le caractère censément idéal du monde ainsi quitté: monde intolérant, si le héros en a été exclu, ou intolérable, s'il l'a fui de son plein gré. Sinon, que n'y est-il resté? Cette contradiction inhérente au genre, puisqu'elle est tributaire des servitudes narratives qui lui sont attachées, est généralement esquivée dans les utopies optimistes. Il faut cependant faire une exception pour l'*Histoire des Ajaoiens*, où le problème est résolu assez habilement: van Doelvelt, 'naturalisé Ajaoien', a été envoyé en mission officielle en Europe par sa nouvelle patrie, qu'il s'apprête à rejoindre. La transmission du récit est ainsi rendue possible sans qu'elle entraîne la remise en question de l'idéal utopique. Au contraire, lorsque la difficulté est pleinement assumée, c'est-à-dire lorsque le narrateur fuit délibérément l'utopie ou s'en trouve exclu, elle conduit bien évidemment à la mise en cause, explicite ou non, de cette dernière. Toutefois, il existe une autre solution, qui consiste à faire du hasard le plus contingent l'agent causal du départ. On s'étonne qu'elle ait été si peu exploitée. On en trouvera cependant un exemple, assez ambigu, il est vrai, dans la séquence finale de l'épisode de Brobdingnag: Gulliver, enfermé dans sa cage, est enlevé dans les airs par un oiseau gigantesque. Pourtant, si le départ est involontaire, il concrétise bien les vœux du héros, à qui sa condition de bête curieuse commence à peser et qui n'aspire qu'à revoir sa patrie.

Plus, peut-être, que l'exemple trop clair des héros révoltés de Prévost dans l'épisode de la colonie rochelloise, la situation de ceux de Foigny et Swift est ici particulièrement révélatrice. Les deux ouvrages, extérieurement fort proches de l'utopie positive traditionnelle, ne s'en distinguent que par l'individualisation dont le narrateur fait l'objet – individualisation d'ailleurs involontaire, subie comme une fatalité mauvaise qui l'arrache, malgré lui, à une fusion espérée dans l'ordre collectif et le conduit à un tragique déchirement intérieur. Tout en remplissant les fonctions habituelles du narrateur utopique, Sadeur et Gulliver, individus malgré eux, les rendent infiniment plus complexes et posent, sans le vouloir, les bases d'une critique du genre. Personnellement impliqués comme personnages (et non pas seulement comme observateurs) dans le tableau utopique, ils y apparaissent comme un *mixte* issu d'une sorte de métissage hasardeux, d'une part entre les valeurs de la société d'accueil et celles du monde réel, et d'autre part entre les deux ordres d'existence qui constituent le monde imaginaire. Sadeur, physiquement hermaphrodite, mais 'demi-homme' par ses appétits, participe à la fois de l'animalité et de l'humanité 'pleine' des Australiens; Gulliver, physiquement Yahoo, aspire à devenir spirituellement Houyhnhnm. Le narrateur, dans l'un et l'autre cas, assurera une fonction médiatrice entre ces deux instances, ruinant ainsi l'idéologie utopique qui postule leur séparation radicale, instaurant à sa place, et malgré lui, la représentation concrète d'une chaîne ininterrompue des êtres, de l'animal à l'être pensant. Au cœur d'une société soumise à la règle de l'identité, il incarne la tentation de la différence, le glissement vers l'altérité: son bannissement en est la sanction. Appuyée, d'une façon d'ailleurs fort ambiguë et largement parodique, sur une thématique prophétique sinon christique, la fonction médiatrice du narrateur se poursuit chez Swift bien au-delà de son retour au sein de la société réelle: Gulliver continue d'y être cet individu inclassable, chantre des vertus des chevaux parmi les Yahoos d'Angleterre que son livre se propose justement de convertir. A peine esquissé chez Foigny, à peu près absent dans les autres textes, ce dernier point permet de poser le problème de l'exemplarité – ici, ironiquement, nulle –

de la société utopique et des modalités d'action auprès du lecteur du récit qui en transmet la description.

v. Typologie formelle et axiologique des récits utopiques

A partir des caractéristiques du récit, d'une part, et de la position qu'y occupe le narrateur, d'autre part, s'esquisse donc une typologie des utopies narratives où les choix formels produiraient des significations antagonistes:

A. *utopies 'positives' en fonctionnement conforme*
1. glissement de la narration personnelle vers le récit à la troisième personne;
2. prédominance du point de vue dit 'en focalisation zéro';
3. absence ou rareté des signes linguistiques de l'énonciation personnelle;
4. le tableau utopique relève d'un exposé 'objectif' impersonnel;
5. pas d'événement au sein de la séquence utopique;
6. le dialogue est la confrontation idéologique de deux mondes;
7. personnages identifiés à leur fonction sociale;
8. subordination absolue du récit à la description;
9. les développements descriptifs sont structurés par un programme d'exposition rationnellement ordonné;
10. le narrateur est un ensemble de fonctions plus qu'un personnage;
11. le narrateur est un observateur-témoin non impliqué;
12. le narrateur s'absorbe et disparaît dans la société utopique, dont il n'est qu'un écho ou un reflet;
13. le départ du narrateur n'est pas motivé;

B. *utopies 'dysphoriques', ou de signification ambiguë*
1. narration personnelle;
2. prédominance du point de vue dit 'en focalisation interne';
3. présence des signes linguistiques de l'énonciation personnelle;
4. le tableau utopique procède d'une expérience vécue;
5. intrusion de l'événement au sein de la séquence utopique;
6. le dialogue est un échange interpersonnel;
7. personnages individualisés;
8. subordination seulement relative du récit à la description, ou équilibre de ces deux modes;
9. les développements descriptifs sont structurés par la progression d'une intrigue;
10. le narrateur est un personnage fortement individualisé;
11. le narrateur est un acteur impliqué dans une série d'événements;

12. le narrateur affirme sa singularité en entrant en conflit, malgré lui ou de son propre chef, avec la société utopique;
13. le départ du narrateur est motivé par une procédure d'exclusion ou par une incompatibilité personnelle avec l'ordre utopique.

Les utopies du second type n'ont plus ce caractère idéal habituellement tenu, à tort ou à raison, pour un trait essentiel du genre; mais elles présentent infiniment plus de complexité et de richesse humaine. Elles sont aussi, semble-t-il, les seules qui puissent être considérées comme relevant véritablement du genre romanesque. Le récit, y étant moins écrasé par le poids des préoccupations proprement descriptives, peut donner lieu à la constitution d'une intrigue suffisamment structurée. Surtout, la personnalisation du narrateur, son individualisation au sein de la société utopique, le conflit qui en résulte à peu près inévitablement entre le héros et la collectivité dans laquelle il est, malgré lui, immergé revêtent ici une signification essentielle. Lucien Goldmann, se faisant l'interprète de Lukacs, définit en effet le roman comme 'un genre épique caractérisé, contrairement à l'épopée et au conte, par la rupture insurmontable entre le héros et le monde'.[13] Lukacs oppose lui-même l'épopée au roman. L'épopée est la forme d'expression littéraire des 'civilisations closes', où règne la 'totalité', où le sens est immanent à la vie, où l'individu, fondu dans la communauté, n'a pas d'existence autonome.[14] L'univers du roman est caractérisé au contraire par la rupture de la communauté épique, par l'individuation du héros prenant conscience de lui-même comme entité distincte de la société et poursuivant des buts qui lui sont propres. La question essentielle est alors, pour le héros romanesque, celle de son rapport au monde et à lui-même.[15] En effet, on a pu noter, dans les textes relevant de la seconde catégorie, une relation étroite entre l'individualisation du narrateur, ses difficultés avec la communauté utopique, et l'interrogation sur son identité. Entre Australiens et Fondins, entre Houyhnhnms et Yahoos, Sadeur et Gulliver ne cessent de poser la question:

13. Lucien Goldmann, *Pour une sociologie du roman* (Paris 1964), p.16.
14. 'En toute rigueur, le héros d'épopée n'est jamais un individu. De tout temps, on a considéré comme une caractéristique essentielle de l'épopée le fait que son objet n'est pas un destin personnel, mais celui d'une communauté. Avec raison, car le système de valeurs achevé et clos qui définit l'univers épique crée un tout trop organique pour qu'en lui un seul élément soit en mesure de s'isoler en conservant sa vigueur, de se dresser avec assez de hauteur pour se découvrir comme intériorité et se faire personnalité. La toute-puissance de l'éthique qui pose chaque âme comme une réalité singulière et incomparable, reste encore étrangère à ce monde' (Georges Lukacs, *La Théorie du roman*, tr. J. Clairevoye, Paris 1963, p.60).
15. 'L'individualité perd le caractère immédiatement organique qui faisait d'elle une réalité non problématique. Elle est devenue à elle-même sa propre fin, car ce qui lui est essentiel et fait de sa vie une vie véritable, elle le découvre désormais en elle, non à titre de possession ni comme fondement de son existence, mais comme objet de quête' (Lukacs, p.73).

767

qui suis-je?, laquelle n'est que l'aspect individuel de la grande question anthropologique qui préoccupe Foigny et Swift: qu'est-ce que l'homme?

Les utopies classées 'dysphoriques' présentent bien donc les caractères du
roman tel que le définit Lukacs: personnalisation du héros, relation conflictuelle
de l'individu avec l'ordre collectif, quête par le narrateur de sa propre identité.
On peut même avancer que, plus elles sont romanesques, plus elles sont
dysphoriques: l'épisode de la colonie rochelloise de *Cleveland* est la plus nettement romanesque et la plus ouvertement anti-utopique de nos utopies. Il semble
bien exister un rapport assez étroit entre la signification positive ou négative du
récit utopique et sa tendance à rejoindre ou non le modèle du roman: comme
l'avait déjà remarqué Raymond Trousson, 'l'utopie ne devient roman que
lorsqu'elle cesse d'être utopie'.[16] Inversement, les utopies dites 'positives' ne
présentent aucune de ces caractéristiques romanesques: le narrateur, absorbé
dans le tout social, n'est pas un individu 'problématique', c'est-à-dire en quête
du sens de sa propre vie et de la forme de sa relation au monde, mais un porte-
parole collectif et indifférencié d'une communauté 'parfaite' identifiée aux
valeurs authentiques de nature et de raison, qu'il partage lui-même de façon
immanente. D'un point de vue littéraire, il conviendrait donc de rattacher
l'utopie positive à l'univers de la 'totalité' qui est celui de l'épopée – rapprochement qui ne va pas sans quelque difficulté, car la forme littéraire de l'utopie
n'est pas, de toute évidence, celle de l'épopée: seule *La Basiliade* de Morelly,
qui se présente sous la forme d'une sorte de poème en prose (ou aussi, à la
rigueur, le *Télémaque* de Fénelon), offre d'assez nettes similitudes avec la forme
épique traditionnelle.[17]

Toutefois, les oppositions binaires sur lesquelles repose la typologie proposée
ne rendent pas compte de la variété des situations concrètes. Une utopie comme
Gaudence de Lucques, qui présente une forte personnalisation du discours et une
implication assez accentuée du narrateur, conserve cependant un sens positif.
La quête d'identité que poursuit Gaudence en Mezzoranie n'a pas, il est vrai,
le même sens que celle de Gulliver, ni non plus l'opposition des deux univers:
tous deux imparfaits, ou plutôt incomplets, ils sont mutuellement nécessaires
l'un à l'autre dans la perspective missionnaire d'une double synthèse unificatrice,
la Mezzoranie offrant à l'Europe l'exemple préservé des vertus des premiers

16. R. Trousson, 'Utopie et esthétique romanesque', in *Le Discours utopique*, colloque de Cerisy
(Paris 1978), p.400.
17. Dans sa typologie des formes littéraires, Lukacs n'envisage pas le problème de l'utopie comme
genre littéraire (le terme apparaît assez fréquemment sous sa plume, mais toujours dans son
acception sociologique). Il semble que le récit utopique puisse cependant s'apparenter à ce qu'il
appelle l'"idylle" (où il inclut 'l'évasion volontaire dans des Iles Fortunées introuvables sur la mappe-
monde des réalités triviales', *Théorie du roman*, p.52), forme épique, certes, mais étrangère à la
'grande épopée'.

âges, la seconde apportant à la première la révélation chrétienne. Parmi les textes, quelques-uns seulement correspondent parfaitement aux deux modèles formels ainsi définis. On a trouvé dans l'*Histoire des Ajaoiens*, l'*Eutopie* de Lefebvre, *Naudely* de Lesconvel, les *Féliciens* de Lassay, *Dumocala* de S. Leczinski, tous les traits caractéristiques de l'utopie positive en 'fonctionnement conforme'; ce serait aussi le cas de l'*Histoire des Sévarambes* si, on l'a vu, le départ de Siden n'était l'occasion d'une personnalisation du narrateur mettant en cause la réussite de son intégration au sein de la société sévarambe et, par conséquent, l'aptitude de l'utopie à assurer le bonheur de ceux qui ne sont pas nés en son sein. Inversement, seul ou presque l'épisode de l'île heureuse' de *Cleveland* présente tous les caractères de l'utopie dysphorique. C'est aussi le seul texte où le récit d'événements soit quantitativement beaucoup plus étendu que la description: celle-ci tient en quelques pages, l'essentiel étant consacré aux démêlés judiciaires de Bridge avec les autorités de la colonie. Les autres épisodes utopiques de ce même roman s'insèrent moins aisément dans la classification. Dans celui des Nopandes, on ne trouvera à peu près aucun événement, et la prédominance de la description sur le récit y est écrasante. Mme Riding, la narratrice, ne s'y trouve impliquée qu'indirectement, en tant que tutrice de la petite Cécile. Son départ n'est motivé ni par une exclusion ni par une incompatibilité caractérisée avec la société utopique, mais par un impératif extérieur: rejoindre le groupe dont elle a été séparée. Par la plupart de ses traits formels, cet épisode pourrait se rattacher au modèle de l'utopie positive. La présence nettement affirmée de l'énoncé personnel et, surtout, le caractère volontiers condescendant du commentaire permettent seuls de voir dans ce texte une critique de l'utopie. L'épisode des Abaquis entre assez mal, lui aussi, dans la grille ainsi tracée, peut-être parce qu'il échappe partiellement au modèle canonique: Cleveland n'y est pas seulement narrateur, mais aussi fondateur et législateur de l'utopie. Il n'y aura donc pas ici, à proprement parler, opposition entre le narrateur et la société, puisque les conflits antérieurs à l'instauration de l'utopie sont précisément motivés par les nécessités de sa mise en place. De même, le départ de Cleveland répond au désir de retrouver Axminster, c'est-à-dire à une causalité romanesque entièrement extérieure à l'univers utopique. Le caractère négatif de l'entreprise utopique se dévoile surtout dans le dénouement avec l'effondrement brutal de l'ordre si patiemment édifié. C'est dire que, à l'exception de l'épisode rochellois, la critique de l'utopie, chez Prévost, n'obéit qu'imparfaitement au modèle proposé: difficilement réductible aux traits formels relevés, elle semble tributaire du déroulement de l'intrigue. Peut-être est-ce parce que les utopies de *Cleveland* ne sont que des 'micro-utopies', séquences relativement brèves englobées dans un ensemble romanesque plus vaste par rapport auquel elles font sens, de même que l'Eldorado de *Candide* ou la 'petite société' de *La Nouvelle Héloïse*.

Toutefois, la typologie proposée se révèle utile pour l'analyse des utopies axiologiquement ambiguës comme celles de Foigny et de Swift. Le *Quatrième voyage*, notamment, permet de mettre en évidence l'intérêt d'une interprétation de l'utopie fondée sur une analyse de ses traits formels plutôt que sur le discours explicite du narrateur. La société des Houyhnhnms est en effet expressément donnée pour idéale; pourtant, l'examen des caractères formels de cette utopie conduit à la classer dans la catégorie des utopies dysphoriques. Le voyageur, jusque-là psychologiquement assez indifférencié, va se forger, au pays des chevaux, une personnalité dont la singularité éclatera à son retour dans le monde humain: au sein du monde utopique, il est fortement individualisé par la position médiane, impensable et scandaleuse aux yeux de ses hôtes, qu'il occupe entre la race des Yahoos et celle des Houyhnhnms. Les événements relatés, depuis l'agression initiale du troupeau de Yahoos jusqu'à la tentative de séduction par une jeune femelle, sont tous centrés sur lui et concourent à la prise de conscience de son identité. Bien qu'il ait adopté en tout les valeurs de ses hôtes et, comme dans l'utopie positive, s'en fasse le porte-parole, cette société, elle, ne l'adopte pas: la différence dont il est porteur motive finalement son exclusion. La signification positive proclamée se trouve ainsi démentie par les traits formels du texte.

Analysé selon les mêmes critères formels, l'ouvrage de Foigny offre l'exemple curieux d'une utopie apparemment soumise à un constant changement de signe. Il ne s'agit pas d'un texte occupant une position intermédiaire entre les deux types, mais d'un récit qui, au cours de son déroulement, paraît passer soudain de l'un à l'autre en une succession de traits formels antagonistes. Si, avant son arrivée dans la Terre australe, Sadeur était fortement individualisé par son hermaphrodisme, sa monstruosité se convertit en conformité à la norme dès lors qu'il aborde une terre peuplée d'hermaphrodites. De même, si les événements sont nombreux et spectaculaires dans les séquences préparatoires, le tableau utopique lui-même est véritablement un 'tableau', c'est-à-dire une description didactique 'hors point de vue', presque entièrement pure de tout récit, produite par un narrateur dont l'individualité est apparemment résorbée dans l'entité collective, qu'il se borne à refléter de façon impersonnelle. Puis le livre change de face: l'événement fait irruption dans le texte. A la faveur de la campagne militaire menée contre les Fondins, Sadeur crée le scandale en faisant preuve de pitié, donc de sentiments humains (ou plutôt, aux yeux des Australiens, 'demi-humains'), et, surtout, en séduisant une Fondine, violant ainsi le tabou essentiel de l'hermaphrodisme australien. Devenu 'inventeur de crime', le narrateur est par là rendu à l'individualité, ou plutôt à la singularité horrifiante qui s'attache à l'être monstrueux. On retrouve alors les motifs formels de l'utopie négative: affirmation de la différence personnelle face à l'identité collective, conflit, procès, exclusion. Il est probable qu'il existe une relation entre cette complexité de structure et la complexité de signification de cette utopie.

Une typologie résultant de critères purement formels permet donc, sinon toujours de déterminer la signification des textes, du moins de les répartir selon deux polarités dominantes et de cerner leurs zones d'ambiguïté. Mais il est évident que le jugement positif ou négatif porté sur l'attitude utopique ne s'appuie pas sur ces seules particularités formelles: celles-ci permettent seulement de faire émerger les caractéristiques de contenu sur lesquelles se fonde l'appréciation. On s'efforcera donc, en limitant évidemment les exemples à quelques utopies négatives caractéristiques, de préciser les arguments au nom desquels peut s'opérer la mise en cause du genre. Ils sont essentiellement d'ordre philosophique et semblent pouvoir se ramener à deux grands thèmes: la compatibilité de l'ordre utopique avec la nature humaine, d'une part, et avec l'existence individuelle, d'autre part.[18] Restera enfin à rendre compte du caractère parfois indécidable de certaines œuvres, lequel peut s'expliquer par la coexistence en un même texte de deux conceptions antagonistes du rapport de l'individu à la société.

vi. La notion de 'nature humaine' et la critique utopique de l'utopie

Il y a une vingtaine d'années, Michel Foucault annonçait avec une certaine solennité, dans la conclusion des *Mots et les choses*, la prochaine et probable 'mort de l'homme'; la notion de 'nature humaine' n'est plus aujourd'hui, selon l'expression d'Edgar Morin, qu'un 'paradigme perdu'.[19] Mais elle demeure dans la pensée du dix-septième siècle et même des Lumières un concept fondamental, appuyé sur des bases d'ailleurs plus théologiques que proprement philosophiques. Imperfection et finitude de l'homme, méfaits de l'orgueil (chez Swift), soumission inévitable aux passions (chez Prévost), tous ces thèmes sont directement liés à la doctrine du péché originel et confèrent à la conception de

18. On laisse volontairement de côté les critiques d'ordre pragmatique portant sur la possibilité concrète de réalisation des utopies. Voir sur ce point l'analyse des 'tares de l'utopie sociale' développée par Raymond Ruyer, lequel reproche à l'utopie de ne proposer que des solutions intellectuellement séduisantes, mais non viables, car elles ne tiennent pas compte de l'extrême complexité des phénomènes sociaux (*L'Utopie et les utopies*, p.57-113).

19. Michel Foucault, *Les Mots et les choses* (Paris 1966), p.398; E. Morin, *Le Paradigme perdu: la nature humaine* (Paris 1973).

la nature humaine une tonalité fortement pessimiste d'aspect plus ou moins janséniste: *La Terre australe connue* peut être interprétée comme une sorte d'allégorie pascalienne; la théologie de Swift, pour autant qu'on puisse la reconstruire, semble être d'inspiration nettement augustinienne, et plus encore celle de Prévost.

Cette vision de la nature humaine recèle une signification potentiellement anti-utopique: l'idée même d'une nature humaine immuable n'est guère compatible avec le présupposé de départ de l'utopie, c'est-à-dire l'infinie plasticité de l'homme, son aptitude à être façonné à volonté par le législateur, sa capacité à s'adapter sans heurts à un ordre social entièrement 'autre'. Les hésitations d'un Veiras, partagé, on l'a vu, entre deux conceptions antagonistes – l'homme est partout et toujours le même, c'est-à-dire porté à mal faire; l'homme est indéfiniment perfectible grâce à de bonnes institutions – sont à cet égard révélatrices d'un conflit entre les implications du projet utopique et l'idéologie largement acceptée d'une nature humaine intangible. Le dogme du péché originel, qui revient à nier la perfectibilité de l'homme, est encore plus nettement anti-utopique. Comme le dit fort justement H. G. Wells, 'le principe directeur de la religion utopienne est la répudiation de la doctrine du péché originel'.[20]

Cette image pessimiste de l'homme, partagée par toutes les utopies négatives, n'y conduit pas nécessairement aux mêmes conséquences. A partir de prémisses identiques, les textes divergent dans la résolution du problème. Tous partent d'une conception foncièrement anti-utopique de la nature humaine, et tous, ayant choisi néanmoins le genre utopique comme mode d'expression, se trouvent contraints à prendre en compte simultanément les données propres de l'utopie, laquelle présuppose la plasticité et la perfectibilité de l'homme, et d'autre part les implications pessimistes de leur théologie, soit l'existence d'une nature humaine déchue que des moyens purement humains sont entièrement impuissants à amender. (La question de la grâce, corrélat naturel de la théologie du péché originel, n'est explicitement posée par aucun des textes.) Les deux problématiques sont évidemment contradictoires. Deux solutions s'offrent alors: faire éclater l'antagonisme latent entre l'ordre utopique et la nature humaine (telle est la voie choisie par Prévost); dépasser la contradiction en posant l'hypothèse, terriblement 'utopique', d'une race d'êtres parfaits, idéalement rationnels, soustraits aux conséquences du péché originel et, donc, pleinement accordés à l'esprit de la société imaginaire qu'ils habitent (tels sont les Australiens de Foigny et les Houyhnhnms de Swift). Le choix de l'une ou l'autre conduit pareillement à une mise en cause critique de l'utopie, mais par des

---

20. 'The leading principle of the Utopian religion is the repudiation of the doctrine of original sin' (H. G. Wells, *A modern utopia*, cité par Walsh, *From utopia to nightmare*, p.70).

voies et avec des significations fort différentes. En optant pour la mise en évidence du conflit entre l'utopie et la nature humaine. Prévost révèle une attitude beaucoup plus directement anti-utopique. Chez Foigny et Swift, cet antagonisme se trouve résolu, mais au prix d'un déplacement ou d'une mise entre parenthèses (au moins apparente) du problème: poser par un décret arbitraire la perfection rationnelle de l'humanité utopique (mais le terme d''humanité' est-il bien approprié ici?), c'est bien sûr supprimer le conflit en supprimant sa cause; toutefois, cette nature parfaite n'est plus une nature 'humaine'. Foigny et Swift ne se distingueraient guère en cela de leurs confrères les utopistes positifs, coutumiers d'un semblable tour de passe-passe – on l'a vu, la perfection (ou du moins la perfectibilité) de l'homme figure parmi les présupposés essentiels de l'utopie positive – s'ils n'avaient pleinement conscience du caractère arbitraire et purement spéculatif de leur hypothèse. Par le biais du personnage narrateur, qui, lui, reste soumis à toutes les limitations habituelles de la condition humaine, ils vont au contraire s'ingénier à montrer quel gouffre sépare cette dernière de la perfection rationnelle des Australiens et des Houyhnhnms. C'est mettre ainsi en évidence l'antinomie qui existe entre les valeurs fondatrices de l'utopie et la nature de l'homme. Hermaprodites ou chevaux, les habitants de ces pays imaginaires sont délibérément marqués jusque dans leur être biologique d'un caractère non humain, comme si l'on entendait montrer que la parfaite raison et la complète conformité à la nature ne sont pas accessibles à l'homme. Le corps et ses fonctions (en particulier, les fonctions digestives et sexuelles) sont, on le sait, entièrement censurés dans la société australienne; l'obscénité excrémentielle du Yahoo met en évidence la pudeur et la chasteté du Houyhnhnm dans le *Quatrième voyage*: cet angélisme des sociétés utopiques, leur exclusion radicale des passions, des affections, des sentiments, ne peuvent que renforcer leur spécificité ontologique.

Cette inadéquation entre l'homme tel qu'il est et les mondes imaginaires identifiés à la nature et à la raison peut susciter des interprétations apparemment divergentes. Est-ce à l'infirmité de l'homme qu'il faut imputer le divorce avec les valeurs fondatrices? Ou bien nature et raison doivent-elles être disqualifiées comme fondements de l'organisation de la vie humaine? Dans le premier cas, la perfection de l'utopie est réelle, mais incompatible avec la nature humaine. Dans le second, cette perfection est illusoire ou mensongère, et aucun ordre social ne peut se construire en feignant d'ignorer la réalité des passions. La position première est à peu près celle de Foigny et de Swift. Les Australiens préadamites ne sont pas soumis aux conséquences du péché originel, pas plus, bien évidemment, que les chevaux du *Quatrième voyage*. Pour eux, qui ignorent véritablement les passions et vivent dans une totale harmonie collective, nature et raison peuvent être des guides de vie.[21] Mais l'homme pécheur – Sadeur ou Gulliver – ne peut être autre chose qu'un 'demi-homme' ou un Yahoo à peine dégrossi: la nature en lui est déchue, et il ne saurait accéder qu'à une 'parcelle de raison'; il n'est, au mieux, qu'un *animal rationis capax*, non un *animal rationale*. La perfection intrinsèque des constructions utopiques n'est donc pas en cause, mais cette perfection n'est pas faite pour l'homme. L'erreur de Sadeur ou de Gulliver, c'est de l'avoir cru, au moins un moment, et d'avoir tenté pour leur propre compte la métamorphose ontologique – devenir Australien ou Houyhnhnm – à laquelle semblait les inviter leur position médiatrice entre l'utopie et l'Europe, entre Fondins et 'hommes entiers', entre Yahoos et chevaux.

A ces utopies fondées sur l'hypothèse de deux natures, l'une humaine, l'autre supra-humaine ou extra-humaine, on peut opposer les utopies 'monophysites' de Prévost, peuplées non par des êtres parfaits, mais par des hommes. Certes, ceux-ci sont extérieurement diversifiés par les circonstances historiques, géographiques et sociologiques de leur environnement: des sauvages d'Amérique du Nord (les Abaquis), des demi-civilisés (les Nopandes), des protestants d'origine européenne (les colons rochellois), mais tous participent de la même nature humaine. Pour Prévost, la nature humaine, c'est avant tout l'emprise des passions: passion du pouvoir, qui conduit au despotisme des gouvernants et à la violence politique; et, surtout, passion amoureuse, tout aussi destructrice mais dont l'auteur de *Cleveland* reconnaît le caractère à la fois irrésistible et profondément légitime. L'amour de Bridge pour Angélique, qui bénéficie de 'l'approbation du ciel avec celle de sa mère', se heurtera pourtant à l'intolérance des autorités de la colonie: 'Un amour tendre et innocent est regardé comme crime, un saint mariage passe pour adultère'[22] – d'où la révolte du héros, qui aboutira à une tentative de rebellion armée contre l'autorité du ministre. La passion amoureuse est doublement incompatible avec l'ordre utopique: celui-ci en censure l'expression par la violence, et il s'en trouve lui-même ébranlé en retour.

La mise en question de l'utopie au nom de la nature humaine obéit donc, chez Prévost, à des motivations essentiellement différentes de celles de Swift et de Foigny. Dans *Cleveland*, l'utopie se trouve disqualifiée en ce qu'elle est inapte à prendre en charge le tout de l'homme. Ce monde ordonné et vertueux

---

21. La récurrence du mythe préadamitique dans la production utopique de cette période mériterait une étude particulière. On a vu que Bayle croit en percevoir la trace dans l'*Histoire des Sévarambes*. On est assez surpris d'en trouver une autre formulation, tout à fait explicite, dans la dernière page de l'*Histoire des Ajaoiens*, utopie ouvertement athée ('des hommes qui, peut-être, ne descendent point d'Adam, puisqu'ils ne ressentent point la violence des passions insensées'). Les utopistes de cette époque, même libérés en apparence de toute préoccupation religieuse, sont incapables de penser l'altérité sociale en dehors d'une problématique théologique.

22. Prévost, *Œuvres choisies*, iv.345, 475.

est un monde pauvre, psychologiquement rudimentaire, susceptible de satisfaire à quelques exigences élémentaires (sécurité, stabilité, relative aisance matérielle) mais incapable d'intégrer dans sa construction les passions constitutives de la nature humaine; il est donc mutilant. La complexité de l'homme, ici, excède les maigres possibilités que lui offre l'utopie.[23] Chez Foigny et Swift, au contraire, c'est l'utopie qui excède les possibilités de l'homme. La pureté rationnelle de ces univers trop parfaits offre une atmosphère irrespirable pour l'homme ordinaire, et les Australiens eux-mêmes ne consentent à vivre qu'à regret, comme si le fait même d'exister était une tare, comme si l'absolue perfection ne pouvait être trouvée que dans le Rien. Inhumanité par excès et inhumanité par défaut se rejoignent dans une même violation de la norme.

vii. Etat, individu, société

Le problème de la liberté individuelle dans son rapport à un ordre collectif contraignant est actuellement au centre de la plupart des griefs adressés à l'utopie, au point que cet argument est en passe de devenir une sorte de lieu commun dans les études critiques récentes. Appliquée à l'utopie, la dénonciation du despotisme étatique trouve de fait une justification facile dans la pesanteur institutionnelle de beaucoup de sociétés fictives, où une réglementation contraignante et tâtillonne légifère sur tous les actes de la vie individuelle: d'où la séduction du rêve libertaire d'une 'société sans Etat' dont l'ethnologue Pierre Clastres croyait avoir trouvé le modèle dans certaines tribus indiennes d'Amérique du Sud[24] – nouvelle forme d'utopie, plus conforme aux aspirations de notre temps. Mais, à la supposer possible, serait-elle apte à résoudre de façon plus satisfaisante le problème de la liberté individuelle? Une société sans Etat reste une société, c'est-à-dire une organisation collective comportant des traditions, des règles de répartition des tâches, des codes de comportement, voire des hiérarchies, dont le respect est nécessaire à la survie de la communauté. L'abolition de l'Etat ne crée pas par elle-même les conditions d'une liberté illimitée. Elle implique un consensus, résultant, soit d'un pacte social par lequel chacun aliène une part de sa souveraineté en s'engageant à accepter les règles communes, soit du postulat d'une identité absolue des aspirations personnelles

---

23. Le problème de l'intégration des passions à la construction utopique, déjà soulevé par Mandeville dans la *Fable des abeilles*, constitue une des principales pierres d'achoppement de toute utopie. Sade sera sans doute le premier, au dix-huitième siècle, à lui donner une solution (révoltante mais logique) dans les épisodes utopiques d'*Aline et Valcour* (épisode de Tamoé et, surtout, épisode de Butua). Il préfigure sur ce point la pensée de Fourier, qui fera du jeu harmonique des passions le pivot de son système.

24. Pierre Clastres, *La Société contre l'Etat* (Paris 1975).

permettant la coïncidence des vouloirs individuels et du vouloir collectif; dans ce dernier cas, chaque être jouit d'une liberté parfaite, mais sans aucun contenu, puisqu'il ne peut vouloir autre chose que ce que veut l'ensemble de la communauté; ce qui présuppose une mutation de la nature humaine et renvoie donc au problème examiné précédemment.

Ces différentes modalités possibles du rapport de l'individu à la société dans leur formulation 'moderne' ne sont évidemment pas exprimées aussi nettement dans les textes. Il est néanmoins assez aisé d'en retrouver les équivalents. Les communautés imaginées par Prévost correspondent au premier type: ce sont des utopies étatiques. Le système politique, dans les trois épisodes, s'apparente à un régime despotique plus ou moins ouvertement avoué; despotisme d'ailleurs intelligent et éclairé (voire d'allure débonnaire, comme chez les Nopandes), qui évite autant que possible le recours à la contrainte directe et préfère imposer sa loi grâce à une subtile manipulation de l'opinion, notamment par l'utilisation politique des croyances religieuses, obtenant ainsi un assez large consensus social.[25] Ces habiletés ne permettent pas toutefois d'éviter le conflit entre les individus et l'ordre social. L'épisode le plus intéressant à cet égard est celui de la colonie rochelloise: sous l'apparence d'une parfaite homogénéité, se dissimulent des tensions latentes auxquelles l'aventure de Bridge et de Gelin servira de révélateur. Ils parviendront à entraîner dans leur révolte une partie des habitants, les jeunes gens surtout, mettant ainsi en évidence une opposition sourde entre les aspirations de la jeunesse et le despotisme gérontocratique des autorités. L'amour illicite de Bridge pour Angélique a permis également de faire ressurgir d'un passé plus ou moins censuré et qu'on aurait sans doute préféré oublier le précédent lointain des deux amants condamnés à mort pour adultère et noyés ensemble enfermés dans un sac. Tout ceci contribue à faire éclater la fiction de l'unanimité sociale, à mettre au jour le caractère despotique du système politique et à révéler l'antagonisme insurmontable entre l'aspiration individuelle et l'appareil étatique.

La collectivité des chevaux dans les *Voyages de Gulliver* et celle des Australiens dans *La Terre australe connue* relèvent du second modèle, celui de la société sans Etat. Les notions de 'contrainte', de 'gouvernement', de 'loi' y sont inconnues et, pour les habitants de ces utopies, à peu près incompréhensibles. Si toute instance politique supra-individuelle est absente ici, c'est que l'individu n'a pas d'existence en tant que tel, mais seulement comme fragment du corps social

25. Chez les Abaquis et les Nopandes, le régime en place est, formellement, une monarchie, mais de légitimité douteuse, surtout dans le premier cas. Le système politique de la colonie rochelloise fait théoriquement coexister un régime de démocratie directe (l'assemblée de la colonie) et un régime aristocratique (les vieillards du Consistoire); mais le véritable pouvoir est exercé par le ministre, qui manipule à sa guise ces deux instances politiques.

auquel il s'identifie. La nature entièrement rationnelle des êtres garantit la parfaite convergence de leurs vouloirs, qui se fondent dans un ordre collectif lui-même rationnel. Chez Foigny, cette complète homogénéité idéologique trouve sa traduction symbolique dans l'absolue identité physique, l'hermaphrodisme permettant de supprimer la différenciation sexuelle elle-même.

Dans un monde où, par hypothèse, chacun ne peut vouloir autre chose que ce que veut la collectivité, toute opposition entre l'individu et la société devrait être logiquement inconcevable. Ce n'est pas le cas, cependant. Certes, à aucun moment ne surgit, parmi les Australiens ou les Houyhnhnms, le moindre conflit interne, mais le thème est néanmoins évoqué par le biais du narrateur et des difficultés que sa présence suscite au sein de la société utopique.

Constater l'existence du conflit n'équivaut pas nécessairement à condamner l'entreprise utopique. Entre la collectivité et l'individu qui s'oppose à elle, à qui l'utopiste donne-t-il raison? La réponse n'est pas toujours claire, même chez Prévost, certainement le plus enclin à reconnaître la légitimité de l'exigence individuelle et le caractère oppressif de l'ordre collectif. Peut-être ne faut-il voir, après tout, aucune ironie de la part de l'auteur dans la bonne conscience de Cleveland ordonnant l'assassinat du rebelle Moou ('Mon emploi me donnait ce droit sur la vie d'un sujet rebelle et parjure').[26] Certes, la passion de Bridge et de Gelin est justifiée par sa conformité à la nature, mais, par la révolte antisociale qu'elle entraîne, elle met en péril l'existence paisible et, somme toute, heureuse que les règles vertueuses de la colonie assuraient à toute une communauté. L'ambiguïté est poussée infiniment plus loin chez Foigny et Swift, tiraillés entre la conscience du caractère irréductible de l'expérience individuelle et, d'autre part, la fascination d'un idéal collectif qui est le fondement de la pensée politique classique.

viii. Au principe de l'ambivalence utopique: fascination de la totalité et résistance du fait individuel

La tradition utopique, depuis ses origines, a toujours été foncièrement anti-individualiste. En instaurant la communauté des femmes et des enfants, Platon ne vise, dit-il, qu'à faire de la Cité une seule famille où chacun, 'en tous ceux qu'il rencontre, croira voir un frère ou une sœur, un père ou une mère, un fils ou une fille, ou des descendants, ou des aïeux de tous ces parents'; ainsi, 'les citoyens participeront au même intérêt qu'ils appelleront leur intérêt, et cette participation entraînera une plus complète communauté de peine et de plaisir'.[27]

---

26. Prévost, *Œuvres choisies*, v. 156.
27. Platon, *La République*, tr. Diès, livre v, p.161-62.

Le problème du bonheur individuel ne se pose pas, puisque l'individu, c'est l'Etat; les citoyens, simples fragments du corps politique, ne peuvent avoir d'existence autonome, et leur bonheur propre découle de celui de la collectivité.

L'anti-individualisme de la tradition utopique s'intègre dans un courant plus général de la réflexion politique qui prend appui sur les mythes républicains de l'Antiquité: Sparte, Rome, Athènes. Les notions de 'république' et de 'démocratie' n'ont guère à voir en ce cas avec les idées un peu floues de 'tolérance', de 'liberté individuelle', de 'respect de la différence' que nous avons pris l'habitude d'y associer: l'idéal démocratique au dix-huitième siècle est holiste, foncièrement anti-individualiste et anti-libéral.[28] Pour Montesquieu, la démocratie, le moins imparfait des régimes politiques, a pour principe la vertu, c'est-à-dire la soumission totale de l'intérêt particulier a l'intérêt collectif; il reconnaît d'ailleurs volontiers que ce type de gouvernement est peu apte à assurer la liberté individuelle au sens moderne du terme, car 'la liberté ne peut consister qu'à pouvoir faire ce que l'on doit vouloir et à n'être point contraint de faire ce que l'on ne doit pas vouloir':[29] liberté vide, puisqu'elle se confond avec l'obligation civique collective. La pensée politique de Rousseau est pareillement marquée par l'aspiration à la fusion des individus dans le tout social: la 'volonté générale' du *Contrat social* n'est pas seulement la somme des volontés particulières, mais l'idéal moniste d'un nouvel ordre d'existence, délivrée du malheur de l'opacité et de la séparation. Ainsi, dans l'*Emile*, Rousseau décrit la transfiguration que connaîtrait l'homme social au sein d'une république idéale:

L'homme naturel est tout pour lui: il est l'unité numérique, l'entier absolu qui n'a de rapport qu'à lui-même ou à son semblable. L'homme civil n'est qu'une unité fractionnaire qui tient au dénominateur, et dont la valeur est dans son rapport avec l'entier, qui est le corps social.[30]

Toutefois, cette immersion de l'individu dans la collectivité n'est pas pour Rousseau aliénation ou anéantissement du moi, mais au contraire la condition d'une adhésion plus profonde à soi-même à travers la communion avec le corps social.[31] Si Rousseau, en maintenant la dialectique du collectif et de l'individuel, s'abstient de retirer à ce dernier toute existence spécifique, il n'en va pas de même de dom Deschamps, pour qui il faut abolir jusqu'à la notion même d'individu', tout comme, plus généralement, il conviendrait d'abolir tout ordre séparé d'existence pour le fondre dans le tout – ou, plutôt, dans 'Tout' car,

28. Voir B. Barret-Kriegel, *L'Etat et les esclaves* (Paris 1979).

29. Montesquieu, *De l'esprit des lois*, III, 3; XI, 3; in *Œuvres complètes* (Paris 1964), p.536-37, 586.

30. Rousseau, *Emile ou de l'éducation*, livre I, in *O.C.*, iv.249.

31. Voir l'analyse de Baczko, *Rousseau, solitude et communauté*, p.332.

explique-t-il, '*le Tout* dit des parties, *tout* n'en dit point'.[32] C'est en effet à partir d'une démonstration philosophique vertigineusement moniste que dom Deschamps va aboutir à une vision de la société idéale où l'être singulier se fondrait dans l'unité universelle (p.216):

Les autres êtres ont d'absolument commun et d'égal avec nous, d'être parties de la masse universelle; donc, ils ne sont plus distingués de nous, comme parties de cette masse; donc nous ne faisons qu'un avec eux; donc chaque être considéré métaphysiquement, est cette masse qui est tous les êtres; donc être partie de cette masse, ou être cette masse, c'est la même chose.

Bien que non narrative (ni même, à proprement parler, programmatique), l'utopie de dom Deschamps est d'un grand intérêt pour notre propos. Elle repose sur le passage nécessaire de l'"état de lois', 'état d'extrême désunion dans l'union' – celui dans lequel nous vivons, caractérisé par l'inégalité, la propriété privée et toutes les 'bigarrures' de la différenciation individuelle – à l'"état de mœurs', 'état d'union sans désunion', stade hypothétique auquel parviendra l'humanité future et dont nous ne pouvons d'ailleurs nous former qu'une idée approximative, puisqu'il échappe à l'emprise de notre raison en cette ère de 'demi-lumières': suppression de toute religion, puisque la participation à la totalité se substituera à l'idée de Dieu, laquelle n'est que la figuration imparfaite et aliénée de ce 'Tout' au sein de l'"état de lois'; suppression de la propriété, de la famille, du mariage; communauté absolue des enfants et des femmes; suppression de la crainte de la mort et, pour ainsi dire, suppression de la mort elle-même, puisque seule comptera l'immortalité collective de l'espèce; destruction de toutes les œuvres d'art et tous les livres, témoignages imparfaits de nos balbutiements vers une vérité à laquelle l'humanité se trouvera alors identifiée de façon immanente; ce sort n'épargnera pas le livre même annonciateur de cette vérité, devenu inutile dès lors qu'il aura rempli son effet ('Il n'y a qu'un livre tel que celui que je donne, qui puisse faire passer les hommes de l'état de lois à l'état de mœurs. Ce livre donné une fois et ayant eû son effet, ne seroit bon, comme tous les autres, qu'à quelque usage physique, comme à chauffer nos fours').[33] Le langage, d'ailleurs largement inutile, puisque des êtres qui communient dans le Tout n'ont guère besoin de communiquer entre eux, sera un 'langage vrai', réduit à la plus extrême simplicité, et la pensée

---

32. Dom Deschamps, *Le Mot de l'énigme métaphysique et morale appliquée à la théologie et à la philosophie du tems par demandes et par réponses*, éd. Bronislaw Baczko et Franco Venturi, *Dix-huitième siècle* 5 (1973), p.226.

33. p.246. Pour une définition développée des trois états (état sauvage, état de lois, état de mœurs), voir *Le Mot de l'énigme*, éd. Baczko et Venturi, *Dix-huitième siècle* 4 (1972), p.338-39. On trouvera une synthèse commode des traits essentiels de la société de l'"état de mœurs' dans André Robinet, *Dom Deschamps, le maître des maîtres du soupçon* (Paris 1974), p.114-45.

spéculative même disparaîtra. La société parfaite ignorera toute loi, toute subordination, toute inégalité. Sur les plans économique et technologique, elle se ramènera au stade de civilisation de l'ère néolithique: une économie de cueillette complétée par une agriculture et un artisanat rudimentaires, tandis que des villages remplaceront les villes, abandonnées ou détruites. Enfin, et sans doute est-ce le point capital, l'abolition de toute spécificité individuelle suscitera des êtres absolument semblables, moralement et physiquement inter-changeables, sans passé et sans avenir, sans joies ni peines, sans attachements ni aversions: 'Les mêmes mœurs (et les mêmes mœurs ne peuvent être que les vraies mœurs) ne feraient pour ainsi dire des hommes et des femmes, qu'un même homme et une même femme.'[34]

En poussant jusqu'à ses ultimes conséquences l'anti-individualisme de la pensée politique traditionnelle, l'utopie métaphysique de dom Deschamps envisage le rapport de l'individu à la société dans sa véritable perspective, qui est d'ordre philosophique. Deux options sont ici concevables: ou l'homme se réalise par l'effacement de sa personne au sein du corps social, l'individuation étant le mal ontologique par excellence, synonyme de séparation, de solitude et d'angoisse – telle est la conception qui sous-tend les systèmes philosophiques d'inspiration moniste et imprègne la plupart des utopies; ou l'homme ne devient réellement homme que par l'individuation, par l'émergence du moi en tant que conscience autonome distincte du monde et des autres. Les deux positions n'ont pas la même force sur le plan de l'argumentation. A la rigueur logique et à la séduction fascinante des philosophies de la totalité, l'attitude individualiste, ou personnaliste, n'a guère à opposer que de bien plats arguments: l'évidence tenace, contre tous les systèmes, du caractère irréductible de l'individualité et la constatation désenchantée, mais historiquement peu réfutable, que 'le monisme est la source philosophique de l'esclavage humain'.[35]

Les utopies les plus ambiguës dans leur signification – celles de Foigny et de Swift – le sont précisément dans la mesure où les deux attitudes y sont simultanément présentes. On y trouvera d'abord, dans la même perspective holiste, ou moniste, tous les caractères de l''état de mœurs' selon dom Des-champs: pas de lois, pas d'Etat, pas de propriété; un stade de développement économique et technologique rudimentaire; un langage rationnel réduit à la seule possibilité d'expression du vrai; une indifférence devant la mort considérée comme une composante obligée du cycle biologique de renouvellement de l'espèce; plus généralement, une absence de toute passion, de tout sentiment

34. Dom Deschamps, *Observations morales*, éd. Thomas et Venturi, p.122-23, 162; cité par Baczko, *Lumières de l'utopie*, p.130.

35. Nicolas Berdiaeff, *De l'esclavage et de la liberté de l'homme*, traduit du russe par S. Jankelevitch, (Paris 1946), p.73.

qui constituerait une marque spécifique d'individualité, de toute affection ou prédilection qui établirait avec un autre être une relation privilégiée; enfin, une fusion des individus dans le tout social traduite par une complète identité idéologique, morale et même physique (chez Foigny surtout). Il faut cependant relever également quelques divergences significatives qui, peut-être, remettent en question l'idéal moniste dont ces sociétés se réclament. Si l'"état de mœurs' correspond à la fusion de l'individu, non pas seulement dans le corps social, mais aussi dans le tout cosmique, il n'en va pas de même chez les habitants de nos utopies. La question religieuse constitue chez Foigny une source de difficultés et de contradictions. Les Australiens, tout en se voyant eux-mêmes comme des êtres parfaits, croient en une divinité plus parfaite et plus puissante qu'eux-mêmes, infiniment lointaine, exerçant sur eux une domination arbitraire, puisqu'elle 'fait consister sa toute-puissance à [les] détruire' (*T.A.*, p.123). Cette dépendance ontologique, opposée à l'idéologie de plénitude et de souveraineté de l'homme, justifie le choix de la mort volontaire qui, seule, permet d'échapper à l'arbitraire divin. Pourtant, si ce choix est justifié par la raison et conforme à l'aspiration individuelle, il est socialement censuré, ou du moins sévèrement contrôlé par l'instance collective. Il y a là l'amorce d'un conflit entre l'individu et la collectivité, conflit que le discours officiel de la société australienne s'acharne à décréter impossible. En outre, la présence, au sein de ces sociétés ou sur leurs frontières, de races para-humaines non rationnelles, Yahoos ou Fondins, nuit à la pureté de l'utopie et y installe une situation potentiellement conflictuelle. Loin de s'immerger dans la totalité et de communier avec la vaste chaîne des êtres, Australiens et Houyhnhnms se retranchent dans leur spécificité. On peut se demander si leur répulsion fascinée pour l'animalité ou pour les formes 'inférieures' d'humanité ne traduirait pas au fond une obscure attirance pour la liberté de l'existence instinctive opposée à l'ordonnance rigide des communautés rationnelles, pour les valeurs de différence et d'individualité qu'incarne l'univers animal face à l'idéal d'identité imposé par la collectivité utopique. Surtout, ce sont les perturbations apportées par la présence du narrateur qui permettent de poser, dans toute son ambiguïté, le problème du rapport de l'individuel au collectif. C'est à l'intérieur même du héros que se manifeste la contradiction entre la fascination de l'idéal collectif de l'utopie et le caractère malgré tout irréductible du fait individuel. Personnages à tous égards déviants par rapport à la norme de l'utopie, Sadeur et Gulliver, malgré leurs efforts pour s'y conformer, sont finalement mis à l'écart et socialement éliminés. Mais, en même temps, l'individu ainsi rejeté reste fasciné par la collectivité qui l'exclut. Son incompatibilité personnelle avec la norme collective, sanctionnée par l'expulsion, ne le conduit nullement à remettre en cause la validité du modèle. Fuyant la Terre australe pour échapper à la condamnation à mort, Sadeur quitte avec regret ce monde étouffant, qui continue pourtant à lui apparaître comme une sorte de paradis perdu. Auprès des chevaux, êtres de pure raison, Gulliver a contracté le mépris des hommes et la haine de nos sociétés imparfaites; pour lui, point de pire punition que d'être contraint de les rejoindre. Pourtant, il ne peut que souscrire à la sentence qui l'exclut, puisque cette décision est inspirée par la parfaite raison de la communauté avec laquelle il voudrait s'identifier. Cette contradiction riche de sens déborde largement le cadre des deux ouvrages considérés. Elle situe l'utopie classique à l'articulation de deux modèles. Le premier, prolongement d'une tradition politique très ancienne, traduit la nostalgie d'une communauté indivise et l'aspiration à la fusion dans le corps social. Le second, issu de Descartes et, surtout, de Locke, exprime l'émergence de la notion moderne d'"individu'. Peut-être le développement, à partir de la fin du dix-septième siècle, d'une littérature utopique où la forme narrative en autorise la manifestation simultanée est-il le symptôme de cette mutation progressive des représentations politiques.

Bibliographie

i. Ouvrages de référence (bibliographies spécialisées, encyclopédies et collections)

Baldner, Ralph W., *Bibliography of seventeenth-century French prose fiction*, New York 1967

Clarke, I. F., *The Tale of the future from the beginning to the present day: an annotated bibliography of those satires, ideal states, imaginary wars and inventions, political warnings and forecasts, interplanetary voyages and scientific romances – all located in an imaginary future period – that have been published in the United Kingdom between 1644 and 1970*, London 1972

Garnier, Charles-Georges-Thomas (éd.), *Voyages imaginaires, songes, visions et romans cabalistiques ornés de figures*, Amsterdam, Paris 1787-1789

Gibson, R. W., and J. Max Patrick, *St Thomas More: a preliminary bibliography of his works and of Moreana to the year 1750*, New Haven, London 1961

Gove, Philip B., *The Imaginary voyage in prose fiction*, second edition, London 1961

Guadalupi, G., et A. Manguel, *Guide de nulle part et d'ailleurs*, Paris 1981

Hartig, Irmgard, et Albert Soboul, *Pour une histoire de l'utopie en France au XVIIIe siècle*, suivi de I. Hartig, *Essai de bibliographie*; Société des études robespierristes, Paris 1977

Headicar, B. M., and C. Fuller, *London bibliography of the social sciences*, London 1931

Jones, S. P., *A list of French prose fiction, 1700-1750*, New York 1939

McBurney, W. H., *A check list of English prose fiction, 1700-1739*, Cambridge, Massachusetts 1960

Martin, A., V. G. Mylne et R. Frautschi, *Bibliographie du genre romanesque français, 1751-1800*, London, Paris 1977

Messac, Régis, *Esquisse d'une chrono-bibliographie des utopies*, Lausanne 2962 [1962; exemplaires multigraphiés]

Negley, Glenn, *Utopian literature: a bibliography; with a supplementary listing of works influential in utopian thought*, Lawrence, Kansas 1977

Sargent, Lyman T., *British and American utopian literature, 1516-1975*, Boston 1979

Soboul, Albert, *Utopies au siècle des Lumières*, étude et bibliographie par Albert Soboul, Montrouge s.d. [catalogue accompagnant un ensemble de reproductions sur microfiches]

Streeter, H. W., *The Eighteenth-century English novel in French translation: a bibliographical study*, Publication of the Institute of French Studies, New York 1936

Trousson, Raymond, *Voyages aux pays de nulle part: histoire littéraire de la pensée utopique*, Bruxelles 1975

Versins, Pierre, *Encyclopédie de l'utopie, des voyages extraordinaires et de la science-fiction*, Lausanne 1972

Welcher, Jeanne K, et George E. Bush, Jr (éd.), *Gulliveriana*, New York 1970-1974

Winter, Michael, *Compendium utopiarum*, I. Teilband; Repertorien zur deutschen Literaturgeschichte, Stuttgart 1978

ii. Sources primaires

(Cette section réunit la littérature utopique ou para-utopique citée antérieure à 1800: utopies, projets, anti-utopies, robinsonnades, voyages imaginaires ...)

[Anonyme,] *Antiquity reviv'd, or the government of a certain island antiently call'd Astreada, in reference to religion, policy, peace and war, some hundreds of years before the coming of Christ*, London 1693

– *Authentick relation of the many hardships and sufferings of a Dutch sailor, who was put on shore on the uninhabited isle of Ascension, by order of the commadore of a squadron of Dutch ships* [...]; *taken from the original journal found in his tent by some sailors, who landed from on board the Compton, Captain Morson commander, in January 1725/26*, London 1728

– *A brief description of the future history of Europe, fron anno 1650 to an. 1710, treating principally of those grand and famouse mutations yet experienced in the world* [...] *and the Fifth Monarchie of the universall reign of the Gospel of Christ upon earth*, London 1650

– *Celenia, or the history of Hyempsal, King of Numidia; dedicated to the Duchess of Marlborough by Zelis the Persian*, London 1736

– *Chaos, or a discourse wherein is presented* [...] *a frame of government by way of a republique*, London 1659

– *A discovery of Fonseca*, Dublin 1682

– *Entretiens sur les Voyages de Cyrus*, Nancy 1728

– *An essay concerning Adepts, or a resolution of this enquiry: how it cometh to pass that Adepts, if there are any in the world, are no more beneficial to mankind than they have been hitherto known to be, and whether there could be no way to encourage them to communicate themselves; with some resolutions concerning the principles of the Adeptists; and a model, practicable and easy, of living in community; in two parts, by a Philadept*, London 1698

– [vraisemblablement du même auteur,] *Annus Sophiae jubilaeus: the Sophick Constitution, or the evil customs of the world reform'd*, London 1700

– *The Free State of Noland*, London 1696

– *A genuine account of the life and transactions of Howell ap David Price, gentleman of Wales, exhibiting a series of most remarkable occurrences during his seven years travels abroad, five of which were spent with a lady he had released from slavery; with farther particulars since his return with her to England; written by himself*, London 1752

– *Histoire d'un peuple nouveau, ou découverte d'une isle à 43 degrés 14 minutes de latitude méridionale par David Tompson, capitaine du vaisseau le Boston, à son retour de la Chine en 1756; ouvrage traduit de l'anglois*, Londres 1757, Paris 1976

– *The History of Autonous, containing a relation how that young nobleman was accidentally left alone, in his infancy, upon a desolate island, where he lived nineteen years, remote from all humane society, 'till taken up by his father; with an account of his life, reflections, and improvements in knowledge, during his continuance in that solitary state; the whole, as taken from his own mouth*, London 1736 [pour une version augmentée, voir John Kirkby, *The Capacity and extent of the human understanding*, London 1745]

– *The History of Menuthia, with an account of the chief transactions in that kingdom*, Nottingham 1715

– *The Life and surprising adventures of Friga Reveep, of Morlaix, in France, who was sixteen years in an uninhabited part of Africa; and how he met with a young virgin who was banish'd; in what manner they liv'd together, and had two children, a son and a daughter, the latter dying when she was six years of age; together with their surprising deliverance to their own country again; with a faithful relation of all that past during the time that he was there; written in French by himself, and translated into English by Mr Transmarine*, s.l. [London?] 1755

– *Les Loix du roy Minos, ou continuation du quatrième livre des Aventures de Télémaque*, nouvelle édition, Amsterdam 1716

– *A narrative in letters from L. Gulliver to the editor of 'Applebee's original weekly journal'*, London 1728

– *Naufrage et aventures de M. Pierre Viaud, capitaine de navire*, in Garnier (éd.), *Voyages imaginaires*, t.xii

– *New Atlantis, begun by Lord Verulam, Viscount of St Albans, and continued by R. H., Esq.*, London 1660

– *Ophirischer Staat*, Leipzig 1699

– 'Projet d'établissement singulier', *Journal d'agriculture* (septembre 1755)

– *Providence displayed, or a surprising account of one Mr Alexander Selkirk*, s.l. [London?] 1713

– *Relation du naufrage de madame Godin sur la rivière des Amazones*, in Garnier (éd.), *Voyages imaginaires*, t.xii

– *Relation d'un voyage du pôle arctique au pôle antarctique par le centre du monde, avec la description de ce périlleux passage & des choses merveilleuses & étonnantes qu'on a découvertes sous le pôle antarctique* (Amsterdam 1721), in Garnier (éd.), *Voyages imaginaires* tome xix; réédition, Lagrasse 1980

– *The Travels and adventures of William Bingfield, Esq., containing as surprising a fluctuation of circumstances, both by sea and land, as ever befel one man; with an accurate account of the shape, nature, and properties of that most furious and amazing animal, the Dog-Bird; printed from his own manuscript*, London 1753

– *Travels into several remote nations of the world, by Capt. Lemuel Gulliver*, vol.iii (London 1727), in Welcher et Bush (éd.) *Gulliveriana*, tome iii

– *The Travels of Mr Drake Morris, merchant in London, containing his sufferings and distresses in several voyages at sea; written by himself*, London 1755

– *Voyage curieux d'un Philadelphe dans des pays nouvellement découverts*, La Haye 1755

– *Voyage de Robertson aux terres australes, traduit sur le manuscrit anglois*, Amsterdam 1766

– *A voyage to the new island Fonseca, near Barbadoes, with some observations made in a cruize among the Leward Islands, in letters from two captains of Turkish men of war driven thither in the year 1707, translated out of Turkish and French*, London 1708

– *A voyage to the world in the centre of the earth, giving an account of the manners, customs, laws, government and religion of the inhabitants, their persons and habits described, with several other particulars; in which is introduced the history of an inhabitant of the air, written by himself, with some account of the planetary worlds*, London 1755

– *The Voyages and adventures of Miles Philips*, London 1724

Andreae, Johann Valentin, *Reipublicae christianopolitanae descriptio*, Argentorati 1619

Argens, Jean Baptiste de Boyer, marquis d', *Le Législateur moderne, ou les mémoires du Chevalier de Meillecourt*, Amsterdam 1739

Argenson, René-Louis de Voyer d', *Considérations sur le gouvernement ancien et présent de la France*, Amsterdam 1764

Artus, Thomas, *L'Ile des hermaphrodites nouvellement découverte, avec les mœurs, lois, coutumes et ordonnances des habitants d'icelle*, Paris 1605

Aubin, Penelope, *The Noble slaves, or the lives and adventures of two Lords and two Ladies*, London 1722

Bacon, Francis, *The Advancement of learning; New Atlantis* (1627), Oxford 1974

– *La Nouvelle Atlantide*, suivi de M. Le Dœuff et M. Llasera, *Voyage dans la pensée baroque*, Paris 1983

Barnard, John, *Ashton's memorial: an history of the strange adventures and signal deliverances of Mr Philip Ashton, who, after he had made his escape from the pirates, liv'd alone on a desolate island for about sixteen months, &c.; with a short account of Mr Nicholas Merritt, who was taken at the same time; to which is added a sermon on Daniel iii.17*, Boston, New England 1725

Barnes, Josuah, *Gerania: a new discovery of a little sort of people anciently discoursed of, called Pygmies; with a lively description of their stature, habits, manners, buildings, knowledge, and government, being very delightful and profitable*, London 1675

Baudeau, abbé, *Idées d'un citoyen sur les droits et les devoirs des vrais pauvres*, Amsterdam, Paris 1765

Bayle, Pierre, *Œuvres diverses*, La Haye 1725-1727

– *Dictionnaire historique et critique*, cinquième édition, Bâle 1738

– *Avis important aux réfugiés sur leur retour prochain en France*, Amsterdam 1690

Beaurieu, Gaspard Guillard de, *L'Elève de la nature*, Amsterdam, Paris 1766 [l'édition originale serait de 1763]; nouvelle édition augmentée d'un volume et ornée de figures en taille-douce, Amsterdam et Lille 1776

Behn, Aphra, *Oroonoko, or the royal slave: a true history*, London 1688; in *Shorter novels: seventeenth century*, P. Henderson (éd.), London, New York 1967

Bellers, John, *Proposals for raising a College of Industry of all useful trades and husbandry, with profit for the rich, a plentiful living for the poor and a good education for youth, which will be an advantage to the government by the increase of the people and their riches. Motto: Industry brings plenty; the sluggard shall be clothed with raggs; he that will not work, shall not eat* (1695; 2nd edition, 1696), in A. Ruth-Fry, *John Bellers, 1654-1725*, London 1935

– *Essays about the poor, manufacturers, trade, plantations and immorality, and of the excellency and divinity of inward light, de-*

monstrated from the attributes of God, and the nature of man's soul, as well as from the testimony of the Holy Scriptures (1699), in A. Ruth-Fry, *John Bellers, 1654-1725*, London 1935

– *Some reasons for an European State, proposed to the powers of Europe, by an universal guarantee, and an annual congress, senate, dyet or parliament, to settle any disputes about the bounds and rights of princes and States hereafter; with an abstract of a scheme form'd by King Henry the Fourth of France upon the same subject, and also a proposal for a General Council or Convocation of all the different religious perswasions in Christendom (not to dispute what they differ about, but), to settle the general principles they agree in, by which it will appear that they may be good subjects and neighbours, tho' of different apprehensions of the way to Heaven: in order to prevent broils and war at home, when foreign wars are ended* (1710), in A. Ruth-Fry, *John Bellers, 1654-1725*, London 1935

– *An essay towards the improvement of physick* (1714), in A. Ruth-Fry, *John Bellers, 1654-1725*, London 1935

Bentham, J., *Le Panoptique*, précédé de *L'Œil du pouvoir*, entretien avec Michel Foucault, Paris 1977

Bergeron, Pierre, *Relation des voyages en Tartarie, plus un traicté des Tartares*, Paris 1634

– *Les Voyages fameux du sieur Vincent Le Blanc, Marseillais [...] redigez fidellement sur ses mémoires et registres par P. Bergeron*, Paris 1648

Berington, Simon, *The Memoirs of signor Gaudentio di Lucca, taken from his confession and examination before the Fathers of the Inquisition at Bologna in Italy: making a discovery of an unknown country in the midst of the vast deserts of Africa, as ancient, populous, and civilized as the Chinese; with an account of their antiquity, origine, religion, customs, polity, &c., and the manner how they got first over those vast deserts; interspers'd with several most surprising and curious incidents; copied from the original manuscript kept in St Mark's Library at Venice, with critical notes of the learned signor Rhedi, late Library Keeper of the said library, to which is prefix'd a letter of the Secretary of the Inquisition, to the same signor Rhedi, giving an account of the manner and causes of his being seized; faithfully translated from the Italian by E. T. Gent.* (London 1737), éd. Josephine Grieder, New York, London 1973

– *Mémoires de Gaudenti di Lucca*, tr. Miltz et Saint-Germain, Amsterdam, Paris 1746

– *Mémoires de Gaudence de Lucques*, tr. J. B. Dupuy-Demportes, Amsterdam 1753, in Garnier (éd.), *Voyages imaginaires*, t.vi.

– *To his most excellent Majesty James III, King of England, Scotland, France and Ireland, Defender of the Faith*, by Simon Berington, priest and present Professor of Poetry in the English Colledge at Doway, s.l.n.d.

– *A popish pagan the fiction of a protestant heathen* [...], *faithfully translated from the Dutch*, London 1743

– *Dissertations on the Mosaïcal Creation, Deluge, building of Babel, and confusion of tongues* [...], London 1750

Bernardin de Saint-Pierre, *Paul et Virginie* (1788), éd. P. Trahard, Paris 1964

Béthune, chevalier de, *Relation du monde de Mercure* (Genève 1750), in Garnier (éd.), *Voyages imaginaires*, t.xvi

Bickerstaffe, Isaac [auteur présumé], *The Life and strange, unparallel'd and unheard of voyages and adventures of Ambrose Gwinett*, London 1770

Bochart, Samuel, *Geographia sacra, seu Phaleg et Chanaan*, Paris 1646

Bordelon, Laurent, abbé, *Mital, ou avantures incroyables et toute-fois, & caetera; ces avantures contiennent quinze relations d'un voyage rempli d'un très grand nombre de différentes sortes de prodiges, de merveilles, d'usages, de coûtumes, d'opinions, & de divertissements*, Paris 1708

– *Le Voyage forcé de Becafort, hypocondriaque, qui s'imagine être obligé de dire ou d'écrire tout ce qu'il pense des autres et de lui-même*, Paris 1709

Bougeant, père, Guillaume-Hyacinthe, *Voyage merveilleux du prince Fan-Férédin dans la Romancie*, Paris 1735

Bourignon, Antoinette, *La Lumière du monde*, Amsterdam 1679

– *Le Nouveau ciel et la nouvelle terre*, Amsterdam 1679

Brancas-Villeneuve, André-François de, abbé, *Histoire ou police du royaume de Gala, traduite de l'italien en anglais et de l'anglais en français*, Londres 1754

Brosses, Ch. de, *Histoire des navigations aux Terres australes, contenant ce que l'on sait des mœurs et des productions des contrées découvertes jusqu'à ce jour; et où il est traité de l'utilité d'y faire de plus amples découvertes, et des moyens d'y former un établissement*, Paris 1756

Brunt, Samuel [pseudonyme], *A voyage to Cacklogallinia, with a description of the religion, policy, customs and manners of that country*, London 1727

Bry, J. T. de, *Collection des petits voyages*, Francfort 1613

Bunyan, John, *The Pilgrim's progress*, éd. R. Sharrock, Harmondsworth 1979

Callander, *Terra australis cognita, or voyages to the Terra australis, or southern hemisphere*, Edinburgh 1766

Campanella, Tommaso, *La Cité du Soleil* (1623), éd. Luigi Firpo, traduction française par Arnaud Tripet, Genève 1972

Campomanes [auteur présumé], *Sinapia, una utopia española del siglo de las luces*, éd. Miguel Aviles Fernández, Madrid 1976

Caraccioli, marquis de, *Voyage de la Raison en Europe*, in Garnier (éd.), *Voyages imaginaires*, t.xxvii

Casanova di Seingalt, Giacomo Girolamo, *Icosameron, ou histoire d'Edouard, et d'Elisabeth, qui passèrent quatre vingts un ans chez les Mégamicres, habitans aborigènes du protocosme dans l'intérieur de notre globe; traduite de l'anglois par Jacques Casanova de Seingalt, Vénitien, docteur ès* loix, bibliothécaire de monsieur le comte de Walstein, seigneur de Dux, chambellan de S.M.J.R.A. (Prague [1788]), Plan-de-la-Tour 1986

Cavendish, Margaret, Duchess of Newcastle, *The Description of a new world, called the Blazing world, written by the thrice noble, illustrious and excellent princess, the Duchess of Newcastle, in Observations upon experimental philosophy*, London 1666, 1668

Chapelle, C. E., *Voyage de Chapelle et Bachaumont*, in Garnier (éd.), *Voyages imaginaires*, t.xxviii

Chetwood, William Rufus, *The Voyages, dangerous adventures, and imminent escapes of Captain Richard Falconer, containing the laws, customs, and manners of the Indians in America, his shipwrecks, his marrying an Indian wife, his narrow escape from the island of Dominico, &c.; intermix'd with the voyages and adventures of Thomas Randal, of Cork, pilot, with his shipwreck in the Baltick, being the only man that escap'd, his being taken by the Indians of Virginia, &c., written by himself, now alive*, London 1720

– *The Voyages and adventures of Captain Robert Boyle, in several parts of the world; intermix'd with the story of Mrs Villars, an English lady with whom he made his surprising escape from Barbary, the history of an Italian captive, and the life of Don Pedro Aquilo, &c., full of various and amazing turns of fortune; to which is added the voyage, shipwreck, and miraculous preservation of Richard Castelman, gent., with a description of the city of Philadelphia and the country of Pensylvania*, London 1726

[Compagnie de Jésus,] *Lettres édifiantes et curieuses de Chine*, éd. I. et J. L. Vissière, Paris 1979

Condorcet, Marie Jean Antoine Nicolas de Caritat, marquis de, *Esquisse d'un tableau historique des progrès de l'esprit humain*, éd. M. et F. Hincker, Paris 1966

Congreve, W., *Incognita, or love and duty reconcil'd* (1692), in P. Henderson (éd.), *Shorter novels: seventeenth century*, London and New York 1967

Coréal, François, *Voyages de François Coréal aux Indes occidentales*, traduit de l'espagnol, Amsterdam 1722

Corneille, Thomas, *Dictionnaire universel géographique et historique*, Paris 1708

Coyer, Gabriel-François, abbé, *Découverte de l'isle Frivole*, Londres 1750, La Haye 1751

Cyrano de Bergerac, Savinien de, *Voyage dans la lune* (1657), suivi de *Lettres diverses*, éd. Maurice Laugaa, Paris 1970

– *L'Autre monde*, in *Œuvres complètes*, éd. Jacques Prévot, Paris 1977

Dalgarno, George, *Ars signorum* (London 1661), in *The Works of George Dalgarno of Aberdeen*, Edinburgh 1834

Dampier, William, *A new voyage round the world*; traduction française: *Nouveau voyage autour du monde*, Amsterdam 1698

Dapper, O., *Description de l'Afrique*, Boenn, Amsterdam 1686

Defoe, Daniel, *An essay upon projects*, London 1697

– *The Consolidator, or memoirs of sundry transactions from the world in the moon, translated from the lunar language by the author of The True-born English man*, London 1705

– *Madagascar or Robert Drury's journal during fifteen years captivity on that island*, London 1729

– *Les Aventures de Robert Drury*, éd. et tr. H. et G. Grandidier, in *Collection des ouvrages anciens concernant Madagascar*, tome iv, Comité de Madagascar, Paris 1906

– *Robinson Crusoe* (1719[-1720]), éd. G. N. Pocock, London and New York 1966

– *La Vie et les aventures de Robinson Crusoë*, tr. Thémiseul de Saint-Hyacinthe et Justus Van Effen, Amsterdam 1720, et Garnier, *Voyages imaginaires ...*, Amsterdam, Paris 1787

– *Vie et aventures de Robinson Crusoe*, tr. Pétrus Borel, éd. Francis Ledoux, Bibliothèque de la Pléiade, Paris 1959

– *The Life, adventures and pyracies of the famous Captain Singleton*, London 1720

– *A new family instructor*, in *Familiar discourses between a father and his children on the most essential points of the Christian religion*, London 1727

– *An effectual scheme for the immediate preventing of street robberies and suppressing the other disorders of the night*, London 1731

Della Porta, Giambattista, *La Magie naturelle, ou les secrets et miracles de la nature* (1558), Paris 1913

Dellon, C., *Relation d'un voyage des Indes orientales*, Paris 1685

Descartes, René, *Discours de la méthode*, in *Œuvres et lettres*, Bibliothèque de la Pléiade, Paris 1958

Deschamps, dom Léger-Marie, *Le Mot de l'énigme métaphysique et morale*, éd. B. Backzo et F. Venturi, *Dix-huitième siècle* 4 (1972), p.323-63; 5 (1973), p.211-49

Desfontaines, Pierre François Guyot, abbé, *Le Nouveau Gulliver, ou voyages de Jean Gulliver, fils du capitaine Gulliver*, traduit d'un manuscrit anglois par monsieur L. D. F. (Paris 1730), in Garnier (éd.), *Voyages imaginaires*, t.xv

Diderot, Denis, *Supplément au Voyage de Bougainville* (1796), in *Œuvres philosophiques*, éd. Paul Vernière, Paris 1964

Doni, Anton Francesco, *I mondi celesti, terrestri et infernali degli Academici Pelligrini*, Vinegia 1552

Dralsé de Grandpierre, *Relation de divers voyages faits dans l'Afrique, dans l'Amérique et aux Indes occidentales*, Paris 1718

Ducray-Duminil, François Guillaume, *Lolotte et Fanfan, ou les aventures de deux enfans abandonnés dans une isle déserte*, rédigées & publiées sur des manuscrits anglais, par M. D*** du M***; à Charle's Town, et se trouve à Paris [1788]

Du Laurens, Henri-Joseph, abbé, *Imirce, ou la fille de la nature*, Berlin 1765

Du Moulin, Joachim, ou Jean de Moncy, *Histoire du grand et admirable royaume d'Antangil* (Saumur 1616), éd. F. Lachèvre, Paris 1933

Du Plaisir, *Sentimens sur les lettres et l'histoire avec des scrupules sur le stile*, Paris 1683

Duquesne, Henri, *Recueil de quelques mémoires servant d'instruction pour l'établissement de l'isle d'Eden*, Amsterdam 1689

– voir Th. Sauzier (éd.), *Un projet de république à l'île d'Eden (l'île Bourbon) en 1689 par le marquis Henri Du Quesne*, Paris 1887

– voir F. Leguat, *Aventures aux Mascareignes*, éd. J. M. Racault, Paris 1984

Durret, *Voyage de Marseille à Lima et dans les autres lieux des Indes occidentales*, Paris 1720

Evans, Ambrose [auteur présumé], *The Adventures and surprising deliverances of James Dubourdieu and his wife*, London 1719

Fénelon, François de Salignac de La Mothe, *Les Aventures de Télémaque, fils d'Ulysse, ou suite du quatrième livre de l'Odyssée d'Homère* (Bruxelles 1699) éd. J. L. Goré, Paris 1968

Fielding, Henry, *A journey from this world to the next* (1743), éd. Claude Rawson, London, New York 1973

Filmer, Sir Robert, *Patriarcha, or the natural power of kings* (1680), éd. Peter Laslett, Oxford 1949

Flacourt, Etienne de, *Histoire de la grande isle Madagascar*, Paris 1658

Fleury, Claude, *Les Mœurs des Israélites, où l'on voit le modèle d'une politique simple et sincère pour le gouvernement des Etats et la réforme des mœurs*, Paris, La Haye 1681

Foigny, Gabriel de, *La Terre australe connue* (1676), in Frédéric Lachèvre, *Le Libertinage au XVIIe siècle*, Paris 1909-1928, tome xii: *Les Successeurs de Cyrano de Bergerac – Gabriel de Foigny*; Slatkine Reprints, Genève 1968

– *Les Avantures de Jacques Sadeur dans la découverte et le voyage de la Terre australe*, Amsterdam 1732 [réédition de la version remaniée de 1692]

– *A new discovery of Terra incognita australis, or the southern world, by James Sadeur, a French man, translated from the French copy*, London 1693

Fontenelle, Bernard Le Boyer de [auteur présumé], *La République des philosophes, ou histoire des Ajaoiens, ouvrage posthume de Mr de Fontenelle; on y a joint une lettre sur la nudité des sauvages* (Genève 1768), Paris 1970

Gain de Montagnac, Louis Laurent Joseph, *Les Mémoires du Chevalier de Kilpar*, traduits ou imités de l'anglais de M. Fielding, par M. D ... M ... C ... D ... ; Paris 1768

Galland, Antoine, (tr.), *Les Mille et une nuits* (1704-1717), Paris 1965

Garcilaso de la Vega, *Commentaires royaux sur le Pérou des Incas* (1609), éd. Marcel Bataillon et L. F. Durand, Paris 1982

Gentleman, Francis, *A trip to the moon, containing an account of the island of Noibla, by Sir Humphrey Lunatic*, York 1764

Gilbert, Claude, *Histoire de Calejava ou de l'isle des hommes raisonnables, avec le paralelle de leur morale et du christianisme* ([Dijon] 1700), Paris 1970

Gildon, Charles [auteur présumé], *A description of New Athens in Terra australis incognita, by one who resided many years upon the spot* [in *Miscellanea aurea, or the golden medley*, ii: *The Fortunate shipwreck, or a description of New Athens, being an account of the laws, manners, religion, and customs of that country, by Morris Williams, gent., who resided there above twenty years*], London 1720

Glanvill, Joseph, *Anti-fanatical religion and free philosophy: in a continuation of New Atlantis*, in *Essays on several important subjects in philosophy and religion*, London 1676

Godwin, Francis, *The Man in the moon* (1638) / *L'Homme dans la lune*, édition bilingue par Annie Amartin, Nancy 1979

Gomberville, Marin Le Roy de, *L'Exil de Polexandre et d'Ericlée*, Paris 1619

– *La Première partie de Polexandre revue, changée et augmentée*, Paris 1632

Gott, Samuel, *Nova Solyma, the ideal city, or Jerusalem regained* (1648), London 1902

Gracián, Baltazar, *L'Homme détrompé, ou le Criticon*, traduit de l'espagnol par G. de Maunory, Paris 1696 [ou 1697]

Graves, Robert, *Columella, or the distressed anchoret: a colloquial tale, by the editor of the spiritual Quixote*, London 1779

Grivel, Guillaume, *L'Ile inconnue, ou mémoires du Chevalier Des Gastines, publiées par M. Grivel, des Académies de Dijon, de la Rochelle, de Rouen, de la Société philosophique de Philadelphie etc.* (Paris 1783[-1787]), in Garnier (éd.), *Voyages imaginaires*, tome vii-ix

Gueudeville, Nicolas, *Critique générale des Aventures de Télémaque*, Cologne 1700

Guttin, Jacques, *Epigone, histoire du siècle futur*, première partie, Paris 1659

Hall, Joseph, *Mundus alter et idem, sive terra australis antehac semper incognita* (Hannoviae 1607), réimpression: *Discovery of a new world*, Amsterdam, New York 1969

Harrington, James, *The Political works of James Harrington*, éd. J. G. A. Pocock, Cambridge 1977

– *The Commonwealth of Oceana* (1656)

– *The Prerogative of popular government* (1658)

– *The Rota, or a model of a free State or equal commonwealth* (1660)

Hartlib, Samuel, *A description of the famous kingdom of Macaria*, London 1641

Head, Richard, *The Floating island*, London 1673

– *O'Brazile, or the inchanted island*, London 1675

Heinse, W., *Ardinghello und die glückseligen Insel*, Lemgo 1787

Herbelot, B. d', *Bibliothèque orientale*, nouvelle édition, Maestricht 1776

Heywood (ou Haywood), Eliza Fowler, *Memoirs of a certain island adjacent to the kingdom of Utopia*, London 1725

Hirzel, H. C., *Le Socrate rustique, ou descrip-*

tion de la conduite économique et morale d'un paysan philosophe, Zurich 1762

Holbach, d', *Le Bon sens, ou idées naturelles opposées aux idées surnaturelles*, Londres 1772 [version remaniée du *Testament* de Jean Meslier]

Holberg, Ludwig von, *Voyage de Nicolas Klimius dans le monde souterrain, contenant une nouvelle théorie de la terre et l'histoire d'une cinquième monarchie inconnue jusqu'à présent, traduit du latin par E. de Mauvillon* (Copenhague 1741), in Garnier (éd.), *Voyages imaginaires*, tome xix

– *A journey to the world under-ground by Nicholas Klimius*, London 1742

Howard, Edward, *The Six days adventure, or the new Utopia*, London 1671

Huet, P. D., *Traité des romans* (1670), réédition: *Lettre traité de P. D. Huet sur l'origine des romans* […] *suivie de la lecture des vieux romans par Jean Chapelain*, éd. F. Gegou, Paris 1971

Hupay de Fuvéa, d', *Maison de réunion pour la communauté philosophique dans la terre de l'auteur de ce projet*, Euphrate, Utrecht 1779

Ibn, Thofaïl, *Hayy ben Yaqdhän, roman philosophique d'Ibn Thofaïl*, Beyrouth 1936; réimpression, Paris 1983

– *The Improvement of human reason exhibited in the life of Hai ebn Yoqdhan*, tr. Simon Ockley, London 1708

Johnson, Samuel, *The History of Rasselas, Prince of Abissinia* (1759), éd. D. J. Enright, Harmondsworth 1976

– *Rasselas*, tr. J. Bérard, Paris 1886

Jurieu, Pierre, *L'Accomplissement des prophéties, ou la délivrance prochaine de l'Eglise*, Rotterdam 1686

Kimber, Edward, *The Life, extraordinary adventures, voyages, and surprising escapes of Capt. Neville Frowde, of Cork; in four parts, written by himself, and now first published from his own manuscript*, London 1708

– *The Life and adventures of Joe Thompson: a narrative founded on fact, written by himself*, London, Bath 1750

King, William, *Crapulia, or the region of the cropsticks*, London 1732

Kircher, A., *La Chine d'Athanase Kircher de la Compagnie de Jésus, illustrée de plusieurs monuments tant sacrés que profanes*, Amsterdam 1670

Kirkby, John, *The Capacity and extent of the human understanding exemplified in the extraordinary case of Automathes, a young nobleman who was accidentally left in his infancy upon a desolate island, and continued nineteen years in that solitary state, separate from all human society*, London 1745

Knox, Robert, *An historical relation of Ceylon*, London 1681

Lafitau, Joseph-François, *Mœurs des sauvages américains comparées aux mœurs des premiers temps* (1724), éd. Edna H. Lemay, Paris 1983

La Hontan, L. A., baron de, *Nouveaux voyages dans l'Amérique septentrionale*, Amsterdam 1703

– *Dialogues curieux entre l'auteur et un sauvage de bon sens qui a voyagé* (1703), éd. Maurice Roelens, Paris 1973

Lamy, Guillaume, *Discours anatomiques*, Bruxelles 1679

La Porte, Joseph de, abbé, *Voyage au séjour des ombres*, La Haye 1749

La Peyrère, Isaac, *Praeadamitae, sive exercitatio super versibus duodecimo, decimotertio et decimoquarto capitis quinti Epistolae D. Pauli ad Romanos: quibus inducuntur primi homines ante Adamum conditi*, Amsterdam 1655

Lassay, Armand-Léon de Madaillan de Lesparre, marquis de, *Relation du royaume des Féliciens, peuples qui habitent dans les Terres australes; dans laquelle il est traité de leur origine, de leur religion, de leur gouvernement, de leurs mœurs, & de leur coutumes* (1727), in *Recueil de différentes choses*, par M. le marquis de Lassay, Lausanne 1756, quatrième partie

Laurenberg, Peter, *Pansophia, sive paedia philosophica*, Rostock 1633

Law, William, *Remarks upon a late book entitled The Fable of the bees*, London 1724

Le Blanc, Vincent, *voir* Bergeron, Pierre

Leczinski, Stanislas, roi de Pologne, *Entretien d'un Européen avec un insulaire du royaume de Dumocala* (1752), éd. Laurent Versini, Nancy 1981

– *Inédits*, éd. R. Taveneaux et L. Versini, Nancy 1984

Lefèvre (ou Lefebvre), François, *Relation du voyage de l'isle d'Eutopie*, par E.R.V.F.L., Delft 1711

Leguat, François, *Voyage et aventures de François Leguat et de ses compagnons en deux îles désertes des Indes orientales* (1708), Londres 1721

– *voir* J. M. Racault (éd.), *Aventures aux Mascareignes*, Paris 1984

Leibniz, G. W. von, *Essais de théodicée sur la bonté de Dieu, la liberté de l'homme et l'origine du mal*, Amsterdam 1710

Lenglet-Dufresnoy, Nicolas Alexandre, *De l'usage des romans*, Amsterdam 1734

L'Epy, Heliogenes de [pseudonyme], *A voyage into Tartary, containing a curious description of that country, with part of Greece and Turky, the manners, opinions and religion of the inhabitants therein, with some other incidents; by M. Heliognes de L'Epy, Doctor in Philosophy* London 1689

Lesage, Alain René, *Les Avantures de monsieur Robert Chevalier, dit de Beauchêne, capitaine de flibustiers dans la Nouvelle France*, rédigées par M. Le Sage (Paris 1732), Lagrasse 1980

Lesconvel, Hervé Pezron de, *Idée d'un règne doux et heureux, ou relation du voyage du Prince de Montbéraud dans l'île de Naudely*, première partie; à Caseres, capitale de l'île de Naudely, chez Pierre Fortané, 1703; [seconde édition,] à Merinde, chez Innocent Démocrite, 1706

Lewis, R., *The Adventures of a rake in the character of a public orator*, London 1759

Leyser, Johann, *Polygamia triumphatrix*, Londini Scenorum 1682

Lisieux, père Zacharie de, pseudonyme de Louis Fontaine, *Relation du pays de Jansénie*, Paris 1660

Locke, John, *Deuxième traité du gouvernement civil, suivi de Constitutions fondamentales de la Caroline* (1669), éd. et tr. Bernard Gilson, Paris 1977

Longueville, Peter, *The Hermit, or the unparalled sufferings and surprising adventures of Mr Philip Quarll, an Englishman, who was lately discovered by Mr Dorrington, a Bristol merchant, upon an uninhabited island in the South-Sea, where he has lived above fifty years, without any human assistance, still continues to reside, and will not come away* (London 1727), New York, London 1972

– *Le Solitaire anglais, ou aventures merveilleuses de Philippe Quarll*, in Garnier (éd.), *Voyages imaginaires*, t.iv

Lucien, *Histoire véritable*, tr. Perrot d'Ablancourt, in Garnier (éd.), *Voyages imaginaires*, tome xiii; réédition, Université de Nancy II, Société française de littérature générale et comparée, Mémoires des annales de l'Est 56, Nancy 1977

McDermot, Murtagh [pseudonyme?], *A trip to the moon, by Mr Murtagh McDermot, containing some observations and reflections made by him during his stay in that planet, upon the manners of the inhabitants*, Dublin, London 1728

Madden, Samuel, *Memoirs of the twentieth century*: being the original letters of State under George the Sixth, relating to the most important events [...] *from the middle of the eighteenth to the end of the twentieth century*, London 1733

Mandeville, Bernard, *Some fables after the easie and familiar method of monsieur de La Fontaine*, London 1703

– *Aesop dress'd*, London 1704

– *The Fable of the bees* (1714-1723), éd. Philip Harth, Harmondsworth 1970

– *La Fable des abeilles, ou les fripons devenus honnêtes gens*, tr. J. Bertrand, Londres 1740

– *La Fable des abeilles*, tr. Lucien et Paulette Carrive, Paris 1974

Marana, Giovanni-Paolo, *L'Espion du grand-seigneur*, Paris 1684

Marivaux, Pierre Carlet de Chamblain de, *Les Aventures de *** ou les effets surprenants de la sympathie* (1714), in *Œuvres de jeunesse*, Paris 1972

– *Théâtre complet*, éd. F. Deloffre, Paris 1968

– *L'Amour et la vérité*, 1720

– *L'Ile des esclaves*, 1725

– *L'Ile de la raison ou les petits hommes*, 1727

– *La Nouvelle colonie ou la ligue des femmes*, 1729 [pièce perdue]

– *La Dispute*, 1744

– *La Colonie*, 1750

Martigny, comte de, *Voyage d'Alcimédon, ou naufrage qui conduit au port: histoire plus vraie que vraisemblable, mais qui peut encourager à la recherche des terres inconnues* (Amsterdam 1751), in Garnier (éd.), *Voyages imaginaires*, t.x

Mason, W., *The English garden*, London 1772-1779, éd. M. Batey, Aldershot 1971

Mercier, L. S., *L'An deux mille quatre cent quarante, rêve s'il en fut jamais* (1771), éd. R. Trousson, Bordeaux 1971

Mercier, Louis-Sébastien, et Johann Gottlob Benjamin Pfeil, *L'Homme sauvage*, histoire traduite […] par M. Mercier; Paris 1767

Meslier, Jean, *Œuvres complètes*, éd. R. Desné (éditeur général), J. Deprun, A. Soboul, Paris 1970-1972

– *voir* Voltaire, *Extrait des sentiments de Jean Meslier*, Genève 1762

– *voir* d'Holbach, *Le Bon sens, ou idées naturelles opposées aux idées surnaturelles*, Londres 1772

Misson, François-Maximilien, *Le Théâtre sacré des Cévennes*, Londres 1707

Mocquet, Jean, *Voyages en Afrique, Asie, Indes orientales et occidentales*, Paris 1616

Moncrif, François Augustin Paradis de, *Réflexions sur quelques ouvrages faussement appelés ouvrages d'imagination*, in *Œuvres*, Paris 1768, ii.93-105

Montesquieu, Charles-Louis de Secondat, baron de, *Lettres persanes* (1721), éd. J. Starobinski, Paris 1973

– *De l'esprit des lois*, in *Œuvres complètes*, Paris 1964

– *Mes pensées, 1720-1755*, in *Œuvres complètes*, Paris 1964, p.853-1082

More, Thomas, *L'Utopie* (1516), texte original, tr. et éd. André Prévost, Paris 1978

– [tr. Samuel Sorbière,] *L'Utopie de Thomas Morus*, Amsterdam 1643

– [tr. Gueudeville,] *L'Utopie de Thomas More, chancelier d'Angleterre: idée ingénieuse pour remédier au malheur des hommes et pour leur procurer une félicité complette*, Leide 1715

– [tr. M. T. Rousseau,] *Tableau du meilleur gouvernement possible, ou l'utopie de Thomas Morus*, Paris 1780

– [tr. Gilbert Burnet,] *Utopia, or the happy republic: a philosophical romance in two books*, [réédition,] Glasgow, Edinburgh 1743

– – [tr. Ferdinando Warner,] *Memoires of the life of Sir Thomas More […] to which is added his history of Utopia*, London 1758

Morelly, Etienne-Gabriel, *Naufrage des Isles Flottantes, ou Basiliade du célèbre Pilpaï: poème héroïque traduit de l'indien par M. M ****, Messine, Paris 1753

– *Le Code de la nature* (1755), éd. V. P. Volguine, Paris 1970

Morris, Ralph [auteur présumé], *A narrative of the life and astonishing adventures of John Daniel, a smith at Royston in Hertfordshire for a course of seventy years; […] taken from his own mouth by Mr Ralph Morris*, London 1751

Morvan de Bellegarde, abbé J. B., *Lettres curieuses de littérature et de morale*, Paris 1702

Mouhy, Charles de Fieux, chevalier de, *Lamekis, ou les voyages extraordinaires d'un Egyptien dans la terre intérieure avec la découverte de l'isle des Silphides* (Paris 1735-1738), in Garnier (éd.), *Voyages imaginaires*, t.xx-xxi

Moutonnet de Clairfons, Julien Jacques, *Les Isles Fortunées, ou les aventures de Bathylle et de Cléobule*, par M.M.D.C.A.S. (Canarie et Paris 1778), in Garnier (éd.), *Voyages imaginaires*, t.x

Naudé, Gabriel, *Considérations politiques sur les coups d'Etat*, Rome 1639

Neville, Henry, *The Isle of Pines, or a late discovery of a fourth island near Terra australis incognita by Henry Cornelius van Sloetten* (London 1668), in Philip Henderson (éd.), *Shorter novels: seventeenth century*, London and New York 1967
– [traductions françaises:]
Voyages du sens commun à l'isle d'Utopie (1668)
Relation fidelle et véritable de la nouvelle découverte d'une quatrième isle de la Terre australe [...] *sous le nom d'isle des Pins*, Leyden 1668
Découverte d'une isle inconnue ou aventures de Georges Pinès, tr. abbé Prévost, *Le Pour et le contre*, tome xiii (1737)

Nicole, P., *De la comédie*, in *Lettres sur l'hérésie imaginaire* (1667), éd. G. Couton, Paris 1961

Paltock, Robert, *The Life and adventures of Peter Wilkins, a Cornish man: relating, particularly, his shipwreck near the South Pole, his wonderful passage thro' a subterraneous cavern into a kind of new world, his there meeting with a Gawry, or flying woman, whose life he preserv'd, and afterwards married her, his extraordinary conveyance to the country of Glums and Gawrys, or men and women that fly; likewise a description of this strange country, with the laws, customs, and manners of its inhabitants, and the author's remarkable transactions among them; taken from his own mouth, in his passage to England, from off Cape Horn in America, in the ship Hector, with an Introduction giving an account of the surprising manner of his coming on board that vessel and his death on his* landing at Plymouth in the year 1739; illustrated with several cuts clearly and distinctly representing the structure and mechanism of the wings of the Glums and Gawrys, and the manner in which they use them either to swim or fly; by R. S., a passenger in the Hector, London 1751

Paltock, Robert, *The Life and adventures of Peter Wilkins* (1751), éd. Christopher Bentley, London 1973
– *Les Hommes volants, ou les aventures de Pierre Wilkins*, tr. F. de Puisieux (Londres, Paris 1763), in Garnier (éd.), *Voyages imaginaires*, t.xxii-xxiii

Paulmier de Gonneville, abbé, *Mémoires touchant l'établissement d'une mission chrestienne dans le troisième monde, autrement appelé la Terre australe, méridionale, antarctique et inconnüe, dediez à Nostre Saint Pere le pape Alexandre VII par un ecclesiastique originaire de cette mesme terre*, Paris 1663

Pechméja, Jean de, *Télèphe en XII livres*, Paris, Londres 1784

Pernetti, Jacques, abbé, *Le Repos de Cyrus, ou l'histoire de sa vie depuis sa seizième jusqu'à sa quarantième année*, Paris 1732

Philips, Miles [pseudonyme], *The Voyages and adventures of Miles Philips, a west-country sailor* [...] *written by himself in the plain stile of an English sailor*, London 1724

Piarron de Chamousset, C. R., *Plan d'une maison d'association* et *Projet de règlement pour la maison d'association*, in *Œuvres complètes de M. de Chamousset*, Paris 1783, i.21ss

Platon, *Le Banquet, ou de l'amour*, tr. Léon Robin et M. J. Moreau, Paris 1973
– *La République*, tr. A. Diès, Paris 1971

Plockhoy, Peter Cornelius, *A way propounded to make the poor in this and other nations happy*, s.l. [1659?]

Prévost, Antoine-François, abbé, *Le Philosophe anglois, ou histoire de monsieur Cleveland, fils naturel de Cromwell*, Utrecht (1731-1739), in *Œuvres choisies* (Paris 1810-1816), Genève 1969, t.iv-vii

– – in *Œuvres*, éd. Philip Stewart, Grenoble 1977, t.ii

– *Voyages du capitaine Robert Lade en différentes parties de l'Afrique, de l'Asie et de l'Amérique, contenant l'histoire de sa fortune & ses observations sur les colonies & le commerce des Espagnols, des Anglois, des Hollandois, &c., ouvrage traduit de l'anglois*, Paris 1744

– *Histoire générale des voyages, ou nouvelle collection de toutes les relations de voyages*, Paris 1746-1789

– *Histoire du Chevalier Des Grieux et de Manon Lescaut*, éd. H. Coulet, Paris 1967

Psalmanazar, George [pseudonyme], *An historical and geographical description of Formosa*, London 1704

– [traduction française:] *Description de l'île Formosa en Asie*, Amsterdam 1705

Puget de Saint-Pierre, *Les Aventures de Périphas, descendant de Cécrops*, Paris 1761

Queiros, F. de, *Requeste présentée au roy d'Espagne par le capitaine Pierre Ferdinand de Quir, sur la découverte de la cinquième partie du monde appelée Terre australe inconnue*, Paris 1617

Rabelais, François, *Pantagruel*, éd. Pierre Michel, Paris 1967

Raguet, abbé F., *La Nouvelle Atlantide de François Bacon, chancelier d'Angleterre, traduite en françois et continuée, avec des réflexions sur l'institution et les occupations des Académies française, des sciences et des inscriptions*, Paris 1702

Ramsay, Andrew Michel, dit chevalier de, *Les Voyages de Cyrus, avec un discours sur la mythologie* [avec une lettre de N. Fréret] (Paris 1727), Paris 1728

Rapin de Thoyras, *Histoire d'Angleterre*, t.ix, La Haye 1727

Raynal, Guillaume, abbé, *Histoire philosophique et politique des établissements et du commerce des Européens dans les deux Indes* (1770, 1774, 1780), éd. Yves Benot, Paris 1981

Réal de Curban, G., *La Science du gouvernement*, Amsterdam 1764

Reeve, Clara, *The Progress of romance* (1785), rééd. New York 1930

Restif de La Bretonne, Edme-Nicolas, *Le Pornographe, ou idées d'un honnête homme sur un projet de règlement pour les prostituées*, La Haye 1770

– *Le Mimographe, ou idées d'une honnête femme pour la réformation du théâtre national*, Amsterdam 1770

– *Les Gynographes, ou idées de deux honnêtes femmes sur un projet de règlement proposé à toute l'Europe pour mettre les femmes à leur place et opérer le bonheur des deux sexes*, Paris 1777

– *L'Andrographe, ou idées d'un honnête homme sur un projet de réglementation proposé à toutes les nations de l'Europe pour opérer une réforme générale des mœurs, et par elle le bonheur du genre humain*, La Haye et Paris 1782

– *Le Thesmographe, ou idées d'un honnête homme, sur un projet de règlement proposé à toutes les nations de l'Europe pour opérer une réforme générale des loix*, Paris 1789

– *Le Paysan perverti* (1776), Paris 1978

– *La Découverte australe par un homme volant, ou le dédale français; nouvelle très philosophique, suivie de la lettre d'un singe* (Leïpsick, Paris 1781), éd. Paul Vernière, Genève, Paris 1979

Robinet, J. B., *Dictionnaire universel des sciences morale, économique, politique, diplomatique*, Londres 1777-1783

Rogers, Woodes, *The Cruising voyage round the world*, London 1712

– *Voyage autour de monde*, Amsterdam 1716

Roumier-Robert, Marie Anne de, *Voyages de Milord Ceton dans les sept planètes, ou le nouveau Mentor* (La Haye, Paris 1765), in Garnier (éd.), *Voyages imaginaires*, t.xvii-xviii

Rousseau, Jean-Jacques, *Œuvres complètes*, éd. Bernard Gagnebin et Marcel Raymond, Bibliothèque de La Pléiade, Paris 1959-1969 [*O.C.*]

– *Les Rêveries du promeneur solitaire*, *O.C.*, i.993-1099

- *La Nouvelle Héloïse* (1761), éd. Bernard Guyon, *O.C.*, ii.1-793
- [première traduction anglaise, par William Kenrick:] *Eloisa, or a series of original letters*, London 1761
- *Narcisse, O.C.*, ii.957-1018
- *Discours sur l'économie politique, O.C.*, iii.239-78
- *Du contrat social, O.C.*, iii.347-470
- *Lettres écrites de la Montagne, O.C.*, iii.683-897
- *Emile, ou de l'éducation, O.C.*, iv.239-877
- *Profession de foi du vicaire savoyard, O.C.*, iv.558-635; éd. P. M. Masson, Paris 1914

Russen, David, *Iter lunare, or a voyage to the moon, containing some considerations on the nature of that planet, the possibility of getting thither; with other pleasant conceits about the inhabitants, their manners and customs, by David Russen of Hythe* (London 1703), éd. Mary Elizabeth Bowen, Boston 1976

Rustaing de Saint-Jory, Louis, chevalier, *Les Femmes militaires; relation historique d'une isle nouvellement découverte; dédié à monseigneur le chevalier d'Orléans, par le C. D. **** (Paris 1735), Paris 1750

Sade, Donatien-Alphonse-François de, *Aline et Valcour, ou le roman philosophique, écrit à la Bastille un an avant la Révolution de France par le citoyen S**** (Paris 1793 [1795, dans d'autres exemplaires]), in *Œuvres complètes*, t.iv, Paris 1966

Saint-Pierre, Ch. I. Castel de, *Projet pour rendre la paix perpétuelle en Europe*, in *Ouvrages de politique par M. l'abbé de Saint-Pierre*, Rotterdam, Paris 1738-1740

Scarron, P., *Le Roman comique*, éd. E. Magne, Paris 1967

Schnabel, *Wunderliche Fata einiger Seefahrer, absonderlich Alberti Julii [...] auf der Insel Felsenburg*, Nordhausen 1731 [ouvrage plus connu sous le titre *Die Insel Felsenburg*, adopté dans les rééditions du dix-neuvième siècle]

Scott, Sarah, *A description of Millenium Hall and the country adjacent together with the characters of the inhabitants and such historical anecdotes and reflexions as may excite in the reader proper sentiments of humanity and lead the mind to the love of virtue, by a gentleman on his travels* (London 1762), éd. Walter M. Crittenden, New York 1955

Scudéry, Mlle de, *Ibrahim, ou l'illustre Bassa*, Paris 1641 [la préface de Georges de Scudéry est partiellement reproduite in Coulet, *Le Roman jusqu'à la Révolution*, ii.44-49]

Séguier de Saint-Brisson, *Lettre à Philopenès, ou réflexions sur le régime des pauvres*, s.l. 1764

Seriman, Zaccaria, *Viaggi di Enrico Wanton alle terre incognite australi ed al paese delle scimie*, Venezia 1749

Shenstone, W., *Unconnected thoughts on gardening*, London 1764

Sorel, Ch., *De la connoissance des bons livres*, Paris 1671

Spence, Thomas, *A supplement to the history of Robinson Crusoe, being the history of Crusonia, or Robinson Crusoe's island, down to the present time*, Newcastle 1782 [la page de titre porte l'indication *second edition*; la date de l'édition originale n'est pas connue]
- *A description of Spensonia*, London 1795
- *The Constitution of Spensonia, a country in fairyland, situated between Utopia and Oceana; brought from thence by Captain Swallow*, London 1798

Sprigge, William, *A modest plea, for an equal commonwealth, against monarchy*, London 1659

Stouppe, *La Religion des Hollandais*, Paris 1673

Stretser, Thomas [auteur probable], *Erotopolis: the present state of Betty-Land*, [London?] 1684

Stubbes, George, *A new adventure of Telemachus, by the author of the Dialogue on beauty, in the manner of Plato*, London 1731

Swift, Jonathan, *The Prose writings of Jon-*

athan Swift, éd. Herbert Davis, Oxford 1965 [nouvelle édition]

– *Œuvres*, tr. Emile Pons, Bibliothèque de la Pléiade, Paris 1965

– *Méditations sur un manche à balai* (1704)

– *L'Abolition du christianisme en Angleterre est-elle sans inconvénients?* (1708)

– *Les Voyages de Gulliver* (1726)

– *Gulliver's Travels (Travels into several remote nations of the world, in four parts)*, éd. Robert A. Greenberg, New York 1970

– *A voyage to the country of the Houyhnhnms / Voyage au pays des chevaux*, édition bilingue par Georges Lamoine, Paris 1971

– *Modeste proposition concernant les enfants des classes pauvres* (1729)

– *Récit exact et fidèle de ce qui s'est passé à Londres* (1732)

– *Un schéma intéressant et pratique pour l'aménagement d'un hôpital pour incurables* (1733)

– *Projet de distribution d'insignes distinctifs aux mendiants de différentes paroisses de Dublin* (1737)

– *Journal à Stella* [1710-1713]

– *Travels into several remote nations of the world, in four parts by Lemuel Gulliver, first a surgeon, and then a captain of several ships*, London 1726

Symson, William [pseudonyme], *A new voyage to the East Indies*, London 1715

Tavernier, J. B., *Les Six voyages de J. B. Tavernier qu'il a faits en Turquie, en Perse et aux Indes*, Paris 1676

Terrasson, Jean, abbé, *Séthos: histoire ou vie tirée des monumens anecdotes de l'ancienne Egypte, traduite d'un manuscrit grec*, Paris 1731

Thevet, *La Cosmographie universelle*, Paris 1575

Tiphaigne de La Roche, Charles-François, *Amilec, ou la graine d'hommes*, Paris 1753

– *Giphantie*, Babylone [Paris] 1760

– *L'Empire des Zaziris sur les humains, ou la zazirocratie*, Pékin [Paris] 1761

– *Histoire des Galligènes, ou mémoires de Duncan* (Amsterdam, Paris 1765), éd. R. Trousson, Genève 1979

Trublet, abbé, *Mémoires pour servir à l'histoire de la vie et des œuvres de M. de Fontenelle*, Amsterdam 1759

Tyssot de Patot, Simon, *Oraison ou dissertation où il est démontré mathématiquement pourquoi c'est que l'homme ne se peut servir, aussi parfaitement que sa nature le peut permettre, que d'un seul de ses sens à la fois*, s.l. 1694

– *Voyages et avantures de Jaques Massé*, (Bourdeaux 1710 [Hollande *c.*1714-1717]), éd. R. Trousson, Genève 1979

– *La Vie, les aventures et le voyage de Groenland du R. P. cordelier Pierre de Mésange, avec une relation bien circonstanciée de l'origine, de l'histoire, des mœurs & du paradis des habitans du pôle arctique* (Amsterdam 1720), éd. Raymond Trousson, Genève 1979

Varennes de Mondasse, de, *La Découverte de l'empire de Cantahar*, Paris 1730

Veiras (ou Vairasse), Denis, *The History of the Sevarites, or Sevarambi*, a nation inhabiting a part of the third continent, commonly called Terrae australes incognitae; with an account of their admirable government, religion, customs and language; written by one Captain Siden, London 1675 [tome i]

– *Histoire des Sévarambes, peuples qui habitent une partie du troisième continent, communément appelé la Terre australe; contenant un compte exact du gouvernement, des mœurs, de la religion et du langage de cette nation jusques aujourd'huy inconnuë aux peuples de l'Europe; traduit de l'anglois, avec privilège du roy* (Paris 1677[-1679]), éd. Raymond Trousson, Genève 1979

– *A short and methodical introduction to the French tongue, composed for the particular use and benefit of the English*, Paris 1683

Villeneuve, Daniel de [pseudonyme, Listonai], *Le Voyageur philosophe dans un païs inconnu aux habitans de la terre, par Mr de Listonai*, Amsterdam 1761

Voltaire, François Marie Arouet, *Romans et contes*, éd. René Pomeau, Paris 1966
– *Extrait des sentiments de Jean Meslier*, Genève 1762 [version remaniée du *Testament* de Jean Meslier]
– *Le Mondain*, s.l. 1736
– *Essai sur les mœurs*, éd. J. Marchand, Paris 1962
– *Dictionnaire philosophique*, Paris 1964
– *Candide, ou l'optimisme* (1759), éd. René Pomeau, Paris 1979
Walker, Lady Mary, *Munster Village: a novel*, London 1778
Wallace, Robert, *Various prospects of mankind, nature and providence*, London 1761
Walpole, H., *History of the modern taste in gardening*, in *Anecdotes of painting in England*, vol.iv, Strawberry Hill 1771
Wilkins, John, *A discourse concerning a new world and another planet*, [London 1638?], London 1640
– *Mercury, or the secret and swift messenger*, London 1641
– *Mathematical magick*, London 1648
– *Essay towards a real character and philosophical language*, London 1668
Winstanley, Gerrard, *The Law of freedom in a platform, or true magistracy restored* (1652), extraits traduits et commentés dans Oliver Lutaud, *Winstanley: socialisme et christianisme sous Cromwell*, Paris 1976
Wollstonecraft, Mary, *A vindication of the rights of woman*, London 1792
Xénophon, *La Cyropédie, ou histoire de Cyrus*, traduite de grec de Xénophon par Mr Charpentier, Paris 1659

iii. Sources secondaires
(littérature utopique ou para-utopique postérieure à 1800)

Balzac, H. de, *Le Médicin de campagne*, in *La Comédie humaine*, éd. P. Citron, Paris 1965
– *Le Curé de village*, in *La Comédie humaine*, éd. P. Citron, Paris 1965
Bellamy, Edward, *Looking backward (2000-1887), or life in the year 2000 A.D.*, London [1888]
Cabet, Etienne, *Voyage en Icarie*, in *Œuvres d'Etienne Cabet*, Paris 1970
Chateaubriand, F. R. de, *Atala*, éd. Pierre Reboul, Paris 1964
Fourier, Charles, *Œuvres*, Paris 1966 [réédition anastatique de l'édition de 1846]
Huxley, Aldous, *Brave new world*, London 1979 [1ère éd. London 1932]
Morris, William, *News from nowhere / Nouvelles du nulle part*, édition bilingue par V. Dupont, Paris 1957
Owen, R., *A new view of society, or essays on the formation of human character preparatory to the development of a plan for gradually ameliorating the condition of mankind*, London 1812
– *Report to the Committee for the relief of the manufacturing poor*, London 1817
Tournier, Michel, *Vendredi, ou les limbes du Pacifique*, réédition, Paris 1972
Zamiatine, Eugène, *Nous autres*, traduite du russe par B. Causset-Duhamel, Paris 1979

iv. Autres ouvrages et articles

Adam, Antoine, *Histoire de la littérature française au XVIIe siècle*, Paris 1962

– *Les Libertins au XVIIe siècle*, Paris 1967

Adams, Percy G., *Travelers and travel liars, 1660-1800*, Berkeley, Los Angeles 1962

– *Travel literature and the evolution of the novel*, Lexington, Kentucky 1983

Aldridge, A. O., 'Polygamy in early fiction: Henry Neville and Denis Veiras', *PMLA* 65 (1950), p.464-72

Alkon, Paul, 'Samuel Madden's *Memoirs of the twentieth century*', *Science fiction studies* 12, 2 (1985), p.184-201

Althusser, Louis, *Montesquieu, la politique et l'histoire*, Paris 1959

Angenot, Marc, 'Le paradigme absent: éléments d'une sémiotique de la science-fiction', *Poétique* 33 (1978), p.74-89

Antonetti, Guy, 'Etienne-Gabriel Morelly: l'homme et sa famille', *RhlF* 83 (1983), p.390-402

– 'Etienne-Gabriel Morelly: l'écrivain et ses protecteurs', *RhlF* 84 (1984), p.19-52

Armytage, Walter, *Heavens below: utopian experiments in England, 1560-1960*, London 1961

Ascoli, Georges, 'L'affaire des prophètes français à Londres', *Revue du XVIIIe siècle* (1916), janvier-avril, p.8-28, mai-décembre, p.85-109

Atkinson, Geoffroy, *The Extraordinary voyage in French literature before 1700*, New York 1920

– *The Extraordinary voyage in French literature from 1700 to 1720*, Paris 1922

– *Les Relations de voyages du XVIIe siècle et l'évolution des idées*, Genève 1972

Baczko, Bronislaw, *Rousseau, solitude et communauté*, traduit du polonais par C. Brendhel-Lamhout, Paris, La Haye 1974

– *Lumières de l'utopie*, Paris 1978

– 'Les arbres à Ajao', in R. Trousson (éd.), *Thèmes et figures du Siècle des Lumières:*

mélanges offerts à Roland Mortier, Genève 1980, p.27-43

Bakhtine, Mikhail, *L'Œuvre de François Rabelais et la culture populaire au Moyen Age et sous la Renaissance*, Paris 1971

– *Esthétique et théorie du roman*, tr. Daria Olivier, Paris 1978

Balmas, Enea, *Il buon selvaggio nella cultura francese del Settecento*, Fasano di Puglia 1984

Baltrašaitis, Jurgis, *La Quête d'Isis: essai sur la légende d'un mythe*, 2e édition, Paris 1985

Barny, Roger, 'A propos de l'épisode de l'Eldorado dans *Candide* (littérature et idéologie)', *Annales littéraires de l'Université de Besançon* 141 (1973), p.11-43

Barret-Kriegel, Blandine, *L'Etat et les esclaves*, Paris 1979

Barthes, Roland, *Sade, Fourier, Loyola*, Paris 1971

– 'Par où commencer?' in *Le Degré zéro de l'écriture, suivi de Nouveaux essais critiques*, Paris 1972, p.145-55

Baudin, L., *Une théocratie socialiste: l'Etat jésuite du Paraguay*, Paris 1962

Benrekassa, Georges, 'Le savoir de la fable et l'utopie du savoir: textes utopiques et recueils politiques, 1764-1788', *Littérature* 21 (1976), p.59-78

– 'Le statut du narrateur dans quelques textes dits utopiques', *Revue des sciences humaines* 155 (1974), p.379-95

– 'Anthropologie, histoire et utopie: le cas des *Aventures de Jacques Sadeur*', in *Modèles et moyens de la réflexion politique au XVIIIe siècle*, Actes du colloque international des Lumières (octobre 1973), Villeneuve-d'Ascq 1978, ii.79-108; article repris dans *Le Concentrique et l'excentrique: marges des Lumières*, Paris 1980, p.259-84

– 'Loi naturelle et loi civile: l'idéologie des Lumières et la prohibition de l'inceste', in *Le Concentrique et l'excentrique: marges des Lumières*, Paris 1980, p.182-209

Bercé, Yves-Marie, 'Fascination du monde renversé dans les troubles', in J. Lafond et A. Redondo (éd.), *L'Image du monde renversé et ses représentations littéraires et para-littéraires de la fin du XVIe siècle au milieu du XVIIe*, colloque de Tours (17-19 novembre 1977), Paris 1979, p.9-15

Berdiaeff, Nicolas, *De l'esclavage et de la liberté de l'homme*, traduit du russe par S. Jankelevitch, Paris 1946

Berneri, Marie-Louise, *Journey through utopia: studies in the libertarian and utopian tradition* [1950], New York 1971

Bignami, Maria Luisa, 'Utopian elements in Daniel Defoe's novels', *Transactions of the Sixth international congress on the Enlightenment*, Studies on Voltaire 216 (1983), p.647-53

Biou, J., 'Le rousseauisme, idéologie de substitution', in *Roman et Lumières au 18e siècle*, Centre d'études et de recherches marxistes, Paris 1970, p.115-28

Blanc, A., 'Le jardin de Julie', *Dix-huitième siècle* 14 (1982), p.357-76

Bloch, Ernst, *L'Esprit de l'utopie*, traduction française par A. M. Lang et C. Piron-Audard, Paris 1977

– *Le Principe espérance*, Paris 1979-1982

Blondel, Madeleine, 'Images de l'homme volant dans les récits de voyages imaginaires des deux côtés de la Manche au XVIIIe siècle', in François Moureau (éd.), *Métamorphoses du récit de voyage*, Paris, Genève 1986, p.32-39

Bonnet, Jean-Claude, 'Naissance du Panthéon', *Poétique* 33 (1978), p.46-65

Bony, Alain, 'Call me Gulliver', *Poétique* 14 (1973), p.196-209

Bottiglia, William F., 'The Eldorado episode in *Candide*', *PMLA* 73 (1958), p.339-47

Bovetti-Pichetto, M. T., 'Gabriel de Foigny, utopista e libertino', in Luigi Firpo (éd.), *Studi sull'utopia*, Il pensiero politico 9 (1976), p.365-97

Boucé, Paul-Gabriel, 'Le corps péripatétique: blason d'un corpus érotique anglais du XVIIIe siècle', in *Pratiques du corps*, Centre de recherches littéraires et historiques, Université de la Réunion, Saint-Denis-de-la-Réunion 1985, p.99-115

Bourez, M. Th., '*La Terre australe inconnue* et l'*Histoire des Sévarambes* de Denis Veiras', in Jacques Chocheyras (éd.), *Le Voyage austral*, Grenoble 1984, p.22-43

Bradbury, Ray, *Fahrenheit 451*, London 1954

Broc, Numa, *La Géographie des Philosophes, géographes et voyageurs français au XVIIIe siècle*, Lille 1972

Broich, U., *Die Robinsonade*, Tübingen 1975

Brooks, Richard A., 'Voltaire and Garcilaso de La Vega', *Studies on Voltaire* 30 (1964), p.189-204

Brown, Norman O., *Life against death*, London 1959

Brüggemann, F., *Utopie und Robinsonade*, Weimar 1914

Brunner, H., *Die Poetische Insel*, Stuttgart 1967

Busson, H., *La Religion des classiques (1660-1685)*, Paris 1948

Canseliet, E., 'Cyrano, philosophe hermétiste', *Les Cahiers de l'Hermès* 1 (1947), p.65-82

Carr, J. L., 'The secret chain of the *Lettres persanes*', *Studies on Voltaire* 55 (1967), p.333-44

Carrive, Paulette, *La Philosophie des passions chez Bernard Mandeville*, Paris 1983

– 'Un grand réformiste, le quaker John Bellers (1654-1725)', *Dix-huitième siècle* 15 (1983), p.264-83

Casati, E., 'Hérauts et commentateurs de Shaftesbury en France', *Revue de littérature comparée* (1934), p.615-45

Chérel, A., *Fénelon au XVIIIe siècle en France (1715-1820)*, Paris 1917

Chinard, Gilbert, *L'Amérique et le rêve exotique dans la littérature française au XVIIe et au XVIIIe siècle*, Paris 1913

Choay, Françoise, *La Règle et le modèle: sur*

la théorie de l'architecture et de l'urbanisme, Paris 1980

Chouillet, Jacques, 'La caverne, ses habitants et ses songes: de Platon à Prévost et au-delà', *Cahiers Prévost d'Exiles* 1 (1984), p.59-72

Chupeau, J., 'Les récits de voyages aux lisières du roman', *RhlF* 77 (1977), p.536-53

Cioranescu, Alexandre, *L'Avenir du passé: utopie et littérature*, Paris 1972

– 'Epigone, le premier roman de l'avenir', *Revue des sciences humaines* 155 (1974), p.441-48

Clastres, Pierre, *La Société contre l'Etat*, Paris 1975

Cocchiara, Giuseppe, *Il mondo alla rovescia*, Torino 1963

Coe, R. N., 'A la recherche de Morelly: étude bibliographique et biographique', *RhlF* 57 (1957), p.321-34, 515-23

[Collectif,] *Le Discours utopique*, colloque de Cerisy (23 juillet – 1er août 1975), Paris 1978

[Collectif,] *Littérature, libertinage et philosophie au XVIIe siècle*, Dix-septième siècle 149, 4 (1985) [numéro spécial]

[Collectif,] *Le Sain et le malsain*, Dix-huitième siècle 9 (1977) [numéro spécial]

Cornelius, Paul, *Languages in seventeenth and early eighteenth-century imaginary voyages*, Genève 1965

Coulet, Henri, *Le Roman jusqu'à la Révolution*, Paris 1967

Crane, R. S., 'The Houyhnhnms, the Yahoos and the history of ideas', in *Reason and the imagination*, éd. J. A. Mazzeo, London 1962, p.231-53

Crisafulli, A., 'Montesquieu's story of the Troglodytes: its background, meaning, and significance', *PLMA* 58 (1943), p.372-92

Cro, Stelio, 'Il pensiero utopico in Spagna: *Sinapia*', in Luigi Firpo (éd.), *Studi sull'utopia*, Il pensiero politico 9 (1976), p.398-407

Crocker, Lester G., 'Julie ou la nouvelle duplicité', *Annales de la Société J. J. Rousseau* 36 (1963-1965), p.105-52

– *Rousseau's Social contract: an interpretative essay*, Cleveland, Ohio 1968

Dagen, Jean, *L'Histoire de l'esprit humain de Fontenelle à Condorcet*, Paris 1977

Dalnekoff, Donna Isaacs, 'The meaning of Eldorado: utopia and satire in Candide', *Studies on Voltaire* 127 (1974), p.41-59

Darley, Gilliam, *Villages of vision*, London 1978

Darnton, Robert, 'La guerre des encyclopédies', in *Bohème littéraire et révolution: le monde des livres au XVIIIe siècle*, Paris 1983, p.177-208

Dautry, J., 'Réflexion sur Morelly et le *Code de la nature*', *La Pensée* 65 (1956), p.65-84

Davis, J. C., *Utopia and the ideal society: a study of English utopian writing, 1516-1700*, Cambridge 1981

Decobert, Jacques, 'Les missions jésuites du Paraguay devant le philosophie des Lumières', *Revue des sciences humaines* 149 (1971), p.17-46

– 'Au procès de l'utopie, un "roman des illusions perdues": Prévost et la "colonie rochelloise"', *Revue des sciences humaines* 155 (1974), p.493-504

Delcourt, M., *Hermaphrodite: mythes et rites de la bisexualité dans l'Antiquité classique*, Paris 1956

Delon, Michel, 'Tyssot de Patot et le recours à la fiction', *RhlF* 80 (1980), p.706-19

Delvaille, Jules, *Essai sur l'histoire de l'idée de progrès jusqu'à la fin du dix-huitième siècle*, Paris 1910

Démoris, René, *Le Roman à la première personne*, Paris 1975

– 'L'utopie, *Autre* du roman: *La Terre australe connue* de G. de Foigny (1676)', *Revue des sciences humaines* 155 (1974), p.397-409

– 'Vers 1730: l'utopie dépolitisée', in *Modèles et moyens de la réflexion politique au XVIIIe siècle*, Actes du colloque international des Lumières (octobre 1973), Villeneuve-d'Ascq 1978, ii.139-60

Dennis, Nigel, *Jonathan Swift: a short character*, New York, London 1964

Desroche, Henri, *Dieux d'hommes: dictionnaire des messianismes et millénarismes de l'ère chrétienne*, La Haye 1969

– *Sociologie de l'espérance*, Paris 1973

– *Les Shakers américains*, Paris 1975

– *La Société festive: du fouriérisme écrit aux fouriérismes pratiqués*, Paris 1975

Destombe, Michel, '*Relation du voyage de l'isle d'Eutopie* par François Lefebvre, curé de Cambron', *Bulletin de la Société d'émulation d'Abbeville* 23 (1973), p.350-56

Desvignes-Parent, L., *Marivaux et l'Angleterre*, Paris 1970

Dottin, P., *Daniel Defoe et ses romans*, Paris, Londres 1924

Dubois, Claude-Gilbert, *Problèmes de l'utopie*, Paris 1968

Dubois, Elfrieda, '*Rasselas* de Samuel Johnson: quelques conceptions des Lumières en Angleterre l'année même de *Candide*' [étude à paraître]

Ducarré, J., 'Une supercherie littéraire de l'abbé Prévost: les *Voyages de Robert Lade*', *Revue de littérature comparée* 16 (1936), p.465-76

Duchet, Michèle, *Anthropologie et histoire au siècle des Lumières*, Paris 1971

– 'Clarens, le lac-d'amour où l'on se noie', *Littérature* 21 (1976), p.79-90

– 'De l'histoire morale à la description des mœurs: Lafitau', in *La Partage des savoirs: discours historique, discours ethnologique*, Paris 1985, p.30-52

Ducrocq, Jean, 'Relations de voyages et récits symboliques: *Robinson* et *Gulliver*', *Studies on Voltaire* 215 (1983), p.1-8

Ducrot, O., et T. Todorov, *Dictionnaire encyclopédique des sciences du langage*, Paris 1972

Dufour, Jean-Paul, 'Utopie de la traduction ou traductions de *L'Utopie*', in *Bonheur invivable? Etudes sur l'utopie dans les pays de langue anglaise*, Saint-Etienne 1984, p.155-70

Dupas, J. C., 'Echange et circulation dans *The Life and adventures of Peter Wilkins*', *Bulletin de la Société d'études anglo-américaines des XVIIe et XVIIIe siècles* 11 (1980), p.77-94

Dupont, Victor, *L'Utopie et le roman utopique dans la littérature anglaise*, Cahors 1941

Duveau, Georges, *Sociologie de l'utopie et autres essais*, Paris 1961

Ehrard, Jean, *L'Idée de nature en France dans la première moitié du XVIIIe siècle*, Paris 1963

– 'L'image des communautés rurales au XVIIIe siècle: du mythe de Thiers à l'utopie d'Oudun', *Revue d'Auvergne* 95, 4, p.33-40

Ehrenpreis, Irvin, 'The meaning of Gulliver's last voyage', in *Swift: a collection of critical essays*, éd. Ernest Tuveson, Englewood Cliffs, New Jersey 1964

Ehrmann, Jacques, 'Le dedans et le dehors', *Poétique* 9 (1972), p.31-40

Elliott, Robert C., *The Shape of utopia: studies in a literary genre*, Chicago, London 1970

Ellis, F. H. (éd.), *Twentieth-century interpretations of Robinson Crusoe*, Englewood Cliffs, New Jersey 1969

Ellison, L. M., '*Gaudentio di Lucca*: a forgotten utopia', *PMLA* 50 (1935), p.494-509

Engel, C. E., *Figures et aventures du XVIIIe siècle: voyages et découvertes de l'abbé Prévost*, Paris 1939

Erba, Luciano, *L'incidenza della magia nell'opera di Cyrano de Bergerac*, Contributi del seminario di filologia moderna, serie francese, Università cattolica del Sacro Cuore, vol.72: *Vita e pensiero*; Milano 1959

Fabre, Jean, 'Réalité et utopie dans la pensée politique de Rousseau', *Annales de la Société J.-J. Rousseau* 35 (1959-1962), p.181-221; repris dans *Lumières et romantisme*, Paris 1963, p.159-88

Falke, Rita, 'Eldorado: le meilleur des mondes possibles', *Studies on Voltaire* 2 (1956), p.25-41

Fohrmann, Jürgen, *Abenteuer und Bürgertum: zur Geschichte der deutschen Robinsonaden im 18. Jahrhundert*, Stuttgart 1981

Fortunati, Vita, *La letteratura utopica inglese*, Ravenna 1979

Foucault, Michel, *Les Mots et les choses*, Paris 1966

Frantz, R. W., 'Swift's Yahoos and the voyagers', *Modern philology* 29 (1931), p.49-57

Frautschi, R. L., 'The would-be invisible chain in the *Lettres persanes*', *French review* 40 (1966-1967), p.604-12

Friedrich, W. P., 'The image of Australia in French literature from the XVIIth to the XXth centuries', in *Mélanges de littérature comparée et de philologie offerts à M. Brahmer*, Varsovie 1967, p.219-30

– *Australia in western imaginative prose writing*, Chapel Hill 1967

Frye, Roland R., 'Swift's Yahoos and the Christian symbols for sin', *Journal of the history of ideas* (1954), p.201-17

Funke, H. G., *Studien zur Reiseutopie der Frühaufklärung: Fontenelle Histoire des Ajaoiens*, Heidelberg 1982

Gaillard, Yann, *Suppléments au voyage de La Pérouse: essai sur les voyages imaginaires et autres au dix-huitième siècle*, Paris 1980

Gallouédec-Genuys, F., *Le Prince selon Fénelon*, Paris 1963

Gendry, Raynald, 'La figure utopique', thèse de troisième cycle de l'Université de Paris VII, 1976

Genette, Gérard, *Figures*, Paris 1966

– *Figures II*, Paris 1969

– *Figures III*, Paris 1972

– *Mimologiques: voyage en Cratylie*, Paris 1976

– *Palimpsestes: la littérature au second degré*, Paris 1982

George, Ch., *The Protestant mind of the English Reformation*, Princeton, New Jersey 1961

Gilroy, James P., 'Peace and the pursuit of happiness in the French utopian novel: Fénelon's *Télémaque* and Prévost's *Cleveland*', *Studies on Voltaire* 176 (1979), p.169-87

Goldmann, Lucien, *Le Dieu caché*, Paris 1955

– *Pour une sociologie du roman*, Paris 1964

Goldzink, Jean, 'Roman et idéologie dans *Candide*: le jardin', *La Pensée* 155 (1971), p.78-91

Gossman, L., 'The worlds of *La Nouvelle Héloïse*', *Studies on Voltaire* 41 (1966), p.235-76

Goulding, Sybil, *Swift en France*, Paris 1924

Goulemot, Jean-Marie, 'Ecriture et lecture de l'ailleurs: l'Eldorado ou le fusil à deux coups des ingénus qui feignent de l'être', *Revue des sciences humaines* 155 (1974), p.425-40

– 'Utopies et histoire', *Critique* 384 (1979), p.445-56

– 'Nouveautés: les utopies', in H. J. Martin et R. Chartier, *Histoire de l'édition française*, Paris 1984, ii.231-39

Grant, Helen F., 'Images et gravures du monde à l'envers', in J. Lafond et A. Redondo (éd.), *L'Image du monde renversé et ses représentations littéraires et para-littéraires de la fin du XVIe siècle au milieu du XVIIe siècle*, colloque de Tours (17-19 novembre 1977), Paris 1979, p.17-33

Green, Roger Lancelyn, *Into other worlds: space-flight in fiction from Lucian to Lewis*, London and New York 1958

Grégoire, F., *Bernard de Mandeville et la Fable des abeilles*, Nancy 1947

Guhl, Marie-Cécile, 'Les paradis, ou la configuration mythique et archétypale du refuge', in *Circé: Le Refuge II*, Cahiers du Centre de recherches sur l'imaginaire, no.3, Paris 1972, p.11-104

Guicciardi, J. P., 'Hermaphrodite et le prolétaire', *Dix-huitième siècle* 12 (1980), p.49-77

Gury, Jacques, 'Une utopie chrétienne au

siècle des Lumières', *Revue des sciences humaines* 155 (1974), p.505

Haffter, Pierre, 'L'usage satirique des causales dans les contes de Voltaire', *Studies on Voltaire* 53 (1967), p.7-28

Hamon, Philippe, 'Qu'est-ce qu'une description?' *Poétique* 12 (1972), p.465-85

Hanzo, Thomas A., 'The past of science-fiction', in G. E. Slusser, G. R. Guggey et M. Rose, *Bridges to S. F.*, Carbondale, Illinois 1980, p.131-46

Hazard, Paul, *La Crise de la conscience européenne, 1680-1715*, nouvelle édition, Paris 1961

Henry, Patrick, 'Sacred and profane gardens in *Candide*', *Studies on Voltaire* 171 (1979), p.133-52

Heuvel, Jacques van den, *Voltaire dans ses contes*, Paris 1967

Hill, Christopher, *Le Monde à l'envers: les idées radicales au cours de la Révolution anglaise*, traduit de l'anglais par S. Chambon et R. Ertel, Paris 1977

Hipp, Marie-Thérèse, *Enquête sur le roman et les mémoires*, Paris 1970

Hobson, Marian, *The Object of art: the theory of illusion in eighteenth-century France*, Cambridge 1982

Hoffman, Harold L., *An odyssey of the soul: Shelley's 'Alastor'*, New York 1933

Horne, Thomas A., *The Social thought of Bernard Mandeville: virtue and commerce in early eighteenth-century England*, London 1978

Hugo, Victor, *Œuvres poétiques complètes*, Paris 1961

Hugues, M., 'Utopie et roman dans les romans utopiques des XVIIe et XVIIIe siècles', *Cahiers de l'UER Froissart* 4 (1980), p.73-89

Imbroscio, C. (éd.), *Requiem pour l'utopie? Tendances autodestructives du paradigme utopique*, Pise 1986

Jones, James F., Jr, *La Nouvelle Héloïse: Rousseau and utopia*, Genève et Paris 1978

Joutard, Ph., 'La résistance protestante', *L'Histoire* 77 (1985), p.60-87

Jouvenel, Bertrand de, *Du principat et autres réflexions politiques*, Paris s.d.

Kapp, V., *Télémaque de Fénelon: la signification d'une œuvre littéraire à la fin du siècle classique*, Tübingen et Paris 1982

Kassem, Badreddine, *Décadence et absolutisme dans l'œuvre de Montesquieu*, Genève 1960

Kaufholz, Eliane, 'L'utopie-asile: *Die Insel Felsenburg*', *Littérature* 21 (1976), p.52-58

Kautsky, Karl, *Thomas Morus und seine Utopie*, Stuttgart 1887

– *Thomas More and his Utopia*, London 1927

Kelly, A. C., 'Swift's explorations of slavery in Houyhnhnmland and Ireland', *PMLA* 91 (1976), p.845-55

Kirchenheim, A. von, *L'Eternelle utopie: étude du socialisme à travers les âges*, tr. A. Chazaud Des Granges, Paris 1897

Kra, P., 'The invisible chain of the *Lettres persanes*', *Studies on Voltaire* 23 (1963), p.7-60

Krauss, Werner, 'Fontenelle und die Philosophenrepublik', *Romanische Forschungen* 75 (1963), p.11-21

– *Reise nach Utopia*, Berlin 1964

Kunzle, D., 'Worlds upside down', in *The Reversible world*, New York 1978

Lachèvre, F., *Le Libertinage au XVIIe siècle*, Paris 1909-1928, t.xii: *Les Successeurs de Cyrano de Bergerac*, Genève 1968

Lafond, Jean, et Augustin Redondo (éd.), *L'Image du monde renversé et ses représentations littéraires et para-littéraires de la fin du XVIe siècle au milieu du XVIIe*, colloque de Tours (17-19 novembre 1977) Paris 1979

Lagerborg, Ch. R., 'Un écrit apocryphe de Fontenelle', *Revue d'histoire de la philosophie et d'histoire générale de la civilisation* (1935), p.340-59

Lalande, André, *Vocabulaire technique et critique de la philosophie*, nouvelle édition, Paris 1968

Lamoine, Georges, 'Notes on religion in

Gulliver's travels', *Annales de l'Université de Toulouse* 9 (1973), p.23-33

– 'Deux utopies du dix-huitième siècle chez les hommes volants: quelques aspects', *Littératures* 5 (1982), p.7-18

– '*Peter Wilkins*: bonheur et religion au pays des hommes volants', *Etudes anglaises* 35 (1982), p.129-38

Lanson, G., 'Origines et premières manifestations de l'esprit philosophique dans la littérature française de 1675 à 1748', *Revue des cours et conférences* 16-17 (1907-1908)

Laplantine, François, *Les Trois voix de l'imaginaire*, Paris 1974

Lapouge, Gilles, *Utopie et civilisations*, Paris 1973

Le Dœuff, Michèle, 'Dualité et polysémie du texte utopique', in *Le Discours utopique*, colloque de Cerisy (23 juillet – 1er août 1975), Paris 1978, p.326-34

Lefebvre, Henri, *Diderot*, Paris 1949

Legouis, E., *G. Guillard de Beaurieu et son Elève de la nature*, Taylorian Lecture for 1925, Oxford 1925

Léonard, Emile G., *Histoire générale du protestantisme*, tome ii: *L'Etablissement*, Paris 1961

Lestringant, Frank, 'L'utopie amoureuse: espace et sexualité dans *La Basiliade* d'Etienne Gabriel Morelly', in F. Moureau et A. M. Rieu (éd.), *Eros philosophe: discours libertins des Lumières*, Paris 1984, p.83-107

Lever, Maurice, *Le Roman français au XVIIe siècle*, Paris 1981

Lichtenberger, André, *Le Socialisme au XVIIIe siècle: étude sur les idées socialistes dans les écrivains français du XVIIIe siècle avant la Révolution*, Paris 1895

– *Le Socialisme utopique: études sur quelques précurseurs inconnus du socialisme* (Paris 1898), Genève 1978

Lissa, Giuseppe, 'Fontenelle e l'*Histoire des Ajaoiens*', in Luigi Firpo (éd.), *Studi sull'utopia*, Il pensiero politico 9 (1976), p.419-60

Lovejoy, Arthur, *The Great chain of being: a study of the history of an idea*, Cambridge, Massachusetts 1936

Lukacs, Georges, *La Théorie du roman*, tr. J. Clairevoye, Paris 1963

Lutaud, Olivier, *Winstanley: socialisme et christianisme sous Cromwell*, Paris 1976

McKee, D. R., 'Fénelon and Denis Veirasse', *Modern language notes* 46 (1931), p.474-75

– 'Simon Tyssot de Patot and the seventeenth-century background of critical deism', *Johns Hopkins studies in Romance languages and literature* 40 (1941), p.11-101

Macherey, Pierre, *Pour une théorie de la production littéraire*, Paris 1966

Mannheim, Karl, *Idéologie et utopie*, tr. P. Rollet, Paris 1956

Manuel, Frank E. et Fritzie P., *Utopian thought in the western world*, Oxford 1979

Marin, Louis, *Utopiques: jeux d'espace*, Paris 1973

Martin, H. J., *Livre, pouvoirs et société à Paris au XVIIe siècle*, Genève 1969

Martin, H. J., et R. Chartier, *Histoire de l'édition française*, Paris 1984, t.ii

Marx, Jacques, *Tiphaigne de La Roche: modèles de l'imaginaire au XVIIIe siècle*, Bruxelles 1981

Marx, Karl, et Friedrich Engels, *Utopisme et communauté de l'avenir*, textes traduits et présentés par R. Dangeville, Paris 1976

– *Les Utopistes*, textes traduits et présentés par R. Dangeville, Paris 1976

Mauzi, Robert, *L'Idée du bonheur dans la littérature et la pensée françaises au XVIIIe siècle*, quatrième édition, Paris 1969

– 'Le thème de la retraite dans les romans de Prévost', in *L'Abbé Prévost*, Actes du colloque d'Aix-en-Provence (20-21 décembre 1963), Aix-en-Provence 1965, p.185-95

May, Georges, *Le Dilemme du roman au XVIIIe siècle*, New Haven, Paris 1963

Mecziems, J., 'The unity of Swift's *Voyage to Laputa*: structure as meaning in utopian fiction', *MLR* 72 (1977), p.1-21

Mercier, Roger, *La Réhabilitation de la nature humaine (1700-1750)*, Villemomble 1960

Merle, Robert, 'L'amère et profonde sagesse de Swift', *Europe* 463 (1967): *Swift avant, pendant et après Gulliver*, p.44-76

Meyer, Jean, *Les Européens et les autres, de Cortès à Washington*, Paris 1975

Molet-Sauvaget, A., '*Madagascar ou le journal de Robert Drury* par Daniel Defoe', thèse dactylographiée, Paris 1969

Monk, Samuel H., 'The pride of Lemuel Gulliver', *Sewanee review* 63 (1955), p.48-71

Montgomery, J. W., *Cross and crucible: Johann Valentin Andreae (1586-1654), phoenix of the theologians*, Archives internationales d'histoire des idées, La Haye 1973

Monty, Jeanne R., *Les Romans de l'abbé Prévost*, Studies on Voltaire 78, Genève 1970

Moreau, Pierre-François, *Le Récit utopique: droit naturel et roman de l'Etat*, Paris 1982

Morin, Edgar, *Le Paradigme perdu: la nature humaine*, Paris 1973

Morton, A. L., *L'Utopie anglaise*, traduit de l'anglais par J. Vaché, Paris 1964

Mucchielli, Roger, *Le Mythe de la cité idéale*, Paris 1960

Mühll, Emmanuel von der, *Denis Veiras et son Histoire des Sévarambes*, Paris 1938

Mumford, Lewis, *The Story of utopias* (1922), New York 1974

Munro, Hector, *The Ambivalence of Bernard Mandeville*, Oxford 1975

Munro, John H., 'Book III of *Gulliver's travels* once more', *English studies* 49 (1968), p.429-36

Mylne, Vivienne, *The Eighteenth-century French novel: techniques of illusion*, Manchester 1970 [nouvelle édition]

Negley, Glenn, et J. Max Patrick, *The Quest for utopia*, New York 1962

Nettlau, Max, *Bibliographie de l'anarchie: utopies libertaires*, Paris 1897

Nicolson, Marjorie Hope, *Voyages to the moon*, New York 1960

Nicolson, M. H., et N. M. Mohler, 'The scientific background of Swift's *Voyage to Laputa*', *Annals of science* 2 (1937), p.299-334

Niderst, Alain, *Fontenelle à la recherche de lui-même*, Paris 1970

Nisbet, Robert, *History of the idea of progress*, New York 1980

North-Coombes, Alfred, *The Vindication of François Leguat*, Société de l'histoire de l'île Maurice, Port-Louis 1979

Nozick, R., *Anarchy, State and utopia*, Oxford 1974

Parain, Brice, *Recherches sur la nature et les fonctions du langage*, Paris s.d.

Parreaux, A., et M. Plaisant (éd.), *Jardins et paysages: le style anglais*, Villeneuve-d'Ascq 1977

Patrick, J. Max, '*The Free State of Noland*, a neglected utopia from the age of Queen Anne', *Philological quarterly* 25 (1946), p.79-88

– 'A consideration of *La Terre australe connue* by Gabriel de Foigny', *PMLA* 61 (1946), p.729-51

Planhol, René de, *Les Utopistes de l'amour*, Paris 1921

Plum, Werner, *Les Utopies anglaises, modèles de coopération sociale et technologique: aspects sociaux de l'industrialisation*, Bonn, Bad Godesberg 1975

Poe, Edgar Allan, *Les Aventures d'Arthur Gordon Pym*, tr. Ch. Baudelaire, Paris 1975

Pomeau, René, 'Candide entre Marx et Freud', *Studies on Voltaire* 89 (1972), p.1305-24

Pons, E., 'Les langues imaginaires dans le voyage utopique: un précurseur – Thomas More', *Revue de littérature comparée* 10 (1930), p.177-214

– 'Les langues imaginaires dans le voyage utopique: les grammairiens – Vairasse et Foigny', *Revue de littérature comparée* 12 (1932), p.500-32

Powers, Doris C., 'Formal realism and the English utopian novel', *Genre* 11 (1978), p.15-27

Prica, Zora, *Daniel Defoe's Robinson Crusoe und Robert Paltock's Peter Wilkins*, Budapest 1909

Probyn, C. T., 'Swift and linguistics: the context behind Lagado and around the fourth voyage', *Neophilologicus* 58 (1974), p.425-39

Racault, J. M., 'D'*Atala* à *René* ou la fin de l'utopie des Lumières', *Travaux de linguistique et de littérature* 17 (1979), p.85-103

– 'Les utopies morales de Marivaux', in *Etudes et recherches sur le XVIIIe siècle*, Publications de l'Université de Provence, Aix-en-Provence 1980, p.57-85

– 'Narcisse et ses miroirs: système des personnages et figures de l'amour dans *La Dispute* de Marivaux', *Revue d'histoire du théâtre* 33 (1981), p.103-15

– 'Corps utopiques, utopies du corps', in *Pratiques du corps*, Centre de recherches littéraires et historiques, Université de la Réunion, Saint-Denis-de-la-Réunion 1985, p.117-40

– 'De la relation de voyage au roman: l'exemple du *Voyage de François Leguat*', *Cahiers de littérature du XVIIe siècle* 8 (1986), p.57-65

– '*Paul et Virginie* et l'utopie: de la "petite société" au mythe collectif', *Studies on Voltaire* 242 (1986), p.419-71

– 'Le récit des origines ou la nécessaire imposture: la fondation de l'Etat dans la littérature utopique à l'aube des Lumières', in *Représentations de l'origine*, Centre de recherches littéraires et historiques, Université de la Réunion, Saint-Denis-de-la-Réunion 1987, p.143-55

Rainaud, A., *Le Continent austral: hypothèses et découvertes*, Paris 1893

Rainer, Emile, *L'Utopie d'une république huguenote du marquis Henri Du Quesne et le voyage de François Leguat*, Paris 1959

Reckwitz, E., *Die Robinsonade: Themen und Formen einer literarischen Gattung*, Amsterdam 1976

Rihs, Charles, *Les Philosophes utopistes: le mythe de la cité communautaire en France au XVIIIe siècle*, Paris 1970

Robert, Marthe, *Roman des origines et origines du roman*, Paris 1972

Robinet, André, *Dom Deschamps, le maître des maîtres du soupçon*, Paris 1974

Roddier, Henri, *J. J. Rousseau en Angleterre au XVIIIe siècle*, Paris 1950

Roger, Philippe, 'La trace de Fénelon', in *Sade: écrire la crise*, actes du colloque de Cerisy-la-Salle (19-29 juin 1981), Paris 1983, p.149-73

Ronzeaud, Pierre, *L'Utopie hermaphrodite: La Terre australe connue de Gabriel de Foigny (1676)*, Publication du C.M.R. 17, Marseille 1982

Rosanvallon, Pierre, *Le Capitalisme utopique: critique de l'idéologie économique*, Paris 1979

Rosenberg, Aubrey, 'The *Voyages et avantures de Jaques Massé* and the problem of the first édition', *Australian journal of French studies* 3 (1970), p.124-38

– 'Digressions in imaginary voyages', in Peter Hughes and David Williams (éd.), *The Varied pattern: studies in the 18th century*, Toronto 1971, p.21-37

– *Tyssot de Patot and his work (1655 -1738)*, La Haye 1972

– *Narcisse romancier: essai sur la première personne dans le roman*, Paris 1973

Rousset, Jean, *Circé et le paon: la littérature de l'âge baroque en France*, Paris 1963

Ruth-Fry, A., *John Bellers, 1654-1725, Quaker, economist and social reformer: his writings reprinted with a memoir*, London 1935

Ruyer, Raymond, *L'Utopie et les utopies*, Paris 1950

Sabine, G. H., *The Works of Gerrard Winstanley*, New York 1941

Sage, P., *Le 'Bon prêtre' dans la littérature française d'Amadis de Gaule au Génie du christianisme*, Genève, Lille 1951

Sareil, Jean, *Essai sur Candide*, Genève 1967

Schlanger, Judith, 'Puissance et impuissance de l'imaginaire utopique', *Diogène* 84 (1973), p.3-27

Schwartz, Hillel, *The French prophets: the history of a millenarian group in eighteenth-century England*, Berkeley, Los Angeles 1980

Secord, A. W., *Studies in the narrative method of Defoe*, Urbana, Illinois 1924

Ségalen, A. P., 'Une utopie réformatrice et constructive: la *Relation du voyage du Prince de Montbéraud dans l'île de Naudely*', in *Modèles et moyens de la réflexion politique au XVIIIe siècle*, Actes du colloque international des Lumières (octobre 1973), Villeneuve-d'Ascq 1978, ii.205-24

Séguy, J., *Utopie coopérative et œcuménisme: Pieter Cornelisz Plockhoy van Zurich-Zee, 1620-1700*, Paris 1968

Sena, J. F., 'Another source for the Yahoos', *Research studies* 41 (1973), p.278-79

Sermain, J.-P., *Rhétorique et roman au dix-huitième siècle: l'exemple de Prévost et de Marivaux (1728-1742)*, Studies on Voltaire 233, Oxford 1985

Servier, Jean, *Histoire de l'utopie*, Paris 1967

Sgard, Jean, *Prévost romancier*, Paris 1968

– 'Prévost et l'espérance américaine' in *L'Amerique des Lumières*, Actes du colloque du bicentenaire de l'Indépendance américaine, Genève 1977, p.51-59

Showalter, English, Jr, *The Evolution of the French novel, 1641-1782*, Princeton, New Jersey 1972

Soljenitsyne, Alexandre, *Le Premier cercle*, Paris 1968

Souriau, Maurice, *Bernardin de Saint-Pierre d'après ses manuscrits*, Paris 1905

Spink, J. S., *La Libre pensée française de Gassendi à Voltaire*, tr. Paul Meier, Paris 1966

Starobinski, Jean, *Jean-Jacques Rousseau: la transparence et l'obstacle*, nouvelle édition, Paris 1971

Starr, G., *Defoe and spiritual autobiography*, Princeton, New Jersey 1965

– 'Escape from Barbary: a seventeenth-century genre', *Huntington Library quarterly* 19 (1965), p.35-52

Stewart, P. R., *Imitation and illusion in the French memoir-novel*, New Haven and London 1969

– 'L'armature historique de *Cleveland* de Prévost', *Studies on Voltaire* 137 (1975), p.121-39

– 'Prévost et son *Cleveland*: essai de mise au point historique', *Dix-huitième siècle* 7 (1975), p.181-208

– 'Les désillusions de l'heureuse île: l'épisode de Sainte-Hélène dans *Cleveland*', *Saggi e ricerche di letteratura francese* 16 (1977), p.213-40

Storer, Maud E., 'Abbé François Raguenet, deist, historian, music and art critic', *Romanic review* 36 (1945), p.283-96

Suleiman, Susan, 'Le récit exemplaire, parabole, fable, roman à thèse', *Poétique* 32 (1977), p.468-89

– *Le Roman à thèse, ou l'autorité fictive*, Paris 1983

Suvin, Darko, *Pour une poétique de la science-fiction*, Montréal 1977

Tawney, R. H., *La Religion et l'essor du capitalisme*, Paris 1951

Taylor, A. C., *Le Président de Brosses et l'Australie*, Paris 1938

Temmer, Mark J., '*Candide* and *Rasselas* revisited', *Revue de littérature comparée* 2 (1982), p.177-93

Thacker, Christopher, 'Voltaire and Rousseau, 18th-century gardeners', *Studies on Voltaire* 90 (1972), p.1595-614

– *Histoire des jardins*, Paris 1981

Tocanne, B., *L'Idée de nature en France dans la seconde moitié du XVIIe siècle*, Lille 1978

Todd, Ian, et Michael Wheeler, *Utopia*, London 1978

Todorov, T., *Introduction à la littérature fantastique*, Paris 1970

Torchiana, D. T., 'Jonathan Swift, the Irish and the Yahoos: the case reconsidered', *Philological quarterly* 56 (1975), p.195-212

Traldi, I. D., 'Gulliver the educated fool:

unity in the *Voyage to Laputa*', *Papers on language and literature* 4 (1968)

Traugott, John, 'A voyage to nowhere with Thomas More and Jonathan Swift: Utopia and the voyage to the Houyhnhnms', *Sewanee review* 69 (1961), p.534-65

Trevelyan, G. M., *Illustrated English social history*, Harmondsworth 1968 [nouvelle édition]

Tristan, Frédérick, *Le Monde à l'envers*, avec un essai d'iconologie par Maurice Lever, Paris 1980

Trousson, Raymond, 'Rousseau et les mécanismes de l'utopie', *Romanische Forschungen* 83 (1971), p.267-88

– 'Utopie et roman utopique', *Revue des sciences humaines* 155 (1974), p. 367-78

– *Voyages aux pays de nulle part: histoire littéraire de la pensée utopique*, Bruxelles 1975

– 'L'utopie en procès au siècle des Lumières', in *Essays in honor of Ira O. Wade*, Genève 1977, p.313-27

– 'Utopie et esthétique romanesque', in *Le Discours utopique*, colloque de Cerisy, Paris 1978, p.392-400

Ullrich, H., *Robinson und Robinsonaden*, Weimar 1898

Vance, C. M., *The Extravagant shepherd: a study of the pastoral vision in Rousseau's 'Nouvelle Héloïse'*, Studies on Voltaire 105 (1973)

Vernière, Paul, *Spinoza et la pensée française avant la Révolution*, Paris 1954

– 'L'abbé Prévost et les réalités géographiques: à propos de l'épisode américain de *Cleveland*', *RhlF* 73 (1973), p.626-35

— 'L'enfant de la nature d'Imirce à Gaspard Hauser', in *Il buon selvaggio nella cultura francese ed europea del Settecento*, Firenze 1981, p.89-99

Versini, L., *Le Roman épistolaire*, Paris 1979

Vickers, Brian, 'Swift and the Baconian idol', in B. Vickers (éd.), *The World of Jonathan Swift*, Essays for the tercentenary, Oxford 1968, p.86-128

— 'The satiric structure of *Gulliver's travels* and More's *Utopia*', in *The World of Jonathan Swift*, Essays for the tercentenary,

éd. Brian Vickers, Oxford 1968, p.233-57

Vidal-Naquet, P., 'Hérodote et l'Atlantide: entre les Grecs et les Juifs – réflexions sur l'historiographie du siècle des Lumières', *Quaderni di storia* 16 (1982), p.3-76

– 'L'Atlantide et les nations', in *Représentations de l'origine*, Centre de recherches littéraires et historiques, Université de la Réunion, Saint-Denis-de-la-Réunion 1987, p.9-28

Vitoux, Pierre, *Histoire des idées en Grande-Bretagne*, Paris 1969

Volguine, V., *Le Développement de la pensée sociale en France au XVIIIe siècle*, traduit du russe par Léon Piatigorski, Moscou 1973

Wagner, Nicolas, 'L'utopie de *La Nouvelle Héloïse*', in *Roman et Lumières au 18e siècle*, Centre d'études et de recherches marxistes, Paris 1970, p.189-270

– 'Etat actuel de nos connaissances sur Morelly: biographie, accueil et fortune de l'œuvre', *Dix-huitième siècle* 10 (1978), p.259-68

– 'Morelly – dom Deschamps: divergences, convergences', *RhlF* 78 (1978), p.566-79

– *Morelly, le méconnu des Lumières*, Paris 1978

Walsh, Chad, *From utopia to nightmare*, Westport, Connecticut 1972 [nouvelle édition]

Watt, Ian, *The Rise of the novel: studies in Defoe, Richardson and Fielding*, Harmondsworth 1977 [réédition]

Weber, Max, *L'Ethique protestante et l'esprit du capitalisme*, traduction française, Paris 1967

Weisgerber, J., *L'Espace romanesque*, Lausanne 1978

Wijngaarden, Nicolaas van, *Les Odyssées philosophiques en France entre 1616 et 1789*, Haarlem 1932

Willey, Basil, *The Eighteenth-century background*, Harmondsworth 1965 [réédition]

Bibliographie

Williams, Kathleen, *Jonathan Swift and the Age of compromise*, Lawrence, Kansas 1958

Wunenberger, Jean-Jacques, *L'Utopie, ou la crise de l'imaginaire*, Paris 1979

Yardeni, Myriam, *Utopie et révolte sous Louis XIV*, Paris 1980

Yates, F. A., *The Rosicrucian enlightenment*, London 1972

Yeomans, W. E., 'The Houyhnhnm as menippean horse', *College English* 27 (1966), p.449-54

Zagorin, Perez, *A history of political thought in the English Revolution*, London 1954

Index des titres cités

Seuls ont été pris en compte dans cet index les ouvrages antérieurs à 1800 et dans certains cas les textes littéraires plus récentes, à l'exclusion des études critiques. Pour faciliter les recherches, les titres ont été abrégés et le cas échéant réduites à la seule mention du nom propre qui s'y trouve inclus.

Index des titres cités

Index des noms de personnes

Les noms de personnages littéraires fictifs, de libraires ou d'éditeurs n'ont pas été pris en compte dans cet index.

Chardin, 303
Charles Ier, 38, 54
Charles II, 41, 63, 82, 259, 351, 607, 639
Charpentier, 301, 303
Chartier, R., 167n
Chateaubriand, 198, 257, 602
Chaunu, P., 78n
Chérel, A., 171n, 203n
Chetwood, 164, 172, 181, 222, 255
Chinard, G., 162, 163n, 187, 256n, 301n, 462n, 476, 601n, 608n, 657n
Choay, F., 96, 169
Chocheyras, J., 303n
Chouillet, J., 604n
Chouraqui, A., 485n
Christ, le, 175, 188, 251, 345, 347, 348, 364, 486n, 586
Chupeau, J., 301, 302n
Cioranescu, A., 3n, 16n, 17, 18, 20, 69n, 119n, 184, 446, 510, 517, 555
Clarendon, Lord, 63, 607
Clarke, I. F., 183n
Clastres, P., 775
Cobham, 718n
Cocchiara, G., 547n
Coe, R. N., 205n
Colbert, 352
Coleridge, 141, 271, 298
Colomb, Christophe, 308, 310
Columelle, 236, 738
Comenius, 93n, 98n, 549n
Commerson, 314
Condillac, 233
Condorcet, 138, 145, 183
Congreve, 299
Conti, 205
Cook, Capt., 307, 310, 314
Cooke, E., 254, 314
Coreal, 304
Corneille, P., 268
Corneille, Th., 618n
Cornelius, P., 486n, 499n, 500n, 550n
Cortez, 336
Costa de Beauregard, 706n
Coulet, H., 257, 296n, 300n, 496, 606n, 613n, 657n
Cox, Dr, 82
Coyer, abbé, 258, 420n

Crane, R. S., 556n
Cratyle, 499n
Crisafulli, A., 128, 137
Crittenden, W. M., 730n
Cro, S., 169n
Crocker, L. G., 726n
Cromwell, O., 38, 39, 41, 46, 149, 351, 604, 607, 613, 614, 639, 641, 643n, 655
Crowley, A., 89, 95
Ctésias, 187, 248
Cudjoe, 249
Cybèle, 179
Cyrano de Bergerac, 21n, 93n, 162, 164, 169, 171n, 177, 178, 179, 180, 181, 245, 247, 257, 259, 260, 264, 266, 293, 313, 344, 345n, 348, 358, 362, 386, 393n, 419, 425, 442, 465n, 476, 478n, 484, 485, 489, 490n, 509n, 515, 525, 538n, 545, 555, 556n, 557n, 574n, 668

Daguesseau, 160
Dalgarno, G., 499
Dalnekoff, D. I., 661n, 683n
Dampier, W., 217, 254, 314
Dangeville, R., 8n
Daniel, prophète, 45n, 64, 183
Dapper, O., 301
Darley, G., 97n
Darnton, R., 171
Dautry, J., 205n
David, 188
Davis, J. C., 49n, 51, 53n, 83n, 89, 93n, 95n
Decobert, J., 74n, 75n, 76 n, 77, 601, 612, 614, 616, 619n, 627n, 637
Defoe, 13n, 43, 44, 70n, 71n, 72n, 79-83, 97, 99, 102, 103, 149, 164, 167, 173n, 181, 190, *216-22*, 223, 226, *239-41*, 255, 256, 261, 270, 272, 274, 295, 297, 298n, 304, 305n, 311, 312n, 324n, 415, 453, 528
De La Mare, W., 271
Delcourt, M., 485n
Della Porta, 478n
Dellon, 65n, 396n
Delon, M., 252n, 402n
Delvaille, J., 183n
Démoris, R., 300, 306, 323, 418, 426, 444,